D1664099

Schmidt / Freiherr von und zu Franckenstein
Wörterbuch zum Baurecht

Wörterbuch zum Baurecht

Dr. Jörg Schmidt
Dr. Georg Freiherr von und zu Franckenstein

Werner Verlag

Bibliograpfische Information der Deutschen Bibliothek
Die Deutsche Bibliothek verzeichnet diese Publikation in der Deutschen
Nationalbibliografie; detaillierte bibliografische Daten sind im Internet
über **http://dnb.ddb.de** abrufbar.

ISBN 3-8041-1600-0

www.werner-verlag.de

© 2004 Wolters Kluwer Deutschland GmbH, München.
Werner Verlag – eine Marke von Wolters Kluwer Deutschland.
Alle Rechte vorbehalten.

Das Werk einschließlich aller seiner Teile ist urheberrechtlich geschützt.
Jede Verwertung außerhalb der engen Grenzen des Urheberrechts-
gesetzes ist ohne Zustimmung des Verlages unzulässig und strafbar.
Das gilt insbesondere für Vervielfältigungen, Übersetzungen,
Mikroverfilungen und die Einspeicherung und Verarbeitung in
elektronischen Systemen. Zahlenangaben ohne Gewähr.

Satz: Utesch Media Processing GmbH, Hamburg
Druck: Betz Druck GmbH, Darmstadt
Printed in Germany, Oktober 2004

Archiv-Nr.: 1187-10.2004

Vorwort

Baubeteiligten und Baujuristen wird in der täglichen Praxis ein nur schwer zu bewältigendes Baurechtswissen abverlangt. Das Baurecht ist ein mittlerweile kaum noch zu überschauendes Rechtsgebiet.

Die Autoren sind als jahrelang mit dem Baurecht befasste Rechtsanwälte, Autoren und Dozenten mit der Materie vertraut. Deshalb wissen sie um die sich täglich ergebenden Probleme.

Das vorliegende Werk ist so konzipiert, dass sowohl der nicht juristisch vorgebildete Baubeteiligte als auch der Baujurist oder der nicht täglich mit baurechtlichen Fragen befasste Jurist dieses Lexikon als Grundlage für die Bearbeitung baurechtlicher Fälle verwerten können. Allerdings erspart dieses Lexikon es dem Benutzer aufgrund seiner Konzeption nicht, im Einzelfall in einem Kommentar nachlesen zu müssen. Es bietet jedoch Architekten, Ingenieuren, Generalplanern, Fachplanern, Auftraggebern, Generalunternehmern, Generalübernehmern, Totalunternehmern, Totalübernehmern, Bauunternehmern, Wohnungsgesellschaften und Juristen gleichermaßen eine aktuelle und praxisorientierte Übersicht der für das Baugeschäft wesentlichen rechtlichen Begriffe.

Naturgemäß wird die Erstauflage nicht alle möglichen Begriffe enthalten können. Zudem mussten die Autoren, um den Umfang des Buches nicht ausufern zu lassen, zunächst vorgesehene Begriffe wieder streichen. Für Hinweise von Lesern auf fehlende, jedoch erforderliche Begriffe sind die Autoren deshalb ausdrücklich dankbar. In einer Folgeauflage werden diese Hinweise ggf. gern berücksichtigt werden.

Die Autoren bedanken sich beim Wolters Kluwer Verlag für die vertrauensvolle Zusammenarbeit. Dank gilt insoweit vor allem Frau Lektorin und Assessorin Edith Quardon-Winkler für ihre Geduld. Weiter gilt besonderer Dank Herrn Rechtsanwalt Dirk Zierau, Schwerin, Rostock, der Rechtsanwalt Dr. Jörg Schmidt vor allem beim Durcharbeiten der Korrekturfahnen immer wieder behilflich war. Dr. Jörg Schmidt dankt vor allem aber auch seiner Frau und seinem Sohn für deren stete Geduld, die dieses Werk erst ermöglicht hat.

Rechtsanwalt und Lehrbeauftragter für Baurecht an der FH Lausitz Dr. Jörg Schmidt, Schwerin, Rostock, Bochum	Rechtsanwalt und Fachanwalt für Verwaltungsrecht Dr. Georg Frhr. v. u. z. Franckenstein, LL.M./UTS, Frankfurt am Main

A

ABG (Allgemeine Bedingungen für die Kaskoversicherung von Baugeräten) → Baugeräteversicherung

Abgrabung → Abstandsflächen (Geländeoberfläche); → Bauliche Anlagen

ABMG (Allgemeine Bedingungen für die Maschinen- und Kaskoversicherung von fahrbaren Geräten) → Baugeräteversicherung

ABN (Allgemeine Bedingungen für die Bauwesenversicherung von Gebäudeneubauten durch Auftraggeber) → Bauleistungsversicherung

Abnahme (öffentlich-rechtlich) → Baugenehmigung
Die Bauabnahme ist aus öffentlich-rechtlicher Sicht eine Maßnahme der **Bauüberwachung** und wird in diesem Zusammenhang auch **Bauzustandsbesichtigung** genannt.

1. Grundsätze der Bauüberwachung
Die Landesbauordnungen überlassen es in der Regel dem **pflichtgemäßen Ermessen** der Behörde, ob sie ein Bauvorhaben überwacht und in welchem Umfang sie eine Überwachung (wozu auch eine Kontrolle vor Nutzungsbeginn = Abnahme gehört) durchführt. Dies gilt nicht nur für **genehmigungspflichtige**, sondern auch für **genehmigungsfrei gestellte** oder **genehmigungsfreie Vorhaben**, die nicht generell von einer → Bauüberwachung ausgenommen werden dürfen, da hierfür im Einzelfall ein **öffentliches Interesse** bestehen kann. Als Faustregel gilt, dass eine → Bauüberwachung allgemein nicht erforderlich ist, wenn nach den Umständen des Einzelfalles, insbesondere nach Größe, Art oder Schwierigkeit des Vorhabens, nicht zu erwarten ist, dass Gefahren oder erhebliche Nachteile entstehen können (*Wolf*, in: Simon, Bayerische Bauordnung, Kommentar, Art. 78 Rdn. 21, 22).

2. Abnahmeerfordernis
Nach § 84 BremBO (bzw. den entsprechenden anderen landesbaurechtlichen Vorschriften, vgl. § 80 Abs. 1 NdsBauO, § 86 Abs. 1, 2 BauOLSA, Art. 78 Abs. 1 BayBO) **kann** bei **genehmigungsbedürftigen** baulichen **Anlagen** die → Bauaufsichtsbehörde als besondere Maßnahme der → Bauüberwachung in der → Baugenehmigung, aber auch noch während der Baudurchführung, die Abnahme
– bestimmter Bauteile oder Bauarbeiten,
– der baulichen Anlage nach Vollendung der tragenden Teile, der Schornsteine, der Brandwände, der notwendigen Treppen und der Dachkonstruktion (Rohbauabnahme) und
– der baulichen Anlage nach ihrer Fertigstellung (Schlussabnahme)
anordnen. In der Regel hat der → Bauherr, auch wenn keine Rohbau- oder Schlussabnahme angeordnet ist, jeweils zwei Wochen vorher schriftlich mitzuteilen, wann die Voraussetzungen für die Abnahme gegeben sind (vgl. § 84 Abs. 2 BremBO; § 80 Abs. 3 NdsBauO; § 82 BauONRW; Art. 78 Abs. 3 BayBO; § 74 Abs. 1 HBO).

Neben diesen Möglichkeiten zur Anordnung der Abnahme ist etwa in § 82 Abs. 1 BauONRW die **Bauzustandsbesichtigung** bei größeren baugenehmigungspflichtigen Vorhaben als Regel vorgesehen. So heißt es in § 82 Abs. 1 BauONRW, dass die → Bauzustandsbesichtigung zur Fertigstellung des Rohbaus und der abschließenden Fertigstellung genehmigter baulicher Anlagen sowie anderer Anlagen und Einrichtungen (§ 63 BauONRW = genehmigungsbedürftige größere Vorhaben) von der → Bauaufsichtsbehörde durchgeführt wird. Gemäß § 82 Abs. 1 S. 2 BauONRW kann die → Bauzustandsbesichtigung jedoch auf Stichproben beschränkt werden und entfällt, soweit Bescheinigungen staatlich anerkannter Sachverständiger vorliegen. Bei Vorhaben, die im vereinfachten Genehmigungsverfahren (§ 68 BauONRW) genehmigt werden, kann die → Bauaufsichtsbehörde auf die → Bauzustandsbesichtigung verzichten.

3. Abnahmeschein
Nach den Landesbauordnungen ist vorgesehen, dass über das Ergebnis der → Bauzustandsbesichtigung auf Verlangen des Bauherrn eine Bescheinigung auszustellen ist (vgl. § 74 Abs. 3 S. 2 HBO; § 82 Abs. 5 S. 2 BauONRW; § 80 Abs. 5 S. 2 NBauO; § 84 Abs. 8 BremBauO; § 86 Abs. 2 S. 2 BauOLSA). Teilweise kann seitens der Bauordnungsbehörde verlangt werden, dass eine bauliche Anlage erst nach der Schlussabnahme in Gebrauch genommen wird (vgl. § 84 Abs. 6 S. 2 BremBauO; § 86 Abs. 7 BauOLSA).

4. Rechtliche Bedeutung des Abnahmescheins
Der Abnahmeschein ist ein **begünstigender Verwaltungsakt**. Er stellt fest, dass die bauliche Anlage besichtigt und Mängel oder Abweichungen von der → Baugenehmigung nicht festgestellt wurden. Insofern kann der → Bauherr auf der Grundlage der Bescheinigungen davon ausgehen, dass die bauaufsichtlichen Anforderungen für den jeweils bescheinigten Prüfbereich eingehalten wurden (vgl. Art. 78 Abs. 2 BayBO; OVG Koblenz, BRS 23 Nr. 147). Der Abnahmeschein enthält **keine → Garantie für** die **Mängelfreiheit** des Bauwerks; auch stellt er nicht verbindlich die Rechtmäßigkeit des Bauvorhabens fest und ersetzt ebenso wenig eine fehlende oder unvollständige → Baugenehmigung (OVG Münster, NVwZ-RR 1993, 531; VGH Mannheim, BRS 40 Nr. 228).

Abnahme (privat-rechtlich)   → Niederschrift
Die Abnahme ist Fälligkeitsvoraussetzung für den Schlusszahlungsanspruch gemäß § 641 BGB und auch beim → VOB-Vertrag gemäß § 16 Nr. 3 VOB/B.

1. Allgemeines
Die Abnahme ist die **körperliche Übergabe des Werkes durch den** → **Auftragnehmer und ihre ausdrückliche oder konkludente Billigung als im Wesentlichen vertragsgerecht durch den** → **Auftraggeber**. Sie ist erst nach der Fertigstellung der → Leistung möglich.
Die Abnahme ist nach richtiger Ansicht eine **einseitige Willenserklärung** (RGZ 110, 404, 406; BGH, BauR 1974, 67; BauR 1985, 209; *Locher*, Das private Baurecht, Rdn. 36; *Ingenstau/Korbion*, § 12 VOB/B, Rdn. 1; *Thode*, ZfBR 1999, 116) – eben die Billigung des Werkes als im Wesentlichen vertragsgerecht durch den Auftraggeber (BGHZ 48, 262; BGH, NJW 1968, 1524). Diese Erklärung ist nicht einmal empfangsbedürftig (*Ingenstau/Korbion*, § 12 VOB/B, Rdn. 1 m. w. N.), was sich bereits aus dem Institut der stillschweigenden Abnahme ergibt.
Die Abnahme hat
1. eine Beweislastumkehr,
2. den Beginn der → Gewährleistungsfrist,
3. den Gefahrübergang (→ Annahmeverzug des Auftraggebers),

4. Vorbehaltserfordernisse und
5. die Einschränkung der Geltendmachung der eigentlichen Gewährleistungsansprüche auf Nachbesserung und → Minderung zur Folge.

2. Gesetz zur Beschleunigung fälliger Zahlungen
In diesem Zusammenhang ist auf die **Neuregelungen zum Abnahmerecht im BGB** seit dem 1. 5. 2000 hinzuweisen:
§ 640 Abs. 1 S. 2 BGB: Danach ist bei BGB-Verträgen das Abnahmeverweigerungsrecht auf **nicht unwesentliche** Mängel beschränkt. Diese Regelung soll nach der Gesetzesbegründung § 16 Nr. 3 VOB/B entsprechen, in dem von **wesentlichen Mängeln** die Rede ist. Die unterschiedlichen Formulierungen sollen also keine abweichenden Beurteilungen nach sich ziehen. Ist ein Mangel nach der → VOB/B wesentlich oder unwesentlich, so ist er dies auch im Falle eines BGB-Vertrages.
Gemäß **§ 640 Abs. 1 S. 3 BGB** ist nun im BGB eine Abnahmefiktion für den Fall geregelt, dass der Auftraggeber das Werk des Unternehmers nicht innerhalb einer angemessenen → Frist abnimmt, obwohl er dazu verpflichtet ist (*Kniffka*, Das Gesetz zur Beschleunigung fälliger Zahlungen – Neuregelung des Bauvertragsrechts und seine Folgen, ZfBR 2000, 227 ff.; *Jani*, Neuregelung des Zahlungsverzuges und des Werkvertragsrechts durch das „Gesetz zur Beschleunigung fälliger Zahlungen" vom 30. 3. 2000, BauR 2000, 949 ff.). Zur Abnahme ist der Auftraggeber verpflichtet, wenn der Unternehmer seine Leistungen vertragsgemäß erbracht hat (§ 640 Abs. 1 S. 1 BGB) und keine wesentlichen Mängel am Werk des Unternehmers vorhanden sind (§ 640 Abs. 1 S. 2 BGB n. F.).
Welche Frist angemessen ist, hängt vom Einzelfall ab, z. B. davon, wie umfangreich das Werk ist. Regelmäßig sollte eine Frist von 12 Werktagen angemessen sein. Im Einzelfall kann sie auch kürzer (z. B. 3 oder 4 Werktage) oder länger (z. B. 18 Werktage) sein.
In **§ 640 Abs. 2 BGB** wird klargestellt, dass der Verlust der Nachbesserungsansprüche bei unterlassenem Mangelvorbehalt nur dann eintritt, wenn tatsächlich eine Abnahme durchgeführt wurde, also gerade nicht über die Fiktionslösung gemäß dem neuen § 640 Abs. 1 S. 3 BGB die Abnahmewirkungen eintreten; offenbar soll in diesen Fällen dann wohl überhaupt kein Vorbehalt mehr erforderlich sein.
In **§ 641 BGB** sind 2 Absätze nach Abs. 1 eingefügt worden und der bisherige Absatz 2 ist zu Abs. 4 geworden (*Kniffka*, Das Gesetz zur Beschleunigung fälliger Zahlungen – Neuregelung des Bauvertragsrechts und seine Folgen, ZfBR 2000, 227 ff.; *Jani*, Neuregelung des Zahlungsverzuges und des Werkvertragsrechts durch „Gesetz zur Beschleunigung fälliger Zahlungen" vom 30. 3. 2000, BauR 2000, 949 ff.).
Der neue **Abs. 2 in § 641 BGB** legt fest, dass die → Fälligkeit der Vergütung des Werkunternehmers spätestens dann eintritt, wenn der → Besteller die Werkherstellung einem Dritten versprochen hat und von diesem für das versprochene Werk wegen dessen Herstellung seine Vergütung oder Teile davon erhalten hat. Die Regelung des § 641 Abs. 2 BGB ist für Generalunternehmer-Subunternehmer- oder Bauträger-Subunternehmer-Verhältnisse wichtig. Nach ihr hat der Subunternehmer einen Anspruch auf Vergütung seines Werkes, wenn und soweit der Hauptauftragnehmer die Leistungen des Subunternehmers vom Bauherrn vergütet erhalten hat, es sei denn, der Hauptauftragnehmer hat dem Bauherrn wegen möglicher Mängel des Werkes Sicherheit geleistet. Dann muss der Subunternehmer dem Hauptauftragnehmer entsprechende Sicherheit leisten. Also ist die Abnahme im Verhältnis GU – SU nicht erforderlich, wenn der → Bauherr dem → Auftraggeber die Leistungen des SU bezahlt hat. Die Vergütung wird auch ohne Abnahme fällig.
Das wurde auch bisher so von einigen Obergerichten (OLG Köln, NJW-RR 1997, 756; OLG Düsseldorf, IBR 1996, 141; **a. A.** OLG Jena, IBR 1998, 520; OLG Oldenburg, IBR 1996, 370) gehandhabt. Denn die → Schlusszahlung des Bauherrn an den GU setzt nach Ansicht dieser Obergerichte

voraus, dass der GU dem Bauherrn die Gesamtleistung, also auch die Teilleistung des SU, als mangelfrei angeboten hat und der Bauherr die Leistungen als vertragsgerecht gebilligt hat. Also ist es für die **Fälligkeit** der Vergütung des Subunternehmers ohne Belang, ob seine Leistung tatsächlich mit wesentlichen Mängeln behaftet ist.

Allerdings kann der Auftraggeber des Subunternehmers grundsätzlich ein ihm zustehendes → **Zurückbehaltungsrecht** geltend machen (OLG Nürnberg, IBR 2003, 531; a. A. LG Lübeck BauR 2002, 1423). Denn durch die Regelung des § 641 Abs. 2 BGB verliert er nicht die ihm zustehenden Gewährleistungsansprüche. Der → Hauptunternehmer muss zudem damit rechnen, dass sein Bauherr später die Abnahme seiner Gesamtleistung wegen Mängeln an der Leistung des Subunternehmers verweigert und seinerseits ein Zurückbehaltungsrecht an der Schlusszahlung des Auftraggebers geltend macht. Diskutiert wird jedoch, ob der Auftraggeber gegen den Subunternehmer solange kein Zurückbehaltungsrecht geltend machen kann, wie der Bauherr sich ihm gegenüber nicht auf ein Zurückbehaltungsrecht beruft (Kniffka, ZfBR 2000, 227, 232).

Allerdings muss die Leistung des Subunternehmers **fertiggestellt** sein, damit seine Vergütung fällig wird (*Kniffka*, ZfBR 2000, 227, 231 unter Verweis auf BT-Drs. 14/1246, S. 7). Die Fälligkeitsregelung betrifft also allein den Anspruch des Subunternehmers auf die Schlusszahlung. Um welche Art der Zahlung es sich im Verhältnis zwischen Bauherrn und Auftraggeber handelt, ist ohne Belang. Es kann sich insoweit also auch um eine → Abschlagszahlung handeln (*Kniffka*, ZfBR 2000, 227, 231 unter Verweis auf BT-Drs. 14/1246, S. 7).

Diese Regelung ist kaum praktikabel. Wie soll der Auftragnehmer herausbekommen, dass der Bauherr Zahlungen an den GU geleistet hat **und** wie soll er herausbekommen, dass er gerade die vom Auftragnehmer erbrachten Leistungen dem Auftraggeber bezahlt hat? **Oder**: Wie soll der Subunternehmer herausbekommen, in welcher Höhe der Bauherr die Leistungen des Subunternehmers an den Auftraggeber bezahlt hat, wenn der Bauherr lediglich eine Teilzahlung an den Auftraggeber geleistet hat, die nicht alle Subunternehmerleistungen abdeckt? Die prozessuale Darlegungslast trifft insoweit den Subunternehmer. Es handelt sich um anspruchsbegründende Tatsachen. Im Übrigen ist die Regelung sprachlich unsauber gefasst. Was ist, wenn der Bauherr an beispielsweise den Generalunternehmer **lediglich teilweise bezahlt** hat? Dann dürfte auch die Vergütung des Subunternehmers nur zu dem bezahlten Teil fällig sein.

Eine **Abmilderung** enthält die Regelung insoweit, als dieser Fälligkeitseintritt als Folge der Drittzahlung im Falle der **Besicherung des Dritten** wegen möglicher Mängel des Werkes nur dann eintritt, wenn der Unternehmer dem Besteller „Sicherheit in entsprechender Höhe" leistet. Was das heißen soll, ist unklar. Soll der Subunternehmer Sicherheit in der Höhe leisten, in der sein Auftraggeber dem Bauherrn Sicherheit geleistet hat? Oder soll er ihm eine Sicherheit in einer seinem Leistungsanteil an der Gesamtleistung entsprechenden Höhe leisten? Für beide Ansätze gibt es gute Argumente. Der Hauptunternehmer hat ein Interesse daran, dass ihm Sicherheit in der Höhe geleistet hat, in der er seinem Bauherrn Sicherheit geleistet hat. Denn er muss damit rechnen, dass er wegen eines vom Subunternehmer produzierten Mangels aus dieser Sicherheit in voller Höhe in Anspruch genommen wird. Der Nachunternehmer hingegen will die Sicherheit lediglich in einer seinem Leistungsanteil entsprechenden Höhe geben, da er sonst überfordert wird. Zudem ist die Sicherheitsleistung beim GU die Regel. Also muss auch der Subunternehmer regelmäßig eine Sicherheit stellen, die seine Liquidität oder seinen Kreditrahmen beschränkt.

Die Regelung dürfte in Allgemeinen Geschäftsbedingungen nicht abdingbar sein. Sie gilt auch beim VOB-Vertrag.

Neu ist der in das Gesetz zum 1. 5. 2000 unter **§ 641 a BGB** aufgenommene Gedanke, wonach gleichfalls eine **Abnahmefiktion** eintritt, wenn dem Unternehmer von einem Gutachter eine Bescheinigung darüber erteilt wird, dass das versprochene Werk oder ein Teil davon hergestellt ist und das Werk frei von Mängeln ist, die der Besteller gegenüber dem Gutachter behauptet hat oder die für den Gutachter bei einer Besichtigung feststellbar sind.

Hier hat sich das in der früheren Diskussion als sog. „Fertigstellungsbescheinigung" geführte Instrument in der gesetzlichen Regelung niedergeschlagen, wobei die positiven Rechtsfolgen nach § 641 a Abs. 1 BGB nur dann eintreten, wenn des weiteren das in der gleichen Bestimmung geregelte **förmliche Verfahren** nach Abs. 2 bis 4 beachtet wird.

Die **Beweislast** für die Einhaltung dieser Förmlichkeiten trifft nach der Gesetzesformulierung den Besteller.

Im Übrigen gilt, dass die Bestimmungen des § 640 Abs. 2 BGB über den Rechtsverlust bei fehlendem Mangelvorbehalt bei der Abnahme **auch für diese Fiktionsregelung** nicht gelten soll und des weiteren ein Vermutungstatbestand für die Richtigkeit des Aufmaßes oder einer Stundenlohnabrechnung geschaffen wurde, wenn der Gutachter die Richtigkeit auch dieser Unterlagen in der Fertigstellungsbescheinigung mit bestätigt.

Zu den zu betrachtenden Förmlichkeiten im Einzelnen:

Zunächst regelt Abs. 2 des § 641 a BGB, wer Gutachter sein kann, nämlich
- ein Sachverständiger auf den sich beide Parteien verständigt haben; dies wird in der Praxis die Ausnahme bleiben – oder
- ein auf Antrag des ausführenden Unternehmens durch die IHK, eine Handwerkskammer, eine Architekten- oder eine Ingenieurkammer bestimmter öffentlich bestellter und vereidigter Sachverständiger.

Für die Beauftragung sieht der nächste Satz der Bestimmung vor, dass der Gutachter **vom ausführenden Unternehmen zu beauftragen** ist. Dessen ungeachtet soll der Sachverständige jedoch nicht nur seinem Auftraggeber, sondern auch dem Besteller der → Bauleistungen gegenüber verpflichtet sein, die Bescheinigung zumindest unparteiisch und nach bestem Wissen und Gewissen zu erteilen (letzter Satz des Abs. 2 in § 641 a BGB).

Für das Sachverständigenverfahren selbst regelt dann Abs. 3, dass der Sachverständige zumindest einen **Besichtigungstermin** abhalten muss.

Zu diesem → Termin hat er unter Angabe des Anlasses mindestens mit zweiwöchiger **Frist** zuvor **einzuladen**. Als Grundlage der Beurteilung für sein Fertigstellungstestat soll der schriftliche Vertrag, der ihm vom ausführenden Unternehmen vorzulegen ist, dienen. Der Sachverständige soll Änderungen des Vertrages **nur dann** berücksichtigen müssen, wenn sie **schriftlich vereinbart** sind oder von beiden Vertragsparteien **übereinstimmend** gegenüber dem Gutachter vorgebracht werden. Gerade diese Regelung ist bedenklich, wenn man berücksichtigt, dass sich gerade im Bereich des sog. „Leistungsänderungsmanagements" viele Sachverhalte jedenfalls nicht im Bereich der schriftlichen Vereinbarung entwickeln.

Im Übrigen soll gelten, dass der Sachverständige an die allgemein anerkannten Regeln der Technik gebunden ist, soweit der schriftliche Vertrag keine anderslautenden Angaben enthält.

Berührungspunkte zur europäischen Normung bzw. zum Übereinstimmungsnachweis (Ü-Zeichen) nach der Musterbauordnung hat der Gesetzgeber nicht verarbeitet.

Soweit der Besteller Mängel geltend macht, bleiben diese im Sachverständigenverfahren nach § 641 a Abs. 3 BGB unberücksichtigt, wenn sie erst **nach** Abschluss des Besichtigungstermins vorgebracht werden. Hier droht also ein weiterer zumindest vorläufiger Rechtsverlust für den Auftraggeber, der gerade auch für die anwaltliche Seite die Verpflichtung begründet, umfassend und vollständig zu den Risiken dieser Abwicklung zu beraten.

Abs. 4 der Neuregelung enthält schließlich die Verpflichtung für den Besteller, die Untersuchung durch den Sachverständigen zu gestatten und für den Fall der Verweigerung dieser Gestattung einen Vermutungstatbestand, wonach das zu untersuchende Werk vertragsgemäß hergestellt worden ist, des weiteren dann die Bescheinigung nach Abs. 1 erteilt werden muss.

Hier stellt sich die Frage, ob es sich um eine abschließende Vermutung handelt oder aber diese Vermutung in einem etwaigen späteren Rückführungsprozess widerlegt werden kann. Wenngleich viel für die zweite Auffassung spricht, enthält auch insoweit die gesetzliche Regelung keine klare inhaltlich abschließende Definition.

Für das → Gutachten selbst wird schließlich in Abs. 5 geregelt, dass auch der Besteller von dem Gutachten eine Abschrift der Fertigstellungsbescheinigung erhalten muss und dass erst mit ihrem Zugang beim Besteller die Wirkungen der Bescheinigung hinsichtlich Fristen, Zinsen und Gefahrenübergang eintreten.

Das Gutachten des Sachverständigen, eigentlich ein Parteigutachten, soll als Urkunde dem Auftragnehmer einen **Urkundsprozess** und damit die erleichterte Erwirkung eines Zahlungstitels gegen den Auftraggeber ermöglichen. Der Urkundsprozess ist jedoch für Baustreitigkeiten kaum geeignet. Stellt sich z. B. im Nachverfahren heraus, dass der Sachverständige wegen Befangenheit abzulehnen, das Gutachten deshalb nicht verwertbar und die Zwangsvollstreckung des Unternehmers mangels wirksamer Abnahmefiktion gemäß § 641 a BGB daher nicht zulässig war, hat der Auftraggeber Schadensersatzansprüche gegen den Auftragnehmer. Der Sachverständige soll tatsächliche, aber auch rechtliche Fragen beurteilen. Er soll prüfen ob das Werk mangelfrei und vertragsgemäß ist. Für letzteres ist er nicht ausgebildet. Zudem darf der Sachverständige nur schriftliche Unterlagen und unstreitige Vertragsänderungen prüfen. Die Praxis belegt jedoch, dass Änderungen von Bauverträgen während der Bauausführungsphase häufig mündlich erfolgen und dann streitig sind. Solche Änderungen bleiben also bei der Prüfung durch den Sachverständigen unberücksichtigt. Die Fertigstellungsbescheinigung wird erteilt, wenn das Werk mangelfrei ist. Es gibt kaum ein Bauvorhaben, bei dem nicht Mängel am Werk des Unternehmers vorhanden sind. Also wird eine Fertigstellungsbescheinigung kaum einmal im ersten Anlauf ausgestellt werden. Der Sachverständige soll alle **feststellbaren** Mängel feststellen. Wie der Sachverständige nachvollziehen soll, dass Stundenlohnabrechnungen richtig sind (§ 640 a Abs. 1 S. 4 BGB), ist unklar. Der Sachverständige ist nicht in der Lage, zu beurteilen, ob der Unternehmer die angegebenen Stunden geleistet hat. Er kann lediglich beurteilen, ob der Stundenlohn richtig errechnet ist. Der Sachverständige setzt sich vielfältigen Haftungsrisiken aus. Er kann sowohl vom Auftragnehmer als auch vom Auftraggeber in Regress genommen werden, wenn er sein Gutachten nicht ordnungsgemäß erstellt oder verfasst.

3. Abnahme der Gesamtleistung
Gemäß § 12 VOB/B hat der Auftraggeber auf Verlangen des Auftragnehmers die Abnahme der fertiggestellten Bauleistung innerhalb von 12 Werktagen durchzuführen. Das Fehlen unwesentlicher Leistungsteile steht dem Abnahmeverlangen nicht entgegen. Wird die Abnahme verweigert oder verstreicht die Frist von 12 Werktagen, so liegt → **Annahmeverzug** vor, der ein Verschulden des Auftraggebers nicht voraussetzt. Der Auftragnehmer kann auf Abnahme klagen. Die Abnahme stellt eine gesetzliche Hauptleistungspflicht des Auftraggebers dar (BGH, NJW 1972, 99). Deshalb trägt **der Auftraggeber** die Kosten der Abnahme. Der Auftragnehmer kann den Auftraggeber aber auch sofort auf Zahlung der vereinbarten Vergütung in Anspruch nehmen.

4. Entbehrlichkeit der Gesamtabnahme
Auf die Abnahme kommt es nicht mehr an, wenn ein sogenanntes Abrechnungsverhältnis eingetreten ist. Bei **vorzeitiger Vertragsbeendigung** (→ Kündigung oder Vertragsaufhebung) wird die Vergütung ohne Abnahme fällig. An ihre Stelle tritt die Beendigung der Leistung (BGH, BauR 1987, 95). Das gilt im Übrigen nach einem Urteil des OLG Saarbrücken (IBR 2000, 531) auch im Falle eines **Baustellenverbots**. Das Baustellenverbot beinhaltet danach eine Kündigung. Bei VOB-Verträgen muss dies jedoch schriftlich geschehen. Das Vertragsverhältnis wandelt sich in ein Abrechnungsver-

hältnis um, wenn der Auftraggeber gegenüber dem Werklohnanspruch des Auftragnehmers nur noch **Schadensersatzansprüche** oder Minderungsansprüche wegen Mängeln geltend macht oder generell dann, wenn der Auftraggeber die weitere Erfüllung des Vertrages ablehnt (BGH, BauR 1979, 152). Auch bei grundloser, endgültiger **Leistungsverweigerung des Auftraggebers** vor Fertigstellung des Werks kann der Unternehmer ohne Abnahme sofort auf Zahlung einer Vergütung klagen (BGH, ZfBR 1990, 228 = NJW 1990, 3008). Die Vergütung kann aber auch ohne Abnahme gefordert werden, wenn die Leistung **abnahmereif** ist und die Abnahme grundlos vom Besteller verweigert wird (BGH, ZfBR 1992, 264). Nach dem OLG Hamm (BauR 1993, 741) ist eine Werklohnklage schlüssig, wenn der Unternehmer nach Rechnungserteilung den vollen Werklohn unter Hinweis darauf einklagt, er habe die geschuldete Leistung erbracht.

5. Abnahme von Teilleistungen
In § 12 Nr. 2 a) VOB/B in der Fassung bis zum 31. 12. 2000 war ein klagbarer Anspruch auf Teilabnahme für in sich abgeschlossene Teile der Leistung (→ Abschlagszahlung) festgelegt. Dies hat sich auch in der Neufassung seit 1. 1. 2001 nicht geändert (§ 12 Nr. 2 VOB/B). In sich abgeschlossene Teile der Leistung liegen vor, wenn sie nach allgemeiner Übung als selbstständig und unabhängig anzusehen sind und sich in ihrer → Gebrauchsfähigkeit beurteilen lassen.
Beispiel: *Eine Heizungsanlage ist ein in sich abgeschlossener Teil des Bauwerkes, nicht jedoch ein Stockwerk.*
In sich nicht abgeschlossene Teile der → Leistung können abgenommen werden, wenn sie durch die weitere Bauausführung der Nachprüfung entzogen werden oder sonstige entsprechende Feststellungen im Rahmen einer späteren Abnahme nicht mehr getroffen werden können (§ 12 Nr. 2 b VOB/B in der Fassung bis zum 31. 12. 2000 bzw. § 4 Nr. 10 VOB/B in der Neufassung seit 1. 1. 2001).
Liegen in sich abgeschlossene Teilleistungen vor, so kann eine echte Abnahme mit allen rechtlichen Folgen verlangt werden. In den Fällen des § 12 Nr. 2 b VOB/B in der Fassung bis zum 31. 12. 2000 bzw. § 4 Nr. 10 VOB/B in der Neufassung seit 1. 1. 2001 handelt es sich jedoch lediglich um eine **technische** Abnahme. Diese Form der Abnahme erfolgt zu Beweissicherungszwecken und bezieht sich auf die tatsächlichen Gegebenheiten, die für die spätere Prüfung der Leistung von Bedeutung sind. Die rechtlichen Wirkungen der Abnahme treten bei der technischen Abnahme deshalb erst dann ein, wenn entweder das Gesamtwerk oder eine in sich selbstständige Teilleistung abgenommen wird. Die technische Abnahme soll die spätere Vollabnahme lediglich vorbereiten, es sei denn, die Parteien legten ihr eine weitergehende Bedeutung bei (BGH, NJW 1968, 1525). Die Verweigerung der technischen Abnahme hat zur Folge, dass der Auftraggeber eine positive Vertragsverletzung begeht und dann den Auftraggeber die **Beweislast** für die behaupteten Mängel trifft.

6. Verweigerung der Abnahme
Gemäß § 12 Nr. 3 VOB/B (§ 640 BGB vom 1. 5. 2000) kann die Abnahme wegen **wesentlicher Mängel** bis zur Beseitigung verweigert werden. Maßgebend ist die Zumutbarkeit unter Berücksichtigung des Interesses an zügiger Bauabwicklung (OLG Hamm, BauR 1992, 122). Die grundlose Nichtabnahme des Abnahmepflichtigen führt dazu, dass die Abnahmewirkungen auch ohne Abnahme eintreten (z. B. BGH, IBR 2001, 659).

7. Die besonderen Abnahmeformen der VOB/B (ausdrücklich, Nr. 1, förmlich, Nr. 4, fiktiv, Nr. 5, schlüssig)
a) Ausdrückliche (erklärte) Abnahme
Voraussetzung für die ausdrückliche Abnahme ist die Fertigstellung der Bauleistung. Die Abnahme erfolgt nach mündlicher oder schriftlicher Aufforderung des Auftragnehmers innerhalb einer

→ Frist von 12 Tagen. Sie kann, muss jedoch im Gegensatz zur förmlichen Abnahme nicht schriftlich fixiert werden.

b) Förmliche Abnahme

Beim VOB-Vertrag ist der Auftraggeber zur förmlichen Abnahme verpflichtet, wenn der Auftragnehmer dies verlangt (§ 12 Nr. 4 VOB/B). Sie kann entgegen dem Wortlaut des § 12 Nr. 4 VOB/B **sowohl vom Auftraggeber als auch vom Auftragnehmer** verlangt werden.

Nach § 12 Nr. 4 Abs. 1 Satz 3 VOB/B ist der Befund in gemeinsamer Verhandlung **schriftlich niederzulegen**. Der Auftraggeber ist (nach Nr. 4 Abs. 1 Satz 4) – bei Vermeidung von Rechtsnachteilen – gehalten, alle Mängel aufzunehmen, die er subjektiv für solche hält. Werden bekannte Mängel nicht in das Protokoll aufgenommen, so kann der Auftraggeber (nach § 640 Abs. 2 BGB) nicht mehr die verschuldensunabhängigen Nachbesserungs- und Minderungs-, sondern nur noch verschuldensabhängige Schadensersatzansprüche geltend machen. Ferner hat er Vorbehalte wegen der Gewährleistungsansprüche und einer etwa verwirkten Vertragsstrafe zu machen. Die Vorbehalte sind nur dann wirksam, wenn sie in das Abnahmeprotokoll selbst aufgenommen sind (LG Tübingen, NJW 1973, 1975). Etwaige Einwendungen des Auftragnehmers sind ebenfalls aufzunehmen. Beide Vertragspartner sollen **gleichberechtigt** zu Wort kommen.

Aus der Unterzeichnung des Protokolls durch den Auftragnehmer ist **keine Verpflichtung zur Beseitigung des Mangels** zu entnehmen. Die Mitwirkung des Auftragnehmers beschränkt sich lediglich auf die gemeinsame Feststellung des Befundes. Ist ein Mangel im Abnahmeprotokoll erwähnt und verlangt der Auftraggeber die Mängelbeseitigung, so kann der Auftragnehmer trotz der widerspruchslosen Erwähnung in der Abnahmeniederschrift mit der Behauptung gehört werden, es liege kein Mangel vor.

Die förmliche Abnahme kann gemäß § 12 Nr. 4 Abs. 2 Satz 1 VOB/B **auch in Abwesenheit des Auftragnehmers** stattfinden, wenn der Termin hierzu vereinbart wurde oder der Auftraggeber mit genügender Frist dazu eingeladen hatte. Der Auftraggeber kann dann die förmliche Abnahme allein vornehmen. Kann der Auftragnehmer den Termin aus wichtigen Gründen nicht wahrnehmen, so ist er berechtigt, eine Verschiebung der Abnahmeverhandlung zu verlangen, wenn er dem Auftraggeber den wichtigen Grund vor der Abnahme mitgeteilt hat. Die allein vorgenommene Abnahme ist dann wirkungslos.

Der Auftraggeber kann sich nicht auf das Fehlen einer förmlichen Abnahme berufen, wenn er die Schlussrechnung anerkannt und bezahlt hat. Hierin liegt ein **Verzicht** auf die förmliche Abnahme (BGH, *Schäfer/Finnern/Hochstein*, Z. 2.414, Bl. 153). Ein Verzicht auf die förmliche Abnahme kann auch darin gesehen werden, dass der Auftragnehmer dem Auftraggeber die Schlussrechnung übersandt hat, ohne den Antrag auf förmliche Abnahme zu stellen und danach einige Monate ohne Wunsch des Auftraggebers auf förmliche Abnahme vergangen sind (BGH, BauR 1998, 727; BGH, *Schäfer/Finnern/Hochstein*, Z. 2.501 Bl. 2). Ein Verzicht auf die förmliche Abnahme kann überdies darin gesehen werden, dass der Auftraggeber auf die → Rechnung und auf wiederholte Mahnungen des Auftragnehmers beharrlich geschwiegen, keine Mängel gerügt und nicht auf Abnahme gedrängt hat (OLG Stuttgart, BauR 1974, 345; vgl. auch OLG Karlsruhe, IBR 2004, 65 und OLG Düsseldorf IBR 1999, 205).

Das Verlangen nach der förmlichen Abnahme kann nicht mehr gestellt werden, wenn es bereits zur ausdrücklichen oder fiktiven Abnahme (nach § 12 Nr. 1 oder 12 Nr. 5 VOB/B) gekommen ist.

c) Fiktive Abnahme

Gemäß § 12 Nr. 5 Abs. 1 VOB/B tritt die Fiktionswirkung der Abnahme mit Ablauf von 12 Werktagen nach schriftlicher Mitteilung über die Fertigstellung der Bauleistung ein. Die Schriftform ist

Wirksamkeitsvoraussetzung für den Beginn der → Frist und für den Eintritt der Abnahmewirkung nach Ablauf dieser Frist. Nach dem BGH (NJW 1971, 831 = BauR 1971, 126) genügt die Zusendung der Schlussrechnung als Mitteilung über die Fertigstellung der Leistung. Ein etwaiger Vorbehalt der Gewährleistungs- und der Vertragsstrafeansprüche durch den Auftraggeber muss innerhalb der 12-Tage-Frist erklärt werden. **Vor oder nach** dieser Frist erklärte Vorbehalte sind grundsätzlich wirkungslos (BGH, NJW 1971, 881 = BauR 1971, 126; einschränkend *Ingenstau/Korbion*, § 12 Nr. 5 VOB/B, Rn 4 m. w. N.).

Eine weitere Möglichkeit der fiktiven Abnahme regelt § 12 Nr. 5 Abs. 2 VOB/B. Die Abnahme gilt nach Ablauf von 6 Werktagen als erfolgt, wenn der Auftraggeber die Leistung oder einen in sich abgeschlossenen Teil der Leistung in Benutzung genommen hat. Der Vorbehalt von Mängeln oder einer Vertragsstrafe muss innerhalb der 6 Werktage erklärt werden. Anderenfalls ist der Vorbehalt wirkungslos.

Voraussetzung der Abnahmewirkung gemäß § 12 Nr. 5 VOB/B ist, dass **keine förmliche (Nr. 4) oder ausdrückliche Abnahme (Nr. 1) verlangt** wird (KG, BauR 1988, 231). Dies ist nach der **Neufassung der VOB/B zum 1. 1. 2003** auch ausdrücklich für die fiktive Abnahme durch Inbenutzungnahme des Bauwerkes geregelt.

d) Stillschweigende Abnahme

Die in § 12 Nr. 5 VOB/B geregelten Abnahmearten sind nicht identisch mit **stillschweigenden Abnahmehandlungen**, die durch schlüssiges Verhalten erfolgen. Diese können neben der förmlichen und fiktiven Abnahme vorliegen. In Nr. 5 wird im Gegensatz zur stillschweigenden Abnahme **unabhängig vom wirklichen Willen des Auftraggebers** an gewisse äußere Ereignisse die Abnahmewirkung geknüpft (vgl. BGH, BauR 1975, 344). Es handelt sich um eine **Abnahmefiktion**. Eine Benutzung zur Erprobung, etwa der Heizung, oder die gelegentliche Benutzung zu anderen als den im Vertrag vorgesehenen Zwecken führt die Abnahmewirkung noch nicht herbei. Der Auftraggeber muss mit der Benutzung zum Ausdruck bringen, dass er die Leistung als im Wesentlichen vertragsgemäß billigt. Dies ist dann nicht der Fall, wenn er bei Übernahme der Leistung wesentliche und ins Gewicht fallende Mängel rügt oder auf andere Weise kundtut, dass er das Werk nicht als abgenommen ansehen will (BGH, *Schäfer/Finnern/Hochstein*, Z. 2.50, Bl. 3).

Unter einer stillschweigenden oder konkludenten Abnahme versteht man die Abnahme **durch ein schlüssiges Verhalten des Auftraggebers**, aus dem der Auftragnehmer das Einverständnis mit der geschuldeten Leistung erkennen darf. Sie setzt ein Verhalten des Auftraggebers voraus, dass für den Auftragnehmer erkennbar objektiv auf die Billigung der Leistung schließen lässt (BGH, BauR 1974, 67).

Haben die Parteien eine förmliche Abnahme vereinbart und wird auf sie verzichtet oder wird sie vergessen, macht dann der Auftragnehmer seine Vergütungsansprüche geltend und wendet der Auftraggeber ein, die Abnahmeförmlichkeit sei nicht gewahrt, dann steht diese Absprache zwar einer fiktiven Abnahme nach § 12 Nr. 5 VOB/B entgegen, jedoch kann gleichwohl eine stillschweigende Abnahme des Auftraggebers vorliegen (BGH, NJW 1993, 1063; OLG Hamm, BauR 1993, 604).

Eine stillschweigende Abnahme kann bei einem beanstandungslosen Einzug in ein fertiggestelltes Bauwerk angenommen werden (OLG Celle, NJW 1962, 494), ebenso bei vorbehaltloser Bezahlung der Vergütung (BGH, BauR 1970, 49). Erfolgt jedoch der Einzug unter dem Zwang der Verhältnisse wegen Aufgabe einer alten Wohnung, so kann hierin noch keine Billigung als vertragsgerechte Leistung gesehen werden. Dem Auftraggeber ist insoweit eine angemessene Prüfungsfrist einzuräumen.

Abnahme der Bauleistungen → Objektüberwachung; → Vollmacht

Abnahme des Architektenwerks → Abnahme

Bei der Abnahme des Architektenwerkes besteht die Besonderheit, dass in der Regel kein körperliches, sondern ein geistiges Werk übergeben wird. Deshalb lässt der BGH (BauR 1986, 596; BauR 1994, 392; ebenso *Locher/Koeble/Frik*, § 8 HOAI, Rdn. 8; *Thode*, ZfBR 1999, 116, 117) die Abnahmefähigkeit des Werkes des Architekten oder Ingenieurs genügen, um die Wirkungen der Abnahme herbeizuführen.

Abrechnung

Die Abrechnung ist die unter Mitwirkung von → Gläubiger (i. d. R. Unternehmer) und Schuldner (i. d. R. Auftraggeber) erarbeitete Feststellung eines Rechnungsergebnisses. Diese orientiert sich im Bauwesen am gemeinsam erstellten → Aufmaß und den vertraglich vereinbarten Einheitspreisen. Die → VOB/B regelt Form, Inhalt und Fristen der Abrechnung bei den so genannten Einheitspreisverträgen. Gemäß § 14 Nr. 2 Satz 2 VOB/B sind bei der Abrechnung die allgemeinen technischen Vertragsbedingungen für → Bauleistungen (→ VOB/C) und andere Vertragsunterlagen zu berücksichtigen. Weitere Abrechnungsvorschriften sind in der Regel jeweils unter Nr. 5 in der VOB/C aufgeführt. § 14 VOB/B gilt sowohl für Abschlags- und Teilschlussrechnungen als auch für Schlussrechnungen. Weitere Abrechnungsbestimmungen finden sich in den §§ 2, 6, 8, 9 und 11 VOB/B. Hierbei handelt es sich um Vorschriften über die Vergütung, → Behinderung und Unterbrechung der Ausführung, → Kündigung durch den → Auftraggeber, Kündigung durch den → Auftragnehmer und die → Vertragsstrafe. Die Abrechnung von Stundenlohnarbeiten wird bei Vereinbarung der VOB/B durch § 15 VOB/B geregelt.

Abrissverfügung → Baueinstellung; → Bestandsschutz; → Nachbarschutz; → Nutzungsverbote; → Rückbau

1. Struktur

Die Abriss- oder Beseitigungsverfügung ist eine Maßnahme der **Bauüberwachung**. Hierzu gehören neben der **Abrissverfügung** die **Nutzungsuntersagung** und die → **Baueinstellung**. Gemeinsam ist diesen Eingriffsbefugnissen, dass sie die **formelle** (Nichtvorliegen der erforderlichen Baugenehmigung) und/oder die **materielle Illegalität** (→ Widerspruch der baulichen Anlage gegen für ihre Genehmigungsfähigkeit anzuwendende Vorschriften) voraussetzen. Die Abrissverfügung ist im Rahmen der → Bauüberwachung das härteste Mittel und kann vor dem Hintergrund des **Verhältnismäßigkeitsgrundsatzes** erst dann angewendet werden, wenn durch **mildere Mittel** wie → Baueinstellung und/oder → Nutzungsverbote ein rechtmäßiger Zustand nicht wieder hergestellt werden kann. Als milderes Mittel kommt auch eine Teilbeseitigung oder zunächst ein Auskunftsverlangen in Betracht. Beispiel für ein solches Auskunftsverlangen ist die Verpflichtung der Bauaufsicht, dem Bauherrn eines instabilen Hauses vor Erlass einer Abrissverfügung aufzugeben, ein → Gutachten über die Standsicherheit einzuholen (VGH Kassel, BRS 52 Nr. 223).

2. Voraussetzungen für eine Abrissverfügung

Voraussetzung für die Abrissverfügung sind grundsätzlich **formelle und materielle Illegalität** des Vorhabens (allg. Meinung, *Mampel*, BauR 1996, 13; *Kischel*, DVBl. 1996, 185, jeweils m. w. N). Dementsprechend heißt es in Art. 82 S. 1 BayBO, dass die → Bauaufsichtsbehörde die Beseitigung anordnen kann, wenn nicht auf andere Weise, etwa durch Stellung eines Bauantrags, rechtmäßige Zustände hergestellt werden können. Nur bei Vorhaben mit geringer wirtschaftlicher Bedeutung für den Betroffenen (z. B. Werbetafeln) reicht die formelle Illegalität allein ausnahmsweise aus, um eine Abrissverfügung zu rechtfertigen (so OVG Weimar, ThürVBl. 1995, 113; OVG Bautzen, LKV 1997, 375). Bei einer genehmigungsfreien baulichen Anlage genügt die materielle Illegalität. Die

Anordnung der Beseitigung einer funktionsgerecht nutzbaren baulichen Anlage ist aus Gründen des **Bestandsschutzes** (also kein Schutz von Rohbauten und baufälligen Gebäuden) nach h. M. dann ausgeschlossen, wenn sie irgendwann über einen Zeitraum von in der Regel mindestens 3 Monaten mit dem anwendbaren Recht in Einklang gestanden hat. **Rechtsänderungen** sind zugunsten des Adressaten bis zur letzten mündlichen Verhandlung zu berücksichtigen (vgl. *Jäde*, in: Jäde/Dirnberger, BauOLSA, Kom., § 81 Rdn. 42).

3. Ermessen

Nach dem Wortlaut der Landesbauordnungen steht die Abrissverfügung im **Ermessen** der Bauaufsichtsbehörde (vgl. Art. 82 S. 1 Bay BO; § 70 S. 1 BauOBln; § 72 HBO; § 82 Abs. 3 BauOLSA). Bei der ordnungsgemäßen Ermessensausübung ist in die Ermessenserwägungen besonders einzustellen, dass es eine wesentliche Aufgabe der → Bauaufsichtsbehörde ist, gegen baurechtswidrige Zustände einzuschreiten (**intendiertes Ermessen**, OVG Saarlouis, BRS 54 Nr. 207; OVG Weimar, BRS 58 Nr. 208). Die Frage, welche Werte dabei vernichtet werden, ist ebenso irrelevant wie die Frage, wie lange die illegale Nutzung bereits ausgeübt wurde (VGH München, BRS 36 Nr. 215; BayVBl. 1996, 634; OVG Münster, NJW 1980, 2210; VGH Kassel, BRS 44 Nr. 198). Der **Gleichheitsgrundsatz** muss beachtet werden, wobei die Behörde gegen mehrere Schwarzbauer zeitlich versetzt vorgehen kann, wenn sie nur ein bestimmtes Konzept verfolgt (VGH Kassel, BRS 52 Nr. 221; OVG Bremen, BRS 54 Nr. 209; VGH München, BRS 48 Nr. 171). Die Abrissverfügung gegen einzelne Bauten bei ausdrücklicher Duldung vergleichbarer Anlagen ist dementsprechend ermessensfehlerhaft (VGH Mannheim, NJW 1989, 603), ebenso eine Abrissverfügung in besonderen Härtefällen wie bei körperlicher und geistiger Behinderung eines langjährigen Benutzers des Gebäudes (VGH Mannheim, BauR 1991, 449).

Das bloße Zuwarten der Behörde mit der Vollstreckung aus einer bereits vorhandenen Beseitigungsanordnung schließt eine weitere Vollstreckung ebensowenig aus, wie die bloße Duldung einer rechtswidrigen baulichen Anlage den späteren Erlass einer Beseitigungsanordnung hindert. Denn es entspricht gefestigter Rechtsprechung, dass die Befugnis der → Bauaufsichtsbehörde, auf die Einhaltung öffentlich-rechtlicher Vorschriften zu achten, nicht verwirkt werden kann (VGH München, BayVBl. 1996, 634).

4. Fristbestimmung

Die Abrissverfügung wird regelmäßig mit einer → Frist für die vorzunehmende Beseitigung verknüpft sein (etwa 3 Monate nach Unanfechtbarkeit der Abrissverfügung). Eine solche → Frist ist zwar nicht unbedingt erforderlich, jedoch **Voraussetzung für** die Anwendung von **Zwangsmitteln**, zumal die fehlende → Fristsetzung Indiz für die mangelnde Ernsthaftigkeit der Abrissverfügung sein kann (OVG Bremen, BauR 1979, 409).

5. Anordnung der sofortigen Vollziehung

Nach dem VGH Kassel ist die Anordnung der sofortigen Vollziehung der Abrissverfügung nach § 80 Abs. 2 S. 1 Nr. 4 VwGO in folgenden Fallkonstellationen zulässig:
– wenn die Beseitigung **einem Nutzungsverbot gleichgestellt** werden kann, weil sie ohne Substanzverlust und hohe Kosten zu bewerkstelligen ist (z. B. Entfernung von → Werbeanlagen; vgl. auch OVG Berlin, BauR 2002, 1382);
– wenn ein beharrlicher und **notorischer Schwarzbauer** nur damit in erfolgversprechender Weise an der Fortsetzung seiner rechtswidrigen Betätigung gehindert werden kann;
– wenn die **Vorbildwirkung** eines illegal ausgeführten Vorhabens eine Nachahmung in solchem Maße schon bis zum bestands- oder rechtskräftigen Abschluss der Hauptsache befürchten lässt,

dass der Ausweitung der Störung der öffentlichen Sicherheit oder Ordnung rasch vorgebeugt werden muss;
- wenn die vom Bauwerk ausgehende **Gefahr für** die **öffentliche Sicherheit und Ordnung** ein sofortiges Einschreiten durch Beseitigung der baulichen Anlagen erfordert (z. B. offensichtliche Einsturzgefahr eines baufälligen Hauses an einer Hauptverkehrsstraße) (VGH Kassel, BRS 42 Nr. 220, Nr. 222; NVwZ 1985, 664; OVG Greifswald, NVwZ 1995, 608).

Die Anordnung der sofortigen Vollziehung der Abrissverfügung nach § 80 Abs. 2 S. 1 Nr. 4 VwGO ist gemäß § 80 Abs. 3 VwGO besonders zu begründen.

6. Adressat/Rechtsnachfolger

Verantwortlich ist nach allgemeinen Grundsätzen der **Handlungs- und Zustandsstörer**, also regelmäßig der Grundstückseigentümer und → Bauherr. Die Auswahl unter mehreren Pflichtigen steht im **Ermessen** der Behörde, wobei bei gleicher Effektivität im Hinblick auf eine Beseitigung des baurechtswidrigen Zustandes der Handlungsstörer vor dem Zustandsstörer in Anspruch zu nehmen ist (VGH München, UPR 1987, 275; OVG Koblenz, BauR 1990, 345). Verwaltungsakte gelten im Rahmen der Ausübung bauaufsichtlicher Maßnahmen auch **für und gegen Rechtsnachfolger**. Hiervon gehen die Verwaltungsgerichte in der Regel auch ohne ausdrückliche gesetzliche Regelung aus (OVG Koblenz, BauR 1985, 182; VGH München, BayVBl. 1981, 371; 1983, 21; OVG Lüneburg, BRS 46 Nr. 201). Ist der Handlungsstörer, etwa der → Bauherr, Pächter oder Mieter mit dem Grundstückseigentümer nicht identisch, bedarf es einer (jederzeit nachholbaren) **Duldungsverfügung** gegenüber dem Eigentümer, wenn der Störer ohne Eingriff in fremdes Eigentum dem Beseitigungsverlangen nicht in rechtmäßiger Weise nachkommen kann. Dabei handelt es sich nur um ein Vollstreckungshindernis, die die Rechtmäßigkeit der Verfügung nicht berührt (BVerwGE 40, 101; BVerwG, UPR 1994, 450; VGH Kassel, BRS 22 Nr. 211).

Abschlagsrechnung → Abschlagszahlung

Abschlagsrechnungen sind die Rechnungen, die bereits ausgeführte → Teilleistungen einer Gesamtleistung betreffen. Abschlagszahlungen sollen den → Auftragnehmer für den Aufwand der bis zum Zeitpunkt der Rechnungsstellung ausgeführten Teil- und Vorleistungen entschädigen und ihm vor der mangelnden künftigen Liquidität, Bonität oder der → Insolvenz des Auftraggebers sichern.

Auf die Mängelhaftung des Bauunternehmers sind die Abschlagszahlungen ohne Einfluss. Gleiches gilt für die → Gewährleistung des Bauunternehmers. Mit der → Abschlagszahlung gelten die in ihr abgerechneten → Teilleistungen nicht als abgenommen.

Abschlagszahlung → Bauhandwerkersicherung nach § 648 a BGB; → Zahlung des Werklohns

1. Allgemeines

§ 16 VOB/B und § 632 a BGB enthalten Regelungen über Abschlagszahlungen. Nach der gesetzlichen Ausgestaltung des Werkvertrages (in §§ 631, 641 BGB) ist der Unternehmer grundsätzlich verpflichtet, die volle → Leistung zu erbringen, bevor er die Vergütung verlangen kann. Er ist **vorleistungspflichtig** und trägt deshalb ein erhebliches Risiko, wenn der → Bauherr die Leistung nicht bezahlen kann. Zur Vermeidung dieses Risikos existiert die Bauhandwerkersicherungsmöglichkeit nach § 648 a BGB. Ein Weg, die Risiken der Vorleistungspflicht zu mildern, besteht jedoch auch darin, Abschlagszahlungen zu verlangen. Im Rahmen eines BGB- bzw. VOB/B-Vertrages hat der → Auftragnehmer einen auch im Wege der Klage durchsetzbaren Anspruch auf Abschlagszahlungen.

2. BGB

Im BGB sind Abschlagszahlungen erst seit dem 1. 5. 2000 geregelt. Gemäß **§ 632 a BGB** kann der Auftragnehmer Abschlagszahlungen für **in sich abgeschlossene Teile der Leistung** und für erforderliche Stoffe oder Bauteile verlangen, wenn diese eigens angefertigt oder angeliefert sind. Dieser Anspruch soll nur dann bestehen, „wenn dem → Besteller Eigentum an den Teilen des Werkes, an den Stoffen oder Bauteilen übertragen oder Sicherheit hierfür geleistet wird".

Gemäß § 632 a BGB hat der Auftragnehmer diesen Anspruch für **in sich abgeschlossene Teile der Leistung**. Auch der Rechtsprechung ist es bislang nicht gelungen, diesen aus § 12 Nr. 2 a) VOB/B a. F. entliehenen Begriff zu konturieren. Nach der Rechtsprechung handelt es sich um in sich abgeschlossene Teile der Leistung, wenn diese „nach allgemeiner Verkehrsauffassung als selbstständig (I.) und von den übrigen Teilleistungen aus dem → Bauvertrag unabhängig anzusehen sind (II.), diese Leistungen sich überdies in ihrer → Gebrauchsfähigkeit abschließend für sich beurteilen lassen (III.)" (BGH BauR 1979, 159). Das ist z. B. nicht für **einzelne Stockwerke eines Gebäudes** der Fall. Einzelne Stockwerke sind nach allgemeiner Verkehrsauffassung nicht als selbstständig und von den übrigen Teilleistungen aus dem Bauvertrag unabhängig anzusehen. Erst alle Stockwerke zusammen können den Rohbau ergeben. Ein einzelnes Stockwerk lässt sich überdies in seiner Gebrauchsfähigkeit nicht abschließend für sich beurteilen (BGH NJW 1968, 1524). Bei **Teilen einer Treppe** handelt es sich nicht um in sich abgeschlossene Teile einer Leistung. Eine rechtsgeschäftliche Teilabnahme scheidet aus (BGH NJW 1985, 2696). Einzelne selbstständige Gebäudeteile, wie z. B. **Sanitärarbeiten** oder eine **Heizungsanlage** sind in sich abgeschlossene Teilleistungen (BGH BauR 1975, 423; NJW 1979, 650).

Das hat zur Folge, dass diese Bestimmung in der Praxis kaum einmal angewendet wird. Bislang existiert ein einziges veröffentlichtes Urteil zu § 632 a BGB (LG München, IBR 2003, 5).

In der Debatte zur 2. und 3. Beratung wurde von den Vertretern der SPD dargelegt, dass hinter dieser Regelung die Idee stecke, dass Abschlagszahlungen nunmehr dem gesetzlichen Leitbild des Werkvertragsrechts entsprechen (einschränkend z. B. *Palandt/Sprau*, § 632 a BGB, Rdn. 3). Wenn man diese Auffassung teilt, kann § 632 a BGB nicht durch → Allgemeine Geschäftsbedingungen abgeändert werden – auch nicht durch den Unternehmer, der mit seinem → Auftraggeber z. B. einen von § 632 a BGB abweichenden **Zahlungsplan** in Allgemeinen Geschäftsbedingungen vereinbaren will. Deshalb hat der Bundesminister der Justiz für die Zahlungspläne der Bauträger gemäß § 3 MaBV mittlerweile eine Verordnung über Abschlagszahlungen bei Bauträgerverträgen geschaffen (im Auszug z. B. bei *Palandt/Sprau*, Anh. zu § 632 a BGB abgedruckt).

Soweit Satz 2 der Bestimmung in § 632 a BGB den Abschlagszahlungsanspruch auch dann entstehen lässt, wenn **erforderliche** Stoffe oder Bauteile eigens angefertigt oder angeliefert sind, hat sich die Formulierung – ob gewollt oder ungewollt – vom Text des § 16 Nr. 1 Abs. 1 letzter Satz VOB/B entfernt, der den Abschlagszahlungsanspruch für lediglich eigens angefertigte und bereit gestellte Bauteile vorsieht.

3. VOB/B

In der VOB/B sind Abschlagszahlungen in **§ 16 Nr. 1 VOB/B** geregelt. Gemäß § 16 Nr. 1 VOB/B sind Abschlagszahlungen auf Antrag des Auftragnehmers in Höhe des Wertes der jeweils nachgewiesenen vertragsgemäßen Leistungen einschließlich des ausgewiesenen, darauf entfallenden Umsatzsteuerbetrages in möglichst kurzen Zeitabständen zu gewähren. Das gilt auch beim Pauschalvertrag (BGH, ZfBR 1991, 67).

4. Bauträgervertrag

Beim **Bauträgervertrag** ist die Makler- und Bauträgerverordnung zu beachten. Diese enthält in §§ 2 bis 8 zwingende Sicherungsvorschriften zugunsten des Bauherrn, § 12 MaBV.

5. Rechtsfolgen

Aus der Natur der Abschlagszahlung als vorläufige Leistung, die die Risiken der Vorleistungspflicht des Auftragnehmers lediglich mindern soll, ergeben sich die folgenden vier Rechtsfolgen:

a) **Wenn eine Schlussrechnung** vorliegt, ist eine Klage aus nichtbezahlten Abschlagsrechnungen nicht mehr zulässig (BGH, BauR 1985, 456, 457 = NJW 1985, 1840). Streitig ist, ob der Auftragnehmer nach Schlusszahlungsreife noch aus einer Abschlagsrechnung klagen kann, wenn diese ein unbestrittenes Guthaben ausweist (dafür z. B.: OLG Naumburg, IBR 2003, 466; dagegen: OLG Nürnberg, IBR 2000, 418). Ist der Vertrag vorzeitig beendet, muss der Auftragnehmer endgültig mit einer Schlussrechnung abrechnen. Er kann nicht bis dahin offene Abschlagszahlungen fordern (BGH, ZfBR 1987, 200 = BauR 1987, 453; zur Ausnahme OLG Hamm NJW-RR 1996, 593). Unter den Voraussetzungen des § 16 Nr. 3 Abs. 1 Satz 3 VOB/B hat der Auftragnehmer jedoch nach Erstellung einer Schlussrechnung einen Anspruch auf Auszahlung des unbestrittenen Guthabens als Abschlagszahlung (vgl. dazu BGH, ZfBR 1997, 186).

b) Die **Fälligkeit** einer Abschlagszahlung hängt nicht von der → Abnahme ab. Das bedeutet, dass die Abschlagszahlung auch verlangt werden kann, wenn die abgerechnete → Leistung mangelhaft ist. Jedoch hat der → Auftraggeber ein **Zurückbehaltungsrecht** wegen seines Anspruchs auf Mängelbeseitigung (BGH, ZfBR 1988, 215 = BauR 1988, 474). Macht er es geltend, kann er ein Mehrfaches (mindestens das Dreifache nach der Neuregelung des § 641 BGB) des zur Mängelbeseitigung erforderlichen Betrages zurückbehalten. Der Anspruch auf Abschlagszahlungen besteht dann uneingeschränkt nur in Höhe des Betrages, um den die berechtigte Abschlagsforderung das mindestens Dreifache des Mängelbeseitigungsaufwandes überschreitet. Im Übrigen kann Abschlagszahlung nur Zug um Zug gegen Mängelbeseitigung verlangt werden. Bei Streit über die Höhe der Mängelbeseitigungskosten trägt der Auftragnehmer die Darlegungs- und → Beweislast (BGH, BauR 1997, 133).

c) Abschlagszahlungen sind binnen 18 Werktagen nach Zugang der Aufstellung zu leisten (§ 16 Nr. 1 Abs. 3 VOB/B). Die → Frist beginnt allerdings erst zu laufen, wenn eine prüffähige Aufstellung vorliegt. Zahlt der Auftraggeber bei **Fälligkeit**, also spätestens nach 18 Tagen, nicht, so kann der Auftragnehmer die Rechte aus § 9 Nr. 1 b VOB/B geltend machen, also nach fruchtlosen Ablauf einer mit Kündigungsandrohung gesetzten Frist schriftlich kündigen. Er kann sich aber gemäß § 16 Nr. 5 Abs. 3 VOB/B a. F. bzw. § 16 Nr. 5 Abs. 5 VOB/B n. F. auch darauf beschränken, die Arbeiten einzustellen, nachdem er dem Auftraggeber eine angemessene → Nachfrist zur Zahlung gesetzt hat **und** diese erfolglos verstrichen ist.

d) Abschlagszahlungen stellen lediglich Anzahlungen auf den gesamten Werklohn dar. Sie bedeuten **keine Abnahme** der mit ihnen bezahlten Teilleistungen. Die Bezahlung einer → Abschlagsrechnung bedeutet zudem **kein Anerkenntnis** der mit der Abschlagsrechnung geltend gemachten und vom Auftraggeber bezahlten Forderungen.

Abschlagszahlungsbürgschaft → Vorauszahlungsbürgschaft

Abschluss des Vertrages, Vertragsanbahnung und vertragslose Leistungen

→ Architektenvertrag; → Bauvertrag; → Beweislast; → Höchstsatz; → Mindestsatz; → Schriftform; → Vollmacht

Abstandsflächen → Baulast; → Befreiung; → Dachgeschoss; → Nachbarschutz

Alle Landesbauordnungen bestimmen die Lage eines Vorhabens auf den Grundstücken im Verhältnis zu den Grundstücksgrenzen und den übrigen Gebäuden durch Abstandsflächen. Abstandsflächen sind Flächen vor den Außenwänden von Gebäuden oder gebäudegleich wirkenden Anlagen. Das

Abstandsflächenrecht geht generell **davon aus**, dass **Abstände** vor den Außenwänden **erforderlich sind, auf dem** → **Baugrundstück selbst** liegen müssen, **nicht mit Gebäuden bebaut** werden und **einander nicht überdecken** dürfen.

1. Zweck der Abstandsflächen

Die Abstandsflächen wollen eine **ausreichende Belichtung, Belüftung und Besonnung** des Gebäudes gewährleisten sowie **Belange des Brandschutzes** sicherstellen, zudem angemessene Freiflächen sichern. Schließlich **erhalten sie die Privatsphäre**, dienen einem störungsfreien Wohnen und tragen so zur Wahrung des **Nachbarfriedens** bei (OVG Münster, BRS 44 Nr. 188; VGH Mannheim, VBlBW 1987, 465).

2. Abstandsflächenberechnung

In den Landesbauordnungen findet sich regelmäßig der Grundsatz, dass vor den Außenwänden von Gebäuden auf dem → Baugrundstück Abstandsflächen freizuhalten sind, innerhalb derer oberirdische → Gebäude sowie bauliche Anlagen und andere Anlagen und Einrichtungen, von denen Wirkungen wie von oberirdischen Gebäuden ausgehen, nicht errichtet werden dürfen, vgl. Art. 6 Abs. 1 S. 1 BayBO; § 6 Abs. 1, Abs. 8 HBO; § 6 Abs. 1 S. 1 BauONRW; § 6 Abs. 1 BauOLSA.

a) Abstandsflächen vor Außenwänden oberirdischer Gebäude

Verlangt werden **Abstandsflächen** nur **vor (allen) Außenwänden oberirdischer Gebäude**. Oberirdische → **Gebäude** sind → **Gebäude**, die ganz oder teilweise über die Geländeoberfläche hinausragen, so dass z. B. Tiefgaragen, Keller etc. nicht unter die Abstandsregelungen fallen, also grundsätzlich ohne Abstand zulässig sind (VGH Kassel, HessVGRspr. 1994, 4). **Außenwände** sind Wände, die bauliche Anlagen gegen die Außenluft abschließen. Dies bedeutet, dass etwa Wärmedämmungen noch zur Außenwand gehören und die maßgebliche Außenwand erst nach Abschluss der Wärmedämmung beginnt (*Allgeier/v. Lutzau*, HBO-Kom., 6.1). Als **Außenwand** anzusehen sind ferner **gebäudeähnliche Konstruktionen, von denen Wirkungen wie von Gebäuden ausgehen**, vgl. § 6 Abs. 1, 8 HBO; § 6 Abs. 10 BauONRW. Solche Wirkungen gehen beispielsweise aus von baulichen Anlagen, die höher als 1,50 m sind, wie Mauern, großflächige → Werbeanlagen, Behälter, Aufschüttungen etc., überdachten Freisitzen, Terrassen, die mehr als 1,00 m über der Geländeoberfläche angeordnet oder einschließlich ihrer Brüstung mehr als 1,50 m hoch sind. Aber beispielsweise auch 2 Balkone mit Geländer, auf 2 Betonpfeiler gestützt, in einem Haus mit 2 Stockwerken, die 1,50 m breit sind und sich entlang der Gebäudefront in jedem Stockwerk zum Nachbargrundstück hinziehen, sind wirkungsmäßig als → Gebäude anzusehen und damit abstandsflächenmäßig relevant. Das bedeutet, dass die Abstandsflächen erst beginnend mit Balkonabschluss (= Außenwand) zu ermitteln sind (VGH Kassel, NVwZ-RR 1996, 307; OVG Saarlouis, BRS 35 Nr. 124; OVG Lüneburg, BRS 33 Nr. 124; VG Meiningen, LKV 1996, 426; *Allgeier/v. Lutzau*, HBO-Kom., 6.9). Keine gebäudeähnlichen Wirkungen gehen von ebenerdigen Konstruktionen wie nicht angehobene Terrassen und Freisitze oder einer Zu- und Abfahrtsrampe aus, die zu einer zu einem Wohnhaus gehörenden Tiefgarage mit 6 Stellplätzen führt (VGH Kassel, BRS 55 Nr. 122; *Dirnberger*, in: Jäde/Dirnberger, BauOLSA-Kom., § 6 Rdn. 148).

b) Tiefe der Abstandsflächen

Die Tiefe der Abstandsflächen **bemisst sich nach** der **Wandhöhe**; sie wird rechtwinklig zur Wand gemessen. **Als Wandhöhe gilt das Maß von der Geländeoberfläche bis zur Schnittlinie der Wand mit der Dachhaut** oder bis zum oberen Abschluss der Wand. Bei gestaffelten Wänden gilt dies für jeden Wandabschnitt. In den Fällen **geneigter Geländeoberfläche** kann die mittlere Wandhöhe zugrunde gelegt werden. **Dachneigungen** werden zur Wandhöhe regelmäßig je nach Neigungsgrad bis zu 45 Grad nicht, ab 45 bis 70 Grad zu einem Drittel und ab 70 Grad voll hinzugerechnet. Das sich danach ergebende Maß wird meist **H** genannt, vgl. § 6 Abs. 4 BremlBO, § 6 Abs. 4 HBO, § 6 Abs. 4 BauONRW, § 6 Abs. 4 BauOLSA. Die Tiefe der Abstandsflächen beträgt dann je nach Bundesland z. B. in Hessen allgemein 0,4 H und in Gewerbe- und Industriegebieten 0,2 H, § 6 Abs. 5 HBO, in allen Fällen mindestens 3 m. In Sachsen-Anhalt beispielsweise beträgt die Tiefe der Abstandsflächen 0,8 H, mindestens 3 m, in Kerngebieten 0,5 H, mindestens 3 m und in Gewerbe- und Industriegebieten 0,25 H, mindestens 3 m, § 6 Abs. 5 S. 1 BauOLSA. In einem Beispielsfall mit einem zweigeschossigen Haus mit zwei durchgehenden Balkonen von 1,50 m Breite mit Geländer, die auf 2 vorgezogenen Säulen sitzen, beginnt die Außenwand vor den Balkonen, also 1,50 m vor der eigentlichen Wand. Da jedoch die über dem höchsten Balkongeländer sich befindende Wand nach hinten um die Balkonbreite von 1,50 m versetzt ist, hört die Außenwand des Balkonvorbaues mit dem Ende des höchsten Balkongeländers auf. Ist beispielsweise im → Wohngebiet in Hessen die oberste Balkonhöhe mit Geländer im zweigeschossigen Haus 7,50 m hoch, so ergibt sich eine Abstandsfläche von 3 m (7,50 m multipliziert mit 0,4, vgl. § 6 Abs. 5 HBO). Ist die hinter den Balkonen liegende Hauswand bis zur Schnittlinie der Wand mit der Dachhaut insgesamt 9,50 m hoch, so ist entsprechend einem Staffelgeschoss die Abstandsfläche 3,80 m (9,50 m multipliziert mit 0,4), allerdings ausgehend von der hinteren Wand als Außenfläche (= Wandabschnitt i. S. d. Staffelgeschosses) und nicht von den Balkonen, so dass die Balkonbreite mit 1,50 m in dieser Abstandsflächenberechnung zu berücksichtigen ist. Deshalb reicht es aus, wenn der Abstand zur Nachbargrenze 3 m einhält.

c) Geländeoberfläche

Geländeoberfläche als maßgebliche Bezugsgröße für die Ermittlung der Wandhöhe ist regelmäßig die **Höhe, die sich aus den Festsetzungen des Bebauungsplans ergibt oder die in der → Baugenehmigung bestimmt ist. Ansonsten** ist die Höhe der **natürlichen Geländeoberfläche** maßgeblich, vgl. § 2 Abs. 5 HBO, § 2 Abs. 4 BauONRW, § 2 Abs. 7 BauOLSA. Natürliche Geländeoberfläche ist die nicht künstlich veränderte Geländeoberfläche. Aufschüttungen und Abgrabungen, auch wenn sie grundsätzlich zulässig sind, verändern zwar das Gelände künstlich, nicht jedoch den maßgeblichen Bezugspunkt der natürlichen Geländeoberfläche. Insbesondere dürfen sie nicht zu unzulässigen Veränderungen der Zahl der Vollgeschosse oder der Abstandsflächen führen. Allenfalls in Ausnahmefällen, wenn der natürliche Geländeverlauf einer sinnvollen Bebauung entgegensteht oder Gründe zu einem abweichenden Ansatz der natürlichen Geländeoberfläche in der Sicherheit oder Gestaltung des Grundstücks liegen, kann ein anderer Bezugspunkt gerechtfertigt sein (VGH Mannheim, BauR 1997, 92; *Allgeier/v. Lutzau*, HBO-Kom., 2.4; *Jäde*, in: Jäde/Dirnberger, BauOLSA-Kom., § 2 Rdn. 63).

d) Abstandsflächen auf dem Grundstück selbst/Überdeckungsverbot

Nach den Landesbauordnungen wird regelmäßig verlangt, dass die **Abstandsflächen auf dem Grundstück selbst** liegen müssen. Die Abstandsflächen dürfen **auch auf öffentlichen Verkehrsflächen, öffentlichen Grünflächen und öffentlichen Wasserflächen** liegen, jedoch **nur bis zu deren Mitte**, § 6 Abs. 2 BbgBO, § 6 Abs. 2 HBO, § 6 Abs. 2 BauONRW; § 6 Abs. 2 BauOLSA. Liegen die Flächen hintereinander, darf eine Ausnutzung bis zur Mitte des addierten Flächenumfangs erfolgen (*Allgeier/v. Lutzau*, HBO-Kom., 6.2.). Die Abstandsflächen dürfen sich (auch bei mehreren Gebäuden auf demselben Grundstück) grundsätzlich nicht überdecken, wobei dies insbesondere in dem Fall nicht gilt, in dem Außenwände mehr als 75 Grad zueinander stehen, § 6 Abs. 3 HBO, § 6 Abs. 3 BauOLSA.

3. Entfallen des Abstands
a) Relevanz des Planungsrechts
Die Abstandsflächenvorschriften hängen von ihrer **bauplanungsrechtlichen Grundlage** ab. Die Tiefe der Abstandsflächen richtet sich nach der Gebietsausweisung im → Bebauungsplan oder nach der Struktur der tatsächlich vorhandenen Bebauung, vgl. § 6 Abs. 1 S. 2 HBO, § 6 Abs. 1 S. 2 BauONRW. Dementsprechend darf nach Landesbauordnungsrecht nicht die Einhaltung von seitlichen Abstandsflächen verlangt werden, wenn innerhalb eines im Zusammenhang bebauten Ortsteils ein Grundstück gemäß § 34 BauGB nur in geschlossener → Bauweise bebaut werden darf (BVerwG, ZfBR 1994, 12). Nach dem VGH Mannheim (IBR 1995, 33) darf im unbeplanten → Innenbereich auch dann an die Grundstücksgrenze gebaut werden, wenn lediglich das Dach des Nachbargebäudes an die Grenze heranreicht. Sieht der → Bebauungsplan geschlossene → Bauweise vor, so ist wegen § 22 Abs. 3 BauNVO ein Abstand nicht einzuhalten, auch wenn eigentlich nach den Landesbauordnungen ein Abstand von der Grenze verlangt werden könnte, vgl. § 6 Abs. 11 HBO (OVG Münster, IBR 1992, 201). Dabei ist es grundsätzlich irrelevant, ob in dem anzubauenden → Gebäude Fenster vorhanden sind und geschlossen werden müssen (OVG Münster, BauR 1991, 738).

b) Grenzgaragen
Garagen sowie andere kleinere Anlagen wie Stützmauern, Versorgungsanlagen etc. sind nach den meisten Landesbauordnungen **unmittelbar an der Nachbargrenze zulässig**, § 6 Abs. 10 HBO, § 6 Abs. 11 Nr. 1 BauOLSA. Garagen sind ganz oder teilweise umschlossene Anlagen zum Abstellen von Fahrzeugen. Ein **untergeordneter Abstellraum** für Kfz-bezogenes → Material darf hinzugehören, nicht jedoch eine Dachterrasse, Parabolantenne u. a. (VGH München, BRS 42 Nr. 369; OVG Saarlouis, BRS 52 Nr. 260; VGH Mannheim, BauR 1996, 90; OVG Münster, ZfBR 1992, 40). Im Prinzip muss die Garage ein **selbstständiges Gebäude** darstellen und darf nicht integraler Bestandteil des Hauses sein, weil sich die Privilegierung ausschließlich auf die Garage und nicht das Hauptgebäude bezieht. Akzeptiert wird eine gemeinsame Dachkonstruktion für Haus und Garage, wenn das Hauptgebäude, denkt man die Garage hinweg, die Abstandsflächen einhält (OVG Münster, BauR 1996, 90; *Dirnberger*, in: Jäde/Dirnberger, BauOLSA-Kom., § 6 Rdn. 158). Überwiegend ist man der Auffassung, dass die Garage auch an die Grenze gebaut werden muss, also die bloße Unterschreitung der gesetzlichen Abstandsflächen durch Grenzgaragen nicht erlaubt ist (VGH München, BayVBl. 1980, 594; OVG Koblenz, BRS 49 Nr. 327; OVG Lüneburg, BRS 47 Nr. 285; a. A. VGH Mannheim, BauR 1991, 317).

4. Geringere Abstandstiefen
a) Vortretende Bauteile und Vorbauten
Bei der Bemessung der Abstandsflächen bleiben vor die Außenwand **vortretende Bauteile und Vorbauten**, wie Gesimse, Dachvorsprünge, Blumenfenster, Hauseingangstreppen und deren Überdachungen sowie → Erker und Balkone **außer Betracht**, sofern sie nicht mehr als 1,50 m hervortreten und von Nachbargrenzen mindestens 2 m entfernt bleiben, Art. 6 Abs. 3 S. 7 BayBO, § 6 Abs. 6 S. 1 HBO, § 6 Abs. 7 BauONRW, § 6 Abs. 7 BauOLSA. Die Verkürzung der Abstandsflächen ist danach nur zulässig, wenn sie **im Verhältnis zum Gesamtbauvorhaben untergeordnet** ist und nicht primär auf die Schaffung zusätzlicher Wohnflächen gerichtet ist. Aufzugsschächte und Treppenhäuser sind beispielsweise keine solchen untergeordneten Bauteile mehr (OVG Berlin, BRS 54 Nr. 97). Auch auf Grund des „Summeneffekts" einzelner, an sich untergeordneter Bauteile, kann ebenfalls das Merkmal „untergeordnet" im Einzelfall verloren gehen (VGH Kassel, NVwZ-RR 1996, 307).

b) Schmalseitenprivileg

Das sog. **Schmalseiten- oder 16-m-Privileg** besagt, dass **vor 2 Außenwänden eines Gebäudes von nicht mehr als 16 m Länge die Hälfte der an sich erforderlichen Tiefe der Abstandsflächen genügt**, vgl. Art. 6 Abs. 4, 5 BayBO; § 6 Abs. 5, 6 BauOMV; § 6 Abs. 5, 6 SächsBO; § 6 Abs. 5, 6 BauOLSA; § 6 Abs. 5, 6 ThürBO (nicht existent in Hessen, Rheinland-Pfalz und Saarland). Der → Bauherr hat ein Wahlrecht, an welchen zwei Außenwänden sich die Verminderung erstrecken soll. Ein Reihenmittelhaus hat bereits durch die Angrenzung an zwei Gebäude eine doppelte Privilegierung in Anspruch genommen und muss an den anderen beiden Seiten die vollen Abstandsflächen einhalten. Bei Reiheneckhäusern oder Doppelhaushälften ist bereits eine Seite verbraucht (*Dirnberger*, in: Jäde/Dirnberger, BauOLSA-Kom., § 6 Rdn. 109). Je nach Bundesland ist bei der Frage, wann die Außenwand länger als 16 m ist, darauf abzustellen, ob zwischen den beiden Eckpunkten der Wand die 16 m überschritten sind, gleichgültig, ob und inwieweit die Wand vor- oder zurücktritt (technische oder natürliche Betrachtungsweise; OVG Münster, NVwZ-RR 1991, 527; OVG Bautzen, NVwZ-RR 1995, 189) oder ob es nur darauf ankommt, dass die nahen „abstandsflächenrelevanten" Wandteile nicht mehr als 16 m lang sein dürfen (rechnerische Betrachtungsweise; h. M., VGH München, BauR 1986, 431; OVG Münster, BRS 48 Nr. 235; OVG Koblenz, BRS 48 Nr. 97; OVG Saarlouis, BRS 52 Nr. 246).

c) Übernahme der Abstandsflächen auf Nachbargrundstücke

Die Landesbauordnungen ermöglichen es, durch Gewährung von **Ausnahmen** Abstände oder Abstandsflächen ganz oder teilweise auf andere (d. h. Nachbar-)Grundstücke zu übernehmen. Dies steht jedoch unter der **Voraussetzung**, dass öffentlich-rechtlich gesichert ist, dass die sich auf das Nachbargrundstück erstreckenden Abstandsflächen nicht überbaut und nicht auf die auf diesem Grundstück freizuhaltenden Abstände und Abstandsflächen angerechnet werden, § 7 HBO, § 7 BauOLSA, § 7 BauONRW, § 9 BauORP. Als öffentlich-rechtliche Sicherung gelten die Eintragung einer → Baulast, Festsetzungen des Bebauungsplans oder Baubeschränkungen aus anderen öffentlich-rechtlichen Vorschriften wie naturschutzrechtliche Bauverbote auf dem Nachbargrundstück, vgl. § 7 Abs. 1 S. 3 BauOLSA. Für ausreichend als öffentlich-rechtliche Sicherung wird auch ein bereits vorhandener Grenzbau oder eine Widmung des Nachbargrundstücks als öffentliche Grünfläche oder Erholungsanlage eingestuft (OVG Münster, BRS 57 Nr. 137; OVG Bautzen, BauR 1998, 1006; OVG Berlin, BauR 2002, 1381). Nicht ausreichend ist die Nachbarunterschrift unter die Baupläne oder privatrechtliche Vereinbarungen (*Dirnberger*, in: Jäde/Dirnberger, BauOLSA-Kom., § 7 Rdn. 12 ff.; für die Besonderheiten in Bayern, wo es keine → Baulast gibt, siehe *Dirnberger*, a. a. O., § 7 Rdn. 12).

Abtretung → Dritthaftungsklausel

Abtretung bedeutet, dass ein → Gläubiger die ihm gegen einen Schuldner (→ Leistung) zustehende Forderung einem Dritten überträgt. Im → Baurecht ist die Abtretung nach den §§ 398 ff. BGB zulässig und üblich. Sie bietet dem Bauunternehmer die Möglichkeit, sich mit Hilfe der ihm aus dem entsprechenden Bauvertrag gegen seine Schuldner zustehenden Werklohnforderung Liquidität oder Kredit bei Dritten zu beschaffen. Die Abtretung kann also sicherungsweise oder endgültig erfolgen. In Bauverträgen werden oftmals Abtretungsverbote vereinbart. In diesen wird geregelt, dass die Werklohnforderung nicht ohne Zustimmung des Auftraggebers abgetreten werden darf. Eine dieser Vereinbarung zuwiderlaufende Abtretung soll gegenüber dem Dritten unwirksam sein. Das Abtretungsverbot verstößt grundsätzlich nicht gegen die guten Sitten (§ 138 BGB). Es ist grundsätzlich auch wirksam, wenn es in Allgemeinen Geschäftsbedingungen vereinbart wird. Zu beachten ist, dass der Bauherr die entgegen einem Abtretungsverbot erfolgte Abtretung durch eine ausdrückliche Erklärung genehmigen kann. Zudem ist ein absolutes Abtretungsverbot in Allgemeinen Geschäfts-

bedingungen einschränkend dahin auszulegen, dass die Abtretung nur aus wichtigem Grund verweigert werden darf.
Besonderheiten sind bei der **Abtretung von Gewährleistungsansprüchen** zu beachten:
Sofern ein Veräußerer von Eigentum (z. B. Bauträger) seine Gewährleistungsansprüche an den Erwerber abtritt, um sich hierdurch gegenüber dem Erwerber freizuzeichnen, ist dies grundsätzlich möglich. Dies kann auch in formularmäßigen Freizeichnungsklauseln vereinbart werden. Zu beachten ist jedoch, dass die Eigenhaftung der abtretenden Baugesellschaft nicht endgültig beseitigt wird. Sie kann nur insoweit abbedungen werden, als sich der Erwerber aus den abgetretenen Ansprüchen tatsächlich schadlos halten kann. Das Risiko, dass die Schadloshaltung gegenüber den einzelnen Bauunternehmern fehlschlägt, verbleibt beim Veräußerer. Sofern ein Unternehmer die Ansprüche des Erwerbers ablehnt oder diese nicht erfüllen kann, kann der Erwerber von der abtretenden Baugesellschaft nicht auf den Klageweg gegen die einzelnen Unternehmer verwiesen werden. Eine solche Klausel, die bereits aufgrund ihrer sprachlichen Fassung bei dem Erwerber einen solchen Eindruck erweckt, ist unwirksam. Dieser kann sich vielmehr an seinen Vertragspartner (Bauträger) halten. Das → AGB-Gesetz bzw. nach Schuldrechtsmodernisierungsreform das BGB lässt nur die Möglichkeit zu, den Erwerber auf die Inanspruchnahme eines leistungsbereiten und leistungsfähigen Unternehmers zu verweisen. Der Erwerber muss beim Auftreten von Mängeln den verantwortlichen Unternehmer oder Handwerker zur Beseitigung des Mangels auffordern. Kommt der in Anspruch Genommene dieser Aufforderung nicht nach, verzögert er die Mängelbeseitigung unangemessen lang oder sieht er sich sogar nicht im Stande, die Mängelbeseitigung durchzuführen, so kann der Veräußerer (Abtretende) unmittelbar in Anspruch genommen werden.
Voraussetzung ist zudem, dass der Abtretende den Erwerber auch in den Stand versetzt, die abgetretenen Ansprüche gegen den richtigen Schuldner richtig geltend zu machen (OLG Düsseldorf, IBR 1999, 166). Dazu gehört in der Regel die Angabe, welcher Baubeteiligte die mangelhaften Arbeiten ausgeführt hat und welcher Art die mit diesem Unternehmer/Handwerker getroffenen Vertragsabreden sind. Diese Auskünfte hat der Abtretende spätestens dann zu erteilen, wenn er vom Erwerber dazu aufgefordert oder ihm gegenüber eine Mängelrüge geltend gemacht wird. Zudem hat der Veräußerer/Abtretende die zum → Beweis dienenden Urkunden auszuhändigen. Das Überreichen einer Handwerksliste, in der die am Bau Beteiligten mit den ausgeführten Arbeiten namentlich aufgeführt sind, ist nicht ausreichend. Der Erwerber muss durch den Abtretenden darüber hinaus über den Inhalt der jeweiligen Verträge mit den Handwerkern, über den Zeitpunkt der → Abnahme der Handwerkerleistungen und über den damit verbundenen Lauf der → Verjährung unterrichtet werden. Zudem müssen die noch offenen Restwerklohnforderungen und damit etwa zu erwartende Leistungsverweigerungsrechte der Handwerker offenbart werden. Bei den vorgenannten umfassenden **Mitwirkungspflichten** des Abtretenden handelt es sich um vertragliche Nebenpflichten. Kommt der Abtretende dieser Verpflichtung nicht nach und scheidet die Durchsetzung der abgetretenen Ansprüche deshalb aus, weil der Veräußerer den Erwerber in angemessener → Frist nicht oder nur unzureichend informiert hat, so ist damit die formularmäßig festgelegte Schadloshaltung fehlgeschlagen. Der Abtretende kann sich nicht mehr auf Freizeichnung berufen. Seine Eigenhaftung lebt wieder auf.
Nach Abtretung der Gewährleistungsansprüche durch den Veräußerer (z. B. Bauträger) kann dieser die Gewährleistungsansprüche nicht mehr im Wege einer Klage oder Widerklage gegen den jeweiligen Unternehmer geltend machen. Wenn der Unternehmer Werklohn verlangt, steht ihm jedoch die → **Einrede des nicht erfüllten Vertrages** gem. § 320 BGB zu, sofern Mängel vorliegen. Sind dem Erwerber bei dem Versuch, abgetretene Ansprüche gegen den Unternehmer/den Handwerker oder sonst am Bau Beteiligte durchzusetzen, Kosten entstanden, welche er von dem in erster Linie zur → Gewährleistung Verpflichteten später nicht ersetzt bekommt, so sind diese Kosten/Aufwendungen von dem Bauträger nach den Vorschriften über den → Auftrag (§§ 667 ff. BGB) zu ersetzen.

ABU (Allgemeine Bedingungen für Bauwesenversicherung von Unternehmerleistungen) → Bauleistungsversicherung

Abweichende Honorarermittlung → Festhonorar

Adressat für Erklärungen des Bauunternehmers → Zusätzliche Leistungen
Grundsätzlich ist der → Auftraggeber der richtige Adressat für Erklärungen des Unternehmers, es sei denn, der → Bauleiter oder ein sonstiger Dritter verfügt über eine → Vollmacht des Auftraggebers, für diesen rechtsgeschäftliche Erklärungen entgegen nehmen zu dürfen.

AGB-Gesetz → Allgemeine Geschäftsbedingungen
Das Gesetz über die Allgemeinen Geschäftsbedingungen wurde durch das Gesetz zur Modernisierung des Schuldrechts in das Bürgerliche Gesetzbuch (BGB) eingegliedert. Die materiell-rechtlichen Vorschriften des AGBG sind nunmehr als §§ 305 bis 310 BGB übernommen worden. Die Regelungen der §§ 305 ff. BGB gelten gemäß Einführungsgesetz zum Bürgerlichen Gesetzbuch (Art. 229 § 5) grundsätzlich nur für Verträge, die nach dem 31. 12. 2001 geschlossen worden sind. Auf früher zustande gekommene Verträge ist die Neuregelung anwendbar, wenn ein durch → Kündigung oder Zeitablauf beendeter Vertrag fortgesetzt wird, wenn der sachliche oder zeitliche Anwendungsbereich des Vertrages durch eine Änderungsvereinbarung des Vertrages erweitert wird oder wenn abgeänderte → Allgemeine Geschäftsbedingungen in den Vertrag einbezogen werden (*Palandt/Heinrichs*, vor § 305 BGB, Rdn. 3). Die Neuregelung ist im Gegensatz dazu nicht schon dadurch anwendbar, dass ein Vertrag in Folge Nichtausübung des Kündigungsrechts um eine Periode fortgesetzt oder das Entgelt aufgrund einer entsprechenden Vertragsklausel an die veränderten Verhältnisse angepasst wird.

Akquisition → Architektenvertrag; → Umfang des Architektenvertrages

Akteneinsicht → Bauakten
Neben der Verpflichtung zur Gewährung von Akteneinsicht in die → Bauakten, bei berechtigtem Interesse gewährt § 4 UIG das Recht für jedermann, von der Behörde sämtliche ihr vorliegenden umweltbezogenen Informationen zu erhalten.

Alleinunternehmer
Im Rahmen seines Betriebes kann der Alleinunternehmer alle Arbeiten selbstständig aus-/durchführen, mit denen er vom Bauherrn beauftragt ist. Aufgrund der heute bei der Erstellung von → Bauleistungen erforderlichen Produktionsbreite ist ein Alleinunternehmer im Regelfall nicht mehr in der Lage, eine schlüsselfertige Bauleistung zu erstellen. Aus diesem Grund ist der Alleinunternehmer meist mit der Ausführung der Hauptarbeiten beauftragt. Die speziell erforderlichen Ausbauarbeiten werden getrennt nach Leistungsbereichen an weitere Unternehmen/Gewerke vergeben. Diese Vergabe entspricht der Regelung des § 4 Nr. 3 VOB/A.

Allgemein anerkannte Regeln der Technik/Baukunst → Allgemeine Technische Vertragsbedingungen für Bauleistungen (ATV); → DIN-Normen; Gewährleistung → Stand der Technik
Die → VOB verlangt die Erbringung der → Leistung durch den → Auftragnehmer nach den anerkannten Regeln der Technik. Ein Verstoß hiergegen führt gemäß § 13 Nr. 7 Abs. 2 b VOB/B zu einem Gewährleistungs-/Schadensersatzanspruch des Auftraggebers. Beim BGB-Vertrag gilt grundsätzlich nichts anderes. Die allgemeine und nach wie vor gültige Formel lautet, dass die anerkannten

Regeln der Baukunst solche sind, die von der Wissenschaft als theoretisch richtig anerkannt worden sind und sich in der Praxis bewährt haben.

Die rechtliche Bedeutung der → DIN-Normen liegt in einer Beweisvermutung. Es besteht eine Vermutung, dass kodifizierte Regelwerke wie die DIN-Normen die allgemein anerkannten Regeln der Technik wiedergeben (sogenannte Identitätsvermutung). Zudem geht von der Einhaltung der DIN-Normen eine Sorgfaltsvermutung aus. Wer das zuständige Regelwerk einhält, für den streitet die Vermutung, dass er mit der im Verkehr erforderlichen Sorgfalt gehandelt hat (BGH, NJW 1991, 2021). Diese Vermutungen müssen widerlegt werden. Lediglich in Zweifelsfällen muss anhand der allgemeinen Definition überprüft werden, ob die schriftlichen Bestimmungen tatsächlich noch den anerkannten Regeln entsprechen.

Allgemeine Diplom-Anerkenntnisrechtlinie → Architekten-Anerkenntnisrichtlinie

Allgemeine Geschäftsbedingungen → AGB-Gesetz; → Gesamtschuldnerische Haftung; → Honorartafel

Allgemeine Geschäftsbedingungen sind alle für eine Vielzahl von Verträgen vorformulierten Vertragsbedingungen, die eine Vertragspartei (Verwender) der anderen Vertragspartei bei Abschluss eines Vertrages stellt. Gleichgültig ist, ob die Bestimmungen einen äußerlich gesonderten Bestandteil des Vertrages bilden oder in die Vertragsurkunde selbst aufgenommen werden. Gleiches gilt für deren Umfang und die Schriftart, in welcher sie verfasst sind. Allgemeine Geschäftsbedingungen können auch mündlich verwendet werden. Die Form des Vertrages hat keinen Einfluss auf deren Gültigkeit. Allgemeine Geschäftsbedingungen liegen nicht vor, soweit die Vertragsbedingungen zwischen den Vertragsparteien im einzelnen ausgehandelt sind. Dann liegen Individualvereinbarungen vor.

Allgemeine Geschäftsbedingungen werden nur dann Bestandteil eines Vertrages, wenn der Verwender bei Vertragsschluss
1. die andere Vertragspartei ausdrücklich oder wenn ein ausdrücklicher Hinweis wegen der Art des Vertragsschlusses nur unter unverhältnismäßigen Schwierigkeiten möglich ist, durch deutlich sichtbaren Aushang am Ort des Vertragsschlusses auf sie hinweist und
2. der anderen Vertragspartei die Möglichkeit verschafft, in zumutbarer Weise, die auch eine für den Verwender erkennbare körperliche Behinderung der anderen Vertragspartei angemessen berücksichtigt, von ihrem Inhalt Kenntnis zu nehmen,
3. und wenn die andere Vertragspartei mit ihrer Geltung einverstanden ist.

Unter diesen Voraussetzungen können die Vertragsparteien für eine bestimmte Art von Rechtsgeschäften die Geltung bestimmter Allgemeiner Geschäftsbedingungen unter Beachtung der zuvor genannten Grundsätze auch im Voraus vereinbaren.

Vorformuliert sind die Vertragsbedingungen dann, wenn sie für eine mehrfache Verwendung z. B. schriftlich aufgezeichnet oder in sonstiger Weise (EDV-Programm, Tonband) fixiert sind. Auch bei mit Wiederholungsabsicht hand- oder maschinenschriftlich in den Formulartext eingefügten Regelungen handelt es sich um Allgemeine Geschäftsbedingungen (BGH, NJW 1988, 410). Dies gilt auch dann, wenn die Einfügung gelegentlich unterbleibt oder im Einzelfall unter Aufrechterhaltung sachlicher Identität sprachlich unterschiedlich gefasst wird (BGH, NJW 1999, 218).

Allgemeine Technische Vertragsbedingungen für Bauleistungen (ATV)
→ DIN-Normen

Die allgemeinen technischen Vertragsbedingungen für → Bauleistungen der → VOB/C sind i. d. R. Bestandteil eines → VOB-Vertrages. Es ist streitig, ob sie sogar automatisch gelten (so: OLG Saarbrücken, BauR 2000, 1332 = IBR 2000, 527). Diese Normen regeln, wie Bauleistungen technisch

Allgemeine Technische Vorschriften für Bauleistungen (ATV)

sachgerecht, vertragsgerecht und mangelfrei auszuführen sind. Die ATV sind in der VOB/C (DIN 18299 ff.) nach einzelnen Leistungsbereichen gegliedert. Grundsätzlich gilt diese vorgenannte DIN für alle Bauarbeiten und fasst die betreffenden technischen Vertragsbedingungen zusammen, welche für alle oder den überwiegenden Teil der Leistungsbereiche gelten (DIN 18300 ff.). Sofern eine ATV eine bestimmte Regelungsmaterie erfasst, geht diese der Regelung der allgemeinen DIN 18299 vor. Die Normen der allgemeinen technischen Vertragsbedingungen in der VOB/C sind grundsätzlich gleich strukturiert. Diese sind wie folgt aufgebaut:

Nummer 0 enthält Hinweise für das Aufstellen der → Leistungsbeschreibung. Diese richten sich an die ausschreibende Stelle und zeigen allgemein unerlässliche und ergänzende Aufgaben auf. Durch sie wird der sich aus § 9 Nr. 1 VOB/A ergebenden Forderung, die entsprechende → Leistung eindeutig und erschöpfend zu beschreiben, entsprochen. Nummer 1 legt den Geltungsbereich der betreffenden ATV fest.

Nummer 2 beinhaltet Ausführungen zu Stoffen und Bauteilen. Dort ist geregelt, dass alle Leistungen auch die Lieferung der dazugehörigen Stoffe und Bauteile umfassen. Zudem sind Vorschriften für das Vorhalten und Liefern der Baustoffe enthalten. Eine entsprechende Standardgüte der zu liefernden Baustoffe ist festgelegt.

Nummer 3 beinhaltet ausführungstechnische Vorschriften, mit denen eine „Normalausführung" festgelegt wird.

Nummer 4 beinhaltet Ausführungen zu Neben- und besonderen Leistungen. Als → Nebenleistung werden Leistungen definiert, die auch ohne Erwähnung in der Leistungsbeschreibung zu den vertraglichen Leistungen gehören. Es wird genau festgelegt, welche Leistungen unter Nummer 4 zu subsumieren sind. → Besondere Leistungen werden danach als „Leistungen, die nicht Nebenleistungen sind und nur dann zur vertraglichen Leistungen gehören, wenn sie in der → Leistungsbeschreibung besonders erwähnt sind", definiert. Sofern sich im Vertrag nicht vorgesehene besondere Leistungen nachträglich als erforderlich erweisen, sind sie regelmäßig zusätzliche Leistungen, die unter den Voraussetzungen der §§ 1 Nr. 4 Satz 1 und 2 Nr. 6 VOB/B gesondert vergütet werden müssen. Grundsätzlich sind die unter Nr. 4 beschriebenen Nebenleistungen nicht gesondert zu vergüten.

Nummer 5 trifft Aussagen zur → Abrechnung. Es werden Abrechnungsvorschriften festgelegt, die für die jeweils einzelnen Leistungsbereiche gelten.

Die allgemeinen technischen Vertragsbedingungen für Bauleistungen werden den Erfordernissen entsprechend kontinuierlich ergänzt und fortgeschrieben.

Allgemeine Technische Vorschriften für Bauleistungen (ATV)
Veraltete Bezeichnung für den Teil C der VOB.

Allgemeine Vertragsbedingungen   → Allgemeine Geschäftsbedingungen

Allgemeine Vertragsbedingungen für die Ausführung von Bauleistungen
(VOB/B)   → AGB-Gesetz; → Allgemeine Geschäftsbedingungen; → Allgemeine Technische Vertragsbedingungen für → Bauleistungen (ATV); → Bauvertrag; → VOB

Die Regelungen der VOB/B legen die rechtlichen Beziehungen der Bauvertragspartner sowie deren Rechte und Pflichten nach Abschluss des jeweiligen Vertrages bis zu dessen endgültiger Abwicklung fest. Diese Regelungen der VOB/B sind auf die speziellen Erfordernisse des Baugeschehens ausgerichtet. Regelungen für Vorfälle, die als Abweichung vom normalen Bauablauf angesehen werden müssen, sind ebenfalls enthalten.

Die Regelungen der VOB/B sind nur anzuwenden, wenn dies zwischen den Vertragsparteien vereinbart wurde.

Sofern die Vorschriften der VOB/B vereinbart sind, treten die gesetzlichen Vorschriften des BGB überall dort zurück, wo der Regelungsbereich der VOB/B abweichende Regelungen enthält.
Es besteht die Möglichkeit, dass die Vertragsparteien lediglich die Geltung einzelner Bestimmungen der VOB festlegen. Gemäß §§ 631 ff. BGB sind die gesetzlichen Werkvertragsvorschriften für die nicht vereinbarten Abweichungen heranzuziehen. Die einzelnen Bestimmungen der VOB werden in einem solchen Fall als „besondere Vertragsbedingungen" i. S. d. § 10 Nr. 2 Satz 2 VOB/A gewertet. Der → Auftraggeber, der häufig Bauvorhaben abwickelt und generell von der VOB abweichende Regelungen benutzt, kann die aus der VOB herangezogenen Regelungen gemäß § 10 Nr. 2 Abs. 1 VOB/A als zusätzliche Vertragsbedingungen vereinbaren. Sofern einzelne Regelungspunkte der VOB mit in den Vertrag einbezogen werden, sind die Regelungen der §§ 305 ff. BGB zu beachten. Nach Einführung des Schuldrechtsmodernisierungsgesetzes beinhalten diese Vorschriften die Regelungsmaterie des AGB-Gesetzes. Im Einzelfall ist daher zu klären, inwieweit bei Verwendung einzelner Vorschriften aus der VOB ein Verstoß gegen die Regelungen der §§ 305 ff. BGB gegeben ist (ausführlich: *Schmidt/Reitz*, Bauverträge erfolgreich gestalten und managen, S. 1 ff.).
Bei Vereinbarung der allgemeinen Vertragsbedingungen für die Ausführung von Bauleistungen gelten ebenfalls die allgemein technischen Vertragsbedingungen für Bauleistungen. Dies ergibt sich aus § 1 Nr. 1 VOB/B.

Allgemeines Wohngebiet → Wohngebiet (allgemein)

Altlasten → Amtshaftungsansprüche; → Bebauungsplan

Unter einer Altlast versteht man in der Regel einen **Standort** oder eine Fläche, die **Belastungen oder Verunreinigungen im Boden oder Untergrund aufweist** (Altlast) oder für die ein entsprechender Verdacht (altlastenverdächtige Fläche) besteht.
Im Rahmen des Baurechts wird die Altlastenproblematik insbesondere in vier Fallkonstellationen akut:
– Haftung für die → Sanierung von Altlasten;
– Altlasten in der Bauleitplanung;
– Altlasten im Baugenehmigungsverfahren;
– Amtshaftungsansprüche wegen Baulandsausweisung trotz Altlasten.

1. Der Altlastenbegriff

Altlasten sind im Bodenschutzgesetz des Bundes (BBodSchG) definiert und zwar als **Altablagerungen und Altstandorte, durch die schädliche Bodenveränderungen oder sonstige Gefahren** für den einzelnen oder die Allgemeinheit **hervorgerufen werden**, § 2 Abs. 5 BBodSchG. Neben Altlasten definiert das BBodSchG in § 2 Abs. 4 BBodSchG **schädliche Bodenverunreinigungen** als **Beeinträchtigungen der Bodenfunktionen, die geeignet sind, Gefahren, erhebliche Nachteile oder erhebliche Belästigungen** für den einzelnen oder die Allgemeinheit **herbeizuführen**. Wann eine relevante Altlast oder Bodenverunreinigung vorliegt, orientiert sich primär daran, ob bestimmte, **in der Bundesbodenschutzverordnung (BBodSchV) festgelegte Schadstoffwerte überschritten sind.** Allerdings sind dort die Schadstoffwerte nicht umfassend aufgelistet, es fehlen z. B. Grenzwerte für Schadstoffe, die regelmäßig im Zusammenhang mit dem Betrieb von Tankstellen entstehen. Auch Gebäudeverunreinigungen (Asbest, PCB-belastete Baustoffe, elektromagnetische Strahlungen etc.) werden nicht erfasst. Das OVG Lüneburg greift deshalb, sofern die BBodSchV keine verbindlichen Schadstoffgrenzwerte enthält, auf bestehende Landeslisten oder auch auf ausländische Listen, etwa die sog. Hollandliste zurück (OVG Lüneburg, NVwZ 2000, 1194).

2. Haftung für die Sanierung
a) Rechtsgrundlagen
Auf der Grundlage von § 4 Abs. 1 BBodSchG hat sich jeder, der den Boden nutzt, so zu verhalten, dass durch ihn keine schädlichen Bodenveränderungen hervorgerufen werden. Die wesentliche Verantwortlichkeit ist dabei in § 4 Abs. 3 BauGB geregelt. Nach § 4 Abs. 3 S. 1 BBodSchG sind neben dem **Verursacher** einer schädlichen Bodenveränderung oder Altlast sowie **dessen Rechtsnachfolger** auch der **Grundstückseigentümer** und der **Inhaber der tatsächlichen Gewalt (Mieter, Erbbauberechtigter etc.) über ein Grundstück verpflichtet**, den Boden und Altlasten sowie durch schädliche Bodenveränderungen oder Altlasten verursachte Verunreinigungen von Gewässern so **zu sanieren**, dass dauerhaft keine Gefahren, erhebliche Nachteile oder erhebliche Belästigungen für den Einzelnen oder die Allgemeinheit entstehen. Wann solche **Gefahren** für Mensch und Umwelt ausgehen, wird regelmäßig anhand der Überschreitung der in der BBodSchV aufgelisteten Grenzwerte festgestellt. Gemäß § 10 Abs. 1 BBodSchG kann die zuständige Behörde (siehe dazu die landesrechtlichen Gesetze über Zuständigkeiten nach dem BBodSchG, z. B. in Hessen VO v. 9. November 2000, GVBl. I 2000, S. 508 f.) die **erforderlichen Maßnahmen treffen**. § 24 Abs. 1 S. 1 BBodSchG stellt klar, dass die insoweit Verpflichteten die Kosten der angeordneten Maßnahmen zu tragen haben.

b) Beschränkungen von Sanierungsverantwortlichkeiten
Während eine **Inanspruchnahme des Verursachers als Handlungsstörer regelmäßig uneingeschränkt zulässig** ist, ist (obwohl ein Vorrang der Inanspruchnahme des Handlungsstörers vor dem Zustandsstörer im BBodSchG nicht vorgesehen ist) die **Zustandsverantwortlichkeit** des Grundstückseigentümers daran zu messen, ob und inwieweit dessen Inanspruchnahme vor dem Hintergrund der Eigentumsgarantie des Art. 14 GG **zumutbar** ist.
Zu beachten ist die von der Rechtsprechung angenommene weitgehende Handlungsstörereigenschaft des Eigentümers. Nach § 4 Abs. 2 BBodSchG ist der Eigentümer bei illegaler oder abredewidriger Nutzung verpflichtet, Abwehrmaßnahmen zu treffen, wenn schädliche Bodenveränderungen von seinem Grundstück drohen. Dazu gehören zivilrechtliche Abwehransprüche des Eigentümers gegen den Nutzer des Grundstücks. Wenn der Eigentümer diese in § 4 Abs. 2 BBodSchG angeordnete Pflichten nicht beachtet, kann er als Handlungsstörer herangezogen werden (*Schlabach/Heck*, Verhaltensverantwortlichkeit nach dem BBodSchG, VBlBW 2001, 46, 49). Der VGH Mannheim hat sogar ohne eine ausdrückliche gesetzliche Verpflichtung, das Grundstück in ordnungsgemäßem Zustand zu halten, in einer Entscheidung festgestellt, dass der Leiter eines Galvanik-Betriebes, der diesen stilllegte, ohne dafür Sorge zu tragen, das die vorhandenen Sonderabfälle und Chemikalien keine Gefahr für das Grundwasser und die Menschen in der Umgebung hervorrufen können, als Handlungsstörer anzusehen ist (VGH Mannheim, UPR 1993, 114; NVwZ 1993, 1014).

aa) Zuerst Sanierungspflicht, nicht Zahlungspflicht
Auch wenn häufig die finanzielle Belastung die wichtigste Konsequenz der Pflicht zur Altlastensanierung sein mag, rechtfertigt dies nicht, die Zustandsverantwortlichkeit und darauf gestützte Anordnungen der Behörden auf eine Geldleistungspflicht zu reduzieren. Wird der Eigentümer als Zustandsverantwortlicher in Anspruch genommen, ist **originärer Inhalt der Verpflichtung** seine **auf eine Gefahren- oder Störungsbeseitigung gerichtete** öffentlich-rechtliche **Handlungspflicht** (Pflicht zur Sanierung wie von § 4 BBodSchG verlangt). Kommt er dieser Pflicht nicht nach, ergibt sich seine (Kosten)Belastung aus der notwendigen, kostenverursachenden Sanierung seines Eigentums sowie letztlich aus dem Fehlen von Entschädigungs- oder Erstattungsansprüchen gegen den Träger öffentlicher Gewalt. Zudem kommt eine → Ersatzvornahme auf Kosten des Pflichtigen im Rahmen der Verwaltungsvollstreckung in Betracht.

bb) Zumutbarkeitskriterien

Grundsätzlich hat der Eigentümer die Vor- und Nachteile seines Grundstückes zu tragen. Zu den Lasten gehört auch die Zustandsverantwortlichkeit des Eigentümers für die Sanierung von Altlasten auf seinem Grundstück. Eine Belastung ist aber vor dem Hintergrund der Eigentumsgarantie nicht gerechtfertigt, soweit sie dem Eigentümer unzumutbar ist. Hierbei gelten nach der Rechtsprechung des Bundesverfassungsgerichts (BVerfG, Beschl. v. 16. Februar 2000, 1 BvR 242/91; 1 BvR 315/99) folgende Grundsätze:

- **Alle Sanierungskosten beim Eigentümer**
  Im **Regelfall** hat der **Eigentümer die vollen Sanierungskosten zu tragen**, weil er dafür zuständig ist, die von seinem Grundstück ausgehenden Gefahren zu beseitigen;
- **Unzumutbar: Sanierungsaufwand > Verkehrswert**
  Anhaltspunkt, wann für einen Eigentümer das zumutbare Maß überschritten ist und er nur einen Teil der Sanierungskosten tragen muss, bietet die Prüfung, ob der **finanzielle Aufwand für die Sanierung den Verkehrswert des Grundstücks nach Durchführung der Sanierung überschreitet;**
- **Unzumutbar: Sanierungsaufwand > Nutzungsvorteil**
  Die **Unzumutbarkeit** der Tragung der Sanierungskosten beginnt für den Eigentümer bereits vor **der Überschreitung des Verkehrswertes, wenn** das **Grundstück** etwa wie bei einem selbst errichteten und bewohnten Eigenheim die **wesentliche Lebensgrundlage** für den Eigentümer darstellt und der Eigentümer das Grundstück wegen der Sanierungskosten nicht mehr halten kann oder die Vorteile aus der weiteren Nutzung des sanierten Grundstücks (z. B. höhere Wohnqualität) unter den Sanierungskosten liegen;
- **Kostenbelastung über Verkehrswert bei Übernahme von Sanierungsrisiko**
  Zumutbar ist eine **Kostenbelastung über dem Verkehrswert** z. B. dann, **wenn** der **Eigentümer** das **Grundstück in Kenntnis von Altlasten**, die von früheren Eigentümern oder Nutzungsberechtigten verursacht worden sind, erworben hat **oder** wenn er zulässt, dass das **Grundstück in einer risikoreichen Weise genutzt** wurde/wird wie zum Betrieb einer Deponie oder als verfüllte Kiesgrube. Allerdings ist es dem Eigentümer nicht zumutbar, unbegrenzt für die Sanierung mit seinem gesamten Vermögen einzustehen, sondern nur mit solchem Vermögen, das zu dem zu sanierenden Grundstück einen Bezug hat (etwa land- und forstwirtschaftlicher Betrieb bestehend aus mehreren Grundstücken und Betriebsmitteln oder mehrere Betriebsanlagen eines Unternehmens).
  Dementsprechend wurde die Heranziehung des Eigentümers eines Altlastengrundstücks mit Möbellagerhalle zur kostenmäßig uneingeschränkten Sanierung akzeptiert, weil er dieses Grundstück laut → Kaufvertrag früher in Kenntnis von unter diesem Grundstück liegenden Ölbehältern gekauft hatte. Ein kurz vor der Sanierungsanordnung getätigter Verkauf und die Übereignung des Altlastengrundstücks unter Vorbehalt eines Rückkaufsrechts, wurde wegen → Sittenwidrigkeit gemäß § 138 Abs. 1 BGB für nichtig gehalten und konnte die Zustandsverantwortlichkeit nicht auf einen neuen Eigentümer verlagern; denn Rechtsgeschäfte, deren Zweck sich darin erschöpft, Kostenlasten (Sanierungskosten) zum Nachteil Dritter (zu Lasten der Allgemeinheit) zu verschieben, sind gemäß § 138 BGB sittenwidrig (BVerfG, Beschl. v. 24. August 2000, 1 BvR 83/97; BVerwG, NVwZ 1997, 577; OVG Schleswig, Urt. v. 1. August 1996, 2 L 366/95).

c) Ausgleichsanspruch

Sanierungspflichtige haben gemäß § 24 Abs. 2 BBodSchG untereinander einen **Ausgleichsanspruch** hinsichtlich aller Aufwendungen für Altlastenerkundung und -sanierung, der davon abhängt, inwieweit der eine oder andere Teil zu den Altlasten beigetragen hat, was heißt, dass der **Ver-**

ursacher im Endeffekt die Kosten tragen soll. Etwas anderes kann vertraglich vereinbart werden. § 24 BBodSchG erfasst zwar seinem Wortlaut nach nicht einen Ausgleichsanspruch zwischen verschiedenen Zustandsstörern (etwa zwischen Eigentümer und Voreigentümer), doch wird die analoge Anwendung von § 24 BBodSchG auf diese Fälle vertreten (*Schwartmann/Pabst*, Bauvorhaben auf Altlasten, 2001, D Rdn. 233).

3. Altlasten in der Bauleitplanung

Im Rahmen der Aufstellung von Bebauungsplänen spielen Altlasten insbesondere in der Fallkonstellation eine Rolle, ob das planerische Abwägungsgebot gemäß § 1 Abs. 6 BauGB eingehalten ist.

a) Ermittlungsdefizit beim Zusammentragen von Abwägungsmaterial

Bei der Zusammenstellung des Abwägungsmaterials trifft die Gemeinde die Pflicht, das Material ordnungsgemäß zusammenzustellen und den Sachverhalt richtig zu ermitteln. Nach § 1 Abs. 6 Nr. 1 BauGB sind bei der Aufstellung von Bauleitplänen insbesondere die allgemeinen Anforderungen an gesunde Wohn- und Arbeitsverhältnisse und die Sicherheit der Wohn- und Arbeitsbevölkerung, die Belange des Umweltschutzes, die Erhaltung und Sicherung der natürlichen Lebensgrundlagen, insbesondere des Bodens, Wasser, Klima und Luft zu berücksichtigen. Diese gesetzlichen Vorgaben verlangen, dass die Gemeinde schon bei der Planung und nicht erst bei der bauordnungsrechtlichen Prüfung der Zulässigkeit eines Bauvorhabens eine durch die Planung entstehende oder sich verfestigende Gefahrensituation durch Altlasten für Menschen und Umwelt ermittelt. Dementsprechend tritt ein erster **Fehler** bei der **Zusammenstellung des Abwägungsmaterials** bereits dann auf, wenn die **Gemeinde nicht ermittelt** hat, ob sich der → **Planbereich auch auf eine Altlast** erstreckt, **obwohl** die vorgegebene **Situation** im Hinblick auf das konkret von der Gemeinde verfolgte Planungsziel eine **Untersuchung geboten hätte**. Wird bei einem ordnungsgemäßen und sorgfältigen Zusammentragen des Abwägungsmaterials festgestellt, dass sich im Plangebiet möglicherweise oder sicher eine Altlast befindet, muss die Gemeinde durch Sachverständige das Ausmaß einer Gefährdung für die vorgesehene Planung analysieren lassen. Denn nur dadurch ist eine planerische Konfliktbewältigung, wie sie bei der Aufstellung des Bebauungsplans gefordert wird, möglich (BVerwGE 58, 154; 59, 76).

b) Fehler in der Abwägung selbst

Bei der Vornahme der Abwägung geht es um die Frage, ob die **Gewichtung des Altlastenbelangs** zutreffend vorgenommen worden ist. Wann hier Fehler vorliegen, ist eine Einzelfallentscheidung. Besonders ist zu berücksichtigen, dass auch Altlastflächen überplant werden können, vorausgesetzt es ist gewährleistet, dass die für die jeweilige geplante Nutzung einschlägigen Schadstoffwerte eingehalten werden und keine konkrete Gefahrensituation i. S. d. Polizei- und Ordnungsrechts entsteht. Dementsprechend war es **abwägungsfehlerhaft, Wohnbauflächen auf altlastbehafteten Grundstücken** auszuweisen, **obwohl** wegen **Austretens von Deponiegas** eine **Gesundheitsgefahr** bestand. Ebenso lag ein Abwägungsfehler vor, wenn eine Bebauung der Altlastfläche entsprechend den Bebauungsplanfestsetzungen erforderliche Sanierungsmaßnahmen zur **Abwehr** von Gefährdungen des Wasserhaushaltes erheblich erschwert oder gar unmöglich machen würde (BGH, NJW 1990, 1038; NJW 1990, 1042; NJW 1994, 253; NVwZ 1994, 91; *Schinck*, Amtshaftung bei der Bebauung von Altlasten?, DÖV 1988, 529).

4. Altlasten im Baugenehmigungsverfahren

Nach den **§§ 3 der Bauordnungen der Länder** sind bauliche Anlagen so zu errichten und instand zu halten, dass die **öffentliche Sicherheit und Ordnung nicht**, auch nicht durch unzumutbare Nachteile oder Belästigungen, **gefährdet wird**. Diese bauordnungsrechtlichen Anforderungen hat die Baugenehmigungsbehörde im Rahmen der Entscheidung über die Erteilung einer → Baugenehmigung zu beachten. **Hiernach** darf eine → **Baugenehmigung nicht erteilt werden, wenn auf oder neben** einer **Altlast gebaut wird und** die **Gefahrensituation durch Nebenbestimmungen** in der → Baugenehmigung **nicht** in erforderlichem Umfang **beseitigt werden kann** (BGH, VersR 1986, 95).

5. Amtshaftungsansprüche wegen Baulandsausweisung trotz Altlasten

Die Grundsätze für → Amtshaftungsansprüche wegen der Überplanung von Altlastflächen nach § 839 BGB i. V. m. Art. 34 GG lassen sich wie folgt zusammenfassen: tritt im Zusammenhang mit der Aufstellung eines Bebauungsplans auf seiten der Gemeinde ein **Altlastverdacht** auf, so **muss die Gemeinde** diesem Verdacht **nachgehen** und im Detail analysieren, ob das zu überplanende Gebiet bebaut werden darf, ohne dass für die Bewohner Gesundheitsgefahren auftreten können. Diese Prüfungspflicht ergibt sich aus § 1 Abs. 5 Nr. 1 → BauGB, wonach bei der Bauleitplanung die Anforderungen an gesunde Wohn- und Arbeitsverhältnisse zu berücksichtigen sind. Diese Amtspflicht besteht zugunsten des Grundstückseigentümers, dem Ersterwerber und dem Bauträger. Zugunsten dieses Personenkreises schafft der → Bebauungsplan einen Vertrauenstatbestand, dass Altlasten im jeweiligen → Baugrundstück nicht Gesundheitsgefahren für die Bewohner der entstehenden → Gebäude mit sich bringen. Soweit die Geschädigten von den Altlasten wussten oder diese mitverursacht haben, ist dies als → Mitverschulden nach § 254 BGB zu berücksichtigen (*Ossenbühl*, DÖV 1992, 761).

6. Altlasteninformation

Informationen über Altlasten erhält man zunächst anhand des **Flächennutzungs-** oder **Bebauungsplans**. Nach §§ 5 Abs. 3 Nr. 3, 9 Abs. 5 BauGB sind im Flächennutzungs- und → Bebauungsplan solche Flächen zu kennzeichnen, deren Böden erheblich mit umweltgefährdenden Stoffen belastet sind. Eine wesentliche Informationsquelle sind die in den Bundesländern geführten Altlastenkataster; darin sind Grundstücke nach Belastungsgrad eingestuft, beispielsweise in Baden-Württemberg in Belastungsstufen zwischen A und E, wobei A für „ausgeschieden" steht, weil kein Verdacht einer schädlichen Bodenveränderung oder Altlast existiert; B-Fälle sind im Altlastenkataster zu belassene Flächen, die im Hinblick auf die derzeitige Nutzung keine Gefahr beinhalten; C kennzeichnet überwachungsbedürftige verunreinigte Fläche, D verunreinigte sanierungsbedürftige und E akut sanierungsbedürftige Gebiete (vgl. *Schwartmann/Pabst*, Bauvorhaben auf Altlasten, E Rdn. 332). Informationen kann man auch aus den → Bauakten und sonstigen **Akten der Bau-, Umwelt- und Liegenschaftsämter** erhalten, wofür jedoch regelmäßig eine schriftliche Ermächtigung des Grundstückseigentümers vorgelegt werden muss.

Amtshaftungsansprüche → Altlasten; → Auskunft

Auf der Grundlage des § 839 BGB i. V. m. Art. 34 GG haftet die jeweils verantwortliche öffentliche (Anstellungs-)Körperschaft für den einem Dritten entstehenden Schaden, wenn ihr Beamter im Rahmen der Amtsausübung die ihm gegenüber dem Dritten obliegende Amtspflicht mindestens fahrlässig verletzt. Wesentliche praxisrelevante Fragen, die zur Begründung der Amtshaftung im → Baurecht vorliegen müssen, sind dabei, ob bzw. inwieweit der Antragsteller in den **Schutzbereich der verletzten Amtspflicht** fällt und **berechtigtes Vertrauen investiert** hat (**1** und **2**), ob der **Rechtswidrigkeitszusammenhang** (**3**) und **Verschulden** vorliegt (**4**) sowie ob bzw. inwieweit es eine **anderweitige Ersatzmöglichkeit** gibt (**5**) oder **erforderliche Rechtsmittel** versäumt wurden (**6**) oder dem Bauherrn der Vorwurf des **Mitverschuldens** zu machen ist (**7**). Schließlich ist die **Verjährung** zu prüfen (**8**).

1. Amtspflichtverletzungen in der Bauleitplanung
a) Grundsatz
Im Rahmen der **Aufstellung von Bebauungsplänen** obliegen den Mitgliedern des Gemeinderats regelmäßig nur dann **Amtspflichten gegenüber Planbetroffenen, wenn das drittschützende Gebot der Rücksichtnahme bei** der planungsrechtlichen **Abwägung** gemäß § 1 Abs. 6 BauGB **verletzt** worden ist. Dabei ist jedoch stets zu berücksichtigen, dass ein privater Belang, der in der Abwägung bei der Aufstellung des Bebauungsplans zu berücksichtigen ist, durch den drittschützenden Charakter des Abwägungsgebots nach § 1 Abs. 6 BauGB nicht selbst zum subjektiven Recht und auch nicht derart wehrfähig wird, dass der private Betroffene die Durchsetzung seines Belanges verlangen kann. Vielmehr hat der Private nur ein Recht darauf, dass sein Belang in der Abwägung seinem Gewicht entsprechend abgearbeitet wird, was zu einer völligen → Zurückstellung dieses Belanges führen kann (BVerwG, BRS 60 Nr. 46). Lediglich wenn im Rahmen der Aufstellung des Bebauungsplans das subjektive Recht des Planbetroffenen auf Beachtung seiner Belange eklatant vernachlässigt wurde, ist es trotz des Grundsatzes: „**kein Flächenbrand für die Staatsfinanzen**" und „**kein → Schadensersatz bei nicht Individualinteressen schützenden abstrakt-generellen Normen**" ausnahmsweise gerechtfertigt, bei Bebauungsplänen Amtshaftungsansprüche zuzuerkennen (BGHZ 92, 34; *Räschke-Kessler*, NJW 1993, 384).

b) Altlastenhaftung
Wegen der überragenden Bedeutung der Rechtsgüter „**Leben und Gesundheit**" hat der Bundesgerichtshof bei der Überplanung von altlastenverdächtigen Flächen solchen Planbetroffenen einen Amtshaftungsanspruch zugesprochen, die ein nach der planerischen Ausweisung dem Wohnen dienendes Grundstück mit noch zu errichtendem Wohnhaus erwerben. **Geschützt von der Amtspflicht, den Anforderungen an gesunde Arbeits- und Wohnverhältnisse Rechnung zu tragen,** werden **objektbezogen alle Eigentümer und dinglich Nutzungsberechtigte** an den im Plan ausgewiesenen Flächen, soweit sie die Absicht haben, diese zu bebauen oder weiter zu veräußern (BGH, NJW 1989, 976; IBR 1992, 327; NVwZ 1998, 318), **ebenso Arbeitgeber** wegen ihrer Verpflichtung, von ihren Arbeitnehmern Gesundheitsgefährdungen abzuwenden (BGH, NJW 1993, 384). Es muss ein **unmittelbarer Zusammenhang mit der Gesundheitsgefährdung** vorliegen. Deshalb werden die **wirtschaftlichen Interessen von Geldgebern** für das Bauvorhaben sowie von Hypothekengläubigern nicht vom Schutzbereich der Amtspflicht zur Abwehr von Gesundheitsgefahren bei der Überplanung altlastenverdächtiger Flächen umfasst (BGH, NJW 1990, 381). Auch das **Vermögensinteresse von Grundstückseigentümern**, welches darin liegt, dass ein von → Altlasten freies Grundstück einen höheren Marktwert hat als ein belastetes, wird durch die Pflicht, bei der Bauleitplanung die Anforderungen an gesunde Wohn- und Arbeitsverhältnisse zu berücksichtigen, **nicht geschützt** (BGH, BauR 1993, 189). Folglich sind Eigentümer von Grundstücken nicht geschützt, deren Wohnqualität und Wert dadurch sinkt, weil sie in der Nähe schadstoffbelasteter Grundstücke liegen, ohne selbst von Schadstoffen gesundheitsgefährdender Art betroffen zu sein (BGH, NJW 1990, 1038). Mangels unmittelbarem Zusammenhang mit der Gesundheitsgefährdung sind die Mehrkosten für den Aushub und die Deponierung nicht ersatzfähig, wenn von dem Material keine Gesundheitsgefährdung ausgeht (BGH, NJW 1991, 2701; NJW 1994, 253; NVwZ 1994, 91). Nicht geschützt sind auch Grundstückseigentümer, deren kontaminierte Grundstücke bereits vor der Aufstellung des Bebauungsplans bebaut waren und Baumaßnahmen, gestützt auf den → Bebauungsplan, nicht beabsichtigt sind (BGH, NJW 1991, 2701; OLG Köln, NJW 1991, 2710).

2. Amtspflichtverletzung im Baugenehmigungsverfahren
a) Grundsatz
Unter dem Aspekt der Amtspflichtverletzung gibt es im Zusammenhang mit der Erteilung und Verweigerung der → Baugenehmigung folgende Amtspflichten: Der → **Bauherr hat** einen **Anspruch auf Erteilung der** → **Baugenehmigung bzw. des Bauvorbescheids, wenn das beantragte Vorhaben rechtlich zulässig ist**. Dementsprechend ist der → Bauherr als geschützter Dritter anzusehen, wenn ihm die → Baugenehmigung oder der Bauvorbescheid rechtswidrig versagt wurde. Ebenso hat der → **Bauherr einen Anspruch** darauf, **dass ihm keine rechtswidrige Baugenehmigung/Bauvorbescheid erteilt wird** (BGH, NJW 1973, 616; NJW 1988, 2884; WM 1994, 430). Errichtet der → Bauherr im Vertrauen auf die Rechtmäßigkeit einer rechtswidrigen → Baugenehmigung ein Bauwerk, können dementsprechend die Aufwendungen einen Amtshaftungsanspruch begründen. **Weicht der** → **Bauherr allerdings bei der Ausführung des Bauvorhabens von dieser rechtswidrigen** → **Baugenehmigung wesentlich ab, kommt ein Amtshaftungsanspruch nicht in Betracht** (BGH, MDR 1994, 1216).

b) Berechtigter
Berechtigter des Amtshaftungsanspruchs ist **bei rechtswidriger Ablehnung oder verspäteter Erteilung der Baugenehmigung** grundsätzlich nur der **Bauherr**, nicht der Grundstückseigentümer (BGH, NVwZ 1983, 698; NVwZ 1987, 356; IBR 1991, 554). Eine Ausnahme gilt nur dann, wenn der Eigentümer wirtschaftlich und rechtlich als der eigentliche Bauwerber anzusehen ist (BGH, NJW 1993, 530). Bei **rechtswidriger Erteilung der Baugenehmigung** kommt jedoch eine **Pflichtverletzung gegenüber dem Eigentümer oder Dritten**, die Vertrauen in die → Baugenehmigung investieren, in Betracht, wenn dem von einem Dritten gestellten Genehmigungsantrag stattgegeben wird, weil der entsprechende Bescheid nicht an die Person des Antragstellers gebunden, sondern auf das Grundstück und das Bauvorhaben bezogen ist (BGH, NJW 1993, 2303; NJW 1994, 130). Den **Bauunternehmern oder Architekten** gegenüber, die weder → Bauherr noch Grundstückseigentümer sind, bestehen trotz ihres wirtschaftlichen Interesses an der Realisierung des Bauvorhabens **keine drittgerichteten Amtspflichten der Behörden** (BGH, NJW 1980, 2578; IBR 1994, 293). **Hinsichtlich des Nachbarn kommt** insofern eine schadensersatzpflichtige **Amtspflichtverletzung in Betracht**, als er durch eine rechtswidrige → Baugenehmigung unter gleichzeitiger Verletzung einer nachbarschützenden Norm in seinen eigenen Rechten beeinträchtigt wird (BGH, NJW 1983, 1795).

c) Verhältnis Haftung Baugenehmigungsbehörde-Gemeinde
Die **Gemeinde ist** gegenüber dem Bauantragsteller **verpflichtet**, das → **Einvernehmen** gemäß § 36 BauGB **zu erklären**, wenn die gesetzlichen Voraussetzungen vorliegen und begeht bei rechtswidriger Verweigerung eine Amtspflichtverletzung (BGH, NVwZ 1986, 504; BauR 1992, 595; OLG Hamm, IBR 1995, 402). Im Fall der **rechtswidrigen Ablehnung einer Baugenehmigung** kommt eine **Amtspflichtverletzung der Baugenehmigungsbehörde nur in Frage, wenn** sie das Bauvorhaben aufgrund **eigener Sachprüfung** (dann haftet sie allein) oder auch zusammen mit einem versagten Einvernehmen der Gemeinde für unzulässig hält (dann haftet sie gesamtschuldnerisch mit der Gemeinde, BGHZ 118, 263; BGH, BauR 1992, 595; BauR 1992, 600; NJW 1993, 2065). Die **rechtswidrige Erteilung des gemeindlichen Einvernehmens verletzt** demgegenüber **keine** dem Bauherrn obliegende **Amtspflicht**, weil diese Entscheidung nur ein Verwaltungsinternum darstellt und als solches nicht geeignet ist, einen Vertrauenstatbestand für Dritte zu begründen (OLG Saarbrücken, NVwZ 1987, 170).

d) Weitere Amtspflichten im Zusammenhang mit dem Baugenehmigungsverfahren

Die Gemeinde verletzt die, gegenüber dem Bauherrn bestehende, **Amtspflicht zur Erteilung der → Baugenehmigung in angemessener Zeit** und macht sich schadensersatzpflichtig, wenn sie den → Bauantrag für ein genehmigungsfähiges Bauvorhaben ohne Vorliegen der gesetzlichen Voraussetzungen so (zu) lange zurückstellen lässt, bis sie für das → Baugebiet eine → Veränderungssperre erlässt (BGH, IBR 1994, 120; OLG Köln, IBR 1995, 125). **Die Amtspflicht der Baugenehmigungsbehörde, die statische Berechnung eines Bauvorhabens zu prüfen, ist gespalten.** Sie hat nur die Amtspflicht, den Bauherrn bzw. Grundstückseigentümer vor Schäden an Körper, Gesundheit oder Eigentum zu bewahren. Die wirtschaftlichen Nachteile (Nachrüstungskosten), die dem Bauherrn oder Eigentümer durch einen statisch falsch berechneten bzw. dimensionierten Bau entstehen, deckt sie jedoch nicht ab (BGH, NJW 1963, 1821; IBR 1993, 107; BayObLG, IBR 1993, 403). Ebenso verhält es sich bei der Amtspflicht der Baugenehmigungsbehörde, die → Baugenehmigung für ein Wohnhaus nur dann zu erteilen, wenn eine ausreichende Trinkwasserversorgung gesichert ist. Diese Amtspflicht hat nicht den Schutzzweck, den Bauherrn vor vermeidbaren Mehraufwendungen zu bewahren, die durch die spätere Sanierung eines ursprünglich ungeeigneten Trinkwasseranschlusses verursacht wurden (BGH, BauR 1995, 381; gleiches gilt für Feuerschutzaufwendungen, vgl. BGH, NVwZ-RR 1997, 675).

3. Rechtswidrigkeitszusammenhang

Auch im Amtshaftungsrecht gilt der deliktsrechtliche Grundsatz der **sozialadäquaten Verursachung**. Dementsprechend ist danach zu fragen, welchen Verlauf die Dinge bei pflichtgemäßem Handeln genommen hätten und wie sich die Vermögenslage des Betroffenen darstellen würde; wäre sie günstiger als die tatsächlich eingetretene, hat die Amtspflichtverletzung den Schaden verursacht (BGH, VersR 1987, 256; NJW 1986, 2829). Steht Amtspflichtverletzung und Schaden fest, spricht regelmäßig der → **Beweis des ersten Anscheins** für den Kausalzusammenhang zwischen beiden (vgl. BGH, NJW 1983, 2241; *Palandt/Thomas*, BGB-Kom., § 823 Rdn. 158). Lehnt die Baugenehmigungsbehörde eine beantragte → Bauvoranfrage zu mehreren Planungsalternativen insgesamt ab, obwohl eine der Alternativen genehmigungsfähig gewesen ist und der Antragsteller mit dieser Alternative zufrieden gewesen wäre, so ist die Pflichtverletzung für den Schaden ursächlich geworden, den der Antragsteller erleidet, dass er das Grundstück nicht unter Verwendung des Bauvorbescheids nach Ablauf einer zur Entscheidung über die → Bauvoranfrage angemessenen Bearbeitungszeit veräußern konnte (BGH, NJW-RR 1994, 1171). **Fehlverhalten Dritter**, das den Kausalzusammenhang unterbricht, wird im Baugenehmigungsverfahren kaum in Betracht kommen. Denn die Baugenehmigungsbehörde muss sich z. B. von ihr mitverursachtes fehlerhaftes Verhalten der Gemeinde regelmäßig zurechnen lassen. So bleibt die Baugenehmigungsbehörde beispielsweise für den Verzögerungsschaden verantwortlich, wenn die Gemeinde als Dritter das Einvernehmen nach § 36 BauGB verweigert und es zu Verzögerungen gekommen ist, weil die Baugenehmigungsbehörde irrtümlich annimmt, es bedürfe des → gemeindlichen Einvernehmens (BGH, Beschl. v. 25. Februar 1988 – III ZR 118/87 –).

4. Verschulden

Der **Verschuldensmaßstab ist objektiviert**. Es gilt, dass von jedem Amtsträger erwartet werden kann, dass er die zur Ausübung seines Amtes erforderlichen Rechts-, Sach- und Verwaltungskenntnisse hat bzw. sich aneignet oder fachkundigen Rat einholt (BGH, NVwZ 1986, 504). Folglich handelt die Baugenehmigungsbehörde im Falle einer rechtswidrigen **Versagung der → Baugenehmigung im nicht überplanten Innenbereich** nach § 34 BauGB nur dann nicht schuldhaft, wenn ihre Entscheidung auf der Grundlage einer sorgfältigen rechtlichen und tatsächlichen Prüfung erging und zumindest rechtlich vertretbar war (BGH, NJW 1993, 3065). Die **Anwendung eines nichtigen Bebauungsplans** im Rahmen des Baugenehmigungsverfahrens wird erst dann zur verschuldeten Pflichtverletzung der zuständigen Sachbearbeiter der → Bauaufsichtsbehörde, wenn diese den → Bebauungsplan in Kenntnis von dessen Nichtigkeit ihrer Entscheidung zugrunde legen (OLG Frankfurt, IBR 1997, 77). Bei der **Überplanung und der Erteilung von Baugenehmigungen für altlastenverdächtige Flächen** unterliegen weder Gemeinde noch Baugenehmigungsbehörde einer Gefährdungshaftung für unerkennbare Schadstoffbelastungen. Es trifft sie auch keine Pflicht zur Überprüfung des Baugrundes „ins Blaue hinein". Was Gemeinde und Baugenehmigungsbehörde nicht sehen und nach den ihnen zur Verfügung stehenden Erkenntnisquellen auch nicht sehen können, können und müssen sie nicht berücksichtigen. Die Baugenehmigungsbehörde handelt also nicht schuldhaft, wenn sie trotz gewissenhafter und sorgfältiger Prüfung im Zeitpunkt der Erteilung der → Baugenehmigung eine für Leben und Gesundheit künftiger Bewohner drohende Gefahr nicht erkennen konnte und später gefährliche → Altlasten festgestellt werden, so dass sich die → Baugenehmigung als rechtswidrig herausstellt (BGH, NJW 1994, 253; IBR 1993, 434).

5. Anderweitige Ersatzmöglichkeit
Nach § 839 Abs. 1 S. 2 BGB besteht ein Amtshaftungsanspruch bei fahrlässigem Handeln nur dann, wenn der Verletzte nicht auf andere Weise Ersatz zu erlangen vermag. Allerdings muss **die Inanspruchnahme anderweitigen Ersatzes für den Geschädigten** im Einzelfall **zumutbar sein**. Dies bedeutet, dass die anderweitige Ersatzmöglichkeit erfolgversprechend, etwa im Hinblick auf die Ermittelbarkeit der Person des Ersatzpflichtigen, die hinreichenden Erfolgsaussichten einer Inanspruchnahme, die ausreichende Liquidität etc. sein muss (BGH, NJW 1976, 2074; NJW 1981, 675; NJW 1988, 1258; NVwZ 1993, 1228).

a) Inanspruchnahme des Architekten
Eine anderweitige Ersatzmöglichkeit des Bauherrn im Baugenehmigungsverfahren besteht insbesondere gegenüber dem Architekten, wenn dieser seine Vertragspflichten dem Bauherrn gegenüber verletzt hat. So hat der Architekt das Vorhaben des Bauherrn so zu planen, dass es rechtmäßig ist. Der **Architekt muss** allerdings **nur Grundkenntnisse des Baurechts haben** und nicht rechtlich anspruchsvollere Prüfungen durchführen. Stellt sich ihm ein baurechtliches Problem, bei dem er sich selbst nicht in der Lage sieht dieses abschließend zu beurteilen, so muss er dies dem Bauherrn gegenüber ausdrücklich, schriftlich und später auch beweisbar anzeigen mit dem Hinweis, dass hier Rechtsrat erforderlich ist. Solange dieser Hinweis nicht erfolgt, steht der Architekt vollständig in der Haftung für eventuell nicht genehmigungsfähige Planung. Zu den Grundkenntnissen des Baurechts, welche der Architekt beherrschen muss, gehören die **Festsetzungen des Bebauungsplans**. Daran muss er den Planungsauftrag des Bauherrn ausrichten bzw. Ausnahmen und Befreiungen beantragen können. Die Wirksamkeit der Festsetzungen des Bebauungsplans muss der Architekt aber nicht prüfen, allenfalls muss er den Bauherrn auf Widersprüche hinweisen. Im → Bauordnungsrecht muss der Architekt mit dem **Abstandsflächenrecht** vertraut sein. Generell muss er in der Lage sein, einen rechtmäßigen, genehmigungsfähigen → Bauantrag zu erstellen (BGH, NVwZ 1983, 602; NVwZ 1992, 911; BauR 1999, 934).

Hat der → Bauherr entsprechende vertragliche Schadensersatzmöglichkeiten gegen seinen Architekten verjähren lassen, so liegt ein schuldhaftes Versäumen der anderweitigen Ersatzmöglichkeit vor, was den Amtshaftungsanspruch ausschließt (BGH, NJW 1985, 1692).

b) Inanspruchnahme des Verkäufers
Insbesondere im Rahmen der **Altlastenhaftung** ist als vorrangige Ersatzmöglichkeit zu prüfen, ob

nicht Ersatzansprüche des Grundstückskäufers gegen den Verkäufer/Bauträger wegen des Verkaufes von kontaminiertem Baugrund bestehen. Zwar wird die Sachmängelhaftung in den Grundstückskaufverträgen regelmäßig ausgeschlossen sein. Dennoch kommt eine **Haftung des Verkäufers/Bauträgers wegen arglistigen Verschweigens** nach §§ 434, 437, 444 BGB in Betracht, wenn der Verkäufer zumindest die Nutzung des Grundstücks als „wilde Müllkippe" gekannt hat; der vertragliche Gewährleistungsausschluss ist insoweit unwirksam. Allerdings kann die Gemeinde den Grundstückskäufer **auf** diese **anderweitige Ersatzmöglichkeit nur verweisen, soweit sie nicht dem Verkäufer/ Bauträger gegenüber selbst nach § 839 BGB haftet** (BGH, NJW 1991, 2900; NJW 1992, 1953).

6. Rechtsmittelversäumung
Gemäß § 839 Abs. 3 BGB tritt die Ersatzpflicht nicht ein, wenn der Verletzte es vorsätzlich oder fahrlässig unterlassen hat, den Schaden durch Gebrauch eines Rechtsmittels abzuwenden. Der **Begriff des Rechtsmittels ist weit zu verstehen** und meint alle Rechtsbehelfe, die zur Abwendung und Minderung des Schadens geeignet sind. In Bausachen sind dies insbesondere das Widerspruchsverfahren und die Anfechtungs- bzw. Verpflichtungsklage, wobei eine gerichtliche Instanz reicht; es muss nicht der Instanzenweg durchschritten werden. D. h. im Baugenehmigungsverfahren, dass der → Bauherr gegen die rechtswidrige Ablehnung der beantragten → Baugenehmigung erst einmal → Widerspruch und Verpflichtungsklage einlegen muss. Umgekehrt gilt für den verletzten Nachbarn, dass er sich erst einmal mit Anfechtungswiderspruch und -klage gegen die Erteilung einer rechtswidrigen → Baugenehmigung zur Wehr setzen muss (BGHZ 113, 17; BGH, NJW 1995, 2778; *Palandt/Thomas*, BGB-Kom., § 839 Rdn. 73).

7. Mitverschulden
Zwar gilt im Grundsatz, dass die Erteilung der → Baugenehmigung für den Bauherrn Vertrauensschutz begründet. Folglich ist die Baugenehmigungsbehörde gegenüber dem Bauherrn wegen Amtspflichtverletzung schadensersatzpflichtig, wenn sie beispielsweise das → Rücksichtnahmegebot des § 15 BauNVO in seiner drittschützenden Wirkung zugunsten des Nachbarn verkannt hat und deshalb die erteilte → Baugenehmigung aufgehoben wird, denn durch die erteilte → Baugenehmigung durfte der → Bauherr auf den Bestand vertrauen und dementsprechend wirtschaftlich disponieren (BGHZ 105, 52; 122, 317; LG Darmstadt, IBR 1993, 444). **Ist** allerdings **eine erteilte → Baugenehmigung rechtlich zweifelhaft** und **hat der Nachbar dem Vorhaben widersprochen**, so stellt es eine **bewusste Risikoübernahme** des Bauherrn dar, wenn er ungeachtet dessen mit Baumaßnahmen beginnt. Diese Risikoübernahme kann dazu führen, dass **der → Bauherr den durch den voreiligen Baubeginn erwachsenden Schaden zu einem erheblichen Teil oder vollständig zu tragen hat**, wenn die → Baugenehmigung später aufgehoben wird (BGH, NJW 1985, 1692; OLG Düsseldorf, NJW-RR 1997, 1453; VGH München, IBR 1992, 458).

8. Verjährung
Der **Amtshaftungsanspruch verjährt** nach §§ 195 i. V. m. 199 Abs. 1 BGB **in 3 Jahren** von dem **Zeitpunkt** an, in welchem der Verletzte nicht nur **von dem Schaden und der Person des Ersatzpflichtigen Kenntnis** erlangt, sondern auch weiß, dass er **auf eine andere Weise keinen Ersatz erlangen** kann oder sich diese Kenntnis in einem hinreichend Erfolg versprechenden Prozess verschaffen kann, § 839 Abs. 1 S. 2 BGB (BGH, NJW 1986, 2309; BauR 1993, 189). Die → Verjährung wird in entsprechender Anwendung durch die Durchführung des Widerspruchsverfahrens und die Erhebung der verwaltungsgerichtlichen Anfechtungs- oder Verpflichtungsklage gegen den pflichtverletzenden Verwaltungsakt **gehemmt**. Regelmäßig endet die Verjährungshemmung mit Zustellung der abschließenden Entscheidung eines Verwaltungsgerichts, weil dann der Geschädigte die

für den Amtshaftungsanspruch erforderlichen Kenntnisse hat (BGH, NJW 1985, 2324; NJW 1993, 2303; OLG Saarbrücken, NJW-RR 2001, 813, 816). Solange Verhandlungen zwischen den Parteien schweben, ist die → Verjährung ebenfalls **gehemmt** (BGH, VersR 1985, 642).

Anbauverbot   → Bebauungsverbote an Fernstraßen; → Werbeanlagen

Änderung oder Wegfall der Geschäftsgrundlage   → Geschäftsgrundlage; → Wegfall oder Änderung der Geschäftsgrundlage

Anerkenntnis

Zu unterscheiden sind das negative und das positive Schuldanerkenntnis.

Ersteres, das sogenannte **negative Schuldanerkenntnis**, lässt das Schuldverhältnis erlöschen, wenn der → Gläubiger dem Schuldner (→ Leistung) durch Vertrag die Schuld erlässt. Das Gleiche gilt, wenn der Gläubiger durch Vertrag mit dem Schuldner anerkennt, dass das Schuldverhältnis nicht bestehe.

Bei dem **positiven Schuldanerkenntnis** ist zwischen dem konstitutiven und dem deklaratorischen Anerkenntnis zu unterscheiden. Das konstitutive Schuldanerkenntnis ist in § 781 BGB geregelt. Es bedarf der → Schriftform. Durch das **konstitutive Schuldanerkenntnis** wird ein neuer, selbstständiger Rechtsgrund geschaffen, der neben die bestehende Forderung eines der Baubeteiligten trifft. Die mit dem Schuldanerkenntnis neu begründete Schuld ist unabhängig von der bisherigen aus dem → Bauvertrag oder → Architektenvertrag bestehenden Verpflichtung. Das konstitutive Schuldanerkenntnis stellt daher eine selbständige Anspruchsgrundlage dar. Aufgrund der schuldrechtlichen Selbstständigkeit wird der Abschluss eines konstitutiven Schuldanerkenntnis nur in den seltensten Fällen von den Parteien beabsichtigt sein. Ob ein solches vorliegt, bedarf daher im Einzelfall einer sorgfältigen Prüfung sämtlicher zum Abschluss des Schuldanerkenntnisses führenden Umstände (BGH BauR 95, 726). Sofern das Anerkenntnis von der einen oder anderen Vertragspartei zu dem Zwecke abgegeben worden ist, dass das Entstehen oder Bestehen der geltend gemachten Forderung des Architekten oder Bauunternehmers nochmals bestätigend anerkannt wird, ist vom Vorliegen eines so genannten **deklaratorischen Schuldanerkenntnisses** auszugehen. Dieses Schuldanerkenntnis bedarf keiner besonderen Form, sofern nach dem Willen der Parteien lediglich die Bestätigung einer bereits bestehenden Schuld im bisherigen Umfang gewollt ist. Eine selbstständig bestehende Schuld wird durch die Abgabe eines deklaratorischen Schuldanerkenntnisses nicht begründet.

Sämtliche Formen des Anerkenntnisses stellen rechtsgeschäftliche Handlungen dar. Diese hängen vom Willen der Parteien ab, der im Einzelfall durch Auslegung zu ermitteln ist.

Anfechtung   → Kalkulationsirrtum

Zum Abschluss des wirksamen Bauvertrages bedarf es übereinstimmender Willenserklärungen beider Vertragsparteien. Gemäß § 143 Abs. 1 BGB ist eine einseitige → Willenserklärung gegenüber dem Vertragspartner anfechtbar. Gemäß § 142 Abs. 1 BGB ist das angefochtene Rechtsgeschäft dann von Anfang an nichtig.

Grundsätzlich ist eine Willenserklärung anfechtbar, wenn
1. eine derartige Erklärung nicht abgegeben werden wollte (sogen. Erklärungsirrtum gem. § 119 BGB),
2. der Erklärende über den Inhalt der Erklärung im Irrtum war (sogen. Erklärungsinhaltsirrtum gem. § 119 BGB),
3. die Erklärung gemäß § 120 BGB unrichtig übermittelt wurde oder

4. die Erklärung gemäß § 123 BGB aufgrund einer arglistigen Täuschung oder einer widerrechtlichen Drohung zustande kam.

Hauptanwendungsfälle der Anfechtung im Bauvertragsrecht sind die so genannten Erklärungs- und Erklärungsinhaltsirrtümer gemäß § 119 BGB (z. B. bei Kalkulationsirrtümern). Der Anfechtende hat gemäß § 121 BGB darauf zu achten, dass eine auf den § 119 BGB begründete Anfechtung **unverzüglich** nach Kenntnis des Anfechtungsgrundes zu erfolgen hat.

Der Anfechtende ist für den Anfechtungsgrund darlegungs- und beweispflichtig.

Sofern eine Partei nach Vertragsschluss feststellt, dass die von ihr in Ansatz gebrachte Kalkulation zur Abdeckung der tatsächlich entstehenden Kosten nicht ausreicht, ist diese grundsätzlich nicht zur Anfechtung gemäß § 119 BGB berechtigt. Der sogenannte Kalkulationsirrtum ist als Motivirrtum nicht von der Regelung des § 119 BGB erfasst.

Beim Vorliegen der Voraussetzungen der arglistigen Täuschung gemäß § 123 Abs. 1 BGB gilt gem. § 124 Abs. 1 BGB eine Anfechtungsfrist von einem Jahr, beginnend ab dem Zeitpunkt, zu dem der Getäuschte die Täuschung erkennt oder aber die Drohung/bzw. Zwangslage beendet ist. Grundsätzlich ist die Androhung gem. § 124 Abs. 3 BGB nach Ablauf von 10 Jahren ausgeschlossen. Eine arglistige Täuschung liegt beispielsweise vor, wenn ein Unternehmer einem Bauherrn bewusst die Abweichung von der vereinbarten Beschaffenheit des Bauwerkes verschweigt. Der für die Arglist erforderliche Vorsatz des Handelnden ist durch den Anfechtenden nachzuweisen. Dieses gelingt kaum einmal.

Angestellte Architekten → Urheberrecht

Anlage → Bauliche Anlage

Annahmeverzug des Auftraggebers → Abnahme; → Behinderung

Annahmeverzug des Auftraggebers liegt gemäß § 293 ff. BGB vor, wenn er es dem → Auftragnehmer unmöglich macht, die vereinbarte → Leistung frist- und vertragsgerecht zu erbringen bzw. die ihm durch den Auftragnehmer angebotene Leistung nicht annimmt. Über die Vorschriften der §§ 293 ff. BGB hinaus sind die Regelungen der → VOB/B beim Vorliegen eines Annahmeverzuges/ Gläubigerverzuges zu beachten.

Gemäß § 6 Nr. 1 VOB/B hat der Auftragnehmer die → Behinderung schriftlich anzuzeigen. Dies gilt auch, wenn die beanstandete Behinderung nicht auf ein vertragswidriges Verhalten des Auftraggebers zurückzuführen ist. In einem solchen Fall ist gemäß § 6 Nr. 4 VOB/B von einer Verlängerung der Ausführungsfristen auszugehen. Weitergehende Ansprüche des Auftragnehmers gemäß § 6 Nr. 6 VOB/B bestehen nur beim Vorliegen eines Verschuldens des Auftraggebers.

Gemäß § 9 Nr. 1 a VOB/B kann der Auftragnehmer beim Vorliegen des Annahmeverzuges durch den → Auftraggeber den bestehenden Vertrag kündigen. Sofern der Auftraggeber der Abnahmeforderung des Auftragnehmers gemäß § 12 Nr. 1 VOB/B grundlos nicht nachkommt, befindet dieser sich ebenfalls im Annahmeverzug. Als notwendige Folge geht gemäß § 644 Abs. 1 BGB die → Gefahrtragung im Hinblick auf das erstellte Bauwerk wegen zufälligen Untergangs und zufälliger Verschlechterung auf den Auftraggeber über.

Anrechenbare Kosten → Honorar; → Honorarberechnung; → Honorartafel; → Honorarzonen

1. Anrechenbare Kosten und DIN 276
a) Anrechenbare Kosten innerhalb der Honorartafeln

Anrechenbare Kosten

Die dem → Honorar für Architektenleistungen zu Grunde zu legenden Kosten (anrechenbare Kosten) sind in § 10 HOAI geregelt. Insoweit handelt es sich um die Honorarbemessungsgrundlage für das → Architektenhonorar. § 10 Abs. 2 HOAI bestimmt, dass die anrechenbaren Kosten unter Zugrundelegung der jeweiligen Kostenermittlungsart nach der DIN 276 in der Fassung vom April 1981 – Kosten von Hochbauten – zu ermitteln sind. Diese Fassung der DIN 276 ist für die Honorarermittlung des Architekten auf der Grundlage der HOAI zwingend vorgeschrieben. Der Architekt kann – vorbehaltlich abweichender vertraglicher Vereinbarungen – seiner → Honorarberechnung nicht die DIN 276 in der seit Juni 1993 geltenden Fassung zu Grunde legen (BGH, BauR 1998, 354 = ZfIR 1998, 133). Die DIN 276 besteht aus 3 Teilen:
- Teil I definiert und erläutert Begriffe.
- Teil II gliedert die Bauwerkskosten in 7 Kostengruppen (Kostengruppe 1: Kosten des Baugrundstücks; Kostengruppe 2: Kosten der Erschließung; Kostengruppe 3: Kosten des Bauwerks; Kostengruppe 4: Kosten des Gerätes; Kostengruppe 5: Kosten der Außenanlagen; Kostengruppe 6: Kosten für zusätzliche Maßnahmen; Kostengruppe 7: Baunebenkosten)
- Teil III regelt die verschiedenen Kostenermittlungen und enthält Musterformulare.

Die DIN 276 kennt 4 Kostenermittlungen: die Kostenschätzung, die Kostenberechnung, den Kostenanschlag und die Kostenfeststellung. Die **Kostenschätzung** dient der überschlägigen Ermittlung der Gesamtkosten und ist vorläufige Grundlage für Finanzierungsüberlegungen. Sie ist in der → Leistungsphase 2 des § 15 HOAI zu erbringen. Die **Kostenberechnung** dient der Ermittlung der angenäherten Gesamtkosten. Sie ist Voraussetzung für die Entscheidung, ob die Baumaßnahme wie geplant durchgeführt werden soll. Zudem ist sie Grundlage für die erforderliche Finanzierung. Die Kostenberechnung ist in der Leistungsphase 3 des § 15 HOAI zu erbringen. Der **Kostenanschlag** dient der genauen Ermittlung der tatsächlich zu erwartenden Kosten durch die Zusammenstellung von Auftragnehmerangeboten, Eigenberechnung, Honorar- und Gebührenberechnung und anderen für das Baugrundstück, die Erschließung und die vorausgehende Planung bereits entstandenen Kosten. Der Kostenanschlag ist der Leistungsphase 7 des § 15 HOAI zu erbringen. Die **Kostenfeststellung** dient zum Nachweis der tatsächlich entstandenen Kosten. Sie ist Voraussetzung für Vergleich und Dokumentation. Sie ist nach der Beendigung der Bauarbeiten in der Leistungsphase 8 des § 15 HOAI zu erbringen.

Die Verwendung der Formblätter der DIN 276 in der Fassung von 1981 zur Erstellung der Schlussrechnung ist zwar nicht vorgeschrieben (BGH, BauR 1999, 1318 = NJW-RR 1999, 1541; OLG Düsseldorf, BauR 1996, 293; BauR 1996, 893; ausführlich: *Schmidt*, Muss der Architekt oder Ingenieur zur Ermittlung der anrechenbaren Kosten das Muster der DIN 276 verwenden?, BauR 1999, 462 ff.), aber empfehlenswert. Durch die Verwendung der Formblätter der DIN 276 kann der Planer das Risiko verringern, Angaben zu vergessen.

2. Anrechenbare Kosten außerhalb der Honorartafeln

In der HOAI ist keine Regelung enthalten, wie der Architekt abzurechnen hat, wenn die anrechenbaren Kosten über den Kostenrahmen der jeweiligen Kostentafel der HOAI hinausgehen (z. B. im Falle des § 16 HOAI: € 25.564.594,00). In diesen Fällen kann der Architekt oder Ingenieur die Honorartafeln nicht einfach entsprechend fortschreiben. Eine befriedigende Regelung solcher Fälle steht bislang aus. Die Parteien können ein Pauschalhonorar, ein → Zeithonorar oder die Fortschreibung der Kostentafeln vereinbaren. Das Honorar ist schriftlich und bei Auftragserteilung zu vereinbaren (*Korbion/Mantscheff/Vygen*, HOAI, § 16 Rdn. 6; *Locher/Koeble/Frik*, § 16 HOAI, Rdn. 3; *Pott/Dahlhoff/Kniffka*, HOAI, § 16 Rdn. 3; *Jochem*, HOAI, § 16 Rdn. 2.).

Haben der Architekt oder Ingenieur und der → Bauherr keine Vereinbarung getroffen, so steht dem Architekten ein Bestimmungsrecht nach den §§ 316, 315 BGB zu, weil eine übliche Vergütung im

Sinne des § 632 Abs. 2 BGB nicht festgestellt werden kann (*Löffelmann/Fleischmann*, Architektenrecht, Rdn. 1 259; *Locher/Koeble/Frik*, HOAI, § 16 Rdn. 13). Die Extrapolation oder lineare Fortschreibung ist auch wettbewerbsrechtlich nicht zwingend (LG Mainz, IBR 1998, 307). Die Entscheidung des Verordnungsgebers, dass das Honorar bei anrechenbaren Kosten z. B. über € 25.564.594,00 im Rahmen des § 16 Abs. 3 HOAI frei vereinbart werden kann, darf nicht durch die Extrapolation oder lineare Fortschreibung der Tabelle unterlaufen werden. Der Honoraranspruch bei Objekten dieser Größenordnung soll zwischen den Parteien vereinbart werden (KG, KGR 1995, 161 = IBR 1995, 479 = DAB 1990, 354; KG, BauR 2001, 126; a. A. LG Nürnberg-Fürth, Urt. v. 30. 3. 1992 – 1 O 10 202/90 – zitiert in DAB 1994, 1390: „Auch wenn man eine lineare Extrapolation ablehnt, so wird man doch wegen Fehlens eines konkreten Marktpreises für die konkrete Architektenleistung oder anderer zur Beurteilung geeigneter Vergleichsmaßstäbe für das konkrete Objekt nicht umhin kommen, zur Ermittlung von Anhaltspunkten doch die Regelungen der → HOAI zumindest als Vergleichsmaßstab heranzuziehen".) Die freie → Honorarvereinbarung ist selbst dann möglich, wenn die Parteien sich bei Vereinbarung des Honorars nicht bewusst sind, dass die anrechenbaren Kosten die Höchstgrenzen der Honorartafeln der HOAI überschreiten (KG, BauR 2001, 126).

Anschlussauftrag
Hierbei handelt es sich aus Sicht des Auftraggebers um einen → Auftrag, der in einem objektiven inneren Zusammenhang mit dem bereits vergebenen Auftrag steht. Eine freihändige Vergabe gemäß § 3 Nr. 4 c VOB/A ist möglich. Im Bauhandwerk schließt sich der so genannte Anschlussauftrag unmittelbar an eine auslaufende Baumaßnahme an.

Antennen → Abstandsflächen; → Art der baulichen Nutzung; → Mobilfunkanlagen
Antennenanlagen, die ganz erhebliche Höhen erreichen können, sind bauliche (Haupt-)Anlagen und keine untergeordneten Nebenanlagen i. S. d. § 14 Abs. 1 BauNVO, so dass sie Gegenstand einer planungsrechtlich eigenständigen Regelung i. S. d. §§ 2 bis 13 BauNVO sind. Das hat zur Folge, dass die Genehmigungspflichtigkeit der Anlage nicht nur davon abhängt, ob die Errichtung der Antennenanlage als solche **von der Baugenehmigungspflicht freigestellt oder genehmigungspflichtig ist**, was je nach Größe und Landesbauordnung unterschiedlich sein kann. So sind beispielsweise in Bayern nach Art. 63 Abs. 1 Nr. 4 a BayBO und Hessen (§ 55 HBO i. V. m. Nr. 5.1.1. der 2. Anlage zur HBO) Antennenanlagen bis zu einer Höhe von 10 m von der → Baugenehmigung freigestellt. Ebenso in Sachsen-Anhalt (§ 69 Abs. 1 Nr. 4 BauOLSA), wobei dort jedoch von der Genehmigungsfreistellung ausgenommen sind Parabolantennen mit mehr als 1,2 m Durchmesser der Reflektorschale und Sendeanlagen mit mehr als 10W. Die Baugenehmigungspflicht ist vielmehr auch danach zu beurteilen, ob mit einer weiteren Hauptnutzung des Gebäudes, an dem die Anntennenanlage angebracht wird, dessen bisherige → Art der baulichen Nutzung durch Hinzufügung einer neuen Nutzungsart rechtserheblich geändert wird (VGH Mannheim, VBlBW 1999, 218; VGH Kassel, BauR 2000, 1162). Dementsprechend widerspricht beispielsweise eine 13,5 m hohe, gewerblich betriebene Antennenanlage wegen ihrer gewerblichen Nutzungsstruktur der Gebietsstruktur eines reinen Wohngebiets, vgl. § 3 BauNVO (VGH Kassel, BauR 2000, 1162; OVG Lüneburg, BRS 44, Nr. 41).
Darüber hinaus müssen bei der Errichtung von Antennenanlagen, unabhängig von ihrer Genehmigungsbedürftigkeit, die **bauordnungs- und bauplanungsrechtlichen Bestimmungen eingehalten** werden. Folglich hat auch eine Antennenanlage die → Abstandsflächen einzuhalten, wenn von ihr Wirkungen wie von einem → Gebäude ausgehen. Dies ist jeweils anhand ihrer konkreten Ausführung und ihrer Ausmaße zu entscheiden. So können grundsätzlich auch von Stahlgittermasten Wir-

kungen wie von einem → Gebäude ausgehen, wenn wegen der flächenhaft in Erscheinung tretenden Seiten der Gitterkonstruktion dieser einem → Gebäude vergleichbare Wirkungen als Raumkörper entfaltet. Dies gilt jedoch dann nicht mehr, wenn der Mast im Grundriss und im weiteren Querschnitt so geringe Dimensionen aufweist, dass seine Auswirkung auf die Umgebung nicht entscheidend durch eine auch im weiteren Sinne flächenhafte, also → Gebäude gleiche Wirkung charakterisiert ist (OVG Münster, BauR 2001, 232). So entschied das OVG Lüneburg, dass von einem 24 m hohen Stahlgittermast zur Montage von Funkantennen mit einem Abstand von 15 m zur → Terrasse des Nachbarn Wirkungen wie von einem Bauwerk ausgehen und daher die → Abstandsflächen nicht eingehalten sind (OVG Lüneburg, BRS 39, Nr. 122).

Darüber hinaus müssen sich Antennenanlagen bauplanungsrechtlich in die Gebietsstruktur einfügen. Der VGH Kassel sah die Errichtung einer 17,6 m hohen Amateurfunkantenne auf einem 15 m hohen Stahlgittermast in einem reinen → Wohngebiet mit Einfamilienhausbebauung und einer durchschnittlichen Bebauungshöhe zwischen 5–13 m als der Eigenart des Baugebietes widersprechend an, weil die Erholungsfunktion des Grünbereiches dieses Gebietes gestört würde. Der Wohnwert des als reines → Wohngebiet qualifizierten Umgebungsbereiches hänge maßgeblich von der Erhaltung der in den rückwärtigen Grundstücksbereichen befindlichen Grünzone ab, in der die Antennenanlage einen überdimensionierten Fremdkörper darstelle (VGH Kassel, UPR 2002, 348).

Anwendungsbereich der HOAI → Dienstvertrag; → Freie Mitarbeiter; → Freischaffender Architekt

1. Allgemeines
Gemäß § 1 HOAI gelten die Bestimmungen dieser Verordnung für die Berechnung der Entgelte für die Leistungen der Architekten und Ingenieure (Auftragnehmer), soweit sie durch Leistungsbilder oder andere Bestimmungen dieser Verordnung erfasst werden.
Architekten und Ingenieure können jedoch auch Honorare außerhalb der → HOAI abrechnen. Die HOAI regelt die Honorarmöglichkeiten für Architekten und Ingenieure nicht abschließend.

2. Der sachliche Anwendungsbereich der HOAI umfasst:
– Leistungsbilder (z. B. § 15 HOAI für Architekten) und
– andere Bestimmungen (hierzu zählen insbesondere die Regelungen über **Besondere Leistungen** (§ 2 Abs. 3, § 5 Abs. 4 und Abs. 5 HOAI), aber auch § 7 HOAI (**Nebenkosten**), § 9 HOAI (**Umsatzsteuer**), § 26 HOAI (Einrichtungsgegenstände und Werbeanlagen), §§ 28 ff. HOAI (Zusätzliche Leistungen) und §§ 33 und 34 HOAI (Gutachten).

Erbringt der Architekt oder Ingenieur Leistungen, die von den Leistungsbildern oder von den anderen Bestimmungen im Sinne des § 1 HOAI nicht erfasst sind, ist die HOAI nicht anwendbar. Das Honorar kann frei berechnet bzw. frei vereinbart werden.
Beispiele:
– Reine Beratungstätigkeiten der Architekten und Ingenieure,
– Alle Arten von → Gutachten, die nicht von den §§ 33, 34 HOAI erfasst sind, insbesondere Mängelgutachten über Bauschäden und Honorargutachten,
– Architekten- oder Ingenieurleistungen beim Abbruch von Gebäuden,
– Leistungen von Sonderingenieuren im Zusammenhang mit Verkehrsleitsystemen.

3. Persönlicher Anwendungsbereich
Nach der Rechtsprechung des BGH (BauR 1997, 677 = NJW 1997, 2329 = IBR 1997, 226, 288) sind die Preisvorschriften der HOAI **auf alle natürlichen und juristischen Personen** anwendbar,

die Architekten- und Ingenieuraufgaben erbringen, die in der HOAI beschrieben sind (z. B. auch OLG Zweibrücken, IBR 1995, 528 für Baubetreuungs- GmbH; OLG Frankfurt/Main, Urteil vom 21. 4. 1999 – 9 U 48/98 – für Dipl.-Ing., der Architektenleistungen erbrachte). Allerdings sind die Mindest- und Höchstsätze der HOAI nicht anwendbar auf Anbieter, die neben oder zusammen mit → Bauleistungen lediglich **auch** Architekten- oder Ingenieurleistungen erbringen, also **z. B.** die Generalunter-, Generalüber-, Totalunter- und Totalübernehmer (BGH, BauR 1997, 677). Diese sind gewerblich und nicht freiberuflich tätig.

Folgerichtig findet die HOAI Anwendung auf **Verträge zwischen Architekten oder Ingenieuren mit anderen Architekten oder Ingenieuren**. Dazu ist jedoch erforderlich, dass der beauftragte Architekt oder Ingenieur von dem beauftragenden Architekten oder Ingenieur wirtschaftlich unabhängig und weisungsungebunden ist, also **Freiberufler** bleibt (BGH, BauR 1985, 582; OLG Hamm BauR 1987, 467). Wenn ein Architekt einen Kollegen beauftragt, wird **regelmäßig ein Subunternehmerverhältnis** vorliegen, für das das Werkvertragsrecht und die HOAI gelten. Anderenfalls besteht regelmäßige ein **arbeitnehmerähnliches Dienstverhältnis**, auf das die HOAI nicht anwendbar ist (OLG, Oldenburg IBR 1996, 252; IBR 2000, 555). Dann können von der HOAI abweichende Honorare vereinbart werden. Die Einordnung als arbeitnehmerähnliches Dienstverhältnis hat **weitere Konsequenzen**: Arbeitnehmerähnliche Personen sind **sozialversicherungspflichtig** und haben einen **gesetzlichen Urlaubsanspruch**. Für ihre Streitigkeiten sind die **Arbeitsgerichte zuständig**. Allein durch die Gestaltung des Vertragstextes kann der Status eines selbstständigen Werkunternehmers oder freien Mitarbeiters **nicht** erreicht werden. Liegt tatsächlich ein Arbeitsverhältnis oder arbeitnehmerähnliches Verhältnis vor, so wird es von Behörden und Gerichten rückwirkend als solches behandelt.

Arbeiten an einem Grundstück

Arbeiten an einem Grundstück sind grundsätzlich zu trennen von Arbeiten an einem Bauwerk. Gemäß § 13 Nr. 4 VOB/B a. F. und § 638 BGB a. F. beträgt die Gewährleistungsfrist für Arbeiten an einem Grundstück ein Jahr, gemäß § 13 Nr. 4 VOB/B in der seit 1. 1. 2003 gültigen Fassung zwei, gemäß § 634 a BGB drei Jahre. Diese Regelung erfasst nicht nur Arbeiten an einem Grundstück in Form der Umgestaltung von Grund und Boden ohne Errichtung eines Bauwerkes, sondern auch Ausbesserungen, Reparaturen und Instandhaltungen an bestehenden Bauwerken. Durch diese Arbeiten darf der Unternehmer nicht im wesentlichen Umfang in die Konstruktion, den Bestand und die Erhaltung des Bauwerkes eingreifen. Die von dieser Regelung erfassten Arbeiten beinhalten lediglich Tätigkeiten, die sich lediglich unwesentlich auf die Bauwerkssubstanz auswirken (Verlegearbeiten von Teppichböden, Anstricharbeiten).

Sofern Arbeiten an einem Grundstück zusammen mit Arbeiten an einem Bauwerk vereinbart worden sind oder in einem technischen und wirtschaftlichen Zusammenhang mit Arbeiten an einem solchen stehen, gilt die Gewährleistungspflicht von 2 bzw. 4 Jahren gemäß § 13 Nr. 4 VOB/B a. F. bzw. n. F. im Falle eines VOB-Vertrages bzw. von 5 Jahren gemäß § 634 a BGB im Falle eines BGB-Vertrages, wenn nichts anderes vereinbart ist.

Arbeitsgemeinschaft → Gesamtschuldnerische Haftung; → Gesellschaft bürgerlichen Rechts; → Konsortialvertrag

Bei der Arbeitsgemeinschaft (ARGE) handelt es sich um eine Kooperationsform in der Bauwirtschaft. Ziel ist die gemeinschaftliche Auftragsausführung, die als → Bietergemeinschaft i. S. d § 26 Nr. 6 VOB/A bei der Angebotswertung wie eine Einzelunternehmung behandelt wird. Die Arbeitsgemeinschaft entsteht im Regelfall aus einer sogenannten Bietergemeinschaft durch Vertrag. Der entsprechende Gesellschaftsvertrag wird vor Auftragserteilung geschlossen; er tritt jedoch erst nach

Auftragserteilung in Kraft. Eine bestimmte Formvorschrift besteht nicht. Der vertragliche Zusammenschluss zu einer Arbeitsgemeinschaft wird rechtlich als → Gesellschaft bürgerlichen Rechts gemäß §§ 705 ff. BGB bewertet (für die Einstufung größerer Arbeitsgemeinschaften als OHG: OLG Dresden, IBR 2001, 195). Die Mitglieder einer solchen Gemeinschaft haften gesamtschuldnerisch und persönlich für die Verbindlichkeiten der Gesellschaft. Der in eine GbR eintretende neue Gesellschafter haftet dabei sogar für vor seinem Eintritt begründete Verbindlichkeiten der Gesellschaft persönlich und als Gesamtschuldner mit den Altgesellschaftern (BGH, IBR 2003, 361). Die Rechte und Pflichten der Gesellschafter bestimmen sich nach dem Vertrag und dem darin festgelegten Beteiligungsverhältnis. Der Gesellschaftsvertrag regelt zudem die Höhe der zu leistenden Beiträge und die Beteiligung der einzelnen ARGE-Partner am Geschäftsergebnis. Mit Ablauf der Gewährleistungspflicht endet die Arbeitsgemeinschaft. Gemäß § 427 BGB ist jeder Gesellschafter Gesamtschuldner für die gesamtheitlich zu erbringende Bauleistung. Die Regelung des § 426 BGB legt fest, dass bei Ausfall eines Gesamtschuldners die Leistung von den übrigen Gesellschaftern anteilig im vereinbarten Verhältnis erbracht werden muss. Die Geschäftsführung steht gemäß § 709 BGB den Gesellschaftern gemeinsam zu. Gemäß § 710 BGB wird die Geschäftsführung einem Mitglied übertragen, was dem Erfordernis des § 21 Nr. 4 VOB/A entspricht.

Die Arbeitsgemeinschaft setzt sich zumeist aus folgenden Organen zusammen:
1. Aufsichtsstelle
2. technische Geschäftsführung
3. kaufmännische Geschäftsführung
4. Bauleitung.

Die **Aufsichtsstelle** ist das oberste Organ der Arbeitsgemeinschaft. In ihr werden alle grundsätzlichen Entscheidungen getroffen.

Die **technische Geschäftsführung** wird einem der Gesellschafter übertragen. Dieser ist für die ordnungsgemäße technische Durchführung des Bauvorhabens verantwortlich. Der gemäß § 710 BGB mit der alleinigen Geschäftsführung vertraute Gesellschafter vertritt darüber hinaus die Arbeitsgemeinschaft gegenüber dem → Auftraggeber und anderen Dritten.

Die **kaufmännische Geschäftsführung/Verwaltung** wird üblicherweise von einem Gesellschafter übernommen. Dieser ist für die ordnungemäße Durchführung sämtlicher kaufmännischer Arbeiten verantwortlich.

Die **Bauleitung** ist für die Durchführung des Bauauftrages nach Weisung der technischen und kaufmännischen Geschäftsführung verantwortlich.

Sämtliche Leistungen der Arbeitsgemeinschaft unterliegen der Umsatzsteuerpflicht. Andere Steuern werden bei den Gesellschaftern direkt erhoben.

Architekt/Architektin → Amtshaftungsansprüche; → Architekten-Anerkenntnisrichtlinie; → Vollmacht

Der Architekt wird auch als **Treuhänder** oder **Sachverwalter des Bauherrn** bezeichnet. Er ist planend, überwachend und beratend tätig. Zwischen dem Architekten und dem Bauherrn besteht ein besonderes Vertrauensverhältnis. Der → Bauherr muss deshalb dem Architekten alle Umstände offenbaren, die für dessen Willensbildung wichtig erscheinen. So ist dem Architekten insbesondere Einblick in die finanzielle Abwicklung des Bauvorhabens zu geben, sofern hier Schwierigkeiten zu befürchten sind. Der Architekt ist seinerseits verpflichtet, dem Bauherrn sein ganzes Wissen, seine ganze Erfahrung und Kraft zur Erfüllung der ihm gestellten Aufgaben zu widmen. Die einstige Tätigkeit des Architekten als technischer und künstlerischer Gestalter eines Bauwerkes hat sich im Laufe der Zeit mehr und mehr dahingehend erweitert, dass er nunmehr der persönliche Berater, Vertraute und Vertreter des Bauherrn geworden ist. Dieser Umstand spiegelt sich darin wieder, dass gerade bei kleineren und mittleren Projekten häufig die Betreuung des gesamten Baugeschehens allein in der Hand des Architekten liegt.

Der Architekt hat nicht schon aufgrund seiner Beauftragung **Vollmacht** des Bauherrn im Sinne der §§ 164 ff. BGB. Hierzu ist eine ausdrückliche oder stillschweigende Bevollmächtigung des Architekten erforderlich. In aller Regel wird bei Rechtsgeschäften, die der Architekt mit Unternehmern/ Handwerkern abschließt, davon auszugehen sein, dass er für den Bauherrn und nicht für sich selbst tätig wird. Die → Beweislast für die → Vollmacht und das erkennbare Vertreterhandeln gegenüber dem Bauherrn trifft grundsätzlich den Architekten. Ob der Architekt für den Bauherrn oder im eigenen Namen tätig wird, ist vom objektiven Erklärungswert aus zu beurteilen. Hierfür ist nach ständiger Rechtsprechung von Bedeutung, wie sich die Erklärung nach Treu und Glauben mit Rücksicht auf die Verkehrssitte für einen objektiven Betrachter in der Lage des Erklärungsgegners unter Berücksichtigung der Umstände des Einzelfalles, insbesondere der dem Rechtsverhältnis zugrundeliegenden Lebensverhältnisse, der Interessenlage, dem Geschäftsbereich, dem der Erklärungsgegenstand zugehört nebst typischer Verhaltensweisen darstellt. Im Gegensatz zu Bauträgern ist der Architekt berufsspezifisch für seinen → Auftraggeber tätig. Daher spricht die Vermutung für ein Handeln in seinem Namen. Dies ist ausgeschlossen, wenn sich aus den einzelnen Auftragsverhältnissen unter Berücksichtigung aller Umstände etwas anderes ergibt.

Sofern dem Architekten keine Vollmacht erteilt worden ist, haftet er dem → Auftragnehmer grundsätzlich als **vollmachtloser Vertreter** gemäß § 179 BGB. Diese Haftung entfällt, wenn der Auftragnehmer den Mangel der Architektenvollmacht kannte oder kennen musste. Das ist regelmäßig der Fall (vgl. z. B. OLG Celle, IBR 1996, 171; OLG Köln BauR 1996, 254; LG Bochum, BauR 1990, 636).

Darüber hinaus kann der Architekt gemäß § 278 BGB **Erfüllungsgehilfe** des Bauherrn sein. Aufgrund des zwischen dem Bauherrn und dem Bauunternehmer abgeschlossenen Bauvertrages obliegen dem Bauherrn verschiedene Verpflichtungen gegenüber dem Bauunternehmer. Bei der Erfüllung dieser Verpflichtungen kann der Architekt als → Erfüllungsgehilfe des Bauherrn tätig werden. Dies ist beispielsweise der Fall, wenn dem Bauunternehmer ordnungsgemäße Pläne und → Ausführungsunterlagen des Architekten übergeben werden oder die Leistung der einzelnen Bauhandwerker durch den Architekten zu koordinieren sind. Ein schuldhaftes Verhalten des Architekten insoweit, das zu einem Mangel oder Schaden führt, ist dem Bauherrn gemäß § 278 BGB zuzurechnen. Ein mitwirkendes Verschulden seines Architekten muss sich der Bauherr im Verhältnis zum Bauunternehmer im Sinne des § 254 BGB anrechnen lassen, wenn der Bauherr ihm gegenüber dem Bauunternehmer obliegende Pflichten oder Obliegenheiten verletzt.

Der Berufsstand des Architekten ist in Deutschland aufgrund der **Landesarchitektengesetze** geschützt. Ein Bundesarchitektengesetz existiert nicht.

Architekten-Anerkenntnisrichtlinie   → Eintragung in die Architektenliste

Eine einheitliche Bundesregelung gibt es nicht. Der Berufsstand des Architekten ist durch Landesarchitektengesetze geschützt. Diesen Gesetzen ist gemeinsam, dass die **Berufsbezeichnung „Architekt"** auf einen sehr großen Personenkreis erweitert worden ist. Die Voraussetzungen für die Berechtigung zur Führung der Berufsbezeichnung Architekt sind landesspezifisch sehr unterschiedlich ausgestaltet worden. So setzen einige Landesarchitektengesetze ein Studium an der technischen Hochschule oder einer ähnlichen Lehranstalt voraus. Andere Bundesländer lassen einen Befähigungsnachweis zur Führung des Titels Architekt ausreichend.

Der Berufsstand der Architekten wird in erster Linie durch die jeweiligen **Landesarchitektenkammern** vertreten. Sie sichern die Wahrnehmung aller berufsständischen Interessen in wirtschaftlicher und sozialer Hinsicht. So haben sie das Recht, Ehrengerichte zu bilden und Strafen zu verhängen.

Die Landesarchitektenkammern haben sich zur **Bundesarchitektenkammer** zusammengeschlossen.

Es gibt folgende Landesarchitektengesetze:

Baden-Württemberg:	Architektengesetz in der Fassung vom 1. 8. 1990, geändert am 15. 6. 1994
Bayern:	Bayerisches Architektengesetz in der Fassung vom 31. 8. 1994
Berlin:	Berliner Architekten- und Baukammergesetz (ABKG) vom 19. 7. 1994
Bremen:	Bremisches Architektengesetz vom 27. 4. 1971, geändert am 15. 5. 1984 und am 19. 12. 1989 in der Neufassung vom 2. 2. 1990, geändert durch das Gesetz zur Änderung des Datenschutzgesetzes vom 16. 5. 1995
Hamburg:	Hamburgisches Architektengesetz in der Fassung vom 26. 3. 1991 mit Änderung vom 23. 4. 1996
Hessen:	Hessisches Architektengesetz in der Fassung vom 4. 10. 1977, zuletzt geändert durch Gesetz vom 25. 9. 1991
Niedersachsen:	Niedersächsisches Architektengesetz (NArchtG) in der Fassung vom 17. 7. 1990, geändert durch Artikel 1 des Gesetzes vom 28. 5. 1996
Nordrhein-Westfalen:	Baukammergesetz (BauKG NW) vom 15. 12. 1992, geändert durch das Gesetz vom 7. 3. 1995, geändert durch Gesetz vom 19. 3. 1996
Rheinland-Pfalz:	Architektengesetz vom 30. 3. 1993
Saarland:	Saarländisches Architektengesetz vom 19. 1. 1990 in der seit 4. 6. 1996 geltenden Fassung
Schleswig-Holstein:	Gesetz über die Führung der Berufsbezeichnung „Architekt" und die Errichtung einer Architektenkammer (Architektengesetz) in der Neufassung vom 12. 7. 1995
Sachsen:	Sächsisches Architektengesetz vom 19. 4. 1994
Brandenburg:	Brandenburgisches Architektengesetz (BbgArchG) vom 7. 4. 1997
Thüringen:	Thüringer Gesetz zur Änderung des Rechts der Architekten und Ingenieure vom 13. 6. 1997
Mecklenburg-Vorpommern:	Gesetz vom 12. 3. 1998
Sachsen-Anhalt:	Gesetz vom 28. 4. 1998

Architektenbindung → Architektenwettbewerb

Architektengesetz → Architekten-Anerkennungsrichtlinie; → Eintragung in die Architektenliste

Architektenhonorar → Höchstsatz; → Honorar; → Mindestsatz

Der **Anspruchsgrund** eines Architekten auf Zahlung von → Honorar richtet sich nach den allgemeinen Vorschriften des BGB. Die **Höhe** des zu zahlenden Architektenhonorars richtet sich nach dem Auftrag, dem System und den Vorschriften der → HOAI für die darin geregelten Leistungen. Gemäß § 4 Abs. 1 HOAI richtet sich das zu zahlende Honorar nach der schriftlichen Vereinbarung,

welche die Parteien bei Auftragserteilung im Rahmen der durch die HOAI festgesetzten Mindest- und Höchstsätze getroffen haben. Die HOAI legt für die einzelnen Architektenleistungen Mindest- und Höchstsätze fest. Innerhalb dieses Spielraumes können die Parteien individuelle vertragliche Vereinbarungen in Bezug auf das Architektenhonorar treffen. Sofern eine schriftliche Vereinbarung bei Auftragserteilung nicht vorliegt, gilt bei der Bemessung des Architektenhonorars der Auffangtatbestand des § 4 Abs. 4 HOAI. Danach gelten die jeweiligen Mindestsätze als vereinbart. Diese gelten auch dann, wenn eine → Honorarvereinbarung unwirksam ist. Eine unwirksame Honorarvereinbarung lässt den zwischen den Parteien vereinbarten → Architektenvertrag im Übrigen unberührt. Eine andere Regelung soll gelten, wenn die Höchstsätze entgegen § 4 Abs. 3 HOAI überschritten worden sind. Hierbei wäre das Honorar auf die Höchstsätze zu reduzieren. Bei der Festlegung des Architektenhonorars gemäß § 4 HOAI sind folgende Grundsätze zu beachten:
1. Gemäß § 4 Abs. 4 HOAI kann der Architekt grundsätzlich nur die jeweilige Mindestsätze der HOAI verlangen.
2. Gemäß § 4 Abs. 1 HOAI kann der Architekt mit seinem → Auftraggeber eine hiervon abweichende schriftliche Vereinbarung bei Auftragserteilung innerhalb der Mindest- und Höchstsätze treffen.
3. Gemäß § 4 Abs. 2 HOAI muss bei Vereinbarung eines Architektenhonorars unterhalb der Mindestsätze der HOAI eine entsprechende schriftliche Honorarvereinbarung vorliegen. Diese kann nur ausnahmsweise wirksam vereinbart werden.
4. Gemäß § 4 Abs. 3 HOAI kann der Architekt einen über den Höchstsätzen der HOAI liegenden → Honoraranspruch nur geltend machen, wenn eine außergewöhnliche oder ungewöhnlich lange dauernde Leistung durch ihn erbracht wurde und hierüber eine schriftliche Vereinbarung zwischen den Vertragspartnern getroffen ist.
Aufgrund der bestehenden Vertragsfreiheit sind die Vertragsparteien bei der Bestimmung der Honorarhöhe innerhalb der geltenden Mindest- und Höchstsätze frei (Frik, DAB 1980, 513).
Grundsätzlich ist daher eine Vereinbarung eines sogenannten Sonderhonorars (**Erfolgshonorars**) möglich. Die Zulässigkeit eines solchen Erfolgshonorars hängt lediglich davon ab, ob mit dem Sonderhonorar die in der HOAI vorgesehenen Höchstsätze überschritten werden. Der Gesetzgeber hat mit der Neuregelung des § 5 Abs. 4 a HOAI im Rahmen der 5. HOAI-Novelle vom 21. 9. 1995 auf diese Notwendigkeit reagiert.
Folgende Voraussetzungen sind für eine wirksame Honorarvereinbarung gemäß § 4 Abs. 1 HOAI erforderlich:
1. Die Honorarvereinbarung muss schriftlich erfolgen.
2. Die Honorarvereinbarung muss bei Auftragserteilung erfolgt sein.
3. Die Honorarvereinbarung muss sich grundsätzlich im Rahmen der durch die HOAI festgesetzten Mindest- und Höchstsätze bewegen.
Die Honorarvereinbarung muss zudem grundsätzlich kein beziffertes, aber ein bezifferbares Honorar beinhalten. Bezifferbar ist ein Honorar dann, wenn sich anhand aller Maßstäbe der HOAI (Angabe der Honorarzone, Leistungsumfang, Kriterium für Einordnung des Honorars im Rahmen der Mindest- und Höchstsätze usw.), das entsprechende Honorar ermitteln lässt. Sofern diese Angaben nicht vorliegen, gilt die Honorarvereinbarung als unbestimmt und ist wegen Verstoßes gegen preisrechtliche Bestimmungen gemäß § 134 BGB unwirksam. In einem solchen Fall gilt die Regelung des § 4 Abs. 4 HOAI (OLG Düsseldorf, BauR 1985, 234)

Architektenkammer → Architekten-Anerkennungsrichtlinie; → Eintragung in die Architektenliste

Architektenliste → Eintragung in die Architektenliste

Architektenvertrag → Architektenhonorar; → Bauvertrag; → Formfreiheit; → Umfang des Architektenvertrages

Der Typus des Architektenvertrages ist im Bürgerlichen Gesetzbuch nicht gesondert geregelt. Für sein Zustandekommen gelten die allgemeinen Regeln. Ein sich aus der Praxis ergebender einheitlicher Architektenvertrag existiert nicht. Aus diesen Gründen können der → Bauherr und der Architekt ihren Vertrag im Rahmen der bestehenden Vertragsfreiheit gemäß §§ 241, 311 BGB so gestalten, wie es den Parteiinteressen unter Berücksichtigung der vertraglich zu bestimmenden Architektenleistungen am besten entspricht.

Aufgrund der unterschiedlichen Natur der einzelnen zu erbringenden Architektenleistungen kaum die Einordnung des Architektenvertrages in rechtlicher Hinsicht unterschiedlich zu beurteilen sein (→ Werkvertrag oder Dienstvertrag). Die Einordnung des Architektenvertrages als Werk- oder → Dienstvertrag ist entscheidend für die Ausgestaltung der Haftung, des Gefahrenübergangs, der Vergütung und ihrer Sicherung, der → Verjährung und den bestehenden Kündigungsmöglichkeiten. Entscheidend für die Zuordnung ist, ob der Architekt nur ein „Wirken" im Sinne des Dienstvertragsrechts oder einen Erfolg schuldet.

Mit der Grundsatzentscheidung des BGH vom 26. 11. 1959 (NJW 1960, 431) ordnete der BGH den Architektenvertrag, der sämtliche Leistungen umfasst, der Rechtsform des **Werkvertrages** zu, da der von den Architekten entworfene und gefertigte Bauplan für sich gesehen ein Werk im Sinne des § 631 BGB darstelle. Zudem beinhalte der durch ihn entworfene und gefertigte Bauplan die geistige Arbeit des Architekten. Dem stehe auch nicht entgegen, dass der Architekt zugleich seinen Plan ausführe und die dafür erforderlichen Arbeiten leite und überwache. Nach der vorstehend genannten Rechtsprechung des BGH ist daher wie folgt zu unterscheiden:

1. Bei Übernahme sämtlicher Leistungsphasen des Architekten gemäß § 15 HOAI ist der Architektenvertrag als Werkvertrag zu klassifizieren (BGH, NJW 1960, 431).
2. Sofern dem Architekten nur die Vorbereitung und/oder die Planung des Bauvorhabens oder ein Teilbereich hiervon gemäß § 15 Nr. 1 bis 7 HOAI übertragen wird, ist der Architektenvertrag als Werkvertrag einzuordnen.
3. Bei ausschließlicher Übertragung der → Objektüberwachung gemäß § 15 Nr. 8 HOAI liegt ein Werkvertrag vor (BGH, BauR 1982, 79).
4. Bei Übertragung von Leistungen gemäß § 15 Nr. 9 HOAI handelt es sich um erfolgsbezogene und nicht nur betreuerische Einzelleistungen des Architekten. Diese Leistungen sind dem Werkvertragsrecht zuzuordnen (BGH, BauR 1984, 79). Dem steht nicht entgegen, dass das Bauwerk vor Eintritt dieser → Leistungsphase regelmäßig schon errichtet ist.
5. Die Erstellung einer Kostenschätzung/Kostenberechnung gemäß DIN 276, die Erstattung eines Privatgutachtens, die Erbringung reiner Vermessungstätigkeiten sowie die Betrauung des Architekten mit der künstlerischen Oberleitung stellen Tätigkeiten des Architekten dar, die dem Werkvertragsrecht zuzuordnen sind.
6. Bei Übernahme von Tätigkeiten eines verantwortlichen Bauleiters im Sinne der Landesbauordnungen durch den Architekten sowie von Überwachungstätigkeiten bei Renovierungsarbeiten oder Mitwirkung bei Finanzierungen der Bauvorhaben sind zumeist dienstvertragsrechtliche Vorschriften anzuwenden. Das Gleiche gilt i. d. R. bei der Tätigkeit als S+G-Koordinator (*Schmidt*, ZfBR 2000, 3 ff.) und als Projektsteuerer (BGH, BauR 1995, 572, 573; OLG Düsseldorf, BauR 1999, 508 f.).

Der Abschluss eines wirksamen Architektenvertrages ist grundsätzlich an keine bestimmte **Form** gebunden. Er kann schriftlich, mündlich oder konkludent abgeschlossen werden. Notwendig sind grundsätzlich zwei übereinstimmende Willenserklärungen (Angebot und Annahme). Eine vom Berechnungssystem der HOAI abweichende → Honorarvereinbarung oder ein → Honorar oberhalb der Mindestsätze muss schriftlich vereinbart werden.

Sofern der Architektenvertrag **schriftlich** abgefasst wurde, trägt die Vertragsurkunde die Vermutung der Vollständigkeit und Richtigkeit für sich. Anders lautende Vereinbarungen als die, die in der Urkunde enthalten sind, müssen daher von demjenigen dargelegt und bewiesen werden, der sich darauf beruft.

Im Falle des mündlichen Abschlusses eines Architektenvertrages ist bei bestehenden Unklarheiten über den Vertragspartner des Architekten oder den Leistungsumfang dieser im Einzelfall durch **Auslegung** zu ermitteln.

Ein Architektenvertrag ist unwirksam, wenn er

– erfolgreich wegen Irrtums oder arglistiger Täuschung gemäß §§ 119, 123 BGB angefochten wird (OLG Düsseldorf, BauR 1996, 574),
– nicht der notariellen Form entspricht, soweit er in Verbindung oder in rechtlichem Zusammenhang mit einem Grundstücksverkauf abgeschlossen wurde (BGH, NJW-RR 1993, 1421),
– öffentlich-rechtliche Form- bzw. Vertretungsvorschriften nicht beachtet (BGH, BauR 1994, 363; BGH, BauR 1998, 576),
– ohne die erforderliche Genehmigung abgeschlossen wird (OLG Hamm, BauR 1988, 742),
– gegen ein gesetzliches Verbot gem. § 134 BGB verstößt (OLG Hamm, BauR 1997, 501; BGH BauR 1998, 193),
– als Scheingeschäft abgeschlossen wurde (OLG Hamm, NJW-RR 1996, 1233) oder
– eine aufschiebende Bedingung enthält, die nicht eintritt.

Architektenwettbewerb → öffentliche Auftraggeber; → Preisrichtervertrag

Bei großen Bauvorhaben privater und öffentlicher → Auftraggeber entspricht es alter Tradition, einen Architektenwettbewerb (Ideen-/Realisierungswettbewerb) in der Form eines offenen oder beschränkten Wettbewerbs durchzuführen. Es handelt sich rechtlich in der Regel um ein **Preisausschreiben** im Sinne von § 661 BGB, um eine einseitige Auslobung.

Der Umstand der alleinigen Beteiligung eines Architekten an einem solchen Wettbewerb bedingt noch keine werkvertragliche Bindung mit der Folge, dass er eine Vergütung nach den Bestimmungen der → HOAI nicht verlangen kann. Es besteht lediglich ein Anspruch auf den ausgelobten Preis bzw. auf die in der Auslobung angebotenen Aufwandsentschädigungen oder Beratungshonorare, welche in der Regel unter den Mindestsätzen der HOAI liegen. Es kann auch ein Vorvertrag vorliegen, wenn der obsiegende Architekt den Auftrag erhalten soll (*Schmidt*, BauR 1999, 538, 539 ff.). Ein Verstoß gegen § 4 Abs. 2 HOAI (unzulässige Mindestsatzunterschreitung) ist darin nicht zu sehen. Für Architektenwettbewerbe öffentlicher Auftraggeber sind die Grundsätze und Richtlinien für Wettbewerbe auf den Gebieten der Raumplanung, des Städtebaus und des Bauwesens (→ GRW 1995), – abgedruckt in Bundesanzeiger Nr. 64 vom 30. 3. 1996, Seite 3922 – maßgebend. Private Bauherrn können sich ebenfalls diesen Richtlinien unterwerfen. Mit der Neufassung der GRW 1995 ist der Auslober bei Realisierungswettbewerben nunmehr verpflichtet, einem Preisträger bei Realisierung des Bauvorhabens die notwendigen weiteren Planungsleistungen zu übertragen. Allerdings ist es zulässig, verschiedene Preisträger mit den → Bauleistungen zu beauftragen. Der Sieger muss nicht beauftragt werden, soweit wichtige Gründe gegen eine Beauftragung sprechen. Ob ein wichtiger Grund vorliegt, einem Architekten, der einen Preis errungen hat, den Auftrag nicht zu erteilen, ist eine Frage des Einzelfalles. Insoweit kommen nur außerordentliche, erst nach der Auslobung aufgetretene oder bekannt gewordene Umstände in Betracht, die erhebliches Gewicht haben müssen. Dies wäre beispielsweise der Fall, wenn kein Preisträger die Gewähr für eine einwandfreie Ausführung der zu übertragenden Leistungen bietet.

Wird die Wettbewerbsaufgabe verwirklicht, aber grundlos keiner der Preisträger mit den Architektenleistungen betraut, steht diesen ein Schadensersatzanspruch aus dem Gesichtspunkt der positiven

Vertragsverletzung in Höhe des entgangenen Gewinns zu. Sofern eine Konkretisierung auf einen der Preisträger noch nicht erfolgt ist, müssen diese die zugleich bestehenden Ersatzansprüche gemeinschaftlich verfolgen. Die Höhe des Schadensersatzanspruches selbst richtet sich nach dem Umfang der beabsichtigten Weiterbeauftragung. Diese lässt sich in der Regel aus den Auslobungsbedingungen ermitteln.

Die heute gültige Fassung der GRW 1995 ist an das Europäische Recht, insbesondere an die EG-Dienstleistungsrichtlinie vom 18. 6. 1992 angepasst worden. Mit ihr werden Verfahrensregeln aufgestellt, die den Zugang zum Wettbewerb, die Anonymität des Verfahrens, die Unabhängigkeit des Preisgerichts und die Folgen des Wettbewerbes regeln. Die GRW 1995 stellen in Ziffer 1 allgemeine Grundsätze (Gegenstand) von Wettbewerben, Zweck, Ziel, Leistungsverhältnis, Chancengleichheit, Anonymität, Auslobung von Preisen und Ankäufen für Wettbewerbe auf. In Ziffer 2 werden die verschiedenen Wettbewerbsarten genannt. Nach dem jeweiligen Ziel des Wettbewerbes werden Ideenwettbewerbe und Realisierungswettbewerbe unterschieden. Darüber hinaus sind offene und beschränkte Wettbewerbe möglich. In Ziffer 3 sind die Wettbewerbsbeteiligten (Wettbewerbsteilnehmer) Preisrichter, Auslober, Sachverständige und Vorprüfer sowie die Wettbewerbsausschüsse genannt. Zudem werden spezielle Erläuterungen hierzu gegeben. In Ziffer 4 der GRW 1995 werden Einzelheiten der Wettbewerbspreise, der Ankäufe und des Bearbeitungshonorars genannt. Das Wettbewerbsverfahren wird speziell in Ziffer 5 erläutert. Regelungen zum Abschluss des Wettbewerbes beinhaltet Ziffer 6 der GRW 1995. Die Konsequenzen des Wettbewerbes insbesondere die weitere Bearbeitung sowie das → Urheberrecht werden in Ziffer 7 geregelt. Ziffer 8 trifft Aussagen hinsichtlich der Aufwandsentschädigung für Preisrichter und die Vergütung der Sachverständigen und Vorprüfer.

Arglistige Täuschung   → Anfechtung

Art der baulichen Nutzung   → Bauflächen; → Baugebiet

Die planerische Festsetzung der Art der baulichen Nutzung erfolgt im → Flächennutzungsplan durch die Darstellung von → Bauflächen und/oder Baugebieten (§ 1 Abs. 1 und 2 BauNVO), im → Bebauungsplan durch die Festsetzungen von Baugebieten i. S. d. → Baunutzungsverordnung (§ 1 Abs. 2 BauNVO).

So können die zur Bebauung vorgesehenen Flächen im → Flächennutzungsplan gem. § 5 Abs. 2 Nr. 1 BauGB i. V. m. § 1 Abs. 1 und 2 BauNVO als sog. **Bauflächen** nach der allgemeinen Art ihrer baulichen Nutzung dargestellt werden als
– Wohnbauflächen (W)
– gemischte Bauflächen (M)
– gewerbliche Bauflächen (G)
– Sonderbauflächen (S), vgl. § 1 Abs. 1 BauNVO.

Darüber hinaus können sie aber auch als sog. **Baugebiete** nach der besonderen Art ihrer baulichen Nutzung dargestellt werden als
– Kleinsiedlungsgebiete (WS)
– reine Wohngebiete (WR)
– allgemeine Wohngebiete (WA)
– besondere Wohngebiete (WB)
– Dorfgebiete (MD)
– Mischgebiete (MI)
– Kerngebiete (MK)
– Gewerbegebiete (GE)

– Industriegebiete (GI)
– Sondergebiete (SO), vgl. § 1 Abs. 2 BauNVO.
Die Festsetzung von Baugebieten legt die in dem Gebiet zulässige Art der baulichen Nutzung wesentlich konkreter fest als dies bei → Bauflächen geschieht.
Welche konkrete Art der baulichen Nutzung innerhalb dieser sog. → Baugebiete zulässig ist wird in den Vorschriften des ersten Teils der → Baunutzungsverordnung (§§ 1–15 BauNVO) normiert. Auf diese Normierung nimmt die Gemeinde Bezug, wenn sie in ihren Bebauungsplänen und Flächennutzungsplänen → Baugebiete nach der Art der baulichen Nutzung festsetzt.

Asylantenwohnheim

Asylantenwohnheime werden, weil sie nur ein vorläufiges, nicht aber dauerhaftes Obdach bieten, nach herrschender Meinung nicht als Wohngebäude, sondern als **Anlagen für soziale Zwecke** angesehen (OVG Lüneburg, DÖV 1993, 873). Derartige Anlagen sind im Allgemeinen → Wohngebiet generell (§ 4 Abs. 2 Nr. 3 BauNVO) und im reinen → Wohngebiet ausnahmsweise (§ 3 Abs. 3 Nr. 2 BauNVO) zulässig.

ATV → Allgemeine Technische Vertragsbedingungen für → Bauleistungen; → Allgemeine Technische Vorschriften für Bauleistungen

Aufmaß → Abnahme; → Anfechtung; → Prüfbarkeit; → Schlussrechnung des Bauunternehmers; → Vollmacht

Beim Aufmaß handelt es sich um die tatsächliche Feststellung der einzelnen → Bauleistungen. Es stellt die Grundlage für die → Schlussrechnung des Bauunternehmers auf Einheitspreisbasis und wenn es zu Nachträgen gekommen ist, auch auf Pauschalpreisbasis dar. Beim Aufmaß werden die Leistungen nach Zahl, Maß und Gewicht festgestellt. Darüber hinaus wird der leistungsfähige Wert des Objektes überprüft. Das Aufmaß umfasst nicht die Prüfung, ob die Leistung vertragsgemäß ist. Diese Prüfung erfolgt im Rahmen der **Abnahme**. Bei der Erstellung des Aufmaßes sind die einzelnen Bestimmungen in den technischen Vorschriften und den übrigen Vertragsunterlagen zu beachten (§ 14 Nr. 2 Satz 2 VOB/B). Die genaue Bestimmung über die Art des Aufmaßes und die → Abrechnung sind in den DIN-Vorschriften enthalten. § 14 Nr. 2 VOB/B führt aus, dass für den → VOB-Bauvertrag das Aufmaß gemeinsam von Bauunternehmer und → Bauherr oder Architekt erstellt werden soll. Unterschiedliche Auffassungen der Parteien können so schon vor Ort geklärt werden. Der Bauherr und der Bauunternehmer können die Erstellung eines gemeinsamen Aufmaßes anregen. Hierzu ist der Bauunternehmer bei besonderen Leistungen auch verpflichtet. Dies gilt z. B., wenn das Aufmaß bei Weiterführung der Arbeiten nur noch schwer feststellbar ist (OLG Köln, NJW 1973, 2111).
Bei einem gemeinsamen Aufmaß kann eine **rechtliche Bindung** hinsichtlich der von beiden Parteien gemeinschaftlich gemachten Feststellung hinsichtlich der technischen Maße eintreten (vgl. BGH, NJW 1974, 646 = BauR 1974, 210). Sofern eine Partei beabsichtigt, sich von dieser Wirkung zu lösen, so muss sie darlegen und beweisen, dass die in dem gemeinsamen Aufmaß getroffenen Feststellungen falsch sind und die Umstände, die ein Festhalten am gemeinsamen Aufmaß nicht mehr zulassen, erst nach Erstellung des gemeinsamen Aufmaßes bekannt geworden sind (vgl. *Heiermann/Riedl/Rusam*, § 2 VOB/B, Rdn. 70 c).
In einem gemeinsamen Aufmaß liegt nach der Rechtsprechung des BGH noch kein **Anerkenntnis** des sich aus dem Aufmaß ergebenden Anspruches (BGH, NJW 1974, 646 = BauR 1974, 210). Der Bauherr kann somit die bestehenden Einwendungen gegen den Werklohnanspruch des Bauunternehmers erheben, soweit sie nicht die gemeinsam festgestellten Aufmaßwerte betreffen.

Sofern im Nachhinein eine der an der Erstellung des gemeinsamen Auftrags beteiligten Parteien feststellt, dass die Aufmaßberechnung fehlerhaft ist, kann sie unter Umständen das Aufmaß wegen Irrtums gemäß § 119 BGB anfechten.

Vorgenanntes gilt ebenso für ein von dem Architekten und dem Unternehmer erstelltes gemeinsames Aufmaß. Dieses ist für den Bauherrn grundsätzlich bindend. Die → **Vollmacht des Architekten** umfasst grundsätzlich die für den Bauherrn rechtsverbindliche Feststellung der Aufmaßwerte, also der durch den Bauunternehmer erbrachten Leistungen, wenn der Architekt durch den Bauherrn mit der → Objektüberwachung beauftragt worden ist (BGH, NJW 1960, 859). Grundsätzlich ist der Architekt aber nicht bevollmächtigt, den sich aus dem Aufmaß ergebenden Anspruch anzuerkennen.

Der → Auftragnehmer kann gemäß § 8 Nr. 6 VOB/B nach der **vorzeitigen Vertragsbeendigung** ein gemeinsames Aufmaß und die → Abnahme vom Auftraggeber verlangen. Verweigert der Auftraggeber das gemeinsame Aufmaß trotz → Fristsetzung und ermöglicht er dem Unternehmer auch kein einseitiges Aufmaß, so kehrt sich die → Beweislast für die tatsächlich ausgeführte Leistung zu Lasten des Auftraggebers um und er macht sich schadensersatzpflichtig für die Mehrkosten durch ein zusätzlich erforderliches Aufmaß. Soweit der Auftraggeber einem Aufmaßtermin unberechtigt fernbleibt und ein neues Aufmaß oder eine Überprüfung des einseitig genommenen Aufmaßes nicht mehr möglich ist, hat der Auftraggeber im Prozess vorzutragen und zu beweisen, dass das Aufmaß des Auftragnehmers falsch ist oder welche Massen/Mengen zutreffend sind (BGH, BauR 2003, 1207 = IBR 2003, 347).

Aufrechnung → Allgemeine Geschäftsbedingungen; → Architektenvertrag; → Gewährleistung; → Schadensersatz; → Verrechnung; → Zurückbehaltungsrecht

Unter Aufrechnung (§§ 387 ff. BGB) versteht man die wechselseitige Tilgung zweier sich gegenüberstehender Forderungen durch → Verrechnung. Diese kann einseitig durch Aufrechnungserklärung eines Schuldners oder durch einen sogenannten Aufrechnungsvertrag erfolgen. Eine wirksame Aufrechnung bewirkt das Erlöschen der gegnerischen Forderung.

Das Recht zur Aufrechnung kann durch Formularverträge oder **Allgemeine Geschäftsbedingungen** ausgeschlossen werden. Der → Auftraggeber kann dann die Zahlung der Werklohnforderung nicht verweigern. Er ist zunächst vorleistungspflichtig. Dieser Umstand führt beim Vorliegen erheblicher Mängel der Werkleistung zu Unbilligkeiten. Der Auftraggeber befindet sich in einer für ihn ungünstigen Position. Zu beachten sind die in § 305 ff. BGB geregelten Ausnahmen. Gemäß § 309 Nr. 3 BGB ist der Ausschluss der Aufrechnung mit unbestrittenen oder rechtskräftig festgestellten Forderungen nicht zulässig. Zudem kann im Einzelfall ein vertraglich vereinbartes Aufrechnungsverbot, welches § 309 Nr. 3 BGB stand hält, gegen § 307 BGB verstoßen. Danach wäre ein formularmäßiges Aufrechnungsverbot z. B. unwirksam, wenn bei dem diese Klausel stellenden Vertragspartner ein Vermögensverfall oder → Insolvenz eintritt.

Ein bestehendes Aufrechnungsverbot hindert den Bauherrn nicht, dem Werklohnanspruch des Unternehmers oder der Honorarforderung des Architekten einen Schadensersatzanspruch aus § 635 BGB, § 13 VOB/B entgegenzuhalten. Der Bauherr kann von dem Unternehmer/Architekten → Schadensersatz in der Form verlangen, dass er für ein unbrauchbares Teilwerk eine geringere oder gar keine Vergütung zahlen muss. Rechtlich gesehen liegt somit keine Aufrechnung, sondern eine so genannte **Verrechnung** vor, die von den vertraglich vereinbarten Aufrechnungsverboten nicht erfasst wird. Die Verrechnung ist im Gegensatz zur Aufrechnung problemlos auch nach Eröffnung des Insolvenzverfahrens über das Vermögen des Vertragspartners möglich. § 95 InsO ist auf die Verrechnung nicht anwendbar (OLG Dresden, IBR 2003, 478).

Sofern im Einzelfall ein wirksam vereinbartes Aufrechnungsverbot besteht, ist der Auftraggeber nicht klaglos gestellt. Er kann die vermeintlichen Gegenansprüche im Rahmen einer Klage oder Widerklage geltend machen.

Aufschüttung → Abstandsflächen (Geländeoberfläche); → Bauliche Anlage

Auftrag → Architektenvertrag; → Bauvertrag
Gemäß §§ 662 ff. BGB verpflichtet sich der Beauftragte durch Annahme eines Auftrages, ein ihm von dem → Auftraggeber übertragenes Geschäft für diesen unentgeltlich zu besorgen. Der → Auftragnehmer bekommt bei seiner Tätigkeit im Interesse des Auftraggebers für die Arbeitsleistung und den Zeitaufwand, die damit verbunden sind, anders als beim Werk- oder → Dienstvertrag keine Vergütung (vgl. Palandt/Sprau, § 662 BGB, Rdn. 9). Gemäß § 670 BGB kann der Beauftragte die zum Zwecke der Ausführung des Auftrages getätigten Aufwendungen, die er den Umständen nach für erforderlich halten durfte, vom Auftraggeber ersetzt verlangen. Abweichend hiervon wird im Werkvertragsrecht auch als Auftragnehmer derjenige bezeichnet, der sich verpflichtet, dass ihm vom Auftraggeber übertragene Werk zu erstellen. Die daraus resultierende Verpflichtung zur Entrichtung der vereinbarten Vergütung ergibt sich für den → Besteller aus § 631 Abs. 1 BGB.

Auftraggeber → Auftragnehmer; → Ausschreibung (und GWB); → Bauherr; → öffentliche Auftraggeber
Der Begriff des Auftraggebers ist baurechtlich mit dem Begriff des Bestellers und mitunter des Bauherrn gleichzusetzen. Dies gilt auch, obwohl der Auftraggeber im Sinne der → VOB nicht notwendigerweise → Bauherr ist. Die VOB verwendet den Begriff des Auftraggebers ebenso wie den des Auftragnehmers an verschiedenen Stellen, soweit es die beiderseitigen Pflichten nach Vertragsschluss betrifft (VOB Teil A und B). Die VOB Teil A enthält für den → Auftragnehmer die Unterbegriffe Unternehmer, → Bewerber und → Bieter.

Auftragnehmer → Auftraggeber
Der Begriff des Auftragnehmers wird in der → VOB sowohl für das Vergabeverfahren (→ VOB/A) wie auch bei der Regelung der beiderseitigen Pflichten nach einem Vertragsschluss verwendet. Der Auftragnehmer ist baurechtlich gleichzusetzen mit dem Begriff des Bauunternehmers, der im BGB als sogenannter Unternehmer bezeichnet ist. Er ist daher der Unternehmer, der den → Auftrag zur Ausführung der geforderten Bauleistung erhalten hat. Auftragnehmer kann aber auch der Architekt oder Ingenieur sein.

Auftragserteilung → Bauvertrag

Auftragsumfang → Umfang des Architektenvertrags
Der Auftragsumfang richtet sich nach der individuellen Vereinbarung der Parteien. Durch Abschluss des Werkvertrages wird der Auftragsumfang Vertragsinhalt und somit für beide Parteien verbindlich. Der Architekt gilt nicht automatisch als mit der Vollarchitektur beauftragt.

Ausführungsplanung
Die Ausführungsplanung ist in der Leistungsphase 5 in der Honorarordnung für Architekten und Ingenieure (HOAI) aufgeführt. Sie ist den Leistungsbildern → Objektplanung für Gebäude, Freianlagen und raumbildende Ausbauten (§ 15 HOAI), der → Objektplanung für Ingenieurbauwerke und Verkehrsanlagen (§ 55 HOAI), → Tragwerksplanung (§ 64 HOAI) sowie der technischen Ausrüstung (§ 73 HOAI) vorgesehen.

Ausführungsunterlagen
Hierbei handelt es sich um Unterlagen, die für die Ausführung der vertraglichen Leistungen benötigt werden. Diese sind dem → Auftragnehmer gemäß § 3 Nr. 1 VOB/B rechtzeitig und unentgeltlich zu übergeben. Gemäß § 3 Nr. 5 VOB/B zählen die durch den Auftragnehmer dem → Auftraggeber auszuhändigenden Unterlagen, wie z. B. Werkspläne oder Betriebsanleitungen, dazu.

Ausgleich von Eingriffen in Natur → Naturschutzrechtlicher Eingriff

Auskunft → Bauakten; → Amtshaftungsansprüche
Im Hinblick auf eine geplante Bebauung von Grundstücken fragen Bauherrn häufig bei Baubehörde und Gemeinde nach Baumöglichkeiten auf ihrem Grundstück. Die Behörden haben dabei die Amtspflicht, Auskünfte richtig und unmissverständlich abzugeben; Falschauskünfte können zur Haftung auf → Schadensersatz wegen Verletzung einer Amtspflicht führen (§ 839 Abs. 1 BGB i. V. m. Art. 34 S. 1 GG). Die Rechtsprechung ist hier aber eher zurückhaltend, weil es häufig am schutzwürdigen Vertrauen gerade bei Erklärungen im Zusammenhang mit laufenden oder angestrebten Genehmigungsverfahren fehlt. So begründet die im Rahmen eines förmlichen Bauvoranfrageverfahrens abgegebene mündliche Erklärung eines Sachbearbeiters, der zuständige Beamte des Bauamtes werde den beantragten Vorbescheid erlassen, kein schutzwürdiges Vertrauen dahin, dass der Vorbescheid entsprechend erlassen wird. Dies gilt auch dann, wenn dem Antragsteller der nicht unterzeichnete Entwurf des Vorbescheides von dem Sachbearbeiter bereits ausgehändigt worden ist (BGH, NJW 1992, 1230). Abgelehnt wurde ebenfalls ein → Schadensersatz wegen Amtspflichtverletzung für eine Auskunft, in der ein Bauvorhaben fälschlicherweise grundsätzlich für zulässig erklärt wurde, zugleich aber ausdrücklich auf die Erfordernisse einer → Baugenehmigung und einer Beteiligung der Nachbarn hingewiesen wird. Eine solche Auskunft begründet für den Bauherrn kein schutzwürdiges Vertrauen dahin, mit den Bauarbeiten vor Erhalt der → Baugenehmigung beginnen zu dürfen. Dies gilt bei einem insgesamt genehmigungspflichtigen Vorhaben auch für solche Einzelmaßnahmen, die – isoliert betrachtet – einer Genehmigung nicht bedurft hätten (BGH, BauR 2003, 856). Demgegenüber wurde die auf Anfrage hin gegebene falsche Erklärung des Bürgermeisters, dass die → Erschließung eines Baugebiets gesichert sei und die Eigentümer nicht für Erschließungskosten herangezogen würden, als ausreichende Vertrauensgrundlage angesehen, um Schadensersatzansprüche aus Amtspflichtverletzung zu begründen. Die Gemeinde hatte deshalb dem Erwerber eines Grundstücks die Erschließungskosten zu ersetzen, nachdem sich diese Auskunft als falsch erwiesen hatte und Erschließungsbeitragsbescheide ergangen waren (BGH, BauR 2001, 1404).

Ausländischer Bauherr → Gerichtsstand der Architektenhonorarklage; → Gerichtsstand

Ausnahmen von öffentlichen Bauvorschriften → Befreiung

Ausschreibung (und GWB) → Ausschreibung (und VOB/A)
Gemäß § 97 Abs. 1 GWB haben öffentliche → Auftraggeber Waren, Bau- und Dienstleistungen im Wettbewerb und im Wege transparenter Vergabeverfahren zu beschaffen, wenn das Auftragsvolumen bestimmte Schwellenwerte überschreitet.

1. → Öffentlicher Auftraggeber
Zu den ausschreibungspflichtigen öffentlichen Auftraggebern gehören nach § 98 GWB nicht nur die klassischen öffentlichen Auftraggeber wie **Bund**, **Länder**, **Landkreise** und **Gemeinden**, sondern **auch deren Sondervermögen**, also Eigenbetriebe oder sonstige Einheiten wie z. B. ein kommuna-

ler Bauhof, ferner sonstige Körperschaften, Anstalten und Stiftungen des öffentlichen Rechts wie Hochschulen, IHK, Sozialversicherungen (BfA etc.). Zudem werden von der Ausschreibungspflicht auch **sonstige öffentliche** und **private juristische Personen** erfasst, **die von klassischen öffentlichen Auftraggebern** tatsächlich oder finanziell **kontrolliert werden** und im Allgemeininteresse liegende Aufgaben erfüllen. Ein Auftraggeber ist bereits dann insgesamt als öffentlicher Auftraggeber anzusehen, wenn er nach seinem Gründungszweck auch nur teilweise und geringfügig dem Allgemeininteresse dienende Aufgaben nichtgewerblicher Art wahrzunehmen hat (EuGH, EuZW 1998, 120). Schließlich gehören hierzu die **Sektorenauftraggeber** (Trinkwasser-, Energie- und Verkehrsversorger) sowie Baukonzessionäre, die statt in Geld durch Nutzungsrechte vergütet werden (z. B. Betreiber von Mautstraßen, Brücken).

2. Öffentliche Aufträge
Voraussetzung für die Ausschreibungspflicht nach §§ 97 ff. GWB bei der Vergabe von Aufträgen über Waren, Bau- und Dienstleistungen ist das Vorliegen eines öffentlichen Auftrags.

a) Definition
Öffentliche Aufträge sind nach § 99 Abs. 1 GWB entgeltliche Verträge zwischen öffentlichen Auftraggebern und Unternehmern, die Liefer-, Bau- oder Dienstleistungen zum Gegenstand haben. Dabei kann entsprechend den EG-Richtlinien die Ausschreibung eines beabsichtigten „öffentlichen Auftrags" i. S. d. § 99 GWB trotz des Adjektivs „öffentlich" im Vergabewesen der öffentlichen Auftraggeber (§ 98 GWB) sowohl auf den Abschluss eines **öffentlich-rechtlichen** als auch eines **privat-rechtlichen Vertrages** gerichtet sein (OLG Düsseldorf, NZBau 2000, 308; OLG Celle, NZBau 2000, 299; RegE zum VergRÄdG, BT-Dr 13/9340, S. 12). So erklärte der EuGH (EuGH-Urteil v. 12. 7. 2001, C-399/98 – Milano et Lodi; WuW 2001, 785) den Abschluss eines Erschließungsvertrages zwischen der Firma Pirelli und der Stadt Mailand für nicht vereinbar mit dem europäischen Vergaberecht, da Gegenstand dieses Erschließungsvertrages auch der Bau eines Theaters war, die Schwellenwerte überschritten waren und hierüber keine Ausschreibung stattgefunden hatte. Das Ausschreibungserfordernis betrifft dann den Vertrag; ist die Ausschreibung bei ihm nicht erfolgt, müssen jedenfalls die → Bauleistungen ausgeschrieben werden.

b) Relevante Aufträge
Lieferaufträge sind gemäß § 99 Abs. 2 GWB Verträge zur Beschaffung von Waren. Lieferaufträge sind insbesondere Kaufverträge oder Leasing-, Miet- oder Pachtverträge mit oder ohne Kaufoption und unter Einschluss von Nebenleistungen wie Anbringen und Verlegen. **Bauaufträge** sind Verträge über die Ausführung oder die gleichzeitige Planung und Ausführung eines Bauvorhabens oder Bauwerks, das Ergebnis von Tief- oder Hochbauarbeiten ist und eine wirtschaftliche oder technische Funktion erfüllen soll. Die Beauftragung von Bauleistungen ist auch ein Vertrag mit Dritten (z. B. Bauträgern), wenn diese nach Vorgaben des Auftraggebers in eigenem Namen bauen. Die bloße Planung ist also keine Bauleistung (Dienstleistungsauftrag). **Dienstleistungsaufträge** sind solche Verträge, die weder Liefer- noch Bauaufträge sind (Auffangtatbestand). Bei typengemischten Verträgen entscheidet der Schwerpunkt des jeweiligen Auftrags.

3. Schwellenwerte
Das Vergaberecht nach GWB ist gemäß § 100 GWB i. V. m. §§ 2, 3 der Vergabeverordnung nur für öffentliche Aufträge anwendbar, die die Schwellenwerte erreichen oder überschreiten: Für Bauaufträge beträgt der Schwellenwert 5 000 000 €. Werden die Bauaufträge losweise vergeben (vgl. § 4 Nrn. 2, 3 VOB/A), beträgt deren Schwellenwert 1 000 000 € oder bei Losen unterhalb von

1 000 000 € deren addierter Wert ab 20 vom Hundert des Gesamtwertes aller Lose. Bei der Ermittlung des Schwellenwertes bleibt die Umsatzsteuer unberücksichtigt, wie sich aus § 1 VgV ergibt. Bei der Ermittlung des Auftragsvolumens gilt, dass das, was bei vernünftiger Betrachtung des Auftrags zusammengehört, maßgeblich für die Beurteilung ist, ob ausgeschrieben werden muss oder nicht.

4. Ausnahmen von der Ausschreibungspflicht

Abgesehen von der Maßgeblichkeit der Schwellenwerte gibt es weitere Ausnahmen von der Ausschreibungspflicht im GWB. Für **Verträge über Rechte an unbeweglichen Gegenständen** sind gemäß § 100 Abs. 2 (h) GWB Ausschreibungen nicht durchzuführen. Dies sind Aufträge über Erwerb oder Miete von oder Rechten an Grundstücken oder vorhandenen Gebäuden oder anderen unbeweglichen Gegenständen ungeachtet ihrer Finanzierung. Jedoch fallen Aufträge über Dienstleistungen im Zusammenhang mit solchen ausgenommenen Aufträgen, wie etwa Verträge mit Grundstücksmaklern oder Verwaltungsgesellschaften ebenso wie Verträge, die sich auf Planung oder → Bauleistungen beziehen, unter die Ausschreibungspflicht (*Meyer-Uekermann*, Sammlung Vergaberecht, 2811, S. 7, 12). Darüber hinaus sind sog. **In-house-Aufträge** von der Ausschreibungspflicht ausgenommen. Dies sind Leistungen durch Gesellschaften, die nur organisationsmäßig verselbstständigt sind, jedoch den Zweck haben, die ausgliedernde Behörde mit Liefer-, Bau- oder Dienstleistungen zu versorgen. Ein Beispiel wäre der in private Rechtsform überführte kommunale Bauhof, der so gut wie ausschließlich Planungs- und Bauleistungen für die die Gesellschaftsanteile haltende Kommune erbringt.

5. Rechtsschutz
a) Prozessuales
Prozessuale Voraussetzungen eines Rechtsschutzantrags des bei einem Ausschreibungsverfahren unterlegenen Bieters sind:
– Teilnahme an der Ausschreibung als bietendes Unternehmen;
– Stellung eines Nachprüfungsantrag;
– noch laufendes Vergabeverfahren;
– objektiv belegbares Interesse am → Auftrag;
– ein durch die Verletzung von Vergabevorschriften eingetretener Schaden (weit zu verstehen: Antragsteller muss darlegen, dass er aufgrund der geltend gemachten Verletzung vergaberechtlicher Vorschriften seine Chance auf Teilnahme am Vergabewettbewerb nicht wahrnehmen kann);
– keine Präklusion nach § 107 Abs. 3 GWB, § 121 BGB (i. d. R. muss die Rüge der Rechtsverletzung innerhalb von 14 Tagen nach dessen Erkennen erfolgen);
– Zuständigkeit: Vergabekammer
– Zustellung an Auftraggeber: Verbot der → Zuschlagserteilung (§ 134 BGB); automatischer Suspensiveffekt;
– Entscheidung durch die Vergabekammer innerhalb von 5 Wochen, § 113 Abs. 1 GWB;
– gegen Entscheidung der Vergabekammer: sofortige Beschwerde (2 Wochen) zum OLG. Die Einlegung der sofortigen Beschwerde führt zur aufschiebenden Wirkung gegenüber der Entscheidung der Vergabekammer für 2 Wochen nach Ablauf der Beschwerdefrist und zum Verbot der Auftragsvergabe; der Antragsteller kann durch einstweiligen Rechtsschutzantrag eine Verlängerung der aufschiebenden Wirkung über die 2 Wochenfrist hinaus erwirken, der → Auftraggeber kann eine Eilentscheidung über den Fortgang des Vergabeverfahrens beantragen;
– OLG entscheidet selbst oder verweist zurück (siehe Schaubild in Anhang 1 in http://www.bundeskartellamt.de).

b) Zuschlag

Gemäß § 97 Abs. 5 GWB wird der Zuschlag bei gleichwertigen Angeboten auf das wirtschaftlichste Angebot erteilt. Hierbei ist zu berücksichtigen, dass es Aufgabe des Bauherrn ist, sich für ein bestimmtes Bauprojekt zu entscheiden, das seinen Vorstellungen entspricht. Insbesondere bei allen die Sicherheit von Baumaßnahmen betreffenden Fragen bleibt auch nach Klärung von technischen Aspekten, die mit den einzelnen Lösungsvorschlägen verbunden sind, in der Regel ein **Beurteilungsspielraum**, den der öffentliche Auftraggeber nach seinen Vorstellungen ausfüllen kann. Ohne Verstoß gegen vergaberechtliche Vorschriften kann er sich beispielsweise unter mehreren angebotenen Lösungen, die alle technisch durchführbar und innerhalb einer bestimmten Bandbreite sicher sind, entweder für eine eher konservative, dafür aber bewährte Lösung oder für die eher fortschrittliche, dafür aus Sicht des öffentlichen Auftraggebers aber noch mit gewissen Risiken behaftete Lösung entscheiden. Denn als → Bauherr hat er letztlich auch das Risiko zu tragen (BKartA, Beschl. v. 19.01.01, VK 2–42/00; http://www.bundeskartellamt.de/vergabe-entscheidungen.htm).

Aufgrund des in Deutschland geltenden „Zuschlagsprinzips" fallen Zuschlag und Vertragsschluss mit dem → Bieter zeitlich zusammen. Deshalb ordnet § 13 VgV an, dass der Auftraggeber die → **Bieter, deren Angebote nicht berücksichtigt werden sollen**, über den Namen des Bieters, dessen Angebot angenommen werden soll und über den Grund der vorgesehenen Nichtberücksichtigung ihres Angebots **informieren**. Hierfür besteht eine → **Frist von 14 Kalendertagen**. Ein Vertrag darf vor Ablauf dieser Frist oder ohne dass die Information erteilt worden und die → Frist abgelaufen ist, nicht geschlossen werden. Ein trotzdem abgeschlossener Vertrag ist nichtig.

6. Fallbeispiele zu den Anforderungen an das Ausschreibungsverfahren

Als Grundsatz für die Ausschreibung gilt § 97 Abs. 4 GWB, wonach **andere Anforderungen als Fachkunde**, **Leistungsfähigkeit** und **Zuverlässigkeit** an Auftragnehmer **nur** dann gestellt werden dürfen, wenn dies **durch Bundes- oder Landesgesetz** vorgesehen ist.

Dementsprechend wurde die Ausschreibung für die Erbringung von Planungsleistungen für einen unterirdischen Tunnel mit einem Auftragswert von über 200.000 Euro (Dienstleistung) aufgehoben, weil der öffentliche Auftraggeber den Bewerberkreis auf solche Ingenieurbüros beschränkte, die nicht mit Bauunternehmen verbunden sind. Hierdurch hatte der öffentliche Auftraggeber gegen den Gleichbehandlungsgrundsatz (§ 97 Abs. 2 GWB, § 4 Abs. 2 VOF) verstoßen und rechtswidrig weitergehende als die gesetzlich vorgesehenen Anforderungen an die Eignung der → Bewerber gemäß § 97 Abs. 4 GWB, § 4 VOF erhoben (BKartA, Beschl. v. 17. 4. 2000, VK 1-5/00; http://www.bundeskartellamt.de/vergabeentscheidungen.htm).

Im Rahmen der Erteilung eines Auftrages über → Bauleistungen zwecks Beseitigung von zwei Bahnübergängen hatte der öffentliche Auftraggeber die §§ 10 a, 10 Nr. 5 Abs. 2, 25 Nr. 3, 25 a VOB/A i. V. m. § 97 Abs. 1 GWB fehlerhaft angewandt, wonach **in den Ausschreibungsunterlagen anzugeben** ist, auf **welche Kriterien** mit **welcher Bedeutung für** die **Zuschlagserteilung** der Auftraggeber besonderen Wert legt (Pflicht zur eindeutigen und erschöpfenden Beschreibung der Leistung und Vergabekriterien). Deshalb wurde dem öffentlichen Auftraggeber untersagt, den Zuschlag auf der Grundlage der bisherigen Ausschreibungsunterlagen zu erteilen. Denn aus den Ausschreibungsunterlagen ging für einen Bieter nicht deutlich hervor, dass der Zeitraum, für den Hilfsbrücken benötigt werden, für die Vergabestelle wegen der damit verbundenen bei der Vergabestelle eintretenden Betriebserschwerniskosten ein wesentliches Bewertungskriterium darstellt (BKartA, Beschl. v. 22. 8. 2000; VK 2-20/00; http://www.bundeskartellamt.de/vergabe-entscheidungen.htm).

Im Vergabeverfahren über den Ersatzneubau der Schleuse Lauenburg im Elbe-Lübeck-Kanal wurde die Mitteilung an den Bieter, sein Angebot werde nicht berücksichtigt, als Verstoß gegen die ordnungsgemäße Unterrichtung der Nichtberücksichtigung sowie gegen das Transparenzgebot gewertet und dem öffentlichen Auftraggeber untersagt, den Zuschlag an den Wettbewerber des Bieters zu erteilen. Hintergrund war hier vor allem, dass der öffentliche Auftraggeber dem Bieter seine Nichtberücksichtigung mitgeteilt hatte, obwohl er die vom Bieter eingereichten Nachtragsangebote noch nicht abschließend geprüft hatte. Die **Entscheidung über** den **Zuschlag setzt** jedoch eine **endgültige Wertung voraus**. Bevor die Aufklärung des Angebotsinhalts (§ 24 VOB/A) nicht abschließend durchgeführt worden ist, kann eine endgültige Wertung nicht erfolgen. Eine Vermengung der einzelnen Schritte würde den Prinzipien der Objektivität und Überprüfbarkeit widersprechen, die nach der Rechtsprechung des BGH mit größter Sorgfalt und streng getrennt voneinander vorgenommen werden müssen (BGH v. 9. 8. 1998, WuW/E Verg 148 ff.). Zum anderen kann von einer ordnungsgemäßen Mitteilung der Nichtberücksichtigung keine Rede sein, wenn ein Bieter nicht die Einzelheiten hinsichtlich der Wertung seines Angebots vollständig erfährt. Nur wenn ein Bieter die Umstände betreffend die Wertung seines Angebots vollständig erfährt, kann er – mangels Kenntnis der Vergabeakten im Übrigen – in die Lage versetzt werden, zu entscheiden, ob er sich gegen die beabsichtigte Entscheidung des öffentlichen Auftraggebers wehren will. Dies setzt jedoch voraus, dass der öffentliche Auftraggeber seine Wertung abgeschlossen und sich damit aus der Sicht des jeweiligen Bieters endgültig mit seinen Angeboten auseinandergesetzt hat (Transparenzgebot des § 97 Abs. 1 GWB; BKartA, VK 2-42/00; http://www.bundeskartellamt.de/vergabeentscheidungen. htm).

7. Ausschreibung unterhalb der Schwellenwerte
Nicht nur aus kartellrechtlichen, sondern auch aus **haushaltsrechtlichen Gründen** ergibt sich bei Lieferungen und Leistungen für die öffentliche Hand die Pflicht zur öffentlichen Ausschreibung (§ 30 HGrG; § 55 BHO). § 31 Abs. 1 der Gemeindeordnung Nordrhein-Westfalen beispielsweise bestimmt für Gemeinden, dass der Auftragsvergabe unabhängig von Schwellenwerten im **Regelfall** eine **öffentliche Ausschreibung** vorausgehen muss. Zugunsten des Bürgers verhindert die öffentliche Ausschreibung, dass dieser im Rahmen der Weiterbelastung von entstandenen Kosten unangemessene, überhöhte Gebühren für die Herstellung oder Benutzung der öffentlichen Einrichtung (z. B. Erschließungsbeiträge) bezahlen muss. Insofern verwirklicht die öffentliche Ausschreibung nicht nur den Gleichheitsgrundsatz und das Äquivalenzprinzip, sondern auch das Beitragsprinzip, dass nur der erforderliche Aufwand beitragsfähig ist, §§ 5 Abs. 3, 14 Abs. 1 RhPfKAG. Da es sich dabei um **subjektiv-öffentliche Rechte** für den Bürger handelt, kann sich dieser nach h. M. im Rahmen der → Anfechtung von Gebührenbescheiden **auf die unterlassene Ausschreibung berufen**, wenn sich diese auf die den Bürger belastende Beitragshöhe mehr als nur geringfügig auswirkt (OVG Koblenz, Urt. v. 1. 12. 1994; Az.: 12 A 1 1692/96; NVwZ-RR 1998, 327 ff.).

Ausschreibung (und VOB/A) → Ausschreibung (und GWB); → öffentlicher Auftraggeber; → VOB

1. Anwendungsbereich
Die → VOB/A stellt bestimmte Grundsätze für die Ausschreibung und Vergabe von → Bauleistungen auf. Es handelt sich hierbei um ein förmliches Vergabeverfahren zur Einholung von Angeboten. Unterschieden werden hierbei die **öffentliche Ausschreibung** gemäß § 3 Nr. 2 VOB/A, die **beschränkte Ausschreibung** gemäß § 3 Nr. 3 VOB/A und die **freihändige Vergabe** gemäß § 3 Nr. 4 VOB/A. Bei den in der VOB/A enthaltenen Vergabevorschriften handelt es sich um Regelungen, die lediglich Empfehlungscharakter besitzen. Es liegt daher am → Auftraggeber selbst, ob und inwieweit er sich an diese Bestimmung halten will. Im Gegensatz dazu können die Vergabebestimmungen der VOB/A für öffentlich-rechtliche Bauherrn (Bund, Länder, Gemeinden und öffentlich-rechtliche Anstalten) Verwaltungsvorschriften darstellen und damit zwingend sein, wenn die jeweiligen Dienstaufsichtsstellen die entsprechenden Vorschriften als für sie verbindlich erklärt haben. Das ist

in den einschlägigen haushaltsrechtlichen Vorschriften (z. B. § 55 Bundeshaushaltsordnung) geschehen, so dass die VOB/A für öffentliche Auftraggeber „unmittelbar geltendes, bindendes Recht" ist (BGH, BauR 1999, 736, 738; 1998, 1047; 1238).

2. Vergabearten nach der VOB/A:
a) Öffentliche Ausschreibung gemäß § 3 Nr. 2 VOB/A
Bei diesem Vergabeverfahren werden → Bauleistungen in einem vorgeschriebenen Verfahren nach erfolgter öffentlicher Aufforderung an eine unbestimmte Zahl von Unternehmern zur Abgabe von Angeboten vergeben. Die öffentliche Ausschreibung hat stattzufinden, wenn nicht die Eigenart der Leistung oder besondere Umstände eine Abweichung rechtfertigen.

b) Beschränkte Ausschreibung gemäß § 3 Nr. 3 VOB/A
Bei dem Vergabeverfahren in Form der beschränkten Ausschreibung werden → Bauleistungen nach erfolgter Aufforderung einer beschränkten Zahl von Unternehmern zur Abgabe von Angeboten vergeben. Ggf. können die Unternehmer öffentlich zur Abgabe von Teilnahmeanträgen aufgefordert werden (beschränkte Ausschreibung nach öffentlichem Teilnahmewettbewerb).

c) Freihändige Vergabe gemäß § 3 Nr. 4 VOB/A
Hierbei werden → Bauleistungen ohne förmliches Verfahren vergeben. Die freihändige Vergabe ist nur dann zulässig, wenn die öffentliche oder beschränkte Ausschreibung unzweckmäßig ist.

3. Grundsätze
In den §§ 16 bis 20 VOB/A werden bestimmte Grundsätze für die Ausschreibung von Bauleistungen aufgestellt. Danach soll der → Bauherr Bauleistungen erst ausschreiben, wenn alle Verdingungsunterlagen fertiggestellt sind und innerhalb der angegebenen → Frist mit der Ausführung begonnen werden kann. Die Verdingungsunterlagen sollen den an der Durchführung des Bauvorhabens interessierten Bauunternehmen mit einem Anschreiben übergeben werden, welches alle Angaben enthält, die außer den Verdingungsunterlagen für den Entschluss der Beteiligung an der Ausschreibung wichtig sind. Diese Ausführungen umfassen Angaben über
– den Ort der Ausführung,
– die Art und den Umfang der Bauleistung,
– die Art des Auftrages,
– die Bestimmungen über die Ausführungszeit,
– die genaue Bezeichnung der ausschreibenden und der den → Zuschlag erteilenden Stelle,
– die genaue Bezeichnung der Stellen, bei denen Verdingungsunterlagen eingesehen werden können,
– die Art der Vergabe und sofern erfolgt, Beschränkung des Bewerberkreises,
– Ortsbesichtigungen,
– die genaue Aufschrift der Angebote,
– den Ort und Zeitpunkt des Eröffnungstermins- und die → Zuschlagsfrist,
– die Entschädigungshöhe für die Verdingungsunterlagen,
– bestehende Vorbehalte wegen Teilung in Lose und Vergabe dieser an verschiedene → Bieter,
– die Höhe der Sicherheitsleistungen, sofern gefordert,
– sowie die wesentlichen → Zahlungsbedingungen.
Der → Bauherr soll für die Bearbeitung und Einreichung der einzelnen Angebote ausreichende Fristen vorsehen. Diese belaufen sich bei kleineren Bauleistungen gemäß § 18 VOB/A auf eine → Frist, die nicht unter 10 Kalendertagen zu bemessen ist. Die so genannte **Angebotsfrist** läuft ab, wenn im

Eröffnungstermin der Verhandlungsleiter mit der Eröffnung der Angebote beginnt. Die bei dem Eröffnungstermin zu beachtenden Einzelheiten werden durch § 22 VOB/A geregelt. Bis zum Ablauf der Angebotsfrist können die durch die einzelnen Bauunternehmer abgegebenen Angebote schriftlich oder telegraphisch zurückgezogen werden. Die so genannte **Zuschlagsfrist** soll nicht länger als 30 Kalendertage betragen. Sie beginnt mit den Ende der Angebotsfrist, also mit der Eröffnung der Angebote im Eröffnungstermin.

Bereits in der Ausschreibung soll festgelegt werden, dass der einzelne Bauunternehmer, der sich an dem Ausschreibeverfahren beteiligt, bis zum Ablauf der Zuschlagsfrist an sein Angebot gebunden ist (so genannte **Bindefrist**). Die Zuschlagsfrist darf in den Ausschreibungen nicht unangemessen hinausgeschoben werden. Hierdurch soll verhindert werden, dass der am Ausschreibungsverfahren teilnehmende → Bieter unangemessen lange an sein Angebot gebunden und dadurch benachteiligt wird. Die vorgenannten Grundsätze gelten sowohl für den privaten als auch für den öffentlichen Auftraggeber.

Bei der Ausschreibung steht gemäß § 2 VOB/A der Grundsatz im Vordergrund, dass die Bauleistungen nur an fachkundige, leistungsfähige und zuverlässige Unternehmer zu angemessenen Preisen zu vergeben sind. Hierbei soll der Wettbewerb die Regel sein.

Sofern kein Angebot eingegangen ist, welches den Ausschreibungsbedingungen entspricht, wenn die Verdingungsunterlagen grundlegend geändert werden müssen oder wenn andere schwerwiegende Gründe bestehen, kann die Ausschreibung gemäß § 26 VOB/A **aufgehoben** werden. Die letztgenannte Alternative stellt dabei den häufigsten Aufhebungsgrund dar (vgl. OLG Zweibrücken, BauR 1995, 95). Voraussetzung hierfür ist jedoch, dass diese zur Aufhebung der Ausschreibung berechtigenden Gründe erst nach Beginn des Ausschreibungsverfahrens eingetreten oder dem Auftraggeber erst zu diesem Zeitpunkt bekannt geworden sind (BGH, NJW 1993, 520 = BauR 1993, 214). Für den Fall einer rechtswidrigen Aufhebung der Ausschreibung können seitens des am Ausschreibungsverfahren teilnehmenden Bauunternehmers/Bieters Ansprüche auf → Schadensersatz bestehen (Schelle, BauR 1999, 1233 ff.).

4. Rechtsschutz unterhalb des Schwellenwertes

Bei Vergaben unterhalb der Schwellenwerte besteht nach noch h. M. grundsätzlich kein Rechtsschutz vor den ordentlichen Gerichten. Bei Vergabeverstößen sind die → Bieter auf nachträgliche Schadensersatzansprüche verwiesen (OLG Stuttgart NZ Bau 2002, 395 = ZfBR 2002, 517 = IBR 2002, 266). Allerdings gewähren einzelne Landgerichte (z. B. LG Heilbronn, IBR 2002, 205; LG Meiningen, IBR 2000, 471) dem Bieter bei drohenden Vergabestößen auch unterhalb der Schwellenwerte einstweiligen Rechtsschutz vor den ordentlichen Gerichten. Diese Landgerichte stützen ihre Auffassung auf das → Wettbewerbsrecht sowie den Gleichbehandlungsgrundsatz (ablehnend: OLG Stuttgart, NZ Bau 2002, 395 = ZfBR 2002, 517 = IBR 2002, 266). Allerdings hat der österreichische Verfassungsgerichtshof (IBR 2001, 135) entschieden, dass die Zweiteilung des Vergaberechts für den Rechtsschutz ober- und unterhalb der Schwellenwerte einen Verstoß gegen den Gleichheitsgrundsatz darstelle. Den Bietern von Aufträgen unterhalb der Schwellenwerte müssten dieselben subjektiven Rechte zugestanden werden wie den Bietern von Aufträgen oberhalb der Schwellenwerte. Das ist auf das deutsche Recht übertragbar. Zudem hat der Richter am Bundesverfassungsgericht *Broß* erklärt, dass den Bietern bei der Vergabe öffentlicher Aufträge unterhalb der Schwellenwerte ein Primärrechtsschutz, also die Möglichkeit des Rechtsschutzes gegen eine Vergabeentscheidung und nicht bloß ein Schadensersatzanspruch zustehe (*Broß*, Schriftenreihe des Forum Vergabe e. V., Heft 19). Eine solche Klage sei wohl allerdings vor den Verwaltungsgerichten zu führen. Der Bundesminister für Wirtschaft und Arbeit plant eine gesetzliche Regelung zum Primärrechtsschutz bei Vergaben unterhalb der Schwellenwerte.

Ausschreibung von Architektenleistungen   → Architektenwettbewerb

Außenanlagen   → Arbeiten an einem Grundstück;   → Bauhandwerkssicherung nach § 648 a BGB

Außenbereich   → Baufreiheit;   → Erschließung;   → Freizeitanlage;   → Innenbereich;   → Naturschutz;   → Planbereich;   → Windkraftanlagen;   → Zurückstellung

1. Definition

Das Baugesetzbuch teilt das Gemeindegebiet bauplanungsrechtlich in drei Bereiche ein,
- den → Planbereich (§ 30 Abs. 1, 2 BauGB),
- den → Innenbereich (§ 34 BauGB) und
- den Außenbereich (§ 35 BauGB).

Zum Außenbereich gehören danach alle Bereiche, die **weder** innerhalb des räumlichen Geltungsbereiches eines qualifizierten **Bebauungsplanes** i. S. v. § 30 Abs. 1 BauGB liegen (das Vorliegen eines einfachen Bebauungsplanes i. S. v. § 30 Abs. 3 BauGB steht der Zuordnung zum Außenbereich nicht entgegen (*Krautzberger*, in: Battis/Krautzberger/Löhr, BauGB, § 35 Rdn. 1, 2), **noch** innerhalb eines im **Zusammenhang bebauten Ortsteils** i. S. v. § 34 BauGB. Die Definition des Außenbereiches stellt somit nicht auf inhaltliche positive Maßstäbe ab, sondern definiert den Außenbereich vielmehr negativ. Er bildet die Gesamtheit der von den §§ 30 und 34 BauGB nicht erfassten Flächen. Dass diese Flächen in einem naturalistisch-geographischen Sinne „außen" liegen, wird mit dem Rechtsbegriff des Außenbereiches nicht festgelegt (BVerwGE 41, 227, 232 f.). Daher kann der Begriff nicht mit Vorstellungen verbunden werden, die dem Außenbereich, anknüpfend an das Wort „Außen", ganz bestimmte Vorstellungsbilder zuordnet, etwa die der freien Natur, der Stadtferne, der Einsamkeit etc.

2. Planungsziel des Gesetzgebers im Außenbereich

Für den Außenbereich hat der Gesetzgeber eine, die gemeindliche Planung ersetzende, **generelle Planungsregelung** getroffen, die von der städtebaulichen Leitvorstellung geprägt ist, den Außenbereich wegen seiner besonderen Bedeutung für die naturgegebene Bodennutzung und als Erholungslandschaft für die Allgemeinheit **von baulichen Anlagen freizuhalten**, **soweit** diese **nicht ihrem Wesen nach in** den **Außenbereich gehören** (BVerwGE 28, 148). Dementsprechend unterscheidet der Gesetzgeber in § 35 BauGB hinsichtlich des Grades der Privilegierung eines Vorhabens gegenüber den Interessen der Allgemeinheit an der Freihaltung des Außenbereiches von Bebauung, zwischen privilegierten (§ 35 Abs. 1 BauGB), nichtprivilegierten (§ 35 Abs. 2 BauGB) und teilprivilegierten (§ 35 Abs. 4 BauGB) Vorhaben. Die Verwirklichung **privilegierter Vorhaben** (§ 35 Abs. 1 BauGB) ist bauplanungsrechtlich grundsätzlich im Außenbereich vorgesehen und daher hier hinsichtlich ihres Standortes zulässig, wenn öffentliche Belange nicht entgegenstehen. Für alle sonstigen, **nichtprivilegierten Vorhaben** (§ 35 Abs. 2 BauGB), hat der Gesetzgeber im Außenbereich ein grundsätzliches → Bauverbot vorgesehen, das nur aufgehoben wird, wenn im Einzelfall öffentliche Belange durch die Ausführung und Benutzung des Vorhabens nicht beeinträchtigt werden. Für bestimmte, **begünstigte Vorhaben**, wie Nutzungsänderungen, Ersatzbauten, Wiederaufbau oder Erweiterungen, sowie Änderungen erhaltenswerter → Gebäude, hat der Gesetzgeber das → Bauverbot in § 35 Abs. 4 BauGB zusätzlich modifiziert.

3. Privilegierte Vorhaben nach § 35 Abs. 1 BauGB

a) Zulässigkeitsvoraussetzungen

Zur Verwirklichung im Außenbereich vorgesehen und daher in § 35 Abs. 1 BauGB abschließend aufgezählt sind solche Vorhaben, die wegen ihrer Besonderheiten, z. B. Störcharakter, Standortbe-

zogenheit etc., nach den Vorstellungen des Gesetzgebers grundsätzlich in den Außenbereich gehören. Dabei wird jedoch in § 35 Abs. 1 BauGB keine Entscheidung über den konkreten Standort des Vorhabens innerhalb des Außenbereiches getroffen, da auch hier das Gebot der größtmöglichen Schonung des Außenbereiches gilt (BVerwGE 41, 138).
§ 35 Abs. 1 Nr. 1 bis 7 BauGB unterscheidet **sieben Privilegierungstatbestände**, deren **Zulässigkeit** davon **abhängig** ist, dass
– das Vorhaben den Festsetzungen eines einfachen Bebauungsplanes nicht widerspricht,
– die Voraussetzungen des Privilegierungstatbestandes erfüllt sind,
– öffentliche Belange dem Vorhaben nicht entgegenstehen und
– die → Erschließung des Vorhabens gesichert ist.
Bei der Beurteilung dieser Voraussetzungen steht der Genehmigungsbehörde **kein Ermessen** zu; sind sie gegeben, ist das Vorhaben zulässig.

b) Privilegierungstatbestände

Ein privilegiertes Vorhaben muss einem der sechs, nachfolgend erörterten Privilegierungszwecken dienen. Dabei hat der Begriff des „**Dienens**" in den verschiedenen Alternativen des § 35 Abs. 1 BauGB eine im Wesentlichen gleiche Bedeutung i. d. S., dass ein Vorhaben nur dann dem privilegierten Zweck dient, wenn es gerade auch in Hinblick auf entgegenstehende öffentliche Belange an dem Standort verwirklicht werden muss oder es zumindest vernünftigerweise dort geboten ist. So muss das Vorhaben durch die Privilegierung entscheidend geprägt werden. Eine nur behauptete Zweckbestimmung des Vorhabens genügt nicht, da die Baugenehmigungsbehörde von Amts wegen die wirkliche Funktion des Vorhabens zu ermitteln hat.

aa) Land- und forstwirtschaftliche Betriebe

Der für Vorhaben nach § 35 Abs. 1 Nr. 1 BauGB zentrale Begriff der Landwirtschaft wird in § 201 BauGB, allerdings nicht abschließend, definiert. Hiernach zählen zur Landwirtschaft insbesondere der **Ackerbau**, die **Wiesen-** und **Weidewirtschaft** einschließlich der **Tierhaltung**, soweit das Futter überwiegend auf den zum landwirtschaftlichen Betrieb gehörenden, landwirtschaftlich genutzten Flächen erzeugt werden kann, die **gartenbauliche Erzeugung**, der **Erwerbsobstbau**, der **Weinbau**, die **berufsmäßige Imkerei** und **Binnenfischerei**. Mit Ausnahme der beiden zuletzt genannten Tätigkeiten muss es sich immer um einen Fall unmittelbarer Bodenertragsnutzung i. d. S. handeln, dass der Boden zum Zwecke der Nutzung seines Ertrages **planmäßig**, **eigenverantwortlich** und **nachhaltig** bewirtschaftet wird. Gewinnzielung ist jedoch ebensowenig gefordert wie Berufsmäßigkeit (BVerwG, NVwZ 1986, 916). Bei landwirtschaftlichen Nebenerwerbsstellen ist aber die tatsächliche Gewinnzielung ein wichtiges Indiz für die Nachhaltigkeit (BVerwG, BauR 1981, 358).
Forstwirtschaft bedeutet in ähnlicher Weise die planmäßige Bewirtschaftung des Waldes. „Betrieb" i. S. d. § 35 Abs. 1 BauGB stellt auf die Ernsthaftigkeit der Bewirtschaftung ab und verlangt daher eine bestimmte **auf Dauer angelegte lebensfähige Organisation**, ausgerichtet auf die Erzeugung landwirtschaftlicher Produkte nicht unerheblichen Ausmaßes, und zwar in der **Absicht der Ertragserzielung**. Diese Dauerhaftigkeit bringt es auch mit sich, dass ein land- oder forstwirtschaftlicher Betrieb in aller Regel nicht ausschließlich auf Pachtland betrieben werden kann (BVerwG, UPR 1989, 425).
Ein Vorhaben und damit ein Wohngebäude, ein Wirtschaftsgebäude oder auch ein zusätzliches Altenteilhaus des Altbauern dient dem landwirtschaftlichen Betrieb i. S. d. Privilegierungstatbestandes, wenn es dem Betrieb tatsächlich, insbesondere äußerlich zugeordnet und durch eine solche Widmung auch gekennzeichnet ist (OVG Lüneburg, BauR 1986, 191). Die landwirtschaftlich genutzte Fläche muss im Verhältnis zu dem für das Vorhaben benötigten Grund und Boden eindeutig

den Schwerpunkt bilden, ansonsten fehlt es an der dienenden Funktion des Gebäudes. Einem privilegierten landwirtschaftlichen Vorhaben dienende Funktion haben auch kleinere → Windkraftanlagen, wenn sie überwiegend der Eigenversorgung des Landwirtes mit Strom dienen.

bb) Betriebe der gartenbaulichen Erzeugung
Eine besondere Privilegierung, die über diejenige der landwirtschaftlichen Betriebe hinausgeht, enthält § 35 Abs. 1 Nr. 2 BauGB für Vorhaben, die einem Betrieb der gartenbaulichen Erzeugung dienen. Sie sind unabhängig von der Größe des Vorhabens und seinem Verhältnis zur sonstigen Betriebsfläche im Außenbereich privilegiert. Somit kann ein solcher Betrieb auch dann noch unter Glas produzieren, wenn die Gewächshäuser mehr als einen untergeordneten Teil der Fläche im Außenbereich beanspruchen (*Krautzberger*, in: Battis/Krautzberger/Löhr, BauGB, § 35 Rdn. 22, 27).

cc) Öffentliche Versorgung
Die Privilegierung nach § 35 Abs. 1 Nr. 3 BauGB umfasst Vorhaben, die dem **Fernmeldewesen**, der öffentlichen Versorgung mit **Elektrizität**, **Gas**, **Wärme** und **Wasser**, der **Abwasserwirtschaft** oder einem **sonstigen ortsgebundenen Betrieb** dienen. Dabei bezieht sich die öffentliche Versorgung nur auf solche Vorhaben, die der Versorgung der Allgemeinheit dienen, nicht aber auf Vorhaben zur Versorgung eines einzelnen für den Eigenbetrieb.
Das Merkmal der Ortgebundenheit ist über den Wortlaut der Vorschrift hinaus nicht nur auf gewerbliche Betriebe, sondern auf den gesamten Tatbestand des § 35 Abs. 1 Nr. 3 BauGB zu beziehen (BVerwG, DVBl. 1977, 526). So reicht es für die Anforderungen an die Ortsgebundenheit nicht aus, dass die Anlage einem im Außenbereich bereits vorhandenen Betrieb aus betriebswirtschaftlichen Gründen angegliedert werden soll (BVerwGE 67, 33), und auch nicht, dass ein bestimmter Standort im Außenbereich für das Vorhaben günstig ist. **Ortgebundenheit** ist nur dann anzunehmen, wenn die bauliche Anlage auf eine bestimmte Stelle im Außenbereich geographisch und geologisch geradezu angewiesen ist (BVerwG, DVBl. 1994, 1141 ff., z. B. Bergwerksanlagen, Steinbrüche, Ziegeleien, nicht Konservenfabriken, Sägewerke, Factory-Outlet-Centers etc.; vgl. *Krautzberger*, in: Battis/Krautzberger/Löhr, BauGB, § 35 Rdn. 30).

dd) Vorhaben mit besonderen Anforderungen, Auswirkungen oder Zweckbestimmungen
Nach § 35 Abs. 1 Nr. 4 BauGB sind solche Vorhaben prinzipiell dem Außenbereich zugeordnet, die **wegen ihrer spezifischen Beziehung zur Umgebung** nicht sinnvoll innerhalb der im Zusammenhang bebauten Ortsteile errichtet werden können. Die Vorschrift unterscheidet zwischen Vorhaben, die besondere Anforderungen an ihre Umgebung stellen (z. B. Aussichtstürme, Fasanerien, Düngemittelfabriken, Freilichttheater, etc.), Vorhaben, die eine nachteilige Wirkung auf ihre Umgebung ausüben (z. B. Schweinemästerei, Sprengstofffabriken, Zementfabriken) und Vorhaben, die einer besonderen Zweckbestimmung vorbehalten sind, wie beispielsweise Jagd- oder Fischereihütten. Eine wichtige Einschränkung für die Zulassungsfähigkeit solcher Anlagen bildet der **„Soll"-Begriff** der Vorschrift. Nicht jedes Vorhaben, das wie ein Camping- oder → Golfplatz sinnvoll nur im Außenbereich errichtet werden kann, soll auch dort errichtet werden, ansonsten wäre der von § 35 BauGB bezweckte Schutz des Außenbereiches vor Bebauung nicht gewährleistet. **Maßgeblich** für die Beantwortung der Frage des „Sollens" muss die **Funktion des Außenbereiches** sein. Danach hat die Bewertung eines Vorhabens negativ auszufallen, wenn es unter Ausschluss der Allgemeinheit Ruhe und Erholung nur für wenige Personen gewährt und dem Außenbereich damit nicht mehr wesensgemäß ist. Angesichts dessen „sollen" weder Wochenendhäuser noch Campingplätze oder Golfplätze im Außenbereich errichtet werden. Voraussetzung für die Zulassung solcher Vorhaben ist, dass ein → Bebauungsplan aufgestellt wird oder zumindest durch Darstellungen im → Flächen-

nutzungsplan die Weichen für die Zulassung als sonstiges Vorgaben im Außenbereich gemäß § 35 Abs. 2 BauGB gestellt werden (BVerwG, UPR 1992, 28, 111; OVG Lüneburg, BauR 1988, 317). Liebhabereien wie ein Hundesportplatz oder ein Fischteich fallen nicht unter die Privilegierung des § 35 Abs. 1 Nr. 4 (BVerwG, BauR 1991, 717; NVwZ-RR 1996, 373).

ee) Wind- und Wasserenergieanlagen
Privilegiert nach § 35 Abs. 1 Nr. 5 BauGB sind Vorhaben, die der Erforschung, Entwicklung oder Nutzung der Wind- oder Wasserenergie dient.

ff) Biogasanlagen
Neben den Wind- und Wasserenergieanlagen sind nach § 35 Abs. 1 Nr. 6 BauGB als erneuerbare Energien privilegiert Vorhaben, die der Herstellung und Nutzung der Energie von aus Biomasse erzeugtem Gas im räumlich-funktionalen Zusammenhang mit der Hofstelle eines landwirtschaftlichen Betriebs dienen, vorausgesetzt dass
– die Biomasse überwiegend aus demselben landwirtschaftlichen Betrieb oder überwiegend aus demselben und aus nahe liegenden land- oder forstwirtschaftlichen Betrieben stammt,
– nur eine Anlage je Hofstelle betrieben wird und
– die Anlage die Leistung von 0,5 Megawatt nicht überschreitet.
Hiermit soll landwirtschaftlichen Betrieben die Möglichkeit eingeräumt werden, auch in Kooperation mit ihren landwirtschaftlichen Nachbarn eine gemeinsame Anlage zu betreiben. Mit der Beschränkung auf eine Größenordnung von 0,5 MW Feuerungswärmeleistung soll das Entstehen agrarindustrieller Fabriken verhindert werden.

gg) Kerntechnische Anlagen
Nach § 35 Abs. 1 Nr. 7 BauGB sind Außenbereichsvorhaben privilegiert, die der Erforschung, Entwicklung oder Nutzung der Kernenergie zu friedlichen Zwecken oder der Entsorgung radioaktiver Abfälle dienen. Hierzu gehören Kernkraftwerke, Forschungsreaktoren, Wiederaufbereitungsanlagen, Vorhaben zur Entsorgung radioaktiver Abfälle, Zwischen- oder Endlager und dgl.

4. Sonstige, nichtprivilegierte Vorhaben i. S. v. § 35 Abs. 2 BauGB
Alle nicht in § 35 Abs. 1 BauGB genannten Vorhaben sind sog. sonstige, nichtprivilegierte Vorhaben i. S. d. § 35 Abs. 2 oder 4 BauGB. Sie sind im Gegensatz zu den privilegierten Vorhaben bereits **dann unzulässig, wenn** durch ihre Ausführung oder Benutzung öffentliche Belange beeinträchtigt werden und nicht erst beim Entgegenstehen öffentlicher Belange. Mit dieser unterschiedlichen Bewertung der öffentlichen Belange wird dem Umstand Rechnung getragen, dass privilegierte Vorhaben generell im Außenbereich vorgesehen sind, die bloße Beeinträchtigung öffentlicher Belange sie daher nicht bereits unzulässig machen soll. Alle sonstige Vorhaben sind demgegenüber nicht zur Verwirklichung im Außenbereich vorgesehen, sondern dort nur ausnahmsweise zulässig, so dass es hier für die Unzulässigkeit des Vorhabens bereits ausreicht, wenn eine Abwägung zwischen dem Vorhaben und den berührten öffentlichen Belangen ergibt, dass öffentliche Belange beeinträchtigt werden. Mit dieser Regelung soll sichergestellt werden, den Außenbereich weitestgehend von baulichen Anlagen freizuhalten, sofern diese nicht ihrem Wesen nach in den Außenbereich gehören und deswegen privilegiert zulässig sind (BVerwGE 28, 268, 274).
Ein nicht privilegiertes Vorhaben i. S. v. § 35 Abs. 2 BauGB ist danach **zulässig, wenn**
– die Ausführung und Nutzung des Vorhabens öffentliche Belange nicht beeinträchtigt,
– das Vorhaben den Festsetzungen eines einfachen Bebauungsplanes nicht widerspricht und
– die → Erschließung des Vorhabens gesichert ist.

Sind die Voraussetzungen gegeben, besteht nach Auffassung der Rechtsprechung, entgegen dem Wortlaut „können" ein Rechtsanspruch auf Zulassung des Vorhabens (BVerwGE 18, 247), da die Inhaltsbestimmung des Eigentums, wozu das Recht zu Bauen gehört, nach Art. 14 Abs. 1 S. 2 GG dem Gesetzgeber vorbehalten ist (BVerwGE 18, 247 ff.) und nicht ins Ermessen der Verwaltung gestellt werden darf.

5. Begünstigte (teilprivilegierte) Vorhaben i. S. v. § 35 Abs. 4 BauGB

Begünstige Vorhaben i. S. d. § 35 Abs. 4 BauGB sind sonstige Vorhaben (§ 35 Abs. 2 BauGB), deren Durchführung dadurch begünstigt werden soll, dass ihnen **bestimmte öffentliche Belange nicht entgegengehalten werden können** (*Krautzberger*, in: Battis/Krautzberger/Löhr, BauGB, § 35 Rdn. 40). Hierunter fallen die in § 35 Abs. 4 Nr. 1–6 BauGB aufgezählten Vorhaben der **Nutzungsänderung**, des **Ersatzbaus**, des **Wiederaufbaus** oder der **Erweiterung** sowie der **Änderung** oder **Nutzungsänderung** erhaltenswerter → Gebäude. Den begünstigten Vorhaben gemeinsam ist der Gedanke des erweiterten Bestandsschutzes, wobei bei ihnen die engen Voraussetzungen der eigentumskräftig verfestigten Anspruchsposition nicht erfüllt sein brauchen. Die Begünstigung besteht darin, dass die öffentlichen Belange des Widerspruchs zu Darstellungen des Flächennutzungsplans (§ 35 Abs. 3 S. 1 Nr. 1 BauGB), oder eines Landschaftsplans (§ 35 Abs. 3 S. 1 Nr. 2 BauGB), der Beeinträchtigung der natürlichen Eigenart der Landschaft (§ 35 Abs. 3 S. 1 Nr. 5 BauGB) oder die Befürchtung der Entstehung, Verfestigung oder Erweiterung einer Splittersiedlung (§ 35 Abs. 3 S. 1 Nr. 7 BauGB) solchen Vorhaben nicht entgegengehalten werden können. Alle übrigen in § 35 Abs. 4 BauGB nicht ausdrücklich genannten öffentlichen Belange stehen demgegenüber auch dem begünstigten Vorhaben entgegen, wenn sie durch dieses beeinträchtigt werden. Ein begünstigtes Vorhaben i. S. v. § 35 Abs. 4 BauGB ist danach zulässig, wenn
– die Ausführung und Nutzung des Vorhabens die öffentlichen Belange mit Ausnahme der von § 35 Abs. 3 Nr. 1, 2, 5 und 7 BauGB nicht beeinträchtigt,
– das Vorhaben den Festsetzungen eines einfachen Bebauungsplanes nicht widerspricht und
– die → Erschließung des Vorhabens gesichert ist.

6. Festsetzungen eines einfachen Bebauungsplanes

Ein einfacher → Bebauungsplan ist als Rechtsnorm (§ 10 BauGB) auch im Außenbereich verbindlich und lässt keinen Raum für eine Abwägung zwischen dem Vorhaben und entgegenstehenden öffentlichen Belangen. Vielmehr besitzt er **Vorrang gegenüber** den sonstigen **Maßstäben des § 35 BauGB**.

7. Öffentliche Belange i. S. d. § 35 Abs. 3 BauGB
a) Inhaltsbestimmung

Der Begriff der öffentlichen Belange ist ein **unbestimmter Rechtsbegriff**, der in § 35 Abs. 3 BauGB nicht abschließend definiert wird. Unter ihn fallen vielmehr alle Gesichtspunkte, die für das Bauen im Außenbereich rechtserheblich sein können. **§ 35 Abs. 3 BauGB** stellt lediglich einen **nicht abschließenden Katalog** wichtiger öffentlicher Belange auf. Neben § 35 Abs. 3 BauGB sind jedoch auch andere öffentliche Belange zu berücksichtigen, sofern sie in einer konkreten Beziehung zur städtebaulichen Ordnung stehen und damit von dem in § 1 BauGB einer geordneten städtebaulichen Entwicklung vorgegebenen Leitgedanken unter Berücksichtigung der konkreten örtlichen Verhältnisse mitumfasst sind (BVerwGE 18, 247; 25, 161; 28, 268).

aa) Flächennutzungsplan

Trotz der Qualität des Flächennutzungsplans als lediglich vorbereitender und damit gegenüber dem Bürger unverbindlicher Bauleitplan bringt die Gemeinde darin ihren planerischen Willen hinsichtlich der weiteren städtebaulichen Entwicklung zum Ausdruck. Diese im → Flächennutzungsplan zum Ausdruck gebrachte planerische Vorstellung gehört gem. § 35 Abs. 3 S. 1 Nr. 1 BauGB zu den öffentlichen Belangen, sofern die Gemeinde ihren **Planungswillen** in den Darstellungen des Flächennutzungsplans **hinreichend konkretisiert** hat, d. h. der Plan positiv eine mit dem Vorhaben nicht zu vereinbarende Bestimmung trifft oder dem Plan ein negativer Planungswille mit hinreichender Deutlichkeit entnommen werden kann (BVerwG, DÖV 1969, 645). Die pauschale Darstellung aller für eine landwirtschaftliche Nutzung zur Verfügung stehender Außenbereichsflächen als Flächen für die Landwirtschaft beispielsweise ist keine in diesem Sinne beachtliche Aussage (BVerwG, ZfBR 1990, 41).

bb) Widersprechende Fachplanung
Widerspricht das Vorhaben den Darstellungen eines **Landschaftsplanes** oder eines **sonstigen Fachplanes** z. B. nach dem Wasser-, Abfall- oder Immissionsschutzrechts, so liegt eine Beeinträchtigung öffentlicher Belange nach § 35 Abs. 3 S. 1 Nr. 2 BauGB vor. Voraussetzung für die Berücksichtigung dieser Pläne als öffentliche Belange ist, dass sie auf einer gesetzlichen Grundlage und von den dafür zuständigen Stellen im vorgeschriebenen Verfahren aufgestellt worden sind. Es ist dabei nicht erforderlich, dass diese Pläne Normcharakter haben.

cc) Schädliche Umwelteinwirkungen
Eine Beeinträchtigung öffentlicher Belange liegt ferner vor, wenn das Vorhaben schädliche Umwelteinwirkungen hervorrufen kann oder ihnen ausgesetzt ist. Der Begriff der schädlichen Umwelteinwirkungen ist in **§ 3 BImSchG definiert** (BVerwGE 52, 122 ff.). Danach fallen hierunter alle → Immissionen, die nach Art, Ausmaß oder Dauer geeignet sind, Gefahren, erhebliche Nachteile oder erhebliche Belästigungen für die Allgemeinheit oder die Nachbarschaft hervorzurufen. Derartige Einwirkungen sind den davon Betroffenen grundsätzlich nicht zumutbar (BVerwGE 52, 122). Bei § 35 Abs. 3 Nr. 3 BauGB handelt sich um eine gesetzliche Ausformung des allgemeinen baurechtlichen Gebotes der Rücksichtnahme in besonderen Konfliktsituationen.

dd) Hervorrufen unwirtschaftlicher Aufwendungen
Öffentliche Belange werden gemäß § 35 Abs. 3 Nr. 4 BauGB beeinträchtigt, wenn das Vorhaben unwirtschaftliche Aufwendungen für Straßen und andere Verkehrseinrichtungen, für Anlagen der Versorgung, der Abwasser- und Abfallbeseitigung, für die Sicherheit oder Gesundheit oder für sonstige Aufgaben erfordert. Würde die Genehmigung eines Vorhabens neue Ausgaben zur Folge haben, die zum Aufgabenkreis der Gemeinde oder anderer öffentlicher Träger gehören und stehen diese Ausgaben in einem Missverhältnis zu dem erzielbaren Nutzen oder belasten sie den Haushalt des Erschließungsträgers in unzumutbarer Weise oder zu einem ungeeigneten Zeitpunkt, so handelt es sich um unwirtschaftliche Aufwendungen (BVerwG, DÖV 1972, 827). Hierbei sind **nicht nur** die **Kosten für die Fertigstellung** einer Erschließungsanlage zu berücksichtigen, sondern **auch** die **Kosten der laufenden Unterhaltung**. Verpflichtet sich der → Bauherr in einer rechtlich einwandfrei abgesicherten Weise zur Übernahme der Aufwendungen, so ist dies zu seinen Gunsten zu berücksichtigen.

ee) Naturschutz, Landschaftspflege, Bodenschutz, Denkmalschutz, Schutz der Landschaft und des Orts- und Landschaftsbildes
Nach § 35 Abs. 3 S. 1 Nr. 5 BauGB liegt eine Beeinträchtigung öffentlicher Belange auch vor, wenn das Vorhaben Belange des Naturschutzes und der Landschaftspflege, des Bodenschutzes, des Denkmalschutzes oder die natürliche Eigenart der Landschaft und ihren Erholungswert beeinträchtigt oder das Orts- und Landschaftsbild verunstaltet.

ff) Maßnahmen zur Verbesserung der Agrarstruktur und Wasserwirtschaft
Maßnahmen zur Verbesserung der Agrarstruktur im Außenbereich i. S. d. § 35 Abs. 3 S. 1 Nr. 6 BauGB beispielsweise durch eine Flurbereinigung oder auf Grund des Gesetzes über die Gemeinschaftsaufgabe „Verbesserung der Agrarstruktur und des Küstenschutzes" **dürfen** durch neue Vorhaben im Außenbereich **nicht beeinträchtigt werden**. Ebenso ist eine Gefährdung der Wasserwirtschaft zu vermeiden.

gg) Entstehung, Verfestigung oder Erweiterung einer Splittersiedlung
Öffentliche Belange werden nach § 35 Abs. 3 Nr. 7 BauGB auch beeinträchtigt, wenn das Entstehen oder die Verfestigung einer Splittersiedlung zu befürchten ist. Der Begriff der Splittersiedlung (zum Begriff der Splittersiedlung BVerwGE 54, 73) beschränkt sich dabei nicht auf die zu Wohnzwecken bestimmten → Gebäude. Alle baulichen Anlagen können den Begriff der Splittersiedlung erfüllen, die auch nur gelegentlich zum Aufenthalt von Menschen bestimmt sind.

hh) Störung von Fernmelde- und Radaranlagen
Eine Beeinträchtigung öffentlicher Belange liegt schließlich gemäß § 35 Abs. 3 Nr. 8 BauGB vor, wenn das Vorhaben die Funktionsfähigkeit von Funkstellen und Radaranlagen stört. Hiermit sollen insbesondere Störungen der Funkstrecken durch Windkraftanlagen unterbunden werden. Nicht ausreichend ist, wenn etwa die Wehrbereichsverwaltung die Störung der Funktionsfähigkeit ihrer Radaranlagen geltend macht; vielmehr muss eine Störung tatsächlich nachweisbar vorliegen.

b) Bedeutung für die Zulässigkeit eines Vorhabens
Öffentliche Belange sind für die Beurteilung der Zulässigkeit von Vorhaben im Außenbereich, für privilegierte Vorhaben nach § 35 Abs. 1 BauGB und für sonstige Vorhaben nach § 35 Abs. 2 BauGB, mit unterschiedlichem Gewicht maßgeblich.

So scheitert ein **privilegiertes Vorhaben** (§ 35 Abs. 1 BauGB) an öffentlichen Belangen nur, wenn diese dem Vorhaben **entgegenstehen**. Demgegenüber sind alle sonstigen, **nicht privilegierten Vorhaben** (§ 35 Abs. 2 BauGB) bauplanungsrechtlich bereits immer dann unzulässig, wenn sie öffentliche Belange **beeinträchtigen**. Die Privilegierung bewirkt also ein grundsätzlich stärkeres Durchsetzungsvermögen gegenüber den von Vorhaben berührten öffentlichen Belangen als dies bei nichtprivilegierten Vorhaben der Fall ist (BVerwGE 48, 109 ff.). Durch die generelle Zuweisung dieser Vorhaben in den Außenbereich hat der Gesetzgeber selbst eine planerische Entscheidung zugunsten dieser Vorhaben getroffen und damit auch Fälle negativer Berührung mit öffentlichen Belangen im Einzelfall in Kauf genommen. Die Bevorzugung von Vorhaben nach Abs. 1 führt also bei Beeinträchtigung öffentlicher Belange – anders als bei den Vorhaben nach Abs. 2 – nicht bereits zur Unzulässigkeit. Es muss vielmehr eine **Abwägung** zwischen den jeweils berührten öffentlichen Belangen und dem Vorhaben stattfinden, wobei zu dessen Gunsten die Privilegierung ins Gewicht fällt (BVerwGE 28, 148 f.; 48, 109 ff.).

Bei sonstigen Vorhaben nach Abs. 2 ist demgegenüber in Rechnung zu stellen, dass der Gesetzgeber für sie dann keine Rechtfertigung vorsieht, wenn öffentliche Belange beeinträchtigt werden. Ob eine Beeinträchtigung öffentlicher Belange durch sonstige Vorhaben vorliegt, hängt von den Umständen des Einzelfalles ab und ist bei der auch in diesen Fällen vorzunehmenden Abwägung zu berücksichtigen (BVerwGE 28, 148 ff.).

Der hiernach gebotenen Abwägung zwischen den Interessen an der Durchführung des (privilegierten oder sonstigen) Vorhabens und der negativen Berührung mit öffentlichen Belangen ist jedoch dort eine Grenze gesetzt, wo die zu erwartenden Nachteile nur noch durch sonstige Vorteile aufgerechnet werden könnten. Eine planerische Konfliktbewältigung i. S. einer **Kompensation**, also einer Saldierung von Vor- und Nachteilen, käme im Ergebnis einer gestaltenden Abwägung gleich. Diese ist bei Entscheidungen nach § 35 BauGB jedoch **nicht erlaubt** (BVerwGE 42, 8 (14)). Die bei § 35 BauGB vorzunehmende Abwägung hat also ausschließlich zum Gegenstand, ob überhaupt eine negative Berührung mit öffentlichen Belangen vorliegt. Insofern kann ein öffentlicher Belang unterschiedlich bewertet werden, je nach dem was für ein Vorhaben ihm gegenübersteht. Eine wertende Abwägung öffentlicher und privater Belange oder eine Kompensation bestimmter öffentlicher Belange gegenüber anderen öffentlichen Belangen ist dagegen im Rahmen des § 35 BauGB nicht zugelassen. **Im Ergebnis** führt § 35 Abs. 2 BauGB dazu, dass **sonstige, nichtprivilegierte Vorhaben im Außenbereich** fast **nie genehmigungsfähig** sind.

c) Planvorbehalt bei Vorhaben nach § 35 Abs. 1 Nr. 2 bis 6 BauGB

Durch den Planvorbehalt des § 35 Abs. 3 S. 3 BauGB besteht eine stärkere Einwirkungsmöglichkeit der Flächennutzungsplanung und der → Raumordnung. Öffentliche Belange stehen danach einem nach § 35 Abs. 1 Nr. 2 bis 7 BauGB an sich privilegiertem Vorhaben in der Regel auch dann entgegen, soweit hierfür durch Darstellungen im → Flächennutzungsplan oder als Ziele der → Raumordnung eine Ausweisung an anderer Stelle erfolgt ist. Gemeinde und → Raumordnung haben daher die Möglichkeit, die Privilegierung nach § 35 Abs. 1 Nr. 2 bis 6 BauGB durch entsprechende Ausweisungen zu unterbinden. Allerdings ist dazu eine **konkrete standortbezogene Ausweisung erforderlich.** Auch ist die Gemeinde nach § 35 Abs. 3 S. 3 BauGB grundsätzlich nicht in der Lage, privilegierte Vorhaben nach § 35 Abs. 1 Nr. 2 bis 6 BauGB generell für das ganze Gemeindegebiet auszuschließen.

8. Rückbauverpflichtung

Als Voraussetzung für die Zulassung von neuen Vorhaben oder von Nutzungsänderungen bestehender Vorhaben im Außenbereich ordnet § 35 Abs. 5 BauGB an, dass der Bauantragsteller die Verpflichtung übernimmt, das Vorhaben nach dauerhafter Aufgabe der zugelassenen Nutzung zurückzubauen sowie entsprechende Bodenversiegelungen zu beseitigen. Dies gilt für alle neuen Anlagen im Außenbereich, also beispielsweise auch für Genehmigungen großer Windparks nach dem Bundesimmissionsschutzgesetz, mit Ausnahme von privilegierten land- und forstwirtschaftlichen Betrieben (§ 35 Abs. 1 Nr. 1 BauGB).

Die Verpflichtungserklärung zum Rückbau kann mit der Forderung nach angemessener Sicherheitsleistung verknüpft werden (vgl. § 67 Abs. 3 S. 1 BbgBO):

Außerordentliche Kündigung → Kündigung

Aussiedlerwohnheim → Asylantenwohnheim

AVA → Allgemeine Geschäftsbedingungen; → Einheitsarchitektenvertrag

B

Bagatellklausel
Durch die sogenannte Bagatellklausel wird festgelegt, dass eine Erstattung der Lohn- oder Material-Mehrkosten erst nach Überschreitung eines fixierten Mindestbetrages (Selbstbeteiligung) erfolgt. Die Bagatellklausel stellt eine Bedingung bei der Vereinbarung einer Preisgleitklausel im → Bauvertrag dar. Der Mindestbetrag der Bagatellklausel wird mit 0,5 % der Abrechnungssumme vertraglich festgelegt. Eine solche Klausel kann auch in Allgemeinen Geschäftsbedingungen wirksam vereinbart werden (BGH, BauR 2002, 361).

Balkon → Abstandsflächen
Balkone werfen regelmäßig die Frage der Einhaltung von → Abstandsflächen auf. Die Vorschriften der Landesbauordnungen sehen vor, dass vor die Außenwand vortretende Bauteile sowie Vorbauten wie etwa → Erker und Balkone bei der **Bemessung der Abstandsfläche außer Betracht bleiben**. Diese Privilegierung bezieht sich in der Regel auf solche Balkone, die nicht mehr als 1,5 m vor die Außenwand hervortreten und der Abstand der Balkone mehr als 2,0 m von der gegenüberliegenden Nachbargrenze beträgt (vgl. § 6 Abs. 7 BauONRW; § 6 Abs. 7 SächsBO). Das OVG Münster hat in diesem Zusammenhang festgestellt, dass der Anbau von Balkonen an eine Außenwand, die nicht die gesetzliche Abstandsfläche wahrt, die Abstandsfrage neu aufwirft. Denn bei einem Balkonanbau besteht das Vorhaben nicht allein darin, vor eine vorhandene – das geltende Abstandsrecht nicht einhaltende – Gebäudewand Balkone zu setzen. Vielmehr umfasst ein solches Vorhaben auch die Herstellung von Türen in der Gebäudewand, von denen aus die jeweiligen Balkone betreten werden sollen. Hierin liegt eine bauliche Veränderung, die für diese Wand die Genehmigungsfrage im Hinblick auf die einzuhaltende Abstandsfläche neu aufwirft. Die Herstellung derartiger Öffnungen ist vom → „Bestandsschutz" nicht mehr gedeckt. Diese Türen haben auf die von den Abstandsflächen geschützten nachbarlichen Belangen nachteiligere Auswirkungen als das bisher vorhandene → Gebäude ohne solche Öffnungen. Dass die Balkonanlage bei isolierter Betrachtung die Privilegierung des § 6 Abs. 7 BauONRW als solche beachtet, ist deshalb unerheblich (OVG Münster, BauR 2001, 767 f.). Im Hinblick auf den → Brandschutz können Balkone grundsätzlich beliebig in Holz- oder Stahlbauart errichtet werden, da sie – außer in Rheinland-Pfalz – keine Anforderungen in Bezug auf ihre Feuerwiderstandsdauer erfüllen müssen (*Gädtke/Temme/Heintz*, BauONRW-Kom., § 29 Rdn. 6).

Bauakten → Auskunft
Bauakten sind zum einen die bei den **Baugenehmigungsbehörden geführten amtlichen Akten**, die alle ein Bauvorhaben betreffenden Vorgänge und Eingaben erfassen. Sie werden oftmals in Bauprozessen zu Beweiszwecken beigezogen. Ferner kann als Bauakten auch die **Gesamtheit des Schriftwechsels** zwischen den am Bau beteiligten Privatpersonen bezeichnet werden. Im Zusammenhang mit schwebenden Verfahren, insbesondere Widerspruchsverfahren hat die Behörde den Beteiligten Einsicht in die das Verfahren betreffenden Akten zu gestatten, soweit dies zur Geltendmachung der Rechte erforderlich ist, § 29 Abs. 1 VwVfG, § 68 VwGO. Außerhalb eines Verwaltungsverfahrens steht die Gewährung von → Akteneinsicht im Ermessen der Behörde. Ein Anspruch auf fehlerfreie Ausübung dieses Ermessens steht allerdings nur demjenigen zu, der an der

Einsichtnahme ein berechtigtes Interesse hat. Dieses berechtigte Interesse an der Einsicht der sein Grundstück betreffenden Bauakten wird beim Eigentümer regelmäßig gegeben sein. Aber auch ein am Baugenehmigungsverfahren nicht beteiligter Dritter kann von der Baugenehmigungsbehörde die Gewährung von → Akteneinsicht beanspruchen, wenn er hierfür ein berechtigtes Interesse hat (z. B. Vorbereiten einer zivilrechtlichen Nachbarklage wegen Immissionen) glaubhaft macht. Dabei ist die Baugenehmigungsbehörde jedoch im Falle der Einsichtsgewährung befugt, diese auf den Teil der Bauakten zu beschränken, der (auch) für den Dritten von Interesse sein kann (OVG Münster, BauR 1989, 74 f.).

Bauantrag
1. Zuständigkeit
Wird eine bauliche Anlage errichtet, geändert oder abgebrochen, so sind, jeweils innerhalb ihres Wirkungskreises, der → Bauherr und die anderen am Bau Beteiligten dafür verantwortlich, dass die öffentlich-rechtlichen Vorschriften eingehalten werden, vgl. Art. 55 BayBO. Der **Bauherr** ist gegenüber der → Bauaufsichtsbehörde zuständig, die zur Vorbereitung, Überwachung, und Ausführung notwendigen **Personen zu bestellen** und für die ordnungsgemäße Stellung der erforderlichen **Bauanträge** zu sorgen, vgl. Art. 59 Abs. 1 BayBO, § 59 Abs. 1 BauOLSA.

2. Erfordernis von Bauanträgen
Bauunterlagen sind bei allen genehmigungspflichtigen Bauvorhaben einzureichen, gleichgültig ob sie im klassischen oder vereinfachten Genehmigungsverfahren zu genehmigen sind. Auch bei Vorhaben, die von der Genehmigungspflicht freigestellt sind, müssen Bauunterlagen eingereicht werden. Der Umfang, Inhalt und die Anzahl der Bauunterlagen wird in den jeweiligen landesrechtlichen Bauvorlagenverordnungen im Detail beschrieben. Bei Vorhaben, die genehmigungsfrei errichtet werden können, sind keine Bauunterlagen einzureichen. Abhängig vom Landesrecht ist der Bauantrag schriftlich bei der Gemeinde (vgl. Art. 67 Abs. 1 BayBO) oder bei der unteren → Bauaufsichtsbehörde (vgl. § 70 Abs. 1 BauOLSA; § 69 Abs. 1 BauONRW) mit allen für seine Bearbeitung sowie für die Beurteilung des Bauvorhabens erforderlichen Unterlagen einzureichen.

3. Anforderungen an die Bauantragsunterlagen
Unmittelbar nach Eingang des Bauantrags prüft die → Bauaufsichtsbehörde die Bauunterlagen auf ihre formale Vollständigkeit und Richtigkeit, insbesondere auf folgende Punkte:
- **Vollständigkeit** und **Richtigkeit** der **Bauvorlagen**;
- **Überschlägige** Vorprüfung der **planungsrechtlichen Zulässigkeit** des Vorhabens nach den §§ 29 ff. BauGB;
- Kontrolle der **Nachbarbeteiligung**;
- Kontrolle der gemeindlichen Beteiligung (**gemeindliches Einvernehmen** § 36 BauGB);
- Überprüfung der **Bauvorlageberechtigung**;
- **Beteiligung** der **Träger öffentlicher Belange** und Notwendigkeit von Mehrfertigungen der → Bauvorlagen für die Parallelbeteiligung.

Fehlende oder unvollständige → Bauvorlagen oder Unterlagen sind sofort nachzufordern, sofern nicht bereits die Vorprüfung ergeben hat, dass das Bauvorhaben etwa aus planungsrechtlichen Gründen unzulässig ist (*Geiger*, in: Simon/Busse, BayBO-Kom., Art. 69 Rdn. 24 a). Ein Bauantrag ist aber noch (formell) ordnungsgemäß, wenn nicht gleichzeitig mit dem Bauantrag ein Antrag auf Ablösung eines real nicht nachgewiesenen Stellplatzes gestellt wird, auch wenn der Bauantrag möglicherweise materiellrechtlich abgelehnt werden könnte (VGM München, Beschl. v. 10. 12. 2003 – 2 ZB 03.2510).

Im Zusammenhang mit dem **Antrag** auf Erteilung eines **Bauvorbescheides** ist die Rechtsprechung zum Teil der Auffassung, dass sich der Bauvorbescheidsantrag auf einzelne Fragen des Vorhabens beschränken muss. Nur dadurch ist der Inhalt des Bauvorbescheidsantrags hinreichend bestimmt. Die → Bauaufsichtsbehörde ist nicht verpflichtet, aus dem Gesamtvorbringen des Antragstellers einzelne, vorbescheidsfähige Fragen herauszuarbeiten. Dementsprechend hat das OVG Brandenburg eine → Bauvoranfrage, bei der das Vorhaben mit einigen wenigen Schlagworten („Neubau eines Geschäftshauses mit → Werbeanlagen") umschrieben war und der ein nicht spezifizierter Lageplan beigefügt war, als nicht vorbescheidsfähig gehalten. Der gestellte Antrag sei zum einen schon deshalb nicht verbescheidungsfähig, weil er Fragen des Bauvorhabens, die durch den Vorbescheid entschieden werden sollen, nicht bezeichnet. Zum anderen genügte der Lageplan den grundsätzlichen Anforderungen der Bauvorlagenverordnung nicht, denn er war nicht in dem nach der BauvorlVO vorgesehenen Maßstab von 1 : 500 erstellt, enthielt keine Angaben über die Maße und den Flächeninhalt des Baugrundstücks, die Höhenlage der Eckpunkte des Baugrundstücks und die Breite und Höhenlage angrenzender öffentlicher Verkehrsflächen im amtlichen Höhenbezugssystem, sowie, da für die Beurteilung des Vorhabens erforderlich, die Nutzung und die Geschosszahl benachbarter baulicher Anlagen (§ 2 BauvorlVOBrdbg, OVG Brandenburg, BauR 2000, 549, 550; OVG Koblenz, BauR 2000, 545; a. A. VGH Mannheim, BauR 1999, 381, 382; *Frhr. v. u. z. Franckenstein*, ZfBR 2002, 648).

4. Entwurfsverfasser
Bauvorlagen für genehmigungspflichtige oder von der Genehmigungspflicht freigestellte Bauvorhaben müssen von einem bauvorlageberechtigten → Entwurfsverfasser unterschrieben sein (so Art. 68 Abs. 1 BayBO; § 70 BauONRW). Bauvorlageberechtigt sind **Architekten** und in der Liste der **bauvorlageberechtigten Ingenieure** des jeweiligen Bundeslandes registrierte Ingenieure (vgl. § 70 Abs. 3 BauONRW). Für die bayerische Bauordnung hat der VGH München festgestellt, dass kein verbescheidungsfähiger **Bauvorbescheidsantrag** vorliegt und der → Bauherr keinen Anspruch auf Erteilung eines positiven Vorbescheids hat, wenn der Vorbescheidsantrag mangels Unterschrift eines geeigneten Entwurfsverfassers unvollständig ist. Etwas anderes würde nur dann gelten, wenn die → Bauaufsichtsbehörde hierauf ausdrücklich schriftlich verzichtet, etwa die formell ordnungsgemäße Einreichung des Antrags schriftlich bestätigt (VGH München, BayVBl. 2002, 339). Für die Stellung eines Antrags auf Genehmigung einer Nutzungsänderung ist die Bauvorlageberechtigung aber nicht erforderlich. Geht es um die Legalisierung einer ausgeübten Nutzung ohne Änderung des baulichen Bestandes, ist ein 20-jähriger Architekturstudent als ausreichend sachkundig anzusehen (VGH München, Beschl. v. 10. 12. 2003 – 2 ZB 03.2510). Die Bauordnung von **Rheinland-Pfalz demgegenüber** verlangt nicht, dass die in einem Bauvorbescheidsverfahren eingereichten Bauunterlagen von einer bauvorlageberechtigten Person stammen müsse, weil die Vorschriften über den Bauvorbescheid nicht auf die Regelungen über die notwendige → Bauvorlageberechtigung verweisen (OVG Koblenz, BauR 2000, 545).

5. Rücknahme von Bauanträgen
Der Bauantrag kann vom Bauherrn **bis zum Zeitpunkt einer unanfechtbaren Entscheidung** hierüber zurückgenommen werden. Dies gilt auch noch während des verwaltungsgerichtlichen Verfahrens. Einer **Zustimmung** der **Bauaufsichtsbehörde** bedarf es **nicht** (VGH München, DVBl. 1982, 1012; BGH, NJW 1982, 2775; a. A. OVG Lüneburg, NVwZ 1985, 431 für Rücknahmen während anhängiger Klageverfahren). Ein neuer Bauantrag beinhaltet nicht automatisch die Rücknahme des alten Bauantrags, kann aber im Einzelfall eine solche Rücknahme darstellen, wenn etwas neues,

völlig anderes begehrt wird, das sich nicht als Änderung des alten Antrags darstellt (*Gaßner/Würfel*, in: Simon/Busse, BayBO-Kom., Art. 67 Rdn. 58).

Bauanzeige → Bauaufsichtsbehörde

Die Bauanzeige ist Ausprägungsform des vereinfachten Baugenehmigungsverfahrens. Bei der Errichtung von **genehmigungsfreien Bauvorhaben** ist der → Bauherr regelmäßig verpflichtet, der → Bauaufsichtsbehörde vor Baubeginn eine Bauanzeige einzureichen (vgl. § 74 Abs. 6 LBOSH, § 69 BbgBO), deren Anforderungen in der Bauanzeigenverordnung länderspezifisch geregelt sind. Wenn nicht innerhalb von 4 Wochen von der Baubehörde Einwände erhoben werden, kann in der Regel mit dem Bau begonnen werden.

Bauaufsicht → Objektüberwachung

Bauaufsichtsbehörde

Die Bauaufsichtsbehörden, auch genannt Baurechtsbehörden oder Bauordnungsbehörden, sind für die **Ausführungen der baurechtlichen Bestimmungen** auf Bundes- und Landesebene **zuständig**. Der Aufbau der Bauaufsichtsbehörden ist üblicherweise in den Landesbauordnungen geregelt. In den Ländern ohne staatliche Mittelinstanz wie in **Berlin**, **Bremen** und **Hamburg** ist er **zweistufig**, in den **übrigen Ländern dreistufig** ausgestaltet. In der Regel zuständig sind die Unteren Bauaufsichtsbehörden wie z. B. das Landratsamt oder die Stadtverwaltung. **Untere Bauaufsichtsbehörde** in Hessen ist beispielsweise gemäß § 52 Abs. 1 Nr. 1 HBO in den kreisfreien Städten und kreisangehörigen Gemeinden mit mehr als 50.000 Einwohnern, denen die Bauaufsicht übertragen ist, der Gemeindevorstand, in den Landkreisen der Kreisausschuß. Nach § 52 Abs. 1 S. 2 HBO werden die Aufgaben der Unteren Bauaufsichtsbehörden als Aufgabe zur Erfüllung nach Weisung übertragen. Die **Obere Bauaufsichtsbehörde** ist das Regierungspräsidium (§ 52 Abs. 1 Nr. 2 HBO). **Oberste Bauaufsichtsbehörde** ist das für die Bauaufsicht zuständige Ministerium (§ 52 Abs. 1 Nr. 3 HBO).

Bauauskunft → Auskunft; → Bauakten

Baubetreuung → Bauträgervertrag

Der → Auftraggeber kann eine Person als sogenannten Baubetreuer mit der Erstellung des Bauvorhabens in seinem Namen und auf seine Rechnung bevollmächtigen. Der Auftraggeber/Bauherr stellt sein Grundstück und die Geldmittel zur Verfügung. Der Baubetreuer übernimmt die Planung und die Überwachung der Baudurchführung einschließlich der Finanzierungsplanung und Finanzierungsbeschaffung. Er selbst führt keine → Bauleistungen aus. Sämtliche für die Erstellung des Bauwerkes notwendigen Verträge werden über die mit der Baubetreuung bevollmächtigten Personen zwischen dem Auftraggeber und den ausführenden Unternehmen geschlossen. Der Baubetreuer erhält hierfür vom Auftraggeber/Bauherrn eine Betreuungsgebühr.

Baubetrieb

Der Begriff des Baubetriebes kann zum einen rechtlich und zum anderen wirtschaftlich definiert werden. In rechtlicher Hinsicht kann der Baubetrieb als Bauunternehmung oder aber als Teil davon (Niederlassung/Baustelle) verstanden werden. Wirtschaftlich ist unter dem Begriff des Baubetriebes auch global das „Betreiben des Bauens" im Sinne eines Auftraggebers zu verstehen. Diese Betrachtungsweise findet sich in der Regelung des § 25 Nr. 3 Abs. 3 VOB/A wieder.

Baucontrolling → Controlling

Baueinstellung → Abrissverfügung; → Nachbarschutz; → Nutzungsverbote

1. Voraussetzungen

Die Baueinstellung gehört zu den Maßnahmen der **Bauüberwachung**. Mit ihr können unerlaubte Bauarbeiten unterbunden werden (vgl. § 71 HBO; § 69 BauOBln). Bauarbeiten sind unerlaubt, wenn sie **formell rechtswidrig** sind, d. h. ohne die erforderliche → Baugenehmigung vorgenommen werden. Typische unerlaubte Bauarbeiten sind das Bauen ohne → Baugenehmigung bzw. nach Erlöschen oder Rücknahme der → Baugenehmigung (OVG Berlin, NVwZ 1995, 1009; OVG Saarlouis, BRS 39 Nr. 220; VGH Kassel, BRS 50 Nr. 207). Bei **genehmigungsfreien Vorhaben** muss das Vorhaben **materiell rechtswidrig** sein bzw. von den eingereichten Bauunterlagen abweichen, um eine Baueinstellungsverfügung erlassen zu können; vgl. § 71 Nr. 2 b HBO oder § 69 Abs. 1 Nr. 2 BauOBln: „... oder gegen baurechtliche Vorschriften verstoßen wird".

Das Thüringer OVG hat in diesem Zusammenhang zu § 76 Abs. 1 ThürBO festgestellt, dass eine Baueinstellung, die auf das Fehlen einer erforderlichen Genehmigung für Bauarbeiten gestützt wird, grundsätzlich voraussetzt, dass die Frage der Genehmigungsbedürftigkeit geklärt ist. Kann diese Klärung nicht ohne weiteres herbeigeführt werden, genügt für die Verlängerung eines Baustopps ausnahmsweise das Vorliegen objektiv konkreter Anhaltspunkte, die es als wahrscheinlich erscheinen lassen, dass ein formell baurechtswidriger Zustand geschaffen wird. Entschließt sich die Behörde in diesen Fällen zum sofortigen Erlass einer Baueinstellungsverfügung, hat sie die Baueinstellung unter Kontrolle zu halten und – sofern Anhaltspunkte bestehen, die auf eine Veränderung der Sach- oder Rechtslage hindeuten – zu prüfen, ob ihre Verfügung aufrechterhalten werden kann. Solche Anhaltspunkte bestehen insbesondere dann, wenn der → Bauherr einen → Bauantrag gestellt und Unterlagen eingereicht hat, die eine Überprüfung des Baustopps ermöglichen (Thüringer OVG, BauR 2000, 719).

2. Ermessen

Die Baueinstellung steht im **Ermessen** der → Bauaufsichtsbehörde. Sie wird grundsätzlich als das angemessene Mittel zur Verhinderung von unerlaubten Bauarbeiten bis zur Beseitigung der Illegalität angesehen oder, wenn die Illegalität nicht behoben wird, auch auf Dauer. Dementsprechend wird die → Bauaufsichtsbehörde z. B. in § 53 Abs. 2 HBO verpflichtet, für die Einhaltung der öffentlich-rechtlichen Vorschriften und der auf Grund dieser Vorschriften erlassenen Anordnungen zu sorgen. Dies beinhaltet vor allem die Verpflichtung, darauf zu achten, dass die baurechtlichen Anforderungen hinsichtlich formeller und materieller Illegalität eingehalten werden. **Grundsätzlich** ist deshalb die **Baueinstellung** bei Vorliegen ihrer Voraussetzungen **anzuordnen** und wird in der Praxis auch verfügt (*Allgeier/v. Lutzau*, HBO-Kom., Erl. 78.1). Gründe der **Verhältnismäßigkeit der Mittel** oder der **Gleichbehandlung** sind **nicht relevant**, weil die Baueinstellung eben das vorgesehene Handlungsmittel ist, zudem wegen der Sondersituation eines im Entstehen begriffenen Baues keine vergleichbaren Sachverhalte vorliegen.

3. Adressat/Rechtsnachfolger

Nach allgemeinen Grundsätzen des Polizei- und Sicherheitsrechts besteht bei der Störerauswahl **Ermessen**. Als Faustregel (vorbehaltlich einer Korrektur auf Grund des Gebots effektiven Verwaltungshandelns) ist **grundsätzlich** der **Handlungsstörer**, also derjenige, welcher die fragliche bauliche Anlage errichtet (hat) oder zumindest nach außen wirtschaftlich als Verantwortlicher auftritt (i. d. R. Bauherr) **vor** dem **Zustandsstörer**, d. h. dem Eigentümer des Grundstücks, heranzuziehen. Die Anordnungen zur Baueinstellung gelten nach der Rechtsprechung auch gegenüber **Rechtsnachfolgern**, vgl. § 53 Abs. 5 HBO (*Allgeier/v. Lutzau*, HBO-Kom., Erl. 77.1; *Jäde*, in: Jäde/Dirnberger, BauOLSA, Kom., § 81 Rdn. 94).

4. Sofortvollzug

Die Anordnung des Sofortvollzug ist bei Baueinstellungsverfügungen **die Regel**, da anderenfalls Anfechtungswiderspruch und -klage gemäß § 80 Abs. 1 S. 1 VwGO aufschiebende Wirkung hätten und damit die Baueinstellung ihrem Sinn und Zweck, der Verhinderung vollendeter Tatsachen, nicht nachkommen könnte. Vor diesem Hintergrund bedarf es **keines zusätzlichen besonderen Interesses gemäß § 80 Abs. 3 VwGO** für die Anordnung der sofortigen Vollziehung (OVG Bremen, BRS 16 Nr. 129; VGH Kassel, HessVGRspr. 1969, 63; BRS 23 Nr. 207; OVG Berlin, BRS 58 Nr. 200).

Baufenster → Baugrenze; → Baulinien; → Maß der baulichen Nutzung

In Bebauungsplänen werden durch Baufenster genaue Standortbestimmungen von baulichen Anlagen getroffen. Sie **markieren** die **überbaubare Grundstücksfläche**, aber bestimmen, anders als die Grundflächenzahl, nicht das gesamte → Maß der baulichen Nutzung. Baufenster werden in Bebauungsplänen durch → Baulinien, Baugrenzen oder Bebauungstiefen gebildet. Je nachdem, ob das Baufenster durch Baugrenzen oder → Baulinien bestimmt wird, können die Gebäudeaußenwände entweder hinter den Baugrenzen zurückbleiben und das Baufenster gibt nur die maximal erlaubte Grundfläche des Gebäudes an oder – im Falle von → Baulinien – die Außenwände des Gebäudes müssen genau das Baufenster bilden.

Bauflächen → Art der baulichen Nutzung; → Baugebiet; → Flächennutzungsplan

Die **planerische Festsetzung** der → Art der baulichen Nutzung erfolgt im → Flächennutzungsplan durch die Darstellung von Bauflächen. Bauflächen i. S. d. → Baunutzungsverordnung sind die für die Bebauung vorgesehenen Grundstücksflächen nach der **allgemeinen Art** ihrer **baulichen Nutzung**. Die folgenden Bauflächen werden unterschieden: Wohnbaufläche (W), gemischte Baufläche (M), gewerbliche Baufläche (G) und Sonderbaufläche (S). Im Rahmen des auf der Grundlage des Flächennutzungsplanes erlassenen Bebauungsplanes werden die Bauflächen nach der besonderen Art ihrer baulichen Nutzung in → Baugebiete eingeteilt.

Baufreiheit → Außenbereich; → Baugenehmigung; → Bestandsschutz

Die Baufreiheit ist das durch Art. 14 GG geschützte **Recht des Eigentümers zur baulichen Nutzung seines Grund und Bodens**, d. h. → Gebäude auf seinem Grundstück zu errichten. Sie ist nach herrschender Auffassung Bestandteil des durch Art. 14 GG geschützten Eigentums an Grund und Boden. Als solches wird sie, wie auch das Eigentum selbst, nicht schrankenlos gewährt, sondern durch die einfachen Gesetze, insbesondere durch die Vorschriften der Bauleitplanung hinsichtlich ihres Inhalts und Umfangs näher bestimmt (h. M. vgl. *Papier*, in: Maunz/Dürig, GG, Art. 14 Rdn. 59; *Grotefels*, in: Hoppe/Grotefels, Das öffentliche Baurecht, § 2 Rdn. 55). Auf Grund der näheren Bestimmung und Ausgestaltung der Baufreiheit durch die einfachen Gesetze wird vereinzelt die Auffassung vertreten, die Baufreiheit sei nicht Bestandteil des Eigentumsrechtes, sondern resultiere aus einer öffentlich-rechtlichen Verleihung oder Herleitung des Rechtes, bauen zu dürfen (so *Breuer*, Die Bodennutzung im Konflikt zwischen Städtebau und Eigentumsgarantie, München 1976, S. 162 ff.).

Das Bundesverwaltungsgericht hat inzwischen geklärt, dass die Baufreiheit kein unmittelbar auf die Eigentumsgarantie des Art. 14 GG gestütztes → Baurecht begründet (darstellt), sondern dass Inhalt und Schranken des Eigentums nach Art. 14 GG vom einfachen Recht bestimmt werden (BVerwGE 106, 228). Aus der Baufreiheit folgt demnach das subjektiv-öffentliche Recht auf Erteilung einer → Baugenehmigung für ein bestimmtes Bauvorhaben, soweit es baurechtlich zulässig ist sowie der → Bestandsschutz für solche baulichen Anlagen, die im Einklang mit dem materiellen → Baurecht errichtet wurden, oder, falls sie bei der Errichtung baurechtswidrig waren, in einem späteren, nicht unerheblichen Zeitraum dem materiellen Recht entsprochen haben (*Gädtke/Temme/Heintz*, BauONRW-Kom, § 1 Rdn. 5).

Baufrist → Bauzeit

Bauführer → Bauleiter

BauGB (Baugesetzbuch)
Im Baugesetzbuch (BauGB) sind Regelungen von Bundesbaugesetz und Städtebauförderungsgesetz zusammengefasst. Es enthält das allgemeine Städtebaurecht, in dem die Bauleitplanung (F- und B-Plan) und ihre Sicherung, die Regelung der baulichen und sonstigen Nutzung, die → Erschließung und die Bodenordnung sowie die → Enteignung geregelt sind. Zudem umfasst das besondere Städtebaurecht die Teile städtebauliche Sanierungsmaßnahmen, → Erhaltungssatzung und städtebauliche Gebote, → Sozialplan und Härteausgleich, städtebauliche Entwicklungsmaßnahmen, Miet- und Pachtverhältnisse im Zusammenhang mit Maßnahmen zur Verbesserung der Agrarstruktur. Das BauGB enthält Regelungen über die → Wertermittlung und die Zuständigkeiten im Verwaltungsverfahren. Mit der Novelle zum BauGB 2004, die am 20. Juli in Kraft trat, wurde die Richtlinie 2001/42/EG des Europäischen Parlaments und des Rates vom 27. Juni 2001 über die Prüfung der Umweltauswirkungen bestimmter Pläne und Programme für das Recht des Städtebaus durch die Einführung einer umfassenden Umweltprüfung mit Umweltbericht für grundsätzlich alle Bauleitpläne vollständig und unmittelbar im BauGB umgesetzt.

Baugebiet → Art der baulichen Nutzung; → Bebauungsplan; → Flächennutzungsplan, → Sanierungsgebiet

Baugebiete werden durch Flächennutzungspläne und Bebauungspläne definiert. Dabei darf der Umfang eines Baugebietes nicht in einer Weise festgesetzt werden, dass auf ergänzbare bzw. abänderbare Katastergrenzen oder Straßenverzeichnisse Bezug genommen wird. Generell darf etwa der Geltungsbereich eines Bebauungsplanes nicht in der Weise veränderlich festgestellt werden, dass sich die Geltung des Planes nachträglich noch auf zusätzliche Gebiete erweitern lässt (BVerwG, BauR 1981, 350 f.).

Baugebiete i. S. d. Baunutzungsverordnung → Dorfgebiet; → Gewerbegebiet; → Industriegebiet; → Kerngebiet; → Kleinsiedlungsgebiet; → Mischgebiet; → Sondergebiet → Wohngebiet (allgemeines); → Wohngebiet (besonderes); → Wohngebiet (reines)

Baugebot → Sanierung

Baugefährdung → Strafrecht

Baugenehmigung → Abstandsflächen; → Bauantrag; → Bauanzeige; → Bauschein; → Bauvorlagen; → Erschließung; → Fachplanung; → Gebühren; → Genehmigungsplanung; → Teilbaugenehmigung

1. Genehmigungsbedürftigkeit
Nach allen Landesbauordnungen bedarf die **Errichtung** baulicher Anlagen einer Baugenehmigung, soweit für das Vorhaben in der Bauordnung nicht ausdrücklich die Genehmigungsfreiheit oder die Möglichkeit der Genehmigungsfreistellung vorgesehen ist. Daneben bedürfen regelmäßig

auch **Änderungen** und der **Abbruch baulicher Anlagen** sowie **Nutzungsänderungen** einer **Baugenehmigung**.

2. Spezialgesetzliche Genehmigungsverfahren
a) Planfeststellung
Soweit ein Planfeststellungsverfahren nach §§ 72 ff. VwVfG z. B. für den Bau von Bundesfernstraßen (§§ 17 ff. StrG), Schienenwegen und Betriebsanlagen der Eisenbahn (§ 18 AIG), Betriebsanlagen für Straßenbahnen (§ 28 PBefG) oder der Ausbau eines Gewässers oder seiner Ufer (§ 31 WHG) durchzuführen ist, ist eine Baugenehmigung nicht erforderlich, denn **durch** die **Planfeststellung** wird die **Zulässigkeit des Vorhabens im Hinblick auf alle von ihm berührten öffentlichen Belange festgestellt**. Andere behördliche Entscheidungen wie die Baugenehmigung sind daneben nicht erforderlich, § 75 Abs. 1 S. 1 VwVfG.

b) Immissionsschutzrechtliche Genehmigung
Spezialgesetzliche Genehmigungen, die es z. B. für immissionsschutzrechtlich genehmigungsbedürftige Anlagen (§§ 4 i. V. m. 13 BlmSchG) gibt, **schließen** die **Baugenehmigung mit ein**.

c) Verfahrenskonzentration
Bei Planfeststellungsbeschlüssen und spezialgesetzlichen Genehmigungen gilt eine **formelle Verfahrenskonzentration**. Das bedeutet, dass keine zusätzliche Baugenehmigung erforderlich ist, jedoch die einschlägigen bauplanungs- und bauordnungsrechtlichen Bestimmungen als Genehmigungsvoraussetzungen in den Planaufstellungsbeschlüssen und spezialgesetzlichen Genehmigungen mitgeprüft werden.

d) Materielle Konzentration
In § 38 BauGB findet sich eine materielle Konzentrationswirkung, wonach die **§§ 29–38 BauGB** auf Planfeststellungsverfahren und sonstige Verfahren mit den Rechtswirkungen der Planfeststellung für Vorhaben von überörtlicher Bedeutung sowie für nach Bundesimmissionsschutzrecht zu errichtenden und zu betreibenden öffentlich zugänglichen Abfallbeseitigungsanlagen nicht anzuwenden sind, wenn die Gemeinde beteiligt wird. Hierdurch werden die Vorschriften des **Bauplanungsrechts vom Fachplanungsrecht verdrängt** (BVerwGE 70, 242, 244). Eine solche **überörtliche Bedeutung** besitzt ein Planfeststellungs- oder Genehmigungsverfahren, **wenn** es die **Leistungskraft einer Gemeinde übersteigt**, insbesondere das Gebiet von zwei oder mehr Gemeinden berührt (*Wirth/Willisch*, Handbuch der Vertragsgestaltung, Vertragsabwicklung und Prozessführung im privaten und öffentlichen Baurecht, 2001, Band II, 1. Teil Rdn. 42).

3. Sonstige baurechtliche Genehmigungsarten
Neben der Baugenehmigung ist in den Landesbauordnungen die Erteilung eines **Bauvorbescheids** und einer **Teilbaugenehmigung** vorgesehen.

a) Bauvorbescheid
Mit dem Bauvorbescheid kann der → Bauherr **einzelne Fragen der Genehmigungsfähigkeit** eines Vorhabens **verbindlich feststellen lassen**, wie beispielsweise die städtebauliche Zulässigkeit des Vorhabens nach §§ 29 ff. BauGB, das Erschlossensein des Grundstücks, die zulässige Art und das → Maß der baulichen Nutzung, die → Bauweise, → Baulinien, → Abstandsflächen, Stellplatzregelungen, Ausnahmen und Befreiungen nach § 31 BauGB, bautechnische Fragen nach der GastVO etc. Der Bauvorbescheid ist ein vorweggenommener feststellender Teil der Baugenehmi-

gung. Er stellt jedoch nur die Zulässigkeit eines Vorhabens in Bezug auf die positiv beantworteten Fragen fest und berechtigt nicht zur Vornahme von Baumaßnahmen (*Wirth/Willisch*, a. a. O., Rdn. 46).

b) Teilbaugenehmigung
Nach Einreichen des Bauantrags ist es möglich, vor Abschluss des Baugenehmigungsverfahrens (insbesondere bei umfangreichen Baugenehmigungsverfahren) schriftlich sog. Teilbaugenehmigungen für den vorzeitigen Beginn einzelner Bauteile oder -abschnitte, z. B. Rohbau, Tiefgarage, zu beantragen. Auf der Grundlage dieser Teilbaugenehmigung kann vor Erteilung der Gesamtbaugenehmigung mit einzelnen Baumaßnahmen, z. B. der Baugrube oder einzelner Bauteile, bereits begonnen werden. Dabei hat die Teilbaugenehmigung **zwei Wirkungen**: zum einen **gibt** sie einen **Teil des Gesamtvorhabens zum Bau frei**. Zum anderen trifft sie eine **positive Aussage hinsichtlich** der planungsrechtlichen **Zulässigkeit** des **Gesamtvorhabens**. Die positive Aussage in Bezug auf das Gesamtvorhaben hat um so mehr Bindungswirkung, je mehr das Gesamtvorhaben durch die Teilbaugenehmigung vorgezeichnet wird. Während es bei einer Teilbaugenehmigung für die Tiefgarage noch nicht erforderlich ist, hinsichtlich Art und → Maß der baulichen Nutzung des noch entstehenden Gebäudes eine endgültige Entscheidung zu treffen, müssen demgegenüber bei der Teilbaugenehmigung für den Rohbau Art und → Maß der baulichen Nutzung (mit der Konsequenz einer dahingehenden Bindungswirkung) in der Regel bereits festgelegt sein (BGH, BauR 1983, 451).

4. Genehmigungserteilung
a) Pflicht zur Erteilung der Genehmigung
Das Baugenehmigungsverfahren dient der präventiven Rechtmäßigkeitskontrolle des Vorhabens. Es besteht ein **Genehmigungsanspruch, wenn** in dem Baugenehmigungsverfahren **keine** baurechtlichen oder sonstigen öffentlich-rechtlichen Hindernisse **festgestellt werden** bzw. diese durch Auflagen, Ausnahmen oder Befreiungen überwunden werden können. Dies gilt unabhängig davon, ob das Vorhaben im Bereich eines Bebauungsplans (§ 30 BauGB), im → Innenbereich (§ 34 BauGB) oder im → Außenbereich (§ 35 BauGB) liegt (BVerwGE 16, 116, 120; 42, 115, 116).

b) Feststellender und verfügender Teil
Die Baugenehmigung hat zwei Teile. Einen feststellenden Teil, mit dem festgestellt wird, dass das Bauvorhaben mit → Bauplanungsrecht, → Bauordnungsrecht und sonstigen öffentlich-rechtlichen Vorschriften übereinstimmt und einen verfügenden Teil, mit dem das Vorhaben zum Bau freigegeben wird (BVerwGE 48, 242, 245; 69, 1). Dabei kann der → Bauherr nach Erteilung der Baugenehmigung mit den Baumaßnahmen sofort beginnen, auch wenn ein Nachbar gegen die Erteilung der Baugenehmigung → Widerspruch einlegt, § 212 a Abs. 1 BauGB.

c) Entscheidungskompetenz
Die Baugenehmigungsbehörde entscheidet in eigener Kompetenz über alle Fragen des Bauplanungs- und Bauordnungsrechtes. Sie hat jedoch **keine Kompetenz, über** die Vereinbarkeit des Vorhabens mit den materiellen **Anforderungen von Fachgesetzen** außerhalb des Bauplanungs- und Bauordnungsrechtes an Stelle der zuständigen Fachbehörden zu entscheiden (in Niedersachsen umfasst die Sachentscheidungskompetenz der Baugenehmigungsbehörde auch das Waldrecht, OVG Lüneburg, NdsVBl. 2001, 323 und in Mecklenburg-Vorpommern auch das Naturschutzrecht, OVG Greifswald, BauR 2001, 1409). Hier leitet sie den → Bauantrag zur Stellungnahme an die jeweilige Fachbehörde weiter, welche selbst die Vereinbarkeit des Vorhabens mit den öffentlich-rechtlichen Bestimmungen ihres Zuständigkeitsbereiches prüft. Das Ergebnis dieser Prüfung wird Gegenstand

der Baugenehmigung. In diesem Sinne umfasst die Baugenehmigung beispielsweise die denkmalschutzrechtliche Genehmigung etc. (VGH Mannheim, VBlBW 2001, 63). Dennoch besitzt die Baugenehmigung keine umfassende Konzentrationswirkung; dies bedeutet, dass die Baugenehmigungsbehörde keine Kompetenz zur Entscheidung in der Sache hat.

d) Inhalt der Baugenehmigung
Der Inhalt der Baugenehmigung richtet sich zunächst nach den **genehmigten Bauvorlagen**. Dementsprechend ging beispielsweise das OVG Münster anhand der genehmigten → Bauvorlagen von der genehmigten Größe einer Diskothek für maximal 200 Besucher aus, weil → Bauvorlagen nach der VersammlungsstättenVO für eine höhere Zahl nicht eingereicht waren (OVG Münster, BauR 2001, 755). Die Baugenehmigung ergeht unbeschadet privater Rechte Dritter und kann mit **Nebenbestimmungen** versehen werden, wobei sich die Zulässigkeit von Nebenbestimmungen nach § 36 VwVfG richtet. Da nach § 36 VwVfG bei gebundenen (kein Ermessen) Entscheidungen Nebenbestimmungen nur eingesetzt werden dürfen, um die Genehmigungsfähigkeit des Vorhabens herzustellen, ist es nicht zulässig, die Baugenehmigung beispielsweise unter der Bedingung zu erteilen, dass der → Bauherr Rechtsbehelfe gegen eine dem Nachbarn erteilte Baugenehmigung aufgibt (VGH München, Beschl. v. 14. 6. 1999, Az: 14 ZB 98.3040). Die Baugenehmigungsbehörde muss in dem jeweils durch die Landesbauordnungen verlangten Umfang (vgl. Art. 72 Abs. 1, 73 Abs. 1 BayBO) über die Übereinstimmung des zur Genehmigung gestellten Bauvorhabens mit den öffentlich-rechtlichen Anforderungen entscheiden; diese Entscheidung darf nicht in Nebenbestimmungen ausgeklammert bzw. verlagert werden. Folglich kann nicht über eine Nebenbestimmung zur Baugenehmigung die gesicherte → Erschließung und bauliche Vorkehrungen für einen angemessenen Lärmschutz der Umgebung gewährleistet werden. Ohne Klärung der Stellplatzpflicht darf eine Baugenehmigung allenfalls unter einer aufschiebenden Bedingung erteilt werden (*Jäde*, Öffentliches Baurecht in der Rechtssprechung des Bayerischen Verwaltungsgerichtshofs 1999 – 2001, BayVBl. 2002, 33, 39). Nach dem VGH Kassel wurde beispielsweise eine Baugenehmigung für nichtig erklärt, weil die wesentlichen baurechtlichen Prüfungspunkte der → Erschließung und Statik nicht darin mitgeregelt waren (VGH Kassel, NVwZ 1986, 315). Zur Nichtigkeit einer Baugenehmigung führt auch die aufschiebende Bedingung, dass alle nach dem öffentlichen → Baurecht betroffenen Nachbarn dem Bauvorhaben schriftlich zugestimmt haben (VGH Kassel, Beschl. v. 20. 3. 1991, Az: 4 TH 977/90; OVG Münster, NVwZ 1989, 1081).

e) Schlusspunkttheorie
Nach der sog. Schlusspunkttheorie kann die Baugenehmigung, insbesondere wegen der Wirkung der Baufreigabe erst dann erteilt werden, wenn sämtliche anderen für das Verfahren erforderlichen Genehmigungen vorliegen. Diese Schlusspunkttheorie ist weitgehend aufgegeben. Baden-Württemberg und Bayern haben gesetzlich (§ 58 LBOBW; Art. 72 Abs. 1 S. 1 BayBO) klargestellt, dass die **Baugenehmigung auch dann zu erteilen** ist, **wenn noch nicht festgestellt** ist, **ob das Vorhaben nach fachgesetzlichen Anforderungen materiell rechtmäßig** ist (*Willisch*, in: Wirth, a. a. O., Rdn. 37). Obgleich eine solche ausdrückliche Gesetzesregelung in Nordrhein-Westfalen nicht existiert, hat das OVG Münster eine Stillegungsverfügung wegen formeller Illegalität trotz Vorliegens einer Baugenehmigung für zulässig erachtet, solange die für das in Frage stehende Bauvorhaben erforderliche landschaftsrechtliche → Befreiung von einem im Landschaftsplan enthaltenen → Bauverbot nicht erteilt ist. In diesem Zusammenhang stellt das OVG Münster fest, dass eine Baugenehmigung nach Nordrhein-Westfälischem Landesrecht nicht der Schlusspunkt eines Prüfungsverfahrens ist, welches sich auf alle öffentlich-rechtlichen Vorschriften mit der Folge erstreckt, dass die Baugenehmigung abschließend die Vereinbarkeit des Bauvorhabens mit dem gesamten

öffentlichen Recht feststellt. Dementsprechend kann aus der Erteilung der Baugenehmigung der → Bauherr nicht im Sinne einer sog. Baufreigabe ableiten, die Bauausführung sei ungeachtet etwaiger weiterer erforderlicher Erlaubnisse etc. freigegeben. Vielmehr bedarf es einer eigenen Erteilung der → Befreiung vom → Bauverbot aufgrund des Landschaftsplanes in einem neben dem Baugenehmigungsverfahren selbstständigen landschaftsrechtlichen Verfahren (OVG Münster, BauR 2002, 451 ff.; in diesem Sinne auch VGH München, BayVBl. 1993, 370; OVG Mecklenburg-Vorpommern, DÖV 2003, 593; A. A. OVG Münster, BauR 2003, 1870).

f) Geltungsdauer

Nach § 64 Abs. 7 HBO und den vergleichbaren Vorschriften der Landesbauordnung erlöschen Baugenehmigung und Teilbaugenehmigung, wenn innerhalb von **3 Jahren** nach Erteilung der Genehmigung mit der Ausführung des Bauvorhabens nicht begonnen oder die Bauausführung ein Jahr unterbrochen ist. Ebenso gilt der Bauvorbescheid regelmäßig nur 3 Jahre, § 66 S. 2 HBO. Diese bauordnungsrechtlich normierte Geltungsdauer der noch nicht ausgenutzten Baugenehmigung wird nach dem VGH Mannheim durch → Widerspruch und Anfechtungsklage des Nachbarn auch dann unterbrochen, wenn die Baugenehmigung kraft Gesetzes gemäß § 212 a BauGB sofort vollziehbar ist (VGH Mannheim, VBlBW 1999, 416). Allerdings führt ungeachtet dessen die während dieser Dauer über einen zusammenhängenden Zeitraum von 1 Jahr unterbrochene Bauausführung zum Erlöschen der Baugenehmigung, § 64 Abs. 7 HBO (VG Dresden, LKV 1999, 416).

g) Gebühr

Die Gebühr für die Baugenehmigung, die in der Regel durch Verwaltungsakt erhoben wird, kann **nach** den tatsächlichen oder landesdurchschnittlichen **Rohbaukosten bestimmt** werden (BVerwG, NVwZ RR 1999, 191; OVG Bautzen, SächsVBl. 1999, 164). Bei der **nachträglichen Genehmigung eines Schwarzbaus** kann die Gebühr **verdreifacht** werden (OVG Münster, NWVBl. 2001, 397).

5. Genehmigungsarten

Die meisten Landesbauordnungen gehen von drei Genehmigungsstufen aus:

a) Genehmigungsfreistellung

Das Genehmigungsfreistellungsverfahren erfasst in der Regel folgende Vorhaben:
– **Wohngebäude**, die mit freiberuflicher Tätigkeit kombiniert sein können, **bis** zur Hochhausgrenze **(22 m)**;
– **kleine** eingeschossige gewerbliche **Lagergebäude** mit freien Stützweiten von nicht mehr als 12 m und mit Grundflächen von nicht mehr als 500 m², sowie
– **eingeschossige**, handwerklich oder **gewerblich** genutzte **Gebäude** mit freien Stützweiten von nicht mehr als 12 m und mit Grundflächen von **nicht mehr als 500 m²** in Gewerbe- und Industriegebieten.

Diese Vorhaben einschließlich dazugehöriger Nebengebäude und Nebenanlagen bedürfen zu ihrer Ausführung **keiner Baugenehmigung**, wenn
– das Vorhaben den **Festsetzungen** des **Bebauungsplans** und **örtlichen Bauvorschriften nicht widerspricht**,
– die **Erschließung** i. S. d. BauGB **gesichert** ist, und
– die **Gemeinde nicht** innerhalb einer bestimmten → Frist (in der Regel 1 Monat) nach Vorlage der Bauunterlagen **erklärt**, dass ein **Genehmigungsverfahren durchgeführt werden soll**.

Vor Baubeginn müssen bei der Gemeinde die erforderlichen **Unterlagen**, welche die geplanten Baumaßnahmen erläutern, **eingereicht** werden. Meistens **einen Monat nach Vorlage** dieser Unterlagen darf mit dem **Bau begonnen** werden (vgl. Art. 64 BayBO; § 51 LBOBW; § 56 a BauOBln; § 69 Abs. 1 BbgBO; § 1 BauanzVOHH; § 56 Abs. 3 HBO; § 64 Abs. 1 LBOMV; § 69 a LBONds; § 67 BauONRW; § 67 LBauORP, § 66 LBO Saarl.).

b) Vereinfachtes Genehmigungsverfahren
Das vereinfachte Genehmigungsverfahren ist häufig der Regelfall. Es bezieht sich auf solche Bauvorhaben, die **weder** unter die **Genehmigungsfreistellung** fallen **noch Sonderbauten** sind. Nach § 69 Abs. 8 S. 1 BbgBO setzt das vereinfachte Genehmigungsverfahren voraus, dass es sich um die Errichtung und Änderungen von **Wohngebäuden mittlerer Höhe** einschließlich der dazugehörigen → Stellplätze, Garagen und Nebenanlagen handelt. Mittlere Höhe besitzen gemäß § 2 Abs. 3 S. 2 BbgBO → Gebäude, bei denen der Fußboden eines oberirdischen Geschosses höher als 7,00 m und nicht mehr als 22,00 m über der Geländeoberfläche liegt (vgl. auch § 60 a Abs. 1 BauOBln; § 67 Abs. 1 BremBauO; § 1 Abs. 1 S. 1 HmbWoBauErlG.; § 57 Abs. 1 S. 1 HBO; § 63 Abs. 1 BauOMV; § 2 Abs. 1, § 3 Abs. 1 PrüfeinschränkungsverordnungNds; § 68 Abs. 1 S. 1 BauONRW; § 66 Abs. 1 S. 1 BauORP; § 67 Abs. 1 BauOSaarl.; § 62 a Abs. 1 SächsBO; § 75 Abs. 1 BauOSH).
Im vereinfachten Verfahren werden in der Regel nur die grundlegenden Anforderungen an das Bauvorhaben überprüft, wie
– die **bauplanungsrechtliche Zulässigkeit** des Vorhabens,
– die **Abstandsflächen**,
– die **Baugestaltung**,
– **andere öffentlich-rechtliche Vorschriften** wie z. B. das Denkmalschutzrecht, wenn diese von der Baugenehmigung mit umfasst sind,
– die Anforderungen des **baulichen Arbeitsschutzes** bei gewerblichen und industriellen Anlagen (Art. 73 Abs. 1 BayBO; § 60 a Abs. 2 S. 1 BauOBln; § 69 Abs. 8 BbgBO; § 67 Abs. 2 BremBauO; § 2 Abs. 1 HmbWoBauErlG; § 57 Abs. 1 HBO; § 63 Abs. 2 BauOMV; § 68 Abs. 1 BauONRW; § 66 Abs. 3 BauORP).

Obgleich der Prüfungsumfang eingeschränkt ist, sind dennoch regelmäßig **vollständige Bauvorlagen** durch Architekten und bauvorlageberechtigte Ingenieure **einzureichen** (vgl. Art. 73 Abs. 2 i. V. m. Art. 64 Abs. 5 BayBO; § 60 a Abs. 3 BauOBln). Meist gelten Baugenehmigung und Bauvorbescheid im vereinfachten Genehmigungsverfahren als erteilt, wenn die Baugenehmigungsbehörde nicht innerhalb einer bestimmten → Frist (i. d. R. 3 Monate) über den → Bauantrag entscheidet (sog. fiktive Baugenehmigung; vgl. § 57 Abs. 2 S. 3 HBO; OVG Koblenz, BauR 2000, 545). Die fiktive Baugenehmigung tritt bei unvollständigen → Bauvorlagen nicht ein (OVG Greifwald, NVwZ-RR 2001, 579).
Der im vereinfachten Genehmigungsverfahren verminderte Prüfungsumfang hat konkret zur Folge, dass öffentlich-rechtliche Anforderungen, die z. B. nicht in Art. 73 Abs. 1 BayBO aufgezählt sind, von der → Bauaufsichtsbehörde im vereinfachten Genehmigungsverfahren grundsätzlich nicht zu prüfen sind. In einem solchen Verfahren werden daher etwa die Standsicherheit, der Schall-, Wärme- und der vorbeugende → Brandschutz nicht geprüft. Diese Einschränkungen des Prüfungsumfanges haben außerdem zur Folge, dass ein Dritter eine Baugenehmigung nur insoweit zulässiger Weise mit → Widerspruch und Anfechtungsklage anfechten kann, als er einen Verstoß gegen die in Art. 73 Abs. 1 BayBO aufgeführten Vorschriften geltend macht; wegen der Verletzung anderer Vorschriften besteht – bei Verletzung drittschützender Vorschriften – ein Anspruch auf bauaufsichtliches Einschreiten (BVerwG, NVwZ 1998, 58). Einem Betroffenen bleibt es auch unbenommen, hinsichtlich der nicht im vereinfachten Genehmigungsverfahren zu überprüfenden Belange nach dem Zivilrecht Abwehransprüche etwa wegen unzureichendem → Brandschutz geltend zu machen (VGH München, BayVBl. 2002, 499).

c) Sonderbauten

Sonderbauten sind im **traditionellen Baugenehmigungsverfahren** von der → Bauaufsichtsbehörde dahingehend zu überprüfen, ob sie mit Bauplanungs- und → Bauordnungsrecht sowie sonstigen öffentlich-rechtlichen Vorschriften in Einklang stehen. Unter Sonderbauten in diesem Sinne fallen nach Art. 2 Abs. 4 S. 2 BauBO bauliche Anlagen mit **mehr als 30 m Höhe**, Hochhäuser, Hochregale mit mehr als 7,5 m Lagerhöhe, bauliche Anlagen und Räume mit **mehr als 1.600 m²** Grundfläche, ausgenommen Wohngebäude, Verkaufsstätten, Messe- und Ausstellungsbauten mit mehr als 2.000 m² Geschossfläche, Versammlungsstätten für mehr als 100 Personen, Sportstätten mit mehr als 400 m² Hallensportfläche, Krankenhäuser, Pflegeeinrichtigen, größere Gaststätten, Schulen etc. (vgl. Art. 73 i. V. m. Art. 2 Abs. 4 S. 2 BayBO; § 58 i. V. m. § 2 Abs. 8 HBO; § 68 Abs. 1 S. 3 BauONRW).

6. Ausnahmen von der Genehmigungspflicht für die Errichtung und Änderung baulicher Anlagen

Nach den Landesbauordnungen bedürfen regelmäßig kleine → Gebäude, Feuerungs- und andere Energieerzeugungsanlagen sowie Leitungen und Einrichtungen für Lüftung, Wasser- und Energieversorgung sowie Abwasserbeseitigung, Masten, → Antennen, andere Behälter, Mauern und Einfriedungen sowie private Verkehrsanlagen **keiner Genehmigung**. Es müssen **auch keine Bauunterlagen**, wie es bei der Genehmigungsfreistellung erforderlich ist, **eingereicht werden**.

a) Freie Errichtung von Anlagen

Beispielsweise bedürfen nach Art. 63 Abs. 1 BayBO keiner Genehmigung die Errichtung und Änderung von
- Gebäuden ohne Feuerungsanlagen mit einem umbauten Raum bis 75 m³,
- Garagen und überdachten Stellplätzen mit einer Gesamtnutzfläche bis zu 50 m²,
- Gewächshäuser für den Erwerbsgartenbau mit einer Festhöhe bis zu 4 m,
- Fahrgastunterstände zur Beförderung von Schülern oder im öffentlichen Personenverkehr mit einer Grundfläche bis zu 20 m²,
- Feuerstätten mit einer Nennwärmeleistung bis zu 50 kw,
- Wärmepumpen,
- Sonnenkollektoren,
- haustechnische Anlagen,
- Antennen bis zu einer Höhe von 10 m,
- Masten und Unterstützungen für Fernsprechleitungen,
- ortsfeste kleinere Behälter,
- Trafostationen mit einem Rauminhalt bis zu 10 m³,
- Mauern und Einfriedungen bis 1,00 bzw. 1,80 m,
- Sichtschutzzäune und Terrassentrennwände bis zu einer Höhe von 2 m,
- Schwimmbecken mit einem Beckeninhalt bis 100 m³,
- nichttragende und nicht aussteifende Bauteile in baulichen Anlagen,
- Fenster und Türen und dafür bestimmten Öffnungen in Gebäuden, soweit diese nicht gewerblichen Zwecken dienen,
- Verkleidungen und Verblendungen,
- Werbeanlagen oder Automaten bis 1 m²,
- Baustelleneinrichtungen,
- sonstige unbedeutende bauliche Anlagen oder unbedeutende Teile baulicher Anlagen wie Terrassen, Haueingangsüberdachungen etc. (vgl. ähnlich § 55 HBO i. V. m. Anlage 2 (I, V), wobei der

Gemeinde das beabsichtigte Vorhaben durch Einreichung der erforderlichen → Bauvorlagen schriftlich zur Kenntnis zu geben ist).

b) Genehmigungsfreie Nutzungsänderungen
Die Landesbauordnungen regeln außerdem explizit die **Genehmigungsfreiheit von Nutzungsänderungen**. In der Regel wird dabei angeordnet, dass die → Nutzungsänderung baulicher Anlagen keiner Baugenehmigung bedarf, **wenn**
– für die neue Nutzung keine anderen oder weitergehenden öffentlich-rechtlichen Vorschriften gelten als für die bisherige Nutzung,
– Räume eines Wohngebäudes mit nicht mehr als zwei Wohnungen in Aufenthaltsräume, die zu diesen Wohnungen gehören, umgenutzt werden,
– Räume in vorhandenen Wohngebäuden und Wohnungen in Räume für Bäder oder Toiletten umgenutzt werden (vgl. § 50 Abs. 2 LBOBW; Art. 63 BayBO; § 56 Abs. 1 BerlBO; § 67 Abs. 12 BbgBauO; § 65 Abs. 2 BremBO; § 55 i. V. m. Anlage 2 (I) HBO; § 65 Abs. 2 BauOMV; § 69 Abs. 4 BauONds; § 67 Abs. 1 Nr. 2 BauOLSA; § 63 a Abs. 2 SächsBO).

Baugenehmigungsbehörde → Bauaufsichtsbehörde

Baugeräteversicherung → Bauleistungsversicherung
Diese → Versicherung deckt Beschädigungen und Zerstörungen von Baugeräten in Folge unvorhergesehener Ereignisse oder höherer Gewalt ab. Zu unterscheiden sind hierbei zwei Geräteversicherungen mit jeweils unterschiedlichen Bedingungen. Hierbei handelt es sich um die allgemeinen Bedingungen für die Kaskoversicherung von Baugeräten (ABG) und die allgemeinen Bedingungen für die Maschinen- und Kaskoversicherung von fahrbaren Geräten (ABMG). Die vorgenannten Geräteversicherungen unterscheiden sich in ihrem Deckungsumfang. Die Versicherung nach den ABG umfasst nur Bauunfallschäden für Baugeräte (Kaskoschäden). Der Deckungsumfang einer Versicherung nach den ABMG beinhaltet darüber hinaus innere Betriebsschäden für alle fahrbaren und transportablen Sachen. Von ihr werden Schäden, die beim Betrieb der Geräte durch Materialermüdung, Verschleiß oder mangelhafte Wartung entstehen, gedeckt. Von der Maschinenversicherung gedeckt sind i. d. R. darüber hinaus neben Baumaschinen auch Stahlrohr- und Spezialgerüste, Stahlschalungen, Baubüros, Baubuden, Schalwagen und Vorbaugeräte, Magazine, Werkstätten, Gerätewagen sowie deren zugehörige Werkstatt-, Vermessungs-, Prüf- und Laborgeräte, Funkgeräte, Sicherungs- und Signalanlagen. Schwimmende Geräte sowie Fahrzeuge für Güter- und Personentransporte sind von dieser Versicherung nicht erfasst. Gleiches gilt für Wasser- und Luftfahrzeuge. Als Versicherungssumme ist der Geräteneuwert einschließlich aller Bezugskosten ohne Umsatzsteuer zugrunde zu legen. Die in den Jahresverträgen enthaltene Anpassungsklausel an die jeweils gültigen Listenpreise verhindert eine Unterversicherung der vorhandenen Gerätschaften. Beim Eintritt eines Schadensfalls wird der Zeitwert des betreffenden Gerätes in Anlehnung an die Baugeräteliste ermittelt. Häufig beinhaltet der Versicherungsvertrag eine Selbstbeteiligung des Versicherungsnehmers in Höhe von 10 % der jeweils fälligen Entschädigungssumme oder aber einen durch die einzelnen Versicherungsunternehmer festgesetzten Mindestbetrag. Der sich aus dem jeweiligen Versicherungsvertrag ergebende Versicherungsschutz beginnt und endet zum vertraglich vereinbarten Zeitpunkt.

Baugrenze → Baulinie; → Bebauungsplan
Baugrenzen **legen** in Bebauungsplänen eine **äußere Linie für** die **Bebauung fest**. Werden Baugrenzen festgesetzt, so dürfen diese gemäß § 23 Abs. 3 BauNVO durch → Gebäude und Gebäudeteile

nicht überschritten werden. Ein Zurücktreten der → Gebäude hinter die Baugrenze ist dagegen, anders als bei → Baulinien, auf denen gebaut werden muss, ohne Einschränkung zulässig. Durch die Festsetzung von Baugrenzen verbleibt für die Bauausführung also eine größere → Gestaltungsfreiheit als bei der Festsetzung von → Baulinien. Nach § 23 Abs. 3 S. 2 BauNVO **kann** ein **Vortreten von Gebäudeteilen** über Baugrenzen hinweg **in geringfügigem Ausmaß zugelassen werden** (vgl. Parallelvorschrift für → Baulinien in § 23 Abs. 2 S. 2 BauNVO). Hierzu hat das OVG Münster bei einem 4 m breiten Vorsprung der Außenwand im Bereich des Wohnraums der mittleren Dachgeschosswohnung festgestellt, dass dies nicht mehr ein Vortreten von Gebäudeteilen in geringfügigem Ausmaß darstelle, sondern als Überschreitung der Baugrenze rechtswidrig sei. Denn das in § 23 Abs. 3 S. 2 BauNVO vorausgesetzte Vortreten von Gebäudeteilen in geringfügigem Ausmaß könne nur dann angenommen werden, wenn es sich um **untergeordnete Gebäudeteile**, wie z. B. Balkone und → Erker oder andere in den bauordnungsrechtlichen Abstandsflächenregelungen genannte Gebäudeteile handele. Tritt dagegen ein wesentlicher Gebäudeteil, wie etwa die Gebäudeaußenwand, über die Baugrenze, so überschreite damit das → Gebäude selbst die Baugrenze und nicht, wie vom Gesetz verlangt, lediglich ein Gebäudeteil. Die Überschreitung im Dachgeschossbereich stelle auch nicht nur einen untergeordneten Gebäudeteil dar, sondern einen Abschnitt der Gebäudeaußenwand. Denn die vorgesehene Ausbuchtung der Gebäudewand bezwecke nicht lediglich eine architektonische Fassaden- bzw. Innenraumgestaltung oder eine Verbesserung von Ausblick und Lichtverhältnissen, sondern erkennbar die Gewinnung zusätzlicher → Wohnfläche nennenswerten Ausmaßes (hier 4,0 qm und damit ca. 10 % des angrenzenden Wohn-/Essraumes), daher kann insbesondere nicht mehr von einem bloßen → Erker i. S. v. § 6 Abs. 7 BauONRW gesprochen werden (OVG Münster, BRS 58 Nr. 171; BRS 44 Nr. 101). Mit der Rechtswidrigkeit einer solchen Überschreitung der Baugrenze ist aber **noch nicht gesagt**, ob der **Nachbar** eine solche **Bebauung abwehren kann**. Die Frage, ob der Festsetzung von seitlichen oder hinteren Baugrenzen sowie → Baulinien neben ihrer städtebaulichen Ordnungsfunktion auch nachbarschützende Wirkung zukommt, kann weder generell bejaht oder verneint werden; dies ist vielmehr in jedem Einzelfall aus Inhalt und Rechtsnatur der Festsetzungen des Bebauungsplans und der Planbegründung im Wege der **Auslegung zu ermitteln**. Hierbei ist insbesondere von Bedeutung, ob die Nachbarn durch die Festsetzung im Sinne eines Austauschverhältnisses rechtlich derart verbunden sind, dass sie zu gegenseitiger Rücksichtnahme verpflichtet sind oder eine Schicksalsgemeinschaft bilden, aus der keiner der Beteiligten ausbrechen darf (OVG Münster, BRS 58 Nr. 171). Demgegenüber geht der **VGH Baden-Württemberg** davon aus, dass bei seitlichen und hinteren Baugrenzen in einem → Baugebiet von einer regelmäßigen **nachbarschützenden Wirkung** zu Gunsten des an derselben Grundstücksseite liegenden Nachbarn auszugehen ist (VGH Mannheim, BRS 55 Nr. 71; BauR 1992, 65).

Baugrundrisiko → Altlasten
1. Definition

„Das Baugrundrisiko ist das Wagnis, das trotz sorgfältiger Erkundung des Baugrundes und der Wasserverhältnisse sowie ohne Verschulden eines Vertragspartners die angetroffenen geotechnischen Verhältnisse von den erwarteten geotechnischen Verhältnissen abweichen und hierdurch behindernde und wirtschaftliche Folgen eintreten können" (*Schottke*, Das Baugrundrisiko bei dem VOB-Vertrag, BauR 1993, 407, 408; *Schmidt/Reitz*, Bauverträge erfolgreich gestalten und managen, S. 163; *Englert/Grauvogl/Maurer*, Handbuch des Baugrund- und Tiefbaurechts, Rdn 533). Andere sprechen deshalb präziser vom „Grundstücksbeschaffenheitsrisiko" (*Kapellmann/Schiffers*, Vergütung, Nachträge und Behinderungsfolgen beim Bauvertrag, Band II, Rdn 512). Der Begriff „Baugrundrisiko" umfasst damit alle Abweichungen der angetroffenen Boden- und Wasserverhältnisse von der erwarteten, oft z. B. im Bodengutachten beschriebenen Zusammensetzung der Erd- und

Grundwasserschichten nach dem Beginn der Bauarbeiten (*Schmidt/Reitz*, Bauverträge erfolgreich gestalten und managen, S. 163; *Englert*, „Das Baugrundrisiko – Ein normierungsbedürftiger Rechtsbegriff?", BauR 1991, 537, 538; *Englert/Grauvogl/Maurer*, Handbuch des Baugrund- und Tiefbaurechts, Rn 530 f.).

Als **Beispiele** zu nennen sind Änderungen der Bodenklassen, der Mächtigkeit oder Tragfähigkeit von Erdschichten oder der Lage bzw. Aggressivität des Grundwassers. Aber auch unerwartet im Baugrund vorgefundene Kellergewölbe, Ausfüllungen, Findlinge, Geheimgänge, Stollen, Bunker, Reste früherer Kulturen sowie mit → Altlasten verunreinigte oder sonst kontaminierte Bereiche unterhalb der Erdoberfläche sowie Anlagerungen aller Art gehören dazu (*Schmidt/Reitz*, Bauverträge erfolgreich gestalten und managen, S. 163; *Englert*, „Das Baugrundrisiko – Ein normierungsbedürftiger Rechtsbegriff?", BauR 1991, 537, 538; *Englert/Grauvogl/Maurer*, Handbuch des Baugrund- und Tiefbaurechts, Rdn 530 f.).

Auf den Rechtsbegriff „Baugrundrisiko" kommt es an, wenn der → Bauherr und der Bauunternehmer die Arbeiten unter Beachtung der allgemein anerkannten Regeln der Technik ausgeführt und nicht schuldhaft gehandelt haben und es gleichwohl zu einer Verwirklichung der bei jedem tiefergehenden Eingriff bestehenden Gefahr von unvermuteten Erschwernissen oder von Änderungen im Bauablauf kommt. Nur in diesen Fällen ist unklar, wer für Mehrkosten wegen der Verwirklichung des „Baugrundrisikos" einzustehen hat. Vom „Baugrundrisiko" kann deshalb nur in den Fällen gesprochen werden, in denen trotz sorgfältiger Erkundung der Baugrund-, Gebirgs- und Grundwasserverhältnisse durch den Bauherrn bzw. die beauftragten Baugrundinstitute, trotz exakter Umsetzung dieser Erkenntnisse in die → Leistungsbeschreibung sowie trotz pflichtgemäßer Erfüllung der Prüf- und Hinweispflichten des Unternehmers, also trotz beiderseits schuldlosen Verhaltens, erhebliche Mehraufwendungen bei der Leistungsausführung entstehen, weil sich der Baugrund oder das Gebirge in einer Weise verhält, wie es weder → Bauherr noch Unternehmer vorhergesehen haben noch vorhersehen konnten (*Schmidt/Reitz*, Bauverträge erfolgreich gestalten und managen, S. 164; *Marbach*, „Nachtragsforderungen bei mangelnder Leistungsbeschreibung der Baugrundverhältnisse im VOB-Bauvertrag und bei Verwirklichung des „Baugrundrisikos", BauR 1994, 168, 177).

2. Risikotragung

Grundsätzlich trägt der → Bauherr das Baugrundrisiko. Das ist mittlerweile gefestigte Rechtsprechung (BGH BauR 1986, 203; *Schmidt/Reitz*, Bauverträge erfolgreich gestalten und managen, S. 164; *Englert*, „Das Baugrundrisiko – Ein normierungsbedürftiger Rechtsbegriff?", BauR 1991, 537, 539 f.; *Englert/Grauvogl/Maurer*, Handbuch des Baugrund- und Tiefbaurechts, Rn 533, 545 m. w. N.; *Quak*, „Baugrundrisiken in der Rechtsprechung des Bundesgerichtshofes", BB 1991, Beil. 20, S. 9 ff.; *Kapellmann/Schiffers*, Vergütung, Nachträge und Behinderungsfolgen beim Bauvertrag, Band II, Rn 582 m. w. N.; a. A.: OLG Schleswig, Urt. v. 3. 8. 1989 – 16 U 105/88, nicht veröffentlicht, zit. bei *Englert/Grauvogl/Maurer*, S. 364 Rn 22; ebenso für Verhältnis Bauherr/Tragwerksplaner: **AG Kempten** VersR 1980, 588 = BB 1980, 179). Zur Begründung wird auf § 9 Nr. 2 VOB/A verwiesen, wonach „dem → Auftragnehmer kein ungewöhnliches Wagnis aufgebürdet werden soll für Umstände und Ereignisse, auf die er keinen Einfluss hat und deren Einwirkung auf die Preise und Fristen er nicht im voraus schätzen kann". Diese „Soll-Regelung" werde durch § 9 Nr. 3 VOB/A zu zwingendem, unabhängig von der Anwendbarkeit der VOB geltendem Recht. Gemäß § 9 Nr. 3 Abs. 3 VOB/A muss der Bauherr die Wasser- und Bodenverhältnisse so beschreiben, dass der → Bewerber ihre Auswirkungen auf die bauliche Anlage und die Bauausführung hinreichend beurteilen kann. Ferner wird u. a. teilweise auf die Sphärentheorie verwiesen, nach der jeder für die in seiner Sphäre befindlichen Risiken haften soll (*Schelle*, Das Baugrundrisiko im VOB-Vertrag, Hoch- und

Tiefbau 1/85, 32; vgl. auch *Döring*, „Die funktionale Leistungsbeschreibung – Ein Vertrag ohne Risiko?", in: FS für Vygen, 175, 177). Der Bauherr verfüge über den Baugrund, der sich deshalb in seiner Sphäre befinde. Neben den Vorteilen aus der Baugrundnutzung habe der Bauherr eben auch die Nachteile zu tragen.

Ist nun die Bearbeitung des Baugrundes als Leistungselement in einer **Funktionalen Ausschreibung** enthalten, ist nicht von vornherein klar, welcher der Vertragspartner die Baugrundrisiken zu tragen hat (so: *Schmidt/Reitz*, Bauverträge erfolgreich gestalten und managen, S. 164; *Schottke*, Das Baugrundrisiko bei dem VOB-Vertrag, BauR 1993, 407 f.). Im Vergabehandbuch des Bundes ist in Ziff. 7.2.2 zu § 9 VOB/A geregelt: „Bei der Aufstellung von Leistungsprogrammen ist besonders darauf zu achten, dass die in § 9 Nr. 3 bis 5 und Nr. 7–9 VOB/A geforderten Angaben eindeutig und vollständig gemacht werden". Zudem gilt § 9 Nr. 3 VOB/A als „allgemeine Regelung" auch für die besonderen Regelungen der Nr. 10–12 des § 9 VOB/A. Einige (*Kapellmann/Schiffers*, Vergütung, Nachträge und Behinderungsfolgen beim Bauvertrag, Band II, Rdn 588; differenzierend und richtig: *Döring*, „Die funktionale Leistungsbeschreibung – Ein Vertrag ohne Risiko?", in FS für Vygen, 175, 177 f.) folgern daraus, dass das Baugrundrisiko auch im Falle der Funktionalen Leistungsbeschreibung beim Bauherrn liegt: „Die Funktionale Leistungsbeschreibung entbindet den Auftraggeber nicht von der Pflicht zu ggf. notwendigen Angaben zu Grund und Boden". Diese Ansicht kann nicht uneingeschränkt gelten. Vielmehr ist auf die Funktionale Leistungsbeschreibung im Einzelfall abzustellen. Enthält die Funktionale Leistungsbeschreibung z. B. „einschränkende" Zusätze in Bezug auf die Haftung des Bauherrn für das Baugrundrisiko, kann dieses auf den Unternehmer übergehen. Das macht ein Urteil des OLG Celle, OLGR 1997, 65 = IBR 1997, 280) deutlich.

Baugrundstück → Bauhandwerkersicherungshypothek; → Baulast

1. Bauplanungsrechtlicher Grundstücksbegriff

Weder das → BauGB noch die BauNVO enthalten eine Definition des Baugrundstücks. Das Bundesverwaltungsgericht geht daher davon aus, dass das Grundstück im bauplanungsrechtlichen Sinne grundsätzlich mit dem **zivilrechtlichen Grundstück**, d. h. im Sinne des Grundbuchrechts **gleichzusetzen** ist. Das Grundstück ist danach ein abgetrennter Teil der Erdoberfläche, der im Grundbuch unter einer besonderen Nummer eingetragen ist und aus mehreren Flurstücken bestehen kann (BVerwG, BauR 1970, 224; BRS 52 Nr. 161). **Ausnahmen** hiervon sind dann vertretbar und geboten, wenn bei Verwendung des grundbuchrechtlichen Grundstücksbegriffes der Sinn einer bestimmten bau- und bodenrechtlichen Regelung verfehlt werden würde (BVerwG, BRS 27 Nr. 82). Dementsprechend ist es beispielsweise bei mehreren kleineren Grundstücken gerechtfertigt, diese bauplanungsrechtlich als Einheit anzusehen, wenn diese räumlich und wirtschaftlich zusammenhängen, einzeln jedoch nicht bebaubar sind (BVerwGE 44, 250).

2. Bauordnungsrechtlicher Grundstücksbegriff

Entsprechend dem → Bauplanungsrecht gilt auch im → Bauordnungsrecht der grundbuchrechtliche Grundstücksbegriff. Allerdings können zwei nach Grundbuchlage eigenständige Grundstücke durch eine bauordnungsrechtliche **Baulast** (Vereinigungsbaulast, vgl. § 87 Abs. 1 BauOLSA; § 92 Abs. 1 BauONds; § 83 BauONRW), so miteinander verbunden werden, dass sie nur noch ein Grundstück im bauordnungsrechtlichen Sinne sind. Der Grundstücksbegriff im bauplanungsrechtlichen Sinne wird jedoch dadurch nicht verändert (BVerwG, NJW 1991, 3783).

3. Bauhandwerkersicherungshypothek

Relevantes Baugrundstück für die → Bauhandwerkersicherungshypothek im Sinne von § 648 Abs. 1 BGB ist das gesamte Grundstück einschließlich der nicht zu bebauenden Flächen, wie es sich dem Bauunternehmer als rechtliche Einheit darstellt und dem Grundbuch im Zeitpunkt des Beginns der Bauarbeiten entspricht; dazu genügt die Buchung mehrerer Flurstücke im Bestandsverzeichnis des Grundbuchblattes unter einer Nummer. Die spätere Teilung des Grundstücks vermag hieran nichts mehr zu ändern, auch wenn ein abgetrenntes Flurstück nicht bebaut wird (OLG Hamm, BauR 2000, 1527).

Baugrundverhältnisse → Altlasten; → Baugrundrisiko; → Kampfmittel; → Leistungsbeschreibung

Die Baugrundverhältnisse müssen vom Planer im Rahmen der → Grundlagenermittlung geklärt werden. Gegebenenfalls muss der Planer seinem → Auftraggeber im Rahmen der Grundlagenermittlung die Einschaltung eines Bodengutachters vorschlagen. Anderenfalls haftet der Planer seinem Auftraggeber gegebenenfalls auf → Schadensersatz. Der → Bauherr trägt regelmäßig das → Baugrundrisiko, es sei denn, die Vertragspartner haben etwas anderes vereinbart, z. B. im Rahmen einer Funktionalausschreibung.

Bauhandwerkersicherung nach § 648 a BGB

Mit § 648 a BGB hat der Gesetzgeber dem → Auftragnehmer einen gesetzlichen und vertraglich nicht abdingbaren Anspruch auf Sicherheitsleistung eingeräumt. Die Sicherheit kann in verschiedenen Formen gestellt werden. Mit Wirkung ab dem 1. 5. 2000 wurde § 648 a BGB geändert.

1. Geschätzter Personenkreis

Anspruch auf die Sicherheit gemäß § 648 a BGB hat der Auftragnehmer, der ein Bauwerk, eine Außenanlage oder einen Teil davon errichtet. Unter einem Bauwerk ist nach der ständigen Rechtsprechung des BGH (BGH BauR 1983, 64) eine unbewegliche, durch Verwendung von Arbeit und → Material in Verbindung mit dem Erdboden hergestellte Sache zu verstehen. **Zusätzlich** werden gemäß § 648 a Abs. 1 Satz 1 BGB die **Arbeiten an einer Außenanlage** in den Schutzbereich des § 648 a BGB einbezogen. Dies betrifft z. B. Landschaftsgärtner. Geschützt sind grundsätzlich auch die Zahlungsansprüche eines Architekten oder eines Ingenieurs. Umstritten ist, ob Architekten und Ingenieure für planerische Leistungen, die sich **noch nicht im Bauwerk verwirklicht haben** und damit dem Grundstück noch nicht werterhöhend zugute gekommen sind, eine Sicherheit verlangen können (dagegen: *Hofmann/Koppmann*, Die neue Bauhandwerkersicherung, Abschnitt A, Ziff. 4.3.; dafür: *Schmidt/Winzen*, Handbuch der Sicherheiten am Bau, Seite 40; *Werner/Pastor*, Rdn. 324; *Slapnicar/Wiegelmann*, NJW 1993, 2903, 2907).

2. Verpflichteter Personenkreis

Anspruchsverpflichtet ist der Besteller der Bauwerksleistung. Besteller ist jeder, der eine werkvertragliche → Leistung an einen anderen Unternehmer, Architekten usw. vergibt (*Schmidt/Winzen*, Handbuch der Sicherheiten am Bau, Seite 40).

3. Sicherungsverlangen und Höhe der Sicherheit

Anders als bei der → Bauhandwerkersicherungshypothek gemäß § 648 BGB kann der → Auftragnehmer gemäß § 648 a BGB die Sicherheit unmittelbar nach Abschluss des Bauvertrages **in Höhe des vereinbarten Werklohns** verlangen (*Schmidt/Winzen*, Handbuch der Sicherheiten am Bau, Seite 43 ff. m. w. N.; *Slapnicar/Wiegelmann*, NJW 1993, 2903, 2905). Dieses Verlangen sollte schriftlich abgefasst sein und eine → Fristsetzung mit der Ankündigung enthalten, dass er nach dem ergebnislosen Ablauf der → Frist die → Leistung verweigern werde. Die **Angemessenheit** der zu setzenden Frist hängt von den Umständen des Einzelfalls ab. Eine Frist von drei Wochen reicht regelmäßig aus. Die amtliche Begründung zu § 648 a BGB hielt eine Frist von ein bis zwei Wochen für regelmäßig ausreichend (*Schmidt/Winzen*, Handbuch der Sicherheiten am Bau, Seite 50). Gemäß § 648 a Abs. 1 BGB darf der Unternehmer Sicherheit bis zur Höhe des voraussichtlichen Vergütungsanspruchs einschließlich dazugehöriger Nebenforderungen verlangen. Die Nebenforderungen sind pauschal mit 10 % des zu sichernden Vergütungsanspruchs anzusetzen (§ 648 a Abs. 1 Satz 2 BGB n. F.).

4. Arten der Sicherheit
Als Sicherheit gemäß § 648 a BGB kommen die Hinterlegung von Geld oder Wertpapieren bei einem Gericht, die Verpfändung von aus Staatspapieren oder beweglicher Sachen, die Bestellung einer Hypothek oder Grundschuld am → Baugrundstück, die → Bürgschaft oder ein sonstiges Zahlungsversprechen eines im Geltungsbereich des BGB zum Geschäftsbetrieb befugten Kreditinstituts oder Kreditversicherers in Betracht (§ 648 a Abs. 2 Satz 1 BGB) (vgl. ausführlich *Schmidt/Winzen*, Handbuch der Sicherheiten am Bau, Seite 45 ff.).

5. Auszahlung
Das Kreditinstitut oder der Kreditversicherer darf gemäß § 648 a Abs. 2 Satz 2 BGB Zahlungen an den Unternehmer nur leisten, soweit der → Auftraggeber den Vergütungsanspruch des Unternehmers anerkennt oder durch vorläufiges vollstreckbares Urteil zur Zahlung der Vergütung verurteilt worden ist und die Voraussetzungen vorliegen, unter denen die Zwangsvollstreckung begonnen werden darf.

6. Widerruf
Gemäß § 648 a Abs. 1 Satz 3 BGB kann sich das Kreditinstitut oder der Kreditversicherer das Recht vorbehalten, die → Bürgschaft im Falle einer wesentlichen Verschlechterung der Vermögensverhältnisse des Auftraggebers mit Wirkung für Vergütungsansprüche aus → Bauleistungen zu **widerrufen**, die der → Auftragnehmer bei Zugang der Widerrufserklärung noch nicht erbracht hat. Der Auftragnehmer sollte in einem solchen Fall unter Berufung auf § 321 BGB die Arbeiten sofort einstellen. § 321 BGB hat sich insoweit durch das Schuldrechtsmodernisierungsgesetz nicht geändert.

7. Kosten
Gemäß § 648 a Abs. 3 BGB hat der Auftragnehmer dem Auftraggeber **die üblichen Kosten der Sicherheitsleistung** grundsätzlich bis zu einem Höchstsatz von 2 % im Jahr zu erstatten.

8. Folge nicht geleisteter Sicherheit
Leistet der Auftraggeber die Sicherheit nicht innerhalb der vom Auftragnehmer gesetzten angemessenen Frist, so kann der Auftragnehmer dem Auftraggeber eine Nachfrist mit der Erklärung setzen, dass er den Vertrag kündige, falls nicht bis zum Ablauf der → Nachfrist die Sicherheit geleistet werde (vgl. ausführlich *Schmidt/Winzen*, Handbuch der Sicherheiten am Bau, Seite 50 ff.). Nach Ablauf der Nachfrist gilt der Vertrag als aufgehoben; einer besonderen Kündigungserklärung des Auftragnehmers bedarf es nicht. Nach der Aufhebung des Vertrages hat der Auftragnehmer gemäß § 645 Abs. 1 BGB Anspruch auf Vergütung der erbrachten Leistungen und Ersatz der Auslagen, die ihm entstanden und in der Vergütung nicht enthalten sind. Zusätzlich geht die Gefahr, dass die Bauleistung untergeht oder verschlechtert wird, auf den Auftraggeber über. Zudem kann der Auftragnehmer gemäß § 648 a Abs. 5 Satz 2 BGB → Schadensersatz vom Auftraggeber verlangen. Dasselbe gilt gemäß § 648 a Abs. 5 Satz 3 BGB n. F., wenn der Besteller in zeitlichem Zusammenhang

mit dem Sicherheitsverlangen des Auftragnehmers gemäß § 648 a Abs. 1 BGB kündigt, es sei denn, der Auftraggeber hat nicht gekündigt, um der Stellung der Sicherheit zu entgehen. Die Darlegungs- und → Beweislast hierfür obliegt dem Auftraggeber. Der Auftragnehmer kann gemäß § 648 a Abs. 5 Satz 2 BGB den Schaden ersetzt verlangen, den er dadurch erleidet, dass er auf die Gültigkeit des Vertrages vertraut hat. Gemäß § 648 a Abs. 5 Satz 4 BGB n. F. wird vermutet, dass der Schaden 5 % der Vergütung beträgt. Die Vergütung i. S. d. § 648 a Abs. 5 BGB umfasst auch Nachträge (*Koeble* in Kniffka/Koeble, Kompendium des Baurechts, 7. Teil B, Rdn. 17, 28.). Nicht erfasst sind Schadensersatzansprüche (ebenda; *Palandt/Sprau*, § 648 a BGB, Rdn. 9). Der Auftraggeber kann die Höhe von 5 % widerlegen. Ungeklärt ist, ob Bezugsgröße für die 5 % der gesamte Auftragswert (so z. B. *Ingenstau/Korbion*, Anh. 2, Rdn. 185) oder der nach Teilausführung verbliebene Restauftragswert ist (so z. B. *Koeble* in Kniffka/Koeble, a. a.O., Rdn. 28). Dabei ist unabhängig von diesem Streit der Nettoauftragswert anzusetzen. Denn Schadensersatzansprüche unterfallen bislang gültiger Rechtsprechung nicht der Umsatzsteuerpflicht, da (insoweit keine Austauschleistung gemäß § 1 Umsatzsteuergesetz vorliegt) (BGJ. BauR 2001, 1903, 1904 m. w. N. zu § 649 BGB; LG Leipzig, BauR 2002, 973, 975 zu § 648a BGB; OLG Koblenz, BauR 2002, 811 zu § 642 BGB).

9. Ausschluss der Sicherheit
Gemäß § 648 a Abs. 4 BGB ist der Anspruch auf eine → Bauhandwerkersicherungshypothek insoweit ausgeschlossen, als der Unternehmer eine Sicherheit bereits gemäß § 648 a BGB erlangt hat (vgl. ausführlich: Schmidt/Winzen, Handbuch der Sicherheiten am Bau, Seite 53 f.)
Gemäß § 648 a Abs. 6 BGB hat der → Auftragnehmer keinen Anspruch gegen einen öffentlich-rechtlichen → Auftraggeber oder den privaten Auftraggeber, der als natürliche Person, d. h. ohne Einschaltung einer Bauträger-GmbH o. ä., ein Einfamilienhaus mit oder ohne Einliegerwohnung bauen lässt (vgl. ausführlich: *Schmidt/Winzen*, Handbuch der Sicherheiten am Bau, Seite 41 f.)

10. Keine Abdingbarkeit
Gemäß § 648 a Abs. 7 BGB sind Vereinbarungen, mit denen von den Vorschriften der Absätze 1–5 des § 648 a BGB abgewichen werden soll, unwirksam. Die Bestimmung ist **zwingend** (OLG Celle IBR 2000, 171). Unwirksam sind zudem Bestimmungen, die für den Fall des Verlangens nach einer Sicherheit nach dem § 648 a BGB Vergeltungsmaßnahmen enthalten (vgl. hierzu: *Schmidt/Winzen*, Handbuch der Sicherheiten am Bau, Seite 55 mit Beispiel).

11. Sicherheit nach Abnahme
Lange streitig war, ob der Auftragnehmer die Sicherheit gemäß § 648 a BGB **noch nach der Abnahme** seiner Leistungen fordern kann (**dafür z. B.**: OLG Rostock IBR 2000, 327 mit zust. Anm. *Bach*; OLG Dresden IBR 1999, 474; LG Osnabrück IBR 1999, 475; LG Erfurt IBR 1999, 214; *Schmidt/Winzen*, Seite 54; ausführlich: *Schulze-Hagen*, BauR 1999, 210; **dagegen z. B.**: KG BauR 2000, 738 = BauR 2000, 614 (LS) = NJW-RR 2000, 687 = IBR 2000, 326 mit abl. Anm. *Schmitz*; LG Dortmund IBR 1999, 319; *Ullrich*, MDR 1999, 771). Der BGH hat nun endlich mit drei Urteilen vom 22. 1. 2004 (VII ZR 183/02, VII ZR 267/02, VII ZR 68/03), dass der Auftragnehmer die Sicherheit gemäß § 648 a BGB auch noch nach Abnahme oder Kündigung verlangen kann. Hat der Auftragnehmer noch keine Nachfrist gesetzt, kann der Auftraggeber das ihm zustehende Leistungsverweigerungsrecht gemäß § 641 BGB geltend machen, also mindestens den dreifachen Betrag der Mängelbeseitigungskosten trotz nicht gestellter Sicherheit zurückhalten. Nach fruchtlosem Ablauf einer gesetzten Nachfrist gilt der Vertrag als gekündigt, der Auftraggeber kann nur noch die einfachen voraussichtlichen Mängelbeseitigungskosten zurückhalten. Sein Leistungsverweigerungsrecht ist erloschen. Er kann nur noch mindern oder Schadensersatz verlangen.

Bauhandwerkersicherungshypothek

1. Sicherbare Ansprüche

Gemäß **§ 648 Abs. 1 BGB** sind Vergütungsansprüche von Auftragnehmern durch eine Bauhandwerkersicherungshypothek sicherbar, die aus **Arbeiten an einem Bauwerk** resultieren. Unter einem Bauwerk ist nach der ständigen Rechtsprechung des BGH (BauR 1983, 64) eine unbewegliche, durch Verwendung von Arbeit und → Material in Verbindung mit dem Erdboden hergestellte Sache zu verstehen. Unter den Begriff des Bauwerks fallen deshalb → Gebäude aller Art einschließlich der Ingenieurbauwerke (BGH, BauR 1972, 172; OLG Düsseldorf, BauR 1991, 732; BGH, BauR 1991, 741; vgl. im Einzelnen: *Schmidt/Winzen*, Handbuch der Sicherheiten am Bau, Seite 21 ff.).

2. Geschützter Personenkreis

§ 648 BGB setzt voraus, dass Grundstückseigentümer und → Auftraggeber des Bauvertrages rechtlich identisch sind. Hier liegt das in der Praxis häufigste Problem der Bauhandwerkersicherungshypothek. Eine Übereinstimmung nach wirtschaftlicher Betrachtungsweise genügt regelmäßig nicht (BGH, BauR 1988, 88; a. A. Schlechtriem, Festschrift für Korbion, Seite 359). Eine Ausnahme gilt nur dann, wenn die Berufung auf die rechtliche Verschiedenheit von Auftraggeber und Grundstückseigentümer gegen Treu und Glauben (§ 242 BGB) verstößt.

Dies kann z. B. der Fall sein, wenn der Auftraggeber eine juristische Person ist (I.), Ansprüche gegen diese mangels entsprechender Vermögensmasse nicht mehr realisierbar sind (II.), jedoch die dahinterstehende natürliche oder juristische Person als Grundstückseigentümer die Vorteile aus der Bauleistung zieht (III.). (BGH, NJW 1988, 88; BGH, NJW 1986, 188; vgl. ausführlich: *Schmidt/Winzen*, Handbuch der Sicherheiten am Bau, Seite 27 ff.). **Beispiel**: Ein Alleingesellschafter und Geschäftsführer einer GmbH beauftragt einen → Auftragnehmer, Werkleistungen auf seinem Privatgrundstück zu erbringen. Der Auftragnehmer erbringt die Leistungen vertragsgemäß. Die GmbH wird insolvent. Der Geschäftsführer der GmbH verkauft und vermietet anschließend die Grundstücke als Privatmann. Es besteht ein Anspruch auf Einräumung der Sicherungshypothek gegen den Geschäftsführer als Privatmann, da er ja die Vorteile aus der Bauleistung gezogen hat (OLG Dresden, BauR 1998, 136). Allerdings ist umstritten, ob § 242 BGB nach Einführung des § 648 a BGB noch angewendet werden darf (**dafür**: OLG Naumburg, IBR 2000, 273; KG IBR 1999, 152; OLG Dresden, IBR 1998, 193; *Schmidt/Winzen*, Handbuch der Sicherheiten am Bau, Seite 28 f.; **dagegen**: OLG Celle (14. Zivilsenat), OLGR 1999, 335 = IBR 1999, 581; OLG Celle (6. Zivilsenat), IBR 1996, 806; *Raabe*, BauR 1997, 757).

Ein **Bauträger** hat zur Sicherung seines Vergütungsanspruchs gegenüber dem Erwerber also keinen Anspruch auf eine Bauhandwerkersicherungshypothek gemäß § 648 BGB. Der Bauträger bleibt bis zur vollständigen Bezahlung Eigentümer des Grundstücks. Damit ist er schon nicht sicherungsbedürftig (*Schmidt/Winzen*, Handbuch der Sicherheiten am Bau, Seite 22). **Subunternehmer** haben regelmäßig ebenfalls keine Möglichkeit, eine Sicherungshypothek auf dem Grundstück eintragen zu lassen. Vertragspartner des Subunternehmers ist der → Hauptunternehmer, der regelmäßig nicht Eigentümer des Grundstücks ist.

Auch **Architekten** (BGHZ 51, 190) **und Ingenieure**, wie z. B. → Statiker (OLG Frankfurt, OLGZ 1979, 437) erbringen Bauwerksleistungen im Sinne des § 648 BGB. Planungsleistungen müssen sich jedoch wertsteigernd im Grundstück niedergeschlagen haben (BGH, NJW 1969, 420; OLG Hamm, BauR 2000, 1087; OLG Celle, NJW-RR 1996, 854; a. A. *Masur*, Bauwerksicherungshypothek des Architekten, BauR 1975, 254: Sobald Planung erbracht und → Baugenehmigung erteilt ist). Das bedeutet, dass die Planung ausgeführt sein muss. Dem **Projektsteuerer** steht ein Anspruch auf Sicherung seines Vergütungsanspruchs durch eine Bauhandwerkersicherungshypothek nur dann zu, wenn er Werkleistungen erbringt (vgl. BGH, BauR 1995, 572; BGH, BB 1999, 2160 = DB 1999, 1900 = IBR 1999, 423; OLG Düsseldorf, BauR 1999, 508; IBR 1999, 379; OLG Oldenburg IBR 2000, 619; *Schmidt/Winzen*, Handbuch der Sicherheiten am Bau, Seite 24) Das Gleiche gilt für den **S+G-Koordinator** (*Schmidt*, „Die Baustellenverordnung-Leistungen, rechtliche Einstufung der Tätigkeit und Honorar des S+G-Koordinators", ZfBR 2000, 3 ff.).

3. Höhe

Die **Höhe** der Ansprüche, für die eine Bauhandwerkersicherungshypothek bestellt werden kann, ist nicht auf die Vergütung für die ausgeführte Leistung beschränkt. Sicherungsfähig sind alle Ansprüche, die ihre Grundlage in dem geschlossenen → Bauvertrag haben (BGH, BauR 1974, 419; *Werner/Pastor*, Rdn. 222). Damit sind vertragliche Schadensersatzansprüche ebenso wie sonstige Schadensersatzansprüche wegen Nichterfüllung durch die Bauhandwerkersicherungshypothek sicherbar. Der Anspruch auf Vergütung im Falle einer → Kündigung des Auftraggebers gemäß § 649 BGB bzw. § 8 Nr. 1 Abs. 2 VOB/B ist damit ebenfalls gemäß § 648 BGB sicherungsfähig (KG BauR 1979, 354; OLG Jena, IBR 1998, 521; a. A. für § 648 a BGB: OLG Düsseldorf, IBR 2000, 272). **Dies ist allerdings nicht unumstritten.** Sicherungsfähig sind zudem die Entschädigungsansprüche wegen Undurchführbarkeit des Werkvertrages (§ 645 BGB) oder Entschädigungsansprüche aus der Verletzung einer Mitwirkungspflicht des Bauherren (§ 642 BGB).

Weist die Leistung des Auftragnehmers Mängel auf, dann ist sein Anspruch auf Eintragung der Sicherungshypothek um den Wert der Gegenansprüche des Auftraggebers zu reduzieren (BGH, BauR 1977, 208). Bis zur Abnahme muss der Unternehmer die Mängelfreiheit darlegen, um die Sicherung seines vollen Vergütungsanspruches zu erreichen (BGH BauR 1977, 208). Die dafür notwendige Glaubhaftmachung kann durch eine Eidesstattliche Versicherung z. B. des Bauleiters erfolgen (*Schmidt/Winzen*, Handbuch der Sicherheiten am Bau, Seite 27). Nach der → Abnahme obliegt die Darlegung und Glaubhaftmachung dem Auftraggeber. Treten nach Eintragung der Sicherungshypothek Mängel auf, hat der Auftraggeber einen Anspruch auf → Löschung der Sicherungshypothek gemäß § 812 Abs. 1 Satz 2 BGB in Höhe des Wertes der Mängelansprüche (*Schmidt/Winzen*, Handbuch der Sicherheiten am Bau, Seite 27).

4. Mehrere Grundstücke

Hat ein Auftragnehmer **eine Werkleistung für mehrere Grundstücke** erbracht, so ist die Sicherungshypothek nicht auf einen durch die Werkleistung dem einzelnen Grundstück zugeflossenen Mehrwert beschränkt (BGH, BauR 2000, 1083 = NZBau 2000, 286 = IBR 2000, 321) Für eine Werkleistung auf mehreren Grundstücken kann der Unternehmer (einmal) eine Gesamthypothek (§ 1132 Abs. 1 BGB) wegen seiner gesamten Vergütung für seine Werkleistungen auf jedem Grundstück beanspruchen, das dem Besteller gehört (BGH, BauR 2000, 1083 = NZBau 2000, 286 = IBR 2000, 321). Dies gilt auch dann, wenn er die Werkleistung nicht nur auf Grundstücken des Bestellers, sondern auch auf nicht dem Besteller gehörenden Grundstücken erbracht hat (BGH, BauR 2000, 1083 = NZBau 2000, 286 = IBR 2000, 321).

5. Einstweilige Verfügung

In der Regel muss der Auftragnehmer **gerichtliche Hilfe** zur Eintragung einer Sicherungshypothek in Anspruch nehmen. Zur Vermeidung der Risiken, dass der Auftraggeber und Grundstückseigentümer im Verlauf eines Rechtsstreites das Grundstück veräußert oder weiter belastet und der Auftragnehmer deshalb keine ausreichende Sicherheit mehr erhält, wird der Auftragnehmer regelmäßig eine **Einstweilige Verfügung** auf Eintragung der Vormerkung für eine Sicherungshypothek beantragen müssen (§§ 940 ZPO, 883, 885 BGB). Im Grundbuchrecht gilt das **Prioritätsprinzip**. Im

Falle der Veräußerung des Grundstücks erwirbt der Käufer des Grundstücks dieses mit der Vormerkung. Grundschulden und Hypotheken, die später als die rangsichernde Vormerkung in das Grundbuch eingetragen werden, gehen der Vormerkung im Rang nach.

Hier liegt die regelmäßig **eigentliche Motivation** des Auftragnehmers zur Eintragung einer Sicherungshypothek. Regelmäßig hat die Sicherungshypothek keinen wirtschaftlichen Wert. Ein eventueller Versteigerungserlös deckt die Sicherungshypothek regelmäßig nicht. Der Unternehmer erhält also durch eine Sicherungshypothek tatsächlich zumeist keine Sicherung. Bevor er diese eintragen lassen kann, ist das Grundstück zumeist schon über den Beleihungswert beliehen. Denn der Auftraggeber finanziert regelmäßig nicht nur den Kauf des Grundstücks, sondern auch die Vergütung der Unternehmer mit Grundpfandrechten zugunsten der Kreditinstitute. Daher bleibt im Falle einer Zwangsversteigerung nichts übrig. Allerdings hat der Grundstückseigentümer regelmäßig Schwierigkeiten, das Grundstück zu verkaufen, solange die Sicherungshypothek oder die Vormerkung im Grundbuch vorhanden ist. Will der Auftraggeber das Grundstück verkaufen, muss er zumeist zunächst die Vormerkung oder die Sicherungshypothek löschen lassen. Das setzt die Bezahlung des Auftragnehmers voraus.

Für den Anspruch im Rahmen der Einstweiligen Verfügung muss der Auftragnehmer **glaubhaft** machen, dass er Bauwerksleistungen erbracht hat (I.), der Antragsgegner Eigentümer des Grundstücks ist (II.), er mit den Bauwerksleistungen begonnen hat (III.) und sich daraus eine Forderung ergibt (IV.). Bis zum Zeitpunkt der → Abnahme muss der Auftragnehmer zudem glaubhaft machen, dass seine Leistung mangelfrei ist (V.) (*Schmidt/Winzen*, Handbuch der Sicherheiten am Bau, Seite 34).

Die **Gefährdung** des zu sichernden Anspruchs muss gemäß § 885 Abs. 1 Satz 2 BGB grundsätzlich nicht glaubhaft gemacht werden. Insoweit besteht eine rechtliche Vermutung zu Gunsten des Auftragnehmers. Die Vermutung ist widerlegbar. Wenn z. B. der Auftragnehmer seine Schlussrechnung z. B. erst 1 ½ Jahre nach Beendigung seiner Arbeiten geltend macht und anschließend neun Monate zuwartet, bis er die einstweilige Verfügung beantragt, muss er besondere Umstände zur Begründung der Eilbedürftigkeit glaubhaft machen (OLG Düsseldorf, IBR 2000, 232).

Zur **Glaubhaftmachung** kann sich der Auftragnehmer aller → Beweismittel bedienen. Mittel der Glaubhaftmachung sind alle Beweismittel, sofern sie präsent, also nicht erst vom Gericht zu beschaffen sind. Im Antragsschriftsatz wird der Anwalt deshalb nur Urkunden und Eidesstattliche Versicherungen aufführen, z. B. den schriftlichen Bauvertrag, Rechnungen, den Grundbuchauszug und Eidesstattliche Versicherungen zum Bautenstand und etwaigen Mängeln. In der mündlichen Verhandlung können zum Beweis präsente Zeugen, Sachverständige und ggf. die Parteien gehört werden.

Für den Erlass der Einstweiligen Verfügung ist das Gericht der Hauptsache, d. h. dasjenige Gericht, bei dem auch der Prozess durchzuführen wäre oder das Amtsgericht, in dessen Bezirk das Grundstück liegt, zuständig (§§ 937, 942 Abs. 2 ZPO). Das Gericht kann nach mündlicher Verhandlung durch Urteil oder ohne mündliche Verhandlung durch Beschluss entscheiden (§§ 937, 942 Abs. 3 ZPO).

Ist die Einstweilige Verfügung erlassen worden, wird die Vormerkung auf Antrag des Antragstellers oder auf Ersuchen des Gerichtes beim Grundbuchamt eingetragen. Von **größter Bedeutung für den Anwalt** ist die Beachtung der Fristen für die Vollziehung und Zustellung der Einstweiligen Verfügung. Der Antrag bzw. das Ersuchen des Gerichts muss innerhalb eines Monats beim Grundbuchamt eingegangen sein. Die → Frist beginnt mit der Verkündung der Einstweiligen Verfügung, wenn sie durch Urteil erlassen wird oder mit der Zustellung des Verfügungsbeschlusses an den Antragsteller (§ 929 ZPO). Bei Fristversäumnis ist die Vormerkung **unwirksam** und die Vollziehung nicht statthaft. Ist die Vormerkung trotz des Mangels eingetragen, kann der Antragsgegner sie im Wege des Widerspruchs bzw. der Berufung oder des Aufhebungsverfahrens gemäß § 927 ZPO aufheben lassen. Zudem muss der Anwalt des Antragstellers dafür sorgen, dass die Einstweilige Verfügung **innerhalb einer Woche** nach der Vollziehung, also nach Eingang des Antrags auf Eintragung beim

Grundbuchamt, und jedenfalls binnen der Monatsfrist, an den Antragsgegner zugestellt wird (§ 929 Abs. 3 ZPO). Wird diese Frist versäumt, ist die Vollziehung unwirksam.

Bauherr → Auftraggeber; → Eigenleistung; → Verkehrssicherungspflicht
Bauherr ist derjenige, der selbst oder durch Dritte ein Bauvorhaben für eigene oder für fremde Rechnung erstellt. Mehrheitlich ist der Bauherr eine Einzelperson. Es können aber auch Personenmehrheiten (KG, GmbH, AG) sowie öffentlich-rechtliche Körperschaften oder Behörden Bauherr sein. Im BGB wird der Bauherr als → Besteller, in der VOB als → Auftraggeber bezeichnet.
Für den Bauherrn ergeben sich weitreichende Rechte und Verpflichtungen. So hat der Bauherr ein Auswahlrecht hinsichtlich des Architekten und der Unternehmer. Zudem kann er Teile des Bauvorhabens selbst ausführen, wenn er die erforderliche Sachkunde, besitzt. Diese selbst erbrachten → Bauleistungen werden als **Eigenleistungen** bezeichnet. Der Bauherr kann die → Baustelle besichtigen und Weisungen erteilen. Darüber hinaus ist ihm der Architekt zu einer umfassenden Information verpflichtet. Dieser Umstand resultiert aus der Tatsache, dass der Bauherr das finanzielle Risiko des Bauvorhabens trägt und das → Gebäude für seine Zwecke nutzen will. Deshalb obliegt ihm das Recht, darüber zu bestimmen, wie das vertragsgemäß geschuldete Werk aussehen soll. Insoweit kann der Bauherr auch auf die rein künstlerische Planung des von ihm beauftragten Architekten Einfluss nehmen. Für den Fall, dass zwischen ihm und dem Architekten keine Einigung erzielt werden kann, besteht seitens des Architekten kein Anspruch darauf, dass das Bauwerk nach seinem Plan errichtet wird (BGH, MDR 1971, 277).
Darüber hinaus obliegen dem Bauherrn eine Vielzahl von **Verpflichtungen**. Diese ergeben sich zum Teil aus den entsprechenden Landesbauordnungen. Art. 56 BayBO oder § 48 HBO regeln beispielhaft die wichtigsten öffentlich-rechtlichen Pflichten des Bauherrn gegenüber der → Bauaufsichtsbehörde. Grundsätzlich hat der Bauherr zur Vorbereitung, Überwachung und Ausführung eines genehmigungspflichtigen Bauvorhabens einen → Entwurfsverfasser, einen Unternehmer und den verantwortlichen → Bauleiter zu beauftragen. Gleichfalls obliegen ihm die nach den öffentlich-rechtlichen Vorschriften erforderlichen Anträge, Mitteilungen und Nachweise an die → Bauaufsichtsbehörde (Anzeigen) über die Fertigstellung des Rohbaus und über die abschließende Fertigstellung genehmigter baulicher Anlagen (Bauzustandsbesichtigung). Zudem trifft den Bauherrn die umfassende **Verantwortung für die Einhaltung der öffentlich-rechtlichen Vorschriften** und Anordnungen der Bauaufsichtsbehörden. Darüber hinaus obliegt dem Bauherrn die → **Verkehrssicherungspflicht**. Bei Veräußerung des Grundstücks wird der Erwerber Rechtsnachfolger des Bauherrn, sobald der Bauherrenwechsel der Bauaufsichtsbehörde mitgeteilt wurde und tritt wegen der dinglichen Wirkung der → Baugenehmigung in alle Pflichten des Bauherrn gegenüber der Bauaufsichtsbehörde ein (*Würfel*, in: Simon/Busse, BayBO-Kom, Art. 56 Rdn. 10).
Neben der sich aus dem BGB bzw. der VOB ergebenden Bedeutung für den Begriff „Bauherr" kommt ebenfalls eine steuerrechtliche Verwendung dieses Begriffes in Betracht. Danach ist es möglich, dass der Erwerber eines Hauses oder einer Eigentumswohnung steuerrechtlich gesehen als Bauherr bezeichnet wird. Nicht notwendigerweise stimmt der steuerrechtliche Begriff des „Bauherrn" mit dem der zivilrechtlichen Vorschriften überein.

Bauherren-Haftpflichtversicherung → Baugeräteversicherung; → Bauleistungsversicherung
Durch den Abschluss einer sogenannten Bauherren-Haftpflichtversicherung wird dem Bauherrn die Möglichkeit gegeben, sich gegen die Risiken eines Bauvorhabens zu versichern. Hierunter fällt die Haftung wegen der Verletzung von Verkehrssicherungspflichten gemäß § 823 BGB sowie die Haftung wegen Verletzung sonstiger Pflichten, wie z. B. die Haftung bei Zuführung unwägbarer Stoffe

gemäß § 906 BGB oder aber bei Einsturz eines Bauwerkes gemäß § 836 BGB. Grundsätzlich besteht der Versicherungsschutz nur dann, wenn Bauausführung, → Bauleitung und Bauplanung an Dritte vergeben werden. Dieser Versicherungsausschluss kann durch den Bauherren durch Abschluss einer Privat- oder Haus- und Grundbesitzerhaftpflichtversicherung vermieden werden. Zu beachten ist jedoch, dass die versicherte Bausumme in den letztgenannten Versicherungsarten auf eine bestimmte Versicherungssumme je Vorhaben begrenzt ist. Bei der Bauherren-Haftpflichtversicherung kann die versicherte Bausumme durch die Parteien des Versicherungsvertrages frei vereinbart werden.

Bauklasse   → Honorarzone

Baukosten   → Baukostengarantie; → Kostenrahmenvereinbarung
Die Baukosten sind nicht mit den anrechenbaren Kosten gleichzusetzen. Letztere richten sich nach der DIN 276 aus 1981 i. V. m. § 10 HOAI. In der DIN 276 (Kosten im Hochbau) in der Fassung vom Juni 1993 wird der Begriff der Baukosten näher definiert. Danach gliedern sich die Gesamtkosten von Hochbauten in 7 Kostengruppen auf, wobei die eigentlichen Baukosten im engeren Sinn in den Kostengruppen 300 und 400 genannt und in nachfolgend erwähnte Untergruppen aufgegliedert werden:

Kostengruppe 100
Kosten des Baugrundstückes
Kostengruppe 200
Kosten des Herreichens und Erschließens
Kostengruppe 300
Kosten des Bauwerkes /Baukonstruktionen
310 Baugrube
320 Gründung
330 Außenwände
340 Innenwände
350 Decken
360 Dächer
370 baukonstruktive Einbauten
390 sonstige Maßnahmen für Baukonstruktionen
Kostengruppe 400
Kosten des Bauwerkes /technische Anlagen
410 Abwasser-, Wasser-, Gasanlagen
420 Wärmeversorgungsanlagen
430 lufttechnische Anlagen
440 Starkstromanlagen
450 fernmelde- und informationstechnische Anlagen
460 Förderanlagen
470 Nutzung spezifischer Anlagen
480 Gebäudeautomation
490 sonstige Maßnahmen für technische Anlagen
Kostengruppe 500
Kosten der Außenanlagen
Kostengruppe 600
Kosten der Ausstattung und der Kunstwerke

Kostengruppe 700
Baunebenkosten
Im Rahmen der → Vorplanung hat der Architekt eine **Kostenschätzung** (Leistungsphase 2), im Rahmen der → Entwurfsplanung eine **Kostenberechnung** (Leistungsphase 3), im Rahmen der → Mitwirkung bei der Vergabe einen **Kostenanschlag** (Leistungsphase 7) und im Rahmen der → Objektüberwachung eine **Kostenfeststellung** (Leistungsphase 8) anzufertigen. Die Kostenermittlung gemäß § 15 HOAI muss umso genauer und sorgfältiger sein, je weiter das Bauvorhaben fortgeschritten ist. Gemäß DIN 276 dient die Kostenschätzung nur zur überschlägigen Ermittlung der Gesamtkosten. Die Kostenberechnung ermittelt bereits die angenäherten Gesamtkosten. Der Kostenanschlag dient dann der genauen Ermittlung der tatsächlich zu erwartenden Baukosten. Die Kostenfeststellung selbst ist das Ergebnis der tatsächlich entstandenen Kosten und kann ggf. zur Feststellung einer so genannten Bausummenüberschreitung dienen.

Bei der sogenannten Bausummenüberschreitung übersteigen die tatsächlichen Baukosten die geschätzten oder berechneten Baukosten. Unter Umständen können sich hieraus Schadensersatzansprüche des Bauherrn gegen den Architekten ergeben.

Für die Honorarabrechnung des Architekten selbst sind die Baukosten nicht als Grundlage heranzuziehen, es sei denn, die Vertragspartner haben dies vereinbart. Anderenfalls sind die sogenannten anrechenbaren Kosten des Objektes (§ 10 Abs. 2 HOAI) maßgebend.

Baukostengarantie

Bei der Baukostengarantie übernimmt der Architekt keine → Garantie für die Erfüllung eigener, sondern nur für die Einhaltung der Kosten fremder Leistungen (Unternehmer/Baustofflieferanten). Daraus resultierend haftet der → Bauherr bei einer Überschreitung der Bausumme im Außenverhältnis gegenüber den Unternehmern (Baustofflieferanten), während er im Innenverhältnis dem Architekten gegenüber einen Anspruch auf Erfüllung des übernommenen Garantieversprechens hat (BGH, NJW-RR 1987, 337 = BauR 1987, 225; BGH, BauR 1971, 270, 272). Insoweit handelt es sich lediglich um einen Erfüllungs- und nicht um einen Schadensersatzanspruch. Im Einzelfall ist zu prüfen, ob ein **echter Garantievertrag** vorliegt (*Locher*, NJW 1965, 1696; OLG Celle OLGR 1998, 1030; BauR 1993, 356). Ein Garantievertrag wird aufgrund der damit für den Architekten verbundenen Risiken nur selten vorliegen. Für eine solche Annahme bedarf es einer klaren und unmissverständlichen Vereinbarung zwischen Architekt und Bauherrn. Die Baukostengarantie muss sich inhaltlich immer auf ein bestimmtes Bauvorhaben beziehen. Die in der → Honorarvereinbarung des Architekten genannten geschätzten Herstellungskosten können nicht als Garantie zur Einhaltung eines Baukostenlimits betrachtet werden (BauR 1993, 356). Die Nichterwähnung einer Baukostengarantie im → Architektenvertrag spricht gegen eine solche Vereinbarung. Gleiches gilt hinsichtlich der Mitteilung des Architekten, für das Bauvorhaben werde ein bestimmter Betrag ausreichen oder das Bauwerk könne mit dem entsprechenden Betrag mit Sicherheit erstellt werden.

Bei der Baukostengarantie ist zwischen einer **selbstständigen (totalen) und einer unselbstständigen Garantie** zu unterscheiden (BGH, BauR 1970, 107). Die selbstständige Baukostengarantie liegt vor, wenn der Architekt auch für unvorhersehbare Geschehensabläufe haften will. Bei einer unselbstständigen Baukostengarantie übernimmt der Architekt, wenn auch verschuldensunabhängig, lediglich die Haftung für typische Geschehensabläufe.

Für den Fall, dass der Bauherr die Überschreitung der Baukosten anerkennt, entfällt eine → Haftung des Architekten selbst dann, wenn er für die Überschreitung des Baukostenlimits im Rahmen des Bestehens eines echten Garantievertrages die Haftung übernommen hat. Dies kann bei einer Unterschrift des Bauherrn unter sämtliche Bauunterlagen, insbesondere die Neuberechnung der Baukosten der Fall sei (Landgericht Dortmund, BauR 1971, 277). In gleicher Weise wie ein echter Garantievertrag wird eine Baukostengarantie gegenstandslos, wenn die ursprüngliche Planung einvernehmlich durch die Parteien geändert und in erweitertem Umfang ausgeführt wird (OLG Düsseldorf, BauR 1995, 411).

Baukostenüberschreitung   → Baukostengarantie; → Kostenrahmenvereinbarung

Baulärm   → Baustelle; → Immissionen; → Lärm
Der Bund und die Bundesländer haben Gesetze zum Schutz von → Immissionen erlassen. Dem Immissionsbegriff unterliegt auch der so genannte Baulärm (Geräusch). § 22 Abs. 1 BlmSchG verpflichtet beispielsweise, Baumaschinen so zu betreiben, dass nach dem Stand der Technik vermeidbare schädliche Umwelteinwirkungen verhindert werden und unvermeidbare Umwelteinflüsse auf ein Mindestmaß beschränkt werden, soweit dies erforderlich ist, um die Allgemeinheit vor Gefahren, erheblichen Nachteilen oder Belästigungen zu schützen. Durch § 72 Bundes-Immissionsschutzgesetz vom 15. 3. 1974 (Bundesgesetzblatt I, 721) ist das Gesetz zum Schutz gegen Baulärm vom 9. 9. 1965 (Bundesgesetzblatt I, 1214) aufgehoben worden. Nach § 66 Bundes-Immissionsschutzgesetz gilt jedoch bis zum Inkrafttreten entsprechender allgemeiner Verwaltungsvorschriften die allgemeine Verwaltungsvorschrift zum Schutz gegen Baulärm vom 19. 8. 1970 (Beilage Bundesanzeiger Nr. 160) fort. Es ist also nach wie vor Sorge dafür zu tragen, dass bei der Verwendung von Baumaschinen alle Geräusche verhindert werden, die nach dem Stand der Technik vermeidbar sind. Die unzulässige Lärmerregung kann gemäß § 117 Abs. 2 OWiG mit einer Geldbuße bis zu 5.000,00 € belegt werden. Die Bundesländer haben ergänzende Gesetze zum Schutz von Geräuschen erlassen (Landesimmissionsschutzgesetze). Z. B. besteht nach § 9 Abs. 1 LImSchGNRW zum Schutz der Bevölkerung ein Verbot von Betätigungen zwischen 22.00 und 6.00 Uhr, die die Nachtruhe zu stören geeignet sind, was Arbeiten auf Baustellen einschließt. Bei unzulässigen Baugeräuschen kann der betroffene Nachbar ggf. gegen den Bauunternehmer oder Bauherrn Abwehransprüche im Rahmen des bestehenden Nachbarschaftsrechtes geltend machen. Wenn sich eine Baumaßnahme aufgrund zwingender technischer Erfordernisse nur durch Arbeit auch während der Nachtstunden durchführen lässt, kann trotz Überschreitens der zulässigen Immissionsschutzrichtwerte eine befristete, widerrufliche und mit Nebenbestimmungen und Auflagen zum Schutz der Anwohner versehene Ausnahme von den Verboten der einschlägigen Lärmverordnungen im Einzelfall gerechtfertigt sein (OVG Berlin, DÖV 1996, 1010).
§ 14 Abs. 1 BauONRW bzw. die Bauordnungen anderer Bundesländer verlangen schließlich die Errichtung von Baustellen in einer Art und Weise, dass vermeidbare Belästigungen nicht entstehen. Diese Vorschriften erreichen nicht den Schutzgrad, den das Immissionsschutzrecht verlangt, verbieten jedoch rücksichtslose Bauarbeiten. Sie beinhalten beispielsweise das Gebot, bei Abbrüchen eine Staubbildung durch Bewässern weitgehend zu vermeiden (vgl. *Gädtke/Temme/Heintz*, BauONRW-Kom., § 14 Rdn. 22).

Baulast   → Außenbereich; → Bauaufsichtsbehörde; → Baugrundstück; → Bebauungsplan;
→ Innenbereich; → Maß der baulichen Nutzung
1. Definition
Gemäß § 75 Abs. 1 HBO und den – mit **Ausnahme** von **Bayern** und **Brandenburg** – entsprechenden Bauordnungen der anderen Ländern (vgl. § 71 Abs. 1 BauOBW; § 83 Abs. 1 BauONRW; § 86 Abs. 1 BauORhPf; § 87 Abs. 1 BauOLSA) können Grundstückseigentümer öffentlich-rechtliche Verpflichtungen zu einem ihr Grundstück betreffenden Tun, Dulden oder Unterlassen übernehmen, die sich nicht schon aus öffentlich-rechtlichen Vorschriften ergeben (Baulasten). Baulasten werden

unbeschadet der Rechte Dritter mit der Eintragung in das Baulastenverzeichnis wirksam und wirken auch gegenüber Rechtsnachfolgern.

2. Dienstbarkeit statt Baulast in Bayern und Brandenburg

Die Sicherungswirkung der Baulast wird in Bayern seit langem durch die **Bestellung von Grunddienstbarkeiten** verwirklicht. Beispielsweise wird die Übernahme von → Abstandsflächen durch das Nachbargrundstück gemäß Art. 7 Abs. 6 BayBO dadurch verwirklicht, dass das von der Pflicht zur Einhaltung von → Abstandsflächen betroffene Grundstück mit einer **Grunddienstbarkeit nach § 1018 BGB zugunsten des jeweiligen Eigentümers des zu bebauenden Grundstücks** belastet wird mit dem Inhalt, dass die → Abstandsflächen nicht überbaut werden dürfen. Um zu verhindern, dass die Nachbarn durch einvernehmliches Handeln die Belastung aufheben können, muss zudem eine **inhaltsgleiche, beschränkt persönliche Dienstbarkeit (z. B. zugunsten des Freistaats Bayern) gemäß § 1090 BGB** bestellt werden.

3. Wesen der Baulasterklärung

Die Baulasterklärung ist eine **freiwillige, öffentlich-rechtliche Verpflichtungserklärung einer eigentumsberechtigten Person gegenüber der → Bauaufsichtsbehörde oder der Gemeinde über gewisse Nutzungsbeschränkungen des Grundstücks**. Sie muss entsprechend bestimmt sein und dem Sicherungszweck gerecht werden (d. h., i. d. R. sind Bedingungen und Befristungen nicht zulässig). Zudem bedarf sie der **Schriftform**, wobei die Unterschrift öffentlich beglaubigt oder vor der → Bauaufsichtsbehörde geleistet werden muss, vgl. § 75 Abs. 2 HBO; § 87 Abs. 2 BauOLSA. Als → Willenserklärung gelten grundsätzlich die Regelung des BGB, also auch über die → Anfechtung nach §§ 119 ff. BGB. Allerdings ist die **Anfechtung** nach Eintragung der Baulast und erst recht nach Erteilung der → Baugenehmigung für die Anlage, für die die Baulast bestellt wurde, nicht mehr statthaft (VGH Mannheim, NJW 1985, 623; *Jäde/Weinl*, in: Jäde/Dirnberger, BauOLSA-Kom., § 52 Rdn. 106).

4. Berechtigung zur Baulasterklärung

Berechtigt zur Abgabe der Baulasterklärung ist grundsätzlich der **Grundstückseigentümer**, wobei es ausreicht, wenn der Erklärende als Eigentümer im Grundbuch im Zeitpunkt der Baulasteintragung registriert ist (OVG Berlin, BRS 57 Nr. 203). Besteht ein Erbbaurecht, wird oft zusätzlich die Erklärung des Erbbauberechtigten verlangt, vgl. § 83 Abs. 1 S. 2 BauONRW. Eine vom Grundstückseigentümer nach Eintragung einer Auflassungsvormerkung übernommene Baulast ist dem Erwerber des Grundstücks gegenüber insoweit unwirksam, als sie dessen Anspruch beeinträchtigen würde. Folglich ist eine Baulast unwirksam, die der Grundstückseigentümer und Verkäufer zugunsten einer Nachbarbebauung und zu Lasten des Käufers nach Eintragung der Auflassungsvormerkung bestellt hat (VGH Mannheim, IBR 1993, 27; OVG Bautzen, IBR 1995, 356).

5. Baulastfähiger Inhalt

Die Baulast dient dazu, die **Bebaubarkeit eines Grundstücks zu verschaffen**, will also öffentlich-rechtliche Hindernisse aus dem Weg räumen, die sonst das geplante Bauvorhaben unzulässig machen würden (*Riedel*, in: Jäde/Dirnberger, BauOLSA-Kom., § 84 Rdn. 75).

a) Bauordnungsrecht

Die Baulast soll es insbesondere ermöglichen, den **bauordnungsrechtlichen Forderungen** auf öffentlich-rechtliche Sicherung von Zugängen und Zufahrten (§§ 4 Abs. 1 S. 1; 5 Abs. 1 HBO; § 4 Abs. 1 Nr. 1 BauONRW), von Abständen und → Abstandsflächen (§ 7 Abs. 1 HBO; § 7 Abs. 1 Bau-

ONRW), von Kinderspielplätzen in der Nähe der Baugrundstücke (§ 8 Abs. 2 HBO; § 9 Abs. 2 a BauONRW) und von Stellplätzen und Garagen (§ 44 Abs. 1 HBO; § 51 Abs. 3 BauONRW) **zu entsprechen**. Hierfür akzeptiert das belastete Grundstück eine Einschränkung in seiner eigenen Bebaubarkeit und das begünstigte Grundstück gewinnt die Ausnutzbarkeit im Umfang dieser Einschränkung hinzu. Die öffentlich-rechtlichen **Anforderungen des Bauordnungsrechts werden also durch Verlagerung bzw. Verschiebung auf ein anderes Grundstück eingehalten**. Die Teilung eines bebauten Grundstücks (§ 8 BauOLSA; § 8 BauONRW) kann durch eine Vereinigungsbaulast sichergestellt werden, wonach das Grundstück aus bauordnungsrechtlicher Sicht als ein einziges Grundstück weiter behandelt wird.

b) Bauplanungsrecht
Die Übernahme von Baulasten ist zwar primär auf bauordnungsrechtliche Anforderungen zugeschnitten, sie kann aber auch zur **Ausräumung bauplanungsrechtlicher Hindernisse** eingesetzt werden. Akzeptiert wurde eine Baulast, wonach ein Wohnhaus, das im → Außenbereich grundsätzlich unzulässig ist, als zulässiges Altenteilerhaus des ehemaligen Landwirts i. S. v. § 35 Abs. 1 Nr. 2 d, Abs. 4 BauGB eingestuft wird, wenn die Baulast sichert, dass dieses Grundstück nicht ohne den Hofbetrieb veräußert wird (BVerwG, BRS 44 Nr. 58; OVG Lüneburg, BauR 1986, 191; OVG Münster, BRS 22 Nr. 144). Die Baulasterklärung **darf aber nicht der Konzeption des Bebauungsplans widersprechen oder die bestehenden planungsrechtlichen Zulässigkeitsvoraussetzungen** im **Innenbereich** gemäß § 34 BauGB oder **Außenbereich** gemäß § 35 BauGB **aushebeln**. Insbesondere dürfen grundsätzlich der bundesrechtliche Grundstücksbegriff sowie das → Maß der baulichen Nutzung durch Baulasterklärungen nicht verändert werden. Somit ist eine planungsrechtliche Zusammenfassung mehrerer Grundstücke durch Vereinigungsbaulast in der Regel nicht zulässig. Ist jedoch beispielsweise das → Maß der baulichen Nutzung im → Bebauungsplan für ein größeres Grundstück festgesetzt und soll dieses Grundstück nach einer Teilung mit mehreren Reihenhäusern bebaut werden, so ist möglich, dass die kleineren Mittelgrundstücke das zulässige → Maß der baulichen Nutzung überschreiten, während die größeren Eckgrundstücke das zulässige Maß unterschreiten. In derartigen Fällen ist eine Baulast zu Lasten der Eckgrundstücke und zugunsten der Mittelgrundstücke akzeptabel, um dadurch für das Mittelgrundstück die Befreiungsvoraussetzungen in Bezug auf das → Maß der baulichen Nutzung zu begründen (Beispiel nach *Riedel*, in: Jäde/Dirnberger, BauOLSA, § 84 Rdn. 33; BVerwG, ZfBR 1991, 173; OVG Lüneburg, BRS 42 Nr. 178).

c) Immissionsschutzrecht
Im **Immissionsschutzrecht** geht es bei Baulasterklärungen im Ergebnis immer um den Verzicht auf nachbarrechtliche Abwehransprüche wegen Belästigungen. Dies ist **kein zulässiger Inhalt von Baulasten**, weil der durch Baulast gesicherte nachbarliche Verzicht gegen Emissionen z. B. durch landwirtschaftliche Betriebe oder im Bereich eines Bebauungsplans kein taugliches Mittel der Konfliktbewältigung wäre und auch die öffentlich-rechtliche Prüfung der Voraussetzungen für die Erteilung einer Genehmigung nicht verändern kann (BVerwG, BRS 33 Nr. 66; VGH Kassel, BRS 57 Nr. 216; VGH München, BRS 56 Nr. 19 = BayVBl. 1995, 150).

6. Wirkung der Baulast
Die Baulast **räumt das jeweilige Genehmigungshindernis aus**. So ist beispielsweise die Einhaltung von → Abstandsflächen nicht mehr erforderlich, wenn die Baulast dem Bauwilligen die Ausnutzung von → Abstandsflächen des Nachbargrundstücks gestattet, und auch ansonsten eine Bebauung bis an die Grundstücksgrenze zulässig ist, zudem das Vorhaben – abgesehen von den bau-

ordnungsrechtlichen → Abstandsflächen – die übrigen einschlägigen baurechtlichen Vorschriften einhält. Zwar hat die Baulast **keine privatrechtliche Wirkung**, vermittelt dem Begünstigten keinen privatrechtlichen Nutzungsanspruch und beinhaltet auch keine privatrechtliche → Duldungspflicht des Belasteten (BGH, BRS 40 Nr. 180; OLG Celle, IBR 1997, 120). Doch beschränkt sich die Bedeutung der Baulast regelmäßig nicht auf die rechtsbegründende Wirkung zugunsten der → Bauaufsichtsbehörde, sondern stellt aufgrund ihrer den Berechtigten begünstigenden Wirkung (etwa Nachweis eines Stellplatzes zugunsten des Bauherrn auf dem Nachbargrundstück) einen wirtschaftlichen Wert dar, der bei fehlender Vertragsgrundlage nach **Bereicherungsrecht** auszugleichen ist (BGH, NJW 1995, 53). Einem Räumungs- oder Beseitigungsverlangen gegen den Begünstigten wird oft der Einwand der **Rechtsmissbräuchlichkeit** entgegenstehen, wenn eine Baulast desselben Inhalts durchgesetzt werden könnte (BGH, NJW 1981, 980). Der BGH hat schließlich im Einzelfall eine Verpflichtung, eine Baulasterklärung abzugeben, als Nebenpflicht aus dem gesetzlichen Schuldverhältnis einer Dienstbarkeit abgeleitet, wenn Dienstbarkeit und Baulast denselben Zweck verfolgen, eine Baulast erforderlich ist und der Inhalt der Baulast nicht über die Bestimmungen der Dienstbarkeit hinausgehen (BGHZ 106, 348, 351 ff.).

Die Baulast **wirkt gegenüber Rechtsnachfolgern**, vgl. § 75 Abs. 1 S. 2 HBO; § 87 Abs. 1 S. 2 BauOLSA; § 83 Abs. 1 S. 3 BauONRW.

7. Untergang der Baulast

Die Baulast kann **nur durch schriftlichen Verzicht** der → Bauaufsichtsbehörde wieder aufgehoben werden. Ein solcher Verzicht ist nur möglich, wenn dadurch keine baurechtlich unzulässigen Zustände entstehen. Sind bei Wegfall der Baulast keine baurechtlichen Zustände vorhanden, besteht kein öffentliches Interesse an der Baulast mehr und die → Bauaufsichtsbehörde muss den Verzicht erklären (*Allgeier/v. Lutzau*, HBO-Kom., Erl. 81.3). Durch Zwangsversteigerung des Grundstücks geht eine öffentliche Baulast nicht unter (BVerwG, ZfBR 1993, 91).

Bauleistungen → Bauhandwerkersicherung nach § 648 a BGB

Gemäß § 1 VOB/A sind Bauleistungen Arbeiten jeder Art, durch die eine bauliche Anlage hergestellt, instand gehalten, geändert oder beseitigt wird. Architekten- oder Ingenieurleistungen fallen nicht unter den Begriff der „Bauleistung" im Sinne des § 1 VOB/A. Auf die durch Architekten oder Ingenieure erbrachten Leistungen findet die VOB daher keine Anwendung (OLG Hamm, BauR 1990, 104). Lediglich als Vorbereitungshandlungen und nicht als Bauleistungen im Sinne des § 1 VOB/A sind das Einrichten der → Baustelle, die Lagerung der Baustoffe, die Aufstellung von Baumaschinen sowie die Errichtung eines Schutzzeltes zu charakterisieren. Ob Abbrucharbeiten Bauleistungen sind, ist streitig. Diese Unterscheidung spielt im Rahmen des § 7 VOB/B, welcher die → Gefahrtragung für die bereits erbrachte Bauleistung behandelt, eine wesentliche Rolle. Lediglich die mit dem Bauwerk unmittelbar verbundenen, in seine materielle Substanz eingehenden Leistungen sind als Bauleistungen im Sinne dieser Vorschrift zu verstehen. Der etwaige erforderliche Arbeitsaufwand z. B. für zerstörte Gerüste und Schalungen wird daher von § 7 VOB/B nicht erfasst (BGH BauR 1973, 110 ff.). Von Belang ist diese Unterscheidung auch für die Anwendbarkeit der §§ 648 BGB (Sicherungshypothek) und 648 a BGB, da diese Regelungen nur zur Sicherung von Bauleistungen dienen sollen.

Inwieweit die Bestimmungen der VOB einem **Bauträgervertrag** zugrundegelegt werden können, ist umstritten. Grund hierfür ist, dass die überwiegenden Vorschriften auf den → Bauträgervertrag nicht „zugeschnitten" sind. Der BGH hat diese Frage offen gelassen, bezweifelt aber die Zulässigkeit einer solchen Vereinbarung (BGH, NJW 1983, 453). Danach sei bei Bauträgerverträgen zumindest zu vermuten, dass verschiedene Bestimmungen der VOB/B (auch für den Fall der

Vereinbarung einer unbeschränkten Geltung dieser Vorschriften) ausgeschlossen sein sollen (BGH, BauR 1987, 702, 704). Richtigerweise wird man dem Bauträgervertrag die VOB/B zugrunde legen können. Dies gilt, obwohl die im Rahmen einer Gesamtleistung des Bauträgers zu erbringenden Architekten- und Ingenieurleistungen keine Bauleistungen im Sinne des § 1 VOB/A sind (BGH, BauR 1987, 702, 704; OLG Düsseldorf, NJW-RR 1991, 219).

Bauleistungsversicherung → Baugeräteversicherung; → Bauherren-Haftpflichtversicherung

Diese Versicherung deckt unvorhergesehen eingetretene Schäden an versicherten Bauleistungen und sonstigen versicherten Sachen ab. Sie deckt die → Gefahrtragung durch den → Auftragnehmer gemäß § 4 Nr. 5 VOB/B und die des Auftraggebers gemäß § 7 VOB/B ab. Sie kann daher sowohl von Auftraggebern als auch von Auftragnehmern abgeschlossen werden. Grundsätzlich sind deshalb 2 verschiedene Arten von Bauleistungsversicherungen mit unterschiedlichen Bedingungen zu unterscheiden. Hierbei handelt es sich um die allgemeinen Bedingungen für die → Bauwesenversicherung von Unternehmerleistungen (ABU) und die allgemeinen Bedingungen für die → Bauwesenversicherung von Gebäudeneubauten durch Auftraggeber (ABN). Bei Versicherungen zu den Bedingungen der ABU werden i. d. R. alle Bauleistungen einschließlich aller dazu gehörigen Baustoffe, Bauteile, Bauhilfsstoffe und Hilfsbauten versichert. Nach den Versicherungsbedingungen der ABN sind als wesentliche Bestandteile einzubauende Einrichtungsgegenstände und Außenanlagen ohne Gartenanlagen und Pflanzungen versichert. Fahrzeuge, Baugeräte, Zeichnungen, Pläne sowie Vermessungs-, Werkstatt-, Prüf-, Labor- und Funkgeräte sowie Akten werden von beiden Versicherungsformen nicht erfasst. Vorgenannte Gegenstände können durch eine sogenannte → Baugeräteversicherung versichert werden. Die Versicherungssumme bemisst sich wie die Kostenerstattung im Schadensfall nach den Preisen des Bauvertrages sowie dem Neuwert der Baustoffe, Bauhilfsstoffe und Bauteile (ABU). Beim Eintritt eines Schadensereignisses wird von der vom Versicherer anerkannten Schadenssumme ein nach den ABU festgesetzter Selbstbehalt in Höhe von 20 % bzw. ein nach den ABN festgesetzter Selbstbehalt in Höhe von 10 %, jedoch mindestens ein durch die Versicherungsgesellschaften festgesetzter Mindestbetrag abgezogen. Der sich aus dem jeweiligen Versicherungsvertrag ergebende Versicherungsschutz beginnt und endet zu den vereinbarten Zeitpunkten. Die sich aus dem Vertrag ergebende Haftung des Versicherers endet spätestens mit der → Abnahme gemäß § 12 VOB/B. Die Bauleistungsversicherungen können als Einzelversicherungsverträge sowie als Jahresverträge abgeschlossen werden. Der Versicherungsnehmer ist jedoch bei Vereinbarung der ABN verpflichtet, alle Bauvorhaben vor Beginn dem Versicherer gegenüber anzumelden. Bei Abschluss einer Bauleistungsversicherung nach den ABU ist dies nur erforderlich, soweit bei einzelnen versicherten Bauvorhaben Sonderrisiken entstehen können.

Bauleiter

Von dem in § 15 Abs. 1 Nr. 8 HOAI genannten örtlichen Bauführer (**Objektüberwachung**) ist der verantwortliche Bauleiter zu unterscheiden. Die in § 15 Abs. 1 Nr. 8 HOAI genannte → Objektüberwachung umfasst die Überwachung der Herstellung in Bezug auf die Übereinstimmung mit den Zeichnungen, Angaben und Anweisungen des Architekten in technischer Hinsicht nebst der Einhaltung der technischen Regeln sowie der behördlichen Vorschriften, die → Abnahme der Bauleistungen und Baustoffe, die Kontrolle der für die Abrechnung erforderlichen Aufmaße und die Prüfung aller Rechnungen auf Richtigkeit und Vertragsmäßigkeit. Die örtliche Bauaufsicht berührt allein die Beziehung zwischen dem Bauherrn einerseits und dem Architekten andererseits. Sie hat rein zivilrechtlichen Charakter.

Unabhängig von dem zuvor erwähnten örtlichen Bauleiter gibt es das Institut des **verantwortlichen Bauleiters**. Dieser wird wie der örtliche Bauleiter vom Bauherrn beauftragt. Die sich für ihn ergebenden Pflichten sind jedoch öffentlich-rechtlicher Natur und ergeben sich aus den entsprechenden gesetzlichen Bestimmungen. Danach hat der verantwortliche Bauleiter darüber zu wachen, dass die Baumaßnahme den öffentlich-rechtlichen Vorschriften und den genehmigten Bauvorlagen entsprechend ausgeführt wird. Im Rahmen dieser Aufgabe hat er auf den sicheren bautechnischen Betrieb der → Baustelle, insbesondere auf das gefahrlose Ineinandergreifen der Arbeiten der Unternehmer zu achten. Seine Verantwortlichkeit besteht lediglich gegenüber den jeweiligen Bauordnungsbehörden. In den landesgesetzlichen Bestimmungen wird zum Teil betont, dass der Bauleiter neben dem Bauherrn die Rechte und Pflichten des Bauherrn hat und im Übrigen die Verantwortung der Unternehmer unberührt bleibt.

Sofern der verantwortliche Bauleiter nicht für alle von ihm zu überwachenden Arbeiten die erforderliche Sachkunde und Erfahrung besitzt, sind geeignete Sachverständige (**Fachbauleiter**) zu bestellen. Diese sind lediglich für die von ihnen zu überwachenden Facharbeiten verantwortlich. Für das ordnungsgemäße Ineinandergreifen seiner Arbeiten mit denen der Fachbauleiter zeichnet sich auch weiterhin der Bauleiter verantwortlich.

Soweit es erforderlich ist, muss er für die Zeit seiner Abwesenheit von der → Baustelle einen geeigneten **Vertreter** bestellen und ihn einweisen. Das Gleiche gilt für die jeweiligen Fachbauleiter.

Durch die Einführung des Institutes des verantwortlichen Bauleiters soll erreicht werden, dass auf der Baustelle eine Person vorhanden ist, die der → Bauaufsichtsbehörde gegenüber öffentlich-rechtlich die Verantwortung dafür trägt, dass das Bauvorhaben betriebssicher und unfallfrei abläuft. Die jeweilige Landesbauaufsichtsbehörde kann sich somit stets an die Person des verantwortlichen Bauleiters wenden, um die Befolgung der einzelnen Baubestimmungen zu verlangen.

Die Verpflichtung des Bauherrn zur Bestellung eines Bauleiters ist nach einigen Landesbauordnungen entfallen. Dies gilt insbesondere für Bayern, Baden-Württemberg, Niedersachsen und Nordrhein-Westfalen. Der **Verzicht auf die Bestellung eines verantwortlichen Bauleiters** wird damit begründet, dass die bisherige Regelung so ohnehin nicht habe weitergeführt werden können, da der Bauleiter einerseits zumeist als Angehöriger des Rohbauunternehmens nicht weisungsunabhängig gewesen sei und in der Praxis häufig nicht die bei der heutigen Bautechnik notwendige Sachkunde und Erfahrung besessen habe. Zudem sollte nach dem Willen der zuständigen Gesetzgeber das Bauen für den normalen Bauherrn nicht unnötig verteuert werden.

Die jeweiligen Landesbauordnungen legen nicht fest, wer verantwortlicher Bauleiter sein soll. Der Architekt ist aufgrund der durch ihn ständig vorzunehmenden gründlichen Überwachung der Bauarbeiten in aller Regel nicht in der Lage, das Aufgabenfeld des verantwortlichen Bauleiters zusätzlich zu tragen. Im Übrigen lehnen die meisten Architekten die Übernahme der verantwortlichen Bauleitung ab. Aufgrund des Umstandes, dass der Bauunternehmer wesentlich enger mit dem Bauvorhaben verbunden ist, erscheint es sinnvoll, ihm die Pflichten des verantwortlichen Bauleiters zu übertragen. Die Verantwortlichkeit als Bauleiter setzt voraus, dass der Betreffende durch den Bauherrn zivilrechtlich beauftragt worden ist.

Wenn der verantwortliche Bauleiter seine Pflichten verletzt, können ihm gegenüber Schadensersatzansprüche aus unerlaubter Handlung gemäß § 823 Abs. 1 BGB entstehen. Unbeachtlich ist dabei, dass er allein dem Bauherrn gegenüber verpflichtet ist. Aufgrund der vertraglichen Verpflichtung übernimmt er auch im öffentlichen Interesse die Pflicht, Leib und Leben Gesundheit und das Eigentum Dritter zu schützen. Damit obliegt dem verantwortlichen Bauleiter eine **Verkehrssicherungspflicht** gegenüber jedem Dritten. Zudem kommt eine strafrechtliche Verantwortlichkeit gemäß §§ 324 ff. StGB in Betracht. Aufgrund der dem verantwortlichen Bauleiter obliegenden → Verkehrssicherungspflicht ist seine ständige gründliche Überwachung der Bauarbeiten erforderlich. Die durch ihn vorzunehmenden Kontroll- und Überwachungsmaßnahmen müssen wesentlich intensiver sein als die des örtlichen Bauleiters. Er muss praktisch das gesamte Bauvorhaben ununterbrochen und persönlich überprüfen.

Die Tätigkeit als Objektüberwacher i. S. d. § 15 Abs. 1 Nr. 8 HOAI und die dort aufgezählten → Grundleistungen umfassen nicht die Vergütung für die Tätigkeit als verantwortlicher Bauleiter.

Bauleitpläne → Bebauungsplan; → Flächennutzungsplan

Bauleitung → Bauleiter; → Objektüberwachung

Bauliche Anlage → Abstandsflächen; → Baugenehmigung
1. Bauordnungsrecht
a) Definition
Nach der gesetzlichen Definition in den § 2 Abs. 1 der Landesbauordnungen, vgl. z. B. Art. 2 Abs. 1 BayBO; § 2 Abs. 1 HBO; § 2 Abs. 1 BauOLSA; § 2 Abs. 1 BauONRW, § 2 Abs. 1 BauORhPf, sind **bauliche Anlagen mit dem Erdboden verbundene, aus Bauprodukten hergestellte Anlagen**. Eine Verbindung mit dem Erdboden besteht auch dann, wenn die Anlage durch eigene Schwere auf dem Boden ruht oder wenn sie nach ihrem Verwendungszweck dazu bestimmt ist, überwiegend ortsfest benutzt zu werden. Als **bauliche Anlagen gelten** in der Regel auch Aufschüttungen und Abgrabungen, Lager, Abstell-, Aufstell- und Ausstellungsplätze, Camping- und Wochenendplätze, → Stellplätze, Sport- und → Spielplätze, Schiffe und schwimmfähige Anlagen, die ortsfest benutzt werden und dem Wohnen oder gewerblichen, sportlichen oder ähnlichen Zwecken dienen, Gerüste und Hilfseinrichtungen zur statischen Sicherung von Bauzuständen. Klassische Beispiele für eine solche bauliche Anlage ist die Aufstellung eines Wohnwagens als Ersatz für ein → Gebäude, etwa an Wochenenden oder im Urlaub oder von Verkaufswägen als Ladenersatz (BVerwG, BRS 23 Nr. 129; VGH Mannheim, BauR 1971, 94; VGH Kassel, BRS 44 Nr. 135; OVG Lüneburg, BauR 1987, 184). Auch ein ortsfester Turm oder Mast als Teil einer Bungee-Jumping-Anlage oder eine ortsfest betriebene Betonaufbereitungsanlage mit Betonsockel ist eine bauliche Anlage (VGH Kassel, ESVGH 19, 42; *Allgeier/v. Lutzau*, HBO-Kom., Erl. 2.1). Bauliche Anlagen sind ferner ein zur Aufzucht sog. Container-Pflanzen aufgebrachtes Sand- und Kiesgemisch auf ein Grundstück (VGH Mannheim, BRS 49 Nr. 155) oder die Anlage von Schotterwegen oder eines betonierten Betriebshofes (VGH München, BRS 32 Nr. 121; OVG Saarlouis, BauR 1984, 616), nicht aber eine naturbelassene Fläche, auf der Hühner gehalten werden (OVG Saarlouis, BRS 50 Nr. 147). Allerdings können auch naturbelassene Flächen durchaus als bauliche Anlagen gelten, wenn sie etwa wie Bolz- und Fußballplatzwiesen als Sportflächen genutzt werden (VGH Kassel, BauR 1991, 444). **Aufschüttungen** (Niveauerhöhung) und **Abgrabungen** (künstliche Vertiefung) sind auf Dauer angelegte Veränderungen der natürlichen Geländeoberfläche, die als selbstständig anzusehen sind. Eine solche Aufschüttung ist beispielsweise eine Müllhalde, die nicht den abfallrechtlichen Vorschriften unterliegt oder, dem VGH Kassel zufolge, das Aufbringen von Erde, um einem Kellergeschoss den Eindruck der Vollgeschossigkeit zu nehmen (VGH Kassel, BRS 39 Nr. 101 und Nr. 102; OVG Münster, BRS 23 Nr. 112). Abgrabungen stellen Sand- und Kiesgruben, Steinbrüche oder ein Torfabbau dar, nicht jedoch der Baugrubenaushub, wenn dieser Teil des Bauvorhabens ist (VGH München, BayVBl. 1986, 695).

b) Relevanz
Wird eine Anlage als **bauliche Anlage** eingestuft, so ergibt sich hieraus das Bedürfnis, dass **diese Anlage die Anforderungen des Bauordnungsrechts für bauliche Anlagen erfüllen muss**. Oft

benötigen Maßnahmen im Zusammenhang mit baulichen Anlagen einer vorherigen Genehmigung. So bedarf beispielsweise nach § 54 Abs. 1 HBO – und den vergleichbaren Vorschriften der anderen Bundesländer – die Errichtung, Aufstellung, Anbringung, die → Nutzungsänderung, der Abbruch und die Beseitigung von baulichen Anlagen oder von Teilen baulicher Anlagen grundsätzlich der → Baugenehmigung.

2. Bauplanungsrecht
a) Definition
Um den bauplanungsrechtlichen Begriff der baulichen Anlage zu erfüllen, muss das in Frage stehende bauliche Vorhaben **für** die **städtebauliche Entwicklung erheblich** sein und **Belange des Bauplanungsrechtes berühren**, also ein Planungsbedürfnis hervorrufen (sog. planungsrechtliche Relevanz). Eine solche planungsrechtliche Relevanz ist immer dann gegeben, wenn die im Rahmen der Aufstellung eines Bebauungsplans zu berücksichtigenden Belange i. S. v. § 1 Abs. 6 BauGB betroffen sind (BVerwGE 44, 59; BVerwG, ZfBR 1993, 86).

b) Relevanz
Nach § 29 Abs. 1 BauGB ist ein Vorhaben, – unabhängig davon, ob es einer → Baugenehmigung bedarf – das die **Errichtung**, **Änderung** oder **Nutzungsänderung** von baulichen Anlagen zum Inhalt hat, **auf** seine **bauplanungsrechtliche Zulässigkeit**, also insbesondere, ob es im Bereich eines Bebauungsplans, im bebauten Innen- oder unbebauten → Außenbereich gemäß §§ 30 ff. BauGB zulässig ist, **zu überprüfen**. Folglich ändert der Umstand, dass ein nicht überdachter Stellplatz als bauliche Anlage i. S. d. Bauordnungs- und Bauplanungsrechts nach der Landesbauordnung baugenehmigungsfrei errichtet werden kann, nichts an seiner Unzulässigkeit, wenn der → Bebauungsplan die Errichtung von Einzelstellplätzen untersagt (OVG Münster, ZfBR 1997, 46).

3. Verhältnis bauordnungs- und bauplanungsrechtlicher Begriff
In der Praxis **decken sich** fast immer die **beiden Begriffe der baulichen Anlage**. Dementsprechend wird allgemein die bauliche Anlage als solche i. S. d. Bauordnungs- und Bauplanungsrechts verstanden. **Abweichungen** tauchten **in Randbereichen** auf. So hat beispielsweise das OVG Lüneburg die Nutzung einer Freifläche als Flugplatz für Modellflugzeuge als bauordnungsrechtliche bauliche Anlage, nicht jedoch als bauliche Anlage (kein bauliches Vorhaben) nach → Bauplanungsrecht eingestuft (OVG Lüneburg, BauR 1995, 667). Der VGH Mannheim hat dies zum Teil ebenso bei → Werbeanlagen gesehen und verneint, dass es sich um bauliche Anlagen im Sinne des Bauplanungsrechts handelt (VGH Mannheim, BRS 40 Nr. 159; 42 Nr. 147; 50 Nr. 142).

Baulinien → Baugrenze; → Bebauungsplan
Baulinien bestimmen den **Standort eines Baukörpers auf** dem **Grundstück**. Ist in einem → Bebauungsplan eine Baulinie festgesetzt, **muss auf dieser Linie gebaut werden** (§ 23 Abs. 2 BauNVO). Dementsprechend darf ein → Gebäude einerseits die Linie nicht überschreiten, andererseits aber auch nicht hinter ihr zurückbleiben; das Bauwerk muss mit der Linie abschließen. Nur im Ausnahmefall kann ein Vor- oder Zurücktreten von Gebäudeteilen in geringfügigem Ausmaß zugelassen werden (z. B. bei Balkonen, Erkern, Gesimsen, Türüberdachungen usw.), wenn im → Bebauungsplan nicht ausdrücklich weitere Ausnahmen vorgesehen sind. Durch Baulinien kann neben der Stellung des Gebäudes auf dem Grundstück **auch** die **Höhenlage** festgelegt werden (§ 9 Abs. 1 Nr. 2, Abs. 3 BauGB). So legen z. B. Bebauungspläne in einzelnen Städten fest, dass in einer Geschäftsstraße das Erdgeschoss bis zum Gehweg zu errichten ist, während ab dem 1. Obergeschoss die → Gebäude um 10 m zurückversetzt sein müssen, um einen größeren Luftraum zwi-

schen den Gebäuden zu erzielen. **Für Nebenanlagen** wie Kinderspielplätze, Garagen und Stellplätzen **gelten** die **Linienfestsetzungen im Zweifel nicht**, so dass diese Anlagen auch jenseits der Baulinie errichtet werden können (§ 13 Abs. 5 S. 1 BauNVO), wenn der → Bebauungsplan nichts anderes vorschreibt (*Brohm*, Öffentliches Baurecht Rdn. 34). Nach dem VGH Mannheim kann ein Vor- oder Zurücktreten von Gebäudeteilen entgegen den bauplanungsrechtlichen Festsetzungen einer Baulinie ausnahmsweise zugelassen werden, wenn die bauordnungsrechtlichen Bestimmungen zu den → Abstandsflächen eingehalten werden (VGH Mannheim, IBR 1994, 122). Baugrenzen und Baulinien haben dem VGH Mannheim zufolge regelmäßig **nachbarschützende Wirkung** nur zugunsten des **an derselben Grundstücksseite liegenden Nachbarn**, wobei dieser Schutz sich auf eine Bebauung oberhalb der Erdoberfläche beschränkt (VGM Mannheim, IBR 1994, 434; 1992, 22).

Baumängel → Leistungsmangel

Baumassenzahl → Baugrundstück; → Geschossfläche-, Geschossflächenzahl; → Gewerbegebiet; → Industriegebiet; → Nebenanlagen; → Sondergebiet

Die Baumassenzahl gibt an, wie viel **cbm Baumasse je qm** maßgeblicher Grundstücksfläche zulässig ist, § 21 BauNVO. Für die maßgebliche Grundstücksfläche gilt § 19 Abs. 3 BauNVO und damit grundsätzlich der Grundstücksbegriff i. S. d. Grundbuchs.

1. Festsetzungsmöglichkeiten

Die Baumassenzahl darf ausschließlich in **Gewerbe-, Industrie-** und **Sondergebieten** gemäß § 17 Abs. 1 BauNVO festgesetzt werden. Ist beispielsweise eine Baumassenzahl (BMZ) von 9,0 festgesetzt, so beträgt die zulässige Baumasse auf einer im Grundbuch mit 100 qm ausgewiesenen Grundstücksfläche 9.000 cbm (1.000 x 9,0).

Die Baumassenzahl dient im → Gewerbegebiet, → Industriegebiet und → Sondergebiet der Maßbestimmung vor dem Hintergrund, dass bei den dort zulässigen Bauten erhebliche Geschosshöhen möglich sind und Bundes- und Landesrecht eine maximale Geschosshöhe nicht vorschreiben (*Boeddinghaus*, BauNVO, § 21 Rdn. 8). Dadurch kann beispielsweise für eine Produktionshalle mit Kranbahn ein → Gebäude mit 30 m Höhe bei zwei Geschossen mit je 15 m Höhe ermöglicht werden. Die Baumassenermittlung hat sich auf den baulichen Kern der jeweiligen Anlage zu konzentrieren, weil **Nebenanlagen** bei der Ermittlung der Baumasse gemäß § 21 Abs. 3 BauNVO **unberücksichtigt** bleiben. Danach müssen insbesondere gerüstähnliche Konstruktionen, Schrägaufzüge, offene Förderbänder, Rampen- und Arbeitsbühnen bei der Ermittlung der Baumasse nicht mitgerechnet werden.

2. Keine Festsetzung der Baumassenzahl

Ist im → Bebauungsplan die Höhe baulicher Anlagen oder die Baumassenzahl nicht festgesetzt, darf bei Gebäuden, die Geschosse von mehr als 3,5 m Höhe aufweisen, eine Baumassenzahl, die das **3½ fache der zulässigen Geschossflächenzahl** beträgt, **nicht überschritten werden**, § 21 Abs. 4 BauNVO. Ist beispielsweise die Grundflächenzahl mit 0,4 festgesetzt, die Zahl der Vollgeschosse mit 2 und die Geschossflächenzahl mit 0,8, so beträgt die zulässige Grundfläche eines Gebäudes auf einem 1.000 qm großen Grundstück 400 qm und die zulässige Geschossfläche 800 qm. Bei fehlender Festsetzung der Baumassenzahl wäre gemäß § 21 Abs. 4 BauNVO für eine Halle eine Baumasse von dem 3½-fachen der zulässigen Geschossflächenzahl, also von 800 x 3,5 = 2.800 cbm zulässig. Dies würde etwa eine Halle mit einer Höhe von 7,0 m und einer Grundfläche von 400 qm oder eine Halle mit einer Höhe von 8,0 m und einer Grundfläche von 350 qm erlauben. Nicht zulässig wäre demgegenüber eine Halle mit einer Höhe von 8,0 m und einer Grundfläche von 400 qm (8,0 m x

400 qm = 3.200 cbm), weil die zulässige Baumasse dann um 400 cbm überschritten werden würde (Beispiel nach *Boeddinghaus*, BauNVO, § 21 Rdn. 10).

3. Nachbarschutz
Festsetzungen über die Baumassenzahl haben wegen ihres Bezugs zur Grundstücksgröße und ihrer fehlende Aussage über den Standort in der Regel **keine nachbarschützende Wirkung**, es sei denn im → Bebauungsplan wäre ausnahmsweise eine solche angeordnet.

Baumschutz

In einem → Bebauungsplan können gemäß § 9 Abs. 1 Nr. 25 b BauGB baumschützende Festsetzungen enthalten sein. Dies erlaubt es insbesondere, die Anpflanzung von Bäumen, Sträuchern und sonstigen Bepflanzungen (z. B. Rankgewächse einschließlich Dachbegrünung) vorzuschreiben. Nicht geregelt werden dürfen nach § 9 Abs. 1 Nr. 25 BauGB Bepflanzungen für land- und forstwirtschaftlich genutzte Grundstücke. Doch hindert dies nicht, beispielsweise aus Gründen des Natur- und Landschaftsschutzes weithin sichtbare ortsbildbestimmende Ahornalleebäume als zu erhaltenden Bestand im → Bebauungsplan festzusetzen und deren Fällung unter einen Erlaubnisvorbehalt zu stellen; denn solche Bäume sind nach Art, Alter und Funktion nicht als Gegenstand land- und forstwirtschaftlicher Nutzung anzusehen (BayObLG, BayVBl. 2002, 676).

1. Einzelbaumschutz
§ 28 BNatSchG schützt Naturdenkmäler. Dies sind Einzelschöpfungen der Natur, die als Naturdenkmal rechtsverbindlich festgesetzt sind und die gemäß § 28 Abs. 2 BNatSchG vor Zerstörung, Beschädigung oder Veränderung in Schutz genommen werden müssen. Geschützt werden damit ebenfalls besondere Einzelbäume, die sich durch Alter, Stattlichkeit oder Schönheit auszeichnen. Aber auch Bäume, an die sich kultische oder geschichtliche Erinnerungen knüpfen wie Gerichts- und Dorflinden oder sonstige charakteristische Baumgruppen (Alleen, Wachholderheiden, Reststücke von Urwald, Eichenschälwald, Eichenwaldgruppe am See etc.) können Naturdenkmäler darstellen. **Voraussetzung** der Unterschutzstellung ist, dass der Schutz der Einzelschöpfung der Natur im Hinblick auf den jeweiligen Schutzzweck erforderlich ist. Der **Schutzzweck** ist in § 28 Abs. 1 BNatSchG definiert, wonach Einzelschöpfungen der Natur aus wissenschaftlichen, naturschutzgeschichtlichen oder landeskundlichen Gründen oder wegen ihrer Seltenheit, Eigenart oder Schönheit geschützt werden müssen (*Wirth/Müller*, Handbuch zur Vertragsgestaltung, Vertragsabwicklung und Prozessführung im privaten und öffentlichen Baurecht, 2. Buch: Öffentliches Baurecht, VIII Teil, Rn. 59). Es ist nicht erforderlich, dass der Bestand konkret gefährdet ist, die abstrakte Gefährdung reicht aus. Gemäß § 28 Abs. 2 BNatSchG sind alle negativ auf das geschützte Objekt einwirkende Handlungen verboten (absolutes Verbot). Solche unzulässigen beeinträchtigenden Handlungen wären z. B. eine unterirdische Leitung, die das Wurzelwerk eines geschützten Baumes in Mitleidenschaft zieht; straßenbauliche Maßnahmen, bei denen eine geschützte zweihundertjährige Eiche gefällt werden müsste oder die Errichtung eines Hochsitzes in einem geschützten Vogelgehölz (OVG Münster, NVwZ-RR 1997, 533; VGH Kassel, AgrarR 1990, 60; OVG Lüneburg, NuR 1979, 161).

2. Geschützte Landschaftsbestandteile
Durch § 29 BNatSchG werden zusätzlich Objekte aus Natur und Landschaft geschützt, die entweder zusammenhängend in Erscheinung treten oder auf ein Gebiet verteilt sind. Geschützt ist eine Mischform von Einzelobjekt und Flächenschutz. Nach § 29 Abs. 1 S. 2 BNatSchG kann sich der Schutz in bestimmten, von Ländern oder Gemeinden festgelegten Gebieten auch auf den gesamten

Bestand an Bäumen, Hecken oder anderen Landschaftsbestandteilen erstrecken. Für diese Gebiete ordnet § 29 Abs. 2 BNatSchG ein relatives Verbot aller Handlungen an, die zur Zerstörung Beschädigung oder Veränderung führen können (Pflicht zur Genehmigung), und ermächtigt die Länder, die Verpflichtung zu angemessenen und zumutbaren Ersatzpflanzungen festzulegen.

Von dieser bundesgesetzlich Ermächtigung zum umfassenden Baumschutz innerhalb bestimmter Gebiete machen viele Gemeinden durch Erlass sog. **Baumschutzverordnungen** bzw. **-satzungen** Gebrauch, die den gemeindlichen Baumbestand ganz grundsätzlich ab einem bestimmten Stammdurchmesser durch Genehmigungsvorbehalt vor Beeinträchtigungen schützen und zu Ersatzpflanzungen verpflichten. § 26 HENatG verlangt als Voraussetzung für einen solchen Schutz einen Mindestumfang der Bäume von 60 cm gemessenen ab 1 m Höhe. Regelmäßig fallen Obstbäume mit Ausnahme von Walnussbäumen und Esskastanien nicht unter den Schutz des Baumschutzrechts. Die Baumschutzsatzungen bewirken einen formalen Schutz, was bedeutet, dass die Lebensfähigkeit eines geschützten Baumes bei der Frage, ob er unter den Baumschutz fällt, keine Rolle spielt. Bei der Frage, inwieweit abgestorbene Bäume geschützt werden, kommt es auf den Schutzzweck an. Bezweckt die Baumschutzsatzung die Erhaltung des Kleinklimas und der Luftreinhaltung, ist ein abgestorbener Baum nicht geschützt. Wenn es jedoch auch um die Leistungsfähigkeit des Naturhaushaltes und des Landschaftsbildes geht, ergreift der Schutz auch abgestorbene Bäume, weil das Todholz als Lebensraum für Höhlenbrüter und Insekten wichtige Funktionen für den Naturhaushalt wahrnimmt (OLG Düsseldorf, NVwZ 1985, 70). Allerdings besteht bei abgestorbenen Bäumen regelmäßig ein Anspruch auf Erteilung einer Fällgenehmigung, weil dieser nunmehr aus Sicht des Naturschutzes eine unerhebliche Rolle spielen und deshalb das Interesse des Eigentümers an der Fällung des Baumes im Rahmen einer Abwägung der öffentlichen Erhaltungsinteressen und privaten Nutzungsinteressen überwiegt (*de Witt/Dreier*, in: Hoppenberg, Handbuch des öffentlichen Baurechts, E Rn. 393).

3. Verkehrssicherungspflicht

Probleme mit dem Baumschutz tauchen in der Praxis häufig im Zusammenhang mit der → Verkehrssicherungspflicht des Eigentümers auf. Gefährdet etwa ein Ast eines Baumes den darunter liegenden Straßenraum, so ist der Eigentümer nach Unterschutzstellung des Baumes daran gehindert, diesen zu fällen oder die Äste abzuschneiden. Hierbei entbindet die Unterschutzstellung den Eigentümer oder Nutzungsberechtigten nicht von der → Verkehrssicherungspflicht. Vielmehr hat der Eigentümer bzw. Nutzungsberechtigte eine Befreiung von den Veränderungsverboten zu beantragen, die bei überwiegendem Beseitigungsinteresse (z. B. Gefährdung des Straßenraums durch herabstürzenden Ast/Baum, völlige Verschattung des darunter liegenden Hauses) erteilt werden muss. Dennoch bleibt die Verantwortung und somit auch die → **Verkehrssicherungspflicht beim Eigentümer**. Erst wenn die Behörde die Gestattung versagt, geht die Haftung auf sie über (VG Freiburg, Urt. v. 14. Mai 2002, Az.: 10 K 1 849/00; *de Witt/Dreier*, in: Hoppenberg, Handbuch des öffentlichen Baurechts, E Rn. 451; *Frhr. v. u. z. Franckenstein*, Der Baum an öffentlichen Straßen als Schadensverursacher, BayVBl. 1999, 553 ff.). Abgesehen davon besteht in zahlreichen Bundesländern eine ausdrückliche Anzeigepflicht des Eigentümers bzw. Nutzungsberechtigten bei Schäden an Naturdenkmalen und von ihnen ausgehenden Gefahren, vgl. §§ 55 Abs. 1 NatSchGBW, Art. 50 BayNatSchG, § 44 NatSchGBln; § 25 Abs. 4 NatSchGMeVO; § 56 NatSchGSaAnh; § 19 Abs. 3 NatSchGSH.

Baunebenkosten

Zu den Baunebenkosten zählen insbesondere die Kosten der → Projektsteuerung, der Projektleitung, der Vorbereitung der → Objektplanung, der Architekten- und Ingenieurleistungen, etwaige

→ Gutachten und sonstiger Beratung (Schallschutzbau, Bauphysik, Raumakustik, Bodenmechanik, Vermessung usw.), Finanzierungskosten und sonstige allgemeine Baunebenkosten wie beispielsweise Kosten für Genehmigungen, Abnahmen, Bewirtschaftung, Bemusterung usw. Die Baunebenkosten sind als Bestandteil der Baukosten in der DIN 276 aus 1981 in der Kostengruppe 7 und in der DIN 276 aus 1993 in der Kostengruppe 700 im einzelnen aufgeschlüsselt. Baunebenkosten werden gemäß § 10 Abs. 5 Nr. 12 HOAI nicht zu den anrechenbaren Kosten gerechnet. Es handelt sich um Kosten, die nicht auf einer Leistung des Architekten beruhen. Danach sollen zu den anrechenbaren Kosten nur die Kosten solcher Gegenstände oder Leistungen zählen, die dem → Auftragnehmer zur Bearbeitung übertragen wurden.

Baunutzungsverordnung → Art der baulichen Nutzung; → BauGB; → Bauleitpläne; → Bauweise; → Bebauungsplan; → Flächennutzungsplan; → Maß der baulichen Nutzung
Die Baunutzungsverordnung ist eine, auf der Rechtsgrundlage von § 2 Abs. 5 BauGB erlassene Verordnung des Bundesministers für → Raumordnung, Bauwesen und Städtebau, die die materiellrechtlichen **Vorschriften des Baugesetzbuches** über die Bauleitplanung **ergänzt** und zusammen mit ihnen **Maßstäbe für** die **bauliche Nutzung von Grundstücken setzt**. In ihr sind zum einen Bestimmungen über den Inhalt von Flächennutzungsplänen und Bebauungsplänen getroffen. Zum anderen regelt sie die Zulässigkeit von Vorhaben in den festgesetzten Baugebieten sowie unter den Voraussetzungen des § 34 Abs. 2 BauGB im nicht beplanten → Innenbereich. Die vorgegebenen Grundsätze, Ziele und Rechtsvorschriften bilden die Grenze, innerhalb deren die Gemeinde ihr Planungsermessen i. S. einer planerischen → Gestaltungsfreiheit frei ausüben kann.
Die Baunutzungsverordnung enthält in ihrem ersten Abschnitt Bestimmungen über die → Art der baulichen Nutzung, fasst im zweiten Abschnitt die Vorschriften über das → Maß der baulichen Nutzung zusammen und trifft im dritten Abschnitt Regelungen über die → Bauweise und die überbaubaren Grundstücksflächen.

Bauordnungsrecht → Abstandsflächen; → Bauplanungsrecht
Das Bauordnungsrecht, früher Baupolizeirecht genannt, regelt zum einen das **Baugenehmigungsverfahren**, zum anderen enthält es Vorschriften über die nähere Ausgestaltung und **Ausführung der baulichen Anlage auf dem Grundstück**, die sich im Wesentlichen objektbezogen unter Sicherheitsgesichtspunkten mit den Anforderungen an deren Konstruktion und Gestaltung befassen. So lassen sich die Funktionen des Bauordnungsrechtes zusammenfassen in:
– Gefahrenabwehr: hierzu dienen die Beschaffenheitsanforderungen an Baugrundstücke, Baustoffe und Bauausführung;
– Verhütung von Verunstaltungen: hierzu dienen die Vorschriften der Baugestaltung;
– Sozial- und Wohlfahrtsaufgaben: hierzu dienen beispielsweise die Bestimmungen über die → Abstandsflächen, Kinderspielflächen usw.
Das Bauordnungsrecht ist als **Landesrecht** zu unterscheiden von dem bundesrechtlich geregelten → Bauplanungsrecht.

Bauphysikalische Nachweise → Sonderfachleute; → Wärmeschutz

Bauplanungsrecht → Art der baulichen Nutzung; → Bauordnungsrecht; → Maß der baulichen Nutzung
Das Bauplanungsrecht umfasst die **Vorschriften, die sich** in irgendeiner Weise **mit der Bebauung von Grundstücken befassen**. Es regelt die Festlegung der rechtlichen Qualität des Bodens und seiner Nutzbarkeit. So befasst es sich speziell mit der Ordnung der Bebauung aus städtebaulichen

Gesichtspunkten (Bauleitplanung) und mit der Art und dem → Maß der baulichen Nutzung eines Grundstücks. Es ist als Bundesrecht abzugrenzen von dem landesrechtlich geregelten → Bauordnungsrecht.

Bauproduktenrichtlinie

Hierbei handelt es sich um eine EG-weite Richtlinie, nach der für Bauprodukte sichergestellt werden muss, dass das Bauwerk, für welches die Bauprodukte verwendet werden, bei ordnungsgemäßer Planung und Bauausführung wesentliche Anforderungen in Bezug auf Standsicherheit, → Brandschutz, → Energieeinsparung, Nutzungssicherheit und → Wärmeschutz erfüllen kann. Die Bauproduktenrichtlinie ist Grundlage für die Europäische Normung im Bauwesen durch das Europäische Komitee für Normung CEN und wurde mit dem am 15. 8. 1992 in Kraft getretenen Bauproduktengesetz in der Bundesrepublik Deutschland eingeführt. Die jeweilige Brauchbarkeit der Bauprodukte kann durch Übereinstimmung mit einer harmonisierten europäischen Norm, einer europäischen technischen Zulassung (EOTA) oder einer auf EG-Ebene anerkannten, nicht harmonisierten technischen Spezifikation nachgewiesen werden.

Baurecht → privates Baurecht

Unter Baurecht im weiteren Sinne versteht man die Summe derjenigen Rechtsvorschriften, die sich auf die Ordnung der Bebauung und die Rechtsverhältnisse der an der Erstellung eines Bauwerks Beteiligten beziehen. Diese Rechtsvorschriften können öffentlich-rechtlicher oder privatrechtlicher Natur sein. Öffentliches und privates Recht unterscheiden sich nach Zweck und Durchsetzungsmittel.
Durch das **öffentliche Recht** werden die Rechtsbeziehungen des Staates und anderer öffentlicher Körperschaften und Anstalten sowohl untereinander als auch gegenüber ihnen unterstellten Einzelnen geregelt. Das öffentliche Recht ist das Recht der Träger hoheitlicher Gewalt und ihrer Organe.
Im **Privatrecht** treten sich dagegen die Einzelnen auf gleicher Ebene gegenüber und gestalten im Rahmen der Vertragsfreiheit ihre Beziehungen nach ihrem Willen im Rahmen der Gesetze. Normzweck ist hier die Verwirklichung privater Interessen. Die Rechtsbeziehungen des Privatrechts sind also auf Koordination, die des öffentlichen Rechts auf Subordination aufgebaut.
Entscheidend dafür, ob öffentliches oder privates Baurecht vorliegt, ist die Art, wie sich die Parteien gegenüber treten. Auch der Staat oder die öffentliche Anstalt können privatrechtlich handeln.
Das **öffentliche Baurecht** schränkt im öffentlichen Interesse die allgemeine Handlungsfreiheit der am Bau Beteiligten ein und steckt den Rahmen für die → Baufreiheit ab. Im Rahmen dieser Baufreiheit stellt das **private Baurecht** ein Normensystem für die Planung und Errichtung von Bauwerken zur Verfügung. Das private Baurecht ist also notwendiger Weise in das öffentliche Baurecht eingebettet. Das private Baurecht ist im Wesentlichen dadurch gekennzeichnet, dass eine uneingeschränkte Gleichordnung der Vertragspartner gegeben ist. Dies gilt ebenso, wenn der Bund, ein einzelnes Bundesland oder die Gemeinde Vertragspartner eines nach den Vorschriften des BGB oder aber nach der → VOB zu beurteilenden Bauvertrages sind. Neben den beiden vorgenannten gesetzlichen Regelungen des BGB und der VOB sind dem Baurecht zudem Regelungen aus anderen Gesetzen, wie beispielsweise dem Handelsrecht oder aber des Arbeitsrechts zuzuordnen. Für streitige Auseinandersetzungen der Vertragsparteien sind die ordentliche Gerichte (Amts-, Land-, Oberlandesgericht und der Bundesgerichtshof) zuständig. Es handelt sich insofern um einen sogenannten Zivilprozess. Für das öffentliche Baurecht heranzuziehende Regelungen finden sich im Baugesetzbuch, den Landesbauordnungen, dem Bundesimmissionsschutzgesetz sowie dem Finanz- und Steuerrecht. Rechtsstreitigkeiten unterliegen der Zuständigkeit der extra für die einzelnen Gebiete für das öffentliche Recht geschaffenen Gerichtsbarkeiten, wie beispielsweise

dem Verwaltungs- und Finanzgerichten. Die ordentliche Gerichtsbarkeit (Zivilgerichte) sind i. d. R. nicht zuständig.

Baurecht auf Zeit → Außenbereich; → Bebauungsplan

Mit In-Kraft-Treten des BauGB 2004 ist auch das Baurecht auf Zeit eingeführt worden. So bestimmt § 9 Abs. 2 BauGB, dass in Bebauungsplänen in besonderen Fällen festgesetzt werden kann, dass bestimmte, festgesetzte, bauliche und sonstige Nutzungen und Anlagen nur für einen bestimmten Zeitraum oder bis zum Eintritt bestimmter Umstände zulässig sind. Die Festsetzung einer zeitlich beschränkten Nutzung wird insbesondere bei Anlagen mit beschränktem Lebenszyklus, wie z. B. Großkinos, Einkaufszentren, in Betracht kommen oder wenn die vorübergehende Nutzung einer Anlage feststeht, beispielsweise bei einem Olympischen Dorf, Landesgartenschau o. ä. Besondere Fälle i. S. d. § 9 Abs. 2, S. 1 BauGB, in denen solche zeitlich befristeten Festsetzungen möglich sein sollen, liegen in besonderen städtebaulichen Situationen vor. Dementsprechend bedarf es für solche Festsetzungen einer städtebaulichen Begründung, um den hiervon berührten unterschiedlichen Gesichtspunkten Rechnung zu tragen.

Im Bebauungsplan soll zugleich die Folgenutzung mit festgesetzt werden, vgl. § 9 Abs. 2 S. 2 BauGB, damit der Bebauungsplan auch die planungsrechtlichen Grundlagen für die weitere städtebauliche Entwicklung enthält. So kann z. B. mit der Festsetzung einer Nassauskiesungsfläche zugleich die Folgenutzung dieses Gebietes als Naherholungsgebiet mit festgesetzt werden.

1. Rückbau

Das Gesetz enthält keine generelle Rückbauverpflichtung für die Fälle zeitlich befristeter Festsetzungen. Lediglich für privilegierte Außenbereichsvorhaben (nicht Land- und Forstwirtschaft) gibt es eine Sonderregelung in § 35 Abs. 5 S. 2 BauGB, die eine Rückbauverpflichtung als Zulässigkeitsvoraussetzung des Vorhabens vorsieht. Diese Rückbauverpflichtung soll bestehen, wenn die nach der Genehmigung zulässige Nutzung dauerhaft aufgegeben wird und auch nicht durch eine andere zulässige Nutzung ersetzt wird. § 35 Abs. 5 S. 2 HS. 2 BauGB stellt klar, dass eine nach § 35 Abs. 1 Nr. 2 bis 6 BauGB zulässige Nutzungsänderung im Falle der Durchführung nicht die Fälligkeit des Rückbaus auslöst. Sofern eine Nutzungsänderung nach § 35 Abs. 1 Nr. 1 BauGB (land- und forstwirtschaftlicher Bereich) oder § 35 Abs. 2 BauGB (sonstige ausnahmsweise zulässige Außenbereichsvorhaben) erfolgt, soll die Rückbauverpflichtung entfallen.

2. Befristete Baugenehmigung

Für zeitliche befristet festgesetzte Nutzungen und Anlagen kann auch nur eine zeitlich befristete Baugenehmigung erteilt werden. Nach „Erlöschen" des befristeten Baurechts und der befristeten Baugenehmigung kann eine Beseitigungsanordnung erlassen werden, denn das Vorhaben genießt in diesem Fall keinen Bestandsschutz mehr.

Baurechtliche Vorschriften → Baugenehmigung

Nach den Landesbauordnungen ist die → Baugenehmigung zu erteilen, wenn die genehmigungspflichtigen Maßnahmen den baurechtlichen bzw. sonstigen öffentlich-rechtlichen Vorschriften entsprechen. Der Begriff „baurechtliche Vorschriften" ist dabei **sehr weit auszulegen**. Er umfasst nicht nur die Bestimmungen der Bauordnungen der einzelnen Bundesländer sowie deren Durchführungsverordnungen, er betrifft vielmehr alle Gesetze, die baurechtliche Aussagen enthalten.

Bauschein → Baugenehmigung

Die **Baugenehmigung** wird in der **Form** eines Bauscheines (schriftlicher Teil der Baugenehmigung) erteilt, der an der → Baustelle bereit liegen muss. Der Bauschein definiert primär den Inhalt der → Baugenehmigung, die mit Zugehörigkeitsvermerk versehenen → Bauvorlagen haben nur erläuternde Wirkung und sind gegenüber den inhaltlich im Bauschein enthaltenen Bestimmungen nachrangig (OVG Münster, BRS 39 Nr. 152).

Bauschild → Baustellenschild

Bausperre → Amtshaftungsansprüche; → Baugenehmigung; → Bauvoranfrage; → Veränderungssperre; → Zurückstellung

Wird eine → Veränderungssperre nach § 14 BauGB nicht beschlossen, obwohl die Voraussetzungen gegeben sind, so hat im Einzelfall die Baugenehmigungsbehörde auf Antrag der Gemeinde das Baugesuch eines Bauherren für einen Zeitraum von bis zu 12 Monaten auszusetzen, wenn zu befürchten ist, dass die Durchführung der gemeindlichen Planung durch das beabsichtigte Vorhaben unmöglich gemacht oder doch wesentlich erschwert werden würde (§ 15 Abs. 1 S. 1 BauGB). In den Fällen, in denen kein Baugenehmigungsverfahren durchgeführt wird, wird auf Antrag der Gemeinde anstelle der Aussetzung der Entscheidung über die Zulässigkeit des Bauvorhabens eine **vorläufige Untersagung** innerhalb einer durch Landesrecht festgesetzten → Frist ausgesprochen. Die vorläufige Untersagung steht der → Zurückstellung gleich (§ 15 Abs. 1 S. 2 u. 3 BauGB). Diese, aus Planungsgründen ausgesprochene förmliche Bausperre für einen gewissen Zeitraum ist noch keine → Enteignung, sondern nur eine Eigentumsbindung. Es besteht daher in diesen Fällen kein Entschädigungsanspruch. Dasselbe gilt, wenn eine → Bauvoranfrage zurückgestellt wird (BVerwG, NJW 1971, 445). Eine Gemeinde ist jedoch nicht berechtigt, (und haftet aus Amtspflichtverletzung), die Entscheidung über eine → Bauvoranfrage über die angemessene Bearbeitungszeit hinauszuzögern, wenn das Bauvorhaben nach der noch gültigen Rechtslage planungsrechtlich zulässig ist, aber ein – noch nicht verkündeter – Beschluss über die Aufstellung eines Bebauungsplans mit anders gearteten Zielen vorliegt (BGH, BRS 64 Nr. 157).

Baustelle → Baulärm; → Bauschein; → Verkehrssicherungspflicht; → Versiegelung

Als Baustelle bezeichnet man den **Ort, an dem bauliche Anlagen errichtet, geändert** oder **abgebrochen werden**. Hierzu gehören also nicht Betriebsstätten oder Werkplätze, in oder auf denen Bauteile nur vorgefertigt werden. Da naturgemäß mit Bauarbeiten nicht unerhebliche Gefahren verbunden sind, schreiben die Landesbauordnungen vor, Baustellen so einzurichten, dass keine Gefahren oder vermeidbare Belästigungen entstehen.

1. Auswirkungen für Nachbarn

Die Landesbauordnungen enthalten bauordnungsrechtliche Regelungen, wonach Baustellen so einzurichten sind, dass die baulichen Anlagen ordnungsgemäß errichtet, abgebrochen oder unterhalten werden und Gefahren oder vermeidbare erhebliche Beeinträchtigungen nicht entstehen können (vgl. § 10 Abs. 1 HBO; § 14 Abs. 1 BauOLSA; § 12 Abs. 1 BayBO). In bezug auf nachbarliche Abwehrrechte stellte der VGH Mannheim hierzu fest, dass diese Vorschriften durch entsprechende Anforderungen an den Betrieb der Baustelle lediglich die landesrechtlichen Generalklauseln konkretisierten, nach denen bauliche Anlagen und Grundstücke so anzuordnen, zu errichten und zu unterhalten sind, dass die öffentliche Sicherheit und Ordnung nicht bedroht werde. Eventuelle wirtschaftliche Auswirkungen der Baustelle auf einen auf dem Nachbargrundstück geführten Gewerbebetrieb – wie sie von der Klägerin in dem entschiedenen Fall befürchtet wurden – würden von dem Schutzzweck der landesrechtlichen Vorschriften zur → Baustelleneinrichtung (z. B. § 10 Abs. 1 HBO; § 14 Abs. 1 BauOLSA; § 12 Abs. 1 BayBO) erkennbar nicht erfasst (VGH Mannheim, BRS 60 Nr. 198).

2. Verkehrssicherungspflichten

Wer die Funktion des verantwortlichen Bauleiters ausübt und damit öffentlich-rechtlich für die ordnungsgemäße Einrichtung und den sicheren Betrieb der Baustelle und der Betriebssicherheit verantwortlich ist, von dem muss auch angenommen werden, dass er auch zivilrechtlich die Aufgabe der Baustellensicherung übernommen hat (BGH, BauR 1984, 77). Allerdings hat der Bundesgerichtshof (BGH, BauR 1985, 237 ff.) in Bezug auf die Verantwortlichkeit zwischen dem für die Baustellensicherung verantwortlichen Bauunternehmer und dem Bauherrn für das gefahrlose Betreten einer Baustelle durch Besucher, denen der → Bauherr den Zugang gestattet, festgestellt, dass an einer Baustelle grundsätzlich nur ein beschränkter Verkehr zugunsten der am Bau beschäftigten Handwerker, der Lieferanten, des Architekten, des Bauherrn, Beamten der Bauaufsichtsbehörde usw. eröffnet sei, und dass der Eröffnung eines nur beschränkten Verkehrs eine entsprechend begrenzte Verkehrssicherungspflicht entspreche. Dies gelte sowohl für den Umfang der zu treffenden Sicherungsmaßnahmen als auch für den Kreis der Ersatzberechtigten bei Verletzung der Verkehrssicherungspflicht. Eine Verantwortlichkeit für den verkehrssicheren Zustand der Baustelle bestehe daher nur denjenigen gegenüber, die zu dem beschränkten Personenkreis gehörten, gegenüber dem der Baustellenverkehr eröffnet sei. Auf Grund einer Vereinbarung oder besonderer Umstände des Einzelfalles könnten allerdings auch andere Personen als diejenigen eingeschlossen sein, die normalerweise Zutritt zur Baustelle haben, unter Umständen auch Besucher der Baustelle. In derartigen Fällen könnten auch die Anforderungen an die Verkehrssicherungspflicht höher sein. In dem konkreten Fall hatte der Bauherr Besuchern den Zutritt zu der Baustelle gestattet, die sich dann dort erheblich verletzten. Der BGH stellt hierzu fest, dass, obwohl dem verkehrssicherungspflichtigen Bauunternehmer oder Architekten bekannt sei, dass der Bauherr Besuchern Zutritt zur Baustelle gewähre, ihnen hieraus keine zusätzlichen Sicherungspflichten gegenüber solchen Personen erwüchsen. Für deren Sicherung sei vielmehr allein der Bauherr verantwortlich, der ihnen Zugang zu der Baustelle eröffne. Dieser müsse selbst die Gefahren kennen, denen er seine Besucher aussetze. Ausnahmsweise bestünde für den verkehrssicherungspflichtigen Architekten oder Bauunternehmer in solchen Fällen eine Sicherungspflicht gegenüber den Baustellenbesuchern, wenn er erkennen muss, dass der Bauherr es unter Verstoß gegen die ihn treffende Sicherungspflicht duldet, dass sie ohne Begleitung Zutritt zu der Baustelle erhalten (BGH, BauR 1985, 237, 239).

Baustelleneinrichtung

Zur Baustelleneinrichtung gehören die für eine Bauausführung benötigten Einrichtungsteile sowie deren Bereitstellung und deren Ausbau (→ Lagerplätze, Bereitschaftsgeräte, Baustoffe, Baustraßen, Baubarken). Zudem wird von dem Begriff der Baustelleneinrichtung die genaue räumliche Zuordnung vorbezeichneter Einrichtungsteile auf der → Baustelle erfasst. Die Planung der Baustelleneinrichtung ist als solches Bestandteil der Arbeitsvorbereitung des Bauunternehmers.

Sofern in der → Leistungsbeschreibung mit Leistungsverzeichnis für die Kosten der Baustelleneinrichtung und -räumung keine Positionen ausgewiesen sind, sind diese in die Einheitspreise einzurechnen (DIN 18299/Pkt. 4.1). Gleiches gilt für die Vorhaltung der Baustelleneinrichtung während der → Bauzeit, da die hierfür anfallenden Kosten als Bereitschaftskosten der Baustelle anzusehen sind.

Baustellenschild

Die Landesbauordnungen schreiben vor, bei Neubauten an gut sichtbarer Stelle ein Baustellenschild (Bauschild) anzubringen. Es muss die **Bezeichnung des Bauvorhabens** und in der Regel die **Namen und Anschriften** des **Bauherrn**, des **Entwurfsverfassers** und des **Unternehmers für den Rohbau** enthalten, damit diese bei Gefahren außerhalb der Arbeitszeiten ermittelt und verständigt werden können (vgl. Art. 12 Abs. 3 BayBO; § 12 Abs. 3 BOBln; § 10 Abs. 2 HBO; § 13 Abs. 4 SaarlLBO).

Baustellenverordnung

Die Baustellenverordnung vom 10. 6. 1998 (BGBl. I, Nr. 35) überträgt dem Bauherrn mittlerer und größerer Bauvorhaben unter den Voraussetzungen des § 2 Abs. 2 Baustellenverordnung Aufgaben, die der Sicherheit und dem Gesundheitsschutz auf der → Baustelle dienen. Sie hat das **Ziel, Arbeitsunfälle** und **Gesundheitsschäden auf der Baustelle zu vermeiden**. § 2 Abs. 1 BaustellV bestimmt, dass der → Bauherr oder ein von ihm beauftragter Dritter „bei der Planung der Ausführung eines Bauvorhabens, insbesondere bei der Einteilung der Arbeiten, die gleichzeitig oder nacheinander durchgeführt werden, und bei der Bemessung der Ausführungszeiten für diese Arbeiten die allgemeinen Grundsätze nach § 4 des Arbeitsschutzgesetzes zu berücksichtigen hat". Ein Verstoß gegen die Baustellenverordnung kann bußgeldbewährt oder sogar strafbar sein (§ 7 Baustellenverordnung). Der Ausschuss für Sicherheit und Gesundheitsschutz auf Baustellen (ASGB) hat Regeln zum Arbeitsschutz auf Baustellen (RAB) zur Konkretisierung der Baustellenverordnung aufgestellt und schreibt diese fort. Die RAB werden vom Bundesministerium für Arbeit und Sozialordnung im Bundesgesetzblatt (BArbBl.) bekanntgegeben.

Baustopp → Baueinstellung; → Veränderungssperre; → Zurückstellung

Bauträgervertrag → Abschlagszahlung; → Allgemeine Geschäftsbedingungen; → Bauhandwerkersicherungshypothek; → Formfreiheit

Der Bauträgervertrag ist ein Vertrag eigener Art gemäß § 311 BGB, der die **Kombination** der Pflicht zur **Eigentumsverschaffung an einer Immobilie** verbindet mit der **Errichtung eines Bauwerks** unter **Verwendung von Mitteln des Käufers** (= Besteller = Auftraggeber).

1. Schwerpunkt: Werkvertrag

Der Bauträgervertrag stützt sich auf Kaufrecht, Werkvertragsrecht und spezifisches Makler- und Bauträgerrecht. Der Schwerpunkt liegt wegen der vorzunehmenden Bautätigkeit im Werkvertragsrecht, so dass die vertraglichen Rechte und Pflichten grundsätzlich nach Werkvertragsrecht (§§ 631 ff. BGB) zu beurteilen sind. Bauträgerverträge sind dabei regelmäßig gleichförmige Formularverträge, auch wenn sie von einem Notar entworfen wurden; wegen der wirtschaftlichen Stellung des Auftraggebers sind sie regelmäßig Verbraucherverträge im Sinne von Allgemeinen Geschäftsbedingungen (§§ 305 ff. BGB).

2. Gewerberechtliche Erlaubnispflicht

Nach § 34 c Abs. 1 Nr. 2 a GewO bedarf der behördlichen Erlaubnis, wer Bauvorhaben als → Bauherr im eigenen Namen für eigene oder fremde Rechnung vorbereiten oder durchführen und dazu Vermögenswerte von Erwerbern, Mietern, Pächtern oder sonstigen Nutzungsberechtigten oder von Bewerbern um Erwerbs- oder Nutzungsrechte verwenden (Bauträger). Der Charakter des **Bauträgervertrages hängt** aber **nicht davon ab, ob** der **Bauträger selbst Erlaubnisträger im Sinne von § 34 c Abs. 1 Nr. 2 a GewO ist**. Vielmehr liegt ein Bauträgervertrag auch dann vor, wenn ein Nichterlaubnisinhaber wie ein Bauträger tätig wird. Bauvorhaben gemäß § 34 c Abs. 1 Nr. 2 a GewO durchführen umfasst nicht nur die „schlüsselfertige" Errichtung von neuem Wohn- oder Gewerberaum, sondern auch z. B. die Altbausanierung oder die Veräußerung eines Bauplatzes mit zu errichtenden Erschließungsanlagen (*Marcks*, GewO-Kom., § 34 c Rdn. 42). **Kein Bauträgervertrag** liegt aber vor, **wenn** das **Bauvorhaben bei Vertragsabschluss bereits fertiggestellt ist** oder die Leistungen erst zu diesem Zeitpunkt entgegengenommen werden sollen, weil in diesen Fällen keine Zahlungen zur Durchführung eines Bauvorhabens erfolgen.

3. Beurkundungspflicht
Sämtliche Elemente des Bauträgervertrages müssen gemäß § 311 b S. 1 BGB beurkundet werden. Eine Beurkundung nur des Grundstückskaufvertrages ohne den Teil der Gebäudeerrichtung wäre unzulässig und würde zur Nichtigkeit des Vertrages führen, weil verbundene Geschäfte einheitlich beurkundet werden müssen. Zudem muss neben dem eigentlichen Vertrag auch die Baubeschreibung mit beurkundet werden, da sie wesentlicher → Vertragsbestandteil ist. Sonderwünsche müssen ebenfalls beurkundet werden, wenn sie vor der Auflassung (Einigung über Eigentumsübergang) erklärt werden; nach der Auflassung sind sie nicht mehr beurkundungspflichtig (*Palandt/Heinrichs*, BGB-Kom., § 311 b Rdn. 41).

4. Makler- und Bauträgerverordnung (MaBV)
Die MaBV hat für den Bauträgervertrag zwei Sicherungskreise entwickelt:
- Vertragabwicklung nach § 3 MaBV, d. h. keine Leistung des Auftraggebers ohne → Vorleistung des Bauträgers;
- Vertragsabwicklung nach § 7 i. V. m. § 3 MaBV, d. h. Verbürgung der Vorleistung des Auftraggebers durch Bauträger gemäß § 2 MaBV, und zwar durch Stellung einer → Bürgschaft der Bauträgerbank unter der Voraussetzung der Zahlung des Kaufpreises auf das Bauträgerkonto.

a) Sicherungskreis 1: § 3 MaBV
aa) § 3 Abs. 2 Nr. 1 MaBV: (erster Teilbetrag)
– 30 von 100 der Vertragssumme bei Sicherung der Eigentumsübertragung
– 20 von 100 bei Erbbaurechtsbestellung,
jeweils nach Beginn der Sicherung der Erdarbeiten, d. h. Spatenstich.

bb) § 3 Abs. 2 Nr. 2 MaBV: (weitere Teilbeträge)
– von der restlichen Vertragssumme (= 70 %) maximal bis zu 6 Teilbeträge wie folgt:
  28,0 % nach Rohbaufertigstellung, einschließlich Zimmerarbeiten,
  5,6 % für die Herstellung der Dachflächen und Dachrinnen,
  2,1 % für die Rohinstallation der Heizungsanlagen,
  2,1 % für die Rohinstallation der Sanitäranlagen,
  2,1 % für die Rohinstallation der Elektroanlagen,
  7,0 % für den Fenstereinbau, einschließlich der Verglasung,
  4,2 % für den Innenputz, ausgenommen Beiputzarbeiten,
  2,1 % für den Estrich,
  2,8 % für die Fliesenarbeiten im Sanitärbereich,
  8,4 % nach Bezugsfertigkeit und Zug um Zug gegen Besitzübergabe,
  2,1 % für die Fassadenarbeiten,
  3,5 % nach vollständiger Fertigstellung.

Die Basis für die Berechnung der Raten ist die Vertragssumme (Kaufpreis) einschließlich Neben- und Außenanlagen. Weitere Aufspaltung in kleinere Einheiten ist nicht möglich, aber einzelne Bauabschnitte können zusammengefasst werden; die → Fälligkeit tritt dann erst nach Abschluss des letzten Baufortschritts ein. Fallen einzelne der in § 3 Abs. 2 Nr. 2 MaBV genannten Raten weg, wird der jeweilige Prozent-Satz anteilig auf die anderen Raten verteilt. Das → Gebäude ist erst dann vollständig fertiggestellt, wenn alle vertragsmäßig vereinbarten Leistungen erbracht sind, also ggf. auch die Außenanlagen (z. B. Zugangswege, Anpflanzungen) und Garagen erstellt worden sind (vgl. 3.3.2 MaBVwV).

b) Sicherungskreis 2: § 7 MaBV

– Stellung einer Sicherheit (Bürgschaft) für alle etwaigen Ansprüche des Auftraggebers auf Rückgewähr oder Auszahlung seiner Vermögenswerte. Auf die → Bürgschaft finden die einschlägigen Vorschriften des § 2 MaBV, ausgenommen § 2 Nr. 5 MaBV, entsprechende Anwendung.

Im Rahmen der Verpflichtung zur Eigentumsübertragung am Grundstück muss die Sicherheit bis zur Erfüllung des § 3 Abs. 1 MaBV und vollständiger Fertigstellung des Vertragsobjektes, § 3 Abs. 2 MaBV aufrecht erhalten werden. Die **Bürgschaft darf** gem. § 2 Abs. 2 Satz 4 i. V. m. § 7 Abs. 1 MaBV **nicht zeitlich befristet**, sondern nur an Bedingungen geknüpft werden (BGH NJW 1999, 51 ff.).

Eine Vermischung der beiden Sicherungen ist unzulässig, zulässig ist aber der Austausch der Sicherungen der §§ 2–6 und derjenigen des § 7 MaBV.

Von der MaBV-Bürgschaft wird abgedeckt:
– Zahlungsansprüche (Wandelung/Minderung) wegen Mängeln vor der → Abnahme (BGH, WM 2002, 2411);
– Aufwendungsersatzansprüche wegen → Ersatzvornahme (Selbstvornahme wegen Nichterfüllung der Baufertigstellung; BGH, NJW 2002, 2563);
– Schadensersatz wegen Nichterfüllung und positiver Vertragsverletzung (BGH, NJW 2002, 2563);
– Rückzahlungsansprüche wegen Minderflächen, die vor Abnahme geltend gemacht worden sind (BGH, Urt. v. 19. Juli 2001, IV ZR 149/00).

Von der MaBV-Bürgschaft nicht erfasst sind:
– Zahlungsansprüche wegen Mängeln nach Abnahme (BGH, WM 2002, 2411);
– Ersatz von Mangelfolgeschäden (BGH, WM 2002, 2411);
– Ausgleich entgangener Nutzungen (BGH, NJW 2002, 2563);
– Ausgleich entgangener Steuervorteile (BGH, NJW 2002, 2563).

5. Unzulässigkeit abweichender Vereinbarungen

Nach § 12 MaBV **darf der Bauträger seine MaBV-Verpflichtungen** (§§ 2 bis 8) **nicht** durch vertragliche Vereinbarung **ausschließen oder beschränken**. Folglich ist eine Abschlagszahlungsvereinbarung in einem Bauträgervertrag insgesamt nichtig, wenn sie zu Lasten des Erwerbers von § 3 Abs. 2 MaBV abweicht. Die Nichtigkeit der Abschlagszahlungsvereinbarung führt aber nicht zur Nichtigkeit der übrigen vertraglichen Vereinbarungen. Der Abschlagszahlungsplan des § 3 MaBV tritt nicht als Ersatzregelung an die Stelle einer nichtigen Abschlagszahlungsvereinbarung, vielmehr gilt dann § 641 Abs. 1 BGB (Vergütung bei Abnahme des Werkes; BGH, DNotZ 2001, 201 ff.). Unterwirft sich ein Erwerber in einem Bauträgervertrag der Zwangsvollstreckung in sein gesamtes Vermögen, so ist diese Erklärung gemäß §§ 3, 12 MaBV i. V. m. § 134 BGB nichtig, wenn der Notar ermächtigt ist, die Vollstreckungsklausel ohne besonderen Nachweis zu erteilen (BGH, NJW 1999, 51 ff.).

Bauüberwachung → Abnahme (öffentlich-rechtlich); → Abrissverfügung; → Baueinstellung; → Bauproduktenrichtlinie; → Baustelle; → Nutzungsverbote; → Objektüberwachung
Gemäß den Landesbauordnungen sind die Bauaufsichtsbehörden verpflichtet, die Bauausführung zu überwachen. Sie können sich dabei auf Stichproben beschränken. Die Bauüberwachung der → Bauaufsichtsbehörde erstreckt sich insbesondere auf:
– die Prüfung, ob den genehmigten → Bauvorlagen entsprechend gebaut wird,
– die Einhaltung der Vorschriften über die Kennzeichnung von Bauprodukten mit der CE-Kennzeichnung oder dem Ü-Zeichen und über die erforderliche allgemeine bauaufsichtliche Zulassung oder Zustimmung im Einzelfall für Bauarten sowie auf die Einhaltung der für ihre Verwendung oder Anwendung getroffenen Nebenbestimmungen;

– die ordnungsgemäße Erledigung der Pflichten der am Bau Beteiligten (→ Bauherr, Unternehmer, Bauleiter).

Die → Bauaufsichtsbehörde kann zum Zwecke der Überwachung verlangen, dass sie von Beginn und Ende bestimmter Bauarbeiten unterrichtet wird. Es können Proben von Baustoffen und Bauteilen – auch aus fertigen Bauteilen – entnommen und überprüft werden. Der mit der Überwachung beauftragten Person ist Einblick in sämtliche Bauunterlagen, d. h. Genehmigungen, Zulassungen, Prüfbescheide usw. zu gewähren. Zudem ist ihnen zum Zwecke der Bauüberwachung das Recht einzuräumen, das Grundstück bzw. die → Baustelle zu betreten.

Hiervon zu unterscheiden ist die Bauüberwachung des vom Bauherrn mit der Objektüberwachung/Bauüberwachung bzw. der Bauaufsicht beauftragten Architekten. Diese Pflicht wird durch privatrechtlichen Vertrag zwischen Architekt und Bauherrn begründet.

Bauunternehmer-Haftpflichtversicherung → Betriebshaftpflichtversicherung

Bauverbot → Baueinstellung; → Bebauungsverbote an Fernstraßen

Bauvertrag → Formfreiheit; → VOB

Der Bauvertrag regelt die rechtlichen Beziehungen zwischen dem → Auftraggeber und dem → Auftragnehmer. Er stellt regelmäßig einen → Werkvertrag dar, auf den die §§ 631 ff. BGB Anwendung finden. Der Bauunternehmer schuldet deshalb den Erfolg, das Ergebnis, nicht die Arbeit, die Bemühungen, den Dienst. Der Werkunternehmer verpflichtet sich gegen Entgelt zur Herstellung des versprochenen individuellen Werks. Gegenstand seiner → Leistung ist eine Wertschöpfung. Der Bauvertrag bedarf grundsätzlich keiner besonderen Form. Er kann zwischen den Parteien mündlich oder schriftlich abgeschlossen werden. Der Bauvertrag kommt durch Angebot und Annahme gemäß §§ 145 ff. BGB zustande.

Die Übersendung des Leistungsverzeichnisses stellt in der Regel die Aufforderung des Bauherrn an den Unternehmer dar, ein Angebot abzugeben. Durch die Rücksendung und Ausfüllung des Leistungsverzeichnisses gibt der Unternehmer sein Angebot gegenüber dem Bauherrn ab.

Dieses kann durch den Bauherrn angenommen oder abgelehnt werden. Sofern durch die Vertragsparteien ausdrücklich zum Inhalt des Bauvertrages gemacht, können neben dem Leistungsverzeichnis z. B. auch → Vorbemerkungen oder allgemeine oder besondere Vertragsbedingungen Gegenstand des Bauvertrages werden.

Zur Geltung der Vorschriften der → VOB bedarf es einer besonderen Vereinbarung. Ein bloßer Hinweis auf die „VOB" reicht in einem Bauvertrag oder in Allgemeinen Geschäftsbedingungen nur aus, wenn dem Auftraggeber und/oder Auftragnehmer die VOB bekannt ist oder er sich jedenfalls so behandeln lassen muss, als ob sie ihm bekannt wären. Letzteres ist bei einem Bauunternehmer grundsätzlich anzunehmen. Ihm braucht daher weder der Text der VOB überreicht noch sonstwie zur Kenntnisnahme vorgelegt werden. Die bloße Bezugnahme des Bauherrn/Auftraggebers auf die VOB ist für deren wirksame Vereinbarung ausreichend (BGH, BauR 1989, 87). Gleiches gilt für den Fall, dass der Bauherr bei Vertragsschluss durch einen Fachmann, z. B. einen Architekten, vertreten wird (OLG Düsseldorf, BauR 1997, 647, 648). Liegt keine wirksame Vertretung des Bauherrn durch einen Architekten vor oder wirkt dieser bei den Vertragsverhandlungen nicht mit, so kann die VOB/B bei einem mit diesen Vorschriften nicht vertrauten Auftraggeber nicht durch bloßen Hinweis durch ihre Geltung in den Vertrag einbezogen werden. Notwendigerweise ist dem Bauherrn als Vertragspartner Gelegenheit zu geben, sich ohne Zeit- und Kostenaufwand Kenntnis von der VOB/B zu verschaffen. Der Bauvertrag kann aus verschiedenen Gründen unwirksam (nichtig) sein, wenn er beispielsweise gegen ein gesetzliches Verbot (§ 134 BGB) verstößt. Zu nennen ist hier vor allem das Gesetz zur Bekämpfung der Schwarzarbeit. Der Bauvertrag bedarf zudem gemäß § 313 BGB der notariellen Form, wenn er in Verbindung oder in einem rechtlichen Zusammenhang mit einem Grundstückskaufvertrag abgeschlossen wird. Dies ist der Fall, wenn beide Verträge nach dem Willen der Vertragsschließenden derart voneinander abhängig sind, dass sie miteinander „stehen und fallen", also eine rechtliche Einheit bilden sollen (BGH, BauR 1994, 239). Der Verstoß gegen die Bestimmungen der Baupreisverordnung führt für sich allein nicht zur Nichtigkeit des gesamten Bauvertrages. Lediglich die unzulässige Vergütungsvereinbarung ist unwirksam. An die Stelle einer solchen Vergütungsvereinbarung tritt der zulässige Preis (OLG Hamm, BauR 1993, 124(LS)). Ebenso ist der Bauvertrag nicht unwirksam, wenn die erforderliche → Baugenehmigung fehlt oder der Bauhandwerker nicht in die Handwerksrolle eingetragen ist (Landgericht Traunstein, NJW-RR 1994, 442). Sofern der Unternehmer aufgrund eines nichtigen Vertrages Leistungen für den Bauherrn erbringt, kommen Ansprüche gegen diesen aus Geschäftsführung ohne Auftrag gemäß §§ 683, 670 BGB oder nach bereicherungsrechtlichen Gesichtspunkten in Betracht (BGH, BauR 1994, 110).

Sofern die Vertragsparteien bei Abschluss des Bauvertrages nicht die Geltung der Vorschriften der VOB vereinbart haben, spricht man von einem BGB-Bauvertrag. Es gelten dann grundsätzlich nur die gesetzlichen Bestimmungen des BGB über das Werkvertragsrecht gemäß §§ 631 ff. BGB. Dies gilt jedoch nur, soweit die Parteien nicht durch allgemeine oder besondere Vertragsbedingungen hiervon abweichende Vereinbarungen getroffen haben.

Bauvoranfrage → Bauantrag; → Baugenehmigung

Der zukünftige → Bauherr hat die Möglichkeit, einzelne Fragen zu dem von ihm geplanten Bauvorhaben vor Antragstellung von der zuständigen → Bauaufsichtsbehörde prüfen und in Form eines so genannten Bauvorbescheids entscheiden zu lassen. Hierdurch wird eine für ihn verlässliche Grundlage für die weitere Planung geschaffen. Das Verfahren der Bauvoranfrage ist in den einzelnen Landesbauordnungen geregelt. Sofern ein Architekt mit der Durchführung der Bauvoranfrage beauftragt wird, ist diese durch ihn erbrachte → Leistung gemäß § 15 HOAI als Besondere → Leistung der → Leistungsphase 2 (Vorplanung) zu bewerten und unter den Voraussetzungen des § 5 Abs. 4 HOAI gesondert zu vergüten.

Bauvorbescheid → Bauantrag; → Baugenehmigung, dort: 3. Sonstige baurechtliche Genehmigungsarten; → Bauvorlagen

Bauvorlageberechtigung → Architekt; → Architekten-Anerkenntnisrichtlinie; → Eintragung in die Architektenliste

Bauvorlagen sind von einem bauvorlagenberechtigten → Entwurfsverfasser durch Unterschrift anzuerkennen (z. B. § 67 Abs. 1 LBauMV, § 70 Abs. 1 BauONW; Art. 68 Abs. 1 BayBauO; § 65 Abs. 1 Thü-BO; § 63 Abs. 1 BO RhPf). Der Entwurfsverfasser ist dabei für die Vollständigkeit und Brauchbarkeit des Entwurfs verantwortlich.

Bauvorlagen → Baugenehmigung; → Bauschein

Der → Bauschein und die dazugehörigen Bauvorlagen bilden zusammen die öffentlich-rechtliche Urkunde über die erteilte → Baugenehmigung. Zu den Bauvorlagen gehören insbesondere der Lageplan, die Bauzeichnungen sowie die Bau- und Betriebsbeschreibung. Die Einzelheiten hierzu beschreiben die landesrechtlichen Bauprüfverordnungen (z. B. BauprüfVONRW 2000). Die mit Zugehörigkeitsvermerk der → Bauaufsichtsbehörde versehenen Bauvorlagen sind Bestandteil der → Baugenehmigung und für die Ermittlung des Regelungsgehalts verbindlich (OVG Berlin, BRS 57 Nr. 193). Die Bauvorlagen haben erläuternde und konkretisierende Wirkung im Rahmen der → Baugenehmigung und sind bei Widersprüchen gegenüber dem Textteil der → Baugenehmigung nachrangig, gegenüber den bautechnischen Nachweisen jedoch vorrangig (OVG Münster, BRS 32 Nr. 130).

Bauweise

Nach § 22 Abs. 1 BauNVO kann im → Bebauungsplan die Bauweise als offene oder geschlossene Bauweise festgesetzt werden. Mit diesen Regelungen der Bauweise werden die Abstandsregelungen in den Landesbauordnungen mitdefiniert. Eine **offene Bauweise** (§ 22 Abs. 2 BauNVO) zwingt zum Bauen mit seitlichem → Grenzabstand, eine **geschlossene Bauweise** dagegen zum Aneinanderbauen der → Gebäude. Auf der Grundlage von § 22 Abs. 4 BauNVO kann im → Bebauungsplan eine davon abweichende Bauweise festgesetzt werden, beispielsweise eine **halboffene**, bei der die → Gebäude an der Grundstücksgrenze als → Doppelhaus zusammengebaut werden, so dass große zusammenhängende Gartenflächen entstehen. Eine andere Variante ist die **Kettenbauweise**, wonach → Gebäude im Erdgeschoss in geschlossener Bauweise ohne → Grenzabstand und in den Obergeschossen mit → Grenzabstand zu errichten sind. Darf beispielsweise innerhalb eines im Zusammenhang bebauten Ortsteils ein Grundstück gemäß § 34 Abs. 1 BauGB nur in geschlossener Bauweise bebaut werden, so darf nach Landesbauordnungsrecht nicht die Einhaltung von seitlichen Abstandflächen verlangt werden (BVerwG, ZfBR 1994, 12). Sieht der → Bebauungsplan geschlossene Bauweise vor, so besteht ein Anspruch auf Einhaltung des Grenzabstandes nach der Landesbauordnung nicht, denn § 22 Abs. 3 BauNVO ist mit der Festsetzung der geschlossenen Bauweise, d. h. der Pflicht zum Aneinanderbauen der → Gebäude, vorrangig (vgl. § 6 Abs. 11 HBO).

Für die Entscheidung der Frage, ob Festsetzungen über die Bauweise **nachbarschützend** sind, kommt es auf den Inhalt des jeweiligen Bebauungsplanes an, der durch Auslegung zu ermitteln ist. Für die Festsetzung der **offenen Bauweise** wird → Nachbarschutz meistens **bejaht** (OVG Koblenz, BRS 23 Nr. 182; a. A. VGH Kassel, BRS 25 Nr. 188), bei Festsetzung der **geschlossenen Bauweise** eher **verneint** (OVG Bremen, BRS 38 Nr. 187; OVG Münster, BRS 35 Nr. 177).

Bauwesenversicherung → Bauleistungsversicherung

Bauzeit

Die Zeitdauer der Baudurchführung von Beginn der Planung bis zur Schlussabnahme durch den → Auftraggeber bzw. die → Bauaufsichtsbehörde wird im Allgemeinen als Bauzeit bezeichnet. Im speziellen ist unter der Bauzeit die Dauer zu verstehen, die für die Bauausführung, also die eigentlichen Bauarbeiten, von der Einrichtung der → Baustelle bis zum Antragszeitpunkt der Schlussabnahme verstreicht.

Bauzeitverzögerung → Behinderung

Bauzustandsbescheinigung → Abnahme (öffentlich-rechtlich)

Bauzustandsbesichtigung → Abnahme; → Bauaufsichtsbehörde; → Baugenehmigung; → Bauliche Anlage

Die → Bauaufsichtsbehörde muss die Möglichkeit haben, festzustellen, ob eine bauliche Anlage in Übereinstimmung mit der erteilten → Baugenehmigung ordnungsgemäß errichtet worden ist. Daher sehen die Landesbauordnungen vor, dass der → Bauherr der Bauaufsichtsbehörde die **Fertigstellung des Rohbaus** und die **abschließende Fertigstellung** genehmigungspflichtiger baulicher

Anlagen jeweils eine bestimmte Zeit vor Fertigstellung **anzuzeigen** hat (vgl. Art. 78 BayBO; § 84 BbgBO; § 74 BGO; § 82 BauONRW; § 79 ThürBO; § 88 LBOSH). Dem Bauherrn ist auf Verlangen eine Bescheinigung über das Ergebnis der Besichtigung auszustellen (§ 74 Abs. 3 S. 2 HBO; § 82 Abs. 5 S. 2 BauONRW; § 79 Abs. 2 S. 2 ThürBO; § 84 Abs. 2 S. 2 BBGBO; § 88 Abs. 2 S. 2 LBOSH).

Die Bauzustandsbesichtigungen sind zu unterscheiden von der privatrechtlichen ⟩ Abnahme beim BGB-Bauvertrag.

Bebauungsplan → Art der baulichen Nutzung; → Erschließung; → Flächennutzungsplan; → Flora Fauna Habitat (FFH); → Maß der baulichen Nutzung; → Naturschutzrechtlicher Ausgleich; → Vorhabenbezogener Bebauungsplan; → Umweltbericht

Mit dem Bebauungsplan gemäß **§ 10 BauGB** legt die jeweilige Stadt bzw. Gemeinde per **Satzung** verbindlich Art und Umfang der Bebauung in einem bestimmten Gebiet fest.

1. Verfahren
a) Regelverfahren zur Aufstellung eines Bebauungsplans gemäß BauGB 2004
(1) Aufstellungsbeschluss gemäß § 2 Abs. 1 S. 2 BauGB;
(2) Ortsübliche Bekanntmachung des Aufstellungsbeschlusses gem. § 2 Abs. 1 S. 2 BauGB;
(3) Entscheidung über die Verfahrensart: Regelverfahren oder Vereinfachtes Verfahren gem. § 13 BauGB;
(4) Regelverfahren: Vorläufige Festlegung des vorgesehenen Umfangs und Detaillierungsgrades der Umweltprüfung unter Berücksichtigung einer etwaigen für das Plangebiet oder Teile davon in einer vorausgehenden Planung schon durchgeführten Umweltprüfung gem. § 2 Abs. 4 BauGB (Scoping);
(5) Frühzeitige Beteiligung der Öffentlichkeit und Behörden gem. §§ 3 Abs. 1, 4 Abs. 1, 4 a Abs. 3 BauGB; eventuell nachbarstaatliche Beteiligung gem. § 4 a Abs. 5 BauGB: Gelegenheit zur Stellungnahme zu (4) ist Pflicht gegenüber Behörden gemäß § 4 Abs. 1 S. 1 BauGB;
(6) Auslegungsbeschluss;
(7) Öffentliche Auslegung des Bauleitplanentwurfs mit Begründung und den wesentlichen umweltbezogenen Stellungnahmen gem. § 3 Abs. 2 BauGB
   – ortsübliche Bekanntmachung von Ort und Dauer der Auslegung und verfügbaren umweltbezogenen Informationen 1 Woche vorher durch Abdruck im amtlichen Verkündungsblatt;
   – Hinweis darauf, dass während der Offenlage Stellungnahmen abgegeben werden können;
   – Hinweis darauf, dass Stellungnahmen, die nicht während der Auslegungsfrist abgegeben werden, bei der Beschlussfassung über den Bauleitplan unberücksichtigt bleiben können gem. § 3 Abs. 2 S. 2 BauGB;
   – Auslegungsdauer: 1 Monat;
   – Gesonderte Unterrichtung der Behörden über die Auslegung nach § 3 Abs. 2 S. 3 BauGB;
   – Aufnahme von Stellungnahmen von Behörden und sonstigen Trägern öffentlicher Belange, die zur Information der Gemeinde mit abwägungsrelevantem Material verpflichtet sind;
(8) Behandlung der Stellungnahmen
   – Beschluss des Stadtrates über die eingegangenen Stellungnahmen;
   – Mitteilung der Entscheidung und ihrer Begründung an die Einwender;
(9) Abschließende Beschlussfassung des Stadtrates über den Bebauungsplan, bestehend aus Planzeichnung (Teil A) und textlichen Festsetzungen (Teil B) nach § 10 BauGB als Satzung;
(10) Billigung der Begründung (einschließlich Umweltbericht) durch den Stadtrat;

(11) (falls erforderlich) Beantragung und Bekanntmachung der Genehmigung bei der höheren Verwaltungsbehörde gemäß § 10 Abs. 2, 3 BauGB, wenn Bebauungsplan nicht aus Flächennutzungsplan entwickelt wurde;
(12) Öffentliche Bekanntmachung des Bebauungsplans.

b) Vereinfachtes Verfahren gemäß § 13 BauGB
(1) Aufstellungsbeschluss gem. § 2 Abs. 1 S. 2 BauGB;
(2) Prüfung der Voraussetzungen des § 13 BauGB bei der Entscheidung über die Verfahrensart (bei Vorliegen der Voraussetzungen des § 13 BauGB kann von der Umweltprüfung und dem Umweltbericht abgesehen werden):
   – es wird ein Bauleitplan geändert oder ergänzt, ohne dass die Grundzüge der Planung berührt werden, oder
   – es wird ein Bebauungsplan für ein Gebiet nach § 34 BauGB (Innenbereich) aufgestellt, aber die Eigenart der näheren Umgebung wird nicht wesentlich verändert, und
   – die Zulässigkeit von Vorhaben, die einer Pflicht zur Durchführung einer Umweltverträglichkeitsprüfung (UVP-Pflicht) nach der Anlage 1 zum UVPG oder nach Landesrecht unterliegen, wird nicht begründet und
   – es gibt auch keine Anhaltspunkte für eine Beeinträchtigung der Schutzgüter nach der FFH- (Flora-Fauna-Habitat) und Vogelschutz-Richtlinie;
(3) Entscheidung darüber, ob von einer Umweltprüfung und dem Umweltbericht abgesehen wird;
(4) Entscheidung darüber, ob Verfahrensschritte eingespart werden sollen
   – von der frühzeitigen Beteiligung der Öffentlichkeit und Behörden (§§ 3 Abs. 1, 4 Abs. 1 BauGB) kann abgesehen werden;
   – der betroffenen Öffentlichkeit kann Gelegenheit zur Stellungnahme innerhalb angemessener Frist gegeben werden;
   – von der Überwachung der Bauleitpläne in Bezug auf erhebliche Umweltauswirkungen gem. § 4 c BauGB kann abgesehen werden;
(5) Beschluss über den Bauleitplan gem. § 10 BauGB.

Nach Schätzungen kann das vereinfachte Verfahren etwa für 10–20 % der Bebauungspläne, insbesondere für Planungen im bereits bebauten Bestand angewandt werden. Die Durchführung eines vereinfachten Verfahrens, obgleich ein normales Bebauungsplanverfahren mit Umweltprüfung erforderlich ist, ergibt einen beachtlichen Fehler in der Begründung des Bebauungsplans, weil dann dem Bebauungsplan der Umweltbericht als Teil der Begründung fehlt (§§ 2 a S. 3, 13 Abs. 2, 214 Abs. 1 Nr. 3 BauGB).

c) Beachtlichkeit von Form- und Verfahrensfehlern
§ 214 Abs. 1 BauGB beschreibt **abschließend**, welche Form- und Verfahrensfehler im Rahmen der Aufstellung eines Bebauungsplans beachtlich sind (*Battis*, in: Battis/Krautzberger/Löhr, BauGB, § 214 Rn. 3).
Nach § 214 Abs. 1 Nr. 1 BauGB liegen beachtliche Verfahrensmängel im Planungsprozess vor, wenn die von der Planung berührten Belange überhaupt nicht ermittelt und bewertet worden sind, nicht die Belange ermittelt und bewertet worden sind, die nach Lage der Dinge hätten ermittelt und bewertet werden müssen oder wenn die Bedeutung der ermittelten Belange verkannt worden ist. Die fehlerhafte Ermittlung und Bewertung der von der Planung berührten Belange ist aber nur dann beachtlich, wenn sie in wesentlichen Punkten unzutreffend ist. Die Nichtberücksichtigung eines von der Planung berührten Belanges ist darüber hinaus nur beachtlich, wenn der betreffende Belang der Gemeinde bekannt war oder hätte bekannt sein müssen. **Beachtlich** sind ferner Verstöße gegen die

Vorschriften über die Beteiligung der Öffentlichkeit an der Bauleitplanung im förmlichen Auslegungsverfahren nach § 3 Abs. 2 BauGB. Zu den relevanten Fehlern zählt damit beispielsweise, wenn der Bürger der Bekanntmachung nicht entnehmen kann, wann die Auslegungsfrist beginnt und wann sie endet. Ebenso ist die Auslegung relevant fehlerhaft, wenn die auszulegenden Unterlagen dem Bürger keinen Einblick ermöglichen, wo seine Interessen beeinträchtigt sind (Anstoßwirkung) oder nicht offen zur Einsichtnahme ausliegen, etwa weil sie in einem Aktenschrank in einem Dienstzimmer bereitgehalten werden, das nicht frei zugänglich ist (VGH Mannheim, VBlBW 1999, 178). Ebenfalls beachtlich ist, wenn die von § 3 Abs. 2 BauGB vorgeschriebene Benachrichtigung der Träger öffentlicher Belange über die Auslegung unterlassen wurde.

Wird der **Entwurf des Bebauungsplans geändert** oder **ergänzt**, muss die geänderte Version gemäß § 4 a Abs. 3 BauGB **erneut ausgelegt** werden. Ein Verstoß hiergegen ist grundsätzlich beachtlich, jedoch dann unbeachtlich, wenn Grundzüge der Planung nicht berührt werden (d. h. die planerischen Leitgedanken in ihrer Grundkonzeption nicht geändert werden). Die generelle Nichtbeteiligung der Behörden gemäß § 4 BauGB ist beachtlich, die Nichtbeteiligung einzelner Träger öffentlicher Belange ist wiederum unbeachtlich.

Fehlt die Begründung (§§ 3 Abs. 2, 9 Abs. 8 BauGB) oder ist die Auslegung ohne den Entwurf der Begründung erfolgt, liegt stets ein beachtlicher Mangel vor. Wegen § 214 Abs. 1 Nr. 3 BauGB unbeachtlich sind allerdings Defizite in Bezug auf die ausgelegte Begründung, wenn überhaupt irgendeine Begründung vorliegt, aus der sich Sinn und Zweck der Planung erschließen lässt, was mehr als bloße Leerformeln oder die Wiedergabe des Gesetzestextes bedeutet (BVerwG, BauR 1989, 687).

d) Frist zur Geltendmachung von Fehlern

Die in § 214 Abs. 1 Nr. 1–2 BauGB aufgelisteten Form- und Verfahrensverstöße sind wegen § 215 Abs. 1 BauGB nur dann (mit zeitlich unbeschränkter Wirkung) beachtlich, wenn sie **innerhalb eines Jahres seit der Bekanntmachung des Bebauungsplans** von irgend jemandem gegenüber der Gemeinde schriftlich geltend gemacht, d. h. nachvollziehbar beschrieben worden sind.

e) Stets beachtliche formelle Fehler

Stets relevant, ohne dass der Fehler gemäß § 215 BauGB innerhalb der Jahresfrist gerügt worden sein muss, ist nach § 214 Abs. 1 Nr. 4 BauGB, wenn der **Satzungsbeschluss** über den Bebauungsplan **oder** die nach § 10 Abs. 2 BauGB erforderliche **Genehmigung** der höheren Verwaltungsbehörde **fehlt**. Gleiches gilt, wenn aus der Bekanntmachung des Bebauungsplans der **räumliche Geltungsbereich** des Bebauungsplans nicht erkennbar ist (*Friege*, in: Gronemeyer, BauGB-Kom., § 215 a Rn. 14).

2. Inhalt

Die möglichen Inhalte eines Bebauungsplans sind in dem Katalog des § 9 BauGB abschießend aufgeführt. Die danach zulässigen **Festsetzungen betreffen primär Art und Maß der baulichen Nutzung**. Eine Präzisierung erfolgt durch die BauNVO. Weitere Festsetzungsmöglichkeiten beziehen sich auf **örtliche Verkehrsflächen** und **naturschutz- und umweltrechtliche Aspekte**. § 9 Abs. 4 BauGB ermächtigt die Bundesländer, durch Rechtverordnung festzulegen, dass auf Landesrecht beruhende Regelungen in den Bebauungsplan als Festsetzungen aufgenommen werden können (vgl. *Friege*, in: Gronemeyer, BauGB-Kom., § 9 Rn. 1–7).

3. Erforderlichkeit

Nach § 1 Abs. 3 BauGB muss die Aufstellung eines Bebauungsplans für die städtebauliche Entwicklung und Ordnung erforderlich sein. Deshalb dürfen Gemeinden **nicht** durch einen Bebauungsplan **andere als städtebauliche Zwecke verfolgen**. Das Bundesverwaltungsgericht hat festgestellt, dass ein Bebauungsplan, der auf Erhaltung eines historisch gewachsenen denkmalgeschützten oder einfach erhaltenswerten Ortsteil gerichtet ist, den Rahmen der zulässigen städtebauliche Zielsetzung nicht überschreitet, wenn er die überkommene Nutzungsstruktur oder prägende Bestandteile des Orts- oder Straßenbildes um ihrer städtebaulichen Qualität willen für die Zukunft festschreiben möchte. Konsequenterweise hat es die Normenkontrollklage eines Eigentümers abgewiesen, der rügte, der Bebauungsplan sei städtebaulich nicht erforderlich, weil er allein den Bestand eines im 18. Jahrhundert entstandenen Ensemble in seinem Bestand erhalten wolle (BVerwG, NVwZ 2001, 1043).

4. Entwicklung aus dem Flächennutzungsplan

Bebauungspläne sind nach § 8 Abs. 2 S. 1 BauGB aus dem → Flächennutzungsplan in einer Weise zu entwickeln, dass durch ihre Festsetzungen die zugrunde liegenden Darstellungen des Flächennutzungsplans konkreter ausgestaltet und damit zugleich verdeutlicht werden. Dies erlaubt auch Abweichungen, solange die **Grundkonzeption des Flächennutzungsplans** gewahrt bleibt. Für die Rechtswirksamkeit des Bebauungsplans ist nach § 214 Abs. 2 Nr. 2 BauGB eine Verletzung des Entwicklungsgebots (§ 8 Abs. 2 S. 1 BauGB) nur beachtlich, wenn hierdurch die sich aus dem → Flächennutzungsplan ergebende städtebauliche Entwicklung beeinträchtigt wurde. D. h. zunächst ist zu prüfen, ob ein Bebauungsplan i. S. v. § 8 Abs. 2 S. 1 BauGB aus dem → Flächennutzungsplan entwickelt wird, was sich nach der planerischen Konzeption für den engeren Bereich des Bebauungsplans beurteilt. Dann ist für die Frage, ob durch den nicht aus dem → Flächennutzungsplan entwickelten Bebauungsplan i. S. d. § 214 Abs. 2 Nr. 2 BauGB die sich aus dem → Flächennutzungsplan ergebende geordnete städtebauliche Entwicklung beeinträchtigt wird, die planerische Konzeption des Flächennutzungsplans für den größeren Raum, d. h. grundsätzlich das gesamte Gemeindegebiet, maßgebend (BVerwG, BauR 1999, 1128). § 8 Abs. 4 BauGB erlaubt es nicht, einen Bebauungsplan vorzuziehen, wenn ein → Flächennutzungsplan mit entgegenstehenden Festsetzungen bereits vorhanden ist; vielmehr muss die Gemeinde dann das Parallelverfahren nach § 8 Abs. 3 BauGB durchführen (BVerwG, NVwZ 1992, 882=BRS 52 Nr. 6).

5. Planerische Abwägung

Das Abwägungsgebot (§ 1 Abs. 7 BauGB) gehört zu den fundamentalen rechtlichen Maßstäben der Bauleitplanung.

Das **Abwägungsgebot** ist **verletzt**, wenn
– eine Abwägung überhaupt nicht stattfindet (Abwägungsausfall);
– in die Abwägung Belange nicht eingestellt werden, die nach Lage der Dinge eingestellt werden müssten (Abwägungsdefizit);
   die Bedeutung der betroffenen privaten Belangen verkannt wird (Abwägungsfehleinschätzung) oder
– der Ausgleich zwischen den von der Planung berührten öffentlichen Belangen in einer Weise vorgenommen wird, der zur objektiven Gewichtung einzelner Belange außer Verhältnis steht (Abwägungsdisproportionalität, BVerwGE 34, 301, 309).

Zu beachten ist, dass Mängel im Abwägungsvorgang (Ermittlung der von der Planung berührten Belange) nach §§ 214 Abs. 1 Nr. 1, 215 BauGB innerhalb von zwei Jahren gerügt werden müssen, um beachtlich zu bleiben. Demgegenüber sind Mängel im Abwägungsergebnis immer relevant, weil hierin ein Verstoß gegen das Verhältnismäßigkeitsprinzip liegt.

a) Abwägungsausfall/Abwägungsdefizit

Was in die **Abwägung einzustellen ist, richtet sich nach** Lage des **Einzelfall**s. Überplant die Gemeinde beispielsweise eine Industriebrache mit einer Wohnbebauung und unterlässt sie Bodenuntersuchungen in Bezug auf → Altlasten, obgleich dort schadstoffhaltige Produktionsrückstände vorhanden sind, liegt ein Fehler in der Abwägung vor. Denn die Gemeinde hat die Abwägungsbelange nicht ordnungsgemäß zusammengetragen, so dass sie auch nicht alle Belange in die Abwägung einstellen konnte, die nach Lage der Dinge hätten berücksichtigt werden müssen (*Friege*, in: Gronemeyer, BauGB, § 1 Rn. 53). Ein Abwägungsfehler (Ermittlungsdefizit) liegt auch vor, wenn im Rahmen einer Ortsdurchfahrt zur Entlastung des Ortsverkehrs ein Verkehrsgutachten nicht eingeholt wurde, unabhängig davon, ob ein später eingeholtes → Gutachten die Planungsmaßnahme bestätigt (BVerwG, NVwZ 1989, 152). Ebenfalls einen Ermittlungsfehler stellt es dar, wenn bei der Planung eines allgemeinen Wohngebiets im Norden eines landwirtschaftlichen Betriebes mit Schweinemastanlage dessen Bestands- und Erweiterungsinteresse mit dem Hinweis auf eine bereits bestehende benachbarte Wohnbebauung im Osten als nachrangig eingestuft wird; dabei war im entschiedenen Fall seitens der Gemeinde übersehen worden, dass die Windrichtung die Geruchsimmissionen schwerpunktmäßig in Richtung neu geplantes → Wohngebiet trug, zudem ein Hanggefälle bestand, das Auswirkungen auf die → Immissionen besaß (VGH München, BayVBl. 2002, 527).

b) Vorabbindungen

Vorabbindungen des Abwägungsergebnisses sind grundsätzlich **unzulässig** und stellen einen Abwägungsfehler dar, weil sie die Entscheidungsfreiheit einschränken und ohne die Möglichkeit, sich zwischen Alternativen zu entscheiden, keine Abwägung mehr möglich ist.

In der vorzeitigen Herstellung der im Bebauungsplan vorgesehenen Straßen liegt noch keine das Abwägungsergebnis in Frage stellende unzulässige Vorabbindung. Auch die Übernahme einer mit einem Preis bewerteten Planungskonzeption aus einem Wettbewerb durch die Gemeinde, bei der der Hauptinvestor im Benehmen mit der planenden Gemeinde den Wettbewerb ausgelobt hat und auch im Preisgericht vertreten war, ist noch keine unstatthafte Vorwegnahme des Abwägungsvorgangs (*Jäde*, Das öffentliche Baurecht in der Rechtssprechung des bayerischen Verwaltungsgerichtshofs 1999–2001, BayVBl. 2002, 1 f.).

c) Weitere Abwägungsfehler

Werden Grundstücke aus dem Geltungsbereich eines Bebauungsplans ausgeklammert, um keine konkrete gemeindliche Erschließungspflicht hinsichtlich dieser Flächen entstehen zu lassen, ist diese Änderung des Bebauungsplans abwägungsfehlerhaft, wenn ein hinreichend konkretes Erschließungsangebot der Grundstückseigentümer nicht angemessen gewürdigt wird. Die Abwägung der Belange eines im → Außenbereich ansässigen landwirtschaftlichen Betriebes ist grundsätzlich als abwägungsfehlerhaft einzustufen, wenn der Bebauungsplan ein konkretes Erweiterungsvorhaben dieses Betriebes durch einengende Festsetzungen zum Nutzungsmaß und zur überbaubaren Grundstücksfläche praktisch ausschließt bzw. allenfalls bei einem bei der Abwägung nicht berücksichtigten Abbruch zulässt und als Ersatzstandort für die Erweiterung eine Fläche für die Landwirtschaft mit großzügig bemessener überbaubarer Fläche in der Nachbarschaft eines intensiv genutzten Sportplatzes des örtlichen Fußballvereins ausweist (VGH München, BayVBl. 2001, 721).

d) Konfliktbewältigung

Zum Abwägungsgebot gehört das Gebot der Konfliktbewältigung. Danach hat die **Bauleitplanung die ihr immanenten Probleme selbst zu lösen**. Sie kann sie nur dann im Wege planerischer Zurückhaltung dem Einzelgenehmigungsverfahren überlassen, wenn die Probleme darin noch lösbar sind. Dementsprechend ist beispielsweise ein Bebauungsplan, der Verkehrsprobleme aufwirft, ihre

Lösung aber einem künftigen Planfeststellungsverfahren überlässt, ungültig, wenn nicht absehbar ist, ob und wann es zur Planaufstellung kommt (BVerwG, IBR 1995, 126). Soll in unmittelbarer Nähe eines Wohnhauses eine Tiefgaragenzufahrt mit 145 Stellplätzen angelegt werden, so ist es abwägungsfehlerhaft, wenn der Gemeinderat ohne Lärmschutzgutachten entscheidet (VGH Mannheim, IBR 1995, 309). Neue Gewerbe- und Industriegebiete zwischen vorhandener Wohnbebauung und emittierenden Anlagen im → Außenbereich können abwägungsfehlerfrei geplant werden, wenn zum Schutz der Wohngrundstücke eine Grünzone, ein zunächst eingeschränktes → Gewerbegebiet und im Übrigen flächenbezogene Schallleistungspegel gestaffelt festgesetzt werden, wodurch das Schutzbedürfnis der Anwohner angemessen berücksichtigt wird (OVG Lüneburg, IBR 1991, 436).

e) Sportlärm und Konfliktbewältigung

Zu Bebauungsplänen, die in der Nachbarschaft zu einer Wohnbebauung eine Sportanlage festsetzen, hat das Bundesverwaltungsgericht (BVerwGE 109, 246) festgestellt:
– die Gemeinde darf keinen Bebauungsplan aufstellen, der nicht vollzugsfähig ist, weil seine Verwirklichung an den immissionsschutzrechtlichen Anforderungen der Sportanlagenlärmschutzverordnung – 18. BImSchV – vom 18. Juli 1991 (BGBl. I S. 1588, 1790) scheitern müsste;
– bei der planerischen Abwägung gemäß § 1 Abs. 7 BauGB muss die Gemeinde die Schutzbedürftigkeit des Einwirkungsbereichs der Sportanlage entsprechend den Anforderungen der Verordnung zutreffend ermitteln. Sie darf aber auch naheliegende und verhältnismäßige Möglichkeiten einer Sportlärmbeeinträchtigung benachbarter Gebiete unterhalb der Richtwerte nicht unberücksichtigt lassen.

f) Befristung/Bedingung

§ 9 Abs. 2 BauGB enthält die Möglichkeit zu befristeten und bedingten Festsetzungen. Diese Möglichkeit ist aber nur in besonderen städtebaulichen Situationen eröffnet. Gedacht ist hierbei an die Fälle von Zwischen- und Nachnutzungen, wenn bestimmte Nutzungen, die von vornherein nur auf Zeit angelegt sind (z. B. Gartenschau, Olympia, Expo) anschließend durch andere Nutzungen abgelöst werden. Erfasst werden sollen ebenfalls bestimmte Spezialbauten (z. B. Multiplex-Kinos, Musical Halls), die aufgrund ihres erfahrungsgemäß kurzen Nutzungszyklus anschließend für eine andere Nutzung nur sehr bedingt geeignet sind. Hierunter fallen schließlich zeitlich gestaffelte Nutzungen, wenn die Realisierung einer bestimmten Maßnahme (z. B. Errichtung einer Lärmschutzwand, Entwicklung von Bahngelände) Voraussetzung für die Verwirklichung anderer Bauvorhaben wie etwa von Wohngebäuden ist (*Upmeier/Brandenburg*, Neues Baugesetzbuch 2004, zu § 9 Abs. 2).

g) Heilung von Fehlern

Nach § 214 Abs. 4 BauGB können Mängel der Satzung, die nicht nach den §§ 214 und 215 BauGB unbeachtlich sind, durch ein ergänzendes Verfahren behoben und rückwirkend in Kraft gesetzt werden.
Diese Heilungsmöglichkeit betrifft sowohl formelle als auch materielle Mängel, z. B. solche, die auf einer fehlerhaften Abwägung beruhen. Sie **gilt** allerdings **nicht für grundsätzliche Mängel**, wenn durch die Heilung **die Grundzüge der Planung berührt** werden oder das Grundgerüst der Planung betroffen ist (*Friege*, in: Gronemeyer, § 215 a Rdn. 27). Ein solches ergänzendes Verfahren ist beispielsweise dann möglich, wenn nicht ausreichend naturschutzrechtliche Ausgleichsmaßnahmen festgesetzt worden sind oder wenn beispielsweise die Festsetzung eines Lärmschutzwalls im Bebauungsplan (obgleich notwendig) fehlt. Eine Fehlerheilung im Ergänzungsverfahren ist wegen Beeinträchtigung der grundsätzlichen Planungskonzeption jedoch dann nicht mehr möglich, wenn die

Schallimmissionen beispielsweise in dem festgesetzten reinen → Wohngebiet unzulässig ist und deshalb das reine Wohngebiet in ein allgemeines Wohngebiet umgewandelt werden soll. Solche Maßnahmen stellen keine Fehlerheilung mehr dar, sondern gestalten den Plan inhaltlich wesentlich um. Diese Mängel sind stets beachtlich.

Liegt ein im ergänzenden Verfahren behebbarer Mangel vor, müssen der **fehlerhafte Verfahrensschritt und alle nachfolgenden Schritte wiederholt werden** (*Wirth/Galda*, Handbuch zur Vertragsgestaltung, zweites Buch, 2. Teil Rdn. 63).

6. Anwendung unwirksamer Bebauungspläne

In der Praxis werden Bebauungspläne, auch wenn einiges für ihre Unwirksamkeit spricht, von den Baugenehmigungsbehörden bei ihren Entscheidungen zugrunde gelegt, solange er nicht von der Gemeinde aufgehoben oder die Unwirksamkeit im Rahmen einer Normenkontrollklage vom Oberverwaltungsgericht festgestellt worden ist. Im Hinblick auf dem Grundsatz der Rechtssicherheit ist auch ein als ungültig erkannter Bebauungsplan – abgesehen von der gerichtlichen Unwirksamkeitserklärung im Normenkontrollverfahren – in dem für die Aufhebung von Bebauungsplänen geltenden Verfahren aufzuheben, um damit den Anschein seiner Rechtsgeltung zu beseitigen (BVerwGE 75, 142). Das Bundesverwaltungsgericht hat es jedoch akzeptiert, dass die höhere Naturschutzbehörde bei der Festsetzung eines Naturschutzgebietes von der Unwirksamkeit eines Bebauungsplanes in dem Fall ausging, in dem die Gemeinde Hinweisen der für das Bauwesen zuständigen Behörden auf rechtserhebliche Mängel des Bebauungsplanes nicht Rechnung getragen hatte und die Unwirksamkeit des Bebauungsplanes in einem Verwaltungsrechtsstreit des Alleineigentümers des Plangebietes von einem Gericht (inzident) festgestellt worden war (BVerwG, BayVBl. 2001, 440; VGH München, BayVBl. 2001, 434).

Bebauungstiefe

Im Rahmen eines Bebauungsplanes wird durch die Festsetzung einer Bebauungstiefe nach § 23 Abs. 4 BauNVO bestimmt, **wieweit sich die Bebauung** von der erschließenden Straße gesehen **rückwärtig in den Grundstücksbereich erstrecken kann**. Sie begrenzt damit die überbaubare Grundstücksfläche des Grundstücks und bildet einen parallel zu den öffentlichen Verkehrsflächen verlaufenden Streifen der Bebauung. Über die Bebauungstiefe hinaus dürfen → Gebäude bzw. Gebäudeteile (abgesehen von unwesentlichen Gebäudeteilen wie Vordächern, Erkern, Kellerschächten usw.) sich nicht über die Bebauungstiefe in den hinteren Grundstücksbereich hinaus erstrecken.

Bebauungsverbote an Fernstraßen

Nach § 9 Abs. 1 FStrG dürfen **längs der Bundesfernstraßen nicht errichtet** werden, **Hochbauten** jeder Art (Das Gleiche gilt für Aufschüttungen oder Abgrabungen größeren Umfangs) in einer Entfernung **bis zu 40 m** bei **Bundesautobahnen** und bis zu **20 m bei Bundesstraßen**, jeweils gemessen vom äußersten Rand der befestigten Fahrbahn. Im Hinblick darauf, dass es sich um ein absolutes → Bauverbot handelt, sind hiergegen verstoßende Baugenehmigungen nichtig, § 44 Abs. 1 VwVfG (*Aust*, in: Kodal/Krämer, Straßenrecht, 6. Aufl. Rdn. 62). Bauliche Anlagen bis 100 m von Bundesautobahnen und bis 40 m von Bundesstrassen entfernt, bedürfen der Zustimmung der obersten Landesstraßenbehörde, § 9 Abs. 2 FStrG; hiergegen verstoßende Baugenehmigungen sind rechtswidrig. Diese Beschränkungen gelten gemäß § 9 Abs. 7 FStrG nicht, wenn das Bauvorhaben den Festsetzungen eines Bebauungsplanes entspricht (also die → Baugenehmigung insbesondere keine Befreiungen mit Auswirkungen auf die Straße wie z. B. in Bezug auf Höhe, GFZ etc. aufweist), der mindestens die Begrenzung der Verkehrsflächen sowie an diesen gelegene überbaubare Grundstücksflächen enthält und unter Mitwirkung des Trägers der Straßenbaulast zustande gekommen ist. Der Baugenehmigungsantrag enthält den Antrag auf Zustimmung der Straßenbehörde, weil dies nur ein verwaltungsinterner Vorgang ist. In den Landesrechten finden sich weitere Anbauverbote in Bezug auf Gemeindeverbindungsstraßen (vgl. § 24 Abs. 8 NStrG, § 25 Abs. 6 StrWG-NRW) oder naturschutzrechtlicher Art in der Form eines Mindestabstandes von Waldflächen.

Beendigung des Architektenvertrags → Erfüllung; → Kündigung; → Wechsel des Auftraggebers

Befreiung → Brandschutz; → Gebot der Rücksichtnahme; → Gebühren; → Geschossfläche, Geschossflächenzahl (GFZ); → Grundfläche, Grundflächenzahl (GRZ)

Die → Baugenehmigung ist im Grundsatz ein gebundener Verwaltungsakt. Sie ist zu erteilen, wenn das Bauvorhaben den öffentlich-rechtlichen Vorschriften entspricht. Um jedoch bei einem so komplexen Vorgang wie der Errichtung und Genehmigung einer baulichen Anlage einen unerträglichen Rechtsschematismus zu vermeiden, sieht das → Baurecht traditionell die Möglichkeit vor, bei der Erteilung einer → Baugenehmigung unter bestimmten Voraussetzungen von den Festsetzungen eines Bebauungsplanes oder von den Anforderungen des Bauordnungsrechtes abzuweichen. Die Einräumung einer solchen Befreiung dient in erster Linie der Einzelfallgerechtigkeit, aber auch der Flexibilität planerischer Festsetzungen, die ohne einen solchen Abweichungsvorbehalt einem ständigen Änderungsdruck ausgesetzt wären (*Löhr*, in: Battis/Krautzberger/Löhr, BauGB, § 31 Rdn. 1). Die entsprechenden gesetzlichen Ermächtigungen zur Erteilung von Befreiungen ergeben sich aus den Vorschriften der Landesbauordnungen und des Baugesetzbuches.

1. Bauplanungsrechtlicher Befreiungstatbestand, § 31 BauGB

Nach § 31 Abs. 2 BauGB können Befreiungen von den Festsetzungen des Bebauungsplans erteilt werden, wenn
– Gründe des Wohls der Allgemeinheit die Befreiung erfordern oder
– die Abweichung städtebaulich vertretbar ist oder
– die Durchführung des Bebauungsplans zu einer offenbar nicht beabsichtigten Härte führen würde.

Zudem dürfen bei allen drei Befreiungstatbeständen
– die Grundzüge der Planung nicht berührt werden und
– die Abweichung muss auch unter Würdigung nachbarlicher Interessen mit den öffentlichen Belangen vereinbar ist.

Die Befreiungstatbestände sind grundsätzlich **restriktiv zu handhaben**, d. h. es muss sich prinzipiell um einen atypischen Einzelfall handeln, für den sie erteilt werden (BVerwG, DÖV 1990, 746). Auch wenn die Voraussetzungen für eine Befreiung vorliegen, besteht nach herrschender Meinung kein Anspruch auf Erteilung der Befreiung, sie liegt vielmehr im **Ermessen** der Behörde.

2. Beispielsfälle

Das OVG Münster hat eine Befreiung nach § 31 Abs. 2 Nr. 2 BauGB für ein Hospiz (betreutes Wohnen als soziale Anlage) in einem reinen → Wohngebiet für zulässig erachtet, obgleich nach der im entschiedenen Fall anzuwendenden BauNVO 1968 ausschließlich Wohngebäude genehmigungsfähig waren. Die Grundzüge der Planung würden nicht berührt, denn beim Inkrafttreten des Bebauungsplans 1970 waren die Formen des betreuten Wohnens noch nicht bekannt und es bleibt bei einem Hospiz ein mehr oder weniger großes Maß an Eigengestaltung des häuslichen Wirkungskreises erhalten, was für den Begriff des Wohnens charakteristisch ist (OVG Münster, BauR 1999, 141).

Befreiung

Der VGH Kassel hatte über Befreiungen für ein Bauvorhaben (Mehrfamilienwohnhaus) zu entscheiden, in dem 6 Vollgeschosse genehmigt wurden, obgleich nach den Festsetzungen des Bebauungsplanes nur zwei Vollgeschosse zulässig sind. Darüber hinaus lag das Bauvorhaben fast vollständig außerhalb der festgesetzten überbaubaren Grundstücksfläche. Statt einer zulässigen Grundflächenzahl (GRZ) von 0,25 und einer zulässigen Geschossflächenzahl (GFZ) von 0,5 wurde das Bauvorhaben mit einer GRZ von 0,37 und einer GFZ von 1,97 genehmigt. Die gravierende Überschreitung der im → Bebauungsplan festgesetzten Geschossflächenzahl um 1,47 und der festgesetzten Zahl von zwei Vollgeschossen um vier verletzt dem VGH Kassel zufolge das berechtigte Interesse von Nachbarn an der Erhaltung des Wohngebietscharakters, selbst wenn der betroffene Nachbar nicht in den Geltungsbereich des Bebauungsplanes einbezogen ist (Verstoß gegen das Gebot der Rücksichtnahme). Denn die Zulassung einer baulichen Verdichtung, die den bundesrechtlich festgesetzten Höchstwert der Geschossflächenzahl für reine Wohngebiete von 1,2 (§ 7 Abs. 2, 3 BauNVO) ohne städtebaulich rechtfertigenden Ausnahmegrund deutlich überschreitet, kann einer Umstrukturierung des gesamten Wohngebietes Vorschub leisten. Der Charakter eines Wohngebietes wird durch ein solches Bauvorhaben in Unruhe gebracht, was zugleich nachbarrechtliche Belange verletzt, die sich bei rechtmäßiger Abwägung bei einer Überplanung des Gebiets durchsetzen müssten (VGH Kassel, BauR 2000, 1845).

3. Bauordnungsrechtliche Befreiungstatbestände

Neben der Befreiung nach § 31 Abs. 2 BauGB sind auch Befreiungen von bauordnungsrechtlichen Vorschriften nach den Landesbauordnungen möglich. Sie werden dort überwiegend als Abweichung bezeichnet, wodurch die Unterscheidung zwischen Ausnahme und Befreiung bauordnungsrechtlich aufgegeben ist (vgl. § 63 HBO; § 69 Abs. 1 LBauORhPf; § 75 BauOLSA, Art. 70 BayBO).

4. Beispielsfälle

Das OVG Lüneburg hat eine verwaltungsgerichtliche Entscheidung bestätigt, in der die beklagte Stadt verpflichtet wurde, der Klägerin die → Baugenehmigung für eine Anlage zu erteilen, mit der vom Flachdach eines nur eingeschossigen Traktes wechselnde Werbediasfür jeweils rund 10 Sekunden mit Dunkelintervallen von etwa 1 Sekunde auf eine benachbarte Hauswand projiziert werden. Von der Einhaltung des § 4 Abs. 1 NBauO müsse dabei befreit werden, weil Verkehrsgefährdungen von der Anlage im Hinblick auf die konkreten Örtlichkeiten (übersichtliche Innenstadtstraße ohne besondere Anforderungen) nicht zu besorgen seien. Der Umstand, dass dies in einer unbestimmten Vielzahl von Fällen geschehen kann, hindert dabei die Annahme eines Befreiungstatbestandes nicht (§ 86 Abs. 1 Nr. 1 NBauO). Bei der Ausübung des nach § 86 NBauO eröffneten Befreiungsermessens darf die → Bauaufsichtsbehörde keine Gesichtspunkte anführen, welche durch eine gesetzliche Regelung schon zu einem anderen speziellen Belang des öffentlichen Baurechts geworden sind. Allerdings darf die → Bauaufsichtsbehörde bei der Ausübung ihres Ermessens bei der Erteilung von Befreiungen auch außerhalb des öffentlichen Baurechtes, insbesondere auf dem Gebiet des Polizeirechtes liegende Umstände berücksichtigen (OVG Lüneburg, BauR 2000, 1179). Eine Befreiung von nachbarschützenden bauordnungsrechtlichen Vorschriften, insbesondere von → Abstandsflächen, ist aber nur in besonderen Fallkonstellationen zulässig. Das OVG Koblenz lehnte dementsprechend einen Antrag auf Erteilung einer Befreiung im städtischen → Innenbereich in dem Fall ab, in dem der Eigentümer seinen Stall abgerissen hatte und an der gleichen Stelle ein landwirtschaftliches → Gebäude zur Unterbringung seines Mähdreschers errichten wollte; dabei waren die gesetzlich vorgesehenen → Abstandsflächen zum Nachbargrundstück nicht eingehalten. Eine Abweichung von nachbarschützenden Vorschriften kommt danach tatbestandlich nur in Betracht, wenn der betroffene Nachbar nicht schutzbedürftig ist oder die Gründe, die für die Abweichung streiten, objektiv derartig gewichtig sind, dass die Interessen des Nachbarn ausnahmsweise zurücktreten müssen. Weder das Bedürfnis nach Unterstellflächen sei hier von Bedeutung, noch die Tatsache, dass an der Stelle, an der das Vorhaben ausgeführt werden soll, früher ein Stall gestanden hat. Da dieses → Gebäude, das zudem von geringerem Ausmaß war, als das jetzt angestrebte Vorhaben ist, abgerissen wurde, ist der geschützte Bestand insoweit hinfällig geworden (OVG Koblenz, BauR 2000, 551).

Behinderung
1. Begriff
Eine Behinderung liegt vor, wenn die störenden Umstände auf den Ablauf der Bautätigkeit einwirken, wobei die störenden Umstände tatsächlicher oder rechtlicher Art sein können.
Beispiele: Ein Vorunternehmer wird nicht rechtzeitig mit seinen Arbeiten fertig. Eine → Baugenehmigung wird nicht rechtzeitig erteilt.
Nach der Neufassung des § 6 Nr. 2 → VOB/B begründen folgende Umstände Behinderungen des Auftragnehmers: Verzögerungen aus dem Risikobereich des Auftraggebers, Streik und Aussperrung sowie höhere Gewalt oder andere unabwendbare Umstände.

2. Ansprüche des Auftragnehmers
a) Anspruchsgrundlagen
Der → Auftragnehmer kann beim BGB-Vertrag eventuell Ansprüche aus dem Gesichtspunkt der positiven Vertragsverletzung (vgl. OLG Köln, OLGR 1994, 242) oder bei Annahmeverzug des Auftraggebers aus § 642 BGB herleiten. Für den Fall, dass der → Auftraggeber mit einer im Gegenseitigkeitsverhältnis stehenden Pflicht (z. B. Zahlung einer Abschlagsrechnung) in → Verzug gerät, ist § 326 BGB a. F. bzw. §§ 323, 325 BGB n. F. anwendbar, sonst ist für den Verzug mit Leistungspflichten ein Schadensersatzanspruch nach § 286 BGB möglich. Für den Auftragnehmer kommen namentlich Behinderungen durch vom Auftraggeber zu verantwortende Bauzeitverzögerungen in Betracht (z. B. fehlende öffentlich-rechtliche Genehmigung, vgl. BGH, ZfBR 1993, 214, fehlende Ausführungspläne, Zusatzaufträge, Leistungsänderungen, insbesondere durch unvorhersehbare Bodenverhältnisse).
Beim VOB-Vertrag sind die Ansprüche wegen Behinderungen in § 6 VOB/B geregelt. Sind die hindernden Umstände von einem Vertragsteil zu vertreten, so hat der andere Teil Anspruch auf Ersatz des nachweislich entstandenen Schadens, des entgangenen Gewinns aber nur bei Vorsatz oder grober → Fahrlässigkeit (§ 6 Nr. 6 VOB/B). Gemäß § 6 Nr. 2 VOB/B sind unter den dort geregelten Voraussetzungen die Ausführungsfristen zu verlängern. Die Berechnung der Fristverlängerung ist in § 6 Nr. 4 VOB/B geregelt.

b) Behinderungsanzeige
Grundsätzlich hat der Auftragnehmer nur dann Anspruch auf Berücksichtigung der hindernden Umstände, wenn er dem Auftraggeber die **Behinderung unverzüglich schriftlich angezeigt** hat, § 6 Nr. 1 Satz 1 VOB/B (BGH, BauR 1971, 202; OLG Celle, BauR 1995, 552). Die Anzeige muss alle Tatsachen enthalten, aus denen sich für den Auftraggeber mit hinreichender Klarheit die Gründe für die Behinderung ergeben. Der Auftragnehmer hat in der Behinderungsanzeige anzugeben, ob und wann seine Arbeiten, die nach dem Bauablauf nun mal ausgeführt werden müssten, nicht oder nicht wie vorgesehen ausgeführt werden können (BGH, BauR 2000, 722).
Eine Anzeige ist **entbehrlich**, wenn dem Auftraggeber offenkundig die Tatsache und deren hindernde Wirkung bekannt war, § 6 Nr. 1 Satz 2 VOB/B (BGH, BauR 1990, 210).
Die **Schriftlichkeit** der Anzeige ist zwar keine Wirksamkeitsvoraussetzung, sie ist jedoch wegen der Beweiswirkung unbedingt zu empfehlen.

Richtiger **Adressat der Behinderungsanzeige** ist in der Regel der Auftraggeber. Der objektüberwachende Architekt ist in der Regel nicht besonders bevollmächtigt, Behinderungsanzeigen entgegen zu nehmen. Die Behinderungsanzeige hat zu weit reichende rechtliche und wirtschaftliche Folgen. Diese greifen in die rechtsgeschäftliche Dispositionsbefugnis des Auftraggebers ein.

c) Verschulden
Der Schadensersatzanspruch nach § 6 Nr. 6 VOB/B setzt voraus, dass der → Auftraggeber die Behinderung zu vertreten hat. Zu vertreten hat er auch ein Verschulden seiner Erfüllungsgehilfen, z. B. seines Planers (§ 278 BGB). Nach der Rechtsprechung des Bundesgerichtshofes ist allerdings der **Vorunternehmer nicht → Erfüllungsgehilfe des Auftraggebers**, wenn er mangelhaft geleistet hat und infolgedessen der → Nachunternehmer nicht mit seiner Arbeit beginnen kann (BGH, ZfBR1985, 282; OLG Frankfurt, OLGR 1996, 212). In Betracht kommt aber häufig ein Koordinierungsverschulden des Auftraggebers bzw. seines Planers. Zudem haftet der Auftraggeber auf Entschädigung gemäß § 642 BGB, wenn ein Vorunternehmer mangelhaft geleistet hat.

Ein Anspruch aus § 6 Nr. 6 VOB/B kann sich auch durch die schuldhafte Verletzung einer gegenüber dem Unternehmer übernommenen Schutzpflicht ergeben. Eine Bauaufsichtsverschulden reicht hingegen nicht (BGH, BauR 1997, 1021 = ZfBR 1998, 33).

d) Schaden
Als Schaden kann der Auftragnehmer alle ursächlich auf die Behinderung zurückzuführenden Mehrkosten geltend machen.

Der Auftragnehmer muss im einzelnen darlegen, welche konkreten Mehrkosten ihm durch die Behinderung tatsächlich entstanden sind. Macht der Auftragnehmer z. B. Gerätestillstandskosten geltend, muss er nach dem OLG Braunschweig (OLGR 1994, 196) vortragen, 1. welche zusätzliche Einsatzzeit sich für jedes für die Baustelle benötigte Gerät durch den Stillstand ergibt. Dazu gehört 2. der Vortrag, bis zu welchem Zeitpunkt bei störungsfreiem Ablauf jedes Gerät gebraucht worden wäre, 3. ob und 4. wo es anschließend eingesetzt worden wäre und 5. wie lange es infolge des Stillstandes auf der → Baustelle tatsächlich eingesetzt wurde und eingesetzt werden musste und 6. welche Folgen dies für den nachfolgend geplanten Geräteeinsatz hatte.

Für den Bauunternehmer ist wichtig, dass er die zur Verzögerung führenden Komponenten und den daraus entstehenden Mehraufwand sorgfältig dokumentiert (OLG Düsseldorf, BauR 1996, 862). Hat er das versäumt, gehen die sich daraus ergebenden Unsicherheiten bei der ansonsten möglichen Schadensschätzung zu seinen Lasten. In der Praxis ist die Schadensberechnung fast unmöglich. Deshalb werden die Schäden zumeist gem. § 287 ZPO geschätzt.

Behinderungsanzeige → Behinderung

Beratungspflichten → Leistung; → Sachwalter; → Schadensersatz; → Sorgfaltspflicht

Berufsgericht → Architekten-Anerkenntnisrichtlinie; → Eintragung in die Architektenliste

Berufshaftpflichtversicherung
Diese Versicherung ermöglicht es den Architekten und Ingenieuren, sich gegen Personen-, Sach- und Vermögensschäden sowie gegen Schadensersatzansprüche wegen Nichterfüllung gemäß § 635 BGB (Bauwerksschäden) zu versichern. Für die Berufshaftpflichtversicherung gelten die allgemeinen Versicherungsbedingungen für die → Haftpflichtversicherung (AHB) sowie die besonderen Bedingungen und Risikobeschreibungen für die Berufshaftpflichtversicherung von Architekten und Ingenieuren (BHB). Der Versicherungsschutz erstreckt sich auf die gesetzliche Haftpflicht des Ver-

sicherungsnehmers nach §§ 823 ff. BGB bei Ausübung der im Versicherungsschein beschriebenen Tätigkeit (I Nr. 1 BHB).

Ansprüche wegen Schäden aus der **Überschreitung der → Bauzeit sowie von Fristen und Terminen**, aus der **Überschreitung der ermittelten Massen und Kosten**, aus der **Verletzung von gewerblichen Schutzrechten und Urheberrechten**, aus dem **Abhandenkommen von Sachen einschließlich Geld, Wertsachen und Wertpapieren**, aus der **Vergabe von Lizenzen**, aus der Vermittlung von Geld-, Kredit-, Grundstücks- oder ähnlichen Geschäften sowie aus der Vertretung bei solchen Geschäften, aus Zahlungsvorgängen aller Art, aus der Kassenführung sowie wegen Untreue und Unterschlagung, die als Folge eines im Inland oder Ausland begangenen Verstoßes eingetreten sind oder die der Versicherungsnehmer durch ein bewusst gesetz-, nicht- oder sonst vorschriftswidriges Verhalten verursacht hat, sind nach IV. BHB vom Versicherungsschutz **nicht erfasst**. Gleiches gilt gemäß I Nr. 2 BHB für sich aus berufsfremden Tätigkeiten ergebenden Risiken.

Die vertraglich vereinbarte **Deckungssumme** steht für jeden eintretenden Schadensfall zur Verfügung. Beim Eintritt sogenannter **Serienschäden** oder eines **einheitlichen Schadens** wird die Versicherungssumme im Gegensatz dazu nur einmal fällig. Grundsätzlich liegt ein Serienschaden dann vor, wenn aufgrund einer Ursache an mehreren Rechtsobjekten gleichgelagerte Schäden entstehen. Dies wäre beispielsweise dann der Fall, wenn aufgrund der Nichtbeachtung geeigneter Entwässerungsmaßnahmen eine Vielzahl benachbarter Wohngebäude Feuchtigkeitsschäden erleiden würden. Im Gegensatz dazu liegt ein einheitlicher Schaden dann vor, wenn mehrere unterschiedliche Verstöße zu einem Schaden führen.

Die **Dauer des Versicherungsschutzes** bemisst sich nach den vertraglich vereinbarten Fristen und umfasst auch Verstöße, die innerhalb eines Jahres vor Vertragsbeginn begangen wurden. Letzteres gilt jedoch nur, wenn diese Haftpflichtschäden dem Versicherungsnehmer zum Zeitpunkt des Vertragsschlusses nicht bekannt waren (sogenannte Rückwärtsversicherung). Grundsätzlich ist neben dem Abschluss einer zeitlich begrenzten Berufshaftpflichtversicherung auch der Abschluss einer speziell auf ein bestimmtes Objekt zugeschnittenen Versicherung möglich.

Berufsrecht → Architekten- Anerkennungsrichtlinie; → Bauvorlageberechtigung; → Eintragung in die Architektenliste

Beseitigungsanspruch → Abrissverfügung

Besondere Haftpflichtbedingungen (BHB) → Berufshaftpflichtversicherung

Besondere Leistungen

DIN 18299 ff. Abschnitt 4 VOB/C regelt **Bauleistungen**, welche nicht Nebenleistungen sind und nur dann zur vertraglichen → Leistung gehören, wenn sie in der → Leistungsbeschreibung besonders erwähnt sind. Diese sind als besondere Leistung zu klassifizieren. Die besonderen Leistungen zählen nicht zu den → Bauleistungen im engeren Sinne. Sie werden eher dem → Baubetrieb nach wirtschaftlicher Betrachtungsweise zugeordnet. Begründet ist diese Einordnung darin, dass die besonderen Leistungen zur Erstellung des Bauwerkes notwendig oder zweckmäßig sind, aber über den Rahmen des üblichen hinausgehen. Die besonderen Leistungen für die betreffenden Leistungsbereiche sind im Abschnitt 4.2 der DIN 18300 ff. aufgeführt. Sie müssen als solche gemäß § 1 Nr. 4 VOB/B vom → Auftragnehmer nur erbracht werden, wenn sie in den Verdingungsunterlagen aufgeführt sind oder nachträglich vom → Auftraggeber gefordert werden. Sofern der Auftraggeber die Erbringung von besonderen Leistungen fordert, steht dem Auftragnehmer grundsätzlich eine zusätzliche Vergütung gemäß §§ 2 Nr. 5, 6 VOB/B unter den dort genannten Voraussetzungen zu.

Besondere Leistungen der Architekten und Ingenieure sind solche Leistungen, die über die allgemeinen Leistungen hinausgehen oder diese ändern. Sie können zu → Grundleistungen hinzutreten oder an deren Stelle treten (§ 2 Abs. 3 Satz 1 HOAI). Die Besonderen Leistungen sind stets in der rechten Spalte der Leistungsbilder der → HOAI aufgeführt, jedoch nicht abschließend aufgeführt (§ 2 Abs. 3 Satz 2 HOAI). Besondere Leistungen, die zu den Grundleistungen hinzutreten, können nur dann abgerechnet werden, wenn die Besondere Leistung im Verhältnis zur Grundleistung einen nicht unwesentlichen Arbeits- und Zeitaufwand verursacht und Architekt oder Ingenieur das Honorar mit dem Bauherrn schriftlich vereinbart haben (§ 5 Abs. 4 HOAI). Besondere Leistungen, die an die Stelle von Grundleistungen treten, sind ebenso wie die ersetzte Grundleistung abzurechnen (§ 5 Abs. 5 HOAI). Liegen Besondere Leistungen vor, die nicht zu Grundleistungen hinzu- oder an deren Stelle treten, spricht man von isolierten Besonderen Leistungen. Diese sind in der HOAI nicht geregelt. Für sie ist die übliche Vergütung gemäß § 632 Abs. 2 BGB zu bezahlen, wenn ihre Erbringung nur gegen eine Vergütung zu erwarten war (§ 632 Abs. 1 BGB).

Besondere Vertragsbedingungen
Besondere Vertragsbedingungen behandeln die besonderen individuellen Gegebenheiten des Bauwerkes, z. B. den Baugrund, Ausführungs- und Gewährleistungsfristen oder die Baustellenverhältnisse. Sie können aufgrund der Vertragsfreiheit neben der → VOB/B als weiterer → Vertragsbestandteil vereinbart werden. Sofern sich aus der Vereinbarung der besonderen Vertragsbedingungen und der Regelungen der VOB/B Widersprüche ergeben, bestimmt sich die Geltungsreihenfolge anhand von § 1 Nr. 2 VOB/B, wenn nichts anderes vereinbart ist.

Besonderes Wohngebiet   → Wohngebiet (besonderes)

Bestandsaufnahme   → Grundlagenermittlung

Bestandsschutz   → Baugenehmigung; → Befreiung; → Brandschutz
1. Definition
Der Bestandsschutz baulicher Anlagen ist das aus der Eigentumsgarantie des Art. 14 GG vermittelte **Recht, eine Anlage, die im Einklang mit den baurechtlichen Vorschriften errichtet wurde, weiter halten und nutzen zu dürfen, auch wenn sie nach mittlerweile geänderter Sach- und Rechtslage materiell illegal geworden ist**. Die den Bestandsschutz vermittelnde Legalität kann auch erst nach dem Zeitpunkt der Errichtung nachträglich eingetreten sein, vorausgesetzt, dass das Vorhaben über einen relevanten Zeitraum (3 Monate) den baurechtlichen Vorschriften entsprach (BVerwGE 25, 161 = BayVBl. 1967, 168; BVerwG, DVBl. 1974, 358; *Finkelnburg/Ortloff;* Öffentliches Baurecht, Bd. II, S. 176). Dabei ist allerdings zu beachten, dass ein Vorhaben, das den Festsetzungen eines Bebauungsplans widerspricht, der wegen Verfahrens- oder Formfehlers unwirksam war, aber nach Behebung des Mangels gemäß § 215 a Abs. 2 BauGB (jetzt § 214 Abs. 4 BauGB) rückwirkend erneut in Kraft gesetzt wurde, als ein von Anfang an und ununterbrochen rechtswidriges Vorhaben zu behandeln ist, auch wenn es ohne den → Bebauungsplan planungsrechtlich zulässig gewesen wäre. Der Satz, dass ein Vorhaben, das während eines nennenswerten Zeitraumes zumindest materiell baurechtmäßig gewesen ist, Bestandsschutz hat, gilt für diesen Fall nicht (VGH München, UPR 2002, 152).

2. Abstufungen des Bestandsschutz/Anspruch auf Genehmigung
Der **Bestandsschutz** wird **umfassend und unbeschränkt** gewährleistet, **wenn** das **Bauvorhaben** sowohl **formell**, d. h. mit einer erforderlichen Genehmigung versehen, als auch **materiell legal ist**,

d. h. den früheren baurechtlichen Vorschriften entsprach. Aber auch die **bloße frühere materielle Legalität begründet Bestandsschutz** zumindest dergestalt, dass die Behörde den erlaubnisfähigen Betrieb der Anlage bis zum Ablauf ihrer üblichen Nutzungsdauer dulden muss. Ein **Anspruch auf Erteilung einer Baugenehmigung** folgt aus dem Bestandsschutz infolge materieller Legalität **nicht**, wenn sich die Rechtslage geändert hat und ein Vorhaben nach derzeitiger Rechtslage nicht mehr genehmigungsfähig ist. Denn für die → Baugenehmigung kommt es auf den Zeitpunkt der behördlichen Entscheidung über den Genehmigungsantrag an und in diesem Zeitpunkt ist der Bau nicht genehmigungsfähig. Das Vorhaben behält nur den Vorzug der früheren materiellen Legalität, der sich darin äußert, dass die Behörde den Bau dulden muss (OVG Berlin, BRS 17 Nr. 149; VGH Kassel, BRS 57 Nr. 259).

3. Beginn und Erlöschen des Bestandsschutzes

Bestandsschutz gemäß Art. 14 GG erhält ein Baubestand in der Regel erst dann, wenn das **Vorhaben fertiggestellt oder zumindest im Wesentlichen fertiggestellt** ist, weil erst von diesem Zeitpunkt an die bestimmungsgemäße und von der Eigentumsgarantie des Art. 14 GG primär geschützte Ausübung der Eigentumsbefugnisse durch Nutzung gegeben ist (BVerwG, BauR 1971, 188; OVG Bremen, BauR 1984, 282). Der Bestandsschutz für eine bestimmte Art von Nutzung **endet nicht notwendig mit deren faktischen Beendigung**, sondern wirkt noch eine gewisse Zeitspanne fort, wobei im ersten Jahr der Unterbrechung nach allgemeiner Verkehrsauffassung mit der Wiederaufnahme der Nutzung zu rechnen ist und im zweiten Jahr zumindest noch eine Vermutung für die Wiederaufnahme der Nutzung spricht. Erst nach Ablauf von zwei Jahren ist der Bestandsschutz in der Regel erloschen (BVerwG, BayVBl. 1989, 218; BRS 57 Nr. 67). Es wirkt sich auf diesen nachwirkenden Bestandsschutz nicht zeitverlängernd aus, wenn ein Betrieb wegen wirtschaftlicher Schwierigkeiten oder aus gesundheitlichen Gründen eingestellt worden ist und nicht innerhalb der Zweijahresfrist wieder aufgenommen worden ist (BVerwG, BayVBl. 1981, 309). Der Bestandsschutz erlischt auch, wenn die Nutzung so geändert wird, dass die der geschützten Nutzung innewohnende Variationsbreite überschritten wird und der neuen Nutzung unter städtebaulichen Aspekten eine andere Qualität zukommt (BVerwG, BRS 57 Nr. 67). In seinem Beschluss vom 18. März 2001 führt das Bundesverwaltungsgericht aus, dass ein → Gebäude den Bestandsschutz verliere, wenn der mit der Instandsetzung verbundene Eingriff in den vorhandenen Bestand so intensiv sei, dass er die Standfestigkeit des gesamten Gebäudes berühre und eine statische Nachberechnung des gesamten Gebäudes erforderlich mache, oder wenn die für die Instandsetzung notwendigen Arbeiten den Aufwand für einen Neubau erreichen oder gar übersteigen, oder wenn die Bausubstanz ausgetauscht oder das Bauvolumen wesentlich erweitert werde (BVerwG, Az.: 4 B 18.01; *Mampel*, Verkehrte Eigentumsordnung – Das Unwesen des verfassungsunmittelbaren Bestandsschutzes – ZfBR 2002, 327).
Erst recht **erlischt der Bestandsschutz mit der Beseitigung oder Zerstörung** der geschützten Anlage (BVerwG, DVBl. 1974, 358).

4. Wirkung und Reichweite des Bestandsschutzes

Aus dem Bestandsschutz ergibt sich die Befugnis, die Anlage in ihrem ausgeführten Zustand auch dann weiter halten und nutzen zu dürfen, wenn neue baurechtliche Bestimmungen dem Vorhaben entgegenstehen. Hieraus folgt umgekehrt, dass der Bestandsschutz **gegen Beseitigungsanordnungen und Nutzungsuntersagungen sichert** (*Weyreuther*, Bauen im Außenbereich, 1979, S. 104 f.; *Finkelnburg/Ortloff*, Öffentliches Baurecht, Bd. II, S. 178). **Reparaturen** an der baulichen Anlage sind (auch im Außenbereich) vom Bestandsschutz gedeckt, wenn die Identität der baulichen Anlage erhalten bleibt (BVerwG, BayVBl. 1967, 350; BayVBl. 1975, 146). Die Errichtung von **Ersatzbauten** lässt sich aus dem Bestandsschutz nicht mehr rechtfertigen, weil die Anwendung der

Grundsätze über den Bestandsschutz stets voraussetzt, dass der vorhandene Bestand unabhängig von der Wiederherstellung noch funktionsgerecht nutzbar ist (BVerwG, BauR 1971, 38; NVwZ 1982, 38). Nur in Ausnahmefällen wird ein **aktiver** (überwirkender) **Bestandsschutz** auf Erweiterung des vorhandenen, durch die Eigentumsgarantie des Art. 14 GG geschützten Bestandes anerkannt, wenn der vorhandene geschützte Bestand auf Änderungs- oder Erweiterungsmaßnahmen zwingend angewiesen ist und ohne diese Maßnahmen die geschützte Nutzung in Frage gestellt wird. Dies wird etwa bei einer einheitlichen Betriebsanlage denkbar sein, die aus mehreren funktional verbundenen Gebäuden besteht (BVerwG, BayVBl. 1986, 564 = DVBl. 1986, 678). Schließlich kann der aktive Bestandsschutz auch eine begrenzte untergeordnete Erweiterung des geschützten Baubestandes rechtfertigen, wenn seine **zeitgemäße funktionsgerechte Nutzung** dies erfordert, z. B. durch die Errichtung von Garagen (*Büchs*, Handbuch des Eigentums- und Entschädigungsrechts, Rdn. 450). Im Hinblick auf bestandsgeschützte Wochenendhäuser hat allerdings der VGH Mannheim den Anspruch auf die Errichtung eines Carports unter Bestandsschutzgesichtspunkten verneint (VGH Mannheim, NVwZ-RR 1993, 599; OVG Lüneburg, NVwZ-RR 1994, 71). Die Tendenz der Rechtsprechung geht dahin, die Möglichkeit eines aktiven Bestandsschutzes nur für solche Vorhaben anzuerkennen, die sowohl formell als auch materiell legal sind (BVerfG, BRS 57 Nr. 246; BVerwG, BRS 57 Nr. 67).

Besteller → Auftraggeber
Der im Bürgerlichen Gesetzbuch verwendete Begriff des „Bestellers" ist gleichbedeutend mit den im → Baurecht verwendeten Begriffen → „Bauherr" oder → „Auftraggeber".

Betriebshaftpflichtversicherung
Der → Auftraggeber kann gegen den → Auftragnehmer vertragliche und gesetzliche Schadensersatzansprüche geltend machen. Diese für das Bauunternehmen bestehenden Haftungsrisiken können durch den Abschluss einer sogenannten Betriebshaftpflichtversicherung abgedeckt werden. Gemäß § 1 der Allgemeinen Haftpflichtversicherungsbedingungen (AHB) gewährt der Versicherer dem Versicherungsnehmer Versicherungsschutz für den Fall, dass er wegen eines während der Wirksamkeit der Versicherung eingetretenen Ereignisses, das den Tod, die Verletzung oder Gesundheitsbeschädigung von Menschen (sogenannter Personenschaden) oder die Beschädigung oder Vernichtung von Sachen (sogenannter Sachschaden) zur Folge hatte, für diese Folgen aufgrund einer gesetzlichen Haftpflichtbestimmung privatrechtlichen Inhalts von einem Dritten auf → Schadensersatz in Anspruch genommen wird. Der sich aus der Betriebshaftpflichtversicherung ergebender Versicherungsschutz bezieht die **Erfüllungsgehilfen**, deren sich der Unternehmer bei der Leistungserstellung bedient, ein.
Gemäß § 4 AHB werden vertragliche Erfüllungsansprüche, d. h. der Ersatz einer mangelhaften → Leistung durch eine mangelfreie, **nicht** vom Versicherungsumfang **erfasst**. Die sich speziell aus der unternehmerischen Tätigkeit ergebenden Risiken sind grundsätzlich nur in dem sich aus dem Versicherungsvertrag ergebenden Umfang gedeckt. Risiken, die sich aus dem Halten oder Führen von Luft-, Wasser- und Kraftfahrzeugen (soweit diese öffentlich zugelassen sind), der Beteiligung an Arbeitsgemeinschaften (soweit Schadensersatzansprüche die Anteile des Versicherungsnehmers an der ARGE überschreiten), planerischer Tätigkeit des Unternehmens, vorsätzlichem Handeln oder aus Bearbeitungsschäden an fremden, unbeweglichen Sachen (soweit diese unmittelbar Gegenstand der Tätigkeit waren) ergeben, sind vom Versicherungsschutz der Betriebshaftpflichtversicherung nicht umfasst.
Es besteht die Möglichkeit, einen Teil der zuvor genannten Haftungsausschlüsse durch Abschluss von besonderen Bedingungen und Risikobeschreibungen für Bauunternehmer (BBR/BU) oder von

besonderen Bedingungen und Risikobeschreibungen für Bauhandwerker (BBR/BHW) in den Versicherungsumfang der Betriebshaftpflicht mit aufzunehmen.

Bei Inanspruchnahme des Versicherungsnehmers auf Schadensersatz stellt die vertraglich vereinbarte Versicherungssumme die Höchstgrenze der durch das Versicherungsunternehmen zu erbringenden Ersatzleistung dar. Der Versicherungsnehmer ist daher grundsätzlich verpflichtet, den über die Deckungssumme hinaus gehenden Schaden selbst zu tragen.

Betriebshaftpflichtversicherungen können sowohl zeit- als auch objektbezogen abgeschlossen werden.

Beweis → Beweislast

Der Beweis ist ein Mittel, um in einem Gerichtsverfahren das Gericht von der Wahrheit oder Unwahrheit einer Tatsache zu überzeugen. Als → Beweismittel kommen der Sachverständigenbeweis, der Anscheinsbeweis, der Beweis durch Parteivernahme, der Urkundsbeweis sowie der Beweis durch Zeugenvernahme in Betracht. Grundsätzlich hat derjenige, der einen Anspruch behauptet, die anspruchsbegründenden Tatsachen zu beweisen.

Beweislast

Die Beweislast regelt, welche der am Prozess beteiligten Parteien Beweis für die behaupteten Tatsachen im Zivilprozess erbringen muss. Bei Bauwerksmängeln liegt die Beweislast für die Mangelfreiheit oder das Vorliegen lediglich unwesentlicher Mängel bis zur → Abnahme des Bauwerkes beim → Auftragnehmer. Nach erfolgter Abnahme ohne entsprechenden → Mängelvorbehalt geht die Beweislast für vorhandene Bauwerksmängel auf den → Auftraggeber über. Der Auftragnehmer muss bis zur Abnahme durch den Auftraggeber nachweisen, dass er seine Leistung vertragsgemäß und mangelfrei erbracht hat. Hingegen hat der Auftraggeber nach erfolgter Abnahme bei noch während der → Gewährleistungsfrist auftretenden Mängeln die Beweislast für deren Vorliegen zu tragen. Er muss Beweis dafür antreten, dass ein Mangel in Folge einer Abweichung von den in § 13 Nr. 1 VOB/B genannten Kriterien vorliegt und dieser auf ein vertragswidriges Verhalten des Auftragnehmers zurückzuführen ist. Hat der Auftraggeber bei der Abnahme Mängelvorbehalte ausgesprochen, so trägt der Auftragnehmer insoweit die Beweislast auch nach der Abnahme. Sofern die beweispflichtige Partei die erforderlichen Nachweise nicht erbringen kann, wirkt sich das bei der Entscheidungsfindung zu ihren Ungunsten aus.

Beweismittel → Beweis

Durch die in der ZPO aufgeführten Beweismittel werden die Prozessparteien in die Lage versetzt, vor Gericht den → Beweis für die Richtigkeit ihrer Bahauptungen zu erbringen.

Beweissicherung → selbstständiges Beweisverfahren

Auf Antrag einer Prozesspartei kann das Gericht ein sogenanntes selbstständiges Beweisverfahren anordnen, um damit einen gegenwärtigen Zustand beweiskräftig festzustellen oder den Verlust eines Beweismittels zu verhindern (§§ 485 ff. ZPO). Dieses Verfahren wurde früher und wird z. T. noch heute wegen der ursprünglichen Fassung des § 485 ZPO Beweissicherungsverfahren genannt. Zuständig für die Beweissicherung ist das Prozessgericht oder aber bei Vorliegen einer dringenden Gefahr das Amtsgericht, in dessen Bezirk sich das betreffende Objekt befindet.

Bewerber → Ausschreibung; → Bieter

Unter der Bezeichnung Bewerber oder → Bieter sind Unternehmen zu verstehen, die sich bei einem → Auftraggeber um die Abgabe eines Angebotes bemühen oder von diesem im Falle einer beschränkten → Ausschreibung oder freihändigen Vergabe zur Abgabe eines Angebotes aufgefordert werden. Die erforderlichen Voraussetzungen/Qualifikationen der einzelnen Bewerber sind in § 2 Nr. 1 VOB/A aufgeführt. Danach sollen die Bewerber fachkundig, zuverlässig und leistungsfähig sein. In § 8 Nr. 3 VOB/A erfolgt die nähere Beschreibung der dafür erforderlichen Nachweise.

BGB → Bürgerliches Gesetzbuch

Bieter → Bewerber

Diejenigen Bewerber, die ein Angebot beim → Auftraggeber eingereicht haben, werden auch als Bieter bezeichnet. Die Anforderung an die Angebote sind in den §§ 9 Nr. 12 und 21 VOB/A beschrieben. Der Bieter ist gemäß § 19 Nr. 3 VOB/A bis zum Ablauf der → Zuschlagsfrist an sein Angebot gebunden.

Bietergemeinschaft → Arbeitsgemeinschaft; → Konsortialvertrag

Die Bietergemeinschaft wird im Regelfall als die Vorstufe einer → Arbeitsgemeinschaft angesehen. Letztere wird erst im Falle der Auftragserteilung gegründet.
Aufgrund der Verwendung dieses Begriffes in den Vorschriften der § 21 Nr. 4 Abs. 1 und § 25 Nr. 6 VOB/A kann der Begriff der Bietergemeinschaft auch auf die Konstellation Haupt-/Nebenunternehmer oder eines Konsortiums ausgedehnt werden. Der Begriff der Bietergemeinschaft erfasst nicht die Kooperation zwischen Haupt- und → Nachunternehmer oder eine Beihilfegemeinschaft. Grund hierfür ist, dass jeweils nur eine der in der Kooperation beteiligten Unternehmungen Vertragspartner des Auftraggebers wird.

Bietungsbürgschaft → Bürgschaft

Die Bietungsbürgschaft dient der Sicherung der Aufrechterhaltung des Angebots des Auftragnehmers innerhalb der Zuschlagfrist. Nach Zuschlagerteilung (§ 28 VOB/A) oder Aufhebung der → Ausschreibung (§ 26 VOB/A) ist sie zurückzugeben und wird in der Regel durch eine Vertragserfüllungsbürgschaft abgelöst. Die Bietungsbürgschaft soll nur ausnahmsweise gestellt werden. Sie ist weder im BGB noch in der VOB/B geregelt. Zudem entstehen dem → Auftragnehmer durch die Bietungsbürgschaft nicht unerhebliche Kosten (0,5 bis 3 % der Bürgschaftssumme). Schließlich wirkt sich die Stellung der Bietungsbürgschaft wettbewerbsbeschränkend auf andere Bauvorhaben aus (vgl. § 2 Nr. 1 S. 3 VOB/A). Die Stellung der Bietungsbürgschaft führt zur Einschränkung des Kreditrahmens des Auftragnehmers bei seinen Kreditgebern, was dazu führen kann, dass der Auftragnehmer Bürgschaften für andere Bauvorhaben nicht mehr stellen kann.

Bindungswirkung der Honorarschlussrechnung

Der Architekt und der Ingenieur sind an ihre einmal erteilte Schlussrechnung grundsätzlich gebunden und damit → Nachforderungen ausgeschlossen. Ausnahmen können sich aus Treu und Glauben (§ 242 BGB) ergeben, z. B., wenn der Architekt vergisst, die Umsatzsteuer zu berechnen oder ein Rechenfehler vorliegt oder der → Auftraggeber die → Rechnung als nicht prüffähig rügt und nicht bezahlt. **Bauunternehmer** sind weder beim VOB- noch beim BGB-Vertrag nach der Stellung der Schlussrechnung mit Nachforderungen ausgeschlossen; es sei denn, der Auftraggeber hat die Rechnung anerkannt und in voller Höhe bezahlt (BGH, BauR 1988, 217; a. A. für den BGB-Vertrag: OLG Frankfurt, IBR 1993, 148). Die Bindungswirkung kann wirksam auch nicht durch → Allgemeine Geschäftsbedingungen herbeigeführt werden (BGH, BauR 1989, 461).

Biogasanlage → Außenbereich

Biosphärenreservat → Naturschutz

Bodengutachten → Baugrundrisiko; → Baugrundverhältnisse

Bodenverkehrsgenehmigung → Teilungsgenehmigung

Bodenverunreinigungen → Altlasten

Bodenwertsteigerung → Folgekostenvertrag; → Städtebauliche Verträge

Bolzplätze → Kinderspielplatz; → Sportanlagen

Bomben auf dem Grundstück → Kampfmittel

Brandschutz → Balkon; → Bestandsschutz; → Dach
1. Aufgabe des Brandschutzes
Der Brandschutz ist eine der wesentlichsten Aufgaben des Bauordnungsrechts. Er soll sowohl der **Entstehung und Ausbreitung von Feuer vorbeugen** als auch bei einem Brand wirksame **Lösch- und Rettungsarbeiten ermöglichen**.

2. Grundnorm des Brandschutzes
Nach § 13 Abs. 1 HBO und den entsprechenden Regelungen in den anderen Bundesländern (vgl. Art. 15 Abs. 1 BayBO, § 15 BauOBW, § 17 BauONRW, § 17 BauOLSA) müssen bauliche Anlagen so beschaffen sein, dass der **Entstehung eines Brandes und der Ausbreitung von Feuer und Rauch vorgebeugt** wird und bei einem **Brand die Rettung von Menschen und Tieren durchgeführt werden kann**.

a) Vorbeugung der Brandentstehung und Feuerausbreitung
aa) Bauteil und Baustoffanforderungen
Die Verpflichtung, der Entstehung eines Brandes und der Ausbreitung von Feuer vorzubeugen, hat insbesondere dadurch zu erfolgen, dass die in der bauaufsichtsrechtlich eingeführten Norm **DIN 4102** Teil 1–7, 11 (beziehbar beim Beuth Verlag GmbH, Burggrafenstraße 6, 10 787 Berlin) enthaltenen Anforderungen eingehalten werden. Hiervon ausgehend müssen beispielsweise in Hessen tragende und aussteifende Wände, Pfeiler, Stützen und Decken bei Gebäuden der **Gebäudeklasse 1** (freistehende → Gebäude bis 7 m Höhe mit nicht mehr als zwei Nutzungseinheiten von insgesamt nicht mehr als 400 qm und freistehende landwirtschaftliche → Gebäude, § 2 Abs. 3 Nr. 1 HBO) in Kellergeschossen mit mindestens F30 (Feuerwiderstandsdauer von > 30 Minuten) ausgestattet werden. Ansonsten sind bei Gebäuden dieser Gebäudeklasse normalentflammbare Baustoffe (B2) großenteils vorgesehen, z. B. für Außenwände und sonstige tragende und aussteifende Wände, Pfeiler und Stützen. Bei Gebäuden der **Gebäudeklasse 2** und 3 (nicht freistehende → Gebäude bis zu 7 m Höhe mit nicht mehr als zwei Nutzungseinheiten von insgesamt nicht mehr als 400 qm bzw. sonstigen Gebäuden bis zu 7 m Höhe, § 2 Abs. 3 Nr. 2, 3 HBO) ist F30 bei tragenden und aussteifenden Wänden, Pfeilern und Stützen, bei Trennwänden und Öffnungen in Trennwänden sowie bei Decken in der Regel vorgesehen, jedenfalls wenn sie Aufenthaltsräume einschließen bzw. tragen. Bei Gebäuden der **Gebäudeklasse 4** (Gelände bis 13 m Höhe und Nutzungseinheiten mit jeweils nicht mehr als 400 qm in einem Geschoss, § 2 Abs. 3 Nr. 4 HBO) sind tragende und aussteifende Wände, Pfeiler, und Stützen in Geschossen oder Trennwände generell mit F60 und nicht brennen-

den Baustoffen (A), sonst mit F90 auszurüsten, in Kellergeschossen sogar mit F90 und nicht brennbaren Baustoffen (A). Sonstige → Gebäude bis zu 22 m Höhe (**Gebäudeklasse 5**, § 2 Abs. 3 Nr. 5 HBO) verlangen für tragende und aussteifende Wände, Pfeiler und Stützen ebenso wie für Trennwände grundsätzlich F90.
Brandwände (hierunter fallen insbesondere Gebäudeabschlusswände an oder bis zu 2,50 m entfernt von der Nachbargrenze, vgl. § 27 Abs. 2 Nr. 1 HBO) verlangen bei allen Gebäudeklassen F90, ebenso Decken zwischen landwirtschaftlicher Nutzung und Wohnnutzung (vgl. zum Brandschutz in Hessen, Anlage 1 zur HBO: Bauteile und Baustoffanforderungen nach § 13 Abs. 2 S. 1 HBO).
Zudem enthalten die Bauordnungen weitere spezielle Anforderungen an → Material und Ausführung z. B. im Hinblick auf Aufzüge, spezielle Türen, Rohre, Fahr- und Rauchabzugsschächte, um der Ausbreitung von Feuer und Rauch vorzubeugen, vgl. §§ 26, 33 HBO; §§ 30 Abs. 2, 31 Abs. 4; 32 Abs. 3; 33 Abs. 4 BauONRW (*Allgeier/v. Lutzau*, HBO-Kom., Erl. 17.1).

bb) Verhaltensbezogene Anforderungen
Für **Sonderbauten** wie Hochhäuser, Krankenhäuser, Schulen, Verkaufsstätten und Büro- und Verwaltungsgebäudekomplexe etc. (vgl. § 38 Abs. 2 BauOBW; § 45, 2 Abs. 8 HBO) können besondere Brandschutzanforderungen an das Verhalten von Menschen gestellt werden. Hiermit gemeint ist die Schulung und Belehrung von Personal, die Einrichtung einer Hausfeuerwehr bzw. einer Feuersicherheitswache, Rauchverbot, Verbot offenen Feuers etc. (*Allgeier/v. Lutzau*, a. a. O., Erl. 17.1; *Böhme*, in: Jäde/Dirnberger, BauOLSA-Kom., § 17 Rdn. 8).

b) Sicherstellung effektiver Rettungsmaßnahmen
aa) Erreichbarkeit des Gebäudes
Die Landesbauordnungen fordern eine auf die Bedürfnisse der Rettungs- bzw. Löschkräfte zugeschnittene Erreichbarkeit des Gebäudes sowie entsprechende Ausstiegsmöglichkeiten für die Nutzer des Gebäudes. Zunächst muss der Feuerwehr der **ungehinderte Zugang** zur und in die bauliche Anlage möglich sein, § 4 Abs. 1, § 31 HBO. Gefordert wird in diesem Zusammenhang zunächst eine öffentlich-rechtlich gesicherte, entsprechend breite und jederzeit nutzbare (i. d. R. mindestens 3 m) Zufahrt zum Grundstück mit ausreichender Befestigung, vgl. §§ 4 Abs. 1, 5 Abs. 1 HBO; §§ 4 Abs. 1 Nr. 2, 5 Abs. 1, 2 BauONRW; (*Allgeier/v. Lutzau*, HBO-Kom., Erl. 4.1). Dann ist entsprechender Raum für den Feuerwehreinsatz auf dem Grundstück selbst zur Verfügung zu stellen. Anhaltspunkte hierfür bietet die **DIN 14090**. Keine Z*ufahrt* muss vorhanden sein, sondern es reicht ein Z*ugang* zum Grundstück, wenn die Brüstungshöhe der Fenster und der anleiterbaren Stellen nicht höher als 8 m (Höhe der tragbaren Leiter der Feuerwehr) ist und das → Gebäude nicht mehr als 50 m von der zufahrbaren öffentlichen Verkehrsfläche liegt (Länge des Feuerwehrschlauches), vgl. § 5 HBO; § 5 BauONRW. Schließlich ist am → Gebäude selbst der Zugang der Feuerwehr für effektive Rettungsmaßnahmen sicherzustellen. So müssen die Fenster, die als Rettungswege dienen, eine Mindestgröße besitzen (i. d. R. 0,90 m x 1,20 m Öffnungsfläche waagerecht oder senkrecht), so dass ein Feuerwehrmann in voller Ausrüstung ein- und aussteigen kann, § 34 Abs. 5 HBO; § 40 Abs. 4 BauONRW; vgl. auch § 30 Abs. 1 BauOBW (*Allgeier/v. Lutzau*, HBO-Kom., Erl. 37.2).

bb) Rettungswege
Nach den Landesbauordnungen muss grundsätzlich **jede Nutzungseinheit** mit Aufenthaltsräumen in jedem Geschoss **mindestens zwei voneinander unabhängige Rettungswege** besitzen, die vom Freien aus erreichbar sind. Der erste Rettungsweg muss in nicht ebenerdigen Geschossen über mindestens einen räumlich zusammenhängenden Treppenraum zur Nutzungseinheit führen. Der zweite

Rettungsweg kann über Rettungsgeräte der Feuerwehr an von diesen erreichbaren Stellen oder über eine weitere notwendige Treppe führen. Der zweite Rettungsweg ist regelmäßig dann nicht erforderlich, wenn der erste Rettungsweg als **Sicherheitstreppenraum** ausgestaltet, also so konzipiert ist, dass Feuer und Rauch nicht eindringen können, §§ 15 Abs. 3 BauOBW; § 31 HBO; § 17 Abs. 3 BauONRW; §§ 17 Abs. 4, 37, 38 BauOLSA.

3. Ausnahmen und Befreiungen

Die brandschutzrechtlichen Anforderungen der Landesbauordnung legen einen **bestimmten Sicherheitsstandard** fest, der zu erreichen ist. Grundlage sind dabei einfach gestaltete Wohngebäude geringer bis mittlerer Höhe bzw. vergleichbare Gewerbebauten in traditioneller → Bauweise. Die Brandschutzanforderungen sind zwingend. Deshalb sind bei der Errichtung baulicher Anlagen, die den Gebäudetypen entsprechen, für die die Brandschutzanforderungen aufgestellt werden, Befreiungen nicht zulässig. Nur bei atypischen Gebäudekonstruktionen, wie z. B. Sonderbauten, sind Abweichungen gerechtfertigt, um sowohl überzogene bzw. unzweckmäßige als auch unzureichende Lösungen zu vermeiden (OVG Berlin, BRS 47 Nr. 147; OVG Lüneburg, BRS 46 Nr. 166; *Böhme*, in: Jäde/Dirnberger, BauOLSA-Kom., § 17 Rdn. 8).

4. Nachrüstungsanordnungen

Ältere Bauvorhaben genügen den heutigen gesetzlichen Brandschutzanforderungen oft nicht mehr. Insofern stellt sich die Frage, ob hier eine **Nachrüstung** angeordnet werden kann. Rechtsgrundlage hierfür sind meist nur die polizeiliche Generalklauseln oder diesen entsprechende Vorschriften der Landesbauordnungen, die jeweils eine bestehende **konkrete Gefahr für die öffentliche Sicherheit oder Ordnung** voraussetzen. Dementsprechend ordnet beispielsweise § 53 Abs. 3 HBO oder § 58 Abs. 6 BauOBW an, dass auch nach Erteilung der → Baugenehmigung Anforderungen gestellt werden können, um Gefahren für Leben oder Gesundheit oder bei der Genehmigung nicht voraussehbare Gefahren oder erhebliche Nachteile oder Belästigungen von der Allgemeinheit oder den Nutzern der baulichen Anlage abzuwenden. Ein rechtmäßig errichtetes → Gebäude genießt → Bestandsschutz und damit den Schutz der Eigentumsgarantie des Art. 14 GG. Dies bewirkt, dass spätere gesetzliche Änderungen, also auch hinsichtlich des Brandschutzes grundsätzlich keine Nachrüstungspflicht begründen können. Allerdings wird der Eigentumsschutz durch die gesetzlichen Möglichkeiten, Nachrüstungsanordnungen zu erlassen, inhaltlich ausgestaltet. Vor diesem Hintergrund liegt jedenfalls dann, wenn das Bauwerk einen **Zustand** erreicht hat, der **im Hinblick auf die** Bedeutung der in Frage stehenden **Rechtsgüter**, die beim Brandschutz Leib und Leben der Nutzer sind, **nicht mehr hinnehmbar** ist und **ein dem Gemeinwohl und den Nutzern verpflichteter Eigentümer hier Maßnahmen ergreifen würde**, eine konkrete Gefahr im polizeirechtlichen Sinne vor und es kann eine entsprechende **Nachrüstungsanordnung** ergehen (OVG Hamburg, BauR 1996, 69; OVG Münster, BRS 57 Nr. 245). Das OVG Münster hat dementsprechend die Anordnung zur Herstellung einer Spindeltreppe als zweiten Rettungsweg an einem Vorkriegshaus ohne detaillierte Darlegung der konkreten Feuergefahr im Einzelfall für rechtswidrig gehalten (OVG Münster, BRS 57 Nr. 245). Der BGH hat eine Amtspflichtverletzung in dem Fall verneint, in dem dem Eigentümer nachträglich aufgegeben worden war, Feuerwehrzufahrten anzulegen, nachdem dies in der ursprünglichen → Baugenehmigung nicht gefordert worden war (aber gefordert hätte werden müssen). Denn das Baugenehmigungsverfahren ist nicht dazu bestimmt, dem Bauherrn die Verantwortung für die einwandfreie Durchführung und Durchführbarkeit seines Bauvorhabens abzunehmen. Das wirtschaftliche Risiko, dass das genehmigte und errichtete Bauvorhaben sich später, was den hinreichenden Feuerschutz angeht, als unzureichend erweist, hat der → Bauherr selbst zu tragen. Diese Mehraufwendungen unterscheiden sich nicht wesentlich von solchen Aufwendungen, die aus sonstigen Gründen, etwa wegen mangelnder Standsicherheit, für die Baureifmachung erforderlich werden können und bei denen die Rechtssprechung eine Ersatzpflicht stets verneint hat (BGH, BauR 1998, 117 f; UPR 1992, 439).

Bürgerliches Gesetzbuch → Privates Baurecht

Das Bürgerliche Gesetzbuch (BGB) regelt das allgemeine Privatrecht und enthält Rechtsnormen, die grundsätzlich für alle Bürger in gleicher Weise gelten. Sie sind dazu bestimmt, die verschiedenen Bereiche des bürgerlichen Rechtsverkehrs zu regeln. Es bildet die Grundlage für weitere gesetzliche Regelungen, wie beispielsweise das Handelsrecht oder das Arbeitsrecht. Zudem spielt das BGB auch bei der Anwendung der → VOB im → Bauvertrag eine wesentliche Rolle. Speziell ist hierbei auf die Regelungen des Werkvertragsrechts (§§ 631, 651 BGB) hinzuweisen.

Bürgschaft → Ausfallbürgschaft; → Bauhandwerkersicherung; → Bietungsbürgschaft nach § 648 a BGB; → Gewährleistungsbürgschaft; → Vertragserfüllungsbürgschaft; → Vorauszahlungsbürgschaft

Die Bürgschaft sichert den Anspruch eines Gläubigers und ist im BGB in den Vorschriften der §§ 765 bis 778 BGB geregelt. Gemäß § 765 Abs. 1 BGB verpflichtet sich der Bürge durch Abschluss des Bürgschaftsvertrages gegenüber dem → Gläubiger eines Dritten, für die → Erfüllung einer Verbindlichkeit des Dritten einzustehen. Für den Fall, dass die Parteien bei dem bestehenden → Bauvertrag die Regelungen der → VOB vereinbart haben, gibt der Bürge diese Verpflichtungserklärung gegenüber dem → Auftragnehmer ab. Dieser leitet anschließend die Bürgschaftsurkunde an den → Auftraggeber weiter, womit der Sicherungszweck der Bürgschaft erfüllt ist.

Der Bürge kann gemäß § 771 BGB die Befriedigung des Gläubigers verweigern, solange der Gläubiger nicht eine erfolglose Zwangsvollstreckung gegen den Hauptschuldner versucht hat. Gemäß § 773 Abs. 1 BGB kann die → Einrede der Vorausklage durch Vereinbarung einer selbstschuldnerischen Bürgschaft ausgeschlossen werden. Diese Bürgschaftsform ist für eine Sicherheitsleistung gemäß § 17 Nr. 4 VOB/B erforderlich.

Bürokosten → Nebenkosten

Bundesarchitektenkammer → Architekten-Anerkenntnisrichtlinie; → Einheitsarchitektenvertrag

C

CAD (Computer Aided Design) → EDV-Leistungen

Mit dem Kürzel CAD werden in der elektronischen Datenverarbeitung (EDV) Programme bezeichnet, mit denen Architekten und Ingenieure Bauwerke und Bauteile zwei- oder dreidimensional am Bildschirm entwerfen und anschließend genau bemaßt zeichnen oder drucken lassen können. Zudem ermöglichen es entsprechend weiterentwickelte CAD-Systeme, Rauminhalts- und Flächenberechnungen oder Material- und Belastungsprüfungen sowie statische Berechnungen durchzuführen und Leistungsverzeichnisse zu erstellen. Je nach Ausstattung und Entwicklungsreife des jeweils verwendeten Programms können alle Zeichnungselemente gezoomt/vergrößert, getrimmt/verschoben, gedreht oder verändert werden. Mittels dieser Systeme können digitale Vektormodelle erstellt werden, bei denen jeder Körper durch Koordinaten Verbindungslinien und Richtungen im Raum definiert ist. Mit dem Solid Monitoring ausgestattete Systeme ermöglichen darüber hinaus geplante Bauwerke in die vorgesehene Umgehung einzubetten und deren Realisation zu simulieren. Eine Abrechnung mittels CAD kann prüfbar sein (VOB-Stelle Niedersachsen, IBR 1995, 514).

cic → culpa in contrahendo; → vorvertragliches Vertrauensverhältnis

Controlling
Das Controlling umfasst die finanzielle Bewertung vergangener und zukünftiger Geschäftsvorgänge. Das reine Controlling ist in der Betriebswirtschaft eine Teilfunktion der Unternehmensführung, mit der die Planung, Steuerung und Kontrolle von Unternehmen durch eine entsprechende Informationsaufarbeitung verbessert werden soll. Bei dem sich in neuester Zeit im Bauwesen herausgebildeten Baucontrolling handelt es sich um ein Spezialgebiet im Bereich der Gebäudeplanung und Gebäudeerstellung. Der Aufgabenbereich des Baucontrolling umfasst die Baukostenermittlung für den Zeitraum des Entwurfsbeginns bis zur Inbetriebnahme des Gebäudes und bereitet darüber hinaus für den Bauherrn die jeweils aktualisierte Grundlage anstehender Planungs- und Ausführungsentscheidungen auf. Zudem sind beim Baucontrolling auch die anfallenden Nutzungskosten des Bauwerkes zu berücksichtigen. Bei dem eingesetzten Baucontroller handelt es sich meistens um einen spezialisierten Ingenieur. Dieser stellt neben dem Architekten einen wichtigen Ansprechpartner für den Bauherrn für dessen Entscheidungen während der Baudurchführung dar. Darüber hinaus übernimmt das Baucontrolling sehr häufig die Abwicklung der Vergabe und die gesamte Steuerung und Kontrolle der Bauausführung. Es handelt sich hierbei um wesentliche Architektenleistungen nach der HOAI.

culpa in contrahendo → vorvertragliches Vertrauensverhältnis
Bei der culpa in contrahendo (nun gesetzlich in § 311 BGB n. F. geregelt) handelt es sich um ein juristisch entwickeltes Konstrukt, welches die Haftung für ein Verschulden bei Vertragsabschluss regelt. Das Rechtsinstitut der culpa in contrahendo besagt, dass bereits bei der Anbahnung von Vertragsverhandlungen zwischen den potentiellen Vertragspartnern ein Vertrauensverhältnis herrscht, welches den Beteiligten bestimmte Mitteilungs-, Offenbarungs- und Hinweispflichten besonders im Hinblick auf vertragsgefährdende Tatsachen auferlegt. Sofern ein Vertragspartner gegen die aus §§ 242 und 276 BGB abgeleiteten Sorgfaltspflichten verstößt, macht er sich auch dann schadensersatzpflichtig, wenn ein wirksamer Vertrag nicht zustande kommt (§ 311 Abs. 2 Nr. 1 BGB). Im Bereich des Bauwesens stellt der unterbliebene Hinweis eines Architekten auf seine fehlende Architekteneigenschaft, die unrichtige Auskunft eines Verkäufers über die Bodenfestigkeit, die Ausschreibung einer Bauleistung ohne gesicherte Finanzierung, der Verkauf von angeblichem Bauland durch eine Gemeinde oder aber der schuldhafte Verstoß eines öffentlichen Auftraggebers gegen zwingende Vorschriften der → VOB/A typische Verstöße gegen das Vertrauensinteresse des Vertragspartners dar. Der Schadensersatzanspruch gemäß § 249 BGB stellt nur auf das negative Interesse des Schadensersatzberechtigten ab. Der Geschädigte kann sich daher beispielsweise von einem aufgrund falscher Informationen geschlossenen Vertrag lösen und aber den Ersatz der nutzlos erbrachten Aufwendung ersetzt verlangen. Grundsätzlich verjährt der Anspruch aus cic nach dem seit 1. 1. 2002 gültigem Recht nach Ablauf von 3, nach altem Recht von 30 Jahren.

D

Dach → Abstandsflächen

1. Definition

Zum Dach gehört zunächst die Dachhaut, also die Dacheindeckung z. B. mit Ziegeln, Schiefer oder Dachpappe. Außerdem gehört die Unterkonstruktion (Schalung, Lattung) und das Tragwerk mit Sparren, Pfetten, Dachbinder, Dachverbände etc. zum Dach. Es bildet den **oberen Abschluss** eines **Gebäudes** zum **Schutz** des Bauinnern gegen Witterungseinflüsse wie Regen, Schnee, Wind, Kälte und Wärme. Fehlt einem Bauteil diese Zweckbestimmung (Schutz gegen äußere Einflüsse) so ist es kein Dach (VGH Mannheim, BRS 25 Nr. 104; *Rasch/Schaetzell*, HBO-Kom., § 32 Rdn. 2.1).

2. Regelung der Dachgestaltung

Festsetzungen über die Dachform wie Steildach, Satteldach oder Flachdach gelten als gestalterische Festsetzung des **Landesrechtes**, wenn (was die Regel ist) landesrechtliche Rechtsvorschriften bestimmen, dass solche Festsetzungen in den → Bebauungsplan aufgenommen werden können. Danach ist es in der Regel **zulässig**, in örtlichen Bauvorschriften **Vorgaben an Dachform**, Dachneigung, Dachaufbauten **festzusetzen** (vgl. OVG Lüneburg, BRS 47 Nr. 13; BauR 1992, 212; VGH München, BRS 30 Nr. 109). Dementsprechend ist es beispielsweise zulässig, zur Erhaltung des Stadtbildes durch örtliche Bauvorschriften anzuordnen, dass rot gebrannte Dachziegel zu benutzen sind und Betondachsteine nicht erlaubt sind (OVG Lüneburg, BRS 55 Nr. 129). Zur einheitlichen Gestaltung einer Neubausiedlung ist es ferner zulässig, Flachdachbebauung festzusetzen. Dies kann z. B. geschehen, um in hängigem Gelände den Gebäuden freie Sicht zu verschaffen. Die nachträgliche Zulassung von Satteldächern verlangt dann eine sorgfältige ordnungsgemäße Abwägung der gegenläufigen Belange der einzelnen Betroffenen. Technische Mängel von Flachdächern rechtfertigen allerdings nicht die Änderung einer örtlichen Bauvorschrift aus gestalterischen Aspekten (OVG Lüneburg, BRS 47 Nr. 13). Bei einer Änderung der Flachdachform muss insbesondere berücksichtigt werden, dass dies Auswirkungen auf die Höhe der baulichen Anlagen hat. Zudem wird bei Wänden mit Giebelflächen eine Änderung bei der erforderlichen Tiefe der → Abstandsflächen eintreten und die gesetzlichen → Abstandsflächen möglicherweise nicht mehr gewahrt sein (*Weber*, in: Jäde/Dirnberger/Weiß, BauOLSA, § 87 Rdn. 78).

3. Anforderungen an die Dachausführung

Nach den Landesbauordnungen (vgl. § 29 Abs. 1 HBO; § 34 Abs. 1 BauOLSA) wird grundsätzlich **eine gegen Flugfeuer** und **strahlende Wärme widerstandsfähige (harte) Bedachung** gefordert. Auf der Grundlage von DIN 4102 Teil 4 Abschnitt 7.5.2 gelten – beispielsweise ohne dass ein Nachweis hierfür erbracht werden muss – Bedachungen aus natürlichen und künstlichen Steinen der Baustoffklasse A, sowie aus Beton, Ziegeln und Asbestzementplatten, aus Schweißbahnen (DIN 52131) und Dachdichtungsbahnen (DIN 52130) als harte Bedachungen.

a) Harte Bedachung

Ob begrünte Dächer als harte oder weiche Bedachung zu gelten haben, hängt von der Konzeption im Einzelfall ab.

b) Weiche Bedachung

Üblicherweise kann nach den Landesbauordnungen bei Gebäuden geringer Höhe keine harte, sondern eine weiche Bedachung gestattet werden (vgl. § 35 Abs. 2 BauONRW; § 29 Abs. 3 HBO; § 34 Abs. 4 BauOLSA). Zu solchen weichen Bedachungen zählen **Eindeckungen aus brennbaren Baustoffen, Stroh, Rohr, Reet und Schindel**. Auch **durchsichtige Kunststoffplatten**, die brennbar sind und bei denen eine Wärmewiderstandsfestigkeit nur bis 120°C gewährleistet ist, hat der VGH Kassel als weiche Bedachung angesehen (VGH Kassel, BRS 36 Nr. 153).

Regelmäßig bedarf es wegen des fehlenden Brandschutzes bei der weichen Bedachung einer **Vergrößerung der Gebäudeabstände**
– zu Grundstücksgrenzen bzw. zur Mitte angrenzender öffentlicher Verkehrsflächen von mindestens 12 m;
– zu Gebäuden mit harter Bedachung auf demselben Grundstück mindestens 15 m;
– zu Gebäuden mit weicher Bedachung auf demselben Grundstück mindestens 24 m, und
– zu Gebäuden ohne Feuerstätten, die Nebenzwecken dienen, auf demselben Grundstück mindestens 5 m (*Böhme*, in: Jäde/Dirnberger/Weiß, BauOLSA, § 34 Rdn. 13).

Ein neu zu einem → Gebäude mit weicher Bedachung hinzutretendes → Gebäude mit harter Bedachung muss jedoch keinen über die klassischen Abstandsvorschriften in § 6 der LBO hinausgehenden Abstand einhalten (OVG Lüneburg, BRS 29 Nr. 82).

c) Aneinandergebaute giebelständige Gebäude

Die Landesbauordnungen fordern für aneinandergebaute giebelständige → Gebäude, dass das Dach für eine Brandbeanspruchung von innen nach außen mindestens feuerhemmend auszubilden ist (§ 35 Abs. 5 BauONRW; § 34 Abs. 2 BauOLSA). Bei aneinandergebauten giebelständigen Gebäuden liegen sich die geneigten Dachflächen der beiden benachbarten → Gebäude gegenüber (die Traufen der Dachflächen verlaufen parallel zu einander). D. h., dass die **Dachlattung** oder **-schalung** sowie die **Unterkonstruktion** mit solchen Materialien auszuführen ist, die mindestens eine Feuerwiderstandsklasse von **F30** aufweisen (§ 35 Abs. 5 BauONRW).

d) Dächer von Anbauten

Dachvorsprünge, Dachgesimse und Dachaufbauten, Glasdächer, Oberlichte und sonstige Glasflächen oder Öffnungen in Dächern sind so anzuordnen und herzustellen, dass Feuer nicht auf andere Gebäudeteile oder Nachbargrundstücke übertragen werden kann.

Von Brandwänden sowie von Trennwänden zwischen Nutzungseinheiten müssen mindestens 1,25 m entfernt sein
– Oberlichte, sonstige Glasflächen und Öffnungen in der Dachhaut, wenn die Brandwände oder Trennwände nicht mindestens 0,3 m über Dach geführt sind,
– Dachaufbauten aus brennbaren Baustoffen, wenn sie nicht durch Brand- oder Trennwände gegen Brandübertragung geschützt sind. Dies umfasst insbesondere Gaupen und Dacherker.

Schließlich gelten **besondere Anforderungen für Dächer auf Gebäuden besonderer Art oder Nutzung** wie Hochhäusern, Verkaufsstätten, Versammlungsstätten, Krankenhäuser. Beispielsweise muss bei Hochhäusern das Tragwerk der Dächer, die Dachschalung sowie Dachaufbauten einschließlich deren Bekleidung aus nichtbrennbaren Baustoffen bestehen. Flachdächer, die zum begehen bestimmt sind, müssen mindestens in der Feuerwiderstandsklasse F90 und aus nicht brennbaren Baustoffen (F90-A) hergestellt sein; Dachhaut und Dämmschichten aus brennbaren Baustoffen sind gegen Entflammen zu schützen (*Böhme*, in: Jäde/Dirnberger/Weiß, BauOLSA, § 34 Rdn. 22).

4. Nachbarschutz
Die dem vorbeugenden Brandschutz dienenden Anforderungen an Dächern, also die ein Übergreifen von Feuer auf andere oder fremde → Gebäude wenigstens zu erschweren beabsichtigen, sind **nachbarschützend** (VGH Kassel, BRS 36 Nr. 153).

Dachgeschoss
→ Abstandsflächen; → Außenbereich; → Baugenehmigung; → Baunutzungsverordnung; → Bebauungsplan; → Befreiung; → Innenbereich

1. Notwendigkeit einer Baugenehmigung
Für die Errichtung des Dachgeschosses bedarf es in der Regel einer → Baugenehmigung. Für das Wohnungseigentumsrecht hat das bayerische oberste Landesgericht festgestellt, dass eine bauliche Veränderung und nicht eine modernisierende Instandsetzung vorliegt, wenn bei der Renovierung eines Flachdaches beabsichtigt ist, durch Aufstockung des Gebäudes neuen Wohn- oder Nutzraum zu schaffen (BayOLG, BauR 2001, 1478).

2. Zulässigkeit des Dachgeschossausbaus
a) Planbereich
Ein Dachgeschossausbau muss, wenn er in den Geltungsbereich eines **Bebauungsplan**s fällt, dessen Festsetzungen **einhalten**. Mit Schaffung einer neuen Wohnung kann beispielsweise die in dem → Bebauungsplan festgesetzte höchstzulässige Zahl der Wohnungen gemäß § 9 Abs. 1 Nr. 6 BauGB überschritten werden. Es ist dann die Erteilung einer → Befreiung erforderlich.

b) Innenbereich
Im → Innenbereich ist beim Ausbau eines Dachgeschosses für die planungsrechtliche Zulässigkeit entscheidend darauf abzustellen, ob sich der Ausbau **in die nähere Umgebung einfügt**. Die Feinheiten der → Baunutzungsverordnung spielen im Regelfall keine Rolle (BVerwG, BRS 56 Nr. 63).
Im Zusammenhang mit dem Ausbau eines Dachgeschosses im → Innenbereich hatte der VGH Mannheim über ein Vorhaben zu befinden, bei dem im Dachspitz über der bereits vorhandenen Dachgeschosswohnung eine zweite Dachgeschosswohnung mit allseitigen Dachgauben entstehen sollte. Der VGH bestätigte, dass sich ein solches Vorhaben nicht in die vorhandene Umgebungsbebauung einfügen würde und hielt einen solchen Dachgeschossausbau für unzulässig. Zwar wird die **Errichtung von Gauben beim Ausbau eines Dachgeschosses üblicherweise nicht als wesentliche äußere Veränderung angesehen** und fügt sich deshalb regelmäßig in die Umgebungsbebauung ein. Davon kann aber nur ausgegangen werden, wenn es sich noch – bei aller Bandbreite – um **gewöhnliche Gauben** handelt. Bei herkömmlichen Dachformen bildet das Dach als grundlegender Bauteil jedes Gebäudes und herausragendes Gestaltungselement für das Gesamtbauwerk die Hauptsache; die Gaube – als Dachaufbau für stehende Fenster – ist eine Durchbrechung des Daches und ordnet sich gewissermaßen als Ausnahme unter. Daraus folgt, dass **Gauben nur in begrenzter Anzahl** und **in beschränktem Ausmaß** in Betracht kommen, weil anderenfalls die Unterordnung nicht zum Ausdruck kommt. Die Konturen des Dachs dürfen nicht verwischt werden. Große Positivgauben ordnen sich dem vorhandenen Dach nicht mehr unter, sondern lösen das Dach bzw. seine bisherigen Konturen auf. Gleiches gilt bei Dachgauben auf flachgeneigten Dächern, weil diese das Dach überlagern. Wenn die Funktion des Daches, Schirm gegen Witterungseinflüsse zu sein, nicht mehr nach außen als maßgeblich in Erscheinung tritt, und bei äußerer Betrachtung über eine zweigeschossige Umgebungsbebauung ein zusätzliches Geschoss bei äußerer Betrachtung entsteht, wird der Rahmen der zweigeschossigen Umgebungsbebauung überschritten. Ein solcher Dachausbau ist dann unzulässig (VGH Mannheim, BauR 2001, 750, 752).

c) Außenbereich

Im → Außenbereich ist ein **Dachgeschossausbau**, wenn eine zusätzliche eigenständige Wohnung entstehen soll, in der Regel **nicht mehr als Teil eines privilegierten und im → Außenbereich zulässigen Vorhabens anzusehen**. Ein solcher Ausbau ist jedenfalls dann unzulässig, wenn er als Verfestigung einer Splittersiedlung dienen kann (BVerwG, NVwZ-RR 1999, 295).

d) Verunstaltung

Im Einzelfall kann die Erweiterung eines bestehenden Daches durch eine Gaube im Rahmen eines Dachgeschossausbaues gegen das Verunstaltungsverbot verstoßen, wenn sie sich nicht in die vorhandene **Dach- und Gebäudekonzeption einfügt** (VGH München, BauR 1990, 353).

Der VGH München hat beispielsweise **große Dachgauben** und **Dachbalkone** in der **zweiten Dachgeschossebene** für **verunstaltend** und damit für unzulässig angesehen. Im zugrunde liegenden Fall wurde die vorhandene Dachlandschaft durch die im Verhältnis zur Dachfläche untergeordnete, architektonisch mit den Fenstern der darunter liegenden Geschosse eine optische Einheit bildenden Gauben der ersten Dachgeschossebene geprägt. Große Dachgauben auf der zweiten Dachgeschossebene wirken darauf störend und verunstaltend ein (VGH München, BayVBl. 2001, 211, 212).

e) Abstandsflächen

Nach Art. 6 Abs. 3 S. 7 BayBO bzw. den entsprechenden Vorschriften anderer Bundesländer bleiben vor die Außenwand vortretende Bauteile und Vorbauten, wie Pfeiler, Gesimse, Dachvorsprünge, Blumenfenster, Hauseingangstreppen und deren Überdachungen, → Erker und Balkone bei der Berechnung der → Abstandsflächen außer Betracht, wenn sie im Verhältnis zu der ihnen zugehörigen Außenwand untergeordnet sind, nicht mehr als 1,50 m vortreten und von den Grundstücksgrenzen mindestens 2 m entfernt bleiben. **Nicht mehr außer Betracht bleiben** können **zwei aus je drei aneinander gebauten Satteldachgauben bestehende Gaubenbänder** mit einer Gesamtlänge von 7,2 m und einer Höhe von bis zu 2,1 m auf einer 17 m langen und 3,85 m hohen Dachfläche, vielmehr **sind sie als versetzte Wandteile zu behandeln** (die Wandhöhe ist dann für jeden Wandteil entsprechend zu ermitteln, Art. 6 Abs. 3 S. 3 BayBO; vgl. *Jäde*, BayVBl. 2002, 34 f.).

3. Gebührenrecht

Im Zusammenhang mit der Bemessung von Beiträgen und → Gebühren für Wasserversorgungseinrichtungen erachtet es der VGH München für zulässig, Dachgeschosse nur heranzuziehen, soweit sie ausgebaut sind. Sind sie ausgebaut, ist es unter dem Gesichtspunkt der typisierenden Betrachtungsweise im Hinblick auf die im Dachgeschoss je nach Dachneigung vorhandenen Dachschrägen gerechtfertigt, **von einer eingeschränkten Nutzbarkeit des Dachgeschosses auch im ausgebauten Zustand auszugehen** und deshalb eine pauschale Flächenreduzierung in Anknüpfung an das darunter liegende Geschoss anzusetzen. Der Abzug eines Drittels der Geschossfläche, die nach den Außenmaßen der → Gebäude ermittelt wird, ist dabei nicht zu beanstanden (VGH München, BayVBl. 2001, 726).

Deckungszusage → Berufshaftpflichtversicherung

Degression → Honorartafel

Denkmalschutz → Außenbereich; → Baugenehmigung; → Bebauungsplan; → Enteignung; → Erhaltungsgebiet

Das Denkmalschutzrecht ist sowohl im Rahmen des **Baugenehmigungsverfahrens** als auch in der **Bauleitplanung** relevant. Zudem treffen den Eigentümer bzw. sonstigen Nutzungsberechtigten zahlreiche **weitere Verpflichtungen** betreffend die **Instandhaltung**, **Instandsetzung** und die **Nutzung** des geschützten Gebäudes.

1. Denkmalschutz und Bauleitplanung

Nach **§ 1 Abs. 6 Nr. 5 BauGB** sind bei der **Aufstellung von Bauleitplänen** die **Belange des Denkmalschutzes und der Denkmalpflege** zu berücksichtigen. So kann Nichtigkeit eines Bebauungsplans wegen eines „Abwägungsausfalls" die Folge sein, wenn die Gemeinde die Denkmaleigenschaft einer baulichen Anlage und eines Grundstücks mit parkartigem alten Baumbestand nicht erkennt (OVG Lüneburg, NVwZ-RR 1990, 342). Bei Stadterweiterungen, die eine Anpassung der Neubebauung an die historische Stadtmauer erfordert, hat eine sachgerechte Abwägung zwischen dem öffentlichen Interesse an der Erhaltung eines historischen Stadtbildes und dem Interesse der Stadt an der weiteren baulichen Entwicklung eines Stadtbereichs zu erfolgen, um einen optimalen Ausgleich beider Interessen zu gewährleisten. Dabei darf vor dem Hintergrund der verfassungsrechtlich gewährleisteten → Planungshoheit der Gemeinde (Art. 28 GG) der Denkmalschutz nicht jede Möglichkeit einer baulichen Erweiterung ausschließen (OVG Koblenz, Urt. v. 27. Mai 1987, zit. bei *Stich*, ZfBR 1991, 52).

2. Denkmalschutz und Außenbereichsvorhaben

Gemäß **§ 35 Abs. 4 Nr. 4 BauGB** können der **Änderung oder Nutzungsänderung** von erhaltenswerten, das Bild der Kulturlandschaft prägenden Gebäuden im → Außenbereich **die maßgeblichen, einer Außenbereichsbebauung entgegenstehenden Belange** (Beeinträchtigung der natürlichen Eigenart der Landschaft; Gefahr der Entstehung einer Splittersiedlung) **nicht entgegengehalten werden**. Erforderlich ist allerdings, dass die Änderung oder → Nutzungsänderung einer zweckmäßigen Verwendung der → Gebäude und der Erhaltung des Gestaltungswerts dient. Mit § 35 Abs. 4 Nr. 4 BauGB soll dem drohenden Verfall von Baudenkmälern entgegengesteuert werden. Dies setzt voraus, dass von Erhaltungsmaßnahmen überhaupt gesprochen werden kann und schließt somit den Wiederaufbau von Ruinen oder von solchen Anlagen aus, die jegliche Funktion verloren haben. Entscheidend ist, dass das wiederhergestellte oder umgebaute → Gebäude mit dem ursprünglich noch vorhandenen identisch ist, woran es insbesondere fehlt, wenn der mit der Umgestaltung verbundene Eingriff so massiv ist, dass der frühere Baubestand im Gesamtgefüge der veränderten Anlage nicht mehr als Hauptsache in Erscheinung tritt (BVerwG, UPR 1994, 103).

3. Denkmalschutz und Baugenehmigung

Nach den Denkmalschutzgesetzen der Länder bedürfen der Erlaubnis der unteren Denkmalschutzbehörde die Beseitigung, die Veränderung, die Änderung der Nutzung und die sonstige Beeinträchtigung von Baudenkmälern, § 8 DSchGBW; § 10 BlnDSchG; § 9 DSchGNW. **Im Grundsatz umfasst eine** → **Baugenehmigung eine erforderliche Erlaubnis nach dem Denkmalschutzrecht nicht**, so dass diese zusätzlich zur → Baugenehmigung benötigt wird. In den **meisten Bundesländern** ist allerdings geregelt, dass **im Rahmen des Baugenehmigungsverfahrens die denkmalschutzrechtlichen Belange mit zu prüfen** sind und die → Baugenehmigung die denkmalschutzrechtliche Erlaubnis mit einschließt, folglich eine darüber hinausgehende eigene Erlaubnis nach dem Denkmalschutzrecht nicht mehr erforderlich ist, vgl. § 11 Abs. 3 BlnDSchG; § 15 Abs. 4 DSchGBrdbg; § 10 Abs. 4 NdsDSchG; § 9 Abs. 3 DSchGNRW.

4. Die Denkmaleigenschaft
Voraussetzung für die Anwendung der denkmalschutzrechtlichen Bestimmungen ist die Einstufung als Denkmal.

a) Definition des Baudenkmals
Denkmäler i. S. d. Denkmalschutzgesetze sind **Sachen, Sachgesamtheiten oder Sachteile, an deren Erhaltung aus künstlerischen, geschichtlichen, wissenschaftlichen, technischen oder städtebaulichen Gründen ein öffentliches Interesse besteht**, § 1 Abs. 1 BayDSchG; § 2 Abs. 1 BremDSchG; § 2 Abs. 1 HessDSchG; § 2 Abs. 1 DSchGNRW. Zu den Sachen zählen insbesondere → Gebäude; Sachteile sind z. B. Fenster, Türen. Verlangt wird zumindest ein gewisses Alter des Gebäudes, damit sich das langfristig angelegte, **öffentliche Erhaltungsinteresse** bilden kann (mehr als 20 Jahre). Die bloße Seltenheit eines Gebäudes oder das Alter allein reichen also nicht (BVerwGE 11, 32; VGH Mannheim, IBR 1995, 266). Führt die notwendige Erneuerung eines Baudenkmals zu einem wesentlichen Verlust der denkmalwürdigen historischen Substanz, besteht aus denkmalschutzrechtlichen Gründen kein Interesse am Erhalt eines solchen Baudenkmals; ein solches → Gebäude stellt kein Baudenkmal dar (OVG Münster, BRS 58 Nr. 228). Dem Begriff des Baudenkmals unterfallende Sachgesamtheiten sind insbesondere die Ensembles, also eine Mehrheit von Gebäuden, die insgesamt Denkmaleigenschaft haben muss, ohne dass jedes einzelne → Gebäude ein Einzeldenkmal sein muss. Bestandteile des Ensembles sind nur solche Bauten, die zu dem Denkmalwert der Gesamtanlage beitragen. Ein → Gebäude, das zwar innerhalb des Ensembles steht, jedoch zu dessen Denkmalwert nichts beiträgt, gehört nicht zum Ensemble (OVG Lüneburg, BRS 32 Nr. 45; NVwZ 1983, 231). So ist beispielsweise die Ensemblezugehörigkeit eines aus der Jahrhundertwende stammenden Schulgebäudes innerhalb des sehr unterschiedlich gestalteten Ensembles Kirchplatz verneint worden (OVG Lüneburg, NVwZ 1988, 1143).

b) Unterschutzstellung von Denkmalgebäuden
Die Denkmäler werden auf der Grundlage von zwei Systemen geschützt:

aa) Konstitutives System
Nach dem konstitutiven System wird die **Denkmaleigenschaft eines Gebäudes durch** die **Eintragung in das Denkmalbuch bzw. die Denkmalliste begründet**, worin auch der Umfang der Unterschutzstellung beschrieben ist. Dieses System findet insbesondere Anwendung in den Bundesländern Brandenburg, Bremen, Hamburg, Nordrhein-Westfalen, Rheinland-Pfalz und Schleswig-Holstein. Bis zur endgültigen Unterschutzstellung gibt es die Anordnung der vorläufigen Unterschutzstellung, vgl. § 10 DSchGBrdbg; § 8 BremDSchG; § 11 RhPfDSchpflG; § 4 DSchG-NRW.

bb) Deklaratorisches System
Im Rahmen des deklaratorischen Systems, das insbesondere in den Bundesländern Baden-Württemberg, Bayern, Hessen, Niedersachsen und Saarland gilt, besteht die **Denkmaleigenschaft bereits dann, wenn das in Frage stehende Objekt die Merkmale des gesetzlichen Denkmalbegriffs erfüllt** (*Büchs*, Hdb. des Eigentums- und Entschädigungsrechts, Rdn. 1 279).

cc) Ensembleschutz
Denkmalbereiche und Denkmalschutzgebiete sind je nach Landesrecht durch Rechtsverordnung der Obersten Denkmalschutzbehörde (vgl. § 3 SDSchG) oder wie meist durch **gemeindliche Satzung** (vgl. § 19 DSchGBW; § 11 DSchGBrdBg; § 5 DSchGNRW) unter Schutz gestellt.

c) Rechtsschutz

Unterschutzstellungen werden von den Verwaltungsgerichten umfassend und uneingeschränkt überprüft (BVerwGE 24, 60; OVG Berlin, OVGE 17, 149; OVG Lüneburg, DVBl. 1975, 952; OVG Koblenz, DVBl. 1984, 286). Im Rahmen der Unterschutzstellung werden **nur die Merkmale des gesetzlichen Denkmalbegriffs überprüft**, alle anderen Aspekte, wie insbesondere die Fragen nach den erforderlichen Instandsetzungsmaßnahmen und nach der Zumutbarkeit einer Erhaltung des Denkmalobjekts, werden erst im Rahmen eines späteren Erlaubnisverfahrens relevant (OVG Berlin, OVGE 17, 149; OVG Koblenz, DÖV 1984, 75; *Dieterich/Dieterich-Buchwald*, ZfBR 1984, 63).
Im **konstitutiven System** ist die **Eintragung** oder vorläufige Unterschutzstellung ein **belastender Verwaltungsakt**; Rechtsschutz bietet die **Anfechtungsklage** (VGH Mannheim, DVBl. 1983, 466).
Im **deklaratorischen System** kann sich der Verfügungsberechtigte gegen eine von der Behörde angenommene Denkmaleigenschaft mit der **Feststellungsklage** wehren (VGH Mannheim, BWVwpr. 1983, 164; *Mönch*, NJW 1983, 1998). Im Übrigen verlagert sich der Rechtsschutz hinsichtlich der Frage der Denkmaleigenschaft in das bauaufsichtliche oder sonstige Genehmigungsverfahren.

5. Veränderungsverbote, Nutzungseinschränkungen etc.

Nach § 9 DSchGNRW und den vergleichbaren Regelungen der anderen Bundesländer (vgl. § 8 DSchGBW; § 10 BlnDSchG) hat die **Erlaubnis** der unteren Denkmalbehörde einzuholen, wer **Baudenkmäler beseitigen, verändern oder ihre bisherige Nutzung ändern will** oder wer in der näheren Umgebung von Baudenkmälern Anlagen errichten, verändern oder beseitigen will, wenn hierdurch **das Erscheinungsbild des Denkmals beeinträchtigt** wird. Erlaubnispflichtig sind danach beispielsweise sämtliche Ersetzungsmaßnahmen wie beispielsweise der Austausch von Sprossenfenstern durch das Erscheinungsbild des Baudenkmals verändernde Kunststofffenster (VGH Mannheim, NVwZ-RR 1991, 291; OVG Lüneburg, NVwZ-RR 1993, 232; OVG Münster, NVwZ-RR 1993, 230), aber auch die nach Ablauf von 5 Jahren mit der gleichen Farbe wiederholte Tünchung der Außenfassade (BayObLG, BauR 1993, 720). Dabei dürfen bei der Erneuerung von Bauteilen eines Denkmals denkmalschutzrechtliche Anforderungen auch dann gestellt werden, wenn die zu ersetzenden Teile denkmalwidrig waren (OVG Lüneburg, BauR 1995, 85). Die Frage, ob eine **denkmalschutzrechtliche Erlaubnis** für die Veränderung oder den Abbruch **zu erteilen ist**, hat **zwischen den Interessen des Denkmalschutzes und den wirtschaftlichen Auswirkungen abzuwägen**. Allerdings enthält nach dem OVG Münster das Denkmalschutzgesetz ein geschlossenes System, so dass es auf die finanzielle Belastung nicht ankommt. Führt die Versagung der Abbruchgenehmigung zu einem enteignenden Eingriff, gibt es den Übernahme- oder den Entschädigungsanspruch nach § 39 DSchGNRW, der eine mit der Versagung einhergehende unzumutbare finanzielle Belastung kompensiert (OVG Münster, BauR 1992, 614).

6. Entschädigungspflichtigkeit bei denkmalschützerischen Maßnahmen

Die **Unterschutzstellung eines Denkmals** stellt grundsätzlich keine entschädigungspflichtige → Enteignung, sondern **eine vom Eigentümer entschädigungslos hinzunehmende Inhaltsbestimmung des Eigentums** dar (BGH, BauR 1988, 458; OVG Koblenz, DÖV 1988, 431; OVG Lüneburg, BauR 1984, 284; vgl. aber auch BGHZ 99, 24 = BayVBl. 1987, 473). Erst in Verbindung mit den sich aus der Unterschutzstellung ergebenden Pflichten kann sich im Einzelfall eine entschädigungspflichtige enteignende Wirkung ergeben (OVG Münster, DVBl. 1985, 403). Im Zentrum steht dabei die **Pflicht des Eigentümers zur** → **Instandhaltung und Instandsetzung des Denkmals, soweit es ihm zumutbar** ist. Diese Erhaltungspflicht wird letztlich durch → Nutzungsverbote und -gebote, Abbruchverbote etc. ausgestaltet. Inwieweit Maßnahmen dem Eigentümer noch **zumutbar** sind, ist im Rahmen einer **Zweck-Mittel Betrachtung** zu ermitteln. Der Zweck der Maßnahme hat sich an der Bedeutung und dem Erhaltungszustand des Denkmals zu orientieren. Hierzu in Bezug zu setzen sind die Kosten der Maßnahmen und Aufwendungen (Mittel). Ergibt sich, dass die Kosten für die Maßnahme durch die aus dem → Gebäude fließenden Erträge finanziert werden können und sie der Substanz- und Nutzungserhaltung dienen, ist zu prüfen, ob die Maßnahmen und die durch sie verursachten Kosten und Belastungen des Eigentümers in einem angemessenen Verhältnis zu ihrem Zweck, der Denkmalerhaltung, stehen. Die Zumutbarkeit von Erhaltungsmaßnahmen kann durch Zuschüsse, Zuwendungen, Steuervergünstigungen etc. hergestellt werden. Unzumutbar ist danach beispielsweise die Pflicht des Eigentümers, die Reste eines durch Brand teilweise zerstörten Baudenkmals zu erhalten, dessen Wiederherstellung nicht beabsichtigt ist und rechtlich auch nicht verlangt werden kann (OVG Koblenz, DÖV 1988, 433). Generell wird das für den Erhaltungspflichtigen **entschädigungslos zumutbare Maß überschritten**, wenn das Baudenkmal (betrachtet über einen Zeitraum von 10 Jahren) **nicht mehr wirtschaftlich betrieben werden kann**, weil die nach Abzug öffentlicher Leistungen verbleibenden Kosten für Erhaltung und Bewirtschaftung des Baudenkmals durch dessen Nutzen, d. h. Erträge bzw. Gebrauchswert, nicht aufgewogen werden. Da dem Eigentümer eine **dauerhafte Bezuschussung nicht zugemutet werden kann**, müssen im Rahmen der langfristigen Betrachtung die **Erträge des Baudenkmals die Kosten überschreiten**. Ist dies nicht der Fall, ist das Stadium der Entschädigungspflicht erreicht (BGHZ 72, 211; VGH Mannheim, DVBl. 1988, 1119; VGH München, BayVBl. 1987, 368; BayVBl. 1990, 208; OVG Lüneburg, BRS 42 Nr. 12).

7. Denkmalschutz und Sachmangel
Im Hinblick auf die im Zusammenhang mit der Denkmalschutzeigenschaft bestehenden Verpflichtungen des Eigentümers ist bei einem Grundstücksverkauf bzw. -kauf zu beachten, dass ein **bestehender Denkmalschutz** einen **Fehler des Grundstücks** darstellt und die **Haftung für Sachmängel nach den §§ 433 ff. BGB** auslöst (OLG Saarbrücken, NJW-RR 1996, 692).

Detail – Pauschalvertrag
Der Detailpauschalvertrag beruht auf einer differenzierten → Leistungsbeschreibung. Das geschuldete Bau-Soll ist genau bestimmt. Lediglich die Vergütung wird pauschaliert.

Dienstleistungshaftungsrichtlinie   → Bauproduktrichtlinie; → Dienstleistungsrichtlinie
Die Dienstleistungshaftungsrichtlinie oder auch Richtlinie des Rates über die Haftung bei Dienstleistungen lehnt sich stark an die → Bauproduktenrichtlinie an. Sie dient der EG-weiten Regelung der Haftung von öffentlichen und privaten Dienstleistungsanbietern für Personenschäden und Schäden an Privateigentum. Nicht erfasst sind die gewerblichen Schäden.

Dienstleistungsrichtlinie   → Ausschreibung (nach GWB)
Durch die Dienstleistungsrichtlinie werden die Ausschreibungs- und Vergabeverfahren im Dienstleistungsbereich beispielsweise für Architekten- und Ingenieurleistungen sowie Wartungs- und Reparaturarbeiten weitestgehend geregelt. Als Verdingungsordnung für freiberufliche Leistungen (VOF) wurde sie in Deutschland umgesetzt. Die VOF ist seit dem 01. 11. 1997 gültig (vgl. zu Entstehung, Inhalt und Folgen: *Hertwig*, MDR 1999, 194 ff.). Ziel der VOF ist es, den allgemeinen, berechtigten Belangen der Freiberufler in Deutschland bei der öffentlichen Auftragsvergabe Rechnung zu tragen. Die VOF findet auf die Vergabe von Leistungen Anwendung, „die im Rahmen einer freiberuflichen Tätigkeit erbracht oder im Wettbewerb mit freiberuflich Tätigen angeboten werden". Diese sind im Wettbewerb zu vergeben, wenn der Auftragswert den Gegenwert von 200 000,00 ECU netto erreicht. Für den Anwendungsbereich der Sektorenrichtlinie gilt ein Schwellenwert von

600 000,00 ECU netto. Für das Vergabeverfahren und den Vergabeschutz gelten die Ausführungen zum Begriff → Ausschreibung (und GWB) entsprechend. Auch das Vergabeverfahren und der Vergaberechtsschutz für benachteiligte Bieter bei einer Ausschreibung nach VOF richten sich nach dem 4. Teil des GWB.

Dienstvertrag

Der Dienstvertrag ist in den §§ 611 ff. BGB geregelt. Er beinhaltet die schuldrechtliche Verpflichtung des Dienstnehmers, dem Dienstberechtigten seine Arbeitskraft zur Verfügung zu stellen und gleichzeitig die schuldrechtliche Verpflichtung des Dienstberechtigten, dem Dienstnehmer die vereinbarte Vergütung zu zahlen. Häufigstes Beispiel eines Dienstvertrages ist der Arbeitsvertrag. Im Unterschied zum → Werkvertrag wird nicht die Herbeiführung eines Leistungserfolges, sondern nur die vertraglich vereinbarte Arbeitsleistung versprochen. Dienstverträge können der Projektsteuerungsvertrag (BGH BauR 1995, 572, 573) oder der S+G-Koordinatorvertrag (*Schmidt*, ZfBR 2000, 3 ff.) sein. Häufig liegen arbeitnehmerähnliche Dienstverhältnisse i. S. d. § 5 Abs. 1 ArbGG vor, wenn Bauunternehmer Planer oder Überwacher wirtschaftlich abhängig beschäftigen.

DIN-Normen → Allgemein anerkannte Regeln der Technik; → Allgemeine Technische Vertragsbedingungen für Bauleistungen (ATV)

Hierbei handelt es sich um Normen, die von den Normausschüssen des Deutschen Institutes für Normung erarbeitet wurden. Es handelt sich um Empfehlungen, deren Anwendung der Entscheidung des einzelnen Nutzers unterliegt. Es sind keine von Behörden oder Körperschaften des öffentlichen Rechts erlassenen Verordnungen. Die Festlegungen der DIN-Normen sind am Stand der Wissenschaft und Technik orientiert und im Konsensverfahren von maßgeblichen Fachleuten erarbeitet. Wesenselemente der Normung sind die Vereinheitlichung technischer Systeme mit dem Ziel technisch ökonomischer Leistungssteigerung und die Sicherheit. Die DIN 820 regelt das Normungsverfahren. Dieses gliedert sich in folgende Abschnitte:

1. Vorgehensweise beim Vorliegen eines Normungsantrages, welcher von jedermann gestellt werden kann.
2. Erstellung einer Norm-Vorlage und Bearbeitung/Beratung im Normenausschuss bis zur Verabschiedung als Norm-Entwurf.
3. Veröffentlichung des Norm-Entwurfes (sogenannter Gelbdruck) mit einer im Regelfall bestehenden 4-monatigen Einspruchsfrist.
4. Auswertung und Abarbeitung der eingegangenen Stellungnahmen unter Beteiligung des den Anspruch Erhebenden.
5. Verabschiedung der Norm und Aufnahme in das Normwerk sowie Bekanntmachung im Normenanzeiger.

Die nationalen Normenorganisationen Westeuropas sind im europäischen Institut für Normung (CEN/CENELEC) mit Sitz in Brüssel zusammengefasst. Die Aufgabe dieses Institutes besteht darin, die vorhandenen technischen Regeln abzustimmen, um technische Handelshemmnisse für den EG-Binnenmarkt zu beseitigen. Die DIN-Normen sind technische Regeln und besitzen als solche keine Gesetzesqualität. Sie sind daher nicht als Rechtsnormen zu qualifizieren. Dies gilt jedoch nur dann, wenn ihr Inhalt nicht in eine Rechtsnorm aufgenommen wird. Im Gegensatz zum Europäischen Institut für Normung besteht die Aufgabe der internationalen Organisation für Normung (ISO), mit Sitz in Genf, darin, weltweit einheitliche Normen zu schaffen, um so den internationalen Austausch von Waren und Dienstleistungen zu erleichtern.

DIN 276 → Anrechenbare Kosten

Doppelhaus → Bauweise; → Hausformen
1. Definition
Ein Doppelhaus im planungsrechtlichen Sinn ist dadurch gekennzeichnet, dass **zwei Gebäude durch Aneinanderbauen zu einer Einheit zusammengefügt** werden, **jedoch funktional selbstständig sind**. In der Regel werden die beiden Bauteile jeweils auf einem eigenen Grundstück stehen, was aber nicht zwingend ist (VGH Mannheim, BauR 1997, 274). Dass das Doppelhaus einen Gesamtbaukörper bilden muss, schließt eine Bauausführung, bei der die beiden Hälften als im Wesentlichen freistehende → Gebäude erscheinen, aus. Das bedeutet zwar nicht, dass die Haushälften gleichzeitig und deckungsgleich errichtet werden müssen; sie müssen aber quantitativ zu einem wesentlichen Teil und qualitativ in wechselseitig verträglicher und abgestimmter Weise aneinandergebaut sein. Dass sich unter zwei Gebäuden mit gemeinsamer Trennwand eine Tiefgarage bzw. Abstellräume befinden, ändert nichts daran, dass es sich um ein Doppelhaus handelt, selbst wenn sie auf einem Buchgrundstück stehen (VGH Mannheim, IBR 1992, 118). In welchem Umfang ein vorderer oder rückwärtiger Versatz möglich ist, ohne die harmonische Beziehung, in der die beiden Hälften zueinander stehen müssen in Frage zu stellen, kann nur im konkreten Einzelfall beantwortet werden (VGH München, BauR 2001, 214).

2. Baunutzungsverordnung
§ 22 Abs. 2 S. 1 BauNVO bestimmt, dass in der **offenen Bauweise** nicht nur Einzelhäuser, sondern auch **Reihen- und Doppelhäuser zulässig** sind.

3. Zumutbarkeit von Anbaumaßnahmen für den anderen Doppelhauseigentümer
Bei der Frage, welche Anbaumaßnahmen bei einem Doppelhaus für den anderen Doppelhauseigentümer zumutbar sind, gilt folgendes: Das Bundesverwaltungsgericht hebt hervor, dass bei einem Doppelhaus die durch den gemeinsamen Grenzanbau erhöhte bauliche Nutzbarkeit der Grundstücke durch den Verzicht auf seitliche Grenzabstände und damit auf Freiflächen, die dem Wohnfrieden dienen, erkauft wird. So ist es etwa für eine Doppelhausbebauung typisch, dass Trennwände nur im Erdgeschoss und auch dort nur im begrenzten Umfang Sichtschutz bieten und dass von dem → Balkon der einen Haushälfte aus dem Außenwohnbereich der anderen Hälfte eingesehen werden kann. Bei einem Doppelhaus, das so gestaltet ist, dass sich Einsichtsmöglichkeiten ergeben, durch welche die Bewohner einer der beiden Hälften unzumutbar beeinträchtigt werden, sind die beiden Hälften nicht in wechselseitig verträglicher und abgestimmter Weise aneinandergebaut (**Gebot der qualitativ aufeinander abgestimmten Bauausführung**; BVerwG, BRS 58 Nr. 164). Der VGH München hat einen erdgeschossigen Anbau, der sich über die gesamte Gebäudebreite von 6,75 m erstreckt mit Dachterrasse, die sich von der anderen Doppelhaushälfte nach 1,50 m im 45° Winkel abwendet, für nachbarverträglich gehalten. In Folge des in einem Winkel von 45° zu der Grenze geplanten Geländers wird die Dachterrasse zu der Grenze 1,50–2,70 m entfernt sein. Damit wird dieser Teil der → Terrasse insgesamt weniger Einblickmöglichkeiten als ein – bei einem Doppelhaus nicht ungewöhnlicher – 1,30 m vortretender, bis an die gemeinsame Grenze reichender → Balkon bieten. Insoweit entstünden keine besonderen Verhältnisse, die mit dem Gebot einer wechselseitig verträglichen und abgestimmten Bauausführung unverträglich wären (VGH München, BauR 2001, 372 f.).

Dorfgebiete → Art der baulichen Nutzung; → Geschossfläche, Geschossflächenzahl; → Grundfläche, Grundflächenzahl; → Kleinsiedlungsgebiet; → Maß der baulichen Nutzung; → Mischgebiet
Gemäß § 5 BauNVO dienen Dorfgebiete der Unterbringung von **Wirtschaftsstellen land- und forstwirtschaftlicher Betriebe**, dem **Wohnen** und der Unterbringung **nicht wesentlich störender**

Gewerbebetriebe sowie von der Versorgung der Bewohner des Gebiets dienenden **Handwerksbetrieben**. Auf die Belange der land- und forstwirtschaftlichen Betriebe einschließlich ihrer Entwicklungsmöglichkeiten ist vorrangig Rücksicht zu nehmen.

1. Allgemein zulässige Nutzungen
Auf der Grundlage von § 5 Abs. 1 BauNVO sind zulässig
– Wirtschaftsstellen land- und forstwirtschaftlicher Betriebe und die dazugehörigen Wohnungen und Wohngebäude,
– Kleinsiedlungen einschließlich Wohngebäude mit entsprechenden Nutzgärten und landwirtschaftlichen Nebenerwerbsstellen,
– sonstige Wohngebiete,
– Betriebe zur Be- und Verarbeitung und Sammlung land- und forstwirtschaftlicher Erzeugnisse,
– Einzelhandelsbetriebe, Schank- und Speisewirtschaften sowie Betriebe des Beherbergungsgewerbes,
– sonstige Gewerbebetriebe,
– Anlagen für örtliche Verwaltungen sowie für kirchliche, kulturelle, soziale, gesundheitliche und sportliche Zwecke,
– Gartenbaubetriebe,
– Tankstellen.

a) Ländliches Mischgebiet
Es handelt sich um ein „ländliches Mischgebiet" (BVerwG, BauR 1996, 218), dessen Charakter grundsätzlich **nicht von einem bestimmten prozentualen Mischverhältnis der zulässigen Nutzungsarten abhängt**. Zulässig ist die Zunahme der Wohnbebauung in einem Dorfgebiet auch bei einem zahlenmäßigen Überwiegen der Wohnbebauung im Vergleich zu land- und forstwirtschaftlichen Betrieben, vorausgesetzt, dass noch genügend landwirtschaftliche Betriebe vorhanden sind, die in der Lage sind, der näheren Umgebung ein dörfliches Gepräge zu geben (*Stüer*, in: Hoppenberg, Handbuch des öffentlichen Baurechts, B Rdn. 243). Auch der umgekehrte Fall, dass der land- und forstwirtschaftliche Sektor weit über das übliche Maß hinaus repräsentiert ist und die anderen allgemein zulässigen Nutzungen stark zurücktreten, ist eine allgemein zulässige Nutzung (*Bielenberg*, in: Ernst/Zinkahn/Bielenberg, BauGB-Kommentar § 5 BauNVO Rdn. 9). Die Festsetzung eines Dorfgebietes in einem → Bebauungsplan wird jedoch wegen Funktionslosigkeit unwirksam, wenn in dem maßgeblichen Bereich nur noch Wohnhäuser und keine Wirtschaftsstellen land- oder forstwirtschaftlicher Betriebe (mehr) vorhanden sind und auch mit ihrer Errichtung auf unabsehbare Zeit nicht mehr gerechnet werden kann, weil es keine Fläche mehr gibt, auf der sich eine solche Wirtschaftsstelle sinnvoll realisieren ließe (BVerwG, BauR 2001, 1550).

b) Land- und forstwirtschaftliche Betriebe
Die allgemein zulässigen **Wirtschaftsstellen land- und forstwirtschaftlicher Betriebe** erfassen die Wohnungen für die Betriebsinhaber, sonstigen Betriebsangehörigen sowie den Altenteilkomplex; hinzu kommen die Betriebsgebäude wie Stallungen, Scheunen, Lager- und Arbeitsräume, Unterstellräume, Tränkstätten, Silos, Mostereien, Keltereien, Abfüllanlagen bei Weingütern etc. Zu den Wirtschaftsstellen zählen auch solche Flächen, die am Betrieb gelegen sind wie z. B. Hausgärten und Auslaufflächen für das Vieh, insbesondere das Hausvieh.
Der maßgebliche Begriff der **Landwirtschaft umfasst** Ackerbau, die Wiesen- und Weidewirtschaft einschließlich Pensionstierhaltung auf überwiegend eigener Futtergrundlage, die gartenbauliche Erzeugung, den Erwerbsobstbau, Weinbau, die berufsmäßige Imkerei und die berufsmäßige Binnen-

fischerei, § 201 BauGB. Zu den allgemein zulässigen Be- und Verarbeitungsbetrieben land- und forstwirtschaftlicher Erzeugnisse gehören unter anderem Molkereien, Mühlenbetriebe, Sägewerke, Sammelstellen land- und forstwirtschaftlicher Absatzgenossenschaften, Schlachthäuser, Großkeltereien und Winzergenossenschaften in Weinbaugebieten (*Boeddinghaus*, BauNVO, § 5 Rdn. 12).

c) Einzelhandelsbetriebe/Sonstige Gewerbebetriebe

Zulässige Einzelhandelsbetriebe sind nicht nur Läden, sondern auch Kauf- und Warenhäuser, Bau- und Verbrauchermärkte sowie Brennstoffhandlungen. Zu den allgemein zulässigen sonstigen Gewerbebetrieben gehören zum einen die in § 5 Abs. 1 S. 1 BauNVO genannten, d. h. alle nicht wesentlich störenden Gewerbebetriebe, zum anderen aber auch **Handwerksbetriebe, die der Versorgung der Bewohner des Gebiets dienen und zwar unabhängig von ihrem Störungsgrad** (BVerwG, BauR 1996, 78). Zu solchen zulässigen lärmverursachenden Betrieben, die der Versorgung der ländlichen Bevölkerung dienen, gehören z. B. Schlossereien, Schmieden, Tischlereien, Zimmereibetriebe, Böttchereien sowie Landmaschinenreparaturwerkstätten (*Fickert/Fieseler*, BauNVO, § 5 Rdn. 19.1).

d) Schank- und Speisewirtschaften/Beherbergungsbetriebe

Als allgemein zulässige Nutzungsarten sind auch Schank- und Speisewirtschaften sowie Betriebe des Beherbergungsgewerbes aufgeführt. **Einschränkungen** werden **hinsichtlich Art und Umfang** in § 5 BauNVO **nicht** gemacht, so dass nicht nur der übliche Dorfgasthof, sondern auch ein modernes Touristen- oder Sporthotel zulässig wäre; dementsprechend müssen Speise- und Schankwirtschaften nicht der Versorgung des Gebiets dienen, sondern können auf einen größeren Einzugsbereich gerichtet sein (BVerwG, ZfBR 1996, 121). Z. B. ist ein Biergarten mit 16 Sitzplätzen und 9 Stehplätzen im Zusammenhang mit einer → Gaststätte grundsätzlich im Dorfgebiet zulässig (OVG Lüneburg, BauR 1997, 274).

e) Örtliche Verwaltungen, kirchliche, kulturelle etc. Einrichtungen

Zulässig sind ferner örtliche Verwaltungen, was voraussetzt, dass sie einen auf das Gemeindegebiet oder **auf Teile des Gemeindegebiets bezogenen Einzugs- oder Zuständigkeitsbereich haben müssen** wie es beispielsweise bei Polizeistationen, Poststellen, Zweigstellen von Sparkassen, dem Gemeindeamt und der Feuerwache der Fall ist (*Boeddinghaus*, BauNVO, § 5 Rdn. 18). In bezug auf die Zulässigkeit von Anlagen für kirchliche, kulturelle, soziale, gesundheitliche und sportliche Zwecke gilt im Vergleich zu den sonstigen Wohngebieten nichts besonderes.

f) Gartenbaubetriebe

Als Gartenbetriebe zulässig sind solche Betriebe, die in gartenbaumäßiger Weise Kulturpflanzen wie Obst, Gemüse, Blumen, Pflanzenschösslinge, Baumstecklinge etc. anbauen und produzieren. Zulässig sind dabei alle Anlagen, die zu der Betriebsform „Gartenbaubetriebe" gehören, was z. B. Wohngebäude des Betriebsinhabers, Verkaufsflächen, Gewächshäuser usw. erfasst (*Boeddinghaus*, BauNVO, § 5 Rdn. 20, § 2 Rdn. 10).

2. Ausnahmsweise zulässige Nutzungen

Nach § 5 Abs. 2 BauNVO können ausnahmsweise → Vergnügungsstätten, die nicht kerngebietstypisch sind, zugelassen werden. Als → Vergnügungsstätten einzuordnen sind vor allem
– Nachtlokale, Varietés, Tanzbars und ähnliches,
– Stripteaselokale, Sexkinos, Peepshows und Ähnliches,
– Diskotheken,

– Spielhallen,
– in der Regel Kinos und Lichtspielhäuser unabhängig von ihrer Größe.

Bei den ausnahmsweise zulässigen → Vergnügungsstätten im Dorfgebiet wird grundsätzlich darauf abgestellt, dass diese **nur** von einem beschränkten Kreis von **Gästen aus der näheren Umgebung** aufgesucht werden, während die kerngebietstypische Vergnügungsstätte sich dadurch auszeichnet, dass sie durch ihren großen Einzugsbereich ein mannigfaltiges Publikum anzieht und daher wegen ihrer Immissionsrelevanz und Nutzungstypik in das Stadtzentrum gehört (BVerwG, BauR 1993, 51). Für Spielhallen gilt, dass sie bei einer Grundfläche von weniger als 100 qm nicht als kerngebietstypisch einzuordnen sind. Nachtlokale, Stripteasebars und Ähnliches sind wegen ihrer Betriebsart per se als kerngebietstypisch einzuordnen. Ein Spielkasino mit 54 qm Nutzfläche und Platz für 20 Personen hat das Bundesverwaltungsgericht dementsprechend nicht als kerngebietstypisch eingeordnet (BVerwG, BauR 1986, 417).

3. Nicht zulässige Nutzungen

Im Dorfgebiet **unzulässig** sind beispielsweise **Anlagen der Massentierhaltung**, die aufgrund ihrer Größe und den damit zusammenhängenden besonderen Anforderungen an die Umgebung, wegen ihrer nachteiligen Wirkungen auf die Umgebung oder wegen ihrer besonderen Zweckbestimmung nur im → Außenbereich ausgeführt werden sollen oder als Gewerbebetrieb in einem dafür ausgewiesenen → Gewerbegebiet. Ebenfalls nicht zulässig sind beispielsweise **Zuckerfabriken** oder **Schlachthäuser**, in denen das Schlachten nicht mehr in handwerksmäßigem Umfang geschieht, weil solche Betriebe wegen ihres Umfangs nicht mehr zur Be- und Verarbeitung land- und forstwirtschaftlicher Erzeugnisse gehören (*Boeddinghaus*, BauNVO, § 5 Rdn. 12). Auch für ein **Golfclubhaus** ist ein Dorfgebiet im Allgemeinen nicht der richtige Standort, weil die Anlage nach Größe und Zuschnitt üblicherweise nicht einer Dorfstruktur entspricht (*Fickert/Fieseler*, BauNVO, § 5 Rdn. 20.2). Ebenso fügt sich eine **Tanzbar** in ein Gebiet mit dörflicher Wohnbebauung und geringem Verkehrsaufkommen selbst dann nicht ein, wenn bereits ein Nachtlokal vorhanden ist (VGH Mannheim, BRS 40 Nr. 59). Schließlich ist sogar der nur einmal wöchentlich ausgeübte **Diskothekenbetrieb** regelmäßig kerngebietstypisch und damit im Dorfgebiet nicht zulässig (VGH München, GewArch 1982, 91).

4. Obergrenze des Maßes der baulichen Nutzung

Die Obergrenzen des Maßes der baulichen Nutzung betragen bei der **Grundflächenzahl (GRZ) 0,6** und bei der **Geschossflächenzahl (GFZ) 1,2**.

5. Besonderheiten

Die **Grenzwerte für die Zumutbarkeit von Belastungen** in Dorfgebieten sind nach umfassender Würdigung der speziellen Schutzwürdigkeit des jeweiligen Baugebietes im **Einzelfall** zu bestimmen. Denn maßgeblich ist die örtliche Dorfstruktur im Einzelfall, die sich nicht schematisch anhand technischer Regelwerke festlegen lässt. Diese können lediglich eine Orientierungshilfe darstellen. Im **Grundsatz** wird man jedoch sagen können, dass hinsichtlich seiner Störanfälligkeit das **Dorfgebiet mit** einem **Mischgebiet vergleichbar** ist (*Stüer*, Handbuch des Bau- und Fachplanungsrechts, Rdn. 288). Der VGH Mannheim hat ein Gebiet (Wohnsiedlung mit naheliegender Sportanlage, Musikerheim, Bank, Grundschule), das sich in landwirtschaftlicher Umgebung befand, obgleich sich in dem Ort nur noch 2 landwirtschaftliche Betriebe befanden, als Dorfgebiet eingestuft. Eine Klage auf immissionsschutzrechtliches Einschreiten (Lärm) wegen störenden Einsatzes von Häckselmaschinen, Traktoren und Mähdreschern (§§ 3 Abs. 5 Nr. 2, 22 Abs. 1 S. 1 BImSchG) wurde vom VGH abgewiesen; denn die für → Mischgebiete anzusetzenden Werte der

TA-Lärm wurden bei Messungen der Abdrescharbeiten am Wohnhaus der Klägerin zwischen 18.30 und 21.45 Uhr eingehalten; ein Mittelungspegel von 42 dB(A) und ein Spitzenlärmpegel von 55,2 dB(A) halten die anzusetzenden Werte (tagsüber 60 dB(A) v. 6 h–22 h und nachts 50/45 dB(A) v. 22 h–6 h) ein, zumal noch ein Messabschlag von 3 dB(A) zu berücksichtigen wäre (VGH Mannheim, BauR 2001, 1063).

Dritthaftungsklausel
Der formularmäßige Haftungsausschluss wird auch als Dritthaftungsklausel bezeichnet. Hierbei schließt beispielsweise ein Bauträger bei gleichzeitiger → Abtretung seiner Gewährleistungsansprüche gegen den Bauunternehmer an den Erwerber seine Haftung aus.

Drittschaden
Hierbei handelt es sich um einen Schaden, der einem Dritten und nicht einer der Vertragsparteien entstanden ist. In § 10 VOB/B und in den §§ 823 ff. BGB ist der Ersatz von Drittschäden geregelt. Möglich ist auch ein Anspruch im Wege der sog. Drittschadensliquidation, wenn ein Unternehmer die bereits fertig gestellte, aber noch nicht abgenommene Leistung eines anderen Unternehmers beschädigt (OLG Hamm, IBR 2002, 411; 412; BauR 2002, 635). Möglich ist insoweit auch die Abtretung der Ansprüche des Auftraggebers an den geschädigten Unternehmer. Der Unternehmer hat auf die → Abtretung gemäß § 255 BGB einen Rechtsanspruch.

Duldungspflicht   → Dorfgebiet; → Freizeitanlage; → Immissionen; → Sportanlagen
Die Duldungspflicht ist im Gesetz an unterschiedlichen Stellen erwähnt. Gemäß § 906 BGB hat der Eigentümer eines Grundstückes bestimmte → Immissionen von anderen Grundstücken zu dulden, soweit diese die Eigennutzung nicht oder nur unwesentlich beeinträchtigen. Gemäß § 912 BGB gilt dies unter bestimmten Voraussetzungen beim Vorliegen eines Grenzüberbaus ebenfalls. Daneben gibt es noch das sog. Hammerschlag- und Leiterrecht. In einigen Bundesländern ist es in Gesetzen geregelt (z. B. § 24 NachbG-NW). In anderen Bundesländern gibt es kein Nachbarrechtsgesetz (z. B. in Mecklenburg-Vorpommern). In diesen Bundesländern folgt das Hammerschlag- und Leiterrecht aus dem nachbarrechtlichen Gemeinschaftsverhältnis (§ 906 BGB) i. V. m. den Grundsätzen von Treu und Glauben (§ 242 BGB). Danach kann ein Nachbar z. B. verpflichtet sein, Baumaßnahmen von seinem Grundstück aus auf dem Nachbargrundstück zu dulden (AG Schwerin, Urteil vom 19.04.2002 – 11 C 962/01). Danach kann auch ein Bodenaushub zur Errichtung einer Baugrube auf dem Nachbargrundstück zu dulden sein (BGH, VersR 1980, 651).

EDV-Leistungen   → CAD
Grundsätzlich hat der Computereinsatz im Architektenbüro, gleichviel ob als bloße Textverarbeitung oder in Gestalt des computergestützten Zeichnens, keinen Einfluss auf die Vergütung des Architekten. Lediglich im Zusammenhang mit städtebaulichen oder landschaftsplanerischen Leistungen können erbrachte EDV-Leistungen gemäß §§ 36, 44 HOAI als sogenannte → Nebenkosten gemäß § 7 Abs. 3 HOAI berechnet werden. Dies betrifft sowohl die Nutzung eigener Daten als auch

die Nutzung von Informationen aus einer Datenbank. Zwingende Voraussetzung ist, dass die Parteien die Vergütung schriftlich bei Auftragserteilung vereinbart haben. Gemäß § 36 Satz 2 HOAI kann eine derartige Vergütungsvereinbarung den → Honoraranspruch des Architekten mindern, wenn die EDV-Leistungen den städtebaulichen Leistungsumfang verringern.

Sofern der Architekt seine → Ausführungsplanung dem Bauherrn zusätzlich als CAD-Planung in Diskettenform zur Verfügung stellt, kann er hierfür eine besondere Vergütung vereinbaren. Begründet wird dies damit, dass der Fachplaner durch den Erhalt der Diskette eine erhebliche Arbeitserleichterung erhalte. Allerdings liegt soweit eine Besondere Leistung gemäß § 5 Abs. 4 HOAI vor. Ihre Vergütung erfordert eine schriftliche Vereinbarung zwischen → Bauherr und Planer. Auch das Einscannen und EDV-mäßige Überarbeiten alter Bauzeichnungen stellt eine solche Besondere Leistung dar, wenn sie in Verbindung mit Grundleistungen erbracht wird (OLG Hamm, BauR 2001, 1614).

Bei der Nutzung sogenannter CAD-Leistungen können im Hinblick auf die erbrachten Architektenplanungen für den Mitarbeiter, welcher die Anlage bedient sowie für den Hersteller des Programms zu berücksichtigende Urheberrechte zu berücksichtigen sei.

Ehrengericht → Architekten-Anerkenntnisrichtlinie

Eigenleistungen des Auftraggebers → Anrechenbare Kosten; → Bauherr

Grundsätzlich kennzeichnet die Eigenleistung im Regelfall eine betriebliche Leistungserstellung, die der Eigennutzung dient. Dies gilt auch für unentgeltlich oder gegen eine geringfügige Entlohnung erbrachte Leistungen durch den Bauherrn persönlich oder einen Dritten. Problematisch ist die Bewertung dieser Eigenleistungen hinsichtlich der Gebührengrundlage des Architekten sowie bei der Beseitigung von Baumängeln.

Für Eigenlieferungen und Eigenleistungen des Bauherrn ist in § 10 Abs. 3 HOAI eine eigene Regelung getroffen. Danach gelten als → anrechenbare Kosten die ortsüblichen Preise, sofern der → Bauherr Selbstlieferungen oder Leistungen übernimmt, von bauausführenden Unternehmen oder von Lieferanten sonst nicht übliche Vergünstigungen erhält, Lieferungen oder Leistungen in Gegenrechnung ausführt oder vorhandene oder vorbeschaffte Baustoffe oder Bauteile einbauen lässt. Hierdurch soll gewährleistet werden, dass der → Honorarberechnung des Architekten der Wert des Bauwerkes zugrunde gelegt wird. Auf die Honorierung der Architektenleistung kann es keinen Einfluss haben, wer letztlich die einzelnen → Bauleistungen erbringt. Dies gilt umso mehr, als die Verantwortung des Architekten für die richtige Planung, die Verwendung genehmigter Baumaterialien und sonstiger mängelfreier Ausführung gleich bleibt.

Beim Vorliegen von Baumängeln geben die Vorschriften des BGB und der → VOB dem Bauherrn unter bestimmten Voraussetzungen ein Selbstbeseitigungsrecht und einen Anspruch auf Aufwendungsersatz. Zu den dem Bauherrn zu ersetzenden Aufwendungen gehören auch die zur Mängelbeseitigung aufgewandten eigenen Arbeitsleistungen des Bauherrn bzw. die Arbeiten von Verwandten und befreundeten Dritten (BGH, NJW 1973, 46 ff.). Der → Bauherr kann hierfür von dem → Auftragnehmer eine angemessene Vergütung oder sogar einen Vorschuss beanspruchen. Bei der Bewertung der Eigenleistungen des Bauherrn ist als Vergütung der Lohn zugrunde zu legen, der einem in beruflich abhängiger Stellung Tätigen zu zahlen wäre. Gewinn und Gemeinkosten eines Unternehmers bleiben bei der Bewertung der Eigenleistungen außer Betracht (BGH, NJW 1973, 46 ff.).

In der → VOB/B sind Eigenleistungen in § 2 Nr. 4 erwähnt. Übernimmt danach der Auftraggeber bereits an den → Auftragnehmer beauftragte Leistungen doch selbst, kann der Aufragnehmer insoweit gemäß § 8 Nr. 1 Abs. 2 VOB/B den entgangenen Gewinn abrechnen.

Eigenplanung der Behörden
Größere Firmen, der Bund, die Länder und viele Gemeinden unterhalten eigene Bauabteilungen bzw. Baubehörden, die Architektenleistungen für den eigenen Bedarf nicht nur an freischaffende Architekten vergeben, sondern auch zumindest teilweise selbst erbringen. Die Tätigkeit der Behörden im Rahmen der Eigenplanung dürfen den Grundsatz der Subsidiarität der Staatstätigkeit nicht verletzen, da diese Betätigung traditionell den freien Berufen zugeordnet ist.

Eigentumsvorbehalt
Beim Eigentumsvorbehalt behält sich der Verkäufer vor, das Eigentum an der verkauften beweglichen Sache bis zur vollständigen Bezahlung des Kaufpreises zu behalten. Der Eigentumsvorbehalt kommt häufig bei Baustofflieferanten vor. Durch den Eigentumsvorbehalt in Allgemeinen Geschäftsbedingungen darf der Verkäufer nicht erheblich übersichert sein. Anderenfalls ist der Eigentumsvorbehalt unwirksam gemäß § 307 BGB. Deshalb ist in Allgemeinen Geschäftsbedingungen eine angemessene Deckungsgrenze vorzusehen, ab der dem Kaufer eine Rückübertragung des abgetretenen Anspruchs zusteht (z. B. BGH, BB 1985, 1085: 20 %).

Eigenüberwachungsprüfung
Die Prüfung des Auftragnehmers während der Ausführung, ob die Gütereigenschaften der Baustoffe und der fertigen Leistungen den vertraglichen Anforderungen entsprechen, wird Eigenüberwachungsprüfung genannt. Die Ergebnisse sind dem → Auftraggeber auf Verlangen vorzulegen (DIN 18315, DIN 18316 und DIN 18317).

Einheimischenmodelle → Städtebauliche Verträge; → Umlegung

Einheitsarchitektenvertrag → Allgemeine Geschäftsbedingungen; → Architektenvertrag; → Formularvertrag
Der Einheitsarchitektenvertrag ist ein Vertragsmuster für Architektenverträge über die → Objektplanung. Er wird von der Bundesarchitektenkammer herausgegeben und empfohlen, beim Bundeskartellamt angemeldet und im Bundesanzeiger veröffentlicht. Das Vertragsmuster beinhaltet in seinem besonderen, im einzelnen mit dem Bauherrn zu besprechenden und auszuhandelnden Teil die konkreten Honorarvereinbarungen und Bestimmungen zur Leistungszeit, zum → Zurückbehaltungsrecht und zur → Gewährleistungsfrist. In der Anlage enthält es Allgemeine Vertragsbedingungen (AVA) und ein Formular für eine → Vollmacht zu Verhandlungen mit den zuständigen Behörden und den Nachbarn. Von der Bundesarchitektenkammer wird weiter ein Vertragsmuster für einen Vorplanungsvertrag, der nur die Leistungen bis einschließlich → Leistungsphase 2 des § 15 HOAI umfasst, empfohlen. Danach soll der → Bauherr nicht berechtigt sein, die → Vorplanung ohne Einverständnis des Architekten weiter zu verwenden. Die bestehenden Nutzungsrechte an Urheberrechten sollen damit nicht übertragen werden. Die Vertragsmuster werden entsprechend den Änderungen der Gesetzte und Verordnungen und der Rechtsprechung regelmäßig überarbeitet. Sie müssen nach den Vorschriften des Wettbewerbsrechts von der Kartellbehörde genehmigt werden. Sie sind nach den Erfahrungen in der Vergangenheit eher nicht zu empfehlen.

Einheitspreisvertrag → Leistungsvertrag; → Mengenänderung
Gemäß § 5 Nr. 1 VOB/A gehört der Einheitspreisvertrag zu den Leistungsverträgen. Er soll bei → Bauleistungen im Regelfall angewendet werden, da sich die zu erbringenden Mengen vor der Ausführung des Bauvorhabens meist nicht endgültig bestimmen lassen.
Beim Einheitspreisvertrag wird die endgültige zu zahlende Vergütung auf der Basis der tatsächlich

erbrachten Leistungen, die im Einzelnen aufgenommen werden müssen, nach den vereinbarten Einheitspreisen berechnet. Der → Auftragnehmer hat zunächst den für die jeweils in den Verdingungsunterlagen aufgeführte Maß- oder Gewichtseinheit oder Stückzahl einzusetzenden Einheitspreis anzugeben (**Einheitspreis**). Aus der Multiplikation dieses Einheitspreises mit der Maß- oder Gewichts- oder Stückeinheit ergibt sich bei einem Leistungsverzeichnis mit mehreren Positionen der **Positionspreis**. Aus der Addition mehrer Positionspreise ergibt sich der Gesamtbetrag eines Abschnittes des Leistungsverzeichnisses oder der Gesamtbetrag des Angebots als **Gesamtpreis** oder **Angebotsendpreis**.

Der Gesamtpreis ist die nur rechnerische Zusammenzählung der Positions- und Einheitspreise. Zu jeder Position des Leistungsverzeichnisses ist die Vergütung nach der tatsächlich ausgeführten, durch → Aufmaß ermittelten → Leistung und dem vereinbarten Einheitspreis zu berechnen. Auf einen im Angebot berechneten abweichenden Gesamtbetrag kommt es nicht an (vgl. im einzelnen *Jebe*, BauR 1973, 141).

Nur die Beschreibungen der einzelnen Positionen, also die Leistungsbeschreibungen und der Einheitspreis, der ins Leistungsverzeichnis eingesetzt ist, sind Inhalt des Bauvertrages, an den die Vertragsparteien gebunden sind. Eine **Bindung** erfolgt insoweit **nicht für die Mengenansätze im Einheitspreisvertrag, die Positionspreise und die Angebotsendpreise**. Bei Differenzen zwischen Positions- bzw. Gesamt- und Einheitspreis ist letzterer maßgebend (§ 23 Nr. 3 Abs. 1 VOB/A).

Einkaufszentrum   → Factory Outlet Center; → Sondergebiet

Einrede

Mit Erhebung der Einrede ist der erklärende Vertragspartner berechtigt, eine Vertragsleistung zu verweigern, ohne dass dabei wie bei der Einwendung die Forderung grundsätzlich verneint wird. Hierbei ist zwischen den aufschiebenden und aufhebenden Einreden zu unterscheiden. **Aufschiebende Einreden** haben ein begrenztes, **aufhebende Einreden** ein endgültiges → Leistungsverweigerungsrecht zur Folge. Im Bereich des Baurechts bestehen beispielsweise die Einrede der unvollständigen Planlieferung gemäß § 3 Nr. 1 VOB/B durch den → Auftragnehmer mit aufschiebender Wirkung, die Einrede der → Verjährung von Gewährleistungsansprüchen gemäß § 13 Nr. 4 VOB/B durch den Auftragnehmer mit aufhebender Wirkung, die Einrede des Zahlungsverzuges des Auftraggebers gemäß § 16 Nr. 5 VOB/B durch den Auftragnehmer mit aufschiebender Wirkung sowie die Einrede der vorbehaltlosen Annahme der → Schlusszahlung gemäß § 16 Nr. 3 Abs. 2 VOB/B durch den Auftraggeber mit aufhebender Wirkung. Einreden müssen im Rechtsstreit geltend gemacht werden. Sie sind nicht von Amts wegen zu berücksichtigen.

Einrede der Vorausklage   → Bürgschaft

Einrichtungsgegenstände und integrierte Werbeanlagen

Diese sind in § 3 Nr. 8 und 9 HOAI definiert. Gemäß § 26 HOAI kann das → Honorar des Architekten bei Auftragserteilung als Pauschalhonorar frei vereinbart werden, wenn sich der Auftrag auf diese Leistungen gemäß § 3 Nr. 8 und 9 HOAI beschränkt. Beim Fehlen einer solchen Vereinbarung ist das → Honorar des Architekten als → Zeithonorar gemäß § 6 HOAI zu berechnen. Unter Beachtung des § 4 Abs. 4 HOAI dürfen nur die Mindestsätze des § 6 Abs. 2 HOAI in Ansatz gebracht werden. Sofern die Leistungen nach § 3 Nr. 8 und 9 HOAI Teil eines Auftrages über die → Objektplanung sind, so sind diese innerhalb der Honorarabrechnung bei den anrechenbaren Kosten zu berücksichtigen.

Einsichtnahme in Bauakten → Bauakten

Eintragung in die Architektenliste → Architekten-Anerkennungsrichtlinie; → Bauvorlageberechtigung; → Wettbewerbsrecht

Mit der Eintragung in die Architektenliste der jeweiligen Bundesländer darf sich der Architekt als solcher bezeichnen. Mit Eintragung erhält der Architekt die Möglichkeit zur uneingeschränkten → Bauvorlageberechtigung sowie zur Teilnahme an Architektenwettbewerben. Das Führen der Berufsbezeichnung „Architekt" oder die Verwendung einer Wortverbindung ohne Eintragung in die jeweilige Architektenliste stellt nach den bestehenden Architektengesetzen eine Ordnungswidrigkeit dar. Durch die Architektenkammern kann nach dem → Wettbewerbsrecht Unterlassung der Verwendung der Bezeichnung gefordert werden. Die Eintragung in die Architektenliste ist nach den jeweiligen Architektengesetzen der Bundesländer abhängig von einem ständigen Aufenthalt im jeweiligen Bundesland, welcher durch Wohnsitz, Niederlassung oder überwiegende Beschäftigung nachzuweisen ist. Zudem ist i. d. R. ein Hochschul- bzw. Fachhochschulabschluss in der angestrebten Fachrichtung sowie eine zwei- bzw. dreijährige praktische Tätigkeit im Architektenberuf nach Abschluss des Examens erforderlich. Die praktische Tätigkeit darf bei Antragstellung auf Eintragung in die Architektenliste nicht länger als 8 Jahre zurückliegen. Darüber hinaus kann ein Bewerber als Architekt in die Architektenliste eingetragen werden, wenn er bereits eine langjährige praktische Tätigkeit in der Architektur ausgeübt hat (8 bis 10 Jahre) und anhand eigener Arbeiten die eine Ausbildung entsprechenden Kenntnisse nachweist. Die Architektenkammern haften für die Richtigkeit des Eintragungsverfahrens gegenüber einem fälschlich zurückgewiesenen Bewerber (BGH, NVwZ 1992, 298).

Die einem EU-Mitgliedstaat angehörenden **ausländischen Architekten** haben einen Anspruch auf Eintragung in die Architektenliste. Voraussetzung ist, dass auch diese die oben genannten Voraussetzungen erfüllen. Ausländische Architekten aus nicht EU-Mitgliedstaaten haben einen Anspruch auf Eintragung in die Architektenliste nur dann, wenn mit dem jeweiligen Heimatstaat die Gegenseitigkeit von Anerkennungen gewährleistet ist.

Sofern sich ein Architekt zusätzlich in einem anderen Bundesland niederlässt, muss er sich auch dort in die Architektenliste eintragen lassen (OLG Koblenz, ZfBR 1995, 204).

Die jeweiligen Architektenkammern der Bundesländer regeln die Mitgliedschaft von Beamten als Architekten in den Kammern unterschiedlich. Freiberuflich tätige Architekten, die zugleich als Professoren an Universitäten oder an Fachhochschulen lehren, können für die Eintragung in die Architektenliste in einigen Bundesländern beiden Berufsgruppen zugeordnet werden. In einzelnen Bundesländern führt die Stellung als Fachhochschulprofessor zur Löschung in der Liste des freischaffenden Architekten (z. B. Schleswig-Holstein/OVG Lüneburg, BauR 1989, 495).

Die Nichtzahlung von Beiträgen zur Architektenkammer führt nicht zur Streichung aus der Architektenliste (VGH Baden-Württemberg, IBR 1994, 513). Anders verhält es sich, wenn über das Vermögen eines Architekten das Insolvenzverfahren eröffnet wird (VGH Mannheim, NVwZ-RR 1990, 304; IBR 1993, 207; OVG Lüneburg, IBR 1996, 336).

Einvernehmen → Gemeindliches Einvernehmen

Einzelhaus → Hausformen

Einzelleistung

Die Gesamtleistung des Architekten für die → Objektplanung wird gemäß § 15 HOAI mit 9 Leistungsphasen beschrieben. Diese bauen aufeinander auf. Die prozentuale Bewertung der Leistungsphasen innerhalb des § 15 Abs. 1 HOAI spiegelt das unterschiedliche Gewicht der einzelnen Phasen innerhalb des Zusammenhanges eines einheitlichen Architektenauftrages wieder.

Sofern einzelne Leistungsteile isoliert an Architekten in Auftrag gegeben werden, kann beim Vorliegen bestimmter Voraussetzungen der Prozentsatz für die einzelnen, isoliert vergebenen Leistungsphasen erhöht werden. Ist beispielsweise **bei Gebäuden die → Vorplanung oder die → Entwurfsplanung als Einzelleistung** in Auftrag gegeben, so können hierfür gemäß § 19 Abs. 1 HOAI höhere als die in § 15 Abs. 1 HOAI vorgesehenen Prozentsätze vereinbart werden. Für die Vorplanung erhöht sich der Prozentsatz von 7 auf 10 %, bei der Entwurfsplanung von 10 auf 18 %. § 19 HOAI findet keine Anwendung, wenn Vorplanung und Entwurfsplanung gemeinsam, aber ohne die übrigen Leistungsphasen in Auftrag gegeben werden. Gemäß § 19 Abs. 4 HOAI kann für die → Objektüberwachung von Gebäuden als Einzelleistung anstelle der sich aus § 15 Abs. 1 Nr. 8 HOAI ergebenden 31 % des Gesamthonorars ein Prozentsatz der anrechenbaren Kosten vereinbart werden, der sich nach den → Honorarzonen II bis V von 2,1 % über 2,3 %, 2,5 % bis 2,7 % staffelt. Die Vergünstigung des § 19 Abs. 4 HOAI entfaltet erst beim Vorliegen relativ hoher Baukosten ihre Wirkung. Dies ist in der degressiven Abstufung der Honorartafeln im Bezug auf die anrechenbaren Kosten begründet. Bei Nichterreichen der Kostenschwellen kann der erhöhte Bearbeitungsaufwand durch eine Erhöhung der Mindestsätze berücksichtigt werden.

Bei der **Vorplanung oder Entwurfsplanung von Freianlagen** können die Honorare bei einzelnen Auftragserteilungen von 10 auf 15 bzw. von 15 auf 25 % erhöht werden.

Bei der **Objektplanung für raumbildenden Ausbau** können 10 % statt 7 % für die → Vorplanung und 25 % statt 14 % für die → Entwurfsplanung vereinbart werden.

Im Gegensatz zu den anderen in der HOAI bestehenden Erhöhungsmöglichkeiten des Architektenhonorars muss die Erhöhung für Einzelleistungen der Vorplanung, Objektüberwachung und Entwurfsplanung nicht schriftlich bei Auftragserteilung vereinbart werden. Eine Erhöhung des Architektenhonorars kann auch vereinbart werden, wenn die jeweiligen zur Abrechnung gestellten Einzelleistungen bereits erbracht sind.

Elektromagnetische Strahlungen

Das Maß dessen, was an Umwelteinwirkungen, zu denen auch die Einwirkung elektromagnetischer Strahlungen (sog. Elektrosmog) gehören, zumutbar ist, wird durch **§ 3 Abs. 1** und **§ 22 Abs. 1 BImSchG** sowie durch aufgrund von § 23 BImSchG erlassene Rechtsverordnungen bestimmt. Der Betroffene hat einen Anspruch darauf, dass Umwelteinwirkungen oberhalb der Schwelle der Zumutbarkeit unterbleiben. Diese zumutbare Schwelle wird bestimmt durch die **26. BImSchV**, die Anforderungen zum Schutz der Allgemeinheit und der Nachbarschaft vor schädlichen Umwelteinwirkungen und zur Vorsorge gegen schädliche Umwelteinwirkungen durch elektromagnetische Felder enthält, § 1 Abs. 1 S. 2 der 26. BImSchV (VG Oldenburg, Beschl. v. 1. 2. 2001, Az.: 4 B 3316/00; VGH München, NVwZ 1998, 419). Diese Verordnung wurde auf der Grundlage der Empfehlungen der Strahlenschutzkommission (SSK) zum Schutz vor hochfrequenter elektromagnetischer Strahlung beim Mobilfunk von 1991 und der Empfehlung der Strahlenschutzkommission zum Schutz vor niederfrequenten elektrischen und magnetischen Feldern bei der Energieversorgung von 1995 geschaffen. Im Hinblick auf elektromagnetische Strahlungen legt die Verordnung die Schwelle, ab der mit Veränderungen in der Erregbarkeit des Zentralnervensystems und mit Unwohlsein, Schwindel, Kopfschmerzen etc. zu rechnen ist, auf 100 Mikrotesla für die magnetische Flussdichte niederfrequenter Felder fest (*Kutscheidt*, NJW 1997, 2481 ff.).

Das Bundesverfassungsgericht hat die in der 26. BImSchV Anhang 1 zu § 2 geregelten Grenzwerte für hochfrequente elektromagnetische Felder als Werte akzeptiert, die von Gerichten bei der Beurteilung zumutbarer Belastungen zugrunde gelegt werden können. Auch wenn sie in Bezug auf Elektrosmog noch keine verlässlichen wissenschaftlichen Erkenntnisse wiedergeben, können die geltenden Grenzwerte nur dann als Verstoß gegen staatliche Schutzpflichten zur Abwehr von Beeinträchtigungen in Leib, Leben und Gesundheit (Art. 2 Abs. 2 GG) beanstandet werden, wenn erkennbar ist, dass sie die menschliche Gesundheit völlig unzureichend schützen. Davon kann so lange keine Rede sein, als sich die Eignung und Erforderlichkeit geringerer Grenzwerte mangels verlässlicher wissenschaftlicher Erkenntnisse noch gar nicht abschätzen lässt (BVerfG, UPR 2002, 225).

Energieeinsparung → Vorplanung

Enteignung → Amtshaftungsansprüche; → Bebauungsplan; → Denkmalschutz; → Innenbereich; → Planbereich; → Veränderungssperre

Die **Bestimmungen des → BauGB über die Bebaubarkeit**, zu denen auch Beschränkungen von zulässigen Nutzungen durch eine Änderung der Planung gehören, sind **grundsätzlich** eine **entschädigungslose Eigentumsbindung**. Allerdings sind **Nutzungsbeschränkungen nicht grenzenlos hinzunehmen**, sondern überschreiten, wenn die Planung in einen konkreten Nutzungsentzug einmündet, das dem Betroffenen zumutbare Maß und stellen sich als Form einer entschädigungspflichtigen Enteignung dar. Diesem Tatbestand trägt das → BauGB mit den Entschädigungsregelungen für Enteignungen im Rahmen des Planungsschadensrechts gemäß §§ 39 ff. BauGB und der Enteignung durch behördliche Verwaltungsakte gemäß §§ 85 ff. BauGB Rechnung (siehe dazu umfassend *Wirth/Frhr. v. u. z. Franckenstein*, in: Öffentliches Baurecht, IV. Teil).

1. Planungsschadensrecht im Baurecht nach §§ 39 ff. BauGB
a) Gesetzesstruktur

Das in den §§ 39 ff. BauGB geregelte **Planungsschadensrecht gleicht** den **Vermögensnachteil aus**, der **durch** den von einem **Bebauungsplan** oder einer anderen planerischen **Maßnahme bewirkten enteignenden Eingriff in die Nutzungsmöglichkeiten** eines Grundstücks dem **Betroffenen entsteht**. Dabei regelt das Planungsschadensrecht drei Komplexe: in § 39 BauGB geht es um den Ersatz von vorbereitenden Aufwendungen, die im Rahmen einer beabsichtigten Nutzung entstanden sind und infolge einer Planungsänderung entwertet wurden. §§ 40, 41 BauGB enthalten Bestimmungen, wonach für besondere, im öffentlichen Interesse liegende Festsetzungen und Geh-, Fahrt- und Leitungsrechte Entschädigung in Geld oder die Übernahme des Grundstücks verlangt werden kann. Schließlich begründet § 42 BauGB eine Entschädigung bei Änderung oder Aufhebung der zulässigen Nutzung.

b) Vertrauensschaden gemäß § 39 BauGB

§ 39 BauGB gewährt dem Eigentümer oder sonst Nutzungsberechtigten (Erbbauberechtigter, Mieter etc.) **Entschädigung für wertlos gewordene Aufwendungen**, die **im Vertrauen auf den Bestand eines verbindlichen Bebauungsplanes** zur Vorbereitung der plangemäßen Nutzung gemacht und durch eine Planänderung, -ergänzung oder -aufhebung entwertet worden sind. Es muss ein wirksamer → Bebauungsplan existieren, der eine taugliche Vertrauensbasis darstellt; es darf sich also nicht, wie etwa nach Erlass einer → Veränderungssperre, aus den Umständen ergeben, dass der → Bebauungsplan bereits in eine Änderungsphase eingetreten ist (z. B. durch förmlich bekannt gemachten Beschluss, den → Bebauungsplan aufzuheben oder zu ändern) oder funktionslos geworden ist. Ein ersatzfähiger Vertrauensschaden erfasst nur Aufwendungen im Zusammenhang mit der Vorbereitung der Verwirklichung des Bebauungsplans (Architektenhonorare, Erschließungskosten, Kosten für Baumaterial etc.), nicht aber die Entschädigung von Bodenwerten wie Erwerbskosten für das Grundstück (*Wirth/Frhr. v. u. z. Franckenstein*, in: Öffentliches Baurecht, IV. Teil, Rdn. 75 ff.).

c) Festsetzungen von Flächen für den Gemeinbedarf, Geh-, Fahrt- und Leitungsrechten

§§ 40, 41 BauGB enthalten **Festsetzungen**, die aus der Sicht des betroffenen Eigentümers Nutzungen **zugunsten Dritter bzw. der Allgemeinheit** (z. B. Verkehrs- oder Grünflächen) festsetzen und hierdurch die Nutzungsberechtigung und freie Verfügbarkeit des Eigentümers über sein Grundstück verdrängen. Hierin liegt eine entschädigungspflichtige Enteignung. Bringen es die Festsetzungen nach §§ 40, 41 BauGB mit sich, dass die daraus resultierende Vermögensbeeinträchtigung es dem Eigentümer subjektiv (aus dessen wirtschaftlicher Sicht) unzumutbar macht, das Grundstück zu behalten, kann er gemäß § 40 Abs. 2 S. 1 BauGB **vorrangig** die **Übernahme des betroffenen Grundstücks** durch die Gemeinde verlangen.

d) Änderung der zulässigen Nutzung

§ 42 BauGB greift nur ein, **wenn kein Fall der vorrangigen §§ 39–41 BauGB gegeben ist**. Die Vorschrift entschädigt den Nutzungsberechtigten in den Fällen, in denen wegen einer **bodenrechtlichen Neueinstufung die bisherige zulässige Nutzungsart des Grundstücks geändert wird** und dies den Nutzungsberechtigten unzumutbar trifft. Zulässig ist die bisherige Nutzungsart, wenn sie den planungsrechtlichen Zulässigkeitsvoraussetzungen (inkl. Erschließung) entspricht, gleichgültig, ob im → Planbereich nach § 30 BauGB oder im → Innenbereich nach § 34 BauGB. Den Entzug der Genehmigungsfähigkeit von Bauvorhaben im Vorstadium des Bebauungsplans (→ Planreife im Sinne von § 33 BauGB) und im → Außenbereich (§ 35 BauGB) sieht die Rechtsprechung nicht als entschädigungspflichtigen Nutzungsentzug an (vgl. OLG München, NVwZ-RR 1998, 282 ff.). § 42 BauGB soll auch keine Anwendung auf Flächennutzungspläne finden, etwa wenn die Nutzung als Windenergiestandort durch den Flächennutzungsplan aufgehoben wird (vgl. Stellungnahme des Deutschen Städte- und Gemeindebunds zur Novellierung des Baugesetzbuchs 2004, S. 4 unter www.dstgb.de). Die zulässige Nutzungsart wird geändert, wenn ein neuer → Bebauungsplan, eine andere Satzung oder die Änderung des Charakters der näheren Umgebung im Rahmen einer Innenbereichsbebauung nach § 34 BauGB die bodenrechtlichen Nutzungsmöglichkeiten des Grundstücks beschränkt. Durch diese → Nutzungsänderung muss eine nicht nur unwesentliche Wertminderung des Grundstücks eintreten, was anhand eines objektiven Vergleichs des Grundstückswertes vor und nach der neuen bodenrechtlichen Situation zu beurteilen ist.

e) Geminderte Entschädigung nach Ablauf von 7 Jahren

Soweit die **Änderung der Nutzungsart innerhalb von 7 Jahren ab Zulässigkeit der Nutzung** erfolgt, steht dem Eigentümer gemäß § 42 Abs. 2 BauGB die volle **Verkehrswertentschädigung** gegen den Begünstigten, ansonsten gegen die Gemeinde zu. Die → Frist wird nach § 42 Abs. 5–7 BauGB verlängert, wenn die Verwirklichung des Vorhabens innerhalb der 7-Jahresfrist nicht möglich war, weil eine → Veränderungssperre, eine → Zurückstellung oder die rechtswidrige Versagung einer → Baugenehmigung die Durchführung des Vorhabens verhindert hat oder die Ausnutzung einer innerhalb der → Frist erteilten → Baugenehmigung im Hinblick auf die Änderung der Umgebungsbebauung für den Eigentümer wirtschaftlich sinnlos geworden ist. **Verkehrswertentschädigung** ist **unabhängig von** dem Ablauf oder Nichtablauf der **7-Jahresfrist** auch zu leisten, wenn einem Eigentümer ein **Sonderopfer** auferlegt wird, indem nicht das gesamte Gebiet von einer neuen geminderten Nutzungsart betroffen ist, sondern sein Grundstück „isoliert" herabgeplant wird (BGH, BauR 1999, 1001; UPR 2003, 27). Ansonsten wird gemäß § 43 Abs. 3 BauGB **nach Ablauf der 7-Jahresfrist** gemäß § 42 Abs. 3 BauGB bei einer nachteiligen Veränderung der Bodennutzbarkeit **nur Entschädigung für den Eingriff in die ausgeübte Nutzung** gewährt. Die 7-Jahresfrist gilt gemäß § 43 Abs. 3 S. 2 BauGB für alle Fälle der §§ 40–42 BauGB, nicht aber für den Anspruch auf Ersatz des Vertrauensschadens nach § 39 BauGB (*Wirth/Frhr. v. u. z. Franckenstein*, Öffentliches Baurecht, IV. Teil, Rdn. 100 ff.).

f) Fälligkeit und Verjährung
Wenn die von §§ 39–42 BauGB erfassten **Vermögensnachteile eingetreten** sind, **entsteht** der Entschädigungsanspruch und die **3-jährige Verjährungsfrist beginnt zu laufen**. Ein schriftliches Entschädigungsverlangen des betroffenen Nutzungsberechtigten gegenüber dem Begünstigten bzw. ansonsten gegenüber der Gemeinde führt zur → Fälligkeit des Anspruchs, §§ 44 Abs. 3, 4 BauGB.

g) Verfahren
§ 43 BauGB regelt auch das Verfahren und verlangt, dass der Betroffene, wenn eine gütliche Einigung gescheitert ist, einen **Antrag auf Übernahme des Grundstücks** bzw. Begründung des in Frage stehenden Rechts und **entsprechende Entschädigung bei der Enteignungsbehörde** stellen kann. Im Übrigen verweist § 43 BauGB hinsichtlich Art und Umfang der Entschädigung sowie das Verfahren auf die **Vorschriften über die Enteignung** in §§ 93–103 BauGB.

2. Enteignung im Baurecht nach §§ 85 ff. BauGB
a) Gesetzesstruktur
Die Enteignungsvorschriften des Baugesetzbuches in den **§§ 85–122 BauGB ermächtigen** als förmliches Gesetz i. S. v. Art. 14 Abs. 3 GG die **Verwaltung, durch Verwaltungsakt das Eigentum zu entziehen**. Dabei beschreibt § 86 BauGB die Enteignungsgegenstände, § 85 BauGB legt die Enteignungszwecke fest und §§ 87, 92 BauGB enthalten die Voraussetzungen für eine Enteignung im Hinblick auf die Erforderlichkeit, den Umfang, die Beschränkung und Ausdehnung der Enteignung.

b) Gegenstand der Enteignung
Enteignungsgegenstand können gemäß § 86 Abs. 1 BauGB grundsätzlich **alle Arten an Vermögensentzug** darstellen. Damit kommen für die Enteignung nicht nur das Grundstückseigentum (unter Einschluss der wesentlichen Bestandteile i. S. v. §§ 93 ff. BGB) oder Grundstücksteile in Form der Übernahme des Eigentums oder dingliche Belastungen wie Erbbaurecht oder Grunddienstbarkeiten in Betracht; vielmehr können Gegenstand der Enteignung auch obligatorische Rechte wie Miete, Pacht etc. sein.

c) Enteignungszweck
§ 85 BauGB enthält eine **abschließende Beschreibung der Fälle, in denen nach dem → BauGB enteignet werden kann**. Der häufigste Enteignungstatbestand ist § 85 Abs. 1 Nr. 1 BauGB, wonach die Enteignung vorgenommen werden kann, um die Nutzung oder Vorbereitung der Nutzung eines Grundstückes entsprechend den Festsetzungen aller in Betracht kommender Bebauungspläne zu verwirklichen, gleichgültig, ob es sich um einen qualifizierten (§ 30 Abs. 1 BauGB), einfachen (§ 30 Abs. 3 BauGB) oder vorhabenbezogenen → Bebauungsplan (§ 30 Abs. 2 i. V. m. § 12 Abs. 3 BauGB) handelt. Allerdings darf eine solche **planakzessorische Enteignung nur** zur Realisierung von **im örtlichen Städtebaurecht liegender Gründe** wie z. B. zur Errichtung einer lokalen Schule eingesetzt werden und nicht vorwiegend überörtlichen Interessen wie z. B. dem Bau einer Universität dienen (*Wirth/Frhr. v. u. z. Franckenstein*, Öffentliches Baurecht, IV. Teil, Rdn. 7). Ein zulässiger Enteignungszweck aus städtebaulichen Zielen kann beispielsweise nach h. M. auch zwecks Herstellung von naturschutzrechtlichen Ausgleichsflächen erfolgen, wenn diese beispielsweise als öffentliche Grünfläche i. S. v. § 9 Abs. 1 Nr. 15 BauGB im → Bebauungsplan und damit auch im öffentlichen Interesse der Ortsgemeinschaft festgesetzt sind (Erbguth/Wagner, Bauplanungsrecht, Rdn. 341).
Im Rahmen des später die Grundlage für die Enteignung bildenden Bebauungsplanverfahrens bedarf es nach Auffassung des Bundesverwaltungsgerichtes grundsätzlich noch keiner (vorgezoge-

nen) Prüfung, ob die Voraussetzungen für eine spätere Enteignung des einzelnen Grundstücks erfüllt sind (BVerwG, ZfBR 1991, 126). Hiervon bleibt allerdings der Grundsatz unberührt, dass bei der Aufstellung eines Bebauungsplanes alle betroffenen und schutzwürdigen privaten Interessen, insbesondere soweit sie sich aus dem Eigentum und seiner Nutzung herleiten lassen, zu berücksichtigen sind (BVerwG, NVwZ 1991, 873). Unterliegen allerdings die Interessen des Eigentümers im Rahmen einer sachgerechten Abwägung im Bebauungsplanverfahrens, so kann das öffentliche Interesse an der Durchführung dieser Planung nicht mehr mit der Begründung verneint werden, es sei seinerzeit auch eine andere, alternative Planungsentscheidung möglich gewesen (BGH, BauR 2002, 266 f.).

d) Erforderlichkeit, Umfang, Beschränkung und Ausdehnung der Enteignung
§ 87 Abs. 1 BauGB verlangt, dass die **Enteignung zum jetzigen Zeitpunkt in der verlangten Entzugsform zur Realisierung des im öffentlichen Interesse liegenden Projekts erforderlich ist** (BGHZ 68, 100, 102). Der Entzug der konkreten, in Frage stehenden Eigentumsposition muss durch das Wohl der Allgemeinheit gerechtfertigt sein. Dabei muss zum einen das öffentliche Interesse an der Verwirklichung des Projekts das private Interesse an der Erhaltung der Eigentumsstellung überwiegen, was beispielsweise eine Enteignung zur Erwirtschaftung eines Gewinns aus einem Grundstücksgeschäft verbietet (BGH, NJW 1976, 1266). Eine **Enteignung** im öffentlichen Interesse kann auch **zugunsten privater Unternehmen** erfolgen, vorausgesetzt, dass deren Betrieb unmittelbar die Allgemeininteressen fördert; z. B. zugunsten von Telekom, Deutsche Bahn oder Energieunternehmen, um deren Versorgungstätigkeiten zugunsten der Allgemeinheit zu unterstützen (etwa Enteignung zur Errichtung neuer Strommasten). Die Enteignung ist aber nicht erforderlich, wenn geringer belastende Maßnahmen wie die bodenordnende → Umlegung oder die Bestellung einer Dienstbarkeit anstatt einer Volleneignung (§ 92 Abs. 1 S. 2 BauGB) oder gar Alternativstandorte zur Verfügung stehen. Hierzu gehört schließlich auch, dass ein **ernsthaftes Bemühen um den freihändigen Erwerb** des in Frage stehenden Grundstücks durch den Enteignungsbegünstigten zu einem angemessenen (Verkehrswert) Preis **gescheitert** ist (*Wirth/Frhr. v. u. z. Franckenstein*, Öffentliches Baurecht, IV. Teil, Rdn. 20 f.).

3. Entschädigungshöhe
Für alle Enteignungsfälle des → BauGB, ob nach Planungsschadensrecht, nach Enteignungsrecht gemäß §§ 85 ff. BauGB oder sonst nach städtebaulichem Entwicklungsrecht gemäß § 169 Abs. 3 BauGB) gilt grundsätzlich gemäß § 95 BauGB, dass sich die Entschädigung für den durch die Enteignung eingetretenen Rechtsverlust nach dem **Verkehrswert des zu enteignenden Grundstücks** oder sonstigen Gegenstands bemißt. Auf der Grundlage des § 194 BauGB ist der Verkehrswert ein, sich aus der Angebots- und Nachfragesituation des Grundstücksmarktes ergebender, normativ bereinigter Marktpreis. Wertveränderungen, die infolge der bevorstehenden Enteignung eingetreten sind, bleiben ebenso wie ungewöhnliche oder persönliche Komponenten, unberücksichtigt. Im Zusammenhang mit der Enteignung beim Betroffenen eintretende Folgeschäden, wie Umzugs-, Gutachter- und Beraterkosten oder Kosten für Einnahmeausfälle, gehören gemäß § 93 Abs. 2 Nr. 2 i. V. m. § 96 BauGB noch zu dem zu ersetzenden Schaden (BGHZ 37, 269, 278; *Wirth/Frhr. v. u. z. Franckenstein,* Öffentliches Baurecht, IV. Teil, Rdn. 28). Die Ermittlung des Verkehrswertes erfolgt regelmäßig nach der Wertermittlungsverordnung (WertVO), das 3 Verfahren vorsieht: **Vergleichswert-, Ertragswert- und Sachwertverfahren.** Das Vergleichswertverfahren stellt auf den im gewöhnlichen Grundstücksverkehr für ein Grundstück in vergleichbarer Situation gezahlten Preis ab und eignet sich für die Ermittlung von Bodenwerten, jedoch wegen fehlender Vergleichbarkeit weniger für die Feststellung von Gebäudewerten. Das Ertragswertverfahren ermittelt den Bodenwert

durch Preisvergleich und addiert hinzu den Gebäudeertragswert auf der Grundlage der erzielbaren (Netto-)Mieten. Schließlich stellt die WertVO das Sachwertverfahren zur Verfügung, das den Bodenwert durch Preisvergleich feststellt und den Wert der baulichen und sonstigen Anlagen unter Berücksichtigung der Herstellungskosten abzüglich Verschleiß hinzusetzt (*Wirth/Frhr. v. u. z. Franckenstein*, Öffentliches Baurecht, IV. Teil, Rdn. 30 ff.). In diesem Zusammenhang kann die Enteignungsbehörde den selbstständigen und weisungsfreien **Gutachterausschuss** gemäß §§ 192 ff. BauGB zu Rate ziehen, dessen Bewertungen aber keine Bindungswirkung entfalten.

4. Verfahren

Die das Enteignungsverfahren leitende Stelle ist gemäß § 104 BauGB die staatliche **Enteignungsbehörde** (i. d. R. Regierungspräsidium bzw. Bezirksregierung). Das **Verfahren beginnt durch** den **Antrag auf Enteignung**, der gemäß § 105 Abs. 2 BauGB bei der Gemeinde, in der das zu enteignende Grundstück liegt, einzureichen ist. Ist die Gemeinde selbst Antragsteller, ist der Enteignungsantrag direkt bei der Enteignungsbehörde einzureichen. Im Planungsschadensrecht leitet der Betroffene gewissermaßen ein Enteignungsverfahren gegen sich selbst ein, indem er den Anspruch auf Übernahme bzw. Entschädigung bei der Enteignungsbehörde schriftlich beantragt (BGHZ 63, 240, 254). **Beteiligte dieser Verfahren** sind gemäß § 106 BauGB neben dem Antragsteller der Eigentümer, die Inhaber dinglicher Rechte, sowie schuldrechtlich gesicherter Ansprüche auf Erwerb oder Nutzung des Eigentums sowie die Gemeinde. Die Enteignungsbehörde bereitet dann eine **mündliche Verhandlung** vor, beraumt hierfür einen → Termin an und führt diesen durch. Wenn die sofortige Ausführung der beabsichtigten Maßnahme im öffentlichen Interesse geboten ist, kann die Enteignungsbehörde gemäß § 116 BauGB die **vorzeitige Besitzeinweisung** zugunsten des Antragstellers anordnen. Kommt es im Rahmen des Enteignungsverfahrens zu keiner gütlichen Einigung, entscheidet die Enteignungsbehörde dann gemäß § 112 BauGB über den Enteignungsantrag. Liegen dessen Voraussetzungen vor, erlässt sie den Enteignungsbeschluss und setzt gleichzeitig die Art und Höhe der Entschädigung fest. Sobald die Beschlüsse unanfechtbar sind, ordnet die Enteignungsbehörde gemäß § 117 BauGB deren Ausführung an. Hinsichtlich des Rechtsschutzes entscheiden gemäß § 217 BauGB die **Baulandgerichte** über alle Verwaltungsakte, die im Rahmen des Planungsschadens- und Enteignungsrechtes ergehen (*Wirth/Frhr. v. u. z. Franckenstein*, Öffentliches Baurecht, IV. Teil, Rdn. 51 ff., 122 ff.).

5. Landesenteignungsrecht

Die Vorschriften des → BauGB nach **§§ 85 ff. BauGB** schließen eine Enteignung nach Landesrecht aus, wenn es allein um die **Realisierung von städtebaulichen Zielen** geht. Dient das Vorhaben neben dem Städtebau auch noch anderen Zwecken, kann wahlweise nach → BauGB oder Landesenteignungsrecht enteignet werden. Die Voraussetzungen und das Verfahren von Enteignungen nach den Landesenteignungsgesetzen entsprechen weitgehend denen des → BauGB (*Wirth/Frhr. v. u. z. Franckenstein*, Öffentliches Baurecht, IV. Teil, Rdn. 48 ff.).

6. Weitere Ausgleichsansprüche

Planungsschadensrecht und Enteignungsrecht des → BauGB gehen von **rechtmäßigen Inanspruchnahme von Nutzungspositionen am Grundstück** aus. Daneben gibt es für rechtmäßige Eigentumseingriffe noch den „allgemeinen" enteignenden Eingriff. Diesen hat der BGH beispielsweise in dem Fall bejaht, in dem der Kläger eine Entschädigung für übermäßige Geruchsbelastungen forderte, die von einer hoheitlich betriebenen Kläranlage ausgingen, nachdem die → Immissionen vom Berufungsgericht wegen der Gemeinwichtigkeit der Anlage für rechtmäßig gehalten worden waren (BGHZ 90, 17 ff.). Zusätzlich können → **Amtshaftungsansprüche oder Ansprüche aus enteig-**

nungsgleichem Eingriff wegen rechtswidrigem Behördenverhalten in Betracht kommen. Wird etwa durch eine rechtswidrige Versagung einer → Teilungsgenehmigung die Veräußerung eines Grundstücks zu Bauzwecken verhindert oder verzögert, so kann dies einen Entschädigungsanspruch des betroffenen Grundstückseigentümers aus enteignungsgleichem Eingriff auslösen; entschädigungspflichtig können in diesem Fall sowohl die Gemeinde, die das Einvernehmen zu Unrecht versagt hat als auch die → Bauaufsichtsbehörde, die die → Teilungsgenehmigung rechtswidrig versagt hat, sein (§§ 74, 75 EinlALR; BGH, NJW 1997, 1229). Zu denken ist auch an den **Ausgleichsanspruch aus § 74 Abs. 2 S. 3 VwVfG**, der dem **Ausgleich von nicht enteignend wirkenden Eingriffen durch Planfeststellungen** dient. Nach § 74 Abs. 2 S. 3 VwVfG hat der von der Planung Betroffene einen Anspruch auf angemessene Entschädigung in Geld, wenn (weitere) Schutzvorkehrungen (wegen unverhältnismäßigem technischen oder finanziellen Aufwand) nicht vorgenommen werden können, um Nachteile abzuwenden. Entschädigt werden danach nur die Nachteile, die im Zusammenhang mit dem Verzicht auf den eigentlich aufgrund Gesetzes vorhandenen Anspruches auf Schutzauflagen (z. B. Überschreitung TA-Lärm, TA-Luft Grenzwerte) entstanden sind. Hierzu kann auch ein Ausgleich für langandauernde Baumaßnahmen gehören, nicht jedoch ein Ausgleich für Lagenachteile, die sich etwa darin äußern, dass der Markt für ein Grundstück an einer Autobahn einen geringeren Preis zu zahlen bereit ist als ohne eine solche Straße (BVerwG, NJW 1997, 142).

Entgangener Gewinn → Behinderung; → Ersparte Aufwendungen; → Kündigung
Gemäß § 252 BGB ist entgangener Gewinn das, was der → Auftragnehmer nach dem gewöhnlichen Gang der Dinge mit Wahrscheinlichkeit zu erwarten gehabt hätte, wenn der Vertrag nicht vorzeitig beendet worden wäre und er sein Werk fertig gestellt und die Vergütung hierfür erhalten hätte. Im Falle des Vorliegens einer freien → Kündigung durch den → Auftraggeber ist der entgangene Gewinn in § 8 Nr. 1 Abs. 2 VOB/B und § 649 S. 2 BGB geregelt. Unter Einschränkungen kann er bei nach § 6 Nr. 6 VOB/B geltend zu machenden Schadensersatzansprüchen wegen Behinderungen ebenfalls anfallen.

Entsiegelungsgebot → Rückbau

Entwicklungsgebiet → Anfechtung; → Bebauungsplan; → Enteignung; → Normenkontrollklage; → Sanierungsgebiet; → Städtebauliche Verträge
Gemäß § 165 Abs. 2 BauGB sollen mit städtebaulichen Entwicklungsmaßnahmen **Ortsteile** und andere Teile des Gemeindegebiets entsprechend ihrer besonderen Bedeutung für die städtebauliche Entwicklung und Ordnung der Gemeinde oder entsprechend der angestrebten Entwicklung des Landesgebiets oder der Region **erstmalig entwickelt** oder im Rahmen einer städtebaulichen Neuordnung einer **neuen Entwicklung zugeführt** werden. Es handelt sich um den **massivsten bodenrechtlichen Planungsvorgang**. Das **Entwicklungsverfahren** besteht wie das Sanierungsverfahren aus **drei Phasen**, der **Vorbereitung**, die in der Entwicklungssatzung zum Abschluss kommt, der **Durchführung** und der **Abwicklung der Entwicklung**. Hierbei gilt grundsätzlich, dass das Verfahren und die Befugnisse im Entwicklungsgebiet denen des Sanierungsgebietes entsprechen, jedoch teilweise noch darüber hinausgehen.

1. Entwicklungsziele
Die Entwicklung muss auf die erstmalige Entwicklung oder Neuentwicklung vorhandener Gebiete im Sinne einer **orts- und siedlungsstrukturellen Verbesserung** gerichtet sein. Während das → Sanierungsgebiet auf die Beseitigung von Mängeln abzielt, bezweckt das Entwicklungsgebiet die geordnete Neuausrichtung ganzer Ortsteile. Eine solche Entwicklungsmaßnahme kommt etwa bei der

Umwandlung von bisher land- oder forstwirtschaftlich genutzten Flächen in Wohnland oder bei der Wiedernutzung brachliegender Flächen (Konversionsflächen) in Betracht. Die Festlegung eines Entwicklungsgebiets, um großflächige, nicht dauerhafte Maßnahmen wie eine Landesgartenschau zu ermöglichen, ist aber in der Regel keine geordnete Neuausrichtung eines Ortsteils und kann deshalb nicht als Entwicklungsgebiet festgesetzt werden (*S. Gronemeyer*, BauGB-Kom., § 165 Rdn. 5).

Vor dem Hintergrund, dass die Festsetzung des Entwicklungsgebiets erhebliche Eingriffsmöglichkeiten in das Eigentum einräumt, insbesondere gemäß § 169 Abs. 3 BauGB die → Enteignung ohne → Bebauungsplan erlaubt, muss nach § 165 Abs. 3 S. 1 Nr. 2 BauGB das **Wohl der Allgemeinheit** die **Durchführung der städtebaulichen Entwicklungsmaßnahmen erfordern**. Dies setzt voraus, dass der Gemeinde als **milderes Mittel** keine **Planungsalternativen** zur Verfügung stehen und dass das Planungsziel nicht auch durch **städtebauliche Verträge** mit den Eigentümern erreicht werden kann, § 165 Abs. 3 S. 1 Nr. 3 BauGB (BVerwG, DÖV 1998, 603). Dementsprechend hat das Bundesverwaltungsgericht die Entwicklungssatzung zur Ausweisung eines Gewerbegebietes zur Erweiterung des auf der gegenüberliegenden Seite der Bundesstraße ansässigen Zementwerks (Zweck, den erhöhten Bedarf an Arbeitsstätten zu decken, § 165 Abs. 3 S. 1 Nr. 2 BauGB) für nichtig gehalten. Denn das Wohl der Allgemeinheit erfordere in Abwägung mit allen weiteren Belangen nicht die Durchführung der Entwicklungsmaßnahme an der vorgesehenen Stelle, da eine Planungsalternative vorhanden war, indem zunächst und vorrangig auf die südlich des vorhandenen Werksgeländes (auf der anderen Seite der Bundesstraße) liegenden Flächen zurückgegriffen werden könne (BVerwG, BauR 1998, 751, 750).

Die Festsetzung eines Landschaftsparks im Rahmen einer Entwicklungssatzung, welche auf einem 245 ha großen Gebiet zur Hälfte Wohnbebauung, zur anderen Hälfte die Einrichtung eines Landschaftsparks vorsieht, sah das Bundesverwaltungsgericht als zulässig an. So sei ein der Naherholung der Bevölkerung dienender Landschaftspark eine Gemeinschaftseinrichtung i. S. d. § 165 Abs. 3 S. 1 Nr. 2 BauGB. Dem stehe auch nicht entgegen, dass der Landschaftspark nicht allein dazu bestimmt sei, den künftigen Bewohnern des den Gegenstand derselben Entwicklungsmaßnahme bildenden Wohngebietes zu dienen, sondern einem größeren Bevölkerungskreis. Darüber hinaus diene die Schaffung von Gemeinschaftseinrichtungen grundsätzlich dem Allgemeinwohl, ohne dass insoweit ein erhöhter Bedarf nachgewiesen werden müsse (BVerwG, BauR 2001, 931).

2. Vorbereitungsphase

Nach § 165 Abs. 4 BauGB hat die Gemeinde vor der förmlichen Festlegung des Entwicklungsbereichs die **vorbereitenden Untersuchungen per Gemeinderatsbeschluss einzuleiten und vorzunehmen**, wobei die gleichen Belange wie bei der Festlegung des Sanierungsgebiets zu ermitteln und zu berücksichtigen sind. Dies beinhaltet unter anderem die Feststellung der Entwicklungsnotwendigkeit (und dabei insbesondere, ob das Wohl der Allgemeinheit die konkrete Entwicklungsmaßnahme erfordert), der sozialen, strukturellen und städtebaulichen Verhältnisse sowie die nachteiligen Auswirkungen für die Betroffenen in wirtschaftlicher und sozialer Hinsicht. Die Planung ist mit den Betroffenen zu erörtern, benötigte Auskünfte sind einzuholen, §§ 165 Abs. 4 i. V. m. 137–141 BauGB.

3. Entwicklungssatzung

Die **öffentlichen und privaten Belange** sind **gerecht untereinander und gegeneinander abzuwägen**, § 165 Abs. 3 S. 3 BauGB. Nach § 165 Abs. 6 BauGB beschließt die Gemeinde dann die förmliche Festlegung des städtebaulichen **Entwicklungsbereichs als Satzung**. Der erfasste Bereich muss eindeutig bezeichnet sein. Gemäß § 165 Abs. 7 BauGB ist der Entwicklungssatzung eine Begründung beizufügen, die die Gründe darlegt, die die förmliche Festlegung des entwicklungsbedürftigen Bereichs rechtfertigen. Die Entwicklungssatzung und die Genehmigung sind ortsüblich bekannt zu machen und tritt dann in Kraft, § 165 Abs. 8 BauGB. Die Gemeinde informiert hierüber das **Grundbuchamt**, das einen **Entwicklungsvermerk** auf den betroffenen Grundstücken einträgt, § 165 Abs. 9 BauGB.

4. Durchführung der Entwicklung
Während bei der → Sanierung grundsätzlich die Gemeinde für die Ordnungsmaßnahmen und der Eigentümer für die Baumaßnahmen zuständig ist, hat die **Gemeinde im Entwicklungsgebiet** gemäß § 166 Abs. 1 BauGB **sämtliche Maßnahmen selbst** vorzubereiten und **durchzuführen**. Hierfür hat sie einen → **Bebauungsplan aufzustellen**, die **Grundstücke** zu **erwerben** bzw. sich im Wege der **Enteignung** zu verschaffen sowie die Grundstücke nach den städtebaulichen Zielvorstellungen neu zu **ordnen und** zu **erschließen**, §§ 166 Abs. 1, 3 BauGB. Im Verhältnis → Bebauungsplan zu Entwicklungssatzung hat die Nichtigkeit der Entwicklungssatzung, weil sie das Gemeinwohl nicht erfordert, nicht zur Folge, dass der → Bebauungsplan wegen Verstoßes gegen das Abwägungsverbot nichtig ist (BVerwG, BauR 1998, 750). Nach durchgeführter Entwicklung hat die Gemeinde nach § 169 Abs. 5 BauGB die Grundstücke mit Ausnahme der für öffentliche Funktionen bestimmten Flächen an Bauwillige, und zwar grundsätzlich an die früheren Eigentümer zu veräußern. Kein Erwerb soll erfolgen, wenn die Nutzung nicht geändert werden soll oder der Eigentümer eine den Entwicklungszielen entsprechende Nutzung gewährleistet, § 166 Abs. 3 BauGB. Soweit das Grundstück beim Eigentümer verbleibt, hat dieser gemäß § 166 Abs. 3 S. 4 BauGB einen Ausgleich an die Gemeinde in Höhe der Erhöhung des Bodenwertes zu entrichten, den sein Grundstück durch die Entwicklungsmaßnahme erfahren hat.

5. Sicherung der Entwicklung
Wie bei der → Sanierung bedürfen **wertverändernde Maßnahmen** im Entwicklungsgebiet einer **Genehmigung**. Dies betrifft insbesondere Baumaßnahmen, Grundstücksteilungen und Rechtsgeschäfte über Grundstücke und grundstücksbezogene Rechte wie Kaufverträge über Grundstücke, Bestellung von Erbbaurechten, Grundschulden und Hypotheken oder Miet- und Pachtverträge, die auf einen Zeitraum von länger als einem Jahr abgeschlossen oder verlängert werden, §§ 169 Abs. 1 Nr. 3, 144 ff. BauGB.

6. Abwicklung der Entwicklung
Gemäß §§ 169 Abs. 1 Nr. 8 i. V. m. 162 BauGB ist identisch wie bei der Sanierungssatzung die Entwicklungssatzung per **Aufhebungssatzung** aufzuheben, wenn die Entwicklung durchgeführt ist oder sie sich als undurchführbar erweist oder aus sonstigen Gründen sich als nicht ausführbar erweist. Die Gemeinde ersucht dann das Grundbuchamt, den **Entwicklungsvermerk zu löschen**.

7. Rechtsschutz
Als Satzung nach dem → BauGB kann die Entwicklungssatzung durch **Normenkontrollklage** nach § 47 VwGO binnen zwei Jahre nach Bekanntmachung vor dem Oberverwaltungsgericht bzw. Verwaltungsgerichtshof angegriffen werden. Die **Erteilung einer Genehmigung** etwa für den Verkauf eines Grundstücks im Entwicklungsbereich ist ein Verwaltungsakt, der mit **(Verpflichtungs-) Widerspruch** und -klage gegen die Gemeinde zu erstreiten ist. **Gegen Ausgleichsbeitragsbescheide** wegen einer Werterhöhung des Grundstücks kann der Betroffene **Anfechtungswiderspruch und -klage erheben.**

Entwicklungsgebot → Bebauungsplan; → Flächennutzungsplan

Entwicklungssatzung → Entwicklungsgebiet; → Innenbereichssatzung

Entwurfsplanung → Einzelleistung
Die Entwurfsplanung ist nach der → HOAI angesiedelt zwischen Vor- und → Genehmigungsplanung und wird auch als System- oder Integrationsplanung bezeichnet. Der erste Schwerpunkt der Architektenleistung bei der → Objektplanung ist der Entwurf, dessen einzelne Leistungsschritte bzw. Leistungsbestandteile in § 15 Abs. 2 Nr. 3 HOAI als → Grundleistungen aufgeführt sind. Diese umfassen
- das Durcharbeiten des Planungskonzeptes unter Berücksichtigung städtebaulicher, gestalterischer, funktionaler, technischer, wirtschaftlicher, bauphysikalischer, energiewirtschaftlicher und landschaftsökologischer Anforderungen unter Verwendung der Beiträge anderer an der Planung fachlich Beteiligter bis zum Vorliegen des vollständigen Entwurfs,
- das Integrieren der Leistungen anderer an der Planung fachlich Beteiligter,
- die Objektbeschreibung mit Erläuterung von Ausgleichs- und Ersatzmaßnahmen nach Maßgabe der naturschutzrechtlichen Eingriffsregelung,
- die rechnerische Darstellung des Gesamtentwurfes (Entwurfszeichnung) im Maßstab 1 : 50 bis 1 : 20,
- die Verhandlungen mit Behörden und anderen an der Planung fachlich Beteiligten über die Genehmigungsfähigkeit,
- die Kostenberechnung nach DIN 276,
- die Kostenkontrolle durch Vergleich der Kostenberechnung mit der → Kostenschätzung sowie das Zusammenfassen aller Entwurfsplanungen.

Dieser Leistungsphase sind als → Besondere Leistungen die Analyse der Alternativen und deren Wertung mit Kostenuntersuchung (die Wirtschaftlichkeitsberechnung), die Kostenberechnung durch Aufstellen von Mengengerüsten oder Bauelementkatalogen, das Ausarbeiten besonderer Maßnahmen zur Gebäude- und Bauteiloptimierung, welche über das übliche Maß der Zahlungsleistung hinaus gehen zugeordnet. Weitere Leistungen für die Entwurfsplanung sind z. B. in § 37 HOAI (Leistungsbildflächen/Nutzungsplan), in § 40 HOAI (Leistungsbild/Bebauungsplan), in § 55 HOAI (Leistungsbild/Objektplanung für Ingenieurbauwerke und Verkehrsanlagen) und in § 73 HOAI (Leistungsbild/technische Ausrüstung) festgehalten.
Für den Fall, dass die Entwurfsplanung als → Einzelleistung in Auftrag gegeben wird, kann gemäß § 19 HOAI ein höherer Prozentsatz als der in § 15 Abs. 1 HOAI bezeichnete vereinbart werden. Sofern dem Entwurf nach objektiver Betrachtungsweise die zu erwartende gestalterische Qualität fehlt, so kann der → Bauherr zur → Minderung des Architektenhonorars berechtigt sein (OLG Hamm, NJW-RR 1989, 470).

Entwurfsverfasser → Abnahme (öffentlich-rechtlich); → Architekt; → Bauantrag;
→ Bauvorlageberechtigung; → Eintragung in die Architektenliste
Bei genehmigungsbedürftigen Baumaßnahmen muss nach den Landesbauordnungen der Entwurfsverfasser bestellt werden. Dieser ist der bauvorlagenberechtigte Fachmann. Gemäß § 58 NBauO ist der Entwurfsverfasser z. B. dafür verantwortlich, dass der Entwurf dem öffentlichen → Baurecht entspricht. Zudem muss er über die erforderliche Sachkenntnis verfügen und die Berufsbezeichnung „Architekt" oder „Bauingenieur" tragen dürfen.

Erfolgshonorar → Architektenhonorar
Das Erfolgshonorar (§ 5 Abs. 4 a HOAI) gleicht einer Prämie. Es gilt als vereinbart, wenn die Zahlung eines zusätzlichen Betrages neben dem nach der → HOAI berechneten → Honorar vom Eintritt

einer vertraglich genau festgelegten Bedingung abhängen soll. Es kann beispielsweise für kostensenkende besondere Leistungen vereinbart werden. Dabei kann die Höhe des Erfolgshonorars bis zu 20 % der eingesparten Kosten betragen. Grundsätzlich muss das Erfolgshonorar vor Ausführung der besonderen Leistungen schriftlich vereinbart werden.

Erfüllung

Die vollständige, termingerechte, in technischer, gestalterischer und wirtschaftlicher Hinsicht mangelfreie Erbringung der gemäß §§ 631 ff. BGB zwischen den Parteien vereinbarten Werkleistungen wird als Erfüllung bezeichnet. Gemäß § 362 Abs. 1 erlischt mit der Erfüllung der geschuldeten → Leistung das bestehende Schuldverhältnis.

Die geschuldete Leistung des Architekten besteht nicht in der Fertigstellung des Bauwerkes, sondern in seinem Entstehenlassen. Der → Bauherr kann vom Architekten vor → Abnahme Nachbesserung verlangen, wenn sie nicht einen unverhältnismäßig hohen Aufwand erfordert. Gerät der Architekt mit der Nachbesserung/Mängelbeseitigung in → Verzug, so kann der Bauherr den Mangel selbst beseitigen und Ersatz der erforderlichen Aufwendungen verlangen. Diese Vorgehensweise wird als → Ersatzvornahme bezeichnet. Bis zur Beendigung der Nachbesserungsarbeiten kann der Bauherr dem Anspruch des Architekten auf Abschlagszahlungen die → Einrede des nichterfüllten Vertrages gemäß § 320 BGB entgegenhalten. Diese Regelung beinhaltet ein → Zurückbehaltungsrecht am geforderten → Honorar. Nach erfolgter Abnahme modifiziert sich der Anspruch des Bauherrn auf Erfüllung in einen Gewährleistungsanspruch.

Erfüllungsbürgschaft → Vertragserfüllungsbürgschaft

Erfüllungsgehilfe

Erfüllungsgehilfe ist, wer nach den tatsächlichen Gegebenheiten eines Falles mit dem Willen des Schuldners bei der → Erfüllung einer diesem obliegenden Verbindlichkeit als seine Hilfsperson tätig wird. Unerheblich ist, ob die Hilfsperson eine eigene Verbindlichkeit erfüllen will und ob sie überhaupt weiß, dass sie durch ihre Tätigkeit eine Verpflichtung des Geschäftsherrn erfüllt. Es bedarf also weder einer Übernahme von Verpflichtungen durch den → Auftraggeber noch scheidet dieser deshalb als Erfüllungsgehilfe aus, weil er – wie es ohnehin regelmäßig der Fall sein wird – eigene Verbindlichkeiten gegenüber dem Auftraggeber erfüllt.

Gemäß § 278 BGB handelt es sich bei dem Erfüllungsgehilfen also um eine Person, derer sich der Schuldner zur Erfüllung seiner Verbindlichkeiten bedient. Im Bauwesen kann der Erfüllungsgehilfe des Auftraggebers ein Architekt oder ein Bauingenieur im Verhältnis zum Bauunternehmer sein. Auf Auftragnehmerseite sind dies z. B. die → Nachunternehmer des Bauunternehmers und des Architekten. Gemäß §§ 278 BGB, 10 Nr. 1 und Nr. 5, 13 Nr. 7 VOB/B haften die Vertragspartner im Rahmen des bestehenden Vertragsverhältnisses für das Verschulden ihrer Erfüllungsgehilfen. Das Verschulden des Erfüllungsgehilfen wird dann dem eigenen Verschulden des Architekten gleichgesetzt, ohne dass sich dieser dem Auftraggeber gegenüber entlasten kann.

Ergänzungssatzung → Innenbereichssatzung

Erhaltungsgebiet → Bebauungsplan; → Denkmalschutz; → Sanierungsgebiet; → Veränderungssperre; → Zurückstellung

Gemäß § 172 BauGB kann die Gemeinde in einem → Bebauungsplan oder durch eine sonstige Satzung Gebiete bezeichnen, in denen zur **Erhaltung der städtebaulichen Eigenart des Gebiets auf Grund seiner städtebaulichen Gestalt**, der **Zusammensetzung der Wohnbevölkerung** oder bei

städtebaulichen Umstrukturierungen der → Rückbau, die Änderung oder → Nutzungsänderung baulicher Anlagen der Genehmigung bedürfen.

1. Bedeutung der Erhaltungssatzung

Die Erhaltungssatzung dient der **Erhaltung und Erneuerung von Städten und Dörfern**. Sie kommt häufig zum Einsatz, wenn die Ausweisung eines Sanierungsgebiets nicht erforderlich ist oder wenn es nach Abschluss der Sanierungsmaßnahmen darum geht, die der Stadt- und Ortserhaltung dienenden Sanierungsziele langfristig zu sichern. In München beispielsweise erstrecken sich derzeit Erhaltungssatzungen zum Schutz der Zusammensetzung der Wohnbevölkerung auf eine Fläche, die etwa 20 % der Gesamteinwohner erfasst (http:/www.kommunal-referat.muenchen.de/presse/texte/200 1 0314.htm). Dabei wird mit der **Erhaltungssatzung** die grundsätzliche **städtebauliche Schutzbedürftigkeit festgestellt**, während es im mit Erlass der Erhaltungssatzung begründeten Genehmigungsverfahren um die Überprüfung geht, **ob das konkrete Bauprojekt mit der Satzung vereinbar ist**.

2. Vorbereitung der Erhaltungssatzung

Soweit die Gemeinde ein Gebiet für erhaltungswürdig hält, muss sie nach § 172 Abs. 1 BauGB das **Gebiet bezeichnen** und **vorbereitende Untersuchungen einleiten**. Hierfür hat sie je nach vorgesehenem Erhaltungsgrund Material über das zu erhaltende → Gebäude oder Gebäudeensemble zu sammeln und im Hinblick auf dessen Erhaltungswürdigkeit aus Gründen des städtebaulichen Gebietsschutzes, Milieuschutzes oder zur erforderlichen Umstrukturierung zu bewerten oder bewerten zu lassen. In der Regel müssen dazu fachspezifische → Gutachten eingeholt werden, auf die jedoch dann verzichtet werden kann, wenn ausreichende kommunale Analysen bereits vorliegen (VGH München, NVwZ-RR 1997, 595). Im Anschluss an diese vorbereitenden Untersuchungen trifft die Gemeinde die Entscheidung, **ob sie die Erhaltung baulicher Anlagen** und **der Eigenart von Gebieten** nach §§ 172 ff. BauGB **als inhaltlichen Bestandteil eines Bebauungsplanverfahrens oder** eines Verfahrens über eine **selbstständige Erhaltungssatzung** durchführen will. Wählt sie die Variante des Bebauungsplans, muss sie die dafür bestimmten Verfahrensregelungen nach §§ 1 ff. BauGB einhalten, insbesondere einen förmlichen Aufstellungsbeschluss fassen, die Bürger beteiligen. Sie kann dann bis zum Inkrafttreten des Bebauungsplans Vorhaben nach § 15 BauGB zurückstellen und durch Erlass einer → Veränderungssperre nach § 16 BauGB wertbeeinflussende Veränderungen des Grundstücks verhindern. Die Aufstellung einer selbstständigen Erhaltungssatzung verlangt zwar die Bürgerbeteiligung wie beim → Bebauungsplan nicht, doch mündet auch das selbstständige Erhaltungsverfahren in einen **Satzungsbeschluss der Gemeinde** über die Aufstellung der → Erhaltungssatzung ein, der das Ergebnis einer **umfassenden Abwägung unter Berücksichtigung aller relevanten privaten und öffentliche Belange** sein muss und damit die Interessen der betroffenen Eigentümer und Anwohner zu berücksichtigen hat, was grundsätzlich nur mit deren Beteiligung möglich ist (*Lunebach*, Arbeitshilfe: Städtebauliche Planung, in: Deutsches Institut für Urbanistik,1992, S. 35 ff.). Gemäß § 172 Abs. 2 BauGB kann die Durchführung von aus erhaltungsrechtlicher Sicht relevanten Änderungen durch → Zurückstellung eines baulichen Änderungsantrags vor Erlass der Erhaltungssatzung oder bei genehmigungsfreien Vorhaben durch Untersagung des Bauvorhabens verhindert werden, wenn ein Beschluss über die Aufstellung der Erhaltungssatzung gefasst und ortsüblich bekannt gemacht ist.

3. Genehmigungspflicht

Im Gebiet der Erhaltungssatzung bedürfen der **Rückbau**, die **Änderung** oder die **Nutzungsänderung** einer erhaltungsrechtlichen **Genehmigung**. Im Geltungsbereich der Gebietsschutzsatzung nach § 172 Abs. 1 Nr. 1 BauGB unterliegt auch die **Errichtung** baulicher Anlagen, etwa Neubauten, die zur Schließung von Baulücken in im Zusammenhang bebauten Ortsteilen dienen, der erhaltungsrechtlichen Genehmigung, § 172 Abs. 1 Nr. 3 S. 2 BauGB. Im Gebiet einer **Milieuschutzsatzung** i. S. v. § 172 Abs. 1 Nr. 2 BauGB kann auch die **Begründung von Wohnungseigentum** einer **Genehmigung** unterfallen, soweit das Landesrecht dies vorsieht. Diese **Genehmigung ist unabhängig von der** → **Baugenehmigung erforderlich** und wird von der Gemeinde erteilt (siehe zum Genehmigungsantrag, -unterlagen und -verfahren z. B. Dezernat Stadtentwicklung und Bau der Stadt Dresden, http://www.dresden.de/rootger.gen/wegweiser/t/2264.html). Bedarf es für die konkrete Baumaßnahme auch einer → Baugenehmigung durch die oder einer Anzeige gegenüber der Baugenehmigungsbehörde, erteilt die Baugenehmigungsbehörde die erhaltungsrechtliche Genehmigung im Einvernehmen mit der Gemeinde, § 173 BauGB.

4. Gebietsschutzsatzung nach § 172 Abs. 1 Nr. 1 BauGB
a) Städtebaulicher Denkmalschutz
Die Gebietsschutzsatzung muss der Bewahrung der städtebaulichen Eigenart des Gebiets auf Grund seiner städtebaulichen Gestalt dienen. Es geht um **städtebaulichen Denkmalschutz** in Form der Bewahrung des Ortsbildes und der städtebaulichen Struktur. Ein solcher Schutzbedarf liegt vor, wenn die Anlage aus **künstlerischen** oder **geschichtlichen Gesichtspunkten wesentlich** die **Umgebung** (Ensemble), die **Stadtgestalt** oder das **Ortsbild** (kann auch das Straßenbild sein) **prägt** oder eine **wichtige städtebauliche Bedeutung** hat. Die Stadtgestalt betrachtet dabei die vorhandene räumliche Struktur mit ihren Freiflächen und Bebauungen. Das Ortsbild bezieht sich auf die Ansicht eines Ortsteils oder einer Gebäudegruppe sowohl von innen als auch von außen wie beispielsweise der Blick auf einen Ortsteil von einem Hügel am Stadtrand. Beim Ortsbild steht das optische Erscheinungsbild im Vordergrund wie etwa die Fassaden- und Fenstergestaltung, während schließlich die wichtige städtebauliche Bedeutung auch die Unterschutzstellung solcher → Gebäude erlaubt, die eine städtebauliche Besonderheit aufweisen wie etwa eine besondere Technik oder neuartige Wohnungsgrundrisse, unabhängig davon, ob dies nach außen sichtbar oder für Außenstehende „schön" ist. Stets muss ein städtebaulicher denkmalschutzbezogener Bodenschutz von einigem Gewicht geschützt werden. D. h., es müssen die zu erhaltenden baulichen Anlagen nicht als einzelne, sondern in ihrer Beziehung zur aktuellen Stadtstruktur und in ihrer städteräumlichen Funktion für das gegenwärtige Zusammenleben der Menschen in der Gemeinde in den Blick genommen werden. (Dierkes, Gemeindliche Satzungen als Instrumente der Stadterhaltung und -gestaltung, 1991, S. 67 ff.). Dies verbietet beispielsweise den Schutz des Schauplatzes eines historisch bedeutsamen Geschehens, wenn dieser keinen Niederschlag in der ihn umgebenden Bebauungsstruktur gefunden hat. Ebenso ist es grundsätzlich unzulässig, im Rahmen der Festsetzung der Versagungsgründe für eine Genehmigung in der Erhaltungssatzung nicht auf die städtebauliche Bedeutung der baulichen Anlage abzustellen, sondern die Genehmigung vom Denkmalcharakter einer baulichen Anlage abhängig zu machen (BVerwG, BauR 1987, 676).

b) Genehmigungserfordernis
Im Rahmen der Gebietsschutzsatzung darf die **Genehmigung** zum → Rückbau, der Änderung oder → Nutzungsänderung baulicher Anlagen **nur versagt** werden, **wenn** die **bauliche Anlage** allein oder im Zusammenhang mit anderen baulichen Anlagen das **Ortsbild**, die **Stadtgestalt** oder das **Landschaftsbild prägt** oder **sonst** von **städtebaulicher**, insbesondere geschichtlicher oder künstlerischer **Bedeutung** ist. Die Genehmigung zur Errichtung der baulichen Anlage darf nur versagt werden, wenn die städtebauliche Gestalt des Gebiets durch die beabsichtigte bauliche Anlage beeinträchtigt wird, § 172 Abs. 4 BauGB. Dabei ist zu berücksichtigen, dass es zunächst für die Ge-

nehmigungsbedürftigkeit baulicher Änderungen keine Rolle spielt, ob die Maßnahmen von städtebaulicher Bedeutung sind, oder ob sie etwa nur dazu dienen, den neuzeitlichen Ausstattungszustand einer Durchschnittswohnung herzustellen. Dies ist erst dann relevant, wenn es darum geht, ob eine Genehmigung versagt werden kann, was nur bei städtebaulichen Auswirkungen zulässig ist. Deshalb stellt beispielsweise der Einbau bisher nicht vorhandener Bäder, Toiletten und Zentralheizungsanlagen in Wohnhäuser die genehmigungspflichtige Änderung baulicher Anlagen i. S. v. § 172 Abs. 1 S. 1 BauGB dar (so BayObLG, BauR 1995, 368). Da es bei § 171 Abs. 1 Nr. 1 BauGB um den Schutz des **städtebaulichen Denkmalschutzes** geht, muss die geplante bauliche Anlage hierauf **Auswirkungen von einigem Gewicht** besitzen, um versagt werden zu können. Deshalb ist es beispielsweise aufgrund der Erhaltungssatzung grundsätzlich nicht möglich, das Anbringen herkömmlicher → Werbeanlagen an einem Haus durch Versagung der Genehmigung zu verbieten, weil solche Veränderungen zu unbedeutend sind, um die erforderliche Relevanz für den städtebaulichen → Denkmalschutz nach § 172 BauGB zu besitzen. Unberührt bleibt aber die Verbotsmöglichkeit nach den Landesdenkmalschutzgesetzen, wenn es sich um ein Baudenkmal handelt (OVG Münster, NVwZ 1983, 557, siehe aber auch OVG Berlin, LKV 1996, 139).

5. Milieuschutzsatzung
a) Vorbeugende Kontrolle zum Erhalt der Wohnbevölkerungsstruktur
Gemäß § 172 Abs. 1 Nr. 2 BauGB kann die Milieuschutzsatzung **nur zur Vermeidung von negativen städtebaulichen Folgewirkungen für die derzeitige Zusammensetzung der Wohnbevölkerung** eingesetzt werden. Es wird also eine gewisse erhaltenswürdige Struktur der derzeitigen Gebietsbewohner vorausgesetzt, deren Fortbestand nach einer **nachvollziehbaren gemeindlichen Prognose** gefährdet ist. Negative städtebauliche Folgewirkungen können sowohl in einem **Stadtgebiet**, in dem **überwiegend einkommensschwache Bevölkerungsschichten** leben, aber auch in solchen Stadtteilen zu befürchten sein, die sich durch ein breit gefächertes Spektrum an Bewohnern mit unterschiedlichen Einkommenssituationen und unterschiedlichen Familiengrößen auszeichnen. Die negative städtebauliche Folgewirkung bei städtebaulicher Fortentwicklung ohne Erhaltungssatzung wird hierbei in der Regel in folgendem liegen: eine Verdrängung aus einem Gebiet, auf das im vorhandenen Zustand ein großer Teil der Bevölkerung angewiesen ist und das für Bedürfnisse und Belange der dort Wohnenden gerade in besonderer Weise geeignet ist, könnte eine einseitige Bevölkerungsstruktur einkommensstärkerer, meist kinderarmer Haushalte begünstigen und die Gemeinde vor die Aufgabe stellen, in anderen Bereichen des Stadtgebiets für den verdrängten Bevölkerungsanteil neuen preiswerten Ersatzwohnraum, häufig auch in Form von großen Wohnungen für Familien mit Kindern, zu schaffen, der ansonsten im Stadtgebiet nicht ausreichend zur Verfügung steht. Diese Situation liegt sehr häufig in Innenstadtvierteln vor, die einem Modernisierungsdruck ausgesetzt sind, der das Ziel hat, teuere Wohnungen zu schaffen, was sich zu Lasten einkommensschwacher Bewohner auswirkt (VGH Kassel, DVBl. 1986, 693). Städtebauliche Folgewirkungen negativer Art liegen auch darin, dass die im Milieuschutzgebiet vorhandene **Infrastruktur auf** die dort lebende **Bevölkerung zugeschnitten** ist und bei Verdrängung der angestammten Wohnbevölkerung diese Infrastruktur an anderer Stelle neu geschaffen werden müsste, während sie im Verdrängungsgebiet nicht voll ausgelastet wäre oder entbehrlich würde (Arbeitshilfen der Fachkommission Städtebauliche Erneuerung der ARGBAU, http://www.baunetz.de/bmvbw/bauwesen/gesetze/ahilfen/milieu/00 101 c–.htm). Dementsprechend kann eine Milieuschutzsatzung zum Erhalt von Wohnungen der angestammten Dorfbevölkerung eingesetzt werden, die dem wirtschaftlichen Druck von zunehmenden Ferienappartements und Ferienzweitwohnungen ausgesetzt sind (OVG Lüneburg, BauR 1983, 136).

b) Genehmigungserfordernis
aa) Grundsätzlich: Genehmigung zu versagen
Nach dem Grundsatz des § 172 Abs. 1 BauGB ist die **Genehmigung zu versagen**, wenn die Maßnahme **sachlich begründeten Anlass zu der Sorge** gibt, dass die **Zusammensetzung der Wohnbevölkerung nachteilig verändert wird** und dies die **unerwünschten städtebaulichen Folgen** hätte. Dabei reicht es aus, wenn die Baumaßnahme aus städtebaulicher Sicht im Allgemeinen geeignet ist, die Zusammensetzung der Wohnbevölkerung zu verändern; eine tatsächliche Verdrängung ist nicht erforderlich, so dass die Erhaltungssatzung auch für leerstehenden Wohnraum eingreift (*Tietzsch*, NVwZ 1998, 590). Anhaltspunkt, wann von einer relevanten Verdrängungsgefahr auszugehen ist und eine Genehmigung grundsätzlich zu versagen ist, bietet die **Überschreitung** eines für das spezielle Gebiet festgesetzten **Miethöchstwertes** (Arbeitshilfen der Fachkommission Städtebauliche Erneuerung der ARGBAU, http://www.baunetz.de/bmvbw/bauwesen/gesetze/ahilfen/milieu/00 101 c–.htm). Dementsprechend kann der Einbau einer Dachgeschoss-Loggia, der zu einer Mietanhebung auf die zulässige Mietspiegelhöhe führen soll, wegen Gefahr einer Bevölkerungsverdrängung die Ablehnung der Genehmigung rechtfertigen (BVerwG, NVwZ 1998, 503).

bb) Unzumutbare Erhaltungspflicht
Nach § 172 Abs. 4 S. 2 BauGB sind Maßnahmen zu genehmigen, wenn auch unter Berücksichtigung des Allgemeinwohls die **Erhaltung der baulichen Anlage wirtschaftlich nicht** mehr **zumutbar ist**. Es kommt auf das wirtschaftliche Verhältnis zwischen Aufwand zur Anlagenerhaltung und Ertrag bei der jeweiligen Anlage an. Lohnt sich etwa aus der Sicht eines vernünftig wirtschaftlich denkenden Eigentümers wegen der hohen Kosten die Erhaltung der Anlage nicht, weil die damit verbundenen Aufwendungen langfristig durch Mieterträge des Objekts nicht mehr hereingewirtschaftet werden können, muss ein Abriss des Gebäudes genehmigt werden. Inwieweit der Eigentümer ansonsten vermögend ist oder nicht, ist irrelevant (Arbeitshilfen der Fachkommission Städtebauliche Erneuerung der ARGBAU, http://www.baunetz.de/bmvbw/bauwesen/gesetze/ahilfen/milieu/00 101 c–.htm).

cc) Herbeiführung eines zeitgemäßen Ausstattungszustandes
Nach § 172 Abs. 4 S. 3 Nr. 1 BauGB sind Änderungen einer baulichen Anlage, die der **Herstellung des zeitgemäßen Ausstattungszustands** einer **durchschnittlichen Wohnung** unter Berücksichtigung der bauordnungsrechtlichen Mindestanforderungen dienen, zu genehmigen. Entscheidender Maßstab ist der das konkrete Erhaltungsgebiet prägende Standard einer durchschnittlichen Wohnung, wie er von der Bevölkerungsschicht in diesem Gebiet üblicherweise genutzt wird. Die bauordnungsrechtlichen Mindestanforderungen beschreiben den zeitgemäßen Ausstattungszustand. D. h., wenn es darum geht, diesen zeitgemäßen Ausstattungszustand zu erreichen, ist die Genehmigung zu erteilen. Hierzu gehören nur Maßnahmen der **Grundausstattung** („Mindestanforderungen") in Bezug auf Sanitär-, Frischwasser-, Abwasser- und Elektroinstallationen sowie der Einbau einer zentralen Heizungsanlage, jedoch nicht mehr der Einbau eines Lifts, auch wenn er für einen Neubau zwingend erforderlich wäre und erst recht nicht ein Anbau von Balkonen, Loggien etc. Luxusmodernisierung wie beispielsweise aufwendige Kacheln oder sehr Sanitärinstallationen gehören nicht zum zeitgemäßen Ausstattungszustand (Arbeitshilfen der Fachkommission Städtebauliche Erneuerung der ARGBAU, http://www.baunetz.de/bmvbw/bauwesen/gesetze/ahilfen/milieu/00 101 c–.htm).

6. Umstrukturierungssatzung
Mit der Umstrukturierungssatzung (§ 172 Abs. 1 Nr. 3 BauGB) **sichert** die Gemeinde ein von ihr aufgestelltes und **geplantes Konzept einer städtebaulichen Umstrukturierung**. Was die erforderliche Genehmigung der in dem Umstrukturierungsgebiet geplanten Maßnahmen des → Rück-

bau (ganz oder teilweiser Abbruch), der Änderung oder → Nutzungsänderung baulicher Anlagen anbelangt, so darf diese nur versagt werden, um einen den sozialen Belangen Rechnung tragenden Verlauf der Umstrukturierung zu sichern. Die Satzung bietet der Gemeinde damit nur eine **vorübergehende Sicherungsmöglichkeit** zum Erhalt baulicher Anlagen, indem sie im Rahmen der Durchführung von städtebaulichen Umstrukturierungen den **Vollzug des Sozialplans** sichert. Dementsprechend kann beispielsweise der Abbruch eines Wohnhauses vorübergehend untersagt werden, bis Ersatzwohnraum geschaffen wurde (*Battis/Krautzberger/Löhr*, BauGB-Kom., § 172 Rdn. 20). Unabhängig davon besteht auch sonst gemäß §§ 172 Abs. 5 S. 3, § 172 Abs. 4 S. 2 BauGB ein Anspruch auf Genehmigung, wenn dem Eigentümer die Erhaltung wirtschaftlich unzumutbar ist.

7. Sicherung der Erhaltungssatzung

Neben der → Zurückstellung von Bauanträgen bzw. vorläufiger Untersagung von Bauvorhaben in Erhaltungssatzungsgebieten ist den Kommunen im Geltungsbereich einer Erhaltungssatzung die Möglichkeit der **Vorkaufsrechtsausübung** eingeräumt, § 24 Abs. 1 Nr. 4 BauGB. Zudem sind → Rückbau und Änderung, nicht aber die → Nutzungsänderung eines Gebäudes ohne die notwendige Genehmigung nach § 213 Abs. 1 Nr. 4 BauGB **Ordnungswidrigkeiten**, die mit einer Geldbuße bis zu 25.000,– Euro geahndet werden können (BayObLG, BauR 1995, 368).

8. Rechtsschutz

Gegen die **Erhaltungssatzung** kann **Normenkontrollklage** nach § 47 VwGO erhoben werden. Die **Genehmigung**, die **versagt** wurde, muss mit Widerspruch und **Verpflichtungsklage** erstritten werden.

Erhaltungssatzung → Erhaltungsgebiet

Erker → Abstandsflächen

Unter Erker versteht man einen aus der Gebäudewand vorspringenden und nicht vom Boden aufsteigenden **Vorbau**, der dem Ausblick, der Belichtungsverbesserung oder der Fassadengestaltung dient (vgl. OVG Münster, BRS 44 Nr. 243; 54 Nr. 242; OVG Lüneburg, BRS 47 Nr. 252). Sie bleiben bei der Bemessung der → Abstandsflächen aus öffentlich-rechtlicher Sicht außer Betracht, wenn sie im Verhältnis zu der dazugehörigen Außenwand untergeordnet sind, nicht mehr als 1,50 m hervortreten und von den Grundstücksgrenzen mindestens 2 m entfernt bleiben, vgl. Art. 6 Abs. 3 S. 7 BayBO. Sind Fenster, Balkone, Erker, Galerien und ähnliche Anlagen wie beispielsweise Terrassen, Winter- und Dachgärten weniger als 0,60 m von der Grundstücksgrenze entfernt, so kann der Nachbar unabhängig vom öffentlichen Recht (also auch bei festgesetzter Grenzbebauung) nach privatem Nachbarrecht aus §§ 46 ff. AGBGB einen Abschluss dieser Bauteile und Anlagen verlangen, um ein Öffnen oder einen Durchblick bis zu einer Höhe von 1.80 m zu verhindern (*Dhom*, in: Simon/Busse, BayBO-Kom., Art. 6 Rdn. 320).

Erklärungsirrtum → Anfechtung

Ersatzvornahme → Erfüllung

Der → Auftraggeber ist gemäß § 13 Nr. 5 Abs. 2 VOB/B zur sogenannten Ersatzvornahme berechtigt, wenn der → Auftragnehmer der Aufforderung zur Mängelbeseitigung in einer vom Auftraggeber gesetzten angemessenen → Frist nicht nachgekommen ist. Nach Ablauf der (angemessenen) Frist kann der Auftraggeber entweder die Mängel durch eine Drittfirma beseitigen lassen und vom

Auftragnehmer **Kostenerstattung** oder aber vor der Mängelbeseitigung einen **Kostenvorschuss** verlangen (vgl. BGH, NJW 1993, 96). Vor → Abnahme der Leistung gilt § 4 Nr. 7 VOB/B in Verbindung mit § 8 Nr. 3 VOB/B. Nach Abnahme des Werkes gilt § 13 Nr. 5 Abs. 2 VOB/B. Gemäß § 4 Nr. 7 VOB/B i. V. m. § 8 Nr. 3 VOB/B kann **vor Abnahme** des Werkes die **Ersatzvornahme** ohne Nachteil für den Auftraggeber **nur nach der Vertragskündigung** erfolgen. Anderenfalls erhält der Auftraggeber die Kosten der Ersatzvornahme nicht erstattet. **Nach Abnahme** des Werkes und entsprechender Aufforderung mit Fristsetzung ist die Durchführung der **Ersatzvornahme auch ohne Kündigung möglich.**

Im BGB ist die Selbstvornahme in § 637 geregelt. Danach kann der Auftraggeber wegen eines Mangels eine angemessene Frist zur Beseitigung setzen. Läuft diese fruchtlos ab, kann er den Mangel selbst beseitigen und Ersatz der erforderlichen Aufwendungen oder Vorschuss hierfür verlangen.

Erschließung

Um einen Anspruch auf Erteilung einer → Baugenehmigung nach den §§ 30 ff. BauGB zu besitzen, muss die Erschließung gesichert sein. D. h., das zu bebauende Grundstück muss bereits erschlossen sein oder es muss davon ausgegangen werden können, dass es im Zeitpunkt der Inanspruchnahme des geplanten Vorhabens erschlossen sein wird. Zur notwendigen Erschließung gehört mindestens der Anschluss an das öffentliche Straßennetz, die Versorgung mit Elektrizität und Wasser sowie die Abwasserbeseitigung (*Frhr. v. u. z. Franckenstein*, ZfBR 1998, 231). In einem auch der Wohnbebauung dienenden Gebiet müssen darüber hinaus eine Beleuchtungsanlage und eine Straßenentwässerungsanlage vorhanden sein, die es ermöglichen, dass Fußgänger die Straße bei Dunkelheit und Regen überqueren können (BVerwG, BauR 1982, 333).

1. Im Planbereich

Im Planbereich sind hinsichtlich der Anforderung an die Erschließung die Festsetzungen des Bebauungsplanes maßgeblich. Nach dem VGH München reicht es zur Annahme der gesicherten Erschließung eines Grundstücks im → Planbereich aber aus, wenn das Grundstück funktionsgerecht genutzt werden kann (VGH München, NVwZ 1991, 1107).

Nach § 124 Abs. 3 S. 2 BauGB ist die Gemeinde verpflichtet, die Erschließung durchzuführen, wenn sie nach Erlass eines qualifizierten Bebauungsplans das zumutbare Angebot eines Dritten ablehnt, die im → Bebauungsplan vorgesehene Erschließung vorzunehmen (*Simon*, BayBO 1994, Art. 4 Rdn. 5 a).

2. Im Außenbereich
a) Erschließung privilegierter Vorhaben

Welche Anforderungen an die Erschließung eines Außenbereichsvorhabens zu stellen sind, hängt von dem jeweiligen Vorhaben ab. Gegenüber den Anforderungen an die Erschließung in den Fällen der Beurteilung der Zulässigkeit von Vorhaben nach §§ 30 Abs. 1, 33 und 34 BauGB kommt es **„nur"** auf die **Sicherung der ausreichenden Erschließung** an, also nicht auf die Sicherung einer dem einfachen → Bebauungsplan entsprechenden oder sonst vorhandenen Erschließung. Das Gesetz stellt vielmehr auf die Mindestanforderungen zur Befriedigung des durch das Einzelvorhaben ausgelösten Erschließungsbedürfnisses ab. Zu den Mindestanforderungen gehört insbesondere die Art der Abwasserbeseitigung, die im Einklang mit den wasserrechtlichen Vorschriften stehen muss. Hinsichtlich der Anforderungen an die wegemäßige Erschließung ist auf die konkreten Umstände des Einzelfalles abzustellen, insbesondere die Betriebsgröße und den Umfang der Wohnnutzung. Bei Kleinbetrieben, die herkömmlich durch Wirtschafts-, Feld- und Waldwege erschlossen werden, kann daher nicht allgemein ein betonierter oder asphaltierter Weg gefordert werden; derart hohe

Mindestanforderungen widersprächen der vom Gesetz gewollten Privilegierung (BVerwG, BauR 1985, 661 ff.).
Ebenso wie die Gemeinde das Angebot eines Dritten, die in einem qualifizierten → Bebauungsplan vorgenommene Erschließung vorzunehmen, nur ablehnen darf, wenn ihr die Annahme des Angebotes nicht zugemutet werden kann, hat die **Gemeinde** auch im → Außenbereich ein **zumutbares Angebot des Bauherrn anzunehmen**, selbst sein Grundstück zu erschließen. Wegen der privilegierten Zulassung land- und forstwirtschaftlicher Betriebe im → Außenbereich kann die Gemeinde verpflichtet sein, sich mit der Herstellung der Straße oder des Weges durch den Land- und Forstwirt jedenfalls dann abzufinden, wenn der Gemeinde nach dem Ausbau des Weges keine weiteren unwirtschaftlichen Aufwendungen (vgl. § 35 Abs. 3 S. 1 Nr. 4 BauGB) entstehen werden und ihr die Annahme des Angebots auch nicht aus sonstigen Gründen (z. B. weil der Wegeausbau als solcher gegen öffentliche Belange verstößt) unzumutbar ist (BVerwG, BauR 1985, 661 ff.).
Bei Vorhaben, die einem landwirtschaftlichen Betrieb dienen, schlägt sich die Privilegierung auch in den Anforderungen daran nieder, was zur wegemäßigen Erschließung ausreicht. Hier **genügt** ein **außenbereichsgemäßer Standard** (BVerwG, NVwZ 1986, 394). Erforderlich ist jedoch, dass vom beabsichtigten → Baugrundstück eine unmittelbare Anbindung an das öffentliche Verkehrsnetz besteht, es reicht nicht aus, wenn ein anderes Grundstück des Grundbesitzes an eine öffentliche Straße angrenzt (BVerwG, BauR 1990, 337). Die ausreichende Erschließung ist gesichert, wenn damit gerechnet werden kann, dass sie bis zur Herstellung des Bauwerks, spätestens bis zur Gebrauchsabnahme funktionsfähig angelegt ist und ferner damit zu rechnen ist, dass sie auf Dauer zur Verfügung stehen wird (BVerwG, BauR 1985, 661, 664).

b) Erschließung sonstiger Vorhaben
Auch sonstige Vorhaben sind nur zulässig, wenn die ausreichende Erschließung gesichert ist. Diese für privilegierte Vorhaben in § 35 Abs. 1 BauGB ausdrücklich genannte Zulässigkeitsvoraussetzung gilt ebenso für die Fälle sonstiger Vorhaben, zumal sie ein öffentlicher Belang ist (BVerwGE 26, 111). **Bei nicht privilegierten Wohnbauvorhaben reichen** die für landwirtschaftliche Betriebe in Betracht zu ziehenden **geringeren Anforderungen nicht**. Vielmehr ist eine Erschließung zu verlangen, die in der Befahrbarkeit (nicht der Breite nach) der im → Innenbereich erforderlichen und **üblichen Erschließung entspricht** (BVerwG, NVwZ 1991, 1076). Auch das Erschließungsangebot eines Bauwilligen ist in den Fällen des § 35 Abs. 2 BauGB anders zu beurteilen, als bei privilegierten Vorhaben. Die **Gemeinde** ist, selbst wenn ihr keine finanziellen Lasten aus der von einem Bauwilligen übernommenen Herstellung und Unterhaltung von Erschließungsanlagen entstehen würde, **nicht zur Annahme eines Erschließungsangebotes verpflichtet**. Auch die Erschließung ist ein Instrument in der Hand der Gemeinde, das eine geordnete städtebauliche Entwicklung gewährleisten soll, insbesondere durch Lenkung der städtebaulichen Entwicklung und Verhinderung einer unerwünschten Zersiedlung (BVerwG, NJW 1986, 2775).

3. Im Innenbereich
Wie bei allen bauplanungsrechtlichen Zulässigkeitstatbeständen wird auch für die Genehmigungsfähigkeit von Innenbereichsvorhaben gefordert, dass die Erschließung gesichert ist. Der Begriff der gesicherten Erschließung in § 34 BauGB ist auch hier ein bundesrechtlicher Begriff, der nicht durch Landesrecht konkretisiert wird (BVerwG, NVwZ 1989, 353). Allerdings steht es nicht für alle bauplanungsrechtlichen Zulässigkeitstatbestände in gleicher Weise fest, was bauplanungsrechtlich an Erschließung gefordert wird, sondern variiert von Fall zu Fall. Für § 34 Abs. 1 S. 1 BauGB reicht grundsätzlich die **ortsübliche Erschließung** aus, die der jeweilige → Innenbereich aufweist, da sich die Zulässigkeit von Innenbereichsvorhaben an der planungsrechtlich prägenden Umgebung

orientiert. Dabei muss jedoch die vorhandene straßenmäßige Erschließung mindestens in der Lage sein, den durch das Vorhaben ausgelösten Verkehr im Regelfall zu bewältigen (BVerwG, NVwZ 1997, 389). Allerdings sah der VGH Mannheim im Einzelfall die wegemäßige Erschließung eines Innenbereichsgrundstücks auch dann noch als gesichert an, wenn das Grundstück auf den letzten 32 m nur noch begangen und nicht mehr befahren werden kann (VGH Mannheim, BauR 1997, 89). Im unbeplanten → Innenbereich sind dabei, soweit die Zulässigkeit von Vorhaben noch von der Erschließung abhängt, die Gemeinden grundsätzlich frei, Erschließungsangebote Dritter anzunehmen oder abzulehnen (*Simon*, BayBO 1994, Art. 4 Rdn. 5 a).

Erschließungsbeiträge → Baugrundstück; → Erschließung; → Städtebaulicher Vertrag
1. Rechtliche Grundlage
Aufgrund des 1994 eingefügten Artikels 125 a Abs. 1 GG sind **die Länder für das Erschließungsbeitragsrecht zuständig**; das bisherige Erschließungsbeitragsrecht gemäß §§ 123 ff. BauGB gilt aber als Bundesrecht zunächst fort. Eine landesrechtliche Spezialregelung existiert bisher nur in Bayern gemäß Art. 5 a BayKAG (VGH München, MittBayNot 2003, 240).

Die **Gemeinden** sind **zur Beitragserhebung verpflichtet**. Ein Verzicht auf Erschließungsbeiträge ist außerhalb der gesetzlichen Erlassgründe unzulässig (OVG Münster, NVwZ-RR 2003, 147).

2. Erschließungsanlage
Gemäß § 127 Abs. 1 BauGB erheben die Gemeinden zur Deckung ihres anderweitig nicht gedeckten **Aufwands für Erschließungsanlagen** einen **Erschließungsbeitrag**. Erschließungsanlagen in diesem Sinne sind:
– die öffentlichen zum Anbau bestimmten Straßen, Wege und Plätze;
– die öffentlichen, aus rechtlichen oder tatsächlichen Gründen mit Kraftfahrzeugen nicht befahrbaren Verkehrsanlagen innerhalb der → Baugebiete (z. B. Fußwege, **Wohnwege, die Bebaubarkeit erst vermitteln**); ein Grundstück, das sowohl an einer Anbaustraße als auch an einen einzig von dieser Straße abzweigenden, z. B. in einen unbefahrbaren Fußweg einmündenden Wohnweg grenzt, ist ausschließlich durch diese Anbaustraße und nicht zusätzlich durch den Wohnweg erschlossen (BVerwG, ZfBR 1994, 89).
– Sammelstraßen innerhalb der → Baugebiete; Sammelstraßen sind öffentliche Straßen, Wege und Plätze, die selbst nicht zum Anbau bestimmt, aber zur Erschließung der → Baugebiete notwendig sind;
– Parkflächen und Grünanlagen mit Ausnahme von Kinderspielplätzen, soweit sie Bestandteil der vorbezeichneten Verkehrsanlagen oder nach städtebaulichen Grundsätzen innerhalb der → Baugebiete zu deren Erschließungen notwendig sind; durch eine Grünanlage erschlossen werden Grundstücke, auf denen sich Menschen aufhalten, die regelmäßig Erholung bedürfen und die nicht mehr als 200 m von der Anlage entfernt sind (BVerwG, ZfBR 1995, 96)
– Anlagen zum Schutz von Baugebieten gegen schädliche Umwelteinwirkungen im Sinne des Bundes- Immissionsschutzgesetzes, auch wenn sie nicht Bestandteil der Erschließungsanlagen sind. Die beitragsfähige Lärmschutzanlage muss dem Grundstück eine Schallpegelminderung von mindestens 3 dB (A) bringen (BVerwG, NVwZ 1996, 403).

Die Frage, ob ein **Straßenzug eine oder zwei Erschließungsstraßen bildet** oder wieweit die Fläche einer bestimmten Erschließungsanlage reicht, **ist** nach dem **durch die tatsächlichen Gegebenheiten geprägten Erscheinungsbild** und nicht danach **festzustellen**, ob der Straßenzug ein oder zwei Namen trägt (BVerwG, NVwZ-RR 1994, 539; NVwZ 1994, 909). Eine öffentliche, mit Kraftfahrzeugen aller Art befahrbare, **bis zu 100 m** lange und gerade verlaufende Sackgasse ist in der Regel als unselbständig zu qualifizieren mit der Folge, dass sie rechtlich Bestandteil der Verkehrsanlage ist, von der sie abzweigt (BVerwG, DVBl. 1995, 1146). Eine öffentliche, für das Befahren mit Kraftfahrzeugen aller Art vorgesehene Sackgasse ist in der Regel als erschließungsrechtlich selbstständig zu qualifizieren, wenn sie entweder länger als 100 m ist oder vor Erreichen dieser Länge mehr oder weniger rechtwinklig abknickt oder sich verzweigt (BVerwG, DVBl. 1995, 1137). Die Erschließungsanlage „zum Anbau bestimmte Straßen" ist nach diesen Grundsätzen zu definieren; im Anschluss daran ist die Anliegergemeinschaft festzustellen, denen gegenüber die für diese Erschließungsanlage entstandenen Kosten abzurechnen sind.

3. Phase der Beitragserhebung
Die Beitragserhebung enthält drei Phasen:

a) Aufwendungsphase
In der **Aufwendungsphase** wird der **Erschließungsaufwand festgestellt**; die Aufwendungen für die beitragsfähigen Erschließungsanlagen werden ermittelt (z. B. Kosten für den Grunderwerb, die Freilegung der Flächen einschließlich der Beseitigung von Hindernissen unterhalb der Erdoberfläche; Kosten für die Fahrbahn-, Gehweg-, Straßenentwässerung, Beleuchtungsanlagen). Gemäß § 129 BauGB tragen die Gemeinden hiervon mindestens 10 von 100 des beitragsfähigen Erschließungsaufwandes (dieser 10 %ige gemeindliche Eigenanteil gilt nicht bei Kostenabwälzung im Rahmen eines Erschließungsvertrags).

b) Verteilungsphase
Die entstandenen, **umlagefähigen Kosten** werden **auf die beitragspflichtigen Grundstücke verteilt**. Hierbei gilt als Grundstücksbegriff der des Buchgrundstücks; eine Ausnahme davon ist bei einer wirtschaftlichen Einheit anzuerkennen. Maßgeblich für die Beitragspflicht ist das Erschlossensein des betreffenden Grundstücks. Bei Eckgrundstücken ist regelmäßig eine Eckgrundstücksvergünstigung in den Erschließungsbeitragssatzungen vorgesehen. Bei überwiegend gewerblicher Nutzung eines Grundstücks in einem qualifiziert beplanten → Wohngebiet (gewerbliche Nutzung beträgt mehr als 50 %) kann ein grundstücksbezogener Artzuschlag erhoben werden (OVG Münster, NVwZ-RR 2000, 824). Das Erschlossensein eines Grundstücks setzt nicht voraus, dass auf der die wegemäßige → Erschließung vermittelnden Verkehrsanlage mit größeren Fahrzeugen, etwa Feuerwehr- oder Müllfahrzeugen bis zur Höhe des Grundstücks gefahren werden kann. Es reicht vielmehr regelmäßig ein Heranfahrenkönnen durch Personen- und kleinere Versorgungsfahrzeuge aus.

Beitragspflichtig sind bebaubare Grundstücke. Problematisch sind hier insbesondere Hinterliegergrundstücke. Diese gelten dann als erschlossen, wenn das Hinterliegergrundstück und das von der Anbaustraße erschlossene Anliegergrundstück im Eigentum derselben Person stehen (BVerwG, DVBl. 1993, 667). Ansonsten ist für die → Erschließung eines Hinterliegergrundstücks erforderlich, dass deren verkehrsmäßige Erreichbarkeit bauordnungsrechtlich durch eine öffentlich-rechtlich gesicherte Zufahrt (insbesondere Baulast) gewährleistet wird. Es reicht nicht aus, wenn im → Bebauungsplan ein Geh-, Fahr- und Leitungsrecht nach § 9 Abs. 1 Nr. 21 BauGB festgesetzt ist und die Überfahrt durch schuldrechtliche Vereinbarungen mit dem Eigentümer des Vorderliegergrundstücks geregelt ist (VGH Mannheim, VBlBW 1995, 358).

c) Beitragserhebung
Die **sachliche Beitragspflicht** entsteht mit der **endgültigen Herstellung der Erschließungsanlagen**. Die sachliche Beitragspflicht ist maßgeblich für den Zeitpunkt, wann die Beitragspflicht entsteht. Die für die **Beitragserhebung wesentlichen Elemente** (Aufzählung der einzurichtenden Er-

schließungsanlagen, Art der Ermittlung des Erschließungsaufwands, Verteilungsmaßstab sowie endgültiger Ausbauzustand der Erschließungsanlagen) muss die Gemeinde vor Beitragserhebung in einer **wirksamen Satzung festlegen**, § 132 BauGB. Bei einer verzögerlichen → Abrechnung kann die Gemeinde schadensersatzpflichtig werden (BVerwG, NJW 1999, 3630).

4. Beitragsschuldner
Für die **persönliche Beitragspflicht** ist der **Zugang des Erschließungsbeitragsbescheides maßgeblich**. Zahlungspflichtig ist der Eigentümer.

5. Vorausleistungen
Nach § 133 BauGB können für ein Grundstück, für das eine Beitragspflicht noch nicht oder nicht in vollem Umfang entstanden ist, **Vorausleistungen auf den Erschließungsbeitrag bis zur Höhe des voraussichtlichen endgültigen Beitrags** verlangt werden, wenn ein Bauvorhaben auf dem Grundstück genehmigt wird oder wenn mit der Herstellung der Erschließungsanlagen begonnen worden ist und die endgültige Herstellung der Erschließungsanlagen innerhalb von vier Jahren zu erwarten ist. Die Vorausleistung ist dann mit der endgültigen Beitragsschuld zu verrechnen.

6. Ablösevereinbarungen
Die Gemeinde kann **Ablösevereinbarungen** mit den anzuschließenden Grundstückseigentümern treffen. Hierzu ist sie aber **nicht verpflichtet**. Rechtsfolge der Ablösung ist eine **vorweggenommene Tilgung des Betrages** durch einen öffentlich-rechtlichen Vertrag. Dabei tragen die Beteiligten grundsätzlich das Risiko eines Kalkulationsirrtums, soweit eine absolute Missbilligungsgrenze (rechnerischer Erschließungsbeitrag darf nicht mehr als das Doppelte oder die Hälfte des Ablösebetrages ausmachen) nicht überschritten bzw. unterschritten wird (BVerwG, NVwZ 1991, 1096 ff.); die Berechnungsgrundlagen des Ablösebetrages sind offen zu legen. Andernfalls liegt ein Verstoß gegen das Verbot der verdeckten Ablösung vor, der zur Unwirksamkeit des Vertrages führt (BVerwGE 84, 183).

Erschließungsverträge → Folgekostenvertrag

Ersparte Aufwendungen → Entgangener Gewinn; → Kündigung

Als nach § 649 S. 2 BGB erspart anzurechnen sind die Aufwendungen, die der Unternehmer bei Ausführung des Vertrages hätte machen müssen und die er wegen der → Kündigung nicht mehr machen muss. Dabei ist auf die Nichtausführung des konkreten Vertrages abzustellen. Maßgeblich sind also die Aufwendungen, die sich nach den Vertragsunterlagen unter Berücksichtigung der Kalkulation ergeben. Personalkosten gehören grundsätzlich nur dann zu den ersparten Aufwendungen, wenn sie infolge der Kündigung nicht mehr aufgewendet werden müssen. Der Auftragnehmer muss sich jedoch dasjenige anrechnen lassen, was er durch anderweitigen Einsatz des Personals erwirbt. Der Auftragnehmer muss sich grundsätzlich nicht solche Personalkosten anrechnen lassen, die dadurch entstehen, dass er eine rechtlich mögliche Kündigung des Personals nicht vorgenommen hat. Ersparte Kosten freier Mitarbeiter oder von Subunternehmern muss der Auftragnehmer konkret vertragsbezogen ermitteln. Ein aus der Vergütung nach der HOAI berechneter durchschnittlicher Stundensatz ist keine tragfähige Grundlage für diese Berechnung. Der Auftragnehmer muss sich diejenigen sachlichen, projektbezogenen Aufwendungen (Schreibmittel, Zeichenmittel, Fahrten, Telefon, Kopiekosten, soweit diese Kosten nicht von § 7 HOAI als → Nebenkosten erfasst werden) als Ersparnis anrechnen lassen, die er infolge der Kündigung nicht hat und die mit der Vergütung abgegolten werden. Es genügt in der Regel, wenn er die Sachmittel zusammenfassend so beschreibt und bewertet, dass der Auftraggeber in der Lage ist, die Richtigkeit des dafür angesetzten Betrages zu prüfen. Anderweitigen Erwerb muss der Auftragnehmer nachvollziehbar und ohne Widerspruch zu den Vertragsumständen angeben. Zur Offenlegung seiner Geschäftsstruktur ist er nicht von vornherein verpflichtet. Ausreichend ist die Darlegung im einzelnen, um welche Ersatzaufträge sich der Auftragnehmer bemüht hat.

Erteilung von Auskünften durch die Baubehörde → Auskunft

Ertragswertverfahren → Enteignung

F

Fachplanung → Baugenehmigung
Die Fachplanung befasst sich im Unterschied zur sog. Gesamtplanung, die Nutzungsregelungen für ein gesamtes Gebiet trifft (insbesondere → Flächennutzungsplan und Bebauungsplan), mit der jeweiligen **Planung und Errichtung eines konkreten Projektes**, speziell mit Objekten von überörtlicher Bedeutung wie z. B. Bundesautobahnen, überörtliche Straßen, Flughäfen, Eisenbahnlinien, Deponien etc. Solche Fachplanungen sind durch gesetzliche Vorschriften regelmäßig einem besonderen Planungsträger übertragen, der das Vorhaben nach Durchführung eines Planfeststellungsverfahrens (§ 72 ff. VwVfG) und abschließendem Planfeststellungsbeschluss (§ 74 VwVfG) realisiert. Die Verlagerung der Entscheidungskompetenz über die Zulässigkeit eines Bauvorhabens von der Gemeinde auf den Fachplanungsträger hat den Zweck, überörtlich bedeutsame Vorhaben aus dem Verantwortungsbereich der Gemeinde herauszunehmen, um einerseits die Durchführung des Vorhabens sicherzustellen und andererseits eine rechtliche und politische Überforderung der Gemeinden zu vermeiden. Das Planfeststellungsverfahren begründet folglich nicht nur einen **Vorrang der Fachplanungen vor** den Vorschriften des Dritten Teils des Baugesetzbuches (§ 38 BauGB), sondern auch vor entgegenstehenden Festsetzungen eines **Bebauungsplan**es, wenn im Rahmen der fachplanerischen Abwägung auch die städtebaulichen Probleme sachgerecht abgehandelt wurden. Ein entgegenstehender → Bebauungsplan wird dann insoweit funktionslos (*Löhr*, in: Battis/Krautzberger/Löhr, BauGB, § 38 Rdn. 7). Dementsprechend kann auch ein Bauvorbescheid für eine bahnfremde Nutzung auf planfestgestelltem Bahngelände (§ 38 BauGB) vor dem Verlust der Zweckbestimmung der Fläche als Bahnanlage (Entwidmung) nicht erteilt werden, wenn die Gemeinde nicht in der Lage ist, ihre → Planungshoheit in Bezug auf das zur Beurteilung gestellte Vorhaben wahrzunehmen. Dies schließt die Erteilung eines Vorbescheids unter dem Vorbehalt aus, dass das Vorhaben zulässig sei, wenn das Grundstück als Bahngelände entwidmet ist (BVerwG, BauR 1998, 993).
Zu der Fachplanung zählen auch die verbindlichen Fachpläne wie z. B. die Ausweisung von Wasser-, Natur- oder Landschaftsschutzgebieten nach dem Wasserhaushaltsgesetz und dem Bundesnaturschutzgesetz. Diese Pläne werden in der Regel in Form von Rechtsverordnungen, d. h. Rechtsnormen erlassen. Auf Grund der Normenhierarchie haben Rechtsverordnungen Vorrang vor den als Satzung erlassenen gemeindlichen Bebauungsplänen.
Bei nach der Normrangordnung **gleichstufigen Planungen** gilt der **Grundsatz der zeitlichen Priorität**. Der später kommende Planungsträger muss seine Planung an der vorliegenden Planung des anderen Trägers ausrichten (*Löhr*, in: Battis/Krautzberger/Löhr, BauGB, § 38 Rdn. 4 BauGB).

Factory Outlet Center (FOC) → Sondergebiete

1. Definition

Das FOC ist dadurch charakterisiert, dass hochwertige Markenartikel unter Ausschluss des Groß- und Zwischenhandels mit beachtlichen Preisabschlägen verkauft werden. Der Unterschied zum traditionellen Fabrikverkauf besteht wesentlich darin, dass in einem FOC die **Produkte zahlreicher Hersteller unter einem Dach angeboten werden**. FOC's benötigen grundsätzlich einen Einzugsbereich mit einem Radius von etwa 100 km und konzentrieren sich regelmäßig auf Standorte in der Nähe von Autobahnabfahrten und Autobahnknotenpunkten (*W. Schrödter*, in Schrödter, BauGB-Kommentar, § 1 Rn. 53).

2. Raumordnungsrecht

Auf der Grundlage des § 15 ROG i. V. m. dem entsprechenden Landesrecht (§ 13 Nr. 19 ROVNW) ist vor der Ausweisung von Flächen für ein FOC ein **Raumordnungsverfahren durchzuführen**. Hiermit soll festgestellt werden, welche Auswirkungen ein FOC auf die städtebauliche Entwicklung und Ordnung, insbesondere im Hinblick auf die sichere Versorgung der Bevölkerung hat. Das Ergebnis des Raumordnungsverfahrens ist für die Bauleitplanung Abwägungsmaterial (*W. Schrödter*, in: Schrödter, BauGB-Kommentar, § 1 Rn. 54).

3. Bauplanungsrecht

Ein → Bebauungsplan ist ein Verstoß gegen § 1 Abs. 4 BauGB und damit rechtswidrig, wenn er die Ansiedlung eines FOC vorsieht und dies gegen Ziele der → Raumordnung verstößt. Die Verwaltungspraxis ist in diesem Zusammenhang der Auffassung, dass ein FOC wegen der mit seinem Betrieb verbundenen Gefährdung der Versorgungsstruktur der Bevölkerung in Großstädten/oberzentralen Standorten nur dann unbedenklich ist, wenn es von der Lage, Größe und Sortimentsausstattung her zentrenverträglich ist und regionale Versorgungsstrukturen nicht beeinträchtigt. Im → Bebauungsplan auszuweisen sind FOC's nach herrschender Meinung als großflächige Einzelhandelsbetriebe i. S. v. § 11 Abs. 3 S. 1 Nr. 2 BauNVO. Das bedeutet, dass FOC's **nur in Kerngebieten oder Sondergebieten zulässig** sind (*W. Schrödter*, in: Schrödter, BauGB-Kommentar § 1 Rn. 55).

4. FOC's im → Außenbereich und Planungserfordernis

Zur Zulassung von FOC's im → Außenbereich hat das Bundesverwaltungsgericht entschieden, dass die Zulassung eines Außenbereichsvorhabens am öffentlichen Belang des Planungserfordernisses scheitern kann. Ein solches Erfordernis liegt vor, wenn das Vorhaben einen Koordinierungsbedarf auslöst, dem nicht das Konditionalprogramm des § 35 BauGB, sondern nur eine Abwägung im Rahmen einer förmlichen Planung angemessen Rechnung zu tragen vermag. Besteht im Verhältnis benachbarter Gemeinden ein qualifizierter Abstimmungsbedarf im Sinne des § 2 Abs. 2 BauGB, so ist dies ein starkes Anzeichen dafür, dass die in § 35 Abs. 3 BauGB aufgeführten Zulassungsschranken nicht ausreichen, um ohne Abwägung im Rahmen einer förmlichen Planung eine Entscheidung über die Zulässigkeit des beabsichtigten Vorhabens treffen zu können. Von einem qualifizierten Abstimmungsbedarf ist dann auszugehen, wenn das Vorhaben die für Einkaufszentren, großflächige Einzelhandels- und Handelsbetriebe in § 11 Abs. 3 S. 1 BauNVO bezeichneten Merkmale aufweist (BVerwGE 117, 25).

5. Rechtsschutzmöglichkeiten gegen FOC

a) Andere Gewerbetreibende

Im Zusammenhang mit der Aufstellung eines Bebauungsplans sind in der Abwägung die **Interessen von Gewerbetreibenden oder Grundstückseigentümern von Geschäftshäusern**, von einer entstehenden Konkurrenz aus der Ansiedlung von großflächigem Einzelhandel bzw. FOC verschont zu bleiben, **nicht zu berücksichtigen**. Denn der einzelne Gewerbetreibende hat weder einen Anspruch darauf, dass eine vorhandene Wettbewerbssituation nicht verschlechtert wird noch ist sein dahingehendes Interesse schutzwürdig, weil er mit neuer Konkurrenz ständig rechnen muss. Es fehlt für einen Gewerbetreibenden oder einen Grundstückseigentümer an dem für eine Normenkontrollklage notwendigen Nachteil i. S. v. § 47 Abs. 2 S. 1 VwGO (BVerwG, BauR 1990, 183).

b) Nachbargemeinde
Nachbargemeinden können eine Genehmigung für ein FOC bzw. sonstigen großflächigen Einzelhandel anfechten mit der Begründung, das Vorhaben führe zu unmittelbaren Auswirkungen gewichtiger Art auf ihre städtebauliche Entwicklung und Ordnung und **verstoße** daher **gegen** das **kommunale Abstimmungsgebot** gemäß § 2 Abs. 2 BauGB. Dies gilt unabhängig davon, ob die Genehmigung im → Planbereich auf der Grundlage von § 30 BauGB, bei der Planaufstellung gemäß § 33 BauGB oder im → Außenbereich gemäß § 35 BauGB erfolgt. Befürchtet die Nachbargemeinde eine Schädigung der städtebaulichen Situation ihrer Innenstadt, kommt es für eine Verletzung des kommunalen Abstimmungsgebotes in § 2 Abs. 2 BauGB entscheidend auf die durch das Vorhaben bewirkte Umverteilung zu Lasten des innerstädtischen Einzelhandels sowie die Möglichkeit und Zumutbarkeit von Anpassungsmaßnahmen an. Als Anhaltspunkt lässt sich sagen, dass bei einem **Umsatzrückgang von über 10 % in Bezug auf den gesamten innenstadtrelevanten Einzelhandel oder** bei einem **Umsatzrückgang von 25 % der Kaufkraft im jeweiligen Sortimentbereich** die **Zumutbarkeitsgrenze** für eine Nachbargemeinde vor dem Hintergrund des kommunalen Rücksichtnahmegebotes **überschritten** wird (OVG Koblenz, BauR 1999, 367; OVG Bautzen, LKV 1995, 84).
§ 2 Abs. 2 S. 2 BauGB stellt mittlerweile für das Bauleitplanverfahren ausdrücklich fest, dass sich die Gemeinden auch auf die ihnen durch Ziele der Raumordnung zugewiesenen Funktionen sowie auf Auswirkungen auf ihre zentralen Versorgungsbereiche berufen können. Für den bebauten Innenbereich bestimmt § 34 Abs. 3 BauGB, dass von Innenbereichsvorhaben keine schädlichen Auswirkungen auf zentrale Versorgungsbereiche in der Gemeinde oder in anderen Gemeinden zu erwarten sein dürfen. Auf diese Regelungen können sich benachbarte Gemeinden berufen, insbesondere wenn es um die Planung und Genehmigung von Einkaufszentren geht.

Fälligkeit → Abnahme
Allgemein wird als Fälligkeit gemäß § 271 BGB der Zeitpunkt bezeichnet, zu dem ein Schuldner seine → Leistung erbringen muss. So sind beispielsweise Abschlagszahlungen gemäß § 16 Nr. 1 Abs. 3 VOB/B binnen 18 Werktagen nach Zugang der Aufstellung zu leisten. Gemäß § 16 Nr. 3 Abs. 1 VOB/B hat die → Schlusszahlung spätestens innerhalb von 2 Monaten nach Zugang zu erfolgen. Die Fälligkeit des Architektenhonorars tritt ein, sobald die Leistungen vertragsgemäß fertiggestellt und eine prüfbare Honorarschlussrechnung überreicht worden ist. Wegen der Besonderheiten des Architektenvertrages, bei dem kein körperliches Werk geschuldet wird, ist die für das Werkvertragsrecht gemäß § 641 BGB stehende → Abnahme als Fälligkeitsvoraussetzung nicht zwingend vorgeschrieben, es reicht die Abnahmefähigkeit (BGH, BauR 1986, 596; BGH, NJW-RR 1988, 401). Bei vorzeitiger Vertragsbeendigung durch → Kündigung seitens eines Vertragsteils oder bei Vertragsaufhebung ist die Fertigstellung des Werkes keine Fälligkeitsvoraussetzung (BGH, BauR 2003, 689; 1999, 635). Das Gleiche gilt, wenn der → Auftraggeber → Schadensersatz oder → Minderung verlangt (BGH, BauR 2003, 88; 2002, 1399, 1400). Abschlagszahlungen gemäß § 8 Abs. 2 HOAI werden mit Stellung der → Abschlagsrechnung nach Fertigstellung der zugrundeliegenden, nachgewiesenen → Teilleistungen fällig.

Fahrlässigkeit

Bei der Fahrlässigkeit handelt es sich um eine Verschuldensform. Sie besteht neben dem Vorsatz und ist gemäß § 276 Abs. 1 BGB durch die Außerachtlassung der im Verkehr erforderlichen Sorgfalt gekennzeichnet. Leichte Fahrlässigkeit liegt bei einer Sorgfaltsverletzung geringeren Umfanges vor. Grob fahrlässig handelt grundsätzlich derjenige, bei dessen Handeln die erforderliche Sorgfalt nach den gegebenen Umständen in ungewöhnlich groben Maße verletzt worden ist und bei dem dasjenige unbeachtet geblieben ist, was im gegebenen Fall jedem hätte einleuchten müssen. Die grobe Fahrlässigkeit beinhaltet zum einen das hochgradige Außerachtlassen der im Verkehr üblichen → Sorgfaltspflicht und zum anderen das subjektive Kriterium, dass der grobfahrlässig Handelnde sich der Gefährlichkeit seines Handelns bewusst war.

Für die in der → VOB getroffenen Schadensersatzregelungen sind als Anspruchsvoraussetzung sowohl die leichte als auch die grobe Fahrlässigkeit geregelt. Im VOB-Vertrag sind beispielsweise Schadensersatzansprüche wegen eines Mangels in § 4 Nr. 7 VOB/B und § 13 Nr. 7 Abs. 1 VOB/B bei einfacher Fahrlässigkeit geregelt. § 6 Nr. 6 VOB/B beinhaltet den Schadensersatzanspruch auf den entgangenen Gewinn wegen einer → Behinderung bzw. Unterbrechung der Leistungsausführung nur bei Vorsatz oder grober Fahrlässigkeit des Vertragspartners.

Fahrtkosten → Nebenkosten

Falschauskunft → Auskunft

Fernstraßen → Bebauungsverbote an Fernstraßen; → Immissionen

Fertigbau

Der Fertigbau beinhaltet die fabrikmäßige vollständige Fertigstellung eines Bauwerkes. Nach erfolgter Fertigstellung wird das Bauwerk auf einem Transporter zum gewünschten Standort gefahren und dort nur noch an Ver- und Entsorgungsleitungen angeschlossen.

Fertighaus

Ein vollständig oder überwiegend aus Fertigteilen oder anderen Montageelementen zusammengefügtes Haus wird als Fertighaus bezeichnet. Die Vorfertigung der tragenden und raumschließenden Teile erfolgt unter anderem in der Form, dass zum einen die Bauteile in einem kurzen Arbeitsgang montiert werden können und zum anderen wesentliche Ausbauarbeiten bereits im Fertigungswerk durchgeführt werden. Ob die Errichtung eines Fertighauses dem Fertigbau oder dem konventionellen Bau zuzuordnen ist, richtet sich unter anderem nach der Notwendigkeit einer Rohbauabnahme. Sofern diese erforderlich ist, treten die Fertigbaueigenschaften in den Vordergrund, da die Fertighauseigenschaft nicht mehr gegeben ist.

Fertighausvertrag → Bauträgervertrag

Der so genannte Fertighausvertrag unterliegt keiner speziellen gesetzlichen Erscheinungsform. Er kann als → Kaufvertrag, → Werkvertrag oder sogenannter → Werklieferungsvertrag vorliegen. Kaufrecht ist anzuwenden, wenn der Fertighausunternehmer aus einer vorhandenen Serienproduktion liefert und sich nicht zur Errichtung des Fertighauses oder zur Herstellung dazu benötigter Teile verpflichtet hat. Werkvertragsrecht ist anzuwenden, wenn der Fertighausunternehmer nicht genormte Teile für das zu errichtende Haus hergestellt und ausgeliefert hat und der Fertighausvertrag darüber hinaus die Verpflichtung des Fertighausunternehmers zur Montage des Fertighauses enthält.

Fertigteile
Bei industriell in Serienfertigung hergestellten Konstruktionen oder Gegenständen für Bauwerke handelt es sich gemäß § 28 HOAI um Fertigteile. Sofern die Entwicklung und Herstellung von Fertigteilen von dem Architekten der mit der → Objektplanung eines Gebäudes beauftragt ist, geplant bzw. überwacht wird, erfolgt keine besondere Honorierung. Denn diese Teile werden in den anrechenbaren Kosten berücksichtigt. Sofern der Architekt nicht mit der Objektplanung des Gebäudes beauftragt ist, kann bei der Auftragserteilung schriftlich ein Pauschalhonorar vereinbart werden (§ 28 Abs. 3 HOAI). Anderenfalls ist das → Honorar als → Zeithonorar gemäß § 6 HOAI zu berechnen (§ 28 Abs. 3 HOAI).

Festhonorar → Mitwirkungspflichten des Bauherrn; → Zusätzliche Leistungen
Durch die Regelung des § 4 a HOAI besteht für den Architekten/Ingenieur die Möglichkeit, sein → Honorar **unabhängig von den sich letztlich ergebenden Herstellungskosten** zu vereinbaren. Damit bleibt mindestens die Kostenfeststellung, möglicherweise aber auch schon der Kostenanschlag ohne Einfluss auf die Honorarabrechnung. Diese Regelung durchbricht die bisher uneingeschränkte Anbindung des Architektenhonorars an die Kosten, ebenso das Verbot der Mindestsatzunterschreitung/Höchstsatzüberschreitung, da das Festhonorar im Einzelfall unter bzw. über den Mindest- bzw. Höchstsätzen liegen kann. Das Festhonorar gemäß § 4 a HOAI muss **schriftlich bei Auftragserteilung** vereinbart werden. Grundlage der Festschreibung des Architektenhonorars ist eine nachprüfbare Kostenermittlung des Objektes. Hierbei kann es sich um die Kostenberechnung oder den Kostenanschlag handeln. Mit der Vereinbarung eines Festhonorars gemäß § 4 a HOAI gehen die Vertragsparteien das Risiko ein, dass bei unerwarteten Kostenentwicklungen eine normale Abrechnung für den einen oder den anderen günstiger verlaufen wäre. Das Risiko des Architekten/Ingenieurs wird durch § 4 a Satz 2 HOAI gemildert. Danach sollen Mehrleistungen, welche auf Veranlassung des Bauherrn erforderlich werden, zusätzlich honoriert werden. Für Mehraufwendungen aufgrund einer nicht vom Architekten/Ingenieur zu vertretenden Bauzeitverlängerung soll ein zusätzliches → Honorar vereinbart werden **können**. Mehrleistungen, welche nicht vom Auftrag erfasst sind, sind als Planungsänderungen oder Zusatzleistungen vergütungspflichtig. Sofern Bauzeitverzögerungen nicht auf dem Verstoß gegen Mitwirkungspflichten des Bauherrn beruhen, können diese zu einer erheblichen Belastung des Architekten führen. Für die während Planungspausen unnötig vorgehaltenen Leistungen, Personal- und Sachkosten beinhaltet § 4 a Satz 3 HOAI die Möglichkeit für den Architekten, ein zusätzliches Honorar zum vereinbarten Festhonorar zu vereinbaren. Dieses kann beispielsweise in Form von Monatspauschalen für die Zeit der unterbrochenen Planung geschehen.

Festpreis
Ein Festpreis liegt vor, sofern im → Bauvertrag keine Preisgleitklauseln gemäß § 15 VOB/A vereinbart sind.

Festpreisvertrag
Unter Festpreisvertrag ist ein Vertrag zu verstehen, in dem kein Vorbehalt für eventuelle Preisänderungen vereinbart wird. Der Festpreisvertrag ist also nicht mit dem Pauschalvertrag gleichzusetzen. Der Festpreisvertrag kann sich beim Einheitspreisvertrag auf die einzelnen Einheitspreise, beim Pauschalpreis auf die Pauschalsumme beziehen. Ebenso kann ein → Stundenlohnvertrag mit festen Verrechnungssätzen als Festpreisvertrag bezeichnet werden. Der Festpreisvertrag ist der gesetzliche Regeltyp. Er kann deshalb auch wirksam in Allgemeinen Geschäftsbedingungen vereinbart werden. Der Begriff Festpreisvertrag ist missverständlich und sollte nicht verwendet werden. Sein Vorliegen führt vor allem nicht zum Ausschluss von Nachträgen.

Finanzierungsberatung

Die Finanzierungsberatung gehört bei der Verwirklichung eines Bauvorhabens ohne den ausdrücklichen Auftrag des Bauherrn nicht zu den Leistungspflichten des mit der → Objektplanung beauftragten Architekten (BGH, NJW 1973, 237). Der mit der Planung beauftragte Architekt muss jedoch frühzeitig den wirtschaftlichen Rahmen der Planung abstecken (BGH, NJW-RR 1991, 664). Für den Fall, dass es der Architekt übernimmt, sich für den Bauherrn um öffentliche Fördermittel zu bemühen, ist er verpflichtet, die Fördermittel sach- und zeitgerecht zu beantragen (BGH, IBR 1996, 247).

Finanzierungsbestätigung → Bauträgervertrag

Die Finanzierungsbestätigung kommt vor allem bei Bauträgerverträgen vor. Der Betreute verpflichtet sich, dem das Bauvorhaben finanzierenden Kreditinstitut gegenüber einen unwiderruflichen Auftrag zur Zahlung zu erteilen. Danach gibt das Kreditinstitut eine Finanzierungsbestätigung ab, die eine bankbestätigte Zahlungsanweisung und eine Zahlungsverpflichtung zum Gegenstand hat.

Flachdach → Dach

Flächennutzungsplan → Bebauungsplan; → Windkraftanlagen
1. Bedeutung

§ 5 Abs. 1 BauGB sieht zwingend vor, dass für das gesamte Gemeindegebiet ein Flächennutzungsplan aufzustellen ist. Er ist der **vorbereitende Bauleitplan** (§ 1 Abs. 2 BauGB). Aus ihm sind die Bebauungspläne der Gemeinde zu entwickeln (Entwicklungsgebot § 8 Abs. 2 BauGB, vgl. BVerwGE 48, 70; 56, 283; BVerwG, DÖV 1992, 631). Der Flächennutzungsplan enthält lediglich die Darstellung der beabsichtigten → Art der baulichen Nutzung nach den vorhersehbaren Bedürfnissen der Gemeinde. Hierfür setzt das Baugesetzbuch einen doppelten inhaltlichen Rahmen für die Festsetzungen des Flächennutzungsplans fest, nämlich zum einen durch die Orientierung an der beabsichtigten städtebaulichen Entwicklung, d. h. an der auf der → Planungshoheit beruhenden entwicklungsplanerischen Konzeption der Gemeinde, und zum anderen durch die Beschränkung auf die voraussehbaren Bedürfnisse der Gemeinde, was im Allgemeinen eine Prognose- und damit einen Planungshorizont von 10–15 Jahren bedingt. Der Flächennutzungsplan enthält keine verbindlichen Regelungen. Seine Darstellungen sind nur Unterstützung und einleuchtende Fortschreibung bestimmter tatsächlicher Gegebenheiten (großmaschige, planerische Grundkonzeption). Darstellungen des Flächennutzungsplanes können aber, wenn sie planerische Aussagen für ein bestimmtes Gelände beinhalten, bei der Beurteilung der bodenrechtlichen Zulässigkeit eines Bauvorhabens im → Außenbereich nach § 35 Abs. 3 BauGB einen wesentlichen Anhaltspunkt für die Feststellung bieten, ob das Vorhaben öffentliche Belange beeinträchtigt (BVerwG, BauR 1990, 685). Nach § 5 Abs. 2c BauGB können auch sachliche Teilflächennutzungspläne für Darstellungen gemäß § 35 Abs. 3 BauGB etwa zur Steuerung von Standorten für Windenergieanlagen aufgestellt werden. Ein Flächennutzungsplan kann nicht als öffentlicher Belang klassifiziert werden, der den Begriff des Einfügens i. S. v. § 34 Abs. 1 BauGB mit prägt. Dementsprechend ist es für die Beurteilung einer zulässigen Innenbereichsbebauung mit einem Wohnhaus (§ 34 Abs. 1 BauGB) unbeachtlich, dass der Flächennutzungsplan auf der für die Wohnbebauung vorgesehenen Fläche landwirtschaftliche Nutzung vorsieht (BVerwG, BauR 1981, 351).

§ 5 Abs. 2–4 BauGB zählt beispielhaft die zulässigen Darstellungen des Flächennutzungsplans auf, wobei die Gemeinde innerhalb der Erfordernisse, die sich aus § 1 BauGB ergeben, einen weiten Gestaltungsspielraum hat.

Der Flächennutzungsplan soll spätestens 15 Jahre nach seiner erstmaligen oder erneuten Aufstellung überprüft und, soweit städtebaulich erforderlich (§ 1 Abs. 3 BauGB), geändert, ergänzt oder neu aufgestellt werden.

2. Genehmigung
Gemäß § 6 Abs. 1, 2 BauGB bedarf der Flächennutzungsplan der Genehmigung der höheren Verwaltungsbehörde, wobei die Genehmigung nur versagt werden darf, wenn der Flächennutzungsplan nicht ordnungsgemäß zustande gekommen ist oder dem → BauGB oder sonstigen Rechtsvorschriften widerspricht. Das Bundesverwaltungsgericht hat die Klage einer Gemeinde auf Erteilung der Genehmigung ihres Flächennutzungsplanes, in dem Wohnbebauung dargestellt werden sollte, abgewiesen. Im zu entscheidenden Fall lag die dargestellte Wohnbebauung in einem per Verordnung geschützten Landschaftsschutzgebiet, wonach im geschützten Gebiet die Errichtung von baulichen Anlagen verboten war. Dem Bundesverwaltungsgericht zufolge ist eine sonstige Rechtsvorschrift i. S. d. § 6 Abs. 2 BauGB auch eine Verordnung über die Festsetzung eines Landschaftsschutzgebietes und die Genehmigung des Flächennutzungsplanes ist dementsprechend zu versagen, soweit der Inhalt seiner Darstellungen einer Verordnung über die Festsetzung eines Landschaftsschutzgebietes widerspricht. Nicht erheblich ist dabei, dass sich eine inhaltlich gegebene Unvereinbarkeit von förmlichem Landschaftsschutz einerseits und Darstellungen des Flächennutzungsplanes andererseits sich erst bei dem aus dem Flächennutzungsplan gemäß § 8 Abs. 2 S. 1 BauGB zu entwickelnden → Bebauungsplan aktualisiert. Unbeachtlich ist ebenfalls, ob der Gemeinde eine Änderung der Landschaftsschutzverordnung verbindlich in Aussicht gestellt wurde (BVerwG, BauR 2000, 695 ff.).
Normenkontrollklage gemäß § 47 VwGO gegen Darstellungen des Flächennutzungsplanes ist nicht möglich (BVerwG, BauR 1990, 685 ff.).

Flora Fauna Habitat (FFH) → Bebauungsplan; → Golfplatz; → Naturschutz; → Naturschutzrechtlicher Ausgleich; → Umweltverträglichkeitsprüfung; → Vogelschutz
Eine Einwirkung des europäischen Umweltrechtes auf das deutsche Bau- und Planungsrecht findet sich in § 1 a Abs. 2 Nr. 4 BauGB. Dies betrifft die Gebiete von gemeinschaftlicher Bedeutung (FFH-Gebiete) und die europäischen Vogelschutzgebiete.

1. FFH-Gebiete
FFH-Gebiete werden von § 32 BNatSchG als „Gebiete von gemeinschaftlicher Bedeutung" definiert. Damit sind die Schutzgebiete der EG-Richtlinien zur Erhaltung der natürlichen Lebensräume sowie der wildlebenden Tiere und Pflanzen (FFH-Richtlinie – Richtlinie 92/43/EWG vom 22. 7. 1992, ABl. EG Nr. L 206, S. 7) angesprochen. Die FFH-Richtlinie (FFH-RL) verpflichtet die Mitgliedsstaaten der Europäischen Union eine Liste schützenswerter Gebiete zu erstellen. Welche Gebiete, in denen natürliche Lebensraumtypen i. S. d. Anhangs I oder einheimische Arten i. S. d. Anlage II vorkommen, zu melden sind, ist nach Art. 4 Abs. 1 FFH-RL anhand der in Anhang III festgelegten Kriterien (Repräsentationsgrad, Erhaltungsgrad etc. bei den Lebensraumtypen bzw. Populationsdichte und -größe etc. bei den Arten) zu entscheiden. Kommen in einem Gebiet natürliche Lebensräume i. S. d. Anlage I oder einheimische Tierarten i. S. d. Anlage II vor, so heißt dieser Umstand allein aus fachlicher Sicht noch nicht, dass das Gebiet als ein für das europäische Netz „Natura 2000" unverzichtbarer Baustein einzustufen und zu melden ist (BVerwG, NVwZ 2002, 1103, 1107). Die von den Mitgliedsstaaten gemeldeten Gebiete sind in einem speziellen Verfahren von der Kommission zu prüfen, die dann eine Kommissionsliste der besonderen Schutzgebiete zu erstellen hat, mit dem Ziel, ein europaweites Biotopverbundsystem „Natura 2000" zu schaffen. Nach Art. 6 Abs. 2 FFH-RL treffen die Mitgliedsstaaten geeignete Maßnahmen, um in den ausgewiesenen Schutzgebieten die Verschlechterung der natürlichen Lebensräume und der Habitate der Arten sowie Störun-

gen von Arten, für die die Gebiete ausgewiesen worden sind, zu vermeiden, sofern sich solche Störungen auf die Richtlinienziele erheblich auswirken können. Nach den gemeinschaftsrechtlichen Regelungen (Art. 4 Abs. 5 FFH-RL) entsteht ein Gebiet von gemeinschaftlicher Bedeutung erst mit Aufnahme in die Liste, die die Kommission nach Art. 4 Abs. 2 S. 3 i. V. m. Art. 21 Abs. 1 FFH-RL zu erstellen hat. Da die Bundesländer erst 1998, nach dem Inkrafttreten des geänderten Bundesnaturschutzgesetzes, mit der Meldung von Gebieten begonnen haben, konnte die Kommissionsliste – die nach den Vorgaben der Richtlinie bis zum 5. Juni 1998 erstellt werden sollte – noch nicht fertiggestellt werden.

Ein potentielles, d. h. noch nicht gemeldetes FFH-Gebiet, genießt ebenfalls den Schutz der FFH-Richtlinie, wenn die FFH-Voraussetzungen eindeutig erfüllt sind, d. h. fachwissenschaftlich eine andere Wertung nicht vertretbar ist (BVerwG, NVwZ 2002, 1103). Ansonsten entspricht das Schutzregime eines solchen „potentiellen" Gebietes noch nicht dem Niveau des Art. 6 FFH-RL bzw. des § 34 BNatSchG.

2. FFH-Verträglichkeitsprüfung

Die europarechtlich vorgeschriebene FFH-Verträglichkeitsprüfung erfolgt im Rahmen der Bauleitplanung dadurch, dass die Erhaltungsziele und der Schutzzweck der Gebiete von gemeinschaftlicher Bedeutung (FFH-Gebiete) in der Abwägung zu berücksichtigen sind. Soweit diese erheblich beeinträchtigt werden, verweist das → BauGB auf die Vorschriften des Bundesnaturschutzgesetzes über die Zulässigkeit oder Durchführung von derartigen Eingriffen, die eine Verträglichkeitsprüfung fordern.

In der Bauleitplanung ist auf einer ersten Stufe zu untersuchen, ob eine erhebliche Beeinträchtigung der Schutzgebiete möglich ist. Fehlt es an dieser Möglichkeit, so gilt nicht das besondere Schutzregime der Verträglichkeitsprüfung gemäß § 34 BNatSchG, gleichwohl sind die Erhaltungsziele und Schutzzwecke des Gebietes in der Abwägung zu berücksichtigen. Wird dies bejaht, resultiert daraus ein grundsätzliches Planungsverbot (§ 34 Abs. 2 BNatSchG), sofern nicht ein Ausnahmetatbestand vorliegt (§ 34 Abs. 3 BNatSchG). Erforderlich sind zwingende Gründen des überwiegenden öffentlichen Interesses einschließlich sozialer oder wirtschaftlicher Gründe. Darüber hinaus darf keine Alternativlösung vorhanden sein. Der Mitgliedsstaat hat dann alle erforderlichen Ausgleichsmaßnahmen zu ergreifen, um den Schutz der globalen Kohärenz von „Natura 2000" sicherzustellen. Ist das betroffene Gebiet ein Gebiet, das einen prioritären natürlichen Lebensraum und/oder eine prioritäre Art einschließt, können nur die Ausnahmegründe der Gesundheit des Menschen und der öffentlichen Sicherheit oder andere zwingende Gründe des überwiegenden öffentlichen Interesses (nach Anhörung der Kommission) das Vorhaben zulassen (§ 34 Abs. 4 BNatSchG). Sollen mit dem Bau einer Ortsumgehungsstraße innerörtliche Unfallschwerpunkte entschärft werden und führt dies zwangsläufig zu einer erheblichen Beeinträchtigung eines (hier: potentiellen) FFH-Gebietes, das einen prioritären natürlichen Lebensraumtyp und/oder eine prioritäre Art einschließt, erfordern „Erwägungen im Zusammenhang mit der Gesundheit des Menschen" eine konkrete Ermittlung und Bewertung des bisherigen Unfallgeschehens im Vergleich zu dem Zustand nach Durchführung der Planung im Sinne einer Gesamtbilanzierung. Bei abschnittsweiser Planung hat sich die erforderliche Prognose auf die Gesamtplanung zu erstrecken (BVerwGE 110, 302).

3. Verhältnis zur Umweltprüfung

Ist innerhalb eines Bauleitplanverfahrens eine FFH-Verträglichkeitsprüfung durchzuführen, so können einige Schritte dieser Prüfung mit der → Umweltprüfung kombiniert werden. Eine vollständige verfahrensmäßige Integration der FFH-Verträglichkeitsprüfung in die → Umweltprüfung ist aber nicht möglich, weil die FFH-Verträglichkeitsprüfung eine Prüfung mit der Feststellung der Verträglichkeit oder der Unverträglichkeit ist, während die → Umweltprüfung eine Umweltfolgenabschätzung ist, die in der Abwägung zu berücksichtigen ist. Insoweit ergibt die negative FFH-Verträglichkeitsprüfung eine verbindliche, strikt zu beachtende Entscheidung, während die → Umweltprüfung die Umweltfolgen aufzeigt, die bei der abschließenden Abwägung der Umweltbelange mit den anderen Belangen zu berücksichtigen sind.

4. Beispiel
Der VGH Kassel hatte sich in einem Normenkontrollverfahren über die Rechtmäßigkeit eines Bebauungsplanes, der ein Gebiet von 84 ha als private Grünfläche – Golfplatz – ausweist, mit der FFH-Richtlinie zu befassen. In dem Gebiet sollte der durch die FFH-Richtlinie geschützte Feldhamster beheimatet sein. Im Rahmen der, zur Bewertung des konkreten Eingriffs erforderlichen Bestandsaufnahme ist es nach dem VGH Kassel (Urteil v. 21. 12. 2000, – 4 N 2435/00 –) allerdings häufig nicht erforderlich, die von dem Vorhaben betroffenen Tier- und Pflanzenarten vollständig zu erfassen. Vielmehr könne es ausreichend sein, wenn für den Untersuchungsraum besonders bedeutsame Pflanzengruppen festgestellt werden und für die Bewertung des Eingriffs auf bestimmte Indikationsgruppen abgestellt wird. Bei der Inanspruchnahme intensiv genutzter landwirtschaftlicher Flächen könne sich die Untersuchung der verbleibenden Tierwelt zudem an entsprechenden Erfahrungswerten orientieren (BVerwG, BauR 1997, 459). Hierfür verlangte der VGH Kassel im Rahmen einer Bestandsaufnahme des Gebietes lediglich ein grobes Durchsuchen des Gebietes nach betroffenen Tier- und Pflanzenarten. Gäbe es Anhaltspunkte für das Vorhandensein besonders seltener Arten, so sei dem im Rahmen der Ermittlungen nachzugehen. In dem konkreten Fall war das Vorkommen des Feldhamsters in diesem Gebiet als höchstwahrscheinlich festgestellt worden. Es bestünden aber gleichzeitig in unmittelbarer Umgebung vergleichbare Existenzbedingungen, so dass ein Ausweichen möglich und die Vernichtung der ganzen Population nicht zu befürchten sei. Damit konnte nach Auffassung des VGH Kassel der naturschutzrechtliche Belang im Rahmen der Abwägung überwunden werden, zumal Ausweichflächen für den Feldhamster vorgesehen waren (BVerwG, BauR 1997, 978; VGH Kassel – 4 N 2435/00 –, UPR 2001, 457).
Nach dem Bundesverwaltungsgericht kann die erhebliche Beeinträchtigung eines FFH-Gebietes durch Schutzvorkehrungen (etwa Schutzanpflanzungen entlang einer geplanten Straße) unter die Schwelle der Erheblichkeit gedrückt werden, so dass dadurch keine relevante Beeinträchtigung des FFH-Gebietes mehr vorliegt (BVerwG, UPR 2002, 458).

Folgekostenvertrag → Erschließung; → Kindergarten, Kindertagesstätte
Neben den Kosten für die → Erschließung von Grundstücken führt die Planung neuer → Baugebiete zu einem Anwachsen der Bevölkerung und damit zu **Aufwendungen für die Infrastruktur des neuen Baugebietes** bzw. zu erhöhten Aufwendungen für Infrastrukturmaßnahmen im weiteren Gemeindegebiet. Die diesen Sachverhalt regelnden Verträge bezeichnet man als Folgekostenverträge.

1. Abgrenzung zu Erschließungsverträgen
Gemäß § 124 Abs. 2 BauGB können Gegenstand eines Erschließungsvertrages beitragsfähige und nichtbeitragsfähige Erschließungsanlagen sein. § 124 BauGB bezieht sich dabei auf den weiten Begriff der Erschließungsanlagen des § 123 BauGB. Dies bedeutet, dass sämtliche Erschließungsanlagen, die zur gemeindlichen Erschließungsaufgabe gehören, aufgrund eines Erschließungsvertrages auch von einem privaten Erschließungsunternehmer hergestellt werden können. Dementsprechend kann sich der Erschließungsvertrag auf die nach Bundesrecht beitragsfähigen Erschließungsanlagen gemäß § 127 Abs. 2 BauGB beziehen, was vor allem Anbaustraßen, Wege, Grünanlagen und Lärm-

schutzwälle beinhaltet. Ferner gehören hierzu die nach Landesrecht beitragsfähigen Erschließungsanlagen, vor allem Schmutz- und Regenwasserkanäle, Wasserleitungen sowie die nicht beitragspflichtigen Erschließungsanlagen, wenn sie zur gemeindlichen Erschließungslast gehören und dem Erschließungsgebiet dienen, z. B. Kinderspielplätze, Sammelstraßen, Parkflächen, fußläufige Verbindungswege, aber auch Strom, Gas, Fernwärme etc. **Kein zulässiger Gegenstand von Erschließungsverträgen** sind demgegenüber **Einrichtungen, die zur allgemeinen gemeindlichen Infrastruktur außerhalb des Erschließungsgebietes gehören** und daher nicht ausschließlich für die Grundstücke in dem vertraglich festgelegten Erschließungsgebiet erforderlich sind. Hierzu gehören z. B. Kindergarten, Freibad oder die Erweiterung einer Kläranlage. Diese Anlagen können **Gegenstand eines Folgelastenvertrages** oder eines anderen städtebaulichen Vertrages sein, der mit dem Erschließungsvertrag verbunden wird. Es geht also beim Folgekosten- bzw. Folgelastenvertrag um die Möglichkeit der Gemeinde, sich andere als Erschließungsanlagen durch einen Erschließungsunternehmer auf dessen Kosten herstellen oder finanzieren zu lassen.

2. Rechtsnatur der Verträge

Vereinbarungen über kommunale Folgelasten sind **öffentlich-rechtliche Verträge**. Zwar ist die → Leistung des Bürgers, Geldzahlungen oder Sachleistungen zu erbringen, neutral. Trotzdem ergibt sich die Zuordnung zum öffentlichen Recht aus der von solchen Verträgen nicht zu trennenden → Leistung, die durch Aufstellung eines Bebauungsplans bzw. Erteilung des gemeindlichen Einvernehmens nach § 36 BauGB erbracht wird. Selbst wenn dies nicht im Vertrag ausdrücklich geregelt ist, bildet die behördliche → Leistung der Schaffung der öffentlich-rechtlichen Zulässigkeitsvoraussetzungen die → Geschäftsgrundlage für die → Leistung des Bürgers (BVerwGE 42, 331; BGHZ 56, 365; 71, 386).

3. Zulässigkeit von Folgekostenverträgen

Bei den Folgekostenverträgen handelt es sich um einen öffentlich-rechtlichen Austauschvertrag i. S. d. §§ 54 S. 2, 56 VwVfG, bei der die Zahlung von Folgekosten als Aufwendungsersatz eine Art Gegenleistung für die Erteilung einer → Baugenehmigung oder die Erteilung des gemeindlichen Einvernehmens zu einer → Baugenehmigung darstellt. Auf der Grundlage von § 54 S. 1 VwVfG sind Folgekostenverträge zulässig, soweit ihnen **Rechtsvorschriften nicht entgegenstehen** (§ 59 Abs. 1 VwVfG i. V. m. § 134 BGB), die **Gegenleistung** den gesamten Umständen nach **angemessen ist** (§§ 56 Abs. 1 S. 2, 59 Abs. 2 Nr. 4 VwVfG i. V. m. § 11 Abs. 2 BauGB) und der Behörde zur **Erfüllung** ihrer **öffentlichen Aufgaben** dient und die in dem Vertrag vereinbarte **Leistung** und **Gegenleistung in** einem **unmittelbaren sachlichen Zusammenhang** zueinander stehen (sog. Koppelungsverbot), § 56 Abs. 1 VwVfG.

4. Grenzen von Folgekostenverträgen
a) Koppelungsverbot

Die Gegenleistung des Bürgers muss für einen bestimmten Zweck vereinbart und in einem sachlichen Zusammenhang mit der vertraglichen → Leistung der Behörde stehen. Der Folgekostenvertrag muss sich daher auf das beschränken, was von einem bestimmten Bauvorhaben an Folgen ausgelöst wird oder Voraussetzung für seine Verwirklichung ist. Die Beteiligten müssen sich in dem Vertrag auf die Zusammenhänge zwischen dem beabsichtigen Vorhaben und dadurch veranlassten Folgeeinrichtungen oder sonstigen Maßnahmen beziehen. Es können **keine Aufwendungen übergewälzt** werden, **die nicht in** einem **sachlichen und zeitlichen Zusammenhang mit der Baumaßnahme stehen**. Damit grenzt das Gesetz die Finanzierung solcher Einrichtungen aus, die ausschließlich einzelnen, außenstehenden Dritten oder allein der Gemeinde zu dienen bestimmt sind,

Ausgeschlossen wäre beispielsweise, dass die Gemeinde aus Anlass einer städtebaulichen Planung versucht, sich eine an ganz anderer Stelle fehlende → Erschließung eines gemeindlichen Gebäudes wie einen Kanalanschluss finanzieren oder erstellen zu lassen. Kein zulässiger sachlicher Zusammenhang zwischen → Leistung und Gegenleistung ist ebenfalls gegeben, wenn eine Gemeinde die Erteilung einer Ausnahme für die Wohnbebauung auf einem von ihr erworbenen Grundstück in einem → Gewerbegebiet von der Zahlung eines zusätzlichen Kaufpreises abhängig macht (VG Darmstadt, NJW 1998, 2073).

b) Gebot der Angemessenheit

Stehen **Aufwendungen nur teilweise in** einem **kausalen Zusammenhang mit dem Bauvorhaben**, etwa wenn die zu finanzierenden Einrichtungen gleichzeitig in nicht nur untergeordnetem Maße auch anderen Bauvorhaben dienen, dann können die Kosten dafür nicht vollständig, sondern **nur teilweise auf das Bauvorhaben angerechnet werden**. D. h., das Gebot der Angemessenheit des öffentlich-rechtlichen Vertrages verbietet, dass ein Bauwilliger eines bestimmten Bauvorhabens Kosten oder Aufwendungen zu tragen hat, die in identischem Umfang auch anderen Bauvorhaben zugute kommen (etwa eine großflächige Altlastensanierung).

c) Übermaßverbot

Der Vertrag darf nicht gegen das **Verbot des Übermaßes** verstoßen. Hierfür gilt als Anhaltspunkt für die Praxis, dass solche Vereinbarungen in der Regel nicht unangemessen sind, in denen sich der Wert der Folgekostenleistung des Grundstückseigentümers unter der Wertsteigerung eines Grundstücks durch die Beplanung hält (*Upmeier*, in: Hoppenberg, Handbuch des öffentlichen Baurechts, A Rn. 821 ff.). Dem Grundstückseigentümer muss also ein angemessener Planungsgewinn verbleiben.

d) Beispiel

In seinem Urteil vom 16. 5. 2000 (BVerwG, BauR 2000, 1699 ff.) hatte das Bundesverwaltungsgericht über einen Vertrag im Zusammenhang mit der Änderung eines Bebauungsplanes zu entscheiden. In diesem Vertrag stellte die Gemeinde einem bauwilligen Eigentümer die Einbeziehung seines Außenbereichsgrundstücks in den Geltungsbereich eines Bebauungsplanes durch Erweiterung des Plangebiets in Aussicht, wenn er anstelle des nicht mehr festsetzbaren Erschließungsbeitrages eine nicht zweckgebundene Zuwendung an die Gemeinde tätige, welche diese zur Unterhaltung städtischer Kinderspielplätze einsetzte. Das Bundesverwaltungsgericht sah in der Verknüpfung zwischen der Erweiterung des Plangebietes und der ausdrücklich als „nicht zweckgebundene Zuwendung" bezeichneten Zahlung, welche die Gemeinde zur Unterhaltung städtischer Kinderspielplätze einsetzte, einen Verstoß gegen das Koppelungsverbot, weil kein kausaler Zusammenhang zwischen der → Leistung der Gemeinde und der Gegenleistung des Klägers zu erkennen sei. Die Instandsetzung von Kinderspielplätzen sei keine bauplanerische Aufgabe und weder Voraussetzung noch Folgelast des klägerischen Bauvorhabens. Der zwischen Gemeinde und Kläger geschlossene öffentlich-rechtliche Vertrag sei somit wegen Verstoßes gegen das Koppelungsverbot nichtig und der erhaltene Betrag von der Gemeinde zurückzuzahlen. Der BGH hat ein unzulässiges Kopplungsgeschäft in dem Fall verneint, in dem ein Grundstückseigentümer einen Teil seines Außenbereichsgrundstücks als Bauerwartungsland (marktgerechter Preis) an die Gemeinde zur Herstellung von Bauland primär zugunsten Einheimischer verkauft hat und die Gemeinde dafür in Aussicht gestellt hat, sie werde das ganze Grundstück in den → Bebauungsplan aufnehmen. Denn die Gegenleistung des Eigentümers, der Verkauf seiner Teilfläche, war durch die Zahlung des marktgerechten Kaufpreises abgegolten und der Zweck des Erwerbs war von § 11 Abs. 1 Nr. 2 BauGB abgedeckt, wonach die Gemeinde zur Deckung des Wohnbedarfs der ortsansässigen Bevölkerung Verträge schließen darf (BGH, NJW 1999, 208).

Folgeschaden

Die den Folgeschaden regelnden Bestimmungen für den → Werkvertrag finden sich unter anderem in den §§ 634 Nr. 4, 636, 280, 281, 283 BGB, 6 Nr. 6 VOB/B und 13 Nr. 7 VOB/B. Hierbei handelt es sich um einen Schaden, der auf eine mangelhafte → Leistung im Werkvertragsrecht zurückzuführen oder aber im Zusammenhang mit einem Versicherungsfall eingetreten ist. Der Schadensverursacher hat in beiden vorgenannten Fällen für die durch ihn verursachten Folgeschäden einzustehen. Folgeschäden sind z. B. die Kosten für einen Sachverständigen, den ein fachlich nicht versierter → Bauherr zur Feststellung von Mängeln oder deren Umfang einschalten muss.

Forderungsabtretung → Abtretung

Formfreiheit → Architektenvertrag; → Bauvertrag

Die Formfreiheit gehört neben der Abschluss- und → Gestaltungsfreiheit zu den gemäß §§ 241 ff. BGB gehörenden wesentlichen Grundsätzen vertraglicher Schuldverhältnisse. So sind beispielsweise Kauf-, Werk-, Werklieferungs-, Dienst-, Miet- und Pachtverträge grundsätzlich formfrei. Die nicht an eine bestimmte Form gebundenen Verträge können mündlich, schriftlich oder durch konkludentes/schlüssiges Verhalten abgeschlossen werden. Die unterschiedliche Art ihres Zustandekommens hat allenfalls Auswirkungen auf die spätere Beweisbarkeit von Tatsachen, nicht aber auf ihre Rechtswirksamkeit. Die grundsätzlich bestehende Formfreiheit wird nur in wenigen gesetzlichen Ausnahmen eingeschränkt. Bei Verträgen über Grundstücksveräußerungen bzw. den Grundstückserwerb ist notarielle Beurkundung zwingend vorgeschrieben (§ 311 b BGB). Die Nichtbeachtung der gesetzlich vorgeschriebenen Form führt zur Nichtigkeit des Vertrages. Bauträgerverträge sind nach der neueren BGH-Rechtsprechung hinsichtlich des Bauvertrages nur noch dann notariell zu beurkunden, wenn Bau- und Grundstückskaufvertrag voneinander abhängig sind. Die allein einseitige Abhängigkeit des Bauvertrages vom Grundstückskaufvertrag reicht nicht (BGH BauR 2002, 1541; BGH, Urteil vom 26. 11. 1999 – V ZR 251/98).

Formmangel → Formfreiheit

Formularvertrag → Allgemeine Geschäftsbedingungen; → Einheitsarchitektenvertrag

Formularverträge werden in Anlehnung zu den Allgemeinen Geschäftsbedingungen für eine Vielzahl von Verträgen vorformuliert. Der Formularvertrag bezeichnet eine Vertragsform, bei der standardisierte Bedingungen, wie beispielsweise → Allgemeine Geschäftsbedingungen, im Vertrag selbst aufgeführt sind und nicht nur auf sie verwiesen wird. Typische Anwendungsgebiete sind die zusätzlichen und besonderen Vertragsbedingungen für Bauverträge, Baubetreuungsverträge, Generalunternehmerverträge, Architektenverträge und Nachunternehmerverträge. Grundsätzlich gilt für Formularverträge, dass an sie hinsichtlich ihrer Wirksamkeit strengere Maßstäbe als bei frei zwischen den Vertragsparteien ausgehandelten Individualverträgen anzulegen sind (§§ 305 BGB ff.). Dies gilt insbesondere im Hinblick auf unangemessene und unklare Klauseln zu Ungunsten einer Vertragspartei.

Formzwang → Formfreiheit

Bei dem Formzwang handelt es sich um die für Schuldverträge vom Grundsatz der Formfreiheit abweichende Festlegung bestimmter Formvorschriften.

Eine Missachtung derart zwingender Formvorschriften führt gemäß § 125 BGB zur Nichtigkeit des Vertrages. § 313 BGB schreibt z. B. die notarielle Beurkundung für Grundstückskaufverträge vor.

Freianlagen

Freianlagen werden i. d. R. von Garten- und Landschaftsarchitekten oder aber von Hochbauarchitekten gestaltet. Letztere sind immer dann entsprechend beauftragt, wenn die Freianlagen im Zusammenhang mit der Gebäudeplanung stehen. Gemäß § 3 Nr. 12 HOAI handelt es sich um planerisch gestaltete Freiflächen und Freiräume sowie entsprechend gestaltete Anlagen in Verbindung mit Bauwerken oder in Bauwerken. Auf diese Leistungen sind die §§ 10 bis 27 HOAI anzuwenden. Das → Architektenhonorar bestimmt sich wie bei der → Objektplanung von Gebäuden nach den anrechenbaren Kosten des Objektes der Honorarzone und dem → Honorarsatz. Die anrechenbaren Kosten ergeben sich aus § 10 Abs. 2, 3 und 4 a HOAI. Sofern der Architekt die in § 10 Abs. 4 a HOAI aufgezählten Bauwerke und Anlagen plant oder ihre Ausführung überwacht, gehen deren Kosten in die anrechenbaren Kosten mit ein. Die Regelung des § 10 Abs. 6 HOAI nimmt für Freianlagen ausdrücklich die Kosten des Gebäudes, die in § 10 Nr. 1 bis 4 und 6 bis 12 genannten Kosten sowie den Unter- und Oberbau von Fußgängerbereichen im Sinne von § 14 Nr. 4 HOAI aus. Die Vorschrift des § 14 HOAI stellt eine → Objektliste zur Einordnung des Objektes in die → Honorarzonen auf. § 15 Abs. 1 HOAI weist für die Freianlagen Prozentsätze aus, mit denen die einzelnen Leistungsphasen des § 15 Abs. 2 HOAI bewertet werden. Die → Honorartafel für → Grundleistungen bei Freianlagen ist in § 17 HOAI enthalten. Hierbei sind die Abweichungen des § 16 Abs. 1 und 2 HOAI mit zu berücksichtigen. Gemäß § 18 HOAI sind für den Fall der einheitlichen Auftragserteilung für Gebäude und Freianlagen an ein und den selben Architekten die entsprechenden Honorare getrennt zu berechnen. Dies gilt nicht, sofern für einen der beiden Leistungsteile weniger als 7.500,00 € anrechenbare Kosten vorliegen. Eine hiervon abweichende Vereinbarung zwischen den Parteien ist nichtig, soweit dadurch der sich bei getrennter Berechnung ergebende → Mindestsatz für einen der beiden Leistungsteile unterschritten wird. Gemäß § 20 Satz 2 HOAI sind auf die Leistungen für Freianlagen § 20 Satz 1 und § 21 Satz 1, 2 HOAI entsprechend anzuwenden. Danach ist beim Vorliegen von Alternativentwürfen das Honorar der Vor- und → Entwurfsplanung herabzusetzen. Eine getrennte Honorarabrechnung für einzelne Abschnitte ist bei zeitlicher Trennung der Ausführung möglich.

Freie Mitarbeiter   → Anwendungsbereich der → HOAI; → freischaffender Architekt

Freie Mitarbeiter des Architekten erbringen eigenverantwortlich und weisungsabhängige Leistungen für ein konkretes und abgegrenztes Projekt des auftraggebenden Architekten. Dabei ist der freie Mitarbeiter weitgehend persönlich und wirtschaftlich unabhängig, frei von einer Bindung an den Ort, die Zeiteinteilung und die Organisation des Architektenbüros. Sofern der Mitarbeiter des Architekten persönlich abhängig und weisungsgebunden in den Betrieb integriert und an feste Arbeitszeiten gebunden ist, liegt ein Arbeitsverhältnis vor. Der Mitarbeiter des Architekten ist dann als Arbeitnehmer anzusehen. Das Vertragsverhältnis ist in einem solchen Fall dem Arbeitsrecht unterworfen. Die Bezeichnung des Vertrages ist bei der Unterscheidung zwischen freiem Mitarbeiter und Arbeitnehmer ohne Bedeutung. Abzustellen ist einzig und allein auf die objektiven Verhältnisse. In der Praxis wird häufig eine Zwischenform praktiziert. Der Mitarbeiter des Architekten nimmt trotz wirtschaftlicher, aber nicht persönlicher Abhängigkeit eine arbeitnehmerähnliche Stellung ein (arbeitsähnliches Dienstverhältnis, § 5 Abs. 1 S. 2 ArbGG). Rechtsstreite sind dann anders als bei einem freien Mitarbeiter vor den Arbeitsgerichten zu führen (§ 2 Abs. 1 Nr. 3 ArbGG).
Die durch den freien Mitarbeiter in einem Architektenbüro erbrachten Leistungen nach der HOAI sind nach den Vorschriften der HOAI abzurechnen (BGH, BauR 1985, 582). Der freie Mitarbeiter

ist wie bei einem → Unterauftrag verpflichtet. Bei engerer Bindung (arbeitnehmerähnliches Dienstverhältnis oder Arbeitnehmer) ist die Vergütung z. B. mit Monatspauschalen oder nach Stundensätzen zulässig (OLG Oldenburg, IBR 1996, 252). Bei Arbeitnehmern oder arbeitnehmerähnlichen Mitarbeitern des Architekten richtet sich die Vergütung nach den Bestimmungen des Dienstvertrages und nicht nach der HOAI.

Freier Architekt → freischaffender Architekt

Freischaffender Architekt → Gewerbesteuer

Der Begriff des freischaffenden Architekten ist die traditionelle Bezeichnung des Architekten, der weder gewerblich noch angestellt noch als Beamter tätig ist. Diese Bezeichnung verdeutlicht die unabhängige und treuhänderische Stellung des Architekten. Auf ihn treffen die Merkmale der Freiberuflichkeit zu. Er ist beispielsweise von der Pflicht zur Entrichtung von → Gewerbesteuer befreit. Bei erfolgter Eintragung des freien Architekten in die → Architektenliste darf dieser sich nicht baugewerblich betätigen (Bundesverfassungsgericht, NJW-RR 1994, 153).

Freisitz

Ein Freisitz ist naturgemäß eine **Anlage ohne Überdachung** und **ohne Seitenwände**. Eine überdachte Fläche kann nur dann als Freisitz angesehen werden, wenn sie höchstens an zwei Seiten durch bis zum Dach reichende geschlossene Seitenwände begrenzt ist (OVG Münster, BRS 32 Nr. 101; VGH Kassel, BRS 42, Nr. 117). Voraussetzung für die bevorzugte Zulässigkeit eines solchen Freisitzes in den → Abstandsflächen eines Gebäudes ist, dass er auf dem natürlichen Niveau angelegt wird. Dies ist bereits bei einer über 0,9 m über Geländeniveau errichteten Terrassenanlage nicht der Fall. Einem Nachbarn kann in diesem Fall ggf. ein Anspruch auf Beseitigung der Anlage zustehen (OVG Münster, BRS 40 Nr. 122).

Freizeichnungsklausel

Bei einer Freizeichnungsklausel handelt es sich um eine allgemein im Vertragsrecht angewandte Klausel, mit der ein Vertragspartner formularmäßig beabsichtigt, seine Haftung oder einen bestimmten Teil davon beispielsweise für Gewährleistungsansprüche auszuschließen. Unter Beachtung der Grundsätze der guten Sitten gem. § 138 BGB, Treu und Glaubens (§ 242 BGB) und im Rahmen der Gesetze (§ 134 BGB) sind Freizeichnungsklauseln im Wege der Individualvereinbarung grundsätzlich möglich. Sofern diese Haftungsausschlüsse in Formularverträgen angewandt werden, beurteilt sich deren Zulässigkeit nach den §§ 305 ff. BGB. Es ist zu berücksichtigen, dass die Haftung für Vorsatz weder individuell noch formularmäßig im Voraus ausgeschlossen werden kann (§ 276 Abs. 3 BGB). Zudem ist § 309 Nr. 7 BGB zu beachten, wonach die Haftung für grobe → Fahrlässigkeit und die Verletzung des Lebens, Körpers oder der Gesundheit nicht wirksam in Allgemeinen Geschäftsbedingungen ausgeschlossen werden kann.

Freizeitanlage → Außenbereich; → Immissionen; → Raumordnung; → Sportanlagen

1. Raumordnungsrecht

Im Zusammenhang mit der Planung und Errichtung von Freizeitanlagen, insbesondere größere Freizeitprojekte wie Freizeitparks, Fun-Parks, aber auch große Hotel- und Ferienhaussiedlungen sind **häufig landesplanerische Aussagen zu möglichen Standorten** für derartige Einrichtungen **vorhanden**. Sofern diese Aussagen die Qualität von Zielen der → Raumordnung in Raumordnungsplänen besitzen und diese Ziele formell und materiell rechtmäßig sind, sind sie gemäß § 1 Abs. 4 BauGB im Bauleitplanverfahren zwingend zu beachten.

2. Bauplanungsrecht

Soweit derartige landesplanerische Festsetzungen einem Vorhaben nicht entgegenstehen, ist es grundsätzlich Sache der planenden Gemeinde, ob und in welchem Umfang und zu welchem Zweck Anlagen der Freizeitgestaltung geschaffen werden sollen (BVerwG, NVwZ 1992, 476). Das → BauGB enthält in § 9 Abs. 1 Nrn. 4, 5, 15 und 22 BauGB Festsetzungsmöglichkeiten für freizeitorientierte Nutzungen. Im Rahmen der planerischen Abwägung gemäß § 1 Abs. 6 BauGB ist für die Aufstellung des Bebauungsplans bei diesen Festsetzungen insbesondere die Lärmimmission der Spiel- oder Sportstätten und ihre Einwirkung auf die Umgebung zu ermitteln und zu bewältigen. Dabei ist grundsätzlich ein Nebeneinander von Sportstätte und Wohnnutzung nicht ausgeschlossen (BVerwG, BRS 52 Nr. 191; BRS 52 Nr. 64). Allerdings sind auf der Sportstätte nur solche Sportnutzungen akzeptabel, die umgebungsverträglich sind. Bilden mehrere in einem räumlichen Zusammenhang stehende, aber organisatorisch selbstständige Freizeitanlagen (Sporthalle, Jugendhaus, Bürgerhaus mit → Gaststätte als Nebenanlage) eine konzeptionelle Einheit im Sinne eines „Freizeitbereichs" (Indizien: u. a. einheitliche Planung und → Baugenehmigung, gemeinschaftlicher Zufahrtsverkehr, einheitliche Parkvorrichtung etc.), ist eine einheitliche summative Beurteilung der von diesen Anlagen ausgehenden Geräuschimmissionen nach den Bestimmungen der Freizeitlärm-Richtlinie zulässig. Verschiedenartigen Anlagen zuzuordnende so genannte seltene Ereignisse, bei denen ausnahmsweise Richtwertüberschreitungen erlaubt sind, dürfen in diesem Zusammenhang nicht ohne weiteres kumulativ zugelassen werden; vielmehr muss sich die Festsetzung der zulässigen Zahl solcher Ereignisse unter Berücksichtigung der gebotenen gegenseitigen Rücksichtnahme an den tatsächlichen Verhältnissen des Einzelfalls ausrichten. Bei der Beurteilung von Geräuschimmissionen aus Freizeitanlagen muss der in Nr. 6.9 TA Lärm und Nr. 1.6 des Anhangs zur 18. BImSchV (Sportanlagenlärmschutzverordnung) vorgesehene Messabschlag von 3 dB(A) nicht berücksichtigt werden, denn dieser gilt nach der neuen TA-Lärm nur noch für Maßnahmen der Anlagenüberwachung bzw. für reine → Sportanlagen (BVerwG, BayVBl. 2001, 693).

3. Außenbereichsbebauung

Das Bundesverwaltungsgericht hat es für möglich gehalten, dass Freizeit- und Erholungsstätten für das gesamte Gemeindegebiet (Jugendheim mit zwei großen Gemeinschaftsräumen mit Sitzplätzen bis zu 26 Personen, Theke, Sanitätsraum, Flur, Abstellraum und sanitären Einrichtungen) wegen ihrer besonderen Zweckbestimmung nur im → Außenbereich ausgeführt werden sollen (Privilegierung nach § 35 Abs. 1 Nr. 4 BauGB). Die Zulässigkeit nach § 35 Abs. 1 Nr. 4 BauGB verlangt danach erstens, dass das Vorhaben in seiner Eigenheit eine besondere Beziehung zum → Außenbereich aufweist. Dies ist um so eher zu bejahen, wenn das Vorhaben als ein eher untergeordneter Bestandteil einer umfassenden Freizeit- und Erholungsanlage gedacht ist und nicht nur in sich ruht. Zweitens muss das privilegierte Vorhaben zur → Erfüllung der ihm zugedachten Aufgabe erforderlich sein (nicht nur dienen). Drittens ist schließlich vorausgesetzt, dass das Vorhaben nach Lage der Dinge im → Außenbereich ausgeführt werden soll. Dies führt im Ergebnis zu der Frage, ob es sich bei dem Freizeitheim um eine Anlage handelt, die zumindest letztlich nur auf eine individuelle und die Allgemeinheit insoweit ausschließende Nutzung des Außenbereiches als Erholungslandschaft hinausläuft und die deshalb nicht im → Außenbereich ausgeführt werden soll oder der Benutzerkreis nicht beschränkt ist, was dieses Hindernis ausräumen würde (BVerwG, BauR 1976, 347).

4. Schutz gegen Freizeitlärm

Gegen unzumutbare Störungen, die von der Sportstätte ausgehen, haben betroffene **Anwohner einen Unterlassungsanspruch**; gegenüber einer privaten Sportstätte ist er bürgerlich-rechtlicher

Art und stützt sich auf §§ 1004, 906 BGB. Gegenüber einem von der öffentlichen Hand betriebenen Spiel- oder Sportplatz ist der Abwehranspruch öffentlich-rechtlicher Natur und ergibt sich entweder aus Art. 2 Abs. 2 S. 1 und Art. 14 Abs. 1 S. 1 GG, aus analoger Anwendung der §§ 1004, 906 BGB oder als öffentlich-rechtlicher Folgenbeseitigungsanspruch (BVerwG, BRS 49 Nr. 203). In diesem Zusammenhang ist bei der Beurteilung dessen, was zumutbar ist oder nicht, eine Orientierung an Regelwerken wie bei reinen → Sportanlagen an der 18. BImSchV, bei Freizeitanlagen (z. B. Rummelplätzen, Autokinos, Vergnügungsparks, Zirkusse) an der Freizeitlärm-Richtlinie oder sonst anhand der TA-Lärm oder der VDE-Richtlinie vorzunehmen (OVG Schleswig, NVwZ 1995, 1019; vgl. hierzu *Numberger*, Probleme des Freizeitlärms, NVwZ 2002, 1064 ff.).

Frist → Fristsetzung

Bei der Frist handelt es sich um einen Zeitraum, in dem eine bestimmte Handlung vorgenommen werden muss. Fristen sind in den §§ 187 ff. BGB geregelt. Darüber hinaus sind in der → VOB die Angebots- und Bewertungsfrist gem. § 18 VOB/A, die nach § 11 VOB/A und § 5 VOB/B vereinbarten Ausführungsfristen, die Gewährleistungsfristen gem. § 13 VOB/A und § 13 Nr. 4 VOB/B, die nach § 4 Nr. 7 VOB/B und § 13 Nr. 5 VOB/B bestehenden Mängelbeseitigungsfristen sowie die nach § 12 Nr. 1 VOB/B bestehende Abnahmefrist geregelt.

Fristsetzung

Im → BGB sind Fristsetzungen z. B. in § 281 (→ Schadensersatz statt der Leistung), § 288 (Verzugszinsen), § 634 a BGB (Verjährungsfristen), § 637 (Selbstvornahme), § 640 Abs. 1 S. 2 (Abnahmefrist) oder § 648 a BGB (Bauhandwerkersicherung) geregelt.
In der → VOB/B sind gem. § 4 Nr. 7 VOB/B Fristen für die Beseitigung eines Mangels während der Ausführung, gem. § 5 Nr. 4 VOB/B für die Verzögerung des Ausführungsbeginns oder Verzuges durch den → Auftragnehmer, gem. § 9 Nr. 2 VOB/B für die → Kündigung durch den Auftragnehmer, gem. § 13 Nr. 5 Abs. 2 VOB/B für die Mängelbeseitigung während der → Gewährleistungsfrist sowie gem. § 16 Nr. 5 Abs. 3 VOB/B wegen der Bezahlung durch den → Auftraggeber vorgesehen. Bei der Fristsetzung handelt es sich um die Einräumung einer angemessenen Zeitspanne (sogenannte → „Nachfrist"), um damit der anderen Vertragspartei die Möglichkeit einzuräumen, der ihr vertraglich oder gesetzlich obliegenden Pflichten nachzukommen bzw. die durch sie vertraglich übernommenen Leistungen erbringen zu können.

Garagen → Abstandsflächen; → Stellplätze

Garantie → Baukostengarantie

Die Garantie ist eine in der Baupraxis weit verbreitete Form der Sicherheit. Im Falle der Garantie übernimmt der Garant eine Verpflichtung zur Schadloshaltung des Vertragspartners für den Fall, dass der garantierte Erfolg nicht eintritt. Die Garantie ist nicht von einer zu sichernden Forderung und daraus herrührenden Einwendungen abhängig. Daneben sind Garantien auf erstes Anfordern jedenfalls individuell vereinbart wirksam möglich, nach denen der Garant die Garantiesumme auf

Verlangen des Begünstigten zahlen muss, ohne geltend machen zu können, die Hauptschuld im → Bauvertrag sei nicht entstanden oder erloschen. Die Garantie ist im Gegensatz zur → Bürgschaft nicht akzessorisch zur Hauptschuld. Die Garantie dient allein der Schadloshaltung der durch sie Begünstigten.

Zu unterscheiden ist die unselbstständige Garantie von dem selbstständigen Garantievertrag. Beim Vorliegen einer unselbstständigen Garantie haftet der → Auftragnehmer auch ohne ein Verschulden auf → Schadensersatz. Die unselbstständige Garantie beinhaltet, dass die erstellte Bauleistung die vereinbarte Beschaffenheit unbedingt hat. Der selbstständige Garantievertrag beinhaltet die Übernahme der Gewähr für einen über die Vertragsmäßigkeit hinausgehenden, noch von anderen Faktoren abhängigen Erfolg. Es wird beispielsweise ein wirtschaftlicher Erfolg in Form eines bestimmten Jahresmietertrages für ein erstelltes → Gebäude, ein technischer Erfolg in Form einer besonders langen Haltbarkeit etc. garantiert. Ebenfalls in die Kategorie der selbstständigen Garantieverträge gehört die so genannte „Festpreisgarantie". Sofern zwischen den Parteien keine anderweitigen Regelungen getroffen wurden, beträgt die regelmäßige Verjährungsfrist für Ansprüche aus einer Garantie gem. § 195 BGB 3 Jahre.

Garantievertrag → Garantie

Gartenarchitekt → Landschaftsarchitekt

Gartenbaubetrieb → Dorfgebiete

Gaststätte → Hotel; → Vergnügungsstätten
1. Definition
Gaststätten werden nach der BauNVO als Schank- und Speisewirtschaften definiert. In solchen Schank- und Speisewirtschaften werden Getränke und/oder zubereitete Speisen zum alsbaldigen Verzehr an Ort und Stelle verabreicht. Zu den Schank- und Speisewirtschaften gehören beispielsweise **Cafes**, **Restaurants**, **Konditoreien** und **Imbisstuben**, aber auch **Eisdielen** und **Trinkhallen**, sofern sie einen Raum zum Verzehr der Getränke und Speisen bereitstellen. Allerdings fallen **Diskotheken** und **Bars nicht** mehr unter den Begriff der Schankwirtschaft, sondern sind → Vergnügungsstätten. Abzugrenzen sind sie auch von Hotels/Gasthöfen, die in der BauNVO als Beherbergungsbetriebe eingestuft werden und die, obwohl sie oft mit einer Schankwirtschaft verbunden sind, nach der BauNVO einer eigenen Kategorie zugeordnet werden.

2. Zulässigkeit nach Bauplanungsrecht
Gaststätten (Schank- und Speisewirtschaften) sind grundsätzlich in **allen Baugebietskategorien der Baunutzungsverordnung** mit **Ausnahme** der **reinen Wohngebiete** allgemein **zulässig**. In allgemeinen Wohngebieten (§ 4 BauNVO) und in Kleinsiedlungsgebieten (§ 2 BauNVO) unterliegt ihre Zulassung spezifischen Beschränkungen. In diesen Baugebietstypen sind nur solche Schank- und Speisewirtschaften zulässig, die der Versorgung des Gebiets dienen. Ob eine Gaststätte in diesem Sinne der Versorgung des Gebiets dient, ist vom verbraucherbezogenen Einzugsbereich her zu beurteilen; nicht entscheidend sind demgegenüber – auch bei kleinen Landgemeinden – das Gemeindegebiet oder Gemeindegebietsteile (Ortsteile), ebenso nicht der festgesetzte Wohngebietsbereich. Bildet beispielsweise das ausgewiesene → Wohngebiet mit angrenzenden Gebieten, die rechtlich oder tatsächlich ebenfalls als → Wohngebiet zu qualifizieren sind, einen einheitlich strukturierten zusammenhängenden Bereich, so kann dies ein Grund dafür sein, diesen gesamten räumlichen Wohnbereich als verbraucherbezogenen Einzugsbereich für die Gaststätte zu klas-

sifizieren. Allerdings liegt ein verbrauchernaher Einzugsbereich nicht vor, wenn die Gaststätte auf Besucher ausgerichtet ist, die realistischerweise zum Besuch ein Kraftfahrzeug benutzen, oder wenn die Gaststätte eine Kapazität aufweist, die nicht erwarten lässt, dass sie durch die Bewohner des Gebiets in einem ins Gewicht fallenden Umfang ausgelastet wird (BVerwG, BauR 1999, 29).

3. Zulässigkeit nach Bauordnungsrecht
Gaststätten und Beherbergungsbetriebe gelten in vielen Landesbauordnungen als **Sonderbauten, wenn sie mehr als 40 Gastplätze oder mehr als 30 Gastbetten aufweisen**, vgl. § 2 Abs. 8 Nr. 9 HBO, § 68 Abs. 1 S. 3 Nr. 11 BauONRW. Für solche Sonderbauten gelten spezielle Anforderungen, vgl. §§ 45, 46 HBO, § 54 Abs. 3 BauONRW, insbesondere sind sie so herzustellen, dass sie von Behinderten, älteren Menschen, Kindern und Personen (wenn sie von diesem Personenkreis typischerweise aufgesucht werden, was beispielsweise bei einer Diskothek nicht der Fall wäre) mit Kleinkindern ohne fremde Hilfe erreicht und zweckentsprechend genutzt werden können. Zudem sind entsprechende Stellplatzpflichten nach den Stellplatzverordnungen zu erfüllen.

4. Gaststätte und Vergnügungsstätte
Häufig soll eine **Gaststätte mit einem Vergnügungsbereich** betrieben werden. Beispiele hierfür ist etwa eine Gaststätte, die zugleich eine Spielhalle ist oder eine Gaststätte, die Tanzdarbietungen und Zurschaustellung von Personen beinhaltet. Gemäß § 7 Abs. 2 Nr. 2 BauNVO sind Einzelhandelsbetriebe, Schank- und Speisewirtschaften, Betriebe des Beherbergungsgewerbes und → Vergnügungsstätten in Kerngebieten allgemein zulässig. In Mischgebieten sind Gaststätten zulässig, die zugleich → Vergnügungsstätten sind, wenn es sich um nicht kerngebietstypische → Vergnügungsstätten handelt und diese in den überwiegend gewerblich genutzten Teilen des Gebiets liegen, ausnahmsweise auch in den übrigen Gebietsteilen, § 6 Abs. 2 Nr. 8, Abs. 3 BauNVO. Ausnahmsweise sind solche kombinierten Gaststätten-Vergnügungsbetriebe zulässig in besonderen Wohngebieten und Dorfgebieten, soweit sie nicht wegen ihrer Zweckbestimmung oder ihres Umfangs nur in Kerngebieten allgemein zulässig sind, § 4 a Abs. 3 Nr. 2, § 5 Abs. 3 BauNVO (VGH Mannheim, GewArch 1992, 70). Hinsichtlich **Gaststätten mit Kegelbahnen** geht das Bundesverwaltungsgericht davon aus, dass nach den heutigen Verhältnissen in einem als allgemeines → Wohngebiet i. S. v. § 4 BauNVO einzustufenden Gebiet eine Kegelbahn als Bestandteil einer Gaststätte nicht mehr der Versorgung des Gebiets dient und deshalb **nicht in allgemeinen Wohngebieten zulässig** sind. Denn eine Kegelbahn ist vor dem Hintergrund der durch die Motorisierung gestiegenen Mobilität der Bevölkerung als generell geeignet anzusehen, Störungen für die Nachbarschaft hervorzurufen. Eine früher erteilte → Baugenehmigung schützt jedoch den Fortbestand eines alten Gaststättenbetriebs mit Kegelbahn und erstreckt sich auch noch auf die Änderung der Bewirtschaftungsweise und -intensität der Kegelbahn; dies ist keine genehmigungspflichtige → Nutzungsänderung (BVerwG, BauR 1999, 228).

5. Verhältnis zwischen Gaststättenrecht und Baurecht
a) Gaststättenrecht
Neben der → Baugenehmigung bedarf es einer **Gaststättenerlaubnis** zum Betreiben einer Gaststätte. Die Gaststättenerlaubnis muss erteilt werden, wenn keine Versagungsgründe nach § 4 Gaststättengesetz vorliegen. Danach ist die Erlaubnis **zu versagen bei**
– **Unzuverlässigkeit des Antragstellers** für den Gewerbebetrieb;
– **Nichteignung der Räume** für den Betrieb;
– **Widerspruch** des Betriebes mit **öffentlichen Interessen**;
– **fehlendem** Unterrichtungsnachweis über **lebensmittelrechtliche Kenntnisse**, § 4 Abs. 1 Nr. 1–4 GastG.

Baurechtlich relevant ist insbesondere die Vorschrift des § 4 Abs. 1 Nr. 2 GastG (Nichteignung der Räume). Die damit zusammenhängenden Anforderungen beziehen sich nur auf die räumlichen Verhältnisse innerhalb des Betriebes im Hinblick auf die Betriebs- und Arbeitsräume. Die Mindestanforderungen an Anlage, Beschaffenheit, Ausstattung und Erteilung der Räume sind in den jeweiligen Gaststättenverordnungen der Länder enthalten und betreffen insbesondere Anforderungen an Rettungswege, Raumhöhe in der Gaststätte und ausreichende Bewegungsfreiheit hinter dem Tresen. Damit soll sichergestellt werden, dass die Gäste und Beschäftigten keiner Gefahr für Leben, Gesundheit und Sittlichkeit ausgesetzt sind und die öffentliche Sicherheit und Ordnung aufrecht erhalten werden kann (OVG Hamburg, GewArch 1992, 72; VGH Mannheim, NVwZ-RR 1989, 294).

b) Baurecht

Das gaststättenrechtliche und das baurechtliche Genehmigungsverfahren sind grundsätzlich voneinander unabhängig, da die Gegenstände der in den Verfahren jeweils vorzunehmenden materiellrechtlichen Prüfung verschieden sind. Eine **Baugenehmigung** wird daher nicht durch die Gaststättenerlaubnis ersetzt. Sie ist **auch bei bloßen Nutzungsänderungen ohne bauliche Änderung notwendig** wie etwa die Umwandlung einer Spielhalle in eine Gaststätte oder die Umwandlung einer Schankwirtschaft in einen Barbetrieb (VGH Kassel, GewArch 1989, 168). Auch die **Einrichtung einer Außengastronomie** oder eines Biergartens **bedarf** einer **Bau- bzw. Nutzungsänderungsgenehmigung**, in der insbesondere die Lärmauswirkungen auf die Nachbarschaft zu berücksichtigen sind (OVG Lüneburg, NVwZ-RR 1997, 403; VG Würzburg, GewArch 1996, 430).

c) Baurechtliche und gaststättenrechtliche Überschneidung

Die Prüfung der **Eignung des Gaststättenbetriebs** und des Widerspruchs zu öffentlichen Interessen im Gaststättenrecht nach § 4 Abs. 1 Nr. 2 und 3 GastG hat sich **schwerpunktmäßig ins Baurecht** verlagert. Hierbei gilt, dass die Beurteilung baurechtlicher Vorfragen durch die für die Gaststättenerlaubnis zuständige Behörde nicht die Baugenehmigungsbehörde bindet, weil die von der Baugenehmigungsbehörde zu überprüfenden Vorschriften vom Regelungsgehalt der Gaststättenerlaubnis nicht berührt werden. Demgegenüber **entfaltet die → Baugenehmigung im gaststättenrechtlichen Genehmigungsverfahren Bindungswirkung** für die Bereiche, die in die originäre Regelungskompetenz der → Bauaufsichtsbehörde fallen (BVerwG, NVwZ 1990, 559). Dies bedeutet insbesondere, dass die → Baugenehmigung einer Gaststätte für die eine Gaststättenerlaubnis erteilende Gewerbebehörde bindend festlegt, dass sich die → Immissionen, die bei der Nutzung der Gaststätte entsprechend der genehmigten Betriebsart typischerweise anfallen, sich im Rahmen des § 4 Abs. 1 Nr. 3 GastG halten. Das heißt außerdem, dass eine Gaststättenerlaubnis nicht wegen Verstoßes gegen baurechtliche Vorschriften versagt werden darf, die bereits im Baugenehmigungsverfahren zu berücksichtigen waren. Sind beispielsweise die Betriebszeiten für die Gaststättenräume bereits in der → Baugenehmigung festgelegt, ist dies für die gaststättenrechtliche Erlaubnis bindend (VGH Mannheim, NVwZ-RR 1993, 479). Soweit die → Baugenehmigung jedoch dies nicht bestimmt, sondern Spielraum lässt, kann aus gaststättenrechtlichen Erwägungen eine Betriebszeitbeschränkung, etwa die Verlängerung der Sperrzeit, um die Beeinträchtigung der Nachtruhe durch lärmende Jugendliche nach Schließung einer Diskothek zu schützen, in der gaststättenrechtlichen Erlaubnis erfolgen (OVG Bremen, GewArch 1979, 100).

6. Rechtsschutz

Im Zusammenhang mit der gaststättenrechtlichen Erlaubnis hat der **Nachbar** insbesondere einen **Anspruch darauf**, dass er **keinen schädlichen Umwelteinwirkungen** i. S. d. Bundesimmissionsschutzgesetzes oder sonst erheblichen Nachteilen, Gefahren oder Belästigungen ausgesetzt ist, § 5 Abs. 1 Nr. 3 GastG. Da der **Gastwirt sich** den → **Lärm zurechnen lassen muss, der von seinen Gästen** innerhalb und außerhalb des Lokals **verursacht wird**, kann beispielsweise dem Betreiber eines Lokals aufgegeben werden, die Durchführung von Musikdarbietungen nach 22.00 Uhr einzustellen, um den durch seine Gäste verursachten An- und Abfahrtslärm einzudämmen. Hierzu gehört auch die Anordnung, die Musikanlage so einzustellen und die Fenster geschlossen zu halten, damit ein bestimmter Lärmpegel nicht überschritten wird (OVG Münster, NVwZ-RR 1990, 241; GewArch 1970, 167). Bei nachhaltigen Lärmbelästigungen kann der Nachbar eine Sperrzeitverlängerung im Wege der einstweiligen Anordnung gemäß § 123 VwGO geltend machen, auch wenn dadurch eine zeitweilige Vorwegnahme der Hauptsache bewirkt wird (OVG Münster, GewArch 1991, 185; VGH München, GewArch 1990, 255). Mit der Begründung, eine Gaststätte sei an ihrem Standort planungsrechtlich unzulässig, kann sich ein Nachbar jedoch nicht gegen die Gaststättengenehmigung wenden, sondern muss die zugrunde liegende → Baugenehmigung anfechten (OVG Koblenz, GewArch 1998, 209).

Gauben → Dach

GbR → Arbeitsgemeinschaft; → Gesellschaft bürgerlichen Rechts; → Konsortialvertrag

Gebäude → Abstandsflächen; → Bauliche Anlage
Bei Gebäuden handelt es sich z. B. gem. § 2 Nr. 2 NBauO, § 2 Abs. 2 BauONRW um selbstständig benutzbare, überdachte, unbewegliche und mit dem Erdboden verbundene baulichen Anlagen, die vom Menschen betreten werden können und geeignet und bestimmt sind, dem Schutz von Menschen, Tieren oder Sachen zu dienen. Gebäude sind stets bauliche Anlagen im Sinne der Landesbauordnungen (vgl. § 2 Abs. 1 S. 1 oder 2 BauONRW) und werfen die Frage nach der Einhaltung von → Abstandsflächen auf.

Gebäudeabstand → Abstandsflächen

Gebäudehöhe → Abstandsflächen; → Traufe

Gebäudeversicherung
Die Gebäudeversicherung wird auch als Wohngebäudeversicherung bezeichnet. Sie beinhaltet die Absicherung gegen Feuer-, Hagel-, Sturm-, Leitungswasser- und Glasschäden für Immobilien. Der Leistungsumfang kann durch die Parteien individuell auf die zu versichernde Immobilie abgestimmt werden.

Gebot der Rücksichtnahme → Rücksichtnahmegebot

Gebrauchsfähigkeit
Bei dem Begriff Gebrauchsfähigkeit handelt es sich um einen in § 633 Abs. 1 BGB a. F. und § 13 Nr. 7 Abs. 1 VOB/B a. F. verwendeten Begriff, welcher das Nichtvorhandensein eines Mangels kennzeichnet. Die Gebrauchsfähigkeit einer Bauleistung war danach beeinträchtigt, wenn sie die in diesen Regelungen gestellten Anforderungen hinsichtlich ihres vertragsgemäßen Gebrauchs nicht erfüllte. Der → Auftragnehmer hatte die hieraus resultierenden Folgen, wie beispielsweise Mangelbeseitigung/Minderung/Schadensersatz, zu tragen. Der Begriff wurde in § 633 Abs. 2 Nr. 2 BGB n. F. und § 13 Nr. 1 b) VOB/B n. F. durch den Begriff der „gewöhnlichen Verwendung" ersetzt.

Gebühren → Baugenehmigung

Für Amtshandlungen erheben die Behörden des Staates Gebühren auf der Grundlage des jeweiligen landesrechtlichen Kostengesetzes. Solche Amtshandlungen liegen insbesondere vor, wenn die Behörde Einverständnisse, Zustimmungen, Genehmigungen, Erlaubnisse, Bewilligungen oder Gestattungen erteilt bzw. solche als erteilt gelten (vgl. Art. 1 Abs. 1 BayKG).

1. Baugenehmigungsgebühren

Die Baugenehmigungsgebühren werden je nach Bundesland mit Promille-Sätzen anhand fiktiver Rohbauwerte festgesetzt. Der Rohbauwert wird geschätzt, wobei (lt. *Hörstel*, Kostendeckungs- und Äquivalenzprinzip als Schranken öffentlich-rechtlicher Gebühren und Beitragssätze, BauR 1997, 14, 21) in Brandenburg je qm ein Durchschnitts-/Rohbauaufwand von DM 229,00 (Euro 117,08), in Thüringen von DM 176,00 (Euro 89,99) und in Rheinland-Pfalz von DM 153,00 (Euro 78,23) zugrunde gelegt wird. Die Gebühr je angefallene DM 1.000,00 (Euro 511,29) Rohbauwert in Promille wird danach je nach Bundesland in Niedersachen mit 10 Promille, in Brandenburg und Hamburg mit 12 Promille, in Mecklenburg-Vorpommern mit 10 Promille, in Sachsen-Anhalt mit 9 Promille, in Thüringen mit 8 Promille und in Rheinland-Pfalz mit 6 Promille angegeben (vgl. *Hörstel*, a. a. O., S. 21).

Im Rahmen einer → Baugenehmigung in Bayern werden beispielsweise nach Nr. 1.24.1 des Kostenverzeichnisses zum Kostengesetz (abgedr. in: *Simon/Busse*, BayBO, Anhang 511) für den bauplanungsrechtlichen Teil, wenn das Vorhaben im Geltungsbereich eines Bebauungsplans gemäß § 30 Abs. 1 BauGB liegt, 1 von 1000 der Baukosten angesetzt, in allen anderen Fällen 2 von 1000 der Baukosten. Für den bauordnungsrechtlichen Teil werden in vereinfachten Baugenehmigungsverfahren in der Regel 1 von 1000 der Baukosten berechnet, in allen anderen Fällen 2 von 1000 (vgl. Nr. 1.24.1.1 und 1.24.1.2 des Kostenverzeichnisses zum Bayerischen Kostengesetz).

Im Falle einer **nachträglichen → Baugenehmigung eines Schwarzbaus** war das Bundesverwaltungsgericht der Auffassung, der Gleichheitssatz und das Äquivalenzprinzip verböten es nicht, eine dreifach höhere Gebühr zu erheben, als sie bei einer vorherigen → Baugenehmigung angefallen wäre (BVerwG, NVwZ 2002, 489).

2. Bauvoranfragen

Je nach den Landesbauordnungen unterschiedlich sind z. B. in Hessen bei der Entscheidung über die → Bauvoranfrage bis zu 40 % der Baugenehmigungsgebühren zu berechnen, wobei die Gebühr nach dem Umfang zu bemessen ist, in welchem durch den Vorbescheid die → Baugenehmigung vorweggenommen wird (so Nr. 6 421 des Hessischen VwKostO des Geschäftsbereichs HMWVL).

3. Befreiungen

Im Zusammenhang mit der Erteilung von Befreiungen von Festsetzungen des Bebauungsplans nach § 31 Abs. 2 BauGB werden nach Nr. 1.31 des Kostenverzeichnisses zum Bayerischen Kostengesetz 10 % des Wertes des Nutzens, der durch die Befreiung in Aussicht steht als Gebühr erhoben, bei Abweichungen von bauordnungsrechtlichen Vorschriften grundsätzlich 5 % (Nr. 1.30 des Kostenverzeichnisses zum Bayerischen Kostengesetz). Nach der Berliner Baugebührenordnung kostet eine Überschreitung der zulässigen Grundflächenzahl pro Quadratmeter (qm) zusätzlicher Grundfläche 102,00 Euro und eine Überschreitung der zulässigen Geschossfläche pro Quadratmeter (qm) zusätzlicher Geschossfläche 35,00 Euro (§ 1 Abs. 1 BauGebO i. V. m. Tarifstelle 2034 c). Andere Länder haben ähnliche Regelungen.

4. Nutzungsänderungen

Bei einer → Nutzungsänderung sind für die Erteilung einer Zustimmung zur Änderung von Bauvorhaben in Abweichung von → Bauvorlagen, denen bereits zugestimmt worden ist, 2.500 bis 5.000 Euro festzusetzen. Wird das Bauvorhaben wesentlich geändert (z. B. hinsichtlich der Konstruktion oder des Erscheinungsbildes) sind 2 von 1.000 der Baukosten anzusetzen abzüglich 50 % der Gebühr für eine Erstzustimmung (Nr. 1.41.2 des Kostenverzeichnisses zum Bayerischen Kostengesetz; vgl. Anhang 510 ff. in: *Simon/Busse*, BayBO).

5. Höhe der Gebühr bei verzögerter Amtshandlung

Nach § 14 Abs. 2 BadWürttGebG wird eine Gebühr, die bei richtiger Sachbehandlung nicht erwachsen wäre, nicht erhoben. In diesem Fall folgt für den Betroffenen ein Anspruch auf Niederschlagung einer festgesetzten oder auf Erstattung einer bereits bezahlten Gebühr.

Eine solche unrichtige Sachbehandlung liegt nur vor, wenn der Behörde bei der Sachbehandlung offensichtlich schwerwiegende Fehler oder Irrtümer unterlaufen sind, insbesondere wenn eine nicht sachdienliche, überflüssige oder sonst für den Gebührenschuldner wertlose Amtshandlung, die er nicht veranlaßt hat, vorgenommen wird. Im Hinblick auf eine 1981 beantragte und 1996 durchgeführte Vermessung eines Grundstücks hat der VGH Mannheim eine Berechnung der Gebühren unter Anwendung der höheren Gebührensätze von 1996 (statt 1981) für unbedenklich gehalten. Denn eine erhebliche – weil jahrelange – Verzögerung beantragter Vermessungsarbeiten stellt keine unrichtige Sachbehandlung im Sinne von § 14 Abs. 2 BadWürttGebG dar, auch wenn zwischenzeitlich eine Gebührenerhöhung eingetreten ist (VGH Mannheim, NVwZ-RR 2001, 534 f.).

6. Zurückhaltung der Baugenehmigung bis Zahlung der Gebühren

Der VGH München hat die bei Landratsämtern übliche Praxis, Baugenehmigungen nur gegen Bezahlung der geschuldeten Baugenehmigungsgebühren auszuhändigen, für rechtmäßig gehalten, da sie im Einklang mit Art. 14 Abs. 3 BayKG steht. Danach können Urkunden und sonstige Schriftstücke bis zur Bezahlung der geschuldeten Kosten zurückgehalten werden (VGH München, BayVBl. 2002, 87 f.).

Gefahrtragung

Im Werkvertragsrecht beinhaltet die Gefahrtragung die Klärung, wer die Folgen eines von keinem Vertragspartner verschuldeten Ereignisses zu tragen hat. Gem. § 644 Abs. 1 S. 1 BGB/§ 4 Nr. 5 VOB/B trägt der → Auftragnehmer bis zur → Abnahme des Werkes die Gefahr des Unterganges oder der Verschlechterung aller von ihm ausgeführter Leistungen. Diese Regelung wird zugunsten des Auftragnehmers eingeschränkt bei Annahmeverzug des Auftraggebers (§§ 293 ff. BGB), z. B. bei grundloser und unter → Frist gebotener, aber vom → Auftraggeber grundlos verweigerter Abnahme. Dann gerät der Auftraggeber in Annahmeverzug. Die Gefahr geht auf ihn über.

Im Falle des Vorliegens von Fällen höherer Gewalt, Krieges, Aufruhrs oder anderer objektiv unabwendbarer, vom Auftragnehmer nicht zu vertretender Umstände geht die Gefahr der Vergütung gem. § 7 Nr. 1 VOB/B i. V. m. § 6 Nr. 5 VOB/B entgegen der Regelung des § 644 BGB auf den Auftraggeber über. Die Leistungsverpflichtung des Auftragnehmers bleibt davon allerdings unberührt.

Gefahrübergang → Gefahrtragung

Geländeoberfläche → Abstandsflächen

Geltungsbereich der HOAI → Anwendungsbereich der HOAI

Gemeinbedarfsflächen   → Enteignung

Innerhalb eines Bebauungsplanes können sog. Flächen für den Gemeinbedarf festgesetzt werden, d. h. Flächen für Anlagen und Einrichtungen, die der Allgemeinheit dienen wie beispielsweise **Schulen**, **Krankenhäuser**, **Kindergärten** und dergl. Derartigen Einrichtungen ist gemeinsam, dass sie nicht mit privatwirtschaftlichem Erwerbszweck betrieben werden (BVerwG, BauR 1994, 485). Der Gemeinbedarf muss im → Bebauungsplan konkret benannt werden, wie z. B. „Altenheim" oder „Kultur- und Begegnungszentrum" (BVerwG, DVBl. 1994, 1139). Die allgemeine Angabe „für Zwecke des Gemeinbedarfs" reicht regelmäßig nicht aus. Das Bundesverwaltungsgericht hat die Festsetzung einer Gemeinbedarfsfläche mit dem Zusatz „Dorfplatz i. V. m. Stellplatzfläche" als regelmäßig hinreichend konkretisiert eingestuft, zumal der Begründung des Bebauungsplanes entnommen werden konnte, dass der Dorfplatz als „Kommunikationsplatz" und „Identifikationsbereich" vorgesehen sei. Die zusätzlich erwähnten → Stellplätze schaden dabei nicht. Eine exakte Zweckbestimmung des Dorfplatzes, etwa für Märkte, Schützenfeste o. ä. wird vom Bestimmtheitsgebot nicht verlangt (BVerwG, BauR, 1996, 65). Auch die Festsetzung einer Gemeinbedarfsfläche mit dem Zusatz „Schule und Anlagen für soziale und sportliche Zwecke" ist regelmäßig hinreichend konkretisiert (BVerwG, BauR 1988, 448).

Die Festsetzung von Gemeinbedarfsflächen **entzieht** die **betroffenen Grundstücke** in der Regel der **Bebauung durch den Eigentümer**, sie kann dadurch enteignende Wirkung haben und die Gemeinde zur Entschädigung verpflichten. Der Bundesgerichtshof hat dementsprechend bei Festsetzung eines nicht baulich genutzten einzelnen Innenbereichsgrundstücks als Gemeinbedarfsfläche (Freiluftschneise) dem Eigentümer die Verkehrswertentschädigung für Bauland zugesprochen (§ 40 Abs. 2 BauGB). Eine Entschädigung ist danach auch nicht gemäß § 43 Abs. 3 S. 2 BauGB ausgeschlossen, der grundsätzlich eine Entschädigungspflicht für eine Nutzungsmöglichkeit ablehnt, wenn diese nicht binnen 7 Jahren nach Zulässigkeit der Nutzung ausgeübt wird. Denn § 43 Abs. 3 S. 2 BauGB gilt nur für solche Festsetzungen, die dem Eigentümer noch eine privatnützige Verwendung des Grundstücks belassen. Zudem darf dem Eigentümer nicht durch Festsetzungen der Gemeinbedarfsfläche auf seinem Grundstück im Vergleich zu seinen Nachbarn mit einem Sonderopfer belastet werden, ohne zumindest die volle Verkehrswertentschädigung zu erhalten (BGHZ 67, 320; 118, 11).

Gemeindliches Einvernehmen   → Amtshaftungsansprüche; → Factory Outlet Center;
   → Planungshoheit

1. Anwendungsbereich

Gemäß § 36 Abs. 1 S. 1 BauGB entscheidet die Baugenehmigungsbehörde im bauaufsichtlichen Verfahren über die Zulässigkeit von Vorhaben nach den §§ 31, 33 bis 35 BauGB im Einvernehmen mit der Gemeinde. Dieses Einvernehmen ist Ausdruck der durch Art. 28 Abs. 2 GG verfassungsrechtlich abgesicherten kommunalen Selbstverwaltungsgarantie der Gemeinde, aus der sich für die planenden Städte und Gemeinden auch Mitwirkungsrechte im Baugenehmigungsverfahren ergeben. Verweigert die Gemeinde ihr Einvernehmen rechtmäßig, so kann die Baugenehmigungsbehörde schon deswegen die → Baugenehmigung nicht erteilen. Das gemeindliche Einvernehmen ist **bei allen Vorhaben im nicht beplanten → Innenbereich (§ 34 BauGB) und im → Außenbereich (§ 35 BauGB) einzuholen. Nicht** erforderlich ist es hingegen nach § 36 Abs. 1 BauGB bei der plankonformen **Genehmigung nach § 30 Abs. 1 BauGB** und der Genehmigung auf der Grundlage eines **vorhabenbezogenen Bebauungsplanes nach § 30 Abs. 2 BauGB**, da in diesen Fällen das in dem gemeindlichen → Bebauungsplan verwirklichte Planungskonzept der Gemeinde bereits Grundlage und Maßstab für die Zulässigkeit der Vorhaben ist. Allerdings ist auch in diesen Fällen einer beabsichtigten plankonformen Genehmigungserteilung eine vorherige Information der Gemeinde sinnvoll und findet in der Praxis statt, um ihr die Möglichkeit zu geben, von dem Plansicherungsinstrument der §§ 14, 17 BauGB (Veränderungssperre) oder des § 15 BauGB (→ Zurückstellung von Baugesuchen) Gebrauch zu machen.

Die Erteilung des gemeindlichen Einvernehmens ist jedoch auch im Bereich eines qualifizierten Bebauungsplanes nach § 36 Abs. 1 BauGB **erforderlich bei** der **Erteilung von Ausnahmen und Befreiungen (§ 31 Abs. 1 u. 2 BauGB)** und für **Genehmigungen bei formeller oder materieller → Planreife (§ 33 Abs. 1 und 2 BauGB)**, da in diesen Fällen das Einvernehmen gerade nicht in der Befolgung des qualifizierten Bebauungsplanes gesehen werden kann.

Das Einvernehmen ist ferner erforderlich, wenn in einem anderen Verfahren, z. B. nach Bundesimmissionsschutzrecht, über die bauplanungsrechtliche Zulässigkeit eines Bauvorhabens entschieden wird. Hier ist das gemeindliche Einvernehmen lediglich im Rahmen der privilegierten → Fachplanung nach § 38 BauGB nicht erforderlich, da die Vorschriften über die planungsrechtliche Zulässigkeit von Bauvorhaben, §§ 29 bis 37 BauGB, und somit auch die Einvernehmensregelung des § 36 BauGB keine Anwendung finden für die nach § 38 BauGB privilegierte → Fachplanung.

2. Rechtsprüfung

Die Entscheidung über das gemeindliche Einvernehmen ist eine **reine Rechtsprüfung**. Die Gemeinde hat im Rahmen der Entscheidung über die Einvernehmenserteilung zu prüfen, ob ein Genehmigungsanspruch besteht. Ist dieser gegeben, so ist die Gemeinde verpflichtet, das Einvernehmen zu erteilen. Liegen die Voraussetzungen für einen Genehmigungsanspruch nicht vor, hat die Gemeinde ihr Einvernehmen zu versagen. **Ermessenserwägungen können nur insoweit Platz greifen**, als die gesetzlichen **Genehmigungsvoraussetzungen** solche **Ermessenselemente vorsehen**. Ist die Gemeinde selbst Baugenehmigungsbehörde, so kommt die Einvernehmensregelung nach Auffassung des Bundesverwaltungsgerichtes (BVerwGE 28, 268; 45, 207) nicht zur Anwendung.

Das **Einvernehmen** der Gemeinde **gilt als erteilt, wenn es nicht innerhalb von zwei Monaten** nach Eingang des Ersuchens der Genehmigungsbehörde **verweigert wird**. Ein Widerruf oder eine Rücknahme ist dann nicht mehr möglich (VGH München, BauR 1999, 1015). Eine Verlängerung dieser Zweimonatsfrist ist nicht möglich (BVerwG, BauR 1997, 444). Die Versagung des Einvernehmens zu einem Bauvorhaben ist eine empfangsbedürftige → Willenserklärung der Gemeinde, die erst wirksam wird, wenn sie der → Bauaufsichtsbehörde zugeht. Die Gemeinde hat den Zugang der nicht formgebundenen Erklärung zu beweisen. Wird die Versagungsfrist des § 36 Abs. 2 S. 2 BauGB versäumt, ist eine Wiedereinsetzung in den vorigen Stand nicht möglich (VGH München, BauR 2001, 926). Die Baugenehmigungsbehörde ist an die – auch rechtswidrige – Versagung des Einvernehmens nach § 36 BauGB nur gebunden, wenn das Einvernehmen erforderlich ist. Nimmt die Gemeinde irrig an, ihr Einvernehmen sei erforderlich, so kann – und muss – die Baugenehmigungsbehörde sich über die Versagung hinwegsetzen (BGH, Urt. V. 25. 2. 1988, Az: III ZR 118/87).

3. Ersetzung des Einvernehmens

Die Gemeinde darf sich für die Erteilung des Einvernehmens keine finanzielle Gegenleistung versprechen lassen. Dem Leistenden steht dann ein Anspruch auf Rückzahlung aus dem öffentlich-rechtlichen Erstattungsanspruch zu; die Gemeinde kann sich nicht auf einen Ausschluss der Erstattung wegen Kenntnis des Leistenden von der Nichtschuld gemäß § 814 1. Alt. BGB berufen (OVG Koblenz, BauR 1992, 479).

Ein **rechtswidrig versagtes Einvernehmen kann** gemäß § 36 Abs. 2 S. 3 BauGB durch die nach Landesrecht **zuständige Behörde** (Widerspruchsbehörde oder Kommunalaufsicht, vgl. Art. 81 BayBO) **ersetzt werden**. Dadurch soll verhindert werden, dass die Gemeinde ohne weitere Angabe von Gründen durch die schlichte Verweigerung des Einvernehmens einen längerfristigen Baustopp bewirkt, obwohl das Vorhaben eigentlich planungsrechtlich zulässig ist. Die **Ersetzung des Einvernehmens** stellt **gegenüber der Gemeinde einen Verwaltungsakt dar**, gegen den die Gemeinde an sich mit aufschiebender Wirkung → Widerspruch einlegen und Anfechtungsklage erheben könnte. Da der Gemeinde jedoch eine isolierte → Anfechtung der Einvernehmensersetzung dann nicht weiterhilft, wenn die → Baugenehmigung bereits erteilt ist, wird eine Anfechtung der → Baugenehmigung erforderlich, bei der jedoch die aufschiebende Wirkung gemäß § 212 a Abs. 1 BauGB entfällt. Der → Bauherr hat auf die Ersetzung des rechtswidrig versagten Einvernehmens einen Anspruch, wenn er auch Anspruch auf Erteilung der → Baugenehmigung hat.

Genehmigungsplanung → Amtshaftungsansprüche

Der Architekt entwickelt im Rahmen der → Objektplanung regelmäßig die in § 15 Abs. 2 Nr. 4 HOAI beschriebenen → Grundleistungen der Genehmigungsplanung aus dem Entwurf weiter. Den Schwerpunkt dieser → Leistungsphase bildet das Genehmigungsverfahren. Der Architekt muss innerhalb des Genehmigungsverfahrens Anträge formulieren, Unterlagen zusammenfassen, diese einreichen und das Genehmigungsverfahren selbst begleiten. Für diese Tätigkeit muss der Architekt hinreichende Kenntnisse im Bauplanungs- und → Bauordnungsrecht aufweisen und die gängige Behördenpraxis kennen (BGH, NJW 1985, 1692). Die Genehmigungsplanung selbst wird durch folgende einzelnen Leistungen beschrieben:

1. Erarbeitung von Unterlagen für die nach den öffentlich-rechtlichen Vorschriften erforderlichen Genehmigungen oder Zustimmungen einschließlich der Anträge auf Ausnahmen und Befreiungen unter Verwendung der Beiträge anderer, an der Planung fachlich Beteiligter sowie noch notwendiger Verhandlungen mit Behörden,
2. Einreichung der zuvor genannten Unterlagen,
3. Vervollständigung und Anpassung der Planungsunterlagen, Beschreibungen und Berechnungen unter Verwendung der Beiträge anderer, an der Planung fachlich Beteiligter,
4. bei → Freianlagen und raumbildenden Ausbauten die Prüfung bezüglich des Vorliegens notwendiger Genehmigungen, Einholung von Zustimmungen und Genehmigungen.

Dieser Leistungsphase sind als → Besondere Leistungen z. B. zugeordnet,
1. das Mitwirken des Architekten bei der Beschaffung der nachbarlichen Zustimmung,
2. die Erarbeitung von Unterlagen für besondere Prüfverfahren,
3. die fachliche und organisatorische Unterstützung des Bauherren im Widerspruchsverfahren, Klageverfahren oder ähnlichem,
4. die Änderung der Genehmigungsunterlagen infolge von Umständen, die der → Auftragnehmer nicht zu vertreten hat.

Die Genehmigungsplanung orientiert sich grundlegend an dem im Rahmen des Architektenvertrages zu erbringenden Werk. Sofern die beantragte → Baugenehmigung mehrmals verweigert worden ist und der Auftraggeber deswegen die Architektenleistung nicht abnimmt und sogar den → Architektenvertrag gekündigt hat, steht dem Architekten möglicherweise kein → Honoraranspruch für die von ihm hergestellten Planungen zu (OLG Düsseldorf, BauR 1986, 469). Etwas anderes gilt, wenn der Bauherr ausdrücklich die nicht genehmigungsfähige Bebauung gefordert hat und der Architekt ihn auf die mangelnde Genehmigungsfähigkeit hingewiesen hat. Der Architekt behält seinen Honoraranspruch zudem, wenn die Gemeinde rechtswidrig ihr Einvernehmen zu dem → Bauantrag des Architekten verweigert (OLG München, IBR 1995, 386).

Generalübernehmer → Anwendungsbereich der HOAI

Die Tätigkeit eines Generalübernehmers stellt eine gewerbliche Tätigkeit dar und ist deshalb nicht mit dem Berufsbild des freischaffenden Architekten vereinbar. Generalübernehmer ist grundsätzlich der, wer im eigenen Namen die Planungs- und Bauleistungsverträge für das Bauvorhaben des Bauherrn schließt, wenn diesem das → Baugrundstück bereits gehört. Er führt selbst weder Planungs- noch → Bauleistungen aus. Es ist deshalb umstritten, ob der Generalunternehmer gemäß § 8 Nr. 2 VOB/B → Bewerber im Rahmen einer öffentlichen → Ausschreibung sein kann (*Schmidt/ Reitz*, Bauverträge erfolgreich gestalten und managen, S. 154 m. w. N; s. auch VK Bund, IBR 2002, 271 (dafür); OLG Frankfurt, IBR 2001, 220 (dagegen)).

Generalunternehmer → Anwendungsbereich der → HOAI; → Kündigung

Der Generalunternehmer führt wesentliche Teile der Bauleistung selbst aus und übernimmt die Gesamterstellung eines Bauwerkes sowie die → Gewährleistung dafür. Die verbleibenden → Bauleistungen werden durch ihn an die restlichen Gewerke (Nachunternehmer/Subunternehmer) vergeben. Diese führen ihre Arbeit selbstständig und eigenverantwortlich aus. Der Generalunternehmer ist ihr → Auftraggeber. Ein Vertragsverhältnis zwischen → Bauherr und → Nachunternehmer besteht nicht. Die Haftung und → Gewährleistung der Nachunternehmer richtet sich nach dem zwischen ihnen und dem Generalunternehmer geschlossenen Vertrag. Gem. § 4 Nr. 8 Abs. 2 VOB/B muss der Generalunternehmer mit seinen Nachunternehmern die Regelungen der VOB vereinbaren. In § 4 Nr. 8 Abs. 1 VOB/B muss der Auftraggeber des Generalunternehmers der Beauftragung von Nachunternehmern schriftlich zustimmen. Die Zustimmung ist nicht notwendig bei Leistungen, auf die der Betrieb des Generalunternehmers nicht eingerichtet ist. Holt der Auftragnehmer die Zustimmung des Auftraggebers nicht ein, so kann der Auftraggeber ihm eine angemessene → Frist zur Ausführung der Leistung im eigenen Betrieb setzen und nach erfolglosen Fristablauf kündigen (§ 4 Nr. 8 Abs. 1 S. 4 i. V. m. § 8 Nr. 3 VOB). Insoweit handelt es sich um eine → Kündigung aus wichtigem Grund. Sofern der Bauherr sich für den Einsatz eines Generalunternehmers entscheidet, obliegt diesem die Verantwortung für den ungestörten Bauablauf und die Gewährleistungsverpflichtungen. Von Architekten und Sonderfachleuten abgesehen, besteht nur ein Vertragsverhältnis mit dem Generalunternehmer.

Geräteversicherung → Baugeräteversicherung

Gerichtsstand

Der Gerichtsstand bezeichnet die örtliche Zuständigkeit eines Gerichtes für die Durchführung eines Rechtsstreites. Die unterschiedlichen Gerichtsstände ergeben sich aus §§ 12 ff. ZPO. Danach ist grundsätzlich das Gericht, bei dem eine Person, eine Unternehmung oder eine Behörde ihren Wohn-, Geschäfts- oder Behördensitz hat, für alle gegen sie gerichteten Klagen zuständig, sofern kein anderer Gerichtsstand gem. § 38 ZPO vereinbart ist. Letzteres kann durch Parteivereinbarungen geregelt werden. Speziell für Bauverträge ist beispielsweise in § 18 Nr. 1 VOB/B festgelegt, dass für Streitigkeiten aus dem Vertrag das Gericht am Gerichtsstand des Auftraggebers zuständig ist, wobei streitig ist, ob die Regelung nur für öffentliche → Auftraggeber gilt (dafür z. B.: OLG Brandenburg, BauR 1997, 1071; dagegen z. B. LG Stralsund, BauR 2000, 1532 (LS); LG Köln, BauR 2000, 143). Hinsichtlich des im Zivilrecht zulässigen Mahnverfahrens ist die Vorschrift des § 689 ZPO zu beachten. Danach ist für den Antrag der Gerichtsstand des Antragstellers maßgebend. Sofern die Klage beim unzuständigen Gericht anhängig gemacht worden ist und auf Hinweis des Gerichts kein Verweisungsantrag an das örtlich zuständige Gericht gestellt wird, weist das unzuständige Gericht die eingereichte Klage als unzulässig ab.

Gerichtsstand der Architektenhonorarklage

Gem. §§ 12, 13 ff. ZPO ist Gerichtsstand der Architektenhonorarklage das Gericht des Wohn- oder

Geschäftssitzes des Bauherrn. Gem. § 29 ZPO besteht die Möglichkeit für den Architekten, statt des Gerichtes des Wohn- oder Geschäftssitzes das Gericht des Erfüllungsortes i. S. v. § 269 Abs. 1 BGB anzurufen.

Gerichtsstand der Klage des Bauherrn gegen den Architekten

Gem. §§ 12 ff. ZPO ist das Gericht für Klagen gegen den Architekten zuständig, in dessen Bezirk der Architekt wohnt bzw. sein Büro unterhält. Die Klage gegen den Architekten kann aber nach umstrittener Ansicht auch am Ort des Bauwerkes erhoben werden, da im Architektenhaftungsprozess häufig Feststellungen am Bauwerk selbst getroffen werden müssen und der Architekt seine Leistungen in der Regel am Ort des Bauwerkes zu erfüllen haben soll (OLG Stuttgart, BauR 1977, 72). Sofern dem Architekten lediglich die Leistungsphasen 1 bis 5 gemäß § 15 HOAI oder weniger übertragen wird, kann der Ort des Bauwerkes für die Bestimmung des Gerichtsstandes nicht herangezogen werden. Dieser Umstand ist darin begründet, das die durch den Architekten zu erbringenden Planungsleistungen in seinem Büro, nicht aber auf der → Baustelle erbracht werden (OLG Köln, NJW-RR 1994, 986; LG Baden-Baden, BauR 1982, 606; a. A.: LG München I, NJW-RR 1993, 212).

Geruchsbelästigungen → Immissionen

Gesamtschuldnerische Haftung

Gem. § 421 BGB haften sowohl der Architekt als auch der Bauunternehmer aus ihren jeweiligen Tätigkeitsbereichen für denselben am Bauwerk auftretenden Mangel auf Schadensersatzentgelt als Gesamtschuldner, wenn der Architekt die Bauausführung mangelhaft überwacht hat (BGH, IBR 2001, 128). Anspruchsgläubiger ist der → Bauherr. Das gilt gleichermaßen für Bauunternehmer, die zwar mit unterschiedlichen Gewerken beauftragt waren, deren fehlerhafte Leistungen jedoch zu einem Mangel geführt haben, der nur einheitlich beseitigt werden kann (BGH, BauR 2003, 1379; OLG Stuttgart, IBR 2004, 11), Der Bauherr kann nach seiner freien Wahl den Ersatz des Schadens von jedem der Gesamtschuldner, insgesamt aber nur einmal, verlangen. Für die übernommenen jeweiligen Vertragsleistungen besteht im Gegensatz dazu kein Gesamtschuldverhältnis.

Gem. § 278 BGB ist der Architekt **Erfüllungsgehilfe** des Bauherrn mit der Folge, dass dem Bauherrn ein Planungsfehler des Architekten (nicht ein Überwachungsfehler! z. B. BGH, BauR 1989, 97; 1986, 89) schadensmindernd zuzurechnen ist (BGH, BauR 1971, 265). Der Bauunternehmer kann daher gegen einen Schadensersatzanspruch des Bauherrn einwenden, der Bauherr habe den Mangel oder Schaden dadurch mit zu verantworten, dass der Architekt ihn durch fehlerhafte Planung verursacht hat.

Sofern der Bauherr für die Planungsphase und die Ausführungsphase jeweils unterschiedliche Architekten beauftragt hat, kann sich der planende Architekt nicht darauf berufen, dass der bauüberwachende Architekt → Erfüllungsgehilfe des Bauherrn sei. Dies ist darin begründet, dass die Überwachungsleistung keine Pflicht des Bauherrn gegenüber dem planenden Architekten ist. Dem planenden Architekten obliegt lediglich die Pflicht zur Bereitstellung richtiger Pläne gegenüber dem Bauherrn (BGH, NJW-RR 1989, 86). Der bauüberwachende Architekt haftet mit dem planenden Architekten ggf. als Gesamtschuldner, wenn die Leistungen beider für den Schaden mitursächlich waren, z. B., da die Planung mangelhaft war und der Überwacher dies hätte erkennen können oder müssen (OLG Köln, IBR 2003, 485).

Gem. § 426 BGB steht den Gesamtschuldnern untereinander ein **Ausgleichsanspruch im Innenverhältnis** zu, wenn einer die Schadensersatzleistung erbracht hat. Grundsätzlich richtet sich der jeweilige Ausgleichsanspruch nach dem Haftungsanteil, also nach dem Umfang am Verschulden der

Beteiligten. Der Ausgleichsanspruch ist unabhängig von Einreden, welche dem in Anspruch genommenen Gesamtschuldner gegen den Bauherrn zustehen oder zustehen würden.

Sofern einer der Gesamtschuldner mit dem Bauherrn einen **Vergleich** über die Schadensregulierung schließt, wirkt dieser auch zugunsten der anderen Gesamtschuldner (OLG Köln, BauR 1993, 744). Besonderheiten bei der gesamtschuldnerischen Haftung ergeben sich vor allem dann, wenn Bauunternehmer und Architekt für ihre Leistungen **unterschiedliche Gewährleistungsfristen** vereinbart haben. Bei Vereinbarung der → VOB/B im → Bauvertrag besteht eine vierjährige → Gewährleistungsfrist für Mängel des Bauunternehmers. Der Architekt hingegen kann die → Einrede der Verjährung erst 5 Jahre nach → Abnahme des Architektenwerkes erheben. Der Architekt muss, wenn die Ansprüche gegen den Bauunternehmer verjährt sind, zunächst allein gegenüber dem Bauherrn für die Mängelbeseitigung einstehen und kann erst dann im Innenverhältnis gegenüber dem Bauunternehmer seinen Ausgleichsanspruch durchsetzen. Dieser Ausgleichsanspruch unterliegt der regelmäßigen Verjährung von 3 Jahren. Aufgrund dieser Verjährungsfrist kann durch die Parteien bei Abschluss des Architektenvertrages vereinbart werden, dass der Architekt nur im Falle des Unvermögens des Bauunternehmers für Aufsichts- und Prüfungsfehler haften soll. Es handelt sich hierbei um eine sogenannte **Haftungsbeschränkung**. Die Verjährung dieses Haftungsanspruches beginnt erst dann, wenn das Unvermögen des Bauunternehmers feststeht (BGH BauR 1987, 343).

Die Bestimmung einer **Haftungsquote** durch den Architekten **im Rahmen der Allgemeinen Geschäftsbedingungen** ist nicht wirksam möglich (OLG Düsseldorf, IBR 1994, 246).

Darüber hinaus kann zwischen dem Architekten einerseits und dem **Tragwerksplaner** oder dem **Geologen** andererseits in einigen Fällen eine gesamtschuldnerische Haftung bestehen. Grundsätzlich hat der Tragwerksplaner nur für die Standfestigkeit seines Tragwerkes einzustehen. Der Geologe hingegen haftet für die Richtigkeit seiner Baugrundbeurteilung. Fehler in beiden Bereichen können sich jedoch auf das Bauwerk auswirken und sich dort mit den Fehlern des Architekten überschneiden. Der Tragwerksplaner muss nicht die Planung des Architekten auf ihre allgemeine → Gebrauchsfähigkeit hin überprüfen. Nur offensichtliche Fehler oder sich aufdrängende Bedenken muss er dem Bauherrn gegenüber mitteilen (OLG Köln, BauR 1986, 714).

In dem Verhältnis des Architekten und des Tragwerkplaners zum Bauherrn können beide bezüglich des jeweils anderen den Einwand geltend machen, der andere sei Erfüllungsgehilfe des Bauherrn. Der Bauherr haftet grundsätzlich gem. §§ 278, 254 BGB wegen Mitverschuldens. Dem Bauherrn obliegt es, dem Tragwerksplaner die richtige Planung bereitzustellen. Darüber hinaus muss der Bauherr auch dem Architekten gegenüber dafür einstehen, dass der vom Bauherrn eingeschaltete Tragwerksplaner seine Leistungen richtig erbringt. Für die Auswahl der den Baugrundverhältnissen entsprechenden Fundamente eines Bauwerkes haftet der Architekt allein, wenn er keinen Geologen eingeschaltet hat. Eine Haftung des Tragwerksplaners kommt nicht in Betracht. Im Verhältnis des Bodengutachters und des Architekten zum Bauherrn haftet der Architekt voll für eine falsche Bauwerksgründung. Dies gilt auch, wenn diese auf einer Fehlberatung des Geologen beruht (OLG Köln, BauR 1992, 804).

Geschäftsführung ohne Auftrag

Die Geschäftsführung ohne → Auftrag ist in den §§ 677 bis 687 BGB geregelt. Sie beinhaltet die Übernahme eines Geschäftes durch einen Geschäftsführer, ohne dass dieser dafür vom Geschäftsherrn beauftragt ist. Gem. § 677 BGB ist der Geschäftsführer verpflichtet, das Geschäft so zu führen, wie das Interesse des Geschäftsherrn mit Rücksicht auf dessen wirklichen oder mutmaßlichen Willen es erfordert. Steht die Übernahme der Geschäftsführung zu dem wirklichen oder dem mutmaßlichen Willen des Geschäftsherrn in Widerspruch und musste der Geschäftsführer dies erkennen, so ist er dem Geschäftsherrn gemäß § 678 BGB zum Ersatz des aus der Geschäftsführung entstandenen Schadens auch dann verpflichtet, wenn ihm ein sonstiges Verschulden nicht zur Last fällt. Die Ausnahme hierzu bildet gem. § 680 BGB die Geschäftsführung zur Gefahrenabwehr und gem. § 679 BGB die Geschäftsführung, ohne die eine Pflicht des Geschäftsherrn, deren Erfüllung im öffentlichen Interesse liegt, nicht oder ohne die eine gesetzliche Unterhaltspflicht des Geschäftsherrn nicht rechtzeitig erfüllt werden würde. Beim Vorliegen der Voraussetzungen des § 680 BGB haftet der Geschäftsführer bei Geschäftsführung zur Gefahrenabwehr nur für Vorsatz und grobe → Fahrlässigkeit.

Im Bereich der → VOB/B wird die Geschäftsführung ohne Auftrag in § 2 Nr. 8 VOB/B erfasst. Grundsätzlich sind Leistungen, welche der → Auftragnehmer ohne Auftrag oder unter eigenmächtiger Abweichung vom Vertrag ausführt, nicht zu vergüten. Hierzu bilden die Regelungen in § 2 Nr. 8 Abs. 2 und 3 VOB/B Ausnahmen. Gemäß § 2 Nr. 8 Abs. 2 VOB/B kann der Auftragnehmer ohne Auftrag oder unter eigenmächtiger Abweichung erbrachte Leistungen vergütet verlangen, wenn diese durch den → Auftraggeber nachträglich anerkannt wurden oder wenn die Leistungen für die Erfüllung des Vertrages notwendig waren, den mutmaßlichen Willen des Auftraggebers entsprachen und ihm unverzüglich angezeigt wurden. In § 2 Nr. 8 Abs. 3 VOB/B ist geregelt, dass die Vorschriften über die Geschäftsführung ohne Auftrag ebenfalls anwendbar sind.

Geschäftsgrundlage → Wegfall oder Änderung der Geschäftsgrundlage

Die Geschäftsgrundlage umfasst gem. § 242 BGB alle grundlegenden Umstände, die zwischen den Parteien zwar nicht Vertragsinhalt geworden sind, aber durch diese erkennbar dem Vertragsabschluss zugrunde gelegt wurden. Die Änderung oder gar der Wegfall der Geschäftsgrundlage führt zu einer Änderung des Vertrages. Die Vertragsänderung/Vertragsanpassung ist an strenge Voraussetzungen geknüpft. Die Grundsätze über den Wegfall der Geschäftsgrundlage gelten gemäß § 60 Abs. 1 S. 1 VwVfG auch im öffentlichen Recht und verlangen eine so wesentliche Änderung der Verhältnisse, dass dem betroffenen Vertragspartner ein Festhalten an den geschlossenen Vereinbarungen nicht zuzumuten ist. Der VGH Mannheim hat in diesem Kontext zur Stellplatzablösevereinbarung ausgeführt, dass ein → Bauherr, der nachträglich in die Lage versetzt wird, die von ihm abgelösten → Stellplätze auf dem → Baugrundstück oder in zumutbarer Entfernung herzustellen, sich nicht darauf berufen kann, die Geschäftsgrundlage des mit der → Bauaufsichtsbehörde geschlossenen Ablösevertrages sei weggefallen, wenn eine solche Entwicklung in den Risikobereich des Bauherrn fallen soll, weil die im Vertrag in Bezug genommenen Richtlinien über → Stellplätze diesen Fall regeln und keine abweichenden Vereinbarungen getroffen worden sind (VGH Mannheim, BauR 2000, 716 ff.).

Geschlossene Bauweise → Bauweise

Geschoss → Vollgeschoss

Geschossfläche, Geschossflächenzahl → Maß der baulichen Nutzung

Die Geschossflächenzahl (GFZ) gehört zur Bestimmung des Maßes der baulichen Nutzung.

1. Definition

Die Geschossflächenzahl gibt an, **wie viel qm Geschossfläche je qm Grundstücksfläche** insgesamt **zulässig sind**. Zum Beispiel bedeutet eine GFZ von 0,8 etwa bei einem 1.000 qm großen Grundstück mit dreigeschossiger Bebauung maximal 800 qm Geschossfläche insgesamt, § 20 Abs. 2 BauNVO.

2. Ermittlung der zulässigen Geschossfläche
Nach § 20 Abs. 3 BauNVO ist die Geschossfläche nach den **Außenmaßen der Gebäude** in allen Vollgeschossen zu ermitteln.

3. Außenmaße der Gebäude
Grundlage der Berechnung der Geschossflächen sind die Außenmaße des Gebäudes. So gehören zu den Geschossflächen außer den Hauptnutzflächen und den gebäudeinternen Verkehrsflächen auch die Flächen der Treppenräume und Aufzüge unabhängig von der Tatsache, dass diese Gebäudeteile die Geschossebenen durchbrechen. **Hinzuzurechnen** sind grundsätzlich auch **Vorbauten vor den Außenwänden** und damit Gebäudeteile, die über die Grundstücksgrenzen hinaus in den öffentlichen Verkehrs- oder Grünrahmen hineinragen. Im einfachen Fall, wenn das → Gebäude keine Rücksprünge, Terrassierungen etc. besitzt, kann die Geschossfläche des Erdgeschosses mit der Zahl der Vollgeschosse multipliziert werden. Bei Gebäudevor- bzw. -rücksprüngen wie beispielsweise bei terrassierter → Bauweise, müssen die Geschossflächen der Obergeschosse gesondert ermittelt werden (*Boeddinghaus*, BauNVO-Kommentar., § 20 Rdn. 31).

Nach § 20 Abs. 4 BauNVO **bleiben** bei der Ermittlung die Geschossflächennebenanlagen, **Balkone, Loggien, Terrassen** sowie **bauliche Anlagen,** wenn sie nach Landesrecht **in den → Abstandsflächen zulässig sind** oder zugelassen werden können, **unberücksichtigt.** Dies bedeutet beispielsweise, dass die Flächen von Nebenanlagen wie Gartenlauben, Geräteschuppen, Mülltonnenschränke ebenso wie Balkone, Loggien und Terrassen und übliche Grenzgaragen bei der Berechnung der zulässigen Geschossfläche nicht angerechnet werden, während sie bei der Berechnung der zulässigen Grundfläche nach § 19 BauNVO ganz oder teilweise mitzurechnen sind.

Nach § 20 Abs. 3 S. 2 BauNVO können Flächen von Aufenthaltsräumen in anderen Geschossen, d. h. **Geschossen, die nicht Vollgeschosse sind, unberücksichtigt** bleiben, wenn dies der → Bebauungsplan festsetzt. Hiermit soll die Schaffung von Wohnraum, insbesondere in Dachgeschossen oder geeigneten Untergeschossen ermöglicht werden (*Boeddinghaus*, BauNVO, § 20 Rdn. 32).

Gesellschaft bürgerlichen Rechts (GbR) → Arbeitsgemeinschaft; → Konsortialvertrag

Die Gesellschaft bürgerlichen Rechts wird auch als BGB-Gesellschaft bezeichnet, deren Grundlagen in den Regelungen der §§ 705 bis einschließlich 740 BGB normiert sind. Auf die BGB-Gesellschaft finden die Vorschriften des HGB keine Anwendung. Gem. § 705 BGB verpflichten sich die Gesellschafter durch den Gesellschaftsvertrag gegenseitig, die **Erreichung eines gemeinsamen Zweckes** in der durch den Vertrag bestimmten Weise zu fördern, insbesondere die vereinbarten Beiträge zu leisten. Die **Geschäftsführung** der GbR wird gem. § 709 Abs. 1, 1. HS BGB grundsätzlich **von allen Gesellschaftern gemeinsam wahrgenommen**, sofern der Gesellschaftsvertrag hierzu keine anderen Regelungen trifft. Nach zwischenzeitlich geänderter Rechtsauffassung kann die (Außen-)Gesellschaft bürgerlichen Rechts gem. §§ 705, 14 II BGB, 50 Abs. 1 ZPO, 128 HGB neben ihren Gesellschaftern selbst klagen oder verklagt werden, wenn und soweit sie durch Teilnahme am Rechtsverkehr eigene Rechte und Pflichten begründet (BGH, BauR 2001, 775). Eine Wohnungseigentümergemeinschaft (GbR) soll hingegen nach umstrittener Ansicht nicht rechtsfähig sein (BayObLG, IBR 2002, 50). Für die Verbindlichkeiten der BGB-Gesellschaft haften alle Gesellschafter **gesamtschuldnerisch unbeschränkt mit ihrem ganzen Vermögen** neben dem Vermögen der BGB-Gesellschaft. Mit Erreichen des vereinbarten Ziels, der Kündigung, des Konkurses oder des Todes eines Gesellschafters endet die GbR, sofern nicht durch den Gesellschaftsvertrag eine Weiterführung durch die anderen Partner vorgesehen ist. Im Bauwesen sind das Konsortium, die → Arbeitsgemeinschaft oder im Innenverhältnis die Beihilfegemeinschaft typische Gesellschaften bürgerlichen Rechts.

Gesetz zur Regelung des Rechts der allgemeinen Geschäftsbedingungen (AGB-Gesetz) → VOB

Mit Einführung des Schuldrechtsmodernisierungsgesetzes vom 1. 1. 2002 wurden die Regelungen des AGB-Gesetzes in die Vorschriften der §§ 305 ff. BGB übernommen. Die Regelungen der §§ 305 ff. BGB zeigen die gesetzlichen Anforderungen auf, die an die Allgemeinen Geschäftsbedingungen zu stellen sind. Hierdurch wird der Grundsatz der vertraglichen → Gestaltungsfreiheit eingeengt. Grundsätzlich müssen die durch die Vertragsparteien verwendeten Allgemeinen Geschäftsbedingungen angemessen sein. Sie dürfen den Vertragspartner des Verwenders nicht entgegen den Geboten von Treu und Glauben unangemessen benachteiligen. Wer solche Allgemeinen Geschäftsbedingungen verwendet, kann ggf. auf Unterlassung und **Widerruf** in Anspruch genommen werden. Darüber hinaus sind derartige Bestimmungen unwirksam.

Gesetzlicher Vertreter

Im → Baurecht ist eine in § 10 Nr. 1 und Nr. 5 VOB/B genannte Person gesetzlicher Vertreter, die rechtsverbindlich kraft Gesetzes, nicht aufgrund einer → Vollmacht, für und gegen andere handeln darf. Vertretungsberechtigte Organe juristischer Personen, wie beispielsweise der Vorstand einer Aktiengesellschaft (AG) oder die Geschäftsführer einer GmbH sind hierfür typische Beispiele. Darüber hinaus finden sich Regelungen zur gesetzlichen Vertretung in den Vorschriften der §§ 1626 ff. BGB (elterliche Sorge).

Gestaltungsfreiheit   → Folgekostenvertrag; → Gesetz zur Regelung des Rechts der Allgemeinen Geschäftsbedingungen; → Städtebauliche Verträge

Die Gestaltungsfreiheit ermöglicht es den Vertragsparteien, den Inhalt eines Vertrages beliebig zu bestimmen. Neben der Abschluss- und → Formfreiheit gehört die Gestaltungsfreiheit zu den wesentlichen Grundsätzen vertraglicher Schuldverhältnisse gem. §§ 241 ff. BGB. Die Gestaltungsfreiheit unterliegt gesetzlichen Einschränkungen insoweit, als der Vertrag weder eine unerlaubte Vertragsleistung noch eine vertragliche Verpflichtung der einen oder anderen Partei zu einer unmöglichen Leistung enthalten darf. Derartige Verträge sind gem. § 134 BGB nichtig. Gem. § 138 BGB sind Rechtsgeschäfte nichtig, wenn sie gegen die guten Sitten verstoßen oder sie unter Ausnutzung einer Zwangslage zu vermögensrechtlichen Vorteilen eines Vertragspartners führen. Dies wird allgemein bei Grundstücksverträgen dann angenommen, wenn der Vertragspreis den marktüblichen Preis um 100 % übersteigt (vgl. *Palandt/Heinrichs*, BGB-Kom., § 138 Rdn. 27). Die Gestaltungsfreiheit wird zudem durch die §§ 305 ff. BGB hinsichtlich der Verwendung Allgemeiner Geschäftsbedingungen eingeschränkt. Soweit im Baubereich im Vertrag Pflichten zur Übertragung und dem Erwerb von Grundstücken enthalten sind, bedarf der Vertrag zu seiner Wirksamkeit der notariellen Beurkundung (§ 311 b BGB). Für städtebauliche Verträge gelten zusätzliche Einschränkungen an die Vertragsleistungen wie das Koppelungsverbot, das Gebot der Angemessenheit etc. (§ 59 VwVfG, § 11 Abs. 2 BauGB).

Gewährleistung

Gem. § 633 BGB beinhaltet die Gewährleistung im Werkvertragsrecht die Verpflichtung des Auftragnehmers, dass die hergestellte Bauleistung zum Zeitpunkt der → Abnahme und darüber hinaus die **vereinbarte Beschaffenheit** aufweist und soweit keine Beschaffenheit vereinbart ist, das Werk sich für die nach Vertrag vorausgesetzte und ansonsten für die gewöhnliche Verwendung eignet und eine Beschaffenheit aufweist, die bei Werken der gleichen Art üblich ist und die der → Besteller nach der Art des Werkes erwarten kann. Einem Sachmangel steht es danach gleich, wenn der Unternehmer ein anderes als das bestellte Werk oder das Werk in zu geringer → Menge herstellt. § 633

BGB erfasst nun auch Rechtsmängel. Das Werk ist gemäß § 633 Abs. 3 BGB frei von Rechtsmängeln, wenn Dritte in Bezug auf das Werk keine oder nur die im Vertrag übernommenen Rechte gegen den Besteller geltend machen können. Dies kann z. B. bei Urheberrechten von Architekten oder Ingenieuren der Fall sein.

Gemäß § 13 Nr. 1 VOB/B ist eine Leistung frei von Sachmängeln, wenn sie die vereinbarte Beschaffenheit hat und den → anerkannten Regeln der Technik entspricht. Ist keine Beschaffenheit vereinbart, so ist die Leistung zur Zeit der Abnahme frei von Sachmängeln, wenn sie sich für die nach dem Vertrag vorausgesetzte und ansonsten für die gewöhnliche Verwendung eignet und eine Beschaffenheit aufweist, die bei Werken der gleichen Art üblich ist und die der → Auftraggeber nach der Art der Leistung erwarten kann. Die VOB/B wurde insoweit inzwischen an das BGB angeglichen. Diese Pflicht zur Gewährleistung besteht für den Auftragnehmer, ohne dass sein Verschulden erforderlich wäre. Sofern → Baumängel vorliegen, muss sie der Unternehmer innerhalb der Verjährungsfrist (Nachbesserung gem. § 13 Nr. 5 VOB/B bzw. Nacherfüllung gemäß § 635 BGB) beheben oder gem. § 13 Nr. 6 VOB/B bzw. § 638 BGB die Vergütung mindern lassen. Vom Auftragnehmer verschuldete Mängel begründen zudem eine zusätzliche Schadensersatzpflicht gem. § 13 Nr. 7 VOB/B bzw. §§ 634 Nr. 4, 280, 281 BGB. Sofern der Mangel auf die → Leistungsbeschreibung oder auf eine Anordnung des Auftraggebers bzw. von diesem gelieferte Stoffe oder die → Vorleistung eines anderen Unternehmers zurückzuführen ist, entfällt gem. § 13 Nr. 3 VOB/B die Gewährleistungspflicht des Auftragnehmers. Dies ist ausgeschlossen, wenn der Auftragnehmer seine Verpflichtung zur Geltendmachung von Bedenken gem. § 4 Nr. 3 VOB/B nicht beachtet. Beim BGB-Vertrag gilt grundsätzlich nichts anderes.

Die → Verjährung der Gewährleistungsansprüche ist in den §§ 634 a BGB bzw. 13 Nr. 4 und 5 VOB/B geregelt. Die Gewährleistungsansprüche schließen die Anspruchsgrundlagen aus c. i. c., wegen → Anfechtung oder wegen Wegfalls oder Änderung der → Geschäftsgrundlage aus, soweit derselbe Sachverhalt bzw. Mangel zugrunde liegt.

Gewährleistungsbürgschaft

Die Gewährleistungsbürgschaft sichert tatsächlich bestehende oder künftige Ansprüche auf → Gewährleistung. Sie kann nach dem Sicherungszweck auch die Ansprüche auf Gewährleistung für Mängel, die vor der → Abnahme entstanden sind und dabei erkannt wurden oder nicht, auf Leistung eines Vorschusses für die Mängelbeseitigung und auf Ausführung von Restarbeiten umfassen. Vorsorglich sollte der → Auftraggeber vereinbaren, dass sich die Gewährleistungsbürgschaft auch auf eventuelle Überzahlungen einschließlich Zinsen erstreckt. Es wird vertreten, dass sich Gewährleistungsbürgschaften nicht auf Überzahlungen und Zinsen erstrecken. Gemäß § 17 Nr. 1 Abs. 2 VOB/B dient die Gewährleistungsbürgschaft nur dazu, die Gewährleistung zu sichern. Im Gegensatz zur Erfüllungsbürgschaft endet die Gewährleistungsbürgschaft nicht damit, dass die Leistung des Auftragnehmers als erfüllt anzusehen ist, also regelmäßig mit der Abnahme. In der Regel besteht sie bis zum Ablauf der → Gewährleistungsfrist. Die Parteien können jedoch vereinbaren, dass die Gewährleistungsbürgschaft früher zurückzugewähren ist. Durch eine solche Regelung werden weder zu diesem Zeitpunkt bestehende oder später entstehende Gewährleistungsansprüche noch die vereinbarte Gewährleistungsfrist berührt. Die Parteien können auch vereinbaren, dass die Erfüllungsbürgschaft sich nach der Abnahme in eine Gewährleistungsbürgschaft umwandelt.

Soll durch die Gewährleistungsbürgschaft ein → Sicherheitseinbehalt abgelöst werden, so sollte die Herausgabe Zug um Zug gegen Übergabe des Sicherheitseinbehaltes stattfinden. Oftmals behalten Auftraggeber ansonsten gleich beide Sicherheiten. In einem solchen Fall ist der Auftragnehmer auf umständliche, zeitraubende und kostenverursachende Herausgabeansprüche verwiesen (vgl. BGH,

BauR 2000, 1501). Stellt der Auftragnehmer die Austauschbürgschaft zu einem Zeitpunkt, zu dem noch keine Mängel seines Werkes aufgetreten sind, dann muss der Auftraggeber den Sicherheitseinbehalt unverzüglich auszahlen (BGH, BauR 2001, 1893). Anderenfalls bleibt er auch dann zur Auszahlung verpflichtet, wenn später Mängel auftreten. Liegt der Sicherungsfall bei Stellung der Bürgschaft bereits vor, kann der Auftraggeber zwischen der Bürgschaft und dem Sicherheitseinbehalt wählen; er muss seine Wahl dem Auftragnehmer unverzüglich mitteilen; anderenfalls verliert er sein Wahlrecht und muss den Sicherheitseinbehalt auszahlen (BGH, BauR 2001, 1893).

Nach der **Insolvenzeröffnung** besteht ein Bereicherungsanspruch des Auftragnehmers unmittelbar gegen den Insolvenzverwalter, da dieser aus dem Besitz der Bürgschaftsurkunde keine Vorteile ziehen darf und die Verweisung des Rückgabeanspruchs zur Insolvenztabelle damit rechtsmissbräuchlich ist. Denn dem Insolvenzverwalter steht die Bürgschaft nicht zu, da der Sicherheitseinbehalt nicht ausgezahlt wurde.

Gewährleistungsfrist

Die Gewährleistungs- bzw. Verjährungsfrist für Gewährleistungsansprüche beinhaltet die Zeitspanne nach der → Abnahme, in welcher der → Auftragnehmer die Verpflichtung für die Mangelfreiheit der durch ihn erstellten Bauleistung übernommen hat. Die Verjährungsfrist beträgt gem. § 13 Nr. 4 VOB/B vier Jahre für Bauwerke, zwei Jahre für → Arbeiten an einem Grundstück und für die vom Feuer berührten Teile von Feuerungsanlagen sowie zwei Jahre bei maschinellen und elektronischen/elektrotechnischen Anlagen, welche der Wartung bedürfen und für die kein Wartungsvertrag für die Dauer der Gewährleistungsfrist abgeschlossen wurde. Gem. § 634 a BGB beträgt die Frist bei einem Bauwerk und einem Werk, dessen Erfolg in der Erbringung von Planungs- und Überwachungsleistungen hierfür besteht, fünf Jahre. Im Übrigen gilt die regelmäßige Verjährungsfrist. Gem. § 634 a Abs. 3 BGB verjähren die Gewährleistungsansprüche in der regelmäßigen Verjährungsfrist, wenn der Unternehmer den Mangel arglistig verschwiegen hat. Gem. § 195 BGB beträgt die regelmäßige Verjährungsfrist drei Jahre.

Gewerbe   → Kaufmann

Gewerbegebiet   → Art der baulichen Nutzung

Gemäß § 8 Abs. 1 BauNVO dienen Gewerbegebiete vorwiegend der **Unterbringung von nicht erheblich belästigenden Gewerbebetrieben**. Während das Gewerbegebiet vorwiegend der gewerblichen Nutzung dient, dient das → Industriegebiet ausschließlich der Unterbringung von Gewerbebetrieben; zudem ist der Störungsgrad im → Industriegebiet deutlich höher als im Gewerbegebiet (*Stüer*, Handbuch des Bau- und Fachplanungsrechts, Rdn. 303).

1. Allgemein zulässige Nutzungen

Gemäß § 8 Abs. 2 BauNVO sind zulässig:
– Gewerbebetriebe aller Art, Lagerhäuser, → Lagerplätze und öffentliche Betriebe,
– Geschäfts-, Büro- und Verwaltungsgebäude,
– Tankstellen (schließt übliche Reparaturwerkstätten ein) sowie Anlagen für sportliche Zwecke.

Folglich sind alle dem Oberbegriff „Gewerbe" zuzuordnenden Anlagen und Betriebe zulässig. Dies erfasst beispielsweise klassische Handwerksbetriebe oder andere gewerbliche Betriebsformen wie Einzelhandelsbetriebe, Läden, Betriebe des Beherbergungsgewerbes, gewerbliche Garagenanlagen, Fitnesscenter, Werkstätten etc. (*Fickert/Fieseler*, BauNVO, § 8 Rdn. 5). Auch Hallen als Bestandteile eines Straßenreinigungs- oder Speditionsbetriebs können in Gewerbe- oder Industriegebieten liegen (BVerwG, BRS 28 Nr. 43; VGH Mannheim, BRS 23 Nr. 34). Zulässige Gewerbeanlagen sind ferner Anlagen der Fremdwerbung, die sich nicht an der Stätte der → Leistung befinden müssen (BVerwG, BauR 1993, 350).

2. Ausnahmsweise zulässige Nutzungen
Nach § 8 Abs. 3 BauNVO können ausnahmsweise zugelassen werden:
- **Wohnungen für Aufsichts- und Bereitschaftspersonen** sowie für Betriebsinhaber und Betriebsleiter, die dem Gewerbebetrieb zugeordnet und ihm gegenüber in Grundfläche und Baumasse untergeordnet sind,
- **Anlagen für kirchliche, kulturelle, soziale** und **gesundheitliche Zwecke**,
- **Vergnügungsstätten**.

Hinsichtlich der ausnahmsweise zulässigen Wohnung ist erforderlich, dass ein räumlich-funktionaler Zusammenhang mit dem Betriebsgrundstück bestehen muss und die Wohnungen bzw. Wohngebäude im Vergleich zum Betrieb zumindest nicht gleichwertig erscheinen (OVG Münster, BRS 55 Nr. 60). Nach dem OVG Lüneburg ist ein barackenartiges Asylheim mit 18 beengten Räumen als Anlage für soziale Zwecke im Gewerbegebiet ausnahmsweise zulässig (OVG Lüneburg, UPR 1993, 236).

3. Nicht zulässige Nutzungen
Aufgrund ihres zu hohen Störungsgrades sind die **im immissionsschutzrechtlichen Genehmigungsverfahren** nach § 4 BImSchG i. V. m. § 2 der 4. BImSchV **genehmigungsbedürftigen Anlagen** im Gewerbegebiet ebenso wie im Mischgebiet nicht zulässig. Solche Anlagen sind im → Industriegebiet unterzubringen. Dementsprechend ist beispielsweise eine Bauschuttrecyclinganlage, die nach Nr. 8, 4. Spalte 1 des Anhangs zur 4. BImSchV genehmigungsbedürftig ist, im Gewerbegebiet grundsätzlich unzulässig (VGH München, GewArch 1997, 167). Was **Gartenbaubetriebe** angeht, so gehören diese nach dem Städtebaurecht zur Landwirtschaft und deshalb nicht zu den Gewerbegebieten; als landwirtschaftlicher Betrieb sind sie im Gewerbegebiet unzulässig (BVerwG, BauR 1993, 433). Das Bundesverwaltungsgericht hält „kerngebietstypische" → Vergnügungsstätten wie eine **Spielhalle** von **über 200 qm Nutzfläche** weder im Mischgebiet noch im Gewerbegebiet für allgemein zulässig (BVerwG, BRS 48 Nr. 40 = NVwZ 1989, 50). Auch wenn Einzelhandelsbetriebe grundsätzlich zu den zulässigen Gewerbebetrieben gehören, ist die Zulässigkeit bei großflächigen Einzelbetrieben oder Einkaufszentren nach § 11 Abs. 3 BauNVO beschränkt. Auf der Grundlage von § 11 Abs. 3 S. 3 BauNVO wird vermutet, dass bei Überschreiten einer Geschossfläche von 1.200 qm eine Sondergebietsausweisung erforderlich ist.

4. Obergrenze des Maßes der baulichen Nutzung
Die Obergrenzen des Maßes der baulichen Nutzung betragen bei der **Grundflächenzahl (GRZ) 0,8**, bei der **Geschossflächenzahl (GFZ) 2,4** und bei der → **Baumassenzahl (BMZ) 10,0**.

Gewerbesteuer

Die Gewerbesteuer umfasst die im Gewerbesteuergesetz (GewStG) festgelegten Steueranteile, die sich aus der Gewerbeertrags- und der Gewerbekapitalsteuer zusammensetzen. Die Gewerbeertragssteuer errechnet sich aus dem Gewinn des Gewerbebetriebes, die Gewerbekapitalsteuer nach dem Einheitswert des Betriebes. Gem. § 5 Abs. 1 GewStG ist derjenige Unternehmer steuerpflichtig, für dessen Rechnung das Gewerbe betrieben wird. Gem. § 18 Abs. 1 Nr. 1, 3 EStG sind Angehörige freier Berufe als Inhaber großer Architektenbüros nur dann nicht gewerbesteuerpflichtig, wenn sie aufgrund ihrer Fachkenntnisse leitend und eigenverantwortlich tätig sind. Die Abgrenzung dieser Tätigkeitsbeschreibung gegenüber der unternehmerischen Tätigkeit ist bei großen Architektenbüros umstritten. Im Sinne des § 18 Abs. 1 Nr. 1 EStG ist unter dem Begriff der „Leitung" zu verstehen, dass der Inhaber die Organisation der Tätigkeitsbereiche, die Durchführung der Arbeiten, grundsätzlicher Entscheidungen und die Überwachung des Ablaufes festlegt und in der Hand hat. Der ebenfalls in dieser Vorschrift geprägte Begriff der Eigenverantwortlichkeit setzt eine persönliche Teilnahme des Berufsträgers an der praktischen Arbeit in ausreichendem Umfang voraus, damit er vor allem die fachliche Verantwortung für die ordnungsgemäße Ausführung des in Auftrag genommenen Werkes bzw. der übernommenen Dienstleistung tragen kann (Bundesfinanzhof NJW 1990, 343).

Gewerk
Bei diesem Begriff handelt es sich um die veraltete, heute aber noch weitgehend übliche Bezeichnung für die Leistung einzelner Gewerbezweige. In der VOB werden diese als Fachlose (§ 4 Nr. 3 VOB/A) bezeichnet. Im Bereich des Standardleistungsbuches wurden die Gewerke als Leistungsbereiche bezeichnet.

Gewohnheitsrecht
Hierbei handelt es sich um ein ungeschriebenes Recht, welches von allen Beteiligten stillschweigend eingehalten wird. Im Bereich des BGB geltende Grundsätze des Gewohnheitsrechts sind nicht auf die VOB anwendbar. Die VOB selbst ist nicht Gewohnheitsrecht im Baubereich. Obwohl sie bei Bauvorhaben der öffentlichen Hand aufgrund entsprechender Anordnung regelmäßig angewendet wird, fehlt ihr diese Regelmäßigkeit bei privaten Auftraggebern. Sie muss deshalb vereinbart werden.

GIA (Gesetz zur Regelung von Ingenieur- und Architektenleistungen)
Dieses Gesetz vom 4. 11. 1971 ist als Artikel 10 Bestandteil des Gesetzes zur Verbesserung des Mietrechts und zur Begrenzung des Mietanstiegs sowie zur Regelung von Ingenieur- und Architektenleistungen (MRVG). Das MRVG sollte durch gezielte Regelungen im Miet-, Architekten- und Ingenieurrecht den durch Nachfragedruck und den Anstieg der Grundstücks- und Baupreise verzerrten Wohnungsmarkt beruhigen. Zudem zielt das MRVG darauf ab, den Anstieg von Grundstücks- und Baupreisen zu dämpfen. Gem. §§ 1 und 2 GIA wurde die Bundesregierung ermächtigt, eine Honorarordnung für Leistungen der Ingenieure und der Architekten zu erlassen. Hierfür war die Zustimmung des Bundesrates erforderlich. Mit Verabschiedung der Honorarordnung für Architekten und Ingenieure (HOAI) hat die Bundesregierung entsprechend reagiert. Das Gesetz zur Regelung von Ingenieur- und Architektenleistungen wurde durch das Änderungsgesetz vom 12. 11. 1984 (BGBl. I., 1337) nach Aufhebung des § 4 Abs. 2 HOAI durch das Bundesverfassungsgericht insoweit geändert, dass die jeweiligen Absätze 3 Nr. 1 der §§ 1 und 2 ausdrücklich bestimmen, dass die Mindestsätze nur in Ausnahmefällen und nur durch schriftliche Vereinbarung unterschritten werden dürfen.

Gläubiger
Gem. § 241 Abs. 1 BGB ist der Gläubiger aufgrund eines Schuldverhältnisses berechtigt, von dem Schuldner eine → Leistung zu fordern, die auch in einem Unterlassen bestehen kann. Der Gläubiger wird auch als Kreditor, der Schuldner als Debitor bezeichnet. Die im Bauwesen bestehenden vertraglichen Schuldverhältnisse sind dadurch gekennzeichnet, dass zum einen der Bauunternehmer Gläubiger seines Anspruchs auf Bezahlung des Werklohnes und gleichzeitig Schuldner seiner Verpflichtung zur Erstellung des Bauwerkes ist. Der → Bauherr hingegen ist Gläubiger seines Anspruchs auf Erstellung des Bauwerkes und gleichzeitig Schuldner seiner Verpflichtung zur Bezahlung des Werklohnes.

Gläubigerverzug → Annahmeverzug

Gleitklausel
Durch die Vereinbarung einer Gleitklausel in Kauf- oder Werkverträgen behalten sich die Vertragsparteien eine Preisabänderung für den Fall vor, dass sich die Lohn- und/oder Materialkosten nach Vertragsschluss ändern. Gem. § 15 VOB/A ist in Erwartung wesentlicher Änderungen der Preisermittlungsgrundlagen, deren Eintritt oder Ausmaß ungewiss ist, eine angemessene Änderung der Vergütung in den Verdingungsunterlagen möglich. Die hierzu benötigten Einzelheiten der Preisänderungen sind bereits vorab durch die Parteien zu vereinbaren. Zwingende Voraussetzung für die Vereinbarung einer Gleitklausel in den entsprechenden Verträgen ist die Erwartung wesentlicher, jedoch noch nicht eingetroffener Änderungen, für die es bereits zum Zeitpunkt des Vertragsschlusses gewisse Anhaltspunkte gibt. Sowohl der Eintritt als auch das Ausmaß der jeweiligen Änderungen darf den Vertragsparteien zum Zeitpunkt der Vereinbarung der Gleitklausel nicht bekannt sein.

Gem. § 309 Nr. 1 BGB ist eine Gleitklausel in Allgemeinen Geschäftsbedingungen, welche die Erhöhung des Entgeltes für Waren und Leistungen vorsieht, die innerhalb von 4 Monaten nach Vertragsschluss geliefert oder erbracht werden sollen, unwirksam. Die häufigsten, in Verträgen vereinbarten Klauseln liegen in Form der so genannten „Lohngleit- und Stoffpreis- oder Materialgleitklauseln" vor.

Gleitpreisklausel → Gleitklausel

Global-Pauschalvertrag → Detailpauschalvertrag; → Preisabrede
Beim Global-Pauschalvertrag vereinbart der → Auftraggeber mit dem → Auftragnehmer lediglich eine funktionale und damit pauschale und unbestimmte → Leistungsbeschreibung. Auf der Ausführungsebene sind regelmäßig mehrere oder alle Gewerke des Objekts Gegenstand der Vertragsleistung. Auf der Planungsebene sind dem Auftragnehmer z. B. auch die → Ausführungsplanung, die → Entwurfsplanung und teilweise sogar die Vorentwurfsplanung übertragen. Da die Leistungen pauschaliert sind, muss auch der Preis pauschaliert sein. Im Gegensatz zum Detailpauschalvertrag sind also auch die Leistungen pauschaliert.

GOA 1950 – Gebührenordnung für Architekten → HOAI; → Übergangsregelung der HOAI
Die Gebührenordnung für Architekten setzte fest, dass die nach der GOA 1950 ermittelten Entgelte für Architektenleistungen Höchstpreise waren. Im Einzelfall konnten höhere Gebühren vereinbart werden, sofern außerordentliche Leistungen bzw. solche von ungewöhnlich langer Dauer, die der Architekt nicht zu vertreten hatte, zu erbringen waren. Die GOA gliederte sich in 6 Abschnitte. In den Allgemeinbestimmungen wurden die Gebühren für bauliche Leistungen, Anforderungen an Gutachten und Schätzungen, Gebühren für städtebauliche Leistungen, Gebühren für Leistungen nach Zeit sowie Nebenkosten geregelt. Die GOA hatte einst die Funktion einer Höchstpreisverordnung für Architektenleistungen und ist seit Einführung der HOAI (Honorarordnung für Architekten und Ingenieure) zum 1. 11. 1977 außer Kraft getreten. Die bereits zur Gebührenordnung für Architekten entwickelte Rechtsprechung wird in manchen Fragen zur Auslegung der heute geltenden HOAI herangezogen.

Golfplatz → Baumschutz; → Flora Fauna Habitat (FFH)
1. Zulässigkeit von Golfplätzen
Golfplätze werden **nicht** als zulässige **Außenbereichsvorhaben i. S. v. § 35 BauGB** klassifiziert.

Insbesondere gelten Golfplätze nicht als Vorhaben, die wegen besonderer Anforderungen an die Umgebung nur im → Außenbereich gemäß § 35 Abs. 1 Nr. 4 BauGB ausgeführt werden können, weil sie der individuellen Erholungs- und Freizeitgestaltung dienen. Vor dem Hintergrund, dass sie erhebliche Flächen beanspruchen und neu ordnen, beeinträchtigen Golfplätze zudem öffentliche Belange i. S. v. § 35 Abs. 2 BauGB. Damit ist als Grundlage für die Errichtung eines Golfplatzes ein → **Bebauungsplan erforderlich** (BVerwG, BauR 1992, 52; BRS 52 Nr. 77).

2. Haftung des Bauherrn oder Betreibers
Der **Bauherr** oder **Betreiber** einer Golfplatzanlage ist für den Golfplatz **verkehrssicherungspflichtig** und haftet für Verstöße aus Delikt gemäß § 823 BGB. Denn aus § 823 Abs. 1 BGB ergibt sich grundsätzlich für jeden, der in seinem Verantwortungsbereich eine Gefahr für Dritte schafft oder andauern lässt, die Verpflichtung, die ihm zumutbaren Vorkehrungen zu treffen, um Schäden von anderen abzuwenden. Als Veranlasser von Geländeveränderungen durch künstliche Hügel und Täler schafft z. B. der → Bauherr einer Golfplatzanlage Vorbedingungen dafür, dass Naturkräfte (etwa starke Regenfälle) von seinem Grundstück aus benachbarte Grundstücke beeinträchtigen können und ist deshalb grundsätzlich verkehrssicherungspflichtig. Von der **Verkehrssicherungspflicht** kann er sich befreien, indem er Bauplanung, Bauaufsicht und Bauausführung einem bewährten **Architekten** sowie einem zuverlässigen Bauunternehmer **überträgt**; zu eigenem Eingreifen ist er nur verpflichtet, wenn er Gefahren sieht oder Anlaß zu Zweifeln haben muss, dass die beauftragten Fachleute den Sicherheitserfordernissen nicht in der gebotenen Weise Rechnung tragen. Wenn die Planung des Golfplatzes genehmigt, ein Umweltverträglichkeitsgutachten eingeholt und alle erforderlichen Behörden eingeschaltet wurden, zudem Fachleute untersucht haben, dass tatsächlich nach den genehmigten Plänen gebaut wurde, hat der → Bauherr bzw. Betreiber seinen Verkehrssicherungspflichten genügt und ist für Schäden auf den Nachbargrundstücken grundsätzlich nicht verantwortlich. Dies gilt auch für Schadensersatzansprüche gegen den Bauherrn bzw. Betreiber eines Golfplatzes aus §§ 823 Abs. 2 i. V. m. §§ 906, 907 BGB. § 906 BGB (Abwehr gegen unwägbare Stoffe) schützt den Nachbarn eines Golfplatzes nur vor Einwirkungen unwägbarer Stoffe und nicht gegen reine Wasserzuflüsse, solange durch den Wasserzufluss nicht andere Substanzen wie Schlamm, Geröll oder Chemikalien auf das Nachbargrundstück gelangen. § 907 BGB (Abwehr gefährlicher Anlage auf Nachbargrundstück) meint nur solche Anlagen auf einem Grundstück, von denen aus dem Nachbargrundstück sinnlich wahrnehmbare Stoffe unmittelbar zugeführt werden. Regenabfluss aufgrund bloßer Bodenerhöhungen im Rahmen einer Golfplatzanlage fällt nicht unter den Anlagebegriff des § 907 BGB (OLG Koblenz, BauR 2000, 907).

Grenzabstand → Abstandsfläche
Mit dem Begriff Grenzabstand wird der Abstand aller auf den Außenflächen eines Gebäudes oberhalb der Geländeoberfläche gelegener Punkte von den Grenzen des Baugrundstückes bezeichnet. Hierfür hat sich im Allgemeinen der Begriff **Abstandsfläche** durchgesetzt.

Grenzgaragen → Abstandsflächen

Grenzregelung → Umlegung; → vereinfachte Umlegung
Die Grenzregelung wurde mit der BauGB-Novelle 2004 aufgehoben und durch die vereinfachte Umlegung ersetzt.

Grillplätze
Grillplätze werden als Vorhaben mit besonderen Anforderungen an die Umgebung gemäß § 35 Abs. 1 Nr. 4 BauGB angesehen und sind damit **im → Außenbereich zulässig** (VGH Mannheim,

NVwZ 1986, 62). Denn sie entsprechen der Funktion, die § 35 BauGB dem → Außenbereich zuweist, nämlich als Erholungsgebiet für die gesamte Bevölkerung zu dienen. Hierzu gehören auch gesellige Zusammenkünfte, die herkömmlicherweise in der freien Natur stattfinden und auch auf diese angewiesen sind und denen bauliche Anlagen wie etwa eine Grillstelle, eine Schutzhütte oder eine ähnliche Erholungseinrichtung dienen (VGH Mannheim, a. a. O.). Bei einem Grillplatz handelt es sich um eine nicht genehmigungsbedürftige Anlage i. S. d. § 22 Abs. 1 BlmSchG. Betreibt eine Gemeinde einen Grillplatz als öffentliche Einrichtung, so sind ihr grundsätzlich die von den Benutzern ausgehenden Lärmimmissionen zuzurechnen. Der Zurechnungszusammenhang wird allein durch den Erlass einer Grillplatzordnung, die u. a. die Benutzungsordnung regelt, unterbrochen. Der VGH Mannheim hat bei der Beurteilung eines Lärmabwehranspruches (aus Art. 2 Abs. 1 S. 1 GG und Art. 14 Abs. 1 S. 1 GG bzw. §§ 1004, 906 BGB analog bzw. aus öffentlich-rechtlichem Folgenbeseitigungsanspruch), welches Maß an Geräuschimmissionen bei Grillplätzen hinzunehmen ist, auf eine situationsbezogene Abwägung und auf einen Ausgleich der widerstreitenden Interessen abgestellt. Dabei hat das Gericht es offengelassen, ob auf die Hinweise des Länderausschusses für Immissionsschutz zur Beurteilung der durch Freizeitlärm verursachten Geräusche und ergänzend auf die Regeln der Sportanlagenlärmschutzverordnung zurückgegriffen werden kann (VGH Mannheim, BauR 1994, 497 ff.).

Grobe Fahrlässigkeit → Fahrlässigkeit

Grünordnungsplan → Landschaftsplanerische Leistungen
Die Landschaftspläne und Grünordnungspläne bilden die örtliche Ebene der Landschaftsplanung, auf der die großen überörtlichen Landschaftsrahmenpläne räumlich und inhaltlich konkretisiert werden. Ein Grünordnungsplan stellt das Ergebnis einer die verbindliche Bauleitplanung nach → BauGB begleitenden und konkretisierenden Planung dar. Regelmäßig erlangen die Grünordnungspläne nach dem Landesrecht Verbindlichkeit erst durch ihre Einführung in den → Bebauungsplan mit den Festsetzungen nach § 9 Abs. 1 Nr. 1–26 BauGB (sogenannte Huckepack – Bebauungspläne; Ausnahme: Bayern, Brandenburg und Thüringen erlauben den Erlaß von Grünordnungsplänen als selbstständige und rechtsverbindliche Satzungen). Gem. § 9 Abs. 1 Nr. 15 BauGB gehören zum Inhalt des Bebauungsplanes unter anderem auch öffentliche und private Grünflächen, wie beispielsweise Parkanlagen, Dauerkleingärten, Spiel-, Zelt-, Sport- und Badeplätze sowie Friedhöfe. In § 46 HOAI ist die Honorierung der Planung dieser Flächen sowie die Gesamteinbettung des Bebauungsplanes in seine Umgebung und der erforderlichen weiteren Planungen im Leistungsbild „Grünordnungsplan" ausgewiesen und erläutert.

Grundfläche, Grundflächenzahl → Maß der baulichen Nutzung
Mit der Grundflächenzahl (GRZ) wird neben der Geschossflächenzahl (GFZ), der Baumasse, der Anzahl der Vollgeschosse oder der Höhe der baulichen Anlage (§ 16 Abs. 2 BauNVO) das **Maß der baulichen Nutzung bestimmt**.

1. Definition
Die Grundflächenzahl wird in Dezimalzahlen angegeben; sie bestimmt das **Verhältnis von bebaubarer und unbebaubarer Grundstücksfläche**. Eine GRZ von 0,4 bedeutet beispielsweise, dass von der Fläche eines 1.000 qm großen Grundstücks höchstens 400 qm bebaut werden können.

2. Berechnung
Bei der Ermittlung der Grundflächen von baulichen Anlagen müssen **nicht nur** die **Grundflächen**

von Gebäuden, sondern **auch die der sonstigen baulicher Anlagen** wie Krananlagen, Siloanlagen, Gasbehälter ermittelt werden. Gemäß § 19 Abs. 4 BauNVO sind bei der Ermittlung der zulässigen Grundfläche **mitzurechnen**:
– Garagen, → Stellplätze und ihre Zufahrten,
– Nebenanlagen,
– bauliche Anlagen unterhalb der Geländeoberfläche.

3. Überschreiten der zulässigen Grundfläche
Die **Überschreitung** der zulässigen Grundflächenzahl **durch Anlagen der Hauptnutzung muss** als Ausnahmeregelung **im** → **Bebauungsplan vorgesehene werden**. Demgegenüber darf gemäß § 19 Abs. 4 S. 2 BauNVO bei **Garagen** und **Stellplätzen** sowie Zufahrten, Nebenanlagen und baulichen **Anlagen unterhalb der Geländeoberfläche** die zulässige Grundfläche bis zu **50 % höchstens** jedoch **bis zu** einer **Grundflächenzahl** von **0,8 überschritten werden**. Weitere Überschreitungen in geringfügigem Ausmaß können zugelassen werden.

4. Obergrenzen
Bei der Grundflächenzahl ist im Hinblick auf das → Maß der baulichen Nutzung die Obergrenze des **§ 17 Abs. 1 BauNVO** zu beachten. In Kleinsiedlungsgebieten (WS) darf als Obergrenze eine GRZ von 0,2 in reinen Wohngebieten, in allgemeinen Wohngebieten und Ferienhausgebieten von 0,4, in besonderen Wohngebieten, Dorfgebieten und Mischgebieten von 0,6, in Gewerbe-, Industrie- und sonstigen Sondergebieten von 0,8, in Kerngebieten von 1,0 und in Wochenendhausgebieten von 0,2 nicht überschritten werden. Aus der Möglichkeit nach § 19 Abs. 4 S. 2 BauNVO mit Nebenanlagen die Obergrenze des § 17 Abs. 1 BauNVO um 50 % zu überschreiten, ergibt sich, dass beispielsweise bei reinen und allgemeinen Wohngebieten sowie Ferienhausgebieten eine Grundflächenzahl von 0,6 (0,4 + 0,2) möglich ist. Bei Gewerbe- und Industriegebieten, die bereits mit den Hauptanlagen die Überbauung der Kappungsgrenze von 0,8 erlauben, bleibt es bei der zulässigen Grundfläche von 0,8. Dementsprechend bleibt es auch bei der Obergrenze in Kerngebieten von 1,0.
Ist ein Grundstück 200 qm groß, so ergibt sich bei einer festgesetzten GRZ von 0,4 eine zulässige Grundfläche von 80 qm. Wird von der Hauptanlage eine Grundfläche von 72 qm in Anspruch genommen, bleiben zunächst noch 8 qm für Garagen, Zufahrten, Nebenanlagen übrig. Da die zulässige Grundfläche mit solchen Nebeneinrichtungen gemäß § 19 Abs. 4 S. 2 BauNVO bis zu 50 % überschritten werden kann, können weitere 40 qm des Grundstücks mit Nichthauptanlagen überbaut werden, insgesamt also 48 qm. Eine Grenzgarage, die inklusive Zufahrt lediglich 43,5 qm des Grundstücks verbraucht, wäre danach zulässig. Bestünde jedoch die Absicht, hinter dem Haus eine → Terrasse von 12 qm anzulegen, so würde der Rahmen des zulässigen bereits mit der Hauptanlage überschritten; denn Terrassen sind als Bestandteil der Hauptanlage anzusehen und für diese gilt die 50 %ige Erweiterung nicht (*Boeddinghaus*, BauNVO, § 19 Rdn. 16).

Grundlagenermittlung → Besondere Leistungen
Die Grundlagenermittlung ist als Leistungsphase 1 in § 15 HOAI (→ Objektplanung für → Gebäude, → Freianlagen und Innenräume), § 55 HOAI (→ Objektplanung für Ingenieurbauwerke und Verkehrsanlagen), § 64 HOAI (Tragwerksplanung) und in § 73 HOAI (technische Ausrüstung) aufgeführt. Gem. § 15 HOAI umfasst diese → Leistungsphase die → Grundleistungen der Klärung der Aufgabenstellung, der Beratung zum gesamten Leistungsbedarf, die Formulierung von Entscheidungshilfen für die Auswahl anderer, an der Planung fachlich Beteiligter sowie das Zusammenfassen der Ergebnisse. Ggf. kommt zu diesen Grundleistungen die Bestandsaufnahme, die Standortanalyse, die Betriebsplanung, die Aufstellung eines Funktions- und Raumprogramms sowie die

Prüfung der Umwelterheblich- und Umweltverträglichkeit als besondere Leistungen hinzu. Diese Leistungsphase ist damit Voraussetzung für die sich daran anschließenden Leistungsphasen der → Vorplanung, → Entwurfsplanung usw.

Grundleistungen → Leistungsbild; → Leistungsphase; → Besondere Leistungen; → Teilleistungen

Die Grundleistungen werden in der → HOAI in Verbindung mit den einzelnen Leistungsphasen aufgeführt. Gem. § 2 HOAI sind diese Grundleistungen zur ordnungsgemäßen Vertragserfüllung regelmäßig erforderlich. Sofern besondere Anforderungen an die Auftragsausführung gestellt werden, die über die allgemeinen Leistungen hinausgehen, können die Grundleistungen um die Besonderen Leistungen ergänzt bzw. von diesen abgelöst werden. In den §§ 15, 37, 40, 47, 55, 64 und 73 HOAI sind z. B. die Grundleistungen in den jeweiligen Leistungsbildern aufgeführt.

Grundstück → Baugrundstück

Grundstücksteilung → Teilungsgenehmigung

Grundstücksvertiefung → Baugrundverhältnisse; → Haftung gegenüber Dritten; → unerlaubte Handlung

GRW 1995 → Architektenwettbewerb; → Verdingungsordnung für freiberufliche Leistungen (VOF)

GSB (Gesetz zur Sicherung von Bauforderungen) → Unerlaubte Handlung

Das GSB (ausführlich: *Schmidt*, BauR 2001, 150 ff.) schützt Baubeteiligte vor der zweckwidrigen Verwendung von Baugeld durch denjenigen, dem dieses Geld anvertraut wurde (z. B. Baugeldempfänger, Bauträger). Bei den Baugeldern handelt es sich um Darlehen, die für die Finanzierung des Vorhabens vom Bauherrn aufgenommen, durch Eintragung einer Hypothek oder Grundschuld im Grundbuch gesichert und an den z. B. Bauträger als Kaufpreis weitergegeben werden. Der Bauträger schließt seinerseits Verträge mit Bauunternehmern und Architekten. Er ist Schuldner ihrer Werklohnansprüche. Die Honorarforderung der beauftragten Architekten gehören ebenfalls zu den geschützten Bauforderungen, da die Leistungserbringung der Architekten unmittelbar zur Herstellung eines Gebäudes beiträgt und dessen Wert erhöht (vgl. BGH, BauR 1991, 237). Gem. § 1 GSB verstößt der Baugeldempfänger gegen die ihm obliegende Schutzpflicht, sofern er ihm anvertrautes Baugeld für andere Zwecke als das Bauvorhaben verwendet. Jedenfalls § 1 GSB ist ein Schutzgesetz i. S. v. § 823 Abs. 2 BGB. Der Verstoß des Bauträgers gegen die ihm gem. § 1 GSB obliegende Schutzpflicht stellt somit eine unerlaubte Handlung i. S. d. § 823 Abs. 2 BGB i. V. m. § 1 GSB dar. Handelt es sich bei dem Baugeldempfänger um eine Kapitalgesellschaft (z. B. GmbH) und gerät diese in → Insolvenz, so haftet der Geschäftsführer dieser Kapitalgesellschaft dem Bauhandwerker und dem Architekten mit seinem Privatvermögen für den verursachten Schaden. Der verursachte Schaden entspricht der Höhe nach der/den ausgefallenen Werklohnforderung/en. Die Baugeldbewegungen lassen sich anhand des gemäß § 2 GSB vom Baugeldempfänger zu führenden Baubuches verfolgen. Der Baugeldempfänger hat die Verwendung der Baugelder im Baubuch im einzelnen aufzuführen. Anderenfalls macht er sich strafbar (§ 6 GSB) und – nach allerdings unstreitiger Ansicht – bereits wegen der Nichtführung des Baubuches schadensersatzpflichtig. Zudem trägt der Baugeldempfänger, wenn er kein Baubuch führt, die prozessuale Darlegungs- und → Beweislast für die ordnungsgemäße Verwendung des Baugeldes.

Gutachten

Bei dem Gutachten handelt es sich allgemein um die Beurteilung eines Sachverhaltes durch einen oder mehrere Sachverständige. Das Gutachten beinhaltet ein objektives, allgemeingültiges Urteil, das einem Dritten als Grundlage für eine Entscheidung dienen kann. Im Bereich des Bauwesens kann regelmäßig der Architekt oder Ingenieur als Gutachter herangezogen werden. Aufgrund seiner beruflichen/fachlichen Kompetenz kann er die Qualität einer Bauleistung beurteilen, Mängel und Ursachen an Bauwerksleistungen feststellen oder Ausführungen über die Verantwortlichkeit der Baubeteiligten für Mängel oder Schäden tätigen. Zudem können Leistungen anderer Architekten Gegenstand der Begutachtung sein. Im Unterschied zu einem bloßen Rat wird im Gutachten der zu beurteilende Sachverhalt logisch geordnet dargestellt und unter eingehender Begründung der Argumente beurteilt. Häufig wird ein Gutachten im Rahmen einer → Beweissicherung schriftlich erstellt.

Die durch den Architekten oder Ingenieur als Schiedsgutachter oder im Rahmen einer bloßen Zustandsfeststellung erbrachten Tätigkeiten werden nicht von der Regelung des § 33 HOAI erfasst. Zudem sind bau- und landschaftsgestalterische Beratungen gem. § 61 HOAI oder Beratungs- und Gutachterleistungen aus dem bauphysikalischen, bautechnischen oder vermessungstechnischen Bereich keine gutachterlichen Tätigkeiten gem. § 33 HOAI. Das **Honorar** für die durch den Architekten erbrachten Gutachterleistungen **kann frei vereinbart werden**.

Das → Honorar für Gutachten gemäß § 33 HOAI, also Gutachten über Leistungen, die von der HOAI erfasst sind (ausführlich *Schmidt*, BauR 1999, 462 ff.), kann frei vereinbart werden. Die Vereinbarung muss schriftlich bei Auftragserteilung getroffen werden. Sofern das Gutachterhonorar nicht schriftlich bei Auftragserteilung vereinbart wird, ist für die erbrachten Gutachterleistungen ein → Zeithonorar gem. § 6 HOAI nach den dortigen Mindestsätzen zu bezahlen.

Für Gutachten gemäß § 34 HOAI (Wertermittlungen) ist eine freie → Honorarvereinbarung grundsätzlich ausgeschlossen. Die Honorarvereinbarung muss schriftlich bei Auftragserteilung getroffen werden und sich innerhalb der Mindest- und Höchstsätze halten. Notfalls gilt der → Mindestsatz als vereinbart.

Vergütungsregelungen aufgrund einer konkreten Vereinbarung im Zusammenhang mit **Schiedsrichtertätigkeiten** des Architekten oder aber eine nach dem **Gesetz über die Entschädigung von Zeugen und Sachverständigen** vorzunehmende Vergütung bei **gerichtlichen Gutachten** gehen der Honorarregelung des § 33 HOAI vor.

Haftpflichtversicherung → Bauherren-Haftpflichtversicherung; → Berufshaftpflichtversicherung; → Betriebshaftpflichtversicherung

Der → Auftragnehmer (Werkunternehmer, Bauhandwerker, Architekt oder Ingenieur) hat die Möglichkeit, seine werk- bzw. bauvertraglichen Leistungen zu versichern. Neben der → Bauleistungsversicherung (Sachversicherung) kommt insbesondere eine Haftpflichtversicherung in Betracht. Rechtsgrundlagen für die Haftpflichtversicherung von Werkunternehmern, Bauunternehmern, Architekten und Ingenieuren sind insbesondere die allgemeinen Versicherungsbedingungen für die Haftpflichtversicherung (AHB), die besonderen Bedingungen und Risikobeschreibungen sowie ergänzend das Versicherungsvertragsgesetz, soweit die Bedingungswerke keine Regelungen enthalten (hierzu *Schmalzl*, BauR 1984, 456).

Zu den Leistungen der Haftpflichtversicherung gehört im Schadensfall, also wenn der → Auftraggeber oder ein Dritter Ansprüche wegen des Bauwerkes o. ä. erhebt, **auch die Übernahme der Kosten der Rechtsverteidigung** der gerichtlichen Auseinandersetzung, also der Rechtsschutz.

§ 13 Nr. 7 Abs. 3 c) VOB/B nimmt Bezug auf die Haftpflichtversicherung. Ist ein gem. § 13 Nr. 7 Abs. 3 VOB/B wesentlicher Mangel auf ein Verschulden des Auftragnehmers oder seiner Erfüllungsgehilfen zurückzuführen, so ist der Auftragnehmer verpflichtet, nicht nur den Mangel zu beseitigen (Gewährleistung), sondern auch verpflichtet, dem Auftraggeber den Schaden an der baulichen Anlage zu ersetzen, zu deren Herstellung, Instandhaltung oder Änderung die → Leistung dient. § 13 Nr. 7 Abs. 3 c) VOB/B bestimmt, dass der Auftraggeber auch den weitergehenden Schaden ersetzt verlangen kann, wenn der Auftragnehmer sich hierfür mit einer Haftpflichtversicherung abgesichert hat oder hätte absichern können. Der weitergehende Schadenersatzanspruch des Auftraggeber hängt somit grundsätzlich vom möglichen Versicherungsumfang ab. Dieser ergibt sich zunächst aus der Grundsatzbestimmung des § 1 Ziff. 1 AHB. Danach erstreckt sich der Versicherungsschutz z. B. auf **Tod, Verletzung und Gesundheitsschädigung von Menschen, Beschädigung oder Vernichtung von Sachen**. Nicht vom Versicherungsumfang gedeckt sind **reine Vermögensschäden**, die weder auf einem Personen- noch einem Sachschaden beruhen (§ 1 Nr. 1 AHB). Nach § 1 Nr. 1 Abs. 3 AHB können aber hierfür besondere Vereinbarungen getroffen werden. Da nach § 1 Nr. 1 AHB der Haftpflichtversicherer nur für Schadenersatzansprüche einzutreten hat, werden Erfüllungsansprüche, insbesondere der Anspruch auf Nachbesserung und Eigennachbesserung nach § 13 Nr. 5 Abs. 1, 2 VOB/B oder § 634 Nr. 1 i. V. m. § 635 BGB vor → Abnahme oder § 634 Nr. 2 i. V. m. § 637 BGB nicht von der → Haftpflichtversicherung umfasst (BGH, BauR 1978, 326). Gleiches gilt für Gewährleistungsansprüche (BGHZ 46, 238, 241; BGH, NJW 1973, 1732, 1733). Für Mangelfolgeschäden (z. B. beschädigtes Mobiliar, wenn Decke herabfällt) gilt allerdings, dass sie, wenn sie als Schadensposition geltend gemacht werden, vom Versicherungsumfang erfasst sind, da diese mit dem BGH nicht von den Gewährleistungsrechten erfasst sind (Heiermann/Riedl/Rusam, § 13 Nr. 7 VOB/B, Rdn. 200 m. w. N.).

Die **Ausschlussklauseln** für den Versicherungsumfang nach § 4 AHB sind zu beachten (hierzu ausführlich: *Heiermann/Riedl/Rusam*, § 13 VOB/B, Rdn. 203 ff.).

Haftung des Architekten → Baukostengarantie; → Haftung gegenüber Dritten; → Minderung; → Schadensersatz

Grundsätzlich beinhaltet der Begriff der Haftung entweder die verantwortliche Übernahme eines eingetretenen Schadens mit dem daraus resultierenden → Schadensersatz oder das Einstehen für eine vertraglich vereinbarte Verbindlichkeit. Der Architekt trägt die Verantwortung für die übernommenen Leistungen und für eigenes Handeln gegenüber dem Bauherrn und den anderen Beteiligten. Die Architektenhaftung ergibt sich der Art und dem Umfang nach entsprechend dem zeitlichen Ablauf der Architektenleistung aus den jeweiligen Leistungspflichten und den entsprechenden Anspruchsgrundlagen. Beide leiten sich aus dem Vertrag, aus dem Werkvertragsrecht sowie den allgemeinen Vorschriften des BGB und aus den durch die Rechtsprechung erarbeiteten Grundsätzen her.

Gem. § 311 S. 2 Nr. 1 BGB n. F. besteht bereits vor Abschluss des Architektenvertrages zwischen den späteren Vertragspartnern ein sogenanntes **vorvertragliches Vertrauensverhältnis**. Die Parteien sind danach verpflichtet, in ihrem Verhalten auf die Interessen des anderen Rücksicht zu nehmen. Der Architekt haftet in dieser Phase aus Verschulden bei Vertragsschluss (z. B., wenn er den → Auftraggeber nicht darüber aufklärt, dass er gar kein Architekt ist, dieser aber ersichtlich Wert darauf legt) oder die Architekteneigenschaft aus rechtlichen Gründen erforderlich ist (z. B. bei erforderlicher Bauvorlageberechtigung).

Während der Leistungserbringung bis zur → Abnahme hat der Architekt die von ihm übernommenen vertraglich vereinbarten Pflichten termingerecht zu erfüllen und dabei als sogenannter → **„Sachwalter" des Bauherrn** tätig zu sein. Eine → Baukostengarantie oder Termingarantie hat er einzuhalten. Ein Verstoß des Architekten gegen die im Vertrag oder im BGB nicht ausdrücklich beschriebenen Nebenpflichten kann eine Haftung wegen sogenannter **positiver Vertragsverletzung** (§ 280 Abs. 1 BGB n. F.) begründen.

Nach **Abnahme der Architektenleistung** stehen dem Bauherrn die Ansprüche aus **Gewährleistung** zu. Dem Architekten obliegen auch weiterhin **nachvertragliche Pflichten**. Er haftet für die Erfüllung seiner vertraglichen Pflichten und im Rahmen der bestehenden → Gewährleistung bereits wegen bloßen Verfehlens des vertraglich geschuldeten Leistungsziels oder der Nichteinhaltung einer durch ihn abgegebenen → Garantie.

Notwendige Voraussetzung für die Haftung des Architekten wegen Verletzung vor- und nachvertraglicher Pflichten, aus → Verzug, positiver Vertragsverletzung oder Schadensersatz wegen Nichterfüllung ist das Vorliegen seines **Verschuldens**. Gleiches gilt für die Haftung des Architekten aus unerlaubter Handlung. Die Haftung des Architekten stellt sich unter dem Gesichtspunkt des durch ihn zu erbringenden Architektenwerkes und der Interessensphäre des Bauherren als das Einstehen für die technische und die gestalterische Qualität der Leistung sowie für die Wirtschaftlichkeit der Planung dar. Die durch den Architekten vertraglich zu erbringende Leistung darf insbesondere keinen Mangel aufweisen. Mangelbedingte Schäden und weitergehende Mangelfolgeschäden des Bauherren betreffen dessen Vermögenswerte im näheren und entfernteren Umfeld der Bauleistung.

Bei der Rechtsfolge der Haftungstatbestände ist auf das jeweilige Interesse des Anspruchsberechtigten abzustellen. Dieses kann zum einen auf Erfüllung der vertraglichen Hauptpflichten oder aber der übernommenen Garantie und zum anderen auf die Geltendmachung von Gewährleistungsrechten wie Nachbesserung, → Wandelung bzw. → Minderung ausgerichtet sein. Schadensersatzansprüche des Anspruchsberechtigten ergeben sich wegen Nichterfüllung, Verzug und aus unerlaubter Handlung. Sämtliche Ansprüche unterliegen der **Verjährung**. Die sich aus den Leistungspflichten und den Anspruchsgrundlagen ergebende Haftung des Architekten kann durch vertragliche Vereinbarungen der Parteien eingeschränkt werden. Diese Haftungsbeschränkungen können einzelvertraglich oder durch die Verwendung Allgemeiner Geschäftsbedingungen vereinbart werden. Beim Vorliegen gravierender Mängel oder schwerwiegender oder fortgesetzter Pflichtverletzungen des Architekten ist der Bauherr berechtigt, den → Architektenvertrag zu kündigen.

Haftung gegenüber Dritten → unerlaubte Handlung; → Vollmacht

Der Architekt ist bei einem Bauvorhaben lediglich gegenüber dem Bauherrn vertraglich verpflichtet, die vereinbarte Leistung zu erbringen. Haftungstatbestände gegenüber weiteren Personen können sich unabhängig davon aufgrund tatsächlichen Verhaltens aus gesetzlichen Vorschriften, insbesondere wegen unerlaubter Handlung oder bei Vertiefungsschäden ergeben. Bei der Planung und Ausführung hat der Architekt grundsätzlich die Belange der Nachbarn zu beachten. Sofern es durch die Leistung des Architekten, beispielsweise durch falsche Situierung der Baugrube, wegen Grundwasserverlusten oder unsachgemäßen Arbeiten zu einer Vertiefung und damit zu Schäden am Nachbargrundstück kommt, haftet der Architekt dem betroffenen Nachbarn auf → Schadensersatz gem. § 823 Abs. 2 i. V. m. § 909 BGB (BGH, BauR 1983, 177; bei bestehender → Duldungspflicht des Nachbarn: BGH, NJW 1987, 2808). Diese Haftung ist ausgeschlossen, wenn der Architekt nur die Planung ab Erdgeschoss gefertigt hat (OLG Köln, NJW-RR 1994, 89). Zudem ist der Architekt gegenüber dem späteren Mieter eines Gebäudes zur Umsicht und Sorgfalt verpflichtet (BGH, BauR 1987, 116). Durch ihn verschuldete Bauwerksmängel stellen eine unerlaubte Handlung gem. § 823 BGB dar (BGH, BauR 1991, 111). Der Architekt haftet neben dem Bauherrn bei der Vergabe von

Haftungsbefreiung

→ Bauleistungen dafür, dass das Ausschreibungsverfahren ordnungsgemäß durchgeführt wird und dass die → Bieter nicht aussichtslose Angebote fertigen. Der Architekt haftet gegenüber dem Bieter für den ihm entstandenen Schaden, wenn das Ausschreibungsverfahren schuldhaft falsch durchgeführt wurde. Grundsätzlich kann der Architekt im Rahmen der nach §§ 24, 25 VOB/A durchzuführenden Prüfung im Vergabeverfahren Bedenken gegen einen Bieter äußern, mit dem er bereits in der Vergangenheit schlechte Erfahrungen gemacht hat. Dem abgewiesenen Bieter steht kein Schadensersatzanspruch zu (OLG Oldenburg, BauR 1984, 539). Zudem kommt eine Haftung des Architekten gegenüber den mit dem Bauherrn vertraglich verbundenen Bau- bzw. Ausbaufirmen in Betracht. Er kann gem. § 179 BGB grundsätzlich als Vertreter ohne → Vollmacht gegenüber den Bau- bzw. Ausbaufirmen wegen Vergabe von Zusatzaufträgen haften, wenn diese von dem Bauherrn nicht genehmigt werden. Gegenüber der finanzierenden Bank hat der Architekt dafür einzustehen, dass er Baufortschrittsanzeigen wahrheitsgemäß formuliert. Behauptet er einen höheren als den tatsächlichen Bautenstand und kommt es zu einem Vermögensverfall des Bauträgers oder des Bauherren, so kann die Bank ihren aus zu früherer Kreditvergabe oder Zahlung entstandenen Schaden gegenüber dem Architekten geltend machen (OLG Köln, BauR 1988, 252 (LS)). Darüber hinaus kommt möglicherweise eine Haftung des Architekten gegenüber Hypothekengläubigern des Grundstückes in Betracht. Grundsätzlich hängt der Wert eines Grundstückes davon ab, was mit ihm in baulicher Hinsicht geschieht. Durch den Architekten veranlasste Abbruchmaßnahmen oder Vorbereitungen von Umbauten stellen Beeinträchtigungen der Hypothekengläubiger dar, sofern das von der baulichen Maßnahme betroffene Grundstück durch eine im Grundbuch eingetragene Hypothek belastet ist (BGH, NJW 1976, 189).

Haftungsbefreiung

Gemäß § 831 BGB tritt für den → Auftraggeber und den → Auftragnehmer eine Haftungsbefreiung ein, wenn ein Schadensfall durch einen ihrer Verrichtungsgehilfen verursacht wurde. Der Verrrichtungsgehilfe ist vom → Erfüllungsgehilfen zu unterscheiden (*Palandt/Thomas*, § 831 BGB, Rdn. 3). Verrichtungsgehilfe ist, wer von einem anderen eine Tätigkeit übertragen erhält, in dessen Einflussbereich er und zu dem er in einer gewissen Abhängigkeit steht. Der Erfüllungsgehilfe ist im Gegensatz zum Verrichtungsgehilfen weisungsungebunden (z. B. der Nachunternehmer oder der Architekt). Notwendige Voraussetzung für diese Haftungsbefreiung ist der Nachweis, dass bei der Auswahl der bestellten Personen die im Verkehr erforderliche Sorgfalt beobachtet wurde oder dass der Schaden auch bei Anwendung dieser Sorgfalt entstanden wäre. In § 4 Nr. 3 VOB/B (technische Bedenken des Auftragnehmers), § 10 Nr. 2 Abs. 1 VOB/B (Schadenseintritt aufgrund von Anordnungen des Auftraggebers) und § 13 Nr. 3 VOB/B (Mangel in Folge der → Leistungsbeschreibung oder auf Anordnung des Auftraggebers) sind weitere Tatbestände, die zu einer Haftungsbefreiung des Auftragnehmers führen, geregelt.

Haftungsbeschränkung   → Freizeichnungsklausel

Die → Haftung des Architekten kann durch Vertrag dahingehend beschränkt werden, dass der Ersatz leicht fahrlässig herbeigeführter Schäden nach oben durch die jeweils für Sach- und Personenschäden festgelegten Versicherungssummen der → Berufshaftpflichtversicherung begrenzt wird. Gemäß § 309 Nr. 7 BGB n. F. ist allerdings der Anschluss oder die Begrenzung der Haftung für Schäden aus der Verletzung des Lebens, des Körpers oder der Gesundheit unwirksam. Die Rechtsprechung legt Beschränkungen der Architektenhaftung grundsätzlich eng aus. Danach ist die Haftungsbeschränkung für leicht fahrlässig herbeigeführte Schäden zulässig, wenn eine Haftpflichtversicherung besteht und wenn der → Auftraggeber an der Festlegung der Haftungsbeträge mitgewirkt hat (BGH, BauR 1986, 112). Die Haftungsbeschränkung ist darüber hinaus zulässig, wenn sie die Ansprüche des Bauherrn aus unerlaubter Handlung unberührt lässt, die bei Beschädigung von im → Gebäude lagernden Sachen des Bauherrn gegeben sind (BGH, BauR 1975, 286). Eine in Vertragsmustern eingearbeitete Haftungsbeschränkungsklausel ist unwirksam, wenn durch diese die Ansprüche des Bauherrn gegen den Architekten innerhalb von 2 Jahren, beginnend mit der → Abnahme oder der ersten Benutzung des Bauwerkes, verjähren sollen (BGH, BauR 1987, 113), durch die Haftungsbeschränkung eine mittelbare Fristverkürzung durch vertraglichen Ausschluss gesetzlicher Fristhemmungen bewirkt werden soll oder hierdurch eine Vorverlegung des gesetzlichen Fristbeginns erfolgt. Eine Beschränkung der Haftung auf den vom Architekten „nachweislich schuldhaft verursachten Schaden" verstößt auch gegen die Vorschriften der §§ 305 ff. BGB n. F. und ist daher unwirksam (vgl. BGH, BauR 1990, 488 zur entsprechenden Anwendung des AGBG). Eine Beschränkung der Haftung des Architekten als Gesamtschuldner auf eine bestimmte Quote, die ihn neben anderen Gesamtschuldnern trifft, ist ebenso unwirksam (OLG Düsseldorf, IBR 1994, 246).

Hauptangebot
Beim Hauptangebot handelt es sich um eine nach den Vorschriften der §§ 133, 157 BGB zu beurteilende Willenserklärung des Bieters. Gemäß § 21 Nr. 1 Abs. 1 VOB/A gibt der Bieter durch das Hauptangebot lediglich seine Preise an und die geforderten Erklärungen ab.

Hauptunternehmer
Bei der gewerkeweisen Vergabe bzw. der Vergabe nach Fachlosen gemäß § 4 VOB/A ist im Regelfall dasjenige Unternehmen Hauptunternehmer, welches die Rohbauarbeiten ausführt. Sofern die Durchführung dieser speziellen → Teilleistungen durch den Hauptunternehmer nicht ausgeführt werden kann, muss der → Auftraggeber weitere Unternehmungen beauftragen. Wenn diese durch ein anderes Unternehmen ausgeführten Arbeiten in einem engen technischen Zusammenhang mit der → Leistung des Rohbauunternehmers/Hauptunternehmers stehen, kann dieser durch den Bauherrn bevollmächtigt werden, für diese anderen Arbeiten die Aufsichts- und Weisungspflicht des Bauherrn und ggf. auch die Gewährleistungspflicht mit zu übernehmen. Hierbei handelt es sich um einen Sonderfall, da zwischen den beteiligten Unternehmungen kein Vertragsverhältnis besteht. Aus beiden Alleinunternehmern werden auf diese Weise Haupt- und Nebenunternehmer.

Hausformen → Bauweise
Als Hausformen werden in § 22 Abs. 2 BauNVO **Einzelhäuser**, **Doppelhäuser** oder **Hausgruppen** genannt, die in der offenen → Bauweise als → Gebäude mit seitlichem → Grenzabstand zu errichten sind.

1. Definition
Einzelhaus meint **nicht Ein- oder Zweifamilienhaus**; vielmehr **kann** ein Einzelhaus ein Einfamilienhaus, ein **Hochhaus** oder ein **Wohnblock sein**; denn auch bei solchen baulichen Anlagen handelt es sich um ein → Gebäude und nicht mehrere Zusammengebaute. Begrenzt werden die Hausformen lediglich durch § 22 Abs. 2 S. 2 BauNVO, wonach die **Länge höchstens 50 m** betragen darf, wenn nicht im → Bebauungsplan gemäß § 22 Abs. 4 BauNVO eine abweichende → Bauweise festgesetzt wurde.
Die Nennung der Einzelhäuser im → Bebauungsplan bezieht sich nur auf die Hausform; sie enthält keine Aussage über die Anzahl der zulässigen Häuser auf dem → Baugrundstück. Soweit sie die erforderlichen seitlichen Grenzabstände einhalten, dürfen damit auf dem → Baugrundstück auch mehrere Einzelhäuser stehen (VGH Kassel, BauR 2000, 873).
Die Begriffe unterscheiden sich insofern voneinander, dass

- **Einzelhäuser** auf dem → Baugrundstück frei stehen;
- **Doppelhäuser** an einer seitlichen Grenze frei stehen und an der anderen Seite angebaut sind;
- **Hausgruppen** an mindestens zwei Grenzen angebaut und an den beiden Kopfenden des Gesamtgebäudes freistehend sind (*Ziegler*, in Brügelmann, BauGB-Kommentar, § 22 Rdn. 44 BauNVO).

Dementsprechend hat das Bundesverwaltungsgericht klargestellt, dass im System der offenen → Bauweise der **Begriff** des **Doppelhauses** eine **planungsrechtliche Bedeutung** dadurch gewinnt, dass die **bauliche Anlage auf zwei Nachbargrundstücken errichtet wird**; die bauliche Anlage zeichnet sich gerade dadurch aus, dass sie die gemeinsamen Grundstücksgrenzen ohne seitlichen → Grenzabstand überwinden. Deshalb ist ein → Doppelhaus i. S. d. § 22 Abs. 2 BauNVO eine bauliche Anlage, die dadurch entsteht, dass zwei → Gebäude auf benachbarten Grundstücken durch Aneinanderbauen an der gemeinsamen Grundstücksgrenze zu einer Einheit zusammengefügt werden (BVerwG, BauR 2000, 1168). Erforderlich ist jedoch eine bauliche Einheit; dies ist nur erfüllt, wenn die beiden → Gebäude in wechselseitig verträglicher und abgestimmter Weise aneinandergebaut werden (BVerwG, a. a. O.).

Über die **Zahl der Wohnungen, die in** einem **Einzelhaus**, in einer **Doppelhaushälfte** oder in einem → **Gebäude, das Teil einer Hausgruppe ist, zulässig sind, sagen** die **planungsrechtlichen Vorschriften über** die → **Bauweise nichts** aus. Nach § 9 Abs. 1 Nr. 6 BauGB kann jedoch die höchstzulässige Zahl der Wohnungen in Wohngebäuden festgesetzt werden, wenn besondere städtebauliche Gründe dies erfordern. Solche Gründe können beispielsweise in Gebieten vorliegen, in denen ohne eine solche Festsetzung unerwünschte Umstrukturierungen der städtebaulichen Eigenart des Gebietes zu befürchten wären, z. B. in Baugebieten mit Fremdenverkehrsaufgaben oder Dorfgebieten, wenn eine größere Zahl von Wohnungen die Funktion des Dorfgebietes, überwiegend der Unterbringung von land- und forstwirtschaftlicher Betriebe zu dienen, beeinträchtigen würde (*Gerke*, in: Brügelmann, BauGB-Komm., § 9 Rdn. 189).

2. Nachbarschutz

Die **Festsetzungen über** die **Hausformen** nach § 22 Abs. 2 S. 3 BauNVO sind in der Regel **nicht nachbarschützend**, weil die ausschließliche Zulassung einzelner Hausformen (wie Einzel- und Doppelhäuser) als solche weder eine nachbarrelevante Aussage über die Anzahl der auf dem → Baugrundstück zulässigen → Gebäude noch über deren Größe und die Zahl der in ihnen zulässigen Wohnungen enthält (OVG Münster, BRS 58 Nr. 170).

Im Hinblick auf die **Beschränkung der Zahl der Wohnungen** im Bebauungsplan gemäß § 9 Abs. 1 Nr. 6 BauGB **kann** dies **nachbarschützend sein**; **denn** Festsetzungen über die Zahl der Wohnungen bestimmen nicht das → Maß der baulichen Nutzung, sondern die **Art der baulichen Nutzung** mit bodenrechtlicher Relevanz mit, weil der Charakter eines Wohngebiets durch die Anzahl der Wohnungen in den Häusern mitbestimmt wird (BVerwG, BRS 52 Nr. 5).

Hausgruppen → Hausformen

Haustechnik → Technische Ausrüstung

Hemmung der Verjährung → Unterbrechung der Verjährung; → Verjährung

Gemäß § 194 Abs. 1 BGB unterliegt das Recht, von einem anderen ein Tun oder Unterlassen zu verlangen (Anspruch) der → Verjährung. Die jeweiligen Verjährungsfristen nebst deren Fristenberechnung ergeben sich aus den §§ 195 ff. BGB. Gemäß § 203 BGB ist die Verjährung von Ansprüchen solange gehemmt, wie zwischen dem Schuldner und dem → Gläubiger Verhandlungen über den Anspruch oder die den Anspruch begründenden Umstände geführt werden oder bis der eine oder der andere Teil die Fortsetzung dieser Verhandlungen verweigert. Im Gewährleistungsrecht ist dies immer dann gegeben, wenn sich beispielsweise der Architekt auf den Vorwurf einer mangelhaften Leistung hin im Einverständnis mit den Bauherrn der Prüfung des Mangels unterzieht. Im Sinne der „Prüfung" ist es ausreichend, wenn z. B. der Architekt den Mangel prüft und die Mängelrüge an einen durch Unterauftrag eingeschalteten Sonderfachmann weiterleitet oder seine → Berufshaftpflichtversicherung einschaltet (BGH, NJW 1983, 163 zu § 639 BGB a. F.). Zudem ist die Verjährung des Anspruches gehemmt, wenn er einen Mangel des Bauunternehmers prüft, bei dem auch sein eigener Fehler in Betracht kommt (BGH, NJW 1978, 2393 zu § 639 BGB a. F.). Gemäß §§ 204 ff. BGB ist die Verjährung durch Rechtsverfolgung (z. B. Erhebung der Klage), bei einem vereinbarten → Leistungsverweigerungsrecht oder bei Vorliegen höherer Gewalt gehemmt. Gemäß § 209 BGB bewirkt die Fristhemmung, dass der Zeitraum, während dessen die Verjährung gehemmt ist, nicht in die Verjährungsfrist eingerechnet wird. Im Gegensatz zur Unterbrechung beginnt keine neue Verjährungsfrist. Durch die Fristhemmung wird lediglich eine Fristverlängerung um die Dauer der Hemmung bewirkt. Die Hemmung endet zu dem Zeitpunkt, in dem der Auftraggeber dem Besteller das Ergebnis seiner Prüfung mitteilt, ihm gegenüber den Mangel für beseitigt erklärt oder die Fortsetzung der Beseitigung verweigert. Die Vorschriften der §§ 203 ff. BGB gelten auch für die Mängelbeseitigung nach § 13 Nr. 5 VOB/B. In § 13 Nr. 5 Abs. 1 S. 2 VOB/B ist zusätzlich die → Unterbrechung der Verjährung durch eine Mängelrüge geregelt.

Herausgabepflicht → Zurückbehaltungsrecht
Der Architekt hat aufgrund seiner Funktion als → Sachwalter des Bauherrn nicht nur werkvertragliche, sondern auch Pflichten aus dem Auftragsrecht wahrzunehmen. Er muss Bauunterlagen (Pläne, Bescheide, Leistungsverzeichnisse, Schriftverkehr usw.) gemäß § 667 BGB nach Abschluss seiner vertraglichen Leistungen, nach erfolgter → Abnahme, dem Bauherrn herausgeben. Der Anspruch auf Herausgabe dieser Unterlagen unterliegt der → Verjährung (3 Jahre).
Der Anspruch des Bauherrn auf Herausgabe der Unterlagen beruht auf § 985 BGB. Voraussetzung hierfür ist, dass der → Bauherr Eigentümer der geforderten Unterlagen ist. Der Herausgabeanspruch umfasst nicht die mit dem Bauherrn geführte Korrespondenz des Architekten. Der Bauherr ist verpflichtet, sofern der Architekt die Bauunterlagen nicht mehr bei sich aufbewahren möchte, diese entgegenzunehmen. Der Architekt ist zur Herausgabe dieser Unterlagen nicht mehr verpflichtet, sofern er nachweislich über längere Zeit erfolglos versucht hat, den Bauherrn zur Annahme der Unterlagen aufzufordern. Offene Honoraransprüche des Architekten berechtigen diesen gemäß § 273 BGB nach allerdings umstrittener Ansicht (vgl. *Schmidt*, Musterbriefe für das Architektur- und Ingenieurbüro, S. 177), die Bauunterlagen bis zum Ausgleich der Honoraransprüche zurückzubehalten (Zurückbehaltungsrecht).

HOAI → Anwendungsbereich der HOAI; → GIA; → GOA; → HOAI im Gebiet der ehemaligen DDR; → Zeithonorar
Aufgrund der Ermächtigung des Preisgesetzes als Verordnung PR Nr. 66/50 über die Gebühren für Architekten vom 13. 10. 1950 (Bundesanzeiger Nr. 216, 8. 11. 1950) wurde die früher gültige Gebührenordnung für Architekten (GOA) 1950 erlassen. Sie war damit Bestandteil des Preisrechts.
Durch Gesetz zur Regelung von Ingenieur- und Architektenleistungen vom 4. 11. 1971 (Bundesgesetzblatt I, 1745, 1749 (GIA)) wurde die Möglichkeit zur Neuschaffung einer Honorarordnung geschaffen. Die HOAI wurde am 17. 9. 1976 (Bundesgesetzblatt I, S. 2805) erlassen. Sie trat am 1. 1. 1977 in Kraft. Durch sie wurden zunächst lediglich die Leistungen der Architekten, Innenarchitek-

ten, Garten- und Landschaftsarchitekten, der Gutachter und → Stadtplaner sowie die statischen Leistungen geregelt. Mit Inkrafttreten der HOAI wurden die → GOA sowie die für Berlin geltende „Berliner Verordnung" aufgehoben.

Mit der **ersten Verordnung zur Änderung der HOAI** vom 17. 7. 1984 (Bundesgesetzblatt I, S. 948) wurden neue Leistungsbilder in die HOAI aufgenommen. Dies betraf die im Teil VI aufgeführten landschaftsplanerischen Leistungen, die im Teil VII aufgeführten Leistungen bei Ingenieurbauwerken und Verkehrsanlagen, die unter IX aufgeführten Leistungen bei der technischen Ausrüstung, die unter X aufgeführten Leistungen für thermische Bauphysik, die unter XI aufgeführten Leistungen für Schallschutz und Raumakustik, die unter XII aufgeführten Leistungen für Bodenmechanik, Erd- und Grundbau sowie die im Teil XIII aufgeführten Leistungen für die Vermessung. Die geänderte Fassung des Gesetzes zur Regelung von Ingenieur- und Architektenleistungen wurde mit der **zweiten Verordnung zur Änderung der HOAI** vom 10. 06. 1985 (Bundesgesetzblatt I, S. 961) in die HOAI umgesetzt. Zudem wurde der durch die Entscheidung des Bundesverfassungsgerichts vom 20. 10. 1981 teilweise für nichtig erklärte § 4 Abs. 2 HOAI (Mindestsätze) neu gefasst (BVerfG, BauR 1982, 74).

Mit der **dritten Verordnung zur Änderung der HOAI** vom 17. 03. 1988 (Bundesgesetzblatt I, S. 359) wurde der Abschnitt VI über die landschaftsplanerischen Leistungen umfassend neu gefasst. Seit Einführung der §§ 14 a und 14 b sowie der Neufassung des § 25 HOAI werden die Leistungen der Innenarchitektur neu geregelt. Zudem wird seither der Begriff „raumbildende Ausbauten" für den ehemals verwendeten Begriff „Innenräume" verwendet. Die dritte Verordnung fasste den Teil V der städtebaulichen Leistungen neu, die §§ 10 und 12 HOAI wurden erweitert sowie verschiedene Vorschriften anderer, in der HOAI geregelter Abschnitte neu formuliert.

Mit Inkrafttreten der **vierten Verordnung zur Änderung der HOAI** vom 13. 12. 1990 (Bundesgesetzblatt I, S. 2707, berichtigt durch das Bundesgesetzblatt I 1991, S. 227 vom 1. 1. 1991) wurden die Architektenhonorare durch lineare Erhöhungen der Werte der Honorartafeln und der Zeithonorare an die wirtschaftliche Entwicklung angepasst. Zudem wurde beispielsweise bei Besonderen Leistungen gem. § 5 Abs. 4 HOAI, bei Umbauten und Modernisierungen gem. § 24 HOAI oder bei raumbildenden Ausbauten gem. § 25 HOAI die strenge Anknüpfung des Honoraranspruches an dessen schriftliche Vereinbarung bei Auftragserteilung gelockert. Die Leistungsbeschreibungen und Honorare für städtebauliche und landschaftsplanerische Leistungen wurden differenzierter als bisher geregelt. Die Honorartafeln für städtebauliche Leistungen gem. §§ 38 und 41 HOAI wurden von 3 auf 5 → Honorarzonen umgestellt. Zudem wurden in den §§ 48 bis 49 d HOAI für Umweltverträglichkeitsstudien, für landschaftspflegerische Begleitpläne und für Pflege- und Entwicklungspläne neue Definitionen und Honorarbestimmungen eingeführt und neue Honorartafeln geschaffen. Die baukünstlerische Beratung für Ingenieur- und Verkehrsbauten gem. § 61 HOAI wurde als bau- und landschaftsgestalterische Beratung neu gefasst.

Mit der **fünften Verordnung zur Änderung der HOAI** vom 21. 9. 1995 (Bundesgesetzblatt I, 1174) wurden erneut die Honorartafeln und die Zeithonorare erhöht. Dies betrifft ebenso die in § 19 Abs. 4 HOAI geregelten Honorarsätze. Durch Einführung des § 4 a HOAI ist die Möglichkeit geschaffen worden, das → Honorar als → Festhonorar von den tatsächlichen Baukosten abzukoppeln. Die Vorschrift des § 5 Abs. 4 a HOAI regelt die Vereinbarung eines Erfolgshonorars bei Kostensenkungen neu. Die Stufen der anrechenbaren Kosten gem. § 10 Abs. 2 HOAI wurden von bisher 2 auf 3 Stufen erweitert. Zusätzlich wurde in die Leistungsbilder des § 15 Abs. 2 Nr. 2 und 3 HOAI die besonderen Leistungen zur → Energieeinsparung sowie in die Leistungsbilder des § 15 Abs. 2 Nr. 3, 7 und 8 HOAI → Grundleistungen der Kostenkontrolle eingefügt. Die fünfte Verordnung zur Änderung der HOAI vom 21. 9. 1995 trat am 1. 1. 1996 in Kraft.

HOAI im Gebiet der ehemaligen DDR   → GIA; → GOA; → HOAI
Die für das Gebiet der alten Bundesländer geltende Fassung der HOAI gilt nach dem Gesetz zu dem Vertrag vom 31. 8. 1990 zwischen der Bundesrepublik Deutschland und der Deutschen Demokratischen Republik über die Herstellung der Einheit Deutschlands (Einigungsvertragsgesetz) und der Vereinbarung vom 18. 9. 1990 vom 23. 9. 1990 (Bundesgesetzblatt II, S. 885 ff.), Artikel 1 i. V. m. Artikel 3 und 8 des Einigungsvertrages i. V. m. der Anlage I, Kapitel V, Abschnitt III, Ziffer 3 auch im Gebiet der ehemaligen DDR. Unter der Voraussetzung, dass der beauftragte Architekt bzw. der Ingenieur seinen Geschäftssitz im Gebiet der ehemaligen DDR hatte, das Objekt, für welches die Leistungen zu erbringen waren, im Gebiet der ehemaligen DDR lag und der Architekten- bzw. → Ingenieurvertrag in dem Zeitraum vom 3. 10. 1990 bis zum 31. 12. 1992 abgeschlossen wurde, galt es zu beachten, dass abweichend von der HOAI anders als in der bisher geltenden Fassung der § 4 Abs. 1 und § 4 die Worte „bei Auftragserteilung" in diesen Vorschriften nicht anzuwenden wäre. Das geltende Schriftformgebot war somit nicht an den Zeitpunkt der Auftragserteilung geknüpft. Die Bestimmungen der HOAI konnten danach auch noch während der Vertragsabwicklung vereinbart, angepasst bzw. geändert werden. Der gem. § 6 HOAI für Leistungen nach Zeitaufwand festgelegte → Mindestsatz der Stundensätze der → Auftragnehmer bzw. Mitarbeiter wurde auf DM 45,00 bzw. DM 35,00 abgesenkt. Mit der vierten Änderungsverordnung der HOAI wurden die geltenden Höchstsätze (DM 140 bzw. 100,00) auch für das Gebiet der ehemaligen DDR auf DM 155,00 bzw. DM 110,00 angehoben. Die in den Honorartafeln der §§ 16, 17, 34 geregelten jeweiligen Mindestsätze wurden um 15 %, die Mindestsätze der Honorartafeln der §§ 18, 41, 46 a, 47 a, 48 a HOAI um 25 % herabgesetzt. Diese Sonderregelung ist gem. § 103 HOAI zum 31. 12. 1992 außer Kraft getreten.

Höchstsatz   → besondere Leistungen; → Erfolgshonorar; → GIA; → Höchstsatz; → Honorartafel; → Honorarzonen; → Mindestsatz; → Nebenkosten
Der in den Honorartafeln bei den jeweiligen → Honorarzonen dargestellte oberste Honorarbetrag für eine Honorarstufe wird als Höchstsatz bezeichnet. Durch diese nach oben bestehende Begrenzung des möglichen Honorars wird der preisrechtlichen Absicht der Ermächtigungsnorm, den Anstieg der Bau- und Mietkosten zu verhindern bzw. zu hemmen, entsprochen. Gem. § 4 Abs. 3 S. 2 HOAI dürfen die geltenden Höchstsätze nur bei außergewöhnlichen oder ungewöhnlich lange dauernden Leistungen durch schriftliche Vereinbarung bei Auftragserteilung durch die Parteien überschritten werden. Für diese Bewertung heranzuziehende Umstände, die schon bei der Einordnung in → Honorarzonen oder Schwierigkeitsstufen, für die Vereinbarung Besonderer Leistungen oder für die Einordnung in den Rahmen der Mindest- oder Höchstsätze mitbestimmend waren, bleiben außer Betracht. Soweit die Höchstsätze der HOAI nicht im Ganzen überschritten werden, ist eine zwischen den Parteien getroffene Vereinbarung eines Sonderhonorars für den Architekten als sogenannte Prämie für die Unterschreitung einer vorher gemeinsam festgelegten Bausumme oder → Bauzeit (Erfolgshonorar) zulässig. Dieser Umstand ist darin begründet, dass der Architekt die Einhaltung der vorgesehenen Bausumme ohnehin vertragsmäßig schuldet (OLG Frankfurt, BauR 1982, 88). Das Überschreitungsverbot soll zudem nach allerdings umstrittener Ansicht für Pauschalen zur Abgeltung der → Nebenkosten gelten (so OLG Düsseldorf, BauR 1990, 640; a. A. zu Recht BGH, BauR 2004, 356; *Werner/Pastor,* Der Bauprozess, Rdn. 932). Beim Vorliegen eines Verstoßes gegen § 4 Abs. 3 HOAI obliegt dem Bauherrn die Darlegungs- und → Beweislast für den Verstoß (OLG Köln, BauR 1986, 467). Die Nichtbeachtung der Vorschrift des § 4 Abs. 3 HOAI führt nicht zur Nichtigkeit der → Honorarvereinbarung im Ganzen, da gem. § 4 Abs. 4 HOAI die jeweiligen Mindestsätze gelten. Beim Vorliegen eines entsprechenden Verstoßes ist nach den Vorschriften der §§ 133, 157 BGB auf den Parteiwillen zu schließen, dass der jeweilige Höchstsatz gelten soll (BGH,

BauR 1990, 239), jedenfalls wenn die Vereinbarung schriftlich bei Auftragserteilung getroffen wurde, sonst ist der → Mindestsatz zu bezahlen.

Höhe baulicher Anlagen → Baunutzungsverordnung

Höhere Gewalt

Hierbei handelt es sich um ein betriebsfremdes, von außen durch elementare Naturkräfte oder durch Handlungen dritter Personen herbeigeführtes Ereignis, welches nach menschlicher Einsicht und Erfahrung unvorhersehbar ist, allein mit wirtschaftlich erträglichen Mitteln auch durch die äußerste, nach der Sachlage vernünftigerweise zu erwartende Sorgfalt nicht verhütet oder unschädlich gemacht werden kann und auch nicht wegen seiner Häufigkeit vom Betriebsunternehmer in Kauf zu nehmen ist. Typische Beispiele für die vorbezeichnete juristische Definition sind Erdbeben, Orkane oder Sprengstoffanschläge, soweit erfahrungsgemäß nicht mit ihnen gerechnet werden muss. Dem → Auftragnehmer steht gem. § 6 Nr. 2 Abs. 1 c) VOB/B im Falle des Vorliegens höherer Gewalt eine Verlängerung der Ausführungsfrist zu. Zudem hat er gem. § 7 VOB/B bei Zerstörung oder Beschädigung seiner Leistung infolge höherer Gewalt einen Zahlungsanspruch für die bereits erbrachten Leistungen und kann die entstandenen Kosten gem. § 6 Nr. 5 VOB/B ersetzt verlangen. Gem. § 2 Nr. 6 VOB/B wird für die Neuerrichtung bzw. Wiederherstellung der beschädigten oder zerstörten Leistung eine erneute Vergütung fällig.

Honorar → Architektenhonorar

Das Honorar ist das Entgelt, welches der → Bauherr aufgrund des zwischen ihm und dem Architekten/Ingenieur bestehenden Vertrages dem Architekten/Ingenieur für seine erbrachten Leistungen zu bezahlen hat. Die dem Architekten/Ingenieur entstandenen → Nebenkosten und die zu zahlende Umsatzsteuer sind vom → Honoraranspruch des Architekten nicht mit umfasst. Diese werden nicht honoriert, sondern erstattet. Das Honorar wird in den werkvertraglichen Vorschriften im BGB als Vergütung, in der HOAI als Gebühr bezeichnet.

Honoraranspruch → Architektenvertrag; → Aufrechnung; → Bauzeit; → Fälligkeit;
→ Honorarberechnung; → Prüfbarkeit; → ungerechtfertigte Bereicherung; → Verjährung;
→ Wegfall oder Änderung der → Geschäftsgrundlage; → Zurückbehaltungsrecht

Gem. § 631 Abs. 1 BGB hat der Architekt gegen den → Auftraggeber einen Anspruch auf Zahlung des geschuldeten, vertraglich vereinbarten Honorars. Voraussetzung für das Bestehen des Honoraranspruchs ist ein wirksam abgeschlossener → Architektenvertrag. Sofern zwischen den Parteien kein → Architektenvertrag besteht, kann der Architekt kein → Honorar verlangen. Bei Nichtigkeit des zwischen den Parteien abgeschlossenen Architektenvertrages kommt allenfalls ein Anspruch aus ungerechtfertigter Bereicherung gem. den §§ 812 ff. BGB in Betracht. Der Honoraranspruch des Architekten ergibt sich nach Fertigstellung der vertraglich geschuldeten Architektenleistung aus den getroffenen vertraglichen Vereinbarungen. Der Architekt hat dem Auftraggeber gegenüber die → Honorarberechnung in der Honorarschlussrechnung darzulegen. Notwendige Voraussetzung der → Fälligkeit ist die Prüffähigkeit der dem durch den Architekten in → Rechnung gestellten Honorarschlussrechnung (§ 8 Abs. 1 HOAI). Der Auftraggeber kann gegen den bestehenden Honoraranspruch des Architekten ggf. die → Einrede des nichterfüllten Vertrages, einen Anspruch auf → Wandelung, → Minderung, auf → Aufrechnung mit Gegenansprüchen oder ein bestehendes → Zurückbehaltungsrecht geltend machen. Entschädigungen wegen Bauzeitverzögerung, Wegfalls oder Änderung der → Geschäftsgrundlage oder aufgrund Annahmeverzuges des Auftraggebers stellen keine Honoraransprüche dar.

Honorarberechnung → Abschlagszahlung; → anrechenbare Kosten; → Höchstsatz; → Honorarerhöhung; → Honorarsatz; → Honorartafel; → Honorarzone; → Honorarzuschlag; → Interpolation; → Mindestsatz; → Nebenkosten; → Zeithonorare

Die Honorarabrechnung beinhaltet die Ermittlung des nach Abschluss der Architektenleistungen tatsächlich geschuldeten Honorars. Sie ist Bestandteil der Honorarschlussrechnung. Das gem. § 10 Abs. 1 HOAI für die → Objektplanung geschuldete → Honorar z. B. ist nach den anrechenbaren Kosten, dem → Honorarsatz und der Honorarzone aus der → Honorartafel durch → Interpolation zu errechnen. Sofern zwischen den Vertragsparteien eine von den Mindestsätzen oder den Höchstsätzen abweichende gültige Vereinbarung besteht, muss der damit vereinbarte Honorarsatz ebenfalls durch Interpolation ermittelt werden. Auf das sich jeweils ergebende Vollhonorar ist der Prozentsatz zu berechnen, welcher sich aus dem Umfang der übertragenen Leistungen und den sich gem. § 15 Abs. 1 HOAI ergebenden oder abweichend festgelegten „vom-Hundert-Sätzen" für die einzelnen Leistungsphasen ergibt. Diesen Prozentsätzen sind vereinbarte oder gemäß den Bestimmungen der HOAI unmittelbar geschuldete → Honorarerhöhungen hinzuzurechnen. Eventuelle Honorarzuschläge sind als Prozentsätze von dem Bauhonorar zu errechnen und entsprechend zu addieren. Die erläuterte Verfahrensweise ist auch bei der Berechnung des Honorars bei den stadt- und landschaftsplanerischen Leistungen anzuwenden. Vereinbarte **Zeithonorare** sind durch Multiplikation der vereinbarten Stundensätze, mangels Vereinbarung der Mindestsätze des § 6 HOAI mit den tatsächlich geleisteten und nachgewiesenen Stunden zu berechnen. Entgelte für enstandene **Nebenkosten** und die **Umsatzsteuer** sind hinzuzurechnen. Erbrachte **Abschlagszahlungen** sind abzuziehen.

Honorarerhöhungen

Bei Honorarerhöhungen handelt es sich um zwischenparteilich vereinbarte oder kraft der Bestimmungen der HOAI unmittelbar geschuldete Honorarsätze. Durch sie werden den sich aus der → Honorarberechnung ergebenden Normalhonoraren einzelne Leistungsphasen beaufschlagt. Dies gilt beispielsweise gem. § 19 HOAI bei der Erbringung von Einzelleistungen, gem. § 20 HOAI bei der Erbringung von mehreren Vor- oder Entwurfsplanungen, gem. § 21 HOAI bei zeitlicher Trennung der Ausführung eines Objekts, gem. § 22 HOAI bei mehreren Gebäuden oder gem. § 27 HOAI bei Leistungen der Instandhaltung und -setzung. Honorarzuschläge beziehen sich immer auf das Vollhonorar.

Honorarordnung für Architekten und Ingenieure (HOAI)   → HOAI

Honorarsatz   → Interpolation

Bei dem Honorarsatz handelt es sich um eine Rahmengebühr, die angibt, welches → Honorar zwischen dem → Mindestsatz und dem → Höchstsatz vereinbart ist. Mittels des Honorarsatzes wird das endgültige Honorar durch → Interpolation berechnet. Der → „Mittelsatz" beträgt 50 % des Gebührenrahmens der jeweiligen Honorarzone und Betragsstufe. Der → Mindestsatz wird auch als „Vom-Satz", der → Höchstsatz als „Bis-Satz" bezeichnet. Die HOAI normiert keine Regelsätze.

Honorartafel   → Höchstsatz; → Mindestsatz

In den verschiedenen Vorschriften der HOAI sind zum Zwecke der → Honorarberechnung Tafeln aufgestellt, auf deren Grundlage sich entsprechend den → Honorarzonen oder Schwierigkeitsstufen und den ermittelten anrechenbaren Kosten oder Verrechnungseinheiten nach Betragsstufen das Vollhonorar berechnen lässt. Diese Honorartafeln befinden sich beispielsweise in § 16 (→ Gebäude und raumbildende Ausbauten), § 17 (Freianlagen), § 34 (Wertermittlungen), § 38 (Flächennutzungspläne), § 41 (Bebauungspläne), § 45 b (Landschaftspläne), § 46 a (Grünordnungspläne), § 47 a (Landschaftsrahmenpläne); § 48 b (Umweltverträglichkeitsstudien) und § 49 d (Pflege- und Entwicklungspläne).

Die Honorartafeln sind **degressiv**. Dies bedeutet, dass mit Zunahme der anrechenbaren Kosten der für die Berechnung des Vollhonorars heranzuziehende Prozentsatz sinkt. **Teilhonorare** sind z. B. gem. §§ 21, 22 HOAI isoliert zu berechnen. Die vorbezeichnete Degression wirkt sich daher auf die Teilhonorare nicht aus.

Bei anrechenbaren Kosten für Gebäude und raumbildende Ausbauten unter € 25.565,00 kann das Honorar gem. §§ 16 Abs. 2 bzw. 17 Abs. 2 HOAI als Pauschalhonorar oder als → Zeithonorar gem. § 6 HOAI berechnet werden, höchstens jedoch bis zu den Höchstsätzen bei anrechenbaren Kosten von € 25.565,00. Als Mindestsätze gelten die Stundensätze gemäß § 6 Abs. 2 HOAI, höchstens jedoch ohne die in der Honorartafel gemäß § 16 Abs. 1 HOAI für anrechenbare Kosten von € 25.565,00 festgesetzten Mindestsätze.

Gem. §§ 16 Abs. 3, 17 Abs. 2 HOAI kann das Honorar zwischen den Vertragsparteien beim Vorliegen von anrechenbaren Kosten über € 25.564.594,00 frei vereinbart werden.

Sofern sich die Vertragsparteien für den Fall der Überschreitung der Obergrenze der anrechenbaren Kosten von € 25.564.594,00 (Honorartafel des § 16 HOAI) nur geeinigt haben, dass zu extrapolieren ist und keine Aussage über die Methode getroffen haben, so gilt im Zweifel diejenige mit dem niedrigeren Verlauf. Die Degression ist fortzuschreiben. Fehlt eine solche Vereinbarung, so muss der Architekt beweisen, dass seine Berechnung des Honorars der üblichen Vergütung gem. § 632 BGB entspricht. Er ist nicht an Mindest- und Höchstsätze gebunden (OLG München, IBR 1994, 66).

Für **Landschaftspläne** mit einer zu beplanenden Fläche von unter 1000 ha und über 15.000 ha kann gem. § 45 b Abs. 3 und § 4 HOAI sowie gem. § 48 b Abs. 3 bzw. § 49 b Abs. 3 HOAI für Umweltverträglichkeitsstudien bzw. Pflege- und Entwicklungspläne mit einer zu beplanenden Fläche von unter 50 bzw. 5 ha und über 10.000 ha das → Honorar gem. § 6 HOAI als Zeithonorar oder als Pauschalhonorar berechnet werden.

Honorarvereinbarung → Anfechtung; → Architektenhonorar

Die Vertragsparteien (Bauherr/Architekt) können nach dem Grundsatz der Vertragsautonomie eine vertragliche Absprache über das → Architektenhonorar treffen. Aufgrund der nach den Vorschriften der HOAI bei der Berechnung des Architektenhonorars zu beachtenden Regelungen ist die im Schuldrecht bestehende Vertragsfreiheit jedoch erheblich eingeschränkt. Die Honorartatbestände der HOAI, die für eine freie Vereinbarung des Honorars offen sind, besitzen einen stark objektiven Charakter. Diese Honorartatbestände beziehen sich vor allem auf die Einstufung eines Objektes bzw. des Gegenstandes städtebaulicher oder landschaftsplanerischer Leistungen in die → Honorarzonen, auf die Vorschriften, nach denen → Honorarerhöhungen, Honorarzuschläge, Pauschalhonorare oder zusätzlichen Honorare vereinbart werden können sowie auf die Vereinbarung eines Honorarsatzes im Rahmen der Mindest- und Höchstsätze. Die Honorarvereinbarung kann unter engen Voraussetzungen angefochten werden.

Honorarzonen

In der HOAI sind für die einzelnen Leistungsbilder die Honorarzonen speziell geregelt. In § 11 Abs. 1 Nr. 1 bis 5 HOAI wird z. B. die **Honorarzone für Gebäude** nach folgenden Eigenschaften beschrieben:

1. Anforderungen an die Einbindung in die Umgebung;
2. Zahl der Funktionsbereiche;
3. Gestalterische Anforderungen;

4. Schwierigkeitsgrad der Konstruktion;
5. Grad der Gebäudeausrüstung;
6. Ausbau.

Die jeweiligen Honorarzonen staffeln sich nach den jeweiligen Planungsanforderungen. Diese werden unterteilt in I. sehr gering, II. gering, III. durchschnittlich, IV. überdurchschnittlich und V. sehr hoch. In § 11 Abs. 2 HOAI ist für die Einordnung des jeweiligen zu planenden Gebäudes eine **Punkteliste** aufgestellt. Diese ist nach den in § 11 Abs. 3 HOAI aufgeführten Bewertungen auszufüllen. Mit jeweils 6 Punkten zu bewerten sind die Merkmale „Anforderungen an die Einbindung in die Umgebung, konstruktive Anforderungen, technische Gebäudeausrüstung und Ausbau. Die in § 11 Abs. 3 HOAI genannten Bewertungsmerkmale „Anfall der Funktionsbereiche" und „Gestalterische Anforderungen" können im Einzelfall mit je bis zu 9 Punkten bewertet werden. Gem. § 11 Abs. 2 ist die so ermittelte Gesamtpunktzahl einer bestimmten Honorarzone zuzuordnen.

Die Regelung des § 12 HOAI enthält eine umfangreiche **Liste von Beispielen**, welche den jeweiligen Zonen zugeteilt sind und viele Bauaufgaben umfasst. Hierdurch wird eine Kontrolle der ermittelten Honorarzone ermöglicht.

Die Honorarzonen der **übrigen Leistungsbilder** sind entsprechend den vorstehenden Ausführungen zu ermitteln. Für das Leistungsbild → Freianlagen ist die Regelung des § 13 HOAI maßgeblich. Die Eigenschaften „Einbindung in die Umgebung, ökologische Anforderung, Anzahl der Funktionsbereiche, gestalterische Anforderungen und Ver- und Entsorgungseinrichtungen" sind für die Einordnung in die Punkteliste zu berücksichtigen. § 14 HOAI enthält zur Kontrolle der so ermittelten Honorarzone eine umfangreiche Liste von Beispielen, welche den jeweiligen Zonen zugeteilt sind und die viele mögliche Bauaufgaben von einfachen Geländegestaltungen bis zu Gartenschauen umfasst.

Die Honorarzonen des Leistungsbildes **raumbildende Ausbauten** sind gem. § 14 a HOAI nach den Kriterien „Funktionsbereiche, Raumzuordnung und Raumproportion, technische Ausrüstung, konstruktive Detailgestaltung, Farb- und Materialgestaltung sowie Lichtgestaltung im gleichen Verfahren" wie bei Gebäuden und Freianlagen zu ermitteln. Zur Kontrolle der Ermittlung der Honorarzonen enthält § 14 b HOAI eine → Objektliste mit Beispielen, die den jeweiligen Zonen zugeteilt sind. Diese beinhalten einfachste Ausbauten bis hin zu Repräsentationsräumen.

Die Einordnung des Leistungsbildes **Städtebauliche Leistungen** ist in fünf Zonen aufgeteilt. Diese bestimmt sich nach den Vorschriften der § 36 a Abs. 1 und § 39 a HOAI. Die Kriterien „Gestaltung, → Erschließung, bauliche und landschaftliche Umgebung und Denkmalpflege, Nutzung und Dichte, topografische Verhältnisse und geologische Gegebenheiten sowie Umweltvorsorge und ökologische Bedingungen" sind bei der Planungsaufgabe heranzuziehen.

Die Honorarzonen für das Leistungsbild **Landschaftspläne und landschaftspflegerische Begleitpläne** sind anhand der Bewertung der Kriterien „Landschaftsbild, Flächennutzung, Topografische Verhältnisse, Umweltsicherung und Umweltschutz, Schutz, Pflege und Entwicklung von Natur und Landschaft sowie Bevölkerungsdichte" zu ermitteln.

Das Leistungsbild der **Grünordnungspläne und Landschaftsrahmenpläne** ist in die Kategorie „Normalstufe" und „Schwierigkeitsstufe" geteilt. Die Vorschriften der §§ 46 a Abs. 5 und 47 Abs. 3 HOAI beinhalten die Kriterien für das Abweichen von der Normalstufe. Die Honorierung nach der Schwierigkeitsstufe muss bei Auftragserteilung durch die Parteien schriftlich vereinbart werden. Liegt eine solche schriftliche Vereinbarung nicht vor, so gelten die Beträge der Normalstufe.

Die drei Honorarzonen für die Leistungsbilder **Umweltverträglichkeitsstudien und landschaftspflegerische Begleitpläne** sind gem. §§ 48 Abs. 1 und 49 HOAI danach zu ermitteln, welche der nachfolgenden Kriterien der Untersuchungsraum aufweist. Zu berücksichtigen ist hierbei die Ausstattung mit ökologisch bedeutsamen Strukturen, das Landschaftsbild, die Erholungsnutzung, die

Nutzungsansprüche, die potentielle Intensität der Beeinträchtigung sowie die Empfindlichkeit gegenüber Umweltbelastungen und Beeinträchtigungen von Natur und Landschaft. Gem. § 49 b Abs. 1 Nr. 1 bis 3 HOAI sind die Honorarzonen für das Leistungsbild Pflege- und Entwicklungspläne nach der Bewertung der Kriterien Beeinträchtigungen oder Schädigungen von Naturhaushalt und Landschaftsbild, Aufwand für die Festlegung von Zielaussagen sowie Pflege- und Entwicklungsmaßnahmen, Differenziertheit des floristischen Inventars oder der Pflanzengesellschaften, Differenziertheit des faunistischen Inventars sowie den fachlichen Vorgaben zu ermitteln.

Honorarzuschlag → Umbauten und Modernisierung

Bei dem Honorarzuschlag handelt es sich um einen jeweils festgelegten Prozentsatz des sich aus der Honorarabrechnung ergebenden Betrages. Dieser ist auf den Rechnungsbetrag aufzuschlagen, wenn sich beispielsweise gem. § 24 HOAI die Planung auf den Umbau oder die Modernisierung eines Objektes bezieht, gem. § 25 HOAI um einen raumbildenden Ausbau handelt oder es sich gem. § 27 HOAI um die → Instandhaltung und Instandsetzung von Gebäuden handelt. Gem. §§ 38 Abs. 9, 41 Abs. 3 HOAI kann ein solcher Honorarzuschlag zwischen den Parteien frei vereinbart werden, wenn besonders komplexe Aufgaben der Flächennutzungsplanung und der Bebauungsplanung, insbesondere zur Umstrukturierung von Planungsgebieten vorliegen.

1. Zuschlag gemäß § 10 Abs. 3 a HOAI

(vgl. z. B. *Schmidt*, Musterbriefe, Rdn. 288 ff.; *Seifert*, Anrechenbare Kosten aus vorhandener Bausubstanz, BauR 1999, 304 ff. = DAB 1998, 1133 ff.; *Bredenbeck/Schmidt*, Honorarberechnung nach HOAI, BauR 1994, 67 ff.; *Frik*, Der Besondere Beitrag, DAB 1991, 367 ff.)

Die Vorschrift ist architektenunfreundlich (hierauf weisen zu Recht *Wirth/Theis*, Architekt und Bauherr, S. 424, hin). Vor der Einführung dieser Vorschrift konnte die vorhandene Bausubstanz weitgehend mit in die anrechenbaren Kosten eingerechnet werden (BGH, BauR 1986, 593 = ZfBR 1986, 233 = NJW-RR 1986, 1214). Nunmehr darf sie lediglich noch „angemessen" berücksichtigt werden (*Jochem*, HOAI, § 24 Rdn. 4.).

Ausgangspunkt eines Zuschlags gemäß § 10 Abs. 3 a HOAI ist, dass am vorgesehenen Ort der Bauerrichtung bereits „Bausubstanz" vorhanden und fest mit dem Grund und Boden verbunden ist. Diese Bausubstanz muss technisch oder gestalterisch bei dem neuen Bauvorhaben mitverarbeitet werden. „Vorhandene Bausubstanzen" sind dabei alle noch bestehenden, mit dem bisherigen Bauwerk und auch mit dem Grund und Boden verbundenen Teile, wie Fundamente, Wände, Stützen, Decken, Treppen, Dachstühle, Dächer, gleichgültig, ob mit tragender oder nicht tragender Funktion. Die betreffenden Teile müssen mit dem Bauwerk eng verbunden sein, so dass zum Beispiel bloß vorhandenes Erdmaterial nicht von § 10 Abs. 3 a HOAI erfasst wird. Die Mitverarbeitung vorhandener Bausubstanz setzt voraus, dass diese nicht entfernt, sondern erhalten und in die Planung und die darauf beruhende Bauausführung mit einbezogen wird.

Wenn vorhandene Bausubstanz technisch oder gestalterisch mitverarbeitet wird, ist dies „angemessen" bei den anrechenbaren Kosten zu berücksichtigen. Angemessen ist die Erhöhung der anrechenbaren Kosten, wenn die vorhandene, mitverarbeitete Bausubstanz nach ihrem „effektiven, dem Erhaltungszustand entsprechenden Wert" angerechnet wird (BGH, BauR 1986, 594 = ZfBR 1986,233; *Löffelmann/Fleischmann*, Architektenrecht, Rdn. 1 186; Frik, BauR 1991, 37, 42). Bei der Ermittlung der angemessenen anrechenbaren Kosten ist jeweils auf Inhalt und Umfang der vom Architekten hinsichtlich der zu bearbeitenden Bausubstanz zu erbringenden Leistungen abzustellen. Insoweit kommt es nicht auf die Leistungen im herkömmlichen Sinne, sondern auf die mitzuverarbeitende Substanz in räumlicher, funktionaler, gestalterischer und quantitativer Hinsicht an. Dies hat nichts mit den Leistungsbildern des § 15 HOAI zu tun. Hier ist auch das Sichern, Registrieren und Lagern wiederzuverwendender Bauteile miteinzubeziehen. Bei der Festlegung der anrechenbaren Kosten im Sinne angemessener Berücksichtigung muss der Wertfaktor beachtet werden, wie zum Beispiel der Nutz- oder Gebrauchswert, der Funktionswert, der ökonomische Wert und der Erhaltungswert, wobei es sich um objektive und nicht um geschätzte Wertbegriffe handelt. Ortsübliche Preise können grundsätzlich nur dann angesetzt werden, wenn es sich um die technische Verarbeitung vorhandener Bausubstanz handelt.

Die Parteien sollten eine vertragliche → Honorarvereinbarung für die Mitverarbeitung vorhandener Bausubstanz treffen. Erforderlich ist dies entgegen dem missverständlichen Wortlaut der Vorschrift nach richtiger Auffassung nicht (BGH, BauR 2003, 745; *Wirth/Theis*, Architekt und Bauherr, S. 425; *Locher/Koeble/Frik*, HOAI, § 10 Rdn. 90; *Korbion/Mantscheff/Vygen*, HOAI, § 10 Rdn. 34 f.; *Jochem*, HOAI, § 10 Rdn. 12; *Enseleit/Osenbrück*, Anrechenbare Kosten für Architekten und Tragwerksplaner, Rdn. 239; *Löffelmann/Fleischmann*, Architektenrecht, Rdn. 1 183; a. A. LG Hamburg NJW-RR 1996, 855.) Treffen die Vertragsparteien keine solche Honorarvereinbarung bei Vertragsabschluss, so müssen sie dies nachholen. Weigert sich der Auftraggeber, eine solche Vereinbarung nachträglich zu schließen, so kann der Auftragnehmer die Honorare gemäß § 315 BGB einseitig bestimmen (*Schmidt*, Musterbriefe, Rdn. 289). Begrenzt ist das Bestimmungsrecht des Auftragnehmers dadurch, dass die Erhöhung der anrechenbaren Kosten angemessen sein muss. Angemessen ist die Erhöhung der anrechenbaren Kosten, wenn die vorhandene mitverarbeitete Bausubstanz nach ihrem „effektiven, dem Erhaltungszustand entsprechenden Wert" angerechnet wird.

Dieser Wert kann wie folgt ermittelt werden: Durch Multiplikation der Baumassen mit den ortsüblichen Preisen (*Enseleit/Osenbrück*, Anrechenbare Kosten für Architekten und Tragswerkplaner, Rdn. 237; *Schmidt*, Musterbriefe, Rdn. 289.) unter Berücksichtigung eines Abschlages, sofern die vorhandene Bausubstanz wegen ihres Alters nicht mehr in einem der Neuausführung vergleichbaren Zustand ist (*Löffelmann/Fleischmann*, Architektenrecht, Rdn. 1 186; *Schmidt*, Musterbriefe, Rdn. 289; vgl. die Berechnungsbeispiele bei *Pott/Dahlhoff*, HOAI, 6. Aufl., § 10 Rdn. 22 a), wird der Wert der vorhandenen Bausubstanz errechnet. Dieser Wert multipliziert mit dem Leistungsumfang des Architekten ergibt die angemessenen anrechenbaren Kosten (*Schmidt*, Musterbriefe, Rdn. 289; *Enseleit/Osenbrück*, Anrechenbare Kosten für Architekten und Tragwerksplaner, Rdn. 237; *Locher/Koeble/Frik*, HOAI, § 10 Rdn. 94.; vgl. auch BGH, BauR 2003, 745; a. A. *Löffelmann/Fleischmann*, Architektenrecht, Rdn. 1 186 und wohl auch *Korbion/Mantscheff/Vygen*, HOAI, § 10 Rdn. 34 c, die den Leistungsumfang des Architekten entgegen der amtl. Begründung zu § 10 Abs. 3 a HOAI, BR-Drucksache 594/87, S. 100, nicht berücksichtigen wollen und die Erhöhung der anrechenbaren Kosten allein nach dem errechneten Wert der vorhandenen Bausubstanz ermitteln).

Ist die vom → Auftragnehmer so einseitig bestimmte Erhöhung der anrechenbaren Kosten nach Ansicht des Auftraggebers nicht angemessen, kann er die Höhe der vom → Auftragnehmer bestimmten anrechenbaren Kosten gerichtlich prüfen lassen (§ 319 BGB). Danach ist regelmäßig die Einholung eines Sachverständigengutachtens erforderlich (*Motzke/Wolff*, Praxis der HOAI, S. 84).

2. Umbauzuschlag gemäß § 24 HOAI

(vgl. z. B. *Schmidt*, Musterbriefe, Rdn. 291; *Jochem*, Der Architektenvertrag für Leistungen bei Modernisierungen, DAB 1988, 367 ff.; *Löffelmann/Fleischmann*, Architektenrecht, Rdn. 968 ff.)

Vorhandener Altbestand kann zudem im Rahmen eines schriftlich zu vereinbarenden Umbauzuschlags gemäß § 24 HOAI berücksichtigt werden. Ein Umbau ist eine Umgestaltung eines vorhandenen Objekts mit wesentlichen Eingriffen in Konstruktion oder Bestand (§ 3 Nr. 5 HOAI). Ein Umbau liegt danach z. B. vor, wenn ganze Teile herausgerissen und/oder durch andere ersetzt werden, wie z. B. Mauern, Fenster, Türen, Treppen usw. § 24 HOAI trägt der Erfahrungstatsache Rechnung,

dass bei Umbauten verglichen mit anderen Arbeiten im Allgemeinen vom Architekten ein erhöhter Leistungsaufwand zu fordern ist. Die Höhe des Umbauzuschlages ist nach den im § 24 HOAI aufgestellten Kriterien zu ermitteln. Ist nichts anderes schriftlich vereinbart, gilt ab durchschnittlichem Schwierigkeitsgrad ein Zuschlag von 20 % als vereinbart. Durchschnittliche Schwierigkeiten liegen vor, wenn die Merkmale für die Einstufung des Objekts in die Honorarzone III vorliegen. Ist das Objekt in eine niedrigere Honorarzone eingestuft, wird mangels anderweitiger schriftlicher Vereinbarungen davon auszugehen sein, dass kein Umbauzuschlag zu zahlen ist (so z. B. auch: *Schmidt*, Musterbriefe, Rdn. 291; *Jochem*, HOAI, § 24 Rdn. 6; *Locher/Koeble/Frik*, HOAI, § 24 Rdn. 20; *Korbion/Mantscheff/Vygen*, HOAI § 24 Rdn. 16.). In § 24 HOAI ist formuliert, dass der Umbauzuschlag „ab durchschnittlichem Schwierigkeitsgrad" in Höhe von 20 % zu zahlen ist. Ist eine höhere Honorarzone einschlägig, wird davon auszugehen sein, dass jedenfalls der Umbauzuschlag von 20 % als vereinbart zu gelten hat (so z. B. auch: *Schmidt*, Musterbriefe, Rdn. 291; *Korbion/Mantscheff/Vygen*, HOAI § 24 Rdn. 14; *Locher/Koeble/Frik*, HOAI, § 24 Rdn. 20). Im Fall der Einstufung in eine höhere Honorarzone als die Honorarzone III darf der Architekt nicht schlechter gestellt sein als bei einer Einstufung des Objekts in die Honorarzone III. Zudem ist insoweit an die soeben zitierte Formulierung in § 24 HOAI („ab ...") zu erinnern. Diese Frage ist bislang allerdings durch die Rechtsprechung nicht geklärt. Bei durchschnittlichem Schwierigkeitsgrad können der Architekt und der Bauherr einen Zuschlag von 20 bis 33 % vereinbaren (§ 24 Abs. 1 Satz 3 HOAI).
Ein Umbauzuschlag scheidet im Falle des Vorliegens eines Neubaus aus. Dies folgt aus dem Sinn und Zweck des Umbauzuschlages. Nach dem Sinn und Zweck des Umbauzuschlages sollen Nachteile des Architekten oder Ingenieurs ausgeglichen werden, die dadurch entstehen, dass beim Umbau erfahrungsgemäß vom Architekten oder Ingenieur ein im Vergleich z. B. zum Neubau erhöhter Leistungsaufwand zu fordern ist. Liegt tatsächlich kein Um-, sondern ein Neubau vor, so scheidet deshalb ein vergleichsweise erhöhter Leistungsaufwand des Architekten wie auch des Ingenieurs aus.

3. Zuschläge kumulativ
Die Ansprüche aus § 24 HOAI und § 10 Abs. 3 a HOAI bestehen nebeneinander (*Locher/Koeble/Frik*, HOAI, § 24 Rdn. 25; *Korbion/Mantscheff/Vygen*, HOAI § 10 Rdn. 34).

Hotel → Gaststätte
Ein Hotel fällt unter den von der → Baunutzungsverordnung verwendeten Begriff des **Beherbergungsgewerbes**. Nach der Rechtsprechung des Bundesverwaltungsgerichtes liegt ein Beherbergungsbetrieb vor, „wenn Räume ständig wechselnden Gästen zum vorübergehenden Aufenthalt zur Verfügung gestellt werden, ohne dass diese dort ihren häuslichen Wirkungskreis unabhängig gestalten können" (BVerwG, NVwZ 1989, 1060). Die mietweise Überlassung von selbstständigen Wohnungen (Appartements) zählt nicht dazu (BVerwG, NVwZ 1989, 1060).

1. Definition
Auch wenn Beherbergungsbetriebe in der Regel mit einer Schankwirtschaft verbunden sind, bilden sie in der → Baunutzungsverordnung eine besondere Kategorie und werden dort besonders genannt. Zu solchen Betrieben des Beherbergungsgewerbes rechnet man nach allgemeinem Sprachgebrauch nicht nur Hotels, sondern **auch Pensionen**, **Gasthöfe**, **Jugendherbergen** unabhängig davon, ob sie Gewerbetreibende i. S. d. Gewerbeordnung sind. Ist mit einem Betrieb des Beherbergungsgewerbes eine über die übliche Gewährung von Frühstück und Erfrischungen im Sinne eines „Hotels Garni" hinausreichende Restauration verbunden, so fällt ein solcher Betrieb auch unter den Begriff der Schank- und Speisewirtschaft und es sind auch die dafür bestehenden Voraussetzungen zu erfüllen (→ Gaststätte; *Boeddinghaus*, BauNVO-Kommentar, § 3 Rn. 10).

2. Zulässigkeit

In **besonderen Wohngebieten** sind Betriebe des Beherbergungsgewerbes allgemein zulässig, § 4 a Abs. 2 Nr. 2 BauNVO. Gleiches gilt für **Dorfgebiete, Mischgebiete** und **Kerngebiete**, §§ 5 Abs. 2 Nr. 5, 6 Abs. 2 Nr. 3 und 7 Abs. 2 Nr. 2 BauNVO. Dies bedeutet, dass in diesen Gebieten Beherbergungsbetriebe unabhängig davon zulässig sind, ob sie der Versorgung des Gebietes dienen; sie dürfen nur nicht der Eigenart des Baugebietes gemäß § 15 Abs. 1 S. 1 BauNVO widersprechen (BVerwG, UPR 1996, 112). Zudem muss die typische Funktion des Gebietes gewahrt sein, was beispielsweise beinhaltet, dass ein Hotel in einem → Gewerbegebiet auch gewerbsmäßig betrieben werden muss und nicht in einer dem Gebietscharakter widersprechenden Art und Weise auch zu Wohnzwecken genutzt wird (BVerwG, BauR 1993, 194). In Kleinsiedlungsgebieten gemäß § 2 Abs. 2 Nr. 2 BauNVO sind zulässig die der Versorgung des Gebiets dienenden Schank- und Speisewirtschaften (Gasthöfe); Beherbergungsbetriebe sind darin nicht aufgezählt und damit in **Kleinsiedlungsgebieten** (WS-Gebieten) **unzulässig** (*Boeddinghaus*, BauNVO-Kommentar, § 2 Rn. 15). Nach § 3 Abs. 2 Nr. 1 BauNVO sind in **reinen Wohngebieten ausnahmsweise kleine Betriebe** des Beherbergungsgewerbes **zulässig**. Soweit der Umfang über den eines „Hotels Garni" hinausgeht, insbesondere mehr als nur Frühstück und Erfrischungen anbietet, gilt er als mit einer Schank- und Speisewirtschaft verbunden. Da eine solche Hotel/Schank- und Spielwirtschaftkombination nicht in reinen Wohngebieten nach § 3 BauNVO als zulässige Anlage aufgelistet ist, ist ein solcher Betrieb im reinen → Wohngebiet grundsätzlich unzulässig. Für die Einschränkung „klein" ist entscheidend, ob sich der Betrieb in das festgesetzte → Baugebiet unauffällig einordnet. Ist beispielsweise festgesetzt, dass in einem Gebiet nur Wohngebäude mit nicht mehr als zwei Wohnungen zulässig sind, so ist ein Betrieb des Beherbergungsbetriebs mit dreißig Betten nicht mehr klein, wohl aber ein solcher mit 20 Betten in einer derart strukturierten Innenbereichslage nach § 34 Abs. 2 BauGB (BVerwG, BRS 47 Nr. 36; OVG Lüneburg, BRS 35 Nr. 49). Im Allgemeinen **Wohngebiet** gemäß § 4 BauNVO können Betriebe des Beherbergungsgewerbes **ausnahmsweise zugelassen** werden, § 4 Abs. 3 Nr. 1 BauNVO. Im Gegensatz zu reinen Wohngebieten ist die Ausnahme nicht auf kleine Betriebe beschränkt. Allerdings gelten auch hier die allgemeinen Voraussetzungen für die Zulässigkeit baulicher und sonstiger Anlagen, was bedeutet, dass eine solche Anlage nach Anzahl, Lage, Umfang oder Zweckbestimmung der Eigenart des Gebietes nicht widersprechen darf sowie keine unzumutbaren Belästigungen oder Störungen von dem Betrieb ausgehen dürfen (*Boeddinghaus*, BauNVO-Kommentar, § 4 Rn. 7).

Bauordnungsrechtlich ist **zu beachten**, dass Hotels (Beherbergungsbetriebe) ab einer bestimmen Zahl von Gastbetten (z. B. 30, § 68 Abs. 1 S. 3 Nr. 11 i. V. m. § 54 Abs. 3 BauONRW, § 2 Abs. 8 Nr. 9 i. V. m. § 45 HBO) besonderen **baupolizeilichen Anforderungen** unterliegen, wonach etwa die unbedingte Erreichbarkeit durch Behinderte und Kinder gefordert wird. Zudem sehen die Gaststättenverordnungen der Länder besondere bauliche Anforderungen im Hinblick auf → Brandschutz, Haustechnik, Anzahl der Toiletten, Hausordnung etc. für Beherbergungsbetriebe mit mehr als 8 Gastbetten vor.

I

Immissionen. → Baulärm; → Elektromagnetische Strahlungen; → Freizeitanlagen; → Lärm; → Sportanlagen

1. Definition

Immissionen werden gesetzlich definiert als „auf Menschen, Tiere und Pflanzen, den Boden, das Wasser, die Atmosphäre sowie Kultur- und sonstige Sachgüter einwirkende Luftverunreinigungen, Geräusche, Erschütterungen, Licht, Wärme, Strahlen und ähnliche Umwelteinwirkungen" (§ 3 Abs. 2 BlmSchG).

2. Genehmigung nach dem Bundesimmissionsschutzgesetz (BlmSchG)

Der Genehmigung nach dem Bundesimmissionsschutzgesetz bedürfen gemäß § 4 Abs. 1 Nr. 1 BlmSchG die **Errichtung** und der **Betrieb von Anlagen**, die auf Grund ihrer Beschaffenheit oder ihres Betriebes in besonderem Maße geeignet sind, schädliche Umwelteinwirkungen hervorzurufen oder in anderer Weise die Allgemeinheit oder die Nachbarschaft zu gefährden, erheblich zu benachteiligen oder erheblich zu belästigen, sowie von ortsfesten Abfallentsorgungsanlagen zur Lagerung oder Behandlung von Abfällen. Die 4. BlmSchV listet die nach BlmSchG genehmigungsbedürftigen Anlagen auf. Die Erteilung der BlmSchG-Genehmigung setzt nach § 6 Nr. 1 BlmSchG voraus, dass die Erfüllung der Betreiberpflichten nach § 5 BlmSchG sichergestellt sind. Danach hat der Betreiber sicherzustellen, dass von der Anlage keine schädlichen Umwelteinwirkungen und sonstige Gefahren, erhebliche Nachteile oder Belästigungen für die Allgemeinheit und die Nachbarschaft hervorgerufen werden können. Hierin kommt ein **Schutzgrundsatz** auch zugunsten des Nachbarn zum Ausdruck, der in technischen Regelwerken wie der TA-Luft und der TA-Lärm konkretisiert ist (§ 5 Abs. 1 Nr. 1 BlmSchG). So kann ein Nachbar mit der Anfechtungsklage gegen eine BlmSchG-Genehmigung vorgehen oder mit der auf die Festsetzung einer Schutzauflage (§ 12 Abs. 1 BlmSchG) gerichteten Verpflichtungsklage geltend machen, die erteilte Genehmigung verstoße, z. B. wegen Überschreitung der Grenzwerte bzgl. Luft oder → Lärm, gegen den Schutzgrundsatz (BVerwG, DVBl. 1982, 958; 1983, 183; OVG Lüneburg, DVBl. 1985, 1322 f.).

3. Nachbarliches Abwehrrecht

Der Nachbar kann auch bei der Anfechtung einer gegen § 22 Abs. 1 Nr. 1 oder 2 BlmSchG verstoßenden nicht-immissionsschutzrechtlichen Genehmigung (z. B. Baugenehmigung) einen Genehmigungsabwehranspruch geltend machen. Denn der gesetzlich gebotene Schutz vor schädlichen Umwelteinwirkungen soll nicht nur der Allgemeinheit, sondern auch der Nachbarschaft zugute kommen (BVerwGE 74, 315, 322; VGH Mannheim, NJW 1987, 1712; 1990, 1930). Jedoch ist eine Wohnnutzung gegenüber solchen Immissionen (im entschiedenen Fall von einer → Tankstelle herrührend) rechtlich nicht geschützt, die nur deshalb erheblich belästigend und gesundheitsgefährdend wirken, weil sie Wohnräume durch ein nicht genehmigtes und nicht genehmigungsfähiges Fenster erreichen (BVerwG, BauR 1993, 325 ff.).

4. Lärm

a) TA-Lärm

In der Praxis werden die Werte der TA-Lärm als Richtwerte herangezogen, um das zulässige Maß an → Lärm im Zusammenhang mir der Beurteilung der Genehmigungsfähigkeit von Bauvorhaben

bzw. bei der Festsetzung eines Baugebietes zu beurteilen. Die TA-Lärm enthält entsprechend der Schutzwürdigkeit des jeweiligen Gebietes unterschiedliche **Richtwerte**:
- in reinen Wohngebieten tagsüber (6 h–22 h) 50 dB(A) und nachts (22 h–6 h) 40/35 dB(A);
- in allgemeinen Wohngebieten tagsüber 55 dB(A) und nachts 45/40 dB(A);
- in Dorf- und Mischgebieten tagsüber 60 dB(A) und nachts 50/45 dB(A);
- in Kerngebieten tagsüber 65 dB(A) und nachts 50/45 dB(A);
- in Gewerbegebieten tagsüber 65 dB(A) und nachts 55/50 dB(A);
- sonstige schutzbedürftige Sondergebiete nach der jeweiligen Nutzungsart tagsüber 45–56 dB(A) und nachts 35–65 dB(A).

Der Zweite der jeweils angegebenen Nachtwerte soll für Industrie-, Gewerbe- und Freizeitlärm sowie → Lärm von vergleichbaren öffentlichen Betrieben gelten. Der Ziel- und Quellverkehr einer Anlage wird dieser lärmmäßig zugerechnet (BVerwG, DVBl. 1989, 371; OVG Münster, NVwZ-RR 1992, 118 ff.).

b) Gemengelagen
Gemengelagen ergeben sich bei einem Nebeneinander sich gegenseitig störender Nutzungen (z. B. bereits vorhandene Gewerbe-/Industrieanlagen zu Wohnbebauung). In solchen Bereichen lassen sich die Richtwerte oft nicht einhalten. In diesem Fall kann die Gemeinde bei der Aufstellung eines Bebauungsplanes mit planüblicher Begründung **von** den **Richtwerten abweichen**. Dabei soll nach der DIN 18005, Beiblatt 1 möglichst ein Ausgleich durch andere geeignete Maßnahmen, wie geeignete Gebäudeanordnungen oder bauliche Schallschutzmaßnahmen, planungsrechtlich abgesichert werden. Dementsprechend hat der VGH Mannheim die Anhebung des Immissionsschutzrichtwertes um 10 dB(A) für ein allgemeines → Wohngebiet in unmittelbarer Nähe eines Industriegebietes für zulässig angesehen (VGH Mannheim, VBlBW 1982, 139; BVerwG, NVwZ 1991, 881). Ansonsten ist in Gemengelagen (etwa im unbeplanten → Innenbereich nach § 34 BauGB) ein zumutbarer Zwischenwert im Einzelfall unter Berücksichtigung der Ortsüblichkeit und der Umstände des Einzelfalles zu ermitteln. Dies gilt nicht nur für Lärmimmissionen, sondern beispielsweise auch für Gerüche (BVerwG, NVwZ 1985, 186; NVwZ-RR 1994, 139).

c) Pflicht zur Rücksichtnahme
Wer sich in Kenntnis oder grob fahrlässiger Unkenntnis einer vorhandenen Immissionsquelle in deren Nähe ansiedelt, ist zwar nicht uneingeschränkt zur Duldung jeglicher Immission verpflichtet, wohl aber zur Duldung derjenigen, die sich in den Grenzen der zulässigen Richtwerte hält. Dies hat der Bundesgerichtshof in seiner Entscheidung zur Gemengelage zwischen einem allgemeinen → Wohngebiet und dem Betrieb einer Hammerschmiede in einem Mischgebiet festgestellt (BGH, BauR 2001, 1859 ff.). Der Kläger hatte sich vor 10 Jahren ein Grundstück am Rande eines allgemeinen Wohngebietes gekauft und es mit einem Einfamilienhaus bebaut. In dem benachbarten Mischgebiet wird seit 30 Jahren (seit 1986 unverändert) eine genehmigte und die Grenzwerte der TA-Lärm einhaltende Hammerschmiede betrieben, gegen deren Geräuschimmissionen sich der Kläger wehrte. In diesem Zusammenhang stellte der Bundesgerichtshof klar, dass, wer sich im Grenzbereich von Gebieten mit verschiedener Qualität und Schutzwürdigkeit ansiedelt, keinen Anspruch darauf hat, dass im angrenzenden Bereich eine emittierende Nutzung unterbleibt. Vielmehr hat der beeinträchtigte Eigentümer eine Mitverantwortung für die vorhersehbare Konfliktlage. Da der Kläger dementsprechend 1990 ein situationsbelastetes Grundstück erwarb, war es ihm möglich, sich auf diese Situation einzustellen und entweder von der Ansiedlung Abstand zu nehmen oder eigene Vorkehrungen zum Schutz gegen die bestehenden Geräuschimmissionen zu treffen. Dies führe im Rahmen der gegenseitigen Pflicht zur Rücksichtnahme zu einer gesteigerten → Duldungspflicht,

zumal die Beklagte der ihr obliegenden Pflicht zur Rücksichtnahme dadurch nachgekommen ist, dass sie die zulässigen Immissionsrichtwerte einhält.

5. Gerüche
Für die Bewertung der Zumutbarkeit von Geruchsbelästigungen werden in der Regel die Grenzwerte der Geruchsimmissionsrichtlinie (GIRL) bzw. des Entwurfes der VDI-Richtlinie 3473 „Emissionsminderung Tierhaltung-Rinder" oder der VDI-Richtlinie 3471 „Emissionsminderung Tierhaltung-Schweine" herangezogen (VGH Kassel, BRS 57 Nr. 216). Das OVG Lüneburg geht beispielsweise davon aus, dass bei einem Abstand von 300 m zwischen einem Wohnhaus im → Außenbereich und Mastställen für 6500 Putenmasthähne unzumutbare Geruchsbelästigungen ausgeschlossen sind (OVG Lüneburg, NVwZ-RR 1990, 232 f.). Nach dem Bundesverwaltungsgericht ist ein → Bebauungsplan mangels ausreichender Konfliktbewältigung unwirksam, der in 170 m Entfernung von einem Legehennenbetrieb mit 23 500 Hennenplätzen und Erweiterungsplanung auf 36 000 Hennenplätzen Wohn- und Gewerbeflächen festsetzt, wenn die erheblichen Geruchsbelästigungen bei 36 000 Hennenplätzen durch einen anzupflanzenden Vegetationsstreifen erst in 10 Jahren durch die Bewuchsdichte auf ein zumutbares Maß gesenkt werden (BVerwG, ZfBR 2002, 371 f.). Der BGH hat im Zusammenhang mit einer geplanten Wohnbebauung, die an einen Rindermastbetrieb von 300–500 Rindern bis auf 50 m heranrückt, die grundsätzliche Anwendbarkeit der GIRL betont. Dabei stellte der BGH fest, dass der extrem geringe Abstand zwischen Rindermastbetrieb und geplanter Wohnbebauung ein gewichtiges Indiz für unzumutbare Geruchsbelästigungen darstellt (BGH, BayVBl. 2002, 536).

6. Abgase
In der Verordnung über die Festlegung von Konzentrationswerten (23. BImSchV) sind für bestimmte Straßen oder Gebiete, in denen besonders hohe, vom Verkehr verursachte Immissionen zu erwarten sind, Konzentrationswerte für luftverunreinigende Stoffe wie Benzol, Ruß oder Stickstoffdioxid enthalten. Die Abgasbelastung ist auch im Baugenehmigungsverfahren im Zusammenhang mit der Anordnung der → Stellplätze auf dem Grundstück zu prüfen.

7. Elektrosmog → Elektromagnetische Strahlungen

Immissionsschutz → Immissionen

Individualabrede → Individualvertrag

Individualvertrag → Allgemeine Geschäftsbedingungen; → Werkvertrag
Bei dem Individualvertrag handelt es sich im Gegensatz zum → Formularvertrag (Allgemeine Geschäftsbedingungen) um einen frei zwischen den Vertragsparteien ausgehandelten Vertrag. Dieser enthält keine bzw. nur wenige standardisierte Bedingungen. Ein Aushandeln einzelner Vertragsbedingungen ändert nichts daran, dass die übrigen Bestimmungen Allgemeine Geschäftsbedingungen bleiben. Der formularmäßige Ausschluss des jederzeitigen Kündigungsrechts des Auftraggebers bei einem → Werkvertrag aus § 649 BGB wird also durch das Einführen einer vertraglichen Laufzeit nicht zu einer Individualvereinbarung (BGH, WM 1982, 872).

Industriegebiet → Art der baulichen Nutzung; → Gewerbegebiet
Nach § 9 BauNVO dienen Industriegebiete ausschließlich der **Unterbringung von Gewerbebetrieben**, und zwar vorwiegend solcher Betriebe, **die in anderen Baugebieten unzulässig sind**. Ins-

besondere Betriebe mit hohem Störgrad durch Emissionen (→ Lärm und Luftverunreinigungen) sollen in Industriegebieten untergebracht werden (*Fickert/Fieseler*, BauNVO, § 9 Rdn. 1).

1. Allgemein zulässige Nutzungen

Allgemein zulässig sind in einem Industriegebiet gemäß § 9 Abs. 2 BauNVO Gewerbebetriebe aller Art, **Lagerhäuser, Lagerplätze** und öffentliche Betriebe sowie **Tankstellen**. Aufgenommen werden soll das **flächenintensiv störende Großgewerbe**, d. h. vor allem die nach dem Bundesimmissionsschutzrecht (§ 4 BImSchG i. V. m. § 2 der 4. BImSchV) genehmigungsbedürftigen Anlagen, die im Mischgebiet grundsätzlich nicht zulässig sind und auch im → Gewerbegebiet nur nach einer Einzelfallprüfung zugelassen werden können (*Stüer*, Handbuch des Bau- und Fachplanungsrechts, Rdn. 314). Als im Industriegebiet vorgesehene Nutzung mit hohem Störungsgrad sind damit beispielsweise zulässig: **Anlagen der Wärmeerzeugung** und der **Energieproduktion, chemische Betriebe, Nahrungsmittelhersteller, Druckereien, Abfallbeseitigungsanlagen** und ähnliches. Nach dem VGH Kassel stellt ein **Wertstoffsammelzentrum** für Altpapier und Altglas in einem Industriegebiet eine gebietsverträgliche Nutzung dar (VGH Kassel, Beschluss vom 14. 3. 1999 – 3 TH 2517.89 –). Ebenso ist eine gewerbliche Anlage zum Sortieren und Lagern verwertbarer Stoffe in einem Industriegebiet zulässig (OVG Koblenz, UPR 1994, 80). Auch ein **Verbrauchermarkt** (sog. Abholmarkt) mit einer Geschossfläche von 1.140 qm und einer Verkaufsfläche von 870 qm kann außerhalb eines Sondergebiets in einem Industriegebiet zulässig sein (VGH Mannheim, BRS 38 Nr. 60). Ebenso sind andere gewerbliche Anlagen zulässig, die aber den Vorrang der industriellen und gewerblichen Nutzungsstruktur des Industriegebiets zu beachten und die damit zusammenhängende Störungsintensität zu akzeptieren haben (OVG Berlin, DÖV 1992, 710). → Stellplätze und Garagen sind gemäß § 12 BauNVO unbeschränkt zulässig.

2. Ausnahmsweise zulässige Nutzungen

Ausnahmsweise können nach § 9 Abs. 3 BauNVO für Aufsichts- und Bereitschaftspersonen sowie für Betriebsinhaber und **Betriebsleiter Wohnungen**, die dem Gewerbebetrieb zugeordnet sind und ihm gegenüber in Grundfläche und Baumasse untergeordnet sind, zugelassen werden. Ausnahmsweise zulässig sind ferner **Anlagen für kirchliche, kulturelle, soziale, gesundheitliche** und **sportliche Zwecke**. Hierbei ist im Industriegebiet bei diesen ausnahmsweise zulässigen Vorhaben im Einzelfall detailliert zu prüfen, ob es zu Konflikten mit der industriellen Nutzung kommen kann. Auch wenn die Voraussetzungen der Betriebsbezogenheit der Wohnungen (räumlich-funktionaler Zusammenhang mit dem Betrieb) vorliegen, besteht lediglich ein Anspruch auf fehlerfreie Ermessensentscheidung der Baugenehmigungsbehörde („können zugelassen werden"); einen Rechtsanspruch auf Erteilung der → Baugenehmigung gibt es nicht. Die Baugenehmigungsbehörde hat sich bei der Zulassung von Betriebswohnungen daran zu orientieren, ob sie zu einer → Behinderung der im Industriegebiet zulässigen immissionsträchtigen gewerblichen Nutzung der Nachbargrundstücke führen können (OVG Lüneburg, BauR 1983, 150).

3. Nicht zulässige Nutzungen

Im Industriegebiet sind – anders als in Gewerbegebieten gemäß § 8 Abs. 2 Nr. 2 BauNVO – **Geschäfts-, Büro- und Verwaltungsgebäude als selbstständige Anlagen** nicht zulässig, sondern nur dann, wenn es sich um Nebenanlagen (§ 14 Abs. 1 BauNVO) oder um Bestandteile des Gewerbebetriebes handelt (*Fickert/Fieseler*, BauNVO, § 9 Rdn. 1). Die Errichtung einer **Vergnügungsstätte** widerspricht ebenfalls der Zweckbestimmung eines Industriegebiets (VGH München, BRS 58 Nr. 161). Für unzulässig erachtet wurde ferner die Zulassung eines großflächigen **Einzelhandelsbetriebes** mit mehr als 1.500 qm Geschossfläche in einem Industriegebiet. Denn auf der Grundlage von § 11 Abs. 3 BauNVO ist für Betriebe mit einer solchen Größenordnung (entspricht einer Verkaufsfläche von mehr 1.000 qm) regelmäßig davon auszugehen, dass relevante Auswirkungen auf die städtebauliche Ordnung und Entwicklung und auch die Ziele der → Raumordnung und Landesplanung eintreten können und die Ausweisung in einem Kern- oder → Sondergebiet erforderlich ist (BVerwG, BauR 1984, 380; *Fickert/Fieseler*, BauNVO, § 8 Rdn. 19.1).

Den Rahmen dessen, was typischerweise in einem Industriegebiet angesiedelt zu werden pflegt, sprengt auch die Festsetzung eines Industriegebiets für ein **Zwischenlager für abgebrannte Brennelemente** aus Leichtwasserreaktoren (Zwischenlager Ahaus; OVG Münster, ZfBR 1985, 240). Ebenso sind solche Anlagen, die mit anderen Industriegebieten unverträglich sind und deshalb nur im → Außenbereich oder in Sondergebieten zugelassen werden können wie **Anlagen zur Herstellung** und **Verarbeitung von explosionsgefährdenden Stoffen**, Tierkörperbeseitigungsfabriken, Anlagen der Massentierhaltung nicht in Industriegebieten zulässig (*Bielenberg*, in: Ernst/Zinkahn/Bielenberg, BauGB-Kommentar, § 9 BauNVO Rdn. 15).

4. Obergrenze des Maßes der baulichen Nutzung
Die Obergrenze des Maßes der baulichen Nutzung beträgt gemäß § 17 Abs. 1 BauNVO für die **Grundflächenzahl (GRZ) 0,8**, für die **Geschossflächenzahl (GFZ) 2,4** und für die → **Baumassenzahl (BMZ) 10,0**.

5. Schutz von Industriebetrieben
Im Hinblick auf ihren hohen Störungsgrad haben Industriegebiete einen Rechtsanspruch darauf, dass keine solchen störungsempfindlichen Nutzungen zugelassen werden, die den industriellen Betrieb einschränken (**Anspruch auf Wahrung der Gebietsart**). Dieser Schutz wird zum einen dadurch verwirklicht, dass den sich ansiedelnden störungsempfindlichen Nutzungen ein größeres Maß an Rücksicht gegenüber den störenden Industriebetrieben abverlangt wird. Zum anderen kann sich ein Industriebetrieb gegen eine gemeindliche Planung wenden, die störungsempfindliche Nutzungen angrenzend an ein ausgewiesenes Industriegebiet plant und diese Nutzungseinschränkungen erwarten lässt. Denn eine Gemeinde hat bei der Aufstellung von Bebauungsplänen in der Nachbarschaft von ausgewiesenen Industriegebieten, auf eine angemessene Trennung von immissionsempfindlichen Baugebieten und Industriegebieten zu achten. Verstößt sie gegen dieses **Gebot der Trennung von unverträglichen Nutzungen**, verletzt sie einen wesentlichen Planungsgrundsatz, was zur Nichtigkeit der Bauleitplanung führt (BVerwG 34, 301; 45, 309). Ob eine angemessene Trennung erfolgt ist oder nicht, lässt sich anhand einer Orientierung an den Abstandserlassen der Länder (z. B. Abstandserlass Nordrhein-Westfalen, Brandenburg) vornehmen (*Stüer*, Handbuch des Bau- und Fachplanungsrechts, Rdn. 317).

Ingenieurbau und Verkehrsanlagen
Grundsätzlich umfasst der Ingenieurbau alle Bauwerke, die im Wesentlichen durch ihre statisch bedingten Konstruktionen bestimmt sind. Dies betrifft die Bauwerke und Anlagen des Wasserbaus, der Wasserwirtschaft, der Abfallbeseitigung, der Ver- und Entsorgung und Verkehrsanlagen. Diese werden in der Regel von Ingenieuren geplant. Sie sind Gegenstand der §§ 51 bis 62 HOAI. Bei Heranziehung von Architekten bei der Gestaltung gilt § 61 HOAI.

Ingenieurvertrag → Architektenvertrag; → Bauvertrag; → Formfreiheit
Durch den Ingenieurvertrag werden alle auf eine Bauleistung gerichteten Projektierungs-, Überwachungs- und Beratungsleistungen einschließlich der dazugehörigen planerischen und gutachterlichen Tätigkeiten von Bauingenieuren und anderen im Bereich des Bauwesens tätigen Ingenieuren

geregelt. Er ist rechtlich zumeist als → Werkvertrag einzuordnen und unterliegt damit den Regelungen der §§ 631 ff. BGB.

Innenarchitekt → raumbildender Ausbau

Der Innenarchitekt ist durch seine Ausbildung auf die gestaltende, technische und wirtschaftliche Planung von Innenräumen (raumbildender Ausbau) spezialisiert. Die → Bauvorlageberechtigung des Innenarchitekten bezieht sich nur auf Leistungen, die mit der Gestaltung von Innenräumen im Zusammenhang stehen. Hierzu zählen unter anderem auch Fassadenänderungen, die Veränderung statischer Bauteile, Nutzungsänderungen oder Umbauten bzw. Sanierungen.

Innenbereich → Außenbereich; → Erschließung; → Flächennutzungsplan; → Naturschutz; → Planbereich

1. Definition

Das Baugesetzbuch teilt das Gemeindegebiet bauplanungsrechtlich in drei Bereiche ein,
– den → Planbereich (§ 30 Abs. 1, 2 BauGB),
– den → Außenbereich (§ 35 BauGB), und
– den nicht beplanten Innenbereich (§ 34 BauGB).

Der Innenbereich i. S. d. § 34 BauGB umfasst alle im Zusammenhang bebauten Ortsteile des Gemeindegebietes, die nicht von der Gemeinde selbst durch einen qualifizierten oder vorhabenbezogenen → Bebauungsplan konkret beplant wurden (Planbereich). Ein Grundstück gehört zu einem solchen Innenbereich nach § 34 Abs. 1 BauGB, wenn es sich in einem **„im Zusammenhang bebauten Ortsteils"** befindet. Voraussetzung dafür ist die Zugehörigkeit des Grundstücks zu einem **Bebauungszusammenhang**, der wiederum Bestandteil eines **Ortsteils** sein muss. Beide den Innenbereich bestimmenden Elemente, Ortsteil und Bebauungszusammenhang, dienen letztlich der Abgrenzung zum → Außenbereich, denn außerhalb eines qualifizierten Bebauungsplanes ist bauplanungsrechtlich jede Fläche entweder dem Innen- oder → Außenbereich zuzuordnen.

a) Ortsteil

Ein Ortsteil ist nach ständiger Rechtsprechung des Bundesverwaltungsgerichtes jeder „Bebauungskomplex im Gebiet einer Gemeinde, der **nach Zahl der vorhandenen Bauten ein gewisses Gewicht besitzt** und **Ausdruck** einer **organischen Siedlungsstruktur ist"** (BVerwGE 31, 22, 26). Regelungszweck des § 34 BauGB ist „die nach der Siedlungsstruktur angemessene Fortentwicklung der Bebauung innerhalb des gegebenen Bereiches" (BVerwGE 31, 22, 27). Demgemäß ist das „gewisse Gewicht" des Bebauungskomplexes nach den siedlungsstrukturellen Gegebenheiten des jeweiligen Gemeindegebietes zu beurteilen (BVerwG, BauR 1984, 493), wobei eine Ansammlung von 4 Wohngebäuden beispielsweise noch nicht das für einen Ortsteil i. S. v. § 34 BauGB erforderliche Gewicht hat (BVerwG, DÖV 1994, 879). Hinsichtlich des Merkmals der „organischen Siedlungsstruktur" ist nach der Rechtssprechung des Bundesverwaltungsgerichtes nicht darauf abzustellen, dass es sich hierbei um eine nach Art und Zweckbestimmung einheitliche Bebauung handelt (BVerwG 31, 22, 27); auch eine unterschiedliche oder in Art und Zweckbestimmung gegensätzliche Bebauung kann einen Ortsteil bilden.

An einer organischen Siedlungsstruktur kann es jedoch fehlen, wenn der Bebauungskomplex über keinerlei Infrastruktureinrichtungen verfügt oder die Bebauung ausschließlich landwirtschaftlichen Zwecken dient und nicht zum Aufenthalt von Menschen gedacht ist.

b) Bebauungszusammenhang

Ferner muss das Grundstück, um zum Innenbereich zu gehören, innerhalb des Bebauungszusammenhangs des Ortsteils liegen, nur dann gehört es bauplanungsrechtlich zum Innenbereich i. S. v. § 34 BauGB; liegt es außerhalb des Bebauungszusammenhangs, gehört es zum → Außenbereich. **Voraussetzung** für einen Bebauungszusammenhang ist das Vorhandensein einer **aufeinanderfolgenden, zusammenhängenden Bebauung**, die trotz vorhandener Baulücken den **Eindruck der Geschlossenheit und Zusammengehörigkeit vermittelt** (BVerwGE 31, 20). Dabei sind mit Bebauung nur Anlagen und Flächen gemeint, die dem Aufenthalt von Menschen dienen sollen, keine ausschließlich landwirtschaftlichen Zwecken dienenden Scheunen und Ställe oder Kleingartenanlagen (BVerwG, NJW 1984, 1576, 1577). Auch ein Sportplatz sowie befestigte Stell- oder Tennisplätze stellen keinen Bebauungszusammenhang i. S. d. § 34 Abs. 1 BauGB her, da ihnen die maßstabsbildende Kraft fehlt, auch wenn auf ihnen einzelne untergeordnete bauliche Nebenanlagen (z. B. Kassenhäuschen, Flutmasten, etc.) vorhanden sind (BVerwG, BauR 2000, 1851; BVerwG, BauR 2000, 1171). § 34 Abs. 1 S. 1 BauGB stellt darüber hinaus nur auf die tatsächlich vorhandene Bebauung ab, wobei es unerheblich ist, ob die Bebauung genehmigt oder nur geduldet ist, solange die zuständigen Behörden sich mit ihrem Vorhandensein abgefunden haben (BVerwG, DVBl. 1993, 111). Erst geplante, vielleicht auch schon genehmigte, aber noch nicht realisierte Bebauung darf in die Beurteilung eines Bebauungszusammenhangs nicht einbezogen werden (BVerwG, BauR 1977, 104, 107).

Wo jedoch der Bebauungszusammenhang aufhört und damit die **Grenze zwischen Innen- und Außenbereich** verläuft, lässt sich nicht durch Anwendung geographisch-mathematischer Maßstäbe bestimmen, sondern bedarf der **Beurteilung** aufgrund einer Bewertung des **konkreten Sachverhalts** (BVerwG, NVwZ-RR 1992, 227). Bei dieser Bewertung kann nur eine komplexe, die gesamten örtlichen Gegebenheiten erschöpfend würdigende Betrachtungsweise im Einzelfall zu einer sachgerechten Entscheidung führen (BVerwGE 28, 268; 31, 20). So kann dem i. d. R. mit dem letzten Baukörper endenden Innenbereich, eine andere, sich aus der Situation ergebende, natürliche Grenze gesetzt sein, wenn jenseits dieser natürlichen Grenze keine weiteren bebauten Grundstücke vorhanden sind (BVerwG, DÖV 1988, 840). In einem solchen Fall kann z. B. ein an den Bebauungszusammenhang angrenzendes, unbebautes Grundstück, welches zum → Außenbereich hin, durch eine Straße, einen Fluss oder stark abfallenden Hang etc. abgegrenzt wird, zum Bestandteil des Bebauungszusammenhangs gehören (BVerwG, ZfBR 1980, 294).

In gleicher Weise ist die Beurteilung der **Verkehrsanschauung maßgeblich** für die Frage, **inwieweit** der **Bebauungszusammenhang durch vorhandene Baulücken unterbrochen wird**. Hier kommt es darauf an, ob die aufeinanderfolgende Bebauung, trotz der vorhandenen Baulücke, den Eindruck der Geschlossenheit und Zusammengehörigkeit vermittelt (BVerwGE 31, 20). So kann der Bebauungszusammenhang zu bejahen sein, wenn eine freie Fläche zwischen großzügig bemessenen, mit Einfamilienhäusern bebauten Grundstücken liegt (BVerwG, BRS 20 Nr. 34), während bei einer eng aneinander gereihten Bebauung schon eine kleine Lücke den Bebauungszusammenhang unterbrechen kann.

c) Einfacher Bebauungsplan

Das Vorliegen eines einfachen Bebauungsplanes (§ 30 Abs. 3 BauGB) steht der **Zuordnung** eines Gebietes zum **Innenbereich nicht entgegen**. In diesem Fall bestimmt sich die Zulässigkeit eines Vorhabens, soweit Festsetzungen im → Bebauungsplan vorhanden sind, nach den Festsetzungen des einfachen Bebauungsplans. Soweit der → Bebauungsplan keine Festsetzungen enthält, z. B. nur die → Art der baulichen Nutzung, nicht aber das → Maß der baulichen Nutzung, sind ergänzend die Regelungen des § 34 BauGB maßgeblich.

Widerspricht ein Vorhaben den Festsetzungen des **einfachen Bebauungsplans**, so ist es im Innenbereich **unzulässig**. Das gilt auch dann, wenn es im Übrigen den Voraussetzungen des § 34 Abs. 1 BauGB entspricht, sich also insbesondere in die Eigenart der näheren Umgebung einfügt. In diesen Fällen bleibt die Möglichkeit einer → Befreiung nach § 31 Abs. 2 BauGB, sofern die Voraussetzungen dafür vorliegen.

2. Zulässigkeit von Bauvorhaben im Innenbereich

§ 34 Abs. 1 BauGB ist der Grundtatbestand für die Zulässigkeit von Vorhaben im Innenbereich. Er setzt sich zusammen aus dem **Einfügungsgebot** des § 34 Abs. 1 S. 1 BauGB, nach dem sich das Vorhaben nach Art und → Maß der baulichen Nutzung, → Bauweise und überbauter Grundstücksfläche in die Eigenart der näheren Umgebung einfügen muss, ergänzt durch die Anforderungen an **gesunde Wohn- und Arbeitsverhältnisse** (§ 34 Abs. 1 S. 2 Hs. 1 BauGB) und das **Ortsbild** (§ 34 Abs. 1 S. 2 Hs. 2 BauGB). Auf das Einfügungsgebot kommt es nach § 34 Abs. 2 BauGB nur dann und allein hinsichtlich der → Art der baulichen Nutzung nicht an, wenn das in Frage stehende → Baugebiet einem der Baugebiete nach der → Baunutzungsverordnung entspricht.

Darüber hinaus muss auch bei einer Bebauung im → Innenbereich die → **Erschließung gesichert** sein.

a) Einfügungsgebot

Maßstab für die Zulässigkeit eines Vorhabens im unbeplanten → Innenbereich ist die Eigenart der näheren Umgebung. Als „**nähere Umgebung**" müssen nicht nur die Nachbargrundstücke berücksichtigt werden, sondern der gesamte Bereich, auf den sich das Vorhaben auswirken kann sowie umgekehrt der Bereich, der seinerseits den bodenrechtlichen Charakter des Baugrundstückes prägt oder beeinflussen kann (BVerwGE 55, 369, 380). Hinsichtlich der **Eigenart der näheren Umgebung** ist abzustellen auf das, was in der näheren Umgebung an Bebauung tatsächlich vorhanden ist, soweit es eine prägende Wirkung hat (BVerwG, NJW 1975, 460). Dabei hat die größere räumliche Nähe i. d. R. auch eine stärkere prägende Wirkung. Auf künftige bauliche Entwicklungen ist nur dann abzustellen, wenn sich diese bereits in der vorhandenen Bebauung niederschlagen (BVerwG, DVBl. 1975, 509). Singuläre Anlagen, die in einem auffälligen Kontrast zu der sie umgebenden Bebauung stehen, sind regelmäßig als Fremdkörper unbeachtlich, soweit sie nicht ausnahmsweise ihre Umgebung beherrschen oder mit ihr eine Einheit bilden (BVerwGE 84, 322).

Ist der Bereich der **näheren Umgebung festgelegt** und **auf das Wesentliche reduziert**, ergibt sich daraus der **städtebauliche Rahmen**, in den sich das neue Vorhaben hinsichtlich der Art und des Maßes der baulichen Nutzung, sowie hinsichtlich der → Bauweise und der überbauten Grundstücksfläche einfügen muss. Dabei ist der Rahmen um so enger, je einheitlicher die das Grundstück prägende Umgebung ist (BVerwGE 55, 385; BVerwG, NJW 1978, 2564). Bei unterschiedlicher Umgebung ist dieser Rahmen weiter. Auch städtebaulich an sich unbefriedigende Faktoren können den für die Beurteilung der baurechtlichen Zulässigkeit im unbeplanten Innenbereich maßgeblichen Rahmen mitbestimmen. Will die Gemeinde dies korrigieren, kann das nicht innerhalb von Entscheidungen nach § 34 Abs. 1 BauGB erfolgen, sondern nur durch einen → Bebauungsplan.

Bei der Auslegung von § 34 Abs. 1 BauGB kann auf die → Baunutzungsverordnung als sachverständige Konkretisierung der auch im unbeplanten Innenbereich zu beachtenden allgemeinen städtebaulichen Planungsgrundsätze zurückgegriffen werden (st. Rspr. BVerwGE 32, 31; BVerwGE 9, 277). Dabei muss jedoch beachtet werden, dass es nach § 34 BauGB vor allem auf das tatsächlich Vorhandene ankommt, dass der gröbere Maßstab der Vorschrift keinen vollständigen Ersatz für einen → Bebauungsplan bietet und dass deshalb mit dem Rückgriff auf die → Baunutzungsverordnung nicht alle bei einer Planung möglichen Differenzierungen in § 34 BauGB hineingelesen werden können.

Sonstige öffentliche Belange, die für die Beurteilung der Zulässigkeit eines Innenbereichs-Vorhabens von Bedeutung sein können, werden in Abs. 1 aufgeführt. Gleichwohl sind die im Hinblick auf das konkrete Vorhaben beachtlichen öffentlichen Belange bei der Beurteilung der Zulässigkeit von Vorhaben nach Abs. 1 festzustellen, zu prüfen und im Hinblick auf die Zulässigkeit des Vorhabens zu gewichten. Sie haben jedoch keine selbstständige Bedeutung in dem Sinne, dass sie ein Vorhaben sperren können, sondern werden nur bei der Beurteilung der Frage des „Sich-Einfügens" herangezogen. So kann beispielsweise § 42 Abs. 1 Nr. 1 BNatSchG innerhalb eines im Zusammenhang bebauten Ortsteils eine baurechtlich zulässige Bebauung einer Baulücke, die mit Bäumen und Sträuchern bewachsen ist, in denen heimische Vögel nisten und brüten, nicht schlechthin verhindern (BVerwG, DVBl. 2001,647). Allerdings dürfen durch die Bebauung Tiere oder Pflanzen der besonders geschützten Arten nicht absichtlich beeinträchtigt werden. Gezielte Beeinträchtigungen von Tieren und Pflanzen sind verboten, nicht dagegen Beeinträchtigungen, die sich als unausweichliche Konsequenz rechtmäßigen Handelns ergeben.

Eine ausdrückliche Ausnahme vom Gebot des Einfügens gilt nach § 34 Abs. 3 a BauGB für betriebswirtschaftlich notwendige Erweiterungen und Erneuerungen von (mittelständischen) gewerblichen und handwerklichen Betrieben. Danach kann vom Erfordernis des Einfügens im Einzelfall abgewichen werden, wenn die Abweichung der Erweiterung der Erweiterung, Änderung, Nutzungsänderung oder Erneuerung eines zulässigerweise errichteten Gewerbe- oder Handwerksbetriebes dient, städtebaulich vertretbar ist und auch unter Würdigung nachbarlicher Interessen mit den öffentlichen Belangen vereinbar ist.

b) § 34 Abs. 2 BauGB

Entspricht die Eigenart der näheren Umgebung einem der → Baugebiete der → Baunutzungsverordnung (BauNVO), beurteilt sich die Zulässigkeit des Vorhabens nach seiner Art allein danach, ob es nach der BauNVO in dem → Baugebiet allgemein zulässig wäre. **§ 34 Abs. 2 BauGB ersetzt** dann die **Teilvoraussetzungen „Einfügen nach → Art der baulichen Nutzung"** durch die Anwendung der **Vorschriften der Baunutzungsverordnung** (BauNVO).

Auf die nach der BauNVO ausnahmsweise zulässigen Vorhaben ist § 31 Abs. 1 BauGB, im Übrigen ist § 31 Abs. 2 BauGB entsprechend anzuwenden. Bei Anwendung des § 34 Abs. 2 BauGB ist hinsichtlich der Art der Nutzung ein Rückgriff auf § 34 Abs. 1 BauGB ausgeschlossen.

c) Anforderungen an gesunde Wohn- und Arbeitsverhältnisse

Gemäß § 34 Abs. 1 S. 2 BauGB müssen Vorhaben im nicht beplanten Innenbereich die Anforderungen an gesunde Wohn- und Arbeitsverhältnisse wahren. Ein solcher zusätzlicher Maßstab soll die statische, auf das Fortschreiben der bestehenden Verhältnisse weitgehend beschränkte, Funktion des § 34 Abs. 1 S. 1 BauGB begrenzen, wobei er jedoch nicht dazu benutzt werden darf, die rechtlich gebundene Zulässigkeitsregelung mit städtebaulichen Optimierungstendenzen anzureichern, da dies ein Missverhältnis des nur planersetzenden Charakters des § 34 Abs. 1 BauGB bedeuten würde (*Jäde*, in Jäde/Dirnberger/Weiss, BauGB, § 34 Rdn. 97). Das **Gebot der Wahrung gesunder Wohn- und Arbeitsverhältnisse** ist somit **auf die Abwehr städtebaulicher Missstände beschränkt**, etwa um in städtebaulich schier unerträglichen Gemengelagen eine Verfestigung oder Fortsetzung einer vorhandenen, aber überholten Art und Weise der baulichen Nutzung auszuschließen (BVerwG, ZfBR 1991, 126, 128; ZfBR 1994, 190, 192). Angesprochen werden soll der elementare Kernbereich eines städtebaulichen Minimalstandards zumindest nahe an der Schwelle zur Sicherheitsgefahr. Daher kann nicht jegliche Überschreitung von Maßgrößen zugleich bereits einen Verstoß gegen das Gebot der Wahrung gesunder Wohn- und Arbeitsverhältnisse bedeuten (Jäde, in: Jäde/Dirnberger/Weiss, BauGB § 34 Rdn. 99).

d) Beeinträchtigung des Ortsbildes

Ferner darf durch das Vorhaben das Ortsbild gem. § 34 Abs. 1 S. 2 BauGB nicht beeinträchtigt werden. Diese Voraussetzung ist zwischen bauplanungsrechtlichem Einfügungsgebot einerseits und bauordnungsrechtlichem Verunstaltungsgebot andererseits angesiedelt. Da § 34 Abs. 1 S. 2 2. Hs BauGB eine bauplanungsrechtliche Regelung darstellt, werden von ihr jedoch nur solche Beeinträchtigungen erfasst, die nicht nur (bauordnungsrechtlich-)gestalterische, sondern (schon) bodenrechtliche Relevanz haben (*Jäde*, in: Jäde/Dirnberger/Weiss, BauGB § 34 Rdn. 102; VGH Baden-Württemberg, ZfBR 1990, 106). Dementsprechend ist die **Beeinträchtigung des Ortsbildes nur unter städtebaulichen Gesichtspunkten zu beurteilen**, nicht aber z. B. im Hinblick auf die ästhetische Wirkung des beabsichtigten Vorhabens oder seine Beurteilung in sonstiger baugestalterischer Hinsicht. Hierzu stellt das Bundesverwaltungsgericht fest, dass durch § 34 BauGB das Ortsbild nur in dem Umfang vor Beeinträchtigung geschützt werde, wie dies im Geltungsbereich eines Bebauungsplanes durch Festsetzungen nach § 9 Abs. 1 BauGB und den ergänzenden Vorschriften der → Baunutzungsverordnung möglich wäre (BVerwG, BauR 2000, 1848).

Darüber hinaus erfasst das Beeinträchtigungsverbot des § 34 Abs. 1 S. 2 Hs. 2 BauGB, ähnlich dem Gebot der Wahrung gesunder Wohn- und Arbeitsverhältnisse, gleichsam als „Auffangtatbestand" nur diejenigen Fälle, in denen bereits ein „verunstaltetes" Ortsbild vorliegt, dessen weitere Beeinträchtigung durch das – den status quo nur fortschreibende – Einfügungsgebot des § 34 Abs. 1 S. 1 BauGB nicht abgewehrt werden könnte (BVerwG, ZfBR 1990, 306, 307). Dabei ist der Schutz des Ortsbildes jedoch in der Regel nicht von einem solchen Gewicht, dass er die vollständige Freihaltung eines Baugrundstücks im Innenbereich bewirken kann (BVerwG, NJW 1981, 474).

e) Darstellungen des Flächennutzungsplanes

Die Darstellungen des Flächennutzungsplanes enthalten keine öffentlichen Belange, die einem sich einfügenden Innenbereichsvorhaben entgegenstehen. Eine nach § 34 BauGB **zulässige Bebauung kann ebenso wenig durch Vorschriften des Landschaftsschutzes** entschädigungslos **ausgeschlossen werden**. Denn die §§ 30 ff. BauGB hindern den Landesgesetzgeber, diesen Vorschriften weitere einschränkende bodenrechtliche Regelungen hinzuzufügen (BVerwGE 55, 272).

f) Schädliche Auswirkungen auf zentrale Versorgungsbereiche

§ 34 Abs. 3 BauGB schreibt vor, dass Vorhaben im unbebauten Innenbereich keine schädlichen Auswirkungen auf zentrale Versorgungsbereiche in der Gemeinde oder in anderen Gemeinden erwarten lassen dürfen. Zentrale Versorgungsbereiche ergeben sich insbesondere aus planerischen Festlegungen, namentlich aus Darstellungen und Festsetzungen in Bauleitplänen oder Festlegungen in Raumordnungsplänen; sie können sich aber auch aus sonstigen planungsrechtlich nicht verbindlichen raumordnerischen und städtebaulichen Konzeptionen ergeben, nicht zuletzt auch aus nachvollziehbar eindeutigen tatsächlichen Verhältnissen (Gesetzesentwurf BReg, BR-Drs. 756/03 S. 151).

g) Nachbarschutz

§ 34 Abs. 1 BauGB vermittelt Drittschutz nur nach Maßgabe der Grundsätze des in dem Begriff des Einfügens aufgehenden **Rücksichtnahmegebotes**, hat **im Übrigen** aber **keinen nachbarschützenden Charakter** (BVerwGE 52, 122). In welchem Umfang sich aus dem Gebot der nachbarlichen Rücksichtnahme daher Drittschutz ableitet, muss jeweils unter Berücksichtigung der Einzelfallumstände beurteilt werden. Je mehr der Nachbar dabei bereits selbst an Bebauung verwirklicht hat, desto mehr muss er auch in der Umgebung hinnehmen. Je zurückhaltender die Nutzung auf dem Nachbargrundstück ist, desto mehr an Rücksichtnahme kann der Nachbar auch in seiner Umgebung verlangen.

Soweit durch die Verweisung in § 34 Abs. 2 BauGB auf § 15 BauNVO in Ausnahmefällen Drittschutz gewährt werden kann, reicht dieser nicht weiter als der Drittschutz, den § 34 Abs. 1 BauGB dadurch vermittelt, dass der Begriff des „Einfügens" das → Rücksichtnahmegebot umfasst (BVerwG, BauR 1986, 61). Eine Nachbargemeinde kann sich darauf berufen, dass ein Vorhaben im Innenbereich schädliche Auswirkungen auf ihren zentralen Versorgungsbereich mit sich bringt (§ 34 Abs. 3 BauGB).

Innenbereichssatzung

Die Abgrenzung des Innenbereiches vom → Außenbereich führt in der Praxis nicht selten zu erheblichen Schwierigkeiten. Daher haben die Gemeinden in § 34 Abs. 4 BauGB die Möglichkeit des Erlasses von Innenbereichssatzungen, mit denen sie i. S. einer Klarstellung den → **Innenbereich vom → Außenbereich abgrenzen** können, sowie darüber hinaus **einzelne Außenbereichsflächen in den → Innenbereich einbeziehen** können.

1. Klarstellungssatzung (§ 34 Abs. 4 S. 1 Nr. 1 BauGB)

Durch die Klarstellungssatzung kann die Gemeinde die **Grenzen** für die **im Zusammenhang bebauten Ortsteile** oder Teile davon **festlegen**. Die Satzung hat jedoch nur **deklaratorische** Bedeutung, da für jedes Grundstück, das in die Klarstellungssatzung einbezogen wird, Innenbereichsqualität bestehen muss. Die Gemeinde kann also über die Klarstellungssatzung den → Innenbereich weder erweitern noch Innenbereichsgrundstücke von der Anwendung des § 34 BauGB ausschließen. Auch hat die Gemeinde bei der Festlegung des Satzungsgebietes keinen planerischen Gestaltungsspielraum in dem Sinne, dass sie eigenverantwortlich oder letztverbindlich die Grenzen des Innenbereiches bestimmen könnte. Ihre Beurteilung hat keine konstitutive Wirkung. Aus dieser Begrenzung folgt, dass die Klarstellungssatzung zwar für die Praxis eine Indizwirkung hinsichtlich der Abgrenzung des Innenbereiches haben kann, darüber aber nicht hinausgeht.

2. Entwicklungssatzung (§ 34 Abs. 4 S. 1 Nr. 2 BauGB)

Mit der Entwicklungssatzung kann die Gemeinde **bebaute Bereiche im → Außenbereich als im Zusammenhang bebaute Ortsteile festlegen** (§ 34 Abs. 4 S. 1 Nr. 2 BauGB). Damit wird die Gemeinde in die Lage versetzt, Außenbereichsgrundstücke **konstitutiv** zum → Innenbereich zu erklären. Die **Flächen müssen** allerdings **im Flächennutzungsplan** als **Baufläche** dargestellt sein. Ohne eine entsprechende Darstellung im → Flächennutzungsplan kann die Ausweisung in der Entwicklungssatzung nicht erfolgen. Auch müssen die Bereiche bereits bebaut sein. Unbebaute Bereiche im → Außenbereich können nach dieser Vorschrift nicht zum → Innenbereich erklärt werden.

3. Ergänzungssatzung (§ 34 Abs. 4 S. 1 Nr. 3 BauGB)

Mit der Ergänzungssatzung kann die Gemeinde **einzelne Außenbereichsgrundstücke in die im Zusammenhang bebauten Ortsteile einbeziehen**, wenn die einbezogenen Flächen durch die bauliche Nutzung des angrenzenden Bereiches entsprechend geprägt sind. Die städtebauliche Situation muss so sein, dass sich aus der vorhandenen Bebauung des Innenbereiches eine Prägung der bisherigen Außenbereichsflächen nach Art und Maß ergibt. Durch den Erlass von Ergänzungssatzungen sollen angrenzende Außenbereichsflächen städtebaulich sinnvoll und maßvoll in Ortsteile nach § 34 BauGB einbezogen werden. **Voraussetzung** ist jedoch, dass die einzubeziehenden Außenbereichsflächen an die im Zusammenhang bebauten Ortsteile **angrenzen** (BVerwG, BauR 1990, 451).

Alle drei Satzungsarten können miteinander verbunden werden (§ 34 Abs. 4 BauGB). Das **Verfahren für** ihre **Aufstellung** ist in **§ 34 Abs. 6 BauGB** geregelt.

Dabei ist die Klarstellungssatzung von den verfahrensmäßigen Anforderungen des → BauGB an die Aufstellung von Satzungen befreit. Für sie sind lediglich die landesrechtlichen Regelungen zum kommunalen Satzungsrecht zu beachten.

§ 34 Abs. 5 BauGB verlangt für die Aufstellung einer Entwicklungs- und Ergänzungssatzung (§ 34 Abs. 4 S. 1 Nr. 2 und Nr. 3 BauGB) zusätzlich, dass sie mit einer geordneten städtebaulichen Entwicklung vereinbar sind, nicht die Zulässigkeit von Vorhaben, die einer Umweltverträglichkeitsprüfung nach dem UVPG begründen und auch keine Anhaltspunkte dafür bestehen, dass die Schutzgüter der FFH- und Vogelschutzrichtlinie (§ 1 Abs. 6 Nr. 7 b BauGB) beeinträchtigt werden. Verfahrensmäßig sind für die Entwicklungs- und Ergänzungssatzung die Vorschriften über die Öffentlichkeits- und Behördenbeteiligung nach § 13 Nr. 2 und 3 BauGB (vereinfachtes Verfahren) anzuwenden; sie sollen also von der Pflicht zur Durchführung einer förmlichen Umweltprüfung ausgenommen sein.

In sich abgeschlossene Leistungen → Abschlagszahlung

Insolvenz → Zahlungsunfähigkeit

Der Begriff der Insolvenz beinhaltet die Zahlungsunfähigkeit bzw. Zahlungseinstellung eines Schuldners. Das Insolvenzverfahren ist in der Insolvenzordnung geregelt. Es sind auch andere Rechtsnormen im Falle der Insolvenz zu beachten, wie z. B. § 64 GmbHG (Insolvenzantragspflicht). Im Erschließungsbereich beispielsweise wird die Gemeinde ihrer Erschließungspflicht (§ 123 Abs. 1 BauGB) auf eigene Kosten nachkommen müssen, wenn der Unternehmer, der sich zur Durchführung der → Erschließung auf eigene Rechnung verpflichtet hat, insolvent wird (BVerwG, NJW 1976, 341). Beim → Bauträgervertrag und Abschlagszahlungen stellt sich für den Erwerber in der Insolvenz des Bauträgers während der Bauphase das Problem, dass er zwar durch die Eintragung einer insolvenzfesten Auflassungsvormerkung gemäß § 106 Abs. 1 InsO Anspruch auf Verschaffung des Grundstückseigentums samt dessen wesentlichen Bestandteilen hat. Wesentlicher Bestandteil ist aber die Bauruine, die kaum den Vorstellungen des Erwerbers von angemessener Vertragserfüllung entsprechen wird. Deshalb ist auf adäquate Absicherung, insbesondere durch → Vertragserfüllungsbürgschaften zu achten.

Instandhaltung und Instandsetzung → Sanierung

Der Begriff der Instandhaltung beinhaltet allgemein die Beseitigung kleinerer Schäden am Anlagevermögen, der Begriff der Instandsetzung die vollständige Überholung von Gegenständen des Anlagevermögens, um diese wieder in einen gebrauchsfähigen Zustand zu versetzen. Zur Instandhaltung und Instandsetzung gehören also alle Maßnahmen zur Wiederherstellung des zum bestimmungsmäßigen Gebrauch geeigneten Zustandes eines Objektes oder zur Erhaltung dieses Zustandes. Die zu berechnenden Architektenleistungen sind in der Regelung des § 3 Nr. 10 und § 11 HOAI definiert. Diese Leistungen sind nach den Vorschriften der §§ 10 bis 12, 15 und 16 HOAI zu vergüten. Zudem kann gem. § 27 HOAI ein Zuschlag von bis zu 50 % auf die Vergütung für Leistungsphase 8 des § 15 Abs. 2 HOAI (Objektüberwachung) vereinbart werden. Der Zuschlag muss zwischen den Parteien schriftlich vereinbart werden. Anderenfalls ist die Vereinbarung unwirksam. Bei raumbildenden Ausbauten und → Freianlagen kann der vorbeschriebene Zuschlag nicht vereinbart werden. Planungsrechtlich sind Instandhaltungs- und Instandsetzungsmaßnahmen unbeachtlich, wenn sie die weitere Nutzung des bisherigen Bestandes sichern und Funktion und Nutzung des Bestandes erhalten bleibt (BVerwG, BauR 1975, 114). Bauordnungsrechtliche können Anordnungen zur Instandhaltung und Instandsetzung in Betracht kommen, insbesondere wenn sie aus Gründen der Gefahrenabwehr erforderlich sind (z. B. Standsicherheit) oder einen Verstoß gegen städtebauliche Gestaltungsvorschriften (z. B. § 86 Abs. 1 Nr. 1 BauO NRW) beinhalten.

Instandsetzungspflicht → Sanierung

Interpolation Die in der → HOAI aufgeführten → Honorartafeln weisen eine nicht durch Zwischenwerte ausgefüllte Spanne zwischen den „runden" Betragsstufen und zwischen den jeweiligen → Mindest- und Höchstsätzen aus. Soweit die → anrechenbaren Kosten, die Verrechnungseinheiten oder die anrechenbaren beplanten Flächen nicht identisch mit einer der vorbezeichneten runden Betragsstufen sind, ist gem. § 5 a HOAI das Vollhonorar durch lineare Interpolation auf dem Zahlenstrahl zwischen diesen beiden Werten zu ermitteln. Gleiches gilt, wenn der vereinbarte → Honorarsatz zwischen dem Mindest- und dem → Höchstsatz liegt. Das Vollhonorar ist durch lineares Interpolieren zu errechnen. Unter Umständen ist doppelt, also zwischen den Betragsstufen und den Mindest- und Höchstsätzen zu interpolieren.

Irrtumsanfechtung → Anfechtung

K

Kalkulationsirrtum → Anfechtung
Bisweilen versuchen → Auftragnehmer, **Preisanpassungen** durchzusetzen, weil sich die **Grundlagen der Kalkulation nachträglich geändert** haben. Derartige Änderungen können nach den Grundsätzen verlangt werden, die die Rechtsprechung zum Wegfall der → Geschäftsgrundlage entwickelt hat (vgl. BGH, Urt. v. 25. 2. 1993 – VII ZR 24/92 = ZfBR 1993, 171). Diese Grundsätze gelten sowohl für den Pauschal- als auch für den → Einheitspreisvertrag (Änderung des Einheitspreises). Danach sind für die auf fehlerhaften Prognosen beruhenden Kalkulationsirrtümer ganz besonders hohe Hürden gesetzt. Grundsätzlich fällt die Preisbildung und damit die Entwicklung der preisbildenden Umstände in den Risikobereich einer Partei, des den Preis Anbietenden. Nur ganz extreme Preisentwicklungen können eine Anpassung des Vertrages rechtfertigen.
Ebenso wenig aussichtsreich sind in der Praxis die Versuche, auf fehlerhafter Berechnung beruhende Kalkulationsirrtümer zu korrigieren. Derartige **interne Berechnungsfehler** haben ihre häufigste Ursache im Übersehen oder falschen Einschätzen von Baustellenkosten. Sie sind nicht reparabel, wenn nicht zugleich auch ein Anfechtungsgrund (Irrtum, arglistige Täuschung) vorliegt und bewiesen werden kann (OLG Köln, BauR 1995, 98).
Sofern der Kalkulationsirrtum **nach außen** getreten ist und vom → Auftraggeber erkannt wurde, steht dem Auftragnehmer allerdings ein Schadensersatzanspruch gegen den Auftraggeber zu, wenn dieser den erkannten Irrtum zu Lasten des Auftraggebers ausnutzt (BGH, Urt. v. 13. 7. 1995 – VII ZR 142/95 – ZfBR 1995, 302).

Kampfmittel → Altlasten
Kampfmittel ist die fachtechnische Bezeichnung für **gewahrsamslos gewordene Gegenstände militärischer Herkunft**, die Explosivstoffe oder Kampfstoffe (Giftgas) enthalten, z. B. Patronen, Granaten, Bomben, Zünder, Minen, Spreng-, Treib- und Zündmittel (*Becker*, BBodSchG-Kom., Teil 3 Rdn. 33).

1. Kampfmittelräumung als Aufgabe der Gefahrenabwehr
Der Schutz der Bevölkerung vor Gefahren, die von Kampfmitteln wie Bombenblindgängern ausgehen ist eine Aufgabe der Gefahrenabwehr i. S. d. Polizei- und Ordnungsgesetze; wegen der im Umgang mit Kampfmitteln erforderlichen besonderen Kenntnisse unterhalten alle Bundesländer einen Kampfmittelräumdienst als Sonderdienst.

2. Verantwortlichkeit des Zustandsstörers: Grundstückseigentümer
Da ein Verursacher (Handlungsstörer) bei Kriegsmaterialien regelmäßig nicht verfügbar ist (die Bundesrepublik Deutschland ist nicht Gesamtrechtsnachfolgerin des sog. Dritten Reiches; eine Haftung der Alliierten scheitert an der bedingungslosen Kapitulation Deutschlands 1945) stellt sich die **Frage, ob** der **Eigentümer eines Grundstücks als Zustandsstörer ordnungspflichtig ist.** Teilweise wird dies so angenommen, teilweise verneint. Die Meinung, die eine Ordnungspflicht des Grundstückseigentümers als Zustandsstörer verneint, geht davon aus, dass die Gefährdung des Grundstücks nicht von dem Grundstück des Klägers, sondern von der dort lagernden selbstständigen Munition ausgeht. Deshalb ist eine rechtliche Grundlage, die das Eigentum an den auf dem Grundstück befindlichen Munitionsresten begründet, nicht gegeben (OLG Hamm, Urteil v. 3. 6. 1982, Az.: 22 11 303/81; a. A. OVG Münster, Urteil v. 3. 6. 1997, Az.: 5 A 4/96). Auch als Inhaber der tatsächlichen Gewalt kommt eine Haftung nach dem Verwaltungsgericht Minden nicht in Betracht; denn der Eigentümer besitzt keine tatsächliche Einwirkungsmöglichkeit, weil ihm dies nach §§ 2–4 der Kampfmittelverordnung verboten ist (VG Minden, Urteil v. 16. 12. 1993, Az. 2 K 2 691/92).

3. Allgemeines Kriegsfolgengesetz (AKG)
Die Verwaltungsvorschriften zum AKG gehen davon aus, dass ehemals reichseigene Kampfmittel häufig **nicht wesentlicher Bestandteil des Grundstücks** geworden sind, innerhalb dessen sie gefunden werden (§§ 95, 946 BGB). Eine nicht nur zu einem vorübergehenden Zweck erfolgte Verbindung bzw. eine Aufgabe des Eigentums (§ 959 BGB) an den Kampfmitteln kann bei ihrem Einsatz im Kriege angesichts des zum Teil beachtlichen Materialwertes sowie wegen der von ihnen ausgehenden Gefahr nicht angenommen werden. Im Allgemeinen ist daher davon auszugehen, dass der **Bund nach Art. 134 GG Eigentum erworben hat**. Deshalb trifft den **Bund die Pflicht zu verhindern**, dass Kampfmittel **Schäden** i. S. v. § 823 BGB hervorrufen (*Thilo*, DÖV 1997, 725, 729). Hiervon ausgehend nehmen die Kampfmittelräumdienste der Länder generell unentgeltlich für den privaten Eigentümer die Kampfmittel**räumung** vor (*Becker*, a. a. O., Teil 3 Rdn. 37).

4. Baugrundstücke
Nach § 16 Abs. 1 S. 2 BauONRW müssen Baugrundstücke für bauliche Anlagen entsprechend geeignet sein. Dies gilt auch im Hinblick auf ihre Kampfmittelfreiheit. Die Länder haben entsprechende Merkblätter über Fundmunition, wie beispielsweise das Bayerische Staatsministerium vom 1. Juli 1996 erlassen, die davon ausgehen, dass grundsätzlich die **vorsorgliche Nachsuche nach Fundmunition** im **Pflichtenkreis** des **Grundstückseigentümers** liegt und der → Bauherr für die Eignung des Baugrundstücks als Bauland verantwortlich ist. In diesem Zusammenhang ist es bisher gängige Praxis, dass die Kosten der Munitionsräummaßnahme, jedenfalls was die **Entschärfung**, den Abtransport und die Vernichtung der Kampfmittel angeht, **kostenfreie Leistungen** der **Kampfmittelräumdienste** sind. Im Hinblick auf die Kosten für **vorbereitende** und **nachbereitende Arbeiten** (z. B. Abtragen von nach Kriegsende erfolgten Aufschüttungen, Wiederverfüllung und gegebenenfalls Verdichtung von Aushebungen nach der Räumung etc.), so sind diese Maßnahmen und **Kosten** von den **Eigentümern** zu tragen. Dies erfasst in der Regel auch die Erkundungskosten wie

Luftbildauswertungen und ähnliches (*Thilo*, DÖV 1997, 725, 729). Im Zusammenhang mit größeren Bauvorhaben wie der Neubau von Start- und Landebahnen auf Flughäfen, die → Erschließung von Gewerbegebieten neigt die öffentliche Verwaltung jedoch **immer häufiger** dazu, die **Kampfmittelkosten** in solchen Fällen als **Erschließungskosten** anzusehen, die aus der Gesamtfinanzierung der Maßnahme zu erbringen sind (*Thilo*, a. a. O.).

5. Kampfstoffe

Ist der **Boden bereits vergiftet** wie beispielsweise durch TNT oder durch Überreste von Chemiewaffen, liegen keine Kampfmittel, sondern **Kampfstoffe** vor. Diese unterfallen dem **BBodSchG** (*Bickel*, Kommentar zum BBodSchG, § 3 Rdn. 20). D. h., wenn gewisse Grenzwerte überschritten sind, gilt § 4 Abs. 2 BBodSchG, wonach der Grundstückseigentümer und der Inhaber der tatsächlichen Gewalt über ein Grundstück verpflichtet sind, Maßnahmen zur Abwehr der von ihrem Grundstück drohenden schädlichen Bodenveränderungen zu ergreifen.

Kartellrecht → Wettbewerbsrecht

Kaufmann

Der **Kaufmannsbegriff** stammt aus dem Handelsrecht. Gem. § 1 S. 1 HGB ist Kaufmann, wer ein Handelsgewerbe betreibt. § 1 HGB definiert den Begriff Handelsgewerbe: Handelsgewerbe ist danach jeder Gewerbebetrieb, mit Ausnahme derjenigen Gewerbebetriebe, die nach Art und Umfang wegen ihrer geringen Größe einen in kaufmännischer Art und Weise eingerichteten Gewerbebetrieb nicht erfordern (sogenannte Kleingewerbetreibende). Der Begriff Gewerbe wird nicht weiter definiert – teils weiter, teils enger als im Steuerrecht bestimmen die Rspr. und Lehre den handelsrechtlichen Gewerbebetrieb durch fünf Merkmale: Ein Gewerbe ist ein erkennbar planmäßig (I.), auf Dauer angelegtes (II.), selbstständiges (III.), auf Gewinnerzielungsabsicht ausgerichtetes oder jedenfalls wirtschaftliche Tätigkeit am Markt betreibendes Unternehmen (IV.), unter Ausschluss freiberuflicher, wissenschaftlicher und künstlerischer Tätigkeit, unabhängig von der Zulässigkeit bzw. Rechtmäßigkeit der Tätigkeit (V.) (*Baumbach/Hopt*, 30. A., § 1 HGB, Rdn. 12 m. w. N.). Kaufmann ist darüber hinaus, wen das Gesetz hierzu ausdrücklich bestimmt.
Beispiele:
– Als Kaufmann kraft Gesetzes (wegen der gewählten Rechtsform) gelten Handelsgesellschaften und Formkaufleute, § 6 HGB. Hierzu zählen z. B. Personenhandelsgesellschaften (OHG, KG) sowie die GmbH, die AG, der EWIV, die eG. Nicht hierzu zählen z. B. der e. V. oder die GbR.
– Jeder Handwerker ist Gewerbetreibender (außer Kleingewerbetreibende).
– Auch juristische Personen des öffentlichen Rechts (z. B. Sparkassen, öffentlich-rechtliche Versicherungsunternehmen – letztere mit Sonderregelungen des VvaG) sind Kaufleute in diesem Sinne.

Rechtsfolgen der Kaufmannseigenschaft: Es gilt das Handelsgesetzbuch mit teilweise – zugunsten der schnellen Abwicklung des Geschäftsverkehrs – vom Privatrecht des BGB abweichenden Regelungen (z. B. Geltung von Handelsbräuchen, wie des kaufmännischen Bestätigungsschreibens, Sorgfaltsmaßstab des § 347 HGB, Ausschluss der → Einrede der Vorausklage bei Bürgschaften gem. § 349 HGB). Kaufleute können gemäß § 38 ZPO → Gerichtsstandsvereinbarungen treffen. Architekten und Ingenieure sind als Freiberufler keine Kaufleute, es sei denn, sie nehmen als Formkaufleute (z. B. GmbH) am Rechtsverkehr teil (*Schmidt*, Der Fachplanervertrag, S. 43 f., FN 119, S. 219).

Kaufmännisches Bestätigungsschreiben

Das Kaufmännische Bestätigungsschreiben ist eine Sonderform einer Verhaltensweise im Handelsverkehr bei Vertragsschluss (Handelsbrauch, § 347 HGB). Ausgangspunkt ist zwar auch hier der

Grundsatz, dass Verträge nur durch Angebot und Annahme zustande kommen. Bedeutung erlangt das kaufmännische Bestätigungsschreiben jedoch in Fällen, in denen zwar ein konkretes Angebot bzw. eine konkrete Annahme noch nicht erfolgt sind, die Vertragsverhandlungen jedoch bereits zum Abschluss gekommen sind. Macht einer der Vertragspartner sodann in einem kaufmännischen Bestätigungsschreiben ein bestimmtes Angebot, so ist in diesen Fällen nicht erforderlich, dass der andere Vertragspartner das Angebot des kaufmännischen Bestätigungsschreibens ausdrücklich annimmt. Es genügt, wenn ihm nicht unverzüglich widersprochen wird. Im Grunde handelt es sich somit bei dem Schweigen auf ein kaufmännisches Bestätigungsschreiben um eine stillschweigende Willenserklärung bzw. um ein Schweigen mit Erklärungswirkung.

Rechtsfolge ist, dass der Vertrag mit den Konditionen gilt, die im kaufmännischen Bestätigungsschreiben formuliert wurden. Etwas anderes gilt nur dann, wenn der Bestätigende das Verhandlungsergebnis bewusst unrichtig wiedergegeben hat oder das Bestätigungsschreiben inhaltlich soweit vom Verhandlungsergebnis abweicht, dass der Absender vernünftigerweise nicht mit dem Einverständnis des Empfängers rechnen konnte (Palandt/Heinrichs, § 148 BGB, Rdn. 8). Der Vertrag kann zwar nach allgemeinen Grundsätzen angefochten werden, Anfechtungsgrund kann jedoch nicht mehr der Irrtum über die Bedeutung des Schweigens sein (BGHZ 11, 5; 20, 154). Anfechtungsgrund kann ebenfalls nicht sein, dass das Bestätigungsschreiben inhaltlich von den Verhandlungsergebnissen abweicht (BGH, NJW 1969, 1711; 1972, 45).

Dieser strenge Maßstab des Gebundenseins an ein Schweigen beruht auf → Gewohnheitsrecht und gilt nur im Handelsrecht (Handelsbrauch gemäß § 346 HGB). Voraussetzung ist also, dass es sich bei den Vertragspartnern um Kaufleute oder vergleichbare Personen handelt. Vergleichbare Personen sind solche, die wie Kaufleute in größerem Umfang selbstständig am Rechtsverkehr teilnehmen, z. B. Makler (BGHZ 40, 42), Rechtsanwälte als Insolvenz- oder Nachlassverwalter eines Kaufmanns (BGH NJW 1976, 1402; 1987, 1941), Architekten (BGH WM 1973, 1376, Düsseldorf NJW-RR 1995, 501).

Kaufvertrag   → Bauträgervertrag; → Werkvertrag

Der Kaufvertrag ist einer der wohl bekanntesten Vertragstypen des Zivilrechts. Im Baubereich wird er z. B. häufig mit Lieferanten geschlossen. Das BGB regelt ihn **speziell** in den §§ 433 ff. BGB, darüber hinaus gelten **allgemein** die Regelungen des Allgemeinen Teils des BGB (erstes Buch des BGB) sowie die Regelungen des Allgemeinen Teils des Rechts der Schuldverhältnisse (Abschnitte 1 bis 6 des zweiten Buches des BGB).

Hauptpflichten des Kaufvertrages sind für den Käufer die Verpflichtung, dem Verkäufer den vereinbarten Kaufpreis zu zahlen und die gekaufte Sache abzunehmen (§ 433 Abs. 2 BGB) sowie für den Verkäufer die Verpflichtung, dem Käufer die Kaufsache zu übergeben und das Eigentum an der Sache zu verschaffen bzw. im Falle des Verkaufs eines Rechtes, dem Käufer das Recht zu verschaffen und wenn das Recht zum Besitz einer Sache berechtigt, die Sache zu übergeben (§ 433 Abs. 1 BGB).

Der Kaufvertrag ist somit wesentlich verschieden vom → Werkvertrag. Der Verkäufer schuldet die **Veräußerung** einer Sache, der Werkunternehmer schuldet die **Errichtung** einer Sache („Werk"). Gleichwohl kann es Abgrenzungsprobleme geben, z. B. in den Fällen, in denen ein Fertigteilhaus **veräußert und errichtet** wird bzw. in den Fällen, in denen von einem Bauträger („welcher ein Werk allein zum Zweck des Verkaufes errichtet") gekauft wird (hierzu z. B. BGH, NJW 1983, 1489 m. w. N.). Grundsätzlich findet beim Kauf eines Fertigteilhauses bzw. eines vom Bauträger nur Zwecks Verkauf errichteten bzw. sanierten Hauses (gilt ebenfalls für Eigentumswohnungen) neben den kaufrechtlichen nur dann auch werkvertragliche Vorschriften Anwendung, wenn aus dem Vertrag (durch Auslegung gem. §§ 133,157 BGB) entnommen werden kann, dass der Veräußerer (Bauträger) auch die Verpflichtung zur Errichtung des Bauwerks übernommen hat und hierfür einstehen will (BGH, a. a. O.).

Kerngebiete   → Art der baulichen Nutzung; → Gewerbegebiet

Nach § 7 BauNVO dienen Kerngebiete vorwiegend der **Unterbringung von Handelsbetrieben** sowie der **zentralen Einrichtungen der Wirtschaft**, der **Verwaltung** und der **Kultur**. Das Kerngebiet zielt vor diesem Hintergrund darauf ab, zentrale Komplexe für das Wirtschaftsleben, für Dienstleistungsbetriebe und Einrichtungen aller Art sowie für Anlagen zur Befriedigung der wachsenden Freizeit festzusetzen (*Fickert/Fieseler*, BauNVO, § 7, Rdn. 1.2).

1. Allgemein zulässige Nutzungen
Allgemein zulässig sind in Kerngebieten
- **Geschäfts-**, **Büro-** und **Verwaltungsgebäude**,
- **Einzelhandelsbetriebe**, **Schank-** und **Speisewirtschaften**, Betriebe des **Beherbergungsgewerbes** und **Vergnügungsstätten**,
- sonstige **nicht** wesentlich **störende Gewerbebetriebe**,
- Anlagen für **kirchliche**, **kulturelle**, **soziale**, **gesundheitliche** und **sportliche Zwecke**,
- Tankstellen im Zusammenhang mit Parkhäusern und Großgaragen,
- **Wohnungen** für Aufsichts- und **Bereitschaftspersonen** sowie für Betriebsinhaber und Betriebsleiter,
- sonstige Wohnungen nach Maßgabe von Festsetzungen des Bebauungsplans.

Im Gegensatz zu Misch- und Dorfgebieten **soll** in Kerngebieten die **Wohnnutzung zurückgedrängt werden**. Im Verhältnis zu Gewerbegebieten stellt die Festsetzung Kerngebiet nicht auf die Zulässigkeit allgemeiner Gewerbenutzung ab, sondern konzentriert sich auf **innenstadttypische Nutzungen** aus den Bereichen Handel, Dienstleistung, Verwaltung und Kultur (*Gelzer/Bracher/Reidt*, Bauplanungsrecht, Rdn. 1 669).

Zulässig sind dementsprechend alle im Innenstadtbereich typischerweise anzutreffenden Nutzungen. Dies beinhaltet beispielsweise neben den klassischen Ladengeschäften und Dienstleistungsberufen auch noch Lagerhallen für eine Elektrogroßhandlung, Beherbergungsbetriebe kombiniert mit entsprechendem Restaurant, Sex-Shops (Einzelhandelsbetriebe), Anlagen und Betriebe des Großhandels wie z. B. großflächige Handelsbetriebe mit über 800 qm Verkaufsfläche, Kirchengebäude, Museen, Theater, Kunsthallen, Konzertsäle, Kongressgebäude, Bürgerhäuser, Tennishallen, Kegelbahnen, Tanzsportclubs, Hallenschwimmbäder, → Werbeanlagen etc. (*Fickert/Fieseler*, BauNVO, § 7, Rdn. 6, 7.2, 7.4, 9).

Stellplätze und Garagen nach § 12 BauNVO sind ebenso wie → Gebäude und Räume für freie Berufe nach § 13 BauNVO sowie untergeordnete Nebenanlagen nach § 14 BauNVO im Kerngebiet ohne besondere Einschränkungen zulässig (*Gelzer/Bracher/Reidt*, Bauplanungsrecht, Rdn. 1 682).

2. Ausnahmsweise zulässige Nutzungen
Ausnahmsweise können nach § 7 Abs. 3 BauNVO zugelassen werden,
- **Tankstellen**, die nicht im Zusammenhang mit Parkhäusern und Großgaragen stehen,
- **Wohnungen**, die **nicht für** Aufsichts- und **Bereitschaftspersonen** sowie für Betriebsinhaber und Betriebsleiter und auch sonst nicht im → Bebauungsplan festgesetzt sind.

3. Besondere Festsetzungen
Im → Bebauungsplan kann, wenn besondere städtebauliche Gründe es rechtfertigen, gemäß § 7 Abs. 4 BauNVO festgesetzt werden, dass

– oberhalb eines im → Bebauungsplan bestimmten Geschosses noch Wohnungen zulässig sind oder
– in Gebäuden ein im → Bebauungsplan bestimmter Anteil der zulässigen Geschossfläche oder eine bestimmte Größe der Geschossfläche für Wohnungen zu verwenden ist.

Eine solche besondere Festsetzung des Wohnanteils muss sicherstellen, dass das → Baugebiet insgesamt seinen Charakter als Kerngebiet beibehält. Zudem muss für diese **Festsetzung von Wohnnutzung** ein **besonderer städtebaulicher Grund vorliegen**. Ein solcher kann beispielsweise darin liegen, dass damit der Verödung eines Stadtteils entgegengewirkt oder vorgebeugt und dadurch einer qualitativen Abwertung des Stadtzentrums vorgebeugt werden soll (*Gelzer/Bracher/Reidt*, Bauplanungsrecht, Rdn. 1 681).

4. Nicht zulässige Nutzungen
Im Kerngebiet sind – anders als in Industriegebieten – die in der 4. BImSchV aufgeführten Anlagen, etwa eine **Kaffee-Rösterei**, i. S. v. Nr. 7.29 in Spalte 2 der Anlage zur 4. BImSchV nicht zulässig; denn eine solche Anlage stellt regelmäßig einen wesentlich störenden Gewerbebetrieb dar. Nur wenn ein atypischer Fall vorliegt, kann eine solche Anlage im Einzelfall als nicht wesentlich störender Gewerbebetrieb i. S. v. § 7 Abs. 2 BauNVO zulässig sein. Ebenso nicht zulässig sind **Bordelle**, weil diese keine → Vergnügungsstätten, sondern Gewerbebetriebe sui generis sind. Auch **großflächige Sportanlagen** sprengen meist den Rahmen, der von der Gebietsfestsetzung „Kerngebiet" als innenstadttypische Bebauung vorgegeben wird (*Fickert/Fieseler*, BauNVO, § 7, Rdn. 8, 9.1).

5. Obergrenze des Maßes der baulichen Nutzung
Die Obergrenzen des Maßes der baulichen Nutzung betragen bei der **Grundflächenzahl (GRZ) 1,0** und bei der **Geschossflächenzahl (GFZ) 3,0**.

6. Besonderheiten
Allgemein wird das Maß, was an Störungen in Kerngebieten hinzunehmen ist, mit Misch- und Dorfgebieten gleichgesetzt, auch wenn wegen der nur eingeschränkten Wohnmöglichkeiten das Maß der zumutbaren Lärmimmissionen großzügiger angesetzt wird als in Dorf- und Mischgebieten, bei denen Wohnen zu den allgemein zulässigen Nutzungen gehört (*Gelzer/Bracher/Reidt*, Rdn. 1 870).

Kindergarten, Kindertagesstätte → Folgekostenverträge; → Kinderspielplatz
1. Zulässigkeit
Kindergärten sind **Anlagen für soziale Zwecke**. Soweit es sich um konfessionelle Kindergärten handelt, gehören sie zu den Anlagen für kirchliche Zwecke. Sie sind in allgemeinen Wohngebieten (§ 4 Abs. 2 Nr. 3 BauNVO), in besonderen Wohngebieten (§ 4 a Abs. 2 Nr. 5 BauNVO), in Dorfgebieten (§ 5 Abs. 2 Nr. 7 BauNVO), in Mischgebieten (§ 6 Abs. 2 Nr. 5 BauNVO) und in Kerngebieten (§ 7 Abs. 2 Nr. 4 BauNVO) allgemein zulässig. In Kleinsiedlungsgebieten (§ 2 Abs. 3 Nr. 2 BauNVO), in reinen Wohngebieten (§ 3 Abs. 3 Nr. 2 BauNVO), in Gewerbegebieten (§ 8 Abs. 3 Nr. 2 BauNVO) und in Industriegebieten (§ 9 Abs. 3 Nr. 2 BauNVO) können sie ausnahmsweise zugelassen werden.

Im → Außenbereich sind Kindergärten nicht privilegierte Vorhaben und damit nach § 35 Abs. 2 BauGB zu beurteilen; d. h., sie sind grundsätzlich nicht zulässig (OVG Münster, BRS 30 Nr. 59).

2. Folgekostenverträge
Kindergärten sind **häufig Gegenstände von Folgekostenverträgen**. Folgekostenverträge sind Verträge, mit denen Aufwendungen vor- oder refinanziert werden, die den Gemeinden als Folge neuer

Ansiedlungen für Anlagen und Einrichtungen des Gemeinbedarfs entstehen (BVerwGE 90, 310). Sie sind gemäß § 11 Abs. 1 Nr. 3 BauGB zulässig. Klassische Anwendungsfälle solcher Folgekostenverträge sind die Übernahme der Errichtung von Grundschulden, Schulsportanlagen oder Kindergärten und Freizeiteinrichtungen (s. *Gronemeyer*, in: Gronemeyer, BauGB-Kom., § 11 Rdn. 53).

a) Zulässigkeit
Folgekostenverträge kommen nur bei Bauprojekten größeren Umfanges, nicht aber bei kleineren Vorhaben in Betracht, die keine konkreten Aufwendungen verursachen. Kleine Vorhaben hat die Gemeinde mit den ihr zur Verfügung stehenden Mitteln (Steuern und Erschließungsbeiträgen) zu finanzieren (BVerwG, NJW 1981, 1747; VGH München, BayVBl. 1980, 719 ff.). Das Bundesverwaltungsgericht hat es für zulässig gehalten, dass die Gemeinde für ein größeres Vorhaben mit 88 Wohneinheiten die Beplanung von der Übernahme der Folgekosten abhängig macht (BVerwGE 42, 331, 338).

b) Kausalität
Es muss ein zeitlicher und räumlicher Zusammenhang zwischen dem Vorhaben und dem Kindergartenbedarf vorliegen. Wenn zwischen den Wohnungen und der Fertigstellung des Kinderspielplatzes/Kindergartens Jahre vergehen, sind die Kosten dieser Kindereinrichtungen keine folgekostenfähigen Maßnahmen (BVerwG, BVBl. 1993, 263). Dient der Kindergarten zwei Baugebieten, können die Kosten nur insoweit dem Vorhabenträger auferlegt werden, als der Kindergartenbedarf durch das konkrete Vorhaben ausgelöst wird (BVerwG, NVwZ 1993, 1810).

c) Grenzen von Folgekostenverträgen
Die Gemeinde darf sich über die Folgekostenvereinbarung keinen Nachholbedarf an Kindergärten oder sonstiger Infrastruktureinrichtungen finanzieren lassen, die in anderen Gebieten fehlen. Ebenso wenig darf sich die Gemeinde vom Vorhabenträger nicht auf Vorrat Einrichtungen bezahlen lassen, die nur zukünftigen Baugebieten dienen (*Quaas*, in: Schröder, BauGB-Kom. § 11 Rdn. 29). Darüber hinaus sind Baukostenzuschüsse, die nach den landesrechtlichen Kindergartengesetzen den Gemeinden bei Schaffung von Kindergärten gewährt werden, zu Gunsten des Vorhabenträgers zu berücksichtigen.

d) Kein Anspruch auf die Leistung
Voraussetzung für die Zulässigkeit eines Folgekostenvertrages ist auch, dass der Vorhabenträger keinen Anspruch auf die Leistungen bereits nach geltendem Recht haben darf, § 11 Abs. 2 S. 2 BauGB. So können etwa bei einem Anspruch auf die Erteilung einer → Baugenehmigung für einen Wohnbaukomplex als Innenbereichsbebauung gemäß § 34 BauGB keine Folgekosten und damit auch nicht die Beteiligung an Kindergartenkosten vom Vorhabenträger verlangt werden.

e) Verfassungsrechtliche Grenzen
Die tatsächlich angefallenen Aufwendungen der Gemeinde sind auch im Falle grundsätzlicher Zulässigkeit von Folgekostenverträgen nicht schrankenlos abwälzbar. Eine Begrenzung ergibt sich aus dem Eigentumsgrundrecht. Angemessen ist die vertragliche Überwälzung gemeindlicher Aufwendungen im Regelfall nach herrschender Meinung allenfalls bis zur Hälfte (nach A. A. 2/3) des Bodenmehrwertes, der durch die Bauleitplanung eintritt. Dieser Halbteilungsgrundsatz als Obergrenze ist durch das Eigentumsgrundrecht nach herrschender Meinung verfassungsrechtlich vorgegeben (vgl. zur Vermögenssteuer BVerwG, NJW 1995, 2615; *Schrödter/Quaas*, BauGB-Kom., § 11 Rdn. 45; *Huber*, DÖV 1999, 173; a. A. *Burmeister*, Praxishandbuch Städtebauliche Verträge, S. 38).

Kinderspielplatz → Spielplätze; → Sportanlagen; → Umlegung

1. Definition
Ein Kinderspielplatz (oder Kinderspielfläche) ist eine **mit Spieleinrichtungen versehene Fläche für Spiele von Kindern im Freien** (*Dirnberger*, in: Jäde/Dirnberger/Weiß, BauOLSA-Kom., § 9 Rdn. 41).

2. Pflicht zur Errichtung eines Kinderspielplatzes
Nach § 9 Abs. 3 BauOLSA ist bei der Errichtung von Gebäuden mit **3–5 Wohnungen** eine **Spielfläche für Kleinkinder**, bei Gebäuden mit **mehr als 5 Wohnungen** eine **Kinderspiel- und Freizeitfläche** bereitzustellen und zu unterhalten.
Die Einzelheiten der Ausstattung des Kinderspielplatzes sind in der DIN 18034 bzw. in den Kinderspielplatzverordnungen der Länder geregelt. Als Grundausstattung sollen Sandkästen, Spielgeräte zum Schaukeln, Klettern, Balancieren und Rutschen sowie Flächen für Hupf- und Laufspiele bereit gestellt werden. Spielgeräte sind verkehrssicher und zur gefahrlosen Nutzung zu installieren. In örtlichen Bauvorschriften können die Gemeinden detaillierte Anforderungen an Gestaltung und Ausstattung sowie über die Größe von Kinderspielplätzen vorschreiben (vgl. § 87 Abs. 1 Nr. 1 BremlBO; § 87 Abs. 1 Nr. 3 BauOLSA). Üblicherweise wird der Kinderspielplatz als Teil eines baugenehmigungspflichtigen Vorhabens von der Baugenehmigungsbedürftigkeit des Gesamtvorhabens miterfasst.

3. Lage des Kinderspielplatzes
Nach § 8 Abs. 2 HBO muss der Kinderspielplatz auf dem Grundstück oder öffentlich-gesichert (insbesondere durch → Baulast oder Festsetzung eines Bebauungsplans) in unmittelbarer Nähe angelegt werden, um eine **Beaufsichtigung der Kleinkinder von den Wohnungen aus** zu **gewährleisten** (*Allgeier/von Lutzau*, HBO-Kom., Rdn. 9.3. Die Lage auf dem Grundstück kann der Grundstückseigentümer wählen. Nachbarn können nicht Rücksichtnahme dergestalt verlangen, dass der für sie am wenigsten störende Standort gewählt wird (OVG Berlin, NVwZ-RR 1995, 67).

4. Ausnahme von der Pflicht zur Errichtung des Kinderspielplatzes
Nach den Landesbauordnungen kann von der Pflicht zur Errichtung eines Kinderspielplatzes abgesehen werden, wenn in unmittelbarer Nähe entweder ein Kinderspielplatz als Gemeinschaftsanlage geschaffen wird oder vorhanden ist oder die **Art und Lage der Wohnungen dies nicht erfordert** (vgl. § 9 Abs. 4 BauOLSA). Bei Wohnanlagen für Studenten oder Senioren beispielsweise erfordert die Art der Wohnungen die Anlage einer Kinderspielfläche nicht. Die Lage der Wohnungen kann die Kinderspielplatzpflicht entfallen lassen, wenn etwa den Kindern insbesondere im örtlichen Bereich auch ohne angelegten Spielplatz ausreichende und gefahrlos nutzbare Spielflächen bzw. -möglichkeiten zur Verfügung stehen. Das bloße Vorhandensein eines nahen allgemein öffentlichen Kinderspielplatzes reicht aber als solches noch nicht (*Dirnberger*, in: Jäde/Dirnberger/Weiß, BauOLSA-Kom., § 9 Rd. 57). Nach *Allgeier/von Lutzau* (HBO-Kom., Rdn. 9.3) ist eine Ablösung der Verpflichtung zur Herstellung von Kinderspielplätzen durch einen Geldbetrag nicht möglich.

5. Bauplanungsrechtliche Zulässigkeit
Zum Wohnen gehört auch das Spielen von Kindern, deshalb sind Kinderspielplätze in **reinen** und **allgemeinen Wohngebieten** als **zulässig** anzusehen und der damit zusammenhängende Kinderspiellärm hinzunehmen (Boeddinghaus, BauNVO-Kom., § 3 Rdn. 6). Öffentliche Spielplätze bedürfen allerdings der Festsetzung in einem → Bebauungsplan (OVG Münster, DST 1983, 126).

6. Bolzplätze

Abzugrenzen sind Kinderspielplätze von Bolzplätzen. Für Bolzplätze gilt nach der Rechtsprechung des Bundesverwaltungsgerichts, dass diese zumindest neben Wohngebieten ausnahmsweise (§ 3 Abs. 3 Nr. 2 BauNVO) und in allgemeinen Wohngebieten grundsätzlich zulässig sind. Allerdings kann im Einzelfall der Bolzplatz gegen das den Nachbarn schützende Gebot der Rücksichtnahme aus § 15 Abs. 1 S. 2 BauNVO verstoßen. Der Nachbar kann dann die → Baugenehmigung anfechten oder verlangen, dass Schallschutzeinrichtungen oder Schutzzäune gegen herüberfliegende Bälle eingerichtet werden (BVerwGE 81, 197). Ist eine Fläche im → Bebauungsplan als Spielplatz im Allgemeinen → Wohngebiet ausgewiesen, ist nur wohnverträgliches Spielen, nicht aber lärmintensives Fußballspielen (Bolzen) zulässig (VGH München, NVwZ-RR 1994, 246).

Kleinsiedlungsgebiete → Art der baulichen Nutzung

Nach § 2 BauNVO dienen Kleinsiedlungsgebiete vorwiegend der **Unterbringung** von Kleinsiedlungen einschließlich **Wohngebäuden mit entsprechenden Nutzgärten** und landwirtschaftlichen Nebenerwerbsstellen. Typisch für Kleinsiedlungsgebiete ist das Wohnen in Verbindung mit einer häufig intensiven Gartenbaunutzung (biologischer Gemüseanbau) und oftmals einer Kleintierhaltung.

1. Allgemein zulässige Nutzungen

Allgemein zulässig sind in einem Kleinsiedlungsgebiet
- **Kleinsiedlungen** einschließlich Wohngebäude mit entsprechenden Nutzgärten (landwirtschaftliche Nebenerwerbsstellen und Gartenbaubetriebe,
- die der Versorgung des Gebiets dienenden **Läden**, **Schank-** und **Speisewirtschaften** sowie **nicht störende Handwerksbetriebe**.

a) Definition

Nach der klassischen Definition erfasst eine Kleinsiedlung „eine Siedlerstelle, die aus einem **Wohngebäude mit angemessener Landzulage** besteht und die nach Größe, Bodenbeschaffenheit und Einrichtung dazu bestimmt und geeignet ist, dem Kleinsiedler durch **Selbstversorgung** aus vorwiegend gartenbaumäßiger Nutzung des Landes eine fühlbare Ergänzung seines sonstigen Einkommens zu bieten". Die Kleinsiedlung soll einen Wirtschaftsteil enthalten, der die Haltung von Kleintieren ermöglicht. Das Wohngebäude kann neben der für den Kleinsiedler bestimmten Wohnung eine Einliegerwohnung enthalten, § 10 Abs. 1 II. WoBauG.

b) Kleinsiedlungen/Nebenerwerbsstellen/Gartenbau

Zulässige **Kleinsiedlungen** sind Eigenheime mit Landzulage und eventuell einem Wirtschaftsteil mit Stellen zur Kleintierhaltung sowie Bodenräume zur Obstlagerung (*Fickert/Fieseler*, BauNVO § 2 Rdn. 5). **Landwirtschaftliche Nebenerwerbsstellen** in diesem Sinne sind Siedlerstellen, die hinsichtlich der Landzulage zwischen einer Kleinsiedlung und einem im → Außenbereich anzusiedelnden landwirtschaftlichen Betrieb i. S. d. § 35 Abs. 1 Nr. 1 BauGB stehen und im Übrigen die Merkmale einer Kleinsiedlung tragen (*Fickert/Fieseler*, BauNVO, § 2 Rdn. 7). **Gartenbaubetriebe** sind Betriebe, die den Anbau von Obst und Gemüse, die Züchtung von Blumen und sonstigen Kulturpflanzen betreiben und deren Tätigkeit über den Gartenbau zum Eigenverbrauch hinausgeht (Fickert/Fieseler, BauNVO, § 2 Rdn. 8).

c) Versorgungsanlagen

Die allgemein **zulässigen** der Versorgung dienenden Anlagen sind solche Einrichtungen (z. B. Ladengeschäfte), die objektiv geeignet sind, in nicht unerheblichem Umfang von den Bewohnern des

Gebiets aufgesucht zu werden, wobei eine geringe Größe des festgesetzten Kleinsiedlungsgebietes keine Rolle spielt; denn eine Bedürfnisprüfung findet nicht statt. Zu den insoweit zulässigen Läden im Kleinsiedlungsgebiet rechnet man vor allem **Lebensmittelgeschäfte**, **Milch-**, **Obst-** und **Gemüsegeschäfte**, **Drogerien**, **Tabakwarenläden** und **Blumenläden**, **Apotheken** und dergleichen. Die ebenfalls zulässigen Schank- und Speisewirtschaften umfassen die Verabreichung von Getränken und Speisen zum Verzehr; dies beinhaltet unter anderem **Restaurants**, **Konditoreien**, **Kaffees**, **Imbissstuben**, **Eisdielen**, **Weinstuben**, **Bierlokale** sowie **Trinkhallen** (*Fickert/Fieseler*, BauNVO, § 2 Rdn. 13). Bei dem ebenfalls zulässigen Handwerksbetrieb wird darauf abgestellt, ob die **handwerkliche Einzelfertigung** aufgrund von Einzelaufträgen prägend ist und damit der Geschäftskern handwerklicher und nicht industrieller Art ist (OLG Karlsruhe, GewArch 1962, 95).

2. Ausnahmsweise zulässige Nutzungen
Gemäß § 2 Abs. 3 BauNVO können ausnahmsweise zugelassen werden
– sonstige Wohngebäude mit **nicht mehr als zwei Wohnungen**,
– Anlagen für **kirchliche**, **kulturelle**, **soziale**, **gesundheitliche** und **sportliche Zwecke**,
– **Tankstellen**,
– **nicht störende Gewerbebetriebe**.
Dies erfasst insbesondere Ein- und Zweifamilienhäuser, alle Arten an Anlagen für den Gemeinbedarf sowie als nicht störende Gewerbebetriebe insbesondere die nicht der Versorgung des Gebietes dienenden Läden, Schank- und Speisewirtschaften sowie die nicht störenden Handwerksbetriebe (*Fickert/Fieseler*, BauNVO, § 2 Rdn. 21, 25.1). Hierbei ist insbesondere zu beachten, dass der **Charakter des Kleinsiedlungsgebietes nicht gesprengt werden darf**. Dies bedeutet beispielsweise, dass größere Anlagen, die nur ausnahmsweise zugelassen werden können wie z. B. ein konfessionelles Gemeindezentrum mit Kirche, Pfarrhaus, Gemeindesaal oder ein Fußballsportplatz mit Tribünen für die Zuschauer auch nicht ausnahmsweise zulässig wäre, weil dies den Charakter eines Kleinsiedlungsgebietes aushebeln würde (*Fickert/Fieseler*, Vorbem. §§ 2–9, 12–14 Rdn. 11.1).

3. Nicht zulässige Nutzungen
Nicht im Kleinsiedlungsgebiet zulässig sind **Intensivtierhaltungen** oder **Tierzuchtbetriebe** wie eine Pelz- oder Hundezucht, um aus dem Verkauf das Einkommen zu ergänzen; denn dabei handelt es sich nicht mehr um einen Kleinsiedlungsbetrieb. Auch Anlagen und Einrichtungen zur **Hobby-Kleintierhaltung** wie Taubenschläge, Hundehütten, Zwinger oder Vogelvolieren sind keine Stellen zur Kleintierhaltung im Sinne einer Kleinsiedlung; sie können jedoch als untergeordnete Nebenanlagen gemäß § 14 BauNVO zulässig sein (*Fickert/Fieseler*, BauNVO § 2 Rdn. 5.4). Unzulässig sind ferner beispielsweise Juweliergeschäfte, weil solche Läden nicht zur Versorgung des Gebietes dienen (*Fickert/Fieseler*, BauNVO, § 2 Rdn. 9). Sie können jedoch möglicherweise ausnahmsweise zugelassen werden. Unzulässig, weil keine der Versorgung des Gebietes dienende Schank- und Speisewirtschaft sind schließlich **Tanzdiskotheken**, **Barbetriebe** und in der Regel Kegelbahnen (*Fickert/Fieseler*, BauNVO, § 2 Rdn. 13.1).

4. Obergrenze des Maßes der baulichen Nutzung
Die Obergrenze des Maßes der baulichen Nutzung beträgt bei der **Grundflächenzahl (GRZ) 0,2** und bei der **Geschossflächenzahl (GFZ) 0,4**.

5. Schutz von Kleinsiedlungsanlagen
Die Eigentümer von Kleinsiedlungen haben einen Anspruch auf Wahrung der Gebietsart und können sich gegen eine Änderung der Gebietsstruktur beispielsweise durch das Überhandnehmen von

reinen Wohnsiedlungen oder größeren kulturellen oder sportlichen Anlagen wenden. Vom **Lärmschutz** sind sie mit den **allgemeinen Wohngebieten vergleichbar**. Allerdings haben sie gebietstypische Störungen wie Hundegebell, Schnattern etc. grundsätzlich hinzunehmen; gleiches gilt für den der Versorgung des Gebietes dienenden üblichen Zuliefererverkehr (*Fickert/Fieseler*, BauNVO, § 2 Rdn. 2; 2.1).

Knebelungsvertrag → Gestaltungsfreiheit; → Sittenwidrigkeit

Der „Knebelungsvertrag" ist eine im Rahmen des Rechtsinstituts der Sittenwidrigkeit vom BGH entwickelte Fallgruppe. Knebelungsverträge sind nach der Rechtsprechung (z. B. BGHZ 19,12; 44 158, NJW 93, 1587) unter Umständen als sittenwidrig einzustufen, wenn sie die wirtschaftliche Freiheit des einen Teils so sehr einschränken, dass dieser seine freie Selbstbestimmung ganz oder im Wesentlichen einbüßt (BGHZ 19, 12, 44, 158, 61, BGH NJW 93, 1587). Ob eine sittenwidrige Knebelung vorliegt, muss im Einzelfall bestimmt werden.

Bei der Bestimmung ist nicht relevant, ob der andere Vertragspartner eine Schädigungsabsicht hatte (BGH, NJW 1993, 1587), entscheidend ist allein das **(objektive) Ausmaß** der auferlegten Beschränkungen. Nicht jede objektiv vorliegende Knebelung des Vertragspartners führt jedoch zur Annahme eines Knebelungsvertrages. Vielmehr wird verlangt, dass die eine Vertragspartei ihre **wirtschaftliche Handlungsfreiheit nahezu völlig einbüßt** (RGZ 130, 143; BGHZ 19, 12). Dies ist z. B. dann der Fall, wenn faktisch die eine der Vertragsparteien aufgrund des Vertrages die wirtschaftliche Tätigkeit des anderen umfassend kontrollieren und hierin eingreifen kann (BGH, NJW 1993, 1587, 1588). Die Rechtsprechung hat dies z. B. für einen besonderen Fall eines Finanzierungs- und Sicherungsvertrages (BGHZ 19, 12; BGH, NJW 1962, 102) angenommen. Im Baubereich ist es beispielsweise nach dem BGH wegen Knebelung sittenwidrig, wenn sich eine Bank vom Bauunternehmer zur Sicherung aller bestehenden und künftigen Ansprüche aus der Geschäftsverbindung zwischen Bauunternehmer und Bauherrn sämtliche Ansprüche abtreten lässt. Sittenwidrig ist dabei, dass keine Begrenzung der Globalzession etwa durch eine Freigabeverpflichtung enthalten ist (BGH, BauR 1991, 222).

Konsortialvertrag → Arbeitsgemeinschaft; → Gesellschaft bürgerlichen Rechts; → Gesamtschuldnerische Haftung

Zur Bildung eines Konsortiums schließen sich verschiedene Unternehmen durch einen sog. Konsortialvertrag zusammen. Dieser ist vom Anlagenvertrag rechtlich streng zu unterscheiden und regelt nur das Innenverhältnis der einzelnen Lieferunternehmen zueinander. Die Kooperation erfolgt mit dem Ziel, den Auftrag für die Durchführung eines bestimmten Projektes zu erhalten und dieses ggf. auszuführen. Dabei erfolgt der Vertragsabschluss regelmäßig bereits in der Phase vor Angebotsabgabe, wobei der Konsortialvertrag dann meist Regelungen sowohl für die Angebotsphase als auch für die Ausführung nach → Zuschlag enthält. Möglich ist jedoch auch eine Vertragsgestaltung allein für die Angebotsphase (im internationalen Sprachgebrauch „joint tender egrement"). Diese hat den Nachteil, dass bei → Zuschlagserteilung erst noch ein weiterer Konsortialvertrag abgeschlossen werden muss und die teilweise komplizierten verfahrenstechnischen Regelungen unter dem Zwang der Umstände und unter größerem Zeitdruck vereinbart werden müssen.

Das Konsortium ist eine auf die Durchführung eines einzelnen Projekts bezogene, zeitlich begrenzte Form des Unternehmenszusammenschlusses. Die Verbindung der Konsorten dauert so lange, bis das Einzelgeschäft erledigt ist, wobei der temporäre Chrarakter der Kooperation nicht dadurch verloren geht, dass sich die Geschäsfabwicklung über einen längeren Zeitraum hinzieht.

Aus organisatorischen Gründen ist die Zahl der in einem Kosortium vertretenen Unternehmen meist überschaubar und gering. Die Unternehmen sind dabei regelmäßig in verschiedenen, sich gegenseitig ergänzenden Arbeitsgebieten tätig.

Wesentlich für das Konsortium ist zudem, dass die einzelnen Unternehmen trotz des vertraglichen Zusammenschlusses ihre rechtliche und wirtschaftliche Selbstständigkeit behalten.

Man unterscheidet zwischen dem offenen und dem stillen Konsortium. Das offene Konsortium – auch Außenkonsortium – ist dadurch gekennzeichnet, dass alle Konsorten nach außen dem → Auftraggeber gegenüber erkennbar gemeinschaftlich auftreten. Dabei vertritt das federführende Unternehmen, von den übrigen Mitkonsorten dazu ermächtigt, diese gegenüber dem Auftraggeber. In ihrem Namen und Auftrag führt es die Vertragsverhandlungen und schließt den Vertrag ab. Hat jedoch der Auftraggeber von vornherein den Entschluss gefasst, den Auftrag nur an einen Unternehmer zu vergeben, der ihm die schlüsselfertige Errichtung des Gesamtprojekts zusagt, kann auf Auftragnehmerseite nicht die Kooperationsform des offenen Konsortiums zum Einsatz kommen. Will jedoch kein Unternehmer die Risiken einer Generalunternehmerschaft tragen, bietet sich als Organisationsmodell das stille Konsortium an. Dabei treffen die Konsorten im Innenverhältnis ebenfalls eine entsprechende Konsortialvereinbarung, dem Auftraggeber gegenüber jedoch tritt nur der Federführer als alleinverantwortlicher Vertragspartner auf. Damit hat der Federführer beim stillen Konsortium aus Sicht des Auftraggebers weitgehende die Stellung eines Generalunternehmers. Im Innenverhältnis wird das vom Federführer übernommene Gesamtrisiko dann auf mehrere Schultern verteilt; es findet eine Risikoaufteilung nach den jeweiligen konsortialvertraglichen Vereinbarungen statt.

Auch beim Konsortialvertrag bilden die Konsorten eine BGB-Gesellschaft.

Kontrahierungszwang

Grundsätzlich gilt im deutschen Privatrecht, dass jedermann Verträge abschließen kann, mit wem, wann und mit welchem Inhalt er will (sog. „Privatautonomie"). Allein entscheidend ist, dass sich die Parteien über den Inhalt ihrer Verpflichtungen einig werden und hierüber einen Vertrag schließen. In Ausnahmefällen besteht allerdings für einzelne Personen ein Abschlusszwang (Kontrahierungszwang). Das bedeutet, dass diese Personen über das Ob des Vertragsschlusses nicht privatautonom disponieren können, sondern zum Abschluss von Verträgen verpflichtet sind. Man unterscheidet unmittelbare von mittelbaren Abschlussverpflichtungen: Unmittelbare Abschlussverpflichtungen sind solche, die sich aus dem Gesetz unmittelbar ergeben – mittelbare Abschlussverpflichtungen ergeben sich nur mittelbar aus den Grundsätzen des Zivilrechts (§ 826 BGB: Vorsätzliche sittenwidrige Schädigung, § 20 Abs. 2 GWB: Diskriminierungsverbot).

Beispiele für unmittelbare Abschlussverpflichtungen:
- Für wichtige Teilbereiche der Daseinsvorsorge gilt, dass die Versorgungsunternehmen verpflichtet sind, den Endabnehmer z. B. mit Strom und Gas (Abschlusspflicht gemäß § 10 Energiewirtschaftsgesetz (der Abschlusszwang hier gilt auch für Sonderabnehmer, BGH, NJW-RR 1991, 409)) zu versorgen.
- Abschlusszwang beim Personentransport, § 22 Personenbeförderungsgesetz (PersBefG),
- Abschlusszwang für Monopol- und Pflichtleistungen der Post, § 8 Postgesetz (PostG n. F.),
- Abschlusszwang bei der Pflegeversicherung, § 23 Abs. 6 SGB XI,
- Abschlusszwang bei der KfZ-Pflichtversicherung (in den Grenzen von § 5 Abs. 4 Pflichtversicherungsgesetz)

Beispiele für mittelbare Abschlussverpflichtungen:
- Wegen der marktbeherrschenden Stellung ist ein Anbieter von Domänennamen (Internetadressen) verpflichtet, Domänennamen an Interessenten herauszugeben (OLG Frankfurt, WRP 1999, 366).
- Im → Baurecht relevant ist die Verpflichtung im Rahmen einer öffentlichen → Ausschreibung, dem günstigsten („wirtschaftlichsten" bzw. „annehmbarsten") Anbieter den → Zuschlag zu ertei-

len. In solchen Fällen besteht ein Abschlusszwang jedenfalls dann, wenn diese Kriterien (günstigster Anbieter) gesetzlich verankert sind (dann gelten die §§ 97 ff. GWB sowie die Vergabeverordnung (*Kraus*, BauR 2000, 1545)). Bei Verletzung von Vergabegrundsätzen hat jeder Unternehmer, der ohne Rechtsverstoß eine echte Chance gehabt hätte, den Auftrag zu erhalten, nach § 126 GWB einen Anspruch auf → Schadensersatz in Höhe des negativen Interesses (hierzu: *Byok*, NJW 1998, 2778). Darüber hinaus besteht unter Umständen ein Anspruch auf Ersatz des positiven Interesses (hierzu: BGH, NJW 1985, 1466, OLG Düsseldorf, NJW-RR 1990, 1046, für den Verstoß gegen Vorschriften der → VOB/A oder VOL/A vgl. BGHZ 120, 281; 124, 64; 139, 273; NJW 1998, 3640). Voraussetzung für den Ersatz des positiven Interesses ist allerdings, dass der ausgeschriebene Auftrag tatsächlich an jemand anderes erteilt worden ist und der Geschädigte nachweist, dass er bei ordnungsgemäßer Abwicklung den Auftrag auch tatsächlich hätte erhalten oder erhalten hätte müssen (BGH, NJW 1998, 3636; BGHZ 120, 284; OLG Düsseldorf, BauR 1989, 198, hierzu: *Feber*, BauR 1989, 553).

Koordinierungspflicht
Der Architekt, der mit Aufgaben der → Leistungsphase 8 beauftragt ist, hat die Pflicht, den Bauablauf zu koordinieren.

Koppelungsverbot → GIA; → MRVG

Kostenanschlag → Anrechenbare Kosten

Kostenberechnung → Anrechenbare Kosten

Kostenfeststellung → Anrechenbare Kosten

Kostenrahmenvereinbarung
Bei der Vereinbarung eines Kostenrahmens sind sich Architekt oder Ingenieur und → Bauherr darüber einig, dass die Baukosten sich innerhalb eines bestimmten Rahmens halten sollen. Eine Planung, die den vorgegebenen Kostenrahmen überschreitet, ist mangelhaft, wenn der Bauherr die Überschreitung nicht genehmigt. Ist der Architekt oder Ingenieur mit der → Grundlagenermittlung und → Vorplanung beauftragt, so hat er die wirtschaftlichen Rahmenbedingungen abzuklären und mit dem Bauherrn abzustimmen. Unterlässt er dies und würde ein Bauwerk entsprechend seiner Vorplanung wegen der hohen Baukosten für den Bauherrn unrentabel, so steht ihm kein → Honoraranspruch zu.

Für einen **Schadensersatzanspruch des Bauherrn** erforderliche **Pflichtverletzungen** sind zu bejahen, wenn der Architekt zu aufwendig plant oder für den Bauherrn sehr ungünstige Vertragsbedingungen mit den Bauunternehmern aushandelt. Eine Pflichtverletzung wird von vielen Instanzgerichten erst dann bejaht, wenn die Bausummenüberschreitung einen gewissen Grad erreicht. Das noch vertretbare Maß lässt sich nicht allgemein bestimmen. Es hängt maßgeblich von der Bauaufgabe und dem Bautenstand ab und wird mit fortschreitender Baurealisierung geringer. Für vertretbar gehalten wurden zum Beispiel eine Baukostenüberschreitung gegenüber einer Kostenberechnung von 14,86 % (OLG Hamm, BauR 1991, 266) oder die Überschreitung einer vom Bauherrn vorgegebenen Bausumme um 16 % (BGH, BauR 1994, 268). Solche Toleranzen werden dem planenden Architekten oder Ingenieur nicht zugebilligt für grobe Schnitzer, wie vergessene Mehrwertsteuer oder unrealistische Kubikmeterpreise (BGH, BauR 1997, 335). Für nicht vertretbar gehalten wurde die Verdopplung der Baukosten (BGH, BauR 1994, 268). Nach dem BGH (BauR 2003, 1061; BauR 1997,

494) sind Toleranzen nicht grundsätzlich, sondern nur zuzulassen, wenn sich hierfür im Vertrag Anhaltspunkte finden.
Ist die Toleranzgrenze überschritten, so ist zu prüfen, ob die Planung nachgebessert werden kann. Die **Nachbesserung** kann häufig in Umplanungen bezüglich der Ausführungsart, der Größe des Objekts und/oder der zu verwendenden Materialien bestehen. Die Nachbesserung ist für den Bauherrn nicht allein deshalb unzumutbar, weil das verkleinerte Objekt für ihn nicht mehr rentabel ist (OLG Köln, BauR 1993, 358).
Die Haftung für die Bausummenüberschreitung bei einer Kostenrahmenvereinbarung setzt neben der Pflichtverletzung und der Einräumung der Möglichkeit zur Nachbesserung voraus, dass den Architekten oder Ingenieur ein **Verschulden** an der Kostenüberschreitung trifft. Sein Verschulden wird allerdings vermutet, so dass der Architekt oder Ingenieur zu beweisen hat, dass ihn kein Verschulden trifft. Eine von ihm nicht zu vertretende Baukostenüberschreitung liegt vor, wenn die Baukostenerhöhung auf Sonderwünschen des Bauherrn, nicht vorhersehbaren Preissteigerungen, Auflagen des Bauamtes oder sonstigen äußeren, von ihm nicht beeinflussbaren Umständen beruht (z. B. BGH, BauR 1987, 225; OLG Köln, NJW-RR 1993, 986).
Schließlich setzt ein Schadensersatzanspruch wegen Verletzung einer Kostenrahmenvereinbarung das Vorliegen eines **Schadens** voraus. Gerade das Vorliegen dieses Merkmals ist in der Regel sehr problematisch. Die Baukostenüberschreitung hat zumeist im verkörperten Bauwerk ihren Gegenwert. Insoweit muss ein so genannter **Vorteilsausgleich** stattfinden. Dieser bewirkt im Ergebnis häufig, dass dem Bauherrn kein Schaden entstanden ist. Für die erhöhten Baukosten hat er einen Gegenwert in Form des erhöhten Gebäudewertes erhalten. Dabei ist grundsätzlich unbeachtlich, dass dem Bauherrn der Wertzuwachs „aufgedrängt" wurde.
Hat der dem Architekten oder Ingenieur angelastete Mehraufwand zu einer entsprechenden Wertsteigerung des Objekts geführt, so ändert es nichts, dass das Haus aus besonderen Marktgründen (z. B. Lage des Objekts oder begrenzter Käuferpreis) nur zu einem geringeren Preis verkauft werden könnte (OLG Celle, OLGR 1938, 158). Zusätzliche Finanzierungskosten wegen gestiegener Baukosten kann der → Bauherr nicht ersetzt verlangen, wenn er ein größeres Haus mit der von ihm gewünschten großzügigen Raumaufteilung erhalten hat. Anderenfalls können dem → Auftraggeber jedenfalls die zusätzlichen Finanzierungskosten zu ersetzen sein (OLG Köln, NJW-RR 1994, 981; BGH, BauR 1994, 268).
Die Baukostensteigerung kann unabhängig vom Vorliegen eines Schadens zum teilweisen oder unvollständigen Verlust des Honoraranspruchs des Architekten oder Ingenieurs führen, wenn die zu teure Planung für den Auftraggeber unbrauchbar ist (OLG Frankfurt, BauR 1993, 626).

Kostenschätzung → Anrechenbare Kosten

Kostenvoranschlag

Der Kostenanschlag (auch Kostenvoranschlag genannt) ist eine unverbindliche fachmännische Berechnung der voraussichtlichen Kosten für eine Werkleistung, er ist nicht → Vertragsbestandteil (OLG Frankfurt, NJW-RR 1989, 209). Allenfalls entstehen Schadensersatzverpflichtungen, wenn der Kostenanschlag in zumindest fahrlässiger Weise unrichtig erstellt wurde (OLG Frankfurt, a. a. O.). Über die Beantwortung der Frage, ob ein Kostenanschlag nach § 632 BGB zu vergüten ist, bestand vor Inkrafttreten der Regelung des § 632 Abs. 3 BGB zum 1. 1. 2002 Streit. § 632 Abs. 3 BGB stellt nunmehr klar, dass ein Kostenanschlag im Zweifel nicht zu vergüten ist.

Kündigung → Entgangener Gewinn; → Ersparte Aufwendungen

Das Vertragsverhältnis zwischen → Auftraggeber und → Auftragnehmer kann durch Kündigung oder Aufhebungsvertrag vorzeitig beendet werden. Mit der Beendigung des Vertragsverhältnisses kann der Auftragnehmer sein → Honorar sofort berechnen (BGH, *Schäfer/Finnern/Hochstein*, Z 3.010 Bl. 20 noch zu § 21 → GOA; OLG Hamm, BauR 1986, 231, 232; OLG Düsseldorf, BauR 1986, 244, 245). Die → Abrechnung nicht erbrachter, aber ursprünglich beauftragter Leistungen hängt davon ab, weshalb sie nicht mehr erbracht wurden. Insoweit ist bei der Kündigung in honorarrechtlicher Hinsicht zwischen der Kündigung (§ 649 S. 1 BGB) aus wichtigem Grund (§ 314 BGB n. F.) und der freien Kündigung zu unterscheiden.

Das Recht des Auftraggebers zur **freien Kündigung** gemäß § 649 S. 1 BGB kann durch → Allgemeine Geschäftsbedingungen nicht wirksam ausgeschlossen werden (BGH, BauR 1999, 1294, 1296 = IBR 1999, 413; OLG Düsseldorf, NJW-RR 2000, 166 (ausdrücklich für den Architektenvertrag); a. A. *Müko-Soergel*, § 649 BGB, Rdn. 22; *Korbion/Locher*, AGBG und Bauerrichtungsverträge, S. 188 f. m. w. N. der widerstreitenden Ansichten in der Literatur in FN 2 auf S. 188; für die Vertragspraxis muss die Auffassung des BGH zugrundegelegt werden). Die Rechtsfolgen der freien Kündigung sind in § 649 S. 2 BGB und § 8 Nr. 1 Abs. 2 VOB/B geregelt. Danach erhält der Auftragnehmer die vereinbarte Vergütung für die erbrachten Leistungen. Für die nicht mehr erbrachten Leistungen steht ihm der entgangene Gewinn abzüglich ersparter Aufwendungen und anderweitigen Erwerbs zu.

Die **Kündigung aus wichtigem Grund** kann für den Auftraggeber im Gegensatz zur freien Kündigung den Vorteil haben, dass er dem Auftragnehmer nicht den entgangenen Gewinn gemäß § 649 S. 2 BGB oder § 8 Nr. 1 Abs. 2 VOB/B ersetzen muss (BGH, BauR 1997, 1060; OLG Hamm, BauR 2001, 1594, 1595). Gemäß § 314 Abs. 1 S. 1 BGB n. F. kann jeder Vertragsteil ein Dauerschuldverhältnis aus wichtigem Grund fristlos kündigen. Der Rücktritt vom Vertrag gemäß § 323 BGB n. F. scheidet meist aus praktischen Gründen aus. Zumeist sind die Verträge bereits in Vollzug gesetzt, wenn einer der Vertragspartner sich zur Aufhebung des Vertrages entschließt. Bei laufenden Verträgen über komplexe Bauvorhaben, bei denen die Einschaltung von Fachplanern vorkommt, ist eine Rückabwicklung des Vertrages ohnedies mit erheblichen Schwierigkeiten verbunden. Wie sollen z. B. bereits erbrachte und ausgeführte Planungs- oder bereits erbrachte Überwachungsleistungen rückabgewickelt werden? In diesen Fällen ist die Rückabwicklung ex nunc, also die Kündigung des Vertrages geboten (z. B. MüKo-*Kramer*, Einl. § 241 BGB, Rdn. 102; *Palandt/Heinrichs*, Vor. § 241 BGB, Rdn. 19). Ein → Werkvertrag ist i. d. R. ein Dauerschuldverhältnis (für den Werkvertrag allgemein als zwar nicht gesetzlich, jedoch vertraglich geregeltes Dauerschuldverhältnis zu Recht: Palandt/Heinrichs, Vor. § 241 BGB, Rdn. 17, 20; MüKo-*Kramer*, Einl. § 241 BGB, Rdn. 97). Ein wichtiger Grund zur Kündigung liegt gemäß § 314 Abs. 1 S. 2 BGB n. F. vor, wenn dem kündigenden Teil unter Berücksichtigung aller Umstände des Einzelfalls und unter Abwägung der beiderseitigen Interessen die Fortsetzung des Vertragsverhältnisses bis zur vereinbarten Beendigung oder bis zum Ablauf einer Kündigungsfrist nicht zugemutet werden kann.

Ein wichtiger Grund zur Kündigung durch den Auftraggeber, nach der er den entgangenen Gewinn nicht ersetzen muss, da durch das Verhalten des Auftragnehmers das Vertrauensverhältnis erschüttert und die weitere Zusammenarbeit unzumutbar ist, liegt beispielsweise (vgl. z. B. die Übersicht bei *Löffelmann/Fleischmann*, Architektenrecht Rdn. 1 465 oder bei *Werner/Pastor*, Der Bauprozess, Rdn. 953) vor, wenn

– der Planer die vereinbarten Baukosten wesentlich überschreitet (OLG Hamm, BauR 1987, 464, 465),
– die → Baugenehmigung unmöglich zu erlangen ist (OLG Köln, BauR 1977, 363),
– der Planer Provisionen für die Vermittlung von Aufträgen an einen Bauhandwerker annimmt (BGH, NJW 1977, 1915; OLG Düsseldorf, BauR 1996, 574,
– der Auftragnehmer ernsthaft und endgültig die → Erfüllung des Vertrages verweigert (vgl. BGH, NJW-RR 1989, 1248, 1249),

Kündigung

- feststeht, dass der Auftragnehmer schuldhaft wichtige Vertragsfristen nicht wird einhalten können (BGH, NZBau 2000, 375),
- der Auftragnehmer die vereinbarte Vorlage des Haftpflichtversicherungsnachweises verweigert (BGH, BauR 1993, 755 f.) oder
- das Baugesuch zweimal wegen fehlerhafter Leistungen des Planers abgelehnt wird (OLG Düsseldorf, BauR 1986, 469, 472).

Kein wichtiger Grund zur fristlosen Kündigung liegt danach mangels einer schuldhaften, schwerwiegenden Pflichtverletzung des Auftragnehmers insbesondere (vgl. z. B. den Überblick bei Löffelmann/Fleischmann, Architektenrecht, Rdn. 1 466) vor, wenn

- der Bauherr den Vertrag mit dem Auftragnehmer ohne dessen Verschulden kündigt (*Locher*, Privates Baurecht, Rdn. 393 a),
- der Bauherr das Planungskonzept ändert (OLG München, BauR 1991, 650, 652),
- der Planer ein ihm zustehendes → Zurückbehaltungsrecht an Planungsunterlagen ausübt (BGH, BauR 1988, 364, 366) oder
- der Auftragnehmer eine ihm zustehende Sicherheit verlangt (LG Hamburg, BauR 1996, 895, 896).

Der Auftragnehmer kann nicht frei kündigen. Er wird durch den Vertragsschluss gebunden, die beauftragten Leistungen zu erbringen. Dementsprechend ist in § 649 S. 1 BGB und § 8 Nr. 1 Abs. 1 VOB/B nur die Möglichkeit des Bestellers zur freien Kündigung geregelt. Der Auftragnehmer kann jedoch den Vertrag aus wichtigem Grund wegen Unzumutbarkeit der Vertragsfortsetzung kündigen. Das ist immer dann der Fall, wenn der Auftraggeber durch sein Verhalten die Durchführung des Vertrages so erheblich gefährdet, dass das Vertrauensverhältnis zwischen → Auftraggeber und Auftragnehmer gestört ist (BGH, BauR 1989, 626, 628 = NJW-RR 1989, 1248, 1249). Ein wichtiger Grund zur Kündigung durch den Auftragnehmer liegt insbesondere (vgl. z. B. den Überblick bei Löffelmann/Fleischmann, Architektenrecht, Rdn. 1 476 oder bei *Werner/Pastor*, Der Bauprozess, Rdn. 951) vor, wenn

- der Auftraggeber berechtigte Abschlagsrechnungen des Auftragnehmers trotz Mahnung nicht bezahlt (BGH, BauR 1989, 626, 628),
- der Auftraggeber sich gegenüber dem Auftragnehmer arrogant verhält und der Auftragnehmer das Auftreten für unerträglich hält, der Auftragnehmer den Auftraggeber hierauf hinweist und der Auftraggeber sein Verhalten nicht ändert (OLG Düsseldorf, BauR 1995, 267, 268) oder
- der Auftraggeber den Auftragnehmer beleidigt (vgl. OLG Saarbrücken, IBR 1999, 492).

Hat der Auftragnehmer den Kündigungsgrund nicht zu vertreten, hat der Auftraggeber den Vertrag gemäß § 649 S. 1 BGB oder § 8 Nr. 1 Abs. 1 VOB/B frei gekündigt oder haben die Parteien den Vertrag einvernehmlich aufgehoben (BGH, BauR 1974, 213, 214; KG, BauR 2001, 1591, 1593), kann der Auftragnehmer gemäß § 649 S. 2 BGB auch den ihm entgangenen Gewinn abzüglich der ersparten Aufwendungen und des anderweitigen Erwerbs abrechnen (vgl. zur Abrechnung: *Schmidt*, Der Fachplanervertrag, S. 172, 174 ff.; *Wirth/Theis*, S. 436 ff.; *v. Rintelen*, BauR 1998, 603 ff.; *Beigel*, BauR 1997, 782 ff.; *Koeble*, BauR 1997, 191 ff.; *Werner/Siegburg*, BauR 1997, 181 ff.; *Niestrate*, ZfBR 1997, 9; Dammert, DAB 1997, 1497 ff.; *Eich/Eich*, DAB 1996, 2064 ff.; *Locher/Koeble/Frik*, HOAI, Einl. Rdn. 122 ff.). Die Abrechnung muss prüffähig sein (BGH, BauR 1994, 655 = ZfBR 1994, 218; BGH, BauR 1986, 596). Der Anspruch aus § 649 S. 2 BGB hinsichtlich der nicht erbrachten Leistungen ist nach noch geltender Ansicht des BGH (BGH, BauR 2001, 1903, 1904; BGH, BB 1999, 1997, 1999) umsatzsteuerfrei (anders für die bereits erbrachten Leistungen: BGH, IBR 2001, 605) Bis vor kurzem waren in Architekten- und Ingenieurformularverträgen die sogenannten 60 : 40-Klauseln in der Praxis geläufig. Häufig waren diese unwirksam (vgl. z. B. BGH, NJW 1997, 259; BGH, BauR 1998, 357, 358 ff.; BGH, BauR 1998, 866 ff.). Wirksame Gestaltungen sind möglich (*Schmidt*, Der Fachplanervertrag, S. 172, 182).

L

Lärm → Freizeitanlage; → Immissionen; → Sportanlagen

Für **Straßenlärm** ist die Verkehrslärmschutzverordnung (16. BlmSchV) einschlägig, die auf der Grundlage und zur Präzisierung der §§ 41, 42 und 43 BlmSchG erging. Dabei hat der Betroffene grundsätzlich nur einen Anspruch auf Einhaltung des festgesetzten Grenzwertes für den Verkehrslärm (z. B. max. 40 dB(A) in Wohnräumen und 30 dB(A) in Schlafräumen); wie dies zu erreichen ist, ist nach den Bedürfnissen des Einzelfalls zu entscheiden (BVerwG, NVwZ 1996, 901). Zu beachten ist, dass die Grenzwerte der Verkehrslärmverordnung nur beim Neubau oder der wesentlichen Änderung einer Straße oder Bahnanlage eingreifen; sie geben keinen Anspruch auf Lärmsanierung oder Lärmverbesserung einer bereits bestehenden zu lauten Anlage (BVerwG, NuR 1996, 515)

Für Straßenlärm gilt danach:
- Aktiver Lärmschutz (z. B. Lärmschutzwand) ist durchzuführen, wenn dies nach dem Stand der Technik möglich ist und die Kosten dafür nicht außer Verhältnis stehen. So wurde beispielsweise bei Kosten in Höhe von Euro 316.800,– für eine Schallschutzmauer im Vergleich zu ca. Euro 10.000,–- für Schallschutzfenster inkl. der Entschädigung für die durch die Schallschutzfenster nicht aufgehobenen Beeinträchtigungen im Außenwohnbereich angenommen, dass die Kosten für die Schallschutzmauer außer Verhältnis stehen (BVerwG, Beschl. v. 30. 8. 1989, Az.: 4 B 97.89). Eine Entschädigung für unzumutbare Lärmbeeinträchtigungen ist ab einem Schwellenwert von 70 d (B)A tagsüber und 60 d (B)A nachts gemäß § 74 Abs. 2 S. 3 VwVfG zu gewähren.
- Passiver Lärmschutz (z. B. Schallschutzfenster) ist vorgesehen, wenn ein aktiver Lärmschutz nach dem Stand der Technik nicht möglich ist, die Kosten unverhältnismäßig sind oder sonstige, z. B. städtebauliche Gründe oder die Unzulänglichkeit aktiver Lärmschutzmaßnahmen (Lärmschutzwälle schützen beispielsweise nicht gegen Lärm an den oberen Fenstern eines Hauses) im Rahmen einer Abwägung einen Vorrang des passiven Lärmschutzes gegenüber einem aktiven Lärmschutz rechtfertigen (*Dürr*, in: Kodal/Krämer, Straßenrecht, S. 1054).

Lagerplätze

Lagerplätze sind Flächen, auf denen Gegenstände entweder für relativ kurze Zeit abgestellt oder für längere Zeit aufbewahrt werden. Lagerplätze sind **grundsätzlich genehmigungspflichtig**, da sie nach den Landesbauordnungen zu den baulichen Anlagen zählen (vgl. § 2 Abs. 1 Nr. 2 BauOSA; Art. 2 Abs. 1 Nr. 2 BayBO; § 2 Abs. 1 Nr. 2 BauONRW; § 2 Abs. 1 Nr. 2 HBO). In den **meisten Landesbauordnungen** sind Lagerplätze jedoch bis zu einer gewissen Größe, z. B. 300 qm gemäß Art. 63 Abs. 1 Nr. 13 BayBO, § 62 Abs. 1 Nr. 15 BauONRW von der **Genehmigungspflicht befreit** (vgl. auch § 68 Abs. 1 Nr. 6 BauOSA).

Das Bundesverwaltungsgericht hatte über die → Baugenehmigung für ein Bauunternehmen zum Neubau einer Maschinenhalle und zweier Kleingaragen sowie die Erneuerung einer Maschinenhalle zwecks Lagerung von Baumaterial und Arbeitsgeräten auf einem ca. 1300 qm großen Grundstück in einem als faktisches Dorfgebiet zu klassifizierenden Gebiet (Innenbereichslage) zu entscheiden. Das Bauunternehmen selbst lag etwa 120 m von dem in Frage stehenden Grundstück entfernt. Das Bundesverwaltungsgericht wies darauf hin, dass aus den in der → Baunutzungsverordnung nur in Gewerbegebieten (§ 8 Abs. 2 Nr. 1 BauNVO) und Industriegebieten (§ 9 Abs. 2 Nr. 1 BauNVO) genannten Lagerhäusern und Lagerplätzen nicht geschlossen werden kann, dass diese Nutzung in einem anderen → Baugebiet unzulässig ist. Die besondere Erwähnung der Lagerhäuser und -plätze deutet lediglich darauf hin, dass bei ihnen ein bestimmter Zweck des Gewerbes im Vordergrund steht. Typische Beispiele sind Lagerhäuser und -plätze, die als selbstständige Gewerbebetriebe mit dem alleinigen oder zumindest überwiegendem Nutzungszweck der Lagerung geführt werden. Hier liegt lediglich der Bauhof eines kleinen Bauunternehmens als Teil eines Gewerbebetriebes vor, der – weil kleine Bauunternehmen zum traditionellen Bild eines Dorfes dazugehören – mit der Zweckbestimmung eines Dorfgebietes (§ 5 BauNVO) vereinbar ist und damit genehmigt werden kann. Irrelevant ist dabei die räumliche Entfernung, da auch ein räumlich getrennter Lagerplatz Teil eines Gewerbebetriebes bleibt und als ein solcher zu bewerten ist (BVerwG, BayVBl. 2002, 637).

Landesbauordnungen → Bauordnungsrecht

Landschaftsarchitekt

Als Landschaftsarchitekten (auch: Garten- und Landschaftsarchitekten) bezeichnet man einen Architekten, der sich mit Planung und Gestaltung von → Freianlagen (1.) sowie mit Landschaftsplanung (2.) beschäftigt. Es handelt sich nicht um eine eigenständige Berufsbezeichnung, sondern um eine Bezeichnung einer Fachrichtung.

1. Planung und Gestaltung von Freianlagen:
Dieses Tätigkeitsfeld umfasst Planung und Gestaltung an → Freianlagen, d. h. an konkreten Baumaßnahmen bzw. konkreten Objekten im Sinne der → HOAI. § 3 HOAI, der abschließend die verschiedenen Objektsarten im Bereich des Architekten (kosten)rechts aufzählt (z. B. Neubauten, Umbauten, Modernisierungen, Freianlagen) und jeweils eine Begriffsbestimmung (Definition) vornimmt, definiert in § 3 Nr. 12 HOAI auch den Begriff „Freianlagen": **„Freianlagen"** sind danach *„planerisch gestaltete Freiflächen und Freiräume sowie entsprechend gestaltete Anlagen in Verbindung mit Bauwerken oder in Bauwerken."* Freianlagen werden darüber hinaus zwecks Kostenberechnung in **Außenanlagen** (i. S. v. DIN 276 Kostengruppe 5) und freie **Flächen oder Räume in Bauwerken** unterteilt.
Die Bestimmung der jeweiligen Objektsart ist wesentliches Erfordernis für die Honorarbestimmung nach der HOAI. Die Objektsart „Freianlage" wird in § 14 HOAI wiederum in einzelne Regelbeispiele untergliedert. Aus den Regelbeispielen des § 14 HOAI sowie den Bewertungsmerkmalen des § 13 HOAI wird im konkreten Fall die Honorarzone bestimmt. Aus der Honorarzone, dem vereinbarten Leistungsumfang (entsprechend dem → Leistungsbild des § 15 HOAI) sowie den anrechenbaren Kosten (§ 10 HOAI) wird das jeweilige → Architektenhonorar berechnet.

2. Landschaftsplanung:
Neben der Planung und Gestaltung von Freiflächen (d. h., der Arbeit an konkreten Baumaßnahmen) umfasst das Tätigkeitsfeld der Garten- und Landschaftsarchitekten auch die Landschaftsplanung zur Verwirklichung öffentlicher Zwecke (insbesondere des Naturschutzes). Der Unterschied der landschaftsplanerischen Tätigkeit zur Tätigkeit des Architekten an → Freianlagen besteht im Wesentlichen also darin, dass sich landschaftsplanerische Leistungen auf (bloße) **Planung von „Veränderungen der Landschaft"** (BRDrucks. 270/76, S. 57) zur Erreichung öffentlicher Zwecke beziehen – die Planung und Gestaltung von Freiflächen hingegen auf die **Ausführung von Baumaßnahmen** (→ Objekte i. S. d. § 3 HOAI). Die HOAI regelt im Abschnitt VI (§§ 43 ff. HOAI) die

landschaftsplanerischen Leistungsbilder, wie z. B. den Landschaftsplan (§ 45 a HOAI), → Grünordnungsplan (§ 46 HOAI) und Landschaftsrahmenplan (§ 47 HOAI) – zum Umfang der jeweiligen Leistungsbilder beachte die Ausführungen zu landschaftsplanerischen Leistungen.

Landschaftsbestandteil → Naturschutz

Landschaftsplanerische Leistungen

Landschaftsplanerische Leistungen nennt man alle vom Architekten geschuldeten berufsspezifischen Tätigkeiten auf dem Gebiet der Landschaftsplanung. § 43 Abs. 1 HOAI definiert „Landschaftsplanerische Leistungen". Danach sind *„alle Vorarbeiten sowie die für die Erstellung von den in Absatz 2 genannten Plänen (z. B. Grünordnungsplan) erforderlichen Ausarbeitungen, das Mitwirken beim Verfahren sowie sonstige landschaftsplanerischen Leistungen nach § 50 HOAI* „landschaftsplanerische Leistungen".

Rechtlicher Hintergrund sind das Bundesnaturschutzgesetz (BNatSchG), die Landschaftspflege- bzw. Naturschutzgesetze der Länder, das Umweltverträglichkeitsprüfungsgesetz (UVPG), das Baugesetzbuch (BauGB) sowie einzelne Fachgesetze (z. B. das Bundesimmissionsschutzgesetz, BImSchG). Im Wesentlichen handelt es sich bei den landschaftsplanerischen Leistungen um planerische Mittel zur Verwirklichung der Ziele und Grundsätze des Naturschutzes und der Landschaftspflege.

Einzelne Landschaftsplanerische Leistungen sind:
– Landschaftsplan (Beschreibung des Leistungsbildes in § 45 a HOAI)
– Grünordnungsplan (Beschreibung des Leistungsbildes in § 46 HOAI)
– Landschaftsrahmenplan (Beschreibung des Leistungsbildes in § 47 HOAI)
– Umweltverträglichkeitsstudie (Beschreibung des Leistungsbildes in § 48 a HOAI)
– Pflege- und Entwicklungsplan (Beschreibung des Leistungsbildes in § 49 c HOAI)
– sonstige landschaftsplanerische Leistungen (Beschreibung des Leistungsbildes in § 50 HOAI)

Zum Verhältnis der „sonstigen landschaftsplanerischen Leistungen" i. S. d. des § 50 HOAI zu den „Besonderen Leistungen" der jeweiligen anderen Leistungsbilder der §§ 45 a, 46, 47, 48 a, 49 c HOAI (d. h., der über die → Grundleistungen gem. § 2 II HOAI hinausgehenden „Besonderen Leistungen" i. S. d. § 2 Abs. 3 HOAI) gilt folgendes: → „Besondere Leistungen" der jeweils anderen Leistungsbilder können nie „sonstige Leistungen" bei der Landschaftsplanung i. S. d. § 50 HOAI sein. Sie schließen sich wegen dieser in der HOAI getroffenen Unterteilung aus.

Da jedoch die jeweiligen Leistungsbilder nur die Grundleistungen abschließend aufzählen, nicht jedoch die Besonderen Leistungen (vgl. § 2 Abs. 3 HOAI), ist aus der HOAI eine abstrakt-begriffliche Differenzierung von „sonstigen Leistungen" und „Besonderen Leistungen" nicht möglich. Die Abgrenzung ist jeweils im Einzelfall gesondert zu treffen. Es empfiehlt sich die Zuhilfenahme von Gesetzeskommentaren (z. B. von Locher/Koeble/Frik, § 45 a HOAI, Rdn. 1).

Landschaftsschutzgebiet → Naturschutz

Landwirtschaft → Außenbereich; → Dorfgebiet

Leistung → Anfechtung

Der Leistungsbegriff ist ein elementarer Begriff im materiellen Zivilrecht. Er hat hier **zwei** verschiedene Bedeutungen: Zum einen wird mit dem Begriff „Leistung" der **konkret geschuldete Inhalt der Verpflichtungen der Parteien aus einem Schuldverhältnisses** (z. B. eines Bau- oder Architektenvertrages) beschrieben. Zum anderen hat die Rechtsprechung einen vom Leistungsbegriff des

§ 241 BGB abweichenden Leistungsbegriff entwickelt, um im Rahmen der Rückabwicklung gescheiterter Vertragsbeziehungen (z. B. im Rahmen eines unwirksamen Werkvertrages) zu dogmatisch begründeten und befriedigenden Ergebnissen zu gelangen (**bereicherungsrechtlicher Leistungsbegriff** der §§ 812 ff. BGB).

1. Der Leistungsbegriff im Vertragsrecht

Ökonomisch werden die von den Parteien gemäß dem jeweiligen Schuldverhältnis (z. B. Vertrag) geschuldeten „Leistungen" i. S. d. § 241 BGB als die **Zuwendungen eines Vorteils irgendeiner Art** beschrieben (z. B. Zuwendung eines Vermögensvorteils in Form der Errichtung eines Bauwerkes für den Vertragspartner bzw. auf der anderen Seite in Form der Zahlung des vereinbarten Werklohnes). Im juristischen Sinne reduzieren sich die Leistungen der Parteien jedoch nicht allein auf diesen ökonomischen Aspekt – der Leistungsbegriff ist umfassender, er beinhaltet eine vollständige Theorie über den Inhalt von Schuldverhältnissen:

a) Personen/Geltungsbereich

Den die Leistung Schuldenden nennt das Gesetz „Schuldner", den Leistungsberechtigten → „Gläubiger". Die Verpflichtung zur Leistung (Leistungspflicht) trifft also den Schuldner und wirkt für den Gläubiger. Nur zwischen den Beteiligten am Leistungsverhältnis (Vertragspartnern) bestehen unmittelbare Wirkungen des Leistungsverhältnisses (des Vertrages) – sogenannte Relativität der Leistungsbeziehungen. Ausnahmen gelten bei Verträgen zugunsten Dritter, bei Verträgen mit Schutzwirkung zugunsten Dritter sowie in den Fällen der Drittschadensliquidation.

b) Umfang der Leistungspflicht

Der Umfang der Leistungspflicht bestimmt sich bei Verträgen nach dem Inhalt des konkreten Vertrages, d. h. nach dem, was die Parteien ausdrücklich oder konkludent vereinbart haben. Der Inhalt muss hinreichend bestimmt sein, sonst ist der Vertrag unwirksam (z. B. BGHZ 55, 250). Im Zweifel legt der Richter den Vertrags aus. Dabei legt er die Willenserklärungen der Vertragsparteien gem. §§ 133, 157 BGB danach aus, was die Parteien wirklich wollten (§ 133 BGB) und im Übrigen so, wie es ein vernünftiger Vertragspartner unter Beachtung der Verkehrssitte verstehen konnte (§ 157 BGB). Die Auslegung kann zu einem von beiden Vertragsparteien konkret gewollten Vertrag führen, aber auch zu einer mangelhaften Vertragsbeziehung. Es können folgende Mängel der vertraglichen Einigung auftreten:
– Der Erklärende kann sich über den Inhalt bzw. die rechtliche Bedeutung seiner Willenserklärung im **Irrtum** befunden haben (Abweichung des subjektiv Gewollten vom objektiv Gesagten). Rechtsfolge: Gegebenenfalls steht dem Irrenden ein Anfechtungsrecht gem. §§ 119 ff. BGB zu.
– Die Willenserklärungen der Parteien können zwar jeweils tatsächlich so gewollt sein, aber objektiv nicht miteinander korrespondieren – in diesen Fällen liegt ein **Dissens** vor. Die Parteien können z. B. **bewusst** den Vertrag in Einzelfragen offen gelassen haben. In solchen Fällen stellt das Gesetz in § 154 BGB klar, dass ein Vertrag im Zweifel noch nicht rechtsverbindlich vereinbart wurde. Die Parteien können aber auch **unbewusst** einzelne Vertragspunkte nicht geregelt haben, z. B. weil sie nicht an diese Punkte gedacht hatten. In solchen Fällen bestimmt das Gesetz in § 155 BGB, dass der Vertrag trotzdem als geschlossen gilt, wenn anzunehmen ist, dass der Vertrag auch ohne diesen offenen Punkt geschlossen worden wäre.
– Als dritten Fall hat die Rechtsprechung das Institut der **„falsa demonstratio"** entwickelt. In einer solchen Konstellation wollen die Vertragsparteien etwas anderes, als sie beide objektiv (wörtlich) vereinbarten – es lässt sich aber feststellen, dass beide Parteien eigentlich etwas anderes meinten

und sich gegenseitig auch so verstanden. In diesen Fällen erscheint es überflüssig und es wäre reine Förmelei, den Vertrag als nicht zustande gekommen anzusehen. Vielmehr gilt dasjenige als vereinbart, was die Parteien eigentlich gewollt hatten, obwohl objektiv aus den Erklärungen etwas anderes zu entnehmen ist.

c) Leistungsarten
Das Gesetz unterscheidet zwischen **Hauptleistungspflichten** und **Nebenleistungspflichten**. Darüber hinaus ergeben sich aus einer Vertragsbeziehung **Hauptpflichten** und **Nebenpflichten**, die **nicht leistungsbezogen** sind sowie rechtlich unverbindliche **Obliegenheiten**.
Beispiel: In einem typischen → Werkvertrag ist **Hauptleistungspflicht** des Auftragnehmers die Errichtung des Werkes. **Nebenleistungspflichten** sind gegebenenfalls Auskunfts- und Rechnungslegungspflichten (vgl. BGH NJW 94, 1528 m. w. N.). **Hauptpflicht** des Auftraggebers, ohne eine Leistungspflicht darzustellen, ist die → Abnahme des Werkes. **Nebenpflichten**, ohne Leistungspflichten zu sein, sind Aufklärungs-, Prüfungs- und Beratungspflichten. Bloße **Obliegenheit** ist z. B. die Pflicht des Gläubigers, das Werk entgegenzunehmen.

d) Leistungsbestimmung im Werkvertragsrecht, → Baurecht und Architektenrecht
Die konkret geschuldeten Leistungen (Haupt- und Nebenleistungspflichten, Haupt- und Nebenpflichten sowie Obliegenheiten) bestimmen sich aus dem jeweils konkret geschlossenen Vertrag – gegebenenfalls sind die konkret geschuldeten Pflichten durch Auslegung (gemäß §§ 133, 157 BGB) des Vertrages zu ermitteln. Das BGB hat jedoch in seinem besonderen Teil des Schuldrechts (zweites Buch, Abschnitt 8) verschiedene Vertragstypen mit den jeweils typischen Rechten und (Leistungs-)Pflichten geregelt. Diese Regelungen gelten immer dann, wenn der konkrete Vertrag als ein Vertrag entsprechend einem solchen Vertragstyp angesehen werden kann und die Parteien nicht (zulässigerweise) abweichendes vereinbart haben. Im Werkvertragsrecht definiert § 631 BGB, was typischerweise Leistungsgegenstand eines solchen Vertrages ist. Leistungsgegenstand eines Werkvertrages ist danach die Herstellung oder Veränderung einer Sache bzw. ein anderer durch Arbeit oder Dienstleistung herbeizuführender Erfolg. In Abgrenzung zum reinen → Kaufvertrag wird der Erfolg durch menschliche Arbeit herbeigeführt (Schaffung eines Werkes statt Übergeben einer Kaufsache). In Abgrenzung zum → Dienstvertrag wird nicht nur die Bereitstellung menschlicher Arbeitskraft, sondern auch der Erfolg der Arbeit geschuldet. Die §§ 631 ff. BGB enthalten darüber hinaus Regelungen über verschiedene Nebenleistungs- bzw. Nebenpflichten. Für den → Architektenvertrag gilt ebenfalls das allgemeine Werkvertragsrecht – es existieren keine besonderen Regelungen über den möglichen Inhalt von Architektenleistungen (Typisierungen). Insbesondere regelt die HOAI nicht, was typischerweise Architektenleistungen sind (BGH, NJW 1997, 586; BauR 1999, 167). Die HOAI bestimmt als **bloße Preisvorschrift** lediglich den Leistungsumfang eines Architektenwerkes oder Ingenieurwerkes **zum Zwecke der Preisermittlung**.
Weitergehende Bestimmungen/Konkretisierungen zum Leistungsumfang enthalten für Bauverträge die → VOB/B sowie die → VOB/A, sofern deren Geltung vereinbart wurde: § 1 VOB/A definiert, was typischerweise Leistung eines Bauvertrages sein kann. Danach sind → Bauleistungen Arbeiten jeder Art, durch die eine bauliche Anlage hergestellt, instandgehalten, geändert oder beseitigt wird. Für den → Bauvertrag, in dem die Geltung der VOB/B vereinbart wurde, stellt § 1 VOB/B noch einmal klar, dass sich der konkrete Leistungsgegenstand (Art und Umfang) auch in diesen Fällen nach der konkreten Vereinbarung bestimmt. Es gelten jedoch zusätzlich die Regelungen der VOB/B, z. B. über die Bedeutung des Leistungsverzeichnisses bei der Leistungsbestimmung oder über die Qualitätsanforderungen für das Werk (§ 1 VOB/B verweist hinsichtlich letzterem auf die Regelungen der → VOB/C).

2. Der Leistungsbegriff im Bereicherungsrecht

Das Bereicherungsrecht der §§ 812 ff. BGB (Recht der Rückabwicklung fehlerhafter bzw. rechtswidriger Vermögensverschiebungen) definiert die Leistung als *„bewusste, zweckgerichtete Vermehrung fremden Vermögens"* (z. B. BGHZ 40, 272,277; 58, 184,188). Die Rechtsprechung grenzt mittels dieser Leistungsdefinition die Rückabwicklung fehlgeschlagener Verträge durch die Leistungskondiktion (§ 812 Abs. 1 Satz 1 Alt. 1 BGB) von anderen Rückabwicklungsnormen (z. B. Nichtleistungskondiktion, Zweckkondiktion) ab.

Leistungsänderung → Mengenänderung; → Nachforderung; → Preisänderung; → Zusatzleistungen des Architekten; → zusätzliche Leistung

1. Definition

Von einer Leistungsänderung wird gesprochen, wenn **nach Vertragsschluss** der Vertragsinhalt hinsichtlich der Leistungen abgeändert wird.

2. Vertraglicher Änderungsvorbehalt

Die Parteien behalten sich vertraglich vor, Leistungsänderungen einseitig vornehmen zu dürfen. Ein solcher vertraglicher Vorbehalt ist in den allgemeinen Grenzen des Zivilrechts (→ Sittenwidrigkeit, Verstoß gegen Treu und Glauben) wegen des Grundsatzes der Privatautonomie zulässig. Man beachte aber für in Allgemeinen Geschäftsbedingungen vorformulierte Änderungsvorbehalte § 308 Nr. 4 BGB.

3. § 2 Nr. 5 → VOB/B

Die Regelung des § 2 Nr. 5 VOB/B gibt dem → Auftraggeber im Falle der wirksamen Vereinbarung der VOB/B die Möglichkeit, durch einseitige Änderung des Leistungsinhalts den Vertragsinhalt nachträglich abzuändern („Änderung des Bauentwurfes oder anderen Anordnungen des Auftraggebers). Eine solche Änderungsbefugnis (unter Umständen auch Änderungspflicht, wenn bewusst die Änderungsanordnung unterlassen wird, um den Anspruch aus § 2 Nr. 5 VOB/B zu verhindern, vgl. Beck'scher VOB-Kommentar/*Jagenburg*, VOB/B § 2 Nr. 5, Rdn. 78) ist im → Baurecht erforderlich, da nachträgliche Änderungen des Bauentwurfes oder Anordnungen des Auftraggebers oft wirtschaftlich oder technisch erforderlich bzw. sinnvoll sind. § 2 Nr. 5 VOB/B gibt jedoch in solchen Fällen sowohl dem → Auftragnehmer als auch dem Auftraggeber den – gegebenenfalls gerichtlich durchsetzbaren – Anspruch auf Berechnung eines neuen, die Mehr- oder Minderkosten berücksichtigenden Preises.

a) Voraussetzungen des § 2 Nr. 5 → VOB/B

Voraussetzungen des § 2 Nr. 5 VOB/B ist, dass eine **Änderung des Bauentwurfes oder eine andere Anordnung des AG** vorliegen muss. Zudem muss sich die **Berechnungsgrundlage** für den ursprünglichen Preis **durch die Leistungsänderung geändert** haben. Der Begriff „Leistungsänderung" umfasst nicht nur die Leistung im engeren Sinne (den ökonomischen Erfolg), sondern ebenso Änderungen in der Art und Weise der Durchführung der Bauleistung (*Werner/Pastor*, Der Bauprozess, Rdn. 1149 m. w. N.).

b) Probleme im Rahmen des § 2 Nr. 5 → VOB/B

– Schwierigkeiten kann die Abgrenzung zu bloßen Massenänderungen, d. h. Abweichungen der tatsächlichen Leistungen von dem vertraglich zunächst vorausgesetzten Leistungs**umfang** ohne Änderung des Bauentwurfes oder andere Anordnungen des AG, bereiten. Für diesen Fall gelten die Regelungen des § 2 Nr. 3 VOB/B.

– Auch die Abgrenzung zu Änderungen des Leistungsumfangs, welche sich als bloße Erschwernisse bei der Bauausführung darstellen, kann Schwierigkeiten bereiten: Zum ursprünglichen Leistungsinhalt zählt grundsätzlich diejenige Mehrarbeit, die sich nachträglich als bloße Erschwernis innerhalb des geschuldeten Leistungserfolges darstellt (*Werner/Pastor*, Der Bauprozess, Rdn. 1149). Ein solcher Fall liegt nach dem BGH (BauR 1992, 759) vor, wenn der → Auftragnehmer bei der Preisberechnung von sich nachträglich als falsch herausstellenden Umständen ausgeht und nunmehr die Art und Weise der Bauausführung geändert werden muss. In einem vom BGH (BauR 1987, 683) entschiedenen Fall ging der Auftragnehmer aufgrund der (unvollständigen) Bauunterlagen davon aus, dass bei den Bauausführungen für den Rohbau einer Universitätsbibliothek Großflächenschalungen genügten. Es stellte sich jedoch nachträglich (mit Erhalt der Bewehrungspläne) heraus, dass tatsächlich Kleinschalungen (also erschwerte Arbeitsausführung) erforderlich waren. Da der vertraglich geschuldete Erfolg nur mit den Kleinschalungen möglich war, verneinte der BGH ein Recht auf → Preisänderung. Der BGH legte aber in seinem Urteil die Grenze dieser Rechtsauffassung dar. Wenn ein Auftragnehmer aufgrund der vollständigen Bau- und Planungsunterlagen davon ausgehen durfte (→ Beweislast: Auftragnehmer (BGH, a. a. O.), dass eine bestimmte Art und Weise zum Leistungserfolg führt, so hat der AN ein Recht auf Preisänderung nach § 2 Nr. 5 VOB/B, wenn sich nachträglich herausstellt, dass abweichend von den ursprünglichen Vorstellungen eine umfangreichere Bauausführung erforderlich wird. Dagegen genügt es nicht, wenn der Auftragnehmer aufgrund unvollständiger oder sonst nicht aussagekräftiger Planungsunterlagen Angaben „ins Blaue hinein" tätigt.
– Schwierigkeiten bereitet auch die Abgrenzung zu „zusätzlichen Leistungen" i. S. d. § 2 Nr. 6 VOB/B: Die Abgrenzung einer „zusätzlichen Leistung" von Leistungen aufgrund nachträglicher Änderung des Leistungsumfangs durch den Auftraggeber (S) gem. § 2 Nr. 5 VOB/B ist diffizil und in jedem Einzelfall gesondert vorzunehmen. Grund für die Abgrenzungsschwierigkeit ist, dass in beiden Fällen der Änderung eine Erklärung des Auftraggeber (S) zugrundeliegt. Allgemein lässt sich sagen: Eine zusätzliche Leistung ist eine solche, die weder der Art und Weise nach noch dem Leistungserfolg nach vertraglich geschuldet ist (es handelt sich also um eine völlig andersartige Leistung). Der Umfang der bereits vertraglich geschuldeten Leistung ergibt sich aus den Vereinbarungen, insbesondere aus dem Leistungsverzeichnis (BGH, BauR 1994, 625 (Einheitspreisvertrag); BGH, BauR 1995, 237 (Pauschalvertrag)). Eine geänderte Leistung ist immer noch im Wesentlichen die vertraglich geschuldete, nur dass in Einzelheiten eine Änderung gefordert wird (umfassend: *Vygen*, Festschrift für Locher, S. 263 ff., insb. S. 278). Die Abgrenzung ist erforderlich, da **zusätzliche Leistungen im Gegensatz zu geänderten Leistungen nur zu erstatten sind, wenn sie dem AG vor Beginn der Bauausführung angekündigt wurden.**

c) Rechtsfolgen
Rechtsfolge des § 2 Nr. 5 VOB/B ist, dass ein neuer Preis vereinbart werden kann. Die Vereinbarung über einen neuen Preis soll gem. § 2 Nr. 5 Satz 2 VOB/B vor der Bauausführung getroffen werden. Der Anspruch bleibt jedoch bestehen, wenn dies nicht geschieht (BGH, BauR 1978, 314, 316). Der neu zu berechnende Preis wird grundsätzlich auf Grund der ursprünglichen Preiskalkulation berechnet (BGH, NJW 1996, 1346, 1348). Dort vorhandene Kalkulationsfehler gehen zu Lasten des → Auftragnehmer (str. für Kalkulationsfehler einer bereits offengelegten („externen") Kalkulation und im Ergebnis abzulehnen, wenn der Kalkulationsfehler ohne weiteres erkennbar war, vgl. Beck'scher VOB-Komm. *Jagenburg*, VOB/B, § 2 Nr. 5, Rdn. 111 ff.).

Die Regelung des § 2 Nr. 5 VOB/B kann isoliert formularmäßig verwendet werden, denn sie hält einer isolierten Inhaltskontrolle nach § 307 BGB stand (BGH, NJW 1996, 1346, 1348). Ein vorformulierter Ausschluss bzw. eine Einschränkung des Anspruches aus § 2 Nr. 5 VOB/B ist regelmäßig gem. §§ 308 Nr. 4, 307 Abs. 1 BGB unwirksam (*Werner/Pastor*, Der Bauprozess, Rdn. 1152; *Ingenstau/Korbion*, § 2 Nr. 5 VOB/B, Rdn. 39).

4. Pauschalvertrag
§ 2 Nr. 5 VOB/B gilt auch beim Pauschalvertrag (§ 2 Nr. 7 Abs. 1 S. 4 VOB/B).

5. Besonderheiten im Architektenrecht:
Im Architektenrecht (HOAI) gibt es keine dem § 2 Nr. 5 VOB/B entsprechende Regelung. Es bleibt bei dem allgemeinen Grundsatz des Zivilrechts, dass im Einzelfall ein Zusatzhonorar nur dann verlangt werden kann, wenn die Änderung der → Leistung durch eine (nachträgliche) vertragliche Vereinbarung erfolgt (es kann hierfür genügen, dass die Änderung vom → Auftraggeber gewünscht wird und der Architekt den Änderungswunsch konkludent durch Ausführung der Änderungsleistung akzeptiert). Honorarfähige Planungsänderungen, die unabhängig von einer Vereinbarung zu einem zusätzlichen Vergütungsanspruch führen können, sind solche Leistungen des Planers, die das ursprüngliche Projektziel abändern und zu Mehrleistungen führen. Eine solche Planungsänderung kann z. B. vorliegen, wenn der Auftraggeber Änderungen der Planung wünscht, obgleich er die zuvor gefertigte Planung bereits genehmigt hatte. Die Planungsänderung darf nicht vom Planer zu vertreten sein. (*Schmidt*, Der Fachplanervertrag, S. 127 ff.). Werden → Grundleistungen ganz oder teilweise geändert, so handelt es sich i. d. R. um eine → Leistungsänderung (wiederholte Grundleistung) und nicht um eine Besondere Leistung gemäß § 5 Abs. 4 HOAI (str., wie hier: OLG Hamm, BauR 1994, 535; BauR 1993, 633, 635; a. A.: OLG Köln, BauR 1995, 576, 577, OLG Hamm, BauR 1994, 398). Werden die Planungsänderungen als Besondere Leistung i. S. d. § 5 Abs. 4 HOAI qualifiziert, sind die Voraussetzungen dieser Vorschrift (schriftliche Honorarvereinbarung!) zu beachten.

Leistungsbeschreibung   → Leistung

Im → Baurecht, wird der Umfang der vom Arbeitgeber geforderten → Leistung üblicherweise durch eine sogenannte Leistungsbeschreibung näher gekennzeichnet. Dabei handelt es sich um eine spezifische Art der erschöpfenden **Konkretisierung der Leistung vor** Vertragsschluss. Gemäß § 9 VOB/A ist der erforderliche Inhalt einer konkreten Leistungsbestimmung des Auftraggebers zu entnehmen. Eine Verletzung der Grundsätze des § 9 VOB/A kann u. U. mittelbare Rechtsfolgen begründen, z. B. eine Haftung für Verschulden bei Vertragsschluss (c. i. c., § 311 Abs. 2 Nr. 1 BGB n. F., vgl. BGH, BauR 1992, 221). Bei bloß lückenhafter Leistungsbeschreibung besteht u. U. ein Anspruch auf Vergütung der Mehrleistungen nach § 2 Nr. 5 VOB/B. Ein **verbindliches Angebot** (§ 145 BGB) **liegt** mithin mit der Leistungsbeschreibung noch **nicht vor**; die Leistungsbeschreibung dient lediglich dazu, dem → Auftragnehmer die Erstellung eines konkreten Angebotes zu ermöglichen. § 9 VOB/A konkretisiert die Anforderungen an Leistungsbeschreibungen. § 9 VOB/A bestimmt u. a. auch die Planungs- und Ausführungsrisiken näher (§ 9 Nr. 2 VOB/A).

1. Leistungsbeschreibung mit Leistungsverzeichnis
Die Leistungsbeschreibung mit Leistungsverzeichnis ist die **allgemeine bzw. übliche Form der Leistungsbeschreibung** i. S. d. § 9 VOB/A. § 9 Nr. 6–9 VOB/A nennt die inhaltlichen Anforderungen von Leistungsbeschreibungen mit Leistungsverzeichnissen. Leistungsbeschreibungen mit Leistungsverzeichnissen sollen danach

a) eine allgemeine, gegliederte Darstellung der Bauaufgabe (§ 9 Nr. 6 VOB/A) sowie
b) ggf. eine Konkretisierung durch Zeichnungen oder Probestücke (§ 9 Nr. 7 VOB/A)
beinhalten.

3. Leistungen, die bereits nach den Vertragsbedingungen, den Technischen Vertragsbedingungen oder der gewerblichen Verkehrssitte zu den geforderten Leistungen gehören, müssen nicht gesondert im Leistungsverzeichnis aufgeführt werden (§ 9 Nr. 8 VOB/A).
4. Die Gliederung muss dergestalt erfolgen, dass unter den bestimmten Ordnungszahlen (Positionen) nur gleichartige bzw. gleichwertige Leistungen aufzuzählen sind – verbleibende ungleichartige Leistungen können ggf. gesondert unter einer Ordnungszahl zusammengefasst werden (es handelt sich dann um eine sogenannte Sammelposition, § 9 Nr. 9 VOB/A).

2. Leistungsbeschreibung mit Leistungsprogramm
Die „Leistungsbeschreibung mit Leistungsprogramm" (§ 9 Nrn. 10–12 VOB/A) ist eine Sonderform der Leistungsbeschreibung (ausführlich: *Schmidt/Reitz*, Bauverträge erfolgreich gestalten und managen, S. 139 ff.). Das Leistungsprogramm beschreibt die Bauaufgabe lediglich dem Ziel sowie den technischen, wirtschaftlichen, gestalterischen und funktionsbedingten Anforderungen nach (ggf. unter Beifügung eines Musterleistungsverzeichnisses). Es handelt sich also um eine **funktionale Leistungsbeschreibung**. Zweck der Leistungsbeschreibung mit Leistungsprogramm ist es, zwischen den einzelnen potentiellen Auftragnehmern einen Wettbewerb hinsichtlich der effizientesten Bauausführung zur Erreichung der gestellten Bauaufgabe zu eröffnen. Deshalb werden bei der Leistungsbeschreibung mit Leistungsprogramm die Planungsaufgaben weitgehend auf den → Auftragnehmer übertragen (z. B. ab der Entwurfsplanung). Der Auftragnehmer erstellt regelmäßig die Leistungsbeschreibung mit Leistungsverzeichnis. Dabei übernimmt er viele der Risiken (z. B. Risiko von Mengenermittlungsfehlern), die sonst der → Auftraggeber trägt.

Leistungsbild → Amtshaftungsansprüche
Der Begriff Leistungsbild ist ein spezieller Begriff der → HOAI. Er ist aus dem Zweck der HOAI als Preisermittlungsvorschrift für Architekten- und Ingenieurleistungen heraus verständlich: Architekten- und Ingenieurleistungen werden in der HOAI durch abstrakte, typisierte Beschreibungen der Architektenleistungen – die Leistungsbilder – erfasst, um die Preise bzw. Honorare der Architekten und Ingenieure hiernach ermitteln zu können. Sofern auf eine konkrete → Leistung von Architekten oder Ingenieuren weder ein Leistungsbild noch andere Bestimmungen der HOAI (andere Bestimmungen enthalten z. B. die Regelungen für Gutachtenerstellung und → Wertermittlung gem. §§ 33 ff. HOAI) zutreffen, ist die HOAI nicht anwendbar – die → Honorarvereinbarung kann in solchen Fällen individuell ohne die Einschränkungen der HOAI vorgenommen werden (Beispiel: reine Beratungstätigkeiten, weitere Beispiele bei *Locher/Koeble/Frik*, HOAI § 1, Rdn. 3).
Die HOAI unterscheidet in den jeweiligen Leistungsbildern **Grundleistungen** (§ 2 Abs. 2 HOAI, alle diejenigen Leistungen, die zur ordnungsgemäßen Erfüllung eines Auftrags i. d. R. erforderlich sind) von **Besonderen Leistungen**. Gemäß § 2 Abs. 3 HOAI sind → „Besondere Leistungen" in der HOAI nicht abschließend aufgezählt. Beispiele für „Besondere Leistungen": Beratung über private und öffentliche Finanzierungsmittel und deren Verwaltung (LG Köln, BauR 1971, 280; vgl. auch *Locher/Koeble/Frik*, HOAI § 2, Rdn. 6 m. w. Bsp.). Besondere Leistungen können neben, aber auch anstelle der → Grundleistungen auftreten, wenn besondere Anforderungen an die Ausführung des Auftrags gestellt werden).
Innerhalb der Leistungsbilder werden wiederum sachlich zusammengehörige Grundleistungen in Leistungsphasen zusammengefasst (§ 2 Abs. 2 S. 2 HOAI).
Die verschiedenen Leistungsbilder der HOAI sind:
– Objektplanung für → Gebäude, → Freianlagen und raumbildende Ausbauten (§ 15)
– Flächennutzungsplan (§ 37)
– Bebauungsplan (§ 40)

- Landschaftsplan (§ 45 a)
- Grünordnungsplan (§ 46)
- Landschaftsrahmenplan (§ 47)
- Umweltverträglichkeitsstudie (§ 48 a)
- Landschaftspflegerischer Begleitplan (§ 49 a)
- Pflege- und Entwicklungsplan (§ 49 c)
- Ingenieurbauwerke und Verkehrsanlagen (§ 55)
- Tragwerksplanung (§ 64)
- Technische Ausrüstung (§ 73)
- Entwurfsvermessung (§ 97 b)
- Bauvermessung (§ 98 b)
- Thermische Bauphysik (§ 78; ohne „Besondere Leistungen" gem. § 2 Abs. 3 HOAI)
- Bauakustik (§ 81, ohne „Besondere Leistungen" gem. § 2 Abs. 3 HOAI)
- Raumakustik (§ 86, ohne „Besondere Leistungen" gem. § 2 Abs. 3 HOAI)
- Baugrundbeurteilung und Gründungsberatung (§ 93, ohne „Besondere Leistungen gem. § 2 Abs. 3 HOAI)

Leistungsmangel → Abnahme; → Mängelanzeige; → Minderung; → Schadensersatz

Der Begriff Leistungsmangel oder auch Werkmangel ist ein Begriff des Gewährleistungsrechtes. Leistungsmangel (auch einfach Mangel genannt) ist – ganz allgemein – die **negative Abweichung der Beschaffenheit des geschuldeten Erfolgs von dem gesetzlich oder vertraglich geschuldeten Erfolg**.

Die gesetzlichen Regelungen für die verschiedenen gesetzlichen Vertragstypen (z. B. Kaufvertragsrecht, Werkvertragsrecht, Mietvertragsrecht) bestimmen den Mangelbegriff jeweils gesondert. Überdies werden an das Vorliegen eines Mangels bei den verschiedenen Vertragstypen unterschiedliche Rechtsfolgen geknüpft. Eine der grundlegenden Absichten bei der Schuldrechtsmodernisierung zum 1. 1. 2002 war es, das Recht der Leistungsstörungen (also auch das Gewährleistungsrecht) für alle Vertragstypen zu vereinheitlichen und zu vereinfachen. Auf Verträge, die bereits vor dem 1. 1. 2002 geschlossen wurden, findet das bis dahin gültige Recht Anwendung (Art. 229, §§ 5, 6 EGBGB).

1. Für Verträge bis zum 31. 12. 2001 gültiges Recht:
a) Mangelbegriff
Ein Mangel an dem geschuldeten Werk liegt vor, wenn **zum Zeitpunkt der Abnahme** (§ 640 BGB) dem Werk eine zugesicherte Eigenschaft (Zusicherung bedeutet, dass der AN verspricht, das Werk mit einer bestimmten Eigenschaft auszustatten) fehlt oder das Werk mit einem Fehler behaftet ist, der den Wert oder die → Gebrauchsfähigkeit herabsetzt (*Palandt/Sprau*, § 633 BGB, Rdn. 1). Ein Fehler ist dabei jeder tatsächliche Zustand des Werkes, der von dem vertraglich vereinbarten (auch stillschweigend vorausgesetzten) Zustand abweicht (Palandt/Sprau, a. a. O., Rdn. 2). Was konkret vertraglich geschuldet wird, ist gegebenenfalls durch Auslegung der Vereinbarung gem. §§ 133, 157 BGB festzustellen, wenn die Regelungen zwischen den Parteien nicht eindeutig sind. **Die geschuldete Qualität richtet sich danach, was mit der vereinbarten Ausführungsart üblicherweise erreicht werden kann** (BGHZ 139, 16). Zu beachten ist, dass auch unwesentliche Fehler einen Mangel darstellen, wegen der der → Auftraggeber die → Abnahme verweigern darf.

b) Architektenrecht
Im Architektenrecht ergeben sich Besonderheiten daraus, dass das Architektenwerk nicht mit dem eigentlichen Bauwerk identisch ist. Architektenleistungen sind eigenständige, auch geistige Leis-

tungen, die die ordnungsgemäße Errichtung von Bauwerken erst ermöglichen. Für einen Mangel am Bauwerk ist der Architekt nur dann verantwortlich, wenn der Mangel seine Ursache im (eigenständigen, ggf. geistigen) Werk des Architekten hat. Darüber hinaus kann die Unterscheidung zwischen einer mangelhaften → Leistung des Architekten von der Verletzung bloßer Nebenpflichten (ohne zugleich einen Mangel nach sich zu ziehen) im Einzelfall schwierig werden. Die Abgrenzung ist aber wegen ähnlicher Rechtsfolgen in der Praxis nicht relevant.

Typische Mängel des Architektenwerkes:
- **Planungsfehler**: Welche Anforderungen an die Planung zu stellen sind, ist im Einzelfall aus der vertraglichen Vereinbarung zu entnehmen (BGH, BauR 1997, 154; NJW 1999, 427). Gegebenenfalls muss der Vertragsinhalt nach den allgemeinen Auslegungsgrundsätzen der §§ 133, 157 BGB ausgelegt werden. In § 15 Abs. 1 Nrn. 1–7 HOAI sind typische Planungsleistungen in Bezug auf Arbeiten an Objekten und → Freianlagen genannt. Typischerweise gehören hiernach zur planerischen Leistung von Architekten: Die → Grundlagenermittlung, die → Vorplanung, die → Entwurfsplanung, die → Genehmigungsplanung, die → Ausführungsplanung sowie die Vorbereitung und → Mitwirkung bei der Vergabe zu einzelnen Planungsfehlern: BGH, BauR 1999, 934, 1195 (Genehmigungsfähigkeit); OLG Bamberg, BauR 1999, 650 (Planwerk entspricht nicht den Regeln der Baukunst und Technik); BGH, BauR 1998, 356 (Abweichung des Planwerks von der vertraglich geschuldeten Leistung); OLG Celle, BauR 1991, 243 (mangelhafte Ausführungsplanung); OLG Hamm, NJW-RR 1990, 523 (fehlerhafte Auswahl von Baumaterialien); weitere Bsp. bei *Werner/Pastor*, Der Bauprozess, Rdn. 1484). Für die Feststellung von Mängeln kommt es auf den im Allgemeinen Werkvertragsrecht geltenden Zeitpunkt der → Abnahme des **gesamten** Architektenwerkes (§ 640 BGB) an (nach BGH, NJW 1968, 43; 1971, 92; BauR 1984, 510; 1985, 567 ist das Planwerk auch dann fehlerhaft, wenn es zum Zeitpunkt der Abnahme den Regeln der Technik entsprach, sich aber innerhalb der Gewährleistungszeit die Regeln der Technik ändern. Sind neben den Planungsleistungen auch noch weitere Arbeiten (etwa → Bauüberwachung etc.) geschuldet, so kommt es auf den Zeitpunkt der Abnahme sämtlicher Architektenleistungen an – es kommt dadurch zu einer Verzögerung der Abnahme und somit des Verjährungsbeginns für die Gewährleistungsfristen für die (gesamte) Architektenleistung. Dies kann dadurch vermieden werden, dass Teilabnahmen (z. B. nach Abschluss der → Leistungsphase 8) vereinbart werden. Einen Mangel der gesamten Planungsleistung stellt es auch dar, wenn der Architekt nicht die wirtschaftlichen Voraussetzungen des Auftraggebers beachtet (BGH, BauR 1991, 366 (Absprachepflicht über Kostenobergrenze), BGH, BauR 1996, 570 (Beachtung wirtschaftlicher und finanzieller Vorgaben des AG), weitere Bsp. für Planungsfehler im wirtschaftlichen Bereich: *Werner/Pastor*, Der Bauprozess, Rdn. 1486).
- **Koordinierungsmängel**: Der Architekt hat, sofern er mit der → Ausführungsplanung beauftragt ist, die Pflicht, den Bauablauf harmonisch zu planen. Unter Beachtung zeitlicher, wirtschaftlicher und technischer Aspekte muss der Bauablauf reibungslos vonstatten gehen (OLG Köln, OLGR 1994, 242 (besondere Koordinierungspflicht), OLG Koblenz BauR 1997, 482, OLG Frankfurt, BauR 1991, 370 (Terminshaftung)).
- **Mängel bei der Objekt- bzw. Bauüberwachung:** → Objektüberwachung bedeutet vor allem Überwachung der Übereinstimmung des konkreten Objektes mit den Zeichnungen und Bestimmungen der → Baugenehmigung, der Ausführungspläne sowie der → Leistungsbeschreibungen (inkl. den anerkannten Regeln der Baukunst) (*Werner/Pastor*, Rdn. 1498 mit Beispielen). Der Umfang der Pflichten ergibt sich aus dem konkreten Vertragsinhalt sowie den Besonderheiten des Einzelfalles. Im Allgemeinen lässt sich sagen, dass handwerkliche Selbstverständlichkeiten (z. B. Eindecken eines Daches mit Dachpappe – BGH, VersR 1969, 473) nicht überwacht werden müssen. Eine Überwachung ist aber in der Regel bei schwierigen und gefährlichen Arbeiten, typi-

schen Gefahrenquellen und kritischen Bauabschnitten erforderlich (*Werner/Pastor*, Rdn. 1501 mit Beispielen). Weitergehende Pflichten sind denkbar, wenn der Architekt zugleich als verantwortlicher → Bauleiter (gemäß den Landesbauordnungen, also im Rahmen eines öffentlich-rechtlichen Leistungsverhältnisses) tätig wird.
- **Weitere Mängel** sind je nach Ausgestaltung des konkreten Vertrages möglich (Beispiele bei *Werner/Pastor*, Der Bauprozess, Rdn. 1503; *Locher/Koeble/Frik*, § 15 HOAI, Rdn. 27 ff., 59 ff., 86 ff., 124 ff., 141 ff., 155, 203 ff., 234 f.).

c) **Allgemeines Werksvertragsrecht**
Im Allgemeinen Werkvertragsrecht (also auch im Architektenrecht) hat der → Auftraggeber folgende Ansprüche bei Mangelhaftigkeit des Werkes:
- einen Anspruch auf **Mängelbeseitigung – Nachbesserungsanspruch** – gemäß § 633 Abs. 2 S. 1 BGB a. F. Es handelt sich um den vertraglichen **Erfüllungsanspruch**. Er kann auch **nach → Abnahme des Werkes** geltend gemacht werden (*Palandt/Sprau*, Vor § 633 BGB, Rdn. 4). Es besteht zwischen dem Anspruch auf Mängelbeseitigung und den Gewährleistungsrechten ein **Wahlrecht**. Hat der Auftraggeber bereits (z. B. durch → Fristsetzung nach § 634 Abs. 1 BGB) Gewährleistungsansprüche geltend gemacht, entfällt der Mängelbeseitigungsanspruch (*Palandt/Sprau*, a. a. O., Rdn. 4 a). Kein Wahlrecht besteht zwischen dem Mängelbeseitigungsrecht und dem Schadensersatzanspruch nach § 635 BGB, soweit Schäden aufgetreten sind, die vom Mängelbeseitigungsanspruch nicht erfasst werden. Auch prozessual handelt es sich um verschiedene Streitgegenstände (OLG Dresden, NJW-RR 2000, 1337). Der Nachbesserungsanspruch kann gem. § 633 Abs. 2 S. 3 BGB (Verweigerung der Beseitigung durch den AN wegen unverhältnismäßigen Aufwandes) ausgeschlossen sein. Der Arbeitnehmer ist zur Behebung des Mangels verpflichtet – dies kann soweit gehen, dass das Werk neu herzustellen ist, wenn anders der Mangel nicht behoben werden kann (BGHZ 96, 111). Die Kosten hat der → Auftragnehmer zu tragen (§§ 633 Abs. 2 S. 2 BGB). Bei → Verzug des → Auftragnehmers mit der Mängelbeseitigung kann der Auftraggeber den Mangel selbst beheben und Ersatz der erforderlichen Aufwendungen verlangen (§ 633 Abs. 3 BGB; nach mit dem BGH auch zunächst **Kostenvorschuss** für die voraussichtlichen Kosten der Mängelbeseitigung, BGH, NJW 1993, 96).
- einen Anspruch auf **Erstattung der Kosten der Ersatzvornahme**, sofern der Auftragnehmer mit der Mängelbeseitigung in → Verzug ist (§ 633 Abs. 3 BGB), gegebenenfalls auch einen Anspruch auf **Vorschusszahlung** für die voraussichtlichen Kosten der Mängelbeseitigung (*Palandt/Sprau*, § 633, Rdn. 8 a; BGH, BauR 1999, 631; BGHZ 110, 205 – Anspruch des Hauptunternehmers gegen den Subunternehmer).
- Hat der AN trotz → Fristsetzung zur Mängelbeseitigung mit Ablehnungsandrohung (Fristsetzung ggf. entbehrlich gemäß § 634 Abs. 2 BGB, wenn Mängelbeseitigung unmöglich ist oder ernsthaft verweigert wird oder aber ein besonderes Interesse des AG vorliegt (BGH, NJW-RR 1993, 560: Werk wird sofort benötigt, Verzögerung stellt eine nicht nur unerhebliche Störung dar)) den Mangel nicht beseitigt, so stehen dem AG **Wandelungs- oder Minderungsansprüche** (Wahlrecht des AG) zu, sofern der Mangel nicht nur unerheblich den Wert oder die Tauglichkeit des Werkes mindert (§ 634 Abs. 3 BGB). Es handelt sich hierbei um **Gewährleistungsansprüche**. Mit Geltendmachung von Minderungs- oder Wandelungsansprüchen (nach Ablauf der gesetzten → Frist mit Ablehnungsandrohung) erlischt der Anspruch auf Nachbesserung. Der Werklohn wird fällig (BGH, BauR 2001, 1903, 1904; BauR 2001, 1897, 1899).
- **Schadensersatzansprüche** gem. § 635 BGB, wie die Ansprüche auf → Wandelung oder → Minderung des § 634 BGB können Schadensersatzansprüche gemäß § 635 BGB nur **statt** der Nachbesserung bzw. → Ersatzvornahme mit Kostenerstattung geltend gemacht werden, nicht neben-

Leistungsmangel

einander; der Anspruch gemäß § 635 BGB beschränkt sich auf den Mangelschaden am Werk sowie unmittelbare Mangelfolgeschäden. Entferntere Mängelfolgeschäden sind nach den Grundsätzen der positiven Vertragsverletzung (pVV) zu ersetzen.
- **Weitere Ansprüche**, gegebenenfalls in Abgrenzung zu den eben genannten typischen werkvertraglichen Ansprüchen: → Schadensersatz wegen Unmöglichkeit (§§ 275 ff. BGB a. F.), Anspruch aus dem Institut des Wegfalls der → Geschäftsgrundlage, Ansprüche aus positiver Forderungsverletzung bzw. → culpa in contrahendo, Ansprüche aus Bereicherungsrecht, §§ 812 ff. BGB sowie aus unerlaubter Handlung, §§ 823 ff. BGB.

d) VOB/B
Die VOB/B modifiziert teilweise das allgemeine Gewährleistungsrecht des BGB:
Mängelbeseitigungsanspruch bzw. Nachbesserungsanspruch: Der → Auftraggeber kann vom → Auftragnehmer bereits **während der Bauausführung** (also nach Baubeginn und vor → Abnahme) die Beseitigung der Mängel verlangen (§ 4 Nr. 7 VOB/B). Gem. § 4 Nr. 7 S. 3 i. V. m. § 8 Nr. 3 VOB/B kann der Auftraggeber nach Ablauf einer → Frist zur Mängelbeseitigung mit Kündigungsandrohung dem → Auftragnehmer den Auftrag schriftlich entziehen (kündigen) – mit den Folgen des § 8 Nr. 3 VOB/B. Für Mängel, die **nach Abnahme** (und vor Ablauf der Verjährungsfrist) entstanden sind, regelt § 13 Nr. 1, Nr. 5 VOB/B den Mängelbeseitigungsanspruch wie folgt: Der Auftraggeber muss zunächst ein schriftliches Mängelbeseitigungsverlangen mit → Fristsetzung zur Mängelbeseitigung an den Auftragnehmer übermittelt haben. Erforderlich und ausreichend ist hierbei die Beschreibung des Mangels in seinem äußeren Erscheinungsbild BGH, BauR 1992, 503; 1997, 1029; 1998, 632; 1999, 391; 899) – sogenannte Symptomrechtsprechung des BGH. Der Auftragnehmer hat dann eine Nachbesserungspflicht. Diese umfasst auch alle erforderlichen Neben- und Zusatzarbeiten, gegebenenfalls auch die komplette Neuherstellung, wenn der Mangel nicht anders zu beseitigen ist (BGH, BauR 1986, 93). Nach Ablauf der gesetzten → Frist zur Mängelbeseitigung (Fristsetzung ist entbehrlich, wenn der Auftragnehmer ernsthaft und entgültig die Mängelbeseitigung verweigert (OLG Düsseldorf, BauR 1998, 1011) oder wenn der Auftraggeber das Vertrauen in die Fähigkeit des Auftragnehmer verloren hat (OLG Celle, BauR 1994, 250; OLG Koblenz, BauR 1995, 395; OLG Hamm, BauR 1995, 240) kann der Auftraggeber die → Ersatzvornahme durchführen. Alternativ kann der Auftraggeber zunächst einen Vorschuss für die voraussichtlichen Kosten zur Mängelbeseitigung verlangen (BGH, NJW 1993, 96). Gem. § 13 Nr. 3 VOB/B wird der Auftragnehmer jedoch von der Nachbesserungspflicht frei, wenn die Mängel auf die → Leistungsbeschreibung, auf Anordnungen des Bestellers oder auf von diesem gelieferte oder vorgeschriebene Stoffe bzw. Bauteile zurückzuführen ist, es sei denn, der Auftragnehmer hat es unterlassen, Bedenken hiergegen gem. § 4 Nr. 3 VOB/B anzumelden. Hierbei handelt es sich um eine Nebenpflicht. Sind Mängel sowohl auf die Leistungsbeschreibung etc., als auch auf die mangelhafte Leistung des Auftragnehmers zurückzuführen, so ist die → Gewährleistung entsprechend §§ 242, 254 BGB begrenzt (OLG Saarbrücken, OLGZ 71, 164). Dem Auftraggeber steht ein → Leistungsverweigerungsrecht für Zahlungen zu, solange die Mängel bestehen und er nicht Gewährleistungsansprüche oder → Schadensersatz geltend gemacht hat. Mit dem Kostenvorschussanspruch kann der Auftraggeber gegen Vergütungsansprüche des Auftragnehmers aufrechnen.
- **Anspruch auf Kostenerstattung für** → **Ersatzvornahme:** § 13 Nr. 5 Abs. 2 VOB/B gibt (genau wie § 633 Abs. 2 BGB) einen Anspruch auf Selbstbeseitigung mit Kostenerstattung, jedoch erst nach Ablauf einer gesetzten angemessenen Frist zur Mängelbeseitigung
- **Wandelungs- und Minderungsansprüche:** § 13 Nr. 6 VOB/B regelt den Minderungsanspruch entsprechend § 633 Abs. 2 BGB, sofern ein Nachbesserungsanspruch nicht besteht. Allerdings kann der Auftraggeber auch vor Abnahmen den Werklohn mindern.

– **zu Schadensersatzansprüchen:** § 4 Nr. 7 S. 2 VOB/B sowie § 8 Nr. 3 Abs. 2 VOB/B und § 13 Nr. 7 VOB/B regeln Schadensersatzansprüche des Auftraggeber. Gem. § 4 Nr. 7 S. 2 VOB/B sind auch entfernt liegende Mangelfolgeschäden (BGH, NJW-RR 2000, 1260) zu ersetzen, wenn mangelhafte Werkleistungen während der Bauausführung vorliegen. Die Beschränkungen des § 6 Nr. 6 VOB/B gelten nicht, sondern allein die §§ 249 ff. BGB (BGHZ 48, 78, tw. einschränkend BGHZ 50, 160). § 8 Nr. 3 Abs. 2 VOB/B regelt Schadensersatzansprüche bei Auftragsentziehung. § 13 Nr. 7 VOB/B regelt Schadensersatzansprüche entsprechend § 635 BGB, wenn ein **wesentlicher** Mangel vorliegt, der die → Gebrauchsfähigkeit des Werkes **erheblich** beeinträchtigt (*Palandt/Sprau*, § 635 BGB, Rdn. 10 m. w. N.).

e) Leistungsverweigerungsrecht
Die Nachbesserungs- und Gewährleistungsrechte müssen nicht „aktiv" geltend gemacht werden, es kann auch das Leistungsverweigerungsrecht des § 320 BGB ausgeübt werden (BGH, BauR 1999, 69). Das → Zurückbehaltungsrecht besteht auch noch nach Veräußerung des Bauwerkes (OLG Hamm, OLGR 1995, 217). Der Auftraggeber kann nach dem BGH (BauR 1997, 133) ggf. den gesamten Werklohn zurückhalten.

f) Abnahmevorbehalt
Bei → Abnahme des Werkes in Kenntnis von Mängeln erlöschen im Werk- wie im Bauvertragsrecht die Ansprüche aus → Gewährleistung und Nachbesserung (§§ 640 Abs. 2 BGB sowie 12, 13 VOB/B). Die Ansprüche auf → Schadensersatz nach § 13 Nr. 5 VOB/B, § 635 BGB sowie aus pVV bleiben dagegen erhalten (BGHZ 77, 134; 127, 378, 384). Um die Ausschlusswirkung für die Gewährleistungs- und Nachbesserungsrechte zu verhindern, ist eine Abnahme unter Vorbehalt der Beseitigung der konkreten Mängel möglich. In der VOB/B ist die Vorbehaltserklärung an die bestimmten Voraussetzungen des § 12 Nr. 5 Abs. 3 VOB/B geknüpft. Der Vorbehalt ist bei der Abnahme zu erklären.

2. Für Verträge seit dem 1. 1. 2002 geltendes Recht:
Im Bereich des Gewährleistungsrechts sind im Wesentlichen drei Änderungsschwerpunkte auszumachen:
1. Die Sonderregelungen zum Gewährleistungsrecht (ehemals §§ 633 ff. BGB) sind teilweise weggefallen. Das Werkvertragsrecht nimmt Bezug auf das allgemeine Recht der Leistungsstörungen der §§ 280 ff. BGB n. F.
2. Die Gewährleistungsvorschriften des Werkvertragsrechts sind denen des Kaufrechts angeglichen worden.
3. Die Verjährungsregelungen sind neu gestaltet worden.

a) Mangelbegriff
Der **Begriff des Mangel**s hat sich geändert: Sach- und Rechtsmängel werden nunmehr grundsätzlich gleichgestellt. Es wird auch nicht mehr zwischen dem Vorliegen eines Fehlers und dem Vorliegen einer zugesicherten Eigenschaft unterschieden. Ein Mangel ist nunmehr stets dann gegeben, wenn es dem Werk an der vereinbarten Beschaffenheit fehlt (§ 633 Abs. 2 Satz 1 BGB). Soweit die Beschaffenheit des Werkes nicht vereinbart ist, ist das Werk frei von Sachmängeln, wenn es sich für die nach dem Vertrag vorausgesetzte sonst für die gewöhnliche Verwendung eignet und eine Beschaffenheit aufweist, die bei Werken der gleichen Art üblich ist und die der → Besteller nach der Art des Werkes erwarten kann (§§ 633 Abs. 2 S. 2 BGB). Hinsichtlich der Rechtsfolgen – dem Bestehen von Gewährleistungs- und Schadensersatzrechten – treten hierdurch keine Neuerungen ein.

b) Veränderte Struktur der Ansprüche

Im Wesentlichen bestehen **dieselben Gewährleistungsrechte** weiter. Geändert hat sich jedoch die Struktur der Gesetzesnormen. § 634 BGB n. F. ist nunmehr die Grundnorm. Als Grundnorm zählt er die einzelnen Rechte auf: Das Nachbesserungsrecht, das Mangelbeseitigungsrecht, das Wandelungsrecht (neu: Rücktrittsrecht), das Minderungsrecht sowie das Schadensersatzrecht. Sodann verweist er auf die einzelnen speziellen Regelungen. Hinsichtlich der Rechtsfolgen wird (als Novum im Gewährleistungsrecht) zum Teil auf die Vorschriften des allgemeinen Schuldrechts (§ 280 ff. BGB n. F.) verwiesen.

c) Verändertes Verhältnis der Gewährleistungsrechte

Verändert hat sich auch das Verhältnis der Gewährleistungsrechte i. w. S. zueinander. Der → Auftraggeber kann z. B. nach neuem Recht solange noch den Nachbesserungsanspruch geltend machen, bis er von seinem Rücktritts- oder Minderungsrecht Gebrauch gemacht hat (§§ 634 Nr. 4, 281 Abs. 4 BGB n. F.; *Roth*, JZ 2001, 543, 549). Der Auftraggeber kann nunmehr auch noch nach Rücktritt (früher: Wandelung) noch Schadensersatzansprüche geltend machen (§ 325 BGB n. F.). Er ist dann allerdings denknotwendig auf die Form des „Schadensersatzes **statt** der → Leistung" gemäß §§ 280 Abs. 3, 281, 282, 283 BGB a. F. beschränkt. Auch → Minderung und → Schadensersatz können nunmehr miteinander verbunden werden (§ 634 Nr. 3 BGB n. F.).

d) Einheitlicher Schadensersatzanspruch

Grundlegend hat sich auch das im alten Recht bestehende Problem der **Konkurrenz zwischen den Schadensersatzansprüchen** nach Gewährleistungsrecht § 635 BGB a. F. und der pVV geändert. Da die Schadensersatzregelung des neuen Gewährleistungsrechtes auf die Vorschriften des Allgemeinen Teils des Schuldrechts (§§ 280 ff. BGB n. F.) verweist, gelten für diesen Schadensersatzanspruch dieselben Voraussetzungen wie für den Schadensersatzanspruch nach pVV (§ 280 BGB n. F.). Die Abgrenzung zwischen **nahem Mangelfolgeschaden** (→ Schadensersatz nach § 635 BGB a. F. mit ein- bis fünfjähriger Frist) und **entferntem Mangelfolgeschaden** (Schadensersatz aus pVV mit 30-jähriger Frist) ist aufgehoben.

Die **Unterscheidung zwischen Mangel- und Mangelfolgeschaden** (Mangelschaden: Schaden am Werk; Mangelfolgeschäden: Schäden außerhalb des Werkes an anderen Rechtsgütern des Auftraggeber) wird jedoch beibehalten. So kann der reine Mangelschaden gem. § 280 Abs. 3 BGB n. F. vom Auftraggeber grundsätzlich nur unter den weiteren Voraussetzungen des § 281 BGB n. F. (→ Fristsetzung zur Nacherfüllung) ersetzt verlangt werden. Das Recht auf Selbstvornahme besteht nach neuem Recht unabhängig davon, ob sich der Auftragnehmer mit der Mängelbeseitigung in → Verzug befindet. Es genügt, genau wie nach der VOB/B, dass der Auftraggeber dem Auftragnehmer eine angemessene → Nachfrist gesetzt hat. Der Anspruch auf Vorschusszahlung im Fall der Selbstbeseitigung ist nun vom Gesetzgeber in § 637 Abs. 3 BGB n. F. ausdrücklich geregelt worden.

e) VOB/B

Zum 1. 1. 2003 ist eine **neue VOB/B** in Kraft getreten. Dabei wurden die Regelungen der VOB/B begrifflich an das neue Werkvertragsrecht angepasst sind. Nach wie vor ist in § 13 Nr. 1 VOB/B zusätzlich (ausdrücklich) geregelt, dass ein Werk mangelhaft ist, wenn es nicht den anerkannten Regeln der Technik entspricht.

Leistungsphase → Leistungsbild

Die → HOAI fasst in Leistungsbildern **zum Zwecke der Honorarberechnung** typische Architekten- und Ingenieurleistungen zusammen (Typisierung). Z. B. wird in § 15 HOAI die typische

→ Leistung (das Leistungsbild) → „Objektplanung für → Gebäude, → Freianlagen und raumbildende Ausbauten" beschrieben oder in § 48 a HOAI das → Leistungsbild „Umweltverträglichkeitsstudie".
Die einzelnen Leistungsbilder werden wiederum in einzelne **Leistungsphasen** aufgegliedert. In Leistungsphasen werden **abgrenzbare, eigenständige Teilleistungen des Leistungsbildes** beschrieben – also Leistungsbereiche, die typischerweise zusammengefasst werden können. Dabei werden → Grundleistungen i. S. d. § 2 Abs. 2 HOAI zu Leistungsphasen zusammengefasst, nicht hingegen → Besondere Leistungen i. S. d. § 2 Abs. 3 HOAI. Das Leistungsbild „Objektplanung für Gebäude, Freianlagen und raumbildende Ausbauten" ist z. B. in 9 Leistungsphasen untergliedert:
1. Grundlagenermittlung
2. Vorplanung
3. Entwurfsplanung
4. Genehmigungsplanung
5. Ausführungsplanung
6. Vorbereitung und Vergabe
7. Mitwirkung bei der Vergabe
8. Objektüberwachung
9. Objektbetreuung und Dokumentation.

Erhält der Architekt den Auftrag für alle Leistungsphasen, so spricht man von einem **Vollauftrag** ansonsten von einem **Teilauftrag**.

Leistungs- und Honorarordnung für Ingenieure (LHO)
Die LHO ist mit Inkrafttreten der → HOAI im Jahre 1977 als Preisermittlungsvorschrift für Ingenieurarbeiten außer Kraft getreten (zum früheren Anwendungsbereich der LHO vgl. Locher/Koeble/Frik, § 1 HOAI, Rdn. 1).

Leistungsvertrag → Einheitspreisvertrag; → Leistungsbeschreibung; → Mengenänderung
Leistungsvertrag ist ein spezieller Terminus der → VOB/A. § 5 Nr. 1 VOB/A definiert den Begriff Leistungsvertrag als einen → Bauvertrag, in dem die → Bauleistungen so vergeben werden, dass die **Vergütung nach Leistungen bemessen** wird (in Abgrenzung zu **Stundenlohnverträgen** gemäß § 5 Nr. 2 VOB/A sowie **Selbstkostenerstattungsverträgen** gemäß § 5 Nr. 3 VOB/A). Die Vergütung kann in einem Leistungsvertrag auf Pauschalpreis oder Einheitspreisbasis vereinbart werden (§ 5 Nr. 1 a) bzw. 1 b)). Zweck des Leistungsvertrages ist die möglichst genaue Verknüpfung der tatsächlichen Bauleistung mit der Vergütung.

1. Einheitspreisvertrag
Die VOB/A bezeichnet den Einheitspreisvertrag in § 5 Nr. 1 a als den Regelfall eines Leistungsvertrages. Im Einheitspreisvertrag werden für technische bzw. wirtschaftliche → Teilleistungen, deren → Menge vom → Auftraggeber in der → Leistungsbeschreibung nach Maß, Gewicht bzw. Stückzahl angegeben wird, Einheitspreise vereinbart.
Beispiel: Im Leistungsverzeichnis stehen in einer Position qm-Angaben für eine einzudeckende Dachfläche. Der → Auftragnehmer hat dann für jede Position (z. B. für die Position „100 qm Dachfläche eindecken") zunächst den Maß-, Gewichts- oder Stückpreis, da Einheitspreis, anzugeben (z. B. 20 €/qm). Dieser Maß-, Gewichts- bzw. Stückpreis wird dann mit der Gesamtposition multipliziert (z. B. 100 qm Dachfläche x 20 € = 2000 €). Daraus folgt der Positionspreis. Die einzelnen Positionen werden zusammenaddiert und ergeben die Angebotssumme.

Die Vergütung erfolgt dann gemäß § 2 Nr. 2 VOB/B allerdings nicht nach den im Leistungsverzeichnis ausgewiesenen Maßen, Gewichten und Mengen (z. B. 100 qm Dachfläche), sondern nach den tatsächlich ausgeführten Leistungen (z. B. 110 qm Dachfläche). In der Praxis ist häufig anzutreffen, dass neben den einzelnen Einheitspreispositionen auch Pauschalpreispositionen vereinbart werden (z. B. für die Baustelleneinrichtung).

2. Pauschalpreisvertrag
§ 5 Nr. 1 b VOB/A formuliert für den Pauschalvertrag, dass er als Ausnahme vom → Einheitspreisvertrag zu vereinbaren ist, wenn eine Leistung nach Ausführungsart und Umfang genau bestimmt ist und mit einer Änderung bei der Ausführung nicht zu rechnen ist. In der Praxis sind Pauschalpreisverträge allerdings häufig anzutreffen. Beachtet werden sollte, dass sowohl für den öffentlichen AG bzw. den privaten → Auftraggeber als auch den → Auftragnehmer das Pauschalpreisangebot bindend ist. Dies ist häufig mit Risiken verbunden.

Auch Pauschalpreise ausweisende Leistungsbeschreibungen müssen den Anforderungen des § 9 VOB/A genügen (ausführlicher: *Heiermann/Riedl/Rusam*, § 5 Nr. 1 VOB/A, Rdn. 10–23).

Leistungsverweigerungsrecht → Zurückbehaltungsrecht
1. Voraussetzungen
Das Leistungsverweigerungsrecht gem. § 320 BGB gibt einer Vertragspartei gegenüber der anderen das Recht, ihre → Leistung zu verweigern, wenn folgende Voraussetzungen kumulativ vorliegen:
– Es muss ein gegenseitiger Vertrag vorliegen (d. h. ein Vertrag mit wechselseitigen Verpflichtungen, so genanntes Synallagma; hierzu zählt z. B. ein → Bauvertrag.
– Die andere Partei muss ihre **synallagmatische Leistung** nicht oder nicht gehörig (schlecht oder nur teilweise) erfüllt haben. Synallagmatische Leistungen sind z. B. die Errichtung des Werkes und die als Gegenleistung vereinbarte Zahlung des Werklohnes (nicht jedoch andere Pflichten aus der Vertragsbeziehung).
– Es darf keine Vorleistungspflicht bestehen. Im Werkvertragsrecht hat der Werkunternehmer, wenn nicht anders vereinbart ist oder kein Anspruch auf → Abschlagszahlung besteht (§§ 632 a BGB, 16 Nr. 1 VOB/B), vorzuleisten, d. h., er hat zunächst das Werk zu errichten, bevor der Gegenleistungsanspruch auf Werklohnzahlung fällig wird). Die Vorleistungspflicht kann aber z. B. gem. § 321 BGB entfallen, wenn nach Abschluss des Vertrages bei dem Vertragspartner eine wesentliche Verschlechterung der Vermögensverhältnisse eintritt. In diesem Fall hat der Vorzuleistende selbst ein → Zurückbehaltungsrecht oder aber – im Werkvertragsrecht neben den Rechten aus §§ 648, 648 a BGB – ein Recht auf Bestellung von Sicherheiten gem. § 232 Abs. 2 BGB.
– Die Leistungsverweigerung darf im Einzelfall nicht gegen Treu und Glauben verstoßen (z. B. wird eigene Vertragstreue verlangt (BGHZ 50, 177; BGH, NJW 1989, 3224)); § 320 Abs. 2 BGB nennt den Fall, dass der rückständige Teil der Gegenleistung verhältnismäßig gering ist; weitere Beispiele in: *Palandt/Heinrichs*, § 320 BGB, Rdn. 10, 11).
– Das Leistungsverweigerungsrecht darf nicht vertraglich ausgeschlossen sein. Der vertragliche Ausschluss ist durch Individualabrede möglich. In Allgemeinen Geschäftsbedingungen kann das Leistungsverweigerungsrecht nicht wirksam ausgeschlossen werden (§ 309 Nr. 2 BGB). Ob dies auch gilt, wenn beide Vertragspartner Kaufleute sind, ist streitig, aber wohl zu verneinen (*Palandt/Heinrichs*, § 310 BGB, Rdn. 16; *Ulmer/Brandner/Hensen*, AGBG, § 11 Nr. 2, Rdn. 15).

Wichtigstes Anwendungsgebiet: Der → Auftraggeber hat – vor und nach → Abnahme – ein Leistungsverweigerungsrecht bzgl. des Werklohnes, wenn die Bauleistung mangelhaft ist (BGH, NJW 1958, 706; für VOB-Vertrag: BGH, NJW 1971, 838).

2. Rechtsfolgen
- Der Gegenanspruch wird gem. § 320 BGB noch nicht fällig.
- Es tritt kein → Verzug mit der Leistung nach §§ 284 ff. BGB ein (BGH, BauR 1999, 1025; NJW-RR 1996, 853; NJW 1993, 2674).
- In einem etwaigen Prozess kommt es gem. § 322 BGB lediglich zur Verurteilung zur Leistung Zug um Zug. Eine Klage auf Werklohn Zug um Zug gegen Werkleistung **vor** → Abnahme der Werkleistung führt jedoch zur Klageabweisung, da der → Auftragnehmer vorleistungspflichtig ist.

Leistungsverzeichnis → Leistungsbeschreibung

Lizenzgebühr → Urheberrecht

Architekten besitzen u. U. Urheberrechte hinsichtlich ihrer geistigen → Leistung im Zusammenhang mit der Bauwerksplanung. Erforderlich ist gem. § 2 Abs. 2 UrhG, dass eigenschöpferische, originelle Darstellungsweisen des Architekten vorhanden sind. Unerheblich ist, ob das Bauwerk künstlerisch (im eigentlichen Wortsinn) gestaltet ist (*Werner/Pastor*, Der Bauprozess, Rdn. 1939 und 1945 mit Beispielen). Der BGH formuliert in BGHZ 24, 55, 63: „*... ist unter ‚Kunstwerk‘ eine eigenpersönliche, geistige Schöpfung zu verstehen, die mit Darlegungsmitteln der Kunst durch formgebende Tätigkeit hervorgebracht ist und deren ästhetischer Gehalt einen solchen Grad erreicht hat, dass nach den im Leben herrschenden Anschauungen noch von Kunst gesprochen werden kann, und zwar ohne Rücksicht auf den höheren oder geringeren Kunstwert und ohne Rücksicht darauf, ob das Bauwerk neben dem ästhetischen Zweck noch einem praktischen Zweck dient.*" Anschaulicher formuliert *Locher* (Das private Baurecht, Rdn. 357): „Die Handschrift" des Architekten, d. h. die Individualität, müsse im Bauwerk Gestalt gewonnen haben. In der Folge einer Urheberrechtsverletzung durch den Bauherrn kann der Architekt Beseitigung der Änderung oder Entstellung seines Werkes verlangen sowie auf Unterlassung klagen. Bei vorsätzlicher/fahrlässiger Urheberrechtsverletzung kann er → Schadensersatz gem. § 97 UrhG geltend machen. Die Höhe des Schadensersatzes kann im Wege der Lizenzanalogie berechnet werden. Bei der Lizenzanalogie wird der Schaden unter Anlegung eines objektiven Maßstabs aus einer fiktiven Lizenz berechnet. Dabei ist zu prüfen, was bei einer vertraglich vereinbarten Nutzungseinräumung ein vernünftiger Lizenzgeber verlangt und ein vernünftiger Lizenznehmer gewährt hätte. Insoweit bieten die Honorarermittlungsgrundsätze der HOAI verlässliche Maßstäbe (OLG Nürnberg, BauR 1998, 168). Als Maßstab für die Ermittlung einer fiktiven Lizenz für die Nutzung eines Urheberrechts an einem Fertighaus können z. B. die Leistungsphasen 1, 2, 3 und 5 des § 15 HOAI herangezogen werden. Bei mehrfacher Verwendung der Planung greift § 22 HOAI ein. Ersparte Aufwendungen sind zu berücksichtigen (OLG Nürnberg, a. a. O.).

Löschung → Bauhandwerkersicherung nach § 648 a BGB; → Bauhandwerkersicherungshypothek

Löschung ist ein Begriff des Immobilien- und Grundbuchrechts. Immobilien (Grundstücke) können unter anderem mit Rechten (Hypotheken u. a.) belastet werden. Diese Rechte werden in das Grundbuch eingetragen. Wenn die Rechte in einer Person erlöschen (etwa bei einer Übertragung des Rechts auf einen Dritten oder wegen des Eintritts einer auflösenden Bedingung o. a.), kann der neue Rechtsinhaber bzw. der Eigentümer der Immobilie die Löschung verlangen (§ 875 BGB). Die Löschung erfolgt auf Antrag (§ 13 GBO) und nach Bewilligung (§ 19 GBO). Sie kann ggf. gerichtlich durchgesetzt werden. Der Antrag und die Bewilligung bedürfen der notariellen Beurkundung.
Im → Baurecht bedeutsam ist z. B. das Recht des → Auftragnehmers auf Belastung des Baugrundstücks mit einer Sicherungshypothek oder einer Vormerkung hierfür gem. § 648 BGB, sofern der

→ Auftragnehmer nicht die Sicherheit nach § 648 a BGB erlangt hat. Wenn die Voraussetzungen des § 648 BGB nicht (mehr) vorliegen, hat der Grundstückseigentümer einen Anspruch auf Aufhebung der Sicherungshypothek. Zur Aufhebung ist die Erklärung des Berechtigten (Werkunternehmers) und die Löschung im Grundbuch erforderlich. Gemäß § 25 Grundbuchordnung kann die Löschungsbewilligung durch ein vorläufig vollstreckbares Urteil ersetzt werden. Liegt ein solches vor, ist eine Klage auf Löschungsbewilligung unzulässig.

M

Mahnung → Verzug

Makler- und Bauträgerverordnung → Bauträgervertrag

Mangel → Leistungsmangel

Mängelanzeige → Mängelvorbehalt

Anders als im Kaufrecht (§ 478 BGB) kennen das Werkvertragsrecht und die → VOB **keine Pflicht zur Anzeige von Mängeln** durch den → Auftraggeber. Von einer Mängelanzeige zu unterscheiden sind allerdings folgende (oft als Mängelanzeige bezeichnete) Erklärungen bzw. Vereinbarungen:
– das Beseitigungsverlangen bzw. Nachbesserungsverlangen im Werkvertragsrecht,
– die Absprache über ein Mangelprüfungsrecht,
– das Mängelbeseitigungsverlangen nach § 13 Nr. 5 Abs. 1 Satz 1 VOB/B,
– der → Mängelvorbehalt bei der → Abnahme,
– im Architektenrecht die Mängelfeststellung im Rahmen der Objektüberwachungspflicht sowie der Objektbetreuungs- und Dokumentationspflicht der Leistungsphasen 8 und 9 des Leistungsbildes → Objektplanung für → Gebäude, Freiflächen und raumbildende Ausbauten (§ 15 HOAI). Der Begriff Mängelfeststellung bezeichnet die Pflicht, für den Bauherren Mängel festzustellen und Beseitigung gem. §§ 633 Abs. 2 BGB bzw. 13 Nr. 5 Abs. 1 S. 1 VOB/B zu verlangen; im Rahmen der Objektüberwachungspflichten gemäß der Leistungsphase 9 muss darüber hinaus die Beseitigung der Mängel überwacht werden; vorher ist das → Architektenhonorar für diese → Leistungsphase noch nicht fällig, (BGH, BauR 1994, 392).

Ebenso wird der Begriff „Mängelrüge" oft synonym mit den Begriffen „Mängelanzeige" bzw. „Beseitigungsverlangen" verwendet.

Mängelbeseitigung → Mängelanzeige; → Leistungsmangel

Mängelrüge → Mängelanzeige

Mängelvorbehalt → Abnahme; → Leistungsmangel

Bei Abnahme des Werkes in Kenntnis von Mängeln erlöschen im Werk- und Bauvertragsrecht die Ansprüche aus → Gewährleistung und Nachbesserung (§§ 640 Abs. 2 BGB sowie 12, 13 VOB/B).

Die Ansprüche auf → Schadensersatz nach §§ 634 Nr. 4, 636, 280, 281, 283 und 311 a BGB bzw. 13 Nr. 5, 7 VOB/B bleiben dagegen erhalten (BGHZ 1977, 134; 127, 378,384). Um die Ausschlusswirkung für die Gewährleistungs- und Nachbesserungsrechte zu verhindern, ist eine → Abnahme unter Vorbehalt der Beseitigung der konkreten Mängel möglich und erforderlich. In der VOB/B ist die erforderliche Vorbehaltserklärung in § 12 Nr. 5 Abs. 3 VOB/B geregelt.

Maß der baulichen Nutzung → Baumassenzahl; → Geschossfläche, Geschossflächenzahl; → Grundfläche, Grundflächenzahl; → Vollgeschoss

Regelungen hinsichtlich des Maßes der baulichen Nutzung finden sich im zweiten Teil der → Baunutzungsverordnung (§§ 16 ff. BauNVO). So kann das Maß der baulichen Nutzung gemäß § 16 Abs. 2 BauNVO mit folgenden Bestimmungen festgesetzt werden:
- die Grundflächenzahl (GRZ)
- die Größe der Grundfläche der baulichen Anlagen (GR)
- die Geschossflächenzahl (GFZ)
- die Größe der Geschossflächen (GF)
- die → Baumassenzahl (BMZ)
- die Baumasse (BM)
- der Zahl der (Vollgeschosse (Z) und
- die Höhe der baulichen Anlagen (H).

Bei den nach § 16 Abs. 2 BauNVO möglichen Maßfestsetzungen ist zwischen relativen und absoluten Maßen zu unterscheiden. Die relativen Maße sind die Grundflächenzahl, die Geschossflächenzahl und die → Baumassenzahl. Diese Maße sind in §§ 19, 20 und 21 BauNVO in ihrem Bezug zur Fläche des Baugrundstücks definiert. Die absoluten Maße sind die Größe der Grundfläche der baulichen Anlage, die Größe der Geschossfläche, die Baumasse, die Zahl der Vollgeschosse, und die Höhe der baulichen Anlage. Werden diese Maße festgesetzt, so gilt dies unabhängig von der Größe des Baugrundstücks. Andere Möglichkeiten, das Maß der baulichen Nutzung in → Bebauungsplan oder → Flächennutzungsplan festzusetzen, gibt es nicht. So ist es beispielsweise nicht möglich, als Maß der baulichen Nutzung die Frontbreite des Gebäudes festzusetzen, obwohl dies insbesondere für das harmonische Einfügen von Neubebauung durchaus wünschenswert sein könnte (*Boeddinghaus*, BauNVO, § 16 Rdn. 14). Eine Festsetzung über die Frontbreite ist nur im Rahmen der Festsetzung einer abweichenden → Bauweise nach § 22 BauNVO möglich.

Im → Flächennutzungsplan kann die Gemeinde Aussagen zum Maß der baulichen Nutzung treffen, muss es aber nicht. Bei der Aufstellung eines Bebauungsplanes hingegen verlangt § 16 Abs. 3 BauNVO stets zumindest die Festsetzung der Grundflächenzahl (GRZ) oder der Größe der Grundfläche der baulichen Anlage (GR), die Zahl der Vollgeschosse (Z) oder die Höhe der baulichen Anlage (H).

Material

Mit Material bezeichnet man umgangssprachlich die Werkstoffe des Handwerkers. Im Bereich des Bauwesens nennt man die Werkstoffe auch oft nur Stoff oder Baustoff. Ein Architekt hat eine Planung mit einem Baustoff (Abdichtung mit ECB-Bahnen), der sich im Ergebnis als ungeeignet erweist, nicht zu vertreten, wenn zum Zeitpunkt der Planung und Durchführung eine ausreichende Erfahrung mit dem Baustoff bestand und sich erst später dessen Ungeeignetheit herausgestellt hat. Der Architekt braucht trotz kurz vor der → Abnahme erstmals geäußerter kritischer Stimmen nicht zu einer Abnahmeverweigerung zu raten. Eine → Haftung des Architekten wurde in diesem Zusammenhang für die Materialplanung und -überwachung abgelehnt (OLG Hamm, BauR 2003, 567).

Materialgleitklausel → Festpreisvertrag

Mit Materialgleitklausel (auch Materialpreisgleitklausel, Stoffgleitklausel oder Stoffpreisgleitklausel genannt) bezeichnet man Vereinbarungen in Werkverträgen, mit denen bei einer Veränderung der Materialkosten eine spätere → Preisänderung vorbehalten wird. Öffentliche → Auftraggeber müssen § 15 VOB/A beachten. Gemäß § 15 VOB/A dürfen Materialgleitklauseln nur bei Materialien vereinbart werden, die ihrer Eigenart nach Preisveränderungen in besonderem Maß ausgesetzt sind und die bei der Herstellung des Auftragsgegenstandes wertmäßig einen hohen Anteil haben. Ein Beispiel für die Formulierung einer Stoffpreisgleitklausel geben *Heiermann/Riedl/Rusam*, § 15 → VOB/A, Rdn. 29).

Für vorformulierte Vertragsbedingungen sind die §§ 309 Nr. 1, 307 BGB zu beachten. Danach sind Bestimmungen, welche eine Preiserhöhung für innerhalb von 4 Monaten nach Vertragsabschluss zu liefernde Waren oder für zu erbringende Leistungen vorsehen, unwirksam, außer, es handelt sich um ein Dauerschuldverhältnis. Das ist bei Bauverträgen und Architekten- oder Ingenieurverträgen häufig der Fall.

Mehrere Gebäude → Mehrere Vor- und Entwurfsplanungen

§ 22 HOAI gibt die Maßstäbe für die → Honorarberechnung für den Fall an, dass der Architektenauftrag mehrere → Gebäude umfasst. Eine vergleichbare Regelung (und ggf. auch nebeneinander anwendbar) stellt § 20 HOAI für mehrere Vor- oder Entwurfsplanungen dar. Folgende Fälle sind im Rahmen des § 22 HOAI zu unterscheiden:

- **Ein** → Auftraggeber erteilt **einen** Auftrag betreffend mehrere Gebäude. Liegen in einem solchen Fall die Voraussetzungen des § 22 Abs. 2 oder 4 HOAI vor, so tritt eine Honorarminderung nach Abs. 2 ein; wenn nicht, kann eine getrennte Honorierung gem. Abs. 1 erfolgen.
- Erteilt **ein** Auftraggeber **mehrere** Aufträge bzgl. mehrerer Gebäude, so ist, wenn die Voraussetzungen des Abs. 4 vorliegen, das → Honorar gem. Abs. 2 zu mindern. Liegen die Voraussetzungen nicht vor, kann der Architekt mehrere Honorare berechnen, auf § 22 Abs. 1 HOAI kommt es nicht an (*Beyer*, BauR 1982, 519).
- Erteilen **mehrere** Auftraggeber einem Auftragnehmer **einen** Auftrag, so steht dem Auftragnehmer lediglich das einfache Honorar zu. Für den Fall, dass mehrere Gebäude vom Auftrag umfasst werden, gelten die Ausführungen unter dem ersten Spiegelstrich.
- Erteilen **mehrere** Auftraggeber **mehrere** Aufträge über mehrere Gebäude, so tritt unter den Voraussetzungen des Abs. 3 eine Honorarminderung nach Abs. 2 ein, ansonsten kann der → Auftragnehmer getrennte Honorare berechnen.

Mehrere Vor- und Entwurfsplanungen → Leistungsänderung

§ 20 HOAI regelt den Fall, dass für dasselbe → Gebäude auf Veranlassung des → Auftraggebers mehrere Vor- oder Entwurfsplanungen nach grundsätzlich verschiedenen Anforderungen gefertigt werden. § 20 HOAI legt fest, dass in diesen Fällen die vollen vom Hundertsätze gemäß der Leistungsphasen des § 15 HOAI angesetzt werden können (für jede andere Vor- oder → Entwurfsplanung jeweils die Hälfte dieser vom Hundertsätze). Die Bestimmung des § 20 HOAI behandelt allerdings nicht das Problem der Änderung bzw. Ergänzung der Leistungen des Architekten. Die diesbezüglichen Fragen müssen jeweils im Einzelfall beantwortet werden (zum ganzen: *Frik*, DAB 1986, 1201). Allerdings könnte eine analoge Anwendung des § 20 HOAI für solche Planungsänderungen angedacht werden, da es an einer Regelung für solche Fälle fehlt (so *Schmidt*, BauR 2000, 51 ff.).

Mehrwertsteuer → Umsatzsteuer

Menge

Der Begriff Menge wird in der → VOB/B in § 2 im Zusammenhang mit der Bestimmung der Vergütung des → Auftragnehmer verwendet. Aus § 2 Nr. 3 VOB/B lässt sich entnehmen, dass mit Menge im Sinne der VOB/B der Umfang (die Quantität) einer Position oder Ordnungszahl in einer → Leistungsbeschreibung bzw. in anderen, die Leistungsbeschreibung ergänzenden Vereinbarungen über den Umfang der vertraglich vereinbarten Leistung gemeint ist. Mengenangaben erfolgen in technischen Einheiten wie z. B. lfm., m^2, m^3, t, etc.

Mengenänderung   → Leistungsänderung; → Leistungsvertrag; → Zusätzliche Leistungen

Bei der Berechnung der Vergütung aus einem → Bauvertrag kann es vorkommen, dass der Umfang der tatsächlich ausgeführten → Bauleistungen nicht mit dem Umfang der Angaben im Leistungsverzeichnis (oder sonstigen vertraglichen Vereinbarungen) übereinstimmt. Die Folgen sind unterschiedlich, je nachdem, ob es sich im konkreten Fall um einen → Einheitspreisvertrag oder um einen Pauschalpreisvertrag handelt.

1. Einheitspreisvertrag

Bei einem → Einheitspreisvertrag wird i. d. R. aufgrund eines gemeinsamen Aufmaßes zunächst die tatsächlich ausgeführte → Menge ermittelt (§ 14 VOB/B). Aus dem Produkt der im → Aufmaß festgestellten tatsächlichen Menge und dem vereinbarten Einheitspreis ergibt sich die Vergütung in Euro. Die vertraglich vorgesehene Menge (Umfang) wird also zur Bestimmung der tatsächlichen Vergütung nicht herangezogen. § 2 Nr. 3 Abs. 1 VOB/B besagt jedoch, dass eine Differenz zwischen dem vertraglich vereinbarten Umfang und den tatsächlich ausgeführten Leistungen sich auf den vereinbarten Einheitspreis erst auswirkt, wenn eine Mengenabweichung um mehr als 10 % vorliegt.

a) Mengenüberwachung

§ 2 Nr. 3 Abs. 2 VOB/B regelt die Mengenänderung in Form der **Mengenüberschreitung**. Bei einer Mengenüberschreitung ist auf Verlangen des Auftraggebers oder Auftragnehmers ein neuer Preis unter Berücksichtigung der Mehr- oder Minderkosten zu vereinbaren (zur Preisberechnung vgl. *Mantscheff*, BauR 1979, 389, 391.) § 2 Nr. 3 Abs. 2 VOB/B enthält für Massenänderungen von über 10 % eine abschließende Regelung, so dass eine Anpassung des Vertrages etwa über die Grundsätze des Wegfalls der → Geschäftsgrundlage nicht in Betracht kommt (BGH, Sch/F/H, Z 2.311 Bl.31; nicht ausgeschlossen ist die Haftung wegen Verschuldens bei Vertragsschluss). Zu beachten ist, dass die Regelung des § 2 Nr. 3 Abs. 2 VOB/B nicht etwa auf die Mengen des Vertrages insgesamt abstellt, sondern lediglich auf die **einzelnen Positionen**, die unter einem Einheitspreis zusammengefasst sind. Als Folge der Anpassung wird ein neuer Einheitspreis berechnet, der die Mehr- oder Minderkosten aufgrund der Mengenmehrung berücksichtigt. Die Kalkulationsgrundlagen des Auftragnehmers bleiben jedoch auch bei der Berechnung des neuen Einheitspreises maßgebend (BGH Sch/F/H, Z 2.311 Bl.31). Liegt eine Mengenänderung aufgrund einer Anordnung oder Planungsänderung des Auftraggebers vor, so ist § 2 Nr. 3 VOB/B nicht anzuwenden. Es gilt § 2 Nr. 5 VOB/B.

b) Mengenunterschreitung

§ 2 Nr. 3 Abs. 3 VOB/B regelt die Mengenänderung in Form der Mengenunterschreitung. Bei einer Mengenunterschreitung von mehr als 10 %, wobei wie bei der Mengenmehrung in Nr. 3 Abs. 2 jeweils auf die einzelnen Positionen abzustellen ist, so ist auf Verlangen der Einheitspreis für die tatsächlich ausgeführte → Menge der Leistung oder Teilleistung zu erhöhen – **vorausgesetzt der AN erhält einen angemessenen Ausgleich nicht schon durch Erhöhung der Mengen bei anderen Positionen oder in anderer Weise**. Aus dieser Formulierung in § 2 Nr. 3 Abs. 3 VOB/B ist ersichtlich, dass im Gegensatz zur Mengenmehrung von mehr als 10 % **insgesamt** ein neuer Einheitspreis mit neuer Kalkulationsgrundlage zu vereinbaren ist (BGH, NJW 1987, 1820). Der Mehrbetrag lässt sich im Allgemeinen sachgerecht dadurch ermitteln, dass die jetzigen Kosten durch die Neuberechnung festgestellt und den bisher ermittelten Kosten gegenübergestellt werden (vgl. hierzu OLG Schleswig, BauR 1996, 265). Die Erhöhung des Einheitspreises unter Berücksichtigung einer neuen Kalkulationsgrundlage ist deshalb gerechtfertigt, weil die Kalkulationsgrundlage bei der Mengenunterschreitung anders als bei der Mengenüberschreitung nicht mehr gilt. Wenn nicht nur eine Mengenunterschreitung vorliegt, sondern ganze Positionen entfallen, findet § 2 Nr. 3 Abs. 3 VOB/B keine (auch keine entsprechende) Anwendung (*Heiermann/Riedl/Rusam*, § 2 Nr. 3 VOB/B, Rdn. 92). In solchen Fällen gilt regelmäßig § 2 Nr. 4 VOB/B i. V. m. § 8 Nr. 1 Abs. 2 VOB/B oder nur § 8 Nr. 1 Abs. 2 VOB/B.

2. Pauschalpreisvertrag
Bei Pauschalpreisverträgen sind Mengenänderungen für den Vergütungsanspruch **grundsätzlich unbeachtlich**. § 2 Nr. 7 Abs. 1 VOB/B stellt klar, dass eine Anpassung des Pauschalpreises an den tatsächlich ausgeführten Mengenumfang lediglich dann eintritt, wenn die ausgeführte → Leistung von der vertraglich vorgesehenen Leistung so erheblich abweicht, dass dem → Auftragnehmer ein Festhalten an der Pauschalsumme nicht mehr zumutbar ist (§ 242 BGB). Der Auftragnehmer nimmt bei Abschluss eines Pauschalpreisvertrages bewusst in Kauf, dass der vorgesehene Mengenansatz nicht unbedingt mit dem tatsächlichen Mengenumfang übereinstimmen muss. Eine Anpassung kommt jedenfalls nur dann in Betracht, wenn andere Rechtsbehelfe das eventuelle Missverhältnis nicht beseitigen können. Eine Änderung kommt also z. B. dann nicht in Betracht, wenn der Vertrag gekündigt werden kann, wenn dem Auftragnehmer Ansprüche wegen Verschuldens bei Vertragsschluss, positiver Vertragsverletzung, → Behinderung der Vertragsausführung usw. zustehen und vor allem aber, wenn die Voraussetzungen der Nr. 4, Nr. 5 oder Nr. 6 des § 2 VOB/B gegeben sind (*Heiermann/Riedl/Rusam*, § 2 Nr. 7 VOB/B, Rdn. 148).
Treten Mengenänderungen aufgrund der **Änderung des Bauentwurfs oder anderen Anordnungen des Auftraggebers** auf und werden dadurch die Grundlagen des Preises für eine im Vertrag vorgesehene Leistung geändert, so ist nach § 2 Nr. 5 VOB/B ein neuer Preis unter Berücksichtigung der Mehr- oder Minderkosten zu vereinbaren. § 2 Nr. 5 VOB/B kann in der Regel nicht durch Formularvereinbarung ausgeschlossen werden.
Tritt eine Mengenänderung ein, weil der Auftraggeber eine **im Vertrag nicht vorgesehene Leistung** fordert, so hat der Auftragnehmer einen Anspruch auf besondere Vergütung gemäß § 2 Nr. 6 Abs. 1 VOB/B. Voraussetzungen für diesen besonderen Vergütungsanspruch sind:
– Es muss sich um eine zusätzliche Leistung handeln. Es darf sich z. B. nicht nur um bloße Erschwernisse im Rahmen des ursprünglich geforderten Leistungsumfangs handeln, und auch nicht um notwendige, zusätzliche, für die → Erfüllung der geforderten Leistung erforderliche Nebenleistungen (hierzu *Nicklisch/Weick*, § 1 VOB/B, Rdn. 2)
– Der Auftraggeber muss die zusätzliche Leistung verlangt haben.
– Der Auftragnehmer muss die zusätzliche Leistung grundsätzlich **vor Bauausführung angekündigt** haben hierbei handelt es sich um eine Anspruchsvoraussetzung; fehlt sie, so entfällt der Anspruch aus § 2 Nr. 6 VOB/B grundsätzlich.
Keine Mengenänderung sind Mehrarbeiten in Form **bloßer Erschwernisse**, welche im Rahmen der Ausführungen der bereits geforderten Leistungen auftreten (insbesondere Baugrundrisiko). Für den Fall, dass der Baugrund tatsächlich von dem abweicht, was die Parteien bei Vertragsschluss vorausgesetzt hatten und wenn dadurch unvorhersehbare Erschwernisse entstehen (OLG Stuttgart, BauR 1994, 631), kann in Einzelfällen gleichwohl eine zusätzliche Vergütung nach § 2 Nr. 5 bzw. Nr. 6

VOB/B verlangt werden. **Beispiel:** Bei Kanalarbeiten traten entgegen den Angaben in der → Ausschreibung (Bohrergebnisse) wesentlich ungünstigere Bodenverhältnisse auf (schwerer Fels nach DIN 18300 2.3). Der Fels musste mit einem Kompressor verkleinert werden, während nach dem der Ausschreibung zugrundegelegten Bohrergebnis die Arbeiten mit dem Bagger ohne Kompressor ausgeführt werden sollten. Der BGH (*Sch/F/H*, Z 2.311, Bl. 31) sprach eine Zusatzvergütung nach § 2 Nr. 6 VOB/B zu. In einem anderen Fall (BGH, *Sch/F/H*, Z 2.11, Bl. 8) lehnte der BGH eine Mehrvergütung ab: Die nach Ausschreibung geforderte Leistung, erhebliche Erdmassen der Bodenklasse DIN 18300 Ziff. 2.21 bis einschließlich 2.27 abzutragen und dann in einer Dammstrecke einzubauen und zu verdichten, war wegen der großen Feuchtigkeit der Böden nicht möglich. Der Auftraggeber ordnete an, den vorgefundenen Fels zu zerkleinern und beizumischen. Der BGH verneinte einen zusätzlichen Vergütungsanspruch mit der Begründung, der Baugrund weiche nicht von dem ab, was die Parteien bei Vertragsschluss vorausgesetzt hatten, da im vorliegenden Fall die Bodenklassen global ausgeschrieben worden seien und lediglich in diesem Rahmen erhebliche Schwierigkeiten aufgetreten seien.

Mengenmehrung → Mengenänderung

Mengenminderung → Mengenänderung

Milieuschutzsatzung → Erhaltungssatzung

Minderung → Leistungsmangel

Gem. §§ 638, 634 Nr. 3 Alt. 2 BGB n. F. kann der AG bei Mangelhaftigkeit des Werkes die Vergütung mindern. In der Neufassung seit dem 1. 1. 2002 besteht mithin nicht nur ein Recht auf Minderung, sondern der → Auftraggeber besitzt ein **Gestaltungsrecht**, d. h., er kann die Rechtsfolgen der Minderung durch Erklärung selbst herbeiführen (vergleichbar mit dem Recht, zu kündigen).
Der → Auftraggeber hat die **Wahl** zwischen dem Rücktrittsrecht (früher: Wandelung) und der Minderung. Es genügt hierfür eine Erklärung gegenüber dem → Auftragnehmer. Bei der Minderung ist im Einzelfall die Vergütung in dem Verhältnis herabzusetzen, in welchem zur Zeit des Vertragsschlusses der Wert des Werkes in mangelfreiem Zustand zu dem wirklichen Wert gestanden haben würde. Bezugspunkt der Berechnung der Minderung ist der Verkehrswert. Um jedoch den Problemen bei der Ermittlung des Verkehrswertes zu begegnen, sieht das Gesetz nunmehr die Möglichkeit der Schätzung vor. Erforderlichenfalls – wenn nicht anders möglich – kann also der Minderungsbetrag durch Schätzung ermittelt werden. Regelmäßig wird der Minderungsbetrag nach den Mängelbeseitigungskosten ermittelt. Das kommt nicht in Betracht, wenn die Nachbesserung unmöglich oder unverhaltensmäßig ist (BGH, IBR 2003, 187).
Hat der Auftraggeber bereits mehr als die geminderte Vergütung bezahlt, so kann er den Mehrbetrag entsprechend den Rücktrittsvorschriften der §§ 346 Abs. 1 und 347 Abs. 1 BGB n. F. (nicht nach Bereicherungsrecht, § 812 BGB) zurückverlangen. Mit Erklärung der Minderung wandelt sich das Vertragsverhältnis in ein Rückgewährschuldverhältnis um – mithin erlöschen der Anspruch auf Nacherfüllung sowie der Anspruch auf Selbstvornahme. Bei der Wahl für das Minderungsrecht erlischt auch das Rücktrittsrecht (vgl. § 634 Nr. 3 BGB: zurücktreten „oder" mindern). Dagegen kann der Minderungsanspruch mit dem Schadenersatzanspruch verbunden werden (§ 634 Nr. 3 BGB: „und").

Mindestsatz → Anrechenbare Kosten; → Honorartafel; → Leistungsbild

Für die Vergütung von Architekten- und Ingenieurleistungen gilt das zwingende → Preisrecht der

→ HOAI. § 4 HOAI legt fest, dass sich das → Honorar nach der schriftlichen Vereinbarung der Vertragsparteien bei Auftragserteilung richtet, dass jedoch die in der HOAI festgesetzten Mindest- und Höchstsätze einzuhalten sind. § 4 Abs. 2 HOAI bestimmt, dass die festgesetzten Mindestsätze der HOAI nur in Ausnahmefällen durch schriftliche Vereinbarung unterschritten werden dürfen. § 4 Abs. 3 HOAI regelt Ausnahmen für die → Überschreitung der Höchstsätze.

§ 4 HOAI besagt also folgendes: Ausgangspunkt für die Bestimmung des konkret geschuldeten Honorars **sind die vertraglichen Vereinbarungen**. Auf welcher Grundlage die Vertragsparteien das Honorar bestimmen, bleibt diesen selbst überlassen. Als Beschränkung gilt lediglich, dass die Mindest- bzw. Höchstsätze, welche sich aus den einzelnen Honorartafeln der HOAI ergeben, nicht unter- bzw. überschritten werden dürfen (ebenso z. B. *Werner/Pastor*, Rdn. 634; *Locher/Koeble/Frik*, § 4 HOAI, Rdn. 11). Weitere, allgemeine Grenzen ergeben sich aus dem allgemeinen Zivilrecht. Honorarvereinbarungen müssen bestimmt sein (OLG Düsseldorf, BauR 1985, 234), wobei es ausreicht, wenn das Honorar entsprechend den Vereinbarungen aufgrund der tatsächlich erbrachten Leistungen des Architekten zuverlässig ermittelt und überprüft werden kann. Ausreichend ist es z. B. auch, wenn die vertragliche Vereinbarung genaue Kriterien für eine spätere Festlegung des Honorars angibt und die Ermittlung des Honorars z. B. durch Vereinbarung eines Schiedsgutachtens erst später erfolgt (*Locher/Koeble/Frik*, § 4 HOAI, a. a. O., Rdn. 18). Möglich ist auch die Vereinbarung eines Pauschalhonorars.

Mindestsätze (und auch Höchstsätze) finden sich an vielen Stellen der HOAI – fast überall dort, wo die HOAI einen speziellen Berechnungsmodus für die Leistungen von Architekten bzw. Ingenieuren zur Verfügung stellt. Insbesondere die Sätze für Zeithonorare (§ 6) sowie die Sätze aus den Honorartafeln (z. B. §§ 16 Abs. 1, 17 Abs. 1, 34 Abs. 1, 38 Abs. 1, 41 Abs. 1, 45 b Abs. 1, 46 a Abs. 1, 47 a Abs. 1, 48 a Abs. 1, 49 d Abs. 1, 56 Abs. 1, 2 etc.) geben Mindest- sowie Höchstsätze an. § 6 HOAI legt z. B. fest, dass bei Vereinbarung von Zeithonoraren die Leistungen des Architekten für jede Stunde mit 38,00 bis 82,00 € für Mitarbeiter, die technische oder wirtschaftliche Aufgaben erfüllen mit 36,00 bis 59,00 € sowie für technische Zeichner und sonstige Mitarbeiter mit vergleichbarer Qualifikation, die technische oder wirtschaftliche Aufgaben erfüllen, mit 31,00 bis 43,00 € abgerechnet werden können. In ähnlicher Weise enthalten die Honorartafeln der HOAI Mindest- und Höchstsätze. Die → Honorartafel für → Grundleistungen bei Gebäuden und raumbildenden Ausbauten nach § 16 HOAI z. B. bezieht sich auf Grundleistungen des Leistungsbildes des § 15 HOAI (→ Leistungsbild → Objektplanung für → Gebäude, → Freianlagen und raumbildende Ausbauten) und gibt für solche Leistungen den Gebührenrahmen vor. Ein Architekt, der mit den Aufgaben gemäß dem Leistungsbild des § 15 HOAI (oder einzelnen Teilleistungen hiervon) beauftragt wurde, muss zunächst die anrechenbaren Kosten gemäß § 10 HOAI sowie die Honorarzone nach §§ 11, 12 HOAI ermitteln. Mit den dort ermittelten Werten kann der Architekt/Ingenieur anhand der Honorartafeln zu § 16 Abs. 1 HOAI den konkreten Honorarrahmen (z. B. den Mindestsatz) ablesen.

Gemäß § 4 Abs. 2 der HOAI dürfen in **Ausnahmefällen** die in der HOAI festgesetzten Mindestsätze durch schriftliche Vereinbarung unterschritten werden. Dies bedeutet, dass → Schriftform erforderlich ist und dass eine Unterschreitung des Mindestsatzes in Allgemeinen Geschäftsbedingungen nicht wirksam vereinbart werden kann (OLG Zweibrücken, BauR 1989, 227). Darüber hinaus statuiert § 4 HOAI, dass eine schriftliche Vereinbarung grundsätzlich **„bei Auftragserteilung"** zu treffen ist (BGH, BauR 1988, 364 m. w. N.). § 4 Abs. 4 HOAI besagt, dass die jeweiligen Mindestsätze als vereinbart gelten, sofern nicht **„bei Auftragserteilung"** etwas anderes schriftlich vereinbart wird. Der Begriff „Ausnahmefall" ist ein unbestimmter Rechtsbegriff und deshalb klärungsbedürftig. Er wird sowohl nach subjektiven als auch nach objektiven Kriterien bestimmt. Allgemein kann gesagt werden, dass Umstände im personellen oder sozialen Bereich vorliegen müssen, die eine Abweichung vom Mindestsatz nach unten rechtfertigen (*Myke*, BauR 1987, 513 m. w. N.). **Beispiele**

für den personellen Bereich: verwandtschaftliche, freundschaftliche oder enge persönliche Beziehungen; **Beispiel für den sozialen Bereich**: Altruistische Motive des Architekten beim Wiederaufbau eines durch eine Naturkatastrophe zerstörten Hauses. Es genügt nicht, dass der Auftrag für den Architekten mit außergewöhnlich geringem Aufwand zu erledigen ist (z. B. OLG Hamm, NJW-RR 1988, 466 für den Fall, dass nur geringe Bürokosten entstanden sind; generell a. A. z. B. *Werner/Pastor*, Der Bauprozess, Rdn. 646).

Ob eine Unterschreitung des Mindestsatzes vorliegt, ist nicht an der konkreten, sondern an einer hypothetischen (nach der HOAI richtig aufgestellten) Honorarabrechnung zu überprüfen.

Stellt sich heraus, dass der Mindestsatz in unzulässiger Weise unterschritten wurde, so ist lediglich die Vereinbarung über das → Honorar unwirksam, im Übrigen bleibt der Architekten- bzw. → Ingenieurvertrag dennoch entgegen § 139 BGB wirksam (*Locher/Koeble/Frik*, § 4 HOAI Rdn. 79). Deshalb steht dem Architekten bzw. Ingenieur in einem solchen Fall der Mindestsatz nach der HOAI zu (z. B. BGH, BauR 1993, 239 = NJW 1993, 661 m. w. N.).

Die Unterschreitung des Mindestsatzes in unzulässiger Weise stellt keine wettbewerbswidrige Vertragsabrede dar. Denn § 4 Abs. 3 HOAI ist eine „wertneutrale Ordnungsvorschrift" (so *Locher*, BauR 1995, 146). Es müssten also, um ein wettbewerbswidriges Verhalten anzunehmen, weitere, besondere wettbewerbliche Merkmale hinzutreten, die das Verhalten auch aus wettbewerbsrechtlicher Sicht als anstößig erscheinen lassen (OLG Hamm, NJW-RR 1988, 466; LG Nürnberg/Fürth, BauR 1993, 105). Dies ist z. B. der Fall, wenn sich ein Architekt oder Ingenieur bewusst und planmäßig über die Vorschriften der HOAI hinweg setzt und für ihn erkennbar ist, dass er sich auf diese Weise einen sachlich nicht gerechtfertigten Vorsprung vor seinen Mitbewerbern verschafft. Allerdings ist die Mindestsatzunterschreitung standeswidrig.

Mischgebiete → Art der baulichen Nutzung

Nach § 6 Abs. 1 BauNVO dienen Mischgebiete vorwiegend dem **Wohnen** und der Unterbringung von **Gewerbebetrieben, die** das Wohnen **nicht** wesentlich **stören**.

1. Allgemein zulässige Nutzungen

Allgemein zulässig sind in einem Mischgebiet
- **Wohngebäude**,
- Geschäfts- und **Bürogebäude**,
- **Einzelhandelsbetriebe**, Schank- und **Speisewirtschaften** sowie Betriebe des **Beherbergungsgewerbes**,
- sonstige **Gewerbebetriebe**,
- Anlagen für **Verwaltungen** sowie für **kirchliche, kulturelle, soziale, gesundheitliche** und **sportliche Zwecke**,
- **Gartenbaubetriebe**,
- **Tankstellen**,
- **nicht kerngebietstypische Vergnügungsstätten**, die überwiegend durch gewerbliche Nutzungen geprägt sind.

Zulässig sind damit alle Arten von Wohngebäuden vom Bungalow bis zum Miethochhaus und ebenso Wohnheime. Gleiches gilt für alle Typen von Geschäfts- und Bürogebäuden. Zulässig sind ferner alle Art von Läden, Geschäften, aber auch Warenhäuser, Verbrauchermärkte sowie sonstige großflächige Handelsbetriebe, sofern sie nicht von ihrem Umfang (ab 1.200 qm Geschossfläche, § 11 Abs. 3 BauNVO) nur in Kern- oder Sondergebieten zulässig sind. Gaststätten jeglicher Art sind im Mischgebiet zulässig, Biergärten eingeschlossen. Auch Betriebe des Beherbergungsgewerbes unterliegen im Mischgebiet grundsätzlich keinerlei Beschränkungen. Es sind also auch größere Hotelbetriebe mit Vollrestauration ohne Beschränkung darauf, dass sie der Versorgung des Gebiets dienen müssen, zulässig (*Boeddinghaus*, BauNVO, § 6 Rdn. 16). Zulässig sind schließlich sonstige Gewerbebetriebe wie Tankstellen. Dementsprechend ist beispielsweise eine Selbstbedienungsautowaschanlage mit 6 Waschplätzen bei Berücksichtigung der Umstände des Einzelfalls im Mischgebiet zulässig; gleiches gilt für **Kfz-Reparaturwerkstätten**, **Schlossereien**, **Tischlereien** und ähnliche Betriebe (VGH Mannheim, UPR 1993, 120; Boeddinghaus, BauNVO, § 6 Rdn. 18 f.). Als zulässige Tankstellen müssen im Mischgebiet selbst größere Tankstellen mit Wagenpflegehallen, Autowaschanlagen, Reparaturwerkstatt und anderen Serviceeinrichtungen hingenommen werden (OVG Münster, BauR 1977, 112). → Vergnügungsstätten sind nur in solchen Teilen des Mischgebiets zulässig, die überwiegend durch gewerbliche Nutzung geprägt sind. Folglich kommt die Zulassung von → Vergnügungsstätten am ehesten in Mischgebieten in Betracht, die in ihrer Nutzungsstruktur einem Kerngebiet ähnlich sind (*Boeddinghaus*, BauNVO § 6 Rdn. 25).

2. Ausnahmsweise zulässige Nutzungen
Nach § 6 Abs. 3 BauNVO können ausnahmsweise **Vergnügungsstätten** auch in solchen Teilen des Gebiets zugelassen werden, die nicht überwiegend durch gewerbliche Nutzung geprägt sind. Eine solche ausnahmsweise Zulassung von → Vergnügungsstätten wird nur selten, allenfalls für großstädtische Bereiche, die einem Kerngebiet ähnlich sind, in Betracht kommen (*Boeddinghaus*, BauNVO, § 6 Rdn. 25).

3. Nicht zulässige Nutzungen
Im Mischgebiet ist die Aufstellung einer **Betonaufbereitungsanlage** wegen der zu erwartenden erheblichen Geräuschbelästigungen für unzulässig erklärt worden (*Fickert/Fieseler*, BauNVO, § 6 Rdn. 20.1). Auch die Errichtung von Stellplätzen, die einer kerngebietstypischen Spielhalle dienen, ist in einem Mischgebiet unzulässig; diese stehen mit dem Betrieb der Anlage in einem notwendigen Zusammenhang (OVG Münster, BRS 49 Nr. 141). Anlagen nach § 4 ff. BlmSchG i. V. m. der 4. BlmSchV gehören ebenfalls nicht in ein gemischtes → Wohngebiet; dementsprechend sind **größere Heizwerke**, **Blockheizwerke** oder eine **Fellsalzerei** nicht zulässig (BVerwG, GewArch 1964; *Fickert/Fieseler*, BauNVO, § 6 Rdn. 20.1 ff.). Vergleichbar dazu wurde ein **Holzverarbeitungsbetrieb** wegen der wesentlichen Störungen durch den Gebrauch der dazugehörigen Maschinen wie Kreissäge, Nagelpistolen und Gabelstapler im Mischgebiet als unzulässig erklärt (OVG Münster, BRS 18 Nr. 13).

4. Obergrenze des Maßes der baulichen Nutzung
Die Obergrenze des Maßes der baulichen Nutzung ist bei der **Grundflächenzahl (GRZ) 0,6** und bei **Geschossflächenzahl (GFZ) 1,2**.

5. Besonderheiten
Das Mischgebiet ist gekennzeichnet durch die **quantitative** und **qualitative Gleichrangigkeit** und **Gleichwertigkeit von Wohnnutzung** und **nicht störenden Gewerbebetrieben**. Diese quantitative Durchmischung von Wohnen und nicht störendem Gewerbe verlangt, dass keine der Nutzungen übermäßig in Erscheinung tritt, also nicht nach Zahl oder Umfang eine beherrschende Stellung einnimmt. Das Mischgebiet darf nicht in einen anderen Gebietstyp „umkippen", was je nach Einzelfall zu beurteilen ist (*Gelzer/Bracher/Reidt*, Bauplanungsrecht, Rdn. 1632). Hinsichtlich des Störungsgrades ist der Wohnnachbarschaft mehr zuzumuten als einem → Wohngebiet. Die gewerblichen Betriebe haben jedoch mehr Rücksicht auf die Wohnnachbarschaft zu nehmen als in einem → Gewerbegebiet. Vor dem Hintergrund der gemischten Nutzung muss auch in einem Mischgebiet, das bis-

lang einen eher ruhigen Charakter besaß, jedermann mit gebietstypischen Störungen rechnen. Hieraus folgt beispielsweise, dass eine kleinere Kfz-Reparaturwerkstatt ohne Karosserie-Reparatur und ohne größeren Maschinenpark als nicht störender Gewerbebetrieb im Mischgebiet allgemein zulässig sein kann. Demgegenüber kann ein solcher Gewerbebetrieb nach den Umständen des Einzelfalles in der Nachbarschaft eines Krankenhauses oder einer vergleichbaren schutzbedürftigen Nutzung wegen des in § 15 BauNVO verankerten Gebots der Rücksichtnahme unzulässig sein (*Stüer*, Handbuch des Bau- und Fachplanungsrechts, Rdn. 290).

Mischposition

Mit Mischposition bezeichnet man eine Position eines Leistungsverzeichnisses, in der entgegen der Forderung des § 9 VOB/A nach einer eindeutigen und erschöpfenden → Leistungsbeschreibung verschiedene, unterschiedliche Leistungen in einer Ordnungszahl zusammengefasst werden. Bei einer Mischposition ist der → Auftragnehmer mithin gehalten, eine Mischkalkulation durchzuführen, was seine Berechnungen unter Umständen erheblich erschwert. **Beispiel**: Undifferenzierte Angabe der Bodenarten nach DIN 18300 in einer Position.

Mischvertrag → Bauträgervertrag

Im Allgemeinen Zivilrecht bezeichnet man mit Mischvertrag bzw. typengemischtem Vertrag einen Vertrag, der Elemente aus verschiedenen Vertragstypen des BGB besitzt.
Beispiele:
– Finanzierungsleasingverträge (Palandt/Weidenkaff, vor § 535 BGB, Rdn. 37, 39): Beim Finanzierungsleasing z. B. von Baumaschinen wird der Leasinggegenstand über eine längere Grundmietzeit gemietet (meist 3 bis 7 Jahre) und oft mit einer Verlängerungs- oder Kaufoption verbunden. Der Leasingnehmer zahlt durch die Ratenzahlung den Kaufpreis zzgl. aller Kosten, der Zinsen, des Kreditrisikos sowie des Gewinns an den Leasinggeber. Es handelt sich hierbei um einen Mischvertrag mit Elementen aus Mietvertrag und → Kaufvertrag.
– Kaufvertrag über ein Fertigteilhaus (mit Errichtung): Er besitzt sowohl Kaufvertrags- als auch Werkvertragscharakter (BGH, NJW 1993, 1115).

Im → Baurecht bezeichnet man mit Mischverträgen Leistungsverträge nach § 5 Nr. 1 VOB/A, welche in den Positionen sowohl Einheitspreise als auch Pauschalpreiselemente beinhalten. Ein häufiger Fall einer pauschalen Position in ansonsten aus Einheitspreisen bestehenden Leistungsverzeichnissen ist die Position „Baustellenräumung und -säuberung".

Mittelsatz → Honorarsatz

Der Mittelsatz ist die mittlere Gebühr des Honorarsatzes bei Rahmengebühren. Er beträgt also 50 % des Gebührenrahmens der jeweiligen Honorarzone und Betragsstufe. Bei dem Mittelsatz handelt es sich nicht um einen üblicherweise zu veranschlagenden Satz, denn einen Regelsatz gibt es in der → HOAI nicht.

Miturheberrecht → Urheberrecht

Mitverschulden → Altlasten; → Amtshaftungsansprüche; → Leistung

Das Mitverschulden (des Geschädigten) ist ein elementarer Begriff aus dem allgemeinen zivilrechtlichen Haftungsrecht. Das Mitverschulden des Geschädigten ist in § 254 BGB geregelt. Ein Mitverschulden muss im Rahmen jeglicher Schadensersatznormen beachtet werden.
§ 254 BGB gibt dem Geschädigten verschiedene Obliegenheiten auf: Hat der Geschädigte bei der Entstehung des Schadens mitgewirkt, so reduziert sich der Umfang des Schadenersatzanspruches

entsprechend (unter Umständen entfällt er sogar völlig), § 254 Abs. 1 BGB. Hat der Geschädigte den Schaden nicht mit verursacht, so hat der Geschädigte gleichwohl die Obliegenheit, den Schaden, wenn möglich, abzuwenden oder zu mindern, § 254 Abs. 2 Satz 1 BGB. **Beispiel für Mitverschulden des** → **Auftraggebers nach § 254 Abs. 1 BGB**: Der Auftraggeber verletzt seine Mitwirkungspflichten etwa dadurch, dass er Lagepläne oder Statikpläne, die zur ordnungsgemäßen → Erfüllung der Architektenaufgaben notwendig sind, nicht oder nicht in mangelfreiem Zustand beschafft (*Locher*, Das private Baurecht, Rdn. 268). **Beispiel für die Anwendung des § 254 Abs. 2 Satz 1 BGB**: Der Auftraggeber will erkennbar durch entsprechende Wohnflächengestaltung steuerliche Vorteile wahrnehmen. Durch ein Planungsverschulden des Architekten wird die hierfür erforderliche → Wohnfläche für den Steuerberater erkennbar nicht erreicht. Ist der Auftraggeber Steuerberater und somit fachkundiger → Bauherr, liegt ein Mitverschulden vor (LG Stuttgart, BauR 1990, 496). Denn der Auftraggeber (Steuerberater) hat als fachkundiger → Bauherr die erkennbar entstandene Fläche nicht verhindert.

Mitwirkung bei der Vergabe

Ein Architekt, der mit der → Objektplanung (§ 15 HOAI) beauftragt ist, erteilt zwar den Bauauftrag nicht selbst. Dies ist Sache des Bauherrn. Der Architekt kann jedoch bei der Vergabe des Bauauftrages mitwirken, sofern dies vereinbart ist. § 15 Abs. 2 Nr. 7 HOAI beschreibt diese konkrete → Leistungsphase. Danach hat der Architekt bei Mitwirkung der Vergabe regelmäßig folgende Aufgaben auszuführen:
– Zusammenstellen der Verdingungsunterlagen für alle Leistungsbereiche,
– Einholen von Angeboten,
– Prüfen und Werten der Angebote einschließlich Aufstellen eines Preisspiegels nach → Teilleistungen unter Mitwirkung aller während der Leistungsphasen 6 und 7 fachlich Beteiligten,
– Abstimmen und Zusammenstellen der Leistungen der fachlich Beteiligten, die an der Vergabe mitwirken,
– Verhandeln mit dem Bietern,
– Erstellen eines Kostenanschlags nach DIN 276 aus den Einheits- oder Pauschalpreisen der jeweiligen Angebote,
– Kostenkontrolle durch Vergleich des Kostenanschlags mit der Kostenberechnung,
– Mitwirkung bei der Auftragserteilung.

Bei diesen eben aufgezählten Aufgaben handelt es sich um **Grundleistungen**. Darüber hinaus zählt § 15 Abs. 2 Nr. 7 HOAI auch mögliche → Besondere Leistungen des Architekten in diesem Zusammenhang auf:
– Prüfen und Werten der Angebote aus → Leistungsbeschreibung mit Leistungsprogramm einschließlich dem Preisspiegel,
– Aufstellen, Prüfen und Werten von Preisspiegeln nach besonderen Anforderungen.

Zur Mitwirkung bei der Vergabe zählen also **nicht nur fachspezifische Aufgaben, sondern auch rechtliche Beratungs- und Hinweispflichten** (ausführlich: *Vygen*, BauR 1984, 245 ff.; BGH, BauR 1978, 60). Ist z. B. der vom Architekten vorbereitete → Bauvertrag unklar und wirkt sich dies zum Nachteil des Auftraggebers aus, haftet der Architekt (BGH, BauR 1983, 168). Der Architekt berät den Auftraggeber häufig bei der Formulierung der Vertragsbedingungen. Dabei muss er den rechtlichen Rahmen der §§ 305 ff. BGB (Inhaltskontrolle Allgemeiner Geschäftsbedingungen) beachten (LG Konstanz, BB 1981, 420 noch zum AGBG).

Mitwirkung des Auftraggebers   → Annahmeverzug des Bauherrn

Mobilfunkanlagen → Antennen; → Elektromagnetische Strahlungen
1. Genehmigungspflichtigkeit
Nach § 54 Abs. 1 HBO, § 65 BauOLSA ist genehmigungspflichtig die Errichtung, Aufstellung, Anbringung und Änderung sowie → Nutzungsänderung von baulichen Anlagen, soweit gesetzlich nichts anderes bestimmt ist. Nach § 55 HBO i. V. m. Nr. 5.1.1. der Anlage 2 zur HBO, § 69 Abs. 1 Nr. 4 b BauOLSA bedürfen Antennenanlagen **bis zu 10 m Antennenhöhe** bei einer Gesamtstrahlleistung von mehr als 10W **keiner Baugenehmigung**, wenn – so die HBO – die gesundheitliche Unbedenklichkeit durch eine Genehmigung, Zulassung oder amtliche Bescheinigung festgestellt wird. Der VGH Kassel hat dennoch für eine auf einem Sparkassengebäude errichtete Mobilfunkstation, bestehend aus einem 9,5 m hohen Trägermast und zwei → Antennen, eine Genehmigungspflicht angenommen (obwohl diese an sich nach der Anlage 2 Nr. 5.1.1. der HBO genehmigungsfrei wäre). In der Errichtung der Mobilfunkantenne auf dem Sparkassengebäude liegt nämlich auch eine die Baugenehmigungspflicht auslösende **Nutzungsänderung** des Gebäudes, da sich die bisherige Nutzung von der neuen Nutzung dadurch unterscheidet, dass sie anderen Anforderungen bauordnungs- oder bauplanungsrechtlicher Art unterworfen ist. Der VGH Kassel sieht in der **Anbringung einer Mobilfunkantenne** eine **neue zusätzliche gewerbliche Nutzung**, die nicht als zulässige Variante des Betriebes einer Sparkasse angesehen werden könne und von dieser Nutzung daher nicht umfasst werde. Anders als beispielsweise die BayBO in Art. 63 Abs. Nr. 4 a BayBO hat die HBO in ihrer Anlage 2 Nr. 5.1.1. eine solche → Nutzungsänderung gerade nicht von der Baugenehmigungspflicht freigestellt. Sie bedarf deshalb nach § 54 HBO einer → Baugenehmigung (VGH Kassel, Die Verwaltung 2001, S. 90; ebenso VGH Mannheim, Urteil vom 20. 10. 1998 – 8 S 1848/98 –).

2. Schädliche Umwelteinwirkungen durch Mobilfunksendeanlagen
Das OVG Lüneburg hat die Klage des Mieters einer Wohnung auf bauaufsichtsbehördliches Einschreiten gegen das Anbringen einer Mobilfunksendeanlage auf dem Dach des von ihm bewohnten Hauses, der sich auf Gesundheitsstörungen durch die mit der Anlage einhergehenden elektromagnetischen Strahlen berief, abgelehnt. Das OVG Lüneburg begründete dies damit, dass **schädliche Umwelteinwirkungen durch Mobilfunksendeanlagen** nach dem derzeitigen Stand der Wissenschaft **nicht nachweisbar** seien, wenn die in der 26. BImSchV enthaltenen Grenzwerte eingehalten werden. Diese Grenzwerte beruhten auf den international anerkannten Empfehlungen des Komitees für nichtionisierende Strahlen sowie den Empfehlungen der Strahlenschutzkommission, die keinen Anlass dafür bieten, dass diese Grenzwerte erneut überdacht werden müssen. Werden die Grenzwerte der 26. BImSchV eingehalten, kann ein bauaufsichtbehördliches Einschreiten gegen die Anlage nicht verlangt werden; ein verbleibendes gesundheitliches Restrisiko hat der Betroffene danach hinzunehmen (OVG Lüneburg, Die Verwaltung 2001, 92).

Modernisierung → Umbauten und Modernisierung

Modernisierungs- und Instandsetzungsgebot → Sanierung

Modernisierungspflicht → Sanierung

Monitoring → Umweltbericht
Nach § 4 c BauGB sind die Gemeinden verpflichtet, die erheblichen Umweltauswirkungen, die aufgrund der Durchführung der Bauleitpläne eintreten, zu überwachen. Über Zeitpunkt, Inhalt und Verfahren des Monitoring sollen die Gemeinden selbst entscheiden. Die geplanten Maßnahmen zur Überwachung der erheblichen Auswirkungen der Durchführung des Bauleitplanes auf die Umwelt

müssen im Umweltbericht mit aufgeführt sein (Nr. 3 b der Anlage zum BauGB). Bei den Aussagen zum Monitoring im Umweltbericht ist davon auszugehen, dass es sich um wesentliche Elemente des Umweltberichtes handelt, sodass das Unterlassen der Ausführungen zum Monitoring ein beachtlicher Fehler des Bauleitplanes gemäß § 214 Abs. 1 Nr. 3 BauGB ist, der zur Unwirksamkeit führt. Das BauGB sieht nicht vor, dass eine nochmalige Umweltprüfung durchzuführen ist, wenn sich später bei der Durchführung des Bauleitplans etwa unvorhergesehene nachteilige Auswirkungen auf die Umweltbelange ergeben. Ebenso hat es keine Auswirkungen auf die Rechtswirksamkeit der Planung, wenn ein im Umweltbericht vorgesehenes Monitoring nicht befolgt wird.

In Bezug auf Flächennutzungspläne regelt § 5 Abs. 1 S. 3 BauGB, dass der Flächennutzungsplan spätestens 15 Jahre nach seiner erstmaligen oder erneuten Aufstellung überprüft, und, wenn es städtebaulich erforderlich ist, geändert, ergänzt oder neu aufgestellt werden soll. Diese Überprüfung ist auf bereits am 20. Juli 2004 bestehende Flächennutzungspläne erstmals ab 01. Januar 2010 anzuwenden (§ 244 Abs. 4 BauGB).

Montagebau
Mit einem Montagebau bezeichnet man eine → Bauweise, die durch industrielle Vorfertigung aller Bauteile, welche auf der → Baustelle nur noch miteinander verbunden werden müssen, gekennzeichnet ist. Sie ist somit vergleichbar mit dem Fertigteilbau.

MRVG → GIA
Das Gesetz zur Verbesserung des Mietrechts und zur Begrenzung des Mietanstiegs sowie zur Regelung von Ingenieur- und Architektenleistungen (Artikelgesetz) vom 4. 11. 1971 stellt die Rechtsgrundlage für die → HOAI dar. Artikel 10 des MRVG beschreibt zunächst, für welche Art von Leistungen von Architekten und Ingenieuren die Honorarordnung Vergütungen vorsehen darf. Sie legt dann Grundlagen der Honorarordnung fest, in deren Rahmen sich die Honorarordnung bewegen darf (z. B. Festsetzung von Mindest- und Höchstsätzen, die Bindung der Honorarsätze an Art und Umfang der Aufgabe des Architekten und Ingenieurs, die Geltung der Mindestsätze, sofern bei Erteilung des Auftrags nichts anderes schriftliches vereinbart ist, die Möglichkeit der → Überschreitung der Höchstsätze nur bei außergewöhnlichen und ungewöhnlichen lange dauernden Leistungen, die Regelung, dass Mindestsätze nur in Ausnahmefällen unterschritten werden können). Artikel 10 § 3 MRVG regelt ein **Koppelungsverbot** von Grundstückskaufverträgen mit Ingenieur- und Architektenverträgen. Artikel 10 § 3 MRVG statuiert somit das bereits zuvor vom BGH entwickelte Koppelungsverbot (BGH, NJW 1973, 315) als Rechtsnorm.

Mündliche Vereinbarung → Schriftform
Grundsätzlich können Verträge mündlich (gem. §§ 145 ff. BGB) geschlossen werden. In solchen Fällen besteht häufig Streit über den Inhalt der Vereinbarungen und über den Abschluss des Vertrages. Das Gesetz sieht in bestimmten Fällen vor, dass zur Gültigkeit eines Vertrages die → Schriftform (§ 126 BGB), elektronische Form (§ 126 a BGB) oder Textform (§ 127 BGB) erforderlich ist. Werden die Formvorschriften nicht eingehalten, so ist der Vertrag gem. § 125 BGB nichtig.

Musterleistungsverzeichnis → Leistungsbeschreibung
§ 9 Nr. 11 Abs. 1 a VOB/A erwähnt den Begriff „Musterleistungsverzeichnis". Es existiert derzeit kein Musterleistungsverzeichnis. Allerdings stellt das VHB unter Punkt 7 zum Inhalt der → Leistungsbeschreibung mit Leistungsprogramm verschiedene Anforderungen auf.

Mustervertrag → Allgemeine Geschäftsbedingungen; → Einheitsarchitektenvertrag

Nachbarrechte → Abstandsflächen; → Rücksichtnahmegebot

Das Nachbarrecht umfasst privatrechtliche und öffentlich-rechtliche Regelungen über das Verhältnis von benachbarten Grundstückseigentümern. Sie konkretisieren die Eigentümerrechte und -pflichten des § 903 BGB und des Art. 14 GG. Als inhaltsbestimmende Rechtsnormen kommen in Betracht:
- §§ 904, 905, 906 BGB,
- nachbarrechtliche Regelungen der jeweiligen Länder (vgl. Art. 124 EGBGB),
- zahlreiche Normen des öffentlichen Rechts, z. B. die Landesbauordnungen der Länder.

1. Der Nachbarbegriff

Das → Baurecht regelt die bauliche und sonstige Nutzung von Grundstücken. Es ist also **grundstücks-** und **nicht personenbezogen**. Benachbarte **Grundstücke werden durch** ihre **Eigentümer repräsentiert**. Bau- und Nutzungskonflikte sind dementsprechend von den Eigentümern bzw. den Inhabern eigentumsgleicher Rechte (Erbbauberechtigter, Nießbraucher, Käufer eines Grundstücks nach Übergang von Nutzen und Lasten und eingetragener Auflassungsvormerkung) geltend zu machen (BVerwG, DVBl. 1983, 344; NVwZ 1983, 672; VGH Kassel, BRS 22 Nr. 169; OVG Berlin, BRS 48 Nr. 157; OVG Münster, BRS 56 Nr. 32). Wer wie Mieter, Pächter etc. nur ein **obligatorisches Recht** an einem Grundstück von dem Eigentümer ableitet, hat aus dieser Rechtsposition heraus **keine öffentlich-rechtlichen Nachbarrechte**. Er hat seine Ansprüche gegenüber dem Eigentümer zu erheben; denn nur der Eigentümer ist für die Wahrnehmung der mit dem Grundstück zusammenhängenden Rechte zuständig (BVerwGE 82, 61 = BRS 49 Nr. 184; BRS 50 Nr. 179 = UPR 1991, 67; BauR 1998, 994). Dieses Prinzip der Auseinandersetzung nur zwischen Bauherrn und angrenzendem Eigentümer gilt nach der Rechtsprechung im Baugenehmigungsverfahren sogar bei solchen Vorschriften, die nicht nur wie baurechtliche Normen auf den Ausgleich möglicher Bodennutzungskonflikte abzielen, sondern auch den Schutz von Personen bezwecken. Der vom BVerfG aus der Eigentumsgarantie des Art. 14 GG entwickelte Mieterschutz hat danach nur Bedeutung für das Verhältnis zwischen Mieter und Vermieter (OVG Münster, BRS 56 Nr. 32; Beschl. v. 9. 7. 1996 – 10 B 1752/96; Beschl. v. 11. 4. 1997 – 7 A 879/97; OVG Lüneburg, BRS 58 Nr. 155: zum weitergehenden Drittschutz im Immissionsschutzrecht, vgl. Ziekow, NVwZ 1989, 231). Nur **ausnahmsweise** kann es im → Baurecht gerechtfertigt sein, den **baurechtlichen Nachbarbegriff auszudehnen**, etwa wenn der Gesetzgeber ausdrücklich deutlich macht, dass er den obligatorisch Berechtigten schützen möchte (OVG Hamburg, NVwZ 1990, 379; OVG Saarlouis, BRS 32 Nr. 161). Anerkannt ist allerdings die **Antragsbefugnis von obligatorisch Berechtigten** wie Mietern gewerblicher Räume i. S. v. § 47 Abs. 2 VwGO **bei Normenkontrollklagen** gegen Bebauungspläne. Denn der Mieter gilt wegen der in § 1 Abs. 5, 6 BauGB aufgezählten, sehr weitgehenden relevanten Belange als Planbetroffener und hat als solcher ein subjektiv-öffentliches Recht darauf, mit seinen Interessen bei der Abwägung berücksichtigt zu werden (BVerwG, BRS 60 Nr. 46; *Kuhla/Hüttenbrink*, Der Verwaltungsprozess, 2. Aufl., 1998, D Rdn. 307 ff. m. w. N.).

2. Struktur des Nachbarschutzes

Ein Nachbar kann nur Verstöße gegen solche Rechtsvorschriften geltend machen, die ihn schützen (sog. **Schutznormtheorie**). Zunächst gibt es den → **Nachbarschutz aufgrund generell nachbarschützender Normen**, der unabhängig von den Umständen des Einzelfalles vermittelt wird. So hat beispielsweise der Nachbar einen Anspruch auf die Bewahrung der Gebietsart (gemäß der festgelegten → Art der baulichen Nutzung i. S. v. § 2–10 BauNVO) unabhängig davon, ob das baugebietswidrige Vorhaben zu einer tatsächlich spürbaren und nachweisbaren Beeinträchtigung des Nachbarn führt (BVerwG, ZfBR 1997, 51; UPR 1996, 113; BauR 1995, 823). Neben den generell nachbarschützenden Vorschriften gibt es die **partiell nachbarschützenden Normen**, die Nachbarrechte nur dann vermitteln, wenn im **konkreten Einzelfall** die in Frage stehende Vorschrift es verlangt, dass auf eine besonders schützenswerte und ausgeübte legale Rechtsposition des Nachbarn Rücksicht genommen wird (OVG Münster, BauR 1995, 80; VGH Mannheim, GewArch 1996, 258). Dementsprechend geht der oben als Beispiel genannte generelle Anspruch des Nachbarn auf Bewahrung der Gebietsart weiter als der Schutz aus dem → Rücksichtnahmegebot in § 15 Abs. 1 BauNVO, der voraussetzt, dass der Nachbar in unzumutbarer Weise konkret spürbar in schutzwürdigen Interessen beeinträchtigt wird.

3. Formeller Nachbarschutz

Die Verletzung bauordnungsrechtlicher Verfahrensvorschriften über die Beteiligung und Benachrichtigung der Angrenzer (vgl. § 62 HBO; § 69 BauONRW; § 72 NBauO; § 55 LBOBW) führt nicht dazu, dass eine → Baugenehmigung aufgehoben werden muss. Denn diese Vorschriften sollen nicht so weit gehen, dass sie den Anspruch des Bauherrn auf Erteilung der → Baugenehmigung verzögern, obwohl dieser den Verfahrensverstoß nicht verursacht hat und ihn auch nicht verhindern kann (BVerwG, BRS 39 Nr. 193; OVG Münster, NVwZ 1985, 590). **Im Ergebnis gibt es relevante Verstöße gegen formelle Nachbarrechte nur in Ausnahmefällen**, etwa wenn die → Baugenehmigung von der sachlich unzuständigen Behörde erlassen wird (VGH München, BRS 58 Nr. 184: Nutzungsänderungsgenehmigung wurde von sachlich unzuständiger Gemeinde erteilt; *Ortloff*, NVwZ 1998, 333).

a) Nachbarschutz gegen Vorhaben im beplanten Gebiet (§ 30 BauGB)

Ein nachbarlicher (aus Städtebaurecht resultierender) **Abwehranspruch** gegen eine → Baugenehmigung kann im Gebiet eines Bebauungsplans **nur** begründet sein, **wenn die** → **Baugenehmigung entgegen** den **Festsetzungen** eines **gültigen Bebauungsplans oder unter Gewährung von Befreiungen** hiervon **erteilt worden** ist. Im beplanten Gebiet besteht ein nachbarlicher Abwehranspruch, abgesehen von dem Ausnahmefall eines qualifizierten Verstoßes gegen das Gebot der Rücksichtnahme gemäß § 15 BauNVO, nur bei der Verletzung solcher Festsetzungen von Bebauungsplänen, die den Schutz von Rechten des Nachbarn bezwecken. Den → **Nachbarschutz der Festsetzungen** bestimmt grundsätzlich die Gemeinde, soweit nicht durch die zugrundeliegenden baurechtlichen Vorschriften selbst der → Nachbarschutz bereits zwingend festgelegt ist. Ein darüber hinausgehendes Abwehrrecht aus dem Gebot der Rücksichtnahme besteht in diesem Zusammenhang nicht, weil dieses bereits in die, einen rechtsgültigen → Bebauungsplan voraussetzende Abwägung eingeflossen sein muss, wodurch es gleichsam verbraucht ist (BVerwG, BRS 42 Nr. 183; 46 Nr. 173; *Buchholz* 406.19, Nachbarschutz Nr. 54).

aa) Festsetzungen über die Art der baulichen Nutzung

Die **Festsetzungen** von Baugebieten nach den §§ 2–10 BauNVO, ergänzt durch §§ 12 bis 14 BauNVO, d. h. **über die** → **Art der baulichen Nutzung, sind stets nachbarschützend**, denn sie sind bundesrechtlich für den Ausgleich nachbarrechtlicher Bodennutzungskonflikte konzipiert. Eine entgegenstehende Festsetzung im → Bebauungsplan wäre nichtig (BVerwGE 82, 61; 94, 151

= NJW 1994, 1546; VGH München, BayVBl. 1997, 595). Auf die Bewahrung der Gebietsart kann sich der Nachbar unabhängig von einer tatsächlichen Beeinträchtigung berufen. Dementsprechend kann sich beispielsweise ein in einem → Baugebiet befindender Grundstückseigentümer gegen die Überschreitung der gemäß § 12 Abs. 2 i. V. m. § 1 Abs. 3 S. 2 BauNVO höchstzulässigen Zahl von Stellplätzen im → Baugebiet wehren (BVerwGE 94, 151 = NJW 1994, 1546). Eine → Gaststätte kann von den anderen Grundstückseigentümern im gemäß § 4 Abs. 2 Nr. 2 BauNVO festgesetzten allgemeinen → Wohngebiet abgewehrt werden, wenn die → Gaststätte nicht der Versorgung des Gebiets dient, weil sie auch wesentlich zur Aufnahme eines überörtlichen Gästekreis konzipiert ist (BVerwG, BauR 1999, 29 ff.). **Der Abwehranspruch ist auf das → Baugebiet beschränkt.** Grundstücke, für die innerhalb eines Bebauungsplanes verschiedene Nutzungsarten festgesetzt sind, sind als unterschiedliche und selbstständige → Baugebiete zu klassifizieren (VGH Mannheim, BRS 58 Nr. 160). Es ist durch Auslegung des Bebauungsplans festzustellen, inwieweit Festsetzungen eines Bebauungsplans auch Grundstückseigentümern außerhalb des Bebauungsplans → Nachbarschutz vermitteln sollen. Dies wird nur in seltenen Ausnahmefällen der Fall sein (VGH München, BayVBl. 1998, 532 ff.). Ansonsten gilt, dass die Grundstücksnutzung in Gebieten, in denen unterschiedliche Baugebietsarten aufeinandertreffen, mit einer besonderen Pflicht zur Rücksichtnahme belastet ist. Der Konflikt ist dann im Baugenehmigungsverfahren einzelfallbezogen über das → Rücksichtnahmegebot gemäß § 15 BauNVO zu lösen. Dies führt bei → Immissionen dazu, dass das zulässige Maß an → Immissionen im Wege einer Bildung von Mittelwerten der Immissionsgrenzwerte zu ermitteln ist, wie sie für die einzelnen unterschiedlichen → Baugebiete herangezogen werden (BVerwG, BauR 1985, 172; VGH Mannheim, GewArch 1996, 258).

bb) Festsetzungen über das Maß der baulichen Nutzung
Im Gegensatz zu den Festsetzungen von Baugebieten haben die **Festsetzungen über das Maß der baulichen Nutzung** in Bebauungsplänen **kraft Bundesrecht grundsätzlich keine nachbarschützende Wirkung** (BVerwG, BauR 1995, 823; NVwZ 1985, 748; DVBl. 1981, 928). Nur wenn die Gemeinde klar erkennbar mit den Festsetzungen über das → Maß der baulichen Nutzung eine Rücksichtnahme auf Belange der Nachbarn bezweckt, kann sich der Nachbar auf einen Verstoß gegen das festgesetzte → Maß der baulichen Nutzung berufen. Ein solcher → Nachbarschutz wird sich bei Festsetzungen über Grund- und Geschossflächenzahlen von extremen Ausnahmefällen abgesehen, nicht feststellen lassen, weil sie nur relative Werte in Bezug auf die jeweilige Grundstücksgröße beinhalten und über die konkrete Stelle des Gebäudes keine Aussage treffen (BVerwG, BRS 38 Nr. 186; OVG Münster, BRS 32 Nr. 156; OVG Bremen, BRS 49 Nr. 191). Als nachbarschützend anerkannt wurde die Festsetzung über eine höchstzulässige Zahl der Vollgeschosse wegen der gemeindlichen Begründung, dass damit eine bessere Belichtung und Belüftung gewährleistet werden soll (OVG Münster, BauR 1992, 60). Bei der Festsetzung von Baugrenzen geht der VGH Mannheim (anders die sonstigen Gerichte) regelmäßig davon aus, dass die seitlichen und hinteren Baugrenzen in einem → Baugebiet zugunsten des an derselben Seite liegenden Grundstückseigentümers → Nachbarschutz vermitteln (VGH Mannheim, BRS 56, Nr. 45; BauR 1992, 65; BVerwG, BauR 1996, 82; BauR 1995, 823; OVG Münster, BauR 1996, 684). → Nachbarschutz durch festgesetzte Baugrenzen wäre aber dann immer anzunehmen, wenn zugunsten der Bewohner des Baugebiets ein durchgrünter Blockinnenbereich geschaffen werden soll (OVG Hamburg, BauR 1995, 213).

cc) Sonstige Festsetzungen im Bebauungsplan
Die Festsetzung über die **örtlichen Verkehrsflächen** i. S. v. § 30 Abs. 1 BauGB betrifft die öffentlich-rechtliche Erschließungsaufgabe der Gemeinde und ist nicht nachbarschützend (VGH München, BayVBl. 1996, 243; OVG Lüneburg, UPR 1996, 452).

Bestimmt die Gemeinde im Rahmen der Festsetzung einer öffentlichen Grünfläche gemäß § 9 Abs. 1 Nr. 15 BauGB, dass dadurch ein → **Wohngebiet mit Park** entstehen soll, kommt hierin ein bezweckter → Nachbarschutz zum Ausdruck (OVG Berlin, DÖV 1995, 390). Die Festsetzung von **Vorkehrungen gegen schädliche Umwelteinwirkungen** i. S. v. § 9 Abs. 1 Nr. 24 BauGB ist kraft Bundesrecht auf den nachbarrechtlichen Ausgleich ausgelegt und deshalb nachbarschützend.

dd) Gebot der Rücksichtnahme gemäß § 15 BauNVO
Gemäß § 15 Abs. 1 BauNVO sind die in den §§ 2–14 BauNVO aufgeführten baulichen und sonstigen Anlagen im Einzelfall unzulässig, wenn sie nach Anzahl, Lage, Umfang oder Zweckbestimmung der Eigenart des Baugebiets widersprechen bzw. von diesen Anlagen Belästigungen oder Störungen ausgehen, die nach der Eigenart des Baugebiets im → Baugebiet selbst oder in dessen (unmittelbarer) Umgebung unzumutbar sind, oder wenn sie solchen Belästigungen oder Störungen ausgesetzt werden. Diese Vorschrift **beschränkt sich auf** die **Art der baulichen Nutzung** und ist auf das → Maß der baulichen Nutzung grundsätzlich nicht anwendbar. Allerdings können, wie sich aus dem Wortlaut des § 15 BauNVO ergibt, bauliche Anlagen auch ihrem Umfang nach der Eigenart des Baugebiets widersprechen, was dann der Fall ist, wenn sich die **Größe einer baulichen Anlage auf die → Art der baulichen Nutzung auswirkt**, also die Quantität eines Objekts die Qualität des Baugebiets beeinflusst. Da § 15 Abs. 1 S. 2 letzter Hs. BauNVO auch zur Unzulässigkeit an sich zulässiger Nutzungen bei nicht ausräumbaren Störungen für das geplante Vorhaben führt, ist beispielsweise eine Wohnbebauung im Allgemeinen → Wohngebiet i. S. v. § 4 Abs. 2 Nr. 1 BauNVO unzulässig, wenn sie sich unzumutbaren Störungen aus einer existierenden bestandsgeschützten (legal betriebenen) Autolackiererei aussetzen würde (BVerwG, BauR 1995, 807 ff.).

b) Nachbarschutz im Rahmen von Ausnahmen und Befreiungen von Festsetzungen des Bebauungsplans, § 31 BauGB
In § 31 Abs. 2 BauGB wird bei der Gewährung von Befreiungen verlangt, nachbarliche Interessen zu würdigen. Allerdings kann ein Nachbar Abwehrrechte nur insoweit geltend machen, als von nachbarschützenden Vorschriften befreit worden sind (*Battis/Krautzberger/Löhr*, BauGB-Kom., § 31 Rdn. 41).

c) Nachbarschutz gegen während der Planaufstellung genehmigte Vorhaben, § 33 BauGB
§ 33 BauGB erweitert die Möglichkeit der Genehmigung von Vorhaben während der Planaufstellung, insbesondere bei → Planreife. Der → **Nachbarschutz richtet sich nach den Festsetzungen des künftigen Bebauungsplans** wie bei Vorhaben im → Planbereich gemäß § 30 BauGB, **wenn → Planreife gegeben ist**. In diesem Zusammenhang ist zu berücksichtigen, dass → Planreife selbst dann noch anzunehmen ist, wenn der Planentwurf Fehler beinhaltet, die jedoch im weiteren Verlauf des Planungsverfahrens voraussichtlich behoben werden. Liegt keine → Planreife vor, richtet sich der Nachbarrechtsschutz nach § 30 BauGB i. V. m. den geltenden Festsetzungen eines existierenden Bebauungsplans, im Übrigen nach dem in § 34 oder 35 BauGB enthaltenen → Nachbarschutz (OVG Lüneburg, BauR 1993, 711; OVG Münster, BauR 1991, 442; OVG Berlin, LKV 1992, 201; BRS 52 Nr. 170).

d) Nachbarschutz bei Vorhaben in einem im Zusammenhang bebauten Ortsteil, § 34 BauGB
Nach § 34 Abs. 1 BauGB ist ein Vorhaben innerhalb des im Zusammenhang bebauten Ortsteils zulässig, wenn es sich nach Art und → Maß der baulichen Nutzung, der → Bauweise und der Grundstücksfläche, die überbaut werden soll, in die Eigenart der näheren Umgebung einfügt. Der Schutz des Nachbarn ist im Gebot des Einfügens enthalten. Dieses entwickelt sich zu einem **nachbarlichen**

Abwehrrecht, wenn das in Frage stehende Vorhaben eine **bauplanungsrechtliche Schwelle überschritten** hat, wonach es sich für den Nachbarn (in seiner baurechtlichen Stellung) qualitativ als nicht mehr zumutbar darstellt (BVerwGE 52, 122 = BRS 32 Nr. 155; BVerwG, BRS 38 Nr. 82; BRS 40 Nr. 198). Bloße Wertminderungen infolge einer erteilten → Baugenehmigung begründen die Unzumutbarkeit nicht (BVerwG, BRS 58 Nr. 164; ZfBR 1998, 166). Die Zumutbarkeitsschwelle ist beispielsweise überschritten, wenn das nach § 5 Abs. 1 BImSchG zulässige Maß an → Immissionen nicht eingehalten wird (BVerwG, BRS 40 Nr. 206). Entspricht die Eigenart der näheren Umgebung einem → Baugebiet nach den §§ 2 ff. BauNVO, richtet sich die Zulässigkeit der → Art der baulichen Nutzung nach der entsprechenden Vorschrift der BauNVO, § 34 Abs. 2 BauGB. Hinsichtlich des Nachbarschutzes in Bezug auf die → Art der baulichen Nutzung in diesen Baugebieten gilt dann dasselbe wie für den → Nachbarschutz in beplanten Gebieten gemäß § 30 Abs. 1 BauGB (genereller → Nachbarschutz; BVerwG, ZfBR 1997, 51; NJW 1994, 1546).

e) Nachbarschutz bei Vorhaben im Außenbereich, § 35 BauGB

§ 35 Abs. 1 und 2 BauGB haben keine generell, sondern nur **partiell nachbarschützende Wirkung**. Das **Rücksichtnahmegebot** auf den Nachbarn ist ein im Rahmen der Genehmigungserteilung **nach § 35 Abs. 1 und 2 BauGB zu berücksichtigender öffentlicher Belang**. Welches **Maß an Rücksichtnahme** einem Bauinteressenten abverlangt wird, **hängt** (ebenso wie bei § 34 BauGB) **von der individuellen Schutzbedürftigkeit und -würdigkeit des Nachbarn** (wehrfähige legale Rechtsposition) ab (BVerwG, BRS 56 Nr. 164). Dementsprechend ist beispielsweise ein Landwirt mit seinen Einwendungen gegen eine heranrückende Wohnbebauung nicht erfolgreich, wenn in der Nähe seines Betriebes bereits empfindliche Nutzungen vorhanden sind und durch das neue Vorhaben keine zusätzlichen immissionsschutzrechtlichen Anforderungen zu besorgen sind (BVerwG, BRS 42 Nr. 66; BRS 55 Nr. 175; VGH München, BRS 48 Nr. 165). Unter Berufung auf das Verbot schädlicher Umwelteinwirkungen als Ausfluss des Rücksichtnahmegebotes gemäß § 35 Abs. 3 S. 1 2. Spiegelstr. BauGB kann ein Grundstückseigentümer die Errichtung einer unterhalb seines Grundstückes geplanten privilegierten Fabrikhalle verhindern, wenn Anhaltspunkte dafür bestehen, dass mit der Errichtung der Halle ein ausreichender Abfluss für das Niederschlagswasser nicht mehr gewährleistet ist und es zu Überschwemmungen seines Grundstücks kommen wird (VGH München, BayVBl. 1997, 569). Einen **allgemeinen nachbarschaftlichen Schutzanspruch auf Bewahrung des** unbebauten **Außenbereichscharakters gibt es** allerdings **nicht** (BVerwG, BRS 55 Nr. 168; BRS 57 Nr. 224).

5. Materielle Nachbarrechte aus Bauordnungsrecht

Das → Bauordnungsrecht vermittelt dann **Nachbarschutz, wenn sie zugleich dem Ausgleich der Interessen von zwei oder mehreren Grundstücken dient**. Die in der Praxis für den → Nachbarschutz bedeutsamsten Regelungen sind folgende:

a) Abstandsflächenregelungen

Nach den landesrechtlichen Regelungen sind vor Außenwänden von Gebäuden → Abstandsflächen freizuhalten; sie müssen auf dem Grundstück selbst liegen bzw. dürfen sich bis zur Hälfte auf die öffentlichen Verkehrsflächen erstrecken, vgl. § 5 Abs. 1 S. 1, Abs. 2 LBOBW; § 6 Abs. 1 S. 1, Abs. 2 HBO; § 6 Abs. 1 S. 1 BauONRW. Überwiegend wird dabei die **volle Tiefe der Abstandsflächen** (zentimetergenau) **als generell nachbarschützend** angesehen, soweit nicht in den Landesbauordnungen (vgl. § 6 Abs. 5 S. 4 BauOBln, § 6 Abs. 5 S. 5 BauOBrem, § 5 Abs. 7 S. 3 BauOBW) etwas anderes hierzu geregelt ist. Das bedeutet, dass ein Verstoß gegen die gesetzlichen Abstandsflächenvorschriften grundsätzlich die Nachbarrechte des betroffenen Eigentümers verletzt, ohne dass eine tatsächliche Beeinträchtigung hinzukommen muss (VGH Kassel, BRS 36 Nr. 126; VGH München,

BRS 44 Nr. 100; BayVBl. 1984, 306; OVG Saarlouis, BRS 52 Nr. 105; OVG Bautzen, BRS 58 Nr. 107; OVG Koblenz, BRS 47 Nr. 168; OVG Münster, BRS 58 Nr. 115). Die Frage nach der **Einhaltung von Abstandsflächen** stellt sich **bei sämtlichen umfassend genehmigungspflichtigen Tatbeständen**, also neben der Errichtung auch bei wesentlichen Änderungen wie Aufstockung und → Nutzungsänderung neu (OVG Münster, BauR 1996, 375 ff; BauR 1997, 996 ff; VGH München, BauR 1992, 603). Eine → Nutzungsänderung ist allerdings dann nicht abstandsflächenrelevant, wenn sie nicht zu nachteiligen Auswirkungen auf das → Baugrundstück in einem der durch die → Abstandsflächen geschützten Belange – Belichtung, Belüftung, Besonnung, → Brandschutz, Wohnfrieden – führen kann (VGH Mannheim, Beschl. v. 12. Juni 1991, 3 S 1499/91; IBR 1991, 507). Ein **Verstoß gegen das in § 15 Abs. 1 BauNVO enthaltene städtebauliche → Rücksichtnahmegebot ist** bei Einhaltung der → Abstandsflächen im Regelfall aus tatsächlichen Gründen **ausgeschlossen**, weil die Abstandsflächenvorschriften definieren, was dem Nachbarn zumutbar ist (BVerwG, BauR 1999, 615; BVerwGE 94, 151 ff. = BauR 1994, 223; OVG Münster, BRS 44 Nr. 167).

Die → **Abstandsflächen müssen aus den Bauantragsunterlagen erkennbar sein und ordnungsgemäß ermittelt werden**. Dementsprechend verstößt eine → Baugenehmigung gegen die nachbarschützenden Abstandsvorschriften, wenn in den → Bauvorlagen zur → Baugenehmigung keine Höhen angegeben sind und deshalb gar nicht geprüft werden kann, ob die erforderlichen Abstandsflächenregelungen eingehalten werden (OVG Münster, BauR 1994, 750). Auch eine künstliche Veränderung der Höhenlage mit dem Ziel, die erforderlichen → Abstandsflächen günstiger zu gestalten und die Baumöglichkeiten in Richtung Nachbargrundstück zu verbessern, ist unzulässig (VGH München, BayVBl. 1997, 373).

b) Stellplatzregelungen

Gemäß § 51 Abs. 8 BauONRW müssen → **Stellplätze und Garagen so angeordnet** und ausgeführt werden, dass **ihre Benutzung die Gesundheit nicht schädigt** sowie das Arbeiten und Wohnen, die Ruhe und die Erholung in der Umgebung durch → Lärm oder Gerüche nicht über das zumutbare Maß hinaus stört. Diese Vorschrift oder vergleichbare in anderen Landesbauordnungen sind **(partiell) nachbarschützend** (VGH Kassel, BRS 38 Nr. 128; BRS 40 Nr. 216: OVG Berlin, LKV 1994, 119; OVG Saarlouis, BRS 49 Nr. 157; OVG Münster, BRS 38 Nr. 184; OVG Bautzen, LKV 1997, 103; VGH München, NVwZ-RR 1995, 9). Sie stellen **nicht auf die Überschreitung bestimmter Lärmgrenzwerte** wie TA-Lärm, VDI-Richtlinie etc. ab, auf die sich der Nachbar bei immissionsschutzrechtlich genehmigungsbedürftigen Vorhaben auf der Grundlage von § 5 Abs. 1 Nr. 1 BImSchG und bei nicht genehmigungsbedürftigen Vorhaben auf der Grundlage von § 22 BImSchG berufen kann (BVerwG, NJW 1987, 1713; BRS 47 Nr. 63). Vielmehr **bewerten** § 51 Abs. 8 BauONRW bzw. die entsprechenden bauordnungsrechtlichen Vorschriften anderer Länder **im Einzelfall**, **ob Störungen noch zumutbar sind**. Um dies zu überprüfen, **muss die Zahl und Lage der → Stellplätze auf dem → Baugrundstück eindeutig bestimmt sein**, anderenfalls ist bereits deshalb mangels Bestimmtheit die (gesamte, die → Stellplätze sind ein wesentliches und untrennbares Element der Baugenehmigung) → Baugenehmigung zugunsten des Nachbarn aufzuheben (OVG Münster, Beschl. v. 24. Januar 1996, 10 B 3115/95; BVerwG, BRS 42 Nr. 176). Bei **der Beurteilung der zumutbaren Störung ist die gesetzliche Wertung zu berücksichtigen**, wonach **zum einen → Stellplätze und Garagen grundsätzlich in allen Baugebieten zulässig** sind und **zum anderen sogar Grenzgaragen akzeptiert werden**. Dementsprechend führen Emissionen, die von einer für den Personenkraftwagen vorgesehenen Grenzgarage ausgehen, in der Regel nicht zu unzumutbaren Belästigungen (VGH Kassel, Beschl. v. 14. Juni 1988, III TG 2068/88; Urt. v. 22. Dezember 1982, II OE 55/82). Die Massierung von Stellplätzen im grenznahen Bereich kann jedoch die Unzumutbarkeit begründen (VGH Kassel, BRS 40 Nr. 216). Die Errichtung von 12 Garagenstellplätzen im

Wohnbereich auf dem Nachbargrundstück wurde vom VGH Kassel für noch zumutbar gehalten (VGH Kassel, Urt. v. 16. September 1986, 3 TG 1686/86). Für unzulässig hat das OVG Münster eine Doppelparkergarage mit zusätzlichen 10 Parkmöglichkeiten im bereits durch eine Garagenanlage vorbelasteten innerstädtischen rückständigen Wohnbereich gehalten (OVG Münster, Beschl. v. 18. April 1996, 7 B 711/96). Eine **nicht abgeschirmte Zufahrt** zu einer größeren Tiefgarage im bisher unbelasteten Blockinnenbereich **kann** (auch im Kerngebiet) **unzumutbar sein** (OVG Lüneburg, BRS 52 Nr. 115; OVG Saarland, BRS 49 Nr. 157). Gleiches gilt für sehr **lange Zufahrten** (40 m lange Auffahrt zur Garage, OVG Schleswig, BRS 54 Nr. 101; 42 m lange Fahrstrecke an der Grenze, OVG Münster, Urt. v. 11. Dezember 1992, 11 A 1374/90).
Nicht nachbarschützend sind demgegenüber die stellplatzbezogenen Bestimmungen über die Pflicht zur Herstellung geeigneter und ausreichender → Stellplätze, zur verkehrssicheren Erreichbarkeit der → Stellplätze von öffentlichem Grund oder zur Nichtgefährdung der Leichtigkeit und Sicherheit des öffentlichen Straßenverkehrs durch → Stellplätze (VGH Kassel, BRS 55 Nr. 171; NJW 1983, 261; VGH Mannheim, BRS 38 Nr. 127; BRS 38 Nr. 129; BRS 54 Nr. 100; OVG Münster, BRS 56 Nr. 159).

c) **Weitere nachbarschützende Bestimmungen**
Weiterer → Nachbarschutz kann sich aus dem → Bauordnungsrecht, aber auch aus sonstigen öffentlich-rechtlichen Vorschriften ergeben. So sind die **Brandschutzanforderungen** der Bauordnungen, soweit sie gegen ein Ausbreiten von Feuer auf das Nachbargrundstück wirken (harte Bedachung, äußere Brandwände, Rauchkamine etc.), generell nachbarschützend (VGH Kassel, BRS 36 Nr. 153; VGH München, BRS 35, Nr. 181; BRS 49 Nr. 211; VGH Mannheim, BRS 39 Nr. 121).

6. **Verzicht**
Auf die nachbarrechtlichen Abwehrrechte kann verzichtet werden. Der **Verzicht muss ausdrücklich erfolgen** (Zeigen der Baupläne reicht nicht) und kommt durch Unterschreiben der → Bauvorlagen oder durch eine schriftliche Zustimmungserklärung zum Ausdruck. Die **Nachbarerklärung muss sich auf ein konkretes Vorhaben oder spezielle Nachbarrechte** (z. B. Abstandsflächen) beziehen. Ansonsten ist die Verzichtserklärung zu unbestimmt und nicht relevant. Der **Verzicht erfasst nicht ein wesentlich geändertes Vorhaben** (VGH Kassel, BRS 48 Nr. 178; OVG Saarlouis, BRS 57 Nr. 138; VGH Mannheim, BRS 56 Nr. 182). Die **Verzichtserklärung hat gegenüber der Bauaufsichtsbehörde**, nicht dem Nachbarn zu erfolgen. Der **Verzicht** wird nach h. M. als **materiell-rechtliche Erklärung** angesehen und ist als solche nach Zugang bei der → Bauaufsichtsbehörde nicht frei widerruflich, sondern nur analog §§ 119 ff. BGB anfechtbar (OVG Saarlouis, BRS 38 Nr. 179; OVG Münster, Urt. v. 17. Oktober 1997, 7 A 7123/95; vgl. auch VGH Mannheim, NVwZ 1983, 229; OVG Bremen, BRS 54 Nr. 202). Einen gültigen **vertraglichen Verzicht** stellen auch **wechselseitige Vereinbarungen zwischen Grundstückseigentümern** dar, die auf die Geltendmachung bestimmter Abwehrrechte, etwa hinsichtlich → Abstandsflächen oder Art der Nutzung, gegenseitig verzichten (BGH, BauR 2000, 252; OVG Münster, Beschl. v. 17. Juli 1995, 7 B 3068/94). **Die einseitigen oder vertraglichen Verzichtserklärungen gelten auch für und gegen Rechtsnachfolger** (VGH Kassel, NVwZ-RR 1990, 6; BRS 56 Nr. 180; VGH Mannheim, VBlBW 1990, 188).

7. **Verwirkung**
Aufgrund des **auch im öffentlichen Rechts geltenden Grundsatzes von Treu und Glauben kann der nachbarrechtliche Abwehranspruch verwirkt sein**. Hat der Nachbar trotz der sich über einen

längeren Zeitraum hinziehenden Bauarbeiten und obwohl er die Verletzung seiner Rechte zumindest hätte erkennen müssen seine Abwehrrechte nicht geltend gemacht und erweckt er dadurch beim Bauherrn den Eindruck, er werde seine Rechte nicht mehr ausüben, hat er sein Abwehrrecht verwirkt. Der maßgebliche Zeitraum der Untätigkeit ist deutlich länger als der für die verfahrensrechtlichen Rechtsbehelfe (1. Monat), kann aber auch kürzer sein. Häufig orientiert man sich beim Untätigkeitszeitraum an der Jahresfrist des § 58 Abs. 2 VwGO (BVerwG, BayVBl. 1991, 726; OVG Weimar, LKV 1994, 110; OVG Münster, BauR 1992, 753). Das **Verhalten von Voreigentümern ist zuzurechnen** (VGH Mannheim, IBR 1992, 58; VGH München, BauR 1990, 593). Treuwidrig ist beispielsweise die Berufung auf planungsrechtliche Nachbarrechte, wenn der Nachbar zuvor Bauerwartungsland oder Land zum Zwecke der Schaffung von Wohnraum zu einem hohen Preis verkauft hat und er sich jetzt etwa als Landwirt gegen eine heranrückende Wohnbebauung wendet (VGH Kassel, NVwZ-RR 1991, 171; OVG Münster, BRS 58 Nr. 54). Vor dem Hintergrund von **Treu und Glauben** ist unter dem Gesichtspunkt des venire contra factum proprium **bei der Berufung auf das Abstandsflächenrecht zu beachten**, dass derjenige, der selbst die Abstandsflächenvorschriften nicht einhält, dies auch nicht von seinem Nachbarn verlangen kann (VG Halle, LKV 1996, 337; *Kuhla/Hüttenbrink*, Der Verwaltungsprozess, K Rdn. 82).

8. Schutz gegen rechtswidriges Bauen
Auf der Grundlage der bauordnungsrechtlichen Vorschriften über die Nutzungsuntersagung, → Baueinstellung und → Abrissverfügung, vgl. §§ 71, 72 HBO liegt das **Einschreiten gegen rechtswidriges Bauen grundsätzlich im pflichtgemäßen Ermessen** der → Bauaufsichtsbehörde. Ist eine **erteilte Baugenehmigung** wegen Verletzung **nachbarschützender Vorschriften bestandskräftig oder sofort vollziehbar zurückgenommen oder aufgehoben worden**, so wirkt nach der Rechtsprechung der **Folgenbeseitigungsaspekt zugunsten des Nachbarn** verstärkt auf das behördliche Ermessen ein. Dies **führt regelmäßig zu einer Ermessensreduzierung auf Null**, weil die Behörde die Folgenbeseitigungslast trifft, die Folgen ihres rechtswidrigen Handelns zu beseitigen (OVG Münster, BRS 39 Nr. 178; VGH Mannheim, BRS 27 Nr. 199; OVG Bremen, BRS 27 Nr. 192). D. h. der in seinen Rechten verletzte und mehr als nur geringfügig beeinträchtigte Nachbar kann – wenn sein → Widerspruch als zulässig und begründet anzusehen ist – grundsätzlich von der Behörde ein Einschreiten gegen den Bauherrn verlangen, wenn nicht die Behörde sachliche Gründe für ihre Untätigkeit hat. Denn das Risiko baurechtswidriger Zustände hat grundsätzlich der → Bauherr und nicht der Nachbar zu tragen (BVerwG, BRS 56 Nr. 203; BayVBl. 2002, 637; OVG Berlin, BRS 50 Nr. 206; OVG Saarlouis, NVwZ-RR 1995, 493; VGH Mannheim, BRS 52 Nr. 148; VGH München, NVwZ 1997, 923). Gleiches gilt beim Schwarzbau (VGH Mannheim, BRS 56 Nr. 190; OVG Bremen, NVwZ 1991, 1006).

Nachbarschutz   → Immissionen; → Nachbarrecht
Nachbarschutz wird **öffentlich-rechtlich** und **zivilrechtlich** verwirklicht. Der in den öffentlich-rechtlichen Baunormen verankerte öffentlich-rechtliche Nachbarschutz beruht darauf, dass eine → Baugenehmigung nicht nur im Verhältnis zwischen → Bauherr und Baugenehmigungsbehörde, sondern umfassend auch im Verhältnis zum Nachbarn die Übereinstimmung mit dem öffentlichen Recht feststellt. Daneben tritt der zivilrechtliche Nachbarrechtsschutz, der durch die §§ 903 ff, 1004, 823 BGB (Abwehr gegen Grundstücksbeeinträchtigungen) sowie durch Landesrecht (vgl. § 124 EGBGB) gewährt wird. Der zivilrechtliche Rechtsschutz hat insbesondere bei der Bewertung nachbarschaftlicher privater Rechtsbeziehungen eigenständige Bedeutung, da hierzu die auf das öffentliche Recht bezogene Baugenehmigung keine Aussage trifft (BVerwG, *Buchholz* 11 Art. 14 GG Nr. 301). **Öffentlich-rechtlicher und zivilrechtlicher Rechtsschutz stehen nebeneinander, ergänzen und überlagern sich.** Die **Harmonisierung der Rechtsgebiete** wird insbesondere durch

die Merkmale der **Zumutbarkeit** und **nachbarlichen Rücksichtnahme** erzielt. Gemäß § 1004 Abs. 2 BGB ist ein Abwehranspruch ausgeschlossen, wenn der Eigentümer des Nachbargrundstücks zur **Duldung** verpflichtet ist. Die → Duldungspflicht lässt sich aus der öffentlich-rechtlichen bauordnungs- und bauplanungsrechtlichen Zulässigkeit eines beanstandeten Vorhabens herleiten. Nach § 906 BGB kann der Grundstückseigentümer → Immissionen insoweit nicht verbieten, als sie die Benutzung seines Grundstücks nicht unerheblich beeinträchtigen oder ortsüblich sind. Die Ortsüblichkeit lässt sich anhand des öffentlichen Rechts bestimmen. **Was nach den öffentlich-rechtlichen Bauvorschriften zumutbar ist, muss auch zivilrechtlich als zumutbar bzw. ortsüblich hingenommen werden**. Bei den zumutbaren → Immissionen ist auf technische Regelwerke (TA-Lärm etc.) zurückzugreifen. Insbesondere ist bei den zivilrechtlichen Fragen, was ein Nachbar hinzunehmen hat, zu prüfen, ob nicht Festsetzungen in einem → Bebauungsplan bereits einen nachbarlichen Interessenausgleich durchgeführt haben, was vor allem bei der zivilrechtlichen Bewertung der Ortsüblichkeit i. S. v. § 906 Abs. 2 S. 1 BGB zu berücksichtigen wäre (vgl. BGH, NJW 1999, 356 = UPR 1999, 185; *Fehn/Laschet*, UPR 1998, 7 ff; *Cuypers*, Bauvertragsrecht, C Rdn. 18: **Vorrang des öffentlichen Baurechts**).

Nachbesserung → Leistungsmangel

Nachforderungen → Leistungsänderung; → Mengenänderung; → VOB; → Zusätzliche Leistung

Gemäß § 2 Nr. 1 VOB/B werden durch die im → Bauvertrag vereinbarten Preise alle Leistungen abgegolten. Der Umfang der vertraglichen → Leistung bestimmt sich nach der konkreten Vereinbarung. Zur konkreten Vereinbarung gehört insbesondere die → Leistungsbeschreibung mit dem Leistungsverzeichnis, darüber hinaus die Vertragsbedingungen und bei Vereinbarung der Geltung der VOB über § 1 Nr. 1 Satz 2 VOB/B auch die in der → VOB/C enthaltenen speziellen → DIN-Normen. Jede der DIN-Normen enthält Regelungen über den konkreten Leistungsumfang zur Erfüllung der jeweiligen DIN-Norm. Nachforderungen sind für diese Nebenleistungen grundsätzlich ausgeschlossen.
Führt der → Auftragnehmer darüber hinaus weitere Leistungen aus, so steht ihm unter Umständen ein Nachforderungsrecht, d. h. ein Recht auf zusätzliche Vergütung, zu. In folgenden Fällen kann der Auftragnehmer Nachforderungen verlangen:
- bei Mengenänderungen unter den Voraussetzungen des § 2 Nr. 3 VOB/B,
- bei Mehrkosten in Folge Änderungen des Bauentwurfs oder anderer Anordnungen des → Auftraggeber gemäß § 2 Nr. 5 VOB/B,
- bei Mehrkosten in Folge zusätzlich ausgeführter Leistungen gemäß § 2 Nr. 6 VOB/B erforderlich ist hier eine Anzeige über Mehrkosten vor Beginn der Arbeiten!),
- als → Schadensersatz in Folge von Behinderungen durch den Auftraggeber gemäß § 6 Nr. 6 VOB/B,
- als Entschädigung nach einer → Kündigung des Auftragsnehmers in Folge einer Vertragsverletzung des Auftraggeber nach § 9 Nr. 1 VOB/B gemäß § 9 Nr. 3 VOB/B.

Die vorbehaltlose Annahme der → Schlusszahlung schließt jedoch Nachforderungen aus, wenn der Auftragnehmer über die Schlusszahlung schriftlich unterrichtet und auf die Ausschlusswirkung hingewiesen wurde (§ 16 Nr. 3 Abs. 2 VOB/B). Die Regelung des § 16 Nr. 3 Abs. 2 VOB/B ist allerdings nur wirksam, wenn die VOB/B im ganzen vereinbart wurde.

Nachfrist

Nachfristen sind regelmäßig Fristen, die nach Ablauf einer bereits gesetzte und abgelaufenen → Frist unter Umständen erforderlich sind, um weitergehende Rechtsfolgen (etwa einen Anspruch

auf Schadensersatz) zu begründen. Im Bauvertragsrecht sind Nachfristen in folgenden Fällen erforderlich:
- gemäß § 5 Nr. 4 VOB/B kann der → Auftraggeber dem → Auftragnehmer eine angemessene Nachfrist zur Vertragserfüllung setzen und erklären, dass er ihm nach fruchtlosem Ablauf der Frist den Auftrag entziehe, wenn der Auftragnehmer den Beginn der Bauausführung verzögert, mit der Vollendung in → Verzug gerät oder der in § 5 Nr. 3 VOB/B erwähnten Verpflichtung nicht nachkommt,
- gemäß § 14 Nr. 4 VOB/B kann der Auftraggeber, sofern der Auftragnehmer eine prüfbare → Rechnung nicht eingereicht hat und der Auftraggeber ihm hierfür eine angemessene Frist gesetzt hat, eine Rechnung selbst und auf Kosten des Auftragnehmer aufstellen,
- gemäß § 16 Nr. 5 Abs. 3 VOB/B kann der Auftragnehmer eine angemessene Nachfrist setzen, wenn der Auftraggeber bei → Fälligkeit einer Zahlungsverpflichtung nicht zahlt; nach Ablauf der Nachfrist kann der Auftragnehmer vom Auftraggeber Verzugszinsen verlangen und ggf. (bei Nachweis) einen höheren Verzugsschaden geltend machen; außerdem darf er die Arbeiten bis zur Zahlung einstellen,
- gemäß § 17 Nr. 6 Abs. 3 VOB/B kann der Auftragnehmer dem Auftraggeber eine angemessene Nachfrist zur Einzahlung eines zur Sicherheit einbehaltenen Betrages auf ein Sperrkonto setzen, wenn der Auftraggeber den einbehaltenen Betrag nicht rechtzeitig auf ein solches Sperrkonto einzahlt (§ 17 Nr. 5 VOB/B); lässt der Auftraggeber die Nachfrist verstreichen, so kann der AN die sofortige Auszahlung des einbehaltenen Betrages verlangen und braucht dann keine Sicherheit mehr zu leisten.

Nachfristen setzen nur dann insgesamt 2 Fristsetzungen voraus, wenn dies geregelt ist. Anderenfalls, z. B. im Falle des § 16 Nr. 5 Abs. 3 VOB/B oder des § 17 Nr. 6 Abs. 3 VOB/B, reicht die erstmalige Fristsetzung als Nachfristsetzung aus (OLG Dresden, IBR 1999, 580).

Nachtrag   → Leistungsänderung; → Mengenänderung; → Nachforderungen; → Zusätzliche Leistungen

Nachtragsangebote des Bauunternehmers
Wird nach Baubeginn eine → Leistungsänderung erforderlich, so stellt der → Auftragnehmer dem → Auftraggeber häufig sogenannte Nachtragsangebote. Hierbei ist zu beachten, dass der Auftragnehmer nur unter gewissen Voraussetzungen, z. B. bei Mengenänderungen von → Teilleistungen (§ 2 Nr. 3 VOB/B oder § 2 Nr. 7 VOB/B) sowie für geänderte (§ 2 Nr. 5 VOB/B) und zusätzliche Leistungen (§ 2 Nr. 6 VOB/B), eine vom ursprünglichen Angebot abweichende Vergütung verlangen kann.

Nachunternehmer   → Generalunternehmer; → Hauptunternehmer
Ein Nachunternehmer (auch Subunternehmer genannt) ist ein Unternehmer, der → Bauleistungen im Auftrag eines anderen Unternehmers (z. B. Haupt-, General- oder Totalunternehmes) ausführt. Es bestehen keine Vertragsbeziehungen zwischen dem Nachunternehmer und dem Bauherrn. Nachunternehmer werden in aller Regel vom → Hauptunternehmer aufgrund besonderer fachlicher Kompetenzen eingeschaltet. Die VOB/B lässt den Einsatz eines Nachunternehmers im Gegensatz zum BGB nicht ohne schriftliche Zustimmung des Auftraggebers zu, wenn der Betrieb des → Auftragnehmer auf die betreffende Leistung eingerichtet ist (§ 4 Nr. 8 Abs. 1 VOB/B). Der Auftragnehmer hat bei der Weitervergabe von → Bauleistungen an Nachunternehmer die VOB/B zugrunde zu legen (§ 4 Nr. 8 Abs. 2 VOB/B). Ein Verstoß gegen § 4 Nr. 8 Abs. 1 VOB/B berechtigt den Auftraggeber nach erfolgloser → Fristsetzung und Kündigungsandrohung zur Kündigung des Vertrages

gem. § 4 Nr. 8 Abs. 1 S. 4 VOB/B i. V. m. § 8 Nr. 3 VOB/B. Der Auftragnehmer muss seinem Auftraggeber die Nachunternehmer auf sein Verlangen hin bekannt geben (§ 4 Nr. 8 Abs. 3 VOB/B).

Nationalpark → Naturschutz

Natura 2000 → Flora Fauna Habitat; → Naturschutz; → Vogelschutz

Naturdenkmal → Naturschutz

Naturschutz → Baumschutz; → Bebauungsplan; → Flächennutzungsplan; → Flora-Fauna Habitat (FFH); → Naturschutzrechtlicher Ausgleich; → Vogelschutz
Naturschutzrechtliche Regelungen spielen auf allen Ebenen des Baurechts eine Rolle. Der Naturschutz kommt mit **allgemeinen (§§ 19 ff. BNatSchG)** und **besonderen Schutznormen (§§ 22 ff. BNatSchG)** zum Tragen.

1. Allgemeine Schutznormen
Gemäß § 19 Abs. 1 und Abs. 2 BNatSchG ist der **Verursacher eines naturschutzrechtlichen Eingriffs** (= den Naturhaushalt oder das Landschaftsbild erheblich beeinträchtigende Veränderung von Grundflächen) **verpflichtet, vermeidbare Beeinträchtigungen** von Landschaft und Natur zu **unterlassen** sowie **nicht vermeidbare Eingriffe** zu **minimieren**. Dabei gilt das **Grundprinzip**, dass die nach dem jeweiligen Fachrecht zulässige Inanspruchnahme von Natur und Landschaft durch Naturschutzbelange nicht in Frage gestellt werden kann. Das Naturschutzrecht nimmt also die am Ort des Eingriffs selbst zwangsläufig hervorgerufene Beeinträchtigung grundsätzlich als unvermeidbar hin. Vielmehr geht das naturschutzrechtliche Vermeidungsgebot nur dahin, dass der im Rahmen der Planung und Realisierung eines Vorhabens zulässige Eingriff die naturschutzrechtlichen Belange optimal berücksichtigt und den Eingriff durch naturschutzrechtliche Ausgleichsmaßnahmen kompensiert (BVerwG, DVBl. 1990, 1185).

2. Relevanz der allgemeinen Schutznormen im Baurecht
§ 21 Abs. 1 BNatSchG legt fest, dass **bei der Aufstellung, Änderung, Ergänzung oder Aufhebung von Bauleitplänen** (→ Bebauungsplan und Flächennutzungsplan) **oder Ergänzungssatzungen** nach § 34 Abs. 4 S. 1 Nr. 3 BauGB **ausschließlich die Normen des BauGB anzuwenden sind**. Der Naturschutz ist dort in den Regelungen über den naturschutzrechtlichen Ausgleich verwirklicht. Die **naturschutzrechtlichen Ausgleichsregelungen** sind gemäß § 21 Abs. 2 S. 1 BNatSchG ebenfalls **nicht anwendbar** auf Vorhaben im → **Planbereich nach § 30 BauGB** sowie während der Planaufstellung **nach § 33 BauGB** und **im** → **Innenbereich nach § 34 BauGB**. Demgegenüber gelten gemäß § 21 Abs. 2 S. 2 BNatSchG Vorhaben im → **Außenbereich nach § 35 BauGB** sowie Bebauungspläne, die eine Planfeststellung ersetzen, weiterhin als Eingriffe, so dass insoweit eine naturschutzrechtliche Beurteilung auf der Grundlage der § 18–20 BNatSchG vorzunehmen ist (*Wirth/Müller*, Öffentliches Baurecht, 8. Teil, Rdn. 42). Hinsichtlich solcher Vorhaben, die **im Außenbereich** liegen oder eine Planfeststellung ersetzen, besagt die Tatsache, dass bauliche Anlagen regelmäßig einen naturschutzrechtlich relevanten Eingriff darstellen und im konkreten Fall nicht kompensiert werden können, nicht, dass diese unzulässig sind. Nach § 19 Abs. 3 BNatSchG ist ein Eingriff nur zu untersagen, wenn die Beeinträchtigung nicht zu vermeiden oder nicht ausgeglichen werden kann und im Rahmen einer Abwägung die Naturschutzbelange den für das Vorhaben sprechenden öffentlichen und privaten Interessen vorgehen. Bei der Abwägung ist nämlich eine **gesetzliche Privilegierung von Vorhaben** wie sie etwa in § 35 Abs. 1 BauGB zum Ausdruck kommt, **zu**

berücksichtigen. Darin hat der Gesetzgeber zum Ausdruck gebracht, dass ein solches Vorhaben seinen Standort im → Außenbereich haben soll. Dementsprechend scheitert beispielsweise die Neuerrichtung eines landwirtschaftlichen Hofes oder eines sonstigen ortsgebundenen Betriebes im → Außenbereich, selbst wenn eine Ausgleichsfläche nicht zur Verfügung steht, grundsätzlich nicht an § 19 Abs. 2, 3 BNatSchG, weil ein erhebliches öffentliches und privates Interesse daran besteht, dass etwa die landwirtschaftliche Betriebsstätte in der Nähe der landwirtschaftlichen Nutzflächen und außerhalb der Ortschaften liegt (BVerwGE 28, 148).

3. Besondere Schutznormen

Nach § 22 Abs. 1 BNatSchG können Teile von Natur und Landschaft zum **Naturschutzgebiet, Nationalpark, Biosphärenreservat, Landschaftsschutzgebiet, Naturpark** oder **Naturdenkmal** oder **geschützten Landschaftsbestandteil** erklärt werden. In den Erklärungen sind Schutzgegenstand, Schutzzweck sowie die zur Erreichung des Zwecks notwendigen Gebote und Verbote zu bestimmen. Die Konkretisierungen erfolgen durch landesrechtliche Ermächtigungsnormen (vgl. § 60 NatSchGBW, Art. 48 Abs. 2 BayNatSchG, § 18 HENaG, § 42 e LGNRW, § 52 SächsNatSchG). Die **Naturschutzgebiete** verwirklichen den **stärksten Schutz** und schützen das Biotop insgesamt. Nach § 23 Abs. 2 BNatSchG sind alle Handlungen, die zu einer Zerstörung, Beschädigung oder Veränderung des Naturschutzgebietes oder seiner Bestandteile oder zu einer nachhaltigen Störung führen können insoweit verboten, soweit dies in der, das Schutzgebiet und den Schutzinhalt definierenden, Rechtsverordnung angeordnet ist. Es handelt sich dabei um **absolute Veränderungsgebote**. **Nationalparks** sind in § 24 BNatSchG definiert und lassen sich als Naturschutzgebiete großräumiger Art bezeichnen. **Biosphärenreservate** sind gemäß § 25 BNatSchG erhaltens- und entwicklungswerte, durch Arten- und Biotopvielfalt geprägte großflächige Kulturlandschaften. Die Länder haben in den Nationalparks und Biosphärenreservaten sicherzustellen, dass der Schutz unter Berücksichtigung der durch die Großräumigkeit und Besiedlung gebotenen Ausnahmen denen in den Naturschutzgebieten entspricht, §§ 24 Abs. 3, 25 Abs. 2 BNatSchG. **Landschaftsschutzgebiete** vermitteln einen **schwächeren Schutz**; gemäß § 26 BNatSchG dienen sie schwerpunktmäßig der Erhaltung eines bestimmten naturschutzwürdigen Zustandes (Leistungsfähigkeit des Naturhaushalts, Nutzungsfähigkeit der Naturgüter etc.). Nach § 26 Abs. 2 BNatSchG sind alle Handlungen verboten, die den Charakter des Gebietes verändern oder dem besonderen Schutzzweck zuwiderlaufen; es geht daher anders als in einem Naturschutzgebiet nicht darum, den bestehende Zustand des Schutzgebiets möglichst unverändert zu erhalten, sondern es muss nur der Charakter des Gebiets erhalten bleiben, was gewisse Veränderungen bei der Nutzung einzelner Grundstücke durchaus zulässt. Zudem ist im Rahmen der Unterschutzstellung der besonderen Bedeutung der Land- und Forstwirtschaft angemessen Rechnung zu tragen. Vor diesem Hintergrund kann in Landschaftsschutzgebieten nur ein **relatives Veränderungsverbot mit Erlaubnisvorbehalt** ausgesprochen werden. Die Anordnung absoluter Veränderungsverbote wie bei Naturschutzgebieten ist unzulässig (*Wirth/Müller*, Öffentliches Baurecht, 8. Teil, Rdn. 57). **Naturparks** sind gemäß § 27 BNatSchG großräumige Gebiete mit Erholungsfunktion; sie sollen entsprechend ihrem Erholungszweck geplant, gegliedert und erschlossen werden (Bau von Wanderwegen, Park- und Rastplätzen, Rekultivierungsmaßnahmen etc.). **Naturdenkmäler** nach § 28 BNatSchG schützen spezifische Einzelschöpfungen der Natur wie Bäume, Felsen, Teiche, Wiesen etc. und die für den Schutz erforderliche Umgebung. Als Kombination von „nicht ganz so wertvollen Naturdenkmälern" und Landschaftsschutzgebiete können **geschützte Landschaftsbestandteile** gemäß § 29 BNatSchG festgesetzt werden (VGH Kassel, AgrarR 1990, 83). Hierzu gehören auch die **städtischen Baumschutzsatzungen**, die auf der Grundlage von § 29 Abs. 1 S. 2 BNatSchG das Fällen von Bäumen, die einen gewissen Stammumfang überschreiten, für den Plan- und → Innenbereich und dessen angrenzende

Randzonen verbieten bzw. eine Baumfällgenehmigung von einer angemessenen Entschädigungszahlung und Ersatzpflanzung abhängig machen können (VGH Mannheim, NVwZ 1995, 402) → Baumschutz. Dabei kann als Geltungsbereich einer Baumschutzsatzung der gesamte (sich dynamisch verändernde) beplante und nichtbeplante → Innenbereich gemäß §§ 30, 34 BauGB festgesetzt werden, ohne dass dieser in einer Karte oder im Text genau fixiert sein muss (BVerwG, NVwZ 1994, 1099; OVG Münster, NVwZ-RR 1994, 256; a. A. OVG Lüneburg, NuR 1992, 439). Die Beseitigung und Beschädigung von Naturdenkmälern und geschützten Landschaftsbestandteilen ist nach Maßgabe der Landesnaturschutzgesetze i. V. m. den Baumschutzsatzungen verboten, wobei regelmäßig Fällgenehmigungen zu erteilen sind, wenn das geschützte Objekt eine Gefahr für die öffentliche Sicherheit oder Ordnung darstellt (z. B. Fels in Hanglage und darunter liegende Häuser), der Naturschutzgehalt entfallen ist (z. B. Absterben des Baumes) oder das benachbarte Haus massiv verschattet wird und permanenter künstlicher Belichtung bedarf.

4. Natura 2000

Natura 2000 bezweckt die Einrichtung eines europaweiten ökologischen Netzes zur Erhaltung der natürlichen Lebensräume und der Habitate der Arten. Es soll einerseits die in Anhang I der → **Flora Fauna Habitat (FFH-)Richtlinie** genannten natürlichen Lebensraumtypen von gemeinschaftlichem Interesse (seltener oder bedrohter Lebensraum oder typische biographische Region alpiner, atlantischer, kontinentaler, makaronesischer oder mediterraner Art) erfassen. Andererseits soll es gemäß Anhang II der FFH-Richtlinie die Habitate für Tier und Pflanzenarten von gemeinschaftlichem Interesse einschließen. Schließlich sind die aufgrund der **Vogelschutzrichtlinie** ausgewiesenen Gebiete zu integrieren. Dies betrifft bis zu 15 % der Fläche der BRD (Fiselius, FFH-Richtlinie und Umsetzung, in: http://www.magnatur. de/ffhba. htm)

a) Europarechtliches Schutzerfordernis

Als **besondere Arten von Schutzgebieten zur Verwirklichung von Natura 2000 können die in § 32–38 BNatSchG aufgezählten besonderen Gebiete von gemeinschaftlicher Bedeutung, Konzertierungsgebiete und europäische Vogelschutzgebiete festgesetzt werden**. Die Gebiete gemeinschaftlicher Bedeutung werden gemäß § 33 Abs. 1 BNatSchG von den Ländern im Benehmen mit dem Bundesumweltministerium ausgewählt und benannt und dann vom Ministerium an die Kommission weitergeleitet. Sieht die Kommission Gebiete als schutzwürdig an, die nicht benannt sind (Konzertierungsgebiete), haben sich Kommission und Mitgliedstaat damit auseinander zu setzen. Gelingt innerhalb von 6 Monaten keine Einigung, kann der Rat die Unterschutzstellung einstimmig beschließen.

b) Schutz der Gebiete nach Konzept Natura 2000

Gemäß § 34 BNatSchG sind **Projekte** (umfasst alle aus naturschutzfachlicher Sicht relevante Eingriffe) **vor ihrer Zulassung oder Durchführung auf ihre Verträglichkeit mit den Erhaltungszielen eines Gebietes von gemeinschaftlicher Bedeutung oder eines Europäischen Vogelschutzgebietes zu überprüfen**. Bringt das Projekt erhebliche Beeinträchtigungen mit sich, die dem Schutzzweck eines solchen Gebietes widersprechen, ist es grundsätzlich unzulässig; es darf gemäß § 34 Abs. 2 und 3 BNatSchG ausnahmsweise zugelassen werden, wenn das Projekt aus zwingenden Gründen des überwiegenden öffentlichen Wohls einschließlich solcher sozialer oder wirtschaftlicher Art (aber keine reinen Privatinteressen) erforderlich ist und eine Alternativlösung nicht existiert. Bei prioritären Biotopen oder prioritären Arten ist die Möglichkeit der Bewilligung von Ausnahmen, wie auch von Art. 4 Abs. 4 der Vogelschutz-RL vorausgesetzt ist, weiter dadurch eingeschränkt, dass ein Mitgliedstaat nicht befugt ist, die wirtschaftlichen Erfordernisse als Gründe des Gemeinwohls zur Durchbrechung des Schutzregimes zugrunde zu legen, § 34 Abs. 4 BNatSchG (BVerwG, DVBl. 1998, 900, 905).

5. Relevanz der besonderen Schutzgebiete im Baurecht
a) Bauleitplanung
aa) Bauleitplan war zuerst da

Das **Verhältnis zwischen Naturschutz und Bauleitplanung ist im BauG in § 7 BauGB geregelt**. Danach sind öffentliche Planungsträger wie die Naturschutzbehörde an den → Flächennutzungsplan gebunden, soweit sie ihm nicht widersprochen haben (VGH Mannheim, NVwZ 1992, 995; VGH München, BayVBl. 1995, 242). Dies bedeutet, dass die Naturschutzbehörden keine Planung betreiben dürfen, die im Widerspruch zu den Planaussagen des Flächennutzungsplans und erst recht zu denen eines Bebauungsplans bestehen (**Grundsatz des Vorrangs einer vorhandenen Bauleitplanung**). Dementsprechend kann beispielsweise die Ausweisung eines Landschaftsschutzgebietes im Geltungsbereich eines Bebauungsplans nur insoweit erfolgen, als dies mit den Festsetzungen des Bebauungsplans vereinbar ist; keinesfalls darf sie eine zulässige Bebauung einschränken (BVerwG, NVwZ 1989, 55; VGH Mannheim, NVwZ-RR 1996, 14). Hat die Naturschutzbehörde dem Bauleitplan vor der Beschlussfassung der Gemeinde widersprochen, bindet gemäß § 7 S. 2, 3 BauGB der Vorrang der Bauleitplanung die Naturschutzbehörde nicht. Gleiches (**keine Bindung der Naturschutzbehörde an den Bauleitplan**) gilt, wenn eine **Änderung der Sachlage** eintritt (umfasst jede Änderung der sachlichen, rechtlichen oder finanziellen Grundlage) und im Rahmen einer Abwägung die für eine von der Bauleitplanung abweichende (Naturschutz-)Planung sprechenden Gesichtspunkte die städtebaulichen Interessen nicht nur unwesentlich überwiegen (BVerwG, BayVBl. 1996, 697). Die Ausweisung eines Naturschutzgebietes (i. S. v. Art. 7 Abs. 1 BayNatSchG, § 23 BNatSchG) ist auch dann nicht wegen Verstoßes gegen § 7 BauGB nichtig, wenn die naturschutzrechtliche → Fachplanung zwar inhaltlich den Festsetzungen des Flächennutzungsplanes der Gemeinde als Trägerin der örtlichen → Planungshoheit widerspricht, die Gemeinde jedoch der abweichenden → Fachplanung zugestimmt und eine entsprechende Änderung ihres Flächennutzungsplanes in die Wege geleistet hat (VGH München, BayVBl. 2001, 659).

bb) Besonderes Naturschutzgebiet war zuerst da

Gemäß §§ 10 Abs. 2, 6 Abs. 2 BauGB darf ein **Bauleitplan nicht erlassen werden, wenn er gegen Rechtsvorschriften verstößt**. Daraus folgt, dass ein → **Bebauungsplan erst erlassen** werden darf, **wenn etwa eine Landschaftsverordnung** insoweit **aufgehoben** ist (BVerwG, NVwZ 1988, 728; VGH Kassel, NuR 1991, 283; OVG Schleswig, BauR 1994, 359). Dieser Grundsatz wird nur dann durchbrochen, wenn der → Bebauungsplan ein Einzelobjekt betrifft wie es etwa beim Bau einer Straße der Fall ist, wo der → Bebauungsplan gemäß § 17 Abs. 3 FStrG den Planfeststellungsbeschluss ersetzt. Planfeststellungsbeschlüsse können auch Vorhaben beispielsweise in einer Landschaftsschutzverordnung zulassen, wenn eine → Befreiung aus Gründen des Allgemeinwohls gemäß § 62 BNatSchG i. V. m. den landesrechtlichen Befreiungsvorschriften möglich ist. Falls die Landschaftsschutzverordnung selbst in ihren Regelungen für bauliche Maßnahmen eine vorherige Genehmigungspflicht begründet, muss vor Erlass eines Bebauungsplans für eine solche Straßenplanung zunächst diese Genehmigung eingeholt werden (BVerwG, VBlBW 1992, 458; VGH Kassel, NVwZ-RR 1990, 297). Dementsprechend konnte beispielsweise die luftverkehrsrechtliche Genehmigung für eine Flugplatzerweiterung, das sich auf Naturschutzgebietgelände erstreckt, zur Stärkung eines strukturarmen Raumes (Grund des Gemeinwohls) unter → Befreiung von den Festsetzungen eines Naturschutzgebietes erteilt werden. Die → Befreiung war mit den Belangen des Naturschutzes zu vereinbaren, weil der Hauptschutzzweck des Naturschutzgebietes (konkreter Standort: Kalktrockenrasen mit wertvollem Orchideenbestand) durch die → Befreiung nicht angegriffen wurde, § 31 Nr. 1 BNatSchG (OVG Koblenz, Urt. v. 11. 2. 2000, Az.: 8 A 10 321/99 OVG).

b) Einzelbauvorhaben
aa) Planbereich

Der (wirksame) → Bebauungsplan regelt den Konflikt zwischen Bauleitplanung und Naturschutzrecht im Rahmen seiner Aufstellung. Es ist deshalb **grundsätzlich ausgeschlossen, dass ein im Geltungsbereich liegendes Grundstück aus naturschutz- und landschaftsrechtlichen Gründen nicht mit einem durch den → Bebauungsplan zugelassenen Vorhaben bebaubar ist**. Ändern sich nach Inkrafttreten des Bebauungsplans aus naturschutzrechtlicher Sicht die Umstände (etwa Niederlassung von seltenen Schwarzstörchen in einem durch → Bebauungsplan festgesetzten Campingplatz-Gebiet), kann die Gemeinde zur Aufhebung des Bebauungsplans verpflichtet sein. Zudem kann eine vorläufige Sicherstellung (vergleichbar einer Veränderungssperre) in Betracht kommen, wenn der erfasste Bereich generell schutzwürdig und schutzbedürftig im Hinblick auf eine (wahrscheinliche) spätere Schutzgebietsausweisung ist (OVG Lüneburg, NuR 1995, 369; *Hahn*, DVBl. 1992, 1413). Zu bedenken ist, dass im Einzelfall der Schutz der Baumschutzsatzung die Anordnung des geplanten Gebäudes auf dem → Baugrundstück beeinflussen kann.

bb) Innenbereich

Schutzgebietsfestsetzungen für (nicht beplante) Innenbereichsgrundstücke sehen sich der Situation gegenüber, dass auf der Grundlage des § 34 BauGB solche Grundstücke als Bauland klassifiziert sind. Allerdings bleiben nach § 29 Abs. 1 S. 4 BauGB andere öffentlich-rechtliche Vorschriften wie die naturschutzrechtlichen Regelungen unberührt. Wegen der gesetzlich eingestuften Baulandklassifizierung von Innenbereichslagen durch § 34 BauGB und der grundsätzlich abschließenden Regelung des Bodenrechts durch das → BauGB kommen **naturschutzrechtliche Bauverbote im → Innenbereich nur in Ausnahmefällen** und auch nur dann in Betracht, wenn eine **Entschädigungsregelung für den Verlust der Baulandqualität vorhanden ist** (BVerwGE 55, 272). Bei der Frage nach einer → Befreiung von Schutzfestsetzungen nach § 62 BNatSchG i. V. m. den landesrechtlichen Befreiungsvorschriften ist im Rahmen der Abwägung zwischen den Belangen des Natur- und Landschaftsschutzes auf der einen und den Eigentümerinteressen auf der anderen Seite die gesetzlich eingestufte Baulandqualität zu berücksichtigen. Es ist deshalb eine offensichtlich nicht beabsichtigte Härte und eine → Befreiung zu erteilen, **wenn** ein solches Grundstück **wegen einer Schutzgebietsausweisung nicht bebaut werden darf und die Bebauung mit den Belangen des Natur- und Landschaftsschutzes noch vereinbar ist** (VGH Kassel, NuR 1997, 25; OVG Lüneburg, NVwZ 1996, 132; VGH München, NVwZ-RR 1992, 341). Das Bundesverwaltungsgericht hat hinsichtlich der Überbauung einer Innenbereichsfläche, auf der besonders geschützte Vogelarten anzutreffen waren, deren Nist-, Wohn- und Brutstätten gemäß § 42 Abs. 1 BNatSchG nicht zerstört werden dürfen, ausgeführt, dass der **naturschutzrechtliche Artenschutz** zwar im Prinzip auch in bebauten Ortslagen gilt. Dennoch **hindert** er **nicht schlechthin die nach § 34 BauGB im → Innenbereich zulässige Bebauung** einer im Laufe der Jahre strauch- und baumbewachsenen Baulücke, auf der heimische Vögel nisten und brüten. Der → Bauherr muss indes sein Bauvorhaben so planen, dass Nist-, Brut-, Wohn- und Zufluchtstätten der nach deutschem und europäischem Recht besonders geschützten Arten wild lebender Tiere nicht mehr als unvermeidbar beeinträchtigt werden. Das stellt vor allem Anforderungen an die Dimensionierung des Baukörpers, seine Lage auf dem Grundstück sowie die Art und Weise, wie auch die Zeit der Bauausführung (BVerwG, Urt. v. 11. Januar 2001, Az.: 4 C 6.00).

cc) Außenbereich

Die Bebaubarkeit des Außenbereichs richtet sich nach § 35 BauGB. Nach **§ 35 Abs. 1 BauGB** sind **privilegierte Vorhaben grundsätzlich zulässig**, soweit ihnen nicht im konkreten Fall öffentliche Belange entgegenstehen. **Nichtprivilegierte Vorhaben sind gemäß § 35 Abs. 2 BauGB grundsätzlich unzulässig**, es sei denn, dass sie ausnahmsweise keine öffentlichen belange beeinträchtigen. Als öffentliche naturschutzbezogene Belange sind in § 35 Abs. 3 Nr. 5 BauGB Belange des Naturschutzes und der Landschaftspflege, die natürliche Eigenart der Landschaft und deren Erholungswert oder das Landschaftsbild genannt. Nichtprivilegierte Vorhaben wie insbesondere Wohn- und Gewerbegebäude beeinträchtigen praktisch immer die natürliche Eigenschaft der Landschaft und deren Erholungswert und können deshalb im → Außenbereich nicht errichtet werden. Die Belange des § 35 Abs. 3 BauGB sind demgegenüber – abgesehen von extremen Ausnahmefällen wie Schießstand oder Hühnermastanstalt im Erholungsgebiet der Großstadt – nicht zur Verhinderung privilegierter Bauvorhaben i. S. d. § 35 Abs. 1 BauGB in der Lage, selbst wenn diese wie beispielsweise großflächige → Sportanlagen oder Bodenschätze ausbeutende Betriebe aus naturschutzrechtlicher Sicht einen massiven Eingriff darstellen. **Liegt das privilegierte Vorhaben jedoch im Schutzgebiet einer Naturschutz- oder Landschaftsschutzverordnung, die Veränderungen des bestehenden Naturzustandes verbieten, so stehen diese Festsetzungen einem privilegierten Vorhaben entgegen** (BVerwG, NVwZ-RR 1989, 179; VGH Kassel, BRS 55 Nr. 209, UPR 1992, 239; OVG Lüneburg, NuR 1985, 195). Es muss dann um eine naturschutzrechtliche Befreiung von den Festsetzungen in dem jeweiligen Schutzgebiet nach § 62 BNatSchG i. V. m. den landesrechtlichen Befreiungsvorschriften nachgesucht werden, die insbesondere davon abhängt, ob die Genehmigungsversagung zu einer nicht beabsichtigten Härte führt oder die Befreiung aus Gründen des Gemeinwohls wie es bei einer der Öffentlichkeit zur Verfügung stehenden Sportanlage der Fall sein kann, gerechtfertigt ist (vgl. OVG Lüneburg, BauR 1988, 317; VGH Mannheim, NuR 1990, 464).

Naturschutzrechtlicher Ausgleich → Bebauungsplan; → Flächennutzungsplan

Nach dem BauGB sind alle Bauleitpläne einer Umweltprüfung zu unterziehen. Nur in den Ausnahmefällen des § 13 BauGB, d.h. wenn die Grundzüge der Planung eines Bauleitplans nicht berührt werden oder im Innenbereich die Eigenart der näheren Umgebung nicht wesentlich verändert wird und keine Vorhaben, die einer Umweltverträglichkeitsprüfung nach dem UVPG bedürfen, zugelassen werden sollen und auch sonst keine Umweltschutzgüter der Vogelschutz- und FFH-Richtlinie beeinträchtigt werden, kann von einer Umweltprüfung abgesehen werden.

1. Naturschutzrelevante Vorschriften

Folgende Vorschriften sind im Baurecht von besonderer naturschutzrechtlicher Relevanz:
– In § 1 Abs. 5 BauGB wird das Leitziel einer nachhaltigen städtebaulichen Entwicklung mit dem Zusatz konkretisiert, dass es hierbei darum geht, die sozialen, wirtschaftlichen und umweltschützenden Anforderungen untereinander in Einklang zu bringen.
– In § 1 Abs. 6 Nr. 7 BauGB sind die Belange des Umweltschutzes zusammengefasst, die bei der Aufstellung, Änderung, Ergänzung und Aufhebung der Bauleitpläne in der Abwägung zu berücksichtigen sind.
– § 1 a BauGB enthält zusätzliche Abwägungsbelange zum Umweltschutz in der Bauleitplanung:
  • sparsamer und schonender Umgang mit Grund und Boden (§ 1 a Abs. 2 BauGB)
  • Umwidmungssperre für landwirtschaftliche, als Wald oder für Wohnzwecke genutzte Flächen (§ 1 a Abs. 2 BauGB)

- Vermeidung und Ausgleich erheblicher Beeinträchtigungen des Landschaftsbildes sowie Leistungs- und Funktionsfähigkeit des Naturhaushalts (Eingriffsregelung, § 1a Abs. 3 BauGB)
- Aufgrund von §§ 1a Abs. 3, 9 Abs. 1a BauGB kann der Ausgleich des Eingriffs an anderen Stellen als am Ort des Eingriffs innerhalb oder außerhalb des Bebauungsplans durch Festsetzung und Zuordnung der Eingriffs- und Ausgleichsflächen im Eingriffsbebauungsplan oder in einem eigenen → Bebauungsplan erfolgen; auch durch vertragliche Vereinbarungen gemäß § 11 BauGB kann der erforderliche Ausgleich geregelt werden.
- Die §§ 135 a-c BauGB gehen zunächst davon aus, dass der Vorhabenträger, der regelmäßig der → Bauherr oder Eigentümer ist, die Ausgleichsmaßnahmen durchzuführen hat; sie geben jedoch gleichzeitig der Gemeinde die Möglichkeit, die Ausgleichsmaßnahmen auf fremden und zugeordneten Grundstücken selbst vorzunehmen und die Kosten dafür beim Vorhabenträger zurückzuholen.
- Nach § 1a Abs. 4 BauBG sind die Sondervorschriften für FFH-Gebiete und europäische Vogelschutzgebiete einzuhalten, wenn solche Gebiete erheblich beeinträchtigt werden können.

2. Durchführung des naturschutzrechtlichen Ausgleichs
a) Eingriff
Voraussetzung für naturschutzrechtliche Ausgleichsmaßnahmen ist, dass ein Eingriff vorliegt. Eingriffe sind unter Anlehnung an die **Definition in § 18 BNatSchG** solche Veränderungen der Natur, die eine bestimmte Intensität und Dauerhaftigkeit erreichen, dass sie sich entweder auf die Leistungsfähigkeit des Naturhaushaltes oder auf das Landschaftsbild auswirken. Die **Bewertung eines Eingriffs** und die **Ermittlung des** erforderlichen **Ausgleichs** erfolgt in der Regel in **4 Arbeitsschritten,** die auch in der Anlage zu § 2 Abs. 4 und § 2a BauGB beschrieben und im Umweltbericht festgehalten werden (*Frhr. v. u. z. Franckenstein*, BayVBl. 2001, 65 ff.):

b) 1. Schritt: Bestandsaufnahme
Der erste Schritt besteht im **Erfassen** und **Bewerten** des **status quo** der Natur und Landschaft. Je nach Schutzwürdigkeit wird das überplante Gebiet eingeschätzt. Dies kann von wenig schutzwürdigen Flächen ohne naturbetonte Landschaftselemente über extensiv genutztes Grünland und sich weitgehend selbst überlassenen Obstwiesen als höher schutzwürdig bis hin zu strukturreichen Wäldern als höchst schutzwürdig gehen.

c) 2. Schritt: Bewerten des Eingriffs
Der zweite Schritt **ermittelt** die **Schwere des Eingriffs**. Entscheidendes **Kriterium** ist das **Maß der Versiegelung**, die sich an der festgesetzten Grundflächenzahl orientiert. Dementsprechend gilt: wird mit dem → Bebauungsplan eine bisher unbebaute Fläche überplant, liegt regelmäßig auch ein Eingriff vor. Wird eine bereits bebaute Fläche überplant, liegt ein Eingriff nur insoweit vor, wie das neu entstehende → Baurecht Natur und Landschaft verändert.

d) 3. Schritt: Ermitteln des Umfangs der erforderlichen Ausgleichsfläche
Der dritte Schritt **setzt den bewerteten Bestand** der Natur **in Bezug zu** dem **bewerteten Eingriff** und errechnet daraus den Bedarf an Ausgleichsflächen. Dabei geht es um die Einschätzung, was der Bestand wert ist und was an Neuem die Veränderung oder Beseitigung dieses Bestandes ausgleicht. Der sich so ergebende Ausgleichsbedarf kann je nach Eingriffsschwere (Versiegelungsgrad) flächenmäßig unter der beanspruchten Fläche liegen, aber, etwa bei höchst schutzwürdigen Gebieten, auch die Aufwertung des Mehrfachen der beanspruchten Fläche erfordern, um zu einem angemessenen Ausgleich zu gelangen.

e) 4. Schritt: Auswahl geeigneter Ausgleichsflächen

Der vierte Schritt richtet seinen Blick auf die Ausgleichsflächen. Die Schaffung von Ausgleichsflächen ist möglich durch einen Ausgleich auf dem → Baugrundstück selbst (z. B. Gestaltung der Freifläche), auf anderen Grundstücken des Bebauungsplans (z. B. neues öffentliches Grün), außerhalb des Bebauungsplans in einem sog. Ausgleichsbebauungsplan oder auch außerhalb des Gemeindegebiets. **Ökologisch wertvolle Flächen** sind **als Ausgleichsflächen grundsätzlich nicht geeignet**, es sei denn, sie können noch weiter aufgewertet werden. Die Ausgleichsflächen können auf der Grundlage von § 9 Abs. 1 Nr. 15, 16, 17, 18, 20, 24 und 25 BauGB als öffentliche oder private Grünflächen, Wasserflächen, Flächen für die Landwirtschaft oder als Wald ausgewiesen werden.

3. Rechtliche Relevanz der Naturschutzbelange im Bebauungsplanverfahren

Die Berücksichtigung von Naturschutzinteressen stellt einen wichtigen Abwägungsbelang im Rahmen der Aufstellung eines Bebauungsplans dar.

a) Zusammenstellung des Abwägungsmaterials

Im Rahmen des ordnungsgemäßen Zusammentragens von Abwägungsmaterial ist die **Situation ohne → Bebauungsplan festzustellen**, um daran die möglichen Veränderungen durch die beabsichtigte planerische Ausweisung zu ermitteln. Ebenso gehört hierzu, also zum Stadium vor der Abwägungsentscheidung über Ausgleich, Teilausgleich oder Nichtausgleich von unvermeidbaren Eingriffen die Feststellung, was nach Art und Umfang an Ausgleichs- und Ersatzmaßnahmen insgesamt notwendig wäre, um einen vollen Ausgleich zu erlangen.

b) Abwägungsentscheidung

Im Grundsatz fordern § 1 a BauGB i. V. m. § 19 Abs. 2 S. 1 BNatSchG primär das Integritätsinteresse zu wahren, d. h. vermeidbare Eingriffe zu unterlassen, also gegenüber der festgestellten Bestandssituation so wenig wie möglich an den Gegebenheiten der Natur und Landschaft zu ändern. Die Gemeinde muss deshalb im Bebauungsplanverfahren unter Berücksichtigung der Bestandsaufnahme versuchen, ihre städtebaulichen Ziele möglichst eingriffsarm zu erreichen. In Frage gestellt werden können diese städtebaulichen Ziele durch das Vermeidungsgebot jedoch nicht (*Runkel*, NVwZ 1993, 1137).

Das Bundesverwaltungsgericht betont die herausragende Bedeutung der Belange des Naturschutzes und der Landschaftspflege und weist darauf hin, dass in der Bauleitplanung nicht nur darüber zu entscheiden ist, ob sich die Eingriffe in Natur und Landschaft im → Planbereich überhaupt rechtfertigen lassen, sondern auch darüber, ob und in welchem Umfang für – angesichts vorrangiger städtebaulicher Erfordernisse – unvermeidbare Beeinträchtigungen Ausgleich und Ersatz zu leisten ist. Die Gemeinde hat bei den in der Abwägung zu berücksichtigenden Naturschutzbelangen zunächst das **Integritätsinteresse in Rechnung zu stellen**, und, falls dies nicht gewahrt werden kann, dem **Kompensationsinteresse planerisch nachzugehen**. Lassen sich Eingriffe unter Berücksichtigung der konkreten örtlichen Gegebenheiten mindern oder kompensieren, so hat die Gemeinde diesen Umstand in die Abwägung einzustellen. Eine Zurückstellung der Belange des Naturschutzes und der Landschaftspflege kommt wegen der herausragenden Bedeutung der Naturschutzbelange nur zugunsten entsprechend gewichtiger anderer Belange in Betracht und bedarf besonderer Rechtfertigung. Die Gemeinde muss die Belange, die sie für vorzugswürdig hält, präzise aufzählen. Sie hat, auch wenn sie diese gegenläufigen Belange zutreffend als gewichtig einschätzt, dem Grundsatz der Verhältnismäßigkeit Rechnung zu tragen. Lässt die Verwirklichung ihrer Planung Eingriffe in Natur und Landschaft erwarten, so hat sie demgemäß zu prüfen, ob das planerische Ziel auf andere Weise mit geringerer Eingriffsintensität erreichbar ist (BVerwG, VBlBW 1997, 376 ff.).

Vor dem Hintergrund, dass das → BauGB der Gemeinde zahlreiche Ausgleichsmöglichkeiten in Form von Festsetzungen auf dem Eingriffsgrundstück, im Eingriffsbebauungsplan oder in einem Ausgleichsbebauungsplan, durch vertragliche Regelungen sowie durch eigene Durchführung von Ausgleichsmaßnahmen mit anschließender Kostenerstattung an die Hand gibt, wird **praktisch** ein **Entfallen von Ausgleichsmaßnahmen** immer **abwägungsfehlerhaft** sein. Die bloße Erhaltung und Sicherung eines bereits vorhandenen wertvollen Landschaftsbestandteils darf im Rahmen der Abwägung zu den Belangen von Natur- und Landschaftspflege nicht als eine Ausgleichs- oder Ersatzmaßnahme für auf Grund der Planung zu erwartender Eingriffe in Natur und Landschaft gewertet werden (OVG Koblenz, BauR 2000, 1011). Eine ordnungsgemäße Berücksichtigung der Belange von → Naturschutz und Landschaftspflege in der bauleitplanerischen Abwägung hat zur Voraussetzung, dass im Zeitpunkt des Satzungsbeschlusses auf sicherer Grundlage von der künftigen Umsetzung der notwendigen Kompensationsmaßnahmen ausgegangen werden kann. Setzt der → Bebauungsplan private Grünflächen fest, auf denen zur Eingriffskompensation Maßnahmen zum Schutz, Pflege und Entwicklung von Natur und Landschaft erfolgen sollen, die über das gemäß § 178 BauGB im Wege des Pflanzgebotes durchsetzbare Anpflanzen von Bäumen, Sträuchern und sonstigen Bepflanzungen hinausgehen, so genügt eine bloße Absichtserklärung der Gemeinde, mit den Grundstückseigentümern entsprechend vertragliche Vereinbarungen abschließen zu wollen, nicht, um die Umsetzung der Kompensationsmaßnahmen in dem erforderlichen Umfang als gesichert anzusehen (OVG Koblenz, BauR 2000, 1011). Allerdings ist eine Festsetzung, die der Kompensation von Eingriffen in Natur und Landschaft dient, rechtlich nicht allein deshalb bedenklich, weil absehbar ist, dass sie nach Inkrafttreten des Bebauungsplans nicht kurzfristig umgesetzt werden kann (BVerwG, BauR 2000, 242).

4. Der richtige Ausgleich in der Rechtsprechung

Ein gemeindlicher → Bebauungsplan soll Ausgleichsmaßnahmen für Eingriffe in Natur und Landschaft so festsetzen, dass ein räumlicher Zusammenhang mit dem Plangebiet besteht. Die Ausgleichsmaßnahme ist nämlich umso wirksamer, je enger der räumliche und funktionale Zusammenhang zwischen dieser Maßnahme und dem Eingriff ist. Zwar kann die Festsetzung von Ausgleichsflächen auch an anderer Stelle als am Ort des Eingriffs erfolgen; doch ist primär eine **räumliche Zuordnung der Ausgleichs- zu den Eingriffsflächen vorzunehmen**. Diesem Gebot tragen landespflegerische Maßnahmen Rechnung, die sich zwecks Ausgleichs auf 15 % des Gesamtgebietes eines Bebauungsplans erstrecken und zu Lasten einer optimalen baulichen Nutzung der Baugrundstücke gehen (OVG Koblenz, Urt. v. 14. 8. 2000, Az.: 8 C 12291/99. OVG).

Das OVG Koblenz hat beanstandet, dass eine vorhandene Sportanlage auf einer öffentlichen Grünfläche erweitert werden soll, ohne dass die Planung Ausgleichsmaßnahmen für die Beseitigung der dort vorhandenen Grünfläche mit Obstbäumen vorgesehen hatte. Die Stadt könne nicht unter Berufung darauf, dass keine Ersatzmaßnahmen in räumlicher Nähe zum Bebauungsplangebiet zur Verfügung stehen, von Ausgleichsflächen absehen. Vielmehr gilt: verursacht ein Bauvorhaben unvermeidbare Landschaftseingriffe, die an Ort und Stelle nicht ausgleichbar sind, muss der Eingriff grundsätzlich durch Ersatzmaßnahmen an anderer Stelle ausgeglichen werden. Für solche Ersatzmaßnahmen kommt das ganze Gemeindegebiet in Betracht (OVG Koblenz, Urt. v. 9. 3. 2000, Az.: 1 C 10029/99. OVG; ebenso VG Frankfurt a. M., Urt. v. 4. 4. 2001, Az.: 8 G 704/01 – 714/01 für asphaltierten Sportplatz auf Grünfläche). Der → Bebauungsplan wurde für unwirksam erklärt, der betreffende Abwägungsmangel ist durch Nachholung heilbar.

Ebenso wurde der die Planung des Baus einer Umgehungsstraße im Wege des Bebauungsplans zur Entlastung des stark vom Verkehr beanspruchten Ortskerns wegen unzureichender Berücksichtigung von Naturschutzbelangen für nicht wirksam erklärt. Das OVG Koblenz hatte zwar gegen die Planung der Straße selbst, obgleich sie sich auf ein als „FFH-Gebiet" vorgesehenes Gebiet erstreckt und die Gemeinde dies nicht berücksichtigt hat, nichts einzuwenden. Denn dieser Mangel ist ohne Einfluss auf das Abwägungsergebnis, weil die Straße nur die Randzone des vorgesehenen „FFH-Gebietes" berührt und das Gebiet nicht wegen konkret vorhandener Lebensraumtypen, sondern nur im Hinblick auf sein Entwicklungspotential unter Schutz gestellt werden soll. Doch hielt das OVG den Ausgleich für planbedingte Eingriffe in Natur und Landschaft für unzureichend. Dem Eingriff, nämlich der → Versiegelung von ca. 8.000 qm Boden durch Straße, steht als Ausgleich lediglich die Entsiegelung einer alten Wegetrasse von ca. 1.300 qm gegenüber. Die Absicht der Gemeinde, weitere 6.700 qm vorhandene Grünfläche künftig in ihrem Bestand zu halten, reicht als Ausgleich nicht aus. Denn ein solcher Bestandsschutz bewirkt keine ökologische Aufwertung und ist daher nicht geeignet, den mit dem Straßenbau einhergehenden Eingriff zu kompensieren. Dieser Mangel führt zur Unwirksamkeit des Bebauungsplans (OVG Koblenz, Urt. v. 6. 6. 2000, Az.: 8 C 10707/98. OVG und 8 C 11556/98. OVG).

5. Naturschutzrechtlicher Ausgleich im → Innenbereich und Außenbereich
Die **Ausgleichsvorschriften des BauGB** beinhalten Regelungen über den Ausgleich für Eingriffe in Natur und Landschaft **im Rahmen der Aufstellung von Bauleitplänen**, so dass **im Übrigen** die naturschutzrechtlichen Ausgleichsmaßnahmen nach **§§ 18 ff. BNatSchG** gelten. Gemäß § 21 Abs. 2 BNatSchG sind auf Vorhaben in Gebieten mit Bebauungsplänen nach § 30 BauGB, während der Planaufstellung nach § 33 BauGB und im → Innenbereich nach § 34 BauGB die Vorschriften über die naturschutzrechtlichen Ausgleichsregelungen nach § 18 ff. BNatSchG nicht anzuwenden. Für Vorhaben im → Außenbereich nach § 35 BauGB bleibt die Geltung der Vorschriften über die Eingriffsregelung nach §§ 18 ff. BNatSchG unberührt.

6. Ausgleichszahlungen
Die naturschutzrechtliche gebotene Pflicht zur Leistung von Ausgleich und Ersatz (§§ 135 a ff. BauGB) kann sich nicht nur an der Höhe der Investitionskosten orientieren. Denn vorrangiger Maßstab ist die Intensität des Eingriffs. Je stärker der Eingriff ist, desto höher sind die Anforderungen an Ausgleich und Ersatz. Dies entspricht dem Grundsatz der Verhältnismäßigkeit. Diesen Zusammenhang würde eine Betrachtung, die lediglich an die Höhe der Investitionskosten anknüpft, verfehlen, weil auch Maßnahmen, die relativ geringe Kosten verursachen, einen sehr weit reichenden Eingriff in Natur und Landschaft (§ 18 Abs. 1 BNatSchG) darstellen können (BVerwG, Beschl. v. 5. 4. 2002 – 4 B 15.02).

Nebenangebot

Nebenangebote sind Angebote der → Auftragnehmer (Bieter), welche als Alternative zum → Hauptangebot oder auch Anstelle des Hauptangebotes dem → Auftraggeber vom Auftragnehmer unterbreitet werden. Nebenangebote haben in den öffentlichen Vergabeverfahren nach → VOB/A große Bedeutung. Nach § 10 Nr. 5 Abs. 4 VOB/A hat der öffentliche Auftraggeber in den → Vergabeunterlagen anzugeben, ob Änderungsvorschläge oder Nebenangebote gewünscht oder nicht zugelassen werden sollen. Schließt der Auftraggeber die Zulässigkeit von Nebenangeboten nicht ausdrücklich aus, so sind sie zulässig (sofern sie den Anforderungen des § 21 Nr. 2, Nr. 3 VOB/A entsprechen). Nebenangebote sind dann bei der Wertung der Angebote durch den öffentlichen Auftraggeber gemäß § 25 Nr. 4 VOB/A wie Hauptangebote zu werten.
Voraussetzungen des § 21 Nr. 2 VOB/A:
– Gleichwertigkeit mit dem geforderten Schutzniveau in Bezug auf Sicherheit, Gesundheit und Gebrauchstauglichkeit,
– Nachweis der Gleichwertigkeit im Angebot.

Voraussetzungen des § 21 Nr. 3 VOB/A:
– Einreichung der Nebenangebote auf einer besonderen Anlage,
– deutliche Kennzeichnung des Nebenangebotes als ein solches.

Ein **bedingungsloser Preisnachlass oder ein Skontoangebot ist kein Nebenangebot** (*Heiermann/Riedl/Rusam*, § 25 Nr. 5 VOB/A, Rdn. 72–75). Nebenangebote sind hingegen bereits solche Angebote, bei denen die Leistung zwar als solche unverändert angeboten wird, ihre Ausführung hingegen von anderen als in den Verdingungsunterlagen vorgesehenen vertraglichen Bedingungen abhängig gemacht wird (z. B. hinsichtlich der Ausführungsfristen, der → Gewährleistung oder der Einbeziehung einer Lohn- oder Stoffpreisgleitklausel in den Vertrag). Auch die Abgabe eines Pauschalangebotes statt eines vorgesehenen Einheitspreisangebotes ist ein Nebenangebot (*Heiermann/Riedl/Rusam*, § 25 Nr. 5 VOB/A, Rdn. 71).

Nebenanlage

Nach § 14 BauNVO sind neben den in den Zulässigkeitskatalogen der einzelnen → Baugebiete der → Baunutzungsverordnung ausdrücklich genannten baulichen Anlagen in allen Baugebieten auch sog. untergeordnete Nebenanlagen zulässig, d. h. solche Anlagen, die der **bestimmungsgemäßen Nutzung des Baugrundstücks**, auf dem sie errichtet werden sollen, mehrerer Baugrundstücke gemeinsam oder des **Baugebietes** insgesamt **dienen**, aber sowohl in ihrer Funktion als auch ihren Ausmaßen dem primären Nutzungszweck des in dem → Baugebiet gelegenen Grundstücks oder des Baugebietes selbst dienend **unter- und zugeordnet sind** (BVerwG, BRS 30, Nr. 117). Nebenanlagen dienen dem Nutzungszweck des Baugrundstücks oder des Baugebietes, wenn sie zur besseren Verwirklichung dieses Zweckes beitragen und ihm damit förderlich sind. Der Nutzungszweck eines Baugebiets und der in ihm gelegenen Grundstücke ergibt sich aus den Vorschriften der §§ 2–10 BauNVO:

Das **Besondere an Nebenanlagen** ist, dass sie – im Gegensatz zu dem eigentlichen Gebäude – weder bei der Ermittlung der zulässigen → Geschossfläche noch bei der Ermittlung der zulässigen → Baumasse angerechnet werden und auch auf den nicht überbaubaren Grundstücksflächen zulässig sind, sofern ihre Zulässigkeit nicht nach § 14 Abs. 1 S. 3 BauNVO im Bebauungsplan eingeschränkt oder ausgeschlossen ist.

Zu den **Nebenanlagen** zählen **beispielsweise**: → Spielplätze für Kleinkinder, Gartenlauben, Gewächshäuser, Geräteschuppen, Einfriedungen und Stützmauern, Mülltonnenschränke, in reinen Wohngebieten u. U. sogar ein privater Tennisplatz (BVerwG, BRS 44, Nr. 185). **Keine Nebenanlagen** sind hingegen an ein Wohngebäude angebaute Wintergärten und Terrassen; beide sind Bestandteile des Hauptgebäudes. Nebenanlagen können nur solche Anlagen sind, die nicht Bestandteil des (Haupt-)gebäudes sind (BVerwG, UPR 1994, 263). Nicht zu den Nebenanlagen zählen ferner → Stellplätze und Garagen; ihre Zulässigkeit ist in § 12 BauNVO geregelt. Auch Futtersilos und Gärfutterbehälter sind allein wegen ihrer optisch dominierenden Wirkung im Allgemeinen nicht als untergeordnete Nebenanlage anzusehen (*Boeddinghaus*, BauNVO, § 14 Rdn. 8).

Nebenkosten

Das → Preisrecht der → HOAI bestimmt, dass die bei der Ausführung des Auftrages entstehenden Auslagen (Nebenkosten) des Architekten, soweit dies erforderlich ist, vom Architekten abgerechnet werden können (§ 7 Abs. 1 HOAI). § 7 Abs. 3 HOAI zählt in 8 Unterpunkten verschiedene mögliche Nebenkosten (nicht abschließend) auf. Danach gehören zu den Nebenkosten insbesondere Post- und Fernmeldegebühren, Kosten für Kopien von Zeichnungen und von schriftlichen Unterlagen, Kosten für ein Baustellenbüro einschließlich der Einrichtung, Beleuchtung und Beheizung etc. Nebenkosten können pauschal oder nach Einzelnachweis abgerechnet werden. Eine pauschale Abrechnung muss jedoch bei Auftragserteilung schriftlich vereinbart worden sein, ansonsten ist nach Einzelnachweis abzurechnen.

Nebenleistung   → Besondere Leistungen; → Nachforderungen; → Zusätzliche Leistungen
Der Begriff Nebenleistung ist ein spezifisch baurechtlicher Begriff (nicht zu verwechseln mit Nebenleistungspflichten des allgemeinen Vertragsrechts). Ist die → VOB/B vereinbart, so gelten wegen § 1 Abs. 1 S. 2 VOB/B auch die allgemeinen technischen Vertragsbedingungen für → Bauleistungen als vereinbart. Somit gilt auch die → VOB/C als vereinbart. Danach (DIN 18299 Abschnitt 4.1) sind Nebenleistungen solche Leistungen, die auch ohne Erwähnung im Vertrag zur vertraglichen Leistung gehören. Die DIN 18299, Abschnitt 4.1 ff., zählt (nicht erschöpfend) verschiedene Nebenleistungen auf, die aufgrund gewerblicher Verkehrssitte zur Vertragsleistung gehören. Hierzu gehören z. B. das Einrichten und Räumen der → Baustelle unabhängig vom Umfang und von den Kosten, da die für die Ausführung erforderlichen Geräte und Einrichtungen stets zur vertraglichen Leistungen gehören. Abzugrenzen sind die Nebenleistungen der VOB/C von den besonderen Leistungen der DIN 18299 ff. Diese gehören nur dann zur vertraglichen Leistung, wenn sie in der → Leistungsbeschreibung besonders erwähnt sind. Sind sie nicht erwähnt und werden sie nachträglich vom → Auftraggeber verlangt, so hat der → Auftragnehmer einen Nachtragsanspruch. Nebenleistungen müssen darüber hinaus von sog. Nebenarbeiten unterschieden werden. Nebenarbeiten müssen in der Leistungsbeschreibung aufgeführt und besonders vergütet werden (hierzu BGH, *Sch/F/H*, Z2. 223, Bl. 11).

Nebenpflichten   → Sorgfaltspflicht; → Schadensersatz; → Sachwalter

Niederlassung in EG-Mitgliedsstaaten   → Architekten-Anerkennungsrichtlinie

Niederschrift   → Abnahme
In der → VOB/B sowie in der → VOB/A wird an verschiedenen Stellen eine Niederschrift über verschiedene Tätigkeiten der → Auftraggeber bzw. → Auftragnehmer verlangt:
- **§ 3 Nr. 4 VOB/B** verlangt, dass vor Beginn von Arbeiten, soweit notwendig, der Zustand der Straßen- und Geländeoberflächen, der Vorfluter und Vorflutleitungen, ferner der baulichen Anlagen im Baubereich in einer Niederschrift festzuhalten sind, wobei die Niederschrift vom Auftraggeber und Auftragnehmer anzuerkennen ist. Die Mitwirkungspflicht ist vertragliche Nebenpflicht. Ihre schuldhafte Verletzung kann Schadenersatzansprüche begründen. Auch ist denkbar, dass der Auftragnehmer durch die Nichtmitwirkung des Auftraggebers in der Ausführung behindert wird und somit eine Verlängerung der Ausführungsfristen nach § 6 Nr. 2 VOB/B verlangen kann.
- **§ 12 Nr. 4 Abs. 1 VOB/B** legt fest, dass eine **förmliche Abnahme** stattzufinden hat (wenn eine Vertragspartei es verlangt) und der Befund in gemeinsamer Verhandlung schriftlich niederzulegen ist. In der Niederschrift müssen etwaige Vorbehalte wegen bekannter Mängel und Vertragsstrafen aufgenommen werden, ebenso etwaige Einwendungen des Auftragnehmer. Jede Partei soll eine Ausfertigung erhalten.
- **§ 22 Nr. 4–7 VOB/A** regelt die Verpflichtung sowie den Umfang über die Niederschrift eines **Eröffnungstermins**. In ihr sind alle wesentlichen Vorgänge und Sachverhalte festzuhalten. Unter anderem gehören hierzu: Ort, Tag, Stunde und Minute des Beginns der Eröffnungsverhandlung; Feststellung über die Anwesenheit der Teilnehmer und ggf. über den Ausschluss nicht berechtigter Teilnehmer; Vermerke über die erforderlichen Handlungen bei der Vergabe (z. B. Verlesen der Endbeträge der Angebote etc.); Feststellung, dass Angebote nicht zur Eröffnung zugelassen sind; Einwände, Beschwerden oder sonstiges Vorbringen der → Bieter; Verlesen der Niederschrift;

Stunde und Minute des Verhandlungsschlusses; Unterschrift des Verhandlungsleiters sowie Mitunterzeichnung durch anwesende Bieter.
- § 24 VOB/A regelt **Verhandlungen** zwischen dem öffentlichen Auftraggeber und dem den → Zuschlag erhaltenden Auftragnehmer. Die Ergebnisse solcher Verhandlungen (inhaltlich darf nur über die Eignung, insbesondere technische und wirtschaftliche Leistungsfähigkeit des Auftragnehmer, das Angebot selbst, etwaige Änderungsvorschläge und Nebenangebote, die geplante Art der Durchführung, etwaige Ursprungsorte oder Bezugsquellen von Stoffen oder Bauteilen verhandelt werden) sollen schriftlich niedergelegt werden.

Nutzungsänderung   → Baugenehmigung; → Bauliche Anlage; → Bestandsschutz

In den Landesbauordnungen wird als genehmigungspflichtig die Nutzungsänderung baulicher Anlagen aufgezählt (vgl. Art. 62 BayBO; § 54 Abs. 1 HBO; § 65 BauOLSA; § 61 BauORhPf). Auch § 29 Abs. 1 BauGB ordnet an, dass Nutzungsänderungen sich einer Überprüfung anhand der bauplanungsrechtlichen Zulässigkeitsvorschriften gemäß § 30 ff. BauGB zu unterziehen haben.

1. Genehmigungsrelevante Nutzungsänderungen

Nutzungsänderungen sind **nicht genehmigungspflichtig**, wenn sie sich noch in der **Variationsbreite der bisher genehmigten Nutzung** halten. Sie sind demnach nur dann relevant und **genehmigungspflichtig, wenn** – bei typisierender Betrachtungsweise – **für** die **neue Nutzung andere öffentlich-rechtliche Anforderungen** als für die bisherige bestehen (VGH München, BayVBl. 1986, 275; BRS 48 Nr. 57; OVG Greifswald, BRS 57 Nr. 185; OVG Münster, BRS 57 Nr. 184). Auszugehen ist dabei ausschließlich von der zulässigen Nutzung eines Gebäudes, wie sie in der → Baugenehmigung beschrieben ist; andere Dokumente wie z. B. der Schlussabnahmebescheid sind irrelevant (OVG Münster, IBR 1994, 295). Das bloße Übernachten ist beispielsweise noch keine Umnutzung von Gewerberäumen (BayOBLG, IBR 1995, 23). Als genehmigte Wohnnutzung ist auch noch die Nutzung einzelner Räume für freie und ähnliche Berufe (§ 13 BauNVO) anzusehen, wenn etwa ein Rechtsanwalt einzelne Räume seiner Wohnung für seine Tätigkeit benutzt und sich dies als in den Wohnbereich integriert und untergeordnet zur Wohnnutzung darstellt (*Dirnberger*, in: Jäde/Dirnberger, BauOLSA-Kom., § 67 Rdn. 315). Das Unterbringen von Asylanten in einem genehmigten Wohnheim für Aus- und Übersiedler ist ebenfalls keine relevante Nutzungsänderung und somit nicht genehmigungspflichtig (VGH Mannheim, IBR 1992, 114). Die in einem reinen → Wohngebiet vorgenommene, auch nur vorübergehende Bereitstellung von Asylantenunterkünften ist als Gewerbebetrieb einzustufen und als solcher im reinen → Wohngebiet unzulässig (OVG Bremen, BauR 1991, 324). Im Wohnbereich ist die Ablagerung von privatem Gerümpel und Material auf einem Grundstück als Nutzungsänderung relevant und planungsrechtlich unzulässig (OVG Münster, BauR 1995, 372). Beachtliche Nutzungsänderungen stellen beispielsweise auch die Änderung von → Tankstelle in Kfz-Reparaturbetrieb (OVG Lüneburg, BRS 33 Nr. 128), von Großhandelsmarkt zu Verbrauchermarkt (BVerwG, BauR 1984, 373; VGH München, BayVBl. 1983, 656), Umstellung des Sortiments eines Einzelhandelsbetriebes von Kfz-Zubehör auf Schuhe (VGH Kassel, UPR 1990, 318), nicht jedoch die bloße Änderung der Raumaufteilung einer Spielhalle dar (BVerwG, BauR 1996, 674).

2. Bestandsschutz

Die **Nutzungsänderung kann sich auf** den → **Bestandsschutz auswirken**, weil dieser nur auf die tatsächlich ausgeübte Nutzung abstellt. Ist beispielsweise das Gebäude in erheblichem Umfang abweichend von der → Baugenehmigung, jedoch seinerzeit materiell legal errichtet worden, stellt sich die Frage nach der planungsrechtlichen Zulässigkeit auch in Bezug auf die überbaubare Grundstücksfläche komplett neu, wenn der → Bauherr später die Änderung der baulichen Nutzung beantragt (VGH Mannheim, IBR 1992, 200). Ebenso hat das OVG Münster im Zusammenhang mit der Einhaltung von → Abstandsflächen die vom → Bestandsschutz nicht mehr erfasste Nutzungsänderung von Gebäuden wie ein Neubauvorhaben überprüft. Danach wird **bei** der **Nutzungsänderung von Gebäuden**, die nicht den Anforderungen des heutigen Abstandsflächenrechts entsprechen, **die Genehmigungsfrage neu aufgeworfen**, wenn die **Nutzungsänderung vom** → **Bestandsschutz nicht mehr gedeckt ist** und auf wenigstens einen durch die Abstandsvorschriften geschützten Belang nachteiligere Auswirkungen als die bisherige Nutzung hat. Wenn im Rahmen der Beurteilung einer Nutzungsänderungsgenehmigung eine Gebäudewand bereits in den → Abstandsflächen liegt und keine zusätzlichen negativen Belastungen wie Erhöhung oder neue Öffnungen mit sich bringt, liegen solche nachteiligeren Auswirkungen jedoch nicht vor (OVG Münster, BauR 1996, 240; BauR 1997, 996).

Nutzungsverbote → Abrissverfügung; → Baueinstellung

1. Voraussetzungen

Die Landesbauordnungen enthalten alle ähnliche Regelungen, wonach die Nutzung untersagt werden kann, wenn bauliche Anlagen im Widerspruch zu öffentlich-rechtlichen Vorschriften genutzt werden, vgl. § 81 Abs. 3 S. 2 BauOLSA. Die überwiegende Meinung geht davon aus, dass das Fehlen der erforderlichen → Baugenehmigung (**formelle Illegalität**) in der Regel den Erlass eines **Nutzungsverbots rechtfertigt** (OVG Lüneburg, BRS 4 Nr. 202; BauR 1994, 613; BauR 1996, 690; VGH Kassel, BRS 56 Nr. 212; BRS 57 Nr. 255; VGH München, BayVBl. 1988, 436; OVG Münster, BRS 48 Nr. 134; OVG Saarlouis, BRS 49 Nr. 217). Denn im Ergebnis bringt das Nutzungsverbot vergleichbar einer → Baueinstellung nur zum Ausdruck, dass eine bestimmte Nutzung solange zu unterlassen ist, bis ihre Genehmigungsfähigkeit in dem erforderlichen Verfahren geklärt ist und zerstört – als wesentlicher Unterschied zur → Abrissverfügung – keine Substanz (*Jäde*, in Jäde/Dirnberger, BauOLSA, Kom., § 81 Rdn. 123). Mit Erteilung der **nachträglichen Baugenehmigung** wird eine vorherige Nutzungsuntersagung ebenso wie eine → Baueinstellung „unmittelbar gegenstandslos" (VGH München, BRS 48 Nr. 197).

2. Ermessen

Die Befugnis, gegen baurechtswidrige Zustände **einzuschreiten**, liegt zwar nach den Landesbauordnungen **im pflichtgemäßen Ermessen**, vgl. § 53 Abs. 2 HBO. Der Ermessensspielraum der Bauaufsichtsbehörden ist insoweit aber nur gering. Bauaufsicht ist gebundene Verwaltung. Die gesetzlichen Bestimmungen, die bei der Wahrnehmung der Bauaufsicht anzuwenden sind, bestimmen nicht nur Inhalt und Schranken der Tätigkeit der Bauaufsichtsbehörden, sondern auch die Grenzen, inwieweit die Bauaufsichtsbehörden untätig bleiben dürfen. Da die Bauaufsichtsbehörden auf der Grundlage der jeweiligen Landesbauordnungen (vgl. § 53 Abs. 2 HBO) die Einhaltung der öffentlich-rechtlichen Vorschriften sicherzustellen haben, bindet diese ihnen auferlegte Amtspflicht auch die pflichtgemäße Ermessensausübung hinsichtlich des „Ob" und „Wie" ihres Vorgehens. D. h., dass die Bauaufsichtsbehörden, abgesehen von Bagatellfällen, grundsätzlich gegen jede Verletzung des von ihnen überwachten Rechts einzuschreiten haben (VGH Kassel, Urt. v. 29. Mai 1981, IV OE 144/80; *Allgeier/v. Lutzau*, HBO-Kom., Erl. 61.2). Zudem ist im Rahmen der Ermessensausübung zu berücksichtigen, dass das Ziel des Nutzungsverbots, die vorläufige Unterbindung der vorgefundenen ungenehmigten Nutzung bis zur Prüfung ihrer Genehmigungsfähigkeit, nur durch den Erlass des Nutzungsverbots verwirklicht werden kann (sog. **intendiertes Ermessen**, OVG Lüneburg, BauR 1987, 72; *Jäde*, in: Jäde/Dirnberger, BauOLSA, Kom., § 81 Rdn. 128). Vor diesem Hintergrund wirkt auch eine längere, nicht ausdrückliche behördliche Duldung regelmäßig nicht ermessenseinschränkend. Allerdings sind die aus dem Rechtsstaatsprinzip gemäß Art. 20 Abs. 3 GG herrührenden Schranken, insbesondere der **Grundsatz der Verhältnismäßigkeit** zu **beachten**. Ermessensfehler sind wegen Unverhältnismäßigkeit etwa dann anzunehmen, wenn ein baurechtliches Genehmigungsverfahren bereits eingeleitet ist und sich die Genehmigungsfähigkeit bereits abzeichnet oder eine Genehmigung im Hinblick auf den Ablauf des üblichen Bearbeitungszeitraumes schon hätte erteilt werden müssen (OVG Münster, BRS 28, Nr. 172; *Jäde*, in: Jäde/Dirnberger, BauOLSA, Kom., § 81 Rdn. 129). Unverhältnismäßigkeit wegen Vorliegen eines milderen Mittels kommt ebenfalls in Betracht, wenn durch eine Absperrung das Abstellen von KfZ auf einer als Parkfläche nicht genehmigten Grundstücksfläche unterbunden werden kann (OVG Münster, BauR 1986, 548). Auf der Basis des Verhältnismäßigkeitsgrundsatzes kann es im Einzelfall, etwa im Hinblick auf eine lang ausgeübte Nutzung oder die Suche nach neuen Räumlichkeiten auch geboten sein, eine angemessene Frist zur Beendigung der illegalen Nutzung einzuräumen. Dementsprechend orientiert sich die behördliche Praxis bei der **Bemessung der Frist** zur Einstellung einer illegalen Nutzung gegenüber Mietern an den üblichen mietvertraglichen Kündigungsfristen.

3. Vollziehung/Duldungsanordnung
Grundsätzlich besteht ein **öffentliches Interesse** an der Anordnung der **sofortigen Vollziehung** gemäß § 80 Abs. 2 Nr. 4 VwGO (OVG Lüneburg, BauR 1988, 72; OVG Münster, BRS 47, Nr. 198). Eine Duldungsanordnung gegenüber dem Grundstückseigentümer ist, anders als bei der → Abrissverfügung, in der Regel nicht erforderlich. Das Unterlassen der Nutzung eines Grundstücks beeinträchtigt die Rechtsposition des Eigentümers nicht. Dementsprechend ist eine Duldungsanordnung an den Vermieter und Eigentümer nicht erforderlich, wenn das Unterlassen der Nutzung durch den Mieter ohne Einwilligung des Vermieters möglich ist (VGH Kassel, BRS 56 Nr. 200; VGH München, BauR 1987, 305; BayVBl. 1991, 596). Das Nutzungsverbot gilt auch gegenüber Rechtsnachfolgern (vgl. § 53 Abs. 5 HBO).

Oberbauleiter → Bauleiter

Objektbetreuung und Dokumentation → Abnahme des Architektenwerkes; → Leistungsbild; → Leistungsphase
Für die verschiedenen Leistungsbilder der → Objektplanung für → Gebäude, → Freianlagen und raumbildende Ausbauten (§ 15 HOAI), Objektplanung für Ingenieurbauwerke und Verkehrsanlagen (§ 55 HOAI), → Tragwerksplanung (§ 64 HOAI) sowie Technische Ausrüstung (§ 73 HOAI) sieht jeweils die → Leistungsphase 9 die Objektbetreuung und Dokumentation vor. Zu dieser Leistungsphase zählen als → Grundleistungen im Einzelnen:
– Objektbegehung zur Mängelfeststellung vor Ablauf der Verjährungsfristen der Gewährleistungsansprüche gegenüber den bauausführenden Unternehmen,
– Überwachung der Beseitigung von Mängeln, die innerhalb der Verjährungsfristen der Gewährleistungsansprüche, längstens jedoch bis zum Ablauf von 5 Jahren seit → Abnahme der → Bauleistungen auftreten,
– Mitwirkung bei der Freigabe von Sicherheitsleistungen,

– Systematische Zusammenstellung der zeichnerischen Darstellungen und rechnerischen Ergebnisse des Objekts.

Diese Aufzählung gilt für die Objektbetreuung und Dokumentation der Leistungsbilder in §§ 15, 55, 73 HOAI. Für die **Tragwerksplanung** (Leistungsbild gem. § 64) bestimmt sich die Leistungsphase 9 (Objektbetreuung und Dokumentation) auf andere Art: Zur Leistungsphase 9 zählen dort → Besondere Leistungen – speziell die Baubegehung zur Feststellung und Überwachung von die Standsicherheit betreffenden Einflüssen.

Die Leistungsphase 9 der drei erstgenannten Leistungsbilder ist durch die Pflicht zur Mängelkontrolle innerhalb der Gewährleistungsfristen für die Mängel an den Bauwerken geprägt und kann sich deshalb sehr lange hinziehen (hierzu BGH, BauR 1994, 722). Das Architektenwerk ist hinsichtlich der Leistungsphase 9 erst zum Ende dieser Verjährungsfristen der Unternehmer für den Architekten oder Bauingenieur beendet und abnahmereif. Für den Fall, dass noch andere Leistungsphasen Gegenstand des Architektenvertrages sind, empfiehlt sich daher eine Teilabnahmevereinbarung, um die Leistungen der vorhergehenden Leistungsphasen vorzeitig abnehmen und (teil-)schlussrechnen zu können. Eine entsprechende Klausel ist auch in Allgemeinen Geschäftsbedingungen wirksam möglich.

Objekte

§ 3 Nr. 1 HOAI definiert den Begriff Objekte für die HOAI. Objekte sind danach → Gebäude, sonstige Bauwerke, Anlagen, → Freianlagen und raumbildende Ausbauten. Der Begriff Objekt fasst **alle Baumaßnahmen** zusammen, **die von Architekten und Ingenieuren zu planen und durchzuführen sind**. Hierzu gehören deshalb z. B. nicht nur Gebäude aller Art, sondern auch sämtliche Ingenieurbauwerke gemäß Teil VII der HOAI. Der Begriff Objekt ist somit zwar sinnverwandt mit demjenigen des Begriffes „Werk" bzw. „Bauwerk" aus dem Werkvertragsrecht, er ist jedoch besonders zugeschnitten auf die jeweiligen Leistungsbilder.

Objektliste

Die → HOAI führt in §§ 12, 14, 14 b, 72, 88 Objektlisten auf. Die Objektlisten stellen **Regelbeispiele** auf, um die Einordnung des konkreten Objekts in bestimmte → Honorarzonen zu ermöglichen.

Objektplanung

Die Leistungsbilder der §§ 15 und 55 HOAI umfassen u. a. die Objektplanung (im ersteren Fall für → Gebäude, → Freianlagen und raumbildende Ausbauten, im zweiten für Ingenieurbauwerke und Verkehrsanlagen). Mit der Objektplanung ist danach die gesamte Tätigkeit des Architekten oder Ingenieurs zur Verwirklichung eines Objektes von der Planung über die → Bauüberwachung bis zur letzten Objektbegehung gemeint. Die einzelnen Leistungen sind in den jeweiligen Leistungsphasen beschrieben.

Objektüberwachung

Die Leistungsbilder der §§ 15, 55, 64 und § 73 HOAI beinhalten jeweils in den Leistungsphasen 8 die Objekt- bzw. → Bauüberwachung. Die Objektüberwachung stellt einen Kernbereich der Architektenleistung dar. Beispielsweise beinhaltet die → Leistungsphase 8 der Objektplanung für → Gebäude, → Freianlagen und raumbildende Ausbauten folgende Leistungen:

1. Grundleistungen:
– Überwachen der Ausführung des Objekts auf Übereinstimmung mit der → Baugenehmigung

oder Zustimmung, den Ausführungsplänen und den Leistungsbeschreibungen sowie mit den allgemein anerkannten Regeln der Technik und den einschlägigen Vorschriften,
– Überwachen der Ausführung von Tragwerken nach § 63 Abs. 1 Nr. 1 und 2 HOAI auf Übereinstimmung mit dem Standsicherheitsnachweis,
– Koordinieren der an der Objektüberwachung fachlich Beteiligten,
– Überwachung und Detailkorrektur von Fertigteilen,
– Aufstellen und Überwachen eines Zeitplanes (Balkendiagramm),
– Führen eines Bautagebuches,
– Gemeinsames → Aufmaß mit den bauausführenden Unternehmen,
– Abnahme der → Bauleistungen unter Mitwirkung anderer an der Planung und Objektüberwachung fachlich Beteiligter unter Feststellung von Mängeln,
– Rechnungsprüfung,
– Kostenfeststellung nach DIN 276 oder nach dem wohnungsrechtlichen Berechnungsrecht,
– Antrag auf behördliche → Abnahme und Teilnahme daran,
– Übergabe des Objekts einschließlich Zusammenstellung und Übergabe der erforderlichen Unterlagen, z. B. Bedienungsanleitungen, Prüfprotokolle,
– Auflisten der Gewährleistungsfristen,
– Überwachen der Beseitigung der bei der Abnahme der Bauleistungen festgestellten Mängel,
– Kostenkontrolle durch Überprüfung der Leistungsabrechnung der bauausführenden Unternehmen im Vergleich zu den Vertragspreisen und dem Kostenanschlag

2. Besondere Leistungen
– Aufstellen, Überwachen und Fortschreiben eines Zahlungsplanes,
– Aufstellen, Überwachen und Fortschreiben von differenzierten Zeit-, Kosten- oder Kapazitätsplänen,
– Tätigkeit als verantwortlicher → Bauleiter, soweit diese Tätigkeit nach jeweiligem Landesrecht über die Grundleistungen der Leistungsphase 8 hinausgeht (näher: *Neuenfeldt*, DAB 1988, 703).

Offene Bauweise   → Bauweise

Öffentliche Auftraggeber   → Ausschreibung; → Auftraggeber

Öffentliche Auftraggeber sind allgemein alle diejenigen Auftraggeber, die als Rechtssubjekte des öffentlichen Rechts Bauvorhaben durchführen. Hierzu gehören z. B. die Bundesrepublik Deutschland, die Bundesländer und die Selbstverwaltungskörperschaften (z. B. Landkreise, Gemeinden, kreisfreie Städte, Zweckverbände, Verwaltungsgemeinschaften, Handwerkskammern, die AOK, Kirchen und Universitäten). Sie sind nach den Bundes- bzw. Landeshaushaltsordnungen bzw. den Gemeindehaushaltsverordnungen in der Regel zur Anwendung der → VOB/A verpflichtet. Der Begriff des öffentlichen Auftraggebers ist jedenfalls für das Vergaberecht in § 98 GWB definiert. Streitfragen können sich ergeben, wenn eine juristische Person des Privatrechts, die im Allgemeininteresse liegende Aufgaben nicht gewerblicher Art erfüllen, einen → Sicherheitseinbehalt vereinbaren. Gemäß § 17 Nr. 6 Abs. 4 VOB/B brauchen öffentliche Auftraggeber den Sicherheitseinbehalt nicht auf ein Sperrkonto einzuzahlen. Sie können den Betrag auf ein eigenes Verwahrgeldkonto nehmen (vgl. *Schmidt*, BauR 2002, 385 f.: öffentlich-rechtliche Sparkassen sind kein öffentlicher Auftraggeber i. S. d. § 17 Nr. 6 Abs. 4 VOB/B; *Joussen*, BauR 2002, 371 ff.: juristische Personen des Privatrechts, die nach ihrer Ausgliederung im Mehrheits- oder Anteilsbesitz der öffentlichen Hand verbleiben, sind öffentliche Auftraggeber gemäß § 17 Nr. 6 Abs. 4 VOB/B; LG Schwerin, Urteil vom 13. 11. 2003 – 4 078/03: kommunales Wohnungsunternehmen ist öffentlicher Auftraggeber (nicht rechtskräftig) i. S. d. § 17 Nr. 6 VOB/B.).

Optionsvertrag

Beim Optionsvertrag (auch Abrufvertrag genannt, *Schmidt*, Der Fachplanervertrag, S. 85, 87) beauftragt der Auftraggeber den Auftragnehmer mit allen Leistungen zu einem bestimmten Honorar. Der Auftragnehmer darf die Leistungen jedoch erst nach sukzessivem Abruf durch den Auftraggeber erbringen und also auch abrechnen. Möglich sind ein freies und ein gebundenes Abrufrecht des Auftraggebers (im Einzelnen: *Schmidt*, Der Fachplanervertrag, S. 85 ff.). Der Abruf kann in das freie Belieben des Auftraggebers gestellt oder von Bedingungen oder Befristungen abhängig gemacht werden.

P

Parabolantenne. → Antenne

Pauschalvertrag → Detail-Pauschalvertrag; → Global-Pauschalvertrag; → Leistungsvertrag; → Mengenänderung; → Preisänderung

Planbereich → Bebauungsplan; → Nachbarschutz

Unter Planbereich versteht man bauplanungsrechtlich das Gebiet, für das ein qualifizierter → Bebauungsplan besteht und in dem sich die Zulässigkeit eines Bauvorhabens demnach nach § 30 BauGB richtet. Dabei kommt es nicht darauf an, dass für das Gebiet nur ein einziger → Bebauungsplan besteht. Es können auch mehrere einander ergänzende Pläne existieren, die dann jedoch im Ergebnis eine einheitliche rechtliche Nutzungsregelung für das Gebiet enthalten müssen. Die Möglichkeit der Ergänzung eines vorhandenen Bebauungsplanes durch einen anderen ist in § 2 Abs. 4 BauGB ausdrücklich vorgesehen.

1. Qualifizierter Bebauungsplan

Voraussetzung dafür, dass § 30 BauGB zur Anwendung kommt ist das Vorliegen eines sog. qualifizierten Bebauungsplanes. Ein qualifizierter → Bebauungsplan ist dadurch gekennzeichnet, dass er ein bestimmtes Mindestmaß an Festsetzungen enthalten muss. Er muss **Festsetzungen über** die **Art** und das **Maß der baulichen Nutzung**, über die **überbaubare Grundstücksflächen** und über die **örtlichen Verkehrsflächen** enthalten, vgl. § 30 Abs. 1 BauGB. Ein Bebauungsplan, der die in § 30 Abs. 1 BauGB genannten Mindestfestsetzungen nicht enthält oder die getroffenen Regelungen nicht als abschließend zu verstehen sind, ist nicht etwa rechtswidrig oder kein Bebauungsplan, es handelt sich vielmehr um einen sog. **einfachen Bebauungsplan** i. S. d. Abs. § 30 Abs. 3 BauGB (VGH Mannheim, GuG 1999, 62). Die Unterschiede zwischen einem qualifizierten und einem einfachen Bebauungsplan bestehen – neben dem Umfang der Festsetzungen – in den Auswirkungen auf die Zulassung von Bauvorhaben. Im Geltungsbereich eines qualifizierten Bebauungsplanes kommt es nach § 30 Abs. 1 BauGB ausschließlich darauf an, ob das Vorhaben den Festsetzungen des Planes entspricht. Beim einfachen Bebauungsplan verbleibt es hingegen bei §§ 34 oder 35 BauGB als Normen zur Beurteilung der Zulässigkeit eines Bauvorhabens, die durch die in dem einfachen Bebauungsplan vorhandenen Festsetzungen ergänzt werden.

2. Zulässigkeit eines Bauvorhabens nach § 30 BauGB

Die bauplanungsrechtliche Zulässigkeit eines Bauvorhabens im Planbereich richtet sich ausschließlich nach den **Festsetzungen des qualifizierten Bebauungsplanes**. Die Festsetzungen des Bebauungsplanes können sich aus den Planzeichnung oder textlichen Festsetzungen ergeben. Soweit die Begründung des Bebauungsplanes „Festsetzungen" enthält, handelt es sich nicht um Festsetzungen im rechtlichen Sinne. Sie entfalten keine Rechtswirkung, weil sie nicht Bestandteil des eigentlichen Bebauungsplanes sind.

Über die Planzeichnungen und textlichen Festsetzungen hinaus richtet sich die Zulässigkeit nach den **Regelungen der BauNVO**, die durch die Festsetzungen des Bebauungsplanes Verbindlichkeit erlangen. Ist im Bebauungsplan ein allgemeines → Wohngebiet festgesetzt, beantwortet sich die Frage, welche baulichen Anlagen allgemein zulässig, ausnahmsweise zulässig oder unzulässig sind, aus § 4 BauNVO, sofern der Bebauungsplan keine hiervon abweichenden Festsetzungen i. S. v. § 1 Abs. 4–10 BauGB betroffen hat. Soweit die Regelungen der BauNVO zur Anwendung kommen, ist immer auf die Fassung der BauNVO abzustellen, die im Zeitpunkt der öffentlichen Auslegung des jeweiligen Bebauungsplanes Geltung hatte (*Friege*, in: Gronemeyer, BauGB-Praxiskommentar, § 30 Rdn. 7).

Auch ohne ausdrückliche Erwähnung im Bebauungsplan gelten folgende Vorschriften der BauNVO:
- Zulässigkeit von Stellplätzen und Garagen (§ 12 BauNVO)
- Gebäude und Räume für freie Berufe (§ 13 BauNVO)
- Nebenanlagen (§ 14 BauNVO).

Enthält der Bebauungsplan hierzu keine in den einzelnen Vorschriften der BauNVO zugelassene Modifizierung, so sind diese Vorschriften anwendbar.

Planfeststellung → Fachplanung

Plangewinnabschöpfung → Folgekostenvertrag; → Städtebauliche Verträge

Planreife

Nach § 33 BauGB besteht die Möglichkeit schon **während** eines **noch laufenden Aufstellungsverfahrens** für einen → Bebauungsplan, also im Vorgriff auf den zu beschließenden Bebauungsplan, eine **Baugenehmigung** zu erteilen. Dies setzt jedoch gemäß § 33 BauGB einen bestimmten Verfahrensstand, die sog. Planreife, voraus.

1. § 33 Abs. 1 BauGB

Nach § 33 Abs. 1 BauGB ist in Gebieten, für die ein Beschluss über die Aufstellung eines Bebauungsplanes gefasst wurde, ein **Bauvorhaben zulässig**, wenn
– das Bebauungsplanverfahren soweit fortgeschritten ist, dass die Öffentlichkeits- und Behördenbeteiligung nach §§ 3 Abs. 2, 4 Abs. 2 und 4a Abs. 2–5 durchgeführt worden ist sog. formelle Planreife;
– anzunehmen ist, dass das Vorhaben den **künftigen Festsetzungen** des Bebauungsplanes **nicht entgegensteht**, sog. materielle Planreife;
– der **Antragsteller** diese **Festsetzungen** für sich und seine Rechtsnachfolger schriftlich **anerkennt** und
– die **Erschließung** gesichert ist.

An das Vorliegen der materiellen Planreife i. S. v. § 33 Abs. 1 Nr. 2 BauGB sind strenge Anforderungen zu stellen; sie liegt nur vor, wenn die sichere Prognose gerechtfertigt ist, der vorliegende Planentwurf mit seinem konkret vorgesehenen Inhalt werde gültiges Ortsrecht. Die materielle Planreife ist jedenfalls zu verneinen (OVG Münster, UPR 2001, 320), wenn

– nach der frühzeitigen Bürgerbeteiligung und ersten Beteiligung der Träger öffentlicher Belange, in den Bedenken geäußert wurde, über den offen zu legenden Planentwurf noch nicht abschließend entschieden ist
– nach 10 Jahre andauerndem faktischen Abbruch des Planaufstellungsverfahrens noch ohne weiteres vom Fortbestand einer materiellen Planreife ausgegangen wird, obwohl kein konkreter Anhalt für ein Weiterbetreiben des Planaufstellungsverfahrens vorliegt,
– im Zeitpunkt der Entscheidung nach § 33 BauGB der Planentwurf zwischenzeitlich geänderten Zielen der → Raumordnung widerspricht.

Nach dem Bundesverwaltungsgericht ist § 33 Abs. 1 BauGB nicht anwendbar, wenn der Planungsträger erklärt, alles zum Abschluss des Planaufstellungsverfahrens Erforderliche getan zu haben, aber den → Bebauungsplan nicht durch öffentliche Bekanntmachung nach § 10 Abs. 3 S. 1 BauGB in Kraft setzt (BVerwGE 117, 25).

2. § 33 Abs. 2 BauGB
Nach **§ 33 Abs. 2 BauGB** kann ein Vorhaben bereits zugelassen werden, wenn der aufzustellende Bebauungsplan nach erstmaliger Öffentlichkeits- und Behördenbeteiligung (§ 3 Abs. 2 BauGB) geändert wird und deshalb eine erneute Öffentlichkeits- und Behördenbeteiligung zum Bebauungsplan (§§ 3, 4a Abs. 3 S. 2 BauGB) durchzuführen ist. Dabei ist Voraussetzung, dass sich die auf Grund der erstmaligen Beteiligung vorgesehenen Änderungen des Bebauungsplanentwurfs nicht auf das Vorhaben auswirken, das nach § 33 Abs. 2 BauGB genehmigt werden soll. Außerdem müssen auch bei dieser Genehmigungsmöglichkeit die in § 33 Abs. 1 Nr. 2–4 BauGB verlangten Bedingungen, materielle Planreife, Anerkennung der künftigen Festsetzungen und gesicherte Erschließung, gegeben sein. Die Zulassung des Vorhabens nach § 33 Abs. 2 BauGB steht im Ermessen der Baugenehmigungsbehörde.

3. § 33 Abs. 3 BauGB
Nach **§ 33 Abs. 3 BauGB** kann in den Fällen des vereinfachten Verfahrens nach § 13 BauGB die → Baugenehmigung auch schon vor Vorliegen der formellen Planreife, also vor Durchführung der Öffentlichkeits- und Behördenbeteiligung, erteilt werden, wenn die Voraussetzungen des § 33 Abs. 1 Nr. 2–4 BauGB (oben Punkt 2–4) erfüllt sind, also materielle Planreife vorliegt, und die Baugenehmigungsbehörde der betroffenen Öffentlichkeit und den berührten Behörden und sonstigen Trägern öffentlicher Belange Gelegenheit zur Stellungnahme zu dem beabsichtigten Vorhaben innerhalb angemessener Frist gegeben hat.
Die Genehmigung eines Bauvorhabens nach § 33 Abs. 2 BauGB kommt jedoch nur in einfach gelagerten, unproblematischen Fällen in Betracht, insbesondere wenn die künftigen Festsetzungen des in der Aufstellung befindlichen Bebauungsplanes nicht mehr umstritten sind, nicht aber, wenn z. B. ein Großprojekt mit erheblichen städtebaulichen Auswirkungen errichtet werden soll, das ein großes Konfliktpotential schafft und Einwendungen von Bürgern gegen das Objekt und die vorgesehenen planerischen Ausweisungen vorliegen (OVG Münster, NVwZ 1992, 278; *Krautzberger*, in: Battis/Krautzberger/Löhr, BauGB, § 33 Rdn. 13). Im Gegensatz zu einer Genehmigung nach § 33 Abs. 1 BauGB, steht die Genehmigungserteilung nach § 33 Abs. 2 BauGB im **Ermessen** der Behörde.

3. Nachbarrechtsschutz
§ 33 BauGB vermittelt → Nachbarschutz regelmäßig nur in dem Umfang, in dem die antizipiert angewandten künftigen Festsetzungen des Bebauungsplanes dem Drittschutz dienen. Allerdings kann eine wegen mangelnder materieller Planreife objektiv rechtswidrige Vorweggenehmigung dem Nachbarn nicht entgegengehalten werden, so dass sich die Prüfung seiner → Nachbarrechte nach

den Vorschriften richtet, die ohne die Vorweggenehmigung anzuwenden wäre (OVG Münster, NVwZ 1992, 278).

Planungsänderung → Leistungsänderung

Planungshoheit → Factory Outlet Center; → Gemeindliches Einvernehmen

1. Grundsatz
Die Planungshoheit wurzelt in der kommunalen Selbstverwaltungsgarantie des Art. 28 Abs. 2 S. 1 GG. Unmittelbar aus dieser Planungshoheit ergeben sich klagefähige Rechte zumindest in dem Sinne, dass die Gemeinden Eingriffe in ihre Planungshoheit unter Inanspruchnahme gerichtlichen Rechtschutzes abwehren können. Keine Gemeinde braucht also hinzunehmen, dass ihre Planungshoheit durch fremde Planungen rechtwidrig beeinträchtigt wird.

2. Eingriff in das eigene Gemeindegebiet
Die kommunale Planungshoheit ist auf das eigene Gemeindegebiet beschränkt. In Bezug auf Planungen und Vorhaben in der Nachbargemeinde kann sich die Gemeinde auf das interkommunale Abstimmungsgebot (§ 2 Abs. 2 BauGB), wonach auf Belange und Planungen der Nachbargemeinde Rücksicht zu nehmen ist, nur bei unmittelbaren Auswirkungen gewichtiger Art auf ihre städtebaulichen Entwicklungsmöglichkeiten berufen.

Im Bauleitplanverfahren sollen sich benachbarte Gemeinden im Rahmen der Behördenbeteiligung nach § 4 BauGB nicht mehr nur auf städtebauliche Belange, sondern auch zukünftig auf die ihnen durch Ziele der Raumordnung zugewiesenen Funktionen und auf Auswirkungen auf ihre zentralen Versorgungsbereiche berufen können. Hierdurch wird sichergestellt, dass sich die Nachbargemeinde im Rahmen ihrer Planungshoheit gegen eine entsprechende Planung auch gerichtlich zur Wehr setzen kann. Gleiches gilt für Baugenehmigungen im Innenbereich: Nach § 34 Abs. 3 BauGB sind Vorhaben im Innenbereich abzulehnen, wenn von diesen schädliche Auswirkungen auf zentrale Versorgungsbereiche (in der Regel Haupt- oder Nebenzentren) in der Standortgemeinde oder in benachbarten Gemeinden zu erwarten sind.

3. Kommunales Abstimmungsgebot
Die Gemeinde müsste wegen des kommunalen Abstimmungsgebotes gemäß § 2 Abs. 2 BauGB beispielsweise bei der Aufstellung eines Bebauungsplans für ein → Sondergebiet „Erholung" berücksichtigen, dass dieses Gebiet unmittelbar an Flächen der Nachbargemeinde angrenzt, die für eine Ausdehnung und Weiterentwicklung eines schon bestehenden Industriegebiets in Betracht kommen (Beispiel nach *Friege*, in: S. Gronemeyer, BauGB-Kom., § 2 Rdn. 32).

Das Abstimmungsgebot gemäß § 2 Abs. 2 BauGB kann auch ein Abwehrrecht der Gemeinde gegen ein Einzelvorhaben in der Nachbargemeinde begründen, wenn die Gemeinde dem Bauinteressenten unter Missachtung des § 2 Abs. 2 BauGB einen Zulassungsanspruch verschafft hat. Dies setzt voraus, dass sie durch einen nicht abgestimmten Bauleitplan oder im Falle des Fehlens eines solchen Plans auf andere Weise die Weichen in Richtung Zulassungsentscheidung gestellt hat. In diesem Zusammenhang kann sich eine Gemeinde beispielsweise gegen die Zulassung großflächiger Einkaufszentren und Verbrauchermärkte, die an sich in Sondergebieten im Sinne des § 11 Abs. 3 BauNVO im Wege des Bebauungsplans zugelassen werden sollen, wehren, wenn die das Vorhaben zulassende Gemeinde von einer an sich erforderlichen Bauleitplanung Abstand nimmt und in diesem Zusammenhang eine Nachbargemeinde mit konkreten Störungen ihrer örtlichen Versorgungsstruktur rechnen muss. Auch in diesem Fall kann sich die Gemeinde auf einen Verstoß gegen das interkommunale Abstimmungsgebot berufen (BVerwGE 117, 25; BVerwG, NVwZ 1994, 285).

4. Raumordnungsverfahren

Das Bundesverwaltungsgericht hatte darüber zu befinden, ob sich eine Gemeinde gegen eine landesplanerische Beurteilung wehren kann, wonach in der abschließenden Stellungnahme des Raumordnungsverfahrens befürwortet wurde, das Gebiet der Gemeinde mit einer 380 KV – Hochspannungsfreileitung zu überspannen. Das Bundesverwaltungsgericht stellte fest, dass eine Klage der Gemeinde nicht zulässig ist; denn die in Frage stehende raumordnerische Beurteilung nach Landesplanungsgesetz Schleswig-Holstein erschöpfte sich in ihrer Bedeutung darin, dass sie im Verfahren der Bauleitplanung in die Abwägung nach § 1 Abs. 5 und 6 BauGB mit einzubeziehen ist. Durch diese Verweisung wird klargestellt, dass die raumordnerische Beurteilung das Ergebnis der gemeindlichen Planung in keiner Weise vorprägt, sondern diese eine von zahlreichen potentiellen öffentlichen Belangen und damit nur ein Teil des jeweiligen Abwägungsmaterials ist. Damit läuft die Gemeinde nicht Gefahr, in ihrer Planungshoheit beeinträchtigt zu werden, weil sie sich darüber in der Bauleitplanung bei ordnungsgemäßer Abwägung hinwegsetzen kann. Die kommunale Planungshoheit ist erst dann beeinträchtigt, wenn ein Vorhaben eine hinreichend bestimmte Planung der Gemeinde nachhaltig stört, wegen seiner Großräumigkeit wesentliche Teile des Gemeindegebiets einer durchsetzbaren gemeindlichen Planung entzieht oder gemeindliche Einrichtungen in ihrer Funktionsfähigkeit erheblich in Mitleidenschaft zieht. Ein kommunales Abwehrrecht kann demnach erst dann in zulässiger Weise eingreifen, wenn die Gemeinde durch die Errichtung der Freileitung rechtswidrig in einer eigenen wehrfähigen Position beeinträchtigt wird. Dabei kann von eigenen wehrfähigen Rechten der Gemeinde keine Rede sein, wenn öffentliche Belange gefährdet werden, deren Wahrnehmung nicht der Gemeinde als Teil der ihr zugewiesenen Selbstverwaltungsaufgabe obliegt oder Gemeindebürger betroffen sind, denen es freisteht, sich vor rechtswidrigen Eingriffen selbst zu schützen (BVerwG, BauR 1995, 802). Ungeachtet dessen können sich Gemeinden gegenüber Planungen und Vorhaben in der Nachbargemeinde auf ihnen durch Ziele der Raumordnung zugewiesene Funktionen und Auswirkungen auf ihre zentralen Versorgungsbereiche berufen (§§ 2 Abs. 2 S. 2, 34 Abs. 3 BauGB).

5. Bauplanungsrechtlich relevante Änderung von Bauvorhaben

In einem 1999 vom Bundesverwaltungsgericht entschiedenen Fall wehrte sich die Gemeinde unter Berufung auf ihre Rechte als Trägerin der Planungshoheit gegen Umbaumaßnahmen einer Bootshütte von 25,00 qm. Der → Bauherr nahm u. a. eine Erneuerung der Fundamentierung, eine neue Dacheindeckung sowie eine Isolierung der Seitenwände und des Daches vor; zudem installierte er Sanitär- und Kücheneinrichtungen. Schließlich verlegte er Strom- und Wasserleitungen. Das Verwaltungsgericht hob die auf Beseitigung der Strom- und Wasserleitungen gerichtete Verfügung des Landesratsamtes auf, wogegen die beigeladene Gemeinde Berufung einlegte. Das Bundesverwaltungsgericht führte in diesem Zusammenhang aus, dass die beigeladene Gemeinde unter Berufung auf ihre Planungshoheit gegen ein Urteil Rechtsmittel einlegen kann, wenn ein Verwaltungsgericht eine Anfechtungsklage des Bauherrn gegen eine Beseitigungsanordnung der → Bauaufsichtsbehörde mit der Begründung stattgibt, das Vorhaben verstoße nicht gegen das → Bauplanungsrecht. Denn die kommunale Planungshoheit wird in jedem Fall beeinträchtigt, wenn ein genehmigungspflichtiges Vorhaben verwirklicht wird, ohne dass ein → Bauantrag gestellt wird. Eine bauplanungsrechtlich relevante Änderung einer baulichen Maßnahme im Sinne des § 29 BauGB, bei der das gemeindliche Einvernehmen (§ 36 BauGB) einzuholen ist, liegt vor, wenn ein vorhandenes Gebäude – wie bei der Bootshütte – in städtebaulich relevanter Weise baulich umgestaltet wird. Davon ist auszugehen, wenn die Baumaßnahme mit einer Erhöhung des Nutzungsmaßes verbunden ist oder der Eingriff in den vorhandenen Bestand sonst so intensiv ist, dass wesentliche Grundzüge des gesamten Bauwerks (z. B. Standfestigkeit oder Austausch der Bausubstand) berührt sind. Es ist nicht erforderlich, dass das Erscheinungsbild des Gebäudes angetastet wird oder das Bauvolumen erweitert wird. Dabei trifft die Regelung über das erforderliche Einvernehmen der Gemeinde in § 36 Abs. 1 BauGB keine abschließende Regelung über die Sicherung der planerischen Belange der Gemeinde, da dort nur Verfahrensvorkehrungen geschaffen werden, durch die eine Beeinträchtigung gemeindlicher Rechtspositionen von vornherein verhindert wird. Auch außerhalb seines Anwendungsbereiches kann die Verletzung der Planungshoheit gegeben sein und die Gemeinde schutzbedürftig sein (BVerwG, BauR 2001, 227).

6. Unterrichtung der Gemeinde über Bauanträge

Nach dem OVG Lüneburg wird eine Gemeinde in ihrer Planungshoheit verletzt, wenn eine → Bauvoranfrage (für ein Vorhaben im Gebiet eines Bebauungsplanes) entgegen dem in § 71 Abs. 1 NBauO vorgesehenen Weg nicht bei ihr, sondern unmittelbar bei der Baugenehmigungsbehörde eingereicht wird und der Bauvorbescheid ohne Beteiligung der Gemeinde erteilt wird, obwohl sich die planerischen Vorstellungen der Gemeinde gegenüber dem → Bebauungsplan geändert haben (OVG Lüneburg, UPR 1994, 360).

7. Genehmigungsfreie Vorhaben

Im Zusammenhang mit der Errichtung einer Mobilfunkstation mit Betonsockel, der an der Talseite ca. 1,60 m hoch ist, einem 9,77 m hohen Sendemast sowie einem unmittelbar daneben stehenden 2,50 m breiten, 1,77 m tiefen und 3,00 m hohen Betriebsgebäude (12,00 m^3 umbauter Raum) akzeptierte die Baugenehmigungsbehörde deren Genehmigungsfreiheit. Denn jeder einzelne Teil dieser Mobilfunkstation an sich wäre nach LBOBW baugenehmigungsfrei. Hiergegen wandte sich die Gemeinde. Der VGH Mannheim stellte fest, dass ein fast 10 m hoher Sendemast und ein durch eine Kabelbrücke mit diesem verbundenes Betriebsgebäude, die auf dem talseitig ca. 1,60 m hohen Betonsockel stehen, nicht in drei rechtlich gesondert zu würdigende Teile aufgespalten werden können, die jeder für sich genommen verfahrensfrei wären. Vielmehr ist eine solche Errichtung als einheitliche Anlage, die dem Fernmeldewesen dient (Nr. 26 des Anhangs zu § 50 LBO) anzusehen, so dass die hierfür vorgesehenen Begrenzungen (u. a. 5,00 m Höhe) gelten. Es bedarf daher einer → Baugenehmigung. Im Hinblick auf die Planungshoheit der Gemeinde führte das Gericht aus, dass es die Planungshoheit der Gemeinde verletzen kann, wenn die Baurechtsbehörde rechtsirrig die Baugenehmigungsfreiheit eines Vorhabens annimmt und aus diesem Grunde die bei Durchführung eines Baugenehmigungsverfahrens notwendige Beteiligung der Gemeinde unterlässt. Denn vom Sinn und Zweck der Beteiligungsregelung des § 36 Abs. 1 BauGB macht es aus der Sicht der Gemeinde keinen Unterschied, ob die Baugenehmigungsbehörde sich rechtswidrig über ein ausdrücklich versagtes Einvernehmen hinwegsetzt und die → Baugenehmigung gleichwohl erteilt oder ob sie rechtirrig die Baugenehmigungsfreiheit eines Vorhabens annimmt und aus diesem Grunde ein Baugenehmigungsverfahren unter Beteiligung der Gemeinde nicht durchführt. Auch im letzteren Fall verletzt sie objektiv die gemeindliche Mitwirkungsbefugnis. Wird in diesem Fall das Vorhaben errichtet, so kann die Planungshoheit der Gemeinde hierdurch ebenso beeinträchtigt sein wie im Falle einer ohne Einvernehmen erteilten → Baugenehmigung. Begehrt die Gemeinde in einem solchen Fall, dass die Baurechtsbehörde die Beseitigung des ohne gemeindliche Beteiligung errichteten Vorhabens anordnet, setzt dies allerdings die Befugnis der Baurechtsbehörde zum Erlass einer Abbruchsanordnung voraus. Hieran fehlte es bei der Mobilfunkstation, weil sie gemäß § 35 Abs. 1 Nr. 3 BauGB im → Außenbereich privilegiert war. Konsequenterweise konnte die Gemeinde nicht den Abbruch der Mobilfunkstation verlangen (VGH Mannheim, BauR 1999, 1447).

Planungsschaden → Enteignung

Preisabrede
Die Preisbildung kann nicht nur durch eine Monopolstellung des Nachfragenden negativ beeinflusst werden, sondern auch durch sog. **Vertikalvereinbarungen zwischen verschiedenen Anbietern**. Solche Vereinbarungen über Preisgestaltungen oder Geschäftsbedingungen verstoßen dann als Wettbewerbsbeschränkung gegen § 14 GWB, wenn und soweit sie einen der Beteiligten in der Freiheit der Gestaltung von Preisen oder Geschäftsbedingungen, die er mit Dritten über die gelieferten Waren, über andere Waren oder über gewerbliche Leistungen aushandelt, beschränkt. Auch im Baugewerbe kommen solche Vertikalvereinbarungen, z. B. in Form von Preisabreden bzw. Preisabsprachen bei einer → Ausschreibung vor. Bei öffentlicher Ausschreibung legt § 25 Nr. 1 Abs. 1 c) VOB/A fest, dass Angebote von Bietern, die in Bezug auf die Ausschreibung eine Abrede getroffen haben, die eine unzulässige Wettbewerbsbeschränkung darstellt, **ausgeschlossen** werden. **Als unzulässige Wettbewerbsbeschränkung gelten insbesondere folgende Abreden**:
– Abreden über die Abgabe bzw. Nichtabgabe von Angeboten,
– Abreden über die zu fordernden Preise,
– Abreden über die Bindung sonstiger Entgelte,
– Abreden über Gewinnaufschläge,
– Abreden über Verarbeitungsspannen und andere Preisbestandteile,
– Abreden über Zahlungs-, Lieferungs- und andere Bedingungen, wenn sie unmittelbar den Preis beeinflussen,
– Abreden über die Entrichtung von Ausfallentschädigungen oder Abstandszahlungen,
– Abreden über Gewinnbeteiligung oder andere Abgaben.
Um von der öffentlichen Vergabe ausgeschlossen zu werden, muss der öffentliche → Auftraggeber eine derartige Abrede **nachweisen**. Reine Vermutungen auf getroffenen Abreden genügen jedenfalls nicht (*Heiermann/Riedl/Rusam*, § 25 Nr. 1 VOB/A Rdn. 16). Der Hauptverband der deutschen Bauindustrie hat mit Genehmigung des Bundeskartellamtes Wettbewerbsregeln aufgestellt, die unzulässige Wettbewerbsbeschränkungen von Maßnahmen des lauteren Wettbewerbs abgrenzen.

Preisänderung → Festpreisvertrag; → Leistungsänderung; → Mengenänderung; → Zusätzliche Leistungen
Die im Werk-, Bau- bzw. → Architektenvertrag vereinbarten Leistungen sind grundsätzlich für die Parteien bindend. Eine Änderung der vertraglich vereinbarten Vergütungsleistung (Preisänderung) ist allerdings in folgenden Fällen denkbar:
– bei Mengenänderungen (§ 2 Nr. 3 VOB/B, § 2 Nr. 7 VOB/B),
– im Fall des § 2 Nr. 4 VOB/B, d. h., wenn im Vertrag ausbedungene Leistungen des → Auftragnehmer vom → Auftraggeber selbst übernommen werden (z. B. Lieferung von Bau-, Bauhilfs- und Betriebsstoffen),
– bei Änderung der Preisgrundlage für eine im Vertrag vorgesehene → Leistung durch Änderung des Bauentwurfs oder andere Anordnungen des Auftraggebers gem. § 2 Nr. 5 VOB/B,
– unter den dort genannten Voraussetzungen (vorherige Anzeige!) bei Ausführung zusätzlicher Leistungen durch den → Auftragnehmer gem. § 2 Nr. 6 VOB/B,
– bei Leistungen, die der Auftragnehmer ohne Auftrag oder unter eigenmächtiger Abweichung vom Vertrag ausführt, wenn der Auftraggeber diese nachträglich anerkennt oder aber, wenn die Leistungen für die → Erfüllung des Vertrages notwendig waren, dem mutmaßlichen Willen des Auftraggebers entsprachen und ihm unverzüglich angezeigt wurden (§ 2 Nr. 8 Abs. 2 VOB/B),
– bei Vorliegen der Voraussetzungen der Grundsätze über die **Geschäftsführung ohne Auftrag** (objektive Voraussetzung ist, dass die Übernahme der Leistung dem erkennbaren bzw. mutmaßlichen Willen des Auftraggebers entspricht; subjektiv muss der Auftragnehmer zumindest auch

für den Auftraggeber und nicht nur im eigenen Interesse tätig geworden sein); der Wille des Auftraggebers ist allerdings unbeachtlich, wenn gem. § 679 BGB die Tätigkeit des Auftragnehmers im öffentlichen Interesse liegt, also z. B. wenn der Auftragnehmer plötzlich erforderlich gewordene Sicherungsmaßnahmen, die nicht Gegenstand des Vertrages sind, für den Auftraggeber ausführt.

Bei **Pauschalpreisvereinbarungen** sind Preisänderungen wegen Mengenänderungen grundsätzlich nicht möglich. Nur dann, wenn eine Pauschalsumme vereinbart wurde und die ausgeführte Leistung so erheblich von der vertraglich vorgesehenen Leistung abweicht, dass ein Festhalten an der Pauschalsumme nicht zumutbar ist (§ 242 BGB), kann der Auftragnehmer (aber auch der Auftraggeber!) einen Ausgleich unter Berücksichtigung der Mehr- oder Minderkosten verlangen.

Preisgleitklausel → Festpreisvertrag; → Materialgleitklausel

Preisrecht

Die Bestimmungen der → HOAI sind fast ausschließlich Preisrecht. Die HOAI bestimmt nicht, was Architekten oder Ingenieure an vertraglichen Leistungen zu erbringen haben, es sei denn, die Vertragspartner nehmen im Vertrag zur Leistungsbestimmung Bezug auf die HOAI. Die HOAI formuliert die typischerweise auftretende Architekten- bzw. Ingenieurleistungen lediglich zu dem Zweck, die Preise/Vergütungen von Architekten bzw. Ingenieuren im Einzelfall bestimmbar zu machen. Dabei sind nicht einmal die Preisermittlungsmodelle (z. B. die Preisermittlung aufgrund des Leistungsbilds → Objektplanung für → Gebäude, → Freianlagen und raumbildende Ausbauten gem. § 15 HOAI i. V. m. §§ 10, 11, 12, 13, 14 HOAI) einzuhalten. Im Einzelfall können – regelmäßig schriftlich bei Auftragerteilung – abweichende Preisermittlungsgrundlagen vereinbart werden, sofern nur die Mindest- bzw. Höchstsätze eingehalten werden. Die Bestimmungen der HOAI können jedoch im Einzelfall im Rahmen der Vertragsauslegung gem. §§ 133, 157 BGB herangezogen werden.

Preisrichtervertrag → Architektenwettbewerb

Bauherren, die eine bestimmte Bauaufgabe planen, können durch öffentliche Auslobung oder persönliche Einladung sog. Architektenwettbewerbe einleiten, um für ihre geplante Bauaufgabe die beste und auch preisgünstigste Architektenlösung zu erhalten. Rechtlich kann eine solche Auslobung als Preisausschreibung im Sinne der §§ 657, 661 BGB qualifiziert werden (OLG Düsseldorf, BauR 1976, 135). Der zukünftige Bauherr/Auslober bedient sich zur Bewertung der verschiedenen Architektenangebote qualifizierter Preisrichter. Die Preisrichter urteilen sozusagen als Jury für die einzelnen Arbeiten. Da die Preisrichter keinen Erfolg schulden, handelt es sich beim Preisrichtervertrag üblicherweise um einen → Dienstvertrag gem. §§ 611, 612 BGB. Schadensersatzansprüche, etwa wegen fehlerhafter Beratung, sind deshalb nur bei fahrlässiger bzw. vorsätzlicher Pflichtverletzung nach den Regelungen der positiven Vertragsverletzung (§ 280 BGB) denkbar.

Preisverhandlung → Ausschreibung; → Preisänderung

Bis zum Vertragsschluss können die Parteien den Inhalt ihrer Verträge einschließlich der Preisgestaltung bestimmen. Nach Vertragsschluss sind die Parteien grundsätzlich an den Vertrag und an die Preise bzw. an die vereinbarte Vergütung gebunden. Bei Ausschreibungen, die unter die → VOB/A fallen, konkretisiert § 24 VOB/A die Preisbindung. Nach § 24 Nr. 1 Abs. 1 VOB/A darf das Angebot des → Bieters nach Öffnung der Angebote bis zur → Zuschlagserteilung (Vertragsschluss) nur noch hinsichtlich folgendem geändert bzw. konkretisiert werden: Es darf über die Eignung, insbesondere die technische und wirtschaftliche Leistungsfähigkeit des → Auftragnehmer verhandelt werden, über das Angebot selbst (z. B. über etwaige Änderungsvorschläge und Nebenangebote), über die geplante Art der Durchführung, über etwaige Ursprungsorte oder Bezugsquellen von Stoffen oder Bauteilen und über die Angemessenheit der Preise (wenn nötig durch Einsicht in die vorzulegenden Preisermittlungen/Kalkulationen). Andere Verhandlungen, insbesondere über Änderungen der Angebote oder Preise, sind unstatthaft – außer wenn sie bei Nebenangeboten, Änderungsvorschlägen oder Angeboten aufgrund eines Leistungsprogramms nötig sind, um unumgängliche technische Änderungen geringen Umfangs und daraus sich ergebende Änderungen der Preise zu vereinbaren (§ 24 Nr. 3 VOB/A).

Preiswettbewerb → Ausschreibung; → Leistungsbeschreibung

Auf dem freien Markt ist es üblich, sich als → Auftraggeber zunächst Angebote von mehreren Anbietern einzuholen, um die Preise zu vergleichen. Genau dies ist z. B. die Funktion der öffentlichen → Ausschreibung im Sinne der → VOB/A oder der → VOF. Im Architektenrecht gilt allerdings die → HOAI als zwingendes → Preisrecht. Die VOL, welche den Preiswettbewerb öffentlicher Auftraggeber bei der Vergabe von Dienstleistungen regelt, nimmt in § 1 ausdrücklich die Leistungen freier Berufe von ihrem Anwendungsbereich aus.

Privates Baurecht → Baurecht

Das private → Baurecht ist ein Teilgebiet des Zivilrechts. Unter **privatem Baurecht** versteht man die Summe derjenigen Normen und Gesetze, die (im Rahmen der Baufreiheit) die Rechtsbeziehungen der an der Planung und Durchführung eines Bauwerks Beteiligten, insbesondere der Bauunternehmen, der Architekten sowie der → Auftraggeber, regeln. Das private Baurecht regelt z. B. die Rechtsbeziehungen zwischen Auftraggeber und Architekt, dem Auftraggeber und den mit der Bauausführung beauftragten Unternehmern sowie zwischen Auftraggebern und Sonderfachleuten. Zudem umfasst das private Baurecht die Rechtsbeziehungen des Auftraggebers zu nicht am Bau Beteiligten, z. B. Nachbarn oder anderen vom Baugeschehen Betroffenen. In das Gebiet des privaten Baurechts fällt auch der Haftungsausgleich zwischen Architekt und Unternehmer, Architekt und Sonderfachleuten, Sonderfachleuten und Unternehmern und zwischen Unternehmern selbst, die Beziehungen zwischen Haupt- und Subunternehmern sowie alle sonstigen Haftungsverhältnisse, die zwischen den am Bau Beteiligten entstehen. Das private Baurecht ist vornehmlich in den §§ 631 ff. BGB und, wenn diese vereinbart ist, in der → VOB/B geregelt.

Projektsteuerung

§ 31 HOAI nennt die Projektsteuerung als zusätzliche Leistung. § 31 Abs. 1 HOAI nennt bei der Projektsteuerung regelmäßig anfallende Tätigkeiten, z. B.
- Klärung der Aufgabenstellung, Erstellung und Koordinierung des Programms des Gesamtobjekts,
- Klärung der Voraussetzungen für den Einsatz von Planern und anderen an der Planung fachlich Beteiligten (Projektbeteiligte),
- Aufstellung und Überwachung von Organisations-, Termin- und Zahlungsplänen bezogen auf Projekt und Projektbeteiligte und andere (im einzelnen: *Will*, BauR 1984, 333 ff.).

Bei dem Projektsteuerungsvertrag handelt es sich je nach Ausgestaltung um einen Werk- oder → Dienstvertrag (z. B. BGH, BauR 1999, 1728; OLG Hamburg, IBR 2003, 487; OLG Dresden, IBR 2003, 90; OLG Düsseldorf, BauR 1999, 1049; OLG Düsseldorf, BauR 1999, 508: jeweils für → Werkvertrag; BGH, BauR 1995, 572; OLG Oldenburg, IBR 2000, 619: jeweils für Dienstvertrag). § 31 Abs. 2 HOAI (Honorar) ist nichtig (BGH, BauR 1987, 497): **Das → Honorar kann frei vereinbart werden**. Liegt ein Werkvertrag vor und wird dieser z. B. durch Kündigung vorzeitig beendet, kann eine Abrechnung nach dem Honorarmodell des DVP/AHO in Betracht kommen (OLG Hamburg, IBR 2003, 487).

Prüfbarkeit → Aufmaß; → Rechnung; → Rechnungsprüfung; → Schlussrechnung des Bauunternehmers

1. Architekten und Ingenieure

Gemäß § 8 Abs. 1 HOAI wird das → Honorar des Architekten fällig, wenn die → Leistung vertragsgemäß erbracht und eine prüffähige Honorarschlussrechnung überreicht worden ist. § 8 HOAI stellt somit eine vom allgemeinen Werkvertragsrecht abweichende Regelung dar. Nach dem allgemeinen Werkvertragsrecht ist die Prüffähigkeit der → Rechnung nicht ausdrückliche Bedingung für die Entstehung des Vergütungsanspruches von Werkunternehmern. § 8 HOAI gilt nach allgemeiner Ansicht kraft Gesetzes (auch ohne ausdrückliche schriftliche Vereinbarung der Parteien) für alle Verträge über Leistungen, die preisrechtlich in der HOAI geregelt sind. Die Prüffähigkeit der Honorarschlussrechnung ist also grundsätzlich **Fälligkeitsvoraussetzung** für Honorare aller Verträge im Sinne der HOAI (BGH, BauR 1981, 582, 588).

Die **Honorarschlussrechnung** des Architekten bzw. Ingenieurs **muss nicht ausdrücklich als solche bezeichnet werden** (OLG Düsseldorf, NJW-RR 1996, 1421). Es muss sich jedoch aus der Sicht des → Auftraggebers eindeutig um eine abschließende Rechnung handeln (BGH, BauR 1992, 265; BauR 1996, 138).

Ob eine Schlussrechnung **prüffähig** ist, lässt sich nicht abstrakt, sondern **nur im Einzelfall feststellen** (vgl. ausführlich mit umfangreichen Rechtsprechungsnachweisen: *Schmidt*, Musterbriefe für das Architekten- und Ingenieurbüro, Rdn. 271 ff.). Die Rechtsprechung hat eine Reihe von Kriterien hierzu aufgestellt. Danach bestehen für die Prüffähigkeit der Honorarschlussrechnung eines Architekten oder Ingenieurs **prinzipiell die gleichen Voraussetzungen wie für eine Schlussrechnung gemäß §§ 14, 16 VOB/B**. Die Leistungen sind durch eine prüfbare Aufstellung nachzuweisen, die eine rasche und sichere Beurteilung der Leistungen ermöglichen muss.

Ob eine Rechnung prüffähig ist, hängt danach von der **Sachkunde und den berechtigten Informations- und Kontrollinteressen des Auftraggebers** (BGH, BauR 2000, 124) sowie von den Kenntnissen und Fähigkeiten der **Hilfspersonen** des Auftraggebers ab (BGH, BauR 1999, 63 = ZfIR 1998, 679 = NJW-RR 1999, 95; BauR 1998, 1108 = ZfIR 1998, 529; BGH, BauR 1995, 125). Die Anforderungen an die Prüfbarkeit der Rechnung dürfen nicht übertrieben werden, um eine Klage auf diesem Wege ohne großen Arbeitsaufwand zurückweisen zu können. Die Schlussrechnung muss zumindest Angaben zu den vier Berechnungsgrundlagen für Architekten und Ingenieure aufweisen: anrechenbare Kosten, Honorarzone, → Honorartafel und erbrachte Leistungen.

Für die Berechnung des Honorars maßgebend sind jeweils die **Kostenermittlungsarten**, die in der jeweiligen → Leistungsphase der HOAI dem Leistungsumfang entsprechen, der vertraglich vereinbart ist (BGH, BauR 1998, 813 = NJW 1998, 2672.). Zu beachten ist in diesem Zusammenhang, dass bis zur 5. HOAI-Novelle zum 1. 1. 1996 für die Abrechnung der Architektenleistungen lediglich eine **Zweiteilung** bestand: Die Leistungsphasen 1 bis 4 waren anhand der Kostenberechnung, die Leistungsphasen 5 bis 9 anhand der Kostenfeststellung abzurechnen. Für ab dem 1. 1. 1996 geschlossene Verträge gilt eine **Dreiteilung**: Die Leistungsphasen 1 bis 4 sind auf der Grundlage der Kostenberechnung, die Leistungsphasen 5 bis 7 nach dem Kostenanschlag und die Leistungsphasen 8 und 9 anhand der Kostenfeststellung abzurechnen. Die **Kostenschätzung** dient nur dann der Berechnung des Honorars, wenn der → Bauherr lediglich die → Grundlagenermittlung und die → Vorplanung und allenfalls geringe Teile der → Entwurfsplanung an den Architekten beauftragt hat. Zur **Schlüssigkeit der Klage** reicht es aus, die Ergebnisse der Kostenermittlungen mitzuteilen (OLG Hamm, BauR 1996, 578 = NJW-RR 1992, 979). Etwas anderes gilt, wenn der Bauherr die Richtigkeit der Kostenermittlungen oder gar ihr Fehlen bestreitet. Das Gleiche gilt für die Darlegung der angesetzten Honorarzone (vgl. OLG Köln, *Sch/F/H*, § 631 BGB, Nr. 36).

Lange umstritten war, ob der Architekt oder Ingenieur eine Schlussrechnung unter **Verwendung des Formularmusters der DIN 276** erstellen muss (ausführlich: *Schmidt*, BauR 1999, 720 ff.). Diese Frage ist nunmehr höchstrichterlich für eine → Kostenschätzung gemäß DIN 276 derart entschieden, dass die Prüffähigkeit einer Honorarschlussrechnung nicht deshalb verneint werden kann, weil nicht das Formularmuster der DIN 276 verwendet wurde, solange sich das Gliederungsschema der Kostenschätzung an der DIN 276 orientiert (BGH, BauR 1999, 1318 = NJW-RR 1999, 1541). Legt der Architekt seiner Schlussrechnung eine Kostenermittlungsart zu Grunde, die nicht dem § 10 Abs. 2 HOAI entspricht, so ist die Rechnung gleichwohl prüffähig, wenn der sachkundige Bauherr den der Höhe nach nicht bezweifelten Angaben die anrechenbaren Kosten entnehmen kann (BGH, BauR 2000, 124). Die prüffähige Rechnung muss nicht sachlich richtig sein, um prüffähig zu sein (OLG Frankfurt, IBR 1999, 278 = BauR 2000, 435).

Bei einer **Pauschalrechnung** kann die Angabe des vereinbarten Pauschalbetrags unter Angabe etwaiger Abschlagszahlungen und eventuell der Mehrwertsteuer ausreichen, wenn die Architektenverträge nicht vorzeitig gekündigt wurden (*Schmidt*, Musterbriefe für das Architekten- und Ingenieurbüro, Rdn. 279; *Locher/Koeble/Frik*, HOAI, § 8, Rdn. 17; *Löffelmann/Fleischmann*, Architektenrecht, Rdn. 1366; *Korbion/Mantscheff/Vygen*, HOAI, § 8, Rdn. 42; *Pott/Dahlhoff/Kniffka*, HOAI, § 8, Rdn. 8). Anders verhält es sich bei einer **Schlussrechnung nach vorzeitiger Vertragsbeendigung**. Dort muss erkennbar sein, welche Leistungen erbracht wurden und welcher Anteil des Pauschalhonorars hierauf entfällt. Nur so kann der Bauherr erkennen, ob die Rechnung sachlich und rechnerisch richtig ist (OLG Hamm, BauR 1993, 633; OLG Düsseldorf, BauR 1997, 163.).

Die Frage, ob **Abschlagsrechnungen** prüffähig sein müssen, ist umstritten (dafür z. B.: *Wirth/Theis*, Architekt und Bauherr, S. 520; *Locher/Koeble/Frik*, HOAI, § 8, Rdn. 60; dagegen z. B.: *Korbion/Mantscheff/Vygen*, HOAI, § 8 Rdn. 52, 53; *Werner/Pastor*, Der Bauprozess, Rdn. 980; *Schmidt*, BauR 1999, 538, 545). Daher sollte der Architekt oder Ingenieur vorsorglich auch die Abschlagsrechnung prüffähig erstellen. Soweit § 632 a BGB nunmehr Abschlagszahlungen regelt, sind im Übrigen die verfassungsrechtlichen Bedenken gegen § 8 Abs. 2 HOAI (z. B. von *Korbion/Mantscheff/Vygen*, HOAI, § 8, Rdn. 3 ff. m. w. N. oder OLG Celle, IBR 2000, 129.) gegenstandslos.

Stundenabrechnungen müssen ebenfalls prüffähig erstellt werden (OLG Rostock, IBR 1999, 279). Hierzu gehört ein beizufügender Stundenzettel. Dieser muss einen Hinweis auf das Projekt enthalten, für das die Leistungen erbracht wurden, das Datum, an dem die Leistungen erbracht wurden, den jeweiligen Bearbeiter, die jeweilige Tätigkeit und den jeweiligen Zeitaufwand.

Nebenkosten sind, soweit Architekt oder Ingenieur und → Auftraggeber insoweit nicht wirksam eine Pauschale vereinbart haben, gemäß § 7 Abs. 3 HOAI ebenfalls prüffähig abzurechnen. Die **Umsatzsteuer** ist gemäß § 9 HOAI auszuweisen.

Die Rechtskraft eines früheren, mangels Prüffähigkeit der Rechnungslegung abweisenden Urteils steht einer neuen auf der Basis der ordnungsgemäß erstellten Kostenrechnung gefertigten Klage nicht entgegen. Dies gilt allerdings entgegen der Auffassung von Locher (*Locher*, Das private Baurecht, Rdn. 348 a. E.) nicht unabhängig davon, ob die Klage als unschlüssig, (unbegründet) oder derzeit unbegründet abgewiesen wurde. Eine neue Klage ist nur dann möglich, wenn die Klage, wie es richtig ist, als derzeit unbegründet abgewiesen wurde (BGH, BauR 1995, 126 = ZfBR 1995, 73 = NJW 1995, 399 = IBR 1995, 65). Wurde die Klage als unschlüssig (vgl. z. B. OLG Düsseldorf, BauR 1992, 96 = OLGR 1991, 6 = IBR 1991, 447) oder unbegründet (vgl. z. B. LG Berlin, IBR 1995, 23) abgewiesen, bleibt nur die Berufung. Die prüffähige Schlussrechnung konnte nach der bis zum 1. 1. 2002 geltenden Fassung der ZPO auch noch in der Berufung vorgelegt werden – allerdings mit den Kostennachteilen des § 97 Abs. 2 ZPO, wonach der Architekt oder Ingenieur die

Kosten der Berufung zu tragen hatte, da er die prüffähige Rechnung bereits in der 1. Instanz hätte vorlegen können (OLG Düsseldorf, BauR 2000, 290; OLG Frankfurt, BauR 2000, 435 = IBR 1999, 278; OLG Koblenz, OLGR 1998, 317 = IBR 1998, 488; OLG Hamm, OLGR 1995, 40 = IBR 1995, 255; OLG Köln, BauR 1992, 668 = OLGR 1992, 224; OLG Stuttgart, BauR 1985, 587; auch: BGH, BauR 1999, 63 = ZfIR 1998, 679).

Ob die prüffähige Schlussrechnung nach der ZPO-Reform zum 1. 1. 2002 auch noch in der II. Instanz vorgelegt werden kann, war streitig. Das OLG Hamburg (IBR 2003, 338) hielt dies wegen § 531 Abs. 2 ZPO n. F. (neuer Vortrag) nicht für zulässig, jedenfalls wenn neue Zahlen vorgetragen werden. Der BGH (BauR 2004, 115; 2002, 1588) hingegen lässt die Vorlage einer prüfbaren Rechnung auch noch im Berufungsverfahren zu. Der Streitgegenstand ändere sich durch die neue prüfbare Rechnung nicht. Auch Verspätung scheide aus, wenn die prüfbare Schlussrechnung erst in der Berufung erstellt werde.

Teilschlusszahlungen sind in der HOAI nicht geregelt. Teilschlusszahlungen kann der Architekt oder Ingenieur nur dann fordern, wenn sie vereinbart sind und die Teilschlussrechnung prüffähig ist (*Schmidt*, BauR 1999, 538, 545). Entsprechende Vereinbarungen sind z. B. dann erforderlich, wenn der Architekt oder Ingenieur mit dem Bauherrn die Erbringung der **Vollarchitektur** vereinbart. Nur wenn Architekt oder Ingenieur und → Bauherr in diesem Fall eine Teilschlussrechnung vereinbart haben, kann der Architekt oder Ingenieur nach Erbringung der → Leistungsphase 8 eine Teilschlussrechnung stellen (vgl. BGH, BauR 1996, 238 = ZfBR 1996, 37; BauR 1994, 392 = ZfBR 1994, 131.). Anderenfalls kann der Architekt oder Ingenieur **lediglich eine Abschlagsrechnung** stellen. Die Gesamtleistung des Architekten kann grundsätzlich erst nach der Objektbegehung zur Mängelfeststellung im Sinne des § 15 Abs. 2 Nr. 9 HOAI abgenommen werden bzw. abnahmefähig sein (vgl. BGH, BauR 1994, 392 = NJW 1994, 1276 = ZfBR 1994, 131). Diese Leistung ist wesentlich. Die Teilschlussrechnung hat für den Architekten oder Ingenieur im Gegensatz zur → Abschlagsrechnung den Vorteil, dass, wenn die mit der Teilschlussrechnung abgerechneten Leistungen vertragsgemäß erbracht sind, für diese die Gewährleistungsfristen zu laufen beginnen. Der Nachteil der Teilschlussrechnung im Gegensatz zur Abschlagsrechnung liegt darin, dass der Architekt oder Ingenieur an sie wie an eine Schlussrechnung gebunden ist (*Schmidt*, BauR 1999, 538, 545 m. w. N.), also → Nachforderungen grundsätzlich ausscheiden.

2. Bauunternehmer
a) BGB-Vertrag
Ob im Rahmen eines BGB-Vertrages eine prüfbare Schlussrechnung für die → Fälligkeit des Werklohnes erforderlich ist, ist umstritten (dagegen z. B. OLG Frankfurt, NJW-RR 2000, 755; dafür z. B. OLG Frankfurt, BauR 1997, 856). Der BGH hält diese wohl nicht für erforderlich. Er hielt das Vorliegen einer prüffähigen Schlussrechnung auch nicht für den Beginn der → Verjährung der Werklohnforderung für erforderlich (BGH, BauR 1981, 199). § 641 BGB statuiert eine solche Voraussetzung auch nicht.

b) VOB-Vertrag
Nach § 14 Nr. 1 VOB/B hat der → Auftragnehmer seine Leistungen prüfbar abzurechnen. Die → Abrechnung muss den → Auftraggeber in die Lage versetzen, den gegen ihn geltend gemachten Zahlungsanspruch nachprüfen zu können. Das bedeutet, dass die Anforderungen an die → Rechnung ganz verschieden sein können, je nachdem, wie fachkundig der Auftraggeber ist. Dabei kann auf die Fachkunde des vom Bauherrn hinzugezogenen Architekten abgestellt werden (BGH, NJW 1967, 342; vgl. auch OLG München, BauR 1993, 346; OLG Celle, BauR 1996, 264). Die Prüfbarkeit der Rechnung ist **kein Selbstzweck**, um Vergütungsforderungen mit wenig Aufwand zurück-

weisen zu können. Sie orientiert sich auch an den Kenntnissen und Fähigkeiten der Hilfspersonen des Auftraggebers (BGH, BauR 1999, 63; BauR 1998, 1108; BauR 1995, 125). Es gelten die Ausführungen zur Prüffähigkeit der Architektenrechnung entsprechend.

Von den der Rechnung beizulegenden Unterlagen spielt dabei insbesondere **das Aufmaß** beim → Einheitspreisvertrag und, wenn es zu Nachträgen gekommen ist, auch beim Pauschalpreisvertrag eine große Rolle (vgl. OLG Frankfurt, OLGR 1995, 146). Ein gemeinsam genommenes und einverständliches → Aufmaß kann Bindungswirkung hinsichtlich der technischen Maße haben (BGH, NJW 1974, 646 = BauR 1974, 210; BauR 1975, 211; KG, OLGR 1995, 184). Der → Bauleiter hat grundsätzlich eine → Vollmacht zum gemeinsamen Aufmaß, wenn ihm die → Bauüberwachung übertragen ist (BGH, NJW 1960, 859; OLG Oldenburg, BauR 1997, 523). Der Auftraggeber kann nach einem gemeinsamen Aufmaß nicht einfach einwenden, das Aufmaß sei falsch (OLG Düsseldorf, OLGR 1994, 190). Er muss im Einzelnen darlegen, wo und inwieweit es falsch sei.

Nach dem OLG München (BauR 1995, 138) verstößt die Fälligkeitsregelung des § 16 Nr. 3 Abs. 1 VOB/B isoliert betrachtet gegen das AGB-Gesetz (heute §§ 305 ff. BGB), da die „Prüfbarkeit" im Gesetz, § 641 BGB, nicht vorgesehen ist.

Prüffähigkeit → Prüfbarkeit

Prüfvermerk des Architekten → Vollmacht

Eine Grundleistung im Rahmen des Leistungsbildes → Objektplanung ist die Prüfung der Rechnungen der einzelnen Bauhandwerker. Es handelt sich hierbei um eine von einigen als sogenannte zentrale Leistung bezeichnete Grundleistung des Architekten. Unter einer → Rechnungsprüfung versteht man die fachtechnische und rechnerische Überprüfung aller Rechnungen von Bauunternehmern und Lieferanten aus dem Leistungsbereich des Architekten auf ihre Richtigkeit und Vertragsgemäßheit (BGH, BauR 1998, 869). Hat der Architekt eine → Rechnung eines Bauunternehmers geprüft, so versieht er sie mit seinem Prüfungsvermerk (z. B. „rechnerisch und inhaltlich richtig"). Dieser Prüfvermerk stellt grundsätzlich kein rechtsverbindliches → Anerkenntnis des Bauherrn dar (OLG Hamm, BauR 1996, 736), denn für die Abgabe einer nicht nur fachmännischen, sondern auch rechtsverbindlichen Erklärung zu Lasten des Bauherrn ist ein Architekt regelmäßig nicht bevollmächtigt.

Public Private Partnership → Städtebauliche Verträge; → Vorhabenbezogener Bebauungsplan

Der Begriff Public Private Partnership (PPP) umfasst im Baurecht allgemein die **Zusammenarbeit von staatlichen Organen mit privaten Investoren zur Realisierung eines** gemeinsamen baulichen Zieles oder **Projektes** (*vgl. hierzu Frhr. v. u. z. Franckenstein*, UPR 2000, 288).

1. Gesetzliche Bestimmungen im BauGB

Nach **§ 4 b BauGB** kann die Gemeinde zur Beschleunigung des Bauleitplanverfahrens die Vorbereitung und Durchführung von einzelnen Verfahrensschritten nach den §§ 3 bis 4 a BauGB einem Dritten übertragen. Ein Zusammenwirken von Gemeinden und Privaten regelt auch § 11 BauGB beim Abschluss von städtebaulichen Verträgen und § 12 BauGB für vorhabenbezogene Bebauungspläne, wonach die Gemeinde zugunsten und in Zusammenwirken mit einem Investor für dessen Bauprojekt die Bebauungsplangrundlage herstellt. So ist nach § 4 b BauGB die Übernahme technischer Aufgaben durch Private zulässig. Dies beinhaltet bei der Aufstellung von Bebauungsplänen insbesondere die Aufbereitung, Zusammenstellung und Versendung von Unterlagen für die Anhörung in der frühzeitigen Bürgerbeteiligung oder der Unterlagen, zu denen die Träger öffentlicher Belange Stellung nehmen sollen. Zu den Durchführungshandlungen i. S. v. § 4 b BauGB gehören die Moderation des Erörterungs- und Anhörungstermin mit Bürgern und Träger öffentlicher Belange gemäß §§ 3 und 4 BauGB sowie eine grenzüberschreitende Unterrichtung der Gemeinden und Träger öffentlicher Belange gemäß § 4 a BauGB (*Frhr. v. u. z. Franckenstein*, UPR 2000, 288).

2. Grenzen der Public Private Partnership
Träger der → Planungshoheit ist die **Gemeinde**; sie **hat** ihre → **Bauleitpläne in eigener Verantwortung aufzustellen**. Insbesondere der Aufstellungsbeschluss und die Abwägung mit anschließendem Satzungsbeschluss müssen der Gemeinde vorbehalten bleiben. Die Möglichkeit der Übernahme von Aufgaben im Zusammenhang mit städtebaulichen Verträgen nach § 11 BauGB, dem → vorhabenbezogenen Bebauungsplan nach § 12 BauGB und die Heranziehung von Dritten nach § 4 b BauGB erlaubt **nur unterstützende Tätigkeiten** als Verwaltungshelfer (funktionelle Privatisierung) und darf nichts daran ändern, dass die Gemeinde allein für die Bauleitplanung verantwortlich bleibt (*Peine*, DÖV 1997, 353, 354).

3. Bauordnungsrecht
Anders als in der Bauleitplanung, in der die Beteiligung Privater auf rein verwaltungshelfende Aktivitäten beschränkt ist, sind im → Bauordnungsrecht der **Länder** auch **öffentlich-rechtliche Aufgaben auf Private übertragen** (materielle Aufgabenprivatisierung). Insbesondere im Zusammenhang mit genehmigungsfreien Bauvorhaben wird vor Beginn der Bauarbeiten in einigen Bundesländern verlangt, dass der → Bauherr die Erklärung eines anerkannten Entwurfverfassers (Architekten oder Sachverständigen) vorlegt, der bestätigt, dass das Bauvorhaben den öffentlich-rechtlichen Vorschriften entspricht. Anstelle der Baugenehmigungsbehörde werden in diesem Fall also die bauplanungsrechtlichen Zulässigkeitsvoraussetzungen von dem hiermit beauftragten Architekten und Sachverständigen eigenverantwortlichen überprüft; diese übernehmen die Gewähr für die Rechtmäßigkeit des Bauvorhabens (*Ortloff/Rapp*, NJW 1996, 2346; *Schulte*, BauR 1996, 599).

Rationalisierungswirksame besondere Leistungen
Gemäß § 29 Abs. 1 HOAI sind rationalisierungswirksame besondere Leistungen solche Leistungen, die zum ersten Mal erbracht wurden und durch herausragende technisch-wirtschaftliche Lösungen über den Rahmen einer wirtschaftlichen Planung oder über den allgemeinen Stand des Wissens wesentlich hinausgehen und dadurch zu einer Senkung der Bau- und Nutzungskosten des Objektes führen. Satz 2 stellt klar, dass durch die rationalisierungswirksamen besonderen Leistungen die vom → Auftraggeber an das Objekt gestellten Anforderungen nicht unterschritten werden dürfen. Honorare für rationalisierungswirksame besondere Leistungen kann der Architekt nur berechnen, wenn dies zuvor schriftlich vereinbart wurde. Im Gegensatz zu Besonderen Leistungen i. S. d. HOAI muss es sich bei den rationalisierungswirksamen besonderen Leistungen um eigenschöpferische Leistungen handeln. Es genügt also nicht, wenn lediglich Erkenntnisse des derzeitigen technischen Standes verwertet werden und dadurch eine Kostensenkung erzielt wird (*Locher/Koeble/Frik*, HOAI, § 29 Rdn. 2). Die eigenschöpferischen Leistungen müssen darüber hinaus über den Rahmen einer wirtschaftlichen Planung oder aber über den allgemeinen Stand des Wissens wesentlich hinausgehen.

Sie muss also über die vom → Auftragnehmer ohnehin zu schuldende wirtschaftliche Planung hinausgehen. Das → Honorar kann entweder als → Erfolgshonorar oder als → Zeithonorar vereinbart werden.

Raumbildender Ausbau

§ 25 HOAI nennt das → Leistungsbild des raumbildenden Ausbaus. Er hat die innenarchitektonischen Leistungen, soweit sie sich in raumbildenden Ausbauten manifestieren, in die HOAI einbezogen. Die Gestaltung oder Erstellung von Innenräumen ohne wesentliche Eingriffe in den Bestand oder die Konstruktion sind somit als ein eigenständiges Leistungsbild mit eigenständiger Honorarregelung gesetzlich verankert worden. Gemäß § 3 Nr. 7 HOAI sind raumbildende Ausbauten **die innere Gestaltung und Erstellung von Innenräumen ohne wesentliche Eingriffe in den Bestand oder Konstruktion**, wobei sie im Zusammenhang mit Leistungen nach den Nrn. 2–6 des § 3 HOAI (Neubauten, Wiederaufbauten, Erweiterungsbauten, Umbauten oder Modernisierungen) anfallen können.

Beispiele: Innenarchitektonische Regelungen der Lichtgestaltung, Raumzuordnung und Raumproportion sowie die technische Ausrüstung, die Farb- und Materialgestaltung sowie die konstruktive Detailgestaltung, ferner die Planung für Textilien (z. B. Fenster- und Wandbehänge, Bodenbeläge, Beleuchtungskörper, Serienmöbel) im Rahmen eines Gesamtkonzeptes.

Begrenzt ist die Anwendbarkeit des § 25 HOAI, wenn bei der Gestaltung und Erstellung von Innenräumen **in die Konstruktion oder den Bestand eingegriffen** wird. Eine Honorierung scheidet dann nach § 25 HOAI aus. Es kann sich hierbei jedoch um **Umbauten** gem. § 3 Nr. 5 HOAI handeln. Die Honorierung erfolgt dann nach dem Leistungsbild des § 15 HOAI für → Gebäude i. V. m. § 24 HOAI. Eine Differenzierung der Leistungen in zum einen raumbildende Ausbauten und zum anderen Umbauten ist jedoch unzulässig (*Locher/Koeble/Frik*, HOAI, § 25 Rdn. 4). Gleiches gilt für den Fall, dass gleichzeitig Leistungen für raumbildende Ausbauten und im Zusammenhang mit → Grundleistungen nach § 15 Abs. 1 HOAI für Gebäude vereinbart worden sind. Eine Doppelhonorierung ist auch hier unzulässig.

Die Grenze des Verbots der Doppelhonorierung ist dort erreicht, wo dem Architekten sachlich nicht parallele Grundleistungen des raumbildenden Ausbaus zusammen mit Grundleistungen des § 15 HOAI in neu aufgebauten, wiederaufgebauten, erweiterten oder umgebauten Gebäuden übertragen wird. Denn in solchen Fällen **greift das Doppelverbot nicht ein**, da die übertragenen Grundleistungen nach den Leistungsphasen des § 15 HOAI nicht mit den Leistungen des raumbildenden Ausbaus korrespondieren. **Beispiel**: Dem Architekten werden zum einen die Vor- und → Entwurfsplanung für Gebäude und raumbildende Ausbauten gem. § 15 Abs. 1 Nr. 2 und 3 HOAI übertragen. Für die weiteren Leistungsphasen des § 15 HOAI für das Gebäude erhält er jedoch keinen Auftrag. Gleichzeitig soll er weitere Leistungen des raumbildenden Ausbaus erbringen. Hier ist insoweit eine getrennte → Honorarberechnung denkbar (*Korbion/Mantscheff/Vygen*, HOAI, § 25 Rdn. 3).

§ 25 Abs. 2 HOAI regelt den Fall, dass Leistungen des raumbildenden Ausbaus in Gebäuden, die neu gebaut sind, wieder aufgebaut werden, erweitert oder umgebaut werden, von einem Innen- oder sonstigen Architekten erbracht werden, dem Grundleistungen nach § 15 HOAI für diese Gebäude nicht übertragen worden sind. In solchen Fällen wird nunmehr das → Honorar analog dem Objektplanungshonorar für Gebäude berechnet.

Bei der Vereinbarung der Höhe des Zuschlages ist der Schwierigkeitsgrad der → Leistung für die raumbildenden Ausbauten zu berücksichtigen. Bei durchschnittlichem Schwierigkeitsgrad der Leistung kann lediglich ein → Zuschlag von 25 % – 50 % vereinbart werden, **ohne dass der Höchstpreischarakter der HOAI tangiert werden würde**. Für den Bewertungsmaßstab bzgl. des Schwierigkeitsgrades empfiehlt sich der Punkteschlüssel von *Locher/Koeble/Frik*, HOAI, § 25,

Rdn. 14. Der Punkteschlüssel enthält fünf Schwierigkeitsstufen, wobei sechs verschiedenen Bewertungsmerkmalen verschiedene Schwierigkeitsstufen zugeordnet und mit Punkten versehen werden. Nach dem Leistungsbild für raumbildende Ausbauten in § 15 HOAI ist die jeweils zulässige Punktezahl zu ermitteln und der → Abrechnung zugrunde zu legen.

Raumordnung → Bebauungsplan; → Factory Outlet Center (FOC); → Planungshoheit
1. Aufgabe
Nach § 1 ROG sollen mit der Raumordnungsplanung **raumbedeutsame Planungen und Maßnahmen koordiniert** werden. Dementsprechend hat die Raumordnung die Aufgabe, unterschiedliche Anforderungen an den Raum aufeinander abzustimmen und die auf die jeweilige Planungsebene auftretenden Konflikte auszugleichen, sowie Vorsorge für einzelne Raumfunktionen und Raumnutzungen zu treffen (*de Witt/Dreier*, in: Hoppenberg, Handbuch des öffentlichen Baurechts, E Rn. 592).

2. Kompetenz
Der **Bund** hat die Kompetenz, bundesweit relevante Raumordnungsfragen zu regeln (§§ 18 ff. ROG). Den Ländern gibt das **ROG** in den §§ 6 ff. ROG bestimmte **Vorgaben für die Raumordnung in** den **Ländern**. Gemäß § 7 ROG müssen Raumordnungspläne aufgestellt werden, die eine nachhaltige Raumentwicklung gewährleisten, die die sozialen und wirtschaftlichen Ansprüche an den Raum mit seinen ökologischen Funktionen in Einklang bringt und zu einer dauerhaften, großräumig ausgewogenen Ordnung führten. Innerhalb der durch das ROG gezogenen Grenzen sind die Länder frei in der Ausgestaltung ihrer raumordnungsrechtlichen Entscheidungen (*de Witt/Dreier*, in: Hoppenberg, Handbuch des öffentlichen Baurechts, B Rn. 3).

3. Bedeutung der kommunalen Planungshoheit
Das Raumordnungsrecht muss die in Art. 28 Abs. 2 GG verankerte → Planungshoheit der Gemeinden beachten, so dass sich die **Raumordnung auf überörtliche Planungen und Maßnahmen zu beschränken hat**, weil die kommunale Planung als örtliche Angelegenheit i. S. v. Art. 28 Abs. 2 GG den Gemeinden zugewiesen ist. Allerdings greift auch die überörtliche Planung zwangläufig auf den örtlichen Grund und Boden zu. Die kommunale Planung gewährleistet in diesem Zusammenhang grundsätzlich, dass die **Raumordnung** den **Gemeinden nur** einen **Rahmen vorgeben** darf, den diese eigenverantwortlich ausfüllen kann. Deshalb ist regelmäßig in der Raumordnung nur eine gemeinde- oder gebietscharfe Festlegung von landesbedeutsamen Vorhaben vorzunehmen. Bei Vorliegen überörtlicher Interessen von höherem Gewicht ist jedoch auch eine Einschränkung der → Planungshoheit durch parzellenscharfe Ausweisungen verfassungsrechtlich zulässig. Denn Art. 28 Abs. 2 GG gewährleistet die kommunale → Planungshoheit nur im Rahmen der Gesetze. Gerechtfertigt wäre beispielsweise eine parzellenscharfe Ausweisung bei wichtigen Einrichtungen der Daseinsvorsorge (etwa Erweiterung Landesflughafen, Neubau Landesmesse, Anlagen der Energieerzeugung oder Energiefreileitungen, aber auch bei überörtlichen bedeutsamen Biotopbereichen). In jedem Fall ist es rechtlich geboten, die **Gemeinde bei** der **Aufstellung** der **Regionalpläne zu beteiligen** sowie ihre städtebauliche Planung als kommunale Belange in die Abwägung einzustellen und angemessen zu gewichten (Gegenstromprinzip, § 1 Abs. 3 ROG). Dies ist eine Rechtmäßigkeitsvoraussetzung im Rahmen der Aufstellung von Raumordnungsplänen (BVerwG, UPR 2003, 358; OVG Lüneburg, BauR 2000. 1155; Busse, BayVBl. 1998, 293).

4. Bindungswirkung der Raumordnungspläne
Das Gebot, die Raumordnungsziele zu beachten richtet sich **primär** an **öffentliche Stellen** (Be-

hörden des Bundes und der Länder, Gemeinden, Landkreise und Gemeindeverbände etc. **Im Übrigen** wirkt das Raumordnungsrecht auf die Zulässigkeit privater Vorhaben **direkt nur bei ausdrücklicher gesetzlicher Anordnung** ein, wie beispielsweise in §§ 2 Abs. 2 S. 2, 34 Abs. 3, 35 Abs. 3 BauGB und § 10 Abs. 1 S. 2 BWaldG. **Im Rahmen von Abwägungs- oder Ermessensnormen**, die eine Berücksichtigung öffentlicher Belange vorschreiben, entfaltet das Raumordnungsrecht im Rahmen der Abwägung gegenüber Privaten Rechtswirkung (BVerwG, NuR 1997, 397). Sachlich haben Raumordnungspläne Bindungswirkung **nur** gegenüber **raumbedeutsamen Planungen** und **Maßnahmen**, also gegenüber raumbeanspruchenden und raumbeeinflussenden Vorhaben. Das heißt, das Vorhaben muss eine gewisse räumliche Ausdehnung erreichen (*Runkel*, UPR 1997, 1,3).

5. Grundsätze und Ziele der Raumordnung
Grundsätze der Raumordnung sind gemäß § 3 Nr. 3 ROG **allgemeine Aussagen** zur Entwicklung, Ordnung und Sicherung des Raums **als Vorgaben für nachfolgende Abwägung- oder Ermessensentscheidungen**. Im Gegensatz zu den Zielen der Raumordnung sind die Grundsätze nicht strikt zu beachten, sondern nur als überwindbare Direktiven innerhalb der planerischen Abwägung oder einer Ermessensentscheidung zu berücksichtigen, § 4 Abs. 2 ROG. **Ziele der Raumordnung** demgegenüber sind **verbindliche Vorgaben** in Form von räumlich und sachlich bestimmten oder bestimmbaren, vom Träger der Landes- oder Regionalplanung abschließend abgewogenen, textlichen oder zeichnerischen Festlegungen **in Raumordnungsplänen** zur Entwicklung, Ordnung und Sicherung des Raums, § 3 Nr. 2 ROG. Die Ziele sind im Unterschied zu den Grundsätzen bereits Ergebnis einer Abwägung und verlangen strikte Beachtung, vorausgesetzt, dass die in den Zielen enthaltenen Planungssätze eine hinreichend konkrete und nicht mehr ergänzungsbedürftige Aussage treffen (BVerwG, DVBl. 1992, 1438).

6. Instrument der Raumordnung
a) Raumordnungspläne
Gemäß § 8 Abs. 1 ROG **ist** für das Gebiet eines jeden Bundeslandes ein zusammenfassender und übergeordneter Raumordnungsplan **aufzustellen**. In den Stadtstaaten ersetzt der → Flächennutzungsplan den Raumordnungsplan. Die Aufstellung räumlicher und sachlicher Teilpläne ist nach § 7 Abs. 1 S. 2 ROG zulässig und wurde etwa zur Planung von Kraftwerksstandorten genutzt. In Ländern mit mehreren zentralen Orten oberster Stufe sind gemäß § 9 Abs. 1 S. 1 ROG Regionalpläne aufzustellen. In diesen Regionalplänen, die teilweise auch als Gebietsentwicklungspläne, regionale Raumordnungspläne oder regionale Raumordnungsprogramme bezeichnet werden, werden die Grundsätze und Ziele der landesweiten Raumordnungspläne räumlich und sachlich ausgestaltet. **Ausweisungsmechanismen nach § 7 Abs. 4 ROG sind** insbesondere **Vorranggebiete**, die konkrete Nutzungen zuweisen, **Vorbehaltsgebiete**, wo die Ausweisung einer Nutzung einen wichtigen Abwägungsbelang bei künftigen Planungsentscheidungen darstellt und **Eignungsgebiete**, die besonders geeignete Flächen für eine bestimmte Nutzung festlegen und damit gleichzeitig diese Nutzung auf anderen Flächen des Regionalplans ausschließen. Vorranggebiete können beispielsweise für Naturschutzzwecke festgesetzt werden, die dann andere hiermit unvereinbare Nutzungen ausschließen oder auch für naturbeanspruchende Nutzungen wie etwa für die Gewinnung standortgebundener Rohstoffe oder für Abfallbeseitigungsanlagen, die dann Planungen und Maßnahmen i. S. d. Naturschutzes ausschließen (NVwZ-RR 1997, 690). Verfahrensmäßig setzt die Aufstellung von Raumordnungsplänen zum einen die Beteiligung der öffentlichen Stellen und Personen des Privatrechts voraus, für die unmittelbar beachtenspflichtige Entscheidungen nach § 4 Abs. 1 oder Abs. 3 ROG begründet werden sollen. Zum anderen sind öffentliche und private Belange in der Ent-

scheidung über die Aufstellung des Raumordnungsplanes fehlerfrei abzuwägen, soweit sie auf der Planungsebene erkennbar und von Bedeutung sind (OVG Lüneburg, BauR 2000, 1155).

b) Raumordnungsverfahren

Hat ein **Vorhaben** im Einzelfall raumbedeutsame oder **überörtliche Bedeutung** ist ein **Raumordnungsverfahren notwendig**. Hierbei wird eine Raumverträglichkeitsprüfung vorgenommen, um festzustellen, ob diese Vorhaben mit den Erfordernissen der Raumordnung übereinstimmen und wie raumbedeutsame Vorhaben unter den Gesichtspunkten der Raumordnung aufeinander abgestimmt werden können. Hierbei findet auch eine Prüfung der Standorteignung statt. Das Ergebnis des Raumordnungsverfahrens ist im weiteren Genehmigungsverfahren nicht unbedingt zu beachten, hat aber erhebliche faktische Wirkungen. Denn bei einem positiven Ergebnis kann im anschließenden Zulassungsverfahren davon ausgegangen werden, dass das Vorhaben mit den Erfordernissen der Raumordnung übereinstimmt. Die Eignung des Standortes wird damit nicht mehr in Frage gestellt, es sei denn, dass sich Zweifel an der Richtigkeit der raumordnerischen Beurteilung aufdrängen (OVG Schleswig, NuR 1995, 316, 317).

7. Relevanz im Baurecht

Bauleitpläne sind gemäß § 1 Abs. 4 BauGB den **Zielen der Raumordnung anzupassen**. Jeder Bauleitplan, der gegen dieses Anpassungsgebot verstößt, ist unwirksam, denn das **Anpassungsgebot** gegenüber Zielen der Raumordnung erfordert **strikte Beachtung** und kann nicht im Rahmen einer Abwägung überwunden werden. **Entscheidend** ist, dass das **Ziel der Raumordnung** inhaltlich **hinreichend klar konkretisiert** ist; demnach reicht es nicht schon aus, wenn die Festlegung im Landesentwicklungsprogramm oder in einem Regionalplan als bloßes Ziel bezeichnet ist, ohne dass eine hinreichend konkrete Planungsaussage getroffen wird (BVerwGE 6, 342, 346).
Eine Straßenplanung durch Bebauungsplan verletzt das Anpassungsgebot des § 1 Abs. 4 BauGB, wenn die planerische Gesamtkonzeption einem Ziel der Regionalplanung (z. B. Regionaler Grünzug) widerspricht. Naturschutzrechtliche Ausgleichs- und Ersatzmaßnahmen können aber ein geeignetes Mittel sein, um die Zielkonformität zu sichern (BVerwG, BauR 2003, 1175). § 1 Abs. 4 BauGB kann eine gemeindliche Pflicht zur Aufstellung eines Bebauungsplans begründen, wenn die Verwirklichung von Zielen der Raumordnung bei Fortschreiten einer „planlosen" städtebaulichen Entwicklung auf unüberwindbare tatsächliche oder rechtliche Hindernisse stoßen oder wesentlich erschwert würde. Beispielsweise kommt der Zuordnung von großflächigen Einzelhandelsflächen in Mittel- und Oberzentren im Landesentwicklungsprogramm III in Rheinland-Pfalz (Konzentrationszonen) Zielcharakter zu, was der Zulassung größerer Einzelhandelsflächen in Unterzentren über § 1 Abs. 4 BauGB entgegensteht (BVerwG, BauR 2004, 443). § 2 Abs. 2 S. 2 BauGB bestimmt ausdrücklich, dass eine Gemeinde, die raumordnerisch eine bestimmte Funktion zugewiesen bekommen hat, berechtigt ist, ihre danach ausgerichtete Planung gegen eine die zentralörtliche Funktion störende raumordnungswidrige Planung einer anderen Gemeinde zu verteidigen. Nach § 34 Abs. 3 BauGB ist Zulassungsvoraussetzung für Vorhaben im Innenbereich, dass keine schädlichen Auswirkungen auf zentrale Versorgungsbereiche in der Gemeinde oder in anderen Gemeinden eintreten. Zentrale Versorgungsbereiche in diesem Sinne sollen sich insbesondere aus Festlegungen in Raumordnungsplänen ergeben (Gesetzesbegründung BauGB 2004, BR-Drs. 756/03, S. 114, 151).
Das Bundesverwaltungsgericht hat zu § 35 Abs. 3 S. 2 BauGB, wonach im → Außenbereich geplante raumbedeutsame Vorhaben den Zielen der Raumordnung nicht widersprechen dürfen, festgestellt: § 35 Abs. 3 S. 2 BauGB verleiht den Zielen der Raumordnung und Landesplanung bei der Entscheidung über die Zulässigkeit eines raumbedeutsamen Außenbereichsvorhabens keinen strik-

ten und unabdingbaren Geltungsanspruch. Vielmehr ist die Frage, ob ein Außenbereichsvorhaben einem Raumordnungsziel widerspricht, auf Grund einer die gesetzlichen Vorgaben „nachvollziehbaren Abwägung" zu entscheiden, in der das konkrete Vorhaben den berührten raumordnerischen Zielen gegenüberzustellen ist, was von dem Gericht uneingeschränkt überprüft wird. Ein im → Außenbereich privilegiertes Gipsabbauvorhaben kann dem in einem Regionalplan festgelegten Ziel „Vorranggebiete für die Erholung" widersprechen und unzulässig sein, wenn dieses Ziel räumlich und sachlich hinreichend bestimmt ist (BVerwG, BauR 2002, 41; OVG Lüneburg, BauR 2000, 1157).

Rechnung → Prüfbarkeit

Der Begriff Rechnung ist kein spezifisch juristischer Begriff. Im Allgemeinen Sprachgebrauch bedeutet der Begriff „Rechnung" die schriftliche Darlegung bzw. Aufschlüsselung der erbrachten → Leistung in Gegenüberstellung mit der Gegenleistung (der Werkleistung mit dem Preis). Die rechtliche Bedeutung von Rechnungen, insbesondere für den Zahlungsanspruch des Sachleistenden (Bauunternehmers, Architekten etc.) ist je nach Rechtsgebiet unterschiedlich:

– Im allgemeinen Zivil- und Werkvertragsrecht ist die Rechnung grundsätzlich bedeutungslos. So ist etwa die → Fälligkeit der Gegenleistung (Entgeltzahlung) von der Erteilung einer Rechnung unabhängig (vgl. BGHZ 103, 285, 120, 316, im → Baurecht sehr str., vgl. Werner/Pastor, Der Bauprozess, Rdn. 1368, 1369, 1370). Unter Umständen steht dem Zahlungspflichtigen allerdings ein → Zurückbehaltungsrecht zu, etwa wenn nicht ersichtlich ist, für welche konkrete Leistung der → Gläubiger die Zahlung begehrt (OLG München, NJW 1988, 270, für das → Baurecht: OLG Celle, BauR 1986, 356, 357, a. A.: Fälligkeit erst mit Erteilung einer Schlussrechnung: OLG Hamm, Sch/F/H, Nr. 8 zu § 641 BGB).

– Bei Vereinbarung der → VOB/B ist gem. § 16 Nr. 3 Abs. 1 VOB/B bzw. § 16 Nr. 1 Abs. 1 VOB/B die Fälligkeit der Werklohnforderung von der Vorlage einer prüffähigen (nicht unbedingt inhaltlich korrekten) Schlussrechnung bzw. → Abschlagsrechnung abhängig. Darüber hinaus steht dem → Auftraggeber ein Anspruch auf Erteilung einer prüffähigen Schlussrechnung zu (OLG Dresden, BauR 2000, 103). Zur Prüffähigkeit sind die Anforderungen aus § 14 VOB/B zu beachten. § 14 Nr. 1 Satz 2 VOB/B verlangt:
  • die Rechnung ist übersichtlich aufzustellen,
  • die Reihenfolge der Posten ist entsprechend dem → Auftrag einzuhalten,
  • die zum Nachweis von Art und Umfang erforderlichen Belege (z. B. das Aufmaß) sind beizufügen (s. auch OLG München, BauR 1989. 749; OLG Frankfurt, BauR 1980, 578 zu den Ausnahmen).

– Im Architektenrecht gilt für die Schlussrechnung § 8 Abs. 1 HOAI. Die Anforderungen entsprechen denen an die VOB-Schlussrechnung.

Rechnungsprüfung → Objektüberwachung; → Prüfbarkeit; → Prüfvermerk des Architekten; → Rechnung

Der → Auftragnehmer hat seine → Leistung prüfbar abzurechnen (§ 16 Nr. 3 Abs. 1, § 14 Nr. 1 Satz 1 VOB/B): Der → Auftraggeber hat dann gem. § 16 VOB/B für die Rechnungsprüfung und Zahlung bei Abschlagszahlungen 18 Werktage und bei Schlusszahlungen 2 Monate nach Zugang Zeit.

Im Rahmen der → Objektüberwachung gem. § 15 Abs. 2 Nr. 8 HOAI kann auch der Architekt Rechnungen der Auftragnehmer prüfen. Das Ergebnis seiner Prüfung dokumentiert er in der Regel auf der → Rechnung durch einen Vermerk (z. B. „sachlich und rechnerisch richtig"). Fehler seiner → Rechnungsprüfung stellen Vertragspflichtverletzungen dar, die üblicherweise auch verschuldet sind und demnach Schadenersatzansprüche begründen. Da der Architekt lediglich seine Pflichten zur Rechnungsprüfung nach § 15 HOAI wahrnimmt, kann aus dem Prüfvermerk grundsätzlich keine weiterreichende Rechtsfolge, insbesondere kein → Anerkenntnis des Auftraggeber hinsichtlich des Grundes und der Höhe der → Rechnung, hergeleitet werden (BGH, BauR 2002, 613; OLG Hamm, BauR 1996, 736). Denn hierfür fehlt dem Architekten i. d. R. nicht nur die → Vollmacht, sondern auch der Rechtsbindungswille. Der Prüfvermerk des Architekten stellt nicht einmal einen → Beweis des ersten Anscheins (*prima facie* Beweis) für die Richtigkeit der → Rechnung zugunsten des Auftragnehmer dar (OLG Köln, DB 1977, 1739; *Hochstein*, BauR 1973, 333 ff.).

Rechtsschutzversicherung/Haftpflichtversicherung → Baugeräteversicherung; → Berufshaftpflichtversicherung; → Betriebshaftpflichtversicherung

Reines Wohngebiet → Wohngebiet (reines)

Richtfest → Sorgfaltspflicht; → Verkehrssicherungspflicht

Rohbauabnahme → Abnahme; → Abschlagszahlung

Rückbau → Baugenehmigung; → Versiegelung
1. Freiwilliger Rückbau
Der Rückbau, gelegentlich in gesetzlichen Bestimmungen auch als Abbruch bezeichnet, ist die teilweise oder vollständige Beseitigung einer baulichen Anlage. Er ist nach den Vorschriften der **Landesbauordnungen** grundsätzlich **genehmigungsbedürftig** (vgl. § 63 Abs. 1 BauONRW; § 66 Abs. 1 LBauSA; § 54 Abs. 1 HBO; § 55 Abs. 1 BauOBln; § 62 ThürBO), sofern er nicht von den Behörden angeordnet worden ist. Der Grund für die Genehmigungsbedürftigkeit liegt in den nicht unerheblichen Gefahren mit denen ein Abbruch verbunden ist. Die Abbruchgenehmigung ist zu erteilen, wenn dem Vorhaben öffentlich-rechtliche Vorschriften nicht entgegenstehen.
Eine **bauplanungsrechtliche Genehmigungsbedürftigkeit** besteht nur in **Ausnahmefällen**, z. B. für das Gebiet einer → Erhaltungssatzung nach § 172 BauGB, in einem förmlich festgelegten → Sanierungsgebiet gemäß § 144 Abs. 1 Nr. 1 BauGB oder im Bereich einer → Veränderungssperre (§ 14 BauGB).

2. Rückbauanordnung
Mit einer Rückbauanordnung kann die Behörde die teilweise Beseitigung rechtswidriger baulicher Anlagen zwangsweise anordnen, wenn die Anlage im Widerspruch zu öffentlich-rechtlichen Vorschriften errichtet oder geändert worden ist und nicht auf andere Weise rechtmäßige Zustände hergestellt werden können (Art. 82 BayBO; § 84 Abs. 3 BauLOSA; § 72 Abs. 1 HBO; § 82 BbgBO).
Die Voraussetzungen des Erlasses einer Rückbauanordnung entsprechen denen der → Abrissverfügung, es ist also formelle und materielle Illegalität erforderlich.
Weicht ein → Bauherr bei der Errichtung seines Gebäudes von den in der → Baugenehmigung genehmigten Höhe oder sonstigen Maßen ab, so kann die → Bauaufsichtsbehörde grundsätzlich, auch unter dem Blickwinkel der **Verhältnismäßigkeit**, den Rückbau auf das genehmigte Maß verlangen. Selbst entschuldbare oder versehentliche Missachtung des geltenden Bauordnungsrechtes lassen ein Rückbauverlangen lediglich dann als unverhältnismäßig erscheinen, wenn das bauordnungsrechtlich gebotene Maß nur um ein Geringes verfehlt worden ist. Als Faustformel lässt sich

sagen, dass allenfalls die Verfehlung des richtigen Maßes **„um einen halben Stein" tolerabel** ist. Davon konnte in dem konkreten Fall bei einer Höhendifferenz von 45 cm zwischen der genehmigten und der tatsächlich errichteten Höhe der Fertigsohle einer Garage nach dem VGH Kassel (BauR 2000, 87 ff.) ernstlich keine Rede mehr sein, denn das → Baurecht sei zentimetergenau. Einem Bauherrn solle grundsätzlich nicht zugute kommen, vollendete Tatsachen geschaffen zu haben und sich danach auf die vermeintliche Unverhältnismäßigkeit der mit einer Wiederherstellung der Zustände verbundenen Kosten berufen zu können. Anderenfalls litte in nicht hinzunehmender Weise die Ordnungsfunktion des Baurechtes und es bestünde die Möglichkeit, dass gerade derjenige Vorteile genießt, der anders als der rechtstreue Bürger ein baurechtswidriges Verhalten an den Tag legt (VGH Kassel, BauR 2000, 87, 89).

3. Rückbau bei privilegierten Außenbereichsvorhaben

Nach § 35 Abs. 5 BauGB wird die Zulassung von Vorhaben im Außenbereich (nicht land- und forstwirtschaftliche Gebäude) gemäß § 35 Abs. 1 Nr. 2–6 BauGB davon abhängig gemacht, dass die Verpflichtung übernommen wird, das Vorhaben nach dauerhafter Aufgabe der Nutzung zurückzubauen und Bodenversiegelungen zu beseitigen. Diese Regelung gilt nur für die nach dem In-Kraft-Treten dieser Vorschrift zu genehmigenden Vorhaben (20. Juli 2004). Unberührt hiervon bleiben die bauaufsichtsrechtlichen Möglichkeiten, den Rückbau von Vorhaben zu verlangen, wenn sie formell und materiell illegal sind, etwa weil der Bestandsschutz der baulichen Anlage mit der endgültigen Aufgabe der Nutzung verloren gegangen ist (→ Abrissverfügung).

Rückbau- und Entsiegelungsgebot

Das Rückbau- und Entsiegelungsgebot des § 179 BauGB ist ein bodenrechtliches Rechtsinstitut, das städtebaulichen Zwecken, nämlich der Verwirklichung der Festsetzungen des Bebauungsplanes, dient. Im Gegensatz dazu zielen die in den Landesbauordnungen vorgesehenen Beseitigungs- oder Abbruchverfügungen auf die Beseitigung formell und materiell baurechtswidriger Bausubstanz.

1. Rückbaugebot

Mit dem Rückbaugebot nach § 179 Abs. 1 S. 1 BauGB kann die Gemeinde von dem Eigentümer verlangen, dass er die **ganze** oder **teilweise Beseitigung** seiner **baulichen Anlage** duldet, wenn
– die Anlage den Festsetzungen des Bebauungsplanes nicht entspricht und ihnen nicht angepasst werden kann (§ 179 Abs. 1 S. 1 Nr. 1 BauGB) oder
– die Anlage Missstände oder Mängel i. S. d. § 177 Abs. 2, 3 S. 1 BauGB (gesunde Wohn- und Arbeitsverhältnisse) aufweist, die auch durch eine Modernisierung oder Instandsetzung nicht behoben werden können.

In dem zweiten Fall ist Voraussetzung der Anordnung nicht ein → Widerspruch zwischen baulichem Bestand einerseits und planerischen Festsetzungen andererseits, sondern die Tatsache, dass der vorhandene Bestand nicht mehr i. S. d. planerischen Festsetzungen genutzt werden kann.

In beiden Fällen muss sich das Grundstück im **Geltungsbereich eines Bebauungsplanes** befindet, wobei kein qualifizierter → Bebauungsplan i. S. d. § 30 Abs. 1 BauGB erforderlich ist; auch ein einfacher → Bebauungsplan i. S. d. § 30 Abs. 3 BauGB genügt.

Für den Erlass eines Rückbaugebotes reicht es allein nicht aus, dass eine bauliche Anlage im → Widerspruch zu dem → Bebauungsplan steht oder nicht behebbare Missstände vorliegen. Vielmehr müssen, die in § 175 BauGB genannten, allgemeinen Voraussetzungen erfüllt sein und der Rückbau aus städtebaulichen Gründen geboten sein. Städtebaulich geboten ist ein Rückbau beispielsweise, wenn der vorhandene Zustand die mit der Verwirklichung des Bebauungsplanes angestrebte städtebauliche Entwicklung hemmt oder die Freilegung einer im → Bebauungsplan als nicht überbaut ausgewiesenen Fläche zur Behebung ungenügender Belichtung und Belüftung erforderlich ist (OVG Bremen, NVwZ 1986, 764). Ebenso kann sich ein Rückbaugebot anbieten, um in einer Gemengelage eine Fremdkörperbebauung zu beseitigen.

2. Entsiegelungsgebot
In § 179 Abs. 1 S. 2 BauGB wird das Rückbaugebot auf ein Entsiegelungsgebot erweitert. Durch das Entsiegelungsgebot sollen dauerhaft nicht mehr genutzte Flächen, bei denen der durch Bebauung oder → Versiegelung beeinträchtigte Boden in seiner Leistungsfähigkeit erhalten oder wiederhergestellt werden soll, wieder nutzbar gemacht werden. Die Vorschriften des Rückbaugebotes gelten uneingeschränkt auch für das Entsiegelungsgebot (*Krautzberger*, in: Battis/Krautzberger/Löhr, BauGB, § 179 Rdn. 9).

3. Inhalt
Adressat des Rückbau- und Entsiegelungsgebotes ist der Eigentümer, dem jedoch kein aktives Tun i. S. einer Beseitigung aufgegeben wird, sondern die Duldung der Beseitigung. Das Rückbau- und Entsiegelungsgebot ist also eine **Duldungsverfügung**. Die Gemeinde hat den Rückbau bzw. die Entsiegelung in eigener Verantwortung und auf eigene Kosten durchzuführen (*Klindt*, in: S. Gronemeyer, BauGB-Praxiskommentar, § 179 Rdn. 3).

4. Benachrichtigung Dritter
Vor Erlass des Gebotes soll nach § 175 Abs. 1 BauGB eine Erörterung mit den Eigentümern, Mietern, Pächtern und sonstigen Nutzungsberechtigten erfolgen. Darüber hinaus soll die Gemeinde nach § 179 Abs. 1 S. 3 BauGB diejenigen Personen vom Erlass des Rückbau- oder Entsiegelungsgebotes benachrichtigen, für die im Grundbuch ein nicht zur Nutzung berechtigendes Recht am Grundstück oder ein das Grundstück belastendes Recht eingetragen ist, damit die Rechtsinhaber ihre Rechte in eventuell notwendigen Entschädigungsverfahren wahren können.

5. Entschädigung, Übernahmeanspruch
§ 179 Abs. 3 BauGB verpflichtet die Gemeinde zur Geldentschädigung für alle durch die Beseitigung entstehenden Vermögensnachteile, die Eigentümer, Mieter, Pächter oder sonstige Nutzungsberechtigte erleiden. Anstelle der Entschädigung kann der Eigentümer von der Gemeinde die Grundstücksübernahme verlangen, falls ihm der weitere Erhalt des Grundstücks nicht mehr zumutbar ist.

6. Wohnraum
Nicht für den Erlass, wohl aber für den Vollzug des Gebotes trifft § 179 Abs. 2 BauGB eine zwingende Sonderregelung für Wohnraum, nach der den Bewohnern spätestens zum Beseitigungszeitpunkt angemessener Ersatzwohnraum unter zumutbaren Bedingungen zur Verfügung stehen muss.

7. Nachbarschutz
Der **Nachbar** hat grundsätzlich keinen Anspruch auf Erlass eines Rückbaugebotes (BVerwG, NVwZ-RR 1993, 68).

Rücksichtnahmegebot → Immissionen
Das Rücksichtnahmegebot hat sich zu einem **Grundprinzip des öffentlichen Baurechts** entwickelt (BVerwGE 52, 122, 125–127), obwohl es an einer generellen gesetzlichen Regelung fehlt und nur in einzelnen Vorschriften Sonderfälle normiert sind. Es fordert grundsätzlich, dass jede Grundstücksnutzung nicht ohne Rücksicht auf die benachbarten Nutzungen genehmigt und ausgeübt wer-

den darf. So können Bauvorhaben, die an sich die gesetzlichen Zulässigkeitsvoraussetzungen erfüllen, gleichwohl unzulässig sein, wenn sie es an der gebotenen Rücksichtnahme auf die sonstige, in ihrer unmittelbaren Nähe vorhandene Bebauung fehlen lassen.

Welche **Anforderungen** das Gebot der Rücksichtnahme (objektiv-rechtlich) im Einzelfall begründet, hängt wesentlich von den jeweiligen **Umständen des Einzelfalles** ab. Je empfindlicher und schutzwürdiger die Stellung derer ist, denen die Rücksichtnahme zugute kommt, um so mehr kann an Rücksichtnahme verlangt werden. Je verständlicher und unabweisbarer die mit dem Vorhaben verfolgten Interessen sind, umso weniger braucht derjenige, der das Vorhaben verwirklichen will, Rücksicht zu nehmen. So kommt es für die sachgerechte Beurteilung des Einzelfalles wesentlich auf eine **Abwägung** zwischen dem an, **was einerseits** dem **Rücksichtnahmebegünstigten** und **andererseits** dem **Rücksichtnahmepflichtigen** nach Lage der Dinge **zuzumuten ist**. Dabei muss allerdings demjenigen, der sein Grundstück in einer sonst zulässigen Weise baulich nutzen will, insofern ein Vorrang zugestanden werden, als er berechtigte Interessen nicht deshalb zurückzustellen braucht, um gleichwertige fremde Interessen zu schonen (BVerwGE 52, 122, 126).

1. Planbereich

Für Vorhaben im Bereich eines Bebauungsplanes enthält § 15 BauNVO eine **spezialgesetzliche Ausformung** des allgemeinen Rücksichtnahmegebotes, wonach die Zulässigkeit eines Vorhabens trotz Übereinstimmung mit den Festsetzungen des Bebauungsplanes eingeschränkt werden kann, wenn im konkreten Einzelfall die Eigenart der näheren Umgebung durch das Vorhaben gestört wird (vgl. hierzu *Leder*, in: BauNVO, § 15 Rdn. 1). Hierbei muss jedoch berücksichtigt werden, dass bei der Prüfung, ob eine Störung oder Belästigung für die Umgebung unzumutbar ist, zugunsten der belästigenden oder störenden Anlage mit in Rechnung gestellt werden muss, dass die Konflikte, die aus der Nachbarschaft eines anderen Gebietes mit Nutzungen von gesteigerter Empfindlichkeit herrühren, nach der dem Bebauungsplan zugrunde liegenden Abwägung im Prinzip zu Lasten der gestörten Nutzung gehen sollen (*Boeddinghaus*, BauNVO, § 15 Rdn. 34).

2. Innenbereich

Im unbeplanten → Innenbereich ist das Gebot der Rücksichtnahme **Bestandteil** des **Tatbestandsmerkmals** des **Einfügens** des § 34 Abs. 1 BauGB. So fügt sich ein Vorhaben, trotz Beachtung des sich aus seiner Umgebung vorgegebenen Rahmens, dann nicht ein, wenn es an der gebotenen Rücksichtnahme, insbesondere auf seine unmittelbar nähere Umgebung, fehlen lässt (BVerwGE 5, 369, 386). Da das Rücksichtnahmegebot aber keine allgemeine Härteklausel ist, die über den speziellen Vorschriften des Städtebaurechtes oder gar des öffentlichen Baurechtes steht, sondern Bestandteil einzelner gesetzlicher Vorschriften des Baurechtes, im → Innenbereich also des § 34 BauGB, ist eine Verletzung des in § 34 BauGB enthaltenen Rücksichtnahmegebotes grundsätzlich dann ausgeschlossen, wenn sich ein Vorhaben nach seiner Art und seinem → Maß der baulichen Nutzung, nach seiner → Bauweise und seiner überbauten Grundstücksfläche in die Eigenart der näheren Umgebung einfügt (BVerwG, BauR 1999, 615). Denn das Rücksichtnahmegebot ist Bestandteil des Sich-Einfügens in § 34 Abs. 1 BauGB.

Trotz des Fehlens des Tatbestandsmerkmales „Einfügen" findet das Gebot der Rücksichtnahme auch in den Fällen des § 34 Abs. 2 BauGB Anwendung über § 15 BauNVO (vgl. insb. *Krautzberger*, in: Battis/Krautzberger/Löhr, § 34 Rdn. 17, 53).

3. Außenbereich

Im → Außenbereich stellt das Gebot der Rücksichtnahme einen **öffentlichen Belang i. S. d. § 35 Abs. 3 BauGB** dar (BVerwGE 52, 122, 125). So ist beispielsweise die Berücksichtigung der schädlichen Umwelteinwirkungen nach der Rechtsprechung des Bundesverwaltungsgerichtes nichts anderes als die gesetzliche Ausformung des allgemeinen Rücksichtnahmegebotes (BVerwGE 52, 122, 126). Ein Hobbyfunker, der in dem zum Außenbereich gehörenden Teil seines Gartens einen 18 m hohen Stahlgittermast mit Sendeanlagen errichtete, verstieß damit nach Ansicht des OVG Münster gegen das Gebot der Rücksichtnahme, obwohl der Mast mangels Gebäudeeigenschaft die → Abstandsflächen einhielt (OVG Münster, BauR 2001, 232). In diesem Fall seien die Interessen der Nachbarn schutzwürdiger, vor den Wirkungen einer hohen und belastend wirkenden Anlage wie dem Funkmast bewahrt zu werden, als das Interesse des Amateurfunkers seinem Hobby nachzugehen (OVG Münster, BauR 2001, 232, 233).

S

Sachverständiger, Ablehnung des Sachverständigen

1. Allgemeines

Beim Vorliegen von Gründen, die geeignet sind, in der Person des Sachverständigen Misstrauen gegen seine Unparteilichkeit zu begründen, kommt eine Ablehnung wegen „Besorgnis der Befangenheit" in Betracht. Entscheidend ist, dass ein Misstrauen gegen den Sachverständigen vom Standpunkt des Ablehnenden aus bei verständiger Würdigung der Gesamtumstände berechtigt erscheint. Darauf, ob sich der Sachverständige selbst für befangen hält, kommt es nicht an.

2. Frist

Der **Ablehnungsantrag** ist gemäß § 406 Abs. 2 ZPO vor der Vernehmung des Sachverständigen zu stellen; spätestens aber binnen 2 Wochen nach Verkündung oder Zustellung des Beschlusses über die Ernennung des Sachverständigen. Die spätere Ablehnung des Sachverständigen ist nur zulässig, wenn der Antragsteller glaubhaft macht, dass er ohne sein Verschulden verhindert war, den Ablehnungsgrund zu einem früheren Zeitpunkt geltend zu machen. Bei Entstehung des Ablehnungsgrundes nach Ernennung des Sachverständigen ist der Ablehnungsantrag unverzüglich nach Erlangung der Kenntnis vom Ablehnungsgrund beim zuständigen Gericht zu stellen. Die Dauer der angemessenen Bedenkzeit hierfür hängt vom Einzelfall ab (s. *Schmidt*, Anm. zu OLG Düsseldorf, IBR 2001, 289). Die spätere Ablehnung des Sachverständigen wegen Besorgnis der Befangenheit ist ausgeschlossen, wenn eine Partei in Kenntnis des Vorliegens eines Ablehnungsgrundes zur Sache verhandelt.

3. Ablehnungsgründe

Von der Rechtsprechung sind z. B. folgende **Ablehnungsgründe** anerkannt (Aufzählungen wurden übernommen aus *Werner/Pastor*, „Der Bauprozess", Rdn. 2648, 2649):
– Freundschaft, Feindschaft, wirtschaftliche Konkurrenz;
– bestehende Geschäftsbeziehung zu einer der am Prozess beteiligten Parteien;
– enge wissenschaftliche Zusammenarbeit über Jahre mit einer Partei;
– wenn der Sachverständige bereits in der Sache ein entgeltliches Privatgutachten erstattet hat;
– die einseitige Beschaffung von Untersuchungsmaterial von einer Partei ohne den Gegner zu beteiligen;
– Einholung von Informationen bei einer Partei;

- Abhaltung eines Ortstermins mit nur einer Partei, wenn die andere Partei nicht ordnungsgemäß geladen ist;
- falsche Angaben des Sachverständigen über die Grundlagen des Gutachtens (z. B. über Anzahl der geführten Gespräche);
- (längere) Mitnahme einer Partei im Pkw zum Ortstermin;
- wenn der Sachverständige es ablehnt, in Gegenwart eines technischen Beraters einer Partei den Ortstermin durchzuführen;
- wenn der Gutachter bei einem Telefongespräch mit einer Partei in eine Sacherörterung eintritt;
- wenn der Gehilfe einen Befangenheitsgrund gibt;
- wenn der Sachverständige ein zum Zwecke der Kritik angekündigtes Privatgutachten „unbesehen als Gefälligkeitsgutachten" bezeichnet;

4. Keine Ablehnungsgründe
Nach der Rechtsprechung sind z. B. folgende Umstände **kein Ablehnungsgrund**:
- die Tatsache, dass der von der Handwerkskammer bestellte Sachverständige ein Unternehmen gleicher oder ähnlicher Art betreibt wie die Prozesspartei;
- der Umstand, dass der Sachverständige ein Bauvorhaben des Prozessbevollmächtigten des Klägers mit seiner Sachkunde „begleitend betreut";
- die mangelhafte Qualifikation allein;
- eine erhöhte Gebührenberechnung;
- die verzögerte Abwicklung der Beweiserhebung;
- die Überschreitung des Gutachterauftrages;
- wenn der Sachverständige eine andere wissenschaftliche Auffassung vertritt;
- die scharfe Erwiderung auf einen ungerechtfertigten und ehrenrührigen Angriff einer Partei;
- die Benennung als Sachverständiger im (vormaligen) Beweissicherungsverfahren;
- das einer Partei ungünstige Ergebnis des Gutachtens;
- wenn der Sachverständige einen Ortstermin in den Schulferien festsetzt.

Sachwalter → Leistung
Der mit der → Objektplanung beauftragte Architekt steht in einer besonderen Vertragsbeziehung zum → Auftraggeber. Er nimmt aufgrund seiner Spezialkenntnisse ein besonderes Vertrauen des Auftraggeber in Anspruch. Er gilt deshalb juristisch auch als Sachwalter (BGH, NJW 1973, 237 = BauR 1973, 120). Aus dieser Sachwalterstellung lassen sich – auch wenn dies nicht explizit vertraglich vereinbart ist – weitergehende vertragliche Nebenpflichten herleiten, z. B. Beratungs-, Treue-, Verschwiegenheits-, Aufbewahrungs-, Auskunftspflichten. Eine treuhänderische Vermögensverwaltung bezüglich der Mittel des Bauherrn obliegt ihm jedoch nicht (VG Frankfurt, NVwZ-RR 1991, 240).

Sachwertverfahren → Enteignung

Sanierung → Altlasten; → Instandhaltung und Instandsetzung; → Kampfmittel; → Sanierungsgebiet
Der Begriff der Sanierung kann im öffentlichen Baurecht in verschiedener Art und Weise verstanden werden. Zum einen kann es sich um die **Pflicht zur Sanierung** von solchen Gebäuden, die sich etwa altersbedingt oder durch Brand, Erschütterungen etc. in einem sanierungsbedürftigen Zustand befinden, handeln. Hier kann die Behörde im Rahmen ihrer Befugnis **Anordnungen zur Bauausführung, Modernisierung und Instandsetzung/Instandhaltung von Gebäuden** treffen. Zum ande-

ren kann es um städtebauliche Sanierungsmaßnahmen in einem → Sanierungsgebiet gehen, siehe → Sanierungsgebiet.

1. Rechtsgrundlagen
a) Baugesetzbuch
Nach § 176 Abs. 1 Nr. 2 BauGB kann die Gemeinde im Geltungsbereich eines Bebauungsplans den **Eigentümer durch Bescheid verpflichten, entsprechend den Festsetzungen des Bebauungsplans** sein Grundstück **zu bebauen** bzw. seine Baulichkeiten den Festsetzungen des Bebauungsplans anzupassen. Allerdings setzt eine solche Anordnung gemäß § 176 Abs. 3 BauGB voraus, dass die Durchführung des Vorhabens dem Eigentümer **wirtschaftlich zuzumuten** ist. Zudem kann der Eigentümer auf der Grundlage von § 176 Abs. 4 BauGB bei wirtschaftlicher Unzumutbarkeit die Übernahme des Grundstücks von der Gemeinde zum Verkehrswert verlangen. Dies führt dazu, dass eine solche Anordnung in der Praxis so gut wie nicht vorkommt. Weist eine bauliche Anlage nach ihrer inneren oder äußeren Beschaffenheit Missstände oder Mängel auf, deren Beseitigung oder Behebung durch Modernisierung oder Instandsetzung möglich ist, kann die Gemeinde auf der Grundlage von § 177 BauGB die **Beseitigung der Missstände durch ein Modernisierungsgebot und die Behebung der Mängel durch ein Instandsetzungsgebot anordnen**. Missstände liegen gemäß § 177 Abs. 2 BauGB vor allem dann vor, wenn die bauliche Anlage nicht den allgemeinen Anforderungen an gesunde Wohn- und Arbeitsverhältnisse entspricht. Instandsetzung ist die Behebung bestimmter Mängel i. S. v. § 177 Abs. 3 BauGB (Abnutzung, Alterung, Witterungseinflüsse oder Einwirkungen Dritter auf das Gebäude mit massiven städtebaulichen Auswirkungen) mit dem Ziel, den bestimmungsgemäßen Gebrauch wieder herzustellen. Auch wenn die Modernisierungs- und Instandsetzungsanordnung nicht von den persönlichen finanziellen Verhältnissen des Eigentümers abhängt, ist dennoch Voraussetzung für eine solche Anordnung, dass sie tatsächlich und wirtschaftlich möglich und vernünftig ist (*Büchs*, Handbuch des Eigentums- und Entschädigungsrechts, Rdn. 1673). Adressat einer solchen Anordnung ist der Verfügungsberechtigte, dem freisteht, wie er das Modernisierungs- oder Instandsetzungsziel erreicht. Vom Eigentümer kann er die Kostenerstattung verlangen, § 177 Abs. 4 BauGB.

b) Bauordnungsrecht
Nach § 3 der Landesbauordnungen (§ 3 Abs. 1 HBO, § 3 Abs. 1 BauONRW) sind bauliche **Anlagen so anzuordnen, zu errichten, zu ändern und instand zu setzen, dass** die **öffentliche Sicherheit oder Ordnung nicht gefährdet wird**. Die Bauaufsichtsbehörden haben auf der Grundlage der Landesbauordnungen bzw. des allgemeinen Sicherheitsrechts bei baulichen Anlagen **für die Einhaltung dieser Vorschriften zu sorgen** (vgl. § 53 Abs. 2 HBO; § 14 BauONRW).

2. Bestandsschutz
Nachträgliche Anordnungen sind durch den → Bestandsschutz beschränkt. Danach gilt grundsätzlich, dass nur die bei der Neuerrichtung des Gebäudes geltenden einschlägigen Vorschriften eingehalten werden müssen und darüber hinausgehende Anforderungen nicht gestellt werden dürfen. Doch **endet der Bestandsschutz, wenn** eine **konkrete Gefahr für Leben oder Gesundheit oder ein schwerer Nachteil für die Allgemeinheit** eintritt, weil dann das Bauvorhaben eine Gestalt annimmt, die auch nicht mehr als im Einklang mit den bei seiner Neuerrichtung vorhandenen Vorschriften angesehen werden kann (*Allgeier/v. Lutzau*, HBO-Kom., 61.3). Ebenso endet der → Bestandsschutz, **wenn** der → **Bauherr sein Vorhaben** in einem Umfang **erweitern oder ändern will**, dass mit den neuen geplanten Baumaßnahmen Fragen in Bezug auf das gesamte Bauvorhaben neu gestellt werden, etwa wenn aufgrund der Änderungen eine neue Wärmebedarfs-, Schallschutz-

oder Statikberechnung in Bezug auf das Gesamtvorhaben anzustellen ist (VGH Mannheim, UPR 1992, 32).

3. Verhältnismäßigkeit

Es dürfen nur die **erforderlichen Maßnahmen** angeordnet werden. Das BauGB sieht konkrete Instandsetzungsanordnungen vor und hält diese Anordnungen dadurch im Rahmen der Verhältnismäßigkeit, dass dem Eigentümer die Kosten dafür nur insoweit auferlegt werden dürfen, als er die Maßnahmen aus den Erträgen der baulichen Anlage finanzieren kann, § 177 Abs. 4 BauGB. Nach den allgemeinen baurechtlichen oder sicherheitsrechtlichen Ordnungsvorschriften dürfen, wenn gesetzlich nichts anderes ausdrücklich bestimmt ist, nur Abwehrmaßnahmen im Hinblick auf die drohende konkrete Gefahr angeordnet werden. Dies bedeutet etwa Nutzungsuntersagung des Obergeschosses wegen instabiler Treppe oder des Hintereingangs wegen der Gefahr herabfallender Putzstücke, nicht aber die Instandsetzung dieser Bauteile.

Sanierungsgebiet

Gemäß § 136 Abs. 2 BauGB sind städtebauliche Sanierungsmaßnahmen Maßnahmen, durch die ein Gebiet zur **Behebung städtebaulicher Missstände** wesentlich verbessert oder umgestaltet wird. Dabei besteht das Sanierungsverfahren aus drei Phasen, der **Vorbereitung**, die in der Sanierungssatzung endet, der **Durchführung** und der **Abwicklung der Sanierung** (*Wirth/Hölscher*, Öffentliches Baurecht, VII. Teil, Rdn. 13).

1. Sanierungsziele

Die Sanierung muss auf das Erreichen städtebaulicher Sanierungsziele gerichtet sein. Dabei muss es um die **Bekämpfung urbaner Mängel** gehen, die ein planmäßiges und aufeinander abgestimmtes **Vorgehen durch** eine **Maßnahmebündelung erfordern** (BVerwG, BauR 1986, 677). Sanierungsbedürftige städtebauliche Missstände liegen gemäß § 136 Abs. 2 BauGB vor, wenn das Gebiet nach Bebauung oder Beschaffenheit den Anforderungen an gesunde Wohn- und Arbeitsverhältnisse oder der Sicherheit nicht entspricht, also eine **Schwäche in der Substanz** aufweist, oder wenn es ihm obliegende Aufgaben nicht angemessen erfüllen kann, also eine **Schwäche in seiner Funktion** besitzt. Nach der Rechtsprechung des OVG Berlin kann Zweck einer Sanierungssatzung auch die Erhaltung der Zusammensetzung der Wohnbevölkerung in ihrer bestehenden Sozialstruktur sein (OVG Berlin, NVwZ 1996, 920). Das Ziel der Sanierungsmaßnahme muss gemäß § 136 Abs. 4 BauGB dem **Wohl der Allgemeinheit dienen**. Hierzu wird gerechnet die Entwicklung der baulichen Struktur nach den sozialen, hygienischen, wirtschaftlichen und kulturellen Erfordernissen, die Unterstützung einer verbesserten Wirtschafts- und Agrarstruktur, die Anpassung der Siedlungsstruktur an die Erfordernisse des Umweltschutzes (im weiten Sinne), an gesunde Lebens- und Arbeitsbedingungen der Bevölkerung oder die Erhaltung, Erneuerung und Fortentwicklung der vorhandenen Ortsteile, die Verbesserung der Gestaltung des Orts- und Landschaftsbildes und die Berücksichtigung der Erfordernisse des Denkmalschutzes.

2. Vorbereitungsphase

Gemäß § 141 Abs. 1 BauGB hat die Gemeinde **vor der förmlichen Festlegung** des Sanierungsgebiets die **vorbereitenden Untersuchungen durchzuführen** oder zu veranlassen, die erforderlich sind, um Beurteilungsgrundlagen zu gewinnen über die Notwendigkeit der Sanierung, die sozialen, strukturellen und städtebaulichen Verhältnisse und Zusammenhänge sowie die anzustrebenden Sanierungsziele und die Durchführung der Sanierung im Allgemeinen. Gemäß § 141 Abs. 3 BauGB leitet die Gemeinde die Vorbereitung der Sanierung durch Beschluss ein, § 141 Abs. 3 S. 1 BauGB. In diesem Zusammenhang hat die Gemeinde nach §§ 137, 139 BauGB die Sanierung mit den Eigentümern und sonstigen Betroffenen sowie den berührten Trägern öffentlicher Belange zu erörtern. Zudem ist die Gemeinde auf der Grundlage von § 138 BauGB befugt, von allen Betroffenen (Eigentümer, Mieter, Pächter und sonstige zum Besitz oder Nutzung eines Grundstücks, Gebäudes oder Gebäudeteils Berechtigten) die zur Beurteilung der Sanierungsnotwendigkeit erforderlichen Auskünfte einzuholen. **Am Ende dieser vorbereitenden Untersuchungen muss** die **Gemeinde den für eine notwendige Abwägung erforderlichen Kenntnisstand besitzen**, was insbesondere heißt, dass sie den **status quo** und die voraussichtlich nachteiligen **Auswirkungen** durch die Sanierung in den wirtschaftlichen und sozialen Lebensumständen **der unmittelbar Betroffenen** (z. B. Mieterhöhungen, Beitragsbelastungen, Auswirkungen am Arbeitsmarkt) ordnungsgemäß ermittelt, § 141 Abs. 1 BauGB.

3. Sanierungssatzung

Die Gemeinde beschließt gemäß § 142 Abs. 3 BauGB die förmliche Festsetzung des Sanierungsgebietes als Satzung. In diesem Zusammenhang hat sie eine umfassende Abwägung aller öffentlichen und privaten Belange vorzunehmen, § 136 Abs. 4 S. 2 BauGB. Der **Gebietsumfang des Sanierungsgebiets muss** in der Satzung **eindeutig bezeichnet sein**; wobei **nicht jedes einbezogene Grundstück sanierungsbedürftig** sein muss. § 142 Abs. 2 BauGB verlangt nur, dass das Sanierungsgebiet so zu begrenzen ist, dass sich die Sanierung zweckmäßig durchführen lässt. Insbesondere ist es gerechtfertigt, solche Grundstücke mit in das Sanierungsgebiet einzubeziehen, die zwar nicht sanierungsbedürftig sind, jedoch noch im Einflussbereich städtebaulicher Missstände liegen (BVerwG, BauR 1996, 522). Das bei der Abgrenzung des Sanierungsgebietes im Rahmen seiner förmlichen Festlegung zu beachtende Abwägungsgebot ist jedoch verletzt, wenn die Gemeinde seit Jahrzehnten bestehende Sanierungsgebiete derart großräumig erweitert, dass dort die Sanierung erst nach 35–40 Jahren abgeschlossen sein wird. Auch wenn es sich bei der Sanierung um einen komplexen Vorgang handelt, dem kein zu enger Zeitrahmen gesetzt werden kann, wird eine sich so lange hinziehende Sanierung nicht zügig durchgeführt i. S. v. § 136 Abs. 1 BauGB. Die zu großräumige Abgrenzung eines Sanierungsgebietes, die bewirkt, dass sich die Sanierung über einen solch langen Zeitraum erstrecken wird, ist deshalb nicht zweckmäßig i. S. v. § 142 Abs. 1 S. 2 BauGB (OVG Koblenz, ZfBR 2002, 501). Die **Sanierungsziele müssen im Zeitpunkt des Satzungserlasses noch nicht konkretisiert sein**, müssen jedoch zur Durchführung der Sanierung präzisiert werden (BVerwG, NVwZ-RR 1998, 216).

Die Gemeinde macht die Sanierungssatzung ortsüblich bekannt und teilt dem Grundbuchamt die einzelnen, von der Sanierungssatzung betroffenen Grundstücke mit, welches dann in das Grundbuch einen **Sanierungsvermerk** eintragen lässt, § 143 BauGB.

4. Durchführung der Sanierung

Im Anschluss an den Satzungsbeschluss findet die Durchführung der Sanierung statt. Diese umfasst gemäß § 146 Abs. 1 BauGB die **Ordnungsmaßnahmen**, die **von der Gemeinde durchzuführen** sind und die **Baumaßnahmen**, für die grundsätzlich der **Eigentümer zuständig** ist (*Hölscher*, in: Wirth, Öffentliches Baurecht, VII. Teil, Rdn. 96). Die Ordnungsmaßnahmen umfassen gemäß § 147 BauGB die Bodenordnung samt Erwerb (→ Umlegung, → Grenzregelung, Grunderwerb, Vorkaufsrechtsausübung, → Enteignung etc.), den Umzug von Bewohnern und Betrieben (inkl. Beendigung von Miet- und Pachtverhältnissen durch Verwaltungsakt, Beschaffung von Ersatzraum) die Freilegung von Grundstücken (Beseitigung baulicher Anlagen und → Altlasten etc.), die Herstellung und Änderung von Erschließungsanlagen (nach § 127 Abs. 2 BauGB und dem jeweiligen Landeskommunalabgabengesetz) und alle sonstigen erforderlichen Maßnahmen (z. B. Behebung von Gründungsschwierigkeiten). Die Ordnungsmaßnahmen erlauben nur solche Maßnahmen, die zur Erreichung der Ziele und Zwecke der Sanierung nach dem gemeindlichen Sanierungskonzept erforderlich sind. Die Durchführung der Maßnahmen kann gemäß § 146 Abs. 3 BauGB dem Eigentümer übertragen werden. Zu den vom Eigentümer durchzuführenden Baumaßnahmen gehören nach § 148 BauGB die Modernisierung und Instandsetzung (z. B. Beseitigung von baulichen Defiziten), die Neubebauung und Ersatzbauten (z. B. Grundstücksentwässerung, nicht aber Erschließungsanlagen), zudem die naturschutzrechtlichen Ausgleichsmaßnahmen, falls sie auf den (Bau-) Grundstücken, auf denen der Natureingriff zu erwarten ist, durchzuführen sind; ansonsten gelten sie als kommunale Ordnungsmaßnahme (*Hölscher*, in: Wirth, Öffentliches Baurecht, VII. Teil, Rdn. 97 ff.). Nach § 181 BauGB ist einem unzumutbar Betroffenen ein Härteausgleich in Geld zu gewähren.

5. Sicherung der Sanierung
Damit die Durchführung der Sanierung nicht durch Einzelmaßnahmen gestört wird, ordnet § 144 BauGB die **Genehmigungspflicht für spezielle Maßnahmen und Vorgänge** an. Zu den genehmigungsbedürftigen Maßnahmen gehören die Errichtung, Änderung, → Nutzungsänderung und Beseitigung baulicher Anlagen, Aufschüttungen und Abgrabungen größeren Umfangs, Ausschachtungen, Ablagerungen und Lagerstätten sowie sonstige erheblichen oder wesentlich wertsteigernden Veränderungen von Grundstücken. Zudem sind schuldrechtliche Vereinbarungen, die sich auf den Gebrauch bzw. die Nutzung von Grundstücken oder Gebäuden beziehen, genehmigungspflichtig. Zu den genehmigungspflichtigen Vorgängen zählen die rechtsgeschäftliche Veräußerung eines Grundstücks und die Bestellung von Grundstücksbelastungen sowie die Verpflichtungen dazu, ebenso die Begründung, Änderung oder Aufhebung einer → Baulast und die Teilung des Grundstücks (nicht Aufteilung in Wohnungseigentum). Eine solche **Sanierungsgenehmigung ist zu versagen**, wenn die **genehmigungsbedürftige Maßnahme** bzw. der genehmigungsbedürftige Vorgang die **Durchführung der Sanierung** unmöglich macht oder **wesentlich erschwert** oder den Zielen und Zwecken der Sanierung zuwiderläuft (BVerwG, BauR 1985, 186). Sie ist grundsätzlich **neben einer → Baugenehmigung erforderlich** und von dieser unabhängig; ohne Sanierungsgenehmigung und nur mit der Baugenehmigung darf der → Bauherr nicht bauen (BVerwG, NVwZ 1996, 377; VGH München, DVBl. 1993, 665). Ebenso enthält der Antrag auf Erteilung eines Bauvorbescheids, der im Hinblick auf die bevorstehende Ausweisung eines Sanierungsgebietes in dem Grundstücksbereich zurückgestellt wurde, nach Inkrafttreten der Sanierungssatzung nicht zugleich auch einen Antrag auf Erteilung einer sanierungsrechtlichen Genehmigung. Es bedarf vielmehr eines selbstständigen, auf die Erteilung der sanierungsrechtlichen Genehmigung gerichteten Antrags (BVerwG, BauR 2001, 1723). Die Genehmigung erteilt die Gemeinde; ist jedoch eine Baugenehmigung oder baurechtliche Zustimmung erforderlich, wird die Genehmigung durch die Baugenehmigungsbehörde im Einvernehmen mit der Gemeinde erteilt (§ 145 Abs. 1 BauGB).

6. Abwicklung der Sanierung
Die **Ausweisung als Sanierungsgebiet ist** gemäß § 162 Abs. 1 BauGB **aufzuheben**, wenn die Sanierung durchgeführt ist (**Erreichen des gemeindlichen Sanierungskonzepts**), sie sich als undurchführbar erweist (z. B. kommunale Förderung wird gestrichen und Finanzierung scheitert deshalb) oder die Sanierungsabsicht aus anderen Gründen (nur in atypischen Situationen; steht nicht im Belieben der Gemeinde) scheitert. Dafür wird eine **Aufhebungssatzung** erlassen. Sofern die Aufhebungsvoraussetzungen nur für einen Teil des Sanierungsgebietes vorliegen, ist die Sanierungssatzung insoweit aufzuheben (Teilaufhebung). § 163 Abs. 1 BauGB verpflichtet die Gemeinde per Abgeschlossenheitsbescheinigung zur Entlassung einzelner Grundstücke aus der Sanierungssatzung auf Antrag, wenn auf diesen die Sanierungsziele erreicht sind. Ist eine den Sanierungszielen

entsprechende Bebauung oder Nutzung später möglich, kann die Gemeinde gemäß § 163 Abs. 2 BauGB das Grundstück aus der Sanierungssatzung entlassen (*Hölscher*, in Wirth: Öffentliches Baurecht, VII. Teil, Rdn. 158 ff.). Mit der Entlassung der Grundstücke aus der Sanierungssatzung bzw. der Aufhebung der Sanierungssatzung endet auch die Genehmigungspflicht für die Maßnahmen und Vorgänge i. S. v. § 144 BauGB. Auf der Grundlage der §§ 152–156 a BauGB haben die **Eigentümer im Sanierungsgebiet**, die ihre Grundstücke behalten, **für die durch Sanierung hervorgerufenen Steigerungen des Bodenwerts** einen **Ausgleich zu leisten**, § 154 BauGB (Bodenwert nach Sanierung minus Bodenwert vor Sanierung). Eigentümer, die ihr Grundstück infolge einer → Enteignung nicht behalten, bekommen eine Entschädigung auf der Grundlage des Grundstücksverkehrswertes ohne Sanierung, soweit sie die Sanierung nicht selbst durchgeführt haben, § 153 Abs. 1 BauGB. Der Ausgleichsbetrag ist nach Abschluss der → Sanierung zu entrichten, wobei Vorauszahlungen nach § 154 Abs. 6 BauGB verlangt werden können. Auch ein vorheriger Ablösevertrag über den voraussichtlichen Ausgleichsbetrag kann mit der Gemeinde geschlossen werden; eine spätere Nacherhebung ist dann grundsätzlich ausgeschlossen (*Hölscher*, in Wirth: Öffentliches Baurecht, VII. Teil, Rdn. 179 ff.).

7. Rechtsschutz
Die Sanierungsgebietssatzung kann mit der Normenkontrollklage nach § 47 VwGO angegriffen werden. Die Genehmigung von wertbeeinflussenden Veränderungen im Sanierungsgebiet ist ein Verwaltungsakt und kann mit Verpflichtungswiderspruch und -klage erstritten werden. Gegen einen Bescheid über Ausgleichsleitungen wegen Steigerungen des Bodenwertes kann sich der Adressat mit Widerspruch und Anfechtungsklage wehren.

Schadensersatz
→ Amtshaftungsansprüche; → Baukostengarantie; → Leistungsmangel; → Unabwendbares Ereignis

1. Vertragliche, vertragsähnliche und gesetzliche Schadensersatzansprüche
Das Zivilrecht gibt in einer Vielzahl von Gesetzen einer geschädigten Person Ansprüche gegen Verantwortliche Dritte auf Ersatz eines ihm entstandenen Schadens.
Das Gesetz unterscheidet zwischen **vertraglichen Schadensersatzansprüchen** (z. B. Schadensersatz aus §§ 636, 634, 280 ff. BGB im Werkvertragsrecht), Schadensersatz aus **vertragsähnlichen Verhältnissen** (z. B. Schadensersatz aus Verschulden im Vorfeld von Vertragsverhandlungen, unabhängig davon, ob es tatsächlich zum Vertragsschluss kommt – **culpa in contrahendo**, § 311 Abs. 1 Nr. 2 BGB n. F.) und **gesetzlichen Schadensersatzansprüchen** z. B. das allgemeine Deliktsrecht der §§ 823 ff. BGB).
Beispiele für in der Baupraxis relevante vertragliche Schadensersatznormen:
– Schadensersatz nach § 635 BGB a. F. bzw. §§ 636, 634, 280 ff. BGB n. F.,
– Schadenersatz wegen Unmöglichkeit der Errichtung des Werkes, §§ 323 ff. BGB a. F. bzw. §§ 280 ff. BGB n. F.,
– Schadensersatz wegen Verzuges gemäß §§ 284 ff. bzw. 286 ff. BGB, § 634 BGB,
– Schadensersatz aus positiver Vertragsverletzung, §§ 280 ff. 634 BGB n. F.,
– Schadensersatz für Verschulden bei Vertragsschluss, §§ 313, 280 ff. BGB n. F.,

2. Allgemeines Werkvertragsrecht
Nach Inkrafttreten des Schuldrechtsmodernisierungsgesetzes am 1. 1. 2002 ist allen Schadensersatzansprüchen aus Vertrag bzw. vertragsähnlichen Verhältnissen die Voraussetzung der **schuldhaften Pflichtverletzung** gemein. Das bedeutet, dass der Schädiger vorsätzlich oder fahrlässig (§§ 276 ff. BGB) den Schaden verursacht haben muss. Im allgemeinen Deliktsrecht hingegen gibt

es Schadensersatzansprüche, die entweder **ein Verschulden nicht erfordern** (sogenannte **objektive Gefährdungshaftung**, z. B. in § 7 Abs. 1 StVG für Schadensersatz beim Betrieb eines Kraftfahrzeugs) oder aber solche, im Rahmen derer ein Verschulden kraft Gesetzes zunächst **vermutet** wird und bei denen der Schädiger nachweisen muss, dass im Einzelfall sein Verschulden nicht vorliegt (sogenannte **Verschuldensvermutungshaftung**, z. B. § 836 Abs. 1 BGB, wonach vermutet wird, dass im Falle der Ablösung von Teilen eines Gebäudes Ursache die fehlerhafte – d. h. verschuldete – Errichtung oder mangelhafte Unterhaltung des Gebäudes ist).

Die einzelnen Schadensersatzregelungen haben nicht nur **verschiedene Voraussetzungen**, sondern auch **unterschiedliche Rechtsfolgen** (Umfang der zu ersetzenden Schäden). Eine Abgrenzung ist deshalb jeweils erforderlich und oftmals schwierig.

Im bis zum 31. 12. 2001 gültigen Recht war z. B. die **Abgrenzung zwischen den Schadensersatzansprüchen aus dem Rechtsinstitut der positiven Vertragsverletzung (pVV) und § 635 BGB** schwierig. Die Abgrenzung war u. a. wegen des unterschiedlichen Schadensersatzumfanges erforderlich: Schadensersatzansprüche gemäß § 635 BGB a. F. erfassten nur den unmittelbaren Mangelfolgeschaden. Schadensersatzansprüche aus pVV erfassten hingegen auch mittelbare Mangelfolgeschäden. Die Abgrenzung von Schadensersatzansprüchen aus pVV und Schadensersatzansprüchen aus § 635 BGB war darüber hinaus in der Praxis sehr bedeutsam, da jeweils unterschiedliche Verjährungsregelungen galten. Für Ansprüche aus pVV betrug die Verjährungsfrist 30 Jahre im Gegensatz zu den kurzen Verjährungsfristen des § 638 BGB a. F. Ansprüche aus pVV kamen nur dann in Betracht, wenn der Anspruch aus § 635 BGB **entweder in seinen Voraussetzungen nicht vorlag** (z. B. Vorliegen einer Pflichtverletzung und eines Schadens, ohne dass ein Mangel vorlag) **oder aber, wenn der Anspruch aus § 635 BGB in seinen Rechtsfolgen nicht soweit reichte, wie der Anspruch aus pVV** z. B. entferntere Mangelfolgeschäden.

3. Architektenrecht

Sofern es sich bei dem → Architektenvertrag um einen allgemeinen → Werkvertrag handelt, gilt das oben Ausgeführte entsprechend. Ein besonderes Problem bei Architektenverträgen ist die Haftung nach allgemeinen werkvertraglichen Schadensersatzansprüchen aufgrund einer **Bausummenüberschreitung**. Für den Fall, dass ein Architekt mit Leistungen gemäß dem → Leistungsbild des § 15 HOAI beauftragt wird, hat er im Rahmen der → Vorplanung (→ Leistungsphase 2) eine → Kostenschätzung, während der → Entwurfsplanung (Leistungsphase 3) eine Kostenberechnung, bei der → Mitwirkung bei der Vergabe (Leistungsphase 7) einen Kostenanschlag, bei der → Objektüberwachung (Leistungshase 8) eine Kostenfeststellung sowie eine Kostenkontrolle durch Kostenvergleich in den Leistungsphasen 3, 7 und 8 zu erstellen. Unterlaufen dem Architekten bei diesen Aufgaben vorwerfbare Fehler, so haftet der Architekt, wenn die Kostenerhöhungen einen etwa vereinbarten Toleranzrahmen überschreitet und dem → Auftraggeber ein zurechenbarer Schaden entstanden ist. Die Berechnung des Schadens ist bei Bausummenüberschreitungen besonders schwierig, da der Nachteil „Bausummenüberschreitung" auch ggf. Vorteile zur Folge hat, z. B. einen höheren Ertrags- oder Verkehrwert bzw. größere Nutzungsmöglichkeiten. Dieser Vorteil ist anzurechnen.

4. VOB

Auch im → VOB-Vertrag richten sich Schadensersatzansprüche nach allgemeinem Werkvertrag bzw. allgemeinem Deliktsrecht. § 10 VOB/B enthält **keine besonderen Haftungstatbestände**. § 10 Nr. 1 VOB/B regelt die Haftung der Parteien untereinander unter Verweis auf die allgemeinen Vorschriften der §§ 276 ff. BGB. § 10 Nr. 2 bis 6 VOB/B regeln die Frage der **Haftungsverteilung** zwischen den beiden Vertragsparteien, für den Fall, dass einem Dritten ein Schaden entstanden ist.

5. Umfang

Die Rechtsfolgen aller im Gesetz geregelten Schadensersatzansprüche ergeben sich grundsätzlich aus den allgemeinen Vorschriften des BGB, dort aus den §§ 249 ff. Allerdings werden Art, Inhalt und Umfang der Schadensersatzleistung durch den Schutzzweck der jeweiligen Anspruchsnorm modifiziert.

Zur Berechnung von **Vermögensschäden** wird der tatsächliche Wert des Vermögens des Geschädigten **vor** dem Schadensereignis mit dem Wert des Vermögens **nach** dem schädigenden Ereignis verglichen. Die Differenz stellt den Schaden dar (daher auch Differenzhypothese genannt, *Palandt/Heinrichs*, vor § 249, Rdn. 8). **Nichtvermögensschäden** (immaterielle Schäden) werden je nach Art des Schadens und im Einzelfall individuell bestimmt (vgl. § 253 BGB). Gemäß § 249 BGB ist Schadensersatz grundsätzlich dadurch zu leisten, dass der gleiche wirtschaftliche Zustand, der ohne das schädigende Ereignis bestehen würde, wiederhergestellt wird (daher auch Naturalrestitution genannt; BGH, NJW 1985, 793). **Beispiel**: Es ist grundsätzlich Wiederherstellung bzw. Reparatur des beschädigten Gebäudes zu leisten (und nicht Geldersatz). Der Schädiger muss aber den gleichen wirtschaftlichen Zustand nicht selbst herstellen, er kann und muss statt der Herstellung den dazu erforderlichen Geldbetrag leisten, wenn dies der → Gläubiger verlangt. Da jedoch Geldersatz bereits auf einen → Kostenvoranschlag hin geleistet werden muss, verkehrt sich der Grundsatz der Naturalrestitution faktisch in sein Gegenteil. Soweit die Herstellung unzumutbar oder nicht möglich ist (**Beispiel**: Sehr hohe Mängelbeseitigungskosten bei nur geringen optischen Mangel) oder zur Entschädigung des Gläubigers nicht ausreicht (**Beispiel**: Ersatz für den merkantilen Minderwert eines Bauwerkes) hat der Schädiger hierfür unmittelbar Wertersatz in Form von Geld zu zahlen.

– **Besonderheiten bzw. Modifizierungen im allgemeinen Werkvertragsrecht**: Im Allgemeinen Werkvertragsrecht hat der → Auftraggeber (neben den allgemeinen Ansprüchen aus pVV, Unmöglichkeit, → Verzug etc.) insbesondere einen Schadensersatzanspruch aus § 635 BGB a. F. bzw. §§ 636, 634, 280 ff. BGB n. F. für den Fall, dass das Werk mit Mängeln behaftet ist, welche der → Auftragnehmer zu vertreten hat. Der Schadensersatzanspruch aus § 635 BGB a. F. konnte nur **statt** Wandlung oder → Minderung verlangt werden, d. h. zwischen diesen Ansprüchen bestand Alternativität (Einzelheiten bei *Schmidt*, BauR 1979, 195). Der Schadensersatzanspruch war allerdings umfassender als die Gewährleistungsansprüche, § 635 BGB a. F. erfasste nicht nur die Nachbesserung bzw. die hierfür angefallenen Kosten. Allerdings wurden, abweichend vom Grundsatz der §§ 249 ff. BGB nicht sämtliche Vermögensschäden vom Schadensersatzanspruch aus § 635 BGB a. F. erfasst, sondern über die Kosten der Mängelbeseitigung nur diejenigen Schäden, die **unmittelbar** mit den Mängeln zusammenhängen (sogenannte unmittelbare Mangelfolgeschäden (zusammenfassend: BGH, NJW RR 1996, 1203, 1206)). Für weitere Schäden kamen unter Umständen Ansprüche aus pVV in Betracht. Die Abgrenzung war im Einzelfall sehr schwierig. Es existiert eine umfangreiche Kasuistik (*Palandt/Sprau*, vor § 633 BGB Rdn. 23 m. w. N.). **Beispiel**: Schadensersatz nach § 635 BGB a. F. wegen Schäden am Gebäude, die durch fehlerhafte statische Berechnungen verursacht wurden (BGHZ 80, 284), jedoch Schadensersatzanspruch aus pVV für Brandschäden in Folge einer fehlerhaft montierten Heizungsanlage (BGHZ 58, 305). Die neuen Regelungen in §§ 636, 634, 280 ff. BGB n. F. haben diese Abgrenzungsprobleme wie folgt beseitigt: Das Werkvertragsrecht enthält keinen eigenständigen Schadensersatzanspruch mehr, sondern verweist auf die §§ 280 ff. BGB n. F. Für die Schadensersatzansprüche wegen Mangelhaftigkeit des Werks sowie wegen pVV gelten damit einheitlich die §§ 280 ff. BGB und die dortigen Voraussetzungen und Folgen. Insbesondere sind nunmehr auch die mittelbaren Mangelfolgeschäden von den Schadensersatzansprüchen aus §§ 636, 634, 280 ff. BGB erfasst (*Danner-Lieb/Heidel/Lepa/Ring*, Schuldrecht, § 636 Rdn. 25).

- **Besonderheiten bzw. Modifizierungen im Architektenrecht**: Da Architektenverträge größtenteils als Werkverträge qualifiziert werden, gelten die selben Besonderheiten wie im allgemeinen Werkvertragsrecht (zur Abgrenzung zwischen § 635 BGB und pVV im Architektenrecht vgl. *Locher*, Das private Baurecht, Rdn. 244 m. w. N. mit Beispielen).
- **Besonderheiten bzw. Modifizierungen im Bauvertrag nach VOB/B**: Auch bei Vereinbarung der VOB gelten mangels abweichender Regelungen die allgemeinen Vorschriften des Werkvertragsrechts des BGB. Auch bei Vereinbarung der VOB bestand nach altem Recht deshalb das besondere Problem der Abgrenzung der Ansprüche aus § 635 BGB und pVV. Es ist sogar möglich, dass für ein und den selben Schadensfall beide Anspruchsgrundlagen nebeneinander bestehen, vgl. Beispielsfall bei *Locher*, Das private Baurecht, Rdn. 45 a; im Übrigen BGHZ 37, 341; 58, 85; BGH, BauR 1976, 354; NJW 1993, 923).

Schadensminderungspflicht → Schadensersatz

Schadensersatzverpflichtungen eines Schädigers werden u. U. dem Umfang nach eingeschränkt, wenn dem Geschädigten ein → Mitverschulden gemäß § 254 BGB zur Last gelegt werden kann. Dem Geschädigten kann gemäß § 254 BGB ein → Mitverschulden zur Last gelegt werden, wenn er bei der Entstehung des Schadens schuldhaft mitgewirkt hat, wenn er es unterlassen hat, den Schädiger auf die Gefahr eines ungewöhnlich hohen Schadens aufmerksam zu machen und der Schädiger diese Gefahr weder kannte noch kennen musste oder wenn er es unterlassen hat, den Schaden abzuwenden oder zu mindern. Die Anforderungen der Pflichten zur Schadensminderung an den Geschädigten sind allerdings geringer als diejenigen an den Schädiger. Die §§ 276 ff. BGB (Vorsatz und Fahrlässigkeit) gelten für ihn nicht. Vielmehr kann – allgemein – gesagt werden, dass den Geschädigten lediglich die Pflicht trifft, diejenige Sorgfalt an den Tag zu legen, die jeder ordentliche und verständige Mensch beachtet, um sich vor Schäden zu bewahren (grundlegend BGHZ 3, 49; 9, 318 – sogenanntes Verschulden gegen sich selbst). **Beispiel** (BGH, Sch/F/H, Z.2.414, Bl. 143): Mitverschulden des Auftraggebers, wenn dieser keine → Baugenehmigung eingeholt und den Architekten hiervon nicht unterrichtet hat und der Bau dann stillgelegt wird oder zu beseitigen ist.

Schadensversicherung

Schadensversicherungen sind Versicherungen, die gegen ganz bestimmte Schäden (ggf. sogar auch nur ganz bestimmte Folgen von Schäden) absichern. Beispiele: Sturmversicherungen, Feuerversicherungen, Leitungswasserversicherungen.

Schiedsgerichtsverfahren

1. Schiedsgerichtsverfahren

Da die Durchsetzung von Ansprüchen z. B. aus einem → Bauvertrag (z. B. Schadenersatz bzw. Vergütungsansprüche) in einem streitigen Zivilgerichtsverfahren äußerst langwierig sein kann, kann es angebracht sein, einen Rechtsstreit im **schiedsgerichtlichen Verfahren** zu führen (ausführlich hierzu: *Mandelkoff*, Chancen und Probleme des Schiedsgerichtsverfahrens in Bausachen, 1995, baurechtliche Schriften Band 30; *Rudolf*, in Festschrift für Locher, S. 215).

Das schiedsgerichtliche **Verfahren** regeln die §§ 1025 ff. ZPO. Darüber hinaus existiert z. B. die → Schiedsgerichtsordnung für das Bauwesen einschließlich Anlagenbau (SGO) des deutschen Betonvereins e. V. und der Deutschen Gesellschaft für Baurecht e. V. oder die SOBau der ARGE Baurecht des Deutschen Anwaltsvereins.

Wesentliche Voraussetzung für die Durchführung eines schiedsgerichtlichen Verfahren ist eine **Vereinbarung** der Parteien über die Durchführung eines solchen Verfahrens gemäß § 1031 ZPO. Die Parteien müssen sich also darüber einig sein, dass alle oder auch nur einzelne Streitigkeiten, die zwischen ihnen in Bezug auf ein bestimmtes Rechtsverhältnis (z. B. Bauvertrag) entstanden sind oder künftig entstehen, der Entscheidung durch ein Schiedsgericht zu unterwerfen (§ 1029 ZPO). Das **Schiedsgericht** (hierbei handelt es sich nicht um ein staatliches Gericht, sondern gemäß § 1034 ZPO um ein Gericht aus Schiedsrichtern entsprechend der Parteivereinbarung) eröffnet dann das Verfahren, sofern nichts anderes vereinbart, mit Antrag einer der beiden Parteien (§ 1044 ZPO) und verfährt nach den Regelungen des § 1042 ZPO. Es endet mit einem **Schiedsspruch** gemäß §§ 1051, 1054 ZPO. Das Schiedsgerichtsverfahren entscheidet endgültig über den Streitgegenstand im ganzen oder über einen abgrenzbaren Teil davon (BGHZ 10, 325).

Problem beim Schiedsgerichtlichen Verfahren ist, dass Dritte, z. B. über eine Streitverkündung nicht in das Schiedsgerichtsverfahren einbezogen werden können. Zudem kann auch das Schiedsgerichtsverfahren durch das Verhalten einer der Parteien nicht unerheblich verzögert werden.

2. Schiedsgutachterverfahren

Das Schiedsgerichtsverfahren ist abzugrenzen von einem **Schiedsgutachten**. Anstelle einer Schiedsgerichtsvereinbarung können die Parteien auch einen Schiedsgutachtenvertrag abschließen. Anders als bei der Absprache über ein Schiedsgerichtsverfahren einigen sich die Parteien nicht auf eine Entscheidung eines Rechtsstreits durch ein Schiedsgericht anstelle eines ordentlichen Gerichts, sondern lediglich auf die schiedsgutachterliche **Feststellung von Tatsachen**, die für die Entscheidung eines Rechtsstreits erheblich sind (BGHZ 48, 30). Der Schiedsgutachter ist regelmäßig Fachmann. Das Schiedsgutachten ist dann im Hinblick auf die begutachtete Tatsache für die Parteien (insbesondere im Folgeprozess) regelmäßig bindend (obligatorisches Verfahren; BGH, NJW-RR 1991, 228). Dann können nur offenbare Unrichtigkeiten des Schiedsgutachtens geprüft werden (§ 319 BGB). Vereinbart werden kann auch ein fakultatives, also nicht bindendes, Gutachterverfahren.

Schiedsgutachten → Schiedsgerichtsverfahren

Schlussabnahme → Abnahme; → Bauzustandsbesichtigung

Schlüsselfertiges Bauen

Beim schlüsselfertigen Bauen verpflichtet sich der → Auftragnehmer, das → Gebäude/Bauwerk so umfassend zu errichten, wie es für dessen ordnungsgemäße und vollständige Nutzung notwendig ist. Das Gebäude/Bauwerk ist erst abnahmefähig, wenn alle hierzu erforderlichen Leistungen vom Auftragnehmer erbracht wurden (zum Umfang vgl. BGH, BauR 1984, 61; OLG Düsseldorf, NJW-RR 1996, 532).

Schlusspunkttheorie → Baugenehmigung

Schlussrechnung des Bauunternehmers → Aufmaß; → Prüfbarkeit; → Schlusszahlung; → Zahlung des Werklohns

Die **Schlussrechnung** ist die letzte bzw. endgültige → Abrechnung einer Bauleistung durch den → Auftragnehmer. Die Schlussrechnung ist die Grundlage für die nach § 16 Nr. 3 VOB/B zu leistende **Schlusszahlung**. Die Schlussrechnung muss wie jede andere Abrechnung gemäß § 14 Nr. 1 VOB/B **prüfbar** sein. Sie ist übersichtlich aufzustellen und es ist die Reihenfolge der Posten der → Leistungsbeschreibung einzuhalten sowie deren Bezeichnung zu verwenden. Art und Umfang der → Leistung sind nachzuweisen (z. B. durch Mengenberechnungen, Zeichnungen und andere Belege). Änderungen und Ergänzungen des Vertrages sind in der → Rechnung besonders kenntlich zu machen und ggf. getrennt abzurechnen.

Darüber hinaus muss die Schlussrechnung bei Leistungen mit einer vertraglichen Ausführungsfrist von höchstens 3 Monaten gemäß § 14 Nr. 3 VOB/B bis spätestens 12 Werktage nach Fertigstellung eingereicht werden. Die → Frist verlängert sich um je 6 Werktage für je weitere 3 Monate Ausführungsfrist. Die in § 14 Nr. 3 VOB/B genannten **Fristen sind zwingend**. Eine Ausnahme besteht nur dann, wenn die Parteien im → Bauvertrag oder nachträglich etwas anderes vereinbart haben. Die Fristberechnung erfolgt **nach den §§ 186 ff. BGB**. Soweit **Sonn- und Feiertage** in die Frist fallen, werden sie **nicht mitgerechnet**. Erstellt der Auftragnehmer die Schlussrechnung nicht fristgemäß, so kann der → Auftraggeber ihm hierfür eine Frist setzen. Läuft diese erfolglos ab, so kann der Auftraggeber die Schlussrechnung auf Kosten des Auftragnehmers erstellen oder erstellen lassen. Ab dem Zugang der Rechnung beim Auftragnehmer läuft die Verjährungsfrist für die Werklohnforderung des Auftragnehmers (BGH, BauR 2002, 313 = NJW 2002, 676 = IBR 2002, 64).

§ 14 Nr. 2 VOB/B verlangt, dass die zur Erstellung der Abrechnung/Schlussrechnung notwendigen Feststellungen (→ **Aufmaß**) **möglichst gemeinsam** vorzunehmen sind. Wegen des Wortlautes („möglichst") ist diese Bestimmung nicht zwingend. Da der Auftragnehmer den Umfang der von ihm durchgeführten Arbeiten als Grundlage für den nach dem Vertrag geschuldeten Werklohn allerdings beweisen muss, muss er im Zweifel auch die Richtigkeit des Aufmaßes beweisen (*Heiermann/Riedl/Rusam*, § 14 Nr. 2 VOB/B, Rdn. 32 m. w. N.). Aus Gründen der Rechtssicherheit ist es demnach für den Auftragnehmer vorteilhaft, dem Auftraggeber zumindest die Mitwirkung an der Erstellung des Aufmaßes ausdrücklich anzubieten, denn wenn der Auftraggeber nach der Aufforderung zur Mitwirkung auch nicht tatsächlich an der Erstellung des Aufmaßes mitwirkt und sie grundlos verweigert, kehrt sich die → Beweislast zu Lasten des Auftraggebers um (OLG Celle, IBR 2003, 64; OLG Köln, BauR 1994, 114; OLG Köln, NJW, 1973, 2111.

Ob bei allgemeinen Werkverträgen (ohne Vereinbarung der VOB/B) die → Fälligkeit der Vergütung ebenfalls von der Erstellung einer prüffähigen Rechnung abhängt, ist umstritten. Die Vertragsauslegung kann im Einzelfall ergeben, dass die Vergütung erst mit einer auf einem Aufmaß beruhenden Abrechnung fällig werden soll (BGH, BauR 1989, 90).

Zur Mitwirkung am gemeinsamen Aufmaß ist ein Architekt, der die → Objektüberwachung übernommen hat (§ 15 Abs. 2 Nr. 8 HOAI) regelmäßig als vom Auftraggeber als bevollmächtigt anzusehen (BGH, NJW 1960, 859). Er kann demnach das Aufmaß verbindlich für den Auftraggeber erstellen. Gleiches gilt für ein → Anerkenntnis des Aufmaßes des Auftragnehmer (BGH, NJW 1974, 646).

Schlusszahlung → Abnahme; → Prüfbarkeit; → Schlussrechnung

Schlusszahlung ist die abschließende Begleichung der Vergütung bzw. des nach Abschlagszahlungen noch offenen Vergütungsrestes, vorbehaltlich vertraglich vereinbarter Sicherungseinbehalte.

Gemäß **§ 16 Nr. 3 Abs. 1 VOB/B** muss der → Auftraggeber die Schlussrechnung prüfen und die Schlusszahlung, spätestens innerhalb von zwei Monaten nach Zugang leisten. Dabei ist die Prüfung der Schlussrechnung nach Möglichkeit zu beschleunigen. Die Zweimonatsfrist ist eine Höchstgrenze. Verzögern sich die Prüfung und Zahlung, so ist das unbestrittene Guthaben als → Abschlagszahlung sofort zu zahlen. Weitergehende Rechtsfolgen, z. B. die → Verwirkung von Einwendungen des → Auftraggebers gegen die Schlussrechnung nach Ablauf der zwei Monate, bestehen nicht (BGH, BauR 2001, 784).

Die → Fälligkeit der Schlusszahlung nach der → VOB/B setzt – neben den Voraussetzungen des § 16 Nr. 3 Abs. 1 VOB/B – voraus, dass das Werk des Auftragnehmers **abgenommen** ist und er dem Auftraggeber eine **prüffähige** Schlussrechnung übergeben hat. Beenden Auftraggeber und → Auftragnehmer den → Bauvertrag vorzeitig durch → Kündigung oder Aufhebungsvertrag, so wird der Werklohn des Auftragnehmers **auch ohne Abnahme** fällig (BGH, NJW-RR 1998, 1027; NJW 1993, 1972, 1973; BauR 1987, 95). Die Verjährungsfrist für Mängel beginnt in einem solchen Fall jedoch erst nach der → Abnahme, auf die der Auftragnehmer einen Anspruch hat, wenn die von ihm erbrachte → Leistung abnahmereif ist (BGH, IBR 2003, 190 f.).

Gemäß § 16 Nr. 3 Abs. 2 VOB/B schließt die **vorbehaltlose Annahme der Schlusszahlung** durch den Auftragnehmer → Nachforderungen aus, wenn er **über die Schlusszahlung schriftlich unterrichtet und auf die Ausschlusswirkung hingewiesen** wurde. Die Schlusszahlungserklärung des Auftraggebers hat eine **Informations- und Warnfunktion** für den Auftragnehmer. Diese Informations- und Warnfunktion wird nicht bereits dadurch erfüllt, dass der Auftraggeber im prozessualen Schriftverkehr seinen Klageabweisungsanspruch begründet, ohne hinreichend deutlich zu machen, dass damit zugleich eine schlusszahlungsgleiche Erklärung abgegeben werden soll. Der Auftragnehmer braucht seinen rechtzeitigen **Vorbehalt gegen eine Schlusszahlung des Auftraggebers** dann nicht weiter zu begründen, wenn er eine prüfbare Schlussrechnung erteilt hat und seinen Vorbehalt lediglich auf die → Erfüllung dieser Schlussrechnung gerichtet ist. Anderenfalls muss er den Vorbehalt begründen. Der Auftraggeber ist an das von ihm mitgeteilte Ergebnis der Schlussrechnungsprüfung gebunden.

Eine Regelung in **Allgemeinen Geschäftsbedingungen, wonach der Zeitpunkt der Fälligkeit** der Schlusszahlung über die → Frist von zwei Monaten hinaus **verschoben** wird, verstößt grundsätzlich gegen § 307 BGB. Etwas anderes gilt dann, wenn die Klausel einen hinreichend bestimmten Fälligkeitszeitpunkt enthält und der Prüfungszeitraum nicht unangemessen lang ist. Unwirksam sind zudem Regelungen in Allgemeinen Geschäftsbedingungen, **nach denen der Eintritt der Fälligkeit der Schlusszahlung von Umständen abhängt, auf die der Auftragnehmer keinen Einfluss hat**, wie z. B. auf eine behördliche Gebrauchsabnahme oder im Falle eines Subunternehmers der Gesamtabnahme des Bauwerks durch den Bauherren oder der Vorlage einer Mängelfreiheitsbescheinigung des Wohnungskäufers.

Schmalseitenprivileg → Abstandsflächen

Schriftform → Städtebauliche Verträge
1. BGB
Durch das Gesetz zur Anpassung der Formvorschriften des Privatrechts und anderer Vorschriften an den modernen Rechtsgeschäftsverkehr vom 13. 7. 2001 (BT-Drucksache 14/6040, 9.1998) wurden zum 1. 8. 2001 zwei neue Formarten in das BGB eingeführt. Zum einen wird als (gleichberechtigte) Option zur Schriftform die **elektronische Form** anerkannt (§ 126 Abs. 3, 126 a BGB). Sie ist gewahrt, wenn ein elektronisches Dokument mit einer qualifizierten elektronischen Signatur versehen wurde. Zum anderen gibt es nunmehr die **Textform** (§ 126 b BGB). Sie ist nur dann zulässig, wenn dies das Gesetz ausdrücklich regelt. Im BGB ist die Textform bereits an vielen Stellen vorgesehen: z. B. §§ 312 c, 355, 356, 357, 477, 493, 502, 505, 554, 556 a, 556 b, 557 b, 558 a, 559 b, 560, 651 g, 655 b BGB. Auch das HGB, das Aktiengesetz, das GmbH-Gesetz, das Umwandlungsgesetz, das Versicherungsvertragsgesetz, das Pflichtversicherungsgesetz, das Wohnungseigentumsgesetz, das Börsengesetz, das Kapitalanlagegesetz und andere Gesetze enthalten Regelungen zur Textform.

2. HOAI
Die HOAI enthält zwar nicht für den gesamten → Architektenvertrag als solchen Schriftformerfordernisse (dieser kann grundsätzlich auch mündlich geschlossen werden), jedoch gilt das Schriftformerfordernis für viele Honorarabsprachen, z. B. für die Absprachen bei Überschreitung der Mindestsätze (§ 4 Abs. 4 HOAI), ebenso bei → Überschreitung der Höchstsätze (§ 4 Abs. 3 HOAI), bei Vereinbarungen über die Honorierung Besonderer Leistungen (§ 5 Abs. 4 Satz 1 HOAI), bei Honorarvereinbarungen über zusätzliche Leistungen nach §§ 29, 31 und 32 HOAI, bei

Abweichungen von Honorarregelungen der HOAI wegen verschiedener Schwierigkeitsstufen (z. B. § 45 b HOAI).

3. Bauvertragsrecht

Das Bauvertragsrecht kennt keine spezifischen gesetzlichen Formvorschriften. Zu beachten sind ggf. die Formvorschriften bei Verträgen über Grundstücke (§ 311 b BGB n. F.) sowie die Schriftformerfordernisse bei Verpflichtungserklärungen von Gemeinden entsprechend der Gemeindeordnungen der Länder (z. B. Art. 38 Kommunalverfassung Mecklenburg-Vorpommern oder § 63 Niedersächsische Gemeindeordnung), wobei es sich bei den Formvorschriften der Gemeindeordnungen lediglich um Vorschriften zur Beschränkung der Vertretungsmacht der jeweiligen Gemeindevertreter handelt und nicht um echte Formvorschriften, bei denen ein Verstoß zur Nichtigkeit nach § 125 BGB führte (z. B. BGH, BauR 1994, 363).

Häufig werden allerdings **vertraglich Schriftformklauseln** vereinbart (insbesondere für die Abänderung oder Aufhebung von bestimmten Vertragsinhalten). Schriftformklauseln sind grundsätzlich mit den §§ 305 ff. BGB vereinbar. Sie dürfen jedoch den Vertragspartner des Verwenders nicht unangemessen benachteiligen (§ 307 BGB n. F.). Sie dürfen in ihrer Formulierung also nicht soweit gehen, dass alle mündlich getroffenen Vereinbarungen unwirksam sind. Eine solche Formulierung würde den Vertragspartner unangemessen benachteiligen (BGH, NJW 1983, 1583). Zudem läge ein Verstoß gegen den Vorrang der Individualabrede (§ 305 b BGB) vor. Gerade solche Schriftformklauseln kommen im Baubereich, z. B. als Formerfordernis zur gültigen Beauftragung von Nachträgen und als Voraussetzung für den Vergütungsanspruch, vor. Sie sind unwirksam.

Schuldner → Leistung

Schuldnerverzug → Verzug

Scoping → Bebauungsplan

Im Rahmen der Ermittlung der Umweltbelange bei der Aufstellung von Bauleitplänen legt die Gemeinde gemäß § 2 Abs. 4 S. 2 BauGB bereits zu Beginn des Verfahrens für jeden Bauleitplan fest, in welchem Umfang und Detaillierungsgrad die Ermittlung der Belange des Umweltschutzes für die Abwägung erforderlich ist (Scoping). Das Scoping dient dazu, sowohl Ermittlungsfehler als auch unnötigen Aufwand bei der Zusammenstellung des umweltrelevanten Abwägungsmaterials zu vermeiden. Der Detaillierungsgrad obliegt der Gemeinde. Nach § 4 Abs. 1 BauGB haben die Gemeinden die Behörden zu unterrichten und zur Äußerung insbesondere im Hinblick auf den erforderlichen Umfang und Detaillierungsgrad der Umweltprüfung aufzufordern. Die Beteiligung der Behörden ist zwingend durch die EU-Planumweltprüfungsrichtlinie vorgegeben. Demgegenüber ist nicht erforderlich, dass die Gemeinde bei der vorgezogenen Bürgerbeteiligung der Öffentlichkeit ausdrücklich auch im Hinblick auf den erforderlichen Umfang und Detaillierungsgrad der Umweltprüfung nach § 2 Abs. 4 BauGB Gelegenheit zur Äußerung und Erörterung gibt. Ein Fehler im Scoping stellt einen unbeachtlichen Fehler dar, der nicht zur Unwirksamkeit des Bebauungsplans führt, denn das Scoping ist nicht in § 214 BauGB als beachtlicher Verfahrensmangel aufgelistet.

Schweigepflicht → Leistung

Sektorenkoordinierungsrichtlinie (SKR) → Ausschreibung; → Dienstleistungsrichtlinie

Die Sektorenkoordinierungsrichtlinie ist wie die Dienstleistungskoordinierungsrichtlinie eine

Richtlinie der Europäischen Gemeinschaft für die einzelnen Mitgliedstaaten, welche den Zweck hat, die öffentliche Vergabe von bestimmten Leistungen zu koordinieren. Die Sektorenkoordinierungsrichtlinie regelt in zur Dienstleistungskoordinierungsrichtlinie vergleichbarer Weise den Bereich der „Sektoren" Wasser-, Energie-, Verkehrs- und Telekomversorgung.

Neben der DKR und der SKR existiert seit dem 1. 11. 1997 die → VOF (Verdingungsordnung für freiberufliche Leistungen (hierzu: *Hertwig*, MDR 1999, 194 ff.). Die VOF soll die allgemeinen und berechtigten Belange der Freiberufler bei der öffentlichen Auftragsvergabe berücksichtigen. Durch die VOF wird gewährleistet, dass der öffentliche → Auftraggeber freiberufliche Leistungen (wie z. B. Architekten- und Ingenieurleistungen) im Wettbewerb vergibt.

Selbstständiges Beweisverfahren → Beweissicherung
1. Zweck und Zulässigkeit

Das selbstständige Beweisverfahren ist ein besonderes Verfahren im Rahmen des Zivilprozessrechts. Es dient der vorsorglichen Beweiserhebung vor Beginn eines möglichen Prozesses oder während eines Urteilsverfahrens, in dem die Beweiserhebung noch nicht angeordnet ist oder wegen Ruhens, Aussetzung, Unterbrechung oder Anhängigkeit beim Revisionsgericht nicht angeordnet werden kann.

Es ist gem. § 485 ZPO **zulässig**, wenn der Gegner zustimmt oder zu besorgen ist, dass das → Beweismittel verloren geht oder seine Benutzung erschwert wird. Die Besorgnis, dass das Beweismittel verloren oder seine Benutzung erschwert wird (Voraussetzung für die Zulässigkeit eines selbstständigen Beweisverfahrens) ist bereits dann gegeben, wenn es dem → Auftraggeber nicht mehr zumutbar ist, das Beweismittel auf andere Art und Weise zu erhalten (OLG, Köln MDR 1994, 94); es kommt also nicht darauf an, ob der Auftraggeber das Beweismittel durch geeignete Maßnahmen selbst erhalten bzw. sichern kann. Entscheidend ist die Zumutbarkeit.

Da das selbstständige Beweisverfahren bereits vor Beginn eines möglichen Prozesses angestrengt werden kann, kann u. U. das selbstständige Beweisverfahren ein schneller und kostengünstiger Weg sein, Einigung zwischen den Parteien über eine bestimmte Sach- und Rechtslage herbeizuführen. So kann gem. § 485 Abs. 2 Nr. 2 ZPO ein Sachmangel bereits im Vorfeld eines möglichen Prozesses festgestellt werden und sich deshalb ein Prozess wegen → Minderung oder → Schadensersatz aufgrund eines Sachmangels erübrigen, da es für den → Auftragnehmer sinnlos wird, sich gegen die Gewährleistungsrechte mit dem Einwand zu wenden, es bestehe kein Mangel.

Im Rahmen des selbstständigen Beweisverfahrens können gutachterlich nicht nur die **Mängelursachen** und die Verantwortlichkeit der Baubeteiligten, sondern auch notwendige **Mängelbeseitigungsmaßnahmen**, die **Mängelbeseitigungskosten** sowie ggf. **Minderungsbeträge** (OLG Hamm, NJW-RR 2002, 1674) festgestellt werden.

Der Auftraggeber als Antragsteller muss die Mängel des Bauwerks **genau bezeichnen bzw. beschreiben**, damit auch der Sachverständige genügend Anhaltspunkte für seine Tätigkeit hat. Zwar sind an die Beschreibung bzw. Bezeichnung keine allzu strengen Anforderungen zu stellen Die Angabe Mängelsymptome reicht aus (BGH, IBR 2003, 365; 185; 1998, 27; BauR 1992, 503). Durch die Formulierungen dürfen aber keine **Ausforschungen** des Sachverständigen ermöglicht werden (etwa mit der Formulierung „liegt ein Planungs- oder Überwachungsfehler des Architekten vor?", LG Gera, BauR 1996, 752). Zulässig ist aber z. B. die Formulierung „Stellt das Nichtvorhandensein einer Trennanlage zwischen Spanplatten, Untergrund und Zinkblechverkleidung einen Verstoß gegen die anerkannten Regeln der Technik dar?" (OLG München, BauR 1994, 275).

2. Kosten

Die **Kosten des selbstständigen Beweisverfahrens gehören zu den Kosten der Hauptsache** und werden in der Hauptsacheentscheidung mit geregelt (BGH, NJW 1996, 1749). Kommt es im Anschluss an das selbstständige Beweisverfahren **nicht zu einem Hauptsacheverfahren**, so regelt § 494 a Abs. 1 ZPO, dass nach Beendigung der Beweiserhebung auf Antrag ohne mündliche Verhandlung anzuordnen ist, dass der Antragsteller binnen einer zu bestimmenden → Frist Klage zu erheben hat. Kommt der Antragsteller der Aufforderung zur Klageerhebung nicht fristgerecht nach, so sind ihm die Kosten des Antragsgegners im Beweisverfahren durch Beschluss aufzuerlegen (§ 494 a Abs. 2 ZPO). Ist jedoch der Hauptanspruch (etwa bei Gewährleistungsrechten wegen Mängeln wegen Beseitigung der Mängel durch den Auftragnehmer) zwischenzeitlich gegenstandslos geworden, so kann der Antragsgegner keinen Antrag nach § 494 a Abs. 1 ZPO stellen. Dem Antrag würde es an einem Rechtsschutzbedürfnis fehlen (OLG Düsseldorf, MDR 1994, 201). Gleiches gilt, wenn sich die Parteien über den Hauptanspruch anderweitig geeinigt haben, etwa durch → Vergleich (OLG Düsseldorf, BauR 1995, 279).

Ist ein **Beweisantrag durch Beschluss zurückgewiesen** (etwa wegen Unzulässigkeit), so darf auch sofort im Zurückweisungsbeschluss über die Kosten mitentschieden werden, auch wenn ein Hauptverfahren noch nicht anhängig ist (OLG Brandenburg, BauR 1996, 584 m. w. N.). Gleiches gilt, wenn ein Hauptverfahren nicht mehr zu erwarten ist (OLG Celle, MDR 1993, 914), bei Wiederaufhebung des Beweisanordnungsbeschlusses wegen Nichteinzahlung des Kostenvorschusses (OLG Frankfurt, NJW-RR 1995, 1150), bei Rücknahme des Antrags (KG, NJW-RR 1992, 1023), wenn der Antragsteller den Hauptanspruch fallen lässt, so dass eine Fristsetzung zur Erhebung der Hauptsacheklage gem. § 494 a Abs. 1 ZPO bloße Förmelei wäre (OLG Karlsruhe, NJW-RR 1996, 1343) sowie bei übereinstimmender Erledigtenerklärung im Rahmen des Beweisverfahrens (OLG Frankfurt, OLGZ 1993, 441).

3. Streitwert
Der **Streitwert** des selbstständigen Beweisverfahrens wird nach § 3 ZPO vom Gericht nach freiem Ermessen festgelegt. In der Regel ist dabei der Wert des Interesses des Antragstellers an der Durchführung des selbstständigen Beweisverfahrens zugrundezulegen, das kann z. B. der Wert der Hauptsache sein (z. B. OLG Rostock, NJW-RR 1993, 1086). Die Einzelheiten sind streitig (vgl. z. B. *Sturmberg*, Die Beweissicherung, Rdn. 321 ff; *Weise*, Selbstständiges Beweisverfahren im Baurecht, Rdn. 552 ff.).

Selbstvornahme → Ersatzvornahme

Sicherheitseinbehalt → öffentlicher Auftraggeber
Die Sicherheitsleistung durch Einbehalt von Zahlungen ist neben der → Bürgschaft und der → Garantie die in der Bauvertragspraxis häufigste Form der Sicherung. Sie dient dazu, die vertragsgemäße Ausführung der → Leistung und die → Gewährleistung sicherzustellen (vgl. § 17 Nr. 1 Abs. 2 → VOB/B).

1. BGB
Im BGB ist der Sicherheitseinbehalt nicht geregelt. Er kann als ein Unterfall der in §§ 372 ff. BGB Hinterlegung von Geld angesehen werden.

2. VOB/B
In der VOB/B ist die Sicherheitsleistung in § 17 Nr. 2 VOB/B ausdrücklich vorgesehen. Voraussetzung des Sicherheitseinbehalts ist eine entsprechende **vertragliche Vereinbarung**. Es genügt auch hier nicht, dass die VOB vereinbart ist.

§ 17 Nr. 6 Abs. 1 Satz 1 VOB/B sieht vor, dass der → Auftraggeber bei entsprechender Vereinbarung der Sicherheitsleistung jeweils von den Zahlungen – gleich welcher Art – bis zu 10 % einbehalten darf, bis die vereinbarte Sicherheitssumme erreicht ist.

Den jeweils einbehaltenen Betrag hat der Auftraggeber dem → Auftragnehmer **mitzuteilen**. Bei dem einbehaltenen Betrag handelt es sich um **Fremdgeld**. Gemäß § 17 Nr. 6 Abs. 1 Satz 2 VOB/B muss es binnen 18 Werktagen nach der Mitteilung von der Einbehaltung auf ein **Sperrkonto** bei dem vereinbarten Geldinstitut eingezahlt werden. Die Klausel in einem → Bauvertrag, dass der Sicherheitseinbehalt durch eine Bankbürgschaft abgelöst werden kann, schließt das Recht des Auftragnehmers, die Einzahlung des einbehaltenen Betrages auf ein Sperrkonto zu verlangen, nicht aus. Der Auftraggeber muss dafür sorgen, **dass das Geldinstitut den Auftragnehmer von der Einzahlung benachrichtigt** (§ 17 Nr. 6 Abs. 1 Satz 3 VOB/B). Zahlt der Auftraggeber den Sicherheitseinbehalt (entgegen § 17 Nr. 6 Abs. 1 Satz 2 VOB/B) nicht auf ein Sperrkonto ein, so kann dem Auftragnehmer wegen des Zinsverlustes ein Schadensersatzanspruch gegen den Auftraggeber aus positiver Vertragsverletzung (§ 280 BGB) zustehen (*Menden*, IBR 1995, 109). Dies kann wegen § 17 Abs. 6 Nr. 2 VOB/B allerdings nicht bei kleineren oder kurzfristigen Aufträgen gelten. Vertretbar erscheint auch, den Anspruch auf Erstattung als Verzugsschaden anzusehen. Zahlt der Auftraggeber den einbehaltenen Betrag nicht rechtzeitig ein, so kann ihm der Auftragnehmer hierfür eine angemessene → **Nachfrist** setzen. Eine Nachfrist von **neun Werktagen** ist regelmäßig angemessen, im Einzelfall kann auch eine kürzere → Frist angemessen sein (OLG Dresden, IBR 1999, 580). Da § 17 Nr. 6 Abs. 1 S. 2 VOB/B eine eigenständige, nicht von einer Aufforderung des Auftragnehmers abhängige Pflicht des Auftraggebers regelt, die einbehaltenen Beträge auf ein Sperrkonto einzuzahlen, muss der Auftragnehmer dem Auftraggeber **vor der Nachfrist nicht zusätzlich eine erste Frist** gesetzt haben (OLG Dresden, IBR 1999, 580).

Läuft die Nachfrist fruchtlos ab, kann der Auftragnehmer die **sofortige Auszahlung** des einbehaltenen Betrages verlangen. Er braucht dann **keine Sicherheit mehr** zu leisten (§ 17 Nr. 6 Abs. 3 VOB/B). **Der Nachfristsetzung bedarf es nicht**, wenn der Auftraggeber zu erkennen gegeben hat, dass er keine Einzahlung auf ein Sperrkonto vornehmen werde. Bei kleineren oder kurzfristigen Aufträgen ist es gemäß § 17 Abs. 6 Nr. 2 VOB/B zulässig, dass der Auftraggeber den einbehaltenen Sicherheitsbetrag erst bei der → Schlusszahlung innerhalb von 18 Werktagen auf ein Sperrkonto einzahlt.

Versäumt der Auftragnehmer die Frist zur Stellung der Sicherheit gemäß § 17 Nr. 7 Satz 1 VOB/B, so ist der Auftraggeber berechtigt, vom Guthaben des Auftragnehmers einen Betrag in Höhe der vereinbarten Sicherheit einzubehalten. Der Auftraggeber ist nicht verpflichtet, den Einbehalt auf mehrere Abschlagszahlungen zu verteilen.

Ist der Sicherheitseinbehalt bei einem Notar hinterlegt, so ist damit (gemäß § 223 Abs. 1 BGB) ein eigenständiges Recht des Gläubigers begründet, sich aus dem hinterlegten Betrag bei Bestehen des gesicherten Anspruchs **unabhängig von dessen Verjährung** zu befriedigen.

3. AGB

Eine Allgemeine Geschäftsbedingung, nach der einem Bauträgerunternehmen eine zinslose Barsicherheit von 5 % der Abrechnungssumme bei einer Laufzeit von zwei Jahren ab → Abnahme für → Bauleistungen ohne Ablösungsmöglichkeit durch Bankbürgschaft zu gewähren ist, ist unwirksam (OLG Karlsruhe, BauR 1989, 203 = 377 (LS) = BB 1989, 1643; a. A. OLG Düsseldorf, ZIP 1994, 203, 205). Das Gleiche gilt für eine Klausel, in der ein Sicherheitseinbehalt von 5 % für die Dauer von fünf Jahren entsprechend der → Gewährleistungsfrist vorgesehen ist (BGH, BauR 1997, 829 = ZfBR 1997, 292 = NJW 1997, 2598; OLG München, BauR 1992, 234 m. Anm. *Koppmann* = NJW-RR 1992, 218 = IBR 1992, 50; OLG Hamm, BauR 1988, 731). Das Gleiche gilt zudem, wenn zwar eine Ablösungsmöglichkeit durch Bankbürgschaft vorgesehen ist, jedoch die Möglichkeit einer Befreiung durch Hinterlegung ausgeschlossen ist (OLG München, WM 1992, 617; vgl. auch OLG Hamm, BauR 1988, 731). Eine Klausel, nach welcher 10 % der Bruttoauftragssumme auf eine Gewährleistungszeit von 5 Jahren und einem Monat einbehalten werden können soll und bei der dieser Einbehalt ausschließlich durch eine Bürgschaft auf erstes Anfordern abwendbar ist, verstößt gegen § 307 BGB und ist nichtig (BGH, BauR 1997, 829; OLG München, BauR 1995, 859 = NJW-RR 1996, 534 = IBR 1996, 322). Eine Klausel, nach der die Ablösung eines Sicherheitseinbehalts nur durch eine Bankbürgschaft möglich ist, verstößt gleichfalls gegen § 307 BGB und ist unwirksam. Der Auftragnehmer kann sofort Auszahlung des Sicherheitseinbehalts verlangen (OLG Hamburg, IBR 1996, 363). Eine Klausel, nach welcher der Sicherheitseinbehalt in Abweichung von § 17 Nr. 5 VOB/B als zinsloser Einbehalt beim Auftraggeber stehen bleiben soll, ist ebenfalls unwirksam (OLG Braunschweig, IBR 1995, 108; OLG Karlsruhe, BauR 1989, 203; OLG Hamm, BauR 1988, 731). Unwirksam ist eine Klausel, mit der der Auftraggeber sich der Verpflichtung entledigt, den einbehaltenen Betrag gemäß § 17 Nr. 6 VOB/B auf ein Sperrkonto einzahlen zu müssen. Diese Klausel verstößt gegen § 307 BGB (OLG München, BauR 1984, 188; KG, BauR 1988, 207 = NJW-RR 1988, 1365; OLG Hamm, BauR 1988, 731 = NJW-RR 1988, 726; OLG Karlsruhe, BauR 1989, 203 = BB 1989, 143 mit zust. Anm. v. *Strobel*; OLG Karlsruhe, BauR 1994, 509; OLG München, BauR 1995, 859 = NJW-RR 1996, 534). Die Klausel, nach der der Auftraggeber als Sicherheit für die Gewährleistung 5 % der Nettoabrechnungssumme zinslos einbehalten darf, ist wirksam, sofern dem Auftragnehmer zugleich das Recht eingeräumt wird, die Sicherheit durch eine → Gewährleistungsbürgschaft abzulösen (OLG Düsseldorf, BauR 1992, 677). Der Sicherheitseinbehalt kann klauselmäßig auf 10 % der Auftragssumme für die Dauer der Gewährleistungsfrist bemessen werden (OLG Frankfurt, BauR 1993, 375 (LS) = IBR 1993, 150; vgl. auch BGH, BauR 1990, 207 und *Vygen*, Bauvertragsrecht nach VOB und BGB, Rdn. 928).

Sicherheitsleistung → Sicherheitseinbehalt; → Bürgschaft

Sittenwidrigkeit → Knebelungsvertrag

Sittenwidrigkeit, Wucher, Schikaneverbot und der Grundsatz von Treu und Glauben sind Rechtsinstitute des Zivilrechts, die die gesamte Rechtsordnung durchziehen. Diese ganz allgemeinen Gerechtigkeitsgedanken können die ansonsten streng am Gesetzeswortlaut durchzuführende rechtliche Bewertung des Einzelfalls abmildern. So sind z. B. Verträge, die ja grundsätzlich verbindlich die Rechte und Pflichten der Parteien festlegen, u. U. wegen Sittenwidrigkeit (§ 138 Abs. 1 BGB) nichtig bzw. die Rechtsfolgen können über Treu und Glauben (§ 242 BGB) abgemildert bzw. gänzlich aufgehoben werden.

Sittenwidrigkeit bedeutet, dass das einzelne Rechtsgeschäft (z. B. ein Vertrag) **gegen das Anstandsgefühl aller billig und gerecht Denkenden verstößt** (z. B. BGHZ 10, 232; 69, 297). Diese sehr unpräzise Formel stellt also darauf ab, ob das konkrete Rechtsgeschäft gegen die herrschende Rechts- und Sozialmoral verstößt. Da aber auch die herrschende Rechts- und Sozialmoral im Einzelfall nicht immer genau festzustellen ist, bleibt die Wertung oft dem Richter überlassen. Man kann sich allerdings an der umfangreichen Einzelfallrechtsprechung orientieren, wobei zu beachten ist, dass sich der sittliche Maßstab im Laufe der Zeit auch wandeln kann. Allgemein kann man sagen, dass in den meisten Fällen der sittenwidrigen Rechtsgeschäfte ein besonders verwerflicher subjektiver Tatbestand Voraussetzung ist (z. B. vorsätzliche oder grob fahrlässige Ausnutzung der schwächeren Lage des Vertragspartners (BGHZ 80, 160; 128, 257)). Die Rechtsprechung hat allerdings auch Fälle entwickelt, in denen allein der Sachverhalt, wie er sich objektiv darstellt, schon gegen die herrschende Rechts- und Sozialmoral verstößt. In solchen Fällen ist ein subjektiver Tatbestand nicht mehr erforderlich (z. B. bei Kreditverträgen, wenn der Vertragszins den marktüblichen Effektivzins relativ um 100 % oder aber absolut um 12 Prozentpunkte übersteigt (BGHZ 110, 338)). Im Baugewerbe sind sittenwidrige Geschäfte relativ selten. **Einzelfälle**: Angehörigenbürgschaften (z. B. Bürgschaften der Ehefrau eines Unternehmers für unternehmerische Geschäfte) sind sittenwidrig, wenn ein Fall krasser finanzieller Überforderung vorliegt und der Mithaftende kein erkennbares **unmittelbares** eigenes persönliches bzw. wirtschaftliches Interesse an der Kreditaufnahme hat (BGH, NJW 1999, 2584), Knebelungsverträge (Verträge, durch die eine Vertragspartei in seiner wirtschaftlichen Freiheit so sehr beschränkt wird, dass sie ihre freie Selbstbestimmung verliert (BGHZ 1983, 316, NJW 1993, 1588)), Verträge zur Vorbereitung, Förderung oder Ausnutzung strafbarer Handlungen, Verträge, die auf Bestechung abzielen (BGH, NJW 1985, 2406), standeswidrige Verträge (z. B. Verträge, die bewusst dazu abgeschlossen werden, die → HOAI zu unterbieten (OLG Stuttgart, NJW 80, 1584)) oder Verträge, die gegen das Verbot der Architektenbindung beim Grundstückserwerb verstoßen (BGHZ 60, 33). § 138 Abs. 2 BGB behandelt den gegen die guten Sitten verstoßenden Sonderfall des **Wuchers**.

Skonto

Skonto ist eine Art des Rabatts bzw. Preisnachlasses, häufig als Abzug vom Rechnungsbetrag bei Barzahlung vereinbart. Bei der → Honorarberechnung des Architekten für die → Objektplanung von Gebäuden, → Freianlagen und raumbildenden Ausbauten (→ Leistungsbild des § 15 HOAI) ist umstritten, ob die anrechenbaren Kosten (§ 10 HOAI) auch Skonti berücksichtigen. Es ist umstritten, ob Skonti als Vergünstigungen im Sinne von § 10 Abs. 3 Nr. 2 HOAI anzusehen sind. Rabatte, Boni und Provisionen sind auf jeden Fall Vergünstigungen im Sinne des Nr. 2 (*Wirth/Schmidt*, Handbuch zur Vertragsgestaltung, Vertragsabwicklung und Prozessführung im privaten und öffentlichen Baurecht, S. 1379 m. w. N.). Da es sich beim Skontoabzug jedoch um einen Nachlass handelt, dessen Entstehung bei Vertragsabschluss noch ungewiss ist, verneint die herrschende Meinung die Berücksichtigung von Skonti als Vergünstigung im Sinne des Abs. 3 Nr. 2 (*Wirth/Schmidt*, Handbuch zur Vertragsgestaltung, Vertragsabwicklung und Prozessführung im privaten und öffentlichen Baurecht, S. 1379 m. w. N.).

Smog → Baulärm; → Elektromagnetische Strahlungen

Sonderbauten → Baugenehmigung

Sonderfachleute → Erfüllungsgehilfe; → Vollmacht

Der Begriff Sonderfachleute bzw. Sonderfachmann ist in der → HOAI durch den Begriff **„andere an der Planung fachlich Beteiligte"** ersetzt worden (§ 15 Abs. 2 HOAI unter → Grundleistungen bei der Grundlagenermittlung). In Vorbereitung eines Bauvorhabens hat also der Architekt bei der Auswahl von „anderen an der Planung fachlich Beteiligten" bzw. Sonderfachleuten mitzuwirken. Sonderfachleute sind insbesondere bei Großbauten bzw. bei Bauten mit komplizierter → Bauweise erforderlich (z. B. für die Statik, Akustik, Heizung, Vermessung, Lüftung, Versorgungsanlagen, Klimatechnik, Schallschutz usw.).
Die Beauftragung des Architekten durch den → Auftraggeber beinhaltet grundsätzlich **nicht die schlüssige Bevollmächtigung des Architekten zur Beauftragung von Sonderfachleuten** im Namen des Auftraggeber (BGH, *Schäfer/Finnern/Hochstein* Z3.01 Bl. 367). Der Architekt hat grundsätzlich den Auftraggeber hinsichtlich der Einschaltung eines (erforderlichen) Sonderfachmanns zu beraten. Dabei kann der Architekt **haften**, wenn er die Einschaltung eines nicht erforderlichen Ingenieurs empfiehlt bzw. wenn er es unterlässt, auf die Hinzuziehung eines notwendigen Fachmannes hinzuweisen (*Morlock*, DAB 1990, 945).

Hat der Auftraggeber (ggf. unter Hinzuziehung eines bevollmächtigten Architekten) einen Sonderfachmann beauftragt, so bestehen **vertragliche Beziehungen lediglich zwischen dem Auftraggeber und dem Sonderfachmann**. Der Sonderfachmann ist kein → Erfüllungsgehilfe des Architekten (OLG Celle, BauR 1970, 182).

Das **Honorar** der Sonderfachleute richtet sich grundsätzlich nach der HOAI (für Ingenieure bei der → Tragwerksplanung gilt z. B. Teil VIII. der HOAI, bei der Technischen Ausrüstung Teil IX., bei der Wärme- und Schallphysik Teil X. und XI., bei der Baugrundberatung Teil XII., bei der Vermessung Teil XIII.).

Sondergebiet (Erholung)

Gemäß § 10 BauNVO kommen als Sondergebiete, die der Erholung dienen, insbesondere in Betracht:
– Wochenendhaus-, Ferienhaus- und Campingplatzgebiete.

1. Zulässige Anlagen

Im Hinblick auf die Unterschiedlichkeit der Sondergebiete, die der Erholung dienen, sind in § 10 BauNVO keine allgemein zulässigen Anlagen geregelt. Die **Bestimmung des** jeweiligen **Zwecks des Sondergebietes ist** der **Gemeinde überlassen**. Die Gebietsausweisung muss jedoch eine wohnartige Freizeitgestaltung darstellen. Das in § 10 BauNVO genannte Wochenendhausgebiet ist dementsprechend gekennzeichnet durch ortsfeste Unterkünfte begrenzter Größe, § 10 Abs. 3 BauNVO. Ferienhausgebiete gehören zum Fremdenverkehrswesen, wozu neben den Ferienhäusern auch andere Ferienwohnungen, Ferienheime, eventuell auch Pensionen, Gasthöfe und ähnliches gehören, § 10 Abs. 4 BauNVO. Das Campingwesen ist gekennzeichnet durch mobile Unterkünfte, § 10 Abs. 5 BauNVO.

Untergeordnete → Nebenanlagen gemäß § 14 BauNVO wie beispielsweise Schuppen für Fahrräder oder Brennholz, Schwimmbecken und → Spielplätze sind im Wochenendhausgebiet zulässig. → Stellplätze und Garagen sind gemäß § 12 Abs. 2 BauNVO nur für den durch die zugelassene Nutzung verursachten Bedarf zulässig.

2. Ausnahmsweise zulässige Nutzungen

Nach § 10 Abs. 2 S. 2 BauNVO kann im → Bebauungsplan festgesetzt werden, dass bestimmte, der Eigenart des Gebietes entsprechende **Anlagen** und Einrichtungen **zur Versorgung des Gebiets** und **für sportliche Zwecke** allgemein zulässig sind oder ausnahmsweise zugelassen werden können. Dies hängt von den Festsetzungen des Bebauungsplans ab. Als solche Versorgungsbetriebe kommen beispielsweise **Läden** zur Deckung des Bedarfs des Ferienhausgebietes, **Bars**, **Restaurants**, **Cafes** etc., Anlagen für **kirchliche**, **kulturelle** und **soziale Zwecke** sowie Räume für die **ärztliche Versorgung** in Betracht. Dementsprechend ermöglicht § 10 BauNVO die Festsetzung eines touristischen Gesamtkonzepts. Ein → Bebauungsplan, der für eine Clubanlage erstellt wird, kann beispielsweise in den einzelnen Ferienhäusern die Einrichtung von Küchen- oder Kochstellen ausschließen, während dies bei Ferienhäusern, in denen eine Selbstversorgung möglich sein soll, nicht ausgeschlossen werden kann (*Gelzer/Bracher/Reidt*, Bauplanungsrecht, Rdn. 1768). Ausnahmsweise zulässige sportliche Einrichtungen sind insbesondere **Schwimmbäder**, **Tennisanlagen**, **Golf-Übungseinrichtungen**, die jedoch im Vergleich zum Feriengebiet untergeordnet sein müssen.

3. Nicht zulässige Nutzungen

Nicht zu den Sondergebieten „Erholung" i. S. v. § 10 BauNVO gehören nur zur vorübergehenden

Nutzung dienende **Zeltplätze** oder **Sport-**, **Spiel-** und **Badeplätze**, die im → Flächennutzungsplan (§ 5 Abs. 2 Nr. 5 BauGB) und im → Bebauungsplan (§ 9 Abs. 1 Nr. 15 BauGB) als Grünflächen dargestellt und festgesetzt werden; gleiches gilt für Sport- und Spielanlagen i. S. v. § 9 Abs. 1 Nr. 5 BauGB (z. B. **Fußballplätze**, **Freizeitcenter** mit unterschiedlichem Angebot zur Freizeitgestaltung, kombiniertes **Hallen-** und **Freibad mit Liegewiese** etc.). Zudem fallen **Kurgebiete** und andere Gebiete zur Wiederherstellung der Gesundheit oder zur gezielten Gesundheitsvorsorge wie **Sanatorien** nicht unter die Erholungssondergebiete nach § 10 BauNVO. Vielmehr gehören sie zu den sonstigen Sondergebieten nach § 11 BauNVO (*Fickert/Fieseler*, BauNVO, § 10 Rdn. 3.1).

4. Obergrenze des Maßes der baulichen Nutzung
Obergrenze des Maßes der baulichen Nutzung ist für die **Grundflächenzahl (GRZ)** bei **Wochenendhausgebieten 0,2** und bei **Ferienhausgebieten 0,4** und für die **Geschossflächenzahl (GFZ)** bei **Wochenendhausgebieten 0,2** bzw. bei **Ferienhausgebieten 1,2**.

5. Besonderheiten
Im Sondergebiet **müssen** die Zweckbestimmung und die Art der Nutzung zumindest durch **Festsetzungen** als **Wochenendhaus-, Ferienhaus- oder Campingplatzgebiet dargestellt** und festgesetzt **werden**. Eine Bezeichnung als **Sondergebietserholungsfläche** wäre **zu allgemein** und **deshalb nicht zulässig**. Hinsichtlich des Schutzes gegen Störungen stehen Wochenendhausgebiete den reinen Wohngebieten und Ferienhausgebiete den allgemeinen Wohngebieten gleich, während Campingplätze wegen des häufigen An- und Abfahrtverkehrs sich eher mit Mischgebieten vergleichen lassen. Betreiber und Eigentümer von Wochenend- und Ferienhäusern haben einen Anspruch auf Wahrung der Gebietsart, der sich darin äußert, dass keine Anlagen und Nutzungen durch Befreiungen nach § 31 Abs. 2 BauGB genehmigt werden, die dem Gebietscharakter und der Eigenart des jeweiligen Erholungssondergebiets widersprechen (BVerwG, BauR 1994, 223; *Fickert/Fieseler*, BauNVO, § 10 Rdn. 6).

Sondergebiet (sonstiges) → Factory Outlet Center (FOC)

Gemäß § 11 BauNVO sind als sonstige Sondergebiete solche Gebiete darzustellen und festzusetzen, die sich von den **Baugebieten nach den §§ 2–10 BauNVO wesentlich unterscheiden**. Sondergebietsnutzungen dürfen also in kein der in den §§ 2–10 BauNVO geregelten Gebietstypen eingeordnet werden können.

1. Allgemein zulässige Nutzungen
§ 11 Abs. 2 S. 2 BauNVO bestimmt, dass als sonstige Sondergebiete insbesondere in Betracht kommen:
– Gebiete für den **Fremdenverkehr**, wie **Kurgebiete** und Gebiete für die Fremdenbeherbergung;
– **Ladengebiete**;
– Gebiete für **Einkaufszentren** und großflächige Handelsbetriebe;
– Gebiete für **Messen**, Ausstellung und **Kongresse**;
– **Hochschulgebiete**,
– **Klinikgebiete**;
– **Hafengebiete**;
– Gebiete für Anlagen, die der Erforschung, **Entwicklung erneuerbarer Energien** wie Wind- und Sonnenenergie dienen;
– **Einkaufszentren**;

Sondergebiet (sonstiges)

- **großflächige Einzelhandelsbetriebe**, die sich nach Art, Lage oder Umfang auf die Verwirklichung der Ziele der → Raumordnung und Landesplanung oder auf die städtebauliche Entwicklung und Ordnung nicht nur unwesentlich auswirken können;
- sonstige **großflächige Handelsbetriebe**, die im Hinblick auf den Verkauf an letzte Verbraucher und auf die Auswirkungen im Hinblick auf die städtebauliche Entwicklung und Ordnung den im Sondergebiet unterzubringenden Einzelhandelsbetrieben vergleichbar sind.

Die letztgenannten drei sind nicht nur in Sondergebieten, sondern auch in Kerngebieten i. S. v. § 7 BauNVO zulässig.

Als ein zulässiges Sondergebiet ist beispielsweise die Zusammenfassung mehrerer Ladenpassagen mit Fachgeschäften unterschiedlichster Art und Läden für Andenken (Souvenir) sowie für die Bedürfnisse von Kurgästen (Friseursalon, Wasch- und Reinigungsbetriebe) in einem Kurort angesehen worden; denn eine solche Nutzungsstruktur unterscheidet sich qualitativ sowohl von den üblichen der Versorgung von Wohngebieten dienenden Läden als auch von den Einzelhandelsbetrieben wie sie etwa Mischgebieten nach § 6 Abs. 2 BauNVO zulässig sind. Die Ausweisung eines Sondergebiets ist auch für ein **Erwerbsgarten**-, **Intensivbaugebiet** bzw. landwirtschaftliches Aussiedlungsgebiet mit Wirtschaftsstellen für Feldfrucht, Obst- und Weinbauerzeugnisse sowie Besenwirtschaft möglich (vgl. BVerwG, BRS 42 Nr. 55). **Regierungs-** und **Verwaltungszentren** sowie **Kasernenkomplexe** können als Sondergebiet ausgewiesen werden; die Zulässigkeit eines Sondergebiets wurde auch für eine **Großraum-Diskothek** als Vergnügungsstätte am Rande eines Dorfgebietes akzeptiert (*Fickert/Fieseler* BauNVO, § 11 Rdn. 6). Das OVG Koblenz hat die Festsetzung von kombiniertem großflächigen Einzelhandel und sonstigen Gewerbebetrieben mit einer Beschränkung der Summe aller Verkaufsflächen für im einzelne definierte innenstadtrelevante Sortimente auf 5.000 qm im Sondergebiet für zulässig erachtet (OVG Koblenz, BRS 63 Nr. 83).

2. Einkaufzentren, großflächige (Einzel-)Handelsbetriebe

Einkaufzentren, großflächige Einzelhandelbetriebe und vergleichbare großflächige Handelsbetriebe, die möglicherweise Auswirkungen für die städtebauliche Entwicklung und Ordnung (z. B. durch schädliche Umwelteinwirkungen, Verkehrsbelastungen oder Konsequenzen durch Kundenabzug für die Entwicklung zentraler Versorgungsbereiche in der Gemeinde oder in anderen Gemeinden) besitzen, sind auf der Grundlage von § 11 Abs. 3 BauNVO **nur in** geplanten **Kerngebieten** und in **eigens für sie ausgewiesenen Sondergebieten zulässig**. Im Einzelfall kann sich die Zulässigkeit auch in nicht überplanten Innenbereichen ergeben, die hinsichtlich der in der Umgebung vorhandenen Nutzungsart einem Kerngebiet oder einem Sondergebiet gleichzustellen sind.

a) Einkaufszentrum

Unter einem Einkaufszentrum versteht man einen im Regelfall von vornherein einheitlich geplanten, finanzierten, gebauten und verwalteten **Gebäudekomplex mit mehreren Einzelhandelsbetrieben** verschiedener Art und Größe, zumeist verbunden mit verschiedenen Dienstleistungsbetrieben. Unbeachtlich ist, ob es sich um traditionellen Einzelhandel handelt oder um neuere Betriebsformen wie z. B. Factory-Outlet-Center, Rest- und Sonderposten-Center, vorausgesetzt, dass sie die im Begriff des Einkaufszentrums vorausgesetzten Elemente: Einkaufsmöglichkeiten und gewisse Zentrenfunktion aufweisen (BVerwG, BauR 1990, 573).

Keine Einkaufzentren stellen planlos nebeneinanderstehende Nutzungen wie beispielsweise ein **Trödelmarkt oder historisch gewachsene Nutzungsstrukturen** als bloß zufällige Anhäufung verschiedener Einzelhandels- und Dienstleistungsbetriebe dar (*Gelzer/Bracher/Reidt*, Bauplanungsrecht, Rdn. 1811). Hinsichtlich der Größe wird überwiegend die Auffassung vertreten, dass ein Einkaufszentrum deutlich **mehr als 1.500 qm** Geschossfläche aufweisen muss, andernfalls kann von der erforderlichen zentrentypischen Magnetwirkung keine Rede sein (*Gelzer/Bracher/Reidt*, Bauplanungsrecht, Rdn. 1814).

b) Relevante großflächige (Einzel-) Handelsbetriebe
Die Beschränkung dieser Betriebe auf Kern- oder Sondergebiete nach § 11 Abs. 3 S. 1 Nr. 2 BauNVO verlangt zum einen, dass es sich um einen großflächigen Einzelhandel handelt und nach Art, Lage oder Umfang Auswirkungen auf die Verwirklichung der → Raumordnung und Landesplanung oder auf die städtebauliche Entwicklung und Ordnung zu erwarten sind. Gemäß § 11 Abs. 3 S. 3 BauNVO wird vermutet, dass bei einer **Geschossfläche von 1.200 qm** relevante Auswirkungen vorliegen. Nach der neueren Rechtsprechung beginnt die Großflächigkeit dementsprechend bei etwa **800 qm Verkaufsfläche** (OVG Koblenz, BauR 2001, 1062). Verkaufsfläche meint dabei die Flächen, auf der Käufe abgewickelt werden und die für den Kunden zugänglich sind (inklusive Gänge, Treppen in Verkaufsräumen, Standflächen, Kassenzonen). Folglich ist der Versandhandel kein großflächiger Einzelhandel, weil es ihm an der Verkaufsfläche fehlt (*Gelzer/Bracher/Reidt*, Bauplanungsrecht, Rdn. 1820). Zu den großflächigen Einzelhandelsbetrieben gehören aber in der Regel **Verbrauchermärkte, Warenhäuser, Kaufhäuser, Selbstbedienungswarenhäuser, Supermärkte** und auch Fachmärkte wie **Möbelmärkte, Baumärkte, Auto- und Gartencenter, Hobby und Do-it-yourself-Center** und ähnliches **mit mehr als 1.000 qm Verkaufsfläche** (*Stüer*, Handbuch des Bau- und Fachplanungsrechts, Rdn. 335).

3. Nicht zulässige Anlagen und Nutzungen
Es ist unzulässig, Nutzungsarten in einem Sondergebiet zusammenzufassen, die sich von der allgemeinen Zweckbestimmung der übrigen → Baugebiete nicht wesentlich unterscheiden. Dementsprechend ist es beispielsweise nicht zulässig, Atrium- und Gartenhofhäuser oder Bungalows als Sondergebiete festzusetzen; denn es handelt sich nur um Nutzungsformen des Wohnens, die sich von den reinen und allgemeinen Wohngebieten sowie Mischgebieten (§§ 2–4 BauNVO) nicht wesentlich unterscheiden. Deshalb ist auch die Festsetzung von Sondergebieten für bestimmte Berufszweige wie z. B. **Nutzungsabgrenzungen von Büro- und Geschäftsgebäuden nach** den **Branchen** z. B. Banken oder Versicherungen **nicht zulässig**. Eine solche Unterscheidung könnte nämlich auch durch Differenzierungsmöglichkeiten nach § 1 Abs. 4–10 BauNVO in einem Kerngebiet festgesetzt werden. Vor diesem Hintergrund ist eine wesentliche Unterscheidung zum Kerngebiet nicht vorhanden (*Fickert/Fieseler*, BauNVO, § 11 Rdn. 7). Das OVG Münster hat der Normenkontrollklage gegen die bauplanerische Ausweisung eines Sondergebiets „Hauptstadteinrichtungen für Einrichtungen der Nachrichtenmedien, Wohnungen als Ausnahme zulässig" in der ehemaligen Bundeshauptstadt Bonn stattgegeben; denn die Festsetzungen seien nach dem Umzug von Bundestag und Bundesrat von Bonn nach Berlin ihrem objektiven Festsetzungsinhalt nach funktionslos geworden (OVG Münster, BRS 63 Nr. 88).

4. Obergrenze des Maßes der baulichen Nutzung
Die Obergrenzen des Maßes der baulichen Nutzung betragen bei der **Grundflächenzahl (GRZ) 0,8** und bei der **Geschossflächenzahl (GFZ) 2,4**; die → **Baumassenzahl (BMZ)** ist auf **10,0** beschränkt.

5. Besonderheiten
Nach dem Sinn und Zweck der sonstigen Sondergebiete gemäß § 11 BauNVO sollen, losgelöst von den Zulässigkeitskatalogen der typisierten → Baugebiete in §§ 2–9 BauNVO **„maßgeschneiderte", Nutzungsmöglichkeiten geschaffen werden**. Hieraus ergeben sich weitgehende Gestal-

tungsmöglichkeiten. Dies **umfasst** die **Möglichkeit, im** → **Außenbereich auch nichtprivilegierte Vorhaben** im Rahmen der Ausweisung als Sondergebiet wie z. B. landwirtschaftliche Betriebe, Büro- und Verwaltungsgebäude, Gartenhausbetriebe oder einen Schlachthof oder Mineralbrunnenbetrieb oder eine größere Stellplatzfläche im Wege der Sondergebietsausweisung **für zulässig zu erklären** (BVerwG, BauR 1991, 301; UPR 1990, 216; BauR 1989, 701; OVG Saarlouis, BRS 55 Nr. 189).

Hinsichtlich der Frage, was an Störungen in Sondergebieten hinzunehmen ist, sind allgemeine Aussagen nicht möglich; denn die Frage der Schutzwürdigkeit hängt von dem konkreten Sondergebiet und der dort festgesetzten → Art der baulichen Nutzung ab. Lediglich im Hinblick auf die in § 11 Abs. 2 S. 2 BauNVO beispielhaft aufgeführten Sondergebiete finden sich in technischen Regelwerken zum Teil relevante Grenz- und Orientierungswerte, beispielsweise für → Lärm in der 18. BImSchV und TA-Lärm bezüglich Kurgebiete, Krankenhäuser und Pflegeanstalten (*Gelzer/Bracher/Reidt*, Bauplanungsrecht, Rdn. 1795).

Sorgfaltspflicht → Baumschutz; → Golfplatz; → Leistung; → Verkehrssicherungspflicht
Im Rahmen konkreter Vertragsbeziehungen haben die Parteien gegenseitig bestimmte Sorgfaltspflichten zu erfüllen. Gleiches gilt – unabhängig von vertraglichen Sonderbeziehungen – im allgemeinen Rechtsverkehr. Vertragliche Sorgfaltspflichten werden anhand der Natur des Vertrages und unter Berücksichtigung der konkreten Vertragsgestaltung im Einzelfall bestimmt (es handelt sich um Nebenpflichten). Sorgfaltspflichten im allgemeinen Rechtsverkehr bestimmen sich nach der Verkehrsanschauung (z. B. Sorgfaltspflichten im Straßenverkehr gem. den Bestimmungen der StVO). Wenn in einem konkreten Fall vertragliche Sorgfalts- bzw. Nebenpflichten oder aber allgemeine Sorgfaltspflichten des allgemeinen Rechtsverkehrs vorsätzlich oder fahrlässig (§ 276 BGB) verletzt werden und hierdurch der Vertragspartner bzw. Dritte geschädigt werden, so kommen bei Verletzung vertraglicher Sorgfaltspflichten Schadensersatzansprüche aus positiver Vertragsverletzung (§§ 280 ff. BGB n. F.) sowie bei allgemeinen Sorgfaltspflichten Schadenersatzansprüche aus unerlaubter Handlung (§§ 823 ff. BGB) gegen den Schädiger in Betracht.

Vertragliche Neben- und Sorgfaltspflichten in Architekten- und Bauverträgen:
– Beratungspflichten des Architekten (als → Sachwalter der Bauherrn), sofern nicht schon Hauptpflicht (z. B. Beratungspflicht bzgl. der Einschaltung von Sonderfachleuten), z. B. Beratung über ökologische Aspekte,
– Pflicht zur → Auskunft, Aufklärung, Information und Hinweispflicht dem Bauherrn gegenüber, z. B. ggf. Hinweispflicht bzgl. der Höhe des Architektenhonorars,
– Treuepflichten des Architekten (aufgrund der Treuepflicht muss der Architekt z. B. gegenüber dem Bauherrn auch seine eigenen Fehler der → Objektplanung anzeigen),
– Pflicht zur Koordinierung des Bauvorhabens in technischer, wirtschaftlicher und vor allem terminlicher Hinsicht (OLG Köln, BauR 1990, 729),
– Verschwiegenheitspflichten des Architekten hinsichtlich interner Details der Planung sowie hinsichtlich der finanziellen Seite der → Objektplanung,
– Pflichten der → Auftragnehmer zum Schutz und zur Erhaltung der von ihm ausgeführten Leistungen und der ihm für die Ausführung übergebenen Gegenstände bis zur → Abnahme vor Beschädigung und Diebstahl, – § 4 Nr. 5 VOB/B,
– auf Verlangen des → Auftraggeber bestehen weitergehende Schutzpflichten, wie z. B. Schutz der ausgeführten Leistungen und der ihm übergebenen Gegenstände vor Winterschäden und Grundwasser, d. h. Pflicht, Schnee und Eis zu beseitigen, § 4 Nr. 5 S. 2 VOB/B.

Abzugrenzen sind die Sorgfaltspflichten von **allgemeinen** → **Verkehrssicherungspflichten**. Den Verkehrssicherungspflichten ist eigen, dass sie nicht aufgrund einer Sonderverbindung (z. B. Vertrag) entstanden sind und auch keine Pflichten sind, die sich aus dem allgemeinen Rechtsverkehr ergeben. Sie entstehen deshalb, weil jemand eine Gefahrenquelle schafft (z. B. Baustelle). Sie bestehen unabhängig bzw. neben den vertraglichen Schutzpflichten (*Palandt/Thomas*, § 823 BGB Rdn. 58). Im Rahmen von Verkehrssicherungspflichten werden teilweise höhere Anforderungen gestellt, als im Rahmen allgemeiner Sorgfaltspflichten (was aus dem Umstand folgt, dass der Pflichtige eine Gefahrenquelle geschaffen hat). Für den Bauunternehmer besteht in Bezug auf einen Neubau, in dem die Arbeiten noch nicht abgeschlossen sind, nur eine begrenzte Verkehrssicherungspflicht, da der Verkehr nur für auf der → Baustelle tätige Personen eröffnet ist. Bei diesen kann aber davon ausgegangen werden, dass sie mit den Gefahren einer Baustelle vertraut seien. In den Fällen, in denen der → Bauherr etwa im Rahmen eines Richtfestes, Besuchern die Baustelle zeigt, trifft damit die Verkehrssicherungspflicht einzig den Bauherrn, der für Schäden zu haften hat, etwa wenn ein Besucher des Bauherrn in eine zwar nicht abgesicherte, aber erkennbare Öffnung fällt (BGH, Az: VI ZR 291/01).

Soziale Stadt → Stadtumbau

§ 171 e BauGB nimmt das im Jahre 1999 eingeleitete Bund-Länder-Programm „Soziale Stadt", welches Orts- und Stadtteilen, in denen sich soziale, wirtschaftliche und städtebauliche Probleme verschärfen, helfen soll, in das BauGB 2004 auf. Ziel des § 171 e BauGB ist es, die Durchführung des Programms zu stärken, indem ein gesetzlicher Rahmen mit den wesentlichen Durchführungselementen zur Verfügung gestellt wird. Dadurch erhalten die Gemeinden die rechtliche Grundlage für die Durchführung von Maßnahmen der „Sozialen Stadt".

1. Maßnahmen der Sozialen Stadt
Städtebauliche Maßnahmen der Sozialen Stadt sind Maßnahmen zur Stabilisierung und Aufwertung von durch soziale Missstände benachteiligten Stadt- und Ortsteilen, in denen ein besonderer Entwicklungsbedarf besteht (§ 171 e Abs. 2, S. 1 BauGB). Soziale Missstände liegen insbesondere vor, wenn ein Gebiet auf Grund der Zusammensetzung und wirtschaftlichen Situation der darin lebenden und arbeitenden Menschen erheblich benachteiligt ist. Ein besonderer Entwicklungsbedarf besteht nach § 171 e Abs. 2 S. 3 BauGB, wenn es sich um benachteiligte innerstädtische oder innenstadtnah gelegene Gebiete oder verdichtete Wohngebiete handelt, in denen es einer aufeinander abgestimmten Bündelung von investiven und anderen Maßnahmen bedarf.

2. Aufstellung eines Entwicklungskonzeptes
Die Gemeinde kann solche Gebiete, in denen städtebauliche Maßnahmen zur Behebung der Missstände durchgeführt werden sollen, durch Beschluss nach § 171 e Abs. 3 BauGB festlegen, wenn sie hierfür unter Beteiligung der Betroffenen (§ 137 BauGB) und der öffentlichen Aufgabenträger (§ 139 BauGB) ein Entwicklungskonzept aufgestellt hat. Bei der Erstellung und Umsetzung des Entwicklungskonzeptes sollen die Beteiligten in geeigneter Form einbezogen und zur Mitwirkung angeregt werden. Insbesondere ist die Gemeinde gehalten, soweit möglich, die Beteiligten fortlaufend zu beraten und zu unterstützen, wobei sie sich einer Koordinierungsstelle bedienen kann. Darüber hinaus kann die Gemeinde zur Verwirklichung und Förderung der mit dem Entwicklungskonzept verfolgten Ziele sowie zur Übernahme von Kosten, mit den Eigentümern oder sonstigen Maßnahmenträgern städtebauliche Verträge schließen.
Durch § 171 e Abs. 6 BauGB werden die §§ 164 a und 164 b BauGB über die Städtebauförderung und die Bundesfinanzhilfen für entsprechend anwendbar erklärt. Damit wird verdeutlicht, dass insbesondere das Bund-Länder-Programm „Soziale Stadt" auch in den nach § 171 e Abs. 3 BauGB neu festgelegten Gebieten zur Anwendung gelangen kann.

Sozialplan → Sanierung

Wirken sich **Bebauungspläne, städtebauliche Sanierungs-, Entwicklungs- oder Stadtumbaumaßnahmen** voraussichtlich **nachteilig auf die persönlichen Lebensumstände** der in dem Gebiet wohnenden oder arbeitenden Menschen aus, soll die Gemeinde gemäß § 180 Abs. 1 S. 1 BauGB Vorstellungen entwickeln und mit den Betroffenen erörtern, wie nachteilige Auswirkungen möglichst vermieden oder gemildert werden können. Das bedeutet: liegen diese Voraussetzungen vor, **hat** die **Gemeinde** grundsätzlich einen solchen **Sozialplan zu erstellen**. Rechtlich ist er ein Verwaltungsprogramm der Gemeinde und weder Rechtsnorm noch Verwaltungsakt. Die Darstellungen des Sozialplans soll Möglichkeiten und Wege aufzeigen, wie die zu erwartenden Nachteile vermieden oder gemildert werden. Häufig ist entsprechend den Festsetzungen des Sozialplans i. V. m. § 181 Abs. 1 Nr. 4 BauGB vorgesehen, dass einem Mieter oder Pächter, der infolge städtebaulicher Maßnahmen seine Wohnung räumen musste und vorübergehend anderweitig untergebracht wurde und später ein Miet- oder Pachtverhältnis in dem Gebiet wiederbegründet, ein **Härteausgleich für** die **Umzugskosten** gewährt wird. Nach § 186 BauGB **kann die Gemeinde** zur Verwirklichung des Sozialplans auf Antrag eines Mieters oder Pächters im Sanierungs- und → Entwicklungsgebiet sowie bei sonstigen Sanierungsmaßnahmen nach §§ 176–179 BauGB dessen **Miet- oder Pachtverhältnis verlängern** (*Hölscher*, in Wirth: Öffentliches Baurecht, VII. Teil, Rdn. 43 ff; *Meyer*, in: Gronemayer, BauGB-Kom., § 180 Rdn. 8)

Spesen → Nebenkosten

Spielhalle → Vergnügungsstätte

Spielplätze → Sportanlagen

Sport und Spiel sind als Nutzungen im bodenrechtlichen Sinne nahe verwandt. Zu beachten ist hierzu, dass die Rechtsprechung Kinderspielplatzlärm als sozialadäquat und damit als grundsätzlich immer zumutbar ansieht (*Gaentzsch*, Festschrift für Gelzer, S. 31). Vor dem Hintergrund der Sozialadäquanz sind beispielsweise **Kinderspielplätze** sowohl im allgemeinen als auch im **reinen → Wohngebiet zulässig** (BVerwG, IBR 1992, 513). Geräusche, die von privaten Kinderspielplätzen (nicht Bolzplätzen) ausgehen, müssen von den Bewohnern in reinen Wohngebieten vor diesem Hintergrund grundsätzlich auch dann hingenommen werden, wenn solche Spielplätze von Kindern benutzt werden, die nicht auf den betreffenden Grundstücken wohnen (OVG Bremen, UPR 1988, 240).

Sportanlagen → Freizeitanlage; → Golfplatz; → Immissionen; → Nachbarschutz; → Rücksichtnahmegebot

Sportanlagen sind wegen der mit ihnen verbundenen Belastungen für die Umgebung häufig mit Streitigkeiten verbunden. Deshalb spielen sie im → Baurecht sowohl in der Bauleitplanung als auch bei der Erteilung von Baugenehmigungen eine Rolle.

1. Flächennutzungsplan

Im Zusammenhang mit der Planung von Sportanlagen durch Flächennutzungspläne sieht § 5 BauGB 3 Festsetzungsmöglichkeiten vor:
– ausdrücklich in § 5 Abs. 2 Nr. 2 BauGB, wonach **Flächen für Sport- und Spielanlagen** dargestellt werden können;
– in § 5 Abs. 2 Nr. 5 BauGB, der die **Darstellung von Grünflächen**, wie Sportplätze ermöglicht;
– inzident mitenthalten sind Sportanlagen auch in § 5 Abs. 2 Nr. 2 BauGB, wenn dort von der Ausstattung des Gemeindegebiets mit den **der Allgemeinheit dienenden baulichen Anlagen** die Rede ist.

Mit der ausdrücklichen Aufzählung von Sportanlagen in § 5 Abs. 2 Nr. 2 BauGB ist nicht nur die öffentliche Bedeutung des Belanges Sport betont worden, sondern es wurde darüber hinaus klargestellt, dass auch solche Sport- und Spielanlagen dargestellt werden können, die nicht der Allgemeinheit dienen.

Zumindest die für die Gemeinde **wesentlichen Sportanlagen** sind im **Flächennutzungsplan**, der sich bekanntlich über das gesamte Gemeindegebiet erstreckt, konkret zu bezeichnen und darzustellen. **Ohne** eine **solche Darstellung wären** im Rahmen der nach § 6 BauGB erforderlichen Genehmigung des Flächennutzungsplans **Abwägungsfehler bei der Aufstellung** des Flächennutzungsplans **zu vermuten**, weil die planende Gemeinde den so wichtigen Belang des Sports offenbar nicht in die Abwägung nach § 1 Abs. 5 und Abs. 6 BauGB mit einbezogen hat (*Gaentzsch*, Sport im Bauplanungs- und Immissionsschutzrecht, in: Festschrift für Gelzer, S. 29, 33).

2. Bebauungsplan

Sportanlagen können im Rahmen eines Bebauungsplans auf zweierlei Arten festgesetzt werden:

a) Als selbstständige Einheit

– Nach § 9 Abs. 1 Nr. 5 BauGB können Sportanlagen entweder im Rahmen der Festsetzung einer **Fläche für den Gemeinbedarf** oder durch Festsetzung einer **ausdrücklich für solche Anlagen bestimmten Fläche** ausgewiesen werden.

– Nach § 9 Abs. 1 Nr. 15 BauGB können unter anderem Sportplätze als **Bestandteile von öffentlichen** oder **privaten Grünflächen** festgesetzt werden.

Die innerhalb eines Baugebiets festgesetzte Fläche für den Gemeinbedarf kann nach h. M. auch zusätzlich in das sie umgebende → Baugebiet einbezogen werden mit der Folge, dass für sie auch das sonstige Instrumentarium der → Baunutzungsverordnung gilt. Voraussetzung hierfür ist, dass die als Gemeinbedarfsanlage bezeichnete Anlage von ihrem Typ und ihrer Nutzungsart her in dem konkret festgesetzten → Baugebiet allgemein zulässig ist oder ausnahmsweise zugelassen werden kann (*Fickert/Fieseler*, BauNVO-Kom., § 1 Rdn. 39).

b) Im Rahmen der Festsetzung eines Baugebietes

Die **Zulässigkeit von Sportanlagen** lässt sich auch **mit der Festsetzung von bestimmten Baugebieten nach** der **BauNVO erreichen**. Aufgrund von § 1 Abs. 3 S. 2 BauNVO werden die entsprechenden Baugebietsvorschriften der §§ 2–14 BauNVO, wenn nicht ausdrücklich etwas anderes bestimmt ist, Bestandteil des betreffenden Bebauungsplans. Dementsprechend sind Anlagen für sportliche Zwecke in Allgemeinen und Besonderen Wohn-, in Dorf-, Misch-, Kern- und Gewerbegebieten allgemein zulässig, §§ 4 Abs. 2 Nr. 3; 4 a Abs. 2 Nr. 5; 5 Abs. 2 Nr. 7; 6 Abs. 2 Nr. 5; 7 Abs. 2 Nr. 4; 8 Abs. 2 Nr. 4 BauNVO. In Kleinsiedlungs-, reinen Wohn- und Industriegebieten können Sportanlagen ausnahmsweise zugelassen werden, §§ 2 Abs. 3 Nr. 2; 3 Abs. 3 Nr. 2; 9 Abs. 3 Nr. 2 BauNVO. Für Sondergebiete, die der Erholung dienen, kann gemäß § 10 Abs. 2 S. 2 BauNVO festgesetzt werden, dass Anlagen für sportliche Zwecke allgemein oder ausnahmsweise zulässig sind. Schließlich können ganze Sportanlagen wie z. B. → Sondergebiet für den Tennissport als sonstiges Sondergebiet gemäß § 11 Abs. 2 BauNVO ausgewiesen werden (*Gelzer/Birk*, Bauplanungsrecht, Rdn. 162).

c) Bestimmtheitsgebot

Festsetzungen im → Bebauungsplan **müssen hinreichend bestimmt sein**. Nur dadurch kann der → Bebauungsplan seiner Aufgabe gerecht werden und die auftretenden Nutzungskonflikte in einen gerechten Ausgleich bringen. Zudem muss aus den Festsetzungen des Bebauungsplans für den Be-

troffenen klar sein, mit welchen Belastungen er zu rechnen hat (Anstoßwirkung). Dies verlangt, dass regelmäßig in dem → Bebauungsplan selbst erkennbar sein muss, welche → Sportanlagen konkret nach Art, Umfang und Örtlichkeit zulässig sind. Das Bundesverwaltungsgericht hat jedoch im Zusammenhang mit der Festsetzung von Sportplätzen darauf hingewiesen, dass
– der Plangeber nicht alle Probleme, die sich aus der im → Bebauungsplan enthaltenen grundsätzlichen Zulassung bestimmter Nutzungen im Plangebiet im Einzelfall für andere, insbesondere nachbarliche Belange ergeben könnten, schon im Plan selbst bewältigen muss. Vielmehr kann er auch berücksichtigen, dass das in § 15 BauNVO verankerte Gebot der Rücksichtnahme die Lösung von Konflikten im Einzelgenehmigungsverfahren ermöglicht; sowie
– die allgemein gehaltene Festsetzung von Sportplatz ohne nähere Konkretisierung nach Art und Umfang der erlaubten sportlichen Betätigung regelmäßig dahingehend auszulegen ist, dass auf dem Sportplatz nur eine mit der angrenzenden (Wohn-)Nutzung verträgliche Sportausübung zulässig ist. Dementsprechend wurde die Festsetzung einer Gemeinbedarfsfläche mit der Beschreibung als Schule und Anlagen für soziale und sportliche Zwecke ebenso wie die Festsetzung einer Grünfläche mit dem Zusatz Sportplatz für im Einzelfall noch ausreichend bestimmt gehalten (BVerwG, NJW 1989, 1291 ff; NVwZ 1989, 659).

3. Abwägung
Bei der Aufstellung von Bauleitplänen (Flächennutzungs- und Bebauungsplänen) muss eine sachgerechte Abwägung erfolgen. Dabei sind insbesondere die in § 1 Abs. 5 und 6 BauGB beschriebenen Leitsätze zu berücksichtigen. Von diesen Leitsätzen sprechen **gegen die Zulassung von Sportanlagen**, die Notwendigkeit,
– den allgemeinen Anforderungen an gesunde Wohn- und Arbeitsverhältnisse;
– den Wohnbedürfnissen der Bevölkerung,
– den Bedürfnissen der alten Menschen und Behinderten sowie
– den Belangen des Umweltschutzes, des Naturschutzes und der Landschaftspflege
gemäß § 1 Abs. 6 Nr. 1, 2, 3 und 7 BauGB Rechnung zu tragen.
Wohingegen **für** die **Zulassung von Sportanlagen** sprechen,
– die Belange von Sport, Freizeit und Erholung und die Bedürfnisse der jungen Menschen gemäß § 1 Abs. 6 Nr. 3 BauGB.
Die Rechtsprechung löst diesen Zielkonflikt dadurch, dass sie untersucht, ob anhand der konkreten Umstände des Einzelfalls die von der konkreten Planung betroffenen öffentlichen und privaten Belange gegeneinander und untereinander gerecht abgewogen wurden (BVerwGE 34, 301 ff.). Im Rahmen einer ordnungsgemäßen Abwägung hat die planende Gemeinde das Abwägungsmaterial umfassend zusammenzutragen und dann abzuwägen. Dies bedeutet für Sportanlagen regelmäßig, dass die **Gemeinde** sich zunächst **anhand** eines **Lärmgutachtens** einen **Überblick über** die **Art und** den **Umfang der von den Sportanlagen zu erwartenden Lärmbeeinträchtigung verschaffen muss**. Zu dieser Lärmbeeinträchtigung gehört nicht nur der unmittelbare → Lärm durch die Sporttreibenden, sondern auch die Geräusche durch technische Einrichtungen und Geräte, durch Zuschauer und Nutzer sowie Geräusche, die von Parkplätzen auf dem Anlagegelände ausgehen (Birk, NVwZ 1985, 690). Die Abwägungsentscheidung selbst muss grundsätzlich die Fragen der Zulässigkeit eines Nebeneinanders benachbarter Nutzungen durch den → Bebauungsplan lösen; die **Gemeinde darf diese Frage nur** dann **offen lassen, wenn** und soweit **sicher ist, dass** eine **sachgerechte Lösung der Nutzungskonflikte** im anschließenden **Baugenehmigungsverfahren gefunden werden kann**. Die zur grundsätzlichen Abschirmung von sonst unzumutbaren Belästigungen durch die Sportausübung erforderlichen Schutzmaßnahmen wie Lärmschutzwälle, Pflanzstreifen oder freizuhaltende Geländestreifen müssen bereits durch den Plan vorgegeben werden. Auch die

Festsetzung von flächenbezogenen Schalleistungspegel oder sonstigen Gliederungsmaßnahmen nach § 1 Abs. 4 BauNVO kommen in Betracht (BVerwG, NVwZ 1991, 842 ff.). Nicht im Bebauungsplanverfahren kann die Nutzungsdauer der Sportanlage festgesetzt werden; dies ist nur im Baugenehmigungsverfahren möglich (VGH Mannheim, UPR 1991, 394).

4. Einzelgenehmigungsverfahren

Sportanlagen sind nach den Bauordnungen der Länder in der Regel als **bauliche Anlagen** definiert (vgl. § 2 Abs. 1 Nr. 3 HBO; § 2 Abs. 1 Nr. 3 BauOLSA) und **bedürfen** der Erteilung einer **Baugenehmigung**. Die Bauordnungen stellen allenfalls das Anbringen der baulichen Anlagen (z. B. Klettergerüste und Tore für Ballspiele gemäß § 54 HBO i. V. m. Nr. 9.2. der Anlage 2 zur HBO) von der Baugenehmigungspflicht frei, während die Gesamtanlage selbst, also die Nutzung der Fläche als Spiel-, Bolz- oder Abenteuerspielplatz grundsätzlich immer eine → Baugenehmigung erfordert (VG Frankfurt a. M., Urt. v. 4. 4. 2001, Az.: 8 G 704/01 – 714/01). Dabei geht es meistens um den Konflikt zwischen angrenzender (Wohn-) Nutzung und den Beeinträchtigungen durch den Sportplatz.

a) Bauplanungsrechtliche Zulässigkeit

Im Rahmen der Beurteilung eines Nutzungskonflikts zwischen verschiedenen Nutzungen stellt sich die **Frage**, ob sich das geplante Vorhaben nach Art und Umfang in den nach der → Baunutzungsverordnung definierten **Gebietscharakter einfügt** oder ob es den Rahmen des **Gebietscharakters sprengt**. Beispielsweise sind in einem allgemeinen → Wohngebiet nach § 4 Abs. 2 Nr. 3 BauNVO nicht sämtliche Arten an Sportanlagen zulässig. Ein größeres Kegelzentrum mit 12 Bahnen und einer → Gaststätte würde im Hinblick auf den zu erwartenden erheblichen Besucherverkehr den Gebietscharakter des allgemeinen Wohngebietes gefährden und wäre deshalb unzulässig (BVerwG, BauR 1991, 69). Ebenso lässt ein → Bebauungsplan, der eine öffentliche Grünfläche mit Bolzplatz und → Kinderspielplatz festsetzt und dabei hinweist, dass auf die Belange der Anwohner Rücksicht zu nehmen ist, nur ein wohngebietsverträgliches Spielen zu. Nicht zulässig ist es deshalb, einen 600 qm überdachten versiegelten Bolzplatz ohne entsprechende (Lärm-) Schutzvorkehrungen zugunsten der Anwohner einzurichten (VG Frankfurt a. M., Urt. v. 4. 4. 2001, Az.: 8 G 704/01 – 714/01).

b) Zumutbarkeitsbewertung im Einzelfall

Die **Frage, was** im Einzelfall **an Störungen durch Sportanlagen** in der Nachbarschaft **hinzunehmen ist**, richtet sich nach § 15 Abs. 1 S. 2 BauNVO. Danach sind an sich zulässige Anlagen wie Sportanlagen im Einzelfall unzulässig, wenn von ihnen unzumutbare, d. h. rücksichtslose Belästigungen oder Störungen ausgehen können. Die Zumutbarkeit ist anhand der technischen Regelungswerke der 18. BImSchV (SportanlagenlärmschutzVO), die für die Beurteilung der auf Sportanlagen zurückzuführenden Geräusche im Rahmen von behördlichen Genehmigungsverfahren außerhalb des BImSchG konzipiert ist sowie ansonsten nach der VDI-Richtlinie 3724 zu beurteilen (VGH Mannheim, IBR 1992, 377). Nach der Rechtsprechung konkretisiert die **Sportanlagen-Lärmschutzverordnung** verbindlich die Lärmgrenzwerte, deren Einhaltung der Nachbar gegenüber Sportanlagen beanspruchen kann, und das Verfahren zu ihrer Berechnung. Dementsprechend wird der Nachbar einer Sportanlage durch deren baurechtliche Genehmigung in dem ihn schützenden → Rücksichtnahmegebot verletzt, wenn bei deren Nutzung Lärmimmissionen an seinem Grundstück zu erwarten sind, die die zulässigen Lärmrichtwerte der Sportanlagen-Lärmschutzverordnung überschreiten (OVG Münster, UPR 1994, 31; UPR 1994, 75). Diese Werte wird man auch für die Beurteilung dessen heranzuziehen haben, was zivilrechtlich die Nachbarn untereinander nach

§§ 906, 1004 BGB als noch unwesentliche Beeinträchtigung hinzunehmen oder als wesentliche Beeinträchtigung abwehren können (*Gaentzsch*, Festschrift für Gelzer, S. 41; *Stühler,* BauR 2004, 614, 627). Im Einzelfall kann dem Nachbarn auch ein Überschreiten der Lärmgrenzwerte unter dem Gesichtspunkt der bereits vorhandenen Vorbelastung zugemutet werden. So scheidet ein aus Grundrechten abgeleiteter Anspruch auf Lärmsanierung dann aus, wenn der Eigentümer des betreffenden Grundstücks sehenden Auges in bereits die enteignungsrechtliche Zumutbarkeitsschwelle überschreitenden → Lärm hineinbaut (VGH München, IBR 1997, 32).

Städtebauarchitekt   → Stadtplaner

Städtebauförderungsgesetz   → Baugesetzbuch; → Sanierung

Städtebauliche Entwicklungsmaßnahmen   → Entwicklungsgebiet

Städtebauliche Leistungen   → Bebauungsplan; → Flächennutzungsplan; → Interpolation; → Public Private Partnership

Die → HOAI beschreibt in den §§ 35 ff. zum Zwecke der Berechnung von Honoraransprüchen von Städtebauarchitekten die typischen städtebaulichen Leistungen von Architekten. Im Vordergrund stehen hierbei die Leistungen für die Bauleitplanung (vgl. den ersten Teil des Baugesetzbuches). Im Rahmen der Bauleitplanung wirken Städtebauarchitekten bei der Erstellung des vorbereitenden Flächennutzungsplanes sowie im Verfahren des verbindlichen Bebauungsplanes mit.

Für die Erstellung des Flächennutzungsplanes geltend die allgemeinen Vorschriften der §§ 1–4 des Baugesetzbuches sowie die besonderen Bestimmungen für den → Flächennutzungsplan der §§ 5–7 des Baugesetzbuches. Das Baugesetzbuch regelt nur das förmliche Verfahren zur Aufstellung von Flächennutzungsplänen, nicht jedoch die schöpferische Entwurfstätigkeit. Dies (Darstellung der unterschiedlichen Nutzungsarten der einzelnen Flächen für bauliche Nutzung, Versorgung mit Gütern und Dienstleistungen des öffentlichen und privaten Bereiches, für Gemeinbedarf wie Schulen, Kirchen für soziale, gesundheitliche und kulturelle Zwecke, Verkehr, Versorgung, Grünflächen, Land-, Fort- und Wasserwirtschaft, Flächen für Nutzungsbeschränkungen und zum Schutz gegen schädliche Umwelteinwirkungen) fällt in den Aufgabenbereich des Architekten. Der Flächennutzungsplan kommt durch Beschluss der Gemeinde zustande und wird mit Genehmigung durch die höhere Verwaltungsbehörde wirksam.

Der → Bebauungsplan ist ebenfalls Teil der Bauleitplanung. Für ihn gelten ebenfalls die allgemeinen Vorschriften der §§ 1–4 des Baugesetzbuches und zudem die besonderen Bestimmungen der §§ 8–13 Baugesetzbuch. Der Bebauungsplan legt rechtlich verbindlich die städtebauliche Ordnung fest. Er bestimmt z. B., welche Flächen Baulandqualität besitzen, bei welchen Flächen es sich um Verkehrsflächen und Versorgungsflächen handelt. Ausnahmen und Befreiungen von diesen Festsetzungen ist nur in den Grenzen des § 21 Baugesetzbuch möglich. Der Bebauungsplan kommt ebenfalls durch Beschluss der Gemeinde (Satzungsbeschluss) zustande und wird ebenfalls mit der Genehmigung durch die höhere Verwaltungsbehörde wirksam.

Der Städtebauarchitekt kann im Rahmen der städtebaulichen Planung allein den gestaltenden Teil (schöpferische Entwurfstätigkeit) übernehmen, nicht Aufgaben, die das förmliche Verfahren betreffen, da nicht er, sondern die Gemeinde die → Planungshoheit besitzt.

Sonstige städtebauliche Leistungen (§ 42 HOAI) sind solche, die nicht Teil der Bauleitplanung im Sinne des § 1 Abs. 2 Baugesetzbuches sind. Sie hängen mit diesen aber (teilweise notwendigerweise) zusammen. Im einzelnen zählen hierzu:

– die Mitwirkung bei der Ergänzung von Grundlagenmaterial,

- informelle Planungen,
- mitwirken bei der Durchführung des genehmigten Bebauungsplanes, soweit nicht von § 41 HOAI erfasst,
- Sonderleistungen,
- Untersuchungen und Planungen bezogen auf das besondere Städtebaurecht,
- Satzungsentwürfe.

Die → Honorarberechnung vollzieht sich beim Flächennutzungs- und Bebauungsplan verschieden.

Honorarberechnung bei Flächennutzungsplänen:
1. Zur Bestimmung der → Grundleistungen muss zuerst bestimmt werden, um welche Flächen es sich gem. § 38 Abs. 3 Nr. 1–4, § 36 a handelt. Je nach Einordnung werden dann die Verrechnungseinheiten (VE) ermittelt.
2. Ausgehend von den Verrechnungseinheiten werden nun auf den Honorartafeln zu § 38 Abs. 1 die Von-bis-Sätze abgelesen und zusammenaddiert.
3. Letztlich ist eine Bewertung der Leistungen (nach vom Hundert Sätzen) gem. § 37 für Flächennutzungspläne vorzunehmen, das Ergebnis ist das Vertragshonorar.

Honorarberechnung bei Bebauungsplänen:
1. Zunächst ist die Honorarzone (ggf. durch Bewertungspunktesystem) festzulegen, §§ 39 a, 36 a HOAI.
2. Dann ist die Größe des Planbereichs (gem. Aufstellungsbeschluss) zu berechnen – § 41 Abs. 2 HOAI.
3. Nun ist der → Honorarsatz im Rahmen der Von-bis-Sätze festzulegen, § 41 Abs. 1 HOAI.
4. Letztlich ist eine Bewertung der Leistungen nach den vom-Hundert-Sätzen des § 40 Abs. 1 HOAI vorzunehmen (Leistungsbild).

Zur Berechnung der zulässigen Mindest- und Höchstsätze für die Zwischenstufen der in den Honorartafeln angegebenen anrechenbaren Kosten, Werte und Verrechnungseinheiten (VE) mittels linearer → Interpolation vgl. § 5 a HOAI.

Städtebauliche Verträge → Erschließung; → Folgekostenverträge; → Geschäftsgrundlage; → Vorhabenbezogener Bebauungsplan

Grundsätzlich sind **städtebauliche Verträge aller Art im Baurecht möglich und zulässig**. Sie sind in der Regel öffentlich-rechtliche Verträge; allenfalls ausnahmsweise in Kombination mit anderen privatrechtlichen Abreden (insbesondere Grundstücksveräußerungen) können sie als privatrechtliche Verträge einzustufen sein (BVerwG, DVBl. 1993, 654). Da auch für öffentlich-rechtliche Verträge, soweit die vorrangigen Regelungen des BauGB in §§ 11, 12 und 124 BauGB sowie die §§ 54 VwVfG nichts anderes bestimmen, über § 62 VwVfG das BGB gilt, machen sich die Unterschiede zwischen öffentlich- und privatrechtlichem Vertrag meist nicht bemerkbar. Die Unterscheidung wird allerdings dann relevant, wenn es um die Anwendung der Vorschriften der allgemeinen Geschäftsbedingungen (§§ 305–310 BGB n. F., ehemals AGBG) geht, die von den Zivilgerichten für die zivilrechtlichen Vertragsgestaltungen im Städtebaurecht angewandt werden, während von den Verwaltungsgerichten deren Anwendung bei öffentlich-rechtlichen Verträgen verneint wird (OLG Hamm, NJW 1996, 2104; OLG München, NVwZ 1999, 1025; OVG Münster, NJW 1989, 1879).

1. Einordnung der städtebaulichen Verträge

Auch wenn es keine abschließende Aufzählung der möglichen städtebaulichen Verträge gibt, lassen sich diese auf der Grundlage der im BauGB aufgezählten Typen jedoch in drei Kategorien einteilen:
- **Durchführungsvertrag zur Schaffung der städtebaulichen Basis für ein Bauvorhaben** im Interesse des Vorhabenträgers nach § 12 BauGB;

- **Flankierende Verträge**, die die Verwirklichung der gemeindlichen Planungsziele unterstützen nach § 11 BauGB;
- **Sonstige städtebauliche Verträge** wie beispielsweise Erschließungsverträge nach § 124 BauGB sowie über die Durchführung von Entwicklungs- und Sanierungsmaßnahmen nach §§ 146 Abs. 3, 157 und 167 BauGB.

2. Allgemeine Rechtmäßigkeitsvoraussetzungen

Die allgemeinen Rechtmäßigkeitsvoraussetzungen für städtebauliche Verträge sind in §§ 11 Abs. 2 und 3 BauGB geregelt.

a) Form

Nach § 11 Abs. 3 BauGB bedarf ein städtebaulicher Vertrag, um wirksam zu sein, der **Schriftform**, soweit nicht durch Rechtsvorschrift etwas anderes vorgeschrieben ist. Ist demnach ein Grundstückskaufvertrag mit involviert, ist wegen des in § 311 b BGB verlangten Erfordernisses der **notariellen Beurkundung** eine solche erforderlich.

b) Gemeindliche Planungshoheit

Gemäß § 2 Abs. 3 BauGB darf **durch städtebauliche Verträge keine Verpflichtung für die Gemeinde zum Erlass von Planungsrecht** begründet werden. Der Erlass von Bebauungsplänen etc. muss immer das Ergebnis eines gemeindlichen Abwägungsprozesses sein. Es darf demnach durch städtebaulichen Vertrag kein so hoher vertraglicher Druck (etwa finanzieller Art durch vereinbarte hohe Vertragsstrafen etc.) gegenüber der Gemeinde aufgebaut werden, dass praktisch nur eine Planungsentscheidung zugunsten des Vertragspartners möglich ist. Ungeachtet dessen ist ein abgeschlossener **städtebaulicher Vertrag in der Abwägung** bei der Aufstellung **eines Bebauungsplans** zu berücksichtigen. Das bedeutet, dass die Gemeinde beispielsweise in die Abwägung einzustellen hat, wenn sie im Rahmen des Abschlusses eines städtebaulichen Vertrages den im Vertrag beschriebenen Planungsabsichten des Investors zugestimmt hat oder wenn der Investor wie vertraglich vereinbart im Vorfeld der Aufstellung des Bebauungsplans Aufwendungen zugunsten der Gemeinde erbracht hat (BVerwG, NVwZ 1996, 888).

c) Angemessenheit

§ 11 Abs. 2 S. 1 BauGB verlangt, dass **die Leistungen des städtebaulichen Vertrages** den Umständen nach **angemessen** sind. Bei wertender Betrachtung des Einzelfalls muss die → Leistung der Gemeinde mit der dem Investor ermöglichten Vorhabensdurchführung oder diesem sonst gewährten Planungsvorteil in einem wirtschaftlich vertretbaren Verhältnis stehen. Das bedeutet, dass die Gemeinde als Trägerin der → Planungshoheit, sich nicht die Schaffung von Planungsrechten missbräuchlich, weil überteuert, abkaufen lassen darf (*Wirth/Gronemeyer/Klindt*, Öffentliches Baurecht, 5. Teil, Rdn. 21).

d) Koppelungsverbot

Das Gebot der Angemessenheit wird durch das Koppelungsverbot nach § 11 Abs. 2 S. 2 BauGB ergänzt. Danach ist die **Vereinbarung** einer **vom Vertragspartner zu erbringenden Gegenleistung unzulässig, wenn** er auch ohne sie etwa bei der Innenbereichsbebauung nach § 34 BauGB einen **Anspruch auf die Gegenleistung** hätte. Hoheitliche Leistungen der Gemeinde dürfen vor diesem Hintergrund nur dann mit wirtschaftlichen Gegenleistungen des Vertragspartners verknüpft werden, wenn auf die Leistung kein Anspruch besteht und → **Leistung und Gegenleistung in einem sachlichen Zusammenhang zueinander** stehen. Im Hinblick auf das Koppelungsverbot kann die Gemeinde in zulässiger Art und Weise in der Regel das Aufstellen eines neuen Bebauungsplans davon abhängig machen, dass sie zuvor im Wege des Abschlusses eines Kaufvertrages Eigentümerin zumindest der für die → Erschließung benötigten Flächen geworden ist.

3. Vorbereitung und Durchführung städtebaulicher Maßnahmen
Gemäß § 11 Abs. 1 Nr. 1 BauGB kann die Gemeinde die **Vorbereitung und Durchführung von städtebaulichen Maßnahmen auf einen Dritten** auf dessen Kosten übertragen (sog. **Maßnahmenverträge**). Das Gesetz selbst nennt als Beispiele die privatrechtliche Neuordnung der Grundstücksverhältnisse anstelle einer → Umlegung zwecks Ausräumung ungünstiger Eigentumsverhältnisse, die Sanierung von → Altlasten oder den Abriss alter Gebäude zur Freilegung von Grundstücken als sonstige vorbereitende Maßnahmen. Als die Bauleitplanung unterstützende Verträge kommen in diesem Zusammenhang nicht nur die Erarbeitung von Entwürfen für den → Bebauungsplan, sondern beispielsweise auch die Beauftragung zur Erstellung von Marktanalysen, Umwelt- und Verkehrsgutachten etc. in Betracht (*Wirth/Gronemeyer/Klindt*, Öffentliches Baurecht, 5. Teil, Rdn. 58). Hinsichtlich der Kosten verlangt § 11 Abs. 1 Nr. 1 BauGB keine vollständige Kostenübernahme durch den Dritten, sondern lässt eine gemeindliche Eigenbeteiligung zu. Die vollständige Kostentragung durch die Gemeinde lässt jedoch regelmäßig den öffentlich-rechtlichen Charakter des Vertrages entfallen, so dass sich die Verträge dann nur noch als privatrechtliche Werk- oder Dienstverträge darstellen (*Wirth/Gronemeyer/Klindt*, Öffentliches Baurecht, 5. Teil, Rdn. 56).

4. Förderung und Sicherung der bauleitplanerischen Zwecke
§ 11 Abs. 1 Nr. 2 BauGB beschreibt die Zulässigkeit von städtebaulichen Verträgen, die die **von der Gemeinde bei der Durchführung des Bauleitplanverfahrens** oder sonstigen städtebaulichen Satzungsverfahrens **angestrebten Ziele fördern und sichern** (sog. **planbegleitende Verträge**). Da derartige Verträge die Planung begleiten, setzt dies voraus, dass sie vor der Planaufstellung geschlossen werden. Das Gesetz zählt hierzu beispielsweise Vereinbarungen mit dem Ziel auf, die Grundstücke binnen angemessener Frist einer den Festsetzungen des Bebauungsplans entsprechenden Nutzung zuzuführen. Zu dieser Kategorie gehören auch Vereinbarungen über Maßnahmen zum Ausgleich für durch den Bauleitplan ermöglichte Eingriffe in Natur und Landschaft; diese stellen eine nach § 135 a Abs. 2 S. 1 BauGB erlaubte anderweitige Sicherung der Durchführung naturschutzrechtlicher Ausgleichsmaßnahmen dar. Ferner gehören hierzu mit Hinblick auf Festsetzungen nach § 9 Abs. 1 Nr. 7 und 8 BauGB Vereinbarungen darüber, den Wohnbedarf von Bevölkerungsgruppen mit besonderen Wohnraumversorgungsproblemen (z. B. Aussiedler, kinderreiche Familien, Behinderte) zu decken oder dem Wohnbedarf der ortsansässigen Bevölkerung zu dienen (sog. **Einheimischenmodelle**).

5. Kostenübernahme für städtebauliche Maßnahmen
Gemäß § 11 Abs. 1 Nr. 3 BauGB kann im Rahmen einer Vereinbarung verlangt werden, dass **der Vertragspartner die Kosten der Gemeinde für städtebauliche Maßnahmen übernimmt** (sog. **Folgekostenverträge**). Solche Kosten sind gemeindliche Aufwendungen für städtebauliche Planungen, andere städtebauliche Maßnahmen sowie Anlagen und Einrichtungen, die der Allgemeinheit dienen. Auch die Bereitstellung von Grundstücken für Erschließungsanlagen durch den Vorhabenträger kann als Folgelastenvertrag vereinbart werden. Als Voraussetzung für die Zulässigkeit eines solchen Folgekosten-/-lastenvertrag verlangt § 11 Abs. 1 Nr. 3 BauGB, dass die gemeindlichen Aufwendungen Voraussetzung oder Folge des geplanten Vorhabens sind (**notwendiger direkter Verursachungszusammenhang**). Deshalb darf die Gemeinde dem Vertragspartner nur solche Kosten aufbürden, die ihr zusätzlich und gerade durch dessen geplantes Vorhaben entstehen. Plant

ein Investor etwa die Errichtung eines Wohnbaukomplexes und entsteht dadurch Bedarf für einen neuen Kindergarten oder eine Schule, so kann der Investor zur Finanzierung dieser öffentlichen Einrichtung herangezogen werden. Ein großes Gewerbeobjekt, das den gemeindlichen Feuerschutzbedarf erhöht, kann die Übernahme der Kosten für ein neues Feuerwehrauto rechtfertigen. Bei einer überdimensionierten zukunftsorientierten Anlage dürfen von dem Investor nur insoweit Kosten verlangt werden, soweit sein Objekt der öffentlichen Anlagen und Einrichtungen konkret städtebaulich bedarf (*Bunzel*, Städtebauliche Verträge, S. 116 ff.). Soweit Anlagen einen überörtlichen Schwerpunkt, etwa allgemein infrastruktureller Art besitzen, wie bei einer Mehrzweck-Sporthalle oder einem Busbahnhof, sind diese durch das konkrete Vorhaben nicht veranlasst und die dadurch entstehenden Kosten können nicht verlangt werden (*Wirth/Gronemeyer/Klindt*, Öffentliches Baurecht, 5. Teil, Rdn. 73). Kosten, die die Gemeinde als laufende Verwaltungskosten sowieso hat, sind ebenfalls nicht durch das konkrete Bauvorhaben verursacht und können vertraglich nicht auf den Investor abgewälzt werden. Schließlich ist eine **Bodenwert- oder → Plangewinnabschöpfung nicht zulässig**; denn auch hierbei handelt es sich nicht um gemeindliche Kosten, die durch das konkrete Bauvorhaben kausal entstanden sind (*Erbguth/Wagner*, Bauplanungsrecht, E Rdn. 273).

6. Erneuerbare Energien
§ 11 Abs. 1 Nr. 4 BauGB stellt heraus, dass in städtebaulichen Verträgen auch Vereinbarungen über die Nutzung von Netzen und Anlagen der Kraft-Wärme-Kopplung für die Wärme-, Kälte- sowie Elektrizitätsversorgung von Gebäuden (z. B. Nutzung von Solarenergie) getroffen werden können. Voraussetzung für eine solche Vereinbarung ist, dass sie den mit städtebaulichen Planungen, z. B. Baugebietsausweisungen im Bebauungsplan, verfolgten Zielen und Zwecken entspricht (städtebaulicher Zusammenhang; Gesetzesbegründung BR-Drs. 756/03, S. 138).

Stadtplaner → Städtebauliche Leistungen
Als Stadtplaner bezeichnet man einen Architekten, der mit der gestaltenden, ökologischen, technischen, wirtschaftlichen und sozialen Orts- und Regionalplanung, mit der Ausarbeitung städtebaulicher Pläne und der Mitwirkung an der Landesplanung und der → Raumordnung befasst ist. Es ist ein besonderes Berufsbild des Architekten und wird in zahlreichen neueren Architektengesetzen besonders definiert. Die Aufgabengebiete der Stadtplaner sind mittlerweile sehr spezifisch, sie umfassen insbesondere das gesamte Leistungsspektrum der §§ 35–42 HOAI.

Stadtumbau → Soziale Stadt; → Sanierungssatzung; → Entwicklungssatzung; → Sozialplan
Mit der Einführung der Regelungen zum Stadtumbau (§§ 171a–171d BauGB) in das BauGB 2004 hat sich der Gesetzgeber einer neuen städtebaulichen Aufgabe zugewandt, nämlich der besonderen in Zukunft zunehmenden Bedeutung von Stadtumbaumaßnahmen in Reaktion auf Strukturveränderungen vor allem in der Bevölkerungsentwicklung und Wirtschaft und der damit einhergehenden Auswirkungen auf die städtebauliche Entwicklung. Zwar steht den Gemeinden hierzu neben den allgemeinen Instrumenten des Städtebaurechtes, wie der Bauleitplanung und ihrer Sicherung, insbesondere im besonderen Städtebaurecht, vor allem mit den städtebaulichen Sanierungs- und Entwicklungsmaßnahmen, ein umfangreiches Instrumentarium zur Verfügung. Oftmals bedarf es des Einsatzes dieser Instrumente jedoch nicht oder nicht in vollem Umfang.

1. Anwendungsbereich der §§ 171a-171d BauGB
Die neuen Regelungen sollen den Gemeinden die rechtliche Grundlage für die Durchführung von Stadtumbaumaßnahmen auch in solchen Gebieten geben, in denen es des Einsatzes der bisherigen städtebaulichen Instrumente nicht oder nicht flächendeckend bedarf und der Stadtumbau besonders

auch auf Grund einvernehmlicher Regelungen – vor allem mit den betroffenen Eigentümern – durchgeführt werden kann. Damit wird die Durchführung von Stadtumbaumaßnahmen nach den Vorschriften §§ 171a-171d BauGB sowohl anstelle als auch ergänzend zu den vorhandenen Instrumenten immer dann ermöglicht, wenn die Gemeinde dies für zweckmäßig erachtet und die in § 171a Abs. 2 BauGB genannte Zielsetzung des Funktionsverlustes eines Gebietes, insbesondere durch ein Überangebot bestimmter baulicher Nutzungen, wie z.B. Wohnnutzung, dies erfordert.

§ 171a Abs. 3 BauGB konkretisiert die Zielsetzung des § 171a Abs. 2 BauGB durch die ergänzende Aufzählung von Beispielen für den Einsatz von Stadtumbaumaßnahmen. So kommen Stadtumbaumaßnahmen beispielsweise dann in Betracht, wenn in einem Gebiet bauliche Anlagen vorhanden sind, für deren Nutzung keine Nachfrage mehr besteht, z. B. Plattenbauten, die nicht mehr bewohnt werden, oder ungenutzte Flächen vorhanden sind, die beispielsweise in die angrenzende Wohnbebauung mit einbezogen werden sollen. Dabei ist § 171a Abs. 3 BauGB nicht als Ermächtigungsgrundlage in Rechte Dritter ausgestaltet, sondern als reine Aufgabenbestimmung. Sollen einzelne Maßnahmen – ausnahmsweise – hoheitlich umgesetzt werden, bedarf es hierzu des Rückgriffs auf die jeweils einschlägigen Ermächtigungsgrundlagen des allgemeinen und besonderen Städtebaurechts.

2. Umsetzung von Stadtumbaumaßnahmen
Im Vordergrund der städtebaulichen Praxis beim Stadtumbau sollen vertragliche Lösungen stehen. § 171c BauGB behandelt den Stadtumbauvertrag als besondere Ausprägung der städtebaulichen Verträge i. S. d. § 11 BauGB. Die Vorschrift unterstreicht die Bedeutung des konsensualen Zusammenwirkens zwischen Eigentümern und Gemeinde bei Stadtumbaumaßnahmen. Sie verpflichtet die Gemeinde, soweit erforderlich, die Möglichkeiten städtebaulicher Verträge zu nutzen. Ein Kontrahierungszwang für die Gemeinde ist damit indes nicht verbunden.

3. „Veränderungssperre" im Stadtumbaurecht
Für den Fall, dass die Durchführungsmaßnahmen des Stadtumbaus vor kontraproduktiven Vorgängen zu sichern sind, wird den Gemeinden in § 171d BauGB die Möglichkeit an die Hand gegeben, innerhalb des nach § 171b BauGB festgelegten Stadtumbaugebietes, in Anlehnung an die sog. Umstrukturierungssatzung nach § 172 Abs. 1 Nr. 3 BauGB eine Satzung zu beschließen, durch die eine Genehmigungspflicht für solche Vorhaben und Maßnahmen eingeführt wird, die geeignet sein können, dem städtebaulichen Entwicklungskonzept zu widersprechen. Die Satzungsermächtigung ist insbesondere für den Fall gedacht, dass einvernehmliche Regelungen mit den Beteiligten im Wege von Stadtumbauverträgen nicht in ausreichendem Umfang getroffen werden können und nach Einschätzung der Gemeinde die Gefahr besteht, dass Maßnahmen durchgeführt werden könnten, die die Verwirklichung des Stadtentwicklungskonzepts oder auch eines Sozialplans in Frage stellen. Im Geltungsbereich einer solchen Satzung zur Sicherung von Durchführungsmaßnahmen des Stadtumbaus gibt § 24 Abs. 1 S. 1 Nr. 4 BauGB den Gemeinden zusätzlich ein Vorkaufsrecht zum Kauf von Grundstücken.

Stadtplanung → Städtebauliche Leistungen; → Stadtplaner

Staffelgeschoss → Vollgeschoss

Standortsicherung → Innenbereich; → Baunutzungsverordnung

Statiker → Sonderfachleute; → Tragwerksplanung
Ein Statiker ist ein Sonderfachmann, der die → Tragwerksplanung gem. dem → Leistungsbild des § 64 HOAI tätig wird.

Stellplätze → Folgekostenvertrag; → Geschäftsgrundlage; → Nachbarrecht; → Städtebauliche Verträge

Nach den Landesbauordnungen **dürfen bauliche Anlagen**, bei denen ein Zugangs- oder Abgangsverkehr zu erwarten ist, **nur errichtet werden, wenn Stellplätze oder Garagen** in ausreichender Größe sowie in geeigneter Beschaffenheit **hergestellt werden** (notwendige Stellplätze oder Garagen, vgl. § 37 Abs. 1 S. 1, 2 BauOBW; § 51 Abs. 1 S. 1 BauONRW; § 53 Abs. 1 S. 1 BauOLSA; § 44 Abs. 1 Nr. 1 HBO). Stellplätze sind Flächen, die dem Abstellen von Fahrzeugen außerhalb der öffentlichen Verkehrsflächen dienen, § 2 Abs. 10 HBO; Garagen sind ganz oder teilweise umschlossene Räume zum Abstellen von Kraftfahrzeugen, also auch Carports und Stapelparker, § 2 Abs. 10 S. 2 HBO. **Stellplätze und Garagen** gelten regelmäßig als bauliche Anlagen i. S. d. Landesbauordnungen, vgl. § 2 Abs. 1 Nr. 4 HBO (z. B. ein geschotterter und mit Sand aufgeschütteter Parkplatz, VGH Kassel, NVwZ-RR 1992, 468), **sind** jedoch bis zu einer gewissen Größe i. d. R. von der **Genehmigungspflicht befreit**, vgl. § 54 Abs. 1 HBO i. V. m. Nrn. 1.2. (Garagen bis 30 cbm), 12.4. (Stellplätze bis 30 qm) der Anlage 2 zur HBO, Art. 63 Abs. 1 b, Abs. 2 Nr. 1 BayBO; § 67 Abs. 2 Nr. 3 BbgBO; § 65 Abs. 1 Nr. 24, 67 BauONRW.

1. Bedeutung der Stellplatzpflicht

Die **Stellplatzpflicht besteht im öffentlichen Interesse**, um den Ziel- und Quellverkehr des zu bebauenden Grundstücks aufzunehmen und den Verkehrsraum zu entlasten. Es handelt sich um eine **notwendige Voraussetzung für die Erteilung der Baugenehmigung**. Ist die Herstellung auf dem → Baugrundstück oder auf einem naheliegenden geeigneten Grundstück (+/- 300 m Entfernung) aus rechtlichen oder tatsächlichen Gründen nicht zulässig bzw. möglich und kommt auch eine Stellplatzablöse nicht in Betracht, muss die → Baugenehmigung versagt werden (VGH Kassel, HessVGRspr. 1982, S. 17, 19; *Jäde*, in: Jäde/Dirnberger, BauOLSA-Kom., § 52 Rdn. 94). Die erforderlichen **Stellplätze müssen aufrechterhalten** und dürfen nicht zweckentfremdet **werden**, etwa durch Nutzung als Lagerplatz oder durch Vermietung an Dritte. Allerdings kann z. B. die Vermietung an hausfremde Dritte als → Nutzungsänderung nach der BauONRW (vgl. § 51 Abs. 9 BauONRW) genehmigt werden, wenn die ständigen Benutzer und Besucher der Anlage die Stellplätze nicht voll belegen (OVG Münster, IBR 1994, 435).

2. Zahl der erforderlichen Stellplätze

Die Zahl der erforderlichen Stellplätze wird für das jeweilige Bauvorhaben nach den Umständen des Einzelfalls von der → Bauaufsichtsbehörde festgelegt. Zu beachten sind dabei die Vorgaben nach etwaigen **Stellplatzsatzungen** und die **Richtzahltabellen** der jeweiligen Bundesländer (OVG Münster, BRS 33 Nr. 104; VGH Mannheim, ESVGH 30, 172; BRS 38 Nr. 134; *Allgeier/v. Lutzau*, HBO-Kom., Erl. 50.6). Regelmäßig wird bei Wohngebäuden auf die Zahl der Wohneinheiten abgestellt (z. B. 1 Stellplatz pro Wohneinheit; vgl. § 37 Abs. 1 BauOBW), bei Gaststätten auf die Sitzplätze (z. B. 1 Stellplatz auf 8 Sitzplätze bei → Gaststätte mit örtlicher Bedeutung und 1 Stellplatz auf 6 Sitzplätze bei einer → Gaststätte mit überörtlicher Bedeutung), und bei Gewerbe-, Büro-, und Lagerflächen auf die Nutzfläche im Verhältnis zum erwarteten Arbeitsplatz- und Besucherstrom (z. B. 1 Stellplatz pro 30 qm Nutzfläche Laden oder Büro, 1 Stellplatz pro 80 qm Lagernutzfläche; VGH Mannheim, BRS 44 Nr. 110 = GewArch 1986, 248; *Jäde*, in: Jäde/Dirnberger, BauOLSA-Kom, § 52 Rdn. 44). Je nach den Umständen des Einzelfalls kann sich eine Erhöhung oder Ermäßigung der Stellplatzzahlen ergeben. So kann sich insbesondere im innerstädtischen Raum eine Ermäßigung der erforderlichen Stellplätze daraus ergeben, dass das Bauvorhaben besonders gut an den öffentlichen Personennahverkehr angebunden ist. Bei normalen Wohnungen wird eine Reduzierung kaum in Betracht kommen, weil die Anwohner erfahrungsgemäß auch das Auto bis zu ihrer

Wohnung (etwa als Transportmittel) benutzen und deshalb das öffentliche Nahverkehrsnetz als Entlastung nicht greift. Überdurchschnittlichen Stellplatzbedarf und damit eine Erhöhung des Stellplatzbedarfes erzeugen Einrichtungen mit starker Anziehungskraft wie Einkaufsmärkte oder Ausflugsorte (*Jäde*, in: Jäde/Dirnberger, BauOLSA-Kom., § 52 Rdn. 46).

3. Verzicht auf die Herstellung notwendiger Stellplätze

Die Landesbauordnungen räumen in der Regel die Möglichkeit ein, **bei besonderen Baukomplexen** wie Hochhäusern, Krankenhäusern, Schulen etc. **auf die Herstellung von erforderlichen Stellplätzen oder Garagen** ganz oder teilweise **zu verzichten**, vgl. § 38 Abs. 1 Nr. 12 BauOBW; § 44 Abs. 1 S. 2 Nr. 5 a HBO, § 53 Abs. 3 BauOLSA. Mit einem solchen Verzicht entfällt sowohl die Pflicht zur Herstellung als auch zur Ablöse der Stellplätze. Der Verzicht setzt voraus, dass dem Bedarf an notwendigen Stellplätzen in anderer Weise Rechnung getragen wird. Als Beispiel hierfür wird das sog. **Job-Ticket** genannt. Danach übernimmt der → Bauherr (Sicherung durch Baulast) die Verpflichtung, im Bauvorhaben beschäftigten Arbeitnehmern Fahrkarten für den öffentlichen Nahverkehr zur Verfügung zu stellen und erhält dafür im Gegenzug den Verzicht auf die Stellplatzerbringung mit der Konsequenz der entsprechend geringeren Pflicht zur Herstellung von Stellplätzen (*Allgeier/v. Lutzau*, HBO-Kom., Erl. 50.6).

4. Ablösung von Stellplätzen
a) Besondere Herstellungsschwierigkeiten

Lassen sich notwendige Stellplätze oder Garagen aufgrund von **im Grundstück liegenden Schwierigkeiten** nicht oder nur unter großen Schwierigkeiten herstellen, kann die → Bauaufsichtsbehörde mit Zustimmung der Gemeinde nach pflichtgemäßem Ermessen zulassen, dass ein Ablösebetrag an die Gemeinde gezahlt wird, § 37 Abs. 5 S. 1 BauOBW; § 44 Abs. 1 S. 2 Nr. 8 HBO; § 53 Abs. 7 BauOLSA. **Bei Neubauvorhaben ist dieser Fall kaum denkbar,** weil die Planung so angelegt sein muss, dass auch die erforderlichen Stellplätze eingerichtet werden können. Diese Fallkonstellation kann aber bei **Umbauten und Nutzungsänderungen** in Frage kommen (VGH Kassel, HessVGRspr. 1982, 17; *Jäde/Weinl*, in: Jäde/Dirnberger, BauOLSA-Kom., § 52 Rdn. 126).

b) Städtebauliches Verkehrskonzept

Wenn **Gründe des Verkehrs oder städtebauliche Gründe** es erfordern bzw. rechtfertigen, kann nach den meisten Landesbauordnungen die **Herstellung von Stellplätzen eingeschränkt** werden und **für die reduzierte Zahl der Stellplätze ein Ablösebetrag** verlangt werden, vgl. § 44 Abs. 1 S. 1 Nr. 6 HBO; § 53 Abs. 6 S. 3, Abs. 7 BauOLSA. Es geht dabei um die Fallkonstellationen, in denen die Gemeinde ein **bestimmtes konkretes Verkehrskonzept** verfolgt und die Stellplatzerrichtung der Verwirklichung dieses Konzeptes widersprechen würde. Dabei kann es beispielsweise um die Sicherung von verkehrsberuhigten Bereichen in der Innenstadt oder um die Bewahrung eines sensiblen Ortsbildes von denkmalschützerischem Wert gehen. Hierzu müssen entsprechende gemeindliche verkehrsbezogene Entscheidungen vorhanden sein, die der entsprechenden und erforderlichen Stellplatzeinschränkungssatzung zugrunde liegen. Dies kann auch der → Bebauungsplan mit einer Festsetzung über Fußgängerbereiche nach § 9 Abs. 1 Nr. 11 BauGB oder über die Beschränkung von Stellplätzen in Baugebieten nach § 12 Abs. 6 BauNVO sein (*Allgeier/v. Lutzau*, HBO-Kom., Erl. 50.6; *Jäde/Weinl*, in: Jäde/Dirnberger, BauOLSA-Kom., § 52 Rdn. 120).

c) Ablöseverträge

Zulässig ist auch der **Abschluss von öffentlich-rechtlichen Verträgen zwischen Gemeinde und** → **Bauherr zur Ablösung der Stellplatzpflicht**. Verträge darf die öffentliche Hand allerdings nicht schließen, wenn sie sich Gegenleistungen für Leistungen versprechen lässt, auf die der Vertragspartner sowieso einen Anspruch hätte bzw. wenn Leistung und Gegenleistung nicht im sachlichen Zusammenhang miteinander stehen, §§ 59 Abs. 2 Nr. 4, 56 VwVfG. Verträge sind jedoch u. a. zulässig, wenn die Behörde sonst, wie beispielsweise im Rahmen einer Stellplatzeinschränkungssatzung, bei den abzulösenden Stellplätzen den Ablösebetrag als Nebenbestimmung zur → Baugenehmigung festsetzen würde (vgl. § 56 Abs. 2 VwVfG) oder mangels ausreichenden Nachweises der Stellplätze die → Baugenehmigung versagen müsste (*Jäde/Weinl*, in: Jäde/Dirnberger, BauOLSA-Kom., § 52 Rdn. 152). Im Rahmen eines solchen Vertrages ist es also möglich, dass der → Bauherr oder der Grundstückseigentümer an die Gemeinde einen Ablösebetrag bezahlt und die Gemeinde die Herstellung der erforderlichen Anzahl an Stellplätzen übernimmt. Auf die **Wirksamkeit des Vertrages hat es keinen Einfluss**, **ob im Vertrag festgelegt ist, dass die unter Verwendung des Ablösebetrages von der Gemeinde zu errichtenden Stellplätze** entsprechend der gesetzlichen Erfordernisse **in angemessener Entfernung vom → Baugrundstück liegen müssen** (BVerwG, NJW 1986, 600; BauR 1979, 495; OVG Lüneburg, BauR 1990, 78; OVG Münster, BRS 42 Nr. 132).

d) Höhe des Ablösebetrages
In den Bauordnungen ist regelmäßig vorgesehen, dass **60 % bis 80 % der Herstellungs- und Grundstückskosten** als Ablösebetrag genommen werden dürfen; der Betrag ist in der Satzung festzulegen, vgl. § 44 Abs. 1 S. 2 Nr. 8 HBO; § 53 Abs. 7 BauOLSA. Da der Betrag auch im Interesse der Gemeinde zur Verwirklichung des kommunalen Verkehrskonzeptes verwendet wird, zudem dem Ablösepflichtigen – anders als bei der Herstellung der Stellplätze – kein unmittelbares Nutzungsrecht zusteht, können vor dem Hintergrund des Gleichheitssatzes und der Eigentumsgarantie (Art. 3, 14 GG) nicht die vollen Kosten für die Herstellung der Stellplätze verlangt werden. Die kostenmäßige Obergrenze liegt bei 80 % der Herstellungskosten (*Allgeier/v. Lutzau*, HBO-Kom., Erl. 50.6). Der Ablösebetrag ist beispielsweise in der Stellplatzsatzung der Stadt Frankfurt a. M. in der innerstädtischen Zone mit Euro 10.000,– und in den außerhalb des städtischen Kernbereichs liegenden Zonen mit Euro 5.000,– veranschlagt (vgl. OVG Lüneburg, KStZ 1988, 74).

e) Verwendung des Ablösebetrages
Die Ablösebeträge sind **zweckgebundene Mittel**. Die Gemeinde hat den Ablösebetrag für die Herstellung zusätzlicher öffentlicher Parkeinrichtungen oder zusätzlicher privater Stellplätze zur Entlastung der öffentlichen Verkehrsflächen, zur Unterhaltung bestehender Parkeinrichtungen oder für investive Maßnahmen des öffentlichen Personennahverkehrs inklusive des Fahrradverkehrs zu verwenden (**Verwirklichung des gemeindlichen Verkehrskonzeptes**, z. B. P+R Anlagen), vgl. § 4 Abs. 2 HBO; § 51 Abs. 6 BauONRW; § 53 Abs. 8 BauOLSA. Nicht zulässig wäre beispielsweise, wenn die Gemeinde die Ablösebeträge zur Finanzierung eines Gutachtens einsetzt, mit dem erst ermittelt werden soll, in welchem Umfang Stellplätze benötigt werden, um den ruhenden Verkehr aufzunehmen. Ebenso wenig dürfen die Beiträge für Maßnahmen zur Verkehrsberuhigung oder Investitionen im Zusammenhang mit der Verkehrsführung eingesetzt werden (Allgeier/v. Lutzau, HBO-Kom., 50.7). Der → **Bauherr hat jedoch keinen Anspruch darauf, dass die Mittel zweckgerecht verwendet werden**; die Tätigkeit der Gemeinde unterliegt nur der Staatsaufsicht (*Allgeier/v. Lutzau*, a. a. O.).

f) Rückforderung zuviel bezahlter Ablöse
Oft wird mit dem Hinweis darauf, der **Ablösebetrag** sei **nicht ordnungsgemäß verwendet** worden oder **überhöht**, der geleistete Betrag zurückgefordert oder es werden weitere Zahlungen ver-

weigert. Hierbei geht die Rechtsprechung jedoch zum einen davon aus, dass bei einem Ablösevertrag **gewisse Preisverschiebungen** bei der Kalkulation der Herstellungskosten zu den dann entstandenen tatsächlichen Herstellungskosten in der Natur der Sache liegen und **zu akzeptieren** sind (OVG Lüneburg, BauR 1990, 78). Zum anderen ist aus Sicht des Bauherrn **mit der Genehmigung des Bauvorhabens der Zweck der Stellplatzablöse erreicht** worden. Deshalb ist der vertraglich vereinbarte Ablösebetrag auch dann zu zahlen, wenn die → Baugenehmigung zwar erteilt ist, der → Bauherr aber aus eigenem Entschluss von einer Realisierung des Bauvorhabens absieht (VGH Mannheim, DVBl. 1991, 219). Schließlich ist **die Überwachung der zweckgerechten Verwendung der Mittel Sache der Kommunalaufsicht**. Dementsprechend ist die Gemeinde nicht zur Rückerstattung des Geldbetrages verpflichtet, wenn die Verwendung der Ablösebeträge zur Schaffung öffentlicher Parkeinrichtungen zu keiner Entlastung des ruhenden Verkehrs geführt hat und auch für den unmittelbaren Bereich der baulichen Anlage keinen Vorteil bringen konnte (VGH Kassel, Urt. v. 7. Dezember 1981, IV OE 1/81). Eine **Rückforderung** kommt jedoch nach den Prinzipien des **Wegfalls der Geschäftsgrundlage** dann in Betracht, wenn das Bauvorhaben, für das eine Stellplatzablöse vereinbart bzw. entrichtet wurde, aus rechtlichen Gründen scheitert bzw. die Stellplatzablösevereinbarung aus rechtlichen Gründen nicht zu einer Reduzierung der Stellplatzpflicht führt (etwa weil die → Bauaufsichtsbehörde einen Stellplatzablösevertrag mit der Gemeinde nicht anerkennt; *Jäde/Weindl*, in: Jäde/Dirnberger, BauOLSA-Kom., § 52 Rdn. 155).

5. Form der Stellplatz- und Ablöseregelungen
Die **Entscheidung über die Stellplätze und über die als Surrogat für die Stellplatzpflicht wirkende Ablöse ist eine die** → **Baugenehmigung wesentlich prägende Entscheidung**. Sie muss deshalb bei Erteilung der Baugenehmigung gefallen sein. Häufig ist sie Nebenbestimmung zur Baugenehmigung (BVerwG, BRS 44 Nr. 114). Nach § 44 Abs. 4 S. 4 HBO beispielsweise ist die Entscheidung über den Fortfall der Herstellungspflicht und über die Zahlung des Ablösebetrages eine der Baugenehmigung vorgreifliche Entscheidung; die Baugenehmigung kann insoweit bedingt erteilt werden (*Allgeier/v. Lutzau*, HBO-Kom., 50.8). Als **wesentliches Element der Baugenehmigung** kann die die Stellplatzfrage regelnde Nebenbestimmung **nicht selbstständig angefochten werden**. Der → Bauherr kann also nicht isoliert gegen die Stellplatznebenbestimmung klagen mit dem Ergebnis, dass bei Aufhebung der Nebenbestimmung die → Baugenehmigung mit ungelöster Stellplatzfrage fortbestehen würde, sondern er muss Verpflichtungsklage auf Erteilung der → Baugenehmigung ohne die Nebenbestimmung erheben (*Jäde/Weinl*, in: Jäde/Dirnberger, BauOLSA-Kom., § 52 Rdn. 149).

Stilllegung → Baueinstellung; → Nachbarrechte, -schutz

Stoffgleitklausel, Stoffpreisgleitklausel → Materialgleitklausel; → Festpreisvertrag

Strafrecht
Neben Staats-, Verwaltungs- und Zivilrecht ist das Strafrecht das vierte große Rechtsgebiet. Das Strafrecht dient dem Schutz des Zusammenlebens der Menschen in der Gemeinschaft. Es versucht als letztes Mittel (*ultima ratio*) die soziale Ordnung durch Strafe bei Verstoß zu erhalten (*Jeschek/Weigend*, Lehrbuch des Strafrechts, 5. Auflage 1996, § 1 I 1). In der Baupraxis kommen insbesondere Straftatbestände des Betruges (§ 263 StGB), der Unterschlagung (§ 246 StGB), der Untreue (§ 266 StGB) sowie der Baugefährdung (§ 319 StGB) in Betracht.
Baugefährdung ist ein Straftatbestand, der es unter Strafe stellt, wenn jemand (z. B. Architekt) bei der Planung, Leitung oder Ausführung eines Baus oder des Abbruchs eines Bauwerks gegen die all-

gemeinen anerkannten Regeln der Technik verstößt und dadurch Leib oder Leben eines anderen Menschen gefährdet. Hinsichtlich der Leib- oder Lebensgefahr genügt es gem. § 319 Abs. 3 StGB überdies, wenn diese Gefahr nur fahrlässig verursacht wurde (wenn man die Gefahr nicht vorsätzlich herbeigeführt hat, diese aber erkannte bzw. hätte erkennen können). Bauplanung im Sinne des § 319 StGB umfasst die Erstellung des eigentlichen Bauplanes sowie der erforderlichen statischen Berechnungen (OLG Köln, MDR 1963, 186). Die Baugenehmigungsbehörde sowie ein Prüfingenieur kommen somit nicht als Täter gem. § 319 StGB in Betracht (*Schünemann*, ZfBR 1980, 4, 6). In Betracht kommen der Auftraggeber, sein Architekt sowie der → Statiker (*Schünemann*, a. a. O.).
→ Bauleiter im Sinne des § 319 StGB ist nur, wer technisch und tatsächlich die Errichtung des Bauwerks bestimmt (OLG Hamm, NJW 1969, 2211) – in aller Regel ist dies der AN oder sein Beauftragter (BGH, NJW 1965, 1340). Der örtliche Bauführer und auch der verantwortliche Bauleiter vor Ort sind danach nicht Bauleiter im Sinne des § 319 StGB (BGH, a. a. O.). Bauausführender im Sinne des § 319 StGB ist jeder, der in irgendeiner Weise bei der Herstellung des Baus mitwirkt. Die Mitwirkungshandlung kann bereits in der Einrichtung der → Baustelle bzw. der Errichtung des Baugerüstes bestehen (*Schünemann*, a. a. O.).

Im engen Zusammenhang mit der Baugefährdung stehen darüber hinaus Straftatbestände infolge von Unfällen auf der Baustelle. Hat sich die Gefahr verwirklicht und sind tatsächlich Leib oder Leben von Menschen verletzt worden, so kommt eine Strafbarkeit wegen fahrlässiger Körperverletzung (§ 229 StGB) bzw. fahrlässige Tötung (§ 222 StGB) in Betracht. In diesem Zusammenhang werden entweder der unmittelbar Handelnde oder aber auch schon der Verantwortliche, der es unterlassen hat, Gefahrenquellen zu beseitigen, zur Verantwortung gezogen.

Ein Architekt, der im Rahmen der → Objektüberwachung (→ Leistungsbild des § 15 HOAI) mit der → Rechnungsprüfung beauftragt ist, nimmt in diesem Zusammenhang Vermögensinteressen des Auftraggeber wahr. Deshalb sind Pflichtverletzungen ggf. wegen **Untreue** nach § 266 StGB strafbar (Missbrauch der Vermögensbetreuungspflicht). Bei öffentlichen Auftraggebern ist der beauftragte Architekt strafschärfend als Amtsträger im Sinne von § 11 Abs. 1 Nr. 2 c StGB anzusehen (OLG Frankfurt, NJW 1994, 2242, a. A. BayObLG, NJW 1996, 268).

Der **Betrugstatbestand** kommt vor allem im Zusammenhang mit dem Abschluss von Bauverträgen in Betracht. In neuerer Zeit häufen sich Fälle, in denen Bauherren schon bei Abschluss der Verträge mit den Auftragnehmer davon ausgehen, dass sie einen Teil der Rechnungen (meist der Schlussrechnungen) unter Berufung auf angebliche Mängel nicht leisten werden. Bei solchen Fällen handelt es sich um einen sog. Eingehungsbetrug gem. § 263 StGB (Vortäuschen der Zahlungswilligkeit). Der Nachweis ist allerdings im Einzelfall schwierig.

Erpressung (§ 253 StGB) und Vorteilsnahme (§ 331 StGB) kommen bei kommunalen Amtsträgern in Betracht, wenn sie bei Abschluss städtebaulicher Verträge rechtlich nicht begründbare Forderungen stellen. Ein Bürgermeister, der beispielsweise die Umwidmung eines Gewerbegebietes in ein Wohngebiet davon abhängig macht, dass der Bauträger eine bestimmte Geldleistung an die Gemeinde zahlt, macht sich wegen versuchter Erpressung und Vorteilsnahme strafbar (*Busse*, Bay VBl. 2003, S. 129).

Straße → Bebauungsverbote an Fernstraßen; → Fachplanung; → Immissionen; → Werbeanlagen

Stufenweise Auftragserteilung

Es kommt häufig vor (z. B. in Vertragsmustern öffentlicher Auftraggeber), dass einem Architekten z. B. im Rahmen der → Objektplanung kein (Voll-)Auftrag entsprechend dem gesamten → Leistungsbild des § 15 HOAI erteilt wird. Vielmehr werden zunächst nur einzelne Leistungsphasen in → Auftrag gegeben. Der → Auftraggeber behält sich vor, weitere Leistungen an den Auftragnehmer zu beauftragen (ausführlich: *Schmidt*, Der Fachplanervertrag, S. 82 ff.). Für die Beauftragung von Einzelleistungen des Leistungsbildes Objektplanung gem. § 15 HOAI sieht § 19 HOAI bestimmte Methoden zur → Honorarberechnung vor. Nach § 19 HOAI können hierfür höhere als die in § 15 Abs. 1 HOAI festgesetzten Prozentsätze vereinbart werden. Diese Regelung kann allerdings einzelvertraglich oder durch → Allgemeine Geschäftsbedingungen ausgeschlossen werden.

Stundenlohnvertrag   → Stundenlohnvertrag; → Zeithonorar

Beim Stundenlohnvertrag ist Bemessungsgrundlage für die Vergütung des Auftragnehmers nicht die tatsächlich erbrachte → Leistung in ihrem Wert, sondern der Aufwand an Arbeit in Geld, der für die Erbringung der Bauleistung notwendig ist. Im Vordergrund steht der Lohnaufwand. § 5 Nr. 2 VOB/A beschränkt deshalb die Stundenlohnvereinbarung auf → Bauleistungen geringeren Umfangs, vor allem in Nebenleistungen, soweit diese Arbeiten vorwiegend Lohnkosten verursachen. In der Praxis haben die Stundenlohnverträge vor allem Bedeutung im Rahmen eines Gesamtauftrags, wobei die Hauptbestandteile des Auftrags nach Einheits- oder Pauschalpreisen abzurechnen sind, während Nebenarbeiten mit überwiegenden Lohnkosten die Voraussetzungen einer Stundenlohnvergütung erfüllen. Man nennt dies auch „angehängte Stundenlohnarbeiten".

Stundenlohnarbeiten, in der Baupraxis häufig auch als „Regiearbeiten" bezeichnet, werden nur dann vergütet, wenn sie vor ihrem Beginn als solche ausdrücklich vereinbart worden sind (§ 2 Nr. 10 VOB/B). Allerdings stellt die Anzeigepflicht keine Anspruchsvoraussetzung dar. Ihre Verletzung kann aber zur Schadensersatzansprüchen wegen sogenannter positiver Vertragsverletzung führen. Die Regelung in § 2 Nr. 10 VOB/B trägt der Erfahrung Rechnung, dass der Umfang von Stundenlohnarbeiten sich nachträglich, sowohl für im Vertrag vorgesehene Arbeiten als auch für nachträglich verlangte oder vereinbarte, nur außerordentlich schwer kontrollieren lässt. Ausreichend ist, dass die Vereinbarung von Stundenlohnarbeiten als solche erfolgt, also allgemein vereinbart ist. Die Abrechnungssätze müssen nicht festgelegt sein. Ist eine vorherige ausdrückliche Vereinbarung nicht erfolgt, so entfällt nicht jeder Vergütungsanspruch. Die Arbeiten des Auftragnehmers sind dann grundsätzlich nach Einheitspreisen zu vergüten.

Die Bemessung und Abrechnung der Stundenlohnarbeiten sind in § 15 VOB/B im Einzelnen geregelt.

Stundensatz   → Stundenlohnvertrag; → Zeithonorar

Subunternehmer   → Nachunternehmer

T

TA-Lärm → Immissionen

TA-Luft → Immissionen

Tankstelle → Altlasten; → Nebenanlage

1. Definition
Nach herkömmlicher Definition werden unter Tankstellen ortsfeste und ortsfest genutzte Anlagen verstanden, an denen flüssige, wassergefährdende **Kraftstoffe zur Versorgung von Kraftfahrzeugen abgefüllt werden**. Neben den Zapfsäulen und den Tanks für die Treibstoffabgabe gehören hierzu auch Anlagen für den mit einer Tankstelle üblicherweise verbundenen Kundendienst, z. B. eine **Hebebühne** oder eine **Wagenwaschanlage** sowie ein bei Tankstellen übliches **Warensortiment** (Straßenkarten, Stadtpläne, Tabakwaren, kleinere Mengen an Getränken, Proviant etc.). Tankstellen mit angeschlossenem **größerem Werkstattbereich** und **erheblichen Verkaufseinrichtungen**, werden **vom Begriff der Tankstelle nicht mehr erfasst**. Sie sind entweder den Gewerbebetrieben zuzurechnen oder fallen, wenn sie handwerksmäßig betrieben werden, unter die Kategorie der Handwerksbetriebe (*Upmeier*, in: Hoppenberg, Handbuch des öffentlichen Baurechts, A Rn. 194–196).

2. Genehmigungspflicht
a) Bauordnungsrecht
Tankstellen stellen bauliche Anlagen i. S. d. Bauordnungsrechts dar und **bedürfen** damit grundsätzlich einer → **Baugenehmigung**. Das Erfordernis, eine Baugenehmigung für eine Tankstelle einzuholen, lässt andere Vorschriften, nach denen eine Genehmigung, Erlaubnis oder Bewilligung erforderlich ist, unberührt, vgl. § 87 BayBO, § 75 Abs. 3 S. 3 BauONRW. Hierbei sehen einige Landesbauordnungen wie etwa Art. 87 BayBO vor, dass ein solches eigenständiges Baugenehmigungsverfahren nicht erforderlich ist, wenn Anlagen wie Tankstellen einer gewerberechtlichen Erlaubnis bedürfen.

b) Andere Vorschriften
Tankstellen werden als **überwachungsbedürftige Anlagen i. S. v. § 11 Gerätesicherheitsgesetz** (GSG) eingestuft und unterliegen damit besonderen Anforderungen nach der Verordnung über Anlagen zur Lagerung, Abfüllung und Beförderung brennbarer Flüssigkeiten (VbF). Gemäß § 9 VbF ist die Errichtung, Änderung und der Betrieb solcher Anlagen erlaubnispflichtig. Hierbei müssen insbesondere technische Regeln für brennbare Flüssigkeiten (TRbF 40 und 212), die den jeweiligen Stand der Technik festlegen, eingehalten werden. Darüber hinaus sind Tankstellen **Anlagen zum Umgang mit wassergefährdenden Stoffen i. S. d. § 19 g WGH** und müssen den allgemeinen anerkannten Regeln der Technik entsprechen. Die Anforderungen nach Landesrecht in Verbindung mit den Vorschriften der landesrechtlichen Verordnungen zum Umgang mit wassergefährdenden Stoffen (VAWS) bzw. Tankstellenverordnungen, die es z. B. in Hessen gibt, sind zu berücksichtigen.

3. Bauplanungsrecht
Tankstellen sind als selbstständige Nutzungsarten in den Baugebieten nach §§ 2–9 BauNVO definiert. Als regelmäßig nicht störende Anlagen sind sie allgemein **zulässig** in **Dorfgebieten** nach § 5

Abs. 2 Nr. 9 BauNVO, in **Mischgebieten** nach § 6 Abs. 2 Nr. 7 BauNVO, in **Gewerbegebieten** gemäß § 8 Abs. 2 Nr. 3 BauNVO und in **Industriegebieten** gemäß § 9 Abs. 2 Nr. 2 BauNVO. In **Kerngebieten** sind sie gemäß § 7 Abs. 2 Nr. 5 BauNVO allgemein zulässig, jedoch nur im Zusammenhang mit Parkhäusern und Großgaragen. Diese Einschränkung bedeutet zugleich, dass die Tankstelle einen größeren Reparatur- und Servicebetrieb nicht haben darf, weil dies den Verkehr in und aus der Großgarage bzw. dem Parkhaus zu sehr behindern würde (*Boeddinghaus*, BauNVO-Kommentar, § 7 Rn. 15). In Kleinsiedlungsgebieten, allgemeinen und besonderen Wohngebieten sind sie nur **ausnahmsweise zulässig**, §§ 2 Abs. 3 Nr. 3, 4 Abs. 3 Nr. 5, 4 a Abs. 3 Nr. 3 BauNVO. Soll in diesen Gebieten eine Tankstelle ausnahmsweise zugelassen werden, so ist vor allem auf eine gute Verkehrsanbindung zu achten, damit der mit dem Tankstellenbetrieb verbundene Pkw-Verkehr sich nicht unzumutbar störend auf das Baugebiet auswirkt und damit unzulässig wird. In **reinen Wohngebieten** sind Tankstellen grundsätzlich **unzulässig** (*Upmeier*, in: Hoppenberg, Handbuch des öffentlichen Baurechts, A Rn. 195–197).

Tankanlagen für den Eigenbedarf von Gewerbebetrieben wie Speditionen können als → Nebenanlagen nach § 14 Abs. 1 BauNVO zulässig sein.

Technische Ausrüstung

Gemäß § 73 HOAI umfasst das → Leistungsbild technische Ausrüstung die Leistungen der Auftragnehmer für Neuanlagen, Wiederaufbauten, Erweiterungsbauten, Umbauten, Modernisierungen, Instandhaltungen und Instandsetzungen. Es bestehen zwischen diesem Leistungsbild und dem Leistungsbild des § 15 (→ Objektplanung an Gebäuden) Überschneidungen. § 10 Abs. 4 HOAI bestimmt deshalb in Satz 2, dass der Architekt, wenn er hinsichtlich der technischen Ausrüstung nach § 73 im Rahmen der Objektplanung planend oder überwachend tätig wird, entsprechend dem Leistungsbild des § 73 honoriert wird. In den anderen Fällen wird, wenn die technische Ausrüstung ebenfalls Inhalt der Gesamtleistung Objektplanung ist, der → Honoraranspruch des Architekten gem. § 10 Abs. 4 Satz 1 HOAI gemindert.

Teilbaugenehmigung → Baugenehmigung

Teilleistungen → Abnahme; → Leistung

Teilleistungen sind in sich abgeschlossene bzw. abgrenzbare Teile der Gesamtleistung, welche der Auftragnehmer dem Auftraggeber schuldet.

Im Allgemeinen Werkvertragsrecht spielte die Unterscheidung von Gesamtleistung und abgrenzbaren Teilleistungen bei bis zum 1. 5. 2000 geschlossenen Verträgen keine Rolle. Nunmehr enthält das Allgemeine Werkvertragsrecht mit § 632 a BGB, eine Regelung wonach für „in sich abgeschlossene Teile des Werkes" Abschlagszahlungen verlangt werden können. § 12 Nr. 2 VOB/B regelt einen (ggf. klagbaren) Anspruch auf Teilabnahme für „in sich abgeschlossene Teile der → Leistung". Für Abschlagszahlungen gilt hier § 16 Nr. 1 VOB/B (Anspruch auf Abschlagszahlungen entsprechend den tatsächlich erbrachten Leistungen bei prüffähiger Rechnung). In sich abgeschlossene Teile der Leistung (Teilleistungen) liegen vor, wenn sie nach allgemeiner Übung als selbstständig und unabhängig anzusehen sind und sich in ihrer → Gebrauchsfähigkeit beurteilen lassen (*Locher*, Das private Baurecht, Rdn. 140). **Beispiel:** Schuldet der Auftragnehmer sowohl den Einbau einer Heizungsanlage als auch noch weitere Installationsarbeiten, so ist die Heizungsanlage eine in sich abgeschlossene Teilleistung und der Auftragnehmer kann, wenn die VOB oder eine entsprechende Abrede individualvertraglich vereinbart ist, gem. § 12 Nr. 2 a VOB/B Teilabnahme verlangen. Gleiches gilt bei selbstständig zu beurteilenden sanitären Arbeiten in einzelnen Wohnungen eines Neubaus (BGH, BauR 1975, 423, BGHZ 73, 140). Keinen in sich abgeschlossenen Teil bildet jedoch das einzelne Stockwerk eines (insgesamt) geschuldeten Rohbaus (BGHZ 50, 160 = NJW 68, 1524). Hier kommt lediglich eine technische → Abnahme nach § 12 Nr. 2 b VOB/B a. F. bzw. § 4 Nr. 10 VOB/B n. F. in Betracht.

Teilschlussrechnung → Teilschlusszahlung

Teilschlusszahlung → Abnahme; → Teilleistungen; → Prüfbarkeit; → Zahlung des Werklohns

Gemäß **§ 16 Nr. 4 VOB/B** können in sich abgeschlossene Teile der → Leistung nach Teilabnahme ohne Rücksicht auf die Vollendung der übrigen Leistung endgültig festgestellt und bezahlt werden. Dies setzt voraus, dass
- eine der Vertragsparteien eine **Teilschlussrechnung** verlangt,
- die mit der Teilschlussrechnung abgerechneten Leistungen gemäß § 12 Nr. 2 a VOB/B teilabgenommen wurden und
- der → Auftragnehmer eine prüfbare Teilschlussrechnung erstellt und an den → Auftraggeber übergeben hat.

Teilschlussrechnungen müssen beim → VOB-Vertrag nicht gesondert vereinbart werden. Haben die Vertragsparteien die VOB/B vereinbart, so besteht automatisch ein vertraglicher Anspruch auf Teilschlussabrechnung. Die Teilschlusszahlung wird zwei Monate nach Zugang der Teilschlussrechnung fällig.

Im **BGB-Vertrag** kann die Möglichkeit zu Teilschlusszahlungen vereinbart werden. **Beispiel:** Der Architekt vereinbart mit seinem Auftraggeber eine Teilschlusszahlung für die Leistung der Leistungsphasen 1–8 i. S. d. § 15 HOAI.

Teilungsgenehmigung → Baugrundstück; → Baulast

Unter Teilung ist die dem Grundbuchamt gegenüber abgegebene oder sonst wie erkennbar gemachte **Erklärung des Eigentümers** zu verstehen, **dass ein Grundstücksteil grundbuchmäßig abgeschrieben werden und als selbstständiges Grundstück oder als ein Grundstück zusammen mit anderen Grundstücken** oder Teilen anderer Grundstücke **eingetragen werden soll** (*Müller/Weiss/Allgeier/Jasch/Skoruppa*, Das Baurecht in Hessen, § 8 Rn. 2.1.1.). Eine Teilungserklärung wäre beispielsweise die Stellung eines Antrages auf Teilung gegenüber Vermessungs- oder Katasterbehörden oder die Verpflichtung zur Grundstücksteilung in einem notariellen → Kaufvertrag, der der Genehmigungsbehörde vorgelegt wird (BGH, NJW 1974, 1654). Die Teilung ist sowohl nach → Bauplanungsrecht als auch nach → Bauordnungsrecht relevant.

1. Bauplanungsrecht
a) Teilungsverfahren
Grundstücksteilungen sind nach dem BauGB nicht genehmigungspflichtig. Vorhandene, auf der Grundlage des bisherigen § 19 BauGB erlassene Satzungen der Gemeinden über die Genehmigungspflicht von Grundstücksteilungen im Geltungsbereich eines Bebauungsplans sind nicht mehr anwendbar (§ 244 Abs. 5 BauGB).

b) Versagungsgründe
Nach § 19 Abs. 2 BauGB dürfen durch die Teilung keine Verhältnisse entstehen, die mit den **Festsetzungen des Bebauungsplans nicht vereinbar** sind. Diese Unvereinbarkeit ergibt sich etwa daraus, dass
- der → **Bebauungsplan für den abzuteilenden Grundstücksteile gar keine bauliche Nutzung vorsieht, sondern nur Grünflächen oder Flächen für den Gemeingebrauch ausweist;**

– die Verwirklichung eines durch → Baulinien festgesetzten Baukörpers unmöglich wird;
– die Festsetzungen über Mindestgrößen, -tiefen oder -breiten der Grundstücke und des Baukörpers nicht eingehalten werden können;
– nach einer Teilung der auf dem Restgrundstück verbleibende Teil der nicht überbaubaren Fläche im Hinblick auf das festgesetzte → Maß der baulichen Nutzung zu klein ist (*N. Gronemeyer*, in: Gronemeyer, BauGB-Praxiskommentar, § 20 Rn. 3).

Der Umstand, dass die Teilung den Festsetzungen des Bebauungsplans widerspricht, kann **nicht durch** eine **Vereinigungsbaulast** auf der Grundlage der Landesbauordnungen **ausgeräumt werden**. Zwar ist die Wirkung der Vereinigungsbaulast, dass die davon erfassten Grundstücke baurechtlich als ein einheitliches Grundstück zu behandeln sind. Doch handelt es sich um ein Instrument der Landesbauordnungen und kann nur bauordnungsrechtliche und nicht bauplanungsrechtliche Versagungsgründe ausräumen; denn die Länder haben keine Kompetenz, im Wege von landesbauordnungsrechtlichen Instrumenten den planungsrechtlichen und damit bundesrechtlichen Begriff des Grundstücks zu verändern (BVerwG, BauR 1991, 582; OVG Hamburg, BauR 1991, 726).

2. Bauordnungsrecht

Nach den Vorschriften der Landesbauordnungen ist die Teilung in manchen Bundesländern genehmigungsfrei, in anderen wiederum genehmigungspflichtig. Insbesondere die älteren Landesbauordnungen sehen immer noch eine grundsätzliche Genehmigungspflicht für die Teilung vor (vgl. § 8 BauOHH; § 11 BremBauO; § 9 SaarlBO; § 8 BauONRW). Die neueren Landesbauordnungen nehmen die Grundstücksteilung vermehrt von der Genehmigungsbedürftigkeit aus und ordnen sie nur für den Fall an, dass durch die Teilung Verhältnisse geschaffen werden, die den öffentlich-rechtlichen Vorschriften zuwiderlaufen oder ordnen in diesem Fall die Wiederherstellung rechtmäßiger Zustände an (vgl. § 7 BerlBauO; § 8 BauOLSA; § 8 BauOBrdg). So sah das OVG Berlin die Anordnung der Behörde nach § 7 BerlBauO gegenüber einem Grundstückseigentümer, der sein Grundstück zivilrechtlich hatte teilen lassen, dadurch aber baurechtswidrige Zustände auf seinem Grundstück hatte entstehen lassen, alle – auch zivilrechtlich erforderlichen oder möglichen – Maßnahmen zu ergreifen, um den durch die Grenzveränderung eingetretenen baurechtswidrigen Missstand zu beheben, als rechtmäßig an. In dem konkreten Fall überschritt der vorhandene Baubestand auf Grund der Grundstücksteilung nun das zulässige → Maß der baulichen Nutzung (OVG Berlin, LKV, 2002, 421).

a) Versagungsgründe

Maßgebend für das Teilungsverfahren nach der Landesbauordnung (vgl. § 8 BauOHH; § 11 BremBauO; § 9 SaarlBO; § 8 BauONRW) sind bauordnungsrechtliche Gesichtspunkte. Es soll **verhindert** werden, dass durch **nachträgliche Grundstücksteilungen ordnungswidrige Zustände** geschaffen werden. Ein derartiger nichtgenehmigungsfähiger Teilungsvorgang würde z. B. darin liegen, dass aus der notwendigen Abstandsfläche oder Brandschutzfläche eines Hausgrundstücks ein Teilgrundstück abgetrennt und als separate Bauparzelle einem Dritten verkauft werden soll (*Rasch/Schaetzell*, Hessische Bauordnung, Kommentar, § 8 Rn. 1).

Die Teilungsgenehmigung wäre ebenfalls zu versagen, wenn in Bezug auf die zu teilenden Grundstücke und ihre Nutzung
– die **verkehrsmäßige Erschließung** i. S. d. Landesbauordnung (insbesondere die Anforderung, dass das Grundstück in angemessener Breite an einer öffentlichen Verkehrsfläche liegt) **fehlt** oder unzureichend ist;
– die für den sicheren **Einsatz der Feuerlösch- und Rettungsgeräte** und von Löschfahrzeugen **erforderlichen Flächen fehlen** oder unzureichend sind;

– **Kinderspielplätze** oder notwendige **Stellplätze** und Garagen nach der Landesbauordnung **von den Grundstücken getrennt werden** (*Müller/Weiss/Allgeier/Jasch/Skoruppa*, Kommentar zur HBO, § 8 Nr. 2.4.3; *Jäde/Dirnberger/Weiss*, Kommentar zur BauOLSA, § 8 Rn. 12).

b) Verpflichtung zur Erteilung der Teilungsgenehmigung
Es besteht eine **Verpflichtung** der Behörde, **Versagungsgründe auszuräumen, soweit** dies **rechtlich möglich** ist. Dies kann insbesondere durch Auflagen, Ausnahmen oder Befreiungen erfolgen (*Müller/Weiss/Allgeier/Jasch/Skoruppa*, Kommentar zur HBO, § 8 Rn. 2.4.3).

3. Ausnahmen von der Genehmigungspflicht
Die bauordnungsrechtlichen Vorschriften sehen z. T. Ausnahmen von der landesrechtlichen Genehmigungspflicht vor, wie beispielsweise § 8 BauONRW in den Fällen, in denen der Bund, das Land oder eine Gemeinde an der Teilung beteiligt sind.

Telefonkosten → Nebenkosten

Tennisanlage → Sportanlagen

Termin → Termingarantie; → Vertragsstrafe
Der Begriff Termin hat in rechtlicher Hinsicht zwei wesentliche Bedeutungen:
– Als Termin bezeichnet man im Prozessrecht, einen im Voraus bestimmten Zeitpunkt für ein gemeinsames Handeln von Gericht und Parteien. Synonym wird z. B. in § 136 Abs. 3, 345 ZPO der Begriff Sitzung verwendet. Als Termin kommen z. B. der Termin zur mündlichen Verhandlung, zur Beweisaufnahme, zum Sühneversuch oder zur Entscheidungsverkündung in Betracht.
– Darüber hinaus gibt es den sog. Fertigstellungstermin im → Baurecht. Mit Fertigstellung ist dabei die Vollendung der vom Auftragnehmer geschuldeten → Leistung gemeint (BGH BauR 73, 192). Sind im Werk- bzw. → Bauvertrag feste Termine zur Fertigstellung bestimmter Leistungen vereinbart, so ergeben sich hieraus in rechtlicher Hinsicht je nach Einzelfall rechtliche Konsequenzen in dem Fall, dass die Termine nicht einhalten werden.
Der Begriff Termin findet sich auch in nichtrechtlicher Bedeutung in der DIN 69 900 wieder. Dort wird der Termin als ein durch ein Kalenderdatum und/oder eine Uhrzeit ausgedrückter Zeitpunkt definiert.

Termingarantie → Termin
Vertraglich kann vereinbart werden, dass der Auftragnehmer bestimmte Leistungen bzw. → Teilleistungen zu einem bestimmten → Termin fertig zustellen hat. Eine solche Vereinbarung ist häufig als → Garantie im rechtlichen Sinn aufzufassen. Das bedeutet, dass der Auftragnehmer unabhängig vom Verschulden für die Einhaltung des Termins haftet. Eine solche Garantie muss im Vertrag ausdrücklich vereinbart werden. Der bloße Hinweis auf einen Fertigstellungstermin im → Bauvertrag (und auch im Architektenvertrag) beinhaltet noch keine Termingarantie. Vielmehr muss aus dem Vertrag ersichtlich sein, dass der AN für die Einhaltung des Termins um jeden Preis einstehen will bzw. soll. Im → Architektenvertrag hat die Termingarantie, anders als im normalen Bauvertrag bzw. Werkvertrag, in der Praxis keine große Bedeutung.

Terrasse → Abstandsflächen
Nach § 55 HBO i. V. m. Nr. 9.1. der Anlage 2 zur HBO bedarf die Errichtung, Aufstellung oder Anbringung von Anlagen, die wohnungswirtschaftlichen Zwecken, der Gartengestaltung oder der

zweckentsprechenden Einrichtungen von Spiel- und Sportplätzen dienen wie Wäschepfähle, Teppichklopfstangen, Pergolen, Terrassen bis 1 m Höhe über Geländeoberfläche, Klettergerüste und Tore für Ballspiele **keiner Baugenehmigung**. Die bis 1 m hoch aufgeschütteten genehmigungsfreien Terrassen sind hinsichtlich der Einhaltung von → Abstandsflächen ohne Bedeutung. Nicht zu den Terrassen oder Freisitzen in diesem Sinne gehören massivere größere Terrassen (über 1 m hoch aufgeschüttet) sowie solche im Zusammenhang mit Gaststätten, weil von der Genehmigungsfreiheit lediglich wohnungswirtschaftlichen Zwecken dienende Anlagen umfasst werden (*Rasch/Schaetzell*, HBO-Kom., § 63 Rdn. 2.1.9).

Nicht als Terrasse in diesem Sinne sind auch **Dachterrassen** auf Gebäuden oder **Wintergärten** anzusehen. Dies bedeutet insbesondere im Hinblick auf Grenzgaragen, dass die Nutzung des **Garagendaches als Terrasse** wegen der Nichteinhaltung der → Abstandsflächen **nicht zulässig ist**.

Toleranzrahmen → Kostenrahmenvereinbarung

Tragwerksplanung → Sonderfachleute

§ 64 HOAI beschreibt das → Leistungsbild Tragwerksplanung. Es bezieht sich im Wesentlichen auf Teile der Baukonstruktion von Gebäuden, zugehörigen baulichen Anlagen und Ingenieurbauwerken, welche die Eigenlasten, die Verkehrslasten, die Wind- und Schneelasten sowie alle sonstigen Belastungen des Objekts ableiten. Letztlich bezieht sich das Leistungsbild auch auf den Baugrund. Die in diesem Zusammenhang konstruktiven und mathematischen Leistungen werden von Statikern im Rahmen eines Werkvertrags erbracht.

Traufe, Traufhöhe, Traufkante → Maß der baulichen Nutzung

Im Zuge der Bestimmung des Maßes der baulichen Nutzung in einem → Bebauungsplan kann u. a. auch die Höhe der baulichen Anlage festgesetzt werden. Zur eindeutigen Bestimmung bedarf es jedoch der Festlegung eines oberen und eines unteren Bezugspunktes. Als oberer Bezugspunkt bietet sich die Schnittkante zwischen den Außenflächen des aufsteigenden Mauerwerkes und der Dachhaut, die sog. Traufe an. Die Traufkante ist in der Regel eine horizontal verlaufende Gebäudekante. Mit der Festsetzung der Traufhöhe (TH), bezogen auf eine im → Bebauungsplan festgelegte vordere Baulinie, wird in der Regel die vordere, straßenseitige Wandhöhe der → Gebäude bestimmt. Die rückwärtige Traufhöhe kann von der vorderen Traufhöhe abweichen. Soll die Traufhöhe mit einem Wert angegeben werden, so muss im → Bebauungsplan klargestellt werden, wo die Traufhöhe zu messen ist.

U

Überbau → Verwirkung

Gemäß § 912 Abs. 1 BGB liegt ein Überbau vor, wenn der Eigentümer eines Grundstückes bei der Errichtung eines Gebäudes über die Grenzen gebaut hat, ohne dass ihm Vorsatz oder grobe → Fahrlässigkeit zur Last fällt. In einem solchen Fall hat der Nachbar den Überbau zu dulden, es sei denn, dass er vor oder sofort nach der Grenzüberschreitung Widerspruch erhoben hat (§ 912 Abs. 1 Halbsatz 2 BGB). Der Nachbar ist, wenn er den Überbau dulden muss, durch eine Geldrente zu entschädigen. Grundlage der Höhe der Geldrente ist der Verkehrswert der überbauten Fläche im vom Gläubiger zu beweisenden Zeitpunkt der Grenzüberschreitung (BGH, NJW 1986, 2639). Spätere

Änderungen des Verkehrswertes bewirken keine Änderung der Rentenhöhe (BGHZ 57, 304). Durch die Rente ist der Verkehrswert angemessen zu verzinsen (OLG Stuttgart, MDR 1976, 400).

Liegt kein (rechtmäßiger) Überbau vor, d. h., hat der Überbauende hierbei vorsätzlich oder grob fahrlässig gehandelt, so kann der Eigentümer des Nachbargrundstücks Beseitigung des Überbaus verlangen (§ 1004 BGB). Der Anspruch kann unter Umständen verwirkt werden (BGH, WM 1979, 644). Langjährige Duldung allein genügt aber nicht (OLG Nürnberg, RdL 1968, 102).

Grob fahrlässig in diesem Sinne handelt ein Architekt oder → Bauherr bzw. Eigentümer, wenn er den Bauunternehmern die örtliche Lage nicht genau angibt (BGH, NJW 1977, 375) oder wenn er den Ausführenden freie Hand lässt oder wenn er sich auf den Zaunverlauf verlässt (OLG Nürnberg, RdL 1968, 102). Das Verschulden des Architekten ist dem Bauherrn zuzurechnen (BGH, NJW 1977, 375 – in diesem Fall nach § 166 BGB). Das Verschulden des Bauunternehmers und seines Personals genügt nicht. Weder § 278 noch § 166 noch § 831 BGB sind insoweit einschlägig (BGH, NJW 1977, 375; a. A. *Schubert*, JR 1977, 414).

Überbaurente → Überbau

Übergangsregelung der HOAI → Planbereich (zur Frage, welche Fassung der BauNVO anzuwenden ist)

Übergangsregelungen befassen sich grundsätzlich mit der Frage, was mit Verträgen und anderen Rechtsbeziehungen zwischen Parteien geschieht, wenn hinsichtlich der auf sie anzuwendenden Rechtsvorschriften eine Gesetzesänderung eintritt. Es stellt sich die Frage ob bzw. ab wann bzw. mit welchen Einschränkungen das neue Recht auf bereits bestehende Verträge oder Rechtsbeziehungen Anwendung findet. § 103 HOAI regelt die Überleitungsvorschriften für die HOAI und die jeweiligen Änderungsverordnungen. Da die letzte Änderungsverordnung bereits zum 1. Januar 1996 in Kraft getreten ist, spielen derzeit die Übergangsregelungen der HOAI keine große Rolle. Gemäß § 103 HOAI gilt die Verordnung nicht rückwirkend für Leistungen von Architekten und Ingenieuren zur → Erfüllung von Verträgen, welche vor dem Inkrafttreten der HOAI bzw. der Änderungsverordnung abgeschlossen worden sind (insoweit blieben die bisherigen Vorschriften anwendbar). Die Vertragsparteien können gem. § 103 Abs. 2 HOAI vereinbaren, dass die Leistungen von zuvor abgeschlossenen Verträgen nach der HOAI bzw. der jeweiligen Änderungsverordnung abgerechnet werden können. Das kommt immer noch vor, z. B., da die Architekten und Ingenieure veraltete Formulare verwenden, in denen auf frühere Fassungen der HOAI Bezug genommen wird.

Übernahmeanspruch → Enteignung

Überschreitung der Höchstsätze

Die → HOAI legt als Preisvorschrift in § 4 fest dass die in der HOAI festgesetzten Mindest- und Höchstsätze grundsätzlich nicht überschritten werden dürfen. § 4 Abs. 3 HOAI erlaubt eine Überschreitung der Höchstsätze bei außergewöhnlichen oder ungewöhnlich lange dauernden Leistungen durch schriftliche Vereinbarung bei Auftragserteilung. Dabei haben Umstände, soweit sie bereits für die Einordnungen in → Honorarzonen oder Schwierigkeitsstufen, für die Vereinbarung von Besonderen Leistungen oder für die Einordnung in den Rahmen der Mindest- und Höchstsätze mitbestimmend sind, außer Betracht zu bleiben.

Ein Verstoß gegen den Höchstpreischarakter der HOAI liegt vor, wenn das vereinbarte → Honorar im Gesamtergebnis den an sich zulässigen Höchstbetrag übersteigt. Eine unzulässige Überschreitung liegt nicht schon dann vor, wenn einzelne Berechnungsgrundlagen der HOAI zugunsten des

AN verändert werden. Bezugspunkt bzw. Bemessungsgrundlage der Bestimmung, dass im Einzelfall der zulässige Höchstpreis überschritten wurde, ist somit eine fiktive Berechnung des eigentlich zulässigen (nach den richtigen Faktoren der HOAI) ermittelten Höchsthonorars.

Die Rechtsfolge eines Verstoßes gegen den Höchstpreischarakter ist zunächst, dass die entsprechende → Honorarvereinbarung unwirksam ist. Es liegt ein Verstoß gegen ein gesetzliches Verbot gem. § 134 BGB vor. Dadurch wird jedoch nicht (entgegen § 139 BGB) der gesamte Architekten- bzw. Ingenieurvertrag unwirksam. Denn der Wille der Parteien ist dahingehend auszulegen, dass der Vertrag bestehen bleibt und das Honorar zu ermäßigen ist (BGH, BauR 1973, 189). In diesen Fällen kann der Auftragnehmer den → Höchstsatz (nicht den Mindestsatz) beanspruchen, wenn die Honorarvereinbarung schriftlich bei Auftragserteilung geschlossen wurde (BGH, BauR 1990, 239; *Werner/Pastor*, Der Bauprozess, Rdn. 733; a. A. nur *Weiher*, BauR 1982, 316). Anderenfalls gilt die Mindestsatzfiktion gemäß § 4 Abs. 4 HOAI. Hat der Auftraggeber mit dem Auftragnehmer den Vertrag bewusst in Kenntnis des Verstoßes geschlossen und die Schlussrechnung bereits beglichen, so steht einem denkbaren Rückforderungsanspruch § 817 Satz 2 BGB entgegen (*Werner*, FS Locher, Seite 299). In Fällen, in denen der Auftraggeber lediglich die Nichtschuld kennt, ist an § 814 BGB zu denken, wonach das gezahlte Honorar nicht zurückverlangt werden kann.

Übertragung eines Architektenbüros

Ein Architekturbüro kann rechtsgeschäftlich, d. h. durch vertragliche Vereinbarung an Dritte übertragen bzw. veräußert werden. Rechtlich (daneben ist ein Übergang kraft Erfolge denkbar, §§ 1922, 1967) gesehen handelt es sich bei diesem Rechtsgeschäft um einen Unternehmenskauf. Denn es wird die Sach- und Rechtsgesamtheit (Zusammenfassung aller persönlicher und sachlicher Mittel einschließlich aller zugehörigen Güter, z. B. Kundschaft, Ruf – *good will* –, Geschäftsgeheimnisse, Warenzeichen, Firma etc.) übertragen. Ein Unternehmenskauf liegt auch vor, wenn alle Gesellschaftsanteile (z. B. Aktien, Geschäftsanteile einer GmbH) einheitlich verkauft werden. Der Kauf einzelner Gesellschaftsanteile ist kein Kauf der Sach- und Rechtsgesamtheit, sondern Rechtskauf. Die vor der am 1. 1. 2002 im Zusammenhang mit Haftungsfragen bei Sach- oder Rechtskauf auftretenden Probleme sind nunmehr obsolet. Denn § 433 Abs. 1 Satz 2 BGB n. F. stellt klar, dass für Sach- und Rechtsmängel in gleichem Umfang gehaftet wird. § 434 BGB n. F. definiert den Begriff Sachmangel, § 435 BGB n. F. definiert den Begriff Rechtsmangel. § 437 BGB n. F. regelt nunmehr **einheitlich** die Käuferrechte bei Vorliegen eines Mangels. Da nunmehr überdies der Begriff der zugesicherten Eigenschaft und seine Konsequenzen (Schadensersatz) nicht mehr im Gewährleistungskaufrecht aufgenommen worden ist, stellen sich Fragen zur Abgrenzung von Zusicherung und bloßer Beschaffenheitsangabe nicht mehr. Ob z. B. Angaben des Verkäufers hinsichtlich der Ertragsfähigkeit des Unternehmens oder der Bewertung von Sachen eine Zusicherung darstellen, ist nunmehr allenfalls nur noch für die Frage danach, ob ein selbstständiger Garantievertrag vorliegt bedeutsam. Im Rahmen der Gewährleistungsrechte des Kaufrechts dürfte darüber hinaus die Frage, ob solche Angaben die Rechtsfolgen der → Gewährleistung auslösen (insbesondere Schadenersatz) durch den § 434 Abs. 1 BGB n. F. neu geregelt worden sein. Es kommt hiernach einzig und allein darauf an, ob es sich bei den Angaben um Beschaffenheitsangaben handelt. Es kommt also auf den Qualitätsstandard der Sache (des Unternehmens) an. Es kommt also darauf an, ob zur Qualität bzw. Beschaffenheit eines Unternehmens auch der Ertrag zählt. Die unrichtige Bewertung von Sachen war jedoch auch schon nach altem Recht keine Qualitätsangabe, da lediglich der Preis falsch angegeben wurde und nicht die preisbildenden Eigenschaften (BGH, WM 1979, 944) und dürfen dies auch nach neuem Recht nicht sein. Bei falschen Angaben über Umsätze und Erträge kommt allerdings eine Haftung für Verschulden bei Vertragsverhandlungen (§ 311 Abs. 2 Nr. 1 BGB n. F.) in Betracht (BGH, NJW-RR 1989, 306). Die Ermittlung des Kaufpreises (Wert des Unternehmens/Architekturbüros) ist im Einzelfall schwierig zu bestimmen. Zum Wert gehören jedenfalls neben den materiellen Werten (Einrichtungsgegenstände etc.) auch der sog. „good will" des Büros, d. h. sein Ruf und die Erwartung künftiger Aufträge (BGH, NJW 1977, 378, näher: *Frik*, Bewertung eines Architekturbüros, DAB 1988, 891).

Übliche Vergütung → HOAI; → Mindestsatz

Der Auftragnehmer kann vom Auftraggeber grundsätzlich die vertraglich vereinbarte Vergütung (z. B. nach Einheits- oder Pauschalpreisen) verlangen. In der Praxis kommen Fälle vor, in denen zwischen dem Auftragnehmer und Auftraggeber keine Vergütungsvereinbarung getroffen wurde. Dann gilt gem. § 632 Abs. 1 BGB eine Vergütung als stillschweigend vereinbart, wenn die Herstellung des Werkes den Umständen nach nur gegen Vergütung zu erwarten war (**Vergütungsfiktion**). Abzugrenzen sind diese Fälle von den Gefälligkeitsdiensten, wie z. B. der Nachbarschaftshilfe (OLG Köln, NJW-RR 1994, 1239). Die Höhe der Vergütung bemisst sich in den Fällen, in denen der Vertrag weder die absolute Höhe noch die Maßstäbe zur Berechnung der Vergütung angibt, gem. § 632 Abs. 2 BGB in erster Linie die taxmäßige Vergütung, im Falle, dass eine solche nicht existiert, die **übliche Vergütung**.

Von einer **taxmäßigen Vergütung** spricht man bei behördlich festgesetzten Preisen. In Bauwerkverträgen existieren solche behördlich festgesetzten Preise wohl nicht. Die Baupreisverordnung bei mit öffentlichen Mitteln finanzierten Aufträgen gehört nicht dazu (*Locher*, Das private Baurecht Rdn. 52). Allerdings gibt die → HOAI für Architektenverträge (auch für sog. Nichtarchitekten oder Ingenieure (BGHZ 136, 1) einen Rahmen zur Bestimmung der im Einzelfall geschuldeten Vergütung vor, wenn das geschuldete Werk nach seinem Gesamtbild durch die in der HOAI beschriebenen Leistungen geprägt wird (BGH, NJW 1998, 1228). Ist bei Auftragserteilung nichts anderes schriftlich vereinbart, so gelten die Mindestsätze als vereinbart (§ 4 Abs. 4 HOAI).

Für den Fall, dass eine taxmäßige Vergütung im Einzelfall nicht bestimmt werden kann, ist auf die übliche Vergütung zurückzugreifen. Diese muss bei den Beteiligten Kreisen Verkehrsgeltung besitzen (BGH, BB 1969, 1413). Sie braucht dem konkreten Beteiligten nicht bekannt zu sein.

Kann eine übliche Vergütung ebenfalls nicht bestimmt werden, so kommt die Bestimmung einer **angemessenen Vergütung** in Betracht. Die ergänzende Vertragsauslegung des Werkvertrages ergibt üblicherweise, dass die Parteien eine angemessene Vergütung festlegen wollten.

Ist eine angemessene Vergütung auch nicht durch Vertragsauslegung feststellbar, so kann der Auftragnehmer nach §§ 315, 316 BGB die **angemessene Vergütung selbst bestimmen** (*Locher*, Das private Baurecht, Rdn. 52). Der Auftraggeber kann diese gerichtlich prüfen lassen. Beim → VOB-Bauvertrag ist die übliche Vergütung im Sinne des § 632 Abs. 2 BGB die angemessene Vergütung. Sie ist grundsätzlich nach Einheitspreisen und nach den tatsächlich ausgeführten Leistungen zu bestimmen.

Beweislastregeln:
– für die Vereinbarung einer Vergütung: → Beweislast beim Auftragnehmer,
– für die übliche Vergütung, wenn der Auftraggeber die Üblichkeit substantiiert bestreitet: → Beweislast beim Auftragnehmer,
– für die Vereinbarung einer unentgeltlichen Werkleistung (wenn die Herstellung des Werkes nur gegen eine Vergütung zu erwarten war): Beweislast beim Auftraggeber.

Zur üblichen Vergütung von Architekten: in dem Falle, dass Architekten oder Ingenieure Tätigkeiten ausführen, die nicht von der HOAI umfasst sind, steht ihnen mangels ausdrücklicher Vereinbarung eine übliche Vergütung nach § 632 Abs. 2 BGB zu. Führen Nichtarchitekten Architektenleistungen im Sinne der HOAI aus, so kann die HOAI einen Rahmen vorgeben, jedoch wird die Vergütung des Nichtarchitekten in diesen Fällen (mangels fachlicher Qualifikation) unterhalb des

Mindestsatzes der HOAI liegen müssen (OLG Braunschweig, BB 1966, 181, das die Vergütung in diesen Fällen nach §§ 315, 316 BGB vornimmt). Haben Architekten für an sie beauftragten und in der HOAI geregelte Leistungen keine Vergütung vereinbart, so gelten gem. § 4 Abs. 4 HOAI die Mindestsätze (umstritten ist, ob wegen § 4 Abs. 4 HOAI im konkreten Fall die Höhe der Vergütung bereits als bestimmt gilt, so OLG Düsseldorf BauR 1981, 402, oder ob die Mindestsätze die übliche Vergütung im Sinne des § 632 Abs. 2 BGB darstellen, so *Werner/Pastor*, Der Bauprozess, Rdn. 578).

Umbauten und Modernisierung → Honorarzuschlag; → Nutzungsänderung; → Sanierung

§ 3 Nr. 5 HOAI definiert Umbauten als Umgestaltungen eines vorhandenen Objektes mit wesentlichen Eingriffen in Konstruktion oder Bestand; § 3 Nr. 6 HOAI definiert Modernisierungen als bauliche Maßnahmen zur nachhaltigen Erhöhung des Gebrauchswertes eines Objektes, soweit sie keine Umbauten (Erweiterungsbauten oder Instandsetzungen) sind, wobei im Rahmen der Modernisierung mit durchgeführte Instandsetzungen von der Modernisierung mit umfasst sind.

Beispiele für Umbauten: Veränderung des statischen Gefüges des Objektes (tragende Wände, Stützen, Decken, Unterzüge, Dachkonstruktionen) sind ein eindeutiger Hinweis auf Umbauten, da der Eingriff in diesen Fällen offensichtlich wesentlich ist. Die Veränderung des statischen Gefüges ist aber keine notwendige Voraussetzung, es genügt, wenn der Bestand erheblich betroffen ist (Einbau von Treppen, Installationen, nichttragende Zwischenwände). Einen unwesentlichen Eingriff stellt hingegen beispielsweise das Abschlagen von Putz dar (*Locher/Koeble/Frik*, HOAI, § 3 Rdn. 9).

Beispiel für Modernisierung: Unter dem Aspekt der nachhaltigen Erhöhung des Gebrauchswertes z. B. Veränderung der Belichtung, Belüftung, bauliche Maßnahmen zur Verbesserung der Verkehrswege (Aufzüge), insbesondere verbessernde Maßnahmen für Behinderte oder ältere Menschen. Die nachhaltige Erhöhung des Gebrauchswertes kann sich auch auf andere → Objekte als Wohnungen, z. B. Grünanlagen oder raumbildende Ausbauten, beziehen. Die Erhöhung des reinen Verkaufs- oder Handelswertes des Objektes allein genügt nicht für eine Modernisierung – entscheidend ist die nachhaltige Erhöhung der Wohnqualität.

Die → Honorarberechnung für Umbauten und Modernisierungen von Gebäuden bestimmt sich nach § 24 HOAI. Genau wie bei der → Objektplanung (§ 15 HOAI) kann bei Umbau- oder Modernisierungsmaßnahmen ein → Honorarzuschlag schriftlich vereinbart werden. § 24 Abs. 1 Satz 2 legt fest, dass die Höhe des Zuschlags insbesondere vom Schwierigkeitsgrad der Leistungen abhängt. Bei durchschnittlichem Schwierigkeitsgrad kann ein Zuschlag von 20–33 % vereinbart werden. Ist bei durchschnittlichem Schwierigkeitsgrad nichts schriftlich vereinbart worden, so gilt ein Zuschlag von 20 % als vereinbart.

§ 15 Abs. 4 HOAI nennt → Besondere Leistungen, die im Zusammenhang mit Umbauten und Modernisierungen vereinbart werden können:
– die besonderen Leistungen gem. § 15 Abs. 2 HOAI,
– maßliches, technisches, und verformungsgerechtes → Aufmaß,
– Schadenskartierung,
– Ermittlung von Schadensursachen,
– Planen und Überwachen von Maßnahmen zum Schutz von vorhandener Substanz,
– Organisation von Betreuungsmaßnahmen für Nutzer und andere Planungsbetroffene,
– Mitwirkung an den Betreuungsmaßnahmen für Nutzer und anderen Planungsbetroffenen,
– Wirkungskontrollen von Planungsansatz und Maßnahmen im Hinblick auf die Nutzer, z. B. durch Befragen.

Im Einzelfall können Umbaumaßnahmen mit Erweiterungsmaßnahmen (§ 3 Nr. 4 HOAI) dergestalt zusammentreffen, dass die jeweiligen Kostenanteile nicht voneinander getrennt werden können. In solchen Fällen ist auf den Schwerpunkt der Baumaßnahme abzustellen und dann entsprechend dem Schwerpunkt entweder allein nach den Kriterien für den Umbau oder aber nach den Kriterien für die Erweiterung die Vergütung zu berechnen. § 10 Abs. 3 a HOAI bestimmt hierzu, dass vorhandene Bausubstanz, die technisch oder gestalterisch mitverarbeitet wird, bei den anrechenbaren Kosten angemessen mit zu berücksichtigen ist. Der Umfang der Anrechnung sollte allerdings schriftlich niedergelegt worden sein, so dass im Zweifel das Gericht die Angemessenheit überprüfen kann.

Umfang des Architektenvertrages → Architektenvertrag; → Unverbindliche Leistungen

Der Umfang bestimmt sich nach der vertraglichen Vereinbarung. Oft kommt es vor, dass der Leistungsumfang nicht eindeutig vereinbart wurde (etwa bei mündlicher Auftragserteilung). In solchen Fällen ist der konkrete Vertragsinhalt durch Auslegung der Willenserklärungen (gem. §§ 133, 157 BGB) zu bestimmen, d. h. man ermittelt, was die Parteien wirklich wollten. Hierzu kann nicht (unmittelbar) auf die → HOAI zurückgegriffen werden. Dies ergibt sich daraus, dass es sich bei den Leistungsbildern der HOAI lediglich um Hilfsmittel zur Berechnung des Architektenhonorars handelt. Die HOAI ist → Preisrecht. Es spricht auch keine Vermutung für die Übertragung der sämtlichen Leistungsphasen eines Leistungsbildes (OLG Hamm, NJW-RR 1990, 1991; OLG Düsseldorf, BauR 1995, 733). Beispiele: Der → Auftrag an den Architekten, den → Bauantrag zu stellen, umfasst in aller Regel die Leistungsphasen des § 15 Abs. 2 Nr. 1–4 HOAI (OLG Düsseldorf, BauR 1982, 597); der Auftrag, eine → Bauvoranfrage einzuholen, umfasst in aller Regel die Leistungsphasen des § 15 Abs. 2 Nr. 1–3 HOAI (OLG Düsseldorf, IBR 1996, 203); der Auftrag zur „Planung" umfasst in aller Regel die Leistungsphasen des § 15 Abs. 2 Nr. 1–5 HOAI. Erst der Auftrag, ein gesamtes Bauvorhaben „durchzuführen" oder zu „realisieren", kann unter Umständen alle Leistungsphasen des § 15 Abs. 2 HOAI umfassen.

Umlegung → Grenzregelung; → Folgekostenvertrag; → Städtebauliche Verträge

Die Umlegung (§§ 45–79 BauGB) ist eine **Maßnahme der Bodenordnung**. Durch eine **neue Aufteilung der Grundstücksflächen** soll eine **bessere bauliche Nutzbarkeit** der Grundstücke erreicht werden. Sind nur **kleinere Grenzkorrekturen** erforderlich, um eine bessere Bebauung zu ermöglichen, ist die Umlegung nicht das richtige Mittel; die Gemeinde hat dann durch einfachen Beschluss eine **Grenzregelung** nach §§ 80–84 BauGB herbeizuführen (*Löhr*, in: Battis/Krautzberger/ Löhr, BauGB, Vorb §§ 45–84 Rdn. 3).

1. Zweck der Umlegung

Nach § 45 Abs. 1 BauGB können im Geltungsbereich eines **Bebauungsplans** (§ 30 BauGB) und innerhalb der **im Zusammenhang bebauten Ortsteile** (§ 34 BauGB) **zur → Erschließung oder Neugestaltung bestimmter Gebiete** bebaute und unbebaute Grundstücke durch Umlegung in der Weise neu geordnet werden, dass nach Lage, Form und Größe für die bauliche oder sonstige Nutzung zweckmäßig gestaltete Grundstücke entstehen. Häufig ist eine **Erschließungsumlegung** anzutreffen, die ein bisher unbebautes Gebiet für die → Erschließung und Neubebauung ordnen soll. Im Zusammenhang mit der Umstrukturierung und → Sanierung von bebauten Flächen spricht man meist von einer **Neuordnungsumlegung**. Das Umlegungsziel muss stets darauf gerichtet sein, zweckmäßig gestaltete Grundstücke nach Lage, Form und Größe für eine sinnvolle private Nutzung herzustellen. Damit unvereinbar ist, etwa nur die Eigentumsrechte ohne Veränderung von Grundstücksgrenzen als Rechtsumlegung vorzunehmen oder eine Umlegung mit dem ausschließlichen

Ziel durchzuführen, sich Erschließungs- oder Grünflächen zu verschaffen (*Breuer*, in: Schrödter, BauGB-Kom., § 45 Rdn. 38 f.).

Das Bundesverfassungsgericht hat eine Umlegung für unbedenklich gehalten, mit der im Innenhof eines Wohnblocks ein → Kinderspielplatz als private Gemeinschaftsanlage für alle zum Gebäudekomplex gehörenden Wohnbaugrundstücke angelegt wurde. Das Innenhofgrundstück gehörte ursprünglich der Stadt; der → Bebauungsplan sah die Anlage eines Kleinkinderspielplatzes im Innenhof des Wohnblocks als private Gemeinschaftsanlage für alle umliegenden Wohnbaugrundstücke im Block vor. Die städtische Umlegungsstelle erließ einen Umlegungsbeschluss mit vorrangigem Ziel, die geplante Gemeinschaftsanlage zu schaffen. Die Stadt errichtete den Spielplatz. Im abschließenden Umlegungsplan wurden die Rechtsverhältnisse an dem Grundstück neu geordnet, indem den umliegenden Grundstückseigentümern jeweils Miteigentumsanteile an der Gemeinschaftsfläche zugewiesen wurden. Die Umlegungsstelle erhob entsprechende Grunderwerbskosten, verpflichtete die Miteigentumsgemeinschaft zum Unterhalt des Spielplatzes und begründete am Grundstück ein Gehrecht für die Grundstückseigentümer. Dem Bundesverfassungsgericht zufolge konnte die Umlegungsstelle die zwangsweise Begründung von privatem Miteigentum als geeignete und erforderliche Maßnahme zur Verwirklichung des Bebauungsplans einsetzen. Da der → Bebauungsplan eine private Gemeinschaftsanlage vorsah, die ausschließlich den Eigentümern und Bewohnern des betreffenden Wohnblocks zugute kam, war auch die Stadt nicht verpflichtet, den Spielplatz ganz oder teilweise auf eigene Kosten zur Verfügung zu stellen. Nach den Landesbauordnungen haben Bauherren im Zusammenhang mit dem Neubau von Wohnanlagen einen → Kinderspielplatz auf eigenem Grund und Boden und mit eigenen Mitteln zu errichten; dementsprechend ist es auch im Rahmen einer → Sanierung Sache der betroffenen Grundstückseigentümer, den Spielplatz mitsamt dem erforderlichen Grundstück zu finanzieren (BVerfG, BauR 2000, 537, 539).

2. Bebauungsplan

Die Umlegung setzt nach § 45 Abs. 1 S. 1, 1. Alt. BauGB einen **qualifizierten oder einfachen Bebauungsplan** gemäß § 30 Abs. 1 oder Abs. 3 BauGB voraus, **dessen Verwirklichung sie dient**. Nach § 45 Nr. 1 BauGB kann das Umlegungsverfahren eingeleitet werden, auch wenn ein → Bebauungsplan noch nicht aufgestellt ist, wobei der Bebauungsplan vor dem Beschluss über die Aufstellung des Umlegungsplans in Kraft getreten sein muss. Ist der Bebauungsplan jedoch unwirksam, so kann er eine Umlegung nicht rechtfertigen mit der Konsequenz, dass auch der zur Realisierung des Bebauungsplans aufgestellte Umlegungsplan unwirksam ist. Die Realisierung des Umlegungszwecks, eine städtebauliche Neuordnung auf der Grundlage eines gültigen Bebauungsplans, kann ohne einen solchen Bebauungsplan nicht erreicht werden. Dies löst einen Anspruch des Eigentümers auf Änderung des Umlegungsplans in entsprechender Anwendung des § 73 BauGB aus (BGHZ 66, 322; BVerwGE 85, 96).

3. Nicht beplanter Innenbereich

Nach § 45 Nr. 2 BauGB kann **innerhalb der im Zusammenhang bebauten Ortsteile** eine Umlegung durchgeführt werden, wenn sich aus der Eigenart der näheren Umgebung hinreichende Kriterien für die Neuordnung der Grundstücke ergeben. Voraussetzung hierfür ist, dass **die Bebauungsstruktur** der näheren Umgebung im Hinblick auf → Art und → Maß der baulichen Nutzung, die → Bauweise und die überbauten Grundstücksflächen **wie die Festsetzungen eines Bebauungsplans** offen legen, was im Umlegungsgebiet zulässig und erwünscht ist. Dies erfasst nur klar, einheitlich und einfach gegliederte Bebauungskomplexe, in denen die Aufstellung selbst eines einfachen Bebauungsplans unnötiger Aufwand wäre (*Löhr*, in: Battis/Krautzberger/Löhr, BauGB-Kom., § 45 Rdn. 1 a).

4. Gebot der gleichmäßigen Lastenverteilung

Das Umlegungsverfahren muss als öffentliches Interesse der Verwirklichung des Bebauungsplans dienen und gleichzeitig als privates Interesse die Verwendbarkeit und Nutzungsmöglichkeiten der Grundstücke besser gestalten. Die im Umlegungsgebiet erfassten **Eigentümer** haben hierbei insbesondere einen **Anspruch auf Erhaltung der Substanz des Eigentums und auf Beachtung des Gleichheitsgrundsatzes** (Gebot der gleichmäßigen Verteilung der Lasten). Das Bundesverwaltungsgericht hat es allerdings nicht als Verstoß gegen den Gleichheitsgrundsatz angesehen, wenn durch ein Umlegungsverfahren eine Stichstraße gemäß den Festsetzungen des Bebauungsplans auf dem Grundstück eines Eigentümers vollzogen werden sollte, obgleich das Grundstück bereits erschlossen war. Dabei stellte das Gericht darauf ab, dass die vorhandene Erschließungsstraße defizitär war, indem sie ein starkes Gefälle sowie unübersichtliche Verhältnisse im Bereich der Einmündung in die Haupterschließungsstraße aufwies; zudem war im entschiedenen Fall die Lage der Stichstraße nach den Örtlichkeiten durch eine vorhandene Hangterrasse vorgezeichnet (BVerwG, BRS 60 Nr. 8).

5. Verfahren

a) Zuständigkeit

Gemäß § 46 Abs. 1 BauGB ist die Umlegung **von der Gemeinde (Umlegungsstelle)** in eigener Verantwortung **anzuordnen und durchzuführen**, wenn und sobald sie zur Verwirklichung eines Bebauungsplans oder einer geordneten städtebaulichen Entwicklung im Innenbereich erforderlich ist.

b) Umlegungsbeschluss

Nach § 47 BauGB wird die Umlegung nach Anhörung der Eigentümer durch einen **Umlegungsbeschluss** der Umlegungsstelle eingeleitet. Der Umlegungsbeschluss hat das Umlegungsgebiet gemäß § 52 BauGB zu bezeichnen sowie die im Umlegungsgebiet gelegenen Grundstücke im Einzelnen aufzuführen, § 47 BauGB.

c) Bestandskarte

Gemäß § 53 BauGB fertigt die Umlegungsstelle eine **Karte und** ein **Verzeichnis der Grundstücke des Umlegungsgebietes** an, die für die Dauer eines Monats in der Gemeinde öffentlich ausgelegt wird, § 53 BauGB. Nach § 55 BauGB werden die im Umlegungsgebiet gelegenen Grundstücke nach ihrer Fläche rechnerisch zu einer Masse vereinigt (**Umlegungsmasse**); hieraus sind vorweg die örtlichen Verkehrsflächen, Parkplätze, Grünanlagen, Kinderspielplätze sowie andere Gemeinschaftsflächen vorweg auszuscheiden. Die verbleibende Masse ist die **Verteilungsmasse**, die an die Eigentümer in möglichst gleicher oder gleichwertiger Lage wie die ursprünglichen Grundstücke zuzuteilen ist. Die Zuteilung hat entsprechend dem Verhältnis der von den Grundstückseigentümern in die Umlegungsmasse eingebrachten Anteile zu erfolgen. Die Einzelheiten sind in §§ 56–59 BauGB geregelt. Ein über den Flächenbeitrag hinausgehender Umlegungsvorteil ist gemäß § 58 Abs. 1 BauGB in Geld auszugleichen.

6. Umlegungsbeschluss: Rechtsschutz und Rechtsfolgen

Der **Umlegungsbeschluss**, der die Umlegung einleitet (§ 47 BauGB), ist ein **Verwaltungsakt** und kann mit Widerspruch und gegebenenfalls Klage vor den Baulandkammern angefochten werden. Widerspruch und Klage kommen dabei grundsätzlich aufschiebende Wirkung zu. Als wesentliche **Rechtsfolgen** des Umlegungsbeschlusses erhält die **Gemeinde** ein **Vorkaufsrecht** beim Kauf von Grundstücken in dem Umlegungsgebiet (§ 24 Abs. 1 Nr. 2 BauGB); nach § 51 BauGB tritt eine weitgehende **Verfügungs- und Veränderungssperre** ein. Bis zur Bekanntmachung des In-Kraft-

Tretens des Umlegungsplans gemäß § 71 BauGB dürfen im Umlegungsgebiet nur mit schriftlicher Genehmigung der Umlegungsstelle Teilungen oder Verfügungen vorgenommen oder schuldrechtliche Vereinbarungen abgeschlossen werden, die Erwerbs-, Nutzungs- oder Bebauungsrechte einräumen oder Baulasten begründen, ändern oder aufheben. Genehmigungspflichtig sind auch wesentliche Veränderungen der Erdoberfläche oder wesentlich wertsteigende sonstige Veränderungen der Grundstücke sowie die Errichtung von genehmigungs-, zustimmungs- oder anzeigebedürftigen baulichen Anlagen. Die Umlegungsstelle erhält weiterhin nach § 209 BauGB das Recht, mit notwendigen Vorarbeiten auf dem Grundstück (**Vermessungsarbeiten**) **zu beginnen**. Gemäß § 54 Abs. 1 BauGB **teilt die Umlegungsstelle dem Grundbuchamt das Umlegungsverfahren mit**, woraufhin das Grundbuchamt in die Grundbücher der umzulegenden Grundstücke einträgt, dass das Umlegungsverfahren eingeleitet ist (**Umlegungsvermerk**).

7. Freiwillige Baulandumlegung

Neben der gesetzlich geregelten Umlegung i. S. d. §§ 45–79 BauGB können die Gemeinden auch im Rahmen von städtebaulichen Verträgen eine Baulandumlegung vornehmen (BVerwG, NJW 1985, 989). Dabei handelt es sich um einen sog. **subordinationsrechtlichen Vertrag** i. S. d. § 54 S. 2 VwVfG, der die Durchführung eines gesetzlichen Umlegungsverfahrens ersetzen kann. Nach ständiger Rechtsprechung des Bundesverwaltungsgerichtes können im Rahmen einer freiwilligen Baulandumlegung auch vom gesetzlichen Umlegungsverfahren abweichende Vereinbarungen getroffen werden (BVerwG, Beschl. v. 13. 12. 1994 –4 B 216.94-). So sah es das Bundesverwaltungsgericht als rechtmäßig an, dass eine Gemeinde im Rahmen einer freiwilligen Baulandumlegung, dem ortsansässigen Kläger ein Baugebot auferlegte, das Grundstück innerhalb der nächsten 15 Jahre entweder selbst oder durch seine Ehefrau oder einen Verwandten zu bebauen und selbst zu nutzen (sog. Einheimischenmodell). Das Bundesverwaltungsgericht sah sowohl die Vereinbarung des Baugebotes als rechtmäßig an, da es auch im gesetzlichen Umlegungsverfahren in § 59 Abs. 7 BauGB ausdrücklich vorgesehen ist und dort im Rahmen des als Verwaltungsakt ausgestalteten Umlegungsplanes ausgesprochen werden kann (VGH Mannheim, BRS 63, Nr. 234), als auch die Beschränkung des Personenkreises im Sinne eines sog. Einheimischenmodells im Rahmen einer freiwilligen Baulandumlegung. Zwar seien derartige Modelle im Baugesetzbuch nicht vorgesehen und könnten wegen des abschließenden Katalogs des § 9 BauGB bauplanerisch nicht festgesetzt werden. Das Baugesetzbuch begründe aber andererseits in seiner Gesamtkonzeption auch kein Verbot i. S. d. § 134 BauGB, außerhalb des BauGB auf die Entwicklung der Eigentümerverhältnisse in einem → Baugebiet vertragliche Einfluss zu nehmen. Soweit solche flankierenden Maßnahmen daher zur Erfüllung gemeindlicher Aufgaben erforderlich seien und nicht darauf abzielten, Nichteinheimische vom Gemeindegebiet fernzuhalten, seien sie im Rahmen freiwilliger Vereinbarungen zulässig, sofern der Mangel an Bauland in der Gemeinde erheblich ist und in anderer Weise nicht zu beheben ist sowie Einheimische besonders betroffen sind (VGH Mannheim, BRS 63, Nr. 234).

Ebenso sind Grundeigentümer und Gemeinde bei der freiwilligen Baulandumlegung auch nicht strikt an die, für das gesetzliche Umlegungsverfahren geltenden Bemessungsgrenzen des § 58 Abs. 1 S. 2 BauGB gebunden bei der Vereinbarung des einen Flächenbeitrag ersetzenden Geldbetrages. Auch insoweit kann ein städtebaulicher Vertrag die gesetzliche Ordnung des Umlegungsrechtes verdrängen. So schließt nach dem Bundesverwaltungsgericht der Umstand, dass ein zum Ausgleich der Umlegungsvorteile zu erbringender Flächenbeitrag nach § 58 Abs. 1 S. 1 Hs. 1 BauGB unter Anrechnung des Flächenabzugs nach § 55 Abs. 2 BauGB zu bestimmen ist, eine Vereinbarung nicht aus, einen Geldbetrag anstelle des – den Flächenabzug übersteigenden – Flächenbeitrags zu vereinbaren. Ein derartiger Vorteilsausgleich könne sich insbesondere dann als zweckmäßig oder gar erforderlich erweisen, wenn Flächen, die nach dem gesetzlichen Umlegungsrecht eigentlich als Flächenbeitrag der Gemeinde zuzuteilen wären, z. B. im Hinblick auf die Festsetzungen des Bebauungsplanes ganz oder teilweise den Eigentümern verbleiben und diese anstelle des Flächenbeitrags einen Geldbeitrag an die Gemeinde leisten sollen, wobei sich die Gemeinde jedoch nicht einen den Umständen nach unangemessen hohen Geldbetrag versprechen lassen darf (BVerwG, ZfBR 2002, 74, 76).

Umsatzsteuer → Abnahme; → Bauhandwerkersicherung nach § 648 a BGB
Auf **Schadensersatzansprüche** ist keine Umsatzsteuer zu berechnen (BGH, BauR 2001, 1903, 1904 m. w. N. für § 649 S. 2 BGB; OLG Koblenz, BauR 2002, 811 zu § 642 BGB; LG Leipzig, BauR 2002; 973, 975 zu § 648 a BGB). Schadensersatzleistungen sind keine Austauschleistungen, i. S. d. § 1 Umsatzsteuergesetz.
Unterfällt ein Vertrag der **Grunderwerbssteuer**, z. B., da ein Architekt die Erstellung eines Hauses mit Grundstück zum Kauf anbietet, fällt gemäß § 4 Nr. 9 a Umsatzsteuergesetz ebenfalls keine Umsatzsteuer an. Der Architekt erhält in diesem Fall nur die Nettovergütung (LG Freiburg, IBR 2002, 423).
Auf eine **Vergütung** ist die Umsatzsteuer mit dem zur Zeit der **Abnahme** des Werkes gültigen Umsatzsteuergesetz zu berechnen (OLG Düsseldorf, IBR 1997, 9). Das gilt entsprechend zur Abnahmefähigkeit der Werke der Architekten und Ingenieure, sofern nicht Teilleistungen gesondert, wie beim → Stufenvertrag, beauftragt werden (so auch: *Wirth/Theis*, Architekt und Bauherr, S. 523 f,; *Eich*, IBR 1995, 347; a. A. *Jochem*, DAB 1998, 313 f.). Anderenfalls ist auf die Abnahmefähigkeit der Teilleistungen gemäß § 13 Abs. 1 Nr. 1 a Umsatzsteuergesetz abzustellen.

Umstrukturierungssatzung → Erhaltungssatzung

Umweltbericht → Bebauungsplan; → Monitoring
Der Umweltbericht gemäß § 2 a BauGB ist integrierter Bestandteil des Bauleitplans und beschreibt die erheblichen Umweltauswirkungen des Flächennutzungsplans oder Bebauungsplans. Seine wesentlichen Merkmale finden sich in der Anlage zum BauGB. Danach hat der Umweltbericht eine Einleitung mit den Angaben über die Inhalte und Ziele des Plans, die für den Bauleitplan relevanten anderen Gesetze und Pläne und deren Berücksichtigung, ferner die Beschreibung und Bewertung der Umweltauswirkungen, wie sie in der Umweltprüfung ermittelt wurden mit einer Bestandsaufnahme, Prognose und Entwicklung sowie Maßnahmen der Vermeidung und des Ausgleichs von Umweltbeeinträchtigungen sowie die Planalternativen zu enthalten. Bei der Alternativprüfung ist lediglich zu prüfen, ob andere „vernünftige Alternativen" vorhanden sind (Nr. 2 d der Anlage zum BauGB). Schließlich hat der Umweltbericht Angaben zu machen über die umweltbezogenen Prüfmethoden, die eingesetzt wurden, und die Überwachungsmaßnahmen bei der Plandurchführung (Monitoring). Eine allgemein verständliche Zusammenfassung schließt den Umweltbericht ab.
Der Umweltbericht bildet einen gesonderten Teil der Begründung des Bauleitplanes (§ 2 a S. 2 BauGB). Fehler im Umweltbericht sind gemäß § 214 Abs. 1 Nr. 3 BauGB grundsätzlich beachtliche Fehler; allerdings ist eine Verletzung von Vorschriften in Bezug auf den Umweltbericht dann unbeachtlich, wenn die Begründung hierzu nur in unwesentlichen Punkten unvollständig ist.

Umweltverträglichkeitsprüfung (UVP)
1. Einbeziehung in die Umweltprüfung nach BauGB
Das Gesetz über die Umweltverträglichkeitsprüfung (UVPG) ordnet die Pflicht zur Durchführung einer Umweltverträglichkeitsprüfung bei diversen umweltrelevanten Großprojekten an, die in der Anlage 1 zum UVPG aufgelistet sind (Kraftwerke, Gießereien, Raffinerien, Deponien, Abwasserbehandlungsanlagen, Bundesfernstraßen, Flugplätze etc.). Nach § 17 Abs. 1 UVPG wird die Um-

weltverträglichkeitsprüfung für UVP-relevante Vorhaben, insbesondere für die Vorhaben, die in den Nummern 18.1 bis 18.9 der Anlage 1 zum UVPG aufgezählt sind (Feriendörfer, Hotelkomplexe, Campingplätze, Parkplatzanlagen, Einkaufszentren und sonstige großflächige Handelsbetriebe im Sinne von § 11 Abs. 3 S. 1 BauNVO sowie andere Städtebauprojekte) als Umweltprüfung im Rahmen der Aufstellung des Bebauungsplans durchgeführt. Damit wird klargestellt, dass die Umweltprüfung auch für die Aufstellung von Bebauungsplänen stets die Funktion einer Umweltverträglichkeitsprüfung hat sowie dass eine etwaige Vorprüfung im Einzelfall nach den Regelungen des UVPG entfällt. Alle Anforderungen an die Umweltprüfung sind also dem BauGB selbst zu entnehmen (*Schink*, UPR 2004, 81, 83).

2. Abschichtungswirkung von Umweltprüfungen

Nach § 17 Abs. 3 UVPG soll die Umweltverträglichkeitsprüfung im nachfolgenden Zulassungsverfahren auf zusätzliche oder andere erhebliche Umweltauswirkungen beschränkt werden, wenn eine Umweltprüfung in einem Aufstellungsverfahren für einen Bebauungsplan durchgeführt wurde und im nachfolgenden Zulassungsverfahren eine Umweltverträglichkeitsprüfung notwendig ist. Der Umfang dieser Abschichtungswirkung hängt ab von der Intensität und Detailgenauigkeit der durchgeführten Umweltprüfung einerseits und dem zeitlichen Abstand der durchzuführenden Prüfungen andererseits. Je länger die durchgeführte Umweltprüfung zurückliegt, umso eher können sich die Verhältnisse derart geändert haben, dass die Prüfung nur noch eingeschränkt oder nicht mehr verwendet werden kann (*Schink*, UPR 2004, 81, 92). Die bis zum 20. Juli 2004 geltende Beschränkung der UVP, wonach bei den Vorhaben der Nummern 18.1 bis 18.8 der Anlage 1 zum UVPG die UVP nur im Bebauungsplanverfahren durchzuführen war, ist entfallen mit der Folge, dass auch für die dort genannten Anlagen im Zulassungsverfahren noch eine UVP durchzuführen ist. Folge davon wird sein, dass das Bauordnungsrecht der Länder für eine UVP geöffnet werden muss (*Schink*, UPR 2004, 81, 92).

3. Ablauf der UVP-Prüfung

Soweit durch einen Bebauungsplan die Zulässigkeit von Vorhaben im Sinne der Anlage 1 zum UVPG begründet wird, für die etwa eine spezielle Genehmigungsvorschrift nach dem BImSchG besteht, muss eine „UVP" (als Umweltprüfung) sowohl im Bebauungsplanverfahren als auch im immissionsschutzrechtlichen Genehmigungsverfahren durchgeführt werden. Die „UVP" im Bebauungsplanverfahren konzentriert sich entsprechend dem Planungsstand vor allem auf die Standortfrage, während sich die UVP im Genehmigungsverfahren auf zusätzliche und andere, vor allem anlagenbezogene erhebliche Umweltauswirkungen beschränken kann (§ 17 Abs. 3 UVPG). Soweit keine Umweltprüfung durch ein Bebauungsplanverfahren erfolgt, ist für die UVP-relevanten Vorhaben (Anlage 1 zum UVPG) die Umweltverträglichkeitsprüfung eigenständig und umfassend nach dem UVPG im Rahmen des konkreten Genehmigungsverfahrens durchzuführen. Die Vorgehensweise entspricht weitgehend dem Verfahren über die Umweltprüfung nach dem BauGB.

Unabwendbares Ereignis → Höhere Gewalt; → Schadensersatz

1. Definition

Hierbei handelt es sich um einen Begriff des Schadensrechtes. Schadensersatzansprüche sind nicht nur als Verschuldenshaftung, d. h. Haftung bei Verstößen gegen Vertragspflichtverletzungen oder bei vorsätzlicher bzw. fahrlässiger Nichtbeachtung von Sorgfaltsanforderungen im Allgemeinen Rechtsverkehr denkbar. Neben diesen von einem Pflichtverstoß bzw. Verschulden abhängigen Schadensersatzansprüchen kennt das Gesetz auch die **objektive Gefährdungshaftung** als Ausnahme von der Verschuldungshaftung (BGHZ 54, 336).

Grundlage der Gefährdungshaftung ist der Gedanke, dass nicht jedes gefährliche Verhalten verboten werden kann, sondern gerade im Industriezeitalter gefährliche Handlungen als legitim und gewollt angesehen werden (Eisenbahnbetrieb, Straßenverkehr). Gleichfalls wäre es allerdings unbillig, das Risiko für etwaige Schäden auf den Betroffenen überzuwälzen (vgl. *Max Rümelin*: Die Grundzüge der Schadenszurechnung und die Stellung des deutschen BGB zur Schadensersatzpflicht, 1896). Vielmehr ist der Gedanke der objektiven Gefährdungshaftung der, dass, wer eine solche Gefahr für andere schafft, unterhält oder ausnützt, diesem verschuldensunabhängig verpflichtet ist, den Schaden zu ersetzen, wenn sich das Risiko verwirklicht. Man haftet sozusagen allein deshalb, weil man sich zwar legitim, jedoch gefährlich verhält. Da diese Haftung unabhängig von einem Verschulden entsteht, hat es der Gesetzgeber für billig angesehen, die Haftung dem Umfang nach zu beschränken. So sind höhere Gewalt und das Vorliegen eines **unabwendbaren Ereignisses** Ausschlussgründe für die objektive Gefährdungshaftung, denn in diesen Fällen entsteht der Schaden nicht durch das Betriebsrisiko, sondern durch unglückliche Ereignisse. Beispielsweise bei der objektiven Gefährdungshaftung des Halters eines Kfz gem. § 7 Abs. 1 StVG: Wird bei dem Betrieb eines Kfz ein Mensch getötet, der Körper oder die Gesundheit eines Menschen verletzt oder eine Sache beschädigt, so ist der Halter des Fahrzeuges verpflichtet, → Schadensersatz zu leisten. § 7 Abs. 2 StVG nennt den **Haftungsausschluss** für den Fall, wenn der Unfall durch ein **unabwendbares Ereignis** verursacht wird, das weder auf einem Fehler in der Beschaffenheit des Fahrzeuges noch auf einem Versagen seiner Verrichtungen beruht. Dies ist z. B. dann der Fall, wenn der Unfall auf das Verhalten des Verletzten oder eines nicht mit dem Betrieb des Fahrzeuges beschäftigten Dritten oder eines Tieres zurückzuführen ist und sowohl der Halter als auch der Führer des Fahrzeuges jede nach den Umständen des Falles gebotene Sorgfalt beachtet hat (sogenannter Idealfahrer).

2. VOB/B

In der VOB/B tauchen die Begriffe höhere Gewalt und unabwendbare Umstände in § 6 Nr. 2 Abs. 1 c sowie in § 7 Nr. 1 in einem anderen Zusammenhang auf. § 6 Nr. 2 Abs. 1 c VOB/B behandelt nicht die Zurechnung eines Umständes zu einem Haftungstatbestand, sondern er bestimmt, dass im Falle des Vorliegens höherer Gewalt oder anderer für den AN unabwendbarer Umstände die Ausführungsfristen zur Fertigstellung verlängert werden. Der Gedanke des Abgrenzens von Risikosphären ist hier allerdings der gleiche wie im Zusammenhang mit der objektiven Gefährdungshaftung. § 7 Nr. 1 VOB/B knüpft ganz deutlich an den Grundgedanken der objektiven Gefährdungshaftung an. Diese Vorschrift regelt die Vergütungsgefahr hinsichtlich des Bauwerks vor → Abnahme in dem Fall, dass das Bauwerk durch höhere Gewalt, Krieg, Aufruhr oder andere unabwendbare und vom Auftragnehmer nicht zu vertretende Umstände beschädigt oder zerstört wird. In diesen Fällen gebietet die Billigkeit eine Risikoverteilung zugunsten des Auftragnehmers. Er hat gem. § 7 Nr. 1 VOB/B einen Anspruch auf Vergütung für die bereits fertiggestellten Leistungen gem. § 6 Nr. 5 VOB/B. Weitere Ansprüche des Auftragnehmers hinsichtlich der Vergütung sind ausgeschlossen. Das bedeutet allerdings nicht, das Ansprüche aus anderen Haftungsgründen ausgeschlossen sind (*Heiermann/Riedel/Rusam*, § 7 VOB/B, Rdn. 16). In der Praxis werden die Risiken durch Abschluss von Bauwesen-, Montage- und Sturmversicherungen abgemildert.

Unerlaubte Handlung

Vorschriften über unerlaubte Handlungen finden sich im 25. Titel des 7. Abschnitts des 2. Buches des BGB (§§ 823 ff. BGB). Die Vorschriften über unerlaubte Handlungen (sog. Delikte) bezwecken den Schutz des Einzelnen gegen widerrechtliche Eingriffe in seinen Rechtskreis (Leben, Gesundheit, Ehre, Eigentum u. a.). Sie regeln also insbesondere die Schadensersatzpflicht gegenüber jedermann (unabhängig von Vertragsbeziehungen). Vertragliche Pflichtverletzungen können aber zugleich auch unerlaubte Handlungen darstellen. Die Anspruchsnormen treten dann in Konkurrenz zueinander. Im Einzelfall kann es Probleme hinsichtlich der Anwendbarkeit der verschiedenen Verjährungsvorschriften geben. Welche Handlungen im Einzelfall unerlaubt bzw. anderseits geboten sind, bestimmt sich nach den aus den Einzelumständen zu entnehmenden Sorgfaltsanforderungen. Jedenfalls besteht kein allgemeines Gebot, andere vor Selbstgefährdung zu bewahren und kein Verbot, andere zur Selbstgefährdung psychologisch nicht zu veranlassen. Neben den allgemeinen Sorgfaltspflichten im Einzelfall gibt es ein erhöhtes Pflichtgebot für Fälle, in denen jemand eine Gefahrenquelle schafft oder unterhält (Verkehrssicherungspflichten). Vertragspflichten sind in der Regel (da aufgrund des Vertragsschlusses in der Regel über das Übliche hinausgehende Rücksichtnahmeverpflichtungen bestehen) auch gleichzeitig Sorgfaltspflichten im Rahmen der unerlaubten Handlung. Beispiele: Prüfungspflicht des AN hinsichtlich des Baugrundes, wobei sich die Prüfungspflicht nur auf die unter normalen Umständen gewonnenen Erkenntnisse bezieht; kostspielige chemische oder mechanische Bodenuntersuchungen sind nicht erforderlich (OLG Schleswig, BauR 1989, 730, 732); andere als vertragliche Pflichten sind im Rahmen der Errichtung eines Bauwerkes zumeist Verkehrssicherungspflichten (Beispiele hierfür unter, Verkehrssicherungspflichten).

Bei horizontaler Arbeitsteilung (Verteilung in **nebeneinander** bestehende Tätigkeitsgebiete) ist Anknüpfungspunkt für die Abgrenzung der Sorgfaltspflichten grundsätzlich die dem jeweiligen Fachbereich zugewiesene Aufgabe. Bei vertikaler Arbeitsteilung (**Über- und Unterordnung** im selben Fachbereich) haftet grundsätzlich der unmittelbar die Arbeiten ausführende, der Übergeordnete ist aber u. U. wegen Auswahl- oder Überwachungspflichten ebenfalls (dann als Gesamtschuldner) haftbar.

Eine eigenständige Bedeutung haben im Rahmen des Rechts der unerlaubten Handlungen Fälle, in denen bestimmte Schutzgesetze verletzt wurden (§ 823 Abs. 2 BGB). In solchen Fällen liegt eine Pflichtverletzung und somit unerlaubte Handlung objektiv bereits deswegen vor, weil das Schutzgesetz, welches ein konkretes Handlungsge- oder -verbot enthält, verletzt wurde. Beispiel: Das Verbot des § 909 BGB, durch Bauarbeiten, also Aufgrabungen, Erdaushub oder Grundwassereingriffe, die Stützkraft des Bodens eines Nachbargrundstücks zu gefährden stellt ein Schutzgesetz im Sinne von § 823 Abs. 2 BGB dar. Beruht ein solcher Schaden auf einer Anordnung eines Architekten, so haftet dieser dem Nachbarn (im Einzelnen: *Kniffka*, Die deliktische Haftung für durch Baumängel verursachte Schäden, ZfBR 1991, 2 ff., zu beachten sind die seit dem 1. 1. 2002 geltenden modifizierten Verjährungsregelungen).

Unfallverhütung

Unfallverhütungsvorschriften werden von den Berufsgenossenschaften herausgegeben. Unfallverhütungsvorschriften sind technische Regelwerke im Sinne des § 4 Abs. 2 (1) VOB/B. Verantwortlich dafür, dass die Unfallverhütungsvorschriften des Baugewerbes eingehalten werden, ist nicht der Architekt, sondern der jeweilige Bauunternehmer, weil dieser unmittelbar für die konkrete Herstellung des Bauwerkes und die Arbeiten verantwortlich ist. Der Architekt trägt also keine vertragliche oder deliktische Verantwortung für die Be- und Missachtung von Unfallverhütungsvorschriften von am Bau beschäftigten Arbeitern (OLG Stuttgart, NJW 1984, 2897).

Ein Verstoß gegen die Unfallverhütungsvorschriften, zumindest wenn sie mit eindeutigen Sicherungsanweisungen vor tödlichen Gefahren schützen wollen, stellt regelmäßig eine objektive schwere Pflichtverletzung dar (BGH, ZfBR 1989, 68 = BauR 1989, 109). In Fällen, in denen besonders schwerwiegend bzw. gegen besonders eindeutige Sicherungsanweisungen der Unfallverhütungsvorschriften verstoßen wurde, kann der objektive Pflichtverstoß den Schluss auf ein auch subjektiv gesteigertes Verschulden nahe legen (BGH, a. a. O).

In Leistungsverzeichnissen gem. § 9 VOB/A müssen in den → Vorbemerkungen hierzu Regelungen technischen Inhalts aufgenommen werden, die einheitlich für alle beschriebenen Leistungen gelten, mithin auch Unfallverhütungsvorschriften.

Unfertige Bauten
Unfertige Bauten sind Bauten, die noch nicht vom Auftraggeber abgenommen wurden. Sie können im Rahmen der Geschäftsbilanzen nur mit ihren Herstellungskosten angesetzt werden.

Ungerechtfertigte Bereicherung → MRVG; → Übliche Vergütung
Der 24. Titel des 7. Abschnitts des 2. Buches des BGB behandelt die ungerechtfertigte Bereicherung. Die §§ 812–822 BGB enthalten verschiedene bereicherungsrechtliche Ansprüche auf Rückgängigmachung eines Rechtserwerbs, welcher nach den maßgeblichen Vorschriften im Interesse der Rechtssicherheit, aus Gründen der rechtlichen Logik, zum Schutz eines gutgläubigen Erwerbs oder aus sonstigen Gründen zwar gültig vollzogen ist, jedoch im Verhältnis zu dem Benachteiligten ungerechtfertigt ist. Ziel des Bereicherungsanspruches ist es, in bestimmten Konstellationen einen gerechten und billigen Ausgleich durch Herausgabe des Erlangten bzw. des Wertersatzes zu schaffen. Das Bereicherungsrecht ist somit Billigkeitsrecht, deren Anwendung und Auslegung im Einzelfall erfolgt deshalb in besonderem Maße nach den Grundsätzen von Treu und Glauben (BGHZ 36, 235, 55, 128). Hauptfälle sind ein Bereicherungsanspruch bei → Leistung ohne Rechtsgrund (§ 812 Abs. 1 Satz 1 Alt. 1 BGB für den Fall, dass der rechtliche Grund von Anfang an nicht vorhanden war, sowie § 812 Abs. 1 Satz 2 Alt. 1 für den Fall, dass der rechtliche Grund, etwa durch → Anfechtung, später wegfällt).
Im Rahmen **synallagmatischer** Verträge (Verträge, bei denen die Leistungen wechselseitig vorgenommen werden, z. B. → Kaufvertrag, → Werkvertrag – jeweils für die Hauptleistungspflichten) kommt es in dem Falle, dass der Vertrag als Rechtsgrund nicht besteht und beide Parteien ihre Leistungen bereits erbracht haben, dazu, dass jeder der Parteien ein solcher Bereicherungsanspruch auf Rückgewähr des erlangten bzw. Wertersatz zusteht. Die Rechtsprechung wendet zum Teil aus prozessökonomischen Gesichtspunkten heraus in solchen Fällen die Saldotheorie an. Sie besagt, dass im Fall der beiderseitigen Verpflichtung zu Wertersatz die jeweiligen Ansprüche saldiert (verrechnet) werden und nur eine ggf. verbleibende Differenz zugunsten einer Partei zurückzuerstatten ist. Ausnahmen hiervon können sie aus dem Grundsatz der Billigkeit ergeben, etwa wenn der Vertrag aufgrund arglistiger Täuschung der einen Partei nichtig ist und der anderen Partei die Rückgewähr des erhaltenen unverschuldeter Weise nicht möglich ist (BGHZ 57, 137, 146 ff.) oder im Fall, dass die eine Partei noch minderjährig ist, da der Minderjährigenschutz Vorrang hat.
Beispielsfälle:
– Kommt ein Bauwerkvertrag wegen offenen Dissens (z. B. über die Höhe der Vergütung) gem. § 154 BGB nicht wirksam zustande und leistet der Auftragnehmer gleichwohl, so kann er Ansprüche aus ungerechtfertigter Bereicherung aufgrund des Wertzuwachses beim Auftraggeber geltend machen (für den Fall, dass die Parteien zumindest durch schlüssiges Verhalten erklären, dass sie an den Vertrag gebunden sein wollen, kommt eine Bestimmung der Vergütung nach § 632 Abs. 2 BGB in Betracht → übliche Vergütung).
– Hat der Auftraggeber infolge falscher Rechnungserteilung zuviel bezahlt, so kann er den überschießenden Betrag nach den Grundsätzen der ungerechtfertigten Bereicherung vom Auftragnehmer zurückverlangen (OLG Düsseldorf, BauR 1977, 64). Nach a. A. ist ein vertraglicher Rückzahlungsanspruch gegeben (BGH, BauR 1999, 635; 1995, 91; OLG Düsseldorf, BauR 2003, 1587).
– Bei Vorliegen eines rechtlich relevanten Irrtums (z. B. bei einem offenen → Kalkulationsirrtum (zur unbestimmten Rechtsprechung in diesem Zusammenhang vgl. *Heiermann/Riedel/Rusam*,

§ 2 VOB/B, Rdn. 21)) kann der irrende Auftragnehmer den Vertrag anfechten. Folge der → Anfechtung ist die Nichtigkeit des Vertrages von Anfang an (ex tunc) und Rückabwicklung des bislang geleisteten nach Bereicherungsrecht. Die Anfechtung nur eines Teils der Willenserklärung, z. B. der bloßen Preisvereinbarung im Falle des offenen Kalkulationsirrtums, führt u. U. nur zur Teilnichtigkeit des Bauvertrages (unter weiterem Fortbestand im Übrigen) mit der Folge, dass nunmehr mangels anderweitiger Einigung der angemessene Preis (→ übliche Vergütung) zu leisten ist (OLG Frankfurt, BauR 1980, 579).

- Bei Verstoß eines Architektenvertrages gegen das Koppelungsverbot (Art. 10 § 311 RVG i. V. m. § 134 BGB) ist der Vertrag unwirksam. Ein Anspruch für bislang ausgeführte Arbeiten des Architekten ergibt sich für ihn unter dem Gesichtspunkt der ungerechtfertigten Bereicherung (BGHZ 70, 112 = BauR 1978, 60; BGH, BauR 1982, 83). Im Rahmen des Bereicherungsausgleiches soll auf diesem Umweg jedoch nicht doch noch das volle → Honorar verdient werden. Daher sind lediglich diejenigen Aufwendungen zu ersetzen, die der → Auftraggeber eingespart hat, weil er einen anderen Architekten mit der Tätigkeit und Honorierung nicht beauftragen musste (BGH, BauR 1994, 651; OLG Düsseldorf, BauR 1993, 630).

- Hat ein Architekt über die Grenzen seiner Bevollmächtigung hinaus Tätigkeiten wahrgenommen und haftet er deshalb als vollmachtloser Vertreter, so steht ihm gleichwohl ein Bereicherungsanspruch gegen den Grundstückseigentümer zu, wenn dieser durch die erbrachte Bauleistung einen Vermögenszuwachs erfahren hat und wenn der Grundstückseigentümer mit dem angeblichen → Auftraggeber nicht identisch ist (BGHZ 36, 30). Ist jedoch der Grundstückseigentümer mit dem Auftraggeber identisch und bestehen zwischen dem Auftraggeber und den Auftragnehmern Bauverträge und gibt der Architekt gleichwohl zusätzliche Leistungen in Auftrag, so scheidet ein Anspruch aus ungerechtfertigter Bereicherung aus (*Locher*, Das private Baurecht, Rdn. 320).

- Schließen die Bauvertragspartner einen sog. Schwarzarbeitervertrag, so kann dieser wegen Verstoßes gegen ein gesetzliches Verbot nichtig (§ 134 BGB) sein, da das Gesetz zur Bekämpfung der Schwarzarbeit ein entsprechendes gesetzliches Verbot enthält. Nichtig ist der Vertrag unstreitig dann, wenn **beide** Vertragsparteien wissen, dass der Unternehmer schwarz arbeitet (BGH, BauR 1983, 66). Ist der Vertrag insgesamt nichtig, weil **beide Vertragsparteien** von der Schwarzarbeit wissen, so scheidet nicht nur der Vergütungsanspruch des Unternehmers, sondern es scheiden zudem die Gewährleistungsansprüche des Auftraggebers aus (OLG Düsseldorf, OLGR 1993, 116). Es wird teilweise der Standpunkt vertreten, dass dem Unternehmer im Falle der Nichtigkeit des Bauvertrages ein Entgelt in Höhe der üblichen Vergütung aus sog. **Geschäftsführung ohne Auftrag** zusteht. Die übliche Vergütung kann dabei aber nicht höher sein als die vereinbarte. Regelmäßig ist wegen der Schwarzarbeit von der üblichen oder vereinbarten Vergütung ein Abzug von mindestens 15 % zu machen (z. B. OLG Düsseldorf BauR 1993, 487). Liegt kein Fall der → Geschäftsführung ohne Auftrag vor, weil der Unternehmer z. B. nicht im Interesse oder mit dem Willen des Auftraggebers gearbeitet hat, kann immer noch ein Anspruch aus **ungerechtfertigter Bereicherung** (§ 812 Abs. 1 BGB) gegeben sein. § 817 Satz 2 BGB ist nicht anzuwenden (BGH, BauR 1990, 721). In diesem Falle sind die ersparten Aufwendungen nicht zu ersetzen. Auch in diesem Fall entsteht allerdings kein Anspruch des Auftragnehmers auf die volle Vergütung, sondern es ist ein Abzug vorzunehmen.

Unlauterer Wettbewerb → Wettbewerbsrecht

Unterauftrag → Erfüllungsgehilfe; → Nachunternehmer; → Sonderfachleute

Zur → Erfüllung der vertraglich geschuldeten → Leistung können sich die Parteien (Auftragnehmer, Architekten, Ingenieure) grundsätzlich der Erfüllungsgehilfen bedienen (§ 278 BGB). Eine

Weitergabe von Leistungen an Erfüllungsgehilfen, sog. → Nachunternehmer bzw. Subunternehmer ist im Allgemeinen Werkvertragsrecht sowie im Architektenrecht grundsätzlich zulässig. Bei einem → VOB-Vertrag ist hingegen § 4 Nr. 8 VOB/B zu beachten, wonach der Auftragnehmer die Leistung grundsätzlich selbst auszuführen hat (Ausnahmen nur bei schriftlicher Zustimmung des → Auftraggebers sowie bei Leistungen, auf die der Betrieb des Auftragnehmers nicht eingerichtet ist). Bei öffentlichen Bauaufträgen ist das Vergabehandbuch (VHB), dort Nr. 4 zu § 4 b, zu beachten. Architekten unterbeauftragen oft → Sonderfachleute zur Erfüllung der ihnen übertragenen Leistungen. Handelt es sich bei den Sonderfachleuten um Freiberufler, so werden auch diese nach der → HOAI vergütet (BGH, BauR 1985, 582), etwas anderes gilt unter Umständen, wenn der Architekt die Sonderfachleute oder andere Unterbeauftragte als **angestellte** Architekten oder freie Mitarbeiter in **arbeitnehmerähnlicher Stellung** unterbeauftragt. In solchen Fällen ist zu prüfen, ob es sich bei den unterbeauftragten noch tatsächlich um weisungsunabhängige Erfüllungsgehilfen (§ 278 BGB) oder nur um bloße Verrichtungsgehilfen (§ 831 BGB) handelt.

Unterbrechung der Verjährung   → Hemmung der Verjährung; → Verjährung
Im Zuge der Schuldrechtsmodernisierung sind zum 1. 1. 2002 die Unterbrechungstatbestände bei der → Verjährung (jetzt: „Tatbestände des Verjährungsneubeginns") eingeschränkt worden. Gemäß § 212 Abs. 1 BGB n. F. beginnt die Verjährung wieder von neuem (bzw. mit der alten Terminologie: wird die Verjährung unterbrochen) nur noch dann, wenn entweder der Schuldner dem → Gläubiger gegenüber den Anspruch durch → Abschlagszahlung, Zinszahlung, Sicherheitsleistung oder in anderer Weise anerkennt oder wenn eine gerichtliche oder behördliche Vollsteckungshandlung vorgenommen oder beantragt wird. Die übrigen nach altem Recht bestehenden Unterbrechungsgründe (z. B. gerichtliche Maßnahmen wie die Klageerhebung oder die Zustellung des Mahnbescheides) gelten im neuen Recht nur noch als Hemmungstatbestände (§ 204 BGB n. F.). Nach neuem Recht gelten über § 639 Abs. 2 BGB a. F. hinaus jegliche Verhandlungen über einen Anspruch (z. B. Werklohnanspruch) als verjährungshemmend (§ 203 BGB n. F.). Übergangsrecht: Art. 229 § 6 Abs. 1 und 2 EGBGB.

Unterschreitung der Mindestsätze   → Mindestsatz

Unverbindliche Leistungen   → Umfang des Architektenvertrages; → Verzug; → Vollmacht
Leistungen sind grundsätzlich erst dann verbindlich, wenn sich die Parteien hierüber geeinigt haben, d. h. einen Vertrag geschlossen haben. In der Vorphase erbrachte Leistungen (z. B. im Rahmen der Akquisition) sind unverbindlich und lösen deshalb auch keine Gegenleistungspflicht (Vergütung) bei der anderen (potentiellen) Vertragspartei aus. Die → Beweislast für die Vergütungsverpflichtung, d. h. dafür, dass bereits ein Vertrag geschlossen wurde, trägt der Leistende z. B. im Rahmen der Akquisition (OLG Hamm, NJW-RR 1996, 83). Hat der Leistende den Vertragsschluss dargelegt und bewiesen, so hat die andere Partei zu beweisen, dass die → Leistung ggf. dennoch unentgeltlich erbracht werden sollte (BGH, NJW 1987, 2742, BauR 1987, 454).
Werbungsmaßnahmen z. B. sind grundsätzlich unverbindlich. Rechtliche Beachtung finden Werbeaussagen u. U. aber beim Unternehmenskauf. § 434 Abs. 1 Satz 3 BGB n. F. regelt, dass bei Feststellung eines Mangels auch Eigenschaften zu berücksichtigen sind, die der Käufer nach den öffentlichen Äußerungen des Verkäufers, Herstellers oder seines Gehilfen insbesondere in der **Werbung** oder bei der Kennzeichnung über bestimmte Eigenschaften der Sachen erwarten kann.
Einzelfälle: Ein Architekt, der zunächst Planungsleistungen auf eigenes Risiko und somit gefälligkeitshalber erbringt und eine Vergütung für die von ihm erbrachten Leistungen nach Absprache nur

erhalten soll, wenn die Planung gefällt, hat keinen Vergütungsanspruch. Die werbende Tätigkeit von Architekten ist jedoch i. d. R. dann nicht mehr bloße Werbung (sondern bereits zu vergütende Leistung), wenn die Tätigkeit des Architekten absprachegemäß in die konkrete Planung übergeht (OLG Hamm, NJW-RR 1996, 83), denn von diesem Zeitpunkt an gilt ein allgemeiner Erfahrungswert, dass der Architekt üblicherweise nur entgeltlich tätig wird. Ein vergütungspflichtiger Architektenauftrag gilt auch dann als erteilt, wenn der Auftraggeber dem Architekten eine → Vollmacht zur Verhandlung mit Behörden erteilt; denn mit Vollmachterteilung liegt auch eine Willenserklärung zum Abschluss eines – von der Bevollmächtigung zu unterscheidenden Vertragsschlusses – vor (KG BauR 1988, 624).

Bei Verträgen mit öffentlichen Körperschaften oder Kirchengemeinden oder Genossenschaften ist zu beachten, dass grundsätzlich die einschlägigen Vertretungsregeln eingehalten werden (z. B. § 38 Abs. 6 Kommunalverfassung Mecklenburg-Vorpommern oder § 63 Niedersächsische Gemeindeordnung oder §§ 24 ff. Genossenschaftsgesetz oder § 14 Vermögensverwaltungsgesetz). Ansonsten handelt z. B. der Bürgermeister einer Gemeinde ohne Vertretungsmacht und ein Vertrag mit der Gemeinde ist unwirksam mit der Folge, dass kein Vergütungsanspruch besteht (OLG Hamm BauR 1995, 129, BGH, BauR 1993, 363, im Einzelnen: *Schmidt*, Der Fachplanervertrag, S. 48 ff.).

Urheberrecht → Lizenzgebühr; → Urheberrecht des Stadtplaners

Das Gesetz über Urheberrechte und verwandte Schutzrechte (Urheberrechtsgesetz) vom 9. 9. 1965 (BGBl. I Seite 1273) bestimmt in § 1, dass die Urheber von Werken der Literatur, Wissenschaft und Kunst den Schutz nach Maßgabe dieses Gesetzes genießen. § 2 Abs. 1 Nr. 7 UrhG zählt beispielhaft hierfür die „Darstellung wissenschaftlicher oder technischer Art, wie Zeichnungen, Pläne, Karten, Skizzen, Tabellen und plastische Darstellungen" auf. § 2 Abs. 1 Nr. 4 UrhG zählt zu den geschützten Werken auch „Werke der bildenden Künste einschließlich der Werke der Baukunst und der angewandten Kunst und Entwürfe solcher Werke". Somit zählen bestimmte Architektenleistungen auch zu schutzwürdigen Werken im Sinne des Urhebergesetzes, z. B. bereits Bauentwurfspläne gem. § 2 Abs. 1 Nr. 7 und auch das Bauwerk als solches (*Hesse*, BauR 1971, 210).

Urheberrechtlich geschützt ist allerdings nicht jedes Werk des Architekten. Das Urheberrecht schützt gem. § 11 Urhebergesetz nur den „Urheber in seinen geistigen und persönlichen Beziehungen zum Werk und in Benutzung des Werkes". Verlangt wird also, dass es sich bei dem Werk des Architekten um eine „eigenpersönliche geistige Schöpfung, die mit Darlegungsmitteln der Kunst durch formgebende Tätigkeit hervorgebracht ist und deren ästhetischer Gehalt einen solchen Grad erreicht hat, dass nach den im Leben herrschenden Anschauungen noch von Kunst gesprochen werden kann, und zwar ohne Rücksicht auf den höheren oder geringeren Kunstwerk oder ohne Rücksicht darauf, ob das Werk neben dem ästhetischen noch einem praktischen Zweck dient" handelt (BGHZ 24, 63). Diese allgemeine Definition, insbesondere der Rekurs auf einen „ästhetischen Gehalt", ist in der Praxis nicht sehr griffig. Anschaulich ist vielleicht die Kurzformel, dass es sich bei dem Werk des Architekten um einen mit den Mitteln der Architektur verwirklichte Schöpfung, die Gestaltung und Individualität aufweist, handeln muss (so *Locher*, Das private Baurecht, § 33 Rdn. 357). Demnach ist der ästhetische Aspekt eher unerheblich, auch rein funktionale Bauwerke können urheberrechtsschutzfähig sein (z. B. bereits der Erdgeschossgrundriss eines Einfamilienhauses, BGH, BauR 1988, 361, Die Fassadengestaltung eines Bauwerkes, BGHZ 61, 88, ein Wohnungsgrundriss, der aus der Masse des Alltäglichen herausragt, OLG Hamm, BauR 1980, 300 – in diesem Falle ablehnend). Entscheidend ist in allen Fällen, dass dem Werk eine eigenschöpferische Leistung des Architekten anhaftet. **Beispiele:**

– Baupläne, Entwürfe oder technische Konstruktionszeichnungen, wenn sie eine originelle, eigenschöpferische Darstellungsweise erkennen lassen, wobei unbeachtlich ist, ob das Bauwerk als

solches ein einfaches, unkünstlerisches Bauvorhaben darstellt (BGH, GRUR 1979, 464; BGH, NJW 1985, 1631),
- bereits ein Vorentwurf kann urheberrechtsschutzfähig sein (BGH, BauR 1984, 416),
- ebenso bereits die Aufgliederung und Zuordnung mehrerer Baukörper eines Gesamtkomplexes (BGH, BauR 1981, 298),
- ebenso die Ausgestaltung des Innenraums einer Kirche (BGH, BauR 1982, 178).

Das Urheberrecht ist **vererblich** (§ 28 Urheberrechtsgesetz) und erlischt 70 Jahre nach dem Tod des Urhebers (§ 64 Urheberrechtsgesetz). Es kann als Ganzes nicht übertragen werden, sondern lediglich die Benutzung gestattet werden („Nutzungsrecht"). Hierzu zählen insbesondere Nachbaurechte. Wird ein Entwurf von mehreren Architekten gemeinsam geschaffen, sind sie **Miturheber** (§ 8 Urheberrechtsgesetz). Sind einem Architekten sämtliche Leistungen des § 15 Abs. 2 HOAI (Objektplanung) übertragen worden, so wird daraus gefolgt, dass der Architekt auch die gesamten Nutzungsrechte an seinem Werk auf den Auftraggeber überträgt (OLG Nürnberg, NJW-RR 1989, 407). In andern Fällen (nur teilweise Aufgabenübertragung nach § 15 HOAI) entscheidet insbesondere der Vertragszweck als Mittel der Vertragsauslegung (§§ 133, 157) über das Ob und den Umfang der Übertragung von Nutzungsrechten (BGH, ZfBR 1996, 81).

Eine Verletzung des Architektenurheberrechtes hat zunächst einmal einen verschuldensunabhängigen **Unterlassungsanspruch** zur Folge (§ 97 Urheberrechtsgesetz).

Bei schuldhafter Urheberrechtsverletzung bestehen **Schadensersatzansprüche** (§ 97 Urheberrechtsgesetz). Dabei gibt es drei Möglichkeiten der Schadensberechnung bei schuldhaften Eingriffen in das Urheberrecht des Architekten:
- Ersatz des entgangenen Gewinns (§ 252 BGB), im Regelfall des bei Beachtung seines Rechts verdienten Architektenhonorars,
- Herausgabeanspruch des durch die Urheberrechtsverletzung erzielten Gewinns (in der Praxis selten),
- Hinnahme der Verletzung und Anspruch auf eine angemessene → „Lizenzgebühr", d. h. also der Gebühr, die ihm bei der Einigung über die Urheberrechtsnutzung zugestanden hätte.

Hinsichtlich der Berechnungen (prozentualer Anteil des Architektenhonorars) bestehen im Einzelfall Schwierigkeiten (vgl. *Neuenfeld*, BauR 1975, 375, OLG Hamm, BauR 1974, 432 und BGH, NJW 1973, 1696). Auch der **angestellte Architekt** kommt als Urheber in Betracht (§ 43 Urheberrechtsgesetz). Eine Übertragung der Urheberverwertungsrechte kann allerdings im Anstellungsvertrag vereinbart werden bzw. sich aus den Umständen ergeben (Vertragsauslegung, §§ 133, 157 BGB). Der angestellte Architekt ist darüber hinaus auf seinen anstellungsvertraglichen Pflichten heraus verpflichtet, seinem Dienstherrn die Werknutzungsrechte zu verschaffen (*von Gamm*, BauR 1982, 120).

Urheberrecht des Stadtplaners → Urheberrecht

Auch schöpferische Werke des Stadtplaners können urheberrechtsschutzwürdig sein.

Beispiele:
- Planung für den öffentlich geförderten Wohnungsbau (OLG Hamm, GRUR 1967, 608),
- u. U. ein amtlicher Stadtplan, den die Stadtverwaltung durch das Vermessungsamt herstellen und vertreiben lässt (OLG Stuttgart, BB 1962, 1135).

Urheberrechtsentschädigung → Lizenzgebühr; → Urheberrecht

V

Veränderungssperre → Bebauungsplan; → Bestandsschutz; → Zurückstellung

1. Gesetzesgrundlage und Wirkung
Gemäß § 14 Abs. 1 BauGB kann die Gemeinde, wenn ein Beschluss über die Aufstellung eines Bebauungsplans gefasst ist, zur Sicherung der Planung für den künftigen → Planbereich eine Veränderungssperre mit dem Inhalt beschließen, dass **Vorhaben i. S. d. § 29 BauGB nicht durchgeführt** werden **oder bauliche Anlagen nicht beseitigt werden dürfen** sowie **beachtliche Wertsteigerungen nicht vorgenommen** werden dürfen. Damit wird also der Gemeinde ein Instrumentarium an die Hand gegeben, mit dem sie die Möglichkeit hat, jede tatsächliche bauliche Veränderung bis zum rechtsverbindlichen Abschluss des Bebauungsplanverfahrens zu untersagen, um eine Beeinträchtigung ihrer Planungsabsichten zu verhindern. Die Veränderungssperre als satzungsmäßiges Verbot von neuen baulichen Vorhaben und Veränderungen (§ 16 BauGB) führt zur **materiellen Unzulässigkeit eines geplanten Vorhabens. Baugenehmigungen sind zu versagen**; nur **anzeigepflichtige Vorhaben** und **sonstige Veränderungen** sind **zu untersagen** (*N. Gronemeyer*, in: Gronemeyer, BauGB-Kom., § 14 Rdn. 14). Rechtliche Veränderungen wie Veräußerungen oder Belastungen des Grundstücks werden von der Veränderungssperre aber nicht erfasst (BVerwG, NJW 1973, 1711).

2. Beschluss über die Aufstellung eines Bebauungsplans
Gemäß § 14 Abs. 1 BauGB ist Voraussetzung der Veränderungssperre, dass die Gemeinde beschlossen hat, einen → Bebauungsplan aufzustellen, d. h. einen Aufstellungsbeschluss über die Einleitung des Planungsverfahrens für einen einfachen oder qualifizierten → Bebauungsplan gefasst hat. Folglich kann der → Flächennutzungsplan keine Grundlage für eine Veränderungssperre nach § 14 BauGB sein (BGHZ 43, 34). Ebenso wenig können Klarstellungs-, Entwicklungs- und Ergänzungssatzungen oder Außenbereichssatzungen nach §§ 34 Abs. 4; 35 Abs. 6 BauGB auf diese Weise gesichert werden. Auch der vorhabenbezogene → Bebauungsplan kann gemäß § 12 Abs. 3 S. 2 BauGB nicht durch Veränderungssperre gesichert werden.

a) Zeitpunkt der Beschlussfassung
Der Aufstellungsbeschluss kann grundsätzlich zeitlich unbeschränkt **vorher**, aber auch **gleichzeitig mit der Satzung über die Veränderungssperre** beschlossen werden (BVerwG, NVwZ 1989, 661).

b) Ortsübliche Bekanntmachung
Wirksamkeitsvoraussetzung für die Veränderungssperre ist, dass der **Beschluss, einen → Bebauungsplan aufzustellen, ortsüblich bekannt gemacht** werden muss, § 2 Abs. 1 S. 2 BauGB. Diese ortsübliche Bekanntmachung muss vor oder gleichzeitig mit der Bekanntmachung der Veränderungssperre erfolgen (BVerwG, ZfBR 1992, 292; OVG Münster, NVwZ 1990, 581; NWVBl. 1996, 441, 443).

c) Inhaltliche Anforderungen an den Planaufstellungsbeschluss
Aus dem Aufstellungsbeschluss muss sich der → **Planbereich eindeutig bestimmbar** ergeben. Es ist nicht erforderlich, dass der → Planbereich bereits mit dem endgültigen Plangebiet identisch ist.

Der Aufstellungsbeschluss muss auch nicht selbst Aussagen über den Inhalt der beabsichtigten Planung machen (BGHZ 82, 361 = UPR 1982, 199).

3. Erforderlichkeit
Die Veränderungssperre muss zur Sicherung der kommunalen Planung erforderlich sein.

a) Kommunale Planung
Das Sicherungsbedürfnis der kommunalen Planung ist weit zu verstehen. Es kann auch bei einem Objekt gesamtstädtischer und überörtlicher Planung gegeben sein, wenn der → Bebauungsplan die bauliche oder sonstige Nutzung des Objekts in zulässiger Weise mitregeln soll und kann (BGHZ 58, 149 = BauR 1972, 150; BGHZ 78, 158 = BauR 1981, 254). Das Fehlen oder Entgegenstehen eines → Flächennutzungsplans stehen dem rechtmäßigen Erlass einer Veränderungssperre nicht entgegen (VGH Mannheim, BRS 38 Nr. 108).

b) Räumlicher Geltungsbereich
Eine Veränderungssperre ist **nicht** allein deshalb **bedenklich, weil** sie **nur wenige oder** sogar **nur ein einziges Grundstück** innerhalb des Planbereichs des Bebauungsplanentwurfes umfasst. Vielmehr muss ein ordnungsgemäß ausgeübtes Planungsermessen in Bezug auf eine spätere Bauleitplanung die Gebietsentscheidung rechtfertigen (BVerwG, NJW 1977, 400).

c) Konkretheit der Planung
Der **künftige Planinhalt** muss bei Erlass der Veränderungssperre bereits **in seinen Grundzügen bestimmt und absehbar** sein, d. h. zumindest die Nutzungsart des Gebietes festgelegt sein. Diese Konkretisierung muss nicht offengelegt sein; die Gemeinde muss jedoch den Nachweis führen können, dass der Veränderungssperre eine entsprechend konkrete Planung zugrunde liegt. Eine nachträgliche Konkretisierung der Planung vermag eine nichtige Veränderungssperre nicht zu heilen (BVerwG, NJW 1977, 400; OVG Berlin, ZfBR 1989, 173).

d) Änderung der gemeindlichen Planungsabsichten
Da die **genauen Planungsabsichten erst im Verlauf des Planaufstellungsverfahrens entwickelt werden**, wird die Gültigkeit einer Veränderungssperre nicht davon berührt, dass sich die Planungsabsichten der Gemeinde im Verfahren zur Aufstellung des Bebauungsplans ändern.
Unbeachtlich ist etwa, wenn die Planungsabsicht aufgrund einer Änderung des Flächennutzungsplans geändert wird, das Hauptziel, weswegen das Bauleitplanverfahren in Angriff genommen wurde und die Veränderungssperre erlassen wurde, aber weiter verfolgt wird oder Änderungen nur untergeordnet sind (OVG Berlin, NVwZ-RR 1990, 395; NVwZ-RR 1996, 313; VGH Mannheim, ZfBR 1989, 172). Stets ist aber zu beachten, dass die ursprüngliche Planungskonzeption, zu deren Zweck die Veränderungssperre erlassen wurde, nicht aufgegeben werden darf (Hauth, BauR 1989, 271, 279 f.). Zudem muss die Konkretisierung der Planung mit fortlaufender Verfahrensdauer in Richtung Erlass des Bebauungsplans zunehmen. Dementsprechend dynamisch ist die Veränderungssperre stets einer Rechtmäßigkeitsprüfung zu unterziehen, ob sie noch als Mittel der Sicherung tatsächlich und in vollem Umfang zur Erreichung des mit ihr verfolgten Sicherungszwecks geeignet und erforderlich ist. Ist bzw. wird beispielsweise das Planungsziel nicht erreichbar oder unzulässig, etwa wenn es als ausschließliche Negativplanung nur auf die Verhinderung eines sonst zulässigen Vorhabens abzielt, so führt dies zur Rechtswidrigkeit der Veränderungssperre (BVerwG, BauR 1993, 62; OVG Münster, NVwZ-RR 1995, 134; NVwZ-RR 1997, 602; *Kuhla*, NVwZ 1988, 1084; *Schenke*, Wiverw 1994, 253, 307 ff.). Das OVG Koblenz hat es für zulässig und durch Verände-

rungssperre absicherbar gehalten, Einzelhandelsnutzungen gemäß § 1 Abs. 5 BauNVO in einem künftigen → Bebauungsplan auszuschließen, wenn hierfür städtebauliche Gründe vorliegen und im Planaufstellungsbeschluss zum Ausdruck kommen (OVG Koblenz, BauR 2000, 1308). Das OVG Lüneburg hat einen unzulässigen Austausch der zugrundeliegenden Planungsabsichten und damit die Unwirksamkeit der Veränderungssperre beim Wechsel von geplanter Wohnbaufläche in Vorrangfläche für Fremdenverkehr angenommen. Im entscheidenden Fall hatte die Gemeinde anlässlich eines Bauantrags auf Erweiterung eines landwirtschaftlichen Großviehbetriebes beschlossen, auf dem Gebiet Wohnbaufläche auszuweisen und zur Sicherung eine Veränderungssperre erlassen. Nachdem die Gemeinde realisierte, dass der Regelabstand zwischen Wohnbebauung und landwirtschaftlichem Großviehbetrieb nach der VDI-Richtlinie 3471 ca. 22 m betrage, beschloss sie anstelle von Wohnbebauung die Fläche als Vorrangfläche für den Fremdenverkehr auszuweisen und ging davon aus, dies sei von der Veränderungssperre (Variationsbreite einer Wohnbaufläche) noch abgesichert. Dem folgte das OVG Lüneburg nicht (OVG Lüneburg, BauR 2000, 73).

4. Dauer der Veränderungssperre
Gemäß § 17 Abs. 1 BauGB **tritt die Veränderungssperre nach Ablauf von 2 Jahren außer Kraft**. Die 2 Jahresfrist beginnt mit der ortsüblichen Bekanntmachung, dass die Veränderungssperre beschlossen worden ist, §§ 16 Abs. 2, 17 Abs. 1 BauGB. Auf die 2 Jahresfrist wird die Zurückstellungszeit eines Baugesuches angerechnet, § 17 Abs. 1 S. 2 BauGB. Diese nach § 17 Abs. 1 S. 2 BauGB angeordnete Berücksichtigung anrechnungsfähiger Zeiten betrifft aber nicht die Rechtsgültigkeit einer satzungsrechtlich angeordneten Veränderungssperre, sondern nur die Fristberechnung in Bezug auf das jeweils in Frage stehende einzelne Grundstück (BVerwG, BauR 1992, 746; VG Köln, UPR 1982, 271). Faktische Veränderungssperren und Zurückstellungen sind ebenfalls bezogen auf das einzelne Grundstück anzurechnen. Demnach ist der Zeitraum, der nach angemessener Bearbeitungsfrist (i. d. R. 3 Monate) dadurch vergeht, dass Anträge auf Erteilung von Baugenehmigungen zögerlich behandelt oder rechtswidrig abgelehnt werden, auf eine nachträglich verhängte Veränderungssperre anzurechnen (BVerwG, NJW 1971, 445; NJW 1977, 400, 404). Die Veränderungssperre tritt außer Kraft, wenn der → Bebauungsplan bekannt gemacht wurde und dadurch die Bauleitplanung rechtsverbindlich abgeschlossen ist, § 17 Abs. 5 BauGB (BVerwG, BauR 1990, 334).

5. Veränderungssperre für das 3. Jahr
Gemäß § 17 Abs. 1 S. 3 BauGB kann die Gemeinde die Frist der Geltung der Veränderungssperre bis **zu einem weiteren (dritten) Jahr verlängern, soweit die Voraussetzungen für die Veränderungssperre fortbestehen**. Die Verlängerung hat durch Satzungsbeschluss zu erfolgen, wobei die zu verlängernde Veränderungssperre noch nicht außer Kraft getreten sein darf. Ist dies der Fall, so kommt nur eine Erneuerung in Betracht, die jedoch die Laufzeit der Veränderungssperre nicht von vorn beginnen lässt. Die Verlängerung einer unwirksamen Veränderungssperre kann aber grundsätzlich nicht als erneuter Erlass einer Veränderungssperre angesehen werden (OVG Berlin, UPR 1989, 313; OVG Koblenz, BauR 1972, 148).

6. Veränderungssperre für das 4. Jahr
Die Erneuerung oder Verlängerung einer Veränderungssperre ist gemäß § 17 Abs. 2, 3 BauGB nach Ablauf der normalen Geltungsdauer von 2 Jahren und der ersten Verlängerung oder Neuerlass von einem Jahr nur zulässig, wenn neben den allgemeinen Voraussetzungen für den Erlass einer Veränderungssperre die Zustimmung der höheren Verwaltungsbehörde und **besondere Umstände für die Verlängerung** vorliegen (VGH Mannheim, BauR 1994, 344). Solche besonderen Umstände liegen nur vor, wenn das **Bebauungsplanverfahren** – verglichen mit den üblichen Planverfahren – **über-**

durchschnittlich schwierig, besonders umfangreich oder **sehr ungewöhnlich** ist **und hierauf** die **Verzögerung beruht**. Der Fehler darf nicht in der Gemeindeorganisation liegen, z. B. zu wenig Einsatz oder nicht ausreichend fachlich geschulten Personals (*N. Gronemeyer*, in: Gronemeyer, BauGB-Kom., § 17 Rdn. 9).

7. Zulässige Veränderungsmaßnahmen während der Veränderungssperre
Nach § 14 Abs. 2 BauGB können von der Veränderungssperre **Ausnahmen** zugelassen werden, **wenn** überwiegende öffentliche Belange nicht entgegenstehen, d. h. **der Sicherungszweck der Veränderungssperre nicht unterlaufen wird**. Der Fall einer solchen Ausnahme ist regelmäßig dann gegeben, wenn die → Planreife des § 33 BauGB gegeben ist und das Vorhaben dem von der Veränderungssperre gesicherten Planentwurf entspricht (VGH Mannheim, NJW 1986, 149). Zulässig sind außerdem alle Maßnahmen im Zusammenhang mit Vorhaben, die vor dem Erlass der Veränderungssperre genehmigt oder zugelassen (Baugenehmigungen, Bebauungsgenehmigungen, angezeigte Vorhaben etc.) worden sind bzw. die vom **Bestandsschutz** gedeckt sind wie z. B. Unterhaltungsarbeiten (OVG Lüneburg, BauR 1990, 72; OVG Greifswald, UPR 1996, 116). Die → Bauaufsichtsbehörde ist befugt, sich über eine rechtswidrige Veränderungssperre hinwegzusetzen sowie das gemeindliche Einvernehmen zu ersetzen und eine beantragte → Baugenehmigung zu erteilen (OVG Lüneburg, BauR 2000, 73, 75). Dementsprechend heißt es in § 14 Abs. 3 BauGB, dass Vorhaben, die vor dem Inkrafttreten der Veränderungssperre baurechtlich genehmigt wurden oder von denen die Gemeinde nach Maßgabe des Bauordnungsrechts Kenntnis erlangt hat und mit deren Ausführung vor dem In-Kraft-Treten der Veränderungssperre hätte begonnen werden dürfen sowie Unterhaltungsarbeiten und die Fortführung einer bisher ausgeübten Nutzung, von der Veränderungssperre nicht berührt werden. Der VGH München hat hierzu festgestellt, dass ein von der Genehmigungspflicht freigestelltes Vorhaben, mit dessen Ausführung gemäß Art. 64 Abs. 2 BayBO begonnen werden darf, von einer später erlassenen Veränderungssperre nicht berührt wird (VGH München, BauR 2000, 705).

Verantwortlicher Bauleiter → Bauleiter

Verdingungsordnung für → Bauleistungen (VOB) → VOB

Verdingungsordnung für freiberufliche Leistungen (VOF) → Dienstleistungsrichtlinie; → Sektorenkoordinierungsrichtlinie (SKR)

Verdingungsordnung für Leistungen (VOL)
In Anlehnung an die → VOB gilt die VOL als Bedingungswerk für die Beschaffung von Waren und Dienstleistungen (statt Bauleistungen) für öffentliche → Auftraggeber. VOL/A regelt die Vergabebedingungen, VOL/B die Vertragsbedingungen für Kauf- und Werkverträge. § 1 Abs. 2 VOL/A stellt klar, dass Architektenleistungen nicht in den Anwendungsbereich der VOL einzubeziehen sind.

Verdingungsunterlagen → Vergabeunterlagen

Vereinfachte Umlegung → Umlegung
1. Voraussetzungen
Nach § 80 Abs. 1 BauGB kann die Gemeinde die vereinfachte Umlegung durchführen, wenn die Voraussetzungen der Umlegung im Sinne von § 46 Abs. 1 BauGB vorliegen, also die Umlegung zur Verwirklichung eines Bebauungsplans oder aus Gründen einer geordneten städtebaulichen Ent-

wicklung zur Verwirklichung der innerhalb eines im Zusammenhang bebauten Ortsteils zulässigen Nutzung erforderlich ist. Die Gemeinde kann dadurch unmittelbar aneinander grenzende oder in enger Nachbarschaft liegende Grundstücke oder Grundstücksteile tauschen oder Grundstücksteile einzelnen Grundstücken zuteilen, um etwa bei Splittergrundstücken bebaubare Grundstückszuschnitte zu erhalten. § 80 Abs. 3 BauGB verlangt, dass jedem Grundstückseigentümer innerhalb des vereinfachten Umlegungsgebietes ein Grundstück in gleicher oder gleichwertiger Lage wie bisher zugeteilt wird und etwaige Wertminderungen nur unerheblich sein dürfen (Anhaltspunkt: nicht mehr als 5 % Wertverlust).

2. Verfahren
Die vereinfachte Umlegung wird nach Erörterung mit den Eigentümern durch Beschluss der Gemeinde, der auch die Neubegründung und Aufhebung von Dienstbarkeiten, Grundpfandrechten und Baulasten regeln kann, festgesetzt, § 82 BauGB. Es handelt sich um einen Verwaltungsakt, der mit Widerspruch und Antrag auf gerichtliche Entscheidung zur Baulandkammer nach § 217 BauGB angefochten werden kann. Vorteile, die durch die vereinfachte Umlegung bewirkt werden, sind von den Eigentümern in Geld auszugleichen, § 81 Abs. 1 S. 1 BauGB.

Vereinfachtes Baugenehmigungsverfahren   → Baugenehmigung

Vergabe   → Ausschreibung

Vergabe der Bauaufträge   → Vollmacht des Architekten
Im Rahmen der → Leistungsphase 7 des Leistungsbildes → Objektplanung gem. § 15 HOAI hat der Architekt bei der Vergabe mitzuwirken. Dabei hat der Architekt die → Vergabeunterlagen zusammenzustellen, die Angebote einzuholen, die Angebote zu prüfen und zu werten, einen Preisspiegel nach Teilleistungen aufzustellen, die Leistungen der fachlich Beteiligten abzustimmen und zusammenzustellen, mit den Bietern zu verhandeln, nicht jedoch die Verträge selbst abzuschließen (hierzu: *Locher/Koeble/Frik*, HOAI, § 15 Rdn. 56–166).

Vergabeunterlagen
Vergabeunterlagen (bis zur Neufassung der → VOB im Jahre 1973 Verdingungsunterlagen genannt) bestehen gem. § 10 Nr. 1 Abs. 1 VOB/A aus dem Anschreiben (Aufforderung zur Angebotsabgabe), den Bewerbungsbedingungen und den Verdingungsunterlagen i. e. S. Bewerbungsbedingungen sind dabei die Erfordernisse, die der → Bewerber (Auftragnehmer) bei der Bearbeitung eines Angebots beachten muss (zum Inhalt des Angebots vgl. § 21 VOB/A). Verdingungsunterlagen i. e. S. sind die → Leistungsbeschreibung (vgl. § 9 VOB/A), die Allgemeinen Vertragsbedingungen (VOB/B) und ggf. zusätzliche Vertragsbedingungen. Der Architekt hat im Rahmen des Leistungsbilds → Objektplanung (§ 15 HOAI) bei entsprechender Beauftragung innerhalb der → Leistungsphase 7 bei der Vergabe mitzuwirken, was bedeutet, dass er u. a. die Vergabeunterlagen für alle Leistungsbereiche zusammenzustellen hat.

Vergleich
Ein Vergleich (§ 779 BGB) ist ein Vertrag, durch den der Streit oder die Ungewissheit der Parteien über ein Rechtsverhältnis im Wege gegenseitigen Nachgebens beseitigt wird. Ein Vergleich ist somit ein spezieller Vertragstyp des BGB (wie auch z. B. ein Kaufvertrag oder ein Werkvertrag). Auf ihn sind somit die allgemeinen Grundsätze des Schuldrechts (Abschluss durch Angebot und Annahme, §§ 145 ff. BGB, Vertretung gem. §§ 164 f. BGB) anzuwenden. Der Vergleich ändert nur den Inhalt

des ursprünglichen Rechtsverhältnisses hinsichtlich der streitigen bzw. ungewissen Punkte (BGH, NJW-RR 1987, 1426). Besondere Bedeutung hat der Prozessvergleich (§ 98 ZPO). Bei ihm handelt es sich um einen Vergleich gem. § 779 BGB, der im Laufe eines streitigen Verfahrens vor Gericht abgeschlossen wird und somit gleichzeitig das Verfahren beendet. Neben der materiell-rechtlichen Natur (§ 779 BGB) hat er somit zugleich zivilprozessualen Charakter. Vergleichserklärungen im Prozess sind somit (auch) Prozesshandlungen, ein Prozessvergleich ist gem. § 794 Abs. 1 Nr. 1 ZPO (genau wie ein Urteil) Vollstreckungstitel, die Kosten regeln sich nach § 98 ZPO. Auch außerhalb des gerichtlichen Verfahrens, aber bei gleichzeitig anhängigem Verfahren über dasselbe Rechtsverhältnis (Streitgegenstand) gilt die Kostenregelung des § 98 ZPO entsprechend, wenn damit der Prozess erledigt wird (BGH, NJW-RR 1997, 510, Ausnahme, wenn der Prozess nicht durch Vergleich, sondern durch Rechtsmittelrücknahme beendet wird). Über den Umfang des zu zahlenden Architektenhonorars kann ein wirksamer Vergleich geschlossen werden, auch wenn im Rahmen des Nachgebens das Mindestsatzgebot der → HOAI unterschritten wird (BGH, BauR 1987, 112). Vergleichsverhandlungen führen seit dem Inkrafttreten des Schuldrechtsmodernisierungsgesetzes zum 1. 1. 2002 gem. § 203 BGB n. F. zur Hemmung der Verjährungsfristen derjenigen Ansprüche, über die Vergleichsverhandlungen geführt werden (nach altem Recht war dies nicht der Fall, BGH, NJW 1983, 2497, man behalf sich in Einzelfällen mit den Grundsätzen von Treu und Glauben, § 242 BGB, OLG Hamm, BauR 1986, 432).

Vergleichswertverfahren → Enteignung

Vergnügungsstätten
1. Definition
Unter Vergnügungsstätten versteht man Anlagen, Betriebe und Nutzungen unterschiedlicher Ausprägungen, die der **Befriedigung bestimmter Freizeitbedürfnisse oder** der **Unterhaltung** dienen. Hierzu gehören unter anderem Spiel- und Automatenhallen sowie Nachtlokale jeglicher Art, Diskotheken und Kinos. Sex-Shops und ähnliche Betriebe sind, sofern sie sich auf den Verkauf von Waren beschränken, keine Vergnügungsstätten, sondern Einzelhandelsbetriebe (BVerwG, ZfBR 1989, 228). Auch kulturelle Einrichtungen, wie beispielsweise Theater, Konzerthallen und Kabaretts, gelten nicht als → Vergnügungsstätten, sondern gehören zu den Anlagen für kulturelle Zwecke i. S. d. BauNVO (§ 2 Abs. 3 Nr. 2, § 7 Abs. 2 Nr. 2 BauNVO).

2. Zulässigkeit von Vergnügungsstätten
Vergnügungsstätten sind **in Kerngebieten allgemein zulässig,** § 7 Abs. 2 Nr. 2 BauNVO. Nach § 6 Abs. 2 Nr. 8 BauNVO sind sie in Mischgebieten, soweit das Gebiet gewerblich geprägt ist, zulässig, vorausgesetzt, dass der Betrieb nicht kerngebietstypisch ist. Soweit das Gebiet in Mischgebieten wohngeprägt ist, verhält es sich ebenso wie in **besonderen Wohngebieten**, **Dorfgebieten** und **Gewerbegebieten**. Dort sind Vergnügungsstätten **nur ausnahmsweise zulässig,** §§ 4 a Abs. 3 Nr. 2, 5 Abs. 3, 6 Abs. 2 Nr. 8, 8 Abs. 3 Nr. 3 BauNVO. In **Kleinsiedlungsgebieten, reinen Wohngebieten, allgemeinen Wohngebieten** und **Industriegebieten** sind Vergnügungsstätten **unzulässig**. Dementsprechend ist beispielsweise eine Diskothek im Dorfgebiet, im reinen → Wohngebiet und im Allgemeinen → Wohngebiet unzulässig (VGH München, GewArch 1982, 91; VGH Kassel, GewArch 1990, 72). Im Einzelfall kann eine Vergnügungsstätte wegen ihrer städtebaulich nachteiligen Auswirkung gemäß § 15 Abs. 1 BauNVO rücksichtslos und damit unzulässig sein. Dies kann z. B. bei einer Häufung von Spielhallen an einem Standort der Fall sein (*Boeddinghaus*, BauNVO-Kommentar, § 4 a Rn. 24). Im nicht überplanten → Innenbereich gemäß § 34 BauGB muss sich die Vergnügungsstätte, um zulässig zu sein, in die Eigenart der näheren Umgebung einfügen. Dies ist nicht der

Fall, wenn die gegebene städtebauliche Struktur negativ in Bewegung gebracht wird. Eine solche negative Bewegung kann die Vorbildwirkung der Zulassung einer Spielhalle darstellen, wenn zu erwarten ist, dass sich daraufhin weitere Spielhallen ansiedeln werden (BVerwG, BauR 1995, 361).

3. Ausschluss von Vergnügungsstätten

Gemeinden sind häufig daran interessiert, **Vergnügungsstätten** in ihrem Gebiet auszuschließen. Hierfür stehen ihr die Regelungsmechanismen des § 1 Abs. 5 und Abs. 9 BauNVO zur Verfügung. Nach § 1 Abs. 5 BauNVO können einzelne der unter einer Nummer einer Baugebietsvorschrift der BauNVO zusammengefassten Nutzungen ausgeschlossen werden. Soll lediglich eine Unterart der Nutzung ausgeschlossen werden, bietet hierfür § 1 Abs. 9 BauNVO die Rechtsgrundlage (BVerwGE 77, 308). Dies setzt jedoch voraus, dass besondere **städtebauliche Gründe** einen solchen **Ausschluss rechtfertigen**. Einer solchen legitimen städtebaulichen Zielsetzung kann es entsprechen, wenn Spielhallen in einem → Bebauungsplan ausgeschlossen werden und dies damit begründet wird, sie seien geeignet, den **bisherigen Charakter eines Stadtteilkerns** mit seinem gehobenen und zentralen Versorgungstyp **negativ** zu **beeinflussen**. Städtebaulich gerechtfertigte Gründe für einen Ausschluss von Spielhallen kann auch der befürchtete **Attraktivitätsverlust** eines durch Einzelhandel geprägten Gebietes, das Bestreben nach Sicherung eines vielfältigen Angebots an Geschäften sowie die Verhinderung eines sog. **Trading-Down-Effects** (negative Auswirkungen auf die Umgebung) darstellen. Kann die Gemeinde ausreichende städtebauliche Gründe für den Ausschluss von Vergnügungsstätten wie Spielhallen, Videoshows etc. darlegen, ist eine zusätzliche nicht städtebaulich vorhandene Begründung, etwa dass man Spielhallen auch aus politischen und moralischen Gründen als verwerflich ansieht, regelmäßig unschädlich (BVerwG, DVBl. 1992, 30).

Verjährung → Gewährleistung; → Leistungsmangel

Alle Ansprüche (Ansprüche aus Verträgen, Ansprüche aus deliktischer Handlung, strafrechtliche und öffentlich-rechtliche Ansprüche etc.) unterliegen der Verjährung. Das bedeutet, dass eine verjährte Forderung zwar grundsätzlich besteht, beruft sich jedoch der Schuldner auf den Umstand der Verjährung, so ist der Anspruch gerichtlich und auch sonst nicht mehr durchsetzbar. Die verschiedenen Ansprüche des → Auftraggeber (z. B. Gewährleistungsansprüche, Nachbesserungsansprüche, Schadenersatzansprüche etc.) und des → Auftragnehmer (z. B. Vergütungsansprüche und Schadenersatzansprüche) unterliegen unterschiedlichen Verjährungsfristen. Da die Verjährungsfristen im Bauwesen relativ kurz sind, spielt die Verjährung in der Praxis eine bedeutende Rolle (*Siegburg*, Verjährung im Baurecht, 1993).

Die im BGB geregelten Ansprüche verjähren grundsätzlich nach den §§ 194–218 BGB. Für die werkvertraglichen Mängelansprüche gilt darüber hinaus § 634 a BGB n. F. Im → Bauvertrag (bei Vereinbarung der → VOB/B) existieren besondere Verjährungsfristen.

Einzelheiten:

Verjährungsfristen nach allgemeinem Zivilrecht (→ Werkvertrag, Architektenvertrag):
– Die **Mängelansprüche** (Nacherfüllungsanspruch gem. § 635, Aufwendungsersatzanspruch für selbstständige Mängelbeseitigung nach § 637 sowie → Schadensersatz nach den §§ 634 Nr. 4, 636, 280, 281, 283 und 311 a BGB bzw. nach § 284 BGB Ersatz vergeblicher Aufwendungen verjähren gem. § 634 a BGB wie folgt: Bei einem Werk, dessen Erfolg in der Herstellung, Wartung oder Veränderung einer Sache oder in der Erbringung der Planungs- oder Überwachungsleistungen hierfür besteht, in **zwei Jahren** ab → Abnahme; bei einem Bauwerk und einem Werk, dessen Erfolg in der Erbringung von Planungs- oder Überwachungsleistungen hierfür besteht, in **fünf Jahren**. In der regelmäßigen Verjährungsfrist von drei Jahren (§§ 194 ff. BGB), verjähren die Mängelansprüche hingegen wenn der Auftragnehmer den Mangel arglistig verschwiegen hat. Be-

sonderheit: Obwohl es sich beim Rücktrittsrecht sowie beim Minderungsrecht des Auftraggebers gem. § 634 BGB nicht um einen Anspruch im Rechtssinn handelt, findet die Verjährungsvorschrift des § 218 BGB Anwendung – das Rücktrittsrecht ist ausgeschlossen, wenn die Mängelansprüche des § 634 BGB verjährt sind.
- **Werkvertragliche Schadensersatzansprüche**, die nicht von § 634 Nr. 4 BGB erfasst sind, d. h. nicht auf einem Mangel am Werk beruhen (*Dauner-Lieb/Heidel/Lipa/Ring-Raab*, Schuldrecht, § 634 a, Rdn. 3; z. B. Schadensersatzansprüche aus pVV, §§ 280 ff. BGB, Schadensersatzansprüche aus → unerlaubter Handlung) verjähren allerdings abweichend von der 2- bzw. 5-jährigen Verjährungsfrist in **drei Jahren** ab Kenntnis der anspruchsbegründenden Umstände gemäß §§ 194 ff. BGB.

Die Abgrenzung zwischen Mangelschäden, engeren Mangelfolgeschäden und entfernteren Mangelfolgeschäden, für welche jeweils erheblich unterschiedliche Verjährungsfristen im alten Recht galten (Schadensersatzansprüche aus pVV verjähren in 30 Jahren!) hat nun, soweit sie überhaupt noch erforderlich ist, wesentlich an Bedeutung verloren. (Die Beseitigung der hiermit verbundenen Unsicherheiten war auch ein wesentliches Ziel der Schuldrechtsmodernisierung, vgl. Begründung des Regierungsentwurfs, BT-Drucksache 14/6040, 133).

Besondere Verjährungsfristen nach → VOB/B n. F.: Verjährung von Gewährleistungsansprüchen gem. § 13 Nr. 4 bei Bauwerken vier Jahre, für → Arbeiten an einem Grundstück und für die vom Feuer berührten Teile von Feuerungsanlagen zwei Jahre, bei maschinellen und elektrotechnischen/elektronischen Anlagen oder Teilen davon, bei denen die Wartung Einfluss auf die Sicherheit und Funktionsfähigkeit hat, beträgt die Verjährungsfrist für die Gewährleistungsansprüche abweichend von Abs. 1 zwei Jahre, wenn der Auftraggeber sich dafür entschieden hat, dem Auftragnehmer die Wartung für die Dauer der Verjährungsfrist nicht zu übertragen. § 13 Nr. 4 Abs. 3 VOB/B legt fest, dass die → Frist mit der → Abnahme der gesamten → Leistung beginnt und nur für in sich abgeschlossene Teile der Leistung bereits mit Teilabnahme (§ 12 Nr. 2 VOB/B). Bei Vorzeitiger Beendigung des Bauunternehmervertrages (→ Kündigung, Aufhebungsvertrag) wird zwar der Werklohnanspruch ohne Abnahme fällig (BGH, NJW-RR 1998, 1027) - die Verjährungsfrist für Gewährleistungsansprüche beginnt in solchen Fällen jedoch erst nach Abnahme. Der Auftragnehmer hat auf die Abnahme einen Anspruch, wenn die bis dato erbrachte Leistung abnahmereif ist (BGH, IBR 2003, 190 f.).

Weitere Bestimmungen zur Verjährung nach dem Schuldrechtsmodernisierungsgesetz vom 1. 1. 2002:
- Gemäß § 202 BGB n. F. sind nunmehr grundsätzlich **Vereinbarungen** über die Verjährung **zulässig**. § 202 Abs. 1 BGB n. F. stellt lediglich klar, dass die Verjährung bei Haftung wegen Vorsatzes nicht im Voraus durch Rechtsgeschäft erleichtert werden kann. § 202 Abs. 2 BGB n. F. regelt, dass die Verjährung durch Rechtsgeschäft nicht über eine Verjährungsfrist von 30 Jahren ab dem gesetzlichen Verjährungsbeginn hinaus erschwert werden kann.
- Die → **Hemmung der Verjährung** ist in § 204 BGB n. F. geregelt. Anders als nach altem Recht hemmt die Geltendmachung des Anspruchs (in Form einer Klage oder anderer förmlicher Verfahren) die Verjährung. Das bedeutet, dass nach Beendigung der Unterbrechung durch gerichtliche Geltendmachung die Verjährung nicht mehr in voller Länge der → Frist erneut von vorne zu laufen beginnt, sondern der Verjährungslauf lediglich für die Dauer der Hemmung angehalten wird (§ 209 BGB n. F.). Die Hemmung endet darüber hinaus gem. § 204 Abs. 2 BGB n. F. sechs Monate nach der rechtskräftigen Entscheidung oder anderweitigen Beendigung des eingeleiteten Verfahrens.
- Neu ist die Regelung des § 203 BGB n. F.: Allgemeiner Hemmungstatbestand ist danach schon **das Schweben von Verhandlungen über den Anspruch oder die den Anspruch begründen-**

den Umstände zwischen dem Schuldner und dem → Gläubiger. Nach bisheriger gesetzlicher Regelung war dies kein Hemmungsgrund. Die Rechtsprechung entwickelte lediglich Ausweichlösungen, welche die Erhebung der → Einrede der Verjährung als treuwidrig (§ 242 BGB) ansah, wenn der Gläubiger durch Verhandlungen mit dem Schuldner (oder dessen Versicherung) davon abgehalten worden war, rechtzeitig Klage zu erheben (z. B. BGH, NJW 1999, 1101, 1104) oder aber in besonderen Einzelfällen die Ausweichlösung des Einwandes des Rechtsmissbrauchs.
- Eine → **Unterbrechung der Verjährung** (wie im bisherigen Recht) kennt das neue Verjährungsrecht nicht mehr. Das neue Verjährungsrecht spricht allerdings in § 212 BGB n. F. vom Neubeginn der Verjährung. In diesem eingeschränkten Anwendungsbereich finden auch die Grundsätze der Unterbrechung der Verjährung im neuen Recht Anwendung.

Verkehrslärm → Immissionen; → Lärm

Verkehrssicherungspflicht → Baumschutz; → Golfplatz; → Leistung; → Sorgfaltspflicht
Neben den vertraglichen Sorgfalts- und Nebenpflichten sowie den im allgemeinen Rechtsverkehr gegenüber jedermann bestehenden Sorgfaltspflichten bestehen im allgemeinen Rechtsverkehr Verkehrssicherungspflichten. Sie unterscheiden sich von den allgemeinen Sorgfaltspflichten dadurch, dass sie nach strengeren Maßstäben beurteilt werden. Dies folgt daraus, dass Verkehrssicherungspflichten immer dann einzuhalten sind, wenn jemand eine Gefahrenquelle schafft oder unterhält. Dass in solchen Fällen erhöhte Sorgfaltsanforderungen zu beachten sind, liegt auf der Hand. Allgemein lassen sich die Grenzen der Verkehrssicherungspflichten dadurch beschreiben, dass der die Gefahrenquelle Schaffende oder Betreibende diejenigen Vorkehrungen zu treffen hat, die nach den Sicherheitserwartungen der jeweiligen Verkehrsanschauung im Rahmen des wirtschaftlich zumutbaren geeignet sind, diejenigen Gefahren von Dritten tunlichst abzuwenden, welche bei bestimmungsgemäßer oder bei nicht ganz fernliegend bestimmungswidriger Benutzung drohen (BGH, NJW 1978, 1629, NJW 85, 1076). Dabei ist auch zu bedenken, dass Kinder vor den Folgen ihrer Unerfahrenheit und Unbesonnenheit zu schützen sind (BGH, NJW 1999, 2364). Für Gewerbebetriebe wird der Inhalt der Verkehrssicherungspflicht durch technische Regelwerke wie DIN-Vorschriften (OLG Hamm, NZV 1995, 484) sowie durch Unfallverhütungsvorschriften konkretisiert (BGH, MDR 1979, 45). Diese Vorschriften können auch außerhalb ihres unmittelbaren Geltungsbereiches als Maßstab für verkehrsgerechtes Verhalten herangezogen werden (OLG Koblenz, VersR 1992, 893). Keine Verkehrssicherungspflichten bestehen gegenüber Personen, die sich unbefugt in den Gefahrenbereich begeben (BGH, NJW 1957, 499); gilt jedoch nicht für Kinder (BGH, VersR 1995, 672) oder wenn erfahrungsgemäß mit einem Fehlverhalten Dritter zu rechnen ist (OLG Köln, VersR 1992, 1241).
Das gesamte Bauwesen, insbesondere der Baustellenbetrieb, ist gekennzeichnet durch das Bestehen von Gefahren und somit von dem Bestehen umfassendster Verkehrssicherungspflichten. Dabei trägt zunächst der Auftraggeber die Verantwortung für die Verkehrssicherheit der → Baustelle gegenüber Dritten und auch gegenüber den auf der Baustelle Tätigen (BGH, BauR 1976, 441). Allerdings bestehen eben solche Pflichten auch für den Architekten z. B. im Rahmen seiner Objektüberwachungspflicht (§ 15 HOAI; BGH, NJW 1991, 562) oder für den SiGe-Koordinator. Letztlich treffen Verkehrssicherungspflichten auch die verschiedenen am Bau beteiligten Bauunternehmer, wenn sie eine Gefahrenquelle schaffen. Beispielsweise treffen den Gerüstbauer Verkehrssicherungspflichten hinsichtlich der Absicherung eines Fassadengerüstes (OLG Nürnberg, BauR 1991, 781).
Die Abgrenzung der Verkehrssicherungspflichten des Auftraggebers, des Architekten sowie der jeweiligen Bauunternehmer kann allgemein wie folgt umschrieben werden:
- Der Auftraggeber (Bauherr) muss die Tätigkeit von Architekt und Bauunternehmern im Rahmen das Zumutbaren überwachen und dafür sorgen, dass verkehrsnotwendige Schutzmaßnahmen nicht

versäumt werden. Dem genügt er allerdings schon in der Regel dadurch, dass er einen zuverlässigen, fachkundigen Unternehmer mit der Durchführung der Bauarbeiten beauftragt (BGH, BauR 1976, 441, BGH, BauR 1982, 399). Im Einzelfall können den Auftraggeber aber auch weiterreichende Verkehrssicherungspflichten treffen, z. B. wenn er um besondere Umstände weiß (einen in der Nähe befindlichen → Kinderspielplatz (OLG Oldenburg, SCH. – S. Z. 4.13, 37)) oder wenn er selbst den Gefahrenbereich eröffnet (Richtfestfeier unter Alkohol (BGH, BauR 1983, 387)).

- Die einzelnen Bauunternehmer haften selbst unmittelbar, soweit sie den Verkehr in der Baustelle eröffnen, d. h. eine besondere Gefahrenquelle für die Allgemeinheit schaffen. Die Bauunternehmer haben z. B. die Wege zu sichern (OLG Hamburg, VersR 1955, 460), sie haben sich vor Erdarbeiten über die Lage und den Verlauf unterirdischer Versorgungsleitungen zu vergewissern (bei Bundespostkabeln ist die „Kabelschutzanweisung" zu beachten, grundlegend BGH, NJW 1971, 741), der Bauunternehmer hat die Baustelle vor unbefugtem Betreten zu sichern (BGH, BauR 1985, 237). Auch über den Arbeitsschutz hinaus gilt diese Sicherungspflicht bei gefährlichen Arbeiten, z. B. Abbrucharbeiten (OLG Düsseldorf, BauR 1994, 267).
- Da der Architekt primär keine Gefahrenquelle schafft (den Verkehr eröffnet) treffen ihn nur beschränkte Verkehrssicherungspflichten („sekundäre" Verkehrssicherungspflichten). Er hat also im Rahmen seiner Überprüfungspflichten hinsichtlich des Bauablaufs nur „ganz allgemein die Augen offen zu halten" (*Bindhardt/Jagenburg*, § 13 Rdn. 13, *Ganten* BauR 1973, 153 Fußnote 70). Die Rechtsprechung hat die sekundäre Verkehrssicherungspflicht von Architekten in vielen Einzelfällen näher konkretisiert (hierzu vgl. *Locher*, Das private Baurecht, § 45 Rdn. 452–454).
- Der Hersteller und Lieferant von Baustoffen ist auch verpflichtet, die Ware derart zu sichern, dass ihr Transport zur Baustelle niemanden gefährdet. Beispiel: Die Lieferung eines quaderförmiges Steinpakets erfordert Sicherungsmaßnahmen bei der Verpackung, jedoch nicht zwingend dessen vollständige Einschweißung in eine Folie oder die Umreifung des Steinquaders mit mehreren Stahlbändern. Mit der Übergabe der gesicherten Ware im Verarbeitungsbereich der Baustelle endet die Verantwortlichkeit des Baustofflieferanten. Kommt es beim Weitertransport des Steinquaders durch den Bauherrn zu einem Unfall, dessen Ursache unaufklärbar ist (hier: Platzen der Stahlumreifung der obersten Steinschicht) haftet der Baustofflieferant hierfür nicht (OLG Koblenz, ZfBR 2003, 569 (Leitsatz)).

Vermessung von Baugrundstücken   → Teilungsgenehmigung

Verrechnung   → Aufrechnung

Etwaige Schadensersatzansprüche des → Auftraggebers wegen behaupteter Mängel stellen sich als Rechnungsposten dar, die im Rahmen der zwischen den Parteien durchzuführenden → Abrechnung mit den Honoraransprüchen des Auftragnehmers zu verrechnen sind, ohne dass es dazu einer Erklärung der → Aufrechnung bedarf (nun auch: BGH, BauR 2001, 1618 = IBR 2001, 625; BGHZ 70, 240). Folglich bedarf es keiner Zuordnung einzelner Aufrechnungspositionen zur Werklohnforderung. Es handelt sich insoweit um unselbstständige Rechnungsposten innerhalb einer Abrechnung. Dies gilt auch dann, wenn der → Auftraggeber den → Schadensersatz im Wege der Widerklage verlangt (OLG Düsseldorf, NJW-RR 2002, 1535). Hilfsweise kann vorsorglich die Aufrechnung erklärt werden.

Bei einer von Amts wegen zu berücksichtigenden Verrechnung scheidet ein Vorbehaltsurteil gemäß § 302 ZPO aus (BGH, IBR 2002, 390). Erklärt der Auftraggeber hingegen gegenüber dem klagenden → Auftragnehmer die Aufrechnung mit Schadensersatz- und/oder Vertragsstrafeansprüchen, so ist ein Vorbehaltsurteil möglich; die Klärung der noch beweisbedürftigen Gegenansprüche bleibt dem Nachverfahren vorbehalten (BGH, IBR 2002, 390).

Verrichtungsgehilfe → Haftungsbefreiung

Versicherung → Baugeräteversicherung; → Bauleistungsversicherung; → Haftpflichtversicherung

Um Schadens- bzw. Haftungsfälle finanziell aufzufangen, gibt es verschiedene Versicherungen der am Bau Beteiligten:
- Haftpflichtversicherung (insbesondere die → Betriebshaftpflichtversicherung des Bauunternehmers); Rechtsgrundlagen sind das Versicherungsvertragsgesetz (VVG) sowie die Allgemeinen Versicherungsbedingungen für die → Haftpflichtversicherung (AHB),
- Bauleistungsversicherung,
- Für die Haftpflichtversicherung von Architekten und Ingenieuren gelten neben dem VVG sowie den AHB die „besonderen Bedingungen und Risikobeschreibungen für die → Berufshaftpflichtversicherung von Architekten, Bauingenieuren und beratenden Ingenieuren" (BBR/Arch 1/94).

Nach den Allgemeinen Versicherungsbedingungen der Rechtsschutzversicherung seit 1994 können Versicherungen gegenüber versicherten Bauherren sowohl das Prozesskostenrisiko bei Prozessen wegen Baumängeln als auch wegen Rechtsstreitigkeiten über die Baufinanzierung ablehnen.

Versiegelung → Rückbau

Die Versiegelung einer → Baustelle, eines Gebäudes oder einzelner Räume wird von der → Bauaufsichtsbehörde gelegentlich in Zusammenhang mit einem Nutzungsverbot, einer Stillegungsverfügung oder → Baueinstellung verfügt, wenn die Bauarbeiten oder die Nutzung trotz mündlich oder schriftlich verfügter Einstellung fortgesetzt werden. In einigen Landesbauordnungen, z. B. § 81 Abs. 2 BayBO, ist eine solche Maßnahme ausdrücklich vorgesehen. Nicht ganz eindeutig ist jedoch die Rechtsnatur der Versiegelung. Je nach Bundesland wird mal als ein eigenständig geregeltes Zwangsmittel angesehen (so OVG Lüneburg, BRS 40 Nr. 227 für die Versiegelung nach Verfügung eines Nutzungsverbotes auf der Grundlage der NBauO), mal als ein bloßer Hinweis auf die Gesetzeslage in Bezug auf die Möglichkeit einer unmittelbaren behördlichen Zwangsmaßnahme (so VGH Kassel, BauR 1985, 306 für ein Nutzungsverbot nach der HBO) oder als die Anwendung unmittelbaren Zwanges (OVG Mecklenburg-Vorpommern, DÖV 1996, 81; OVG Münster, BauR 2000, 1859). Auf jeden Fall braucht die Versiegelung nicht vorher angedroht zu werden (OVG Lüneburg, a. a. O.; VGH Kassel, a. a. O.). Allerdings bestehen unterschiedliche Auffassungen in Bezug auf den vorläufigen Rechtsschutz. Nach dem VGH Kassel ist Rechtsschutz gegen Versiegelungen mangels Rechtsschutzinteresses nicht möglich, da die Anordnung der Versiegelung keine den Betroffenen belastende Maßnahme darstellt, sondern nur das Nutzungsverbot oder die → Baueinstellung selbst, gegen die der → Bauherr sich wehren kann. Das OVG Münster (BauR 1994, 233; BauR 2000, 1859) wiederum hält einen Antrag nach § 80 Abs. 5 VwGO auf Anordnung der aufschiebenden Wirkung gegen eine rechtswidrige Versiegelung für zulässig.

Will der → Bauherr an einem stillgelegten Bauvorhaben Rückbaumaßnahmen ausführen, um auf diese Weise die Übereinstimmung von Bauvorhaben und → Baugenehmigung herbeizuführen, hat er einen entsprechenden konkretisierten Antrag auf Änderung der Stillegungsverfügung an die → Bauaufsichtsbehörde zu richten (OVG Münster, BauR 2000, 1859).

Im Übrigen ist der Siegelbruch ein Straftatbestand nach § 136 StGB und wird mit Freiheitsstrafe bis zu einem Jahr oder Geldstrafe bestraft.

Verspätete Leistung → Verzug

Vertiefungsschaden → Haftung gegenüber Dritten

Vertragsbestandteil → Allgemeine Geschäftsbedingungen; → Bauvertrag; → VOB
Was Vertragsbestandteil bzw. Inhalt des Vertrages ist, richtet sich nach dem tatsächlichen Inhalt der Willenserklärungen sowie nach der rechtlichen Zulässigkeit des Vereinbarten. → Allgemeine Geschäftsbedingungen werden nur unter den Voraussetzungen des § 305 Abs. 2 BGB n. F. Bestandteil eines Vertrages, insbesondere wenn die andere Vertragspartei ausdrücklich oder durch deutlich sichtbaren Aushang am Ort des Vertragsschlusses auf sie hinweist und der andere Vertragspartner die Möglichkeit hat, in zumutbarer Weise von ihrem Inhalt Kenntnis zu nehmen und die andere Vertragspartei mit ihrer Geltung einverstanden ist. Da es sich bei der → VOB/B ebenfalls um Allgemeine Vertragsbedingungen handelt, wird auch sie nur Vertragsbestandteil, wenn sie in den Vertrag mit einbezogen wurde (§ 305 Abs. 2 Nr. 1, 2 BGB n. F.).

Vertragserfüllungsbürgschaft → Bürgschaft
1. Sicherungszweck
Es muss zur Inanspruchnahme der Bürgschaft stets festgestellt werden, ob der sog. **Sicherungsfall** eingetreten ist, ob also geltend gemachte Ansprüche von der Vertragserfüllungsbürgschaft gesichert werden. Die verbürgten Ansprüche ergeben sich in der Regel aus der Bürgschaftserklärung des Bürgen. Wenn diese unklar oder unvollständig ist, wird der Umfang der Bürgschaft durch Auslegung (§§ 133, 157 BGB) unter besonderer Berücksichtigung des Bürgschaftszwecks ermittelt. In diesem Rahmen erlangt die der Bürgschaftsübergabe zugrundeliegende Sicherungsabrede Bedeutung. Der Haftungsumfang einer Bürgschaft, die der Sicherung von Ansprüchen aus einem Bauvertrag dient, kann sich nach den im Bauvertrag getroffenen Vereinbarungen richten, wenn dort auf die Bürgschaftsurkunde Bezug genommen worden ist (OLG Koblenz, ZfBR 2003, 687 [Leitsatz] = IBR 2003, 1119). Die Vertragserfüllungsbürgschaft, oftmals auch als Ausführungsbürgschaft bezeichnet, sichert den aus dem Bauvertrag folgenden Anspruch des Auftraggebers gegen den Auftragnehmer **auf vertragsgemäße Erfüllung seiner Leistungspflichten** (§ 17 Nr. 1 Abs. 2 VOB/B). Die Erfüllungsbürgschaft sichert in der Regel den **Anspruch auf Schadensersatz wegen Nichterfüllung** (BGH, BauR 1988, 220; WM 1989, 521, 627), die **Rechtzeitigkeit der Leistung**, sofern Ausführungsfristen vereinbart werden (OLG Düsseldorf, BauR 1998, 553), sowie Verpflichtungen aus einer **Vertragsstrafe** (BGH, BauR 1982, 506; NJW-RR 1990, 811; OLG Rostock, IBR 2002, 665 mit abl. Anm. *Schmidt*) und wegen der **Rückzahlung geleisteter Vorauszahlungen** (BGH, BauR 1988, 220; OLG Hamm, OLGR 1998, 37; a. A. OLG Hamm, BauR 1997, 1057 = IBR 1998, 430). Nach dem Kammergericht (IBR 2003, 76) sind bei einem VOB-Vertrag auch **Folgeschäden**, die vor Abnahme aus zu vertretenden Mängeln des Werkes entstehen, von einer Erfüllungsbürgschaft abgesichert, wenn der zugrundeliegende Mangel vor Abnahme beseitigt wurde. Das hat zur Folge, dass von dem Grundsatz, dass mit der Abnahme die Erfüllungsbürgschaft herauszugeben ist, insoweit abzuweichen ist, da auch nach Abnahme der Schadensersatzanspruch aus § 4 Nr. 7 VOB/B, der durch die Erfüllungsbürgschaft abgesichert ist, besteht. Die Gewährleistungsbürgschaft greift insoweit noch nicht ein, da kein Gewährleistungsanspruch aus § 13 VOB/B vorliegt.

Eine Erfüllungsbürgschaft sichert nicht den **„Druckzuschlag"**, der dem Auftraggeber wegen eines Zurückbehaltungsrechts zusteht (OLG Koblenz, ZfBR 2003, 687 [Leitsatz] = IBR 2003, 1119). Eine Vertragserfüllungsbürgschaft sichert **keine Regressansprüche des Auftraggebers gegen den Auftragnehmer aus der Inanspruchnahme für Versicherungsbeiträge**, soweit ein solcher über die Bauausführung hinausgehender Sicherungszweck nicht ausdrücklich in der Bürgschaftsurkunde geregelt ist. Die bloße Bezugnahme auf den Bauvertrag reicht hierfür nicht aus (OLG Celle, IBR 2002, 544).

2. Erfüllungsbürgschaft auf erstes Anfordern
Der BGH hat mittlerweile entschieden, dass die Gestellung einer Vertragserfüllungsbürgschaft auf erstes Anfordern in Allgemeinen Geschäftsbedingungen **nicht wirksam vereinbart werden kann** (IBR 2002, 663; IBR 2002, 73).

Der BGH hat des Weiteren insoweit entschieden, dass eine **Umdeutung** einer Vertragserfüllungsbürgschaft auf erstes Anfordern in eine einfache Bürgschaft im Gegensatz zur aufgrund einer unwirksamen Sicherungsabrede grundsätzlich herauszugebenden Gewährleistungsbürgschaft auf erstes Anfordern in Betracht komme.

Der BGH fasste in einem Beschluss nochmals seine bisherige Rechtsprechung zusammen: Danach ist die Verpflichtung eines Auftragnehmers in Allgemeinen Geschäftsbedingungen des Auftraggebers, zur Sicherung der Vertragserfüllungsbürgschaft eine Bürgschaft auf erstes Anfordern zu bestellen, unwirksam; die hierdurch entstandene **Vertragslücke ist ergänzend dahin auszulegen, dass der Auftragnehmer eine unbefristete, selbstschuldnerische Bürgschaft schuldet** (Bestätigung von BGH, IBR 2002, 414; 2002, 543).

Der Auftraggeber ist dann **nicht verpflichtet, die Bürgschaftsurkunde zurückzugeben. Er muss sich jedoch gegenüber dem Auftragnehmer und dem Bürgen schriftlich verpflichten, die Bürgschaft nicht auf erstes Anfordern, sondern nur als selbstschuldnerische geltend zu machen** (Bestätigung vom BGH, IBR 2003, 413). Damit bestätigte der BGH seine bisherige Rechtsprechung (BGH IBR 2004, 69).

Diese Rechtsprechung ist nicht nachvollziehbar. Verschiedene Instanzgerichte urteilen insoweit anders als der BGH und lassen eine **Umdeutung auch bei der Gewährleistungsbürgschaft auf erstes Anfordern** zu (OLG Rostock, BauR 2003, 928 = IBR 2003, 359; LG München I, IBR 2004, 15; LG Essen, IBR 2003, 677). Andere Gerichte (z. B. OLG Celle, IBR 2004, 70; OLG Hamm, IBR 2003, 536) lassen bei einer unwirksamen AGB-Vereinbarung über eine Gewährleistungssicherheit keine ergänzende Vertragsauslegung zu.

3. Zeitpunkt des Verlangens
Der Auftraggeber kann die Stellung der Vertragserfüllungsbürgschaft nicht schon vor Vertragsschluss verlangen. Gemäß § 17 Nr. 7 VOB/B ist sie binnen 18 Werktagen nach Vertragsschluss beizubringen.

4. Kündigung bei Nichtgestellung?
Vereinbaren die Parteien die Gestellung einer Vertragserfüllungsbürgschaft und legt der Auftragnehmer diese im Rahmen eines geschlossenen VOB/B-Vertragsverhältnisses entgegen der Vereinbarung nicht vor, stellt dies keinen Grund für eine außerordentliche Kündigung des Bauvertrages durch den Auftraggeber dar (OLG München, BauR 1999, 1057 (LS) = IBR 1999, 313). Der Auftraggeber hat die Möglichkeit, gem. § 17 Nr. 7 VOB/B vom Guthaben des Auftragnehmers einen Betrag i. H. der vereinbarten Sicherheit einzubehalten.

5. Rückgabe
Wegen ihres Sicherungszwecks ist die Erfüllungsbürgschaft bis zu dem Zeitpunkt befristet, an dem die Bauleistung des Auftragnehmers als vertragsgemäß anzusehen ist. Das ist regelmäßig die vereinbarte **Abnahme** der Bauleistungen (*Schmidt/Winzen*, Handbuch der Sicherheiten am Bau, S. 12). Die Rückgabe der Erfüllungsbürgschaft kann auch **nicht von der vorbehaltlosen Annahme der Schlusszahlung abhängig gemacht werden** (LG Berlin, BauR 2001, 1803 (LS); = NZBau 2001, 559 = IBR 2001, 484).

Umstritten ist, ob die Erfüllungsbürgschaft mit der Fertigstellung von Teilen der Leistung wertgemäß sukzessive zurückzugewähren ist, ob also eine Anpassung an den jeweils erforderlichen Sicherungsgrad stattzufinden hat (dafür: *Heiermann*, BB 1977, 1575, 1579; *Schmidt/Winzen*, Handbuch der Sicherheiten am Bau, Seite 12 f.; dagegen: OLG Nürnberg, NJW-RR 1989, 1296; *Schwärzel-Peters*, Die Bürgschaft im Bauvertrag, Seite 28).

6. Verwertung

Die Erfüllungsbürgschaft wird wie alle anderen Bürgschaften durch deren Inanspruchnahme nach den Regeln des BGB verwertet (*Schmidt/Winzen*, Handbuch der Sicherheiten am Bau, S. 14). Der Auftraggeber fordert den Bürgschaftsgeber unter Fristsetzung zur Auszahlung des Bürgschaftsbetrages auf.

Ist in einer zur Sicherung der Erfüllungsansprüche aus einem Werkvertrag erteilten Bürgschaft vereinbart worden, dass die Verpflichtungen des Bürgen mit der Abnahme, spätestens jedoch dann erlöschen, wenn er nicht bis zu einem bestimmten Endtermin in Anspruch genommen ist, so entfallen die Rechte des Gläubigers, der die Bürgenleistung fristgemäß und zu Recht angefordert hat, nicht schon dadurch, dass er später das Werk abnimmt (BGH, BauR 1999, 281 (LS) = ZfBR 1999, 88 = NJW 1999, 88 = NJW 1999, 55 = IBR 1999, 59).

Vertragsstrafe → Termin; → Termingarantie

In der Bauvertragspraxis werden Vertragsstrafen in der Regel als → Allgemeine Geschäftsbedingungen (AGB) vereinbart. Während individuelle Vertragsstrafenvereinbarungen in der Regel wirksam sind, da sie nur den allgemeinen Grenzen der Vertragsfreiheit unterliegen (→ Sittenwidrigkeit, Treu und Glauben, §§ 138, 242 BGB), halten Vertragsstrafenklauseln in AGB und Formularverträgen einer Überprüfung häufig nicht stand. **Vertragsstrafenversprechen für Fristüberschreitungen** in Bauformularverträgen sind lediglich unter bestimmten Voraussetzungen nach den §§ 305 ff. BGB wirksam. Die Vertragsstrafe muss einen vertretbaren Prozentsatz/Tagessatz enthalten (a). Die Vertragsstrafe muss betragsmäßig nach oben begrenzt sein (b). Die Vertragsstrafe muss verschuldensabhängig sein (c). Die Vertragsstrafe darf nicht zusätzlich (wohl aber daneben) zu einem Schadensersatzanspruch anfallen (d). Der BGH hat jüngst entschieden (BauR 2003, 870), dass Vertragsstrafen in Zukunft in Allgemeine Geschäftsbedingungen mit einer Höchstgrenze von 10 % unwirksam seien. Künftige Vertragsstrafen dürfen eine Höchstgrenze von 5 % i. d. R. nicht überschreiten. Als Tagessatz dürften 0,1 % wirksam sein. Im Hinblick darauf, dass der Bundesgerichtshof für die Vergangenheit bei Verträgen mit einem Auftragsvolumen von bis zu 13 Mio. DM eine Höchstgrenze von 10 % anstandslos hingenommen hat, rechtfertigt der Vertrauensschutz, dass Vertragsstrafenvereinbarungen bei einem solchen Auftragsvolumen, die **vor Bekanntgabe** dieser Entscheidung getroffen wurden, noch als wirksam anzusehen sind.

Die Entscheidung des OLG Jena (IBR 1999, 361) wonach eine **Vertragsstrafe auch für eine verspätete Schlussrechnungslegung** wirksam vereinbart werden kann, wenn die Höhe der Vertragsstrafe nicht an den Kosten der Erstellung der → Rechnung, sondern mit 0,2 % der Bruttoschlussrechnungssumme pro Kalendertag, höchstens jedoch mit 10 % der Bruttoschlussrechnungssumme bemessen werde, hat aufgrund der neuen Entscheidung des Bundesgerichtshofes lediglich hinsichtlich der Obergrenzen keine Relevanz mehr. Auch die Verletzung einer vertraglichen Nebenpflicht könne mit einer Vertragsstrafe geahndet werden (OLG Jena, a. a. O.). Die entsprechende Klausel verstoße weder gegen § 11 Nr. 6 AGBG noch gegen § 9 AGBG (nunmehr §§ 305, 307 Nr. 6 BGB n. F.). Eine solche Klausel sei lediglich ungewöhnlich, nicht jedoch überraschend gemäß § 3 AGBG (§ 305 BGB). Dies ist nicht unumstritten. Hiergegen ließe sich einwenden, dass durch eine entsprechende Regelung die verspätete Rechnungslegung dem Bauverzug generell gleichgestellt wird. Im Einzelfall muss jedoch festgestellt werden, ob sich die verspätete Rechnungslegung für den Bauherrn ebenso nachteilig auswirkt, wie ein entsprechender Bauverzug. Erst danach kann festgestellt werden, ob die Vertragsstrafe nicht überhöht ist. Zudem ist es ratsam, die neue BGH-Rechtsprechung zur Höchstbegrenzung zu beachten. Unbenommen bleibt es den Parteien, individualvertraglich höhere Grenzen zu vereinbaren (BGH, a. a. O., S. 876).

Verunstaltung → Werbeanlagen; → Windkraftanlagen

Vervielfältigungskosten → Nebenkosten

Verwirkung → Abrissverfügung; → Nachbarrechte
Nach Treu und Glauben kann ein → Gläubiger ein Recht oder eine Forderung verwirken. Er ist dann – macht der Schuldner die entsprechende Einwendung – gehindert, die Forderung oder das Recht geltend zu machen. Voraussetzungen sind das sogenannte Vertrauens- bzw. Umstandsmoment sowie das Zeitmoment. Der Gläubiger darf also das Recht längere Zeit nicht geltend gemacht haben und der Schuldner muss mittlerweile berechtigterweise (besondere Umstände) darauf vertrauen dürfen, nicht mehr in Anspruch genommen zu werden. Im Baubereich kommt der Verwirkungstatbestand selten vor. Insbesondere führt allein der Ablauf der 2-Monats-Frist gemäß § 16 Nr. 3 Abs. 1 VOB/B nicht zur Verwirkung der → Einrede der mangelnden → Prüfbarkeit und Richtigkeit der Schlussrechnung des Auftragnehmers für den Auftraggeber (BGH, BauR 2001, 784). Im öffentlichen → Baurecht tritt vor dem Hintergrund, dass die → Bauaufsichtsbehörde rechtmäßige Zustände herzustellen hat, eine Verwirkung, des Rechts der Baubehörden die dafür erforderlichen Maßnahmen und Anordnungen zu treffen, nicht ein (VGH München, BayVBl. 1996, 634).

Verzicht → Nachbarrechte

Verzug → Schadensersatz
1. Begründung des Verzugs
Gemäß § 286 n. F. BGB kommt ein Schuldner einer → Leistung in folgenden Konstellationen mit derselben in Verzug:
– Grundsätzlich kommt ein Schuldner in Verzug, wenn er auf eine Mahnung des Gläubigers, nach → Fälligkeit der Leistung, nicht leistet (einer Mahnung steht es gleich, wenn der → Gläubiger Klage erhebt oder einen Mahnbescheid zustellen lässt),
– wenn für die Leistung eine Zeit nach dem Kalender bestimmt ist,
– wenn der Leistung ein Ereignis vorauszugehen hat und eine angemessene Zeit für die Leistung in der Weise bestimmt ist, dass sie sich von dem Ereignis an nach dem Kalender berechnen lässt,
– wenn der Schuldner die Leistung ernsthaft und endgültig verweigert,
– wenn aus besonderen Gründen unter Abwägung beiderseitiger Interessen der sofortige Eintritt des Verzuges gerechtfertigt ist.
– Der Schuldner einer Entgeltforderung gerät zudem (unabhängig von den o. g. Konstellationen) spätestens in Verzug, wenn er nicht innerhalb von 30 Tagen nach Fälligkeit und Zugang einer → Rechnung oder gleichwertigen Zahlungsaufstellung leistet (Verbraucher müssen in der Rechnung/Zahlungsaufstellung allerdings auf diese Rechtsfolgen hingewiesen worden sein) Ist andererseits der Zeitpunkt des Zugangs der Rechnung oder der Zahlungsaufstellung unsicher, so kommt jedenfalls der Schuldner, der nicht Verbraucher ist, spätestens 30 Tage nach Fälligkeit und Empfang der Gegenleistung in Verzug.

2. Verschulden
Voraussetzung in allen o. g. Konstellationen für den Verzug ist, dass die Leistung verschuldet unterbleibt (d. h., dass die Leistung nicht deshalb unterbleibt, weil ein Umstand aufgetreten ist, den der Schuldner nicht zu vertreten hat).

Erläuterungen:
a) Leistungspflicht des Schuldners:
Die konkrete Pflicht zu einer Leistung muss bestehen und nicht gem. § 275 BGB n. F. ausgeschlossen sein (Ausschluss durch Unmöglichkeit, wegen unverhältnismäßigen Aufwandes, wegen Unzumutbarkeit bei persönlicher Leistung). Der Anspruch auf Leistung muss zudem fällig und durchsetzbar sein. Die Fälligkeit (Zeitpunkt des Leistenmüssen) bestimmt sich nach den konkreten vertraglichen Vereinbarungen (z. B. bestimmen eines Termins); bei Fehlen einer solchen ist § 271 BGB (im Zweifel sofort zu leisten). Der Anspruch ist durchsetzbar, wenn ihm keine dauernden oder aufschiebenden Einreden entgegenstehen, (z. B. → Einrede des nichterfüllten Vertrages nach § 320); das bloße Bestehen eines Zurückbehaltungsrechts nach § 273 schließt hingegen den Verzug nicht aus (z. B. BGH, WM 1971, 1020, 1021).

b) Mahnung
Ab Mahnung bezeichnet man die an den Schuldner gerichtete Aufforderung des Gläubigers, die geschuldete Leistung zu erbringen. Eine bestimmte Form ist nicht erforderlich. Sie muss dem Schuldner aber zugehen (sog. Empfangsbedürftigkeit). Die Mahnung muss nach Fälligkeit erfolgen; erfolgt sie vorher, ist sie wirkungslos (BGH, NJW 1992, 1956). Zulässig ist, die Mahnung mit der die Fälligkeit begründenden Handlung (z. B. Abruf) zu verbinden (BGH, WM 70, 1141). Die Mahnung muss unzweifelhaft zum Ausdruck bringen, dass der Gläubiger die Leistung verlangt (BGH, NJW 1998, 2132). Die Mahnung muss bestimmt sein, d. h., es muss die konkrete Leistung, welche angemahnt wird, ersichtlich sein (BGH LM § 346 Nr. 6), wobei in diesem Zusammenhang unerheblich ist, wenn der Gläubiger eine unwesentliche Zuvielforderung anmahnt, wenn der Schuldner die Mahnung des Gläubigers nach den Umständen des Falles als Aufforderung zur Bewirkung der tatsächlich geschuldeten konkreten Leistung verstehen muss und der Gläubiger zur Entgegennahme der gegenüber seinen Vorstellungen geringeren Leistung bereit ist (BGH, LM § 286 Nr. 3, BGH, WM 2000, 586 m. w. N.).

c) Leistungszeit nach dem Kalender
Erforderlich ist eine vertragliche Vereinbarung der Leistungszeit (eine einseitige Erklärung genügt nicht). Die Vereinbarung muss unmittelbar oder mittelbar einen bestimmten Kalendertag festlegen (kalendermäßige Bestimmung (BGH, WM 1971, 615)). Es genügt z. B.: „im August" (BGH, NJW-RR 1999, 593, 595), „Mitte des Monats" (BAG, WM 1982, 246), „erste Dekade des Monats" (BGH, NJW 1984, 49).

d) Zeit für die Leistung von einem Ereignis an
Diese mit dem Schuldrechtsmodernisierungsgesetz vom 1. 1. 2002 neu eingeführte Formulierung stellt klar, dass es genügt, wenn vertraglich die Leistungszeit dergestalt bestimmt wird, dass die kalendermäßige Bestimmung von einem Ereignis an zu erfolgen hat (z. B. „drei Wochen nach Ostern" oder „14 Tage ab Bestellung" (BGH, WM 1992, 823); hierher gehören auch die Fälle, die vor dem 1. 1. 2001 nicht verzugsbegründend waren, z. B. „Bezahlung 2 Wochen nach Rechnung" oder „Zahlung 7 Tage nach Fertigstellung" (BT-Drucksache 14/6040, S. 145)).

e) Ernsthafte und endgültige Erfüllungsverweigerung

Mit dieser neuen Vorschrift soll das bislang auf § 242 BGB gestützte Fallrecht zur Entbehrlichkeit der Mahnung bei einer ernsthaften und endgültigen Leistungsverweigerung kodifiziert, d. h. gesetzlich verankert, werden (zur bisherigen Rechtsprechung: BGH, NJW 1983, 1729; BGH, NJW 1991, 1822). Genau wie in den Parallelbestimmungen der §§ 281 Abs. 2 und 323 Abs. 2 Nr. 1 BGB n. F. ist hier ein strenger Maßstab anzulegen. Das heißt, es genügt nicht, wenn der Schuldner Zweifel am Bestehen bzw. der Höhe der angemahnten Forderung äußert, vielmehr wird verlangt, dass aus der Zahlungsverweigerung die Erfolglosigkeit und Sinnlosigkeit eines weiteren Zahlungsverlangens von vornherein feststeht (*Dauner-Lieb/Heidel/Lepa/Ring – Schulte Nölke*, Schuldrecht, Erläuterungen der Neuregelungen zum Verjährungsrecht, Schuldrecht, Schadenersatzrecht und Mietrecht, § 286 Rdn. 37 i. V. m. § 281 Rdn. 19).

f) Besondere Gründe für den sofortigen Eintritt des Verzuges unter Abwägung der beiderseitigen Interessen

Diese gegenüber der alten Fassung der Verzugsvoraussetzungen ab dem 1. 1. 2002 geltende Neuregelung stellt eine Generalklausel zur Entbehrlichkeit der Mahnung dar (BT-Drucksache 14/6040, S. 146). Beispielsfälle: Ein die Mahnung verhinderndes Verhalten des Schuldners (OLG Köln, NJW-RR 1999, 4 ff., noch über § 242 BGB), ihrer Natur nach besonders eilige Leistungen (Reparatur eines Wasserrohrbruchs), spontan zu erfüllende Aufklärungs- und Warnungspflichten (BT-Drucksache 14/6040, S. 146), vertraglicher bzw. einseitiger Verzicht des Schuldners auf eine Mahnung (*Dauner-Lieb/Heidel/Lepa/Ring – Schulte-Nölke*, Schuldrecht, Erläuterungen der Neuregelungen zum Verjährungsrecht, Schuldrecht, Schadenersatzrecht und Mietrecht, § 286 Rdn. 38, Fußnote 55).

g) Verzugseintritt spätestens 30 Tage nach Fälligkeit und Zugang einer Rechnung oder gleichwertigen Zahlungsaufstellung

Diese Regelung des § 286 Abs. 3 BGB, eingeführt durch das „Gesetz zur Beschleunigung fälliger Zahlungen" vom 30. 3. 2000 und in Kraft getreten zum 1. 3. 2000 und modifiziert durch das Schuldrechtsmodernisierungsgesetz, stellt eine Spezialregelung für alle Geldforderungen dar.

3. Rechtsfolge des vom Schuldner zu vertretenden Verzuges ist eine Schadensersatzpflicht des Schuldners. Speziell im Werk-, Bau- und Architektenvertragsrecht ist dem Auftraggeber der gesamte durch den Verzug entstandene Schaden zu ersetzen. Grundsätzlich ist also dem Auftraggeber der unmittelbare und mittelbare Schaden (z. B. auch der entgangene Gewinn) zu ersetzen. Die Schadensberechnung bestimmt sich nach den §§ 280 Abs. 2, 286, 249 ff. BGB. Ist die → VOB/B vereinbart, so hat der Auftraggeber Anspruch auf Ersatz, des entgangenen Gewinns nur bei Vorsatz oder grober → Fahrlässigkeit (§ 6 Nr. 6 VOB/B).

Beispiele:
- Ersetzt werden können die Kosten der Rechtsverfolgung (die Kosten des ersten, den Verzug begründenden Mahnschreibens jedoch nicht, da dieses erst verzugsbegründend ist (BGH, VersR 74, 642), jedoch die Kosten weiterer Mahnungen und auch, sofern dies im Einzelfall erforderlich ist, die Kosten, die durch Hinzuziehung eines Rechtsanwalts entstanden sind (BGHZ 30, 156)).
- Verzugszinsen gem. § 288 in Höhe von fünf bzw. bei Verträgen, an denen ein Verbraucher (§ 13 BGB) nicht beteiligt ist und in denen es um Entgeltforderungen geht, acht Prozentpunkten über dem Basiszinssatz (aktuelle Höhe und Entwicklung des Basiszinssatzes sind abrufbar unter **www.bundesbank.de**).
- Weitere Schäden (Folgeschäden und entgangener Gewinn), wie z. B. das Scheitern des gewinnbringenden Wiederverkaufs wegen verspäteter Lieferung, der während des Zahlungsverzugs ent-

gangene Anlagenzins, selbst der entgangene Gewinn aus einem Spekulationsgeschäft, sofern sich im Nachhinein herausstellt, dass dieser tatsächlich eingetreten wäre (BGH, NJW 1983, 758, Schimmel WM 2000, 946), keine ersatzfähigen Schäden sind dagegen die durch den Verzug entgangenen Nutzungsmöglichkeiten.

4. Ist die → VOB/B vereinbart, so gilt als Besonderheit für den Verzug mit der Zahlungsleistung des Auftraggeber die Regelung des § 16 VOB/B. Zahlt der Auftraggeber bei Fälligkeit der Schlussrechnung nicht, muss ihm der Auftragnehmer eine angemessene → Nachfrist (auch sonst: nur Mahnung, ohne → Fristsetzung, erforderlich) setzen, um vom Ende der Nachfrist an gem. § 16 Nr. 5 Abs. 3 VOB/B Zinsen in Höhe von fünf bzw. acht Prozent über dem Basiszinssatz (Einzelheiten siehe unter → Zins) verlangen zu können.

VOB → Ausschreibung (und VOB/A)
Die VOB, bestehend aus den Teilen A, B und C, ist ein dreiteiliges, umfassendes Regelwerk über Anforderungen im Bauverdingungs- und Bauvertragswesen (BGH, NJW 1950, 142).

1. Teil A behandelt die allgemeinen Bestimmungen über die Vergabe von → Bauleistungen. Er bezieht sich auf den Ablauf bis zum endgültigen Abschluss eines Bauvertrages. Die allgemeinen Bestimmungen des BGB über das Zustandekommen eines Vertrages werden durch die Einzelbestimmungen des Teiles A erläutert und teilweise sogar abgeändert. Teil A besitzt also auch materiellrechtlichen Gehalt.

Gemäß § 55 Bundeshaushaltsordnung (entsprechende Regelungen in Länder- bzw. Gemeindehaushaltsordnungen) sind die Vergabestellen der öffentlichen Hand verpflichtet, die Vorschriften des Abschnitts 1 der VOB/A anzuwenden.

Vergabeverfahren nach der VOB/A unterliegen der Nachprüfung durch bestimmte Stellen, an die sich ein → Bewerber oder → Bieter wenden kann, wenn er glaubt, durch Verstöße gegen die Vergabebestimmungen benachteiligt worden zu sein (§ 31 VOB/A). Bei Verstößen gegen die Bestimmungen der VOB/A hat der Auftragnehmer (Bieter bzw. Bewerber) daneben die Möglichkeit, → Schadensersatz wegen Verstoßes gegen Vergabevorschriften geltend zu machen. Anspruchsgrundlagen sind Verschulden bei Vertragsverhandlungen (§ 311 Abs. 2 Nr. 1 BGB n. F.), Schadensersatz aus der Konkretisierung des Grundsatzes von Treu und Glauben (§ 242 BGB), Schadensersatzansprüche wegen Verstoßes gegen das Gesetz gegen Wettbewerbsbeschränkungen (§ 35 GWB, § 26 Abs. 2 Satz 1 GWB (hierzu KG, BauR 1995, 837)), Ansprüche aus unerlaubter Handlung (§§ 823 ff. BGB (zu den Voraussetzungen BGH, BauR 1992, 221). Die Bestimmungen des Abschnittes 1 der VOB/A sind keine Schutzgesetze im Sinne des § 823 Abs. 2 BGB. Bei europarechtlichem Einschlag (grenzüberschreitender Bezug) sind Schadenersatzansprüche wegen Verstoßes gegen das Diskriminierungsverbot (Art. 30, 59 ff. EUV; hierzu EuGH, NVwZ 90, 353, EuGH EuZW 1995, 635) möglich. Bei Vergabeverstößen einzelner Bieter (Verstöße gegen Aufklärungs- und Beratungspflichten, Submissionsabsprachen) hat u. U. der Bieter Schadensersatzansprüche gegen diese aus denselben Anspruchsgrundlagen.

2. Teil B regelt die allgemeinen Vertragsbedingungen für die Ausführung von → Bauleistungen nach Vertragsschluss. Die VOB/B regelt also die Vorgänge, die bis zur → Erfüllung, also der Herstellung des ordnungsgemäßen Werks und der Bezahlung der vereinbarten Vergütung, für die Vertragspartner von Bedeutung sind. Vor allem regelt der Teil B die Folgen der Verletzung der vertraglichen Pflichten. Hierbei handelt es sich um standardisierte Vertragsbedingungen und bauvertragsadäquate Regelungen, die nicht nur bei öffentlichen Aufträgen kraft Erlasses angewendet werden, sondern auch häufig, vor allem bei größeren Bauverträgen mit privaten Auftraggebern zum Vertragsgegenstand gemacht werden, allerdings regelmäßig mit Abänderung einzelner Bestimmungen.

Die VOB/B ist nur auf Vertragsbeziehungen zwischen dem → Auftraggeber (i. d. R. Bauherr) und dem Auftragnehmer (Bauunternehmer) anwendbar. Auf Vertragsbeziehungen z. B. zwischen dem Architekten oder Sonderfachleuten und dem Auftraggeber können sie keine Anwendung finden, da diese keine → „Bauleistungen" erbringen (OLG Bamberg, BauR 1999, 650).

Die VOB/B enthält einzelne Regelungen, die für sich gesehen gegen §§ 305 ff. BGB verstoßen und damit unwirksam sind. Weil die VOB/B insgesamt aber sowohl die Interessen des Auftraggebers als auch die Interessen des Auftragnehmers ausreichend berücksichtigt – die VOB/B enthält also auch unwirksame Regelungen zu Lasten des Auftraggebers – sind diese Regelungen rechtmäßig, vgl. § 308 Nr. 5, § 309 Nr. 8 b) ff) BGB und § 308 Nr. 5 BGB (früher § 10 Nr. 5 AGBG, das Verbot, eine pauschale → Vertragsstrafe zu vereinbaren, wenn zugleich dem Vertragspartner des Verwenders der Nachweis keines oder eines geringeren Schadens abgeschnitten wird) und § 309 Nr. 8 b) ff) BGB (früher § 11 Nr. 10 f. AGBG, das Verbot, gesetzliche Gewährleistungsfristen zu verkürzen) sind ausdrücklich nicht auf VOB-Verträge anzuwenden. Daraus könnte geschlossen werden, dass die übrigen Regelungen der VOB der vollen Inhaltskontrolle nach den §§ 307 ff. BGB unterliegen. Doch nach Auffassung des BGH (NJW 1983, S. 816) zum alten AGBG bezieht sich das Privileg nicht nur auf die eben genannten Regelungen, sondern auf die gesamte VOB/B. Hieran wollte der Gesetzgeber mit dem Schuldrechtsmodernisierungsgesetz nichts ändern.

Demnach scheidet die Inhaltskontrolle nach den §§ 307 ff. BGB aus, wenn die VOB **als Ganzes** Vertragsgrundlage ist. Die VOB ist dann als Ganzes vereinbart, wenn keine Bestimmungen der VOB abgeändert werden, bzw. wenn die VOB zumindest in ihrem Kernbereich nicht beeinträchtigt ist. Kein Eingriff in den Kernbereich liegt beispielsweise vor, wenn die VOB Abweichungen ausdrücklich zulässt (OLG Koblenz, Urteil vom 23. 4. 1997- 9 U 769/96 = OLGR 97, 192).

– Zulässige Änderungen z. B.:
– § 2 Nr. 2 VOB/B: → Abrechnung nach Einheitspreis, wenn keine andere Berechnungsart vereinbart wurde,
– § 4 Nr. 4 VOB/B: „Der Auftraggeber hat, wenn nichts anderes vereinbart ist, . . ."
– § 5 Nr. 2 S. 1 VOB/B: Möglichkeit der Vereinbarung einer → Frist für den Beginn der Ausführung,
– § 11 VOB/B: bei Vereinbarung einer → Vertragsstrafe, d. h. die Vereinbarung ist nicht zwingend,
– § 17 VOB/B: wenn Sicherheitsleistung vereinbart ist, d. h. die Vereinbarung ist nicht zwingend.

Soweit die VOB in der Weise abgeändert wird, dass Regelungen durch gesetzliche Regelungen ersetzt werden, kann dies – nach allerdings streitiger Ansicht – ebenfalls ihren Kernbereich beeinträchtigen. Denn wenn der → Auftraggeber z. B. bei einem vor dem 1. 5. 2000 geschlossenen → Bauvertrag § 12 VOB/B durch die gesetzliche Regelung des § 640 BGB ersetzt hat, wird der Auftragnehmer benachteiligt. Gemäß § 12 VOB/B kann der Auftragnehmer die → Abnahme verlangen, wenn das Werk im Wesentlichen fertiggestellt ist und keine wesentlichen Mängel aufweist. Gemäß § 640 BGB a. F. durfte das Werk zur Abnahme keine Mängel aufweisen.

Liegt ein Eingriff in das Gerechtigkeitsgefüge der VOB vor, so verlieren damit **alle** VOB-Bestimmungen das Privileg, von vornherein ohne Ausnahme wirksam zu sein. Dazu ist **nicht** erforderlich, dass die geänderte Regelung gegen § 307 BGB verstößt. Danach unterliegt jede Klausel der → VOB/B für sich genommen der Prüfung nach den §§ 307 ff. BGB. Für den Auftragnehmer gelten in diesem Fall – selbstverständlich nur, wenn nicht er, sondern der Auftraggeber die Klauseln in den Vertrag eingebracht, d. h. verwendet hat - jeweils die günstigsten Regelungen zwischen VOB/B und Gesetz.

Beispiele für Eingriffe in die VOB als „Ganzes", wenn der Auftraggeber Verwender ist:
– § 2 Nr. 3 VOB/B: **wenn diese** Regelung für Nachtragsangebote des Auftragnehmers ausgeschlossen wird,

– § 2 Nr. 5 VOB/B:	wenn der Auftragnehmer lediglich dann einen Vergütungsanspruch erhält, wenn eine Vereinbarung bezüglich dieses Mehrvergütungsanspruchs vor der Ausführung getroffen wird (Soll-Bestimmung),
– § 2 Nr. 7 Abs. 1 VOB/B:	wenn der Auftraggeber Klauseln verwendet, wonach auch bei erheblichen Mengenüberschreitungen keine Anpassung des Preises vorgesehen ist (**Ausnahme**: Funktionale Leistungsbeschreibung),
– § 4 Nr. 3 VOB/B:	wenn der Auftragnehmer für auftretende Mängel haften soll, obwohl er vorher seine Bedenken mitgeteilt hat (anders 2. HS!),
– § 4 Nr. 7 VOB/B:	wenn das Nacherfüllungsrecht des Auftragnehmers durch ein Recht zur → Minderung der Vergütung ersetzt wird,
– § 8 Nr. 1 VOB/B:	wenn die Kündigungsregelung zu Ungunsten des Auftragnehmers im Hinblick auf den Vergütungsanspruch abzüglich ersparter Kosten geändert wird,
– § 9 Nr. 3 VOB/B:	wenn der Auftragnehmer im Falle der → Kündigung lediglich die Vergütung für die bis zu diesem Zeitpunkt erbrachten Leistungen erhalten soll,
– § 12 Nr. 1 VOB/B:	wenn eine Abnahme der → Leistung eines Gewerks erst dann erfolgen soll, wenn die Gesamtbaumaßnahme abgenommen wurde.
– § 12 Nr. 2 VOB/B:	wenn Teilabnahmen zu Lasten des Auftragnehmers ausgeschlossen werden,
– § 16 Nr. 3 Abs. 1 VOB/B:	wenn der Auftraggeber Klauseln verwendet, wonach Abschlagszahlungen nicht in Höhe der jeweils nachgewiesenen Leistung, sondern nur in geringerer Höhe, beispielsweise von 90 % gezahlt werden.

Beispiel für einen Eingriff in die VOB als Ganzes, wenn der Auftragnehmer Verwender ist:
§ 13 Nr. 5 Abs. 1 VOB/B: wenn der Auftragnehmer die Regelung des § 13 Nr. 5 Abs. 1 VOB/B dahin abändert, dass die Verjährungsfrist nur unterbrochen oder gehemmt wird, wenn der Auftragnehmer die Mängel anerkennt, der Auftraggeber ein Beweissicherungsverfahren einleitet oder Klage erhebt (OLG Düsseldorf, NJW-RR 1992, 529).
Folge vom Eingriff in den Kernbereich ist nun, dass die VOB-Regelungen an §§ 307 ff. BGB zu messen sind.

Beispiele für unwirksame VOB-Regelungen bei Anwendung der §§ 307 ff. BGB: § 6 Nr. 6 VOB/B
In § 6 Nr. 6 VOB/B ist geregelt, dass der Auftragnehmer im Falle auftraggeberseitiger → Behinderung den entgangenen Gewinn nur dann geltend machen kann, wenn der Auftraggeber die Behinderung vorsätzlich oder grob fahrlässig verursacht hat. Bei nur leichter → Fahrlässigkeit des Auftraggebers ist dieser Anspruch ausgeschlossen. Der Ausschluss des gesetzlichen Schadenersatzanspruchs aus § 649 S. 2 BGB, wonach auch bei leichter Fahrlässigkeit der entgangene Gewinn gefordert werden kann, verstößt gegen § 307 Abs. 2 Nr. 1 BGB und ist damit unwirksam.

§ 16 Nr. 3 Abs. 1 Satz 1 VOB/B
Während die → Schlusszahlung nach dem gesetzlichen Leitbild des BGB sofort mit der → Abnahme fällig wird, räumt § 16 Nr. 3 Abs. 1 Satz 1 VOB/B dem Auftraggeber eine Frist für die → Schlusszahlung von zwei Monaten ab dem Zugang der prüffähigen Schlussrechnung ein. Diese Regelung stellt eine erhebliche Abweichung von der gesetzlichen Regelung zum Nachteil des Auftragnehmers dar und verstößt gegen § 307 Abs. 2 Nr. 1 BGB.

§ 16 Nr. 3 Abs. 2–5 VOB/B
Nach dieser Regelung verliert der Auftragnehmer seinen Vergütungsanspruch, wenn er nicht innerhalb einer Frist von 24 Werktagen schriftlich Einwendungen gegen die Schlusszahlung bzw. die

Schlussrechnungserklärung des Auftraggebers erhebt und der Auftraggeber auf die Ausschlussfrist schriftlich hingewiesen hat. Durch diese Regelung ist die gesetzliche Verjährungsfrist erheblich verkürz, weshalb ein Verstoß gegen § 307 BGB vorliegt.

§ 16 Nr. 6 Satz 1 VOB/B

§ 16 Nr. 6 Satz 1 VOB/B ermöglicht es dem Auftraggeber, direkt an einen Subunternehmer seines Vertragspartners zu zahlen, wenn sich der → „Generalunternehmer" gegenüber seinem Subunternehmer in Zahlungsverzug befindet. Auch diese Regelung weicht vom wesentlichen Grundgedanken der gesetzlichen Regelung des BGB ab, da nach diesen Regelungen an einen Dritten nur mit befreiender Wirkung geleistet werden kann, wenn der Inhaber der Forderungen (Hauptunternehmer) dem ausdrücklich zustimmt. Damit verstößt diese Regelung gegen § 307 BGB.

Grenzfälle:

§ 1 Nr. 4 Abs. 1 VOB/B

Die Regelung enthält einen → Kontrahierungszwang für den Auftragnehmer für zusätzliche Leistungen. Der BGH (BB 1996, 763) hat zwischenzeitlich für Bauaufträge diese Regelung zugelassen, da zum Zeitpunkt des Vertragsschlusses in der Regel noch nicht abschließend abgesehen werden kann, ob Leistungen zusätzlicher Art erforderlich werden. Die Regelung hält deshalb isoliert betrachtet der Inhaltskontrolle nach § 307 BGB stand.

§ 2 Nr. 6 Abs. 1 Satz 2 VOB/B

Nach dieser Regelung steht dem Auftragnehmer für eine vom Auftraggeber zusätzlich in → Auftrag gegebene Leistung nur dann ein Vergütungsanspruch zu, wenn er dem Auftraggeber diesen Anspruch vor der Ausführung der Leistungen ankündigt. Problematisch ist, dass der Auftragnehmer – bei wörtlicher Auslegung – entgegen der gesetzlichen Regelung in § 632 BGB seinen Vergütungsanspruch verliert, wenn er die Anzeigepflicht nicht beachtet. Diese Regelung hält der isolierten Inhaltskontrolle nach § 307 BGB gleichwohl stand. Der BGH (BauR 1996, 542) hat zwischenzeitlich den § 2 Nr. 6 VOB/B dahin ausgelegt, dass bei Gewerbetreibenden stets anzunehmen ist, dass sie die Leistungen im Rahmen ihres Gewerbebetriebes nur gegen Vergütung ausführen. Daraus folgt, dass der gewerbliche Auftragnehmer seinen Vergütungsanspruch bei fehlender Ankündigung der zusätzlichen Leistungen vor ihrer Ausführung trotz der Regelung des § 2 Nr. 6 VOB/B nicht verliert. Mit dieser Auslegung bleibt auch die Regelung des § 2 Nr. 6 VOB/B wirksam.

3. Teil C enthält „allgemeine technische Vertragsbedingungen für Bauleistungen" (DIN 18299 – DIN 18421 und DIN 18451). Wird die VOB vereinbart, so gilt gem. § 1 Nr. 2 e VOB/B auch die VOB/C als Allgemeine technische Vertragsbedingung als vereinbart. Die VOB/C ist als Kodifikation der allgemein anerkannten Regeln der Baukunst zu verstehen. Ihre Regelungen beziehen sich auf die Normalausführung und betreffen folgende Sachgebiete: Erd- und Grundbauarbeiten, landschaftsgärtnerische Arbeiten, Rohbauarbeiten, Ausbauarbeiten. Die hierzu erlassenen DIN-Vorschriften DIN 18300–18 451 befassen sich jeweils mit Einzelleistungen dieser Gruppen, also etwa aus dem Gebiet der Erdarbeiten (DIN 18300), Bohrarbeiten (DIN 18301), Rammarbeiten (DIN 18304), Maurerarbeiten (DIN 18330), Zimmerer- und Holzarbeiten (DIN 18334) und mit den Gerüstarbeiten (DIN 18451). Die Bestimmungen der VOB/C enthalten außerdem Vorschriften über Bauteile, Stoffe, über Nebenleistungen und die → Abrechnung.

Besondere Bedeutung hat die neue DIN 18299 „allgemeine Regelungen für Bauarbeiten jeder Art". Sie erfasst diejenigen technischen Vertragsbedingungen, die für alle oder den überwiegenden Teil der bauvertraglichen Leistungsbereiche gelten. In der Ausgabe Dezember 1992 ist sie vor allem in den Abschnitten 0.1, 0.2, 2.3.1, 2.3.4, 3.3.4.1.11, 4.1.12, 4.2.11 geändert, um den „Anforderungen an Entsorgung und Wiederverwertung, Pflege und Wartung maschineller und elektrotechnischer Anlagen, technische Spezifikationen sowie Sonderformen der → Abrechnung gerecht zu werden".

Auch die VOB/C als Allgemeine technische Vertragsbedingung unterliegt der Überprüfung durch das AGB-Recht (z. B. wenn die VOB/C unabhängig von der VOB/B allein → Vertragsbestandteil werden soll). Dies gilt jedenfalls, wenn und soweit sie nicht nur rein technische Vorgänge regelt, sondern auch Ausführungen über das → Aufmaß, die Abrechnung und Art und Umfang der Leistungen beinhaltet. Im Allgemeinen werden die Allgemeinen technischen Vorschriften der VOB/C der Inhaltskontrolle standhalten (hierzu: OLG Köln, BauR 1982, 170).

4. Wie werden die VOB/B und C in Bauverträge wirksam einbezogen?
Wenn der Vertragspartner Privatmann und im Zusammenhang mit dem Vertragsabschluss nicht durch einen Baufachmann (z. B. Architekt etc.) vertreten ist, ist die Aushändigung des Textes der VOB/B Voraussetzung für deren wirksame Vereinbarung (BGH, NJW 1994, 617; OLG München, BauR 1992, 69). Die VOB/B muss grundsätzlich für jeden Vertrag neu übergeben werden, wenn sie nicht durch z. B. einen Rahmenvertrag auch für künftige Vertragsabschlüsse vereinbart worden ist (BGH, DB 1986, 2074). Für die wirksame Einbeziehung der VOB ist der Verwender beweispflichtig, wenn er sich auf die VOB/B berufen will. Den → Beweis kann er **nicht** durch eine „*Einbeziehungsklausel*" führen, wie z. B. „*Diese Vertragsbedingungen wurden dem Auftragnehmer ausgehändigt.*" Der Auftraggeber kann sich den Erhalt der VOB/B auf einem gesonderten Blatt per Unterschrift individuell bestätigen lassen. Nicht ausreichend ist es, dem Vertragspartner einzuräumen, die VOB in den Geschäftsräumen des Verwenders einzusehen (OLG Düsseldorf, BauR 1996, 712).
Ist der Vertragspartner hingegen → Kaufmann, kommt § 305 Abs. 2 BGB nicht zur Anwendung, § 310 Abs. 1 BGB. Im kaufmännischen Geschäftsverkehr reicht grundsätzlich die ausdrückliche oder stillschweigende Vereinbarung der VOB/B aus (BGH, DB 1992, 1977).

VOF → Dienstleistungsrichtlinie; → Sektorenkoordinierungsrichtlinie (SKR)

Vogelschutz → Flora Fauna Habitat
Nach § 1 a Abs. 6 Nr. 7 b BauGB sind bei der Abwägung im Rahmen der Aufstellung von → Bauleitplänen auch die in der Richtlinie 79/409/EWG des Europarates vom 2. 4. 1979 über die Erhaltung der wild lebenden Vogelarten (Vogelschutz-Richtlinie (VRL)) – definierten Erhaltungsziele und die Schutzzwecke der europäischen Vogelschutzgebiete sowie der anderen Gebiete von gemeinschaftlicher Bedeutung (Flora Fauna Habitat-Gebiete) im Rahmen einer europarechtlichen Verträglichkeitsprüfung zu berücksichtigen. Die Vogelschutzgebiete sollen zusammen mit den Schutzgebieten der → Flora Fauna Habitat-Richtlinie (FFH-RL), die über die Vogelschutz-RL hinaus der Erhaltung natürlicher Lebensräume der wildlebenden Tiere und Pflanzen dient, das europäische Schutzgebietssystem „Natura 2000" im Sinne eines EU-weiten Biotopverbunds bilden.
Nach § 34 Abs. 5 und § 35 Abs. 6 BauGB ist Voraussetzung für den Erlass von Satzungen im Innenbereich gemäß § 34 Abs. 4 BauGB (Klarstellungs-, Entwicklungs- und Ergänzungssatzung) sowie im Außenbereich gemäß § 35 Abs. 6 BauGB, dass keine Anhaltspunkte für eine Beeinträchtigung der Erhaltungsziele und der Schutzzwecke der Gebiete von gemeinschaftsrechtlicher Bedeutung und der Europäischen Vogelschutzgebiete bestehen.

1. Vogelschutzgebiete
Die Vogelschutz-Richtlinie verpflichtet die EU-Mitgliedsstaaten in Art. 4 Abs. 1 S. 4 VRL, für sämtliche heimischen, wildlebenden Vogelarten ornithologisch bedeutsame Gebiete zu Schutzgebieten zu erklären. Es handelt sich dabei um die Gebiete, die zum Schutz der im Anhang I zur Richtlinie aufgeführten 175 Vogelarten oder der in Art. 4 Abs. 2 VRL genannten Zugvogelarten

zahlen- und flächenmäßig am geeignetsten sind und sich am ehesten zur Arterhaltung eignen. Entscheidend ist die ornithologische Wertigkeit, die nach qualitativen und quantitativen Kriterien zu bestimmen ist. Je mehr der im Anhang I aufgeführten oder in Art. 4 Abs. 2 VRL genannten Vogelarten in einem Gebiet in einer erheblichen Anzahl vorkommen, desto höher ist der Wert als Lebensraum einzuschätzen. Je bedrohter, seltener oder empfindlicher die Arten sind, desto größere Bedeutung ist dem Gebiet beizumessen, das die für ihr Leben und ihre Fortpflanzung ausschlaggebenden physischen und biologischen Elemente aufweist. Nur Lebensräume und Habitate, die unter Berücksichtigung dieser Maßstäbe für sich betrachtet in signifikanter Weise zur Arterhaltung in den betreffenden Mitgliedsstaaten beitragen, gehören zum Kreis der i. S. d. Art. 4 VRL geeignetsten Gebiet (BVerwG, Urt. v. 31. 1. 2002). Legen Mitgliedsstaaten – wie beispielsweise Deutschland – keine Kriterien fest, ist als **Entscheidungshilfe** auf die **IBA-Liste (Important Bird Areas in Europe)** zurückzugreifen. Die Mitgliedsstaaten hatten die Verpflichtung zur Ausweisung dieser Gebiete bis zum 6. 4. 1981 zu erfüllen. Im Gegensatz zu FFH-Gebieten ist die Meldung von Vogelschutzgebieten an die Kommission nicht notwendig. Maßgeblich ist allein, ob die Mitgliedsstaaten in dem nach ihrem Landesrecht maßgeblichen Verfahren diese Gebiete unter Schutz gestellt haben.

Der Europäische Gerichtshof hat in seinem sog. Santona-Urteil (EuGH, NuR 1994, 521) klargestellt, dass Gebiete mit herausragender Bedeutung für den europäischen Vogelschutz in jedem Fall, also ohne jedes Auswahlermessen und ohne eine förmliche Festsetzung, unter Schutz gestellt sind, da nach der Konzeption der Vogelschutz-Richtlinie solche Gebiete ihren Schutz nicht erst auf Grund einer Aufnahme in eine EU-Liste erlangen, sondern diesen allein auf Grund ihrer materiellen Qualität mit Ablauf der Umsetzungsfrist für die Richtlinie beanspruchen können (sog. faktische Vogelschutzgebiete).

Der Europäische Gerichtshof geht darüber hinaus davon aus, dass für solche faktischen Vogelschutzgebiete unmittelbar die strengen Schutzbestimmungen des Art. 4 Abs. 4 Vogelschutz-RL gelten.

2. Verträglichkeitsprüfung

Während für die Ausweisung der Schutzgebiete die Regelungen der Vogelschutz-Richtlinie allein maßgeblich sind, bestimmen sich die Rechtsfolgen der Schutzausweisung **förmlich festgesetzter Vogelschutzgebiete** nach den **Art. 6 Abs. 2–4 der FFH-Richtlinie**, die an die Stelle des Art. 4 Abs. 4 S. 1 RL treten. D. h. die Verträglichkeitsprüfung für Planungen in förmlich ausgewiesenen Vogelschutzgebieten verläuft entsprechend der FFH-Verträglichkeitsprüfung.

In Bezug auf **faktische Vogelschutzgebiete** hat der Europäische Gerichtshof ausdrücklich klargestellt, dass nach Art. 7 FFH-RL die (weniger strikten) Regelungen der Verträglichkeitsprüfung gemäß Art. 6 Abs. 2–4 FFH-Richtlinie nur für Vogelschutzgebiete zur Anwendung kommen sollen, die von den Mitgliedsstaaten förmlich unter Schutz gestellt worden sind (EuGH, DVBl. 2001, 359, 360). Daraus folgt, dass für faktische, also nicht förmlich festgesetzte Vogelschutzgebiete, die **strengeren Schutzvorgaben** des **Art. 4 Abs. 4 Vogelschutz-RL** Anwendung finden und daher hier jedwede Planung unzulässig ist, die eine Verschmutzung oder Beeinträchtigung der Lebensräume sowie die Beeinträchtigung der Vögel zur Folge haben können. Nur überragende Gemeinwohlbelange, wie etwa der Schutz des Lebens und der Gesundheit von Menschen oder der Schutz der öffentlichen Sicherheit sind geeignet, das Beeinträchtigungs- und Störungsverbot des Art. 4 Abs. 4 S. 1 VRL zu überwinden (BVerwG, NVwZ 2002, 1103; Beschl. v. 21. 11. 2001–4 VR 13.00 – zu 4 A 30.00). Wirtschaftliche Erfordernisse können nicht als Gründe des Gemeinwohls zur Durchbrechung des Schutzregimes des Art. 4 Abs. 4 VRL herangezogen werden (BVerwGE 116, 254; 117, 149; BVerwG, DVBl. 1998, 900).

Vollgeschoss

Gemäß § 9 Abs. 1 Nr. 1 BauGB, § 16 Abs. 2 Nr. 3 BauNVO kann in einem → Bebauungsplan die höchstzulässige Anzahl Vollgeschosse einer baulichen Anlage bestimmt werden. Wann ein Vollgeschoss vorliegt richtet sich nach den jeweiligen landesrechtlichen Vorschriften, vgl. § 20 Abs. 1 BauNVO, wobei das im Zeitpunkt der Beschlussfassung über den → Bebauungsplan geltende Landesrecht maßgebend ist (VGH Mannheim, DÖV 2000, 163). So liegt beispielsweise nach § 2 Abs. 4 S. 2 HBO ein Vollgeschoss vor, wenn die Deckenoberkante des Geschosses im Mittel mehr als 1,40 m über die Geländeoberfläche hinausragt und eine Höhe von mindestens 2,30 m hat. Ein gegenüber mindestens einer Außenwand des Gebäudes zurückgesetztes oberstes Geschoss (sog. **Staffelgeschoss**) oder ein Geschoss mit mindestens einer geneigten Dachfläche (sog. **Dachgeschoss**) zählt nach dieser Vorschrift nur dann als Vollgeschoss, wenn es die Höhe von 2,30 m über mehr als 3/4 der Grundfläche des darunter liegenden Geschosses hat. (vgl. zu den Definitionen in den anderen Bundesländern § 2 Abs. 5 BauONRW; § 2 Abs. 5, 6 ThürBO; Art. 2 Abs. 5 BayBO; § 2 Abs. 4 BbgBO; § 2 Abs. 6 LBOBW). Die Höhe der Geschosse wird von der Oberkante Fußboden bis Oberkante Fußboden der darüber liegenden Decke, bei Geschossen mit Dachflächen bis Oberkante Dachhaut gemessen.

Vollmacht

Grundsätzlich kann sich jedermann vertraglich binden oder sonst Rechtsgeschäfte abschließen. Er muss aber seine Geschäfte grundsätzlich nicht selbst durchführen, sondern er kann sich eines Vertreters bedienen. Damit ein Stellvertreter rechtswirksam für den Vertretenden tätig werden kann, muss der Stellvertreter bevollmächtigt sein und zudem muss er das Rechtsgeschäft auch (ausdrücklich oder konkludent) für den Vertretenden durchführen. Die durch Rechtsgeschäft begründete Befugnis, einen anderen zu vertreten, heißt Vollmacht (§ 164 BGB, dem Rechtsgeschäft der Vollmachtserteilung liegt grundsätzlich ein weiteres Rechtsgeschäft, i. d. R. ein Auftragsvertrag, aber z. B. auch ein → Architektenvertrag, zugrunde).

Die Vollmachtserteilung ist in § 167 BGB geregelt. Sie erfolgt danach durch Erklärung gegenüber dem zu Bevollmächtigenden oder durch Erklärung gegenüber demjenigen Dritten, dem gegenüber die Vertretung stattfinden soll. Die Vollmacht kann nicht nur durch ausdrückliche Erklärung, sondern auch durch schlüssiges Verhalten erteilt werden. Ob schlüssiges Verhalten vorliegt, ist durch (zurückhaltende) Auslegung gemäß §§ 133, 157 BGB zu ermitteln (BGH, NJW 1978, 995; OLG Naumburg, MDR 99, 1319).

Weitere von Rechtsprechung und Lehre entwickelten Vollmachtsarten, die nicht auf ausdrückliche Erklärung einer Vollmachtserteilung beruhen, sind die **Duldungs- und Anscheinsvollmacht**. Eine Duldungsvollmacht liegt vor, wenn der Vertretende es wissentlich geschehen lässt, dass ein anderer für ihn wie ein Vertreter auftritt und der Geschäftspartner dieses Dulden nach Treu und Glauben dahin versteht und auch verstehen darf, dass der als Vertreter Handelnde bevollmächtigt ist (BGH, LM § 167 Nr. 4, 13, VersR 92, 990). Eine Anscheinsvollmacht ist gegeben, wenn der Vertretene das Handeln des Scheinvertreters nicht kennt (kein wissentliches Dulden), er es aber bei pflichtgemäßer Sorgfalt hätte erkennen und verhindern können und der andere Teil annehmen durfte, der Vertretende dulde und billige das Handeln des Vertreters (BGH, NJW 1981, 1728; 1998, 1854). Im Rahmen der Anscheinsvollmacht wird also gefordert, dass der Schein einer Bevollmächtigung (Rechtsschein) entstanden ist, weshalb die Rechtsprechung verlangt, dass der „Scheinvertreter" seine Tätigkeit mit einer gewissen Dauer oder Häufigkeit ausgeübt haben muss (BGH, NJW 1998, 1854; NJW-RR 1990, 404). Ausreichend ist beispielsweise die wiederholte Verwendung überlassener Geschäftspapiere oder Firmenstempel (BGHZ 5, 116).

Vollmacht des Architekten → Vollmacht

Im Verlauf eines Bauvorhabens kommt es immer wieder darauf an, zu welchen Handlungen der → Bauleiter des Auftraggebers bevollmächtigt ist (vgl. Schmidt, Musterbriefe für das Ingenieur- und Architekturbüro, Seite 79 ff.).

Die Vollmacht des Architekten richtet sich grundsätzlich nach den allgemeinen Voraussetzungen der §§ 164 ff., speziell nach § 167 BGB. Gleichwohl hat sich wegen der allgemeinen Besonderheiten des Bau- und Architektenrechtes ein selbstständiger Problemkreis hinsichtlich der Vollmacht des Architekten gebildet (hierzu: *Pauli*, BauR 1998, 1143 ff.). Den zahllosen Streitigkeiten im Zusammenhang mit der Vollmacht des Architekten liegt häufig zugrunde, dass gleichzeitig mit der Beauftragung des Architekten (Vertragsschluss mit Architekten) die Erteilung einer → Vollmacht einhergehen kann (bereits BGH, NJW 1960, 859). Da allerdings der Umfang der Bevollmächtigung in solchen Fällen nicht ausdrücklich festgelegt ist, besteht hierüber häufig Streit. In der Rechtsprechung des Bundesgerichtshofes ist die Tendenz zu erkennen, den Umfang einer dem Architekten schlüssig erteilten → Vollmacht eng auszulegen. Selbst wenn der Architekt als bevollmächtigter Vertreter bezeichnet wird, kann hieraus noch keine umfassende Bevollmächtigung hergeleitet werden, der Umfang ist auch in einem solchen Fall im Einzelfall durch Auslegung festzustellen (BGH, NJW 1978, 995). Beispiele:

– Hat der Auftraggeber dem Architekten die Oberleitung sowie örtliche Bauaufsicht (Objektüberwachung) übertragen, so hat er ihm damit zugleich in gewissem Umfang auch die Befugnis erteilt, ihn dem Unternehmen gegenüber zu vertreten (BGH, NJW 1960, 859). Wie weit der Umfang reicht, ist wiederum durch Auslegung zu ermitteln und allgemein nicht zu beantworten.
– Die allgemeine Bevollmächtigung durch schlüssiges Verhalten berechtigt den Architekten nicht, für den Auftraggeber einen Ingenieur für die Anfertigung bestimmter Pläne und Ausschreibungen (Sonderfachmann) zu beauftragen (BGH, BB 1963, 111).
– Eine solche allgemeine Bevollmächtigung durch schlüssiges Verhalten rechtfertigt es ebenfalls nicht, Zusatzaufträge an Auftragnehmer zu vergeben, die die Bausumme fast verdoppeln (BGH, BauR 1975, 358).
– Eine solche allgemeine Bevollmächtigung durch schlüssiges Verhalten beinhaltet nicht die Befugnis zur Anerkennung umfangreicher Schlussrechnungen (BGH, *Schäfer/Finnern/Hochstein* Z2.330 Bl.6, 7).
– Ohne ausdrückliche Vollmacht ist der Architekt nicht zur rechtsgeschäftlichen → Abnahme der Werkleistung des Unternehmers befugt (*Werner/Pastor/Müller*, Baurecht von A–Z, Seite 843 unter „Vollmacht").
– Ohne ausdrückliche Vollmacht ist der Architekt nicht zur Änderung des Vertrages zwischen dem AG und dem AN (z. B. Vereinbarung der Geltung der → VOB oder von Gerichtsstands- oder Schiedsgerichtsklauseln) bevollmächtigt.
– Ohne ausdrückliche Vollmacht ist der Architekt nicht zur Annahme von Abtretungsanzeigen des Unternehmers bevollmächtigt (BGH, *Schäfer/Finnern/Hochstein* Z2.332 Bl.42).
– Ohne ausdrückliche Vollmacht ist der Architekt nicht zur Anerkennung von Stundenlohnzetteln und Rechnungen bevollmächtigt (BGH, NJW 1978, 994).
– Ohne ausdrückliche Vollmacht ist der Architekt nicht zur Abänderung des vertraglich vereinbarten Fertigstellungstermins bevollmächtigt (BGH, BauR 1978, 139).

Im Allgemeinen lässt sich also feststellen, dass die eingeschränkte Auslegung des Umfangs der schlüssig erteilten Vollmacht zur Folge hat, dass der Architekt keine rechtlich bedeutsamen Entscheidungen für den Auftraggeber treffen kann (OLG Stuttgart, BauR 1994, 789). (Wo das Portemonaie des Auftraggebers anfängt, hört die Vollmacht des Architekten auf.) Von der Vollmacht gedeckt sind allenfalls, Handlungen mit wenig weit reichenden rechtlichen Konsequenzen (für die

Vorauszahlung

Vergabe von kleineren Zusatzaufträgen: BGH, NJW 1960, 859, BauR 1975, 358 oder kleineren Zusatzleistungen z. B. zur Beseitigung von Schäden, BGH, NJW 1978, 1631, *Werner/Pastor*, Der Bauprozess, 1074 m. w. N.). Dazu gehören im Einzelnen:
- Durchführung des gemeinsamen, den Bauherrn bindenden Aufmaßes (OLG Stuttgart, BauR 1972, 317),
- Erteilung von Weisungen an die verschiedenen Auftragnehmer auf der → Baustelle, Mängelrügen (BGH, NJW 1960, 859),
- Überprüfung der Schlussrechnung (in der Regel durch Richtigkeitsvermerk), ohne dass damit allerdings der Betrag als rechtlich verbindlich anerkannt gilt,
- Durchführung der technischen (nicht der rechtsgeschäftlichen) Abnahme im Sinne des § 15 HOAI, → Leistungsphase 8,
- Entgegennahme von Vorbehalten (BGH, BauR 1977, 356; BauR 1987, 92),
- Entgegennahme von Erläuterungen der Rechnungen durch den Auftragnehmer (BGH, BauR 1978, 145),
- Aufforderung zur Mängelbeseitigung, Mahnung und Fristsetzung

Der Bauleiter des Auftraggebers kann
- Erklärungen nach § 4 Nr. 3 VOB/B und
- Anzeigen bzgl. der Vergütungspflicht nicht vereinbarter Leistungen gem. § 2 Nr. 8 VOB/B (OLG Hamm, BauR 1978, 146)

nur als Bote für den Auftraggeber entgegennehmen, nicht jedoch als bevollmächtigter Vertreter, da diese Erklärungen weit reichende wirtschaftliche Konsequenzen für den Auftraggeber haben können.

Steht fest, dass der Architekt für seine konkrete Handlung nicht bevollmächtigt war, so treten die allgemeinen Folgen des § 179 BGB ein, wonach der Architekt grundsätzlich als Vertreter ohne Vertretungsmacht haftet, wenn der Vertretene die Genehmigung des Vertrages verweigert (§ 179 Abs. 1 BGB). Eine Haftungserleichterung für den Architekten bietet § 179 Abs. 2 BGB, wonach die Schadensersatzpflicht/Haftung in dem Fall, dass der Vertreter/Architekt den Mangel der Vertretungsmacht nicht kannte, nur zum Ersatz des negativen Interesses, d. h. des Vertrauensinteresses (Summenmäßig beschränkt auf die Höhe des positiven Interesses) verpflichtet ist. Eine Haftung des Vertreters/Architekten ist ausgeschlossen, wenn der andere Teil (derjenige, mit dem der Architekt ohne Vollmacht Verträge geschlossen hat oder ähnliches) den Mangel der Vertretungsmacht kannte oder kennen musste. Das ist gerade bei der Vollmacht des Bauleiters regelmäßig der Fall. Die Baubeteiligten müssen wissen, dass der Bauleiter grundsätzlich keine Vollmacht hat, den Bauherrn rechtsgeschäftlich zu vertreten. Der anderen Teil hat jedoch hinsichtlich der Vollmacht des Architekten grundsätzlich keine Nachforschungs- oder Erkundigungspflicht (BGH, DB 1985, 432, 433, Ausnahme nur bei begründetem Zweifel: OLG Düsseldorf, BauR 1985, 339).

Vorauszahlung → Zahlung des Werklohns

Im Unterschied zu Abschlagszahlungen, Teilschlusszahlungen und Schlusszahlungen setzt eine Vorauszahlung im Sinne des § 16 Nr. 2 VOB/B keine vom → Auftragnehmer bereits erbrachte Bauleistung voraus. Der Anspruch des Auftragnehmers auf eine Vorauszahlung setzt eine entsprechende **vertragliche Vereinbarung** mit dem → Auftraggeber voraus. Werden Vorauszahlungen nach Vertragsabschluss geregelt, so muss der Auftragnehmer ausreichende Sicherheit leisten und die Vorauszahlung mit 3 % über dem Basiszinssatz verzinsen (**§ 16 Nr. 2 Abs. 1 Satz 3 VOB/B**).

Regelungen in **Allgemeinen Geschäftsbedingungen**, nach denen den Auftraggeber automatisch eine Vorauszahlungspflicht trifft, sind grundsätzlich unwirksam. Sie verstoßen gegen § 303 Nr. 2 a BGB und gegen § 207 BGB. Sie benachteiligen den Auftraggeber entgegen den Geboten von Treu und Glauben unangemessen. Mit einer solchen formularmäßigen Regelung würde praktisch das dem AG zustehende → Leistungsverweigerungsrecht aus § 320 BGB ausgeschlossen oder zumindest eingeschränkt werden.

Gemäß **§ 16 Nr. 2 Abs. 2 VOB/B** müssen Vorauszahlungen auf die nächstfälligen Zahlungen angerechnet werden, soweit mit den nächstfälligen Zahlungen Leistungen abzugelten sind, für welche die Vorauszahlungen gewährt worden sind.

Vorauszahlungsbürgschaft

Durch die Abschlagszahlungs- und die Vorauszahlungsbürgschaft wird gesichert, dass der → Auftragnehmer seiner vertraglichen Verpflichtung zum Einbau von Stoffen oder Bauteilen oder der Herstellung vorgefertigter Bauteile nachkommt, für die er bereits Abschlags- bzw. Vorauszahlungen (§ 16 Nr. 1 und 2 VOB/B) erhalten hat. Sie sind nicht gesetzlich geregelt, oder wegen den Grundsätzen der Privatautonomie im Zivilrecht ohne weiteres möglich zu vereinbaren. Die Abschlagszahlungsbürgschaft unterscheidet sich von der Vorauszahlungsbürgschaft dadurch, dass sie von der vom Auftragnehmer geschuldeten → Leistung abhängig ist. Die → Abschlagszahlung erfolgt für eine bereits erbrachte, aber noch nicht abgenommene Leistung. Die → Vorauszahlung erfolgt für eine vertraglich zwar geschuldete, jedoch noch nicht erbrachte Leistung. Für die Feststellung, welche von beiden Bürgschaften vereinbart ist, ist nicht die Bezeichnung, sondern der Inhalt der Vereinbarung entscheidend.

Mittlerweile unstreitig ist, dass durch Abschlagszahlungsbürgschaften nicht generell auch Ansprüche des Auftraggebers auf Rückzahlungen rechtsgrundloser Überzahlungen des Auftragnehmers gesichert sind. Der → Auftraggeber erhält für die Abschlagszahlung als Sicherheit die vertragsgemäß erbrachte Leistung. Vorauszahlungsbürgschaften hingegen sichern nach richtiger Ansicht auch Ansprüche des Auftraggebers auf Rückzahlung rechtsgrundlos überzahlter Beträge. Der Auftraggeber erhält bei der Vorauszahlung keine anderweitige Sicherung für die geleistete Vorauszahlung. Vorauszahlungen erfolgen unabhängig von einer Gegenleistung.

Nach dem vertragsgemäßen Einbau von Stoffen und Bauteilen entfällt in der Regel das Sicherungsbedürfnis des Auftraggebers und die Abschlagszahlungs- bzw. Vorauszahlungsbürgschaft ist zurückzugeben; denn der Auftraggeber wird gemäß §§ 946, 93 BGB Eigentümer der eingebauten Stoffe und Bauteile.

Die Vorauszahlungsbürgschaft ist eine Art der Sicherheitsleistung nach § 14 VOB/A. Abschlags- und Vorauszahlungsbürgschaften werden in der Praxis in der Regel für den Fall verlangt, dass der Auftraggeber Baustoffe oder/und Bauteile beistellt (BGH BauR 92, 633). Sie gelten also für Fälle, in denen der Auftragnehmer seiner Verpflichtung zum Einbau der vom Auftraggeber bestellten Baustoffe oder Bauteile (oder auch der Herstellung von vorgefertigten Teilen) nicht oder nicht vollständig nachkommt. Abschlags- und Vorauszahlungsbürgschaften können vom Auftraggeber nur verlangt werden, wenn dies vertraglich vereinbart worden ist.

Vorbemerkungen   → Allgemeine Geschäftsbedingungen; → Leistungsbeschreibung

Die → Leistungsbeschreibung besteht in der Praxis meist aus einer kurzen Vorbemerkung und aus einer Aufstellung oder Liste der einzelnen zu erbringenden Leistungspositionen. Sofern die → VOB/A anzuwenden ist, muss das Leistungsverzeichnis den Anforderungen des § 9 VOB/A genügen. Das Vergabehandbuch (VHB) konkretisiert die Anforderungen an den Inhalt des Leistungsverzeichnisses in Ziffer 2. 2.2. Die dortige Form ist jedoch nicht zwingend. Die Vorbemerkungen enthalten oftmals eine allgemeine Einführung und eine allgemeine Baubeschreibung. Oft kommt es auch vor, dass in den Vorbemerkungen die §§ 2 Nr. 3–8 VOB/B ausgeschlossen werden oder aber das sich der Auftraggeber vorbehält, einzelne Positionen des Leistungsverzeichnisses ganz oder teilweise ohne Entschädigung zu streichen. In solchen Fällen handelt es sich bei den Vorbemerkungen um rechtliche Regelungen, oftmals im Sinne des Rechts der Allgemeinen Geschäftsbedingungen.

Vorbereitung der Vergabe

Das → Leistungsbild → Objektüberwachung gem. § 15 HOAI beinhaltet die → Leistungsphase 6, die Vorbereitung der Vergabe. Im Rahmen der Vorbereitung der Vergabe hat der Architekt folgende Tätigkeiten auszuführen:

1. Grundleistungen:
- Ermitteln und Zusammenstellen von Mengen als Grundlage für das Aufstellen von Leistungsbeschreibungen und der Verwendung der Beiträge anderer an der Planung fachlich Beteiligter,
- Aufstellen von Leistungsbeschreibungen mit Leistungsverzeichnissen nach Leistungsbereichen,
- Abstimmen und Koordinieren der Leistungsbeschreibungen der an der Planung fachlich Beteiligten,

2. Besondere Leistungen:
- Aufstellen von Leistungsbeschreibungen mit Leistungsprogramm unter Bezug auf Baubuch/ Raumbuch,
- Aufstellen von Alternativen Leistungsbeschreibungen für geschlossene Leistungsbereiche,
- Aufstellen von Vergleichen in Kostenübersichten unter Auswertung der Beiträge anderer an der Planung fachlich Beteiligter.

Im Grunde genommen umfasst die Leistungsphase 6 somit die Erstellung von Leistungsverzeichnissen, die textliche Leistungsbeschreibungen nach einzelnen Positionen sowie deren quantitative Bemessung. Sie darf noch nicht ausgeführt werden, solange Genehmigungen noch nicht erteilt sind (OLG Düsseldorf, BauR 1994, 534). Bei den Massenermittlungen und Kostenberechnungen ist der Architekt verpflichtet, möglichst sorgfältig und vollständig zu arbeiten (BGH, NJW-RR 1988, 1361). Ebenso hohe Sorgfaltsanforderungen sind an die Leistungsbeschreibungen zu stellen (OLG Düsseldorf, *SCH/F/H, – Z.3.01Bl. 107*). Unsorgfältige Arbeiten berechtigen u. U. zur → Kündigung des Architektenvertrages. Sorgfaltspflichtverstöße haben auch haftungsrechtliche Konsequenzen (BGH, NJW 1971, 1840).

Vorentwurf → Entwurfsplanung; → Vorplanung

Vorhaben- und Erschließungsplan → Vorhabenbezogener Bebauungsplan

Vorhabenbezogener Bebauungsplan → Baugenehmigung; → Bebauungsplan; → Erschließung; → Umweltbericht

Der vorhabenbezogene Bebauungsplan ist als besonderer → Bebauungsplan mit konkretem Vorhabenbezug in § 12 BauGB geregelt. Er besteht aus zwei Elementen, dem **Durchführungsvertrag** und dem **Vorhaben- und Erschließungsplan**, die eng miteinander verknüpft sind. Der vorhabenbezogene Bebauungsplan ist darauf gerichtet, für ein konkretes Vorhaben oder einen Vorhabenkomplex die Zulässigkeitsvoraussetzungen zu schaffen. Hiervon wird jedoch nicht die Frage berührt, inwieweit es für das Bauprojekt einer → Baugenehmigung bedarf; dies richtet sich nach dem → Bauordnungsrecht des jeweiligen Bundeslandes (*Wirth/Gronemeyer/Klindt*, Öffentliches Baurecht, 5. Teil Rdn. 3). Die Verfahrensschritte zur Aufstellung eines vorhabenbezogenen Bebauungsplans verlaufen wie folgt:

1. Einleitung des vorhabenbezogenen Bebauungsplans
Gemäß § 12 Abs. 2 BauGB hat die Gemeinde auf Antrag des Vorhabenträgers über die Einleitung

des Bebauungsplanverfahrens nach pflichtgemäßen Ermessen zu entscheiden. Dem **Investor** steht demnach ein **Antragsrecht** zu, dass die Gemeinde über die Einleitung des Bebauungsplanverfahrens für sein geplantes Projekt entscheidet.

2. Abstimmung des Plans mit der Gemeinde

Ist die Gemeinde zu der vom Investor angestrebten Planung grundsätzlich bereit, so hat zwischen Investor und Gemeinde nach § 12 Abs. 1 S. 1 BauGB die Abstimmung des Plans zur Durchführung des Vorhabens und der Erschließungsmaßnahmen zu erfolgen. Dabei informiert die Gemeinde den Investor auf dessen Antrag hin oder, wenn die Gemeinde es für erforderlich hält, auch über den voraussichtlich erforderlichen Untersuchungsrahmen der Umweltprüfung nach § 2 Abs. 4 BauGB unter Beteiligung der Behörden nach § 4 Abs. 1 BauGB.

3. Vorbereitung und Abschluss des Durchführungsvertrages

Die gesetzlichen Vorgaben im Hinblick auf den Durchführungsvertrag befinden sich in § 12 Abs. 1 S. 1 BauGB. Danach muss der Vorhabenträger auf der Grundlage eines mit der Gemeinde abgestimmten Plans zur **Durchführung der Vorhaben- und Erschließungsmaßnahmen bereit und in der Lage** sein und sich **zur Durchführung innerhalb einer bestimmten Frist** und **zur Tragung der Planungs- und Erschließungskosten** ganz oder teilweise **vor dem Satzungsbeschluss nach § 10 Abs. 1 BauGB** verpflichten (Durchführungsvertrag).

a) Grundsätzliches

Nach der Konzeption des § 12 BauGB **flankiert der Durchführungsvertrag zwingend** den **vorhabenbezogenen Bebauungsplan**, mit dem die Zulässigkeit des Vorhabens bestimmt wird. Zeitlich gilt nach § 12 Abs. 1 S. 1 BauGB, dass der **vorhabenbezogene Bebauungsplan als Satzung erst dann beschlossen werden kann, wenn eine Vereinbarung über die inhaltliche und zeitliche Durchführung des Vorhabens und seine → Erschließung zwischen der Gemeinde und dem Vorhabenträger abgeschlossen** wurde. Wenn eine solche Vereinbarung im Zeitpunkt der Beschlussfassung über den vorhabenbezogenen Bebauungsplan nicht vorliegt, ist dieser ungültig (VGH Mannheim, DVBl. 1997, 841; OVG Bautzen, IBR 1995, 221). Verfahrensmäßig hat die Begründung des Planentwurfes die nach § 2 a BauGB erforderlichen Angaben (Beschreibung der Ziele und Zwecke des B-Plans und der umweltrelevanten Belange zur Erstellung des Umweltberichts) zu enthalten (§ 12 Abs. 1 S. 2 BauGB).

b) Beschreibung und Planung des Vorhabens

In dem Durchführungsvertrag geht es um die **Realisierung eines konkreten Vorhabens**, das auch mehrere Bauvorhaben oder eine immissionsschutzrechtliche Anlage umfassen kann. Vorausgesetzt ist eine **genaue Definition des Vorhabens**, das zu errichten ist, anhand eines **konkreten Planwerks**, das in seinem Detaillierungsgrad den Festsetzungen in einem → Bebauungsplan oder einem Baugesuch entspricht. Denn die Vereinbarungen des Durchführungsvertrages beziehen sich auf den mit der Gemeinde abgestimmten Plan, der die rechtliche und tatsächliche Verbindung zwischen Vertrag und späterer Satzung darstellt. Dies verlangt die Konkretisierung des geplanten Projektes in einer zur Verabschiedung eines Bebauungsplans ausreichenden satzungsfähigen und bestimmten Form. Für zulässig wird es in diesem Zusammenhang gehalten, Maximal- und Minimalvorgaben in Bezug auf das → Maß der baulichen Nutzung (z. B. Zahl der Vollgeschosse, GRZ, GFZ etc.) zu machen; beispielsweise kann sich die vertragliche Verpflichtung darauf beschränken, nur 75 % der nach dem vorhabenbezogenen Bebauungsplan zulässigen Geschossfläche herzustellen (*Schimanek*, in: Beck'sches Formularbuch Immobilienrecht, E 2 Nr. 7). Ein vorhabenbezogener Bebauungsplan erfordert aber in jedem Fall bauleitplanerische Festsetzungen für ein oder mehrere Vorhaben; die Festsetzung eines Baugebiets allein reicht nicht aus. Enthält ein als vorhabenbezogen bezeichneter Bebauungsplan keinen Hinweis auf das beabsichtigte Vorhaben, so kann dieser Mangel nicht durch Heranziehung des Durchführungsvertrags beseitigt werden (BVerwG, BauR 2004, 286).

c) Durchführungsverpflichtung
Der Vorhabenträger muss zur **Durchführung des Vorhabens und der → Erschließung innerhalb eines bestimmten Zeitraums bereit und in der Lage** sein. Dies muss durch den Vertrag gesichert sein. **Objektiv** ist der Vorhabenträger zur Durchführung bereit und in der Lage, wenn er hinsichtlich der zu bebauenden Fläche **Eigentümer oder anderweitig zur Bebauung berechtigt** ist. **Subjektiv** muss der Vorhabenträger die **gesicherte Finanzierung** nachweisen; dies kann, muss aber nicht, durch Sicherheiten, wie Bankbürgschaften etc., geschehen; der Vorhabenträger kann auch aufgrund seines finanziellen Hintergrunds ausreichende Gewähr bieten, dass das Projekt finanziell gesichert ist. Bei der öffentlichen Hand reicht beispielsweise die Bereitstellung der erforderlichen Mittel im Haushaltsplan aus. Zudem muss die Verpflichtung zur Durchführung des Vorhabens innerhalb einer bestimmten Frist im Vertrag enthalten sein. Schließlich gehört zum **Vertragsinhalt**, dass (falls noch nicht ausreichend vorhanden) die → **Erschließung des gesamten Projekts im weiteren Sinne gemäß § 123 Abs. 1 BauGB** (Straße, Wasser, Abwasser, Strom etc.) **im Zeitpunkt der Fertigstellung gesichert** ist (VGH Mannheim, DVBl. 1997, 841).

d) Kostenvereinbarung
Der Durchführungsvertrag muss ferner die Verteilung der Planungs- und Erschließungskosten regeln. § 12 Abs. 1 S. 1 BauGB sieht vor, dass der Vorhabenträger diese ganz oder teilweise übernimmt.

e) Zeitpunkt des Vertragsabschlusses
Gemäß § 12 Abs. 1 S. 1 BauGB muss der **Durchführungsvertrag zwingend vor dem Satzungsbeschluss für den Bebauungsplan** geschlossen sein; der Vertrag kann aber zu einem späteren Zeitpunkt, etwa dem Inkrafttreten des vorhabenbezogenen Bebauungsplans, wirksam werden (*Wirth/Gronemeyer/Klindt*, Öffentliches Baurecht, 5. Teil, Rdn. 85).

f) Form des Vertrages
Der Vertragsinhalt bedarf der Billigung durch das zuständige Gemeindeorgan; dieses ist im Hinblick auf die finanzielle und planerische Bedeutung regelmäßig der Gemeinderat. Wie die sonstigen städtebaulichen Verträge nach § 11 Abs. 3 BauGB muss der **Durchführungsvertrag schriftlich** (in einer Urkunde) abgeschlossen werden. Erfolgen in diesem Zusammenhang auch Verpflichtungen zu **Grundstücksübertragungen**, ist gemäß § 311 b BGB der Vertrag **notariell zu beurkunden** (*Wirth/Gronemeyer/Klindt*, Öffentliches Baurecht, 5. Teil, Rdn. 85).

4. Beteiligung der Träger öffentlicher Belange und Bürger
Während es eines förmlichen Aufstellungsbeschlusses für den vorhabenbezogenen Bebauungsplan nicht bedarf, sind, wie beim klassischen → Bebauungsplan, die Behörden und sonstigen Träger öffentlicher Belange unter Einschluss der Nachbargemeinden gemäß §§ 4, 2 Abs. 2 BauGB sowie die Öffentlichkeit nach § 3 BauGB zu beteiligen.

5. Abwägung
Der Inhalt des mit dem Vorhabenträger geschlossenen **Durchführungsvertrags** gehört zum not-

wendigen **Abwägungsmaterial**. Deshalb müssen zumindest die wesentlichen Vertragsbestandteile, um ein Abwägungsdefizit zu vermeiden, an die Abwägung zum Erlass des Bebauungsplanes einbezogen worden sein (VGH Mannheim, DVBl. 1997, 841).

6. Satzungsbeschluss
§ 12 Abs. 2 i. V. m. § 1 Abs. 3 BauGB stellt klar, dass aus Vertrag kein Anspruch auf den Satzungsbeschluss abgeleitet werden kann. Denn die Abwägung kann nach Berücksichtigung der vorgebrachten Einwendungen von Bürgern und Trägern öffentlicher Belange ergeben (etwa wegen der plötzlich zutage tretenden Überplanung von bisher unbekannten Altlasten), dass nur die Ablehnung des Vorhabens die einzig rechtmäßige Entscheidung darstellt. Auch wenn grundsätzlich wegen der kommunalen → Planungshoheit **kein Anspruch auf Übernahme des mit dem Vorhabenträger abgestimmten Plans** besteht, muss doch vor dem Hintergrund der bereits erfolgten Planabstimmung **eine Abweichung von dem Plan oder gar ein Verzicht auf Erlass des Bebauungsplans städtebaulich zwingend geboten** sein (*Erbguth/Wagner*, Bauplanungsrecht, E Rdn. 292). Inhaltlich wird der **Plan**, der das vereinbarte Vorhaben darstellt, **als Satzung festgesetzt**. Eine **Bindung an den Festsetzungskatalog des § 9 BauGB existiert gemäß § 12 Abs. 3 S. 2 BauGB nicht** (VGH Mannheim, DVBl. 1997, 841). Über den vereinbarten Plan hinaus können Festsetzungen nach § 9 BauGB i. V. m. der BauNVO über die → Art und das → Maß der baulichen Nutzung getroffen werden. Die Satzung über den vorhabenbezogenen Bebauungsplan ist von der **Gemeindevertretung in öffentlicher Sitzung zu beschließen**. Eine Genehmigung der höheren Verwaltungsbehörde ist erforderlich, wenn die Satzung nicht aus dem → Flächennutzungsplan entwickelt wurde. Zum Inkrafttreten ist sie bekannt zu machen, § 10 Abs. 2, 3 BauGB. Es **gelten im Übrigen die Ausführungen zum** → **Bebauungsplan**.

7. Baugenehmigung für das Vorhaben
Wie beim klassischen → Bebauungsplan schafft der vorhabenbezogene Bebauungsplan die **planerische Zulässigkeit des Vorhabens**. Zu seiner Realisierung bedarf das konkrete Vorhaben einer **Baugenehmigung**, die zu erteilen ist, wenn es der Satzung nicht widerspricht, die → Erschließung gesichert ist und die Vorschriften der Landesbauordnung eingehalten sind (*Birk*, NVwZ 1995, 625 ff; Turiaux, NJW 1999, 391).

8. Mängel und Scheitern des vorhabenbezogenen Bebauungsplans
Das **Abweichen der Gemeinde vom abgestimmten Plan oder gar ein Abstandnehmen von der Planung ohne entsprechende städtebauliche Rechtfertigung** und unter Enttäuschung des berechtigten Vertrauens des Investors kann **Schadensersatzverpflichtungen** mit sich bringen (*Birk*, NVwZ 1995, 625). Liegt nur ein Durchführungsvertrag vor und kommt es danach nicht mehr zum Satzungsbeschluss, soll nach im Vordringen befindlicher Meinung **die** → **Geschäftsgrundlage für den Durchführungsvertrag entfallen** und der Durchführungsvertrag dementsprechend abgewickelt (Vertragsanpassung – Rückabwicklung) werden (*Pietzcker*, DVBl. 1992, 658). Wird der Vorhaben- und Erschließungsplan nicht innerhalb der vereinbarten Frist durchgeführt, soll die Gemeinde gemäß § 12 Abs. 6 BauGB den Bebauungsplan aufheben, ohne dass daraus Ansprüche des Vorhabenträgers gegen sie entstehen können. Liegen allerdings bereits die → Baugenehmigung sowie Baubeginn vor, ist der Vorhabenträger gesichert und kann sein Projekt auf dieser Grundlage realisieren, weil § 49 Abs. 2 Nr. 4 VwVfG den Widerruf der → Baugenehmigung, nachdem von dieser Gebrauch gemacht wurde, nicht mehr zulässt (*Wirth/Gronemeyer/Klindt*, Öffentliches Baurecht, 5. Teil, Rdn. 84).

Vorkaufsrecht

Allgemein bezeichnet man mit einem Vorkaufsrecht das Recht eines Berechtigten, von dem Verpflichteten das (mit dem Vorkaufsrecht) belastete Grundstück zu denselben Bedingungen zu kaufen, zu denen der Verpflichtete es an einen Dritten zu verkaufen beabsichtigt. Man unterscheidet im Zivilrecht das persönliche Vorkaufsrecht gem. §§ 463–473 BGB n. F. vom dinglichen Vorkaufsrecht gem. §§ 1094–1104 BGB. Ersteres wirkt nur zwischen den Parteien, die das Vorkaufsrecht vereinbart und gilt somit nur für einen Verkaufsfall. Letzteres kann haben auch für mehrere Verkaufsfälle gelten (§ 1097 BGB), denn es verpflichtet den jeweiligen Eigentümer, eines Grundstückes. Es wirkt nicht nur zwischen den Parteien, sondern auch Dritten gegenüber (wie eine Vormerkung § 1098 Abs. 2 BGB).

§ 24 → BauGB enthält ein gesetzliches Vorkaufsrecht der Gemeinde beim Kauf von Grundstücken im Geltungsbereich eines Bebauungsplans, wenn es sich um für öffentliche Zwecke benötigte Flächen handelt, im Umlegungs-, Sanierungs-, Entwicklungs- und → Erhaltungsgebiet, im Geltungsbereich eines Flächennutzungsplans, soweit es sich um unbebaute Außenbereichsgrundstücke handelt, die als Wohnbaufläche vorgesehen sind, im unbebauten Plan- oder im planreifen (§ 33 BauGB) oder Innenbereichsgebiet (§ 34 Abs. 2 BauGB), soweit eine Bebauung zu Wohnzwecken zulässig ist. Darüber hinaus kann die Gemeinde durch Satzung ihr Vorkaufsrecht an unbebauten Grundstücken im Geltungsbereich eines Bebauungsplans oder in Gebieten in denen sie städtebauliche Maßnahmen in Betracht zieht zu deren Sicherung, begründen (§ 25 BauGB). Die Ausübung des Vorkaufsrechts muss durch das Wohl der Allgemeinheit gerechtfertigt sein. Hier gelten keine sehr hohen Anforderungen. Zwar reichen allgemeine bodenpolitische Erwägungen nicht, doch reicht es, wenn nachvollziehbar der Verwirklichung der angestrebten städtebaulichen Zwecken gedient werden soll (BVerwG, NVwZ 1994, 292). Solange keine Erklärung der Gemeinde vorliegt, mit der sie entweder bestätigt, dass ein solches Vorkaufsrecht nicht besteht oder dass ein solches Vorkaufsrecht nicht ausgeübt wird, soll das Grundbuchamt eine Eigentumsumschreibung nicht vollziehen, § 28 Abs. 1 S. 2 BauGB (Grundbuchsperre).

Vorleistung

Bei gegenseitigen (synallagmatischen) Verträgen ist, wenn für die → Leistung weder eine Zeit bestimmt ist noch aus den Umständen eine Leistungszeit zu entnehmen ist, jede der gegenseitigen Leistungen sofort fällig (Zug um Zug), § 271 Abs. 1 BGB. Für den → Werkvertrag (Bau- und Architektenvertrag) bestimmt § 641 BGB etwas anderes: Der Auftragnehmer ist, wie sich aus § 641 BGB ergibt, hinsichtlich der Herstellung des Werkes und der Nachbesserung vorleistungspflichtig. Erst mit → Abnahme wird der Vergütungsanspruch (die Gegenleistung) fällig. Für Sekundärleistungen, d. h. nach der Abnahme, ist etwa die Beseitigung von Mängeln und die Zahlung des restlichen Werklohns wieder Zug um Zug abzuwickeln (BGHZ 61, 45; 90, 357). Diese Grundsätze geltend auch für → VOB-Verträge. Notwendige Folge der Vorleistungspflicht ist, dass sich der Vorleistungspflichtige nicht auf die → Einrede des nichterfüllten Vertrages (§ 320 BGB) berufen kann (der → Auftraggeber also nicht derartig, dass der Auftraggeber noch nicht die Vergütung gezahlt habe). Hiervon gibt es Ausnahmen. **Nach altem Recht** (bis zum 31. 12. 2001) konnte sich der Vorleistungspflichtige insbesondere bei Vermögensverschlechterung des anderen Vertragspartners auf die Einrede des nichterfüllten Vertrages berufen. Voraussetzung war, dass nach Abschluss des Vertrages in den Vermögensverhältnissen des anderen Teils eine wesentliche Verschlechterung eintrat, durch die der Anspruch auf die Gegenleistung gefährdet wurde. Die Leistung konnte verweigert werden, bis die Gegenleistung bewirkt oder Sicherheit für sie geleistet wurde. **Nach neuem Recht** (ab 1. 1. 2002) ist die Regelung in ihrem Anwendungsbereich inhaltlich neu gestaltet (vgl. Begründung zur Neufassung des § 321, BT-Drucksache 14/6040, Seite 178 ff.). Neu ist die Formulierung, dass für den Vorzuleistenden ein

→ Leistungsverweigerungsrecht besteht, wenn **nach Abschluss des Vertrages erkennbar wird**, dass ein Anspruch auf die Gegenleistung durch mangelnde Leistungsfähigkeit des anderen Teils gefährdet wird". Zum einen wird durch diese Formulierung die Beschränkung aufgegeben, dass erst nach Vertragsabschluss eingetretene Gefährdungen ein Leistungsverweigerungsrecht begründen. Nunmehr zählen auch solche Fälle dazu, in denen die Gefährdung bereits bei Vertragsschluss vorlag, der Vorleistungspflichtige dies jedoch nicht wusste und nicht wissen konnte. Darüber hinaus muss die Gefährdung der Gegenleistung nicht mehr auf einer bloßen Verschlechterung der Vermögensverhältnisse des anderen Teils beruhen, es genügt die mangelnde Leistungsfähigkeit (auch andere, nicht in der Person des Vorleistungsberechtigten liegende Ursachen sind somit zu berücksichtigen). Hierzu zählen z. B. auch Export- oder Importverbote, Zusammenbrüche von Zulieferern, krankheitsbedingte Ausfälle von Mitarbeitern (Begründung zur Neufassung des § 321, BT-Drucksache 14/6040, Seite 179). Die Verschlechterung der Vermögensverhältnisse wird gleichwohl weiterhin Hauptanwendungsbereich der Unsicherheitseinrede bleiben. In diesem Falle von Bedeutung sind, wie bisher, folgende Indizien: Zahlungseinstellung und Überschuldung (*MüKo/Emmerich*, § 321, Rdn. 13), Zwangsvollstreckungsmaßnahmen (BGH, NJW 1964, 99), die Hingabe ungedeckter Schecks (BGH, NJW 1985, 2696) sowie die Zerschlagung einer begründeten Aussicht auf Kreditgewährung (BGH, NJW 1964, 99). Das Risiko, eine Leistungsgefährdung zu Unrecht anzunehmen, bleibt jedoch beim Vorleistungspflichtigen (Begründung zur Neufassung des § 321, BT-Drucksache 14/6040, Seite 179). Gegebenenfalls begeht der Vorleistungspflichtige bei fehlerhafter Annahme der Voraussetzungen des § 321 selbst eine schadensersatzbegründende Pflichtverletzung. Eine Anspruchsgefährdung ist z. B. ausgeschlossen, wenn andere Sicherheiten für den Gegenanspruch bestehen (bereits RGZ, 53, 244, 246). Eine Zahlungspflicht besteht im Übrigen in der Regel selbst bei Eröffnung des Insolvenzverfahrens (§ 103 InSO gibt dem Insolvenzverwalter die Möglichkeit, von einem Vorleistungspflichtigen → Erfüllung zu verlangen). Eine Anspruchsgefährdung ist in solchen Fällen nicht bereits durch die Eröffnung des Insolvenzverfahrens gegeben, es muss zusätzlich Masseunzulänglichkeit anzunehmen sein (*MüKo/Emmerich*, § 321 Rdn. 13; *Soergel/Wiedemann*, § 321 Rdn. 21 f.).

Vorplanung → Einzelleistung; → Objektplanung

Bei den Leistungsbildern des § 15 HOAI (→ Leistungsbild → Objektplanung für → Gebäude, → Freianlagen und raumbildende Ausbauten), § 55 HOAI (Leistungsbild Objektplanung für Ingenieurbauwerke und Verkehrsanlagen), § 64 (Leistungsbild Tragwerksplanung) sowie § 73 (Leistungsbild technische Ausrüstung) besteht jeweils die → Leistungsphase 2 in der Vorplanung. Die Vorplanung stellt jeweils die erste eigentliche Planungstätigkeit des Architekten bzw. Ingenieurs dar. Die Vorplanung im Rahmen der Objektplanung nach § 15 HOAI umfasst folgende Leistungen:

1. Grundleistungen:
– Analyse der Grundlagen,
– Abstimmen der Zielvorstellungen,
– Aufstellen eines planungsbezogenen Zielkatalogs,
– Erarbeiten eines Planungskonzept einschließlich der Untersuchung der alternativen Lösungsmöglichkeiten nach gleichen Anforderungen mit zeichnerischer Darstellung und Bewertung, z. B. versuchsweise zeichnerische Darstellung, Skizzen, ggf. mit erläuternden Angaben,
– Integrieren der Leistungen anderer an der Planung fachlich Beteiligter,
– Klären und Erläuterung der wesentlichen städtebaulichen, gestalterischen, funktionalen, technischen, bauphysikalischen, wirtschaftlichen, energiewirtschaftlichen (z. B. hinsichtlich rationeller Energieverwendung und der Verwendung erneuerbarer Energien) und landschaftsökologischer Zusammenhänge, Vorgänge und Bedingungen sowie der Belastung und Empfindlichkeit der betroffenen Ökosysteme,

- Vorverhandlungen mit Behörden und anderen an der Planung fachlich Beteiligten über die Genehmigungsfähigkeit,
- bei → Freianlagen: Erfassen, Bewerten und Erläutern der ökosystemaren Strukturen und Zusammenhänge z. B. Boden, Wasser, Klima, Luft, Pflanzen- und Tierwelt, sowie Darstellen der räumlichen und gestalterischen Konzeption mit erläuternden Angaben, insbesondere zur Geländegestaltung, Biotopverbesserung und -vernetzung, vorhandenen Vegetation, Neupflanzung, Flächenverteilung der Grün-, Verkehrs-, Wasser-, Spiel- und Sportflächen; Ferner Klären der Randgestaltung und der Anbindung an die Umgebung,
- Kostenschätzung nach DIN 276 oder nach dem wohnungsrechtlichen Berechnungsrecht,
- Zusammenstellen aller Vorplanungsergebnisse.

2. Besondere Leistungen:
- Untersuchen von Lösungsmöglichkeiten nach grundsätzlich verschiedenen Anforderungen,
- Ergänzen der Vorplanungsunterlagen aufgrund besonderer Anforderungen,
- Aufstellen eines Finanzierungsplans,
- Aufstellen einer Bauwerks- und Betriebs-Kosten-Nutzen-Analyse,
- Mitwirken bei der Kreditbeschaffung,
- Durchführen der Voranfrage,
- Anfertigen von Darstellungen durch besondere Techniken wie z. B. Perspektiven, Muster, Modelle,
- Aufstellen eines Zeit- und Organisationsplanes,
- Ergänzen der Vorplanungsunterlagen hinsichtlich besonderer Maßnahmen zur Gebäude- und Bauteiloptimierung, die über das übliche Maß der Planungsleistung hinausgehen, zur Verringerung des Energieverbrauchs sowie der Schadstoff- und Kohlendioxidemissionen und zur Nutzung erneuerbarer Energien in Abstimmung mit anderen an der Planung fachlich Beteiligten.

Das übliche Maß ist für die Maßnahmen zur → Energieeinsparung durch die Erfüllung der Anforderungen gegeben, die sich aus den Rechtsvorschriften und den allgemeinen anerkannten Regeln der Technik ergeben.

Wird die Vorplanung als → Einzelleistung in → Auftrag gegeben, so bestimmt sich der → Honoraranspruch nach § 19 HOAI.

Vorvertragliches Vertrauensverhältnis → culpa in contrahendo

Das vorvertragliche Vertrauensverhältnis (*culpa in contrahendo*) ist seit dem 1. 1. 2002 in § 311 Abs. 2 BGB n. F. gesetzlich geregelt. § 311 Abs. 2 BGB nennt in den Nummern 1 und 2 zwei Entstehungstatbestände: die Aufnahme von Vertragsverhandlungen einen qualifizierten sozialen bzw. geschäftlichen Kontakt.

Bereits die ersten unverbindlichen Gespräche über einen zukünftigen Vertragsschluss sind Vertragsverhandlungen in diesem Sinne. Aus der Art und Weise sowie den Umständen im Einzelfall heraus können konkrete Sorgfaltspflichten (Aufklärungs-, Fürsorge- und Treuepflichten) bestehen und bei Verstoß zur Haftung führen.

Beispiele:
- im Vorfeld eines Vertragsverhältnisses durch den Architekten fahrlässig falsch berechnete Baukosten (BGH, NJW 1971, 1840),
- im Vorfeld des konkreten Vertrages vom Architekten abgegebene falsche Einschätzung der Genehmigungsfähigkeit des Vorhabens (BGH, BauR 1979, 447),
- in eng begrenzten Ausnahmefällen Aufklärungspflicht des Architekten im Vorfeld von Vertragsverhandlungen über die Vergütungspflicht und das → Honorar seiner Leistungen (*Knacke*, Aufklärungspflicht des Architekten über die Vergütungspflicht und das Honorar seiner Leistungen, BauR 1990, 395),

- in den Bauunterlagen/Leistungsverzeichnis falsch oder unvollständig ausgeschriebene Leistungen (unter den zusätzlichen Voraussetzungen des § 6 Nr. 6 VOB/B (*Heiermann/Riedel/Rusam*, § 2 Nr. 5 VOB/B, Rdn. 113)),
- bei Verletzung von Aufklärungspflichten über Umstände, die den Vertragszweck des anderen vereiteln können und daher für seinen Entschluss von wesentlicher Bedeutung sind, sofern der andere die Mitteilung nach der Verkehrsauffassung erwarten konnte (BGH, ZfBR 1988, 67; wobei sich die Aufklärungspflicht auch auf solche Umstände bezieht, von denen zwar noch nicht feststeht, die es aber wahrscheinlich machen, dass sie den vom anderen verfolgten Zweck gefährden, z. B. im Zusammenhang mit beabsichtigten steuerlich begünstigten Kapitalanlagen bzgl. eines Bauvorhabens).

In dem Fall, dass sich die vorvertragliche Pflichtverletzung im mangelhaften Werk manifestiert haben Schadensersatzansprüche aus §§ 634, 636, 280 ff. BGB n. F. gegenüber solchen aus Verschulden bei Vertragsverhandlungen Vorrang (§§ 634, 636, 280 ff. BGB n. F. sind *leges speciales*; *Heiermann/Riedel/Rusam*, Einführung zu § 13 VOB/B, Rdn. 8 zur alten Rechtslage).

Wandelung → Gewährleistung; → Leistungsmangel

Das Wandelungsrecht im Kauf- und Werkvertragsrecht (das Recht, bei Mangel der Kaufsache bzw. des Werkes den Vertrag rückabzuwickeln) ist im Wege der Schuldrechtsmodernisierung zum 1. 1. 2002 – durch Verweisung im Gesetzestext – in das allgemeine Rücktrittsrecht gem. § 323 BGB n. F. einbezogen worden. Ein Rücktritt besteht danach – wie bei jedem Vertragstyp bzw. Vertrag – ganz allgemein wegen Schlechtleistung (da Mangelhaftigkeit der Kaufsache bzw. des Werkes nur besondere Formen der Schlechtleistung des Verkäufers bzw. Werkunternehmers sind). Zu den Voraussetzungen des Rücktrittsrechts bei Vorlage eines Mangels vgl. die Ausführungen zu den Stichworten → Leistungsmangel und Gewährleistungsrechte.

Warenautomat

1. Genehmigungspflicht

Warenautomaten gelten gewerberechtlich als **Verkaufsstellen**. Nach § 50 Abs. 1 i. V. m. § 57 BauOBW oder § 69 Abs. 1 Nr. 9 d BauOLSA ist die Errichtung von Automaten **baugenehmigungsfrei**. Ungeachtet dessen müssen gemäß § 50 Abs. 5 BauOBW (§ 69 Abs. 5 BauOLSA) baugenehmigungsfreie Vorhaben ebenso wie genehmigungspflichtige Vorhaben **den öffentlich-rechtlichen Vorschriften entsprechen**. Vergleichbar ist die Rechtslage in Bayern gemäß Art. 63 Nr. 11 b BayBO. Danach bedürfen keiner Genehmigung Automaten mit einer vorderen Ansichtsfläche bis 1 qm oder in Verbindung mit einer offenen Verkaufsstelle.

2. Bauplanungsrecht

Als Verkaufsstellen sind Warenautomaten bodenrechtlich relevant und unterliegen als **Vorhaben i. S. v. § 29 BauGB** den bauplanungsrechtlichen Bestimmungen. Im Hinblick auf ausnahmsweise zulässige Läden in reinen Wohngebieten (§ 3 Abs. 3 Nr. 1 BauNVO) stehen das OVG Münster und das OVG Bremen auf dem Standpunkt, dass **Warenautomaten in reinen Wohngebieten als eigen-**

ständige Nutzungsart nicht zulässig sind, da der dort genannte ausnahmsweise zulässige Laden notwendig die Existenz einer Verkaufsstelle voraussetzt, die von Personen innerhalb der Öffnungszeiten dauernd unterhalten wird (OVG Münster, BauR 1986, 544; OVG Bremen, BRS 33 Nr. 26). Die Zulässigkeit von Warenautomaten ist allerdings regelmäßig als → Nebenanlage gemäß § 14 BauNVO möglich, wenn derartige Automaten in einem räumlichen und funktionalen Zusammenhang mit einem in dem Gebiet zulässigen Laden stehen. Werden Automaten (Brötchen-, Kaugummi-, Zigarettenautomaten etc.) an die Fassade oder den Hauseingang von Mehrfamilienhäusern, Vorgärten etc. in Wohngebieten gemäß §§ 2–4 BauNVO, d. h. als funktionswidrige, selbstständige Anlage, angebracht, entspricht dies nicht dem Gebietscharakter Wohnen und ist unzulässig (BVerwG, BRS 36 Nr. 150).

3. Bauordnungsrecht
Nach § 13 Abs. 5 BauONRW gelten die **Vorschriften für Anlagen der Außenwerbung für Warenautomaten entsprechend**. D. h. insbesondere, dass sie weder bauliche Anlagen noch das Straßen-, Orts- oder Landschaftsbild verunstalten oder die Sicherheit und Ordnung des Verkehrs gefährden dürfen. Eine **Verunstaltung** in diesem Sinne liegt auch vor, wenn durch Warenautomaten der Ausblick auf begrünte Flächen verdeckt oder die einheitliche Gestaltung und die architektonische Gliederung baulicher Anlagen gestört wird. Die störende Häufung von → Werbeanlagen und Warenautomaten ist ebenfalls unzulässig, vgl. § 13 Abs. 2 BauONRW; außerhalb der im Zusammenhang bebauten Ortsteile sind → Werbeanlagen ebenso wie Warenautomaten unzulässig.

Wärmeschutz

Gemäß den Leistungsbildern der → Objektplanung (§§ 15, 55, 65 HOAI) muss der Architekt im Rahmen seiner Planungsleistungen den → Wärmeschutz beachten. Leistungen im Zusammenhang mit dem → Wärmeschutz werden im Teil X. (Leistungen für thermische Bauphysik) der → HOAI beschrieben.

Konkret regeln die §§ 77 Abs. 2 Nr. 1 i. V. m. § 78 HOAI das → Leistungsbild für Wärmeschutzmaßnahmen. Leistungen für den Wärmeschutz nach § 77 Abs. 2 Nr. 1 HOAI umfassen folgende Leistungen:
– Erarbeiten des Planungskonzepts für den Wärmeschutz,
– Erarbeiten des Entwurfs einschließlich der überschlägigen Bemessung für den Wärmeschutz und Durcharbeitung konstruktiver Details der Wärmeschutzmaßnahmen,
– Aufstellen des prüffähigen Nachweises des Wärmeschutzes,
– Abstimmen des geplanten Wärmeschutzes mit der → Ausführungsplanung und der Vergabe,
– Mitwirken bei der Ausführungsüberwachung.

Der Objektplaner hat den Wärmeschutznachweis nicht als Grundleistung zu erbringen. Übernimmt der Objektplaner den Wärmeschutznachweis mit, so ist er nach § 78 Abs. 1 und 2 HOAI zu honorieren, auch wenn er auf Daten und Vorarbeiten zurückgreift, die er ohnehin erbringen müsste – ihm steht ein → Honorar unter den Voraussetzungen des § 5 Abs. 4 Satz 1 HOAI zu (OLG Düsseldorf, BauR 1991, 797).

Im Rahmen des Wärmeschutzes sind zunächst die Werte der anerkannten Regeln der Technik sowie der DIN-Vorschriften (insbesondere DIN 4108 → „Wärmeschutz im Hochbau") zu beachten. Der Architekt kann einzelvertraglich aber auch höhere Wärmedämmwerte versprechen. Werden sie nicht eingehalten, so haftet der Architekt, da es sich um einen Mangel des Architektenwerkes handelt (BGH, BauR 1981, 395). Der Architekt muss darüber hinaus auch situationsbedingte Probleme im Zusammenhang mit der Wärmedämmung (z. B. „geometrische Wärmebrücken") beachten und ggf. zusätzliche Wärmedämmungsmaßnahmen vorsehen (OLG Hamm, BauR 1983, 173, zum ganzen: *Kamphausen/Reim*, Wärmebrücken-Neue Architektenpflichten BauR 1985, 397 ff.; *Knüddel*, Wärmebrücken in technischer und rechtlicher Hinsicht, BauR 1985, 54 ff.).

Wechsel des Auftraggebers → Abtretung

Im Rahmen der Ausführung von Baumaßnahmen an einem Bauwerk kann es vorkommen, dass das Grundstück, auf dem sich das Bauwerk befindet, verkauft wird. Die Frage ist in solchen Fällen, inwiefern sich der alte → Bauherr von den bereits bestehenden vertraglichen Verpflichtungen lösen kann bzw. diese Verpflichtungen auf den neuen Bauherrn übertragen können. Denn. grundsätzlich sind Vertragsparteien an ihre vertraglichen Verpflichtungen gebunden (*pacta sunt servanda*). Als sachgerechte Lösung bietet sich an, im Rahmen eines dreiseitigen Vertrages zwischen dem → Auftragnehmer, dem alten sowie dem neuen Bauherrn bzw. → Auftraggeber die Verpflichtungen auf den neuen Bauherrn zu übertragen. Bereits bestehende Rechte und Forderungen können in diesem Zusammenhang gem. §§ 398 ff. abgetreten, d. h. übertragen werden.

Wegfall oder Änderung der Geschäftsgrundlage → Geschäftsgrundlage

Seit dem 1. 1. 2002 in § 313 BGB n. F. als Störung der Geschäftsgrundlage kodifizierte Anspruchsgrundlage. § 313 BGB gibt in Ausnahmefällen einer Vertragspartei die Möglichkeit (den Anspruch), sich von der Vertragstreue zu lösen. Zentraler Gesichtspunkt ist die Frage der Risikozuweisung in Verträgen – in bestimmten Ausnahmefällen empfindet es die Rechtsordnung als billig und gerecht, vom Grundsatz, dass der jeweilige Vertragspartner die Risiken im Zusammenhang mit seiner Leistungserbringung selbst zu tragen hat, abzuweichen. Voraussetzungen:

1. Die Umstände, die Grundlage des Vertrages geworden sind, d. h. diesem Zugrundeliegen ohne daher nur bloßer persönlicher Motivationsgrund gewesen noch bereits Vertragsinhalt geworden zu sein, müssen sich nach Vertragsschluss schwerwiegend verändert haben (tatsächliches Element).
2. Es muss davon ausgegangen werden können, dass die Parteien den Vertrag nicht oder mit einem anderen Inhalt geschlossen hätten, wenn sie diese Veränderung vorausgesehen hätten (hypothetisches Element).
3. Unter Berücksichtigung aller Umstände des Einzelfalls, insbesondere der vertraglichen und gesetzlichen Risikoverteilung, muss das Festhalten am unveränderten Vertrag unzumutbar geworden sein (normatives Element).

§ 313 Abs. 2 BGB n. F. stellt es einer Veränderung der Umstände (erste Voraussetzung) gleich, wenn wesentliche Vorstellungen, die zur Grundlage des Vertrages geworden sind, sich als falsch herausstellen.

§ 313 Abs. 3 BGB n. F. regelt die Rechtsfolge. Grundsätzlich hat die Störung der Geschäftsgrundlage lediglich eine Anpassung des Vertrages zur Folge (veränderte Pflichten). Nur wenn eine Anpassung nicht möglich bzw. einem der Vertragspartner nicht zumutbar ist, so kann der benachteiligte Teil vom Vertrag zurücktreten (bei Dauerschuldverhältnissen: z. B. Kündigung).

Neu an der Regelung des § 313 BGB n. F. ist, dass die Vertragspartner lediglich einen Anspruch auf Vertragsanpassung haben – vor der Kodifizierung wurden solche Fälle über § 242 BGB gelöst, weshalb nach damaliger herrschender Meinung die Anpassung automatisch (kraft Gesetz erfolgen sollte). Im Übrigen war mit der Kodifizierung keine Änderung der bisherigen Rechtslage gewollt (vgl. Begründung RegE BT-Drucksache 14/6040, 176).

Einzelfälle:

– Die Geschäftsgrundlage entfällt bzgl. eines Bauvorhabens nicht schon bereits bei Nichtfinanzierbarkeit des Bauvorhabens (*Locher*, Das private Baurecht, § 14 Rdn. 132).

- Eine Anpassung des Vertragsinhaltes aufgrund Störung der Geschäftsgrundlage ist als Ausnahmevorschrift nachrangig gegenüber speziellen Normen (z. B. berechtigt der offene → Kalkulationsirrtum – wesentlicher Umstand gem. § 313 Abs. 2 BGB n. F. – nicht zur Vertragsanpassung sondern zur → Anfechtung (*Locher*, Das private Baurecht, § 17 Rdn. 188)).
- Eine Störung der Geschäftsgrundlage ist z. B. anzunehmen, wenn während der Bauausführung Materialpreiserhöhungen um 200 % – 300 % eintreten (*Locher*, Das private Baurecht, § 17 Rdn. 189).
- Ebenfalls findet § 313 BGB n. F. Anwendung, wenn infolge unvorhersehbarer Bodenverhältnisse (z. B. Fels) Mehrkosten von 25 % der Endabrechnungssumme eines Einheitspreisvertrages entstehen (*Locher*, a. a. O.).
- Bei Vereinbarung eines Pauschalpreisvertrages liegt eine Kostensteigerung von bis zu 20 % hingegen noch im Risikobereich des Auftragnehmers (BGH, *SCH/F/H Z.2.311Bl.5*, OLG Frankfurt, NJW-RR 1986, 28); in der Praxis kann das Risiko der Materialpreise durch sog. Lohn- und Materialpreisklauseln im → Bauvertrag minimiert werden (zu an Anforderungen: OLG Köln, BauR 1995, 112).
- Die Durchführbarkeit eines Bauvorhabens im Hinblick auf nachbarrechtliche Belange bildet keinen Umstand im Sinne des § 313 BGB n. F. (OLG Köln, *SCH/F/H Nr. 1 zu § 649 BGB*).
- Abweichungen der Bodenverhältnisse vom vermuteten Zustand sind grundsätzlich keine Umstände im Sinne des § 313 BGB n. F. (AG Kempten, BB 1980, 179 für einen Ingenieurvertrag).
- Die unvorhergesehene Änderung von geltenden öffentlich-rechtlichen Förderrichtlinien können u. U. zum Wegfall der Geschäftsgrundlage eines Architektenvertrages bzgl. eines geplanten und nach geltenden öffentlich-rechtlichen Förderungsrichtlinien förderungswürdigen Bauvorhabens sein (BGH, BauR 1990, 379, NJW-RR 1990, 601).

Werbeanlagen   → Baugenehmigung; → Bebauungsverbote an Fernstraßen

1. Definition
Nach den Landesbauordnungen sind Werbeanlagen **alle ortsfesten Einrichtungen**, die der **Ankündigung, Anpreisung oder** als **Hinweis auf Gewerbe oder Berufe dienen und vom öffentlichen Verkehrsraum aus sichtbar sind**. Dies beinhaltet unter anderem Beschriftungen, Bemalungen, Lichtwerbungen, Schaukästen, Schilder sowie für Zettel- oder Botenanschläge oder Lichtwerbung bestimmte Säulen, Tafeln und Flächen (Litfasssäulen, Plakatanschlagtafeln, auf die Wand geklebte Plakate oder Hinweise auf Gewerbe etc.), § 2 Abs. 9 BauOBW; § 11 BauOBln; § 13 BauOBrdbg; § 13 BauOHH; § 13 BauONRW; § 15 SaarlBauO. Wesentliches Kennzeichen von Werbeanlagen ist ihre Ortsgebundenheit. Dadurch unterscheidet sie sich von den nicht in den Landesbauordnungen erfassten fahrenden und fliegenden Reklamen, also von der Werbung an Fahrzeugen, Verkehrsmitteln, wie z. B. an Straßenbahnen und Taxen, sowie durch Lautsprecher. Wird dagegen ein solches Fahrzeug stationär und damit nur als Werbeträger genutzt, ist es eine Werbeanlage im Sinne der Landesbauordnungen (*Rasch/Schätzell*, HBO-Kommentar, § 13 Rn. 2.1).

2. Genehmigungspflichtigkeit
a) Genehmigungsfreiheit nach der Landesbauordnung
Die Landesbauordnungen erfassen regelmäßig solche Werbeanlagen nicht, die
- Werbung an dafür genehmigten Säulen, Tafeln und Flächen;
- Werbemittel an Zeitung- und Zeitschriftenverkaufsstellen,
- Auslagen und Dekorationen in Fenstern und Schaukästen,
- Wahlwerbung für die Dauer eines Wahlkampfes, außer im → Außenbereich,
- Unterrichtungen der Bevölkerung über politische Veranstaltungen der Parteien

beinhalten (vgl. § 2 Abs. 9 BauOBW; § 1 Abs. 2 Nr. 8 HBO; § 13 Abs. 6 BauONRW).

b) Naturschutz- und straßenrechtliche Genehmigungsvorbehalte
Demnach sind die **naturschutz- und landschaftsschutzrechtlichen Aspekte** zu beachten. So unterliegen nach §§ 5 und 6 HENatG die Herstellung, Erweiterung, Änderung und Beseitigung von baulichen Anlagen i. S. v. § 2 Abs. 1 HBO im → Außenbereich, also auch entsprechende → Werbeanlagen und Wahlwerbungen, dem **Erfordernis der naturschutzrechtlichen Eingriffsgenehmigung**. Dies gilt auch dann, wenn die Anlagen nach der HBO nicht genehmigungsbedürftig sind (*Rasch/Schaetzell*, HBO-Kommentar, § 13 Rn. 1); ferner sind die **straßenrechtlichen Anbauverbote** nach § 9 BFStrG sowie den Landesstraßengesetzen (z. B. §§ 23, 24 HStrG) und § 33 der StVO zu beachten. Im Rahmen von § 9 Abs. 1 BFStrG stehen Anlagen der Außenwerbung den Hochbauten und baulichen Anlagen gleich, § 9 Abs. 6 BFStrG. Als wesentliche Vorschriften gilt dabei, dass Hochbauten jeder Art in einer Entfernung bis zu 40 m bei Bundesautobahnen und bis zu 20 m bei Bundesstraßen außerhalb der zur Erschließung der anliegenden Grundstücke bestimmten Teile der Ortsdurchfahrten, jeweils gemessen vom äußeren Rand der befestigten Fahrbahn, nicht errichtet werden dürfen. In einer Entfernung bis zu 100 m bei Bundesautobahnen und bis zu 40 m bei Bundesstraßen dürfen Werbeanlagen nur mit Zustimmung der obersten Landesstraßenbaubehörde errichtet werden, § 9 Abs. 1 und 2 BFStrG. Ähnliche Anbauverbots- und Baubeschränkungen bestehen für Landes- und Kreisstraßen nach Landesrecht (z. B. §§ 23, 24 HStrG). Nach § 33 der StVO ist außerhalb geschlossener Ortschaften jede Werbung durch Bild, Schrift, Licht oder Ton verboten, wenn dadurch Verkehrsteilnehmer in einer den Verkehr gefährdenden oder erschwerenden Weise abgelenkt oder belästigt werden können. In diesem Zusammenhang kommt es darauf an, ob die Werbeanlage geeignet ist, den Durchschnittskraftfahrer abzulenken, was bei einer nach der Art ihrer Anbringung auf den Kraftfahrer gezielten Werbeanlage grundsätzlich anzunehmen ist (BayVGH, BayVBl. 1975, 79).

3. Bauplanungsrecht
Werbeanlagen sind nur dann **nach → Bauplanungsrecht zu prüfen**, wenn sie **dauerhaft angelegt und ortsfest** sind sowie **planungsrechtliche Relevanz** besitzen. Dies trifft nur bei größeren Anlagen zu, beispielsweise ab der Größe von Plakatanschlagtafeln im Euroformat (VGH Mannheim, BRS 50 Nr. 142).

a) Bebauungsplan
Besteht ein qualifizierter → Bebauungsplan, so richtet sich die **Zulässigkeit von Werbeanlagen nach den Festsetzungen des Bebauungsplans**, § 30 Abs. 1 BauGB. Die Gemeinde kann dementsprechend im → Bebauungsplan festsetzen, ob Werbeanlagen in den Baugebieten nach §§ 2 ff. BauNVO zugelassen oder ausgeschlossen werden sollen. Allerdings **muss ein Verbot bestimmter Werbeanlagen** in bestimmten Baugebieten **mit dem Gebietscharakter vereinbar sein**. Hieraus folgt z. B., dass ein generelles Verbot großflächiger Werbetafeln im Mischgebiet unzulässig ist. Dies gilt ebenfalls für → Kerngebiete, weil auch sie durch eine Vielzahl unterschiedlicher Nutzungen, zu denen auch gewerbliche Nutzungen gehören, gekennzeichnet sind (BVerwG, NVwZ 1995; 899, BRS 57 Nr. 176). Unter Berücksichtigung des Gebietscharakters sind Werbeanlagen, die als Außenwerbung der Fremdwerbung dienen, im reinen → Wohngebiet ausnahmslos, im Allgemeinen → Wohngebiet regelmäßig unzulässig. Ist in einem → Baugebiet eine gewerbliche Nutzung nicht oder nur ausnahmsweise zulässig, so gilt dies auch für die Außenwerbung als Fremdwerbung. Im Zusammenhang mit der Festsetzung eines Kerngebietes sind generell Anlagen zur Eigen- und Fremdwerbung zulässig, wenn der → Bebauungsplan keine Beschränkungen etwa im Hinblick auf den Schutz eines Ortsteils von geschichtlicher, künstlerischer oder städtebaulicher Bedeutung aufweist (*Stüer*, Handbuch des Bau- und Fachplanungsrechts, A Rn. 367). Werbeanlagen können auch

als untergeordnete Werbeanlagen gemäß § 14 BauNVO zulässig sein. So kann in einem → Wohngebiet, in dem eine Nutzung nach § 3 Abs. 3 BauNVO wie z. B. ein Ladengeschäft zugelassen ist, eine dieser Nutzung dienende Werbeanlage als → Nebenanlage gemäß § 14 BauNVO zulässig sein, obgleich die Nutzungsart eines Gewerbebetriebs nicht zulassungsfähig ist (*Ziegler*, in Brügelmann, BauGB-Kommentar, § 14 BauNVO Rn. 114).

b) Nichtbeplanter Innenbereich und Außenbereich
Im nichtbeplanten Innenbereich beurteilt sich die planungsrechtliche Zulässigkeit von Werbeanlagen danach, ob sich das Vorhaben in die Eigenart der näheren Umgebung einfügt. Eine nach dem → BauGB relevante Werbeanlage der Außenwerbung, die der Fremdwerbung dient, ist als eigenständige Hauptnutzung nach § 34 Abs. 1 BauGB unzulässig, wenn sich die Flächengröße nicht im Rahmen der Flächengröße der in der näheren Umgebung vorhandenen Bauteile anderer baulicher Anlagen hält (BVerwG, BauR 1995, 506). Beispielsweise fügt sich eine großflächige Werbetafel an der Hauswand nach → Art der baulichen Nutzung nicht in eine durch landwirtschaftliche Hofstellen und Wohngebäude geprägte Umgebung i. S. v. § 34 BauGB ein und ist unzulässig (VGH Mannheim, BRS 50 Nr. 142). Im → Außenbereich sind Werbeanlagen grundsätzlich unzulässig, weil sie die natürliche Eigenart der Landschaft und ihren Erholungswert beeinträchtigen. Auf die Anpassung an die Umgebung kommt es hier nicht mehr an (VGH Kassel, BRS 25 Nr. 135; VGH Mannheim, BRS 30 Nr. 193).

4. Bauordnungsrecht
a) Verbot der Verunstaltung
Nach den Landesbauordnungen dürfen **Werbeanlagen nicht verunstaltend wirken**, d. h. nach dem Empfinden des so genannten gebildeten Durchschnittsbetrachters in ihrer Gestalt nicht missglückt und verletzend sein. Ein anderer Fall der Verunstaltung ist eine **störende Häufung von Werbeanlagen**, was ebenfalls zur Unzulässigkeit der Werbeanlagen führt. In diesem Zusammenhang hat beispielsweise das OVG Berlin angenommen, dass es sich bei dem Aufbringen einer Folie mit einem Werbelogo für ein Versicherungsgewerbe auf ein drehbares Metallsegel oberhalb eines Flachdachs um die Errichtung einer Werbeanlage handelt, die jedoch nicht auf benachbarte denkmalgeschützte Gebäude verunstaltend einwirkte, weil beide Anlagen nicht ohne weiteres mit einem Blick erfasst werden konnten. Vielmehr trat das Segel aufgrund der Höhe des Anbringungsortes und einer nur eingeschränkten Wahrnehmungsmöglichkeit innerhalb der Straßenzüge nur ausschnittsweise mit einzelnen der umgebenen Gebäude in Beziehung. Dies reicht nicht aus, um verunstaltend zu wirken; denn bei einem durchschnittlichen, für gestalterische Eindrücke aufgeschlossenen Betrachter löst es keinen anhaltenden Protest aus (OVG Berlin, BRS 62 Nr. 157).

b) Die sonstigen bauordnungsrechtlichen Vorschriften
Nach der Rechtssprechung des OVG Lüneburg haben **Werbetafeln** im sog. Euroformat mit einer Breite von etwa 3,75 m und einer Höhe von 2,75 m **Wirkungen wie Gebäude** i. S. d. § 12 a Abs. 1 NBauO und **müssen** daher **Abstände einhalten wie Gebäude**. D. h., dass eine Werbetafel, die an einer Grenzmauer angebracht werden soll, von Gebäuden auf dem selben Grundstück Abstand wie ein Gebäude halten muss, damit nach der niedersächsischen Bauordnung mindestens 6 m (OVG Lüneburg, BRS 62 Nr. 158). Auch das OVG Bautzen hat angenommen, dass von großflächigen Werbetafeln (Größe von 3,7 m x 2,7 m), die parallel zur Grundstücksgrenze errichtet werden, Wirkungen wie von Gebäuden ausgehen und den nach der sächsischen Bauordnung erforderlichen → Grenzabstand einhalten müssen (OVG Bautzen, BRS 62 Nr. 159).

Werbung → Unverbindliche Leistungen; → Werbeanlagen

Werklieferungsvertrag
Bis zur Schuldrechtsmodernisierung (umfassende Gesetzesänderung zum 1. 1. 2002) waren diejenigen Fälle rechtlich schwer zu beurteilen, in denen der Unternehmer das Werk aus einem von ihm selbst zu beschaffenden Stoff herstellen sollte (also im Grunde Werkleistung mit Materialverkauf). Für solche Verträge wurde der Begriff des Werklieferungsvertrages geprägt (§ 651 BGB a. F.). In diesem Zusammenhang kam es zu Abgrenzungsschwierigkeiten zwischen Werkvertrags- und Kaufvertragsrecht. Der seit dem 1. 1. 2002 geltende § 651 BGB kennt den Begriff des Werklieferungsvertrages nicht mehr. Er grenzt Kauf- und Werkvertragsrecht dadurch ab, dass er für einen Vertrag, der die Lieferung herzustellender oder zu erzeugender Sachen zum Gegenstand hat, generell auf die kaufrechtlichen Regelungen verweist. Ob die Rohstoffe bzw. Materialien von dem → Besteller gestellt oder vom Unternehmer beschafft werden, spielt keine Rolle mehr. Allerdings sieht Satz 2 für Fälle, in denen der Besteller den zur Herstellung des Werkes notwendigen Stoff ganz oder teilweise zur Verfügung stellt, eine wichtige Ergänzung vor. Bei Mängeln der hergestellten Sache aufgrund der vom Besteller bzw. Käufer gelieferten Stoffe sind die Ansprüche des Bestellers bzw. Käufers wegen dieses Mangels entsprechend § 442 Abs. 1 BGB n. F. ausgeschlossen. § 651 Satz 3 BGB n. F. differenziert darüber hinaus vertretbare und nicht vertretbare Sachen. Soweit es sich um nicht vertretbare Sachen handelt, sind die §§ 642, 643, 645, 649 und 650 BGB anzuwenden (mit der Maßgabe, dass an die Stelle der Abgabe der nach §§ 446, 447 BGB maßgebliche Zeitpunkt des Übergangs der Sachgefahr entscheidend ist). Vertretbare Sachen sind Gattungssachen (z. B. Serienwaren, Massenware) nicht vertretbare Sachen sind hingegen solche, die durch die Art ihrer Herstellung den Bestellerwünschen angepasst sind und deshalb individuelle Merkmale besitzen, nicht austauschbar sind (OLG Hamm, BB 1986, 555).

Werkplanung   → Ausführungsplanung

Werkvertrag   → Architektenvertrag; → Bauvertrag; → Leistung; → Leistungsmangel;
  → Verjährung
Der Werkvertrag ist ein bestimmter Vertragstyp des BGB (genau wie z. B. der → Vergleich, Kaufvertrag, Dienstvertrag etc.). Es handelt sich um einen entgeltlichen gegenseitigen Vertrag, in dem sich der → Arbeitnehmer zur Herstellung des versprochenen individuellen Werks verpflichtet und im Gegenzug hiervon vom → Auftraggeber eine Vergütung bekommt.
Der → Bauvertrag ist typischer Werkvertrag (ggf. unter Geltung der → VOB/B), der → Architektenvertrag ist in der Regel Werkvertrag (BGHZ 82, 100), wobei zu beachten ist, dass das Architektenwerk nicht identisch ist mit dem Bauwerk; das Bauwerk ist lediglich das Produkt der → Leistung (des Werkes) des Architekten, der Planungen etc.
In der Praxis kann es zu Abgrenzungsfragen hinsichtlich verschiedener Vertragstypen kommen, z. B. ist der Vertrag auf Erwerb (Kauf) eines Grundstücks mit einem darauf noch vom Verkäufer zu errichtenden oder eigens zum Verkauf zuvor errichteten Bauwerk immer dann nicht nur → Kaufvertrag, wenn die Errichtungsverpflichtung hinsichtlich des Bauwerkes im Vertrag ihren Niederschlag gefunden hat (BGH, NJW 1981, 2344; NJW 1987, 2373).
Zum 1. 1. 2002 ist das Werkvertragsrecht des BGB umfassend modifiziert worden. Drei wichtige Komplexe sind neu geregelt worden:
– die Einführung einer Regelung darüber, dass Kostenanschläge (auch „Kostenvoranschläge" genannt) grundsätzlich nicht zu vergüten sind (§ 632 Abs. 3 BGB),
– die Reform des Gewährleistungsrechts (§§ 633 bis 639 BGB), insbesondere Einbindung der Gewährleistungsvorschriften des Werkvertragsrechts in das allgemeine Recht der Leistungsstörungen, die weitgehende Angleichung an das Kaufrecht sowie die Neuregelung der → Verjährung,

Wertermittlung

- die Neuabgrenzung des Anwendungsbereichs von Kauf- und Werkvertragsrecht (Wegfall der Institution des Werklieferungsvertrages, § 651 BGB).

Zur Abgrenzung der Anwendung des alten vom neuen Werkvertragsrecht vgl. Art. 229 § 5 EGBGB (entscheidend ist, ob das Schuldverhältnis/der Vertrag vor oder nach dem 1. 1. 2002 entstanden ist), zum Verjährungsrecht Art. 229 § 6 EGBGB.

Wertermittlung → Enteignung

Der Begriff Wertermittlung kommt in verschiedenen Bedeutungen bzw. Problemkreisen vor:
- für die Ermittlung des Wertes von Architektenleistungen gilt die → HOAI,
- zur Verkehrswertermittlung von Grundstücken u. ä. im öffentlichen → Baurecht (es gilt § 194 BauGB),
- die Wertermittlung im Allgemeinen (von Immobilien oder sonstigem Vermögen).

Für die Wertermittlung von Immobilien können sowohl der Sachwert als auch der Ertragswert oder ein Vergleichswert im Wege eines Vergleichswertverfahrens herangezogen werden. Die Wertermittlung im Übrigen (z. B. die Bewertung von Unternehmen im Zusammenhang von Unternehmensverkäufen) bestimmt sich grundsätzlich nach dem zu erwartenden auf dem Markt erzielbaren Preis.

Wettbewerbsrecht

Das Wettbewerbsrecht ist Teil des Zivil- bzw. Privatrechts. Wichtige Normenkomplexe sind das Gesetz gegen den unlauteren Wettbewerb (UWG) sowie das Gesetz gegen Wettbewerbsbeschränkungen (GWB).

Das Gesetz gegen den unlauteren Wettbewerb ist wegen § 1 („Wer im geschäftlichen Verkehr zu Zwecken des Wettbewerbes Handlungen vornimmt, die gegen die guten Sitten verstoßen, kann auf Unterlassen und Schadenersatz in Anspruch genommen werden") bedeutsam, da es bei Verstoß hiergegen einen Schadensersatzanspruch gibt.

Das Gesetz gegen Wettbewerbsbeschränkungen ist wegen des Verbotes von Kartellvereinbarungen, Kartellbeschlüssen und abgestimmten Verhalten sowie wegen des Verbotes der Ausnutzung einer marktbeherrschenden Stellung bedeutsam.

Einzelfälle aus dem → Baurecht:
- Vertragliche Vereinbarungen, die vom Regelungsgehalt der → HOAI zu Lasten des Architekten abweichen, können u. U. unwirksam sein, wenn sie unter Ausnutzung der Nachfragemacht des Bauherrn, d. h. unter Ausnutzung einer marktbeherrschenen Stellung, zustande gekommen sind (*Lehmann*, BauR 1984, 97 ff.).
- Gegen § 1 UWG (Sittenwidrigkeit) verstößt ein Architekt, der bewusst und planmäßig für Honorare unter dem → Mindestsatz der HOAI arbeitet oder diese anbietet (OLG Hamm, BauR 1988, 366, OLG München, IBR 1995, 478).
- Wettbewerbswidrig handelt, wer sich als Architekt bezeichnet ohne durch die jeweiligen Architektengesetze der Länder hierzu ausdrücklich ermächtigt zu sein, z. B. wenn ein Möbelhaus mit „kostenlosen Innenarchitekten-Service" wirbt (OLG Düsseldorf, WRP 1990, 834).
- Bei der Aufgabenvergabe nach → VOB/A sind unzulässige wettbewerbsbeschränkende Absprachen unter den Bietern solche, die die Abgabe oder Nichtabgabe von Angeboten betreffen oder die zu fordernden Preise, die Bindung sonstiger Entgelte bzw., die Gewinnaufschläge betreffen, die Verarbeitungsspannen und andere Preisbestandteile beinhalten, die Zahlungs-, Lieferungs- und andere Bedingungen (soweit sie unmittelbar den Preis beeinflussen) betreffen, die die Entrichtung von Ausfallentschädigungen der Abstandszahlungen zum Inhalt haben oder die Gewinnbeteiligungen oder andere Abgaben (Ausnahme: Zulässigkeit gem. § 38 Abs. 2 GWB) enthalten.

Im Rahmen des Vergabeverfahrens nach VOB/A werden gem. § 25 Abs. 1 Nr. 1 c Angebote von Bietern ausgeschlossen, die im Bezug auf die → Ausschreibung eine Abrede getroffen haben, die eine unzulässige Wettbewerbsbeschränkung darstellt.

Bei Vertragsschluss außerhalb der Geltung der VOB/A berühren verbotene Preisabsprachen die Rechtswirksamkeit des Bauvertrages nicht (OLG Celle, NJW 1963, 2126) – der A hat aber die Möglichkeit, den → Bauvertrag wegen arglistiger Täuschung nach § 123 (oder nach § 8 Nr. 4 Satz 1 VOB/B) zu kündigen, wenn der → Bieter auf Anfrage des Auftraggeber wahrheitswidrig behauptet, er habe keine kartellwidrige Absprache getroffen (Zur Ausschaltung des Wettbewerbs durch Submissionsabsprachen und deren zivilrechtlichen und strafrechtlichen Relevanz vgl. *Diehl*, BauR 1993, 1 ff. sowie BGH, BauR 1992, 383 = NJW 1992, 921.).

Als Schadensersatznormen für solche Fälle rechtswidriger Subventionsabsprachen kommen in Betracht:

→ Verschulden bei Vertragsschluss (§ 311 Abs. 2 BGB n. F.), vorsätzlicher oder fahrlässiger Verstoß gegen das Kartellverbot des § 1 GWB sowie deliktische Haftung nach §§ 823, 826 BGB (insbesondere § 823 Abs. 2 BGB i. V. m. § 263 StGB: Zur Schadensberechnung in diesen Fällen vgl. BGH, a. a. O. (NJW 1992, 921, BauR 1992, 383).

Widerspruch

Der Begriff Widerspruch hat zwei rechtliche Bedeutungen:

1. Widerspruch im Verwaltungsverfahren:

Das öffentliche → Baurecht (Regelungen der Bau- bzw. → Bauaufsichtsbehörde, z. B. Erteilung von Baugenehmigungen) ist öffentliches Recht bzw. Verwaltungsrecht. Gegen Maßnahmen der Baubehörde/Bauaufsichtsbehörde hat sich deshalb der einzelne Bürger mit verwaltungsgerichtlichen Rechtsschutzmitteln zur Wehr zu setzen. Gegen Verwaltungsakte der → Bauaufsichtsbehörde (z. B. Erteilung und Versagung einer Baugenehmigung/eines Vorbescheides/einer Abbruchanordnung/einer Stilllegung/einer Nutzungsuntersagung) kommen z. B. Anfechtungs- bzw. Verpflichtungsklagen in Betracht. Voraussetzung solcher verwaltungsgerichtlichen Klagen ist in der Regel ein Widerspruchsverfahren gem. §§ 68 ff. VwGO. Das bedeutet, zunächst ist gegen Verwaltungsakte ein Widerspruch (ggf. mit Begründung) einzulegen. Daraufhin entscheidet die Widerspruchsbehörde. Erst dann, wenn die Widerspruchsbehörde dem Widerspruch nicht stattgibt, ist z. B. eine Anfechtungs- bzw. Verpflichtungsklage möglich.

2. Widersprüchlich kann sich auch der zwischen den Vertragsparteien ausgehandelte Vertragsinhalt darstellen.

Oftmals ist es so, dass die Vertragsparteien die konkreten Leistungen und Gegenleistungen nicht genau formuliert bzw. einzelne Teile gänzlich weggelassen haben. Ist der Inhalt von Verträgen demnach unklar, so hat gem. §§ 133, 157 BGB eine Auslegung der einzelnen Erklärungen der Parteien sowie des Vertrages stattzufinden. Nach § 133 BGB ist bei der Auslegung der Erklärungen der Parteien der wirkliche Wille zu erforschen und nicht am buchstäblichen Sinne des Ausdrucks (der Vertragsregelungen) zu haften. § 157 BGB verlangt zudem, dass Verträge so auszulegen sind, wie Treu und Glauben sowie die Rücksicht auf die Verkehrssitte es erfordern. Die Auslegung ist somit teilweise nach subjektiven Faktoren (wirklicher Wille) und teilweise nach objektiven Kriterien (Treu und Glauben, Verkehrssitte) zu erforschen.

Bei → VOB-Vertrag gibt darüber hinaus § 1 Nr. 2 VOB/B eine Auslegungshilfe. Danach gilt bei Widersprüchen im Vertrag, dass die verschiedenen Vertragsunterlagen in bestimmter Reihenfolge zur Auslegung herangezogen werden sollen. § 1 Nr. 2 VOB/B nennt folgende Reihenfolge:

1. die Leistungsbeschreibung

2. die besonderen Vertragsbedingungen
3. etwaige zusätzliche Vertragsbedingungen
4. etwaige zusätzliche technische Vorschriften
5. die allgemein technischen Vorschriften für Bauleistungen
6. die allgemeinen Vertragsbedingungen für die Ausführung von → Bauleistungen.

Ergänzend zu § 1 Nr. 2 VOB/B sind Bauzeichnungen und andere Unterlagen Vertragsbestandteil. Nach herrschender Meinung sind sie den Leistungsbeschreibungen gleichbedeutend (also auch an dieser Stelle der Reihenfolge zu prüfen), da sie die gleiche Bedeutung haben wie die dort festgehaltenen Formulierungen (*Werner/Pastor*, Der Bauprozess, Rdn. 1032 m. w. N.). Stellen die in Punkt 2 und 3 der Reihenfolge des § 1 Nr. 2 VOB/B genannten besonderen bzw. zusätzlichen Vertragsbedingungen → Allgemeine Geschäftsbedingungen dar (für eine Vielzahl vorformulierte Klauseln) so ist zu beachten, dass bei Widersprüchen dieser allgemeinen Parteiabreden mit individuellen Vertragsabreden die letztgenannten Vorrang haben.

Wiederaufbau eines Gebäudes → Außenbereich; → Bestandsschutz

Wiederholung einer Planung → mehrere Gebäude

Willenserklärung → Abnahme

Man unterscheidet **empfangsbedürftige** Willenserklärungen (die rechtliche Wirksamkeit hängt vom Empfang, d. h. Zugang ab, z. B. Vertragsangebot, Kündigung) von **nicht empfangsbedürftigen** Willenserklärungen (rechtliche Wirksamkeit unabhängig vom Zugang, z. B. Testament). Die → Abnahme ist keine Willenserklärung, sondern (nur) eine rechtsgeschäftliche Handlung – für deren Beurteilung greift man aber häufig auf die gesetzlichen Regelungen zu Willenserklärungen zurück.

Windkraftanlagen → Außenbereich
1. Zulässigkeit
Nach § 35 Abs. 1 Nr. 5 BauGB sind Vorhaben im → Außenbereich zulässig, wenn sie der Nutzung der Windenergie dienen. D. h., es besteht grundsätzlich ein Rechtsanspruch auf Erteilung einer → Baugenehmigung für Windkraftanlagen im → Außenbereich. Auf Grund seiner deutlich höheren Windhöfigkeit stellt der → Außenbereich auch das „Hauptgebiet" für die Errichtung und den Betrieb einer Windenergieanlage dar. Durch die Aufstellung von qualifizierten Bebauungsplänen können die Gemeinden die Windenergienutzung dadurch steuern, dass sie gemäß § 9 Abs. 1 Nr. 12 BauGB Versorgungsflächen oder gemäß § 11 BauNVO Sondergebiete für Windenergieanlagen festsetzen (*Enders/Bendermacher*, Ersatzleistungen als mögliche Konsequenzen einer planerischen Steuerung von Gemeinden bei der Windenergienutzung, ZfBR 2002, 29).

Größere Windenergieanlagen, sog. Windfarmen, bedürfen nach der 4. BImSchV Anhang 4 Nr. 1.6. der immissionsschutzrechtlichen Genehmigung, entweder im vereinfachten Verfahren, ab 3 bis 6 Windkraftanlagen, oder ab 7 Windkraftanlagen im förmlichen Verfahren.

2. Ausschluss des Genehmigungsanspruchs
Belange des Naturschutzes und der Landschaftspflege können einer im → Außenbereich privilegierten Windenergieanlage entgegenstehen, wenn diese in einem förmlich festgesetzten Landschaftsschutzgebiet gelegen ist und in durch Ausnahmegenehmigung nicht zu behebender Weise in Widerspruch zu gültigen Landschaftsschutzverordnungen steht, § 35 Abs. 3 S. 1 Nr. 5 BauGB (BVerwG, BauR 2000, 1311). Zudem darf die Windenergieanlage gemäß § 35 Abs. 3 S. 1 Nr. 8 BauGB die Funktionsfähigkeit von Funkstellen und Radaranalgen nicht stören.

§ 35 Abs. 3 S. 2 Hs. 1 BauGB bestimmt, dass auch privilegierte Vorhaben im Falle ihrer Raumbedeutsamkeit den Zielen der → Raumordnung nicht widersprechen dürfen. Der VGH München hat eine Windenergieanlage mit einer Nabenhöhe von 74,5 m und einem Rotordurchmesser von 50,5 m (maximale Gesamthöhe von knapp 100 m) im Bodenseegebiet für raumbedeutsam gehalten, weil die Anlage am konkreten Standort weit sichtbar war und aufgrund ihrer Nutzungsart einen großen Abstand zu anderen Nutzungen bedürfe. Die Festlegung eines Regionalplans, dass der Teilraum (hier: Bodenseegebiet) von der Errichtung von Windenergieanlagen freigehalten werden soll, steht als verbindliches Ziel der → Raumordnung mit ihrer Ausschlusswirkung gemäß § 35 Abs. 3 S. 2 BauGB der Errichtung einer Windkraftanlage in diesem Teilraum entgegen. Im Umkehrschluss gilt, dass die übrige Region des Regionalplans als geeignet für Windenergieanlagen (Eignungsgebiet i. S. v. § 7 Abs. 4 S. 1 Nr. 3 ROG) eingestuft wird (VGH München, BayVBl. 2002, 600 ff.). Windenergieanlagen können im → Außenbereich auch deshalb unzulässig sein, weil sie das Landschaftsbild i. S. v. § 35 Abs. 3 S. 1 Nr. 5 BauGB verunstalten. Eine solche Verunstaltung hat das OVG Münster in Bezug auf zwei 800 kW Windkraftanlagen mit Nabenhöhe von 60,5 m und Rotordurchmesser von 52 m, die im Abstand von 200 m nebeneinander errichtet werden sollten, angenommen; denn im entschiedenen Fall sollten die Windkraftanlagen am Hang des S-Berges auf ca. 280 m NN in einer landschaftliche reizvollen Umgebung errichtet werden, was – trotz einer bereits vorhandenen vereinzeiten Bebauung – durch Überragen des S-Berges zu dessen gewerblichen Überformung führen würde. Dadurch würde der ästhetische Eindruck der gesamten Erhebung dauerhaft verunstaltet (OVG Münster, ZfBR 2002, 270).

Schließlich stehen einem nach § 35 Abs. 1 Nr. 2 bis 6 BauGB privilegierten Vorhaben und damit auch einer Windenergieanlage öffentliche Belange gemäß § 35 Abs. 3 S. 3 BauGB entgegen, wenn hierfür durch Darstellung im → Bebauungsplan, → Flächennutzungsplan oder als Ziel der → Raumordnung eine Ausweisung an anderer Stelle (Konzentrationsflächen) erfolgt ist (OVG Münster, ZfBR 2002, 270, 272). Allerdings ermöglicht es der Planvorbehalt des § 35 Abs. 3 S. 3 BauGB der Gemeinde nicht, das gesamte Gemeindegebiet für Windkraftanlagen zu sperren (BVerwG, BauR 2002, 828).

Ein Raumordnungsplan entfaltet keine Ausschlusswirkung gemäß § 35 Abs. 3 S. 3 BauGB, wenn er für bestimmte Flächen noch keine abschließende raumordnerische Entscheidung getroffen hat und es ihm daher an einem schlüssigen gesamträumlichen Planungskonzept fehlt (BVerwG, BauR 2003, 1172). Für nach dem 20. Juli 2004 genehmigte Windenergieanlagen ist eine Verpflichtungserklärung des Bauherrn erforderlich, dass er das Vorhaben nach dauerhafter Aufgabe der zulässigen Nutzung zurückbaut, § 35 Abs. 5 S. 2 BauGB.

Winterbau

Für den Fall, das Baumaßnahmen während der Winterzeit verwirklicht werden sollen, treten u. U. erhebliche Mehrkosten auf (andere Materialien, Abdeckungen, Heizkosten). Dies erfordert einen zusätzlichen planerischen Aufwand des Architekten (Abschätzen der Mehrkosten, Abschätzen der technischen Risiken). Dieser zusätzliche planerische Aufwand des Architekten kann nach § 32 HOAI pauschal oder nach Zeitaufwand honoriert werden oder geht mittelbar durch Hinzurechnung der durch den Winterbau bedingten Kosten zu den anrechenbaren Kosten (§ 10 HOAI) in die → Honorarberechnung mit ein.

Wirtschaftlichkeit der Objektplanung → Baukostengarantie; → Bausummenüberschreitung; → Schadensersatz

Der Architekt muss im Rahmen seiner vertraglichen Treue- und Rücksichtnahmepflichten auch die Wirtschaftlichkeit des Architektenwerks beachten. Zwar besteht eine allgemeine und umfassende

Verpflichtung des mit der → Objektplanung beauftragten Architekten zur kostengünstigsten Variante der Planung und des Bauens nicht (BGH, BauR 1973, 120); gem. § 241 Abs. 2 BGB n. F. ist der → Architektenvertrag seinem Inhalt nach jedoch darauf ausgerichtet, auf die Rechte, Rechtsgüter und Interessen des Auftraggebers Rücksicht zu nehmen. Darüber hinaus können ausdrückliche vertragliche Vereinbarungen erhöhte Anforderungen an die Rentabilität des Architekten- und Bauwerkes beinhalten (so z. B., wenn der → Auftrag ausdrücklich beinhaltet, ein rentables Mehrfamilienhaus zu entwerfen (OLG Hamm, MDR 1966, 785; BGH, BauR 1975, 434)). Überdimensionierte Kosten stellen dann einen Mangel des Architektenwerks dar. Im Rahmen des Leistungsbilds des § 15 (Objektplanung für → Gebäude etc.) wird ohnehin im Rahmen der → Leistungsphase 1 (sofern diese vereinbart ist) die Aufgabenstellung des Architekten zu klären sein (mithin werden die Rentabilität und die ökonomischen Belange zur Sprache kommen). Hat z. B. der → Bauherr bzw. Auftraggeber deutlich gemacht, dass die Finanzierung sehr knapp ist und scheitert das Vorhaben später aufgrund der durch den Architekten falsch geschätzten Kosten, so haftet er für die durch die Aufgabe des Vorhabens entstehenden Mehrbelastungen des Bauherrn (OLG Stuttgart, BauR 1977, 426). Die Überschreitung eines vorgegebenen Baukostenlimits im Vertrag berechtigt den Bauherrn überdies zur → Kündigung des Architektenvertrages aus wichtigem Grund (OLG Düsseldorf, BauR 1986, 494; OLG Hamm, NJW-RR 1986, 764).

Wohnfläche
Gemäß der allerdings nicht mehr gültigen DIN 283 besteht die Wohnfläche aus der anrechenbaren Grundfläche der zugehörigen Räume, die sich ihrerseits aus den lichten Maßen zwischen den entsprechenden Wänden ergibt. Nicht zur Wohnfläche gehören dabei u. a. die Grundflächen von Zubehörräumen (wie Kellerräume, Waschküche, Dachböden oder Abstellräume), Wirtschaftsräumen (Vorratsräume, Scheunen, Ställe), Räume, die bauaufsichtlich nicht als Aufenthaltsräume gelten (z. B. unbeheizte Hobbyräume in Kellern oder auf Dachböden) sowie Geschäftsräume. Die → Wohnfläche wird danach aus den Grundflächen der in Ansatz zu bringenden Räumlichkeiten errechnet. Dabei wird wie folgt vorgegangen:
– volle Anrechnung bei Grundflächen von Räumen mit einer lichten Höhe von mehr als zwei Meter,
– hälftige Anrechnung bei Grundflächen von Räumen mit einer lichten Höhe zwischen ein und zwei Meter,
– Anrechnung zu einem Viertel bei Loggien, Balkonen und gedeckten Freisitzen,
– Grundflächen mit weniger als ein Meter lichte Höhe und nicht gedeckte Terrassen bzw. Freisitze werden nicht zur Wohnflächenberechnung herangezogen.

Die Wohnfläche kann alternativ nach der VI. Berechnungsverordnung ermittelt werden. Die DIN 277 ist hierzu ungeeignet. Mit ihr lässt sich die Nutzfläche ermitteln.

Wohnflächenberechnung → Wohnfläche

Wohngebiet (allgemein) → Kinderspielplatz
Gemäß § 4 Abs. 1 BauNVO **dienen** allgemeine Wohngebiete **vorwiegend dem Wohnen**.

1. Allgemein zulässige Nutzungen
In einem allgemeinen Wohngebiet sind gemäß § 4 Abs. 2 BauNVO allgemein zulässig
– Wohngebäude,
– die der Versorgung des Gebiets dienenden Läden, Schank- und Speisewirtschaften sowie nicht störende Handwerksbetriebe,
– Anlagen für kirchliche, kulturelle, soziale, gesundheitliche und sportliche Zwecke.

Während bei → **reinen Wohngebieten** das **Wohnen** zum **einzigen Merkmal der** allgemein **zulässigen Nutzung** gehört, dürfen beim allgemeinen **Wohngebiet auch andere, das Wohnen nicht störende Nutzungen** das Bild prägen. Jedoch der Wohncharakter des Gebiets insgesamt klar erkennbar sein, was ein zahlenmäßiges Überwiegen von Wohngebäuden bedingt (*Stüer*, Handbuch des Bau- und Fachplanungsrechts, Rdn. 271). Hier kommt es entscheidend darauf an, dass der **Begriff Wohnen** erfüllt ist. Hierfür ist eine **auf gewisse Dauer angelegte, eigenständige Gestaltung des häuslichen Lebens typisch** (OVG Bremen, BauR 1991, 324). Studenten, Lehrling- und Schülerwohnheime gelten als zulässige Wohngebäude, wenn die Bewohner ihre Lebensführung grundsätzlich selbst gestalten können.

Hinsichtlich der der **Versorgung dienenden Einrichtungen** ist entscheidend, dass das jeweilige Vorhaben sich dem **Baugebiet** auch **funktional zuordnen lassen** muss. Dementsprechend sind beispielsweise **Einzelhandelsnutzungen** im allgemeinen Wohngebiet als **Nachbarschaftsläden grundsätzlich zulässig.** Voraussetzung ist, dass es sich dabei um Geschäfte handelt, die der verbrauchernahen Versorgung eines Wohngebiets dienen und deren Verkaufsflächenobergrenze für einen Selbstbedienungslebensmittelmarkt bei etwa 700 bzw. 800 qm liegt (BVerwG, BauR 1995, 813). Eine **Schank- und Speisewirtschaft** muss nach Standort, Größe, Raumeinteilung, Ausstattung und betrieblicher Konzeption objektiv geeignet sein, **in einem ins Gewicht fallenden Umfang** auch **von den Bewohnern des Wohngebiets aufgesucht** zu **werden** (OVG Berlin, BauR 1995, 516). Dementsprechend kann eine → Gaststätte, die in einem allgemeinen Wohngebiet verwirklicht werden soll und außer 16 Sitzplätzen einen Nebenraum mit 2 Billardtischen aufweist, noch eine der Gebietsversorgung dienende Schank- und Speisewirtschaft sein, wenn vorgesehen ist, dass die Billardtische auch von Mitgliedern eines Billardvereins zu Übungs- und Wettkampfzwecken genutzt werden (OVG Saarland, BRS 57 Nr. 64). Zulässige Anlagen für gesundheitliche und soziale Zwecke sind beispielsweise Altenpflegeheime, Wohnheime für geistig Behinderte, Kindergärten, Kindertagesstätten oder Jugendfreizeitheime. Zulässige Anlagen für soziale Zwecke kann auch die Unterbringung von Asylbewerbern sein (*Stüer*, Handbuch des Bau- und Fachplanungsrechts, Rdn. 272, 273). Die Zulässigkeit von Anlagen für kirchliche Zwecke erlaubt nicht nur die Errichtung von Kircheneinrichtungen, sondern nimmt auch den zu kirchlichen Einrichtungen üblicherweise zu erwartenden Besucherverkehr und das **liturgische** Glockengeläut zu den kirchlichen Veranstaltungen hin (BVerwGE 68, 62; OVG Hamburg, BauR 1992, 356). Sportliche Anlagen sind neben Sportplätzen auch Bolzplätze (BVerwG, BauR 1992, 340). **Stets zulässig**, sowohl in reinen als auch in allgemeinen Wohngebieten ist die **Errichtung eines Kinderspielplatzes.**

2. Ausnahmsweise zulässige Nutzungen

In allgemeinen Wohngebieten können nach § 4 Abs. 3 BauNVO ausnahmsweise zugelassen werden
– Betriebe des Beherbergungsgewerbes,
– sonstige nicht störende Gewerbebetriebe,
– Anlagen für Verwaltungen,
– Gartenbaubetriebe,
– Tankstellen.

Dementsprechend kann beispielsweise ein **kleines** → **Hotel – Restaurant**, das der Bewirtung von Gästen aus der näheren Umgebung dient, zugelassen werden (OVG Berlin, NVwZ-RR 1993, 458). Als ausnahmsweise zulässige nicht störende Gewerbebetriebe kommen beispielsweise **Videotheken** oder ein **Software-Herstellungsbetrieb** (OVG Lüneburg, NVwZ-RR 1994, 487; VGH Mannheim, BauR 1985, 537), **nicht aber** ein **Baustofflagerplatz** oder der Neubau eines **Ausstellungs- und Lagergebäudes** mit Büro, Zufahrt, Rangierflächen und Stellplätzen in Betracht (VGH Mannheim, BRS 57 Nr. 215; OVG Münster, BauR 1996, 222). Ausnahmsweise **zulässig** wäre auch eine

Tankstelle, die, etwa wegen ihrer Randlage, die Wohnnutzung nicht stört. Demgegenüber sind **Tischlereien, Schreinereien, Schlossereien** oder ein **Modellbaubetrieb** mit entsprechendem Maschinenpark grundsätzlich ein störender Betrieb und dementsprechend **unzulässig** (Fickert/Fieseler, BauNVO, § 4 Rdn. 4.4). In diesem Zusammenhang ist zu beachten, dass ein Gewerbebetrieb zu einem störenden auch durch den mit ihm typischerweise verbundenen Zu- und Abgangsverkehr werden kann (BVerwG, BauR 1991, 49).

3. Nicht zulässige Nutzungen

Nicht zulässig sind im allgemeinen Wohngebiet beispielsweise **Schank- und Speisewirtschaften**, die **keinen nennenswerten Bezug zu der Wohnnutzung** in der Umgebung aufweisen. Ist etwa ein Schnellrestaurant nicht auf das Wohngebiet, sondern auf die Zielgruppe eines in einiger Entfernung liegenden Kerngebiets ausgerichtet, so handelt es sich nicht um eine wohngebietstypisch Nutzung; eine solche Nutzung ist unzulässig (*Stüer*, Handbuch des Bau- und Fachplanungsrechts, Rdn. 271). Für die Erweiterung eines Bäckereibetriebes hat das OVG Saarland festgestellt, dass eine Bäckerei, die den überwiegenden Teil des Backwarenumsatzes nicht mit der auf dem Betriebsgrundstück vorhandenen Verkaufsstelle, sondern mit einem Verkaufswagen sowie durch den Vertrieb an Wiederverkäufer erzielt, zwar noch als ein allgemein zulässiger, der Gebietsversorgung dienender Betrieb eingestuft werden kann, jedoch – wegen des in dem Ausfahren der Waren liegenden zusätzlichen Störpotentials – nicht mehr als nicht störender Handwerksbetrieb i. S. v. § 4 BauNVO eingestuft werden kann und damit unzulässig ist (OVG Saarland, GewArch 1994, 79). Vor dem Hintergrund des Gebietscharakters des allgemeinen Wohngebiets sind **größere Sportanlagen**, z. B. Fußballsportanlagen für Training und Wettkampf mit Tribünen, eine **Tennisanlage** mit mehreren Spielfeldern und Clubhaus oder ein Sportcenter, im Allgemeinen nicht zulässig (*Fickert/Fieseler*, BauNVO, § 4 Rdn. 7.5). Für die Prostitution gilt, dass diese in allen Arten von Wohngebieten (§§ 2–4 a BauNVO), generell ohne Einschränkung unzulässig ist (*Fickert/Fieseler*, BauNVO, § 4 Rdn. 9.52). Auch **Spielhallen** oder **Spielsalons** gelten generell als störende Gewerbebetriebe, die im allgemeinen Wohngebiet nicht, auch nicht ausnahmsweise zulassungsfähig sind (OVG Lüneburg, BRS 42 Nr. 42).

4. Obergrenze des Maßes der baulichen Nutzung

Die Obergrenzen des Maßes der baulichen Nutzung betragen hinsichtlich der Grundflächenzahl (GRZ) 0,4 und hinsichtlich der Geschossflächenzahl (GFZ) 1,2.

5. Schutz des allgemeinen Wohngebiets

Im Gegensatz zu → reinen Wohngebieten gilt der besonders strenge Maßstab zur Gewährleistung der größtmöglichen Wohnruhe nicht; dennoch soll auch in allgemeinen Wohngebieten ein ungestörtes Wohnen gewährleistet sein (BVerwGE 47, 144). Die Festsetzung der Nutzungsarten in § 4 BauNVO hat, soweit sie störende Gewerbebetriebe verbietet, **nachbarschützenden Charakter**. Das heißt, dass der Nachbar einen Anspruch darauf hat, in seiner Wohnruhe nicht beeinträchtigt zu werden. Das bedeutet, dass betriebsbedingte Emissionen von zulässigen Anlagen wie Schank- und Speisewirtschaften für die wohnenden Nachbarn zumutbar sein müssen. Die Zumutbarkeit beurteilt sich nach den in der TA-Lärm geregelten Emissionsrichtwerten (*Gelzer/Bracher/Reidt*, Bauplanungsrecht, Rdn. 1504).

Wohngebiet (besonderes)

Nach § 4 a Abs. 1 BauNVO sind besondere Wohngebiete überwiegend bebaute Gebiete, die aufgrund ausgeübter Wohnnutzung und (vorhandener) sonstiger, in § 4 a Abs. 2 BauNVO spezifisch genannter, Anlagen eine besondere Eigenart aufweisen und in denen unter Berücksichtigung dieser

Eigenart die Wohnnutzung erhalten und fortentwickelt werden soll. Besondere Wohngebiete dienen vorwiegend dem Wohnen; sie dienen auch der Unterbringung von Gewerbebetrieben und sonstigen Anlagen i. S. v. § 4 a Abs. 2 und Abs. 3 BauNVO, soweit diese Betriebe und Anlagen nach der besonderen Eigenart des Gebiets mit der Wohnnutzung vereinbar sind.

1. Allgemein zulässige Nutzungen
Nach § 4 a Abs. 2 BauNVO sind zulässig
– Wohngebäude,
– Läden, Betriebe des Beherbergungsgewerbes, Schank- und Speisewirtschaften,
– sonstige Gewerbebetriebe,
– Geschäfts- und Büroräume,
– Anlagen für kirchliche, kulturelle, soziale, gesundheitliche und sportliche Zwecke.

Bei der Prüfung, ob Einrichtungen allgemein zulässig sind, ist auf den vorwiegenden Wohncharakter zu achten; denn besondere Wohngebiete dienen lediglich auch der Unterbringung von Gewerbegebieten und sonstigen Anlagen, soweit diese Betriebe und Anlagen nach der besonderen Eigenart des Gebietes mit der Wohnnutzung vereinbar sind (*Stüer*, Handbuch des Bau- und Fachplanungsrechts, Rdn. 277).

a) Wohngebäude
Im Hinblick auf die zulässigen Wohngebäude müssen die **für Wohnungen einschlägigen Kriterien erfüllt** sein, d. h. es muss sich um eine auf Dauer angelegte Unterkunft mit eigengestalteter Haushaltsführung und nicht um Behelfsunterkünfte handeln. Wohnheime, Altenheime, Altenwohnheime gelten noch als solche Wohnungen; im Einzelfall können auch Asylbewerberunterkünfte darunter fallen, wenn Asylbewerber mit Familien dort in Wohnungen leben und die Häuslichkeit selbstbestimmt ist (VGH Mannheim, UPR 1991, 76; OVG Schleswig, BauR 1992, 192).

b) Läden
Läden sind Räume, die eine **Beschränkung der Grundfläche aufweisen** und in denen im Allgemeinen **ein auf bestimmte Warengattungen beschränktes Warensortiment oder Dienstleistungen angeboten werden** (z. B. Lebensmittel- und Tabakwarengeschäfte, Bäckereien, Fleisch- und Wurstwarengeschäfte, Friseur etc.; Fickert/Fieseler, BauNVO, § 2 Rdn. 10, 11). Die Verkaufsflächen können größer als beispielsweise in den allgemeinen Wohngebieten sein, da die Läden nicht der Versorgung des Gebiets dienen müssen, so dass auch Sex-Shops als nicht störende Gewerbebetriebe in besonderen Wohngebieten grundsätzlich allgemein zulässig sind (*Fickert/Fieseler*, BauNVO, § 4 a Rdn. 22.4).

c) Beherbergungsbetrieb, Schank- und Speisewirtschaften
Ein **Beherbergungsbetrieb** liegt vor, wenn **Räume ständig wechselnden Gästen zum vorübergehenden Aufenthalt zur Verfügung gestellt werden**. Dies erfasst beispielsweise ein → Hotel Garni ebenso wie eine Hotelpension mit voller Verpflegung, aber auch das Vermieten von Ferienappartements für Feriengäste (*Fickert/Fieseler*, BauNVO, § 3 Rdn. 19). **Schank- und Speisewirtschaften** sind **gewerbliche Betriebe**, in denen **Getränke aller Art und/oder Speisen zum Verzehr verabreicht werden**. Dies umfasst die üblichen Esslokale, Konditoreien, Bierstuben etc., aber auch andere Imbissräume oder eine Biergartenanlage (VGH München, GewArch 1995, 253; *Fickert/Fieseler*, BauNVO, § 2 Rdn. 13).

d) Sonstige Gewerbebetriebe
Zu den sonstigen Gewerbebetrieben gehören alle **noch mit Wohnnutzung verträgliche gewerb-**

liche Nutzungen wie Einzelhandelsbetriebe oder nicht störende Handwerksbetriebe (optische Werkstätten, Druckereien, Kfz-Reparaturwerkstätten, kleine Brauereien etc.; *Fickert/Fieseler*, BauNVO, § 4 a Rdn. 17).

e) Geschäfts- und Bürogebäude
Bei den Geschäfts- und Bürogebäuden handelt es sich um bauliche Anlagen, die dazu bestimmt und geeignet sind, in erster Linie weitere gewerbliche, aber **büromäßig betriebene Nutzungen** aufzunehmen. Dies gilt beispielsweise für Banken, Versicherungsunternehmen, Ausstellungsräume, Werbe-, Nachrichten- und Reiseagenturen, Büro- und Praxisräume für Ärzte, Rechtsanwälte, Makler, Handelsvertreter, Postämter, Polizeireviere, Gebäude für Krankenkassen und Gesundheitsämter (*Fickert/Fieseler*, BauNVO, § 4 a Rdn. 19).

f) Kirchliche, kulturelle etc. Zwecke
Anlagen für kirchliche Zwecke umfassen **alle dem Gottesdienst und der Seelsorge gewidmeten baulichen Anlagen der Kirchen und Religionsgemeinschaften**, unabhängig von deren Rechtsformen (z. B. Kirchen, Kapellen, Gebetssäle, Moscheen, Koranschulen, Hochschulen für die Ausbildung von Geistlichen, Gemeindezentren, Klöster, Kindergärten in kirchlicher Trägerschaft, Schulen, Begegnungsstätten etc.). Kulturelle Anlagen umfassen **Einrichtungen** aus den Bereichen **Bildung**, **Wissenschaft**, **Kunst** und **Kultur** (z. B. Bibliotheken, Forschungseinrichtungen, Volkshochschulen, Vortragsräume, Konzertsäle, Theater- und Opernhäuser, Programmkinos, Bühnen etc.). **Soziale Einrichtung** sind Nutzungen, die unmittelbar auf Hilfe, Unterstützung, Betreuung, Beaufsichtigung und andere Art von fürsorgerischen Maßnahmen ausgerichtet sind (z. B. Altenpflegeheime und Heime für geistig Behinderte, die nicht als Wohnung charakterisiert werden, Kindergärten, Kindertagesstätten, Jugendheime, Altenbegegnungs- und Altenbetreuungsstätten etc.). **Anlagen für gesundheitliche Zwecke** sollen dem Schutz der Pflege, Erhaltung und Wiederherstellung der Gesundheit dienen (z. B. Krankenhäuser, Kliniken, Sanatorien, Bäder, Kurheime, Heil- und Pflegeanstalten etc.). Anlagen für sportliche Zwecke sind Fußballplätze, Tennisplätze, Schwimmbäder, Sport-, Fitness- und Gymnastikhallen etc. (*Gelzer/Bracher/Reidt*, Bauplanungsrecht, Rdn. 1506 ff.).

2. Ausnahmsweise zulässige Nutzungen
Ausnahmsweise können in besonderen Wohngebieten nach § 4 a Abs. 3 BauNVO zugelassen werden
- Anlagen für zentrale Einrichtungen der Verwaltung,
- Vergnügungsstätten, soweit sie nicht wegen ihrer Zweckbestimmung oder ihres Umfangs nur in Kerngebieten allgemein zulässig sind,
- Tankstellen.

Zu den Anlagen für **zentrale Einrichtungen der Verwaltung** gehören solche mit **überörtlicher Bedeutung** wie sie beispielsweise der Bezirksverwaltung einer Großstadt, Gerichten, Arbeitsämtern, Dienststellen der Deutschen Bahn oder der Industrie- und Handelskammer zukommen (*Fickert/Fieseler*, BauNVO, § 4 a Rdn. 21). → **Vergnügungsstätten** umfassen **Nachtlokale jeglicher Art**, Vorführ- und Geschäftsräume, deren Zweck auf Darstellungen mit sexuellem Charakter ausgerichtet ist, Diskotheken sowie Spiel- und Automatenhallen. Die Vergnügungsstätte darf nicht kerngebietstypisch sein. Als nicht kerngebietstypisch gelten Vergnügungsstätten, die der üblichen Freizeitbetätigung in einem begrenzten Stadtviertel dienen; dies wäre etwa eine abendliche Tanzbar, die nicht die typischen Merkmale einer Großdiskothek aufweist oder ein kleineres Spielcasino. Die spezifischen Nachtlokale mit ihrem besonderen Amüsierangebot gehören nach ihrer

Zweckbestimmung im Regelfall zu den kerngebietstypischen Vergnügungsstätten und sind in besonderen Wohngebieten nicht ausnahmsweise zulässig; gleiches gilt regelmäßig für Tanzdiskotheken für die Jugend, die auf einen größeren Einzugsbereich ausgerichtet sind. Bei **Spielhallen** geht die Rechtssprechung davon aus, dass mit **Überschreiten** einer Nutzfläche **von 100 qm** eine **kerngebietstypische Nutzung** beginnt (*Fickert/Fieseler*, BauNVO, § 4 a Rdn. 22 ff.). Die ausnahmsweise zulässige → **Tankstelle** erfasst nicht nur die Bedienung der Treibstoffzapfsäulen, sondern auch den **kleinen Kundendienst mit Wagenwaschen, Warenpflege** sowie die Behebung kleinerer Mängel und Pannen sowie den **Verkauf von Zubehörwaren** im üblichen Umfang (Straßenkarten, Stadtpläne, Tabakwaren, Kleinproviant etc.). Soll die → Tankstelle darüber hinaus Werkstatträume zur Durchführung von Reparaturen sowie eine Waschanlage erhalten, kommt es für die Zulassungsfähigkeit auf den Standort innerhalb des besonderen Wohngebiets und auf die besondere Eigenart des Gebiets an; denn solche Anlagen werden als Gewerbebetrieb eingeordnet, der sich mit der Eigenart des Gebietes und der Wohnnutzung vertragen muss (VGH Mannheim, BRS 29 Nr. 25; *Fickert/Fieseler*, BauNVO § 7 Rdn. 10).

3. Besondere Festsetzungen

Nach § 4 a Abs. 4 BauNVO können für besondere Wohngebiete oder Teile solcher Gebiete, wenn besondere städtebauliche Gründe dies rechtfertigen, festgesetzt werden, dass
– oberhalb eines im → Bebauungsplan bestimmten Geschosses nur Wohnungen zulässig sind, oder
– in Gebäuden ein im → Bebauungsplan bestimmter Anteil der zulässigen Geschossfläche oder eine bestimmte Größe der Geschossfläche für Wohnungen zu verwenden ist.

Hiermit ist **bezweckt**, die **Wohnnutzung in** dem **besonderen Wohngebiet zu sichern** und dem Überhandnehmen des gewerblichen Charakters vorzubeugen. Erforderlich sind spezielle Gründe, die aus Sicht der planenden Gemeinde aufgrund städtebaulicher Erwägungen eine Festsetzung des Anteils für Wohnungen erfordern. So kann die Gemeinde es im Interesse der städtebaulichen Entwicklung und Ordnung bestimmen, dass zur Erhaltung und Fortentwicklung der Wohnnutzung in einem besonderen Wohngebiet ein bestimmter Anteil an Wohnungen – etwa zur Ausnutzung der vorhandenen Infrastruktur – rechtlich zu sichern ist, ohne deren Lage in bestimmten Geschossen festlegen zu müssen. Grundsätzlich geht § 4 a Abs. 2 BauNVO davon aus, dass es dem Eigentümer überlassen ist, die Anordnung der Wohnungen innerhalb des Gebäudes festzulegen. Soll die Festsetzung dagegen für bestimmte oder alle Gebäude gleichmäßig gelten, so muss die Gemeinde dafür die Rechtfertigung durch besondere städtebauliche Gründe nachweisen (Fickert/Fieseler, BauNVO, § 4 a Rdn. 32, 32.1).

4. Nicht zulässige Nutzungen

Die Festsetzung „Besonderes Wohngebiet" geht davon aus, dass das **Gebiet bereits überwiegend bebaut** ist. **Nicht zulässig** ist damit die **Ausdehnung dieses Baugebiets über** ein **weitgehend unbebautes Gebiet hinaus**, die Beplanung einer bloßen Splittersiedlung sowie die Planung eines Neubaugebiets (OVG Lüneburg, BauR 1987, 174). Einzelhandelsbetriebe, Warenhäuser, Verbrauchermärkte und sonstige großflächige Handelsbetriebe mit in der Regel mehr als 700 qm Verkaufsfläche sind im besonderen Wohngebiet ebenfalls nicht zulässig, weil sie den Rahmen, den die allgemein zulässige Nutzung des Ladens vorgibt, überschreiten (Fickert/Fieseler, BauNVO, § 4 a Rdn. 17). Auch eine Schank- und Speisewirtschaft mit regelmäßigen Musikdarbietungen und überörtlichem Einzugsbereich im Sinne einer Diskothek ist kerngebietstypisch und daher weder in allgemeinen noch besonderen Wohngebieten noch in Mischgebieten oder vergleichbaren unbeplanten Gebieten zulässig (OVG Münster, GewArch 1993, 255).

5. Obergrenze des Maßes der baulichen Nutzung

Als Obergrenze für das → Maß der baulichen Nutzung in besonderen Wohngebieten ist eine Grundflächenzahl (GRZ) von 0,6 und eine Geschossflächenzahl (GFZ) von 1,6 gemäß § 17 Abs. 1 BauNVO gesetzlich vorgegeben.

6. Besonderheiten

Bei der Planung überbauter Flächen durch ein besonderes Wohngebiet ist darauf zu **achten**, dass das **in Frage kommende Gebiet aufgrund tatsächlicher Wohnnutzung und** der **existierenden allgemein zulässigen Anlagen** eine besondere **Eigenart aufweisen muss**. Die besondere Eigenart des Gebiets besteht zum einen in der vorhandenen Mischung von Wohnen und sonstigen Nutzungen; zum anderen zeichnet sie sich dadurch aus, dass das **Planungsziel** ein **Überwiegen des Wohnens ist** (*Fickert/Fieseler*, BauNVO, § 4 a Rdn. 7). Das Planungsziel muss darauf gerichtet sein, die Wohnnutzung zu erhalten und fortzuentwickeln. Die Frage, was an Störungen in dem Gebiet hinzunehmen ist, hängt wesentlich von der vorhandenen Bebauung und Nutzung ab. Aufgrund der bereits vorhandenen Nutzungsmischung ist das Duldungspotential der Wohnnachbarschaft regelmäßig höher als in einem → allgemeinen Wohngebiet und dem → Mischgebiet angenähert. Die Beurteilung von zumutbaren Lärmbelastungen wird sich zwar wegen des atypischen Baugebietscharakters nicht generalisierend bestimmen lassen, wird häufig, wegen der Ähnlichkeit zum Mischgebiet, dem des Mischgebiets jedoch entsprechen (*Stüer*, Handbuch des Bau- und Fachplanungsrechts, Rdn. 279).

Wohngebiet (reines)

1. Allgemein zulässige Anlagen

Nach § 3 Abs. 2 BauNVO sind im reinen Wohngebiet grundsätzlich Wohngebäude zulässig, die ausschließlich dem Wohnen dienen. Das reine Wohngebiet dient damit im Regelfall ausschließlich dem Wohnen. Der Begriff des Wohnens ist durch eine auf Dauer angelegte Häuslichkeit, Eigengestaltung der Haushaltsführung und des häuslichen Wirkungskreises sowie Freiwilligkeit des Aufenthaltes gekennzeichnet (BVerwG, BauR 1996, 676). Als **zulässige** Wohngebäude gelten **Studentenwohn-, Lehrlings-, Gastarbeiter-, Personal- und Schwesternheime** (*Gelzer/Bracher/Reidt*, Bauplanungsrecht, Rdn. 1425). Ebenfalls zulässig sind **Altenheime** und **Altenwohnheime**, weil auch bei ihnen ein häusliches Wohnen gegeben ist. Dementsprechend stellt § 3 Abs. 4 BauNVO klar, dass zu den in reinen Wohngebieten allgemein zulässigen Wohngebäuden auch solche gehören, die ganz oder teilweise der Betreuung und Pflege ihrer Bewohner dienen.

2. Ausnahmsweise zulässige Nutzungen

Auf der Grundlage von § 3 Abs. 3 BauNVO können ausnahmsweise zugelassen werden
– Läden und nicht störende Handwerksbetriebe die zur Deckung des täglichen Bedarfs für die Bewohner des Gebiets dienen, sowie kleine Betriebe des Beherbergungsgewerbes,
– Anlagen für soziale Zwecke sowie den Bedürfnissen der Bewohner des Gebiets dienende Anlagen für kirchliche, kulturelle, gesundheitliche und sportliche Zwecke.

Zu den ausnahmsweise zulässigen **Läden** gehören alle Einrichtungen, die dem **Grundbedarf der Bevölkerung** an Gütern und Dienstleistungen **dienen**, insbesondere Lebens- und Genussmittel. Dies beinhaltet beispielsweise Bäckereien, Metzgereien, sonstige Lebensmittelläden, Tabak-, Zeitungs-, Milch- und Blumenläden, Reinigungsannahmestellen, Drogerien, Apotheken etc. Erfasst werden davon auch Selbstbedienungsläden, Verbrauchermärkte und Discountmärkte, Verkaufsstände und Kioske. Nicht störende Handwerksbetriebe sind beispielsweise **Friseure**, **Schuster** oder

Schneider. Als kleinerer Betrieb des Beherbergungsgewerbes wird beispielsweise ein → **Hotel Garni** (ohne Restaurant) akzeptiert. Nicht mehr klein ist ein Betrieb des Beherbergungsgewerbes regelmäßig, wenn er mehr als 20 Betten aufweist (OVG Hamburg, BauR 2000, 1840; OVG Lüneburg, BRS 35 Nr. 49). Anlagen für soziale Zwecke sind insbesondere **Kindergärten** und **Kindertagesstätten, Seniorentreffs, Unterkünfte für Asylbewerber** (VGH Kassel, BRS 54 Nr. 182). Anlagen für gesundheitliche Zwecke sind beispielsweise **Arzt-** und Zahnarzt**praxen, Masseure, Krankengymnasten** etc. (*Gelzer/Bracher/Reidt*, Bauplanungsrecht, Rdn. 1479). Bei den ausnahmsweise zulässigen → Sportanlagen geht es um kleinere Anlagen des Freizeitsports, um den Bewohnern des Gebiets ein sportliches Betätigungsfeld zu ermöglichen wie beispielsweise **Tischtennis-, Tennis-, Basketball- und Mini-Golfplätze** (BVerwG, BauR 1992, 340).

3. Nicht zulässige Nutzungen
Nicht im reinen Wohngebiet zulässig sind **Behelfsunterkünfte**, Beherbergungsbetrieb, Wohnbaracken, Container, Obdachlosenunterkünfte, weil diese Einrichtungen nicht zum dauernden Aufenthalt dienen (*Gelzer/Bracher/Reidt*, Bauplanungsrecht, Rdn. 1447). Auch **Frauenhäuser** sind in der Regel in reinen Wohngebieten nicht zulässig; denn bei ihnen steht der Schutzgedanke und die Vorläufigkeit der Unterbringung im Vordergrund (*Gelzer/Bracher/Reidt*, Bauplanungsrecht, Rdn. 1458, 1459). **Imbissstände** oder Imbissstuben sind auch ausnahmsweise nicht in reinen Wohngebieten zulässig, weil sie nicht zur Deckung des täglichen Bedarfs für die Bewohner des Gebiets dienen, sondern bei diesen der sofortige Verzehr der angebotenen Waren im Vordergrund steht. **Warenautomaten** sind ebenfalls nicht zulässig; sie sind keine Verkaufsstelle und können deshalb nicht als Laden klassifiziert werden, der einen Verkaufsbereich voraussetzt (OVG Münster, BauR 1986, 544; OVG Bremen, BRS 33 Nr. 26).

4. Obergrenze des Maßes der baulichen Nutzung
Die Obergrenze des Maßes der baulichen Nutzung beträgt für die Grundflächenzahl (GRZ) 0,4 und für die Geschossflächenzahl (GFZ) 1,2.

5. Besonderheiten
Der Begriff des Wohnens und das damit verbundene **Bedürfnis nach einem ruhigen Wohnumfeld** bestimmt den **Charakter** des reinen Wohngebiets, auf dessen Bewahrung die Eigentümer einen Anspruch haben. Dies führt insbesondere dazu, dass beispielsweise eine Tierhaltung nur beschränkt aus Liebhaberei oder sportlichem Interesse zulässig ist (*Fickert/Fieseler*, BauNVO, § 3 Rdn. 5). Zudem ist der Planungsgrundsatz zu berücksichtigen, dass eine Neufestsetzung eines reinen Wohngebiets unmittelbar neben einem → Gewerbe- oder → Industriegebiet dem Grundgedanken einer städtebaulichen Ordnung widerspricht und im Allgemeinen eine Fehlplanung wäre (OVG Münster, BauR 1972, 210). Um eine solchen Planungsfehler zu vermeiden sind Gemeinden gehalten, bei Neuplanungen von Wohngebieten zu Gewerbe- und Industriegebieten einen gebührenden Abstand einzuhalten oder die Bereiche durch Pufferzonen, etwa durch Grünflächen oder Zwischenschaltung eines Mischgebiets so abzuschirmen, dass schädliche Umwelteinwirkungen vermieden werden (VGH Kassel, BRS 27 Nr. 29; VGH München, BauR 1976, 182). Abstand einzuhalten ist auch in der Nähe von Fernverkehrsstraßen mit hoher Lärmbelästigung, um die Emissionsgrenzwerte der Verkehrslärmschutzverordnung einzuhalten (vgl. OVG Münster, NJW 1969, 1639).

Wohnung   → Wohngebiet; → Zweckentfremdung

Z

Zahlung des Werklohns → Abnahme; → Abschlagzahlung; → Fälligkeit; → Prüfbarkeit; → Schlussrechnung; → Schlussrechnung des Bauunternehmers; → Teilschlusszahlung; → Vorauszahlung

Zahlung bedeutet → Erfüllung der → Leistung des Auftraggebers in Form der Leistung der vereinbarten Vergütung in Geld gem. § 631 BGB. Die → VOB/B kennt vier Arten von Zahlungen:
- Abschlagszahlungen,
- Vorauszahlungen,
- Schlusszahlungen und
- Teilschlusszahlungen.

Diese Zahlungsarten sind **auch** im Rahmen eines BGB-Werkvertrages möglich. Allerdings waren im BGB bis zum 1. 5. 2000 die Abschlagszahlungen nicht geregelt (**§ 632 a BGB**). Die → Vorauszahlung und die → Teilschlusszahlung sind im BGB nicht geregelt. Lediglich die → Schlusszahlung war seit jeher geregelt. Gemäß § 641 Abs. 1 Satz 1 BGB ist die Vergütung bei der → Abnahme des Werkes zu entrichten. Möchte der → Auftragnehmer also Vorauszahlungen oder Teilschlusszahlungen während der Bauausführung erhalten, so muss er dies im Rahmen eines BGB-Werkvertrages mit dem → Auftraggeber vereinbaren. Eine Ausnahme bestand für Werkverträge bereits vor dem 1. 5. 2000 bei Architekten- und Ingenieurleistungen. Gemäß § 8 Abs. 2 HOAI kann der Architekt oder Ingenieur Abschlagszahlungen verlangen, ohne dass er mit dem Bauherrn eine entsprechende Vereinbarung getroffen hat.

1. Abschlagszahlungen gemäß § 632 a BGB, § 16 Nr. 1 VOB/B und § 8 Abs. 2 HOAI

Im Rahmen eines BGB- bzw. VOB/B-Vertrages hat der Auftragnehmer einen auch im Wege der Klage durchsetzbaren – Anspruch auf Abschlagszahlungen gemäß **§ 632 a BGB** für in sich abgeschlossene Leistungen im BGB-Vertrages bzw. gemäß **§ 16 Nr. 1 VOB/B** unter den dort geregelten Voraussetzungen im VOB/B-Vertrag. Der vorleistungspflichtige Auftragnehmer soll entsprechend dem von ihm erbrachten Leistungsstand Liquidität erhalten. Abschlagszahlungen stellen lediglich Anzahlungen auf den gesamten Werklohn dar. Sie bedeuten keine Abnahme der mit ihnen bezahlten → Teilleistungen. Die Bezahlung einer → Abschlagsrechnung bedeutet zudem nicht ein → Anerkenntnis der mit der Abschlagsrechnung geltend gemachten und vom Auftraggeber bezahlten Forderungen.

Im Rahmen eines Architekten- oder Ingenieurvertrages kann der Architekt oder Ingenieur gemäß § 8 Abs. 2 HOAI in angemessenen zeitlichen Abständen Abschlagszahlungen für nachgewiesene Leistungen verlangen. Ob die Abschlagsrechnung des Architekten oder Ingenieurs prüffähig sein muss, ist umstritten. Dagegen spricht § 8 Abs. 2 HOAI. Im Gegensatz zu § 8 Abs. 1 HOAI, in dem geregelt ist, dass die Schlussrechnung prüffähig sein muss, statuiert § 8 Abs. 2 HOAI das Erfordernis der Prüffähigkeit der Abschlagsrechnungen gerade nicht (vgl. hierzu *Schmidt*, Besondere Gestaltungsmöglichkeiten für Architekten- und Ingenieurverträge, BauR 1999, 538, 545).

2. Vorauszahlungen gemäß § 16 Nr. 2 VOB/B

Im Unterschied zu Abschlagszahlungen, Teilschlusszahlungen und Schlusszahlungen setzt eine → Vorauszahlung im Sinne des § 16 Nr. 2 VOB/B keine vom Auftragnehmer bereits erbrachte Bauleistung voraus (*Locher*, Rdn. 202; *Heiermann/Riedl/Rusam*, § 16 VOB/B, Rdn. 48). Der Anspruch des Auftragnehmers auf eine Vorauszahlung setzt eine entsprechende **vertragliche Vereinbarung** mit dem Auftraggeber voraus. Werden Vorauszahlungen nach Vertragsabschluss geregelt, so muss der Auftragnehmer ausreichende Sicherheit leisten und die Vorauszahlung mit 3 % über dem Basiszinssatz verzinsen (**§ 16 Nr. 2 Abs. 1 Satz 3 VOB/B**). Für Vorauszahlungsvereinbarungen bei Vertragsschluss enthält § 16 VOB/B keine entsprechende Bestimmung. Deshalb muss der Auftraggeber ggf. eine entsprechende Regelung mit dem Auftragnehmer treffen.

Gemäß **§ 16 Nr. 2 Abs. 2 VOB/B** müssen Vorauszahlungen auf die nächstfälligen Zahlungen angerechnet werden, soweit damit Leistungen abzugelten sind, für welche die Vorauszahlungen gewährt worden sind.

Regelungen in **Allgemeinen Geschäftsbedingungen**, nach denen den Auftraggeber automatisch eine Vorauszahlungspflicht trifft, sind grundsätzlich unwirksam. Sie verstoßen gegen § 309 Nr. 2 a BGB und gegen § 307 BGB. Sie benachteiligen den Auftraggeber entgegen den Geboten von Treu und Glauben unangemessen. Mit einer solchen formularmäßigen Regelung würde praktisch das dem Arbeitgeber zustehende → Leistungsverweigerungsrecht aus § 320 BGB ausgeschlossen oder zumindest eingeschränkt werden.

3. Teilschlusszahlung gemäß § 16 Nr. 4 VOB/B

Gemäß **§ 16 Nr. 4 VOB/B** können in sich abgeschlossene Teile der → Leistung nach Teilabnahme ohne Rücksicht auf die Vollendung der übrigen Leistung endgültig festgestellt und bezahlt werden. Dies setzt voraus, dass eine der Vertragsparteien eine Teilschlussrechnung verlangt, die mit der Teilschlussrechnung abgerechneten Leistungen gemäß § 12 Nr. 2 a VOB/B teilabgenommen werden und der Auftragnehmer eine prüfbare Teilschlussrechnung erstellt und an den Auftraggeber übergibt. Teilschlussrechnungen müssen bei → VOB-Verträgen nicht gesondert vereinbart werden, unter Geltung der VOB/B besteht automatisch ein vertraglicher Anspruch auf Teilschlussabrechnung. Die Teilschlusszahlung wird zwei Monate nach Zugang der Teilschlussrechnung fällig. Beim BGB-Vertrag hingegen müssen Teilschlusszahlungen vereinbart werden.

4. Schlusszahlungen gemäß § 16 Nr. 3 VOB/B und § 641 BGB

Gemäß **§ 16 Nr. 3 Abs. 1 VOB/B** muss der Auftraggeber die Schlusszahlung alsbald nach Prüfung und Feststellung der vom Auftragnehmer vorgelegten Schlussrechnung leisten, spätestens innerhalb von zwei Monaten nach Zugang. Dabei ist die Prüfung der Schlussrechnung nach Möglichkeit zu beschleunigen. Verzögert sie sich, so ist das unbestrittene Guthaben als Abschlagszahlung sofort zu zahlen. Die → Fälligkeit der Schlusszahlung nach der VOB/B setzt voraus, dass das Werk des Auftragnehmers abgenommen ist, er eine prüffähige Schlussrechnung vorgelegt hat und der Auftraggeber die Schlussrechnung innerhalb von maximal zwei Monaten geprüft hat. Die 2-Monats-Frist ist eine Maximalfrist.

In diesem Zusammenhang ist auf die Neuregelung des **§ 640 Abs. 1 S. 2 BGB** hinzuweisen. Danach ist bei BGB-Verträgen das Abnahmeverweigerungsrecht auf **nicht unwesentliche** Mängel beschränkt. Diese Regelung soll nach der Gesetzesbegründung § 16 Nr. 3 VOB/B entsprechen, in dem von **wesentlichen Mängeln** die Rede ist. Die unterschiedlichen Formulierungen sollen also keine abweichenden Beurteilungen nach sich ziehen. Ist ein Mangel nach der VOB/B wesentlich oder unwesentlich, so ist er dies auch im Falle eines BGB-Vertrages.

In Zusammenhang mit der Fälligkeit der Schlusszahlung ist auch die Neuregelung des **§ 641 Abs. 2 und 3 BGB** zu erwähnen (*Kniffka*, Das Gesetz zur Beschleunigung fälliger Zahlungen – Neuregelung des Bauvertragsrechts und seine Folgen, ZfBR 2000, 227 ff.; *Jani*, Neuregelung des Zahlungsverzuges und des Werkvertragsrechts durch „Gesetz zur Beschleunigung fälliger Zahlungen" vom

30. 3. 2000, BauR 2000, 949 ff.). Die Regelung des § 641 Abs. 2 BGB ist für Generalunternehmer-Subunternehmer-Verhältnisse wichtig. Nach ihr hat der Subunternehmer einen Anspruch auf Vergütung seines Werkes, wenn und soweit der Hauptauftragnehmer die Leistungen des Subunternehmers vom Bauherrn vergütet erhalten hat, es sei denn, der Hauptauftragnehmer hat dem Bauherrn wegen möglicher Mängel des Werkes Sicherheit geleistet. Dann muss der Subunternehmer dem Hauptauftragnehmer entsprechende Sicherheit leisten. Die Regelung des § 641 Abs. 3 BGB setzt die Untergrenze des Zurückbehaltungsrechts betragsmäßig auf den dreifachen Betrag der für die zur Mängelbeseitigung erforderlichen Kosten fest.

Beenden Auftraggeber und Auftragnehmer den → Bauvertrag vorzeitig durch → Kündigung oder Aufhebungsvertrag, so wird der Werklohn des Auftragnehmers **auch ohne Abnahme** fällig. Der Abnahme bedarf es zudem nicht, wenn der Auftraggeber keine Mängelbeseitigung verlangt, sondern mit Gegenforderungen aufrechnet und einen Anspruch auf → Schadensersatz, → Minderung oder Erstattung von Ersatzvornahmekosten gegen den Auftragnehmer geltend macht.

Gemäß **§ 640 Abs. 1 S. 3 BGB** ist nun im BGB eine Abnahmefiktion für den Fall geregelt, dass der → Bauherr das Werk des Unternehmers nicht innerhalb einer angemessenen → Frist abnimmt, obwohl er dazu verpflichtet ist (*Kniffka*, Das Gesetz zur Beschleunigung fälliger Zahlungen – Neuregelung des Bauvertragsrechts und seine Folgen, ZfBR 2000, 227 ff.; *Jani*, Neuregelung des Zahlungsverzuges und des Werkvertragsrechts durch „Gesetz zur Beschleunigung fälliger Zahlungen" vom 30. 3. 2000, BauR 2000, 949 ff.). Zur Abnahme ist der Bauherr verpflichtet, wenn der Unternehmer seine Leistungen vertragsgemäß erbracht hat (§ 640 Abs. 1 S. 1 BGB) und keine wesentlichen Mängel am Werk des Unternehmers vorhanden sind (§ 640 Abs. 1 S. 2 BGB n. F.). **Welche → Frist angemessen** ist, hängt vom Einzelfall ab. Regelmäßig sollte eine Frist von 12 Werktagen angemessen sein. Im Einzelfall kann sie auch kürzer (z. B. 3 oder 4 Werktage) oder länger (z. B. 18 Werktage) sein.

Bei einem BGB-Vertrag kann die Abnahme durch die in **§ 641 a BGB** neu geregelte, von einem Sachverständigen zu erstellende **Fertigstellungsbescheinigung** ersetzt werden (vgl. hierzu *Maibaum*, Neuland mit Risiken: Die Fertigstellungsbescheinigung, DAB 2000, 588 f.; *Seewald*, § 641 a BGB – Die Fertigstellungsbescheinigung im Werkvertragsrecht, ZfBR 2000, 219 ff.; *Kniffka*, Das Gesetz zur Beschleunigung fälliger Zahlungen – Neuregelung des Bauvertragsrechts und seine Folgen, ZfBR 2000, 227 ff.; *Jani*, Neuregelung des Zahlungsverzuges und des Werkvertragsrechts durch „Gesetz zur Beschleunigung fälliger Zahlungen" vom 30. 3. 2000, BauR 2000, 949 ff.). Die Regelung wird praktisch kaum erfolgreich angewendet.

Zahlungsbedingungen → Fälligkeit; → Zahlung des Werklohns

Zahlungsbedingungen sind im Vertrag geregelte Zahlungsmodalitäten (z. B. Ratenzahlungsvereinbarung, Skontoabrede etc.). Ist nichts vereinbart, so gilt, dass im Zweifel die Zahlung (Leistung) sofort zu erfolgen hat (§ 271 Abs. 1 BGB). Zu beachten sind die vereinbarten Zahlungsfristen der → VOB/B sowie die Regelung des § 641 BGB für den Vergütungsanspruch als gesetzliche Sonderregelung (Vorleistungspflicht des Auftragnehmers, Zahlung der Vergütung erst nach Fertigstellung und → Abnahme des Werkes).

Zahlungsfrist

Die → VOB/B nennt folgende Zahlungsfristen:
– 18 Werktage für Abschlagszahlungen nach § 16 Nr. 1 Abs. 3 VOB/B,
– zwei Monate für Schlusszahlungen nach § 16 Nr. 3 Abs. 1 VOB/B.

Zahlungsunfähigkeit → Insolvenz

Zahlungsunfähigkeit ist eine der Voraussetzungen (allgemeiner Eröffnungsgrund) für das Insolvenzverfahren. Zahlungsunfähigkeit liegt vor, wenn der Schuldner nicht in der Lage ist, die fälligen Zahlungspflichten zu erfüllen (§ 17 Abs. 2 InsO). Bei juristischen Personen ist neben der **Zahlungsunfähigkeit** die **Überschuldung** Eröffnungsgrund (§ 19 Abs. 1 InsO). Überschuldung liegt vor, wenn das Vermögen des Schuldners die bestehenden Verbindlichkeiten nicht mehr deckt (§ 19 Abs. 2 Satz 1 InsO). Liegen Zahlungsunfähigkeit oder Überschuldung vor, so kann jeder → Gläubiger, der ein rechtliches Interesse an der Eröffnung des Insolvenzverfahrens hat (aber auch der Schuldner) das Insolvenzverfahren beantragen (§§ 13, 14 InsO). Wegen der weitreichenden Folgen im Falle der Verschleppung (z. B. häufig Strafbarkeit gem. § 266 a StGB – Vorenthalten und Veruntreuen von Arbeitsentgelt – sowie die Insolvenzstraftaten der §§ 283–283 d StGB) ist der Eröffnungsantrag nicht nur ein Druckmittel der Gläubiger, sondern auch grundsätzlich dem Schuldner zu empfehlen (insbesondere vor dem Hintergrund, dass seit dem 1. 12. 2001 gem. der §§ 4 a ff. InsO eine Stundung der Verfahrenskosten möglich und somit die Kostenbarriere gefallen ist (hierzu: NJW editorial, Heft 22 vom 27. Mai 2002)).

Zahlungsverzug → Verzug

Zedent → Abtretung

Zeithonorar → Stundenlohnvertrag

Neben der → Abrechnung aufgrund der konkreten Leistungen besteht im Rahmen der → HOAI auch die Möglichkeit, nach dem Zeitaufwand des Architekten abzurechnen, § 6 HOAI. § 6 HOAI ist nur anwendbar, soweit die Abrechnung nach Zeithonorar in der HOAI vorgesehen oder wirksam vereinbart ist (BGH, BauR 1990, 236).
Die Berechnung nach Zeithonorar kommt in folgenden drei Fallgruppen vor:
– in allen denjenigen Fällen, in denen das → Honorar frei vereinbart werden kann (z. B. im Rahmen der Gutachtertätigkeit gem. § 33 HOAI und für → Grundleistungen, deren anrechenbare Kosten),
– in denjenigen Fällen, in denen die HOAI ausdrücklich, d. h. zwingend die Vereinbarung eines Zeithonorars vorsieht (z. B. gem. § 39 HOAI für Planausschnitte, für Leistungen bau- und landschaftsgestaltender Beratung, wenn nicht gleichzeitig Grundleistungen nach § 55 HOAI ausgeführt werden gem. § 61 Abs. 4 Satz 2 HOAI),
– letztlich dort, wo die HOAI die Berechnung eines Zeithonorars (wahlweise) zulässt (z. B. bei der Entwicklung und Herstellung von Fertigteilen gem. § 28 Abs. 3 HOAI für den Fall, dass ein Pauschalhonorar nicht bei Auftragserteilung schriftlich vereinbart wird).

Der Normalfall ist allerdings die Berechnung nach der tatsächlich ausgeführten → Leistung (→ Leistungsbild, anrechenbare Kosten, → Honorarsatz und Honorartafeln). Das Zeithonorar wird vor allem gewählt, wenn in denen der Leistungsumfang so gering ist, dass die unteren Werte der Honorartafeln bei der üblichen → Honorarberechnung nicht erreicht werden sowie bei Honoraren für → Besondere Leistungen. Für den ersteren Fall ermöglicht die HOAI z. B. in § 16 Abs. 2 HOAI ausdrücklich die → Abrechnung auf Zeithonorarbasis.

Zeitliche Trennung der Ausführung

Wird ein → Auftrag, der ein oder mehrere → Gebäude umfasst, nicht einheitlich in einem Zuge (sondern abschnittsweise in größeren Zeitabständen) ausgeführt, so ist für die das ganze Gebäude oder das ganze Bauvorhaben betreffenden, zusammenhängend durchgeführten Leistungen das anteilige → Honorar zu berechnen, welches sich nach den gesamten anrechenbaren Kosten ergibt.

Das Honorar für die restlichen Leistungen ist jeweils nach den anrechenbaren Kosten der einzelnen Bauabschnitte zu berechnen. § 21 HOAI geht davon aus, dass, wenn das Bauvorhaben in größeren Zeitabschnitten abschnittsweise ausgeführt wird, eine Erhöhung des Honorars gerechtfertigt ist, da dem Architekten durch die Bereithaltung seiner Arbeitskräfte und seiner sachlichen Mittel Mehrkosten entstehen. Die Gründe für die abschnittsweise Durchführung des Bauvorhabens können verschieden sein. Eine Erhöhung nach § 21 HOAI tritt jedoch nicht ein, wenn die Verzögerung und die dadurch bedingte abschnittsweise Ausführung vom Architekten zu vertreten ist (*Locher/Koeble/Frik*, HOAI, § 21 Rdn. 1). Unbeachtlich ist, ob sich die abschnittsweise Ausführung auf ein einzelnes Bauwerk bezieht (z. B. Rohbau – Innenausbau) oder auf mehrere Bauwerke, die getrennt ausgeführt werden (Feriendorf). Zwischen dem Anwendungsbereich des § 21 HOAI und demjenigen des § 22 HOAI (mehrere Gebäude) besteht somit ein Konkurrenzverhältnis. Voraussetzung für § 21 HOAI ist, dass zum einen ein einheitlicher → Architektenvertrag über die gesamte → Leistung vorliegt und dass – in Abgrenzung zu § 22 HOAI – die Gebäude, die zu errichten sind, zumindest im Wesentlichen gleich sind und eine zeitliche Trennung der Ausführung vorliegt. Ob größere Zeitabstände vorliegen, hängt vom Einzelfall und vom Bauzuschnitt ab. In der Regel muss die Zwischenzeit zumindest mehr als sechs Monate betragen (*Korbion/Mantscheff/Vygen*, HOAI, § 21 Rdn. 3–5.). Unterbrechungen während des Winters oder während der Bauferien reichen im Allgemeinen nicht aus. Auch Unterbrechungen im Planungsstadium sind relevant.

Zession, Zessionar → Abtretung

Zins

Zinsen sind die nach der Laufzeit bemessenen, gewinn- und umsatzunabhängigen Vergütungen für den Gebrauch eines auf Zeit überlassenen Kapitals (BGH, NJW 79, 541; BGH, NJW-RR 1992, 592). § 246 BGB bestimmt, dass, wenn eine Schuld nach Gesetz oder Rechtsgeschäft zu verzinsen ist, der Zinssatz vier vom Hundert für das Jahr beträgt, sofern nicht ein anderes bestimmt ist. Für die Verzugszinsen gem. § 288 BGB ist in §§ 288, 247 BGB etwas anderes bestimmt. Der Verzugszinssatz beträgt für das Jahr 5 Prozentpunkte über dem Basiszinssatz, wobei sich der Basiszinssatz nach § 247 bestimmt. Bei Rechtsgeschäften, an denen ein Verbraucher (§ 13 BGB) nicht beteiligt ist, beträgt der Zinssatz für Entgeltforderungen sogar acht Prozentpunkte über dem Basiszinssatz, § 288 Abs. 2 BGB. Entgeltforderungen sind z. B. solche, die auf Zahlung eines Entgelts für Lieferungen oder Werkleistungen gerichtet sind; nicht jedoch z. B. Schadensersatzforderungen oder Bereicherungsansprüche, Aufwendungsersatzansprüche (Einzelheiten sind str., vgl. *Palandt-Heinrichs*, BGB, 63. A., § 286 Rdn. 27). Der Basiszinssatz betrug bei Inkrafttreten des Schuldrechtsmodernisierungsgesetzes am 1. 1. 2002 3,62 %. Er verändert sich nach Abs. 2 Satz 1 zu Beginn eines jeden Halbjahres um ebenso viele Prozentpunkte, wie der Zinssatz der Hauptrefinanzierungsgeschäfte der Europäischen Zentralbank. Die Deutsche Bundesbank gibt den jeweils geltenden Basiszinssatz unverzüglich nach Änderung im Bundesanzeiger bekannt, (§ 247 Abs. 2 BGB n. F.; aktuelle Höhe und Entwicklung des Basiszinssatzes sind abrufbar unter www. Bundesbank. de). Beim → VOB-Bauvertrag bestimmt § 16 Nr. 5 Abs. 3 VOB/B, dass, wenn der → Auftraggeber bei → Fälligkeit nicht zahlt, ihm der → Auftragnehmer eine angemessene → Nachfrist setzen kann. Zahlt er auch innerhalb dieser Nachfrist nicht, so hat der Auftragnehmer vom Ende der Nachfrist an einen Anspruch auf Zinsen in Höhe der in § 288 BGB angegebenen Zinssätze zu zahlen.

Zumauern von Fenstern → Abstandsflächen

Zurückbehaltungsrecht → Leistungsverweigerungsrecht

Das Zurückbehaltungsrecht gewährt dem Schuldner das Recht, seine → Leistung zu verweigern, bis die ihm gebührende Leistung bewirkt wird. Voraussetzung ist, dass die Leistungen auf demselben rechtlichen Verhältnis beruhen, § 273 Abs. 1 BGB (z. B. beide Leistungen auf ein und denselben Werkvertragsverhältnis). Das Zurückbehaltungsrecht ist eine → Einrede, die der Schuldner, ggf. im Prozess, geltend machen kann. Sie ist nicht von Amts wegen zu berücksichtigen.

Die Wirkungen des Zurückbehaltungsrechts regelt § 274 BGB. Folge des im Prozess geltend gemachten Zurückbehaltungsrechts ist nicht die Abweisung der Hauptsacheklage, sondern die Verurteilung zur Leistung „Zug um Zug". Zur → Zwangsvollstreckung in einem solchen Fall vgl. §§ 756, 565 ZPO.

Seit dem 1. 1. 2002 (Schuldrechtsreform) kann nicht nur die → Aufrechnung, sondern auch das Zurückbehaltungsrecht mit verjährten Forderungen durchgeführt werden (§ 215 BGB n. F.; bisher wandte die Rechtsprechung § 390 Satz 2 a. F. BGB für das Zurückbehaltungsrecht entsprechend an). Der neu eingefügte **§ 641 Abs. 3 BGB** enthält eine Modifikation zur Regelung des Zurückbehaltungsrechts. So ist bei einem **Mangelbeseitigungsanspruch** der → Besteller berechtigt, **nach der Abnahme** die Zahlung eines angemessenen Teils der Vergütung zu verweigern, jedoch **mindestens** in Höhe des dreifachen der für die Beseitigung des Mangels erforderlichen Kosten. Die Regelung lässt keine Abweichungen zu, wie es in manchem Fall allerdings angemessen wäre. (Man denke nur an Großbauvorhaben, bei denen der dreifache Betrag schnell den Ruin eines Bauunternehmers bedeuten kann). Ohnehin zeigt die Praxis, dass Bauherrn dem Zurückbehaltungsrecht regelmäßig einen viel zu hohen Mängelbeseitigungsbetrag zugrundelegen. Was für Zurückbehaltungsrechte „vor → Abnahme" etwa gegenüber entsprechenden Abschlagszahlungsansprüchen des Unternehmers gilt, ist gesetzlich nicht geregelt und wird die Rechtsprechung zu entscheiden haben.

Dem Zurückbehaltungsrecht ähnlich, jedoch von der rechtlichen Qualität her ein → Leistungsverweigerungsrecht, ist die → **Einrede des nichterfüllten Vertrages** (§ 320 BGB). Im → Baurecht hat die Einrede des nichterfüllten Vertrages gem. § 320 BGB die größere Bedeutung, da sie sich auch auf den Nachbesserungsanspruch bezieht. § 320 BGB behandelt das Recht, eine Leistung zurückzuhalten bzw. zu verweigern für den Sonderfall konnexer (auf demselben rechtlichen Verhältnis beruhender) Leistungen. Erfasst werden hierbei nur die im Gegenseitigkeitsverhältnis stehenden Hauptleistungspflichten, nicht dagegen Nebenleistungs- und Schutzpflichten.

Die Ansprüche der Parteien beruhen **auf demselben rechtlichen Verhältnis**, wenn Sie auf einem innerlich zusammenhängenden einheitlichen Lebensverhältnis in sachlicher, natürlicher und wirtschaftlicher Hinsicht beruhen. Allein der Abschluss zweier Bauverträge zwischen denselben Parteien genügt nicht. Ein einheitliches Lebensverhältnis liegt nicht vor, wenn es sich um gesonderte Lebenssachverhalte handelt, an denen lediglich dieselben Personen mitgewirkt haben. In solchen Fällen fehlt es an der Konnexität (BGHZ 54, 244, 250; OLG Schleswig, BauR 1991, 463, 465; OLG Naumburg, BauR 1997, 1049, 1050; AG Dannenberg, Urteil vom 1. 12. 2001–31 C 401/00 = BauR 2001, 997 (LS); AG Dannenberg, Urteil vom 18. 12. 2001–31 C 394/00 (I); *Schmidt/Winzen*, Handbuch der Sicherheiten am Bau, S. 117 f.).

Die Parteien können in einer **ständigen Geschäftsbeziehung**, wie sie für ein einheitliches Lebensverhältnis erforderlich ist, stehen. Eine derartige laufende Geschäftsbeziehung wird nicht bereits durch die mehrmalige Erteilung auch gleichartiger Aufträge, sondern erst dann begründet, wenn ein Vertrag als Fortsetzung früherer Vertragsschlüsse anzusehen ist (BGHZ 54, 244, 250; OLG Düsseldorf, OLGZ 85, 76, 78; OLG Naumburg, BauR 1997, 1049, 1050). Entscheidendes Gewicht ist dabei dem Umstand beizumessen, ob sich die Geschäftsverbindung als die Übereinstimmung zwischen Kaufleuten, fortgesetzt Geschäfte miteinander zu machen, darstellt und ob diese sich aus der tatsächlichen Handhabung ergebende und/oder durch die tatsächliche Handhabung gefestigte Willensübereinstimmung ein Vertrauensverhältnis erwachsen lässt, welches die Einzelverträge miteinander in besonderer Weise verknüpft (OLG Naumburg, BauR 1997, 1049, 1050). Das kann z. B. bei einem Rahmenvertrag der Falls ein oder wenn der → Auftraggeber die an den → Auftragnehmer in zwei Bauverträgen beauftragten Leistungen gemeinsam ausschreibt.

Im Übrigen bestehen Bedenken daran, dass eine laufende Geschäftsverbindung zwischen → Generalunternehmer oder Bauträger und → Nachunternehmer hinsichtlich verschiedener Bauvorhaben einer laufenden Geschäftsverbindung im Handelsverkehr gleichgesetzt werden kann (BGHZ 54, 244, 251; OLG Naumburg, BauR 1997, 10 049, 1050; ebenso i. E. OLG Schleswig, BauR 1991, 463, 465). Bauträger und Generalunternehmer sind regelmäßig an einer getrennten Behandlung verschiedener Bauvorhaben interessiert. Bauträgern und Generalunternehmern ist daran gelegen, dass ein Nachunternehmer nicht etwa Arbeitsleistungen an einem Bauvorhaben verweigert, um Abschlagszahlungen oder die Gestellung einer Sicherheit gemäß § 648 a BGB aus anderen Bauvorhaben zu erzwingen oder wegen der Nichtgestellung einer Sicherheit nach § 648 a BGB im Rahmen eines anderen Bauvorhabens die → Kündigung des Nachunternehmers für sämtliche Bauverträge zu erhalten. Zudem arbeiten Bauträger und Generalunternehmer i. d. R. mit fremden Mitteln, womöglich verschiedener Herkunft, und sind bei getrennter Finanzierung ihrer Bauvorhaben auch im Verhältnis zu Dritten, insbesondere Bauhandwerkern, an der getrennten Behandlung der Bauverträge interessiert.

Zurückstellung   → Baugenehmigung; → Bausperre; → Veränderungssperre

1. Gesetzliche Grundlagen

Gemäß § 15 Abs. 1 S. 1 BauGB hat die Baugenehmigungsbehörde **auf Antrag der Gemeinde ein Baugesuch** auf Erteilung einer → Baugenehmigung oder eines Bauvorbescheids **zurückzustellen**, wenn der **Beschluss**, einen **Bebauungsplan** aufzustellen, zu ändern, zu ergänzen oder aufzuheben, vorliegt und das **geplante Vorhaben die Durchführung der Planung gefährden könnte**. Soweit es nach den Landesbauordnungen wie insbesondere für Gebäude geringer oder mittlerer Höhe **keiner** → **Baugenehmigung bedarf** und die Gemeinde auch nicht die Durchführung eines Baugenehmigungsverfahrens verlangen kann (vgl. § 51 BauOBW; § 69 BauOBrdBg; § 64 BauOMV; § 69 a BauONds; § 74 BauOSH; § 62 b BauOThür) ist anstelle der Aussetzung die **vorläufige Untersagung des Bauvorhabens auszusprechen**, § 15 Abs. 1 S. 2 BauGB.

Im § 15 Abs. 3 BauGB ist die Möglichkeit der Zurückstellung von Baugesuchen auch in den Fällen vorgesehen, in denen die Gemeinde zur Steuerung von im Außenbereich privilegierten Vorhaben nach § 35 Abs. 1 Nr. 2 bis 6 BauGB beschlossen hat, einen Flächennutzungsplan aufzustellen, zu ändern oder zu ergänzen, mit dem die Ausschlusswirkungen des § 35 Abs. 3 S. 3 BauGB erreicht werden sollen und zu befürchten ist, dass die Durchführung der Planung durch das Vorhaben unmöglich gemacht oder wesentlich erschwert werden würde.

2. Relevanter Antrag der Gemeinde

Der gemeindliche Antrag auf Zurückstellung ist nur relevant, wenn der **Bebauungsplanaufstellungsbeschluss vorliegt** und auch **das gemeindliche Einvernehmen zum Bauantrag** gemäß § 36 Abs. 2 S. 2 BauGB **nicht als erteilt gilt**. Das Einvernehmen gilt gemäß § 36 Abs. 2 S. 2 BauGB als erteilt, wenn es nicht innerhalb der nicht verlängerbaren Frist von 2 Monaten nach Eingang des Ersuchens der Genehmigungsbehörde bzw. Einreichen des Bauantrags bei der Gemeinde verweigert wird (BVerwG, NVwZ 1997, 900). Der Antrag auf Untersagung eines Bauvorhabens bei nicht genehmigungspflichtigen kleineren bis mittleren Bauobjekten muss von der Gemeinde so rechtzeitig beantragt werden, dass die Baugenehmigungsbehörde das Bauvorhaben innerhalb der Prüfungsfristen der Bauordnungen für die Bauunterlagen, wonach mit der Bauausführung einen Monat nach

Einreichung der Unterlagen bei der Baugenehmigungsbehörde begonnen werden darf, untersagen kann (*N. Gronemeyer*, in: Gronemeyer, BauGB-Praxiskom., § 15 Rdn. 8). Für im Außenbereich privilegierte Vorhaben nach § 35 Abs. 1 Nr. 2 bis 6 BauGB hat die Gemeinde nur 6 Monate ab Eingang des Baugenehmigungsantrags Zeit, einen entsprechenden Antrag auf Zurückstellung bei der Baugenehmigungsbehörde einzureichen (§ 15 Abs. 3 S. 3 BauGB). Der gemeindliche Antrag ist für die Zurückstellung nur erheblich, wenn zu befürchten ist, dass das beantragte Vorhaben die Durchführung der kommunalen Planung unmöglich macht oder wesentlich erschwert. Hierfür reicht es, wenn eine Prognose ergibt, dass nach dem derzeitigen Stand der Planung bei Zulassung des Vorhabens dieses aufgrund seiner Eigenart eine in eine andere Richtung gehende Planung unmöglich machen oder erschweren würde (*N. Gronemeyer*, in: Gronemeyer, BauGB-Praxiskom., § 15 Rdn. 4).

3. Wirkung der Zurückstellung

Im Gegensatz zur → Veränderungssperre führt die Zurückstellung nicht zur materiellen Unzulässigkeit des Vorhabens. Vielmehr handelt es sich nur um ein vorläufiges Genehmigungshindernis; d. h., dass eine **Entscheidung** über die Zulässigkeit des Vorhabens **nicht getroffen** wird bzw. **das Bauvorhaben vorerst untersagt wird**. Das Genehmigungsverfahren ist nach Ablauf der Zurückstellungsfrist weiterzuführen. Sind dann die Voraussetzungen für die Erteilung der beantragten → Baugenehmigung oder des beantragten Bauvorbescheids gegeben, ist die Baugenehmigung zu erteilen. Existiert jedoch in diesem Zeitpunkt ein dem beantragten Bauvorhaben entgegenstehender → Bebauungsplan oder ist eine → Veränderungssperre in Kraft getreten, ist das Baugesuch materiell unzulässig und deshalb abzulehnen (BVerwG, DÖV 1972, 497).

4. Dauer der Zurückstellung

Die **Geltungsdauer** der Zurückstellung des Baugesuches bzw. der Untersagung der Bauarbeiten ist gemäß § 15 Abs. 1 BauGB auf **12 Monate**, beginnend mit Zustellung des Bescheides, beschränkt (OVG Münster, BauR 1982, 50). Die Zeit einer **faktischen Zurückstellung** (beginnend regelmäßig nach Ablauf von 3 Monaten Bearbeitungszeit) ist auf den Zurückstellungszeitraum **anzurechnen**, so dass dieser u. U. bereits völlig verbraucht sein kann (OVG Lüneburg, BauR 1993, 63; VG Augsburg, Urt. v. 21. 7. 1982; 4 K 82 A 102). Das Baugesuch kann mehrfach zurückgestellt werden, sofern der Zeitraum von 12 Monaten insgesamt nicht überschritten wird. Die Zurückstellung eines Baugesuchs nach einer dreijährigen → Veränderungssperre ist an die Voraussetzungen des § 17 Abs. 2 BauGB gebunden, d. h. es müssen besondere Umstände vorliegen (OVG Lüneburg, BauR 1982, 52). Die Zurückstellung bzw. Untersagung der Bauarbeiten **erlischt automatisch** nach Ablauf der 12 Monate Geltungsdauer, mit Inkrafttreten der → Veränderungssperre oder des Bebauungsplans oder Aufhebung des Planaufstellungsbeschlusses (*N. Gronemeyer*, in: Gronemeyer, BauGB-Praxiskom., § 15 Rdn. 11).

Zusatzauftrag → zusätzliche Leistungen

Zusatzleistungen des Architekten

Teil III der → HOAI behandelt zusätzliche Leistungen von Architekten. Hierzu gehören die Entwicklung und Herstellung von Fertigteilen (§ 28), rationalisierungswirksame besondere Leistungen (§ 29), die → Projektsteuerung (§ 31) sowie der → Winterbau (§ 32). Die Vorschriften über zusätzliche Leistungen gelten für alle Architekten und Ingenieure. Mit zusätzlichen Leistungen meint Teil III der HOAI solche Leistungen, die nicht in den Leistungsbildern der §§ 15, 37, 40, 45, 47 und 54 HOAI enthalten sind. Sie sind also auch nicht → Besondere Leistungen, so dass die Voraussetzungen der §§ 2 Abs. 3, 5 Abs. 4, Abs. 5 HOAI nicht vorliegen müssen. → Zusatzleistungen sind keine → Grundleistungen. Zusatzleistungen können auch isoliert beauftragt werden (*Locher/Koeble/Frik*, HOAI, Vorbemerkung zu § 28). Zu den einzelnen Zusatzleistungen vgl. die Ausführungen unter den jeweiligen Stichworten.

Zusätzliche Leistungen → Leistungsänderung; → Mengenänderung

Zusätzliche Leistungen sind solche, die nicht vertraglich vereinbart worden sind. § 1 Nr. 4 Satz 1 VOB/B regelt, dass nicht vereinbarte bzw. zusätzliche Leistungen trotzdem mit auszuführen sind, wenn sie zur Ausführung der vertraglichen → Leistung erforderlich werden und der → Auftraggeber dies verlangt, wenn der Betrieb des → Auftragnehmers auf derartige Leistungen eingerichtet ist. Alle anderen zusätzlichen Leistungen kann der Auftraggeber nur verlangen, wenn der Auftragnehmer dem zustimmt (§ 1 Nr. 4 Satz 2 VOB/B, erneuter Vertragsschluss gem. §§ 145 ff. BGB).

Zur Ausführung erforderliche Leistungen liegen vor, wenn ohne sie die Vertragsleistung nicht oder nicht fachgerecht ausgeführt werden kann. Die zusätzliche Leistung muss also in engem Zusammenhang mit der ursprünglichen stehen (abhängig sein). Zur Vertragserfüllung erforderliche Leistungen sind somit grundsätzlich keine neuen, selbstständigen Leistungen. Neue, selbstständige Leistungen (also nicht gem. § 1 Nr. 4 VOB/B erforderliche Leistungen) sind keine zusätzlich zu vergütenden Leistungen im Sinne des § 2 Nr. 6 VOB/B, sondern besondere Leistungen, die der Auftragnehmer grundsätzlich nur vergütet bekommen kann, wenn er diese ankündigt, bevor er mit der Ausführung der Leistung beginnt (§ 2 Nr. 6 VOB/B). Die Ankündigung des Auftragnehmers ist echte Anspruchsvoraussetzung (BGH, BauR 1996, 542)! Sie ist nur in Ausnahmefällen entbehrlich (BGH, BauR 96, 542, etwa bei bloßer Förmelei, bei unverschuldeter Versäumung, vgl. hierzu *Heiermann/Riedel/Rusam*, B § 2 Nr. 6 Rdn. 131).

Bloße Erschwernisse bei der Erbringung der vertraglich vorgesehen Leistung stellen keine zusätzlichen Leistungen dar (BGH, BauR 1985, 567; 1987, 207; 1989, 462). Kalkuliert der Auftragnehmer bewusst ins Blaue hinein, bedarf er keines Schutzes.

Im Rahmen des § 2 Nr. 6 VOB/B wird zwischen notwendigen und nicht notwendigen Zusatzleistungen unterschieden. Notwendige Zusatzleistungen sind dabei erforderliche Zusatzleistungen im Sinne von § 1 Nr. 4 VOB/B, nicht notwendige Zusatzleistungen (und gleichwohl Zusatzleistungen gem. § 2 Nr. 6 VOB/B) sind solche, die zwar nicht erforderlich sind (und auch keine Nebenleistungen), aber in technischer Hinsicht vergleichbar und in stofflicher oder räumlicher Verbindung zu den erbrachten → Teilleistungen stehen und sich in diese eingliedern (*MüKo-Sörgel*, § 631 BGB, Rdn. 204, 205). Zu ihrer Erbringung ist der Auftragnehmer nicht verpflichtet, er kann diese aber freiwillig ausführen. Grundsätzlich müssen nicht notwendige Zusatzleistungen vertraglich vereinbart werden (§ 1 Nr. 4 Satz 2 VOB/B). § 2 Nr. 6 VOB/B findet allerdings dann Anwendung, wenn sie in einem engen sachlichen Zusammenhang mit der ursprünglichen Vertragsleistung stehen und ihr gegenüber eine Hilfsfunktion haben (BGH BauR, 1973, 317, strittig).

Zusätzliche technische Vertragsbedingungen (ZtV)

§ 1 Nr. 2 und § 2 Nr. 1 VOB/B und § 10 Nr. 3 S. 2 VOB/A erwähnen den Begriff „zusätzliche technische Vertragsbedingungen". Zusätzliche technische Vertragsbedingungen stellen die allgemeine technische Vertragsbedingungen ergänzenden Regelungen dar. Unter den Voraussetzungen der DIN 18299 (allgemeine Grundsätze für technische Vertragsbedingungen) können solche zusätzlichen technischen Vertragsbedingungen vereinbart werden. Nicht zulässig ist es, in die ZtV zusätzliche oder besondere Vertragsbedingungen aufzunehmen.

Zusätzliche Vertragsbedingungen (ZVB)   → VOB

§ 10 Nr. 2 VOB/A, § 1 Nr. 2 und § 2 Nr. 1 VOB/B erwähnen „zusätzliche Vertragsbedingungen". Mit diesen zusätzlichen bzw. besonderen Vertragsbedingungen sind von der VOB/B Allgemeine Vertragsbedingungen (AVB) abweichende Vertragsbedingungen im Einzelfall gemeint. Nach § 10 Nr. 2 Abs. 1 VOB/A müssen die AVB der VOB/B grundsätzlich unverändert bleiben. Die abweichenden zusätzlichen Vertragsbedingungen dürfen der VOB/B nicht widersprechen oder sie in wesentlichen Punkten abändern. Werden darüber hinaus ZVB vereinbart, so gilt die VOB/B nicht als ganzes vereinbart und die einzelnen Vertragsbedingungen unterliegen der rechtlichen Nachprüfung durch das AGB-Recht.

Besondere Bedeutung besitzen zusätzliche Vertragsbedingungen, die auf das Muster des Vergabehandbuchs (VHB) zurückgehen. Das Vergabehandbuch für die Durchführung von Bauaufgaben des Bundes im Zuständigkeitsbereich der Finanzverwaltungen wird vom Bundesminister für → Raumordnung, Bauwesen und Städtebau herausgegeben. Die Länder und Gemeinden haben das Regelwerk weitgehend übernommen. Soweit im Einzelvertrag zusätzliche Vertragsbedingungen auf Muster des VHB zurückgehen, handelt es sich um → Allgemeine Geschäftsbedingungen.

Von den zusätzlichen Vertragsbedingungen gem. § 10 Nr. 2 VOB/A sind besondere Vertragsbedingungen gem. § 10 Nr. 4 VOB/A zu unterscheiden.

Zuschlag   → Ausschreibung

Im Rahmen des Vergabeverfahrens nimmt der öffentliche → Auftraggeber gem. § 28 a VOB/A das Angebot des → Auftragnehmer (Bieters) durch Zuschlag an. § 28 VOB/A verlangt, dass der Zuschlag möglichst bald, mindestens jedoch so rechtzeitig zu erfolgen hat, dass er dem → Bieter noch vor Ablauf der Zuschlagsfrist zugeht. Zur Art und Weise des Zuschlags sind in der VHB Richtlinien aufgeführt. Gemäß § 28 Nr. 1 VOB/A i. V. m. § 19 VOB/A soll die Zuschlagsfrist nicht mehr als 30 Kalendertage betragen. Die Frist beginnt mit dem Eröffnungstermin. Der Bieter ist bis zum Ablauf der Zuschlagsfrist an sein Angebot gebunden (§ 19 Nr. 3 VOB/A). Eine längere Zuschlagsfrist soll nur in begründeten Fällen festgelegt werden. Der öffentliche Auftraggeber hat somit die Möglichkeit, in Ausnahmefällen (OLG Düsseldorf, BauR 1999, 1288) die 30-Tagesfrist zu verlängern. Eine willkürliche Überschreitung verstößt jedoch gegen Treu und Glauben (BGH, BauR 1992, 223). → Allgemeine Geschäftsbedingungen, die die Frist verlängern, sind wegen § 307 BGB n. F. grundsätzlich unwirksam (OLG Köln, *SCH/F/H* Nr. 4 zu § 19 VOB/A). Der Zuschlag ist nur dann nicht als Annahme (Vertragsschluss) zu werten, wenn mit dem Zuschlag Erweiterungen, Einschränkungen oder Änderungen vorgenommen werden oder der Zuschlag später erteilt wird (§ 28 Nr. 2 Nr. 2 VOB/A). Der Auftragnehmer soll sich in solchen Fällen unverzüglich über die Annahme erklären. Denn gem. § 150 Abs. 2 BGB gilt eine geänderte Annahme (Zuschlag) als ein neues Angebot. Lehnt der Auftragnehmer den veränderten → Zuschlag ab oder nimmt er nicht unverzüglich oder innerhalb der ihm gesetzten → Frist hierzu Stellung, so ist der Antrag erloschen (§ 146 BGB). Gleiches gilt gem. § 150 Abs. 1 BGB für einen verspäteten → Zuschlag.

Zuschlagserteilung   → Zuschlag

Grundsätzlich ist es möglich, dass zwischen dem → Auftraggeber und dem → Auftragnehmer Absprachen über zusätzlich auszuführende Leistungen erfolgen. Bei diesen Absprachen handelt es sich um selbstständige Verträge (Ergänzungs- bzw. Zusatzaufträge genannt). Soll in diesen Verträgen genau wie im ursprünglichen Vertrag die → VOB/B gelten, so bedarf es einer entsprechenden Vereinbarung (*Locher*, NJW 1977, 1802). Das OLG Düsseldorf (NJW, 1977, 253) sowie das OLG Hamm (NJW-RR 1987, 599) kommen in solchen Fällen ausnahmsweise auch ohne ausdrücklichen Hinweis zur Anwendung der → VOB/B, wenn aus den gesamten Umständen zwangsläufig nach dem Grundsatz von Treu und Glauben angenommen werden müsse, dass der übereinstimmende Parteiwille die Verbindlichkeit der → VOB auch hierfür anerkennen wolle. Nicht um Zusatzaufträge handelt es sich in den Fällen der §§ 1 Nr. 3 (Änderungen des Bauentwurfs), Nr. 4 (zur Ausführung der vertraglichen → Leistung erforderliche Leistungen), §§ 2 Nr. 5 (Änderung des Bauentwurfs und Preisänderung), Nr. 6 (Verlangen einer nicht vorgesehenen Leistung), Nr. 9 Abs. 1 VOB/B (Verlangen von Zeichnungen, Berechnungen oder anderen Unterlagen). Denn in diesen Fällen wird kein neuer Vertrag geschlossen, sondern der alte abgeändert bzw. modifiziert.

Zuschlagsfrist → Zuschlag

ZVB → Zusätzliche Vertragsbedingungen

Zwangsverwaltung → Zwangsvollstreckung

Zwangsversteigerung → Zwangsvollstreckung

Zwangsvollstreckung

Die Zwangsvollstreckung ist das Verfahren, in dem die Leistungs- und Haftungsansprüche aus einem vollstreckbaren Titel gem. § 794 ZPO, z. B. einem Urteil oder Vollstreckungsbescheid, durch staatlichen Zwang verwirklicht werden. Sie ist im 8. Buch der ZPO geregelt. Für Zwangsvollstreckung aus Titeln anderer Gerichtsbarkeiten gelten primär die VwGO (für die Verwaltungsgerichtsbarkeit) die FGO (für die Freiwillige Gerichtsbarkeit) und das SGG (für die Sozialgerichtsbarkeit) sowie für Steuerforderungen die §§ 249–346 Abgabenordnung. Der Gläubiger hat einen Anspruch gegen den Staat darauf, dass seine Organe die Zwangsvollstreckung durchführen (**Vollstreckungsanspruch**).
Von der **Einzelzwangsvollstreckung** ist das **Insolvenzverfahren** (veraltet: Konkurs, Gesamtvollstreckung) zu unterscheiden.
Voraussetzung für die **Zulässigkeit der Zwangsvollstreckung** ist grundsätzlich, dass ein **vollstreckbarer Titel** vorliegt, insbesondere die in § 794 ZPO aufgeführten, aber auch ausländische Urteile nach Maßgabe der §§ 722, 723 ZPO sowie Arreste und einstweilige Verfügungen gem. §§ 928, 936 ZPO, Entscheidungen und Vergleiche der Arbeitsgerichte (§§ 62, 85 Arbeitsgerichtsgesetz), Titel der Freiwilligen Gerichtsbarkeit (§ 53 a FGG), Entscheidungen in Wohnungseigentumssachen (§ 43 WEG), Erbauseinandersetzungen (§ 98 FGG) und andere. Der Titel muss mit einer **Vollstreckungsklausel** gem. § 724 ZPO versehen sein. Die Klausel belegt, dass der Titel vollstreckungsreif ist. Schließlich muss der Vollstreckungstitel dem Vollstreckungsschuldner **wirksam** gem. §§ 166 ff. ZPO **zugestellt** worden sein.
Der Vollstreckungsgläubiger hat verschiedene Möglichkeiten, die Vollstreckung vorzunehmen:
Die Zwangsvollstreckung **wegen Geldforderungen** kann z. B. **in das bewegliche Vermögen** (§§ 803–863 ZPO) oder **in das unbewegliche Vermögen** des Schuldners erfolgen (§§ 864–871 ZPO); die Zwangsvollstreckung **zur Erwirkung der Herausgabe von Sachen und zur Erwirkung von Handlungen oder Unterlassungen** richtet sich nach den §§ 883–898 ZPO.
Der häufigste Fall – auch im Baubereich – ist die Zwangsvollstreckung wegen Geldforderungen.
Die Zwangsvollstreckung wegen Geldforderungen **in das bewegliche Vermögen** wegen Geldforderungen kann dadurch erfolgen, dass ein Gerichtsvollzieher beauftragt wird, körperliche Sachen zu **pfänden** (§§ 808–827 ZPO), darüber hinaus kann der – in der Praxis erfolgversprechendere – Weg der Zwangsvollstreckung wegen Geldforderungen in Forderungen und andere Vermögensrechte des Schuldners erfolgen (§§ 828–863 ZPO).

Bei der Zwangsvollstreckung wegen Geldforderungen **in das unbewegliche Vermögen** kommen die Zwangsversteigerung, aber auch die Zwangsverwaltung gem. § 866 Abs. 1 ZPO in Betracht. Zwischen diesen beiden Unterarten besteht ein Wahlrecht des Gläubigers. Die Zwangsversteigerung sowie die Zwangsverwaltung werden gem. § 869 ZPO durch ein besonderes Gesetz – das ZVG – geregelt.

Für den Fall, dass eine Pfändung nicht zu einer vollständigen Befriedigung des Gläubigers geführt hat oder der Gläubiger glaubhaft macht, dass er durch die Pfändung seine Befriedigung nicht vollständig erlangen könnte oder wenn der Schuldner die Durchsuchung verweigert hat oder der Gerichtsvollzieher den Schuldner wiederholt in seiner Wohnung nicht angetroffen hat, obwohl er die Vollstreckung vorher angekündigt hatte, ist der Schuldner nach Erteilung eines Auftrages des Gläubigers gem. § 900 Abs. 1 ZPO verpflichtet, ein Verzeichnis seines Vermögens vorzulegen (**eidesstattliche Versicherung** gem. § 807 ZPO – früher – Offenbarungseid).

Zweckentfremdung   → Baugenehmigung; → Nutzungsänderung; → Nutzungsverbot

In der Praxis ist die Zweckentfremdung von Wohnraum häufig Gegenstand von Streitigkeiten. Hintergrund hierfür ist, dass gerade in Ballungsgebieten der Mietzins für Gewerbe um ein Vielfaches höher ist als für Wohnraum und deshalb die Vermieter versucht sind, Gewerbeflächen zu vermieten, auch wenn nicht klar ist, ob sie dazu nach öffentlich-rechtlichen Vorschriften befugt sind. Die Umnutzung von Wohnraum in Gewerbe erfordert **sowohl** einer **wohnungswirtschaftlichen Zweckentfremdungsgenehmigung als auch** als **Nutzungsänderung** eine → Baugenehmigung nach den Landesbauordnungen. Dabei geht das wohnungswirtschaftliche Zweckentfremdungsverbot dem materiellen Baurecht vor, wenn letzteres sowohl eine Wohn- als auch eine gewerbliche Nutzung erlaubt. Für das Verhältnis von → Baugenehmigung und Zweckentfremdungsgenehmigung ist das Landesrecht entscheidend. Es kann bestimmen, dass die wohnungswirtschaftliche Zweckentfremdungsgenehmigung gegenüber der Baugenehmigung vorgreiflich ist, also die Erteilung der Baugenehmigung von der wohnungswirtschaftlichen Ausnahmegenehmigung abhängig ist (BVerwG, IBR 1997, 116).

1. Wohnungswirtschaftliches Zweckentfremdungsrecht
a) Rechtsgrundlage
Ausgangspunkt der wohnungswirtschaftlichen Zweckentfremdung ist Art. 6 § 1 Abs. 1 S. 1 MRVerbG. Danach sind die **Landesregierungen ermächtigt**, für Gemeinden, in denen die Versorgung der Bevölkerung mit ausreichendem Wohnraum zu angemessenen Bedingungen gefährdet ist, durch Rechtsverordnung zu bestimmen, dass **Wohnraum anderen als Wohnzwecken nur mit Genehmigung der von der Landesregierung bestimmten Stellen zugeführt werden darf**. Praktisch alle Landesregierungen haben von dieser Ermächtigung Gebrauch gemacht und verlangen für ihre Großstädte und Ballungsgebiete, dass Wohnraum nur mit Genehmigung der Gemeinde anderen als Wohnzwecken zugeführt werden (vgl. ZweckentfrVOBln, GVBl. 1994, Nr. 11, S. 91; 1998, Nr. 10, S. 79; ZEVOHH, HmbGVBl. 1971, S. 223; HessWoZBG, GVBl. I, 1994, S. 705; ZweckentfrVONds, GVBl. 1991, S. 152; 1993, S. 580).

b) Anwendbarkeit
Das wohnungswirtschaftliche Zweckentfremdungsrecht ist **nur anwendbar auf Wohnräume**, die als baurechtlich genehmigter Wohnraum einzustufen sind und die im Zeitpunkt des Inkrafttretens des jeweiligen landesrechtlichen Zweckentfremdungsverbotes oder danach nach Anlage und Ausstattung zu Wohnzwecken geeignet und bestimmt sind und zu Wohnzwecken genutzt wurden. Zu Wohnraum gehören all solche Räume, die nach durchschnittlichem Standard objektiv als bewohn-

bar gelten oder mit vertretbarem Aufwand in einen bewohnbaren Zustand versetzt werden können. Damit sind keine relevanten Wohnräume Räume
- bei denen die Zweckentfremdungsbehörde nicht nachweisen kann, dass sie seit Inkrafttreten des wohnungswirtschaftlichen Zweckentfremdungsrechts als Wohnraum genutzt wurden;
- Notunterkünfte oder abbruchreife Räumlichkeiten;
- Räume ohne Wohnzweck, weil sie etwa vom Markt aus in der Umgebung liegenden Umständen, etwa wegen Umweltbelastungen nicht mehr angenommen werden.

c) Zweckentfremdung

Wohnraum ist zweckentfremdet, wenn die **gesamte Wohneinheit zu anderen Zwecken als Wohnzwecken genutzt wird**. Bei einer **teilweisen Nutzung** der Wohneinheit zu anderen als Wohnzwecken ist **keine Zweckentfremdung** gegeben, **wenn weniger als** die **Hälfte der Wohnfläche** einer Wohnung **beruflichen** oder gewerblichen **Zwecken dient** (BVerwG, NJW 1998, 94). Darüber hinaus wird auch das vermeidbare Leerstehenlassen von bewohnbarem und damit im Sinne des Art. 6 § 1 MRVerbG schutzwürdigem Wohnraum, der zu angemessenen Bedingungen vermietet werden kann, als untersagte Zweckentfremdung eingestuft (BVerwG, Urt. v. 12. 12. 1979, Az.: 8 C 2.79).

d) Erteilung der wohnungswirtschaftlichen Zweckentfremdungsgenehmigung

Wird der Wohnraum zu mehr als 50 % für andere als Wohnzwecke genutzt, bedarf es einer wohnungswirtschaftlichen Zweckentfremdungsgenehmigung. Diese ist zu erteilen, wenn ein überwiegendes öffentliches oder privates Interesse an der anderweitigen Nutzung existiert:
- ein **überwiegendes öffentliches Interesse** wäre beispielsweise der Abriss von Wohngebäuden zur Verwirklichung städtebaulicher Ziele wie Straßenbauvorhaben, städtebauliche Erneuerungsmaßnahmen oder denkmalschutzrelevante Maßnahmen oder um den Wohnraum für soziale Einrichtungen (z. B. Erziehung, Ausbildung) zu nutzen;
- ein **überwiegendes privates Interesse** stellt beispielsweise die Erweiterung von Geschäftsbetrieben zur Abwendung einer Existenzgefährdung oder für den Eigentümer unzumutbare Instandsetzungs- und Modernisierungskosten dar, vorausgesetzt, dass der Eigentümer die Existenzgefährdung oder unzumutbare Situation nicht selbst zu verantworten hat. Dem Eigentümer ist in diesem Zusammenhang beispielsweise nicht zuzumuten, völlig unrentablen Wohnraum etwa wegen Übergröße zu erhalten oder mit erheblichen Investitionskosten erforderliche Schallschutzfenster zu installieren, um eine adäquate Wohnraumnutzung zu sichern;
- ein **überwiegendes privates Interesse** an der Erteilung der wohnungsrechtlichen Zweckentfremdungsgenehmigung besteht auch, wenn der Zweckentfremdende selbst Ersatzwohnraum anbietet, vorausgesetzt, dass der Ersatzwohnraum in demselben Bezirk liegt, im zeitlichen Zusammenhang mit der Zweckentfremdung geschaffen wird und in seinem Standard und Umfang dem verlorengehenden Wohnraum entspricht sowie dem allgemeinen Wohnungsmarkt zur Verfügung gestellt wird. Keine Rolle spielt, inwieweit statt früher Mietswohnungen jetzt Eigentumswohnungen angeboten werden; jedoch ist die gewerbliche Fremdenbeherbergung keine zulässige Ersatzwohnraumbeschaffung mehr (BVerwG, NJW 1998, 94; VGH Kassel, GewArch 1993, 337; VG Oldenburg, Urt. v. 20. 11. 2000, Az.: 7 A 1542/98).

e) Verstoß gegen das wohnungswirtschaftliche Zweckentfremdungsrecht

Im Fall der ungenehmigten Zweckentfremdung und soweit eine nachträgliche Genehmigung nicht in Betracht kommt, erlässt die zuständige Behörde regelmäßig Verfügungen, die die zweckfremde Nutzung beseitigen und den Wohnraum wieder seinem eigentlichen Zweck zuführen (vgl. § 2

HessWoZBG). Meist wird die sofortige Vollziehung des Bescheides angeordnet. Zudem kann gemäß Art. 6 § 2 Abs. 2 MRVerbG eine Geldbuße bis zu 50.000,– Euro verhängt werden.

2. Baurechtliches Zweckentfremdungsrecht
a) Grundsätzlich: baurechtliches Genehmigungserfordernis
Die ganz oder teilweise **Zweckentfremdung** stellt sich **baurechtlich** als **Nutzungsänderung** des vorhandenen Bestandes dar. Für diese verlangen die Landesbauordnungen grundsätzlich eine **Baugenehmigung**, unabhängig davon, ob es einer wohnungswirtschaftlichen Zweckentfremdungsgenehmigung bedarf.

Dementsprechend liegt eine Zweckentfremdung vor, wenn jemand in einem → reinen Wohngebiet einem unzulässigen Gewerbebetrieb betreibt, indem er vorübergehend Obdach für ihm zugewiesene Aussiedler gewährt (OVG Bremen, BauR 1991, 324). Ebenso ist die → Nutzungsänderung eines Einfamilienhauses in eine Kindertagesstätte oder die Grundstücksnutzung im von Wohnnutzung beherrschten → Innenbereich als Lager für Gerümpel ohne → Baugenehmigung nicht zulässig (OVG Münster, BauR 1995, 66, 372).

Lediglich die Fälle einer untergeordneten Mitbenutzung zu anderen Zwecken sind von der bestehenden → Baugenehmigung mit abgedeckt, weil sie noch nicht als Änderung der Nutzung eingestuft werden können.

b) Baurechtliche Genehmigungsfähigkeit
Maßgeblich richtet sich die Frage, ob eine Zweckentfremdung als → Nutzungsänderung baurechtlich zulässig ist und genehmigt werden muss, nach der **Baunutzungsverordnung**. Im Hinblick auf eine Zweckentfremdung von Wohnen in Gewerbe ist in reinen → Wohngebieten gemäß § 2 BauNVO grundsätzlich nur Wohnen und in allgemeinen → Wohngebieten gemäß § 3 BauNVO nicht störendes Gewerbe nur ausnahmsweise zulässig, während es im → Mischgebiet gemäß § 6 BauNVO Gewerbe grundsätzlich zulässig ist. Für Wohnräume in den Wohngebieten bietet § 13 BauNVO die Eintrittsklausel, wonach freiberufliche und hierzu ähnliche Tätigkeiten zulässig ist. Voraussetzung ist die „Wohnartigkeit" dieser Berufsausübung (z. B. Kleintierpraxis als noch freiberuflich zulässig, Fahrschule nicht mehr zulässig); zudem darf der Gebietscharakter als → Wohngebiet sich nicht ändern, d. h. es darf nur ein je nach Einzelfall zu entscheidender untergeordneter Teil in dem Wohngebiet für freiberufliche Zwecke genutzt werden (OVG Münster, BauR 1996, 681; BauR 1993, 376). In diesem Zusammenhang gilt für die Zulässigkeit freiberuflicher und ähnlicher Nutzung nach § 13 BauNVO der Grundsatz, dass etwa eine Büronutzung in einem Mehrfamilienhaus regelmäßig nicht mehr als die Hälfte der Wohnungen und auch nicht mehr als die Hälfte der → Wohnfläche umfassen darf. „Großbüros" mit einer Nutzungseinheit, die größer als die übliche Wohneinheit im Gebäude ist, sind in der Regel auch dann unzulässig, wenn diese 50 %-Grenze nicht erreicht ist, weil der prägende Charakter eines Wohngebäudes dadurch in Frage gestellt wird (BVerwG, NVwZ 2001, 1284 f.).

c) Konsequenzen im Fall des Nutzens ohne erforderliche Baugenehmigung
Im Fall der Nutzung von Räumen ohne → Baugenehmigung kann die → Bauaufsichtsbehörde regelmäßig ein sofort vollziehbares Nutzungsverbot gegenüber dem Nutzer aussprechen (vgl. auch OVG Berlin, NVwZ-RR 2001, 229).

Einführung in das öffentliche Baurecht

Oehmen/Bönker
**Einführung in das
öffentliche Baurecht**
2., vollständig überarbeitete Auflage 2004,
ca. 200 Seiten, kartoniert, ca. € 26,–
ISBN 3-804-2839-4

Das Buch bietet eine systematische und praxisbezogene Einführung in das öffentliche Baurecht. Es eignet sich deshalb für alle, die einen Einstieg in dieses Gebiet suchen oder einfach nur ihre Kenntnisse auffrischen wollen.

Neu in der 2. Auflage:
- Aktuelle Beispiele aus der Rechtsprechung
- Die erwartete Novellierung des BauGB 2004 wird eingearbeitet
- Auswirkungen des BauROG 1998 auf das Bauplanungsrecht
- Berücksichtigung der Neufassung der Landesbauordnung NRW 2000
- Auswirkungen der Musterbauordnung 2002
- VwGO-Novelle 2002

Aus dem Inhalt:
1. Grundbegriffe
2. Rechtsquellen
3. Bauleitplanung
4. Baugenehmigung
5. Städtebauliche Verträge
6. Rechtsschutz
7. Staatshaftung
Anhang: Aktuelle Entscheidungen

Die Autoren:
Prof. Dr. Klaus Oehmen, Rechtsanwalt (Fachanwalt für Verwaltungsrecht) in Düsseldorf, Lehrbeauftragter an der Hochschule Niederrhein;
Dr. Christian Bönker, Rechtsanwalt in Berlin, Lehrbeauftragter an der Fachhochschule für Technik und Wirtschaft Berlin und der Fachhochschule Biberach.

Zu beziehen über Ihre Buchhandlung oder direkt beim Verlag.

Wolters Kluwer Deutschland GmbH
Niederlassung Neuwied · Postfach 23 52 · 56513 Neuwied
Telefon 02631 801-2222 · Telefax 02631 801-2223
www.wolters-kluwer.de · www.werner-verlag.de
E-Mail info@wolters-kluwer.de

Neues Baugesetzbuch 2004

Upmeier/Brandenburg
Neues Baugesetzbuch 2004
und weitere wichtige Gesetze
Einführung und Kurzkommentierung der
Änderungen durch durch das EAG Bau 2004
Vergleichende Darstellung des bisherigen
und des neuen Gesetzestextes
6., neu bearbeitete und erweiterte Auflage 2004,
316 Seiten, kartoniert, € 32,-
ISBN 3-8041-3741-5

Zum 20.7.2004 soll die umfassende Änderung des Baugesetzbuchs (BauGB) durch das Europarechtsanpassungsgesetz Bau (EAG Bau) in Kraft treten. Mit einer systematischen Einführung und einer Kurzkommentierung der geänderten Vorschriften des BauGB werden die Auswirkungen der Änderungen für die Praxis dargestellt. Die vergleichende Darstellung des bisherigen und des neuen Gesetzestextes bietet dem Leser einen schnellen Überblick über die neue Rechtslage.

Das EAG Bau dient der Anpassung des nationalen Rechts im Bereich der Bauleitplanung an die zwingenden, umweltbezogenen Vorgaben des Europäischen Rechts (Plan-UP-Richtlinie und Öffentlichkeitsbeteiligungsrichtlinie). Daneben werden weitere wichtige Bereiche des BauGB verändert, z.B. die §§ 34, 35 BauGB, die Einführung des „Baurechts auf Zeit", das Umlegungsverfahren und die Einführung von neuen Regelungen zum Stadtumbau Ost/West.

Weitere Vorschriften:
- Raumordnungsgesetz
- Baunutzungsverordnung
- Gesetz über die Umweltverträglichkeitsprüfung (Auszug)
- Verwaltungsgerichtsordnung (Auszug)
- Bundesfernstraßengesetz (Auszug)
- Bundes-Immissionsschutzgesetz (Auszug)

Die Herausgeber:
Hans-Dieter Upmeier, Vizepräsident des VG Münster a.D., Mitherausgeber der Zeitschrift Baurecht und Herausgeber der Baurechtssammlung im Werner Verlag.
Dr. Christoph Brandenburg, Rechtsanwalt, München.
Unter Mitarbeit von *Matthias Druba* L.L.M., Rechtsanwalt und Notar, Fachanwalt für Verwaltungsrecht, Berlin.

Zu beziehen über Ihre Buchhandlung
oder direkt beim Verlag.

Wolters Kluwer Deutschland GmbH
Niederlassung Neuwied · Postfach 23 52 · 56513 Neuwied
Telefon 02631 801-2222 · Telefax 02631 801-2223
www.wolters-kluwer.de · www.werner-verlag.de
E-Mail info@wolters-kluwer.de